〈명주보월빙〉연작 3부작 중 제2부작

105책 본문에 원문교정 한자병기 광범한 주석을 갖춘

교주본

# 尹河鄭三門聚錄

교주본

# 尹河鄭三門聚錄

1

교주 최길용

學古房

이 저서는 2012년 정부(교육부)의 재원으로 한국연구재단의 지원을 받아 수행된 연구임 (NRF-2012S1A5A2A01016873)

This work was supported by the National Research Foundation of Korea Grant funded by the korean Government (NRF-2012S1A5A2A01016873)

# 서 문

최 길 용

(전북대학교 겸임교수)

〈윤하정삼문취록〉은 105권 105책으로 된 거질의 대장편소설로, 100권 100책의 〈명주보월빙〉과 30권 30책의 〈엄씨효문청행록〉 등과 함께, 235권 235책의 대장편서사체인 ≪명주보월빙 연작≫을 구성하고 있다. 그리하여 연작 전체가 배경·인물·사건·주제 등에 있어 일정한 연대성을 유지하면서 한편의 작품으로 통합되어진, 하나의 거대한 예술적 총체를 이루고 있다. 그 3부작을 합하면 원문 글자 수가 도합 334만4천여 자[1](〈보월빙〉1,485,000, 〈삼문취록〉1,455,000, 〈청행록〉404,000)에 이를 만큼 방대하여, 세계문학사에서도 그 유례를 찾아볼 수 없는 대장편소설인 동시에, 1700년대 말 내지 1800년대 초의 조선조 소설문단의 창작적 역량을 한눈에 보여주는 대작이자, 한국고소설사상 최장편소설로 꼽히고 있다.

양식 면에서, ≪명주보월빙 연작≫은 중국 송나라를 무대로 하여 윤·하·정 3가문의 인물들이 대를 이어 펼쳐가는 삶을 다룬 〈보월빙〉·〈삼문취록〉과, 윤문과 연혼가인 엄문의 인물들이 펼쳐가는 삶을 다룬 〈청행록〉으로 이루어져, 그 외적양식 면에서는 〈보월빙〉-〈삼문취록〉-〈청행록〉으로 이어지는 3부 연작소설이며, 내적양식 면에서는 윤·하·정·엄문이라는 네 가문의 가문사가 축이 되어 전개되는 가문소설이다.

내용면에서 보면, 이 연작에는 모두 787명(〈보월빙〉275, 〈삼문취록〉399, 〈청행록〉113)에 이르는 수많은 인물들이 등장하여, 군신·부자·부부·처첩·형제·친구 등 다양한 인간관계에서 벌어지는 수많은 사건들을 펼쳐가면서, 충·효·열·화목·우애·신의 등의 주제를 내세워, 인륜의 수호와 이상적인 인간 공동체의 유지, 발전을 위한 善的 價値들을 권장하고 있다. 아울러 주동인물군의 삶을 통해 고귀한 혈통·입신양명·전지전능한 인간·일부다처·오복향수·이상향의 건설 등과 같은 사대부귀족계급의 현세적 이상을 시현해놓고 있다.

---

1) 〈명주보월빙〉교감본 서문에서 밝힌 글자 수와 2만1천자의 차이가 발생한 것은 〈청행록〉의 원문 실제입력글자수 계산 결과와 〈보월빙〉의 오기정정(1,475,000→1,485,000)을 반영했기 때문이다.

이 책 『교주본 윤하정삼문취록』은 105권105책으로 필사되어 있으면서 현재까지 전국 유일본인 '낙선재본'을 원문교정, 즉 '원문 자체에 내재해 있는 오류들을 전후 문맥과 원작자 또는 필사자의 어휘사용이나 문체 등의 글쓰기관행, 속담·격언·고사성어·名句 등의 인용에 있어서의 오류 여부를 면밀히 살펴, 원문의 誤字·脫字·誤記·衍文·缺落·落張·錯寫들을 교정하는 작업'을 하고, 여기에 띄어쓰기와 한자병기 및 광범한 주석을 가해 편찬한 것이다.

그 목적은, 첫째로는 필사본 텍스트들이 갖고 있는 태생적 오류, 곧 작품의 창작 또는 전사가 手記로 이루어질 수밖에 없었던 한계 때문에, 마땅한 퇴고나 교정 수단이 없음으로 해서 불가피하게 방치해버린, 잘못 쓰고[誤字], 빠뜨리고[脫字], 거듭 쓴[衍字] 글자들과, 또 거듭 쓰고[衍文] 빠뜨린[缺落] 문장들, 그리고 문법이나 맞춤법·표준어 규정 같은 어문규범이 없었던 시대에, 글쓰기가 전적으로 필사자의 작문능력에 따라 달라질 수밖에 없음으로 해서 생겨난 무수한 비문들과 오기들, 이러한 것들을 텍스트의 원문교정, 즉 전후 문장이나 문맥, 필사자의 문투나 글씨체, 그리고 고사·성어·속담·격언·관용구·인용구 등을 비교·대조하여 바로잡음으로써, 정확한 원문을 구축하는 데 있다. 또 이러한 교정과정을 일정한 기호를 사용하여 원문에 병기함으로써, 원문을 원표기 그대로 보존하여 보여주는 한편으로, 독자가 그 교정·교주의 타당성을 판단할 수 있게 하는데 있다. 그 이유는, 이렇게 함으로써 텍스트의 불완전성을 극복할 수 있을 뿐만 아니라, 원문의 표기법을 원문 그대로 재현해 놓음으로써 원본이 갖고 있는 문학적·어학적 가치는 물론 그 밖의 여러 인문·사회학적 가치를 훼손함이 없이 보존하고 전승해 갈 수 있다고 믿기 때문이다.

둘째로는 이러한 원문교정 과정과 광범한 주석들을 제시함으로써 필사본 고소설들에 대한 해석학적 지평을 확장하고, 나아가 이 연구의 수행을 통해 '原文校訂'이라는 한·중의 오랜 학문적 전통의 하나인 텍스트 교감학[2]의 유용성을 실증하여, 앞으로의 필사본 고소설들의 정리작업[데이터베이스(data base)구축과 출판]의 한 모델을 수립하는데 있다.

셋째로는 정확한 원문구축과 광범한 주석으로 작품의 可讀性을 높이고 해석적 불완전성을 제거하여, 일반 독자들이나 연구자들이 쉽게 원문 자료에 접근할 수 있게 하는데 있다.

넷째로는 이렇게 정리 구축한 교주본을 현대어본 편찬의 저본(底本)으로 활용하기 위함이

---

2) 고증학의 한 분파로, 경전이나 일반서적을 서로 다른 판본 또는 관련 있는 자료와 대조하여 내용이나 문자·문장의 異同을 밝히고 誤記·誤傳 따위를 찾아 바로잡는 학문이다. 중국 前漢 시대의 학자 劉向에 의해 창시되었으며, 청나라 때 가장 성하였다. 우리나라에서도 고려 때 한림원에 종 9품 校勘을 두었고, 조선시대에는 승문원에 종4품 校勘을 두어 경서 및 외교 문서를 조사하고 교정하는 일을 맡아보게 하였다.

다. 현대어본 편찬의 선결과제는 정확한 원문텍스트의 구축과 원문에 대한 정확한 주석이다. 이 책은 처음부터 이 현대어의 저본 구축을 목표로 편찬된 것이기 때문에 이점 곧 정확한 원문텍스트의 구축과 원문에 대한 정확한 주석에 각별한 정성을 쏟았다.

컴퓨터 문서통계 프로그램이 계산해준 이 책의 파라텍스트(para-text)를 제외한 본문 총글자 수는 3,470,132자다. 원문 1,415,328자(결권 15,33,39권 원문 제외)를 입력하고, 여기에 2,468개 소의 오자·탈자·오기·연문·결락 등에 대한 원문교정과 278,168자의 한자병기, 그리고 11,565개의 주석이 더해지고, 또 643,075 곳의 띄어쓰기가 가해져서 이루어진 결과다. 앞서 언급한 것처럼 이 책은 현대어본 출판까지를 계획하고 편찬한 것이다. 현대어본 분량도 311만 자에 이른다. 전자 교주본은 전문 연구자와 국문학도들을 위한 학술도서로, 후자 현대어본은 일반 독자들을 위한 교양도서로, 전자는 국배판(188×257㎜) 2,226쪽 5책1질[〈교감본 윤하정삼 문취록〉1-5, 학고방, 2015.04]로, 후자는 신국판(152×225㎜) 3,491쪽 7책1질[〈현대어본 윤하정삼 문취록〉1-7, 학고방, 2015.04]로 각각 간행을 눈앞에 두고 있다.

이에 앞서 필자는 지난해 100권100책의 낙선재본과 36권36책의 박순호본을 교감·주석한 〈교감본 명주보월빙〉 1-5권(학고방, 2014.02. 총 3,258쪽)과 두 이본 중 낙선재본을 현대어로 번역·주석한 〈현대어본 명주보월빙〉 1-10권(학고방, 2014.04. 총 3,457쪽)을, 전자는 전문학 술도서 국배판 규격으로, 후자는 일반교양도서 신국판 규격으로 각각 출판한 바 있다.

또 내년 곧 2016년 4월말까지는 이 연작의 3부작인 〈엄씨효문청행록〉의 교감본과 현대어본 이 간행될 예정이다. 이 연구는 2013년 한국연구재단의 지원을 받아 수행된 것으로, 현재 그 교감본과 현대어본의 편찬이 완료된 상태이며 교정과 인쇄과정을 남겨두고 있다. 〈청행록〉은 30권30책의 낙선재본과 16권16책의 고려대본이 전하고 있는데, 교감본은 이 두 본을 단락단 위로 병치시켜 교감·주석한 것으로 그 원고분량이 1,994,000여자(낙선재본 1,026,000자, 고려 대본 918,000자)가 되며, 현대어본은 낙선재본을 주해한 것을 현대어로 옮긴 것으로 그 원고 분량은 989,000자가 된다. 이를 앞의 〈보월빙〉이나 〈삼문취록〉과 같은 형태로 출판한다면 전 자는 전문학술도서 국배판 2책, 후자는 일반교양도서 신국판 3책이 될 것이다.

이 3부작을 모두 합하면 교감본 12책, 현대어본 20책이 되어, 20책1질의 현대어본을 단순히 책 수로만 비교한다면 우리 현대소설사상 최장편 소설로 평가되는 20책1질로 출판된 박경리 선생의 〈토지〉에 필적할 분량이다.

세상에 어디 인고 없이 이루어진 성취가 있으랴마는 5년이라는 긴 칩거 끝에 1부작 〈명주 보월빙〉에 이어 2부작 〈윤하정삼문취록〉을 이렇게 큰 출판물로, 또 DB화된 기록물로 세상에 내놓게 되니, 한국문학의 위대함을 또 한 자락 열어 보인 것 같아 여간 기쁜 마음이 아니다.

　아무쪼록 이 책의 출판을 계기로 이 연작이 더 많은 독자들과 연구자, 문화계 인사들의 사랑과 관심을 받게 되고, 영화나 TV드라마 등으로 제작되어 민족의 삶과 문화가 더욱 풍성해지고 더 널리 전파되어 갈 수 있기를 기대한다. 이 작품들 속에 등장하는 앵혈·개용단·도봉잠·회면단·도술·부적·신몽·천경·참요검·신장·신병 등의 다양한 상상력을 장착한 소설적 도구들은 민족을 넘어 세계인들의 사랑과 흥미를 이끌어내기에 충분할 것이다. 또 세계문학사적 대작이자 한국고소설사상 최장편소설로 평가되는 이 작품들이 대중들의 더 높은 사랑과 관심을 받을 수 있도록 국가 보물로 지정되는 날이 쉬이 오기를 기대해 마지않는다.

　끝으로 어려운 출판 여건 속에서도 인문학의 위기를 걱정하며 이 책의 출판을 흔쾌히 맡아주신 도서출판 학고방의 하운근 대표님과, 편집과 출판을 맡아 애써주신 직원 여러분의 후의를 잊을 수가 없다. 이 자리를 빌려 깊은 감사를 드린다.

2015년 4월 5일
청명절 아침

# ✳ 일러두기 ✳

이 책 『교주본 윤하정삼문취록』은 105권105책으로 필사된 '낙선재본'을 원문교정, 즉 '원문 자체에 내재해 있는 오류들을 전후 문맥과 원작자 또는 필사자의 어휘사용이나 문체 등의 글쓰기 관행, 속담·격언·고사성어·名句 등의 인용에 있어서의 오류 여부를 면밀히 살펴, 원문의 誤字·脫字·誤記·衍文·缺落·落張·錯寫들을 교정하는 작업'을 하고, 여기에 띄어쓰기와 한자병기 및 광범한 주석을 가해 편찬한 것이다.

이 때문에 이 책은 불가피하게 원문에 대한 많은 교정과 보완이 가해졌다. 따라서 이 책은 이처럼 원문에 가해진 많은 교정·보완 사항들을 일관성 있게 보여주고, 누구나 이를 원문과 쉽게 구별할 수 있게 하기 위해 다음 부호들을 사용하였다.

( ) : 한자병기를 나타내는 부호. ( )의 앞에 한글을 적고 속에 한자를 적는다.
　　　 예) 금슬종고(琴瑟鐘鼓). 만무일흠(萬無一欠).

[ ] : 원문의 잘못 쓴 글자를 바로잡거나 빠진 글자를 보충해 넣은 부호. 오자·탈자·결락·낙장·마멸자 등의 교정에서 바로잡거나 빠진 글자를 보충해 넣을 때 사용한다.
　　　 예) 번성ᄒ[믄]믈, 번셩○[ᄒ]믈, 번□□[셩ᄒ]믈,

○ : 원문의 필사 과정에서 생긴 탈자를 표시하는 부호. 3어절 이내, 또는 8자 이내의 글자를 실수로 빠트리고 쓴 것을 교정하는 경우로, 빠진 글자 수만큼 '○'를 삽입하고 그 뒤에 '[ ]'를 붙여, '[ ]'안에 빠진 글자를 보완해 넣어 교정한다.
　　　 예) 넉넉ᄒ○○○[미 이시니, 이듸○○○[ᄒ기룰] ᄌ질ᄀᆺ치 ᄒ라.

{ } : 중복된 글자나 불필요하게 들어간 말을 표시하는 부호. 衍字나 衍文을 교정하는 경우로, 중복해서 쓴 글자나 불필요한 말의 앞·뒤에 '{'과 '}'를 삽입하여 연자나 연문을 '{ }'로 묶어 중복된 글자이거나 불필요한 말임을 표시한다.
　　　 예) 공이 청파의 희연히{희연히} 쇼왈, 셜우믄 {업}업스리니.

《‖》 : 원문의 필사 과정에서 두 글자 이상의 단어나 구·절 등을 잘못 쓴 오기를 교정하는 부호. 이때 '‖'의 앞은 원문이고 뒤는 바로잡은 글자를 나타낸다.
　　　예) 《잠비‖잠미》를 거스리고. 샹춍이 일신의 《요젼‖온젼》홀 쑌아니라

○…결락○자…○ : 원문에 3어절 이상의 말을 빠뜨리고 쓴 것을 보완하여 교정할 때 사용하는 부호. '○…결락○자…○' 뒤에 '[ ]'를 붙여 보완할 말을 넣고, 빠진 글자 수를 헤아려 결락 뒤의 '○'를 지우고 결락된 글자 수를 밝힌다.
　　　예) 이의 ○…결락9자…○[졔손의 혼인을 셔둘식], 남평빅 좌승상 셩닌의 장ᄌ

○…낙장○자…○ : 원문에 본디 낙장이 있거나, 원본의 책장이 손상되어 떨어져 나간 것을 보완할 때 사용하는 부호. '○…낙장○자…○' 뒤에 '[ ]'를 붙여 보완할 말을 넣고, 빠진 글자 수를 헤아려 낙장 뒤의 '○'를 지우고 빠진 글자 수를 밝힌다.
　　　예) 금평휘 황은을 감츅(感祝)ᄒ여 빅두(白頭)를 두다려 ᄉ은 왈, "노신 명연은 항쥬의 ○…낙장15자…○[미쳔ᄒ 포의라." ᄒ니, 하회를 분셕ᄒ라 윤하뎡삼문취록 권지일백ᄉ

□ : 원본의 글자가 마멸되거나 汚損으로 인해 판독이 불가능한 글자를 표시하는 부호. 오손된 글자 수만큼 '□'를 삽입하고 그 뒤에 '[ ]'를 붙여, 오손된 글자를 보완해 넣는다.
　　　예) 번□□[셩ᄒ]믈,

▎①（ ）▎ : 원문에 필사자가 책장을 잘 못 넘기거나 착오로 쓰던 쪽이나 행을 잘못 인식하여 글의 순서가 뒤바뀐 착사(錯寫; 필사 착오)를 교정하는 부호. 필사착오가 일어난 처음과 끝에 '▎'를 넣어 착오가 일어난 경계를 표시한 후, 순서가 뒤바뀐 부분들을 '（ ）'로 묶어 순서에 맞게 옮긴 뒤, 각 부분들 곧 '（ ）'의 앞에 원문에 놓여 있던 순서를 밝혀 두어, 교정 전 원문의 순서를 알 수 있게 한다.
　　　예) 원문의 글이 ▎①（ ）②（ ）③（ ）▎의 순서로 쓰여 있는 것이 ②（ ）-①（ ）-③（ ）의 순서로 써야 옳다면, 이를 옳은 순서대로 옮기고, 각 부분들의 앞에는 본래 순서에 해당하는 번호를 붙여 ▎②（ ）①（ ）③（ ）▎으로 교정한다.

# 목 차

# 〈윤하정삼문취록〉의 이야기 줄거리

1.  송(宋)나라 인종조(仁宗朝)에 이 작품 주동인물(主動人物)들의 바로 1대 선대(先代)이며 전편 〈명주보월빙〉의 주동인물들인 윤·하·정 삼문(三門)의 제 2대 인물들의 가계(家系)·관직(官職)·인품(人品)·가족상황(家族狀況) 등의 소개로 이야기가 시작된다. (1)

2.  정현기·정운기, 응과(應科). 현기(정천흥의 장자·윤부인 소생) 문과 장원급제, 중서사인 시강학사가 됨. 운기(정천흥의 차자, 이부인 소생) 문·무 양과(兩科)에 장원급제, 한림학사겸 호위장군이 됨. (1)

3.  정현기·정자염(정천흥의 장녀, 양부인 소생), 진양후 장운의 딸 장현임·아들 장현우 남매와 동시결혼(同時結婚). (1)

4.  정운기, 조성란과 정혼(定婚). 임부인(성란의 모), 성란을 원홍과 결혼시킬 생각으로 정운기와의 결혼을 극력 반대. (1)

5.  원홍, 임부인에게 정운기를 기주탐색(嗜酒貪色)하고 광패(狂悖)한 인물로 모함하여 임부인의 반대를 더욱 자극함. 임부인과 결탁해 정부에 가 음비(淫鄙)한 서간을 떨어뜨리고, 취한 체하며 패설(悖說)을 중얼거려 조성란을 음란(淫亂)한 여자로 알게 하여 혼사를 작희(作戲)하고 퇴혼(退婚)을 유도(誘導)함. 정운기, 이를 믿지 않음. (2)

6.  정운기, 조부(府)에서 우연히 조현순(성란의 부친)이 임부인을 치죄(治罪)하는 장면을 목격. 임부인의 패악(悖惡)한 언사(言辭)와 자신과 부조(父祖)에 대한 욕설을 잠청(潛聽)하고 통분(痛忿)하나 이를 불출구외(不出口外)함. (2)

7.  정운기, 조성란과 결혼. (2)

8.  정운기, 취운산에서 계모 관씨가 한난주를 타살(打殺)하는 현장을 목격. 순금서진(純金書鎭)과 돌을 던져 관씨를 응징, 한난주를 구출. (3)

9.  윤웅린(윤광천의 차자, 진부인 소생), 어조윤(御兆尹) 경환기의 딸 벽주와 정혼(定婚). 혼전 경부(府) 방문, 천하 박색추녀(薄色醜女)인 양녀(養女) 미랑을 벽주로 오인(誤認)하고 혼인을 기피(忌避)하여 가출(家出). 심복 노자(奴子) 의산과 함께 산수간(山水間)을 유람(遊覽). (3)

10. 윤비(정천흥의 元妃 윤명아), 운기로부터 한난주 구출 이야기를 듣고 한부(府) 사정을 비자(婢子)를 시켜 탐청(探聽). 관씨가 난주를 유급사에게 팔려고 하는 흉계를 탐지하고 혜원 이승(異僧)에게 구원을 요청, 활인사에 은신(隱身)케 함. (4)

11. 정은기 (정천흥의 제 3자, 경부인 소생), 추녀(醜女) 단씨와 결혼. 단씨의 용모에 실망. 울울불락(鬱鬱不樂)하며 심화(心火)를 억누르지 못해 창루(娼樓)에서 창녀들과 술로 소일(消日) 함. (4)

12. 소문환, 흉악한 계모 여씨와 그 제남(弟男) 여방·여숙의 모함으로, 북해에 유배되어, 부인 철씨·딸 봉란·세아들 순·영·성과 수양자(收養子) 몽롱 등과 함께 적소(謫所)에서 곤고

(困苦)한 생활을 하고 있음. 몽룡을 봉란의 배우자로 유의(留意). (4)

13. 여흉(凶), 소공 일가와 몽룡까지 다 죽이려는 흉심을 품고 북해에 도착. 독약과 요예지물 (妖穢之物) 등을 동원하여 소공 일가와 몽룡을 죽이려 하나 몽룡이 여신지총(如神之聰)으로 이를 방비(防備). 뜻을 이루지 못함. (4)

14. 몽룡, 부모를 찾아 떠날 것을 결심, 발행(發行). 영필부자가 배행(陪行). (4)

15. 몽룡, 노상(路上)에서 부친상을 치를 장례비가 없어 자신의 몸을 노복(奴僕)으로 팔려고 하는 초춘경에게 자신의 모든 노자(路資)를 털어주어 구제. (4)

16. 몽룡, 천조(天朝) 조공선(朝貢船)에 승선, 경사(京師)를 향하여 가다가 해난(海難)을 만나 천의(天意)에 의해 해중(海中) 백두섬에 버려져 빈사지경에 이름. 선관(仙官)의 현몽(現夢)을 얻고 달려온 몽고 어선의 선주(船主)에게 구출되어 일침국에 당도. 어부 울금석의 집에 유숙(留宿). (4)

17. 몽룡, 일침국에 여역(癘疫)이 일고 흉귀(凶鬼)가 나타나 백성을 잡아먹는 등 재변(災變)이 일어나자 축귀술(逐鬼術)·신술(神術)·부적(附籍)으로 여귀(癘鬼)와 흉귀(凶鬼)를 퇴치, 일침국의 재변(災變)을 진압. (4~5)

18. 몽룡, 일침국 왕비의 죽음을 알리는 고부사(告訃使) 일행과 함께 승선, 천조(天朝)로 향발(向發). 항해 중 홀연 광풍(狂風)이 대작(大作)하며 흑룡(黑龍)·적룡(赤龍)이 나타나 배를 오국(吳國)으로 이끌어가, 웅주(雄珠)라고 쓴 명주(明珠)와 몽룡의 내두사(來頭事)가 기록된 주필화전(朱筆花箋)을 토해주고 사라짐. (5)

19. 동오왕 엄백경, 2자2녀를 두었으나 차자(次子) 창은 백형(伯兄) 엄태사에게 계후(繼後)하고 차녀 월혜는 5·6 개월 만에 실리(失離)함. 거년(去年)에 해수(海水)에서 적룡(赤龍)으로부터 자주(雌珠)를 얻고, 그날 밤에 장녀 선혜의 천연(天緣)은 웅주(雄珠)를 가진 윤모(某)에게 있고, 그의 재실(再室)이 되는 것을 혐의(嫌疑)하지 말라는 선관(仙官)의 현몽(現夢)을 얻음. (5)

20. 엄월혜, 유모의 남편 관학에게 납치되어 은(銀) 오십 냥에 장부인(윤희천의 제2부인)의 시녀 쌍섬에게 팔림. 윤부(府)에서 쌍섬에 의해 양육(養育)됨. (5)

21. 엄백경, 오국(吳國)에 표착(漂着)된 몽룡을 궁으로 초치하여 상견(相見). 몽룡이 고부사(告訃使) 일행의 발행일(發行日)에 홀연 득병(得病)하자 궁으로 데려와 간병하다가 낭중(囊中)에서 웅주(雄珠)를 발견. 선혜의 천정배필(天定配匹)임을 알고 선혜와 몽룡을 상견(相見)케 하여 혼사를 뇌정(牢定). (5)

22. 몽룡, 동오왕과 작별. 부모를 찾아 천조(天朝)로 향발(向發). 고행(苦行) 끝에 황성에 이르지 못하고 다시 북해 소문환의 적소(謫所)로 돌아오다가, 관채(官債)를 갚지 못해 도망해 온 고채민의 처(妻)와 그의 양녀(養女) 낭성에게 금 이백 냥을 주어 빚을 갚게 함(고채민의 양녀 낭성은 문양공주의 딸임). (5)

23. 몽룡, 노상(路上)에서 화천도사를 만남. 화천도사, 몽룡이 명년이면 부모를 찾을 것을 일러주고 사라짐. 몽룡, 소부(府) 도착, 소문환 가족과 상봉. (5)

37. 봉란, 조심경(照心鏡) 안광(眼光)으로 남화위녀(男化爲女)한 여옥임을 알고 피하다가, 강물에 투신(投身) 남강으로 떠내려 감. (8)

38. 윤성린, 철후·우처사·창린 등과 함께 남강에서 선유(船遊)하다 봉란을 구출, 윤부 강정에 안신(安身)케 함. (8)

39. 윤성린, 소봉란과 결혼. 소문환이 여흉의 작변을 꺼려 결혼 하루 전에 봉란을 소부로 데려와 성례(成禮)시킴. (9)

40. 윤창린(윤희천의 장자), 쌍섬이 관학에게 사서 기르는 화벽(오왕의 잃은 딸 엄월혜)을 보고 위력으로 겁탈하려 함. 화벽, 자살을 기도. (9)

41. 화벽, 꿈에 선관(仙官)이 나타나 자신과 창린이 천정연분(天定緣分)임과 앞으로 다가올 내두사(來頭事)를 말해주고 사라짐. 창린으로부터 명주 한쌍(창린의 부 윤희천이 원비 하부인에게 주었던 聘物)을 신물(信物)을 로 받고 창린의 소성(小星)이 됨. (9)

42. 윤웅린, 태주현에서 음황(淫荒)한 자사(刺史) 서정을 중타(重打)하고 자사의 횡포로 위기에 빠져있는 위상유 남매를 구출. (10)

43. 서성혜(자사 서정의 딸), 웅린이 부친을 중타(重打)하자 11세 소녀의 몸으로 웅린을 맹렬하게 꾸짖고, 부친의 위기를 구함. (10)

44. 윤웅린, 형주 월출산에서 화천도사를 만나 "주자사의 딸 옥계를 불고이취(不告而娶)하여 재실(再室)로 맞을 것"과 "경벽주를 원비(元妃)로 맞을 것" "상경(上京)하여 과거에 급제하라"는 등의 당부를 받음. (10)

45. 윤웅린, 신몽(神夢)을 얻고 귀인을 만나러 월출산에 올라온 형주 자사 주윤을 만남. 주자사의 청으로 형주 관아로 가 주자사의 딸 주옥계를 불고이취(不告而娶), 조보(朝報)를 보고 응과차(應科次) 상경(上京). (10)

46. 성린·웅린 형제, 과장(科場)에서 13년 만에 서로 만나 반김. 성린이 장원(壯元). 웅린이 탐화(探花)로 급제. 정은기·소문환의 아들 소순·소영·석준의 장자 석세광·위상유 등도 급제. 웅린, 위태부인 등의 명(命)으로 부친의 사(赦)함을 받고 부자단원(父子團圓). (11)

47. 정은기, 황제로부터 한난주와의 사혼은지(賜婚恩旨)를 얻어냄. (11)

48. 한추밀(한난주의 부친), 딸의 혼사를 위해 상경. 관씨의 악행을 알고 격분하여 관씨를 출거(黜去). 활인사에 은신하고 있는 난주를 데려옴. 난주, 계모를 용서해 줄 것을 간청. 한추밀, 난주의 효성에 감동, 관씨를 사(赦)함. (11)

49. 정은기, 화부(府)에서 화도(畫圖)에 그려져 있는 화보벽 소저의 아름다움을 보고 보벽을 삼취(三娶)로 취(娶)할 계교를 궁리. 자신과 보벽이 합환교배(合歡交配)하는 화도(畫圖)를 이루어 화부에 보냄. 화금오, 양인(兩人)이 천정연분(天定緣分)임을 알고 보벽을 운기의 제3부실(副室)로 혼사(婚事)를 뇌정(牢定)함. (12)

50. 정은기, 한난주를 재취(再娶)로 성례(成禮). (12)

51. 윤웅린, 경벽주와 결혼(結婚), 경소저가 전에 보았던 추녀(醜女)가 아님을 보고 크게 기뻐

(16)

68. 윤웅린, 경부인의 냉정(冷情)・초강(超强)한 성품을 제어코자 경부인에게 극심한 고통을 가함. (16)

69. 경부인, 웅린으로부터 무수히 난타를 당하여 중상을 입고 중문(中門) 밖에 쫓겨나 혼절(昏絶). 백씨(윤광천의 첩)가 구호, 백씨의 처소에서 조병(調病). (16~17)

70. 윤광천, 웅린과 경부인을 불러 서로 쟁힐(爭詰)하지 말고 화순화락(和順和樂)할 것을 경계. (17)

71. 윤웅린, 부친의 경계를 듣고 더욱 경부인을 질욕난타(叱辱亂打)하며 여러 가지로 보챔. 경부인, 전신에 중상을 입고 혼절(昏絶). 양희(윤광천의 첩) 등이 경부인을 극진히 간병. 쾌복(快復) 후 부부 화락(和樂). (17)

72. 구숙아, 혼례를 앞두고 모친상을 입어 윤창린과 결혼 연기, 부친 구상서마저 강주로 정배(定配) 당해 외숙 경추밀 가(家)에 의탁. 경추밀의 2 부인 중 원비 이씨는 아들 문원을 두고 조사(早死). 차비(次妃) 호씨는 딸 난아를 두었는데 호씨와 난아는 악격(惡格)임. (17)

73. 윤창린과 철소저・윤세린과 설소저, 동시결혼(同時結婚). 창린, 구숙아와 먼저 정혼했으나 구소저가 모친상을 입어 철소저를 먼저 취하게 됨. (17)

74. 동오왕 엄백경, 천조(天朝) 조회차(朝會次) 선혜공주를 데리고 입경(入京). 윤부에 성린과 혼인을 청함. (17)

75. 윤성린, 엄선혜를 재취(再娶)로 맞아 결혼. (18)

76. 정은기, 이부(府)에서 이소저의 옥모화태(玉貌花態)를 보고 상사성병(相思成病), 병세 위중(危重). 이비(李妃; 정천흥의 제3부인)가 혼사 주선. 이소저를 재취로 맞아 결혼. (18)

77. 관서 안찰사 하몽성, 관서지방의 기민(饑民)을 진휼(賑恤)하고 여역(癘疫)과 요얼을 퇴치, 백성을 안무(按撫). 교화대행(敎化代行). (18)

78. 하몽성, 선관(仙官)의 현몽(現夢)을 얻고 어려운 처지에 있는 낭성(문양공주의 잃은 딸)과 그 은모(恩母) 방씨를 구원(救援). 자신의 건잠(巾簪)을 신물(信物)로 주고 낭성을 소희(小姬)로 취(娶)함. (18)

79. 하몽성, 서주 안찰차 발행(發行). 태운산 아래 초옥(草屋)을 얻어 낭성과 방씨를 머물게 하고 군관(軍官) 이곽으로 하여금 보호하게 함. (18)

80. 요승(妖僧) 설안, 마삼랑의 처 요씨의 청탁으로 낭성과 방씨를 해(害)함. 낭성을 명청법사(설안의 師父)의 제자를 삼기위한 흉계로 요약(妖藥)을 먹여 초운사로 데려감. (18)

81. 명청 법사, 낭성에게 자기 제자가 될 것을 강요, 낭성이 명청을 꾸짖고 완강히 거부하자 요술로 낭성을 굴복 시키려 함. (18~19)

82. 낭성, 제요가(除妖歌)와 축귀서(逐鬼書)를 외워 명청의 요술을 제어(制御). 명청이 다시 화형(火刑)으로 낭성을 참혹히 형벌하려 하자 곽명주(명청이 제자로 삼기 위해 붙잡아 온 여인)가 낭성을 빙암(氷巖)에 가두고 개유(開諭)할 것을 청함. 낭성, 빙암(氷岩)에 갇힘. 곽명주가 은밀히 구호. (19)

83. 하몽성, 서주를 안찰하고 태운산 초옥(草屋)에 도착, 낭성 등이 거처(去處)가 없자 주역을 보고 낭성의 운수를 추점(推占)해, 초운사로 감. (19)

84. 명청 법사, 송경배불(誦經拜佛)하다가 부처의 엄책(嚴責)을 받고 낭성과 곽명주·방씨·이곽 등을 다 풀어주고 피신. (19)

85. 하몽성, 낭성 등과 상면(相面). 태운산 초옥(草屋)에서 수일을 머문 후 환경(還京), 태중 태우 시어사가 됨. 낭성은 곽명주의 병을 구호하여 후에 곽명주와 함께 상경(上京). 이곽이 호행(護行). (19)

86. 연부인, 연희벽으로부터 요약(妖藥)의 해를 받아 변심(變心), 희벽에게 더욱 침혹(沈惑). 희벽을 염박(厭薄)한다고 몽성을 무수히 질욕난타(叱辱亂打)함. (19)

87. 하몽성, 상부(府)에 가 상숙영과 표쇄영(상숙영의 외종 언니)을 보고 양인을 취(娶)할 뜻을 품음. (19)

88. 낭성, 입경(入京). 하부에 도착. 몽성이 은밀히 연매정에 숙소를 정해 줌. 연씨 숙질, 이를 알고 낭성을 난타(亂打), 연못에 빠뜨려 익사(溺死)케 함. (19)

89. 하몽성, 낭성의 위기를 구하려다 연희벽에게 뺨을 맞고 격분하여 희벽을 중타(重打). 몽린·몽징 등이 만류, 사태를 수습. 낭성을 건져 회생(回生)시킴. (19)

90. 하몽성, 7부인 12첩을 모아 동락(同樂)할 마음을 품고 있으나, 부친이 허락하지 않을 것을 근심. 양광실성(佯狂失性)하여 희벽을 난타(亂打)하고, 상부에가 상·표 2소저의 정절을 작희(作戱)함. (20)

91. 정아주(하원창의 부인), 낭성의 좌우비상(左右臂上)에 '낭성'·'월녀'라 쓰인 표지(標識)와 가슴에 문양공주의 필적이 있음을 보고 질녀(姪女)임을 확인, 정천흥, 선관(仙官)의 현몽(現夢)으로 하부에 와, 동생 정아주로부터 낭성의 이야기를 듣고 14년 동안을 실리(失離)한 딸을 만나 부녀상봉(父女相逢). (20)

92. 낭성, 14년 만에 부모를 찾아 천륜(天倫)을 단원(團圓). 정부로 가서 가족과 단취(團聚).부친으로부터 "정월염"이란 이름을 받음. (20)

93. 설왕, 우처사에게 우수주와 재취혼인(再娶婚姻)을 다시 청함. 우소저, 계교(計巧)로 비자(婢者) 소옥을 자신으로 대신시켜 설왕과 성친(成親)케 함. (21)

94. 경부 호씨, 경추밀이 죽자 딸 난아와 함께 구숙아와 경문원을 제거할 흉계를 꾸밈. 자객 명섭을 시켜 문원을 살해케 하고, 또 난아를 윤창린과 결혼시킬 흉계로 창린의 정혼녀(定婚女) 구숙아와 유모 진파를 독살(毒殺)해 남강에 버린 후, 난아와 교란을 개용단(改容丹)을 먹여 구숙아와 진파로 둔갑시키고 난아를 실산(失散)했다고 함. (21)

95. 자객 명섭, 문원의 인품에 감복(感服), 스스로 충복(忠僕)이 되어 문원을 보호. (21)

96. 명성법사, 남강에서 구숙아와 진파를 구출, 회생(回生)시켜 활인사에 머물게 함. (21)

97. 여수정, 누상(樓上)에서 윤세린을 보고 상사성병(相思成病), 계교(計巧)로 세린과 동침(同寢). 여방, 이를 구실로 윤부에 청혼(請婚). 윤광천, 이를 단호히 거절. (21)

98. 여수정, 설왕의 양녀(養女)가 되어 영능군주 위호(位號)를 받음. 설왕에게 청하여 사혼전지

를 얻어내 세린과 결혼. 위·유부인, 영능군주가 묘랑과 얼굴이 같음을 보고 경악. 세린, 영능의 음비(淫鄙)함을 추(醜)하게 여겨 신혼초야부터 염박(厭薄)함. (22)

99. 연수벽, 정현기를 우연히 보고 상사(想思). 현기의 재실(再室)이 됨. 구가(舅家)에서 은악양선(隱惡佯善)하며 원비(元妃) 장부인을 제거할 흉계를 꾸밈. (22)

100. 하몽성, 양광(佯狂)을 멈추고 조병(調病) 쾌차(快差). 정월염과 결혼(結婚). 하원광, 월염에게 종부(宗婦)의 책임을 맡김. (22~23)

101. 가(假) 구씨(경난아), 구숙아로 가장(假裝). 윤창린과 결혼(結婚). 윤희천, 가 구씨의 불현(不賢)함을 지기(知機)하고 철부인과 선후를 정하지 않음. 창린, 가 구씨의 모친상을 핑계로 이성지친(二姓之親)을 이루지 않고 염박(厭薄). (23)

102. 영능·가 구씨·연수벽, 서로 처지가 같아, 의기상합(義氣相合). 삼간(三奸)이 서로 회동(會同)하면서 흉계를 공모(共謀). 호씨(연희벽의 모)의 주선으로 요승(妖僧) 청선(본명 묘화)과 사귀어 각각 설·철·장부인을 제거할 흉계를 꾸밈. (23~24)

103. 연희벽, 여아(女兒) 출산. 청선이 변신하여 소문환 가(家)의 종부(宗婦) 설부인의 신생(新生) 남아(가슴 가운데 '千乘國君'이라는 글자가 새겨 있음)를 훔쳐 소(小) 연씨 산실(産室)에 가져다주고 여아(女兒)와 남아(男兒)를 쌍생(雙生)한 것으로 가장하게 함. 몽성, 여아(女兒)에게는 천륜(天倫)의 정(情)이 동(動)하나 남아(男兒)에게는 정이 느껴지지 않아 의혹. (24)

104. 정월염, 건상성수(乾象星數)와 소 연씨 팔자를 추점(推占), 남아가 소 연씨 생자(生子)가 아님을 지기(知機). (24)

105. 연씨 숙질, 정부인을 질욕난타(叱辱亂打), 몽성을 소 연씨 침소에 출입하도록 권고 할 것을 강요. (24)

106. 연씨 숙질, 청선과 결탁, 정부인이 잉태함을 알고 분산(分産) 전에 제거할 흉계를 꾸밈. 용계차(用計次) 하진부부에게 요약(妖藥)을 먹여 변심케 함. (24~25)

107. 하진부부, 요약에 변심되어 정부인을 미워하고 소 연씨를 애중(愛重)함. (25)

108. 청선, 정부인의 정부(情婦)로 위장, 하진을 면대(面對)하고 음비한 말과 서간으로 변심한 하진을 충동, 정부인을 음녀로 여겨 더욱 미워하게 함. (25)

109. 연수벽·가 구씨, 청선으로부터 요약을 얻어 각각 남편을 변심시켜 은애(恩愛)를 얻고자 하나, 정현기·윤창린이 단중정대(端重正大)한 군자이기 때문에 요약을 시험할 기회를 얻지 못함. (25)

110. 영능, 세린이 주색(酒色)을 즐기는 것을 이용, 요약을 술에 타 세린을 변심케 함. 세린, 설부인을 증오하고 영능에게 침혹(沈惑)·실혼(失魂)한 사람이 됨. 윤희천, 세린을 성린과 함께 선산 소분(掃墳)을 다녀오도록 명(命) 함. (25)

111. 소성, 윤부에서 윤광천의 장녀 선화를 그린 화도(畫圖)를 보고 선화소저를 상사성병(相思成病). (25~26)

112. 청선, 선산 소분을 마치고 상경하는 윤세린 일행을 기다렸다가 설부인의 정부로 가장(假

으로 변용. 성린의 원비(元妃)가 되어 윤부로 들어갈 흉계 진행. 여흥, 용계차(用計次) 봉
란에게 자신을 시침(侍寢)토록 함. 혜정, 요약을 먹고 봉란으로 변용(變容), 성린의 침실로
가서 합친(合親)을 기도(企圖). (30~31)

129. 윤성린, 잠결에 부인의 음비(淫鄙)한 행위를 의심, 군자의 정기로 요인이 변용하고 들어온
봉란임을 깨닫고, 소순형제를 불러 가 봉란을 참수(斬首)케 함. (31)

130. 여흥, 봉란의 목숨을 살려주도록 발악. 가 봉란(여혜정), 위기 모면. (31)

131. 윤성린 부부, 본부로 귀가. (32)

132. 윤선화, 여흥 숙질의 횡포로 고통 극심. 여흥, 선화를 여옥의 부실로 보낼 흉심을 품고 있
음. (32)

133. 여혜정, '여화위남(女化爲男)하여 과거(科擧)에 급제하고 옥당명환(玉堂名宦)이 되어 윤성린
과 교도를 맺고, 계교(計巧)를 써서 소봉란을 제거한 후, 성린의 원비(元妃)가 되려는' 흉
심(凶心)을 품고 남의(男衣)로 변복(變服). (32)

134. 가 구씨, 비자(婢子) 춘옥을 교사(敎唆)하여 위태부인의 금보(金寶)를 훔친 죄를 화벽에게
전가(轉嫁), 또 영능공 부인(윤경아)의 차에 독약을 타서 중태에 빠뜨리고, 그 일을 화벽의
소행으로 무고. 화벽, 흉참한 죄를 싣고 벽한정에 수계(囚繫) 됨. (34)

135. 엄선혜, 계정(階庭)에 대죄(待罪)한 화벽을 본 후 혈육의 정을 느낌. (34)

136. 연희벽, 정부인을 제거하지 못해 발분망식(發憤忘食). 모(母) 호씨에게 정부인 제거를 독
촉. 호씨, 청선·연수벽 등과 정부인 제거 흉계 모의. (34)

137. 청선, 정부인 간부(姦夫)로 위장해 간통극(姦通劇) 연출하고 간부의 음비서간(淫鄙書簡)을
날조하여 하몽성의 눈에 띄게 함. 하몽성, 간인(奸人)의 모해로 알고 내색하지 않음.
(34~35)

138. 하몽성, 표쇄영과 상숙영을 제3, 제4 부인으로 맞아 동시 결혼. (35)

139. 연부인, 몽성·몽린 형제에게 무시(無時)로 주찬(酒饌)을 징색(徵索). 포복만취(飽腹滿醉)하
여 정·표·상 3부인을 난타하는 등 광패한 행동을 함. 몽징(연부인 소생)이 모친의 실덕
을 혈성고간(血誠苦諫). (36)

140. 연희벽·청선 일당, 정부인 제거를 위해 용계차(用計次) 응윤(청선이 소부에서 훔쳐온 연
희벽의 거짓 아들)을 독살(毒殺)함. 초공 등이 회생단을 먹여 구호하여 회생시킴. 정부인,
간비의 거짓 초사(招辭)로 응윤을 독살한 죄에 몰림. (36~37)

141. 연희벽 일당, 정부인의 간부(姦夫)를 가장하여 태부인 침소에 자객을 침입시키고, 흉서를
빠뜨리고 달아나게 함. 흉서에 자객이 정부인의 간부로 날조되어 있어, 정부인 강상대죄
(綱常大罪)에 얽힘. (38)

142. 정부인, 하부에서 출거(黜去)되어 친정으로 돌아옴. (38)

143. 가 구씨, 창린이 자기를 염박(厭薄)하여 발을 끊자, 창린을 상사성병(相思成病)하여 실성
(失性)하기에 이름. 철부인을 질욕난타(叱辱亂打)하고 창린이 남긴 음식을 청하여 먹으며
창린의 옷을 입고 지내는 등 광패(狂悖)한 행동을 함. (40)

194. 원홍, 무뢰배들을 보내 조성란이 적소(謫所)로 가는 도중 납치를 기도(企圖). 성란, 생이지지(生而知之)하는 명감(明鑑)으로 이를 예견, 사전에 방비함으로써 화(禍)를 면함. (51)

195. 원홍, 조성란 탈취에 실패하고 청선·관씨 등과 공모(共謀), 한난주를 탈취하려 함. 관씨, 용계차(用計次) 한추밀에게 요약(妖藥)을 먹여 병세를 위중(危重)하게 하고, 한난주의 귀녕을 청함. (51)

196. 윤비(尹妃), 제왕 정천흥의 명으로 한난주의 피화책(避禍策)을 마련. 난주의 귀녕하는 거교(車轎)에 자문(自刎)한 형상의 초인(草人)을 대신 넣어 보내고, 난주를 벽소정에 깊이 은신시킴. (51)

197. 원홍, 심규희에게 천금을 주고 한난주의 거교(車轎)를 탈취케 함. 자문(自刎)한 난주의 형상을 보고 난주가 자문한 것으로 알고 강물에 버리게 함. (51)

198. 원홍, 청선의 천거로 여수정과 결혼. 수정, 원홍의 원비(元妃) 이씨를 모함하여 출거(黜去)케 하고 원홍의 원비가 됨. (51)

199. 정운기·윤웅린·하몽성, 걸안군과 접전(接戰), 승승장구. 간악한 음녀인 걸안 왕실 삼호녀(三胡女), 정·윤·하 삼장(三將)에게 음심(淫心)을 품고 출전, 정·윤·하 삼장, 이들을 모두 참살(斬殺)함. (51~52)

200. 걸안왕, 수만 년 된 흰 독사의 정령(精靈)인 영산법사라는 요귀(妖鬼)를 얻어 상장군을 삼음. 영산이 귀졸(鬼卒)을 부려 송군(宋軍)을 야습(夜襲). (52)

201. 정·윤·하 3장, 제요술(制妖術)·독(毒)화살·신병(神兵)·참요검(斬妖劍) 등으로 영산의 요술을 제어(制御), 영산과 걸안왕을 참(斬)하고 걸안국을 평정(平定). 개선환경(凱旋還京). (52)

202. 정현기, 동제에 도착. 삭방절도사 위방(윤부 위태부인의 庶姪), 총희(寵姬) 김수화(역적 김탁의 姜女)의 꾐에 빠져 정처(正妻)와 그 자녀를 암혈(巖穴)에 가두고 반역(叛逆) 기병(起兵). 김수화와 모의(謀議), 교유사 정현기를 진중(陣中)으로 유인하려 함. (52)

203. 김수화, 정현기의 풍채를 보고 음정(淫情)을 품음. 간계(奸計) 실패, 위방에게 중타(重打)를 당하자 원심(怨心)을 품고 위방을 독살(毒殺)함. (52)

204. 정현기, 김수화를 능지처참. 삭방을 선치교화(善治敎化)하고 환경(還京). (52)

205. 윤성린, 천지제신(天地諸神)께 7주야를 도축(禱祝). 신장(神將)의 도움을 얻어 동토수환(東土水患)의 원흉인 교룡을 퇴치. 동토수재(東土水災)를 선치(善治)하고 환경(還京). (53)

206. 황제, 윤·하·정 삼문 제공의 입공개선(立功凱旋) 소식을 듣고 대열(大悅). 천하에 대사면을 행함. 구상서 사면(赦免). (54)

207. 구상서, 적소(謫所)에서 태수 유협의 매(妹)와 재혼(再婚) 득남(得男). 황제의 은사(恩赦)를 받고 솔가환경(率家還京)하는 도중에 양주 활인사에서 은신하고 있는 딸 숙아와 부녀상봉(婦女相逢), 함께 경사(京師)로 돌아옴. (54~56)

208. 황제, 윤·하·정 제공이 걸안·동제·동토를 평정하고 동시에 개선 입경하자, 북문(北門)에 친행(親行)하여 삼로 군장(軍將)과 병사를 환영 위로. 걸안 정벌군 대원수 정운기에게

얻어냄. (64)

225. 현흡, 사혼(賜婚)을 기뻐하고 또 윤희천에게 옥혜와 명린(巢父 許由의 삶을 살고자 함)의 결혼을 청(請)함. 희천, 허혼. (64)

226. 황제, 옥선공주의 혼인을 위해 부마간택령(駙馬揀擇令)을 내리고 설과(設科). 윤광천의 자(子) 중린·정린·윤희천의 자 홍린·정천홍의 자 은기·문기, 응과(應科) 급제(及第). 홍린이 장원(壯元). 여숙의 딸 혜정, 남장(男裝)을 하고 여선이라 개명(改名). 응과 급제. 황제, 홍린을 부마로 간택함. (64)

227. 윤세린과 현소혜·윤명린과 현옥혜·윤홍린과 옥선공주, 같은 날 결혼. (64~65)

228. 여수정, 윤부에 복수할 것을 주사야탁(晝思夜度). 청선의 헌계(獻計)를 좇아 출가(出家). 봉선암에서 봉암(청선의 사부) 요도(妖道)와 간통(姦通). (65~66)

229. 청선, 용계차(用計次) 수정을 변용단을 먹여 능씨의 죽은 딸로 둔갑시키고, 능씨에게 죽은 딸을 살려냈다고 속여 수정을 능씨 집에서 머물게 함. 봉암, 여자로 변용, 수정의 천상 유모로 가탁(假託)하고 능씨의 집에 가서 수정과 동거(同居). (66)

230. 정천기·수기(정천홍의 6자 7자)·정덕기(정인홍의 차자), 각각 예부상서 김수의 장녀·석준의 차녀·삼녀와 동시결혼(同時結婚). (66)

231. 하몽징, 석현의 딸과 결혼. 연부인(몽징의 생모), 신부가 박색(薄色)임을 보고 크게 화를 내, 혼례식 중에 광패한 행동을 함. (66)

232. 윤중린·영린·혜린·봉린·정연기·수기·덕기·하몽징, 과거급제. (67)

233. 정유기(정세홍의 장자), 하채강(하원광의 장녀)과 결혼. 과거에 장원 급제(따로 본전을 둠. 유기 작중 퇴장). (67)

234. 정운기, 사천·합주지방의 요정(妖精)을 퇴치하기 위해 사천·합주 28주 도총검찰순안사로 출정(出征). (67)

235. 연수벽(정현기의 둘째부인), 부군(夫君)의 관인지덕(寬仁之德)과 원비 장부인의 극진한 화우(和友)에 감복하여 개과천선. 정현기 가내화평을 이룸. (67)

236. 가 여선(여혜정), 신진학사로 황제가 베푸는 잔치에 참석. 간계로 윤성린의 술에 요약(妖藥)을 타 정신을 잃게 한 후, 궐내 문화각에 잠들어 있는 성린과 잠자리를 같이하며 신체를 접촉하고, 여화위남(女化爲男)한 자신의 정체를 노출시켜, 성린을 궁지에 빠뜨림. (68)

237. 황제, 여혜정의 거짓 주사(奏辭)를 믿고, 정상(情狀)을 애련(哀憐)하게 여겨 혜정을 성린의 셋째부인으로 삼도록 사혼전지(賜婚傳旨)를 내림. (68)

238. 윤성린, 여혜정과 결혼(여혜정은 석년 윤광천에게 참살되었던 유교아의 후신임). 성린, 신혼초야부터 혜정의 처소에 들어가지 않고 혜정을 염박(厭薄). 혜정, 성린과 소·엄부인을 원망하여 절치교아(切齒咬牙)함. (69)

239. 여혜정, 근친귀녕(覲親歸寧). 부모(여방 부부)와 소부 여태부인에게 소봉란과 윤선화를 모함, 흉심(凶心)을 충동질 함. (69)

240. 여태부인과 여화정, 혜정의 무고(誣告)로 분기(憤氣) 충천(衝天), 윤선화를 질욕난타(叱辱亂

打). (69)

241. 여화정, 존구(尊舅) 소공의 책언(責言)을 듣고 대로(大怒)하여 소공에게 발악. 소성, 화정의 패악무례(悖惡無禮)한 행동에 격분, 혼서를 불사르고 화정을 급급히 출거. (70)

242. 여태부인, 윤선화를 극심히 박해하고, 여옥으로 하여금 선화를 탈취(奪娶)케 할 흉계를 주사야탁(晝思夜度). (70)

243. 윤선화, 증조모 위태부인의 병환으로 여태부인의 허락을 얻고 귀녕 길에 오름. 여태부인, 여옥에게 연락, 도중에 겁탈하게 함. 윤선화, 기미를 알고 초인(草人)을 만들어 자신의 거교(車轎)에 실어 앞세워 보내고 자신은 유모와 함께 죽교(竹轎)를 타고 뒤따라 행하여 위기를 모면, 외가 진부로 가 은신(隱身). (70)

244. 청선, 여화정의 청으로 요귀로 변신, 여옥이 탈취한 거교를 빼앗아 윤선화가 들어있는 줄 알고 강물에 던져 수장(水葬). 여옥, 뜻을 이루지 못해 실성발광(失性發狂). 여화정·수정 등 일당, 선화가 죽은 것으로 알고 대희(大喜). (70)

245. 여태부인, 소공 부자를 핍박. 여화정을 다시 소성의 원비로 데려오게 함. 화정, 소부로 돌아옴. (70)

246. 경난아, 윤창린을 상사(相思)하여 발병(發病). 등문고를 올리고 황제께 윤부로 돌아가게 해줄 것을 간청함, 존구(尊舅) 윤희천과 황제의 은사(恩赦)를 얻어 창린의 넷째부인으로 윤부에 복귀하고, 이후 엄·철·구부인의 극진한 화우에 감복해 개과천선함. 윤창린 가란(家亂) 종식(終熄). (70~71)

247. 여혜정, 경난아의 구구함을 냉안멸시(冷眼蔑視). 성린의 매몰 박대함을 한하여 해인살심(害人殺心)이 날로 깊어감. (71)

248. 정운기, 사천도착, 요귀(妖鬼)를 참살(斬殺)하여 요사(妖邪)를 진정(鎭定), 기민(飢民) 진휼(賑恤), 민심수습. (71)

249. 정운기, 원귀(冤鬼)의 현몽으로 범생의 원옥(冤獄)을 명정(明正)히 처결. 범생 일가, 원억(冤抑)을 신설하고 단취(團聚), 정운기의 사당(祠堂)을 짓고 사시향화(四時香火)함. (71)

250. 정운기, 열읍(列邑)을 순수(巡狩)하던 중, 동창부에서 신월 간비(姦婢)를 잡아 감금(監禁). (71~72)

251. 조성란, 주역(周易)을 보고 원홍 일당의 침입을 예견, 비자 5인과 함께 남복(男服)을 개착(改着)하고 피화(避禍). 공중에서 남쪽으로 가라는 음성을 듣고 남(南)으로 향함. 음란한 요승(妖僧)들과 산적 떼의 소굴인 청계산 활인관에서 하룻밤을 유숙하다가, 주지 능혜 요승(妖僧)의 음심(淫心)을 피해 탈주(脫走). 요승들과 산적들의 추격을 받아 잡히기 직전 대호(大虎)의 구출을 받음. 이때 여선(女仙; 衡山 위진군의 제자 여화진인)이 구름을 타고 나타나, 조성란 노주(奴主)를 연엽(蓮葉)을 태워 남악형산(南嶽衡山)으로 인도. (72~73)

252. 조성란, 남악형산 위진군이 주는 환약(丸藥)을 먹고 정운기와 자신의 삼생숙연(三生宿緣)과 원홍의 작해(作害) 등에 관한 전생(前生)의 과보지사(果報之事)를 소연명지(昭然明知)하고, 형산 선계(仙界)에 머물면서 선복(仙服)을 입고 선식(仙食)을 함. 위진군에게 천서(天

書) 3권을 사사(師事)하여 통달(通達), 상통천문(上通天文)·하찰인사(下察人事)할 수 있는 도(道)를 통함. 18삭 만에 형산에서 3두성의 하강환생(下降幻生)인 기이한 신동(神童)을 분만. (73)

253. 위진군, 조성란의 액화(厄禍)가 진하였음과 부친의 위태함을 알리고 선계(仙界)를 떠나 부친을 구하고 부부단취(夫婦團聚)할 것을 말해줌. (73)

254. 조성란, 위진군과 작별. 여화진인의 인도로 은주 취교역에 당도, 취교 역사(驛舍)에 부친(조현순)의 환경(還京)하는 행차가 머물고 있음을 듣고 시수(時數)를 헤아려 부친의 대화(大禍)를 지기(知機), 도술로 금의동자(金衣童子)를 부려, 요승 청선의 작변으로부터 부친의 위기를 구하고, 청선을 생포(生捕)함. (74)

255. 조현순, 청선을 엄형추문(嚴刑推問). 청선, 원홍·엄부인 등과 함께 조성란을 해한 모든 악사(惡事)와 원홍의 청탁을 받아 조현순을 죽이려 했음을 실토(實吐). 금의동자(金衣童子)가 보요삭으로 청선을 결박하고 주야(晝夜) 곁에서 지킴. (74)

256. 조성란, 부친과 상봉. (75)

257. 청선, 요술로 차(茶)에 독약을 타서 조현순을 혼절케 함. 성란, 위진군이 준 신약(神藥)으로 부친을 구하고, 제요진언(制妖眞言)을 청선의 함거(檻車)에 붙여 요술을 부리지 못하게 함. (75)

258. 정운기, 사천 합주 등지를 순무하고 환경하는 길에 취교역에 도착, 조현순 일행과 상봉. 조성란과 부부상봉, 신아(新兒)와 천륜을 단원(團圓). (75~76)

259. 정운기, 군사를 보내 활인사 요승들을 잡아다 엄형에 처하고, 사찰을 불태워 없앰. 능혜를 참수(斬首). (76)

260. 조현순, 성란이 죄 중에 있으므로 성란의 누명(陋名)을 신설(伸雪)하기 위해 청선과 신월 간비(姦婢)를 함거에 싣고 먼저 상경, 황제께 청선·원홍 등의 죄상을 상주(上奏). (76)

261. 황제, 청선·원홍·신월을 친국(親鞫), 청선 등의 지금까지 해온 모든 악사와 이들과 연루된 악류들의 죄상을 모두 밝혀냄. (76~77)

262. 하몽성, 청선을 재차 국문하여 연희벽의 가자(假子) 응윤의 친부모를 찾아 줄 것을 상주(上奏). 청선의 실토로 응윤의 친부(親父)가 소순임이 밝혀짐. (77)

263. 현매(조성란의 시비), 청선의 잡힘을 알고 봉암 등 요승들이 도망하는 틈을 타 탈신(脫身), 등문고(登聞鼓)를 울리고 원홍의 악사(惡事)를 황제께 주달(奏達). (77)

264. 응윤, 어전에서 소순과 합혈(合血), 광명정대(光明正大)하게 부자천륜(父子天倫)을 밝히고 부자단원(父子團圓). (77)

265. 황제, 청선 등 악류들의 죄를 처단. 청선·신월을 능지처참 효시(梟示), 원홍은 계북에 종신정배(終身定配). 관씨는 한추밀과 이이절혼(離異絶婚)토록 명(命)함. 조부 임부인은 조희성 등 삼자(三子)의 안면을 고렴(顧念)하여 물죄(勿罪), 가부(家夫)로 하여금 죄(罪)를 다스리게 함. 조성란에게는 사명(赦命)을 내리고 지현명덕효열숙현비(至賢明德孝烈淑賢妃)를 봉(封)하여 정운기와 함께 환경(還京)케 함. (77~78)

가 됨. (89)

304. 윤선화, 진소저로 가탁(假託), 소성과 결혼식을 올리고 구가로 돌아가 부부 단원. 소성과 여태부인은 윤·소 양가(兩家)의 희롱임을 깨닫지 못하고 윤선화를 죽은 줄로만 알아 진소저로 앎. 선화, 태몽을 얻고 잉태. (89)

305. 구창윤(구몽숙의 자), 평제궁에서 정천흥에게 수학, 15세에 장원급제. 부인 육씨 산후병으로 요절함. 정숙염(정세흥의 장녀)을 보고 상사성병(相思成病). (90)

306. 소성, 윤부에서 제공자들의 희롱을 받고 진소저가 윤선화임을 깨닫고 부부 화락. 여태부인, 이를 시기(猜忌), 여화정과 같은 천하추녀(天下醜女) 박씨를 소성과 결혼시킴. 소성, 박씨의 성품이 현숙함을 보고 오히려 후대(厚待). 소부 가란 종식(소동문과 하몽성의 장녀 성아의 결혼설화 등 소부 설화는 〈소씨가록〉과 〈소문명현충의록〉으로 이어짐). (90-91)

307. 위태부인, 기세, 고향 항주 선산에 안장. 황제, 진국태비 정덕왕후의 시호를 추증(追贈). (91)

308. 구창윤, 꿈에 정숙염과 삼생숙연(三生宿緣)을 도모하라는 선인(仙人)의 계시를 받고 밤에 숙염의 처소에 돌입, 결혼을 청함. (91)

309. 정숙염, 구창윤의 작변을 부끄러워하여 식음을 폐하고 두문불출(杜門不出). (91)

310. 구파, 기세. 윤수, 복제를 극진히 하여 장례를 치름. (91)

311. 정세흥, 구창윤의 작변사(作變事)를 듣고 대로(大怒), 숙염을 심규(深閨)에 폐륜(廢倫)시키고자 함. (91)

312. 구몽숙, 창윤의 패행(悖行)을 징계, 80장을 중타(重打). 정천흥, 운기를 구부에 보내 창윤을 사(赦)할 것을 청함. (92)

313. 구창윤, 장상(杖傷)과 숙염에 대한 상사(相思)로 병세 위중. 정세흥, 마지못해 창윤과 숙염의 결혼을 허(許)함. 창윤, 병세 쾌차. (92)

314. 정현기, 사혼전지(賜婚傳旨)로 화소저와를 셋째 부인으로 맞아 결혼. 장·연·화 삼부인과 화락. (92)

315. 정부 및 하부 제자녀. 남혼여가(男婚女嫁). (93)

316. 하원상, 추녀(醜女) 주애랑과 결혼. 주애랑, 임부인과 그 소생 자녀들을 해하고 원상의 애정을 독차지 하려 하나, 조력자(助力者)가 없어 뜻대로 하지 못함. 연부인을 본받아 몽열(임부인 소생)의 부인을 핍박하여 주식(酒食)을 징색, 포복진취(飽腹盡醉)하여 광패한 행동을 하다 병인(病人)이 됨. 흉언패설(凶言悖說)로 세월을 보내다 별사(別舍)에 격리되어 종신(終身). (93)

317. 하몽현·몽열·몽표, 응과(應科) 급제(及第), 몽현이 장원. 몽현, 한추밀의 딸을 재취(再娶)함. (93)

318. 정운기·하원창·하몽성, 각각 산서대도독·북번대원수·하동대도독이 되어 삼로(三路) 동일출정(同日出征). (93)

319. 구창윤, 정숙염과 결혼, 부부 화락. 벼슬이 승상 위국공에 이름. 구몽숙 부부, 창윤 부부의

영효(榮孝)를 받아 70여세를 향수하고 선종(善終). (94)

320. 석세광, 정낭염(정천흥의 제4녀)과 불화, 주색에 탐닉(耽溺). 석준에게 80장(杖)을 받고 비실(鄙室)에 수계(囚繫)됨. (94)

321. 윤부자손(尹府子孫), 남혼여가(男婚女嫁). (94)

322. 여수정, 능씨가 죽자 능씨의 노부(老父)를 죽이고 봉암과 음행(淫行), 윤봉린이 육화춘을 재취(再娶)하는 틈을 타 육소저 로 위장하고 윤부로 들어감. 봉암, 육화춘을 납치 취운산에서 죽이려다 백운(白雲) 속에 잃고 돌아옴. 수정, 개용단(改容丹)을 먹고 육씨가 됨. (94)

323. 윤봉린, 신부의 요악(妖惡)한 상모(相貌)를 보고 가까이 하지 않음. 수정, 신혼초야부터 봉린의 자는 틈을 타 봉암과 밀통(密通). 봉린, 요인(妖人)들의 음행과 흉언을 탐청(探聽), 봉암에게 부적을 붙여 본형을 드러나게 하고, 중형을 가해 봉암과 수정의 악사(惡事)를 밝혀냄. (94-95)

324. 화천도사, 취운산에서 육소저를 구해 윤부로 돌려보낸 후, 윤부에 나가 하룻밤을 유숙(留宿). (95)

325. 윤광천 곤계, 여수정과 봉암 요도(妖道)의 악사를 법에 의해 처단토록 소표(疏表)를 올림. (95)

326. 여혜정, 오빠 여옥과 재산 다툼. 부모에게 요약을 먹여 자신을 편애토록 하고, 스스로 개용단을 삼켜 옥이 부모를 죽이려하는 거동을 연출, 옥에게 극약을 먹여 죽이게 함. 여옥, 탈출, 형부에 고장(告狀). (95)

327. 황제, 형부(刑部)로부터 여혜정·수정 등 악류들의 죄상을 보고받고 의법처단(依法處斷). 여방·여숙은 절해(絶海)에 위리안치(圍籬安置), 여수정·봉암은 처참효시(處斬梟示), 여혜정 사사(賜死), 여옥 소주 원찬(遠竄), 원금 충군(充軍), 초진 장살(杖殺). (95-96)

328. 혜정·수정·봉암, 참형 직전 일진광풍(一陣狂風)과 함께 사라짐. 여방·여숙, 공중에서 대호(大虎)가 내려와 물어감. (96)

329. 화천도사, 이 소식을 듣고 윤·하·정 삼문(三問)의 충의를 빛낼 시절이 올 것을 예언. 윤부 제인과 작별, 차생(此生)에서 다시 만나지 못하리라고 말하고 사라짐. (96)

330. 윤봉린, 두·육 2부인과 화락. 가내화평(家內和平). (96)

331. 동오왕 엄백경, 조회차 입경(入京). (96)

332. 최부인(엄태사부인), 45세에 영자(英子)를 낳아 이름을 '영'이라 함. 양자 '창'을 죽이기 위해 은악양선(隱惡佯善). (96)

333. 엄창, 윤월화(윤광천의 차녀)와 결혼. 최부인, 신부의 현숙함을 보고 시기심이 대발(大發), 창 부부를 제거할 흉심을 품음. (96)

334. 엄백경, 죽음을 예탁(豫度). 두 형과 자(子)·녀(女)·서(壻) 들과 영결(永訣)하고 오국으로 귀국. (96)

335. 윤희린·옥화·운화, 각각 하명강·하몽창·범연희와 결혼. (96)

336. 하원창, 북번을 정벌하고 승전반사(勝戰叛事). 우승상 청능후가 됨. (96)

355. 엄표, 봉암을 시켜 윤창린과 엄추밀을 죽이고 유서와 유표를 **빼앗아** 오도록 명함. 봉암, 야삼경(夜三更)에 요술을 부려 양인(兩人)의 숙소에 침범. 창린, 제요검(制妖劍)으로 요인을 물리침. (100)

356. 윤창린·엄추밀, 경사 도착, 오왕의 유서와 유표를 황제께 진달. 황제, 창린을 평오대원수·엄추밀을 부원수를 삼아 오국을 정벌케 함. (100)

357. 봉암, 흉계 실패하고 돌아오는 길에, 적소를 탈주하여 유리걸식(遊離乞食)하는 원홍을 만나 오궁으로 데려와 오세자에게 천거. (100)

358. 엄표 일당, 엄태사와 윤성린을 봉암과 원홍이 납치, 북니산 초옥(草屋)에 감금. 여방·여숙에게 개용단(改容丹)을 먹여 엄태사와 윤성린으로 변용시켜 처신케 함. 윤성린·엄태사, 북니산 성황신(城隍神)의 지교(指敎)로 감천수(甘泉水)를 찾아 기아(飢餓)를 면함. (100)

359. 심이기(吳세자 궁관), 엄태사와 윤성린을 아사(餓死)했다고 속이고 자기 집에 은신시킴. (100)

360. 윤창린, 천병(天兵) 100만을 이끌고 오궁 성문에 이르러 격서를 보냄. 장후(后), 성문을 열고 천병을 맞도록 함. (100)

361. 엄표, 심이기를 요약을 먹여 자신을 대신케 하고 남청사로 도주. (100)

362. 윤창린, 정인군자의 안광(眼光)으로 영접하는 세자·태사·천사(天使)가 모두 요약을 마시고 변용한 인물들임을 알고 잡아 엄형추문(嚴刑推問)하려 하자 심이기가 전후수말(前後首末)을 낱낱이 고(告)함. (100)

363. 윤창린, 삼인(三人)의 본형(本形)을 드러나게 하고 여방·여숙을 엄형추문. 봉암·수정·혜정 등과 행한 악사를 밝혀내고 함거에 엄수(嚴囚). (101)

364. 봉암, 송군(宋軍)에 포위되자 원홍·혜정·수정을 데리고 도망, 서번국 견융에게 의탁함. 엄표, 송군에 생포되어 자결. (101)

365. 엄태사·엄창·윤성린, 장후·호빈 등과 함께 오왕의 시신을 운구(運柩), 고향 소주로 발행. (101)

366. 견융, 혜정·수정의 미색(美色)에 대혹, 양녀(兩女)를 언지, 봉암을 국사(國師), 원홍을 승상으로 삼음. 혜정 일당, 견융을 충동 중원을 침노케 함. (101)

367. 윤창린, 서번 정벌, 봉암·원홍·혜정·수정을 생포. 여방·여숙과 함께 함거(檻車)에 싣고 개선(凱旋). (101)

368. 최부인, 윤월화를 갖가지로 모해. 엄창과 이이절혼(離異絶婚)케 하고 절강 정배죄수(定配罪囚)를 만듦. 양희, 월화를 배행(陪行), 함께 적소로 떠남. (101)

369. 엄창, 최부인의 모해를 받아 장사로 정배됨. (엄태사·엄창 등이 동오왕을 고향 소주에 안장(安葬)하고 환경한 대목과 최부인이 엄태사를 요약을 먹여 어림장이를 만들고, 창을 시부살제(弑父殺弟)하려 한 강상대죄(綱常大罪)로 얽어 무고(誣告)하는 대목 등의 〈엄씨효문청행록〉 19-23권의 내용이 누락되어 있는 것으로 보아, 필사 원본에 낙장(落張)이 있었던 것으로 추정됨.) (101)

# 윤하뎡삼문취록 권지일

대송(大宋) 인종됴(仁宗朝)[1]의 참지졍스 문연각태학스 대스마 좌장군(參知政事 文淵閣太學士 大司馬左將軍) 평진왕 윤공의 명(名)은 광텬이오, 즈는 스원이니 별호는 쳥문션싱(淸文先生)이라. 니부상셔 홍문관태학스 금즈광녹태우(吏部尙書 弘文館太學士 金紫光祿太夫[2]) 동진왕 튱무공 명텬션싱 윤현의 장즈요, 즁셔령(中書令) 졔양공 윤무의 손이오, 기국공신 조빈(曺彬)[3]의 외손(外孫)이라. 사름되오미 츌어범뉴(出於凡類)ᄒ여 흉즁의 졔셰안민지지(濟世安民之才)[4]와 운쥬유악지즁(運籌帷幄之中)[5]의 결승쳔니(決勝千里)[6]ᄒᄂ는 지혜잇고, 직졀인뉸(直節人倫)이 쥰엄강개(峻嚴慷慨)ᄒ【1】여 풍뉴신광(風流身光)이 니두(李杜)[7]를 묘시(藐視)[8]ᄒ니, 츌텬지효(出天之孝)ᄂᄂ는 대슌(大舜)[9]을 법ᄒ고 관일지튱(貫日之忠)은 한뒤(漢代) 졔갈(諸葛)[10]을 묘ᄒ여 스군(事君)의 만시(萬事) 슉연(肅然)ᄒ니 상춍(上寵)이 일신의 《요젼‖온젼》 홀 ᄯᆞᆫ아니라, 스ᄒᆡ풍진(四海風塵)을 진뎡(鎭靜)ᄒ고 훈업(勳業)과 공명(功名)이 일셰의 희한(稀罕)ᄒ더라.

공의 고집이 태과(太過)ᄒ므로 즈긔 일홈을 스쳑의 ᄲᅢ히니, 상이 츠셕(嗟惜)ᄒ시고 됴얘(朝野) 그 튱효션ᄒᆡᆼ(忠孝善行)을 후셰의 듣니지 못ᄒ믈 탄ᄒ여, 조초[11] 명쥬보월빙(明珠寶月聘)[12]을 일워 윤·하·뎡 삼문 졔인의 ᄒᆡᆼ젹을 긔록ᄒ뒤, 즈질(子姪)이 뒤뒤로 이【2】문취록(門聚錄)을 일워 삼부 졔공의 즈녀 혼취(婚娶)와 그 츌인션ᄒᆡᆼ(出人

---

1) 인종됴(仁宗朝) : 중국 송(宋)나라의 제4대 황제 인종의 재위기간(1022~1063).
2) 금즈광녹태우(金紫光祿大夫) : 중국과 고려에 있었던 문관 품계의 하나, 태우는 '대부(大夫)'의 옛말.
3) 조빈(曺彬) : 후주(後周)·송초(宋初)의 무장(武將)·정치가. 송나라 때 태사(太師)를 지냈고 노국공(魯國公)에 봉해졌다. 시호(諡號)는 무혜(武惠), 제양군왕(濟陽郡王)에 추봉(追封)되었다.
4) 졔셰안민지지(濟世安民之才) : 세상을 구제하고 백성을 편안하게 할 재주..
5) 운쥬유악지즁(運籌帷幄之中) : 장막(帳幕) 안에서 주판을 놓듯이 이리저리 궁리하고 계획함.
6) 결승쳔니(決勝千里) : 교묘한 꾀를 써서 천리 밖의 먼 곳에서 일어나는 싸움의 승리를 이뤄냄.
7) 니두(李杜) : 당나라 때 시인 이백(李白: 701-762)과 두보(杜甫: 712~ 770).
8) 묘시(藐視) : 업신여기어 깔봄.
9) 대슌(大舜) : 순임금. 중국 고대 성군(聖君)의 한사람으로 효자(孝子)로 추앙받는 인물.
10) 졔갈(諸葛) : 제갈량(諸葛亮). 181-234. 중국 삼국시대 촉한(蜀漢)의 정치가. 자 공명(孔明). 시호 충무(忠武). 뛰어난 군사 전략가로, 유비를 도와 오(吳)나라와 연합하여 조조(曹操)의 위(魏)나라 를 대파하고 파촉(巴蜀)을 얻어 촉한을 세웠다.
11) 조초 : '좇아, 따라'의 옛말.
12) 명쥬보월빙(明珠寶月聘) : 본 작품 〈윤하정삼문취록〉의 선행작. 100권100책으로 된 대장편소설이다.

善行)을 긔록ᄒᆞ디 열의 ᄒᆞ나흘 긔록지 못ᄒᆞ믈 ᄎᆞ셕(嗟惜)ᄒᆞᄂᆞᆫ 비라.

어늬 ᄰᅵᆫ에 계조모(繼祖母)와 의손(義孫)이 업ᄉᆞ며, 양모(養母)와 양ᄌᆞ(養子) 업ᄉᆞ리오마ᄂᆞᆫ, 오직 윤부 남ᄌᆞ녀인(男子女人) ᄀᆞᆺᄐᆞ니 업ᄉᆞ니, 윤명텬 튱무공이 년미삼십(年未三十)의 ᄌᆞ원츌젼(自願出戰)ᄒᆞ여 긴 명을 즈레 싄쳐 국가 근심을 덜고, 죽기ᄅᆞᆯ 도라감ᄀᆞᆺ치 ᄒᆞ여 위국ᄉᆞ졀지튱(爲國死節之忠)과 지효션ᄒᆡᆼ(至孝善行)을 감동ᄒᆞ여, 두 낫 대현군ᄌᆞ(大賢君子) 영준(英俊)을 닉샤 그 후ᄉᆞ(後嗣)ᄅᆞᆯ 빗닉시니, 왕의 일뎨(一弟){ᄂᆞᆫ} 우승상 황태【3】부 금ᄌᆞ광녹태우 홍문관태학ᄉᆞ 동평후(右丞相 皇太傅 金紫光祿太夫 弘文館太學士 東平侯)의 명은 희텬이오, ᄌᆞᄂᆞᆫ ᄉᆞ빈이니, 호ᄂᆞᆫ 효문션ᄉᆡᆼ(孝文先生)이라. 왕과 ᄲᅡᆼᄉᆡᆼ애(雙生也)로ᄃᆡ 시긱(時刻)이 션후(先後) 이시므로 효문이 아ᄅᆡ 되니라.

사ᄅᆞᆷ 일은 산쳔슈긔(山川秀氣)와 일월졍화(日月精華)ᄅᆞᆯ 타 나니, 경운화풍지상(慶雲和風之相)이라. 년미십삼(年未十三)의 등과(登科)ᄒᆞ여 작위 슝고ᄒᆞ디 관인후덕(寬仁厚德)ᄒᆞ며 셩상을 보필ᄒᆞ여 요슌지치(堯舜之治)[13]의[ᄅᆞᆯ] 일위니 됴얘(朝野) 흠앙(欽仰)ᄒᆞ더라. 상이 승상으로 입됴(入朝)의 칼ᄎᆞ고 드러오며, 그 일흠을 브르지 아니시고 미양 윤상부라 ᄒᆞ시고, 션뎨님【4】붕(先帝臨崩)의 좌승상 하학셩과 윤태부의게 유됴(遺詔)ᄒᆞ샤 보태ᄌᆞ(保太子)ᄒᆞ라 ᄒᆞ시다. 상이 윤태부ᄅᆞᆯ 각별 녜경(禮敬)ᄒᆞ샤 치민(治民)ᄒᆞ시니, 빅셩이 안업(安業)ᄒᆞ여, 다ᄉᆞᆺ 나라히 ᄒᆡ외(海外) 오랑키ᄅᆞᆯ 거ᄂᆞ려 됴공(朝貢)ᄒᆞᆫ 믄 젼혀 효문공의 덕화ᄅᆞᆯ 힘닙으미라.

공의 부귀영툥(富貴榮寵)이 일셰의 온젼ᄒᆞ니 근심과 슬프미 업ᄉᆞ디, 평ᄉᆡᆼ 간혈(肝血)의 지통(至痛)이 신셕(晨夕)의 톄읍(涕泣)ᄒᆞ믈 면치 못ᄒᆞ니, 이ᄂᆞᆫ 공이 왕으로 더브러 모부인(母夫人) 조태비 복즁(腹中)의셔 명쳔공이 금국(金國)의 가 몸을 ᄇᆞ리니, 진왕 곤계(昆季) 엄안(嚴顔)을 아지 못ᄒᆞ【5】니 영모지통(永慕之痛)이 텬디의 ᄀᆞ득ᄒᆞ더라. 조태비 퇴교ᄅᆞᆯ 어지리 ᄒᆞ여 냥공(兩公)을 싱ᄒᆞᄆᆡ 냥지 문일지십(聞一知十)[14]ᄒᆞ며 문십지빅(聞十知百)[15]ᄒᆞᄂᆞᆫ 총명이 잇더라. 명쳔공 ᄉᆞ졀지통(死絶之痛)과 조태비 달효지셩(達孝之誠)이며 《명쳔‖쳥문》·효문 이공(二公)의 풍ᄉᆡᆼ[ᄉᆞᆼ]변ᄋᆡᆨ(風霜變厄)이 대셜(大說)[16]의 ᄒᆡ비(該備)ᄒᆞ니라.

튜밀ᄉᆞ 호람후(樞密使 湖南侯) 윤슈의 부인 뉴시와 장녀 상태우 《경능공‖녕능공》 셕쥰의 쳐 경아ᄀᆞᆺᄐᆞᆫ 악ᄒᆡᆼ은 만고(萬古)의 업ᄉᆞ니, 엇지 여후(呂后)[17]의 됴왕(趙

---

13) 요슌지치(堯舜之治) : 고대 중국의 성군(聖君)인 요임금과 순임금 시대의 매우 잘 다스려진 정치.

14) 문일지십(聞一知十) : 하나를 듣고 열 가지를 미루어 안다는 뜻으로, 지극히 총명함을 이르는 말. ≪논어≫ 의 〈공야장편(公冶長篇)〉에 나오는 말이다.

15) 문십지빅(聞十知百) : 열 가지를 듣고 백 가지를 미루어 안다는 뜻으로 '문일지십(聞一知十)'을 보다 강조 하여 이르는 말.

16) 대셜(大說) : 연작소설에서 전편(前篇)을 이르는 말. 여기서는 〈명주보월빙〉을 기리킴.

17) 녀후(呂后) : BC241-180. 중국 한고조의 황후. 성은 여(呂). 이름은 치(雉). 고조를 보좌하여 진말(秦末)·한초(漢初)의 국난을 수습하였으나, 고조가 죽은 뒤 실권을 장악하여, 고조의 애첩인 척부인(戚夫人)과 척부인 소생 왕자 조왕(趙王)을 죽이는 등 포악을 일삼아, 측천무후(則天武后), 서태후(西太后)와 함께

王)18) 딤살(鴆殺)흠과 상(象)19)이 슌(舜)을 죽이려 흐믈 고이타 흐리오. 진국 태왕태
비(太王太妃)20) 위시는 명쳔공의 조모요 호【6】람후를 싱흔 비라. 불힝흐여 명쳔공
이 조셰(早逝)흐니 여러 일월의 비통이 흉억(胸臆)의 밋쳐 말이 션형(先兄)게 밋쳐는
상연(傷然) 츌쳬(出涕)아닐 적 업스므로 왕과 승상으로 더브러 슉질(叔姪)의 졍이 부
ᄌ(父子)의 지나다 흐고, 더옥 왕은 종장(宗長)의 듕흔 몸이라 흐고 범스의 듕히 넉이
믈 ᄌ신의 더으게21) 흐니, 승상을 팔셰의 계후(繼後)흐여 근근(勤懃)22)흔 졍이 텬뉸
밧 ᄌ별(自別)커늘, 뉴녀와 경우의 간악 흉포흐미 태부인을 도아 왕의 곤계 조태비 복
즁의 이실적브터 독약으로 히코져 쳔만 흉심이 층【7】츌흐니, 왕의 모ᄌ 형뎨 부뷔
만일 범연흔 품슈(稟受)면 엇지 독슈의 맛지 아녀시리오마는, 하늘이 군ᄌ를 위흐여
슉녀를 ᄂ시미 윤문을 크게 흥(興)코져 흐시미, 위·뉴 이부인의 젼후만악(前後萬惡)
이 신명(神明)의 보호흐미 되여 만ᄉ일싱(萬死一生)흐여 위·뉴 두부인을 감화흐니 희
(噫)라 쳥·효공과 뎡·진·하·장 ᄉ 부인의 초년 익화(厄禍)는 힝싀(行事) 타루(墮
淚)홀지라. 위 태부인 흉교지심(兇狡之心)이 추시의 다ᄃ라는 힝여도 잇지 아녀, 왕과
승상부부의 셩효덕화를 긔특이 넉여 황홀흔 ᄉ랑을 쏘드니 엇지 【8】반졈 포려(暴
戾)흔 뜻이 이시리오. 위태부인은 도로혀 프러지고 흐리눅은 품이 되고, 뉴부인은 인
ᄌ(仁慈) 냥졍(良正)흐여 ᄉ갈(蛇蝎)의 독이 업더라.

셕부인 경이 당금흐여는 쏘흔 나약심졍(懦弱心情)이 되어시니, 승상이 져져(姐姐)의
신셰 쾌활치 못흐여 거가(擧家)의 ᄌ최 셔어(齟齬)흐믈23) 그윽이 슬허, 흔가지로 부모
의 슬하의 즐기믈 닐ᄏ라 긴 셰월의 흔갈ᄀ치 모친 버금으로 밧드러 공경흐니, 진왕
이 쏘흔 친동긔(親同氣)ᄀ치 우공(友恭)흐미 지극흐니, 위태부인 고식조손(姑息祖孫)이
감은골슈(感恩骨髓)흐더라.

쳥문의 원비 진【9】국 슉열부인(淑烈夫人) 뎡시는 대ᄉ도(大司徒) 금평후 뎡연의
녀니 이 본ᄃ 덕문싱츌(德門生出)노 특이흔 덕힝과 츌뉴(出類)흔 셩회(誠孝) 규즁요슌
(閨中堯舜)이러라. 초년 참화를 진뎡(鎭靜)흐고 복녹을 밧으미 쳔승국모(千乘國母)로
만복이 무흠(無欠)흐니, 흐믈며 왕의 부뷔 각각 ᄌ부인(慈夫人) 복즁의셔 약혼(約婚)흔
바 명쥬(明珠)로 빙(聘)24)흐여 십삼의 결발대륜(結髮大倫)을 《마즈니∥미즈니》 왕의

중국의 3대 악녀로 꼽는다.
18)됴왕(趙王) : 이름 유여의(劉如意). 중국 한(漢)고조(高祖)와 척부인(戚夫人) 사이에 난 아들. 고조가 후계
　자로 삼고자 했을 만큼 그의 사랑을 받았으나, 고조 사후 여후(呂后)에게 독살을 당했다.
19)상(象) : 고대 중국의 성군인 순임금의 이복동생. 어머니와 짜고 아버지 고수(瞽叟)를 꾀어 순을 죽이려
　하였다.
20)태왕태비(太王太妃) : =대왕대비(大王大妃). 살아 있는, 전전 임금의 비(妃). 주로 왕의 할머니를 이르는
　말이다.
21)더으다 : '더하다'의 옛말.
22)근근(勤懃) : 매우 지성(至誠)스러움.
23)셔어(齟齬)ᄒ다 : 뜻이 맞지 아니하여 서먹하다
24)빙(聘) : 결혼할 때 신랑이 신부 집에 예물을 보냄.

고산 궃튼 안견(眼見)으로도 왕비의 힝스룰 험(欠)홀[25] 거시 업스니 은졍(恩情)이 무궁ᄒᆞ여 희롤 년(連)ᄒᆞ여 싱산ᄒᆞ민, 개개히 부풍모습(父風母襲)ᄒᆞ여 곤옥녀금(崑玉麗金)[26]이러【10】라. 추비(次妃) 진시ᄂᆞᆫ 병부상셔 낙양후(兵部尚書洛陽侯) 진냥의 녜니 뎡비로 표종지간(表從之間)[27]이라. 슉ᄌᆞ인풍(淑姿仁風)과 셜부화뫼(雪膚花貌) 슉열비 아릭 일인이라. 초년 험익(險阨)을 지니고 필경(畢竟) 영화로오니 부귀 슉열비의 버금이오, 삼비(三妃) 남시ᄂᆞᆫ 태상경(太常卿) 남슉의 녀오, ᄉᆞ비(四妃) 화시ᄂᆞᆫ 츄밀ᄉᆞ(樞密使) 화무의 녜니, 용화식광(容華色光)이 화월(花月)이 슈퇴(羞退)[28]ᄒᆞ고 셩심ᄉᆞ덕(誠心四德)이 겸비(兼備)터라. 화시ᄂᆞᆫ 진시로 이종지간(姨從之間)이오, 뎡비 남·화 이비를 진왕긔 도라오게 쥬션(周旋)ᄒᆞ여 동녈(同列)의 졍이 '황영(皇英)의 ᄌᆞ미'[29] 궃ᄐᆞ여 상두(上頭)의 거ᄒᆞ민, 태임(太妊)[30] 태ᄉᆞ(太姒)[31]【11】의 풍(風)으로 진·남·화 삼비와 《유비∥옥비[32]》 등 십희(十姬)롤 거ᄂᆞ리민 여러 셰월의 양[양]츈화긔(陽春和氣) 비약[약]화홍(譬若和弘)ᄒᆞ고 궁즁이 슉연ᄒᆞ여 ᄆᆞᆰ기 츄슈(秋水) 궃ᄐᆞ니, 진왕의 십개 미희ᄂᆞᆫ 빅시《유비∥옥비》 슌시《슈월∥슌월》 최시취교 연시염완 쥬시소화 최시졍미 션시월향 오시월교 양시쇼월 가시가월 등이라. 창녀의 음비(淫卑)ᄒᆞ미 업서 뎡·진·남·화 ᄉᆞ비의 덕셩을 감은 조심ᄒᆞ니라. 진왕이 슈상(首上)의 온화ᄒᆞ고 효슌ᄒᆞ여 봉상(奉上)ᄒᆞ고 쥰녈(峻烈) 엄슉ᄒᆞ므로 어하(御下)ᄒᆞ더라. 《유비∥옥비》 등이 일삭의 ᄒᆞᆫ 번식【12】 니불을 안아 닉 셔헌(西軒)의 시침(侍寢)ᄒᆞ미 잇고 방ᄌᆞᄒᆞ미 업더라.

왕이 ᄯᅩᄒᆞᆫ 셔ᄌᆞ(庶子) 등을 엄히 경계ᄒᆞ여 졔ᄌᆞ(諸子)와 궃치 아니코, 굿ᄐᆞ여 문학을 권치 아니딕 총명영긔(聰明英氣) 과인(過人)ᄒᆞ여 문ᄌᆞ롤 통ᄒᆞ니 왕이 깃거 아니터라.

효문공 원비(元妃) 하시ᄂᆞᆫ 참지졍ᄉᆞ(參知政事) 졍국공 하진의 녜오, 추비(次妃) 장시ᄂᆞᆫ 대ᄉᆞ마 농두각태학ᄉᆞ(大司馬 龍頭閣太學士[33]) 장협의 녜니, 특이(特異)ᄒᆞᆫ 직질(才質)과 초츌(超出)ᄒᆞᆫ 힝실이 일빵 셩녀명염(聖女明艷)이라. 초년의 상비변고(傷悲變故)

---

25)험(欠)ᄒᆞ다 : 흠(欠)잡다. 사람의 언행이나 사물에서 흠이 되는 점을 집어내다.
26)곤옥녀금(崑玉麗金) : 중국 곤륜산에서 난다는 아름다운 옥과 여수(麗水)에서 나는 겸금(兼金)이란 뜻으로 자녀들의 아름다움을 비유적으로 표현한 말.
27)표종지간(表從之間) : 내외종(內外從) 형제사이.
28)슈퇴(羞退) : 부끄러워함. 부끄러워 뒤로 물러남.
29)황영(皇英)의 ᄌᆞ미 : 중국 요(堯)임금의 두 딸인 아황(娥皇)과 여영(女英) 자매를 일컫는 말로 자매가 함께 순(舜)에게 시집 가, 서로 화목하며 순임금을 지성으로 섬겼다..
30)태임(太妊) : 중국 주(周)나라 문왕(文王)의 어머니. 부덕(婦德)이 높아 며느리 태사(太姒: 문왕의 비)와 함께 성녀(聖女)로 추앙된다.
31)태사(太姒) : 중국 주(周) 문왕(文王)의 비(妃)이며 무왕(武王)의 어머니인 태사(太姒)를 말함. 어진 어머니이면서 착한 아내로 유명함.
32)옥비 : 진왕 윤광천이 정부 대월루에서 유정한 십창(十娼)의 이름은 옥비·슌월 등 십인(十人)이다.(〈명주보월빙〉 42권 : 42쪽)
33)농두각태학ᄉᆞ(龍頭閣太學士) : 홍문관 대제학을 달리 이르는 말. *용두각(龍頭閣); =홍문관, 태학사(太學士); 조선 시대에, 홍문관과 예문관의 으뜸 벼슬. 태종 1년(1401)에 대제학으로 고쳤다.

ᄒᆞ고 다쇼 험난풍파(險難風波)를 지닉되 보젼ᄒᆞᆷ믈 어더 복녹이 만무일흠(萬無一欠)ᄒᆞ
【13】니 길인(吉人)을 창복(昌福)ᄒᆞᄆᆡ 엇지 텬시(天時)를 응ᄒᆞᄆᆡ 아니리오. 하부인은
유도ᄌᆞ(有道者)의 풍(風)이오, 장부인은 영걸(英傑)의 습(習)이 이시니, 승상이 비록 셩
문(聖門)의 학교(學敎)를 슈련ᄒᆞ여 텬셩대효(天性大孝)로 오십의 죵부모(從父母)34)ᄒᆞ여
실가(室家)의 ᄋᆡ모(愛慕)ᄒᆞᄆᆡ 업ᄉᆞ나 엇지 금슬죵고(琴瑟鐘鼓)35)의 낙(樂)이 박ᄒᆞ리오.
깁히 공경듕대(恭敬重待)ᄒᆞ여 부화쳐슌(夫和妻順)이 ᄀᆞ죽ᄒᆞ니 틱상(宅上)의 화긔 츈풍
이러라.

명텬공 일녀ᄂᆞᆫ 의열비(義烈妃)니, 곳 평졔왕 뎡듀쳥 원비(元妃)요, 호람후 ᄎᆞ녀ᄂᆞᆫ 승
상 하학셩 원비요, 진왕이 의긔로 구ᄒᆞ여 결약【14】남ᄆᆡ(結約男妹)ᄒᆞᆫ 바 《하∥한》
상셔 희린의 부인 우시 진왕의 덕을 감골ᄒᆞ고, 희린이 윤승상 지우를 극심ᄒᆞ여 구슬
먹음기36)를 긔약ᄒᆞ니, 엇지 친ᄆᆡ와 다ᄅᆞ미 이시리오.

왕궁과 하부장원을 연ᄒᆞ여 협문을 ᄉᆞ이두어 부인닉 됴왕모릭(朝往暮來)ᄒᆞ니 왕과
승상이 위·조 이태비(二太妃)와 호람후부부를 뫼셔 화됴월셕(花朝月夕)37)의 희담소어
(戲談笑語)로 셩슌위열(誠順慰悅)ᄒᆞ여 효셩을 다ᄒᆞ니, ᄌᆞ질(子姪)이 부슉(父叔)의 효우
를 ᄯᆞ라 슉당(叔堂) 셤기미 부모의 감치 아니니, 진궁이 동문 밧 취운산 응텬동의 이
시니 【15】텬디 초판(初判)38)ᄒᆞᆯ 적 별건곤(別乾坤)이 되어, 뎡·진·윤·하 ᄉᆞ부 복
디(福地)를 ᄉᆞᆷ으니 풍경이 졀승ᄒᆞ고 산쉬 명녀(明麗)ᄒᆞ여, 일좌(一座) 쳥산이 좌우로
등지고 묽은 시니 압흘 인ᄒᆞ여 먼니 셔호(西湖)39)를 ᄇᆞ라고, 갓가이 님소(林沼)를 안
계(眼界)40)ᄒᆞ여 오초승화(吳楚勝華)41)를 다ᄒᆞ엿더라.

도셩(都城)이 삼십니를 격ᄒᆞ야 심슈벽쳐(深邃僻處)로딕, 초에 금후 뎡공이 낙양후
진공 곤계로 더브러 취운산의셔 가샤(家事)를 뎡ᄒᆞ고, 하공을 별쳐의 머믈게 ᄒᆞ니, 왕
이 옥누항 가새(家事) 파락(破落)ᄒᆞ믈 인ᄒᆞ여 진궁을 취운산의 일운 비오,【16】본국
의 도라가지 못ᄒᆞᆷᄆᆞᆫ 텬은의 호셩(豪盛)ᄒᆞ시미 만니타국의 보닉믈 앗기샤 쳔승지위(千

---

34)죵부모(從父母) : 부모의 뜻을 따르면서 섬김.
35)금슬죵고(琴瑟鐘鼓) : 『시경』〈국풍〉 '관저(關雎)'편의 금슬우지(琴瑟友之)와 죵고낙지(鐘鼓樂之)를 아
   울러 이르는 말. 거문고와 비파를 타고, 종과 북을 치며 서로 즐긴다는 뜻으로 부부가 서로 화락함을 이
   르는 말.
36)구슬먹음기 : =함주(含珠). 상례(喪禮)에서 염습할 때에 죽은 이의 입에 쌀이나 구슬을 물리는 데 쌀을 물
   리는 것을 반함(飯含)이라 하고 구슬을 물리는 것을 함주(含珠)라 함. '여기서는 죽어서도 은혜를 잊지
   않고 갚음'을 뜻함.
37)화됴월셕(花朝月夕) : 꽃 피는 아침과 달 밝은 밤이라는 뜻으로 경치가 좋은 시절을 이르는 말.
38)초판(初判) : =조판(肇判). 처음 쪼개어 갈라짐. 또는 그렇게 가름.
39) 셔호(西湖) : 절강성(浙江省) 항주시(杭州市)의 성 밖 서쪽 고산(孤山) 곁에 있는 유명한 호수로 명성호
   (明聖湖)·상호(上湖)·전당호(錢塘湖)·외호(外湖) 등의 별칭이 있음.
40)안계(眼界) : 눈으로 바라볼 수 있는 범위.
41)오초승화(吳楚勝華) : 중국 오(吳)나라와 초(楚)나라의 뛰어난 경치. 오(吳)나라와 초(楚)나라는 특히 경
   치가 아름답기로 유명하다.

乘之位)의 다시 군국듕임(軍國重任)42)을 맛져 연곡지하(輦轂之下)43)의 써나지 못ᄒ게 ᄒ시므로, 왕이 ᄯ혼 황성을 써날 ᄯᅳ시 업서 몰신(沒身)토록 셩은을 갑습고져 ᄒᄂᆫ지라. 비록 쳥개(淸介)ᄒ여 사치ᄅᆞᆯ 원슈ᄀᆞᆺ치 넉이나, ᄂᆡ외당사(內外堂舍)가 광활ᄒ여 규문(閨門)이 방졍(方正)ᄒ고 쳐소가 유법(有法)ᄒ여 슉쳥(淑淸)ᄒ더라.

ᄎ시 농두각ᄐᆡ학ᄉᆞ(龍頭閣太學士) 평졔왕 텬하병마졀졔ᄉᆞ(天下兵馬節制使) 뎡공의 명은 텬흥이오, ᄌᆞᄂᆞᆫ 빅달이오, 별호ᄂᆞᆫ 듁쳥션ᄉᆡᆼ이니, ᄐᆡᄉᆞ도(太司徒) 【17】 금평후 뎡연의 장ᄌᆞ요, 태ᄌᆞ소ᄉᆞ(太子小師) 뎡슈의 손이오, 승상 《신겸∥진겸44)》의 외손이라. ᄉᆡᆼ셩ᄒ미 츌어범뉴(出於凡類)ᄒ여 십ᄉᆞ세의 문무 뎨일이 되여 쳥현아망(淸顯雅望)이 됴야의 ᄀᆞ득ᄒ더니, 십팔의 션황(先皇)이 츅단ᄇᆡ장(築壇拜將)45)ᄒ샤 빅만웅병(百萬雄兵)을 거ᄂᆞ리고 이국(夷國)을 멸ᄒ니, 위진ᄒᆡᄂᆡ(威震海內)러라.

문양공쥐 만승교아(萬乘嬌兒)46)로뼈 듁쳥의 션풍도골(仙風道骨)을 ᄒᆞᆫ번 귀경ᄒ고 상ᄉᆞ괴질(相思怪疾)을 일위여 부인의 ᄂᆞᆺ믈 혐의치아냐 굿테여 하가뎡문(下嫁鄭門)ᄒ엿고, 운남공쥬의 부귀로뼈 듁쳥의 풍ᄎᆡᄅᆞᆯ 흠모ᄒ여 만니원노(萬里遠路) 【18】ᄅᆞᆯ 쳔신만고(千辛萬苦)ᄒ여 황성의 니르러, 념치인ᄉᆞ(廉恥人事)ᄅᆞᆯ 도라보지 아냐 구ᄎᆞ히 경션공쥬긔 의ᄒ여, 왕의 소실지위(小室地位)로 뎡문의 도라와 소심긍긍(小心兢兢)47)이러라. 왕의 신ᄎᆡ긔상(身彩氣像)이 남다란 고로 그 비쳡지녈(婢妾之列)이라도 타인의 원비도곤 귀ᄒ믈 혜아리미러라.

공의 튱심이 이윤(伊尹)48) 쥬공(周公)49)을 ᄯᅡ르고 효슌(孝順)은 뎨슌(帝舜) 증삼(曾參)50)을 효측(効則)ᄒ여 튱회겸젼(忠孝兼全)51)ᄒ며 텬하 병권을 맛타 상춍이 당당ᄒ

---

42) 군국듕임(軍國重任) : 군무(軍務)와 국졍(國政)의 중대한 임무.
43) 연곡지하(輦轂之下) : 황제의 수레 뒤를 따른다는 뜻으로 황셩(皇城)이나 궁궐을 비유적으로 이르는 말. *연곡(輦轂); 황제의 수레 또는 황성을 비유적으로 나타낸 말.
44) 진겸 : 정천흥의 모친은 진부인으로 성씨가 '진'씨다. 그러므로 진부인 부친의 성씨는 당연히 '진'씨여야 한다.
45) 츅단ᄇᆡ장(築壇拜將) : 제단(祭壇)을 쌓아 장수를 제배(除拜)하는 뜻을 하늘에 고함. 전편 〈명주보월빙〉 12권 50-55쪽에서 진종황제가 운남왕 목진평의 반란을 평정하기 위해 자원출정하는 정천흥을, 구층제단을 쌓고 하늘에 승전을 고축(告祝)한 후, 출정케 한 것을 이르는 말.
46) 만승교아(萬乘嬌兒) : 황제의 사랑하는 예쁜 딸. *만승(萬乘); 만대의 병거(兵車)라는 뜻으로, 천자 또는 천자의 자리를 이르는 말. 중국 주나라 때에 천자가 병거 일만 채를 직예(直隷) 지방에서 출동시켰던 데서 유래한다.
47) 소심긍긍(小心兢兢) : 대담하지 못하고 조심성이 지나치게 많아 조심하고 두려워 함.
48) 이윤(伊尹) : 중국 은나라의 전설상의 인물. 이름난 재상으로 탕왕을 도와 하나라의 걸왕을 멸망시키고 선정을 베풀었다.
49) 쥬공(周公) : 중국 주나라의 정치가. 문왕의 아들로 성은 희(姬). 이름은 단(旦). 형인 무왕을 도와 은나라를 멸하였고, 주나라의 기초를 튼튼히 하였다. 예악 제도(禮樂制度)를 정비하였으며, ≪주례(周禮)≫를 지었다고 알려져 있다.
50) 증삼(曾參) : 중국 노나라의 유학자. 자는 자여(子輿). 공자의 덕행과 사상을 조술(祖述)하여 공자의 손자인 자사(子思)에게 전하였다. 후세 사람이 높여 증자(曾子)라고 일컬었으며, 저서에 ≪증자(曾子)≫, ≪효경(孝經)≫ 이 있다.

고, 졔국 칠십여 셩의 쥬군(主君)이 되여 부귀복녹이 혁연(赫然)터라.

션황이 님붕의 태주의게 유됴(遺詔)ᄒᆞ샤 국가 【19】 휴쳑(休戚)52)을 ᄒᆞᆫ가지로 ᄒᆞ라 ᄒᆞ신지라. 고로 금황(今皇)이 황고(皇考)의 ᄯᅳᆺ을 니으샤 왕을 경복위ᄃᆡ(敬服優待)ᄒᆞ시 미 지극ᄒᆞ시니, 공이 진튱갈역(盡忠竭力)ᄒᆞ여 졍ᄉᆞ를 잡으니 ᄒᆡᄂᆡ승평(海內昇平)ᄒᆞ여 만방이 귀복(歸服)53)ᄒᆞ니, 이ᄂᆞᆫ 뎡특쳥의 치국평텬하(治國平天下)ᄒᆞᄂᆞᆫ 진덕이러라.

형뎨 오인과 미뎨들노 안항을 지어 화우돈목(和友敦睦)ᄒᆞ며 오비(五妃)와 십희(十 姬)를 거ᄂᆞ려 '갈담(葛覃)의 풍화(風化)'54)를 니으니, 졔국 상원비(上元妃) 윤시ᄂᆞᆫ 니부 상셔 홍문관태학ᄉᆞ 금ᄌᆞ광녹태우 명텬션ᄉᆡᆼ 윤공지녀(尹公之女)니, 텬디의 탁월홈과 긔 품(氣稟)의 쥰미(俊邁)ᄒᆞ며 【20】 용식긔질(容色氣質)과 녈졀쳥ᄒᆡᆼ(烈節淸行)이 금ᄌᆞ어 필(金字御筆)55)의 ᄀᆞ득ᄒᆞ니라.

윤비의 화우(和友)ᄒᆞᄂᆞᆫ 혜화(惠化)를 ᄯᆞ라 공쥬를 우ᄃᆡ 공경ᄒᆞ여 화락ᄒᆞ니, 문양공 쥬 회과ᄎᆡᆨ션(悔過責善)ᄒᆞ므로 젼일 간험극악(奸險極惡)을 바리고 온슌ᄒᆞᆫ 부인이 되어, 쳔승(千乘)의 존귀를 싱각지 아니코 쳐신ᄒᆞᆷ믈 공의 다ᄉᆞᆺ지 부인으로 ᄒᆞᄃᆡ, 양·니·경 삼비 스스로 자리를 피ᄒᆞ여 버금으로 ᄒᆞ고, 구고(舅姑)와 공이 ᄎᆞ례를 닷토지 아니니, 이ᄂᆞᆫ 황녀의 존(尊)을 싱각ᄒᆞ미러라.

희비(姬妃)56) 운남공쥬 목시운영이오, 상시현도요, 계시쇼란이오, 강시옥잉이 【21】 오, 남시, 쳘시, 위시 등이 침어낙안지ᄐᆡ(沈魚落雁之態)57) 잇고, 공이 총이ᄒᆞ나 국법을 엄히ᄒᆞ여 일즉 졔희의 곳에 ᄌᆞ최 님치 아냐, 잇다감 니불을 안아 침셕의 뫼시게 ᄒᆞ여 가법이 졍엄(正嚴)ᄒᆞ여, 의녈비 ᄀᆞᆺᄐᆞᆫ 셩여슉완(聖女淑婉)이라도 쇼년지심의 침혹(沈惑) ᄒᆞᆫ 빗츨 뵈지 아냐, 침듕뇌락(沈重磊落)ᄒᆞ고 관홍대도(寬弘大度)ᄒᆞ니 궁듕 소속이 양 츈혜퇴(陽春惠澤)을 감은ᄒᆞ더라.

왕의 ᄎᆞ뎨(次弟) 좌복야 태ᄌᆞ쇼부(左僕射 太子小傅) 듁현션ᄉᆡᆼ 인흥의 ᄌᆞᄂᆞᆫ 후빅이 니, 셩문학교(聖門學敎)58)로ᄡᅥ 튱신효뎨지ᄒᆡᆼ(忠信孝悌之行)과 관후셩덕(寬厚性德)이 현명군 【22】 ᄌᆞ(賢明君子)러라. 부인 니시ᄂᆞᆫ 슉녀의 뇨됴(窈窕)ᄒᆞ미 이셔 공으로 부화

---

51)튱회겸젼(忠孝兼全) : 충과 효를 둘다 완전하게 갖춤.

52)휴쳑(休戚) : 편안함과 근심.

53)귀복(歸服) : 귀순하여 복속(服屬)함.

54)갈담(葛覃)의 풍화(風化) : 갈담의 교화. 갈담은 『시경』〈주남(周南)〉 갈담장(葛覃章)에 나오는 말로, 주 나라 문왕비인 태사(太姒)의 덕을 기리는 말. 시는 태사가 신분이 이미 귀해졌는데도 부지런하고 이미 부유한데도 검소하였으며, 장성하였어도 스승에게 해이하지 않았으며 이미 시집을 갔는데도 효성이 부 모에게 쇠하지 않음을 기리고 있다.

55)금ᄌᆞ어필(金字御筆) : 금빛이 나는 글자로 쓴 임금의 친필 글씨.

56)희비(姬妃) : 임금의 첩. =첩비(妾妃).

57)침어낙안지태(沈魚落雁之態) : 미인을 보고 물 위에서 놀던 물고기가 부끄러워서 물속 깊이 숨고 하늘 높 이 날던 기러기가 부끄러워서 땅으로 떨어질 만큼, 여인의 얼굴과 맵시가 매우 아름다움을 비유적으로 이르는 말. ≪장자≫〈제물론(齊物論)〉에 나온다.

58)셩문학교(聖門學敎) : 성인(聖人)의 문하에서 배우고 가르침을 받음.

쳐슌(夫和妻順)ᄒ여 평싱 희로(喜怒)를 동ᄒ미 업시 무궁ᄒᆫ 복녹을 누려, 슬하(膝下)의 뉵ᄌ일여(六子一女)를 두어시니 금후 부부의 복녹을 쇼부 부뷔 오로지 니엇ᄂᆞᆫ지라. 니부인이 졔왕비로 동복빵틱(同腹雙胎)로ᄃᆡ 용모 졀셰ᄒᆞᆷ믄 흐층 더으더라.

삼뎨 형부상셔 태학ᄉ 진국공 셰흥의 ᄌᆞᄂᆞᆫ 《년빅∥여빅》이니[오], 호ᄂᆞᆫ 듁암이니, 풍치(風彩) 문학(文學)이 부형여믹(父兄餘脈)이오, 위망(威望)과 《ᄌᆡ예∥지예(才藝)》왕의 아리 일인이라. 초년의 호일방탕(豪逸放蕩)ᄒ미 흠ᄉᆡ나 당시(當時)【23】ᄒ여 슈심회덕(修心懷德)이 쳔츄영걸(千秋英傑)이라. 사즁(舍中)의 삼부인과 오희(五姬) 이시니, 원비 양시ᄂᆞᆫ 평쟝(平章) 《양질광∥양필광》의 쇼녜요, 츠비 소시ᄂᆞᆫ 태ᄌᆞ쇼부(太子少傅)59) 소한슈의 일녜니, 양부인으로 죵형뎨지간(從兄弟之間)이오, 삼비 한시ᄂᆞᆫ 효렴(孝廉)60) 한슈의 녜니 한부인의 ᄉᆡᆨ염미질(色艶美質)과 셩ᄒᆡᆼᄉᆞ덕(性行四德)은 임의 대셜(大說)의 ᄒᆡ비(該備)ᄒ고, 쇼셜(小說)의 ᄲᅡᄒᆡ거니와, 진공이 방탕 불명ᄒᆞᆷ믈 ᄌᆞᄎᆡᆨ 후로 양부인을 공경듕대ᄒ고 한 · 소 이부인으로 화락ᄒᆞ며 오희를 듕이(重愛)ᄒ더라.

ᄉᆞ뎨 즁셔령(中書令) 태학ᄉ 유흥의 ᄌᆞᄂᆞᆫ 만빅이니【24】호ᄂᆞᆫ 듁운이라. 총명효우(聰明孝友)ᄒ며 인ᄌᆞ튱후(仁慈忠厚)ᄒ여 ᄯᅩᄒᆞᆫ 현명군ᄌᆡ(賢明君子)러라. 부인 《독시∥쥬시》덕용이 가죽ᄒ니 부뷔 공경 이듕ᄒᆞ며, 필뎨 참지졍ᄉᆞ 필흥의 ᄌᆞᄂᆞᆫ 무빅이니 조년등과(早年登科)ᄒ여 쳥ᄒᆡᆼ도덕(淸行道德)이 부형여풍(父兄餘風)이오, 사즁(舍中)의 부인 두시와 화시 냥인이 이셔 화락(和樂)이 무흠(無欠)ᄒ고 두부인은 용식이 평샹ᄒ나 화부인은 ᄉᆡᆨ모셩덕(色貌盛德)이 희한(稀罕)ᄒ니 구고의 ᄉᆞ랑과 참졍의 산ᄒᆡ지졍(山海之情)이 더으더라.

슌태부인과 금후 부뷔 고당(高堂)의 안거(安居)ᄒ여 효ᄌᆞ현손의 봉슌지예(奉順之禮)와 위져[ᄌᆞ]지【25】후(慰藉之厚)61)를 두굿기고, 삼녀의 복녹이 늉늉(隆隆)ᄒ여 초년 ᄋᆡᆨ회(厄會) 일장츈몽(一場春夢)62)이믈 더옥 환열(歡悅)ᄒ여, 당시ᄒ여ᄂᆞᆫ 윤 · 하 · 뎡 삼부의 즐거오미 츈풍혜화(春風惠化)63)ᄀᆞᆺ더라.

졔왕이 여러 셰월의 응결(凝結)ᄒᆞᆫ 통회(痛懷) 이시니 문양공쥬의 일녀를 실산(失散)ᄒ여 싱ᄉᆞ를 모로ᄂᆞᆫ 고로 심ᄉᆞ(心思) 울울ᄒ여 장탄ᄒ더니, 일일은 효신(曉晨)의 니러나 졈복(占卜)ᄒ니 일혼 여ᄋᆡ 반다시 죽지 아녀시ᄃᆡ, 궁향쳐(窮鄕處)의 흑양(畜養)을 밧고 초년은 험혼(險混)ᄒᆞᄃᆡ 풍운길시(風雲吉時)를 만ᄂᆞᆫ즉 어변셩뇽(魚變成龍)64)ᄒᄂᆞᆫ

---

59) 태ᄌᆞ쇼부(太子少傅) : 고려 시대에, 태자부(太子府)에 둔 종이품 벼슬. 충렬왕 3년(1277)에 세자이조로 고쳤다.

60) 효렴(孝廉) : ①효도하는 사람과 청렴한 사람을 통틀어 이르는 말. ②중국 전한 때에 치르던 관리 임용 과목. 또는 그 과(科)에 뽑힌 사람. 무제가 군국에서 매년 부모에 효도하고 형제간에 우애 있는 사람과 청렴한 사람을 각각 한 사람씩 천거하게 한 데서 비롯하였다.

61) 위ᄌᆞ지후(慰藉之厚) : 위로하고 돕는 정성이 두터움.

62) 일장츈몽(一場春夢) : 한바탕의 봄꿈이라는 뜻으로, 헛된 영화나 덧없는 일을 비유적으로 이르는 말.

63) 츈풍혜화(春風惠化) : 따뜻한 봄바람이 고루 퍼져 만물을 화육(化育)함.

64) 어변셩뇽(魚變成龍) : 물고기가 변하여서 용이 된다는 뜻으로, 아주 곤궁하던 사람이 부귀를 누리게 되거

즐거오미 이실듯흔지라. 【26】고로 그으기 브라미 잇고 문양공쥬는 주긔 과악(過惡)을 일일히 닐ㅋ라 슬허ᄒ미 일일층가(日日層加)ᄒ고 현긔 등 주녀를 귀듕ᄒ미 친ᄉᆞᆼ의 지미 업ᄉ니, 현긔 등이 츌텬셩효(出天誠孝)가 친모(親母)와 의모(義母)를 간격지 아니ᄒ니, 공쥐 셕년(昔年)은 투현질능(妬賢嫉能)65)으로 윤·양·니·경 ᄉᆞ비의 슉뇨현쳘(淑窈賢哲)ᄒᄆᆞᆯ 싀이(猜礙)ᄒ고, 현긔 등 해홀 ᄆᆞ음이 착급ᄒ다가 흔번 회션기악(回旋其惡)ᄒ미, 온슌 인ᄌᆞ흔 부인이 되여 반졈 모진거시 업ᄉ니, 젼후 다란 사름이 되엿더라.

왕이 ᄉᆞ뎨삼미(四弟三妹)를 우이ᄒ미 고인의 더으미 이시니, ᄒᄆᆞᆯ며 【27】윤승상 부인 하시는 녀[년]미이뉵(年未二六)의 왕으로 결약남미(結約男妹)ᄒ여 왕의 은혜 밧으미 산고ᄒᆡ활(山高海闊)ᄒ니, 엇지 남미의 졍을 의논ᄒ리오. 시고(是故)로 협문을 ᄉᆞ이 두고 됴왕모ᄅᆡ(朝往暮來)ᄒ여 동긔의 감치 아니터라.

시시(是時)의 좌승상 초국공 《하원공∥하원광》의 ᄌᆞ는 ᄌᆞ의오 호는 《학션∥학셩》션ᄉᆡᆼ이라. 참지졍ᄉ 하국공 하진의 ᄌᆞ직오, 동평장ᄉ(同平章事) 하츈의 손이오, 여람왕 됴현의 외손이라. 사롬되오미 관인침묵(寬仁沈黙)ᄒ며 도량이 굉원(宏遠)ᄒ여 사직(社稷)의 간셩(杆城)이라. 초젹(楚賊)을 멸ᄒ여 아ᄅᆡ로 ᄉᆞ슈(私讐)를 갑하 삼형의 지원극통(至冤極痛)【28】을 셜(雪)ᄒ니, 효우지덕(孝友之德)과 튱신지되(忠信之道) 미진ᄒ미 업ᄉ지라. 션뎨(先帝) 유교(遺敎)를 밧ᄌᆞ와 금황(今皇)을 돕ᄉᆞ오미, 군덕(君德)을 요슌(堯舜)의 일위고, 몸을 직셜(稷契)66)의 비겨 영춍부귀 혁연터라. 공이 공검관홍(恭儉寬弘)ᄒ니 만됴(滿朝) 츄앙ᄒ고 졔우(諸友)의 긔듸ᄒ미 효문의 ᄂᆞ리지 아니니, 삼뎨일미(三弟一妹)로 더브러 ᄡᅡᆼ친을 효봉ᄒ여 동쵹지셩(洞燭至誠)이 만ᄉᆞ의 승슌(承順)키를 요구ᄒ니, 졍국공과 됴부인이 효ᄌᆞ 현손의 지극흔 봉양을 밧아 여흔(餘恨)을 금억(禁抑)ᄒ니, 당시ᄒ여는 고당화루(高堂畵樓)의 늠늠흔 복녹을 누리니, 승상 【29】원비 윤시는 남후 윤슈의 녜니, 용식 덕셩이 슉녀명완(淑女明婉)으로 효봉구고(孝奉舅姑)와 승슌군ᄌᆞ(承順君子)ᄒ며 화우슉미동녈(和友叔妹同列)ᄒ여 군주의 가ᄂᆡ를 빗ᄂᆡ니, 초공의 듕대 산ᄒᆡ(山海)ᄀᆞᆺ고, 구고의 과이(過愛)홈과 일가의 경복(敬服)ᄒ미 셰월노 조ᄎᆞ 더으더라. 《ᄉᆞᄌᆞ∥오ᄌᆞ》이녀를 싱ᄒ니 개개히 옥슈경지(玉樹瓊枝)67) ᄀᆞᆺ고, ᄎᆞ비 연시는 경안도위 연슈의 녜니○…결락70자…○[비록 츄용누딜(醜容陋質)이나 그 셩ᄒᆡᆼ이 간음요ᄉ(奸淫妖邪)흔 일은 업ᄉ니, 승상이 ᄯᅩ흔 부부의 눈의를 펴치 아냐 이ᄌᆞ 일녀를 나핫고, 숨비 경시는 동월빅 경침의 녜니 쳥아교결(淸雅皎潔)ᄒ고 슉뇨완혜(淑窈婉慧)ᄒ여]68)싁모혜ᄒᆡᆼ이 윤부인 아ᄅᆡ 일인이라.

---

나 보잘것없던 사람이 큰 인물이 됨을 이르는 말.

65)투현질능(妬賢嫉能) : 어질고 재주 있는 사람을 시기하며 미워함.

66)직설(稷契) : 순(舜) 임금 때의 명신(名臣). 순임금을 도와 이상적인 왕도정치를 실현하기 위해 힘썼다.

67)옥슈경지(玉樹瓊枝) : 옥처럼 아름다운 나뭇가지라는 뜻으로, 번성하는 집안의 귀한 자손들을 이르는 말. ≒경지옥엽(瓊枝玉葉)

승상지뎨 참지졍스 후암선싱 하원상의 주는 주슌이니, 위인이 공검【30】졍직ᄒ고 인주효우(仁慈孝友)ᄒ여 놉흔 힝실과 문학이 겸비ᄒ여 조과뇽방(早科龍榜)ᄒ여 샹춍이 두터오시고 됴얘(朝野) 긔경(起敬)ᄒ더라. 부인 임시ᄂ 참졍 임광의 네니 텬뎡비우(天定配偶)로 은졍이 여산약ᄒᆡ(如山若海)러라.

후룡선싱 하원챵의 주ᄂ 주균이니 참졍으로 동ᄐᆡ(同胎)오, 사름되오미 걸츌ᄒ여 복즁(腹中)의 안방뎡국(安邦靖國)ᄒᆞᆯ 모략(謀略)을 가져 쳥덕(淸德)이 일셰의 ᄀᆞ득ᄒ니, 황얘(皇爺) 춍우ᄒ샤 태즁태우(太中大夫)의 잇더라. 원비 슉경현비(淑敬賢妃) 뎡시ᄂ 금평후 ᄎ녜니 용ᄉᆡᆨ이 슈츌(秀出)홈과 셩덕이 특이ᄒᆞᆷ 임의 【31】 대셜(大說)의 ᄒᆡ비ᄒ니라. 초년의 ᄋᆡᆨ경(厄境) 후 다시 불평지ᄉᆡ 업서, 후룡의 가ᄉᆡ 츈풍ᄀᆞᆺ고 ᄎ비 위시와 삼비 양시ᄅᆞᆯ 골육ᄀᆞᆺ치 친ᄋᆡᄒ여 칠희ᄅᆞᆯ 거ᄂᆞ려 은위(恩威) 흡흡(洽洽)ᄒ더라.

긔암선싱 원필의 주ᄂ 주경이니 이 ᄯᅩ흔 금옥군주(金玉君子)로 튱효졀힝이 겸비ᄒ여 년미삼오(年未三五)의 쳥운을 더위잡아 뇽누(龍樓)의 어향(御香)을 ᄲᅩ이미, 삼십이 못ᄒ여 작위 슝고ᄒ더라. 사즁(舍中)의 부인 진시 덕용이 ᄀᆞ즉ᄒ여 부화쳐슌(夫和妻順)ᄒ더라.

챠셜 졔왕 뎡듁쳥 장주 현긔 년이 십ᄉᆡ니 주ᄂ 셩ᄎᆡ오 의【32】녈비 탄싱애라. 품슈흔 바 산쳔슈긔(山川秀氣)와 일월졍화(日月精華)ᄅᆞᆯ 타나, 튱효션힝(忠孝善行)과 문쟝ᄌᆡ덕(文章才德)이 고인의 지나고 풍ᄎ용의(風彩容儀) 늠연ᄒ여, 임의 송실홍복(宋室弘福)과 뎡문늉경(鄭門隆慶)으로 싱이 구텬의 날개ᄅᆞᆯ 펴 의의히 쟝원낭(壯元郎)이 되니, 뇽방쳔인(龍榜千人)[69]을 묘시(藐視)[70]ᄒ고 옥당(玉堂)[71] 연화(緣化)[72]ᄅᆞᆯ 주임(自任)ᄒ

---

[68]하원광은 전편 〈명주보월빙〉에서 윤현아·연군주·경소저 등 3부인과 혼인하였다. 그 중 연군주는 천하의 박색추녀로 행실이 광패하나 간음요사하지는 않아 원광이 부부윤의를 폐하지 않음으로써 자녀를 두었다. 그런데 위 본문 가운데는 연군주를 "식모혜힝이 윤부인 아릭 일인이라."고 소개하고 있고, 경소저는 소개에 빠져 있어 전편의 서사내용과 크게 달라져 있다. 이에 전편 〈명주보월빙〉의 연군주·경소저 관련 서사내용을 발췌하여 결락된 부분을 위 본문과 같이 보완하였다.

*연군주 관련 서사

초휘 빙샤 왈, "엄괴(嚴敎) 맛당ᄒ시나, 연시 위인을 슷치오니, 츄용누딜(醜容陋質)이 비위(脾胃) 약흔 뉴ᄂ 견ᄃᆡ여 보기 어렵습거니와, 간교흔 인믈은 아니라 녑녀ᄂ 업도소이다."(〈명주보월빙〉53권;46쪽)

하공이 놀나 니르ᄃᆡ, "원광이 녕미로 더브러 결발대륜(結髮大倫)을 일워 옥 ᄀᆞᄐᆞᆫ 긔린(驥驎)을 충충이 두고, 연시 비록 인뉴의 말직나 그 셩힝이 남을 우일 ᄯᅮ롬이오, 간음요ᄉᆞ(奸淫妖邪)흔 일은 업ᄉᆞ니, 원광이 ᄯᅩ흔 부부의 눈의ᄅᆞᆯ 폐치 아냐 임의 ᄌᆞ녀ᄅᆞᆯ 나하시니,(〈명주보월빙〉91권;58쪽)

*경소저 관련 서사

다시 동월빅 쳘의 부인 양시와 그 녀ᄋᆞ 경쇼져ᄅᆞᆯ 교즈의 ᄐᆡ와 셩듕으로 드려 보ᄂᆡ고,
(〈명주보월빙〉86권;40쪽)

초공이 신방의 드러가 경시ᄅᆞᆯ ᄃᆡ힝ᄆᆡ, 그 슈려흔 용ᄉᆡᆨ이 ᄌᆞᄐᆡ 찬난ᄒ고 광치 됴요ᄒ여, 츄텬명월과 금분모란(金盆牡丹) ᄀᆞᆺ튼 듕, 쳥아교결(淸雅姣潔)홈과 슉뇨완혜(淑窈婉慧)ᄒ미 가득ᄒ니 (〈명주보월빙〉92권;30쪽)

[69]뇽방쳔인(龍榜千人) : 모든 과거급제자 들. *용방(龍榜); 과거급제자 방목(榜目).

[70]묘시(藐視) : 업신여기어 깔봄.

[71]옥당(玉堂) : 조선 시대 홍문관의 별칭. 삼사(三司) 가운데 하나로 궁중의 경서, 문서 따위를 관리하고 임

민, 치민요슌(治民堯舜)ᄒ여 니음양슌ᄉ시(理陰陽順四時)[73]ᄒ고 덕홰 흡연ᄒ여 벼슬이 즁셔사인(中書舍人)[74] 시강학ᄉ(侍講學士)로 쳥현아망(淸賢雅望)[75]이 됴야롤 기우리니 존당(尊堂)이 취즁극이(就中極愛)러라. 싱이 ᄋ시로브터 공후겸퇴(恭厚謙退)ᄒ니 졔왕 ᄀᆞᆺ튼 엄부【33】와 금후 ᄀᆞᆺ튼 조비라도 현긔의 다ᄃᆞᄅᆞᆫ 오직 두굿길 ᄯᆞ롬이오, 싱이 존당부모롤 뫼시미 효슌 경근ᄒ니 증왕모(曾王母) 슌태부인이 더옥 과듕(過重) 연이(憐愛)ᄒ더라.

왕의 ᄎᆞᄌᆞ 운긔의 ᄌᆞᄂᆞᆫ 명최니 삼비 니시의 소싱이라. 현긔의 일년 아릭로ᄃᆡ 작셩ᄒᆞᆫ 빅 현긔로 난형난뎨(難兄難弟)[76]라. 튱효셩힝과 문장직홰 츌어범뉴(出於凡類)ᄒᆞᆯ ᄲᅮᆫ 아니라, 텬문디리(天文地理)와 병법무직(兵法武才) 특이ᄒ여 그 형으로 더브러 과장(科場)의 나아가 평싱 직조롤 시험ᄒ여 문과의 장원과 무과의 데일을 남의게 ᄉᆞ양치 아닛【34】ᄂᆞᆫ지라. 고로 텬춍(天寵)이 늉경(隆慶)ᄒᆞ샤 한님학ᄉ의 겸 호위장군을 빅(拜)ᄒ시고[77], 군ᄌᆞ영걸(君子英傑)이 뎡부로조ᄎᆞ 나믈 흠복(欽服)ᄒ여 사직(社稷)[78]의 쥬셕(柱石)이라 ᄒ시며, 타일의 졔왕의 뒤흘 니으리라 ᄒᆞ샤 환희ᄒ시더라.

ᄎᆞ시 졔왕이 일일은 친후 진양후 장운을 ᄎᆞᄌᆞ 장부의 니ᄅᆞ니, 장후ᄂᆞᆫ 맛춤 미양(微恙)이 이셔 내셔헌(內書軒)의셔 됴리ᄒ고, 장후지뎨(張侯之弟) 시랑(侍郞)이 부친을 뫼셔 졔왕을 마ᄌᆞ니, 왕이 장ᄉᆞ마긔 비현ᄒ고 도라 시랑을 보고 왈,

"쇼뎨 녕빅시(令伯氏)롤 오릭 보지 못ᄒ니 이의 니ᄅᆞ럿더니 【35】 녕빅시 유질(有疾)타 ᄒ니 놀나오믈 니긔지 못ᄒ리로다."

언흘(言訖)[79]의 시랑으로 더브러 진후 누은 곳에 니ᄅᆞ니, 진휘 ᄌᆞ녀롤 압희 두어 무이홀ᄉᆡ 녀ᄋᆞ 현임으로 풀을 쥐무ᄅᆞ며 운발(雲髮)을 어로만져 왈,

"ᄋᆞ녀ᄂᆞᆫ 화즁왕(花中王)이라. 셰속용인(世俗庸人)의 비위 불가ᄒ니 어딕가 옥인군ᄌᆞ롤 어더 문난(門欄)[80]의 광치(光彩)롤 니으리오."

언미필(言未畢)에 지게[81] 열니거늘, 눈을 드니 시랑이 직젼(在前)ᄒ고 졔왕이 직후

---

금의 자문에 응하는 일을 맡아보던 관아.

72) 연화(緣化) : 『불교』 용어로 설법을 들을 인연이 있는 사람을 인도하여 교화하는 일.

73) 니음양슌ᄉ시(理陰陽順四時) : 음양(陰陽)을 다스리고 사시(四時; 春夏秋冬)의 변화에 순응함.

74) 즁셔사인(中書舍人) : ①고려시대에, 내사성의 종사품 벼슬인 내사사인(內史舍人)을 문종 15년(1061)에 내사성을 중서성(中書省)으로 바꾸면서 중서사인으로 이름을 고쳤다. ②조선 시대에, 의정부에 정사품 관직인 사인(舍人)을 두어 의정부사인으로 이름이 바뀌었다.

75) 쳥현아망(淸賢雅望) : 맑고 어진 선비로서의 훌륭한 인망.

76) 난형난뎨(難兄難弟) : 누구를 형이라 하고 누구를 아우라 하기 어렵다는 뜻으로, 두 사물이 비슷하여 낫고 못함을 정하기 어려움을 이르는 말.

77) 빅(拜)ᄒ다 : 조정에서 벼슬을 주어 임명하다.

78) 사직(社稷) : 나라 또는 조정을 이르는 말.

79) 언흘(言訖) : =언파(言罷). 말을 마침.

80) 문난(門欄) : 문루(門樓)의 난간(欄干)을 뜻하는 말로 가문(家門)을 달리 이르는 말.

81) 지게 : =지게문. 옛날식 가옥에서, 마루와 방 사이의 문이나 부엌의 바깥문. 흔히 돌쩌귀를 달아 여닫는 문으로 안팎을 두꺼운 종이로 싸서 바른다.

(在後)ᄒᆞ여 드러오ᄂᆞᆫ지라. 진휘 본ᄃᆡ 졔왕으로 더브러 졍의 깁흔 고로 이의 소왈,

"쇼뎨 이의셔 미양(微恙)【36】을 됴리ᄒᆞ더니, 형이 ᄎᆞᄌ 니ᄅᆞ니 셔회(叙懷)[82]ᄒᆞ리로다."

이의 여ᄋᆞ다려 왈,

"평졔왕은 여부(汝父)의 친위(親友)니 여이 슉질지녜(叔姪之禮)로 빅알ᄒᆞ라."

공ᄌᆞᄂᆞᆫ 긔이빅샤(起而拜謝)ᄒᆞ고 쇼져ᄂᆞᆫ 마지못ᄒᆞ여 고개를 숙이고 ᄂᆞᆽ기 비례ᄒᆞ니, 졔왕이 견파(見罷)의 진후의 ᄌᆞ녜 여ᄎᆞ 장셩ᄒᆞ믈 놀나 ᄌᆞ시보니 공ᄌᆞ의 언건(偃蹇)[83] 황홀홈과 쇼져의 뇨됴(窈窕) 미려(美麗)ᄒᆞ미 일빵 보옥(寶玉)이러라. 인ᄒᆞ여 그 나흘 무ᄅᆞ니 진휘 왈,

"ᄋᆞ즈ᄂᆞᆫ 삼오(三五)요, 녀ᄋᆞᄂᆞᆫ 십삼(十三)이어니와 삼쳐(三妻)를 두어시나 ᄌᆞ녜 션션(詵詵)치 못ᄒᆞ여 각각 일ᄌᆞ식 나【37】코, 녀ᄋᆞᄂᆞᆫ 다만 이ᄲᅮᆫ이라. 쳐엄으로 현유와 녀식이 ᄌᆞ라니 용쇽(庸俗)ᄒᆞ믈 싱각지 못ᄒᆞ고, 외람이 현부(賢婦) 쾌셔(快婿)를 ᄇᆞ라미 아니라, 미돈(迷豚)[84]이 오가(吾家) 종장(宗長)으로 누ᄃᆡ봉ᄉᆞ(屢代奉祀)를 녕(領)홀[85] 비니, 져의 위인이 용쇽홀스록 현부 쾌셔를 어더 빅우를 즐기고져 ᄒᆞᄂᆞ니, 형은 어ᄂᆡ 곳에 슉녀 군ᄌᆞ 잇거든 쳔거ᄒᆞ라."

왕이 텽파의 환희ᄒᆞ여 공ᄌᆞ의 풀을 어라만져 ᄉᆞ랑ᄒᆞ여 왈,

"형이 쇼뎨로 더브러 졍이 골육(骨肉) ᄀᆞᆺ튼 바의 ᄋᆞᄌᆞ와 녀ᄋᆞ를 다 귀경ᄒᆞ니, 이 ᄋᆞᄌᆞ가 타인의 십ᄌᆞ를【38】불워홀 빅 아니니, 형은 무ᄉᆞᆷ 복으로 닌봉옥슈(麟鳳玉樹) ᄀᆞᆺ튼 ᄋᆞ들과 지란영지(芝蘭靈芝) ᄀᆞᆺ튼 녀ᄋᆞ를 두엇ᄂᆞ뇨?"

진휘 손샤불감(遜謝不敢)ᄒᆞ니 왕이 흔연이 웃고 죵용히 말ᄉᆞᆷᄒᆞ더니, 이윽고 소졔 ᄂᆡ루(內樓)로 드러가고 공지 믈너가믹, 왕이 후를 향ᄒᆞ여 왈,

"쇼뎨 영ᄋᆞ(令兒) 남믹를 보니 그윽이 외람흔 ᄠᅳᆺ을 씨닷지 못ᄒᆞᄂᆞ니, 형이 미돈(微豚) 냥인의 취실(娶室) 아녀시믈 아ᄃᆡ, 결승(結繩)의 호연(好緣)을 쳥치 아니코 타쳐의 슉녀를 쳔거ᄒᆞ라 ᄒᆞ니, 쇼뎨 염치를 일코 쳥ᄒᆞ미 불가하나, 녕녀로 ᄡᅥ 빵ᄋᆞ(雙兒) 현긔의【39】 일싱을 쾌히 ᄒᆞ고져 ᄒᆞᄂᆞ니, 능히 형의 허락을 득ᄒᆞ랴?"

진휘 현긔의 문장도덕과 영풍옥골(英風玉骨)이 비상ᄒᆞ믈 흠이(欽愛)ᄒᆞ나, 뎡부ᄂᆞᆫ 예ᄉᆞ 대가와 달나 당당흔 쳔승지가(千乘之家)의 오비(五妃) 십희(十姬)를 거ᄂᆞ려 번ᄉᆞ(繁奢)ᄒᆞ고 현긔 종장(宗長)으로 그 ᄂᆡ상(內相)된 지 칙임이 듕대홀지라. 종요로운 부셔(夫婿)를 어더 구가의 보ᄂᆡ고져 ᄠᅳᆺ이 업고, 왕의 녀익 자라시믈 아ᄃᆡ 왕이 미양 뎡혼쳐(定婚處)이 이셰라 ᄒᆞ고 동셔구친(東西求親)을 밀막으니, 고로 의혼(議婚)치 아냣더니, 금일 왕의 쳥혼ᄒᆞ믈 보니 환연 소왈,

---

82) 셔회(叙懷) : 회포를 풀어 말함.

83) 언건(偃蹇) : 거드름을 피우며 거만함. ≒언연(偃然).

84) 미돈(迷豚) : '어리석은 돼지'라는 뜻으로, '가아(家兒)'를 달리 이르는 말.

85) 녕(領)ᄒᆞ다 : 제사 따위를 받아 모시다.

"쇼뎨 셩초【40】의 긔특ᄒᆞ믈 보건듸 동상(東床) 삼을 ᄯᅳᆺ이 젹으리오마는, 녀이 유충미거(幼冲微擧)ᄒᆞ여 져 군ᄌᆞ의 건즐소임(巾櫛所任)ᄒᆞ미 불ᄉᆞ(不似)커ᄂᆞᆯ, 이제 슬하 식부항(息婦行)의 두고져ᄒᆞ니 엇지 후의ᄅᆞᆯ 밧드지 아니며, 녕ᄋᆞ 소져ᄅᆞᆯ 허ᄒᆞ여 미돈(迷豚)의 동상을 삼아 겹겹 인친(姻親)을 밋고져 ᄒᆞ니 깃브미 엇지 듕한 ᄒᆞ리오. 가친긔 고ᄒᆞ고 ᄯᅩᆺ 우희셔 결승(結繩)을 긔약ᄒᆞ리라."

왕이 흔연 사ᄋᆞᆯ,

"소뎨도 ᄯᅩᄒᆞᆫ 도라가 존당과 이친(二親)긔 고ᄒᆞ리니, 형은 길월냥신(吉月良辰)을 퇴ᄒᆞ여 냥가의 호연(好緣)을 밋게 ᄒᆞ라."

진휘 시랑으로 ᄒᆞ【41】야금 ᄌᆞ녀 혼인을 뎡가의 뎡혼 ᄯᅳᆺ을 부모긔 고ᄒᆞ니, ᄉᆞ매 듯고 대희ᄒᆞ니, 시랑이 진후의게 회보(回報)ᄒᆞᆫ듸 진후와 왕이 대희ᄒᆞ니라.

원ᄂᆡ 진양후 댱운은 대ᄉᆞ마 농두각 ○○○[퇴학ᄉᆞ(太學士)] 댱협의 댱ᄌᆡ니, 한조뉴후(漢朝留侯)의 후예니, 듸듸 영웅군ᄌᆞ의 긔상이 잇더니, 진후ᄂᆞᆫ 더옥 특이ᄒᆞ여 문무겸ᄌᆡ(文武兼材)로 튱효긔졀(忠孝氣節)이 ᄲᅢ혀나 츌장입상(出將入相)의 위거공후(位居公侯)ᄒᆞ니, ᄉᆞ듕(舍中)의 삼부인이 이시니, 원비 영시와 계비 박시와 삼비 쥬시, 서로 화우돈목(和友敦睦)ᄒᆞ며 평슌ᄒᆞ나, 《쥬시∥박시》ᄂᆞᆫ 잠간 간험(姦險)ᄒᆞ더라.

영【42】부인이 일ᄌᆞ 일녀ᄅᆞᆯ 싱ᄒᆞ고 박·쥬 냥인이 다 일ᄌᆞ식 싱ᄒᆞ고 귀듕ᄒᆞ듸, 오직 현유 남ᄆᆡ의 긔이하미 특츌 비상ᄒᆞ니, 박시 흉심이 원위(元位)ᄅᆞᆯ 싀의(猜礙)ᄒᆞ며 의ᄌᆞ녀(義子女) 등이 ᄌᆞ긔 ᄋᆞᄌᆞ의셔 나으믈 앙앙(怏怏)ᄒᆞ여 업시코져 ᄒᆞ듸, ᄉᆞ마 부뷔 명슉(明淑)ᄒᆞ고 진휘 엄졍ᄒᆞ기로 간악을 발뵈지[86] 못ᄒᆞ고, 함잉(含忍)ᄒᆞ여 이실ᄲᅮᆫ이나 현유의 긔특ᄒᆞ믈 믜워 해코져ᄒᆞ더니, 그 형남 박통의 일녜 이셔 우연이 공ᄌᆞ의 풍ᄎᆡ를 보고 ᄉᆞ모ᄒᆞ여 셤기믈 원ᄒᆞ니, 박시 그 질녀로 공ᄌᆞ의 비우ᄅᆞᆯ 삼【43】은즉 인졍의 참아 업시치 못ᄒᆞᆯ 거시므로 아이의 인졍(人情)을 밋지 말고져 ᄒᆞ듸, 그 형남과 질녜 근쳥ᄒᆞ므로 그윽이 조각을 타 진후긔 통코져 ᄒᆞ더니, 의외의 졔왕이 친히 니ᄅᆞ러 ᄌᆞ녀ᄅᆞᆯ 가져 '쥬진(朱陳)의 호연(好緣)'[87]을 긔약ᄒᆞ미 더옥 분연(忿然) 통히(痛駭)ᄒᆞ더라.

ᄎᆞ일의 졔왕이 본궁의 도라와 존당부모긔 뵙고, 인ᄒᆞ여 댱ᄋᆞ 남ᄆᆡᄅᆞᆯ 친히 보고 작인(作人)의 비상ᄒᆞ므로 뎡혼ᄒᆞ믈 고ᄒᆞ니, 존당부뫼 왈,

"네 친히 부셔(婦婿) 지목을 보아 뎡하여시나, 엇지 현ᄋᆞ 남ᄆᆡᄅᆞᆯ 당ᄒᆞ리오."

ᄒᆞ더【44】라. 존당부뫼 왈,

"현윤이 댱ᄌᆞ긔ᄆᆡᆨ(長子氣脈)일진듸 ᄌᆞ염의 길일을 퇴ᄒᆞ여 수히 셩녜ᄒᆞ라."

왕이 슈명ᄒᆞ고 녀ᄋᆞ의 길일을 갈히니 공교히 공ᄌᆞ의 길일과 ᄒᆞᆫ날이라. 즉일 댱부의

---

86)발뵈다 : '발보이다'의 준말. 드러내 보이다. 무슨 일을 극히 젹은 부분만 잠깐 드러내 보이다.

87) 쥬진(朱陳)의 호연(好緣) : 주진(朱陳)은 중국 당(唐)나라 때에 주씨와 진씨 두 성씨가 함께 살아오던 마을 이름인데, 한 마을에 오직 주씨와 진씨만 대대로 살아오면서 서로 혼인을 하였다고 하여, 두 성씨간의 혼인을 일컬어 '주진(朱陳)의 호연(好緣)'이라고 한다.

통ᄒ니 진휘 쏘흔 환희ᄒ여 즉시 혼슈ᄅᆞᆯ 셩비ᄒ니라.

어시의 왕의 장녀 ᄌᆞ염은 양비 소싱애라. 방년 이칠의 풍염용식이 셰ᄃᆡ의 무빵ᄒᆞᆯ 쑨더러, 쳥고쇄락(淸高灑落)ᄒ여 ᄉᆞ군ᄌᆞ의 풍이 이시니, 존당부모의 과둥 ᄋ지ᄒᆞᆷ은 장즁보옥(掌中寶玉)[88] ᄀᆞᆺ고, 왕의 묵묵(黙黙)ᄒᆞ므로도 쳔만귀듕(千萬貴重)ᄒ여 왈,

"ᄋᆞ녀ᄂᆞᆫ 인즁【45】셩인(人中聖人)이오. 오작즁봉황(烏鵲中鳳凰)이니 속ᄌᆞ범인(俗者凡人)의 비위 아니라."

ᄒ더니, 장싱을 친히 보고 혼연(婚緣)을 뇌뎡(牢定)ᄒᆞ미, 길일의 왕이 대연을 진셜(陳設)ᄒ고 빈긱을 대회(大會)ᄒ니, 빅운차일(白雲遮日)[89]은 반공(半空)의 소솟고 금슈포진(錦繡舖陳)은 안젼(眼前)의 휘황ᄒ더라. 왕의 오곤계 양츈화긔(陽春和氣)ᄅᆞᆯ 씌여 빈긱을 졉ᄃᆡᄒᆞᆯ시, 윤·하·뎡 졔공의 셩인지풍(聖人之風)과 닌봉ᄌᆞ질(麟鳳資質)이 츌어범뉴ᄒ니, 좌즁졔인이 금평후와 호람후며 뎡국공의 복녹을 흠탄ᄒ더라.

초일 ᄂᆡ연(內宴)의 부셩(富盛)ᄒᆞ미 외연(外宴)으로 일반이라. 윤·양·니·경【46】ᄉᆞ비 문양공쥬로 더브러 금장소고(襟丈小姑)[90]로 엇개ᄅᆞᆯ 년ᄒ여 《낭ᄃᆡ∥냥ᄃᆡ(兩大)》 존고(尊姑)ᄅᆞᆯ 뫼셔 《비긱∥빈긱》을 관졉(款接)ᄒᆞᆯ시, 금옥쥬취(金玉珠翠)[91] 만좌의 찬난(燦爛) 현황(炫煌)ᄒ더라.

이의 현긔를 길복(吉服)을 닙혀 습예(習禮)ᄒᆞᆯ시, 사인의 화풍이 이늘 더옥 새로오니 좌즁졔빈이 그 광휘ᄅᆞᆯ 쳠망(瞻望)ᄒᆞ미 칭찬불니(稱讚不已)[92]ᄒ니, 태부인과 진부인이 두굿기며 왕이 광미ᄃᆡ상(廣眉大相)[93]의 치운(彩雲)이 어리여 화긔 ᄀᆞ득ᄒ니, 태부인이 소왈,

"텬흥의 풍치 ᄋᆞ들만 못ᄒᆞ미 아니로ᄃᆡ, 종시 셩의지풍(盛儀之風)이 현긔를 밋지 못ᄒᆞᆯ지라. 금일 내 ᄋᆞ히 길복 즁【47】더옥 긔이ᄒ여 셕년(昔年) 효문의 거동으로 다ᄅᆞ미 업다."

ᄒ니, 이윽고 장부 신낭의 위의(威儀) 문에 다ᄃᆞ랏다 ᄒ니, 졔왕 곤계 부공을 뫼셔 밧그로 나아가고 ᄂᆡ당 부인ᄂᆡ 즁당의 나와 구경ᄒᆞᆯ시, 장싱이 옥상(玉床)의 홍안(鴻雁)을 젼ᄒ고, 텬디(天地)긔 녜비(禮拜)ᄅᆞᆯ 파ᄒᆞ미 좌의 나아가니, 풍용덕질(風容德質)이 슈연동탕(秀然動蕩)ᄒ여 복녹이 완젼ᄒ니, 왕과 금후며 복야(僕射) 등의 ᄉᆞ랑이 무궁ᄒ며, 태부인과 진부인이 환열ᄒ더니, 일식(日色)이 느즈믈 인ᄒ여 신부의 상교(上轎)ᄅᆞᆯ 지쵹ᄒᆞᆯ시, 진부인이 신부의 단【48】장을 필ᄒ흔 후, 나마치[94]ᄅᆞᆯ 치오며 경계 왈,

---

88)장즁보옥(掌中寶玉) : 손안에 있는 보배로운 구슬이란 뜻으로, 귀하고 보배롭게 여기는 존재를 비유적으로 이르는 말. 늑장즁주.

89)빅운차일(白雲遮日) : 구름처럼 하늘 높이 둘러친 해가림 천막.

90)금장소고(襟丈小姑) : 동서와 시누이. *금장(襟丈); 여성이 남편 형제의 아내를 지칭하여 이르는 말. 소고(小姑); =시누이. 남편의 누나나 여동생.

91)금옥쥬취(金玉珠翠) : 금·옥·진주·비취 등의 온갖 보석으로 만든 패물(佩物)들.

92)칭찬불니(稱讚不已) : 칭찬함을 마지아니함.

93)광미ᄃᆡ상(廣眉大相) : 넓은 눈썹을 가진 큰 얼굴.

"슉흥야미(夙興夜寐)ᄒ여 경심계지(警心戒之)ᄒ며 무위군ᄌ(無違君子)ᄒ라."

소졔 하직고 뎡의 올의미 장싱이 슌금 쇄약(鎖鑰)으로 봉쇄ᄒ여 도라오니, 미조ᄎ 뎡사인의 위의 도문(到門)ᄒ미 장ᄉ마 부뷔 처엄 보미 아니로되 그 텬일지표(天日之表)와 뇽봉지ᄌ(龍鳳之才)를 황홀 귀듕ᄒ더라.

이의 옥상(玉床)의 홍안을 견ᄒ고 좌의 나아가니 만좌 빈긱이 새로이 칭찬ᄒ고 ᄉ마와 진휘 환연(歡然)ᄒ더라. 신부 단장을 필ᄒ미 상교ᄒ니, 사인이 슌금쇄약(純金鎖鑰)으로 봉쇄(封鎖)ᄒ여 본부의 도라와 텬디긔【49】비례ᄒ고, ᄌ하상(紫霞觴)95)을 난 혼 후, 신뷔 단장을 곳치고 비ᄉ당(拜祠堂)96)ᄒ며 현구고존당(見舅姑尊堂)97)ᄒ니, 좌우 거안쳠망(擧眼瞻望)컨디 신부의 품슈ᄒ바 화용월틱(花容月態)의 광휘 찬난ᄒ여 뇨됴슉녀(窈窕淑女)98)를 군ᄌ호귀(君子好逑)99)라. 남풍녀치(男風女采) 텬뎡가위(天定佳偶)러라.

태부인이 폐빅(幣帛)100)을 밧고 팔비대례(八拜大禮)101)를 겨유 기다려, 옥슈(玉手)를 잡고 운환(雲鬟)102)을 어라만져 칭션(稱善) 경이(敬愛) 왈,

"진양후와 영부인의 명훈(明訓)으로 특이ᄒ믄 임의 알앗거니와 여ᄎ 긔이ᄒ믄 실노 의외라. 현긔 무슴 복으로 여ᄎ 슉완을 비(拜)ᄒᄂ뇨? 신부의 특이ᄒ믄【50】그 싀어미도 밋지 못ᄒᆯ가 ᄒ노라."

왕이 소이디왈(笑而對曰),

"왕뫼 지공무ᄉ(至公無私)ᄒ신 셩의로도 여ᄎ 과장(誇張)ᄒ시니 이는 태모의 여음(餘陰)인가 ᄒᄂ이다."

종일 진환(盡歡)ᄒ고 졔긱이 귀가ᄒ미 신부 슉소를 일현당의 뎡ᄒ여 보닉고, 졔왕 곤계 부모를 뫼셔 말슴ᄒᆯᄉᆡ, 태부인 왈,

"현ᄋᄂ 임의 슉녀로 비ᄒᄒ엿거니와, 운긔ᄂ 슉셩장대(夙成壯大)ᄒ미 기형도곤 더은

---

94) 나마치 : ᄂ못. 주머니. 자루.

95) ᄌ하상(紫霞觴) : 전설에서, 신선들이 술을 마실 때 쓰는 잔. '자하'는 신선이 사는 곳에 서리는 보랏빛 노을이라는 말로, 신선이 사는 선계(仙界)를 뜻한다. 따라서 선계의 신선이 입는 치마를 자하상(紫霞裳), 그들이 마시는 술을 자하주(紫霞酒), 그들이 사는 곳을 자하동(紫霞洞)이라 이른다.

96) 비샤당(拜祠堂) : 조상의 신위를 모셔둔 사당(祠堂)에 절함.

97) 현구고존당(見舅姑尊堂) : =현구고례(見舅姑禮). 전통혼인례에서 신부가 시집에 와서 신랑의 부모에게 처음 뵈는 예(禮)를 행하는 의식. 이 때 신부는 신랑의 부모에게 8번 큰절을 올려 예(禮)를 표한다.

98) 뇨됴슉녀(窈窕淑女) : 말과 행동이 품위가 있으며 얌전하고 정숙한 여자.

99) 군ᄌ호귀(君子好逑) : 군자의 좋은 짝이라는 뜻으로, 시경(詩經)』 국풍(國風), 관저(關雎) 장의 "關關雎鳩 在河之州. 窈窕淑女 君子好逑"(자웅이 응하며 우는 저 비둘기가 하수의 모래섬에 있구나. 요조한 숙녀는 군자의 좋은 짝이로다.)라는 구절에서 온 말임.

100) 폐빅(幣帛) : 신부가 처음으로 시부모를 뵐 때 큰절을 하고 올리는 물건. 또는 그런 일. 주로 대추나 포 따위를 올린다.

101) 팔비대례(八拜大禮) : 혼례(婚禮)에서 신부가 신랑의 부모께 처음 뵙는 예(禮)인 현구고례(見舅姑禮)를 행할 때 여덟 번 큰절을 올렸다.

102) 운환(雲鬟) : 여자의 탐스러운 쪽 찐 머리.

돗ㅎ나 지금 뎡혼ㅎ 곳이 업스니 퇴부(擇婦)의 근심이 젹지 아니ㅎ도다.”

왕이 딕왈,

“수일 젼의 경됴윤(京兆尹) 조현슌이 소손(小孫)을 보고 운긔로 동상(東床)을 삼고져 ㅎᄂᆞᆫ【51】지라. 조가 규슈의 현우(賢愚)ᄂᆞᆫ 윤시 ᄌᆞ시 아오리니 윤시다려 뭇고져 ㅎᄂᆞ이다.”

태부인이 희왈,

“조부 남ᄌᆞ 여인이 ᄒᆞ나토 용쇽(庸俗)ᄒᆞ니 업다 ᄒᆞ니, 조가 규쉬(閨秀) 반다시 아름다울 거시니 ᄌᆞ시 알아 수히 셩녜(成禮)케 ᄒᆞ라.”

왕이 슈명ᄒᆞᄃᆡ, 금평휘 왈,

“운긔ᄂᆞᆫ 현긔와 달나 긔운이 하늘을 밧들고져 ᄒᆞ니 규쉬 둔한ᄒᆞ면 운긔를 능히 진압지 못ᄒᆞ리니, 장쇼부와 ᄀᆞᆺ트니를 갈히여 뎡혼케 ᄒᆞ라.”

윤승상부인 하시 왈,

“경됴윤(京兆尹)103) 녀ᄌᆞᄂᆞᆫ 소녀 등이 익이 본 ᄇᆡ오니, 윤형다려 무를 것 업시 용모셩ᄒᆡᆼ【52】이 긔이하니이다.”

금후부부와 왕이 환희ᄒᆞ니, 슉열비 말ᄉᆞᆷ을 니어 조가규슈의 현미(賢美)ᄒᆞᆷ을 ᄀᆞ초 베프니, 태부인이 크게 깃거 왕을 명ᄒᆞ여 허혼(許婚) 납빙(納聘)104)ᄒᆞ고 수히 셩녜ᄒᆞᆷ을 닐오고, 야심ᄒᆞᄆᆡ 태부인이 상요(床褥)의 나아가니, 의열비 등이 진부인을 뫼셔 듁헌으로 나오ᄆᆡ, 사인(舍人)이 ᄯᅩ한 뫼셔 나오ᄆᆡ, 금휘 왈,

“신방을 븨오미 불가ᄒᆞ니 드러 밤을 지ᄂᆡ라.”

사인이 슈명ᄒᆞ고 몸을 니러 신방의 니르러 승당 입실ᄒᆞ니, 장소졔 셔연긔영(徐然起迎)105)커늘 사인이 거슈쳥좌(擧手請坐)ᄒᆞ고 동서분좌(東西分坐)106)ᄒᆞᄆᆡ, 유【53】랑(乳娘)107) 시녀 (侍女) ᄡᅡᆼ금(雙衾)을 포셜(鋪設)ᄒᆞ고 장외(帳外)로 물너나니, 사인이 비로소 눈을 드러 솗히건ᄃᆡ 셰간의 녹녹(碌碌)108)ᄒᆞᆫ 녀지 아니라. 덕긔(德氣) 로셩(老成){인}ᄒᆞ고 녁냥(力量)이 침원(沈遠)ᄒᆞ여 고연쳥쇄(高然淸灑)ᄒᆞᆫ 즁 양츈화긔를 ᄯᅴ여시니, 사인의 고산 ᄀᆞᆺ튼 안견(眼見)으로도 경복ᄒᆞ여 쳐궁이 유복ᄒᆞᆷ을 깃거ᄒᆞ나, 그 나히 유츙(幼沖)ᄒᆞᆷ을 면치 못ᄒᆞ여시니 동방(洞房)109)의 깃드리미 밧브지 아니믈 혜아려 졍슬단좌(正膝端坐)110)터니, 야심ᄒᆞᆷ을 인ᄒᆞ여 신부의 편히 쉬기를 쳥ᄒᆞ고 의ᄃᆡ를 그ᄅᆞ며

---

103) 경됴윤(京兆尹) : =한성부 판윤. 조선 시대에, 한성부의 으뜸 벼슬. 품계는 정이품이다.

104) 납빙(納聘) : =납폐(納幣). 혼인할 때에, 사주단자의 교환이 끝난 후 정혼이 이루어진 증거로 신랑 집에서 신부 집으로 예물을 보냄. 또는 그 예물. 보통 밤에 푸른 비단과 붉은 비단을 혼서와 함께 함에 넣어 신부 집으로 보낸다.

105) 셔연긔영(徐然起迎) : 천천히 일어나 공손히 맞이함.

106) 동서분좌(東西分坐) : 남녀가 동서로 나누어 앉음. 전통예절에서 남자는 동쪽 여자는 서쪽에 앉는다.

107) 유랑(乳娘) : =유모(乳母). 남의 아이에게 그 어머니 대신 젖을 먹여 주는 여자.

108) 녹녹(碌碌) : ①만만하고 상대하기 쉬움. ②평범하고 보잘것없음.

109) 동방(洞房) : 신방(新房). 신랑, 신부가 첫날밤을 치르도록 새로 차린 방.

소져를 보니 그린다시 안즈시니, 심니【54】의 혜오디, '내 비록 눕기를 쳥ᄒᆞ나 어니
여지 안연이 자리의 나아가리오. 부명을 밧드러 드러와시니 편히 쉬게ᄒᆞ여 미몰ᄒᆞ믈
뵈지 아니ᄒᆞ리라.' ᄒᆞ고, 원비(猿臂)를 느리혀 소져를 붓드러 상요의 누이고 즈긔 쏘ᄒᆞᆫ
침금을 취ᄒᆞ여 겻히 누어 밤을 지닉고, 계명(啓明)의 부뷔 니러 관소(盥梳)ᄒᆞ고 존당
구고긔 신셩(晨省)ᄒᆞ니, 냥딕(兩大) 존당이 새로이 두굿기며 아름다오믈 니긔지 못ᄒᆞ
여 사인과 신부를 좌우로 안쳐 ○○[보니], 그 부부의 셜부옥골(雪膚玉骨)과 대현긔상
(大賢氣象)이 일셰비필(一世配匹)이라. 금휘 만면츈【55】풍(滿面春風)으로 태부인긔
고왈,

"현긔 유셩지풍(儒聖之風)111)이 제 아비의셔 비승(倍勝)이어늘, 신부의 덕긔 셩인
(成仁)ᄒᆞ미 졔 싀어미 아릭 잇지 아니리니, 일노 조차 가되 화평ᄒᆞ고 죵시션션(螽斯詵
詵)112)ᄒᆞ리로소이다."

태부인이 희연(喜然) 대소왈,

"이ᄂᆞᆫ 조션여음(祖先餘蔭)이오 의렬현부의 셩덕이로다."

슉셩이 비소왈,

"현긔의 풍용덕질(風容德質)이 빅거거(伯哥哥)의 더으미 업고, 신부의 풍염미질(豊
艶美質)이 의렬 져져(姐姐)긔 더으미 업스디, 존당의 ᄌᆞ익ᄒᆞ시미 거거 부부긔 지나시
니, 소녀 등 ᄀᆞ튼니ᄂᆞᆫ 더옥 대모(大母)와 부모 ᄉᆞ랑을 일삼ᄂᆞᆫ 마딕【56】라. 그윽이
질ㅇ부부긔 원망이 가ᄂᆞ이다."

태부인이 대소왈,

"노모와 네 부뫼 너를 비록 춍ᄋᆡᄒᆞ나 경듕이 ㅇ들과 닉도ᄒᆞ여113), 너ᄂᆞᆫ 아모리 ᄉᆞ
랑ᄒᆞ여도 문호의 유익ᄒᆞ미 업고, 졔손(諸孫)은 오문(吾門)을 챵셩ᄒᆞᆯ 빅니, 듕ᄒᆞ미 닉흥
등과 견줄 빅 아니며, ᄒᆞ물며 현긔ᄂᆞᆫ 죵장(宗長)의 큰 그릇시오, 일가의 듕망(衆望)이
니 엇지 무용(無用)의 져근 녀ᄌᆞ ᄀᆞ투리오. 스스로 남ᄌᆡ 되지 못ᄒᆞ믈 흔ᄒᆞ고 ㅇ손 부
부를 흠션(欽羨)치 말나."

슉셩이 소이딕왈,

"하괴 맛당ᄒᆞ시니 소녀ᄂᆞᆫ 아이의 거거 등과 질ㅇ 부부의 ᄉᆞ랑【57】밧ᄌᆞ오믈 결
우려 아닛ᄂᆞ이다."

졔왕이 화연(和然)이 냥미를 도라보아 왈,

"현미(賢妹) 등이 연소ᄒᆞ나 현긔 졔ㅇ항(諸兒行)의 잇거늘 질ㅇ 부부의 ᄉᆞ랑 밧ᄌᆞ오
믈 그윽이 ᄶᅥ리미 ᄌᆞ괴(自愧)치 아니랴. 하미(河妹) ᄆᆞ음은 아지 못ᄒᆞ나, 슉열 미뎨ᄂᆞᆫ

---

110)졍슬단좌(正膝端坐) : 무릎을 바르게 하여 단정히 앉음.
111)유셩지풍(儒聖之風) : 유교 성인의 풍격(風格).
112)죵시션션(螽斯詵詵) : 여치가 한 번에 99개의 알을 낳는 데서, 부부가 화합하여 자손이 번창함을 비유적
    으로 이르는 말. *종사(螽斯); 메뚜기, 베짱이, 여치를 통틀어 이르는 말.
113)닉도ᄒᆞ다 : 매우 다르다. 판이(判異)하다.

입향슌쇽(入鄕循俗)114)으로 위·유 두부인의 악악흔 심ᄉᆞᆯ 예ᄉᆞ로 보아 사ᄅᆞᆷ을 ᄭᅥ리미 ᄇᆞ라시 되도다."

슉녈이 문득 화ᄉᆡᆨ(和色)을 거두고 왈,

"존당 슉당이 젹년(積年) 그릇ᄒᆞ시미 계시나 곳치미 귀타 ᄒᆞᆫ 셩인의 허ᄒᆞ신 빅어ᄂᆞᆯ, 거거ᄂᆞᆫ 아오라흔 셕ᄉᆞ(昔事)ᄅᆞᆯ ᄆᆡ양 언두의 【58】거드시ᄂᆞ니잇고? 거거의 덕냥이 이런 곳에 다ᄃᆞ라ᄂᆞᆫ 오쇼흔115) 부인 ᄀᆞᆺᄐᆞ시믈 불복(不服)ᄒᆞᄂᆞ이다."

왕이 호호대쇼(晧晧大笑) 왈,

"현미 우형의 협냥(狹量)을 불복ᄒᆞ노라 ᄒᆞ나 우형은 타ᄉᆞᄂᆞᆫ 싱각지 못ᄒᆞ나, 농즁의 드럿던 시신이 며ᄂᆞ리 보ᄂᆞᆫ 경ᄉᆡ 이시믈 신긔히 넉이ᄂᆞ니, 우형의 활명지덕(活命之德)과 늉산대은(隆山大恩)이 아니면 농즁시신(籠中屍身)이 어ᄃᆡ로 조ᄎᆞ 명믹을 니어 부귀ᄅᆞᆯ 누리리오마ᄂᆞᆫ, 그 인시 우암불미(愚暗不美)ᄒᆞ여 ᄇᆡ은망덕(背恩忘德)기ᄅᆞᆯ 심히ᄒᆞ니 ᄀᆞ장 통히ᄒᆞ도다. 위·유 이부인이 현슉다 ᄒᆞ나 현미 등 【59】의 구ᄉᆞ일ᄉᆡᆼ(九死一生)을 도금 싱각홀진ᄃᆡ, 놀납지 아니랴?"

왕의 말노 조ᄎᆞ 좌즁이 새로이 셕일 윤시의 변고ᄅᆞᆯ 닐ᄏᆞ라 혹소혹탄(或笑或嘆)ᄒᆞᄃᆡ, 윤·뎡 냥비와 하부인이 웃ᄂᆞᆫ 빗치 업서 묵연이 못ᄃᆞᆺᄂᆞᆫ ᄃᆞᆺᄒᆞ더니, 슉녈 왈,

"거게(哥哥) 져져의 일시화익(一時禍厄)의 건지믈 활명지덕과 늉산지은으로 닐ᄋᆞ시니, 녀ᄌᆡ 구가ᄅᆞᆯ 위ᄒᆞ여 몸이 죽기ᄅᆞᆯ 도라보지 아니믈 은혜로 칭홀 거슨 아니로ᄃᆡ, 져져의 ᄒᆞᆫ번 격고(擊鼓)ᄒᆞ시믈 인ᄒᆞ여 망극흔 화란을 두루혀 무궁흔 영복이 ○○○[이르니]이 마ᄃᆡ의 거 【60】거의 활명지은을 갑흐미 될가 ᄒᆞ노니, 의녈져져의 은혜ᄅᆞᆯ 거거ᄂᆞᆫ ᄒᆞᆫ갓 쳐실노 아지 마ᄅᆞ샤, 깁흔 은인으로 ᄃᆡ졉ᄒᆞ쇼셔."

왕이 우소왈(又笑曰),

"현미 소고(小姑)ᄅᆞᆯ 위ᄒᆞ여 여ᄎᆞᄒᆞ니, 그리 아니흔ᄃᆞᆯ 무어시 어려오리오. 네 소괴(小故) 내 은혜ᄅᆞᆯ 아지 못ᄒᆞ니 우형이 홀노 은인으로 ᄃᆡ졉ᄒᆞ미 우읍지 아니랴?"

태부인이 소왈,

"윤현뷔 너ᄅᆞᆯ 살 곳에 일월ᄲᅮᆫ 아니라 각각 영복을 누리미 윤현부의 대은이니 쳔흥이 의녈현부의 일시 익화ᄅᆞᆯ 구ᄒᆞ미 비치 못홀지라. 너의 부 【61】ᄌᆞ형뎨 기리 현부ᄅᆞᆯ 은인으로 ᄃᆡ졉ᄒᆞ미 올치아니랴?"

금휘 맛당ᄒᆞ시믈 닐ᄏᆞᆺ고 장소져로ᄡᅥ 안젼긔화(眼前奇花)ᄅᆞᆯ 숨아 귀듕 긔이ᄒᆞᄂᆞᆫ 즁, 운긔의 비우(配偶)ᄅᆞᆯ 마ᄌᆞ 어더 태부인의 ᄇᆞ라시ᄂᆞᆫ 바ᄅᆞᆯ 위로ᄒᆞ고, 한님의 ᄌᆡ풍(才風)을 져ᄇᆞ리지 말나 ᄒᆞ니, 졔왕이 슈명ᄒᆞ고 조가 규슈의 현불초(賢不肖)ᄅᆞᆯ 알고져 ᄒᆞ여 친히 조 경됴(京兆)ᄅᆞᆯ 가 보아 약혼홀 ᄯᅳᆺ을 닐ᄋᆞ니, 조공이 깃거 흔연 청샤ᄒᆞ고 즉시 ᄐᆡᆨ일ᄒᆞ여 보ᄒᆞ니, 길긔(吉期) 겨우 수월이 격ᄒᆞ엿ᄂᆞᆫ지라. 태부인이 깃거ᄒᆞ시며 조가

---

114)입향슌쇽(入鄕循俗) : 다른 지방에 들어가서는 그 지방의 풍속을 따름. ≪회남자≫의 〈제속편(齊俗篇)〉과 ≪장자≫의 〈외편(外篇)〉에 나오는 말이다.

115)오쇼ᄒᆞ다 : 자잘하다. 왜소하다.

규【62】쉬 장소져 又기를 죄오니 의녈비 조질의 아름다오미 장시 아릭 아니믈 고ᄒ
니라.

장소졔 인ᄒ여 머므러 존당구고를 밧들미 셩회 동쵹(洞屬)ᄒ여 경슌위열(敬順慰悅)
ᄒ며 승슌군ᄌ(承順君子)ᄒ여 예뫼 완젼ᄒ니, 져마다 흠앙(欽仰) 칭션(稱善)ᄒ여 의녈
비를 계젹(繼蹟)ᄒᆫ 슉녀 명염이라 닐ᄏ라니, 소졔 스스로 ᄌ조와 덕ᄒᆡᆼ을 쟈랑ᄒ미 업
고, 인심을 취합고져 ᄒ미 아니로ᄃᆡ, 침잠(沈潛)ᄒᆫ 화긔와 슉연(肅然)ᄒᆫ 덕ᄒᆡᆼ은 님하ᄉ
군ᄌ(林下士君子)[116]의 틀이 이시니, 존당구괴(尊堂九皐) 갈ᄉᆞ록 듕이(重愛)ᄒ고 일가
친쳑이 칭【63】도(稱道)[117]ᄒ여 예셩(譽聲)이 원근의 ᄌᄌᄒ더라.

ᄶᆡ에 경됴윤 조현슉은 원임(原任)[118] 승샹 조진의 ᄎᄌ니 긔국공신 조빈(曹彬)[119]
의 손이라. 위인이 걸츌ᄒ여 틍회 겸젼ᄒ고 쳥망 덕업이 일신(一身)의 온젼ᄒ더라. 사
즁의 부인 임시 이시니 ᄌᄉᆡᆨ이 관졀(冠絕)ᄒ고[120] 복녹이 두터워 공으로 동쥬(同住)
수십여년의 삼ᄌ 일녀를 싱ᄒ니, 개개히 초쥰탁아(超俊卓雅)ᄒ여 틍회 완젼ᄒᆞ지라. 냥
ᄌ는 임의 취쳐(娶妻) 셩인(成人)ᄒ고 필ᄌ(畢子)와 녀ᄋᆞ를 취가(娶嫁)치 못ᄒ여시니,
ᄶᆡ의 조소져 셩난의 방년(芳年)이 십이셰라. 싱셩(生成)ᄒ미 텬【64】디조화(天地造
化)와 일월광휘(日月光輝)를 온젼이 머므러 ᄉᆡᆨ광긔질(色光氣質)이 일셰의 독보(獨步)ᄒ
고, 인효덕ᄒᆡᆼ(仁孝德行)이 완젼ᄒᆫ 즁, 일신톄형(一身體形)이 속인(俗人)과 ᄂᆡ도ᄒ여 만
믈의 비ᄒᆞᆯᄃᆡ 업ᄂᆞᆫ지라. 조공이 녀ᄋᆞ를 볼 적마다 환연(歡然) 쟝탄(長歎) 왈,

"희셕 등 삼인이 ᄒᆫ 누의를 당치 못ᄒ고, 우리 질ᄌ 삼십여인이나 다 용우(庸愚)ᄒᆫ
재 업스ᄃᆡ, 맛ᄎᆞᆷᄂᆡ 셩난의 셩현지풍(聖賢之風)과 여신지총(如神之聰)을 십분지일도 밋
ᄎᆞ 리 업스니, 녀ᄋᆡ 남ᄌ 되지 못ᄒ미 엇지 이둛지 아니리오. 혼용(昏庸)ᄒᆫ 어미와 소
활(疎豁)ᄒᆫ 아비 셩인(聖人)의 ᄯᆞᆯ 두기ᄂᆞᆫ ᄯᆺ밧기【65】니, 남녀를 밧고고져 ᄒ기ᄂᆞᆫ 탐
욕의 갓갑거니와, 녀ᄋᆡ 긔이ᄒ미 남의 집을 챵셩(昌盛)ᄒᆞᆯ ᄯᆞᆫ이오, 오문(吾門)의ᄂᆞᆫ 무
익ᄒᆞ지라. 엇지 흐흡지 아니리오."

ᄒ며, 귀듕ᄒ미 금달공쥬(禁闥公主)[121]를 불위ᄒᆞᆯ ᄇᆡ 아니로ᄃᆡ, 쳥검(淸儉)ᄒ기를 쥬
ᄒ여 반졈 《교우∥교오(驕傲)》ᄒᆫ ᄯᆺ이 업스니, 심즁의 ᄇᆡᆨ일(白日)이 빗최여 명경(明
鏡)을 거럿ᄂᆞᆫ 듯ᄒ니, 경됴윤(京兆尹)이 녀ᄋᆡ 츌셰ᄒ믈 볼ᄉᆞ록 틱셔의 근심이 듕ᄒ
여, 혹ᄌ 녀ᄋᆡ 평싱을 헛되게 ᄒᆞᆯ가 념여 무궁ᄒ더니, 한님학ᄉ 호위쟝군 뎡운긔의
표치풍광(標致風光)[122]이며 문【66】무 ᄌ조[123]와 직졀쳥망(直節淸望)이 진짓 명ᄉ뉴

---

116)님하ᄉ군ᄌ(林下士君子) : 산간에 은거하여 살거나, 벼슬을 그만두고 산간에 은퇴하여 지내는 선비. 재
야(在野)의 선비.
117)칭도(稱道) : 입으로 늘 칭찬하여 말함.
118)원임(原任) : =전임(前任).
119)조빈(曹彬) : 중국 송(宋)나라 태조 때의 무장(武將). 개국공신(開國功臣).
120)관졀(冠絕)ᄒ다 : 가장 뛰어나다.
121)금달공쥬(禁闥公主) : 대궐안의 공주. 금달(禁闥); 궐내에서 임금이 평소에 거처하는 궁전의 앞문.
122)표치풍광(標致風光) : 아름다운 용모와 품격.

(名士類)의 웃듬되믄 닐으지 말고, 궁만고힝텬하(窮萬古行天下)[124]ᄒ여도 디젹(對敵)ᄒᆞᆯ 사ᄅᆞᆷ이 업ᄉᆞ니, 주긔 여ᄋᆡ 아니면 그 비필이 가(可)치 아니ᄒᆞ고, 운긔 아니면 주긔 동상(東床)[125]을 빗ᄂᆡ리 업슬지라. ᄒᆞᄆᆞᆯ며 공의 셩품이 상활쾌려(爽活快麗)[126]ᄒ여 남주의 오소ᄒᆞᄆᆞᆯ 용녈(庸劣)이 넉이고 발월호상(發越豪爽)[127]ᄒᆞᆷ을 취ᄒᆞᄆᆞ로, 뎡운긔의 긔특ᄒᆞ미 공의 ᄆᆞᄋᆞᆷ의 ᄎᆞ고 ᄯᅳᆺ에 족ᄒ여 친히 제왕을 보아 혼인을 쳥ᄒᆞ고져 ᄒᆞ다가, 믄득 제왕이 니ᄅᆞ러 혼인을 쳥ᄒ여 젹승(赤繩)[128]의 가연(佳緣)을 언약ᄒᆞ니, 【67】만심의 쾌활ᄒᆞᄆᆞᆯ 니긔지 못ᄒ여 즉시 퇴일ᄒ여 제궁의 보ᄒᆞ고, 힝빙일(行聘日)[129]의 뎡부 납ᄎᆡ문명(納彩問名)[130]이 니ᄅᆞ니 두굿거오미 극ᄒ여, 월픽(月佩)[131]ᄅᆞᆯ 소져 유모로 ᄒᆞ야금 녀ᄋᆞ의 침소의 두라 ᄒᆞ고, 셩난을 어라만져 뎡가의 며ᄂᆞ리라 ᄒᆞ며 길일을 손곱아 기다리니, 녀ᄋᆞ의 길녜(吉禮)[132]ᄅᆞᆯ 일워 뎡가의 도라보ᄂᆞᆫ 날은 의녈비 종슉(從叔)으로ᄡᅥ 다시 고식지졍(姑媳之情)[133]을 미주 친질(親姪)ᄀᆞᆺ치 무ᄋᆡ(撫愛)ᄒ여, 뎡가 문풍을 아는 고로 셩난의 일싱이 안한(安閑)ᄒᆞᆯ 줄 분분(紛紛)이 닐ᄏᆞ라며, 존당 슉당이 다 환열(歡悅)ᄒᆞ되, 【68】오직 임부인이 그윽이 불평ᄒᆞᆫ ᄯᅳᆺ이 이시니, 이ᄂᆞ 다란 연괴 아니라 그 종형(從兄) 원시줌 부인이 일즉긔[134] '셩(城)을 문희친[135] 통(痛)'[136]이 이시나 일ᄌᆞ(一子)ᄅᆞᆯ 두어 명은 홍이오, ᄌᆞᄂᆞ 익희니, 용뫼 옥을 다듬은 ᄃᆞᆺ, 신치

---

123)ᄌᆡ조 : 재주. 무엇을 잘할 수 있는 타고난 능력과 슬기.
124)궁만고힝텬하(窮萬古行天下) : 영원한 세월 동안 천하를 두루 다 돌아 다녀 봄.
125)동상(東床) : '동쪽 평상'이라는 뜻으로, '사위'를 달리 이르는 말. 중국 진(晉)나라의 극감(郗鑒)이 사위를 고르는데, 왕도(王導)의 아들 가운데 동쪽 평상 위에서 배를 드러내고 누워 있는 왕희지를 골랐다는 고사에서 유래한다.
126)상활쾌려(爽活快麗) : 상쾌하고 아름다움.
127)발월호상(發越豪爽) : 용모가 깨끗하고 훤칠하며 마음 씀이 호탕하고 시원시원함.
128)젹승(赤繩) : 인연을 맺는 붉은 끈. 또는 부부의 인연.
129)힝빙일(行聘日) : 빙물(聘物) 곧 납폐(納幣)를 보내는 날. *납폐; 혼인할 때에, 사주단자의 교환이 끝난 후 정혼이 이루어진 증거로 신랑 집에서 신부 집으로 예물을 보냄. 또는 그 예물. 보통 밤에 푸른 비단과 붉은 비단을 혼서와 함께 함에 넣어 신부 집으로 보낸다. 늑납빙·납징·납채
130)납ᄎᆡ문명(納彩問名) : 납폐(納幣)와 문명(問名). *문명; 혼인을 정한 여자의 장래 운수를 점칠 때에 그 어머니의 성씨를 물음. 또는 그런 절차.
131)월픽(月佩) : 보월패(寶月牌). 전편 〈명주보월빙〉에서 윤현·윤수형제와 정연·하진은 남강에서 선유(仙遊)를 하던 중, 적룡(赤龍)으로부터 윤현은 명주 4알을, 정연과 하진은 각각 보월패 1줄 씩을 받게 되는데, 이후 이들은 이것을 신물(信物)로 삼아 윤현의 두 아들 윤광천·윤희천과 정연의 아들 정천흥, 하진의 아들 하원광을 각각 정연의 딸 정혜주, 하진의 딸 하영주, 윤현의 딸 윤명아, 윤수의 딸 윤현아와 혼인을 이루게 된다. 이로써 정천흥(제왕)의 원비 윤명아(의열비)는 혼인할 때 정천흥으로부터 보월패를 신물로 받아 간직해오다가 이를 운기의 빙물로 보낸 것이다.
132)길녜(吉禮) : 관례나 혼례 따위의 경사스러운 예식.
133)고식지졍(姑媳之情) : 시어머니와 며느리 사이의 정.
134)일즉긔 : 일찍이.
135)문희치다 : 무너뜨리다.
136)셩(城)을 문희친 통(痛) : =붕셩지통(崩城之痛). 성이 무너질 만큼 큰 슬픔이라는 뜻으로, 남편이 죽은 슬픔을 이르는 말

(身彩) 셰류(細柳) ᄀᆞᆺ틋니, 칠쳑쟝신(七尺長身)과 표일(飄逸)훈 거동이 아름다올 ᄲᅮᆫ 아니라, 쳥슈(淸秀)훈 격됴(格調)137) 과인ᄒᆞ며, '칠보(七步)의 신속ᄒᆞ미 잇고'138), 말ᄉᆞᆷ이 소쟝(蘇張)139)의 구변(口辯)을 가져시니, 문치 당금(當今)의 ᄲᅱ여나 ᄌᆞᄌᆞ쥬옥(字字珠玉)140)이라.

방년(芳年) 십삼의 쳥운(靑雲)141)을 더위잡아 경악(經幄)142)의 근시(近侍)되고, 텬심(天心)이 ᄉᆞ랑ᄒᆞ샤 셩명이 빗나【69】고 명망이 혁연(赫然)ᄒᆞ니, 시즁 부인이 텬뉸ᄌᆞ이(天倫慈愛)와 만금듕탁(萬金重託)이 이 ᄋᆞ들 밧 옴길 곳이 업슨 즁, 부인이 친졍 왕ᄂᆡ의 잇다감 셩난을 다리고 ᄃᆞᆫ니니, 원시즁 부인이 셩난 쇼져 오믈 드란 즉, 대ᄉᆞ로이143) 슉부 ᄐᆡᆨ샹(宅上)의 와 쇼져를 구경ᄒᆞ며 식부를 삼고져 ᄆᆞᄋᆞᆷ이 불ᄀᆞᆺ투여, 원홍으로 조소져를 보과져 ᄒᆞ여 지죵남ᄆᆡ간(再從男妹間)144) ᄂᆡ외ᄒᆞ미145) 박ᄒᆞ다 ᄒᆞ여 ᄋᆞᄌᆞ를 보라 ᄒᆞᄃᆡ, 소졔 뉵칠셰의ᄂᆞᆫ 외가 왕ᄂᆡ의 두어번 원홍을 보와시나, 팔구셰브터ᄂᆞᆫ 모친을 조ᄎᆞ ᄃᆞᆫ니지 아냐시므로 홍을 【70】보미 업ᄉᆞᄃᆡ, 소졔 칠셰 시의 원홍은 십셰라. 고은 인물을 그윽이 무심치 아냐 외람이 조공의 동샹(東床)을 ᄇᆞ라ᄂᆞᆫ 고로, 모친을 보치여 조부의 혼인을 통ᄒᆞ라 ᄒᆞ니, 원부인이 ᄋᆞᄌᆞ의 말을 조ᄎᆞ 셔ᄉᆞ(書辭)로써 경됴윤 부인긔 근졀이 구혼ᄒᆞ니, 이 ᄯᅳᆺ을 공긔 비최온ᄃᆡ, 공이 텽파(聽罷)의 춤밧타 부인이[의] 무지ᄒᆞᄆᆞᆯ 대언졀칙(大言切責)ᄒᆞ여, 친쳑간 혼인이 이젹(夷狄)의 ᄒᆡᆼ실이오, 사름의 홀비 아니라 ᄒᆞ고, 원홍의 샹뫼(相貌) 불길ᄒᆞ여 동지(動止)의 소인의 졍ᄐᆡ(情態) 현져ᄒᆞ니, 원홍의 문쟝직홰 비【71】록 쳔만ᄃᆡ(千萬代)의 업서도, 죵남○[ᄆᆡ]간(從男妹間) 혼인을 의논치 못ᄒᆞ리니 부인은 다시 닐ᄋᆞ지 말나 이리 닐ᄋᆞ며 ᄉᆞᄆᆡ를 ᄯᅥᆯ처 밧그로 나아가니, 부인이 무류(無聊)코 분ᄒᆞ여 원시즁 부인긔 답간을 부쳐 조공의 좃지 아니믈 통ᄒᆞ고, ᄌᆞ긔 ᄆᆞᄋᆞᆷ과 ᄀᆞᆺ지 못ᄒᆞᄆᆞᆯ 탄ᄒᆞ니, 원홍 모지 아연 실망ᄒᆞ여 ᄒᆞ더니, 조소져의 혼ᄉᆞ를 뎡가의 뇌약ᄒᆞ고 빙치(聘采) 문명(問名)을 밧앗다 ᄒᆞᄂᆞᆫ지라.

원ᄂᆡ 취운산 장쳐ᄉᆞ 집의셔 원홍이 슈학ᄒᆞ여시므로 졔뎡(諸鄭)을 유시(幼時)로 브터 ᄉᆞ괴여 듁마(竹馬)의 노름이 이시니, 졔뎡【72】의 ᄉᆞ부ᄂᆞᆫ 우쳐ᄉᆞ 송암션ᄉᆡᆼ 셥이니, 홍으로 더브러 동학지교(同學之交)146)ᄂᆞᆫ 아니나, 장쳐ᄉᆞ 집의 ᄌᆞ로 왕ᄂᆡᄒᆞ여 졔뎡이

---

137) 격됴(格調) : 사람의 품격과 취향.
138) 칠보(七步)의 신속ᄒᆞ미 잇고 : 중국 위(魏)나라 조조(曹操)의 아들 조식(曹植 : 192~232)이 일곱 걸음 만에 시를 지어 죽음을 모면하였다는 고사를 이르는 말. 시를 빨리 짓는 능력을 비유적으로 표현한 말이다.
139) 소쟝(蘇張) : 중국 전국 시대의 세객(說客)인 소진(蘇秦)과 장의(張儀)를 아울러 이르는 말.
140) ᄌᆞᄌᆞ쥬옥(字字珠玉) : 글자마다 주옥처럼 아름다움.
141) 쳥운(靑雲) : 푸른 빛깔의 구름이란 뜻으로, 높은 지위나 벼슬을 비유적으로 이르는 말.
142) 경악(經幄) : 경연(經筵). 고려·조선 시대에, 임금이 학문이나 기술을 강론·연마하고 더불어 신하들과 국정을 협의하던 일. 또는 그런 자리
143) 대ᄉᆞ로이 : 대수롭게. 중요하게 여길만하게.
144) 지죵남ᄆᆡ간(再從男妹間) : 육촌 남매 사이.
145) ᄂᆡ외ᄒᆞ다 : 남의 남녀 사이에 서로 얼굴을 마주 대하지 않고 피하다.

장쳐스 ᄋ즈 상운 등과 ᄀᆞᆺ치 스괴여, 원홍의 본심이 사ᄅᆞᆷ을 싀이(猜礙)ᄒᆞ여 승긔쟈(勝己者)147)ᄅᆞᆯ 브ᄃᆡ 업시코져 ᄒᆞ며, 즈긔만 못ᄒᆞ니ᄅᆞᆯ 보면 흔흔ᄒᆞ여 져의 ᄌᆡ조ᄅᆞᆯ 자랑ᄒᆞᄂᆞᆫ 무리라. 졔뎡의 문장ᄌᆡ덕(文章才德)과 신ᄎᆡ골격(身彩骨格)이 져의게 십비승(十倍勝)이오 귀격(貴格)148)이 비기지 못ᄒᆞᆯ 바ᄅᆞᆯ 앙앙(怏怏)ᄒᆞ여 ᄒᆞᄂᆞᆫ 즁, 젼일 조공의게 동상을 구ᄒᆞ다가 견모(見侮)당ᄒᆞᄆᆞᆯ 교아졀치(咬牙切齒)149)ᄒᆞ여, 몬져 임부인의 【73】 협쳔(狹淺)ᄒᆞᆫ 심지(心志)ᄅᆞᆯ 격동ᄒᆞ고, 뎡운긔로 ᄒᆞ야금 조가 규슈ᄅᆞᆯ 대악발부(大惡悖婦)로 마련ᄒᆞ여 졍실(正室)노 ᄃᆡ졉지 아니토록 작희(作戲)ᄒᆞᄆᆞᆯ 계교ᄒᆞ고, 경됴(京兆) 부지 업슨 ᄯᅢᄅᆞᆯ 타 조가의 니ᄅᆞᆯ러 임부인긔 쳥알(請謁)ᄒᆞ니, ᄎᆞ시 임부인이 녀ᄋᆞ의 혼ᄉᆞᄅᆞᆯ 뇌뎡(牢定)ᄒᆞ고 길긔ᄅᆞᆯ 기다리나, 일심이 분ᄒᆞᆫ 밧자150)는 '원홍 ᄀᆞᆺᄐᆞᆫ 옥면가랑(玉面佳郞)을 못 엇고 뎡운긔로 동상을 뎡ᄒᆞᄆᆡ, 운긔 문무ᄌᆡ명(文武才名)과 풍ᄎᆡ(風色)이 녈상(劣相)ᄒᆞ나, 다만 가뎡지학(家庭之學)으로 미물ᄒᆞᄆᆞᆯ 달마실진ᄃᆡ, 엇지 지란(芝蘭) ᄀᆞᆺᄐᆞᆫ 녀ᄋᆞ의 비우ᄅᆞᆯ 삼【74】ᄋᆞ리오.' ᄒᆞ여, 미친 시ᄅᆞᆷ이 만쳡(萬疊)이러니, 원홍의 와시ᄅᆞᆯ 듯고 급히 쳥ᄒᆞ여 볼ᄉᆡ, 홍이 근간 존후ᄅᆞᆯ 뭇ᄌᆞᆸ고 인ᄒᆞ여 죵용히 말ᄉᆞᆷᄒᆞ니, 부인이 쥬찬으로ᄡᅥ 권ᄒᆞ거ᄂᆞᆯ, 홍이 ᄉᆞ양 왈,

"소질이 본ᄃᆡ 술을 못먹숩더니 친우 뎡운긔ᄅᆞᆯ 창누(娼樓)의셔 만나 소질을 븟들고 ᄉᆞ오빈ᄅᆞᆯ 먹이오니, 인졍의 믈니치지 못ᄒᆞ여 브야흐로 극취ᄒᆞ여ᄉᆞ오니 다시 먹을길 업ᄉᆞ오믈 고ᄒᆞᄂᆞ이다."

부인이 텽파의 대경 왈,

"현질의 친우 운긔라 ᄒᆞ니 평졔왕 듁쳥의 ᄌᆞ(子)냐.?"

홍이 ᄃᆡ왈,

"연ᄒᆞ【75】니이다."

부인 왈,

"운긔 무ᄉᆞᆷ 일노 창누풍악(娼樓風樂)을 즐기며, 원간 그 위인이 엇더ᄒᆞ뇨?"

홍이 뎡혼(定婚)ᄒᆞᄆᆞᆯ 모로ᄂᆞᆫ 톄ᄒᆞ고 ᄃᆡ왈,

"운긔 풍치 문장과 기쥬호ᄉᆡᆨ(嗜酒好色)이 젼혀 평졔왕을 달마시니, 귀격(貴格) 복녹(福祿)이 극ᄒᆞᆫ 둣ᄒᆞ나, 오ᄂᆞᆯ ᄒᆞᆫ 상ᄌᆡ(相者) 운긔 상을 보고 흉격(凶格)을 닐ᄋᆞ니, 모다 밋친 거시라 ᄒᆞ더니, 좌즁졔인의 상(相)을 의논ᄒᆞ여 ᄎᆞ례로 신통이 맛치니, 만좌졔인이 다 긔이타 ᄒᆞ더이다."

부인이 본ᄃᆡ 투긔의 대장이오 싀음151)의 션봉이러라. 【76】

---

146)동학지교(同學之交) : 함께 배운 친구.

147)승긔쟈(勝己者) : 자기보다 뛰어난 자.

148)귀격(貴格) : =귀골(貴骨). 귀하게 될 사람의 골격.

149)교아졀치(咬牙切齒) : 몹시 분하여 이를 갊.

150)밧자 : 바의 것.

151)싀음 : 샘. 남의 처지나 물건을 탐내거나, 자기보다 나은 처지에 있는 사람이나 적수를 미워함. 또는 그런 마음.

# 윤하뎡삼문취록 권지이

추시 임부인이 본디 투긔의 대장이오 싀음의 션봉이라. 그 가뷔 방외범식(方外犯色)152)이 업슨 고로 투긔를 니르혈길 업스나, 남의 젹인(敵人)이 여러히 이시믈 드러도 이들오미 흉장의 니러나던 바의, 쳔금일녜(千金一女) 풍뉴광긱(風流狂客)의게 도라갈 바를 싱각ᄒ니 분긔 튱격(衝擊)ᄒ여 싱ᄉ를 헤아리지 못ᄒ니, 어닉 결을153)의 그 샹격길흉(相格吉凶)을 치쳐154) 무르리오. 다만 뎡혼지ᄉ(定婚之事)를 드노치 아니ᄒ고 신낭 현우(賢愚)를 ᄌ시 알아보리라 ᄒ여, 좀쇠를 닉ᄂ다시【1】 ᄒ미 원홍의 계교를 맛치ᄂ지라. 이의 문왈,

"운긔 구경지하(具慶之下)155)의 졔몸이 문무 두길흘 어더 영춍부귀 극진ᄒ니 호화로 비로스 셩식연회(聲色宴戱)로 즐기거니와, 원간 유졍(有情)ᄒᆫ 거시 만흐냐?"

홍이 거즛 운긔의 대장부 긔샹 호긔(豪氣)를 칭찬ᄒᄂᆫ 쳬ᄒ고, 그 호식(好色)ᄒ미 지닉보ᄂᆫ 것○[이] 업슴과, 취후광픽(醉後狂悖)ᄒ미 발ᄒ면 아모리 스랑턴 미쳡(美妾)이라도 머리 버히기를 초개(草芥)156)ᄀᆞ치 ᄒ고, ᄯᅩ 심지○[를] 측냥치 못ᄒ미 이셔 의ᄉ 크고 장ᄒ며 변홰 불측ᄒ여 션죵(善終)치 못ᄒᆯ 긔샹이 만흐며, 샹【2】자(相者)의 닐은 바, 이십 젼의 머리를 동시(東市)157)의 ᄃᆞᆯ니라 ᄒ던 말이 실노 밋을거슨 아니로딕, 위틱ᄒ고 길인은 아니라 ᄒ여, 뎡한님의 업ᄂᆫ 허물을 쥬츌(做出)ᄒ딕, 창졸(倉卒)의 교식(巧飾)흠 ᄀᆞᆺ지 아니니, 투협견도(妬狹顚倒)ᄒᆫ 임부인은 닐ᄋ도 말고, 우연ᄒᆫ 유식재(有識者)라도 뎡한님 보지 못ᄒ니ᄂᆫ 원홍의 말을 곳이 드를지라.

부인이 오장(五臟)이 쒸노라 문득 손을 드러 난간을 치며 눈물을 흘녀 왈,

"심의(甚矣)라, 상공이 쏠과 무슴 원슈로 쳔고불인흉역(千古不仁兇逆) 놈을 사회삼으려 ᄒ니, 이 어인 인식뇨?"

홍이 ᄀᆞ장 경아【3】ᄒᄂᆫ 빗치 이셔 문기고(問其故)ᄒ니, 부인이 뎡혼 슈빙(受聘)ᄒᆫ

---

152) 방외범식(方外犯色) : 법도 밖의 행실로 여색을 범함.
153) 결을 : 겨를. 틈. 어떤 일을 하다가 생각 따위를 다른 데로 돌릴 수 있는 시간적인 여유.
154) 치치다 : 채치다. 갑자기 세게 잡아당기다.
155) 구경지하(具慶之下) : 부모가 다 살아 계시는 기쁨 가운데 있음.
156) 초개(草芥) : ①풀과 티끌을 아울러 이르는 말. 흔히 지푸라기를 이른다. ②쓸모없고 하찮은 것을 비유적으로 이르는 말.
157) 동시(東市) : 동쪽에 있는 시장. 옛날 중국의 수도 장안(長安)에서 죄인을 처형(處刑)하던 장소. 이 때문에 '형장(刑場)'의 뜻으로 쓰임

ᄉ단(事端)을 닐ᄋ며 왈,

"근본이 비록 현질과 언약ᄒ미 업다ᄒ나, 내 죽기로 결ᄒ여 일우지 못ᄒ게 ᄒᆯ 거시로ᄃᆡ, 상공의 고집이 이상ᄒ여 히괴(駭怪)ᄒ니 밧비 ᄠᅳᆺ을 일우면 힝혀《도로혈 ᄆᆞᄋᆞᆷ을 ‖ ᄆᆞᄋᆞᆷ을 도로혈지ᄂᆞᆫ》아지《못ᄒ리니 ‖ 못ᄒ나》, 고요히 이셔 운긔로 사회ᄅᆞᆯ《삼으면 ‖ 삼기도곤》대악발부의 일홈을 취ᄒ고 필경 박튝(迫逐)ᄒᄂᆞᆫ 대화(大禍)ᄅᆞᆯ 볼지라도, 운긔의 비우ᄅᆞᆯ 삼지 아니리라."

홍이 대경왈,

"슉뫼 소질을 어ᄉ 형 등과 ᄀᆞᆺ치 ᄒ시므로, 소질이 ᄯᅩᄒᆫ 친모의 다라【4】미 업ᄉ와 뎡혼지ᄉᄂᆞᆫ 몽니(夢裏)의도 모로ᄋᆸ고, 우연이 밋친 상쟈(相者) 말ᄉᆞᆷ과 뎡명초 호일ᄒᆫ 힝ᄉᆞᄅᆞᆯ 알외여ᄉᆸ더니, 슉뫼 비괴(悲苦)ᄒᆫ 말ᄉᆞᆷ으로 조ᄎ 임의 슈빙(受聘)ᄒ온 일을 퇴코져 ᄒ시ᄂᆞ니잇고? 명최 아직 년소ᄒ여 기쥬탐ᄉᆡᆨ(嗜酒貪色)ᄒ나, 타일은 반다시 제왕의 위덕을 본밧아 여러 쳐쳡을 거ᄂᆞ려도 어즈러오미 업ᄉᆞᆯ 거시오, 부귀복녹이 졔왕 위의 니ᄅᆞᆯ 거시니 슉뫼 셔랑을 구ᄒ미 그 ᄀᆞᆺᄐᆞᆫ 위인을 엇지 못ᄒ시리이다. 슉부의 튁셔(擇婿)ᄒ신 빅 엇지 범연ᄒ시리잇고? 쳥컨ᄃᆡ 부운(浮雲)ᄀᆞᆺᄐᆞᆫ【5】말을 드ᄅᆞᆫ 체 마ᄅᆞ시고 뎡일(定日)의 힝녜(行禮)케 ᄒ소셔."

부인이 운긔가 여러 쳐쳡 모ᄒ리라 홈과 졔왕 ᄀᆞᆺᄐᆞ리라 말을 더옥 놀나, 머리ᄅᆞᆯ 흔드러 왈,

"니 밍셰코 뎡운긔로 셔랑을 삼지 아니리라. 현질은 다시 닐ᄋ지 말나. 사ᄅᆞᆷ마다 졔왕을 긔특다 ᄒᄃᆡ 나는 실노 아름다온 줄 모로ᄂᆞ니, 일신의 십오 쳐쳡을 거ᄂᆞ려시니 그 가실(家室)의 ᄆᆞᄋᆞᆷ 편치 아니ᄆᆞᆫ 한ᄉ(寒士)의 쳐만 못ᄒᆯ 거시오, 초년의 그런 변고ᄅᆞᆯ 당ᄒ여시니 내 약녜(弱女) 만일 그런 화익을 당ᄒ면 어이 보젼ᄒ리오. 텬하의 옥【6】인가ᄉᆡ(玉人佳士) 어ᄃᆡ 업셔 운긔로 뎡혼ᄒ리오. ᄯᆞᆯ을 폐륜(廢倫)ᄒ여도 뎡주의 안해는 삼지 아니리라."

ᄒ니, 홍이 가려온 ᄃᆡᄅᆞᆯ 긁ᄂᆞᆫ ᄃᆞᆺ 징그러오ᄃᆡ, 경됴(京兆) 부지 알면 됴치 아닐지라. 지삼 소ᄅᆡᄅᆞᆯ ᄂᆞᆺ초아 운긔 츙뉴ᄒᆞᆷ믈 칭찬ᄒᄂᆞᆫ 체ᄒ나, 부인은 밍셰코 즉긔 목숨을 ᄇᆞ린츠려니와 운긔ᄂᆞᆫ 사회삼지 못ᄒ다 ᄒ니, 홍이 비로소 진졍소회(眞正所懷)ᄅᆞᆯ 고ᄒᄂᆞᆫ 체ᄒ며, 운긔 사회 삼ᄂᆞᆫ 거시 흔굿 셩난 소ᄆᆡᄅᆞᆯ 맛출 ᄲᅮᆫ아니라, 쟝닉의 집히 두리오믈 ᄀᆞᆺ초 고ᄒ니, 부인이 돌돌분분(咄咄忿憤)[158]ᄒ여 눈물을 흘【7】니며, 녀ᄋᆞᄅᆞᆯ 영화로이 ᄒ려 ᄒ더니, 찬음일쇠(簒淫一所)[159] 너흘 쟝본이라. 이의 굴ᄋᆞᄃᆡ,

"현질이 운긔와 친ᄒᆯ진ᄃᆡ 오가 허물과 용식이 불미(不美)타 ᄒ여 츄혼이 못되도록 작희(作戲)ᄒ면, 쳑분(戚分)의 혐의ᄅᆞᆯ ᄉᆡᆼ각지 말고 상공 고집을 두루혀 현질노 동상을 삼으리라."

---

158) 돌돌분분(咄咄忿憤) : 탄식하여 혀차며 분하게 여김
159) 찬음일쇠(簒淫一所) : 찬역(簒逆)과 음란(淫亂)이 함께 벌어지는 곳.

홍이 말마다 졔뜻에 마즈딕, 거줏 스양 왈,

"슉뫼 쇼질의 용우흐믈 싱각지 아니시고 어스 형과 곳치 스랑흐시니, 소질이 기리 즈모로 셤기고져 흐옵느니, 시쇽(時俗)의 죵표혼인(從表婚姻)160)은 이젹지풍(夷狄之風)161)이라. 표믜(表妹)의 용화긔질(容華氣質)을 흠션(欽羨)【8】흐오나 인연 일우기는 원치 아니흐옵느니, 슉모는 이런 말씀을 마르소셔."

부인 왈,

"네 뜻은 이러흐나 져져의 뜻은 녀ᄋ를 브딕 며느리 삼고져 흐시고, 나도 쏘흔 유의흐연지 오릭니, 냥가 즈모의 무음은 흔가지라. 너는 별계교(別計巧)를 운동흐여 추혼만 작희(作戲)흐라."

홍이 흔연 사스(謝辭)흐고 죵용히 말씀흐다가 일모(日暮)흐믹 도라갈식, 부인이 당부 왈,

"내 아직 뎡가 빙폐(聘幣)를 환송홀 의논을 아니홀 거시니, 현질은 ᄀ만흔 가온딕 긔특흔 계교를 늬여 뎡가로 흐야곰 오가(吾家)를 나【9】모라 바리는 지경의 간죽, 상공 셩되 과격흐니 미쳐 다란딕 의논치 아냐, 스싀(事事) 슌(順)키를 위흐여 널노뻐 셔랑을 삼으리라."

흐니, 홍이 추언을 드르믹 즈연 냥익(兩翼)이 으슑여162) 기리 사례흐고 도라가, 흉교극악(兇狡極惡)흔 쇠로써 뎡한님을 속여 혼인을 희지어닉믈 뎡흐고, 흔장 흉셔(兇書)를 지어 스믹의 너코 명일 취운산 졔왕궁의 니르니, 맛춤 졔뎡이 상부의 잇고 한님만 봉슈각의 잇다가 긔이영지(起而迎之)흐여 서로 볼식, 원홍이 먼니셔브터 오는 거동이 희괴(駭怪)163)흐여 쓰레거름163)이러【10】니 밋 승당(昇堂) 좌뎡(坐定)흐믹 취면(醉面)의는 누흔(淚痕)이 현져흐여 만면비식(滿面悲色)이라.

한님이 비록 기쥬(嗜酒)흐는 풍되(風度)나 힝신쳐식(行身處事) 쳥텬빅일(靑天白日) 곳튼니, 요악흔 사름의 극흉(極凶)흐믈 알니오. 이의 경문 왈,

"형이 하고(何故)로 거지(擧止) 젼과 다르니 어딕셔 불평흔 일을 보왓느뇨?"

홍이 빅안묘시(白眼貌視) 왈,

"너의 풍광(風光)이 져러커든 나의 졍인(情人)을 아니 아스랴?"

한님이 그 언식 예스롭지 아니믈 보고 다시 말을 아니니, 홍이 한님 겻히 나아안즈 장탄단우(長歎短吁)흐기를 마지 아니며, 간간이 입속의 너허두고 남이 알아드를【11】만치 닐오딕,

"옥인(玉人)아 금셕(金石) 곳튼 밍약을 일됴(一朝)의 져바려 뎡운긔를 좃고져 흐는다? 뎡명쳐 아모리 쳔승지즈(千乘之子)로 문무지명(文武才名)이 혁혁(赫赫)흔들 사름

160)죵표혼인(從表婚姻) : 내외종(內外從) 남매사이의 혼인..
161)이젹지풍(夷狄之風) : 오랑캐의 풍속.
162)으슑이다 ; 으쓱이다. 으쓱거리다. 어깨를 들먹이며 우쭐하다.
163)쓰레거름 : 쓰러질 듯 비틀거리는 걸음. *쓰러디다; 쓰러지다.

의 옥인을 간듸로 아슬가시브냐?"

이리 닐으며 한님 안준 겻희 산호 갈고리를 더듬어 옷옷을 버서 거는 체ᄒ고, 일봉셔(一封書)를 ᄲᅡ지오듸 취ᄒ여 모로는 체ᄒ고, 뎡부 셔동(書童)으로 ᄒ야금 쳥슈(淸水) 일긔(一器)를 쩌오라 ᄒ여 마시고, 졍신이 업는 체ᄒ고 뎡부 셔동을 제 셔동으로 아는 다시 기모(其母)의게 견어(傳語) 왈,

"경됴 집의 왓다가 조상【12】국이 잇기로 임부인긔 쳥알(請謁)치 못ᄒ고 와시나, 후간(喉間)이 ᄐ는 듯ᄒ니 쇠훤ᄒᆫ 듁을 주소셔."

ᄒ며 장탄 왈,

"현마 조소졔 나를 비반ᄒ며, 슉뫼 나를 바리시랴?"

ᄒ며 ᄯᅩ 찬 칼흘 ᄲᅡ혀 노즐(怒叱) 왈,

"조현슌아, 네 무슴 사름이라 일녀(一女)로 이셔(二壻)를 어드려 ᄒᆞᄂᆈ? 나의 옥인을 뎡가의 보닐진듸 조츅(曺畜) 부즈를 이 칼의 맛게 ᄒ리라."

언파(言罷)의 쇠진(澌盡)164)ᄒᆫ 모양으로 눈을 굼으니, 뎡한님이 ᄎᆞ경(此景)을 보니 굿트여 조시 ᄒᆡᆼ실이 음비(淫鄙)ᄒᆫ가 ᄒ미 아니라, 원홍의 소인졍ᄐᆡ(小人情態)와 불길ᄒᆫ 상모를 망【13】측(罔測)히 넉이더니, 맛춤 금후의 명으로 한님을 불너 상부(上府)로 향ᄒ니, 홍이 자는 체ᄒ고 누엇다가 게얼니 니러나 ᄒ리(下吏)의게 븟들여 봉셔를 셔안 머리의 두고 가니, 한님이 존명(尊命)을 밧드러 수십여장 셔간을 듸신ᄒ고 도라오니, 홍은 가고 ᄒᆫ 봉ᄒᆫ 셔간이 이시듸, 피봉(皮封)의 '원홍은 조소져 장듸(粧臺)의 올니노라.' ᄒ엿거늘, ᄯᅥ혀보니 만편(萬篇) 음담픽셜(淫談悖說)이라.

한님이 통ᄒᆡ참분(痛駭慘憤)ᄒ여 불연(勃然)이 흉셔를 가져 존당의 고ᄒ고 혼셔(婚書)를 ᄎᆞᆺ고져 ᄒ다가, 믄득 신긔ᄌᆞ동(神氣自動)ᄒ니, 즉시 불에 너【14】코 싱각ᄒ듸,

"사름이 아모리 취ᄒᆞᆫ들 엇지 내집과 남의 집을 분변치 못ᄒ리오. 원홍의 말이 ᄀᆞ장 음흉불측(淫凶不測)ᄒ도다. 조시 비록 음비ᄒ미 이셔도 장뷔 일녀를 직희여 공노(空老)ᄒᆯ 빈 아니니, 다만 부모의 명을 밧드러 조시를 취ᄒᆞᆫ 거시 올코, 취ᄒ여 그 위인을 보면 붉히 알니라."

ᄒ고, 쥬의를 뎡ᄒ니 십삼셰 소ᄋᆡ 원듸ᄒᆫ 지식과 침위(沈威)ᄒᆫ 녁냥(力量)이 만일 평졔왕과 니비의 싱휵(生畜)이 아니면 엇지 이러하리오.

ᄎᆞ시 원홍이 집의 도라와 뎡부의셔 퇴혼(退婚)키를 죄오더니, 십여【15】일이 되듸 소식이 업스니, 챡급ᄒᆞᆷ믈 니긔지 못ᄒ여 다시 운산 졔궁의 오니, 뎡사인 군죵형뎨 셔지의 모다 말슴ᄒ거늘, 홍이 한님을 향ᄒ여 왈,

"소뎨 근일 심시 불호ᄒ여 술을 탐ᄒ고 이의 왓던가 시브듸, 소뎨는 젼혀 아지 못ᄒ니 취즁의 ᄒᆡ거(駭擧)이셔시리로다."

한님이 요악(妖惡)히 넉여 답왈,

---

164)쇠진(澌盡) : 기운이 빠져 없어짐. 늑시철(澌綴)

"형이 그날 대취ᄒ여 자다가 가시나 히거(駭擧)ᄂᆞᆫ 보지 못ᄒ여라."

홍이 텽파의 혜오디,

"운긔 요동ᄒ미 업ᄉ니 심히 고이토다. 그 ᄆᆞᄋᆞᆷ이 엇더ᄒ여 여ᄎᆞᆫ고. 오늘도 아모커나 의심된 언ᄉᆞ로 운【16】긔 심ᄉᆞ를 엿보리라."

ᄒ고 졔뎡으로 담화ᄒ며 간간이 슬픈 탄식과 긴 한숨을 긋치지 아니ᄒ니, 졔뎡은 공ᄌᆞ의 심ᄉᆞ를 모로디 운긔 문득 소왈,

"원형의 거동은 은위만복(隱憂滿腹)ᄒ여 스스로 울고져ᄒ니 하고(何故)요?"

홍이 ᄡᆞ리쳐165) 왈,

"소뎨 요ᄉᆞ이 심식 요요(擾擾)ᄒ여 미칠듯ᄒ니 무ᄉᆞᆷ 병이 니룻 듯ᄒ여라."

ᄒ며 사인을 보아 왈,

"셩초ᄂᆞᆫ 술을 즐기지 아니므로 손을 디ᄒ나 권ᄒᆞᆯ 줄 모로도다."

사인이 잠소왈,

"쇼뎨 본디 술을 즐기지 아닐ᄲᅮᆫ더러 봉친시하(奉親侍下)의 먹지 못ᄒ거니와, 형이 이ᄀᆞᆺ치 닐ᄋ【17】니 쥬찬(酒饌)을 늬여 권ᄒᆞ리라."

ᄒ고, 즉시 쥬찬을 나아오니, 홍이 년ᄒ여 거울너 졈졈 취ᄒ미 인ᄉᆞ를 모로ᄂᆞᆫ 체ᄒ니, 사인이 상을 물니고 날이 반오(半午)의 존당의 문안코져 졔졔를 거ᄂᆞ려 드러가니, 홍이 짐즛 누엇더니 한님은 홍을 아니보려 상부의 잇고, 사인이 셕양의 도라오니, 홍이 믄득 뉩써나 눈을 멀거케 ᄯᅳ고 사인을 안고 함누(含淚)왈,

"명초야, 무ᄉᆞᆷ 일노 나의 쳔금졍인(千金情人)을 아ᄉᆞ 취코져 ᄒᆞᄂᆞ뇨? 나의 조시 ᄉᆞ랑ᄒᆞᄂᆞᆫ 졍과 조시 날 ᄇᆞ라ᄂᆞᆫ ᄆᆞᄋᆞᆷ은 금셕 ᄀᆞᆺᄐᆞ니 취치 말나."

사인이 쳔【18】만 의외에 망측지셜(罔測之說)을 드ᄅᆞ니 한심ᄒ믈 늬긔지 못ᄒ여, 졍식고 홍을 믈니쳐 왈,

"텬일(天日)이 지상(在上)ᄒ고 신명(神明)이 지방(在傍)ᄒ니, 네 비록 흉언픽셜을 ᄒ나 상문(相門) 규슈(閨秀) 욕ᄒ미 여ᄎᆞᄒᆞ며, ᄒ믈며 ○[표]죵남ᄆᆡ간(表從男妹間) 이젹지풍(夷狄之風)을 힝ᄒᆞᄂᆞ뇨?"

언필의 긔위(氣威) 싁싁ᄒ니, 홍이 사인을 한님으로 알미 아니로디, 짐즛 뎡부 졔인으로 조시 음힝을 알○[게]고져 ᄒ미더니, 사인의 신명ᄒ미 져를 즐칙(叱責)ᄒ니, 황괴국츅(惶愧跼縮)166)ᄒ나 언족이식비(言足以飾非)167)라. 거즛 졍신을 슈습ᄒᆞᄂᆞᆫ 체ᄒ고 굴오디,

"내 앗가 셩초다【19】려 무ᄉᆞᆷ 말을 ᄒᆞᆫ 듯ᄒ나, 명초ᄂᆞᆫ 어디가고 셩최 나를 ᄭᅮ짓ᄂᆞ뇨?"

사인이 졍식 왈,

---

165)ᄡᆞ리치다 : 떼치다. 달라붙는 것을 떼어 물리치다.
166)황괴국츅(惶愧跼縮) : 몹씨 부끄럽고 두려워 조심하고 삼감.
167)언족이식비(言足以飾非) : 말로써 그른 것을 잘 감춤.

"너의 궤휼(詭譎)흔 변식(辯辭) 실노 군ᄌ의 졍시(正視)ᄒᆞᆯ 비 아니니, 네 엇지 날을 어루녹이¹⁶⁸)ᄂ뇨? 명일 경됴슉부ᄅᆞᆯ 보ᅌᆞᆸ고 고ᄒᆞ여 표미의 누얼(陋孼)을 벗기고, 너ᄅᆞᆯ 인뉴(人類)의 셔지 못ᄒᆞ게 ᄒᆞ리라."

셜파의 닉당으로 드러가려 ᄒᆞ니, 홍이 붓들고 이걸 왈,

"지죄지죄(知罪知罪)라¹⁶⁹). 홍이 불인(不仁)ᄒᆞ거니와 형의 관인도량(寬仁度量)으로 용샤ᄒᆞ소셔. 이 말을 조공긔 고치 말진딕 홍이 ᄎᆞ후 삼가 취즁(醉中)이라도 픽셜(悖說)을 아니ᄒᆞ리이다."

ᄉᆞ인이 짐즛 【20】 고코져 ᄒᆞ다가, 도로 안ᄌ 즐미(叱罵) 왈,

"네 비록 엄훈을 듯지 못ᄒᆞ여시나 문벌과 직품이 놉ᄒᆞ니 힝실을 슈련ᄒᆞ면 뉘 너ᄅᆞᆯ 하ᄌ(瑕疵)ᄒᆞ리오. 네 이제 그릇ᄒᆞᄆᆞᆯ 사죄ᄒᆞ니 금일지ᄉ(今日之事)ᄂᆞᆫ 불츌구외(不出口外)ᄒᆞ려니와, 모로미 언튱신힝독경(言忠信行篤敬)¹⁷⁰)ᄒᆞ여 죄ᄅᆞᆯ 짓지 말고 문호ᄅᆞᆯ 보젼ᄒᆞ라."

홍이 황연(惶然)이 샤죄ᄒᆞ고 도라가니, ᄉᆞ인이 그 간험(姦險)ᄒᆞᄆᆞᆯ 경계ᄒᆞ나 깁히 념녀ᄒᆞ더라. ᄎᆞ야의 한님으로 밤을 지닐시 홍의 말을 닐콧지 아니믄 형뎨 박졍(薄情)ᄒᆞ미 아니라, 사ᄅᆞᆷ의 허물을 졔긔(提起)치 아니미러라.

어시의 【21】 홍이 뎡ᄉᆞ인의 일장졀칙(一場切責)을 밧고 조부의 가 임부인을 보니, 임부인이 밧비 문왈,

"현질이 뎡가의 가 파혼(破婚)케 ᄒᆞ엿ᄂᆞ냐?"

홍이 ᄃᆡ왈,

"소질이 뎡가의 가 소장(少長)¹⁷¹)의 ᄠᅳᆺ을 슷치건딕, 종미 비록 박용누질(薄容陋質)이라도 면약뇌뎡(面約牢定)¹⁷²)흔 혼인을 퇴(退)ᄒᆞᆯ 길 업고, ᄒᆞᄆᆞᆯ며 윤가로 조ᄎᆞ 표미의 현명이 《훼ᄌ(毁呰)∥회자(膾炙)》ᄒᆞ여시니 브졀업시 혼ᄉᆞᄅᆞᆯ 발셜치 아녓ᄂᆞ이다."

부인이 다시 말ᄒᆞ고져 ᄒᆞ더니, 입번(入番)ᄒᆞ엿던 냥ᄌ(兩子) 나와 문후ᄒᆞ니, 부인이 믄득 뎡한님의 흉픽흔 힝ᄉᆞᄅᆞᆯ 닐ᄏᆞ라 죽어도 【22】 녀ᄋᆞᄅᆞᆯ 도적놈과 ᄡᅡᆼ을 짓지 아니리라 ○○[ᄒᆞ니], 냥ᄌ ᄂᆞ죽이 간ᄒᆞ여 뎡ᄌᆞ의 특이ᄒᆞᄆᆞᆯ 갓초 고ᄒᆞ며 모친의 드릭신 비 허무(虛無)ᄒᆞᄆᆞᆯ 기유(開諭)ᄒᆞ니, 부인이 대로 미왈(罵曰),

"네 부친이 아모리 사오나와도 내 흔 번 죽으면 ᄎᆞ혼이 되지 못ᄒᆞ리니, 여등은 브졀업슨 흉셜(凶說)을 말나."

어ᄉᆞ와 시랑이 쳔만 이걸ᄒᆞ딕, 부인이 듯지 아니코 더옥 욕미ᄒᆞ니, 어ᄉᆞ 오공ᄌ 희

---

168)어루녹이다 : 어르녹이다. '어르다+녹이다' 형태. 얼러 감정 따위를 누그러뜨리다. 구슬리다.
169)지죄지죄(知罪知罪)라 : 잘못하고 잘못했다. 대단히 잘못했다. 잘못하였음을 일러 용서를 비는 말.
170)언튱신힝독경(言忠信行篤敬) : 말은 반드시 충성스럽고 신의 있게 하고, 행실은 반드시 독실하고 공경하여 행해야 한다는 말. 논어(論語)』 「위령공(衛靈公)」 편에 있는 말.
171)소장(少長) : 젊은이와 늙은이를 아울러 이르는 말.
172)면약뇌뎡(面約牢定) : 서로 대면하여 약속을 굳게 정함.

필다려 문왈,

"너는 집에 이시니 엇던 사룸이 와 주뎡긔 뎡가의 업는 허믈을 지어 혼인을 작희ᄒ 더뇨?"

희필이 미양 상부의 가 이【23】시므로 조ᄎ 원홍의 허다요언(許多妖言)을 듯지 못 ᄒ엿는지라. 되왈,

"소뎨 미양 대부(大父) 면젼의 이ᄉ오니 타ᄉᄂᆞ 젼연 부지로소이다."

어ᄉ 원홍을 의심ᄒ되 묵연이러니, 원홍이 눈주어 슉모긔 하직고 도라가니, 부인이 이ᄌ를 보치여 빙믈(聘物)을 환송ᄒ라 ᄒ니,

낭지 왈,

"뎡지 상뫼 비록 불길ᄒ오나 소ᄌ 등은 군명(君命)이라도 누의룰 실졀(失節)치 못ᄒ 게 ᄒ리이다."

부인이 텽미필(聽未畢)의 어ᄉ의게 다라드러 관(冠)을 벗기고 대즐 왈,

"이 몹슬 놈들이 흉인을 사회173)삼아 대역(大逆)을 쇠ᄒ【24】려 ᄒᄂ냐."

ᄒ며, 거죄(擧措) 히괴망측ᄒ니, 가즁이 솔난174)ᄒ지라.

셩난 소졔 시녀 등의 말노 조ᄎ 모친의 히거(駭擧)룰 차악(嗟愕) 한심(寒心)ᄒ여 밧 비 졍당의 나아가 모친을 간위(懇慰)ᄒ며, 낭형을 붓드러 왈,

"소미로 인ᄒ여 여ᄎᄒ니 소미 하면목(何面目)으로 되인(對人)ᄒ리오. 모친이 비록 요인의 허언을 신텽(信聽)ᄒ샤 소녀의 혼ᄉ의 여ᄎᄒ시나, 소녀는 실졀(失節)치 못ᄒ 오리니, 다시 닐오지 마ᄅ소셔."

부인이 소져의 말은 드란 체 아니코, 낭ᄌ룰 ᄭ우지져 뎡가 젹ᄌ(賊子)의 빙믈을 보니 라 독촉ᄒ니, 낭지 불가ᄒ믈【25】닐ᄏ고, 소졔 읍간 왈,

"ᄌ위(慈闈) 소녀의 명졀을 슯히지 아니샤 목젼(目前) 참경을 보시고져 ᄒ시니, 비 록 불회 되오나 쳔고의 더러온 계집은 되지 아니ᄒ리이다."

부인이 비로소 믈너안ᄌ니 낭지 왈,

"대인과 평졔왕이 면약뇌뎡(面約牢定)ᄒ여시니 ᄌ뎡(慈庭)은 무익ᄒ 말ᄉᆞᆷ을 ᄒ지 마 ᄅ소셔."

부인이 대로(大怒) 왈,

"여등(汝等)이 쇼녀로ᄡᅥ 젹ᄌ(賊子)의 안해룰 숨고져 ᄒ니, 여등 보는ᄃᆡ셔 쾌히 죽 어 분을 니ᄌ리라."

언흘(言訖)에 어ᄉ의 찬 칼흘 ᄲᅡ혀 ᄌ문(自刎)코져 ᄒ니, ᄌ녜 황망이 칼흘 앗고 삼 공지 눈주어 왈,

"대인이【26】비록 면약(面約)ᄒ셔시나 ᄌ위 여ᄎᄒ시니 뎡가 빙믈을 도로 보ᄂᆡ소

---

173)사회 : '사위'의 옛말.
174)솔난 : 소란(騷亂).

셔."

시랑 왈,

"주뎡이 ᄉ싱(死生)으로 의논ᄒ시니, 소미로 실졀(失節)ᄒ실지라도 뎡부 빙물을 보ᄂ사이다."

어ᄉ 왈,

"대인이 지금 상부의 계시니 오시거든 ᄎᄉ를 고ᄒ고 퇴혼ᄒ리라."

소졔 졍식 왈,

"그으기 주위(慈闈)의 긔식(氣色)을 뵈온즉 원홍의 요언을 신텽ᄒ샤 이런 히거를 ᄒ시니, 이ᄂ 소미(小妹) 잇ᄂ 연괴라. 주위 뎡가 결혼을 혐의(嫌疑)ᄒ시면, 다만 뎡가 빙치를 머므러 소녀로 ᄒ야금 유발승(有髮僧)175)이 되여 심규(深閨)의 부모를 뫼셔 즐기【27】믈 다ᄒ려니와, 원홍 소인의 원을 일우시면 쾌히 죽어 더러온 욕을 밧지 아니ᄒ오리니, 이ᄂ 소녀의 명(命)176)이로소이다."

부인이 텽필(聽畢)의 비분(悲憤)ᄒ믈 니기지 못ᄒ여, ᄎ일브터 폐식(廢食)ᄒ고 니지 아니니, 소져와 삼지 만단이걸(萬端哀乞)177)ᄒ더라.

ᄎ시 조공이 부친탄일이 다드라며 일가친쳑과 만됴공경녈후(滿朝公卿列侯)178)를 다 쳥ᄒ여 즐길ᄉ, 임부인은 상셕(床席)의 위돈(委頓)ᄒ여179) 존구(尊舅) 슈연(壽筵)의 칭병불참(稱病不參)ᄒ니라.

평졔왕 곤계도 졔조(諸曺)의 쳥ᄒ믈 인ᄒ여 참연(參宴)ᄒ딕, 현긔 형뎨ᄂ 입번(入番)ᄒ여 오지 못ᄒ【28】니, 조상국이 소왈,

"현긔ᄂ 나의 죵손(從孫)이어니와, 운긔ᄂ 손셔항(孫婿行)의 이시니 엇지 금일 오지 아니ᄒ고?"

졔왕이 딕왈,

"냥이 다 입번ᄒ니이다."

경뫼 소왈,

"녕윤(슈胤) 등이 츌번후(出番後) 셔랑 ᄌ목(材木)을 보게 ᄒ라."

왕이 웃고 허ᄒ니, ᄎ일 원홍도 이의 왓더니, 몬져 니러나 경됴부의 가 임부인을 보고 소왈,

"슉뫼 뎡가 혼인을 아모리 퇴코져 ᄒ셔도, 슉시(叔氏) ᄠ이 깁흐샤 오ᄂᆯ도 졔왕다려 운긔 보ᄂ믈 근쳥ᄒ시더이다."

---

175)유발승(有髮僧) : 머리를 깎지 아니한 승려.
176)명(命) : 운명.
177)만단이걸(萬端哀乞) : 여러 가지로 사정을 말하여 애걸함.
178)만됴공경녈후(滿朝公卿列侯) ; 조정의 모든 공(公; 三公)과 경(卿; 九卿)과 제후(諸侯) 들을 통칭하는 말.
179)위돈(委頓)ᄒ다 : 힘이 빠지다. 기진(氣盡)하다. 자리에 쓰러져 있다.

임부인이 분연통히(忿然痛駭) 왈,

"상공이 비록 여츳ᄒ시나, 내 결단코 녀ᄋ를 타쳐(他處)의 【29】 셩혼ᄒ려 ᄒ노니, 사회를 새로 틱홀씌 너를 당당이 동상(東床)의 마ᄌ리라."

홍이 사례ᄒ고 조공이 드러올가 급급히 도라가다.

조공이 상부의셔 삼일대연(三日大宴)을 맛춘 후, 공이 부인의 유질(有疾)ᄒ믈 실노 념녀ᄒ여, 도라오며 하리(下吏)를 노변(路邊)의 세웟다가, 뎡한님이 셩츄밀 집으로 향ᄒ거든 뫼셔오라 ᄒ고, 닉당(內堂)의 드러와 부인을 볼ᄉᆡ, 임부인이 머리를 벼개의 더져 식음(食飮)을 폐ᄒ고 녀ᄋ 혼인을 뎡가로 훌진딕 죽어 보지 아니려 ᄒ니, 공이 부인의 거동을 보고 냥ᄌ다려 문기 【30】고(問其故)ᄒ딕, 냥지 모친의 힝ᄉ를 고ᄒᄆᆡ 참괴(慙愧)ᄒ여 복슈유유(伏首悠悠)180)러니, 공지 드러와 시립ᄒ니, 공이 뎡식 왈,

"여등이 나의 뭇ᄂᆞᆫ 바를 불응ᄒ여 어미 셜워ᄒᄂᆞᆫ 바를 닐ᄋ지 아니ᄒ니 그 무슴일고?"

공지 딕왈,

"뎡가 혼식 불가(不可)타ᄒ샤 혼셔빙물(婚書聘物)을 환송ᄒ려 ᄒ시딕, 엄의(嚴意)를 아지 못ᄒ샤 대인긔 고ᄒ고 결코져 ᄒ시미니이다."

어ᄉ 형뎨 젼후ᄉ(前後事)를 일일이 고ᄒ니, 공이 텽파의 경히분완(驚駭忿惋)ᄒ여 냥미(兩眉)○[를] 거스리며 만면의 한풍(寒風)이 니러나니, 삼ᄌᄂᆞᆫ 경황ᄒ여 머리를 숙이고 부인은 【31】 쯧을 결ᄒ여 ᄎ혼(此婚)을 아니려 ᄒᄂᆞᆫ 고로, 공의 노긔를 어려히 넉일 ᄆᆞᄋᆞᆷ이 업서, 불연이 니러나 소릭질너 왈,

"명공이 쏠과 무슴 원쉬완딕 텬하 가랑(佳郎)이 ᄒ나 둘히 아니어든, 뎡운긔 역적놈을 갈히여 ᄒ낫 쏠의 일싱을 맛출 ᄲᆞᆫ 아니라, 타일의 멸족지화(滅族之禍)를 면치 못홀 거시니, 쏼니 뎡가 빙치(聘采)를 도라 보닉고 다란 신낭을 갈히소셔."

공이 대로대분(大怒大憤) 왈,

"ᄌ고로 가국(家國)의 흥망이 닉조(內助)의 비롯ᄂᆞ니, 내 오긔(吳起)181)의 박힝(薄行)을 당ᄒ나 져런 녀ᄌ를 업시ᄒ고, ᄌ식은 무 【32】 죄ᄒ니 텬눈의 졍을 온젼이 ᄒ리라."

언필의 ᄉ미를 썰치고 니러나니, 임부인이 공으로 년긔 십삼의 대륜(大倫)을 뎡ᄒᄆᆡ, 공이 대체(大體)를 슝상ᄒ고 녀ᄌ의 셰소(細小)ᄒᆫ 허믈을 알녀 아니며, 삼ᄌ와 일녀를 싱ᄒ엿더니, 금일을 당ᄒ여 부인의 광언(狂言)을 듯고, 즁당(中堂)의 좌뎡ᄒᆫ 후 삼ᄌ를 다 결박ᄒ여 뎡하(庭下)의 꿀니고 부인을 즁계(中階)의 세워 수죄(數罪)182)홀

---

180) 복슈유유(伏首悠悠) : 엎드려 고개를 숙인채 묵묵히 있음.
181) 오긔(吳起) : 중국 전국 시대(戰國時代)의 병법가(B.C.440~B.C.381). '오기살처(吳起殺妻)'의 고사로 유명하다. 즉, 오기가 노(魯)나라에서 관직생활을 하던 때, 제(齊)나라가 침공해오자, 노나라가 그를 장수로 임명하여 제를 막게 하려다가, 그의 처(妻)가 제나라 사람인 것을 알고 임명을 주저하자, 처를 죽이고 노나라 장수가 되어 제를 무찌른 일이 있다. 저서에 병법서 ≪오자(吳子)≫가 있다.
182) 수죄(數罪) : 범죄 행위를 들추어 구짖음.

시, 초일 뎡운긔 표슉(表叔) 셩츄밀의 부인긔 비현(拜見)ᄒ고 도라올ᄉᆡ, 원ᄂᆡ 셩츄밀은 니비의 필뎨(畢弟)의 가뷔라. 조공의 하리 노【33】즁(路中)의셔 공의 젼어(傳語)로 근졀이 쳥ᄒᆞᆯ 듯고, 부득이 조부의 니ᄅᆞ니, 하리 등은 문즁(門中)의셔 ᄶᅥ러지고 한님은 바로 셔헌의 드러가 승당입실(昇堂入室)ᄒ니 ᄂᆡ당으로 통ᄒᆞᆫ 문이 열녓ᄂᆞᆫᄃᆡ, 임부인이 악악히 뎡가ᄅᆞᆯ 욕ᄒᆞᄂᆞᆫ 소ᄅᆡ와 공의 ᄂᆞᆷ열ᄒᆞᆫ 어셩이 셰셰히 들니ᄂᆞᆫ지라. 한님이 고이히 넉여 잠간 ᄂᆡ당을 규시(窺視)ᄒᆞᆫ즉 조공은 당상의 좌ᄒᆞ고 어ᄉᆞ 삼형뎨ᄅᆞᆯ 다 결박ᄒᆞ여 뎡즁(庭中)의 ᄭᅮᆯ녓ᄂᆞᆫᄃᆡ, ᄒᆞᆫ 부인을 시녜 옹위(擁衛)ᄒᆞ여 즁계(中階)의 셰윗ᄂᆞᆫᄃᆡ, 그 부인의 입으로 조ᄎᆞ 나ᄂᆞᆫ 말이 다【34】ᄌᆞ긔 집을 참욕(慘辱)ᄒᆞ여 의법 대역(大逆)을 도모ᄒᆞᆯ 적 보다시 ᄒᆞ며, 져의 상(相)이 결단코 션죵(善終)치 못ᄒᆞ리라 ᄒᆞ고, 조공이 뎡가로 문경지괴(刎頸之交)183) 되미 망문멸족(亡門滅族)ᄒᆞᆯ 징되라 ᄒᆞ니, 한님이 ᄌᆞ긔 몸을 욕ᄒᆞ믄 노(怒)치 아니나, 부조(父祖)의게 욕이 밋ᄎᆞᆷ믈 비록 무식ᄒᆞᆫ 부인의 말을 족가(足加)치 못ᄒᆞᆯ 비나, 시죵(始終)을 다 듯고져 짐즛 와시믈 통치 아니코 고요히 드ᄅᆞᆯᄉᆡ, 조공이 녀셩질왈(厲聲叱曰),

"뉘셔 뎡부 운긔의 길상(吉相)이 아니라 ᄒᆞ며 뎡ᄌᆞ의 업ᄂᆞᆫ 허믈을 닐오던 사ᄅᆞᆷ을 ᄃᆡᄒᆡ라."

ᄒᆞ니, 부인이 홍의【35】말은 아니코 좀쇠184)로 속여 왈,

"상공이 비록 원홍을 ᄉᆞ랑치 아니나, ᄉᆞ셰 브득이 홍으로 동상을 허ᄒᆞ고 뎡가 위셰ᄅᆞᆯ 츄앙ᄒᆞ여 빙치ᄅᆞᆯ 밧으니, 공이 소활무식(疎豁無識)ᄒᆞ여 ᄌᆞ녀 ᄉᆞ랑이 범연ᄒᆞᄃᆡ, 냥ᄌᆞ(兩子) 혼취ᄂᆞᆫ 맛ᄎᆞᆷ 가운(家運)의 달녀 현부(賢婦)ᄅᆞᆯ 어덧거니와, 쳡이 셔랑 구ᄒᆞᄂᆞᆫ ᄆᆞᄋᆞᆷ이 쵸ᄉᆞ(焦思)ᄒᆞᄃᆡ 원홍을 믈니치더니, 하ᄂᆞᆯ이 도으샤 즁츄(中秋) 긔망(旣望)의 긔이ᄒᆞᆫ 도ᄉᆞᄅᆞᆯ 만나 합문졔인(閤門諸人)185)의 팔ᄌᆞ(八字)186)ᄅᆞᆯ 무ᄅᆞ며, 녀ᄋᆞ의 젼졍(前程)을 츄졈(推占)ᄒᆞ니, 월하노옹(月下老翁)187)이 혼ᄉᆞ(婚事)ᄅᆞᆯ 원가의 ᄆᆡᆺ엿고, 원가 남지 년【36】이 십오요, 명은 홍이니 텬상신션(天上神仙)으로셔 부뷔 되기를 원ᄒᆞ여 탁셰(托世)ᄒᆞ엿다 ᄒᆞ고, 홍이 만복이 구젼(俱全)ᄒᆞ여 타일 묘당황각(廟堂黃閣)188)의 큰 그ᄅᆞ시 되어, 공개우쥬(功蓋宇宙)189)ᄒᆞ며 녀ᄋᆞ로 빅슈ᄒᆡ로(百壽偕老)ᄒᆞ리라 ᄒᆞ니, 쳡이 올케 넉이나 다 밋지 못ᄒᆞ더니, 합문졔인의 미ᄅᆡᄉᆞ(未來事)ᄅᆞᆯ 목젼의 본 듯ᄒᆞ니,

---

183)문경지괴(刎頸之交) : 서로를 위해서라면 목이 잘린다 해도 후회하지 않을 정도의 사이라는 뜻으로, 생사를 같이할 수 있는 아주 가까운 사이, 또는 그런 친구를 이르는 말. 중국 전국 시대의 인상여(藺相如)와 염파(廉頗)의 고사에서 유래하였다. ≒문경지우(刎頸之友).

184)좀쇠 : 좀스러운 잔꾀.

185)합문졔인(閤門諸人) ; 집안의 모든 사람들.

186)팔ᄌᆞ(八字) : 사람의 한평생의 운수. 사주팔자에서 유래한 말로, 사람이 태어난 해와 달과 날과 시간을 간지(干支)로 나타내면 여덟 글자가 되는데, 이 속에 일생의 운명이 정해져 있다고 본다.

187)월하노옹(月下老翁) : 월하노인(月下老人). 부부의 인연을 맺어 준다는 전설상의 늙은이. 중국 당나라의 위고(韋固)가 달밤에 어떤 노인을 만나 장래의 아내에 대한 예언을 들었다는 데서 유래한다.

188)묘당황각(廟堂黃閣) : 의정부를 달리 이르는 말. *묘당; =의정부. 황각; =의정부.

189)공개우쥬(功蓋宇宙) : 공(功)이 우주를 덮을 만큼 큼.

신긔코 이상ᄒ여 홍다려 녀셔(女壻) 삼을 뜻을 말ᄒ니, 원질이 쳑의(戚誼)로 ᄉ양ᄒ거늘, 쳡이 위력으로 안치고 녀ᄋ롤 【37】 블너 서로 뵈고 언약을 금셕ᄀᆺ치 ᄒ여, 녀ᄋ의 월긔탄(月琪彈)190)은 홍을 주고, 홍의 금션초(錦扇貂)191)ᄂ 녀ᄋ롤 주어 죵용히 길녜(吉禮)롤 일우려 ᄒ더니, 상공이 ᄎᄉ(此事)롤 모로고 뎡운긔와 언약ᄒ여 빙치롤 밧으시니, 쳡이 홍과 뎡혼ᄒᄆᆯ 뉘웃쳐 다시 도ᄉ의게 뎡운긔 싱월일시롤 너허 무로니, 도ᄉ 왈, '처엄은 빗나고 나죵이 극흉(極凶)ᄒᆯ 거시오, 반다시 역골(逆骨)이 ᄂᆡ후(來後)의 이실 거시니, 원간 빅ᄉ의 친의(親倚)192)ᄒᆯ 거시 업서, 졔몸이 다 각각 날거시니, 역텬(逆天)ᄒ여 뎡혼(定婚)ᄒᆫ즉 죠가(曹家)도 역시 멸망ᄒ리라'ᄒ고, 쳡이 스ᄉ로 결ᄒ여 뎡가 혼인을 믈니치기로 뎡ᄒ여, 빙치롤 환송ᄒ고 원질노【38】 뻐 동상을 맛고져 ᄒᄂᆞ니, 상공이 싱각ᄒ여 보라. 남녜 서로 보고 신물(信物)을 밧고와 가져시니, 시고(是故)로 녀ᄋ로 실졀ᄒᆫ 누인(陋人)을 삼지 아니려 ᄒ거든 원가로 셩친ᄒ라."

공이 언언(言言)이 히연망측(駭然罔測)ᄒ나 이ᄂ 임시의 쥬작(做作)이오, 녀ᄋ의 쳥졍빙심(淸淨氷心)으로 홍을 보고 신물(信物)을 상환(相換)193)ᄒᆯ 일 업슨 줄 지긔(知機)ᄒ고, 임시의 상(常)업슨 말을 막으려 좌우로 ᄒ야금 일긔(一器) 독쥬(毒酒)롤 압히 노코 수죄(數罪) 왈,

"그ᄃᆡ 몸이 ᄉ류(士類)의 나셔 뜻이 명교(明敎)의 이실 거시어늘, 공교ᄒᆫ 꾀와 극악ᄒᆫ 의ᄉ로 가부롤 업눌너 ᄌ식의 젼졍【39】을 모함ᄒᆯ 쑨 아니라, 졔왕은 츙년공업(冲年功業)이 히ᄂᆡ(海內)의 ᄃᆞ레니 국가쥬셕지신(柱石之臣)이어늘, 그ᄃᆡ 일개 요마(幺麼)194) 부인으로 공연이 여ᄎᄒ며, 뎡운긔ᄂ 신진명ᄉ(新進名士)로 나히 어리나 일셰명망(一世名望)이 기부(其父)롤 니을지라. 겸ᄒ여 상춍(上寵)이 극ᄒ거늘 그대 국가명신을 다 해ᄒ여 뎡가 삼ᄃᆡ(三代)롤 의혹(疑惑)ᄒ니, ᄎ언을 셩상이 알아실진ᄃᆡ 그ᄃᆡ만 수죄ᄒ실 쑨 아니라 희셕 등과 나ᄆᆞ지 모함대신(謀陷大臣)ᄒᄂ 반좌지뉼(反坐之律)195)을 닙으리니, 그ᄃᆡᄂ 뎡가로 결혼ᄒ여 멸망ᄒ리라 ᄒ거니와, 내 소견의ᄂ 그ᄃᆡ롤 두어ᄂ【40】 화를 문호(門戶)의 밋츌지라. 수십년 동쥬지졍(同住之情)196)을 ᄭᅳᆾ쳐 죽여 공산(空山)의 안장(安葬)ᄒ고, 내몸이 평안ᄒ며 ᄌ녜〇[롤] 보젼(保全)ᄒ미 식자의 득계(得計)라. 모로미 독쥬(毒酒)롤 마셔 붓그러온 ᄂᆞᆾ츨 드러 남 볼 일이 업게 ᄒ라. 그ᄃᆡ 쥬작허언(做作虛言)이나 나도 상격(相格)을 남만치 아ᄂᆞ니, 뎡운긔ᄂ 만복이 구젼(俱全)ᄒ고 영귀 극진ᄒ려니와, 홍은 군ᄌ의 틀이 업고 소인의 간악ᄒᆫ 졍ᄐᆡ(情態) 현져

---

190) 월긔탄(月琪彈) : 달 모양의 둥근 옥구슬.
191) 금션초(錦扇貂) : 비단을 붙여 만든 부채에 단 션초(扇貂).
192) 친의(親倚) : 가까이 의지함.
193) 상환(相換) : 서로 맞바꿈.
194) 요마(幺麼) : ①작은 상태임. 또는 그런 것. ②변변하지 못함. 또는 그런 사람.
195) 반좌지뉼(反坐之律) : 거짓으로 고자질하여 남을 벌 받게 한 사람에게 고자질을 당한 사람이 받은 벌과 같은 벌을 받게 하는 법률.
196) 동쥬지졍(同住之情) : 함께 살아온 정.

(顯著)ᄒ니, 그ᄃᆡ 속에 쥬(主)ᄒᆞᆫ 거슨 업고 사곡간특(邪曲奸慝)ᄒᆞᆫ 거슬 됴하○○[ᄒᆞ여], 홍을 긔특이 넉이거니와, 나ᄂᆞᆫ 대군ᄌᆞ 영쥰(英俊)을 취ᄒᆞ므로 운긔ᄅᆞᆯ 아름다이 【41】 넉이노라. 아비 사랏ᄂᆞᆫᄃᆡ 퇴셔(擇壻)의 어미 이디도록 ᄒᆞᆷ믄 처엄 본 빈라. 내 명되(命途) 긔구ᄒᆞ여 불인ᄒᆞᆫ ᄇᆡ우(配偶)ᄅᆞᆯ 만나, 소년지시로브터 이제 니ᄅᆞᆯ히 ᄒᆞᆫ조각 미흡(未洽)ᄒᆞᆫ 일이 업더니, 브득이 살쳐(殺妻)ᄒᆞᄂᆞᆫ 일홈을 취ᄒᆞ니, 이ᄂᆞᆫ ᄯᅩᄒᆞᆫ 그ᄃᆡ의 죄라."

언파의 시녀ᄅᆞᆯ ᄭᅮ지져 호령ᄒᆞ여 약을 임시의 닙의 브으라 ᄒᆞ니, 졔시네 혼불부톄(魂不附體)[197]ᄒᆞ고, 임부인이 셩독(性毒)의도 졔 말의 쥬작허언(做作虛言)[198]을 명명(明明)이 알아 ᄒᆞᆫ 조각 인졍 업시 죽기ᄅᆞᆯ 직쵹ᄒᆞᆷ믈 보고, 모진 다시 질으려 ᄒᆞ나 못ᄒᆞ고, 분긔 막혀 【42】엄엄(奄奄)[199]이 안줏고, 삼ᄌᆞ 등이 ᄎᆞ경(此境)을 당ᄒᆞ여 텬디망극(天地罔極)ᄒᆞᄆᆡ 믠거슬 입으로 므러ᄯᅳ더 몸을 겨유 ᄲᅡ혀 모친을 구호ᄒᆞᆯᄉᆡ, 머리ᄅᆞᆯ 두다려 부친긔 읻걸ᄒᆞ여 간쳥ᄒᆞ니 공이 묵연이러니, 비로소 약을 믈니치고 시녀ᄅᆞᆯ 호령ᄒᆞ여 후뎡(後庭) 소당(小堂)의 가도고, ᄉᆞ미ᄅᆞᆯ ᄯᅥᆯ쳐 밧그로 나오니, 뎡한님이 ᄎᆞ경을 보고 긔언(其言)을 드르ᄆᆡ 심즁이 통히ᄒᆞ나 공의 후의ᄅᆞᆯ 져바리지 못ᄒᆞ여, 비로소 밧그로 드러오ᄂᆞᆫ 톄ᄒᆞ고 승당ᄒᆞ니, 공이 나오다가 한님을 보고 발셔 왓던 줄 모로고, 그 늠연ᄒᆞᆫ 위의【43】와 쇄락ᄒᆞᆫ 풍화(豊華)ᄅᆞᆯ 새로이 익경칭복(愛敬稱福)ᄒᆞ여 웃ᄂᆞᆫ 얼골과 반기ᄂᆞᆫ ᄉᆞ식(辭色)으로 밧비 집슈 왈,

"명최 금일 셩공을 비견ᄒᆞ고 내집을 과문불입(過門不入)ᄒᆞᆯ 고로 하리ᄅᆞᆯ 노변(路邊)의 셰워 쳥ᄒᆞ괘라."

한님이 비사 왈,

"금일 표슉모(表叔母)긔 비견ᄒᆞ고 도라갈 길의 존부ᄅᆞᆯ 지ᄂᆡ니 엇지 과문불입(過門不入)ᄒᆞ리잇고마ᄂᆞᆫ, 맛춤 급ᄒᆞᆫ ᄉᆞ괴(事故) 잇기로 밧비 환가(還家)ᄒᆞ더니, 합해(閤下) 근쳥(懇請)ᄒᆞ시니 잠간 뵈옵고 가려ᄒᆞᄂᆞ이다."

공 왈,

"오가 연셕날 녕엄이 닐오사ᄃᆡ, 네 셩츄밀집의 올 일이 이시니 그ᄯᅢ 죵용히 불너 【44】담화ᄒᆞ라 ᄒᆞ신고로 고ᄃᆡ(苦待)ᄒᆞ여라."

한님이 강잉(强仍)[200] 소왈,

"소ᄉᆡᆼ이 금일 급ᄒᆞᆫ ᄉᆞ괴 이시니 지류(遲留)치 못ᄒᆞᆯ소이다."

조공이 흔연이 만집(挽執)[201]ᄒᆞ여 쥬찬을 나와 스스로 잔을 잡고 한님을 권ᄒᆞ니, 한

---

197) 혼불부톄(魂不附體) : =혼비백산(魂飛魄散). 혼이 몸에 붙어있지 않고 떠나 어지러이 흩어진다는 뜻으로, 몹시 놀라 넋을 잃음을 이르는 말.
198) 쥬작허언(做作虛言) : 헛된 말을 꾸며 냄.
199) 엄엄(奄奄) : 숨이 곧 끊어지려 하거나 매우 약한 상태에 있음.
200) 강잉(强仍) : 억지로 참음. 또는 마지못하여 그대로 함.
201) 만집(挽執) : 만류(挽留). 붙들고 못 하게 말림. ≒만주(挽住)·만지(挽止).

님이 본딕 쥬량이 너란지라 권호믈 조츠 수십 빅룰 거후로딕 타연호니, 공이 그 쥬량(酒量)을 장히 넉여 소왈,

"명초의 쥬량이 듁쳥 형의게 지지 아닐지니 부즈의 굿트미 여츠호도다."

호고 말솜홀시, 한님의 너란 도량과 깁흔 심지(心志) 하히 굿튼 즁, 쥬긔 올으니 풍늉(豊隆)혼 긔상이 더옥 쇄 【45】 락혼지라. 조공이 어린다시 싱을 보라 스랑호는 졍과 경복호는 모음을 억졔 못호니, 환희호미 방지(芳志)202)러니, 이윽고 한님이 니러나고져 호거늘 공이 그 옷술 잡아 안치고 왈,

"내 심수(心思) 불호호미 잇더니, 너룰 딕호미 빅만 근심이 소삭(消索)호여지니 어이 그리 수히 도라가고져 호느뇨?"

한님이 임의 임부인의 일을 통히(痛駭)호므로 수긔 긴급호믈 핑계호고 믈너가니, 조공이 심니(心裏)의 훌훌호미 무어술 일흔 듯호고, 새로이 임시의 언스룰 통히호여 즉시 상부의 가 임시 뎡 【46】 가 비쳑호믈 부젼(父前)의 일일히 고호니, 조공이 추언을 듯지 아니나 식부 즁의 임시룰 부족히 아는지라. 즈긔 소년시 쥰격(峻激)혼 위풍 굿틀진딕 엇지 그런 쳐실을 호시나 가뉘에 두리오마는, 즈부 경계호미는 관홍인즈(寬弘仁慈)호기룰 쥬호여, 날호여203) 왈,

"임시 뎡가 비쳑던 거죄 형상 업기룰 면치 못호여시나, 셩난의 혼스룰 못일 울 빅 업스니, 너는 다만 임시의 말을 드란 쳬 말고 셩난을 이의 두어 녜룰 일우라."

경됴윤이 슈명비샤호고 혼슈룰 출힐시, 이쩌 조어스 【47】 등이 후뎡 소당의셔 모친을 구호호여 겨유 졍신을 출히믹, 임시 새로이 악을 뻐 욕이 아니 밋출[춘] 곳이 업스니, 희필이 아직 기모(其母)의 노룰 덜고 미데의 혼녜룰 지뉘고져 호여, 거줏 모친을 속여 왈,

"대인이 뎡가 빙쳐룰 환송호실 쑷을 두시니 즈뎡은 일이 되여가믈 보시고 과려(過慮)치 마ᄅ소셔."

임시 ᄋᆞ즈의 말을 허언(虛言)이라 호니, 시랑이 위로 왈,

"대인이 일시 과거(過擧)룰 호시나 일노뻐 모친은 거졀호시며 뎡가 빙믈을 환송코져 호시믄 가뉘룰 화평케 호시미 【48】 니이다."

부인이 반신반의(半信半疑) 왈,

"상공이 내말을 올히 넉이면 나룰 소당의 두지 아닐거시오, 나룰 여긔 둔 후는 뎡가 빙믈을 환송치 아니리니, 여등의 말을 어이 밋으리오."

시랑 등이 고왈,

"대인이 즈뎡을 이곳의 두시믈 오릭 호시믄 화슌치 못호시믈 통히호시미라."

혼딕, 임부인이 그러히 넉이더라.

---

202)방지(芳志) : =방졍(芳情). 향기로운 마음. 또는 꽃답고 애틋한 마음.
203)날호여 : 천천히.

뎡한님이 부즁의 도라와 존당부모긔 뵈옵고, 셔직의 도라와 스미204)로 눗츨 덥고 누어 쳔스만상(千思萬想)ᄒᆞ여도, 임부인의 욕셜이 통히홀 쑨 아니라, 주긔 집을 그딕도록 믜워ᄒᆞᄆᆞᆯ 몰나, 스스로 【49】 혜오딕,

"뎌 녀직 스갈(蛇蝎) ᄀᆞ치 비쳑ᄒᆞ여 친亽(親事)205) 못되게 ᄒᆞ면 힝(幸)이어니와, 혹주 조공이 뜻을 셰워 음흉간녀(陰兇奸女)로 나ᄅᆞᆯ 맛길진딕 얼골은 화월(花月) ᄀᆞᆺ튼들 힝실이 하류쳔창(下流賤娼)의 비아ᄒᆞ미206) 이시니, 군주의 닉상(內相)의 거홀 빅 아니라. 내 미양 쳐실 ᄇᆞ라ᄂᆞᆫ ᄆᆞᄋᆞᆷ이 범연ᄒᆞᆫ 곳에 잇디 아녀, 덕용(德容)207)이 겸젼(兼全)ᄒᆞ고 총명민달(聰明敏達)ᄒᆞ여 소미 셩염 ᄀᆞᆺ기를 ᄇᆞ라더니, 조가 녀직 음비(淫鄙)ᄒᆞᆷ 기모의 입으로 드러나니, 내 참아 그런 요악불인(妖惡不人)으로 화락지 못ᄒᆞᆯ지라. 출하리 츠일 드란 말노 부모긔 고ᄒᆞ고 조가 【50】 혼인을 퇴ᄒᆞ여 명문대가의 뇨됴슉녀를 맛나 군주의 실즁(室中)을 빗닉미 올타."

ᄒᆞ고, 부젼(父前)을 향ᄒᆞ다가, 다시 싱각ᄒᆞ딕,

"이젼의도 원홍의 음난과 더러온 셔간을 보와도 불츌구외(不出口外)ᄒᆞ여시니, 아직 참고 나죵을 보리라."

ᄒᆞ고, 스미를 썰쳐 졔월뎡의 드러가 유졍ᄒᆞᆫ 기녀 등으로 술을 마셔 즐기더라.

이러구러 길일이 다 드ᄅᆞ니 졔왕이 대연을 기장(開場)ᄒᆞ고 빈킥을 취회(聚會)ᄒᆞ여 신낭을 보닉며 신부를 마즐식, 윤·양·니·경 스비 문양공쥬로 더브러 슌태부인과 《단ǁ딘》부인을 뫼셔 금장 【51】 소고(襟丈小姑)로 년익(連翼)ᄒᆞ여 졔킥을 마즐식, 윤비의 식광덕셩(色光德性)이 셩주의 유풍이며, 장소져의 쇄락ᄒᆞᆫ 광치와 슈려ᄒᆞᆫ 안식은 윤비 아릭 ᄒᆞᆫ 사름이러라. 날이 느즈미 졔왕곤계 부공을 뫼셔 주질을 거ᄂᆞ려 닉당의 드러와, 태부인 면젼(面前)의셔 습녜(習禮)홀식, 한님의 쇄락ᄒᆞᆫ 용광이 츠일 더옥 긔이ᄒᆞ여 위의 찬난 ᄒᆞᆫ딕, 만염(萬艶)이 겸승(兼勝)ᄒᆞᆫ듯, 부왕의 소시(少時) 풍용이라 존당이 두굿기고, 태부인이 등을 두다려 왈,

"텬흥의 입장(入丈)ᄒᆞ미 작일(昨日) ᄀᆞᆺ더니, 어닉 스이 그 두 ᄋᆞ들이 입장(入丈)ᄒᆞ고 일네 취부(取夫) 【52】 ᄒᆞ여 부셔(婦婿)ᄅᆞᆯ ᄀᆞᆺ초두니, 엇지 두굿겁지208) 아니리오. 운긔 길복 즁 찬난ᄒᆞᆫ 염광(艶光)이 완연이 제아비 소시 풍되니, 윤·양을 취ᄒᆞ라 갈 제와 다ᄅᆞ미 업도다."     공이 소이주왈(笑而奏曰),

"운긔 {이}ᄀᆞᆺ치 아비를 달므믄 업스올지라. 엇지 긔특고 비상치 아니리잇고?"

태부인 왈,

"조가 규슈의 아름다오미 비상타 ᄒᆞ니, 윤·양·니·경을 계젹(繼蹟)홀 슉녠가 ᄒᆞ노

---

204)스미 : 소매. 윗옷의 좌우에 있는 두 팔을 꿰는 부분. 늑옷소매.
205)친亽(親事) : 혼사(婚事). 혼인에 관한 일.
206)비아ᄒᆞ다 : 비하(卑下)하다. 낮고 천하다. 업신여겨 낮추다
207)덕용(德容) : 덕(德)과 용모(容貌).
208)두굿겁다 : 자랑스럽다. 대견스럽다. 기뻐하다

라.”

○○[왕(王) 왈],

“금츳(今次) 조아의 식광이 니시 ᄀᆞᆺ틀진ᄃᆡ, 운긔는 경덕취식(輕德取色)ᄒᆞᄂᆞᆫ ᄋᆞ히라 소ᄌᆡ 니시 취ᄒᆞ여 ᄃᆡ졉ᄒᆞᄂᆞᆫ 덕이 업ᄉᆞ리이다.”

태부인이 대소 왈,

“니현비 식광이 【53】 염미(艷美)치 못ᄒᆞ나 셩덕이 만코 희셰(稀世)ᄒᆞ니, 엇지 위인을 공경치 아니리오. ᄒᆞ물며 윤·양·경 ᄀᆞᆺ튼 식덕이 겸비ᄒᆞᆫ 슉녀를 두고 니시를 취ᄒᆞ니 쳐궁(妻宮)이 ᄀᆞ주미 무빵ᄒᆞ니, 네 아모리 무식필뷔(無識匹夫)라도 가졔(家齊)를 그릇ᄒᆞ미 업ᄂᆞᆫ지라. 운이 쳐궁이 너 ᄀᆞᆺ트면 무ᄉᆞᆷ 근심이 이시리오.”

왕이 미소 ᄃᆡ왈,

“대뫼 미양 윤·양 등을 놉히 닐ᄋᆞ샤 ᄂᆡ조ᄒᆞᄂᆞᆫ 덕이라 ᄒᆞ시나, 소손이 아니면 져ᄉᆞ인이 슌명(順命)을 못ᄒᆞ오리니, 웃듬은 소ᄌᆡ의 졔가지덕(齊家之德)이니이다.”

부인이 두굿기믈 니긔지 못ᄒᆞ여 답 왈,

“○○○○[너 아니면] 윤현부의 셩 【54】 덕이 그리 일홈나리오. 근본이 너의 호신(豪身)으로 비로ᄉᆞ미라.”

왕이 함쇼(含笑)러라.

사인이 아을 ᄌᆡ촉ᄒᆞᆫᄃᆡ, 한님이 부모존당의 하직고 밧게 나와 허다 위의를 거느려 조부로 향ᄒᆞ니, 츳일(此日) 조부의셔 승샹이 대연을 기장ᄒᆞ고 신낭을 마즐ᄉᆡ, 희셕 등이 기모를 속여 뎡가 빙물을 환송ᄒᆞᆷ을 고ᄒᆞ고, 원홍이 부듕의 온즉 모친이 샹부의 계시다 밀막고 길녜 젼 못보게 ᄒᆞ니, 홍이 아모란 줄 몰나 번민ᄒᆞᆯ ᄯᆞᆫ이러니, 승샹이 당일의 경됴를 불너 왈,

“임시 비록 죽기로 뎡가 혼ᄉᆞ를 빅쳑ᄒᆞ나, 【55】 졔 고집이 나를 못닉길 거시오, 오늘날 길일을 당ᄒᆞ여 산 어미로 보지 못ᄒᆞ미 불가ᄒᆞ니, 이제 임시를 다려와 길ᄉᆞ(吉事)를 보게 ᄒᆞ고, 내 친히 경계ᄒᆞ여 이후라도 그런 폐 업게 ᄒᆞ리라.”

경죄(京兆) 슈명ᄒᆞ니, 승샹이 셩난소져를 단장ᄒᆞ여 쳥듕(廳中)의 세우고 습예(習禮)ᄒᆞᆯᄉᆡ, 화용월틱(花容月態)와 슉덕셩ᄒᆡᆼ(淑德性行)이 츌어외모(出於外貌)ᄒᆞ니 승샹 ᄂᆡ외와 경됴윤이 갈ᄉᆞ록 두굿기며 졔슉(諸叔)이 다 환희ᄒᆞ더니, 신낭의 위의 니르니, 승샹이 장ᄌᆞ 희쥰을 명ᄒᆞ여 임시 다려 셩난의 길일이라 닐오지 말고 긴급ᄒᆞᆫ ᄉᆞ 【56】 괴 이시니 ᄲᆞᆯ니 오라 ᄒᆞᆫᄃᆡ, 샹셔 희쥰이 슈명ᄒᆞ고 소당의 가 대부명을 고ᄒᆞ니, 임시 믄득 엄구(嚴舅)의 명을 듯고 정신을 가다ᄃᆞ마 허트러진 머리를 다ᄉᆞ려 졍당의 나아가니, 구름 ᄀᆞᆺ튼 츳일(遮日)이 난간을 둘넛ᄂᆞᆫᄃᆡ, 졔족(諸族)이 만당(滿堂)ᄒᆞ고 담쇼 방지(芳志)어늘, 그 연고를 아지 못ᄒᆞ나 ᄌᆞ긔 녀혼(女婚)이 그릇된가 ᄆᆞᄋᆞᆷ이 안졉(安接)지못ᄒᆞ여, 승당빅알(昇堂拜謁)ᄒᆞ더니, ᄂᆡ외 분분ᄒᆞ며 신낭의 위의 도문(到門)ᄒᆞ엿다 ᄒᆞ니, 임시 존고긔 뭇ᄌᆞ오ᄃᆡ,

“쳡이 오릭 유질ᄒᆞ여 대인 슈연의 불참ᄒᆞ온지라, 금일 혼ᄉᆞᄂᆞᆫ 누고를 【57】 셩인

(成姻)ㅎ시며 셩난은 이곳에 온 후 쳡의게는 엇지 다시 아니 오니잇고?"

쥬부인이 그 말을 못듯는 쳬ㅎ고, 오직 손을 닛그러 누듸의 올으며 닐ᄋ듸,

"내 그듸로 신낭의 뎐안(奠雁)ㅎᄂᆞᆫ 굿츨 뵈고져 ㅎ노라."

임시 졍신이 뇨연(瞭然)ㅎ여 신낭의 드러오는 거동을 보미, 인인(人人)이 신낭의 풍치(風彩) 긔상(氣像)을 닐ᄏᆞ라 찬양ㅎ니 임시 잠연관시(暫然觀視)터니, 이윽고 신낭이 홍안을 옥상의 젼ᄒᆞ며 예빅(禮拜)를 필ㅎ미, 쳥텬빅일지상(靑天白日之像)209)과 태산졔월지풍(泰山霽月之風)210)이 이셔, 영쥰(英俊)의 뎨일좌(第一坐)를 당ᄒᆞᆯ지라. 임시 평싱 쳐엄【58】으로 져런 긔상을 보미 황홀긔이(恍惚奇異)ㅎ믈 니긔지 못ㅎ며, 졔조(諸曺)의 옥면영풍(玉面英風)이 신낭의게 들미 소조잔미(蕭凋屏微)211)ㅎ미 유아(幼兒) ᄀᆞᆺᄐ니 만좌의 독보ㅎ여 신낭을 당ᄒᆞ리 업스듸, 홀노 평졔왕 윤쳥문과 승상 효문이 신낭을 불워 아닐지라.

임시 칭찬ㅎᄂᆞᆫ 말이 혜 달을 듯ㅎ여 왈,

"엇더ᄒᆞᆫ 사ᄅᆞᆷ이 져런 ᄋᆞ둘을 나하 입장ㅎᄂᆞᆫ 경ᄉᆞ를 보는고. 나는 실노 져 ᄀᆞᆺ튼 위인을 싱니의 쳐엄보ᄂᆞ니, 과연 옥인영걸(玉人英傑)이 흔ᄒᆞ도다."

평졔후 부인이 소왈,

"그듸 져런 위인을 쳐엄본다 ㅎ며 옥인【59】걸식(玉人傑士) 흔타 ᄒᆞᆷ믄 무슴 ᄯᅳᆺ이뇨?"

임시 왈,

"회셕 등 삼십여 인이 개개히 걸식니 소데 실노 우리 ᄌᆞ질 만ᄒᆞᆫ 사ᄅᆞᆷ이 드믈가 ㅎ더니, 오늘 신낭을 보니 희아 등의게 빅비승(百倍勝)이라. 어이 텬하의 옥인가랑(玉人佳郎)이 흔치 아니리잇고?"

쥬부인 왈,

"식뷔 져 신낭을 보니 그듸 죵질 원홍과 엇더ᄒᆞ뇨?"

임시 죤고 말ᄉᆞᆷ의 다드라는 져 신낭이 반다시 뎡운긔믈 씨다라, 졔ᄯᅳᆺ을 세우지 못ㅎ믈 분ㅎ고, 원홍의 말을 곳이 드러시므로 져런 긔특ᄒᆞᆫ 얼골이 상지(相者) 션죵(善終)치 못ㅎ리라 ㅎ던가. 경【60】악ㅎ믈 니긔지 못ㅎ여 눈을 옴기지 아니코 ᄯᅮ러질다시 보기를 마지 아니ㅎ며, 심신을 잡지 못ㅎ니 ᄀᆞ장 번민(煩悶)ㅎ더라.

조승상이 신낭의 손을 잡고 환희 왈,

"하ᄂᆞᆯ이 너와 내 손녀를 니여 빅우를 삼으니, 심상(尋常)ᄒᆞᆫ 연분이 아니라. 손이 덕용(德容)이 흠홀 거시 업스니, 명초는 기리 화락ㅎ여 녕엄(令嚴)의 유복ㅎ믈 ᄯᆞ로라."

한님이 임의 조시를 음악비루(淫惡鄙陋)히 알므로 심니의 우히 넉이나, 강작(强作)ㅎ여 화긔를 변치 아니코 흔연 사례ㅎ니, 졔인 소왈,

---

209) 쳥텬빅디상(靑天白日之像) : 푸른 하늘의 빛나는 태양과 같은 기상.
210) 태산졔월디풍(泰山霽月之風) : 비갠 하늘의 밝은 달빛 아래 우뚝 솟아 있는 태산과 같은 풍채.
211) 소조잔미(蕭凋屛微) : 시들고 잔약하여 변변치 못함.

"신낭이 졸악[약](拙弱)지 아니니 빙악(聘岳)이 너모 쥬【61】을 드러²¹²⁾ 타일 압두능경(壓倒凌輕)²¹³⁾을 보리로다."

조공이 소왈,

"나의 용우(庸愚)흔 위인이 셔랑의 츌뉴(出類)ᄒᆞ믈 쓰로지 못ᄒᆞ니, 능경(凌輕)을 밧으나 욕되미 업ᄉᆞᆯ노라."

일좨(一座) 대쇼ᄒᆞ고 쾌셔(快壻) 어드믈 칭하ᄒᆞ여 쥬긱의 즐기미 무궁ᄒᆞ더니, 날이 반오(半午)의 신부 상교(上轎)ᄅᆞᆯ 지쵹ᄒᆞ니, 조승상이 졔뎨ᄌᆞ질(諸弟子姪)과 일가친쳑을 거ᄂᆞ려 입ᄂᆡ(入內)ᄒᆞ여 신부ᄅᆞᆯ 보닐시, 승상이 임시ᄅᆞᆯ 갓가이 좌ᄅᆞᆯ 주고 문 왈,

"금일 뎐안(奠雁)²¹⁴⁾ᄒᆞᄂᆞᆫ 신낭의 풍신용화(風身容華)가 엇더ᄒᆞ뇨?"

임시 뎡운긔믈 싱각ᄒᆞ니 오히려 ᄆᆞ음이 썰니고 면식이【62】찬지 ᄀᆞᆺᄐᆞ여 디왈,

"범안(凡眼)의야 어이 알니잇고? 다만 그 셩명을 몰나 쳡이 의아ᄒᆞᄂᆞ이다."

승상이 졍식 칙왈,

"네 뎡가ᄅᆞᆯ 비쳑ᄒᆞ여 허무흔 말노 녀ᄋᆞ의 명졀을 희(戲)짓고, 뎡가 소인을 흠이ᄒᆞ여 동상을 유의터라 ᄒᆞ거니와, 나와 현슌이 산 후의ᄂᆞᆫ ᄌᆞ녀혼취(子女婚娶)ᄅᆞᆯ 네 임의로 못ᄒᆞ리니, 뎡흔 길일의 예ᄅᆞᆯ 일워 뎡운긔로 셩난의 비우ᄅᆞᆯ 뎡ᄒᆞ거니와, 내 사ᄅᆞᆷ의 상모와 화복 알기ᄅᆞᆯ 너의 암미(暗昧)흔 견식(見識)의ᄂᆞᆫ 나으리니, 운긔 일분이나 박복흔즉 내 당당이 눈을 감고 가ᄉᆡᄅᆞᆯ 져 네게 지인(知人)【63】 못ᄒᆞᆷ믈 사례ᄒᆞ리니, 너ᄂᆞᆫ 무익흔 넘녀ᄅᆞᆯ 프러바려 운긔 젼졍이 불길ᄒᆞᆯ가 근심말나."

ᄯᅩ 쥬부인이 니어 졍식 왈,

"식뷔 쳐엄은 칭찬ᄒᆞ더니 어나 ᄉᆞ이 변ᄒᆞ여 범안의 엇지 알니 ᄒᆞᄂᆞ뇨? 그ᄃᆡ 아모리 불평ᄒᆞ여도 뎡지 이졔ᄂᆞᆫ ᄉᆞ회라 이들나ᄒᆞ므로 밋츨 길 업ᄂᆞ니, 나ᄂᆞᆫ 셩되 용우ᄒᆞ여 팔ᄌᆞ녀ᄅᆞᆯ 혼취ᄒᆞ나 간예ᄒᆞ여본 일이 업더니, 현슌이 소활(疎豁)ᄒᆞ나 ᄌᆞ식의 젼졍을 빗나과져ᄒᆞ미 텬뉸지졍(天倫之情)의 ᄌᆞ연흔 인졍이라. 텬의(天意) 뎡ᄒᆞ신 바 운수(運數) 길흉(吉凶)은 임의로 못ᄒᆞ나, 퇵셔(擇壻)의【64】 가작ᄒᆞᆷ믄 그ᄃᆡ의셔 덜지 아니리니, 어이 일녀 셩혼의 그ᄃᆡ도록 상힐(相詰)ᄒᆞ여 ᄌᆞ녀로 ᄒᆞ야금 우황(憂惶)케 ᄒᆞᄂᆞ뇨? 뎡가로 결혼흔즉 그ᄃᆡ 죽기ᄅᆞᆯ 결(決)흔다 ᄒᆞ거니와, 텬션(天仙) ᄀᆞᆺ튼 셔랑을 미진ᄒᆞ여 일녀의 부뷔 상슈(相酬)ᄒᆞᄂᆞᆫ ᄌᆞ미ᄅᆞᆯ 보지 아니코, 요인(妖人)의 망셜(妄說)을 혹ᄒᆞ여 죽기ᄅᆞᆯ 달게 넉이면, 이 ᄯᅩ 그ᄃᆡ 팔ᄌᆞ 고약ᄒᆞ미라. 인녁으로 말니지 못ᄒᆞ리니 그ᄃᆡ 임의로 ᄒᆞ라."

말ᄉᆞᆷ이 밋고 ᄯᅥᆺᄂᆞᆫ 듯ᄒᆞ니 승상 냥뎨 각노와 금외 지좌ᄒᆞ여 일시의 다 임시ᄅᆞᆯ 그ᄅᆞ다 ᄒᆞ여 능히 발악(發惡)지 못ᄒᆞ게 ᄒᆞ니, 임시 조협(燥狹)ᄒᆞ나 극악흔【65】 뉴ᄂᆞᆫ 아니라. 즁무소쥬(中無所主)²¹⁵⁾ᄒᆞ여 남의 말을 혹히 드란 후ᄂᆞᆫ 흰거슬 거믄 줄노 아ᄂᆞᆫ지

---

212)주을들다 : 주접들다. 초라하고 너절해지다.
213)압두능경(壓倒凌輕) : 꼼짝 못하게 되어 업신여김을 당함
214)뎐안(奠雁) : 전안례(奠雁禮).

라. 제 쯧을 못일우믈 각골분탄(刻骨憤歎)ᄒᆞ나 감히 불공지식(不恭之色)을 나토지 못
ᄒᆞ고, 오직 고개를 숙여 일언을 못ᄒᆞ더라.

조승상이 ᄯᆞᆯ을 어라만져 경계 왈,

"녀ᄋᆞ는 소견이 협칙(狹窄)지 아니니 어믜 망측ᄒᆞᆫ 힝ᄉᆞ를 효측지 아니려니와, 뎡가
는 예의지문(禮義之門)이오, 운긔는 장뷔라. 여부(汝父)의 용열(庸劣)ᄒᆞᆷ ᄀᆞᆺ지 아니리니,
모로미 의녈미데 경계를 밧드러, ᄉᆞ덕(四德)의 허믈을 엇지 말나."

쥬부인과 졔슉뫼 ᄯᅩ한 어라만져 경계ᄒᆞ여 구가의 나아【66】가 어진 일흠을 드로
라 ᄒᆞ되, 임시 다만 아모 상(常)업시216) 어린다시 녀ᄋᆞ를 ᄇᆞ라보며 진진이 늣기니, 경
됴윤이 졍싴고 좌우시녀로 소져를 붓드러 뎡의 올나라 ᄒᆞ니, 소제 존당부모긔 하직
비례ᄒᆞ니 조공이 다시 닐ᄋᆞ되,

"녀ᄌᆞ마다 이 니별은 상ᄉᆞ(常事)라. 네 비록 결연(缺然)217)ᄒᆞ나 빅년군ᄌᆞ(百年君子
)218)를 만나 불인(不仁)ᄒᆞᆫ 어미 ᄶᅥ나미 영홰라. 비쳑(悲慽)ᄒᆞᆫ ᄉᆞ식 낫토지 말나."

언필의 친히 닛그러 덩219)에 올니니, 뎡한님이 금쇄(金鎖)를 가져 봉교상마(封轎上
馬)ᄒᆞ여 도라올ᄉᆡ, 왕공거경(王公巨卿)이 다 요긱(繞客)220)이 되여 노상(路上)의 광칙
찬난ᄒᆞ니, 견시쟤(見視者) 경찬ᄒᆞ더【67】라.

제궁의 니르러 쳥즁(廳中)의셔 냥 신인이 교ᄇᆡ(交拜)221)ᄒᆞᆯᄉᆡ 신부의 풍용긔질(風容
氣質)이 만고무빵(萬古無雙)ᄒᆞ여, 부뷔 서로 ᄃᆡᄒᆞ미 텬싱일ᄃᆡ(天生一對)222)오 빅년가
위(百年佳偶)223)니 제긱이 칭찬불이(稱讚不已)224)러라. 녜파(禮罷)의 신○○[부단]장
(新婦丹粧)을 곳쳐 폐빅(幣帛)을 밧드러 나아오니, 단슌화협(丹脣花頰)225)의 일쳔ᄌᆞᄐᆡ
(一千姿態) 무루녹아 향년(香蓮)226)이 취우(翠雨)227)의 저즌 ᄃᆞᆺ, 졍슉ᄒᆞᆫ 긔위 규각(閨
閣)의 셩인(聖人)이오, 홍상분ᄃᆡ(紅裳粉黛)228) 즁 ᄉᆞ군지(四君子)라. 안모(眼眸)의 고은
빗치 황홀ᄒᆞᆯ ᄲᅮᆫ 아니라, 늠연경복(凜然敬服)ᄒᆞᆫ ᄯᆞᆺ이 뉴츌(流出)ᄒᆞ니 일셰의 무비ᄒᆞᆫ 긔
질이러라.

---

215)즁무소쥬(中無所主) : 마음속에 일정한 줏대가 없음.

216)상(常)업다 : 상(常)없다. 보통의 이치에서 벗어나 막되고 상스럽다.

217)결연(缺然) : 무엇인가 모자라거나 ᄲᅡ진 것이 있는 것 같아 서운하거나 불만족스러움.

218)빅년군지(百年君子) : 백년해로(百年偕老)할 군자라는 뜻으로 남편을 말함.

219)덩 : 공주나 옹주가 타던 가마.

220)요긱(繞客) : 위요(圍繞). 상객(上客). 혼인 때에 가족 중에서 신랑이나 신부를 데리고 가는 사람.

221)교ᄇᆡ(交拜) : 전통 혼인례에서, 신랑과 신부가 서로 맞절을 함.

222)텬일ᄃᆡ(天生定一對) : 하늘이 낸 한 쌍.

223)빅년가위(百年佳偶) : 평생을 같이 지내는 아름다운 배필.

224)칭찬블이(稱讚不已) : 칭찬하기를 그치지 아니함.

225)단슌화협(丹脣花頰) : 붉고 고운 입술과 꽃처럼 아름다운 볼.

226)향년(香蓮) : 향그러운 연꽃.

227)취우(翠雨) : 푸른 나뭇잎에 매달린 빗방울.

228)홍상분ᄃᆡ(紅裳粉黛) : 얼굴에 분을 바르고 먹으로 눈썹을 그려 화장을 하고 화려한 옷으로 치장한 여인
을 이르는 말.

존당 구괴 폐빅을 밧고 팔빅대례(八拜大禮)[229]를 맛츠미, 태부인이 신부【68】의 손을 잡고 운환(雲鬟)을 어라만져 환희ᄒ며, 금평후 부뷔 만면희ᄉᆡᆨ(滿面喜色)으로 신부 브라는 눈이 현난(絢爛)ᄒ믈 ᄭᅬ닷지 못ᄒᆞᆯ너라. 평진왕비 슉열과 윤승상부인 하시 칭하(稱賀) 왈,

"신부의 긔특ᄒᆞ미 소녀 등의 ᄌᆞ시 아는 빅오나, 존당부모와 거거(哥哥)는 처엄 보시니 그 긔질덕ᄒᆡᆼ이 의녈 져져 아릭 잇지 아니리이다. 부모와 거거의 젹션여음(積善餘陰)으로 드러오는 녀지 다 이ᄀᆞᆺ치 긔이ᄒᆞ여, 가도(家道)를 창(昌)ᄒᆞ오리니, 엇지 깃브지 아니리잇고?"

금후 부뷔 화연 소왈,

"신부의 용화긔질(容華氣質)이 년치(年齒) 다쇠(多少) 다라나, 장녀의 【69】형용과 방불(彷彿)ᄒᆞᆫ지라. 운긔 무슴 복으로 져런 현쳐를 어덧ᄂᆞ뇨?"

졔왕이 고왈,

"소ᄌᆞ의 박덕과 운ᄋᆞ의 불민(不敏)으로써, 슉덕(淑德)이 가준 안히 어드믈 브라리잇고 마는, 존당의 혜화지ᄐᆡᆨ(惠化之澤)이 ᄌᆞ손의게 미ᄎᆞ미니이다."

태부인이 희불ᄌᆞ승(喜不自勝)ᄒᆞ여 신부를 집슈(執手)ᄒᆞ고 장시를 나호여 무비(撫背) 왈,

"장・조 냥이 긔질이 노모의 브란 밧기니, 장시는 누ᄃᆡ봉ᄉᆞ(累代奉祀)[230]를 녕(領)ᄒᆞᆯ 종부(宗婦)로 이ᄀᆞᆺ치 긔특ᄒᆞᆷ믈 미양 환ᄒᆡᆼ(歡幸)ᄒᆞ더니, 금일 조ᄋᆞᄂᆞᆫ 처엄으로 보ᄆᆡ 이모ᄒᆞᄂᆞᆫ 졍이 밋츨 듯ᄒᆞ니, 셕자(昔者)의 윤・양 등 어들 ᄶᆡ에 황【70】홀이 깃브고 무궁이 ᄉᆞ랑ᄒᆞ미 친ᄌᆞ(親子)의 더으더니, 이제 장・조의게 다ᄃᆞ라는 윤・양의셔 더 ᄉᆞ랑ᄒᆞ온 듯ᄒᆞ도다."

만좨 년셩(連聲) 치하ᄒᆞ니, 태부인과 금후 부뷔 좌슈우응(左酬右應)의 ᄉᆞ양치 아니ᄒᆞ고, 왕이 십오ᄌᆞ 즁 운긔를 각별 ○○[ᄉᆞ랑]ᄒᆞ미 그 빅ᄉᆞ쳔ᄒᆡᆼ(百事千行)이 ᄌᆞ긔 소시(少時)를 ᄯᅡ라 호발(毫髮)도 다라미 업스믈 ᄉᆞ랑ᄒᆞᄃᆡ, ᄎᆔ년지긔(冲年之氣) 호일(豪逸)ᄒᆞ믈 엄히 ᄭᅥ그려ᄒᆞ미오, ᄉᆡᆼ의 인ᄉᆞ(人事) 안 후는 흔연 가ᄎᆞ(假借)[231]ᄒᆞᄂᆞᆫ ᄉᆡᆨ을 나타ᄂᆡ지 아니나, 심하의 지극ᄒᆞᆫ 졍이 텬뉸 밧 ᄌᆞ별ᄒᆞ여 상젹(相敵)ᄒᆞᆫ 비우를 엇고져 ᄒᆞ더니, 신뷔 소망의 더으미 잇고 신셩(神聖) 【71】비상(非常)ᄒᆞ니, 흔희쾌열(欣喜快悅)ᄒᆞ여 양ᄆᆡ(兩妹)를 향ᄒᆞ여 왈,

"사름이 ᄋᆞ들을 두ᄆᆡ ᄀᆡ마다 틱부의 ᄆᆞᄋᆞᆷ이 등ᄒᆞᆫᄒᆞᆯ 빅 아니로ᄃᆡ, 운긔는 등한ᄒᆞᆫ 미식과 범연ᄒᆞᆫ 슉녀로 진압기 어려오니, 우형이 근심이 침좌(寢坐)의 노히지 아니터니, 오늘날 신뷔 소망의 과의(過矣)라. 운ᄋᆞ의 쳐궁이 유복ᄒᆞᆷ믈 알니로다."

---

[229]팔빅대례(八拜大禮) : 혼례(婚禮)에서 신부가 신랑의 부모께 처음 뵙는 예(禮)인 현구고례(見舅姑禮)를 행할 때 여덟 번 큰절을 올렸다.

[230]누ᄃᆡ봉ᄉᆞ(累代奉祀) : 여러 대의 조상의 제사를 받듦.

[231]가ᄎᆞ(假借) : ①정하지 않고 잠시만 빌리는 것. ②사정을 보아줌.

숙녈비와 하부인이 소왈,

"부뫼 즈식 위혼 졍이 엇지 범연호리오마는, 운긔 용화긔상(容華氣像)과 품질셩졍(稟質性情)이 츄호도 다라미 업스니, 거거(哥哥)의 스랑이 더옥 즈별홈을 알니로다. 그러므로 운긔 쳐궁이 거【72】거룰 달마 조시 ?튼 졀염셩녀(絶艶聖女)룰 취ᄒᆞ니, 엇지 긔특지 아니리오."

왕이 소왈,

"운이 날 ?다 ᄒᆞ여 ᄉᆞ랑ᄒᆞ미 아니라, 위인이 용졸(庸拙)치 이니니, 진압홀 숙녀룰 엇지 못홀가 근심ᄒᆞ미니, 졔ᄋᆡ셔 더 귀듕혼 쯧이 아니로다."

진부인이 소왈,

"신뷔 의형(儀形)이 만히 혜쥬 ?ᄐᆞ여 녀ᄋᆡ 소년젹 모양과 흡ᄉᆞᄒᆞ니, 우리는 본 바 처엄이 아니로ᄃᆡ, 대강 고왕금ᄂᆡ(古往今來)의 희한혼 위인이라."

ᄒᆞ시니, 왕이 소이ᄃᆡ왈,

"소즈 등이 숙녈 미뎨로써 아오믈 텬하의 둘업슨 덕용인가 ᄒᆞ여숩더니, 금【73】일 신부룰 보오니, 미즈(妹子)는 나히 삼오(三五)룰 지ᄂᆡ고 여러 즈녀룰 싱산ᄒᆞ오미, 쳔승국모(千乘國母)의 존귀룰 누리오니, 졍엄(正嚴)혼 위의는 더으나, 에엿븐[232] 거동은 신부룰 불급(不及)ᄒᆞ오리니, 신뷔 미져(妹姐)의셔 나은 작시[233]로소이다."

○[태]부인이 소왈,

"텬흥이 장시룰 엇던 날 칭찬ᄒᆞ미 의녈 현부의셔 낫다 ᄒᆞ더니, 금일 신부룰 찬양ᄒᆞ미 혜쥬의 우히라 ᄒᆞ{시}니, 현·운 냥이 닙장(入丈)ᄒᆞ므로 의녈 현부와 혜쥬의 놉흔 덕용이 ᄂᆞᄌᆞ지미냐?"

진부인이 소이고왈(笑而告曰),

"쳡은 ᄉᆞ졍(私情)이 ?리와 그러ᄒᆞ온지 실노 의녈 현부와 【74】 녀ᄋᆡ의 올으[234]ᄂᆞ니룰 보지 못ᄒᆞ여숩ᄂᆞ니, 텬흥의 의논이 일편된가 ᄒᆞᄂᆞ이다."

태부인이 소왈,

"현부와 우리는 그리 알고, 텬흥은 졔 며ᄂᆞ리룰 만고 웃듬으로 알면, 그 ᄉᆞ랑이 더을 ᄲᅮ니니 굿ᄐᆞ여 장단(長短)을 닐ᄋᆞ지 말거시라." ᄒᆞᄃᆡ,

왕이 함소 고왈,

"장·조 등이 입이 이시나 말이 업서 그 고모의 용속혼ᄃᆡ 비기는 바룰 당ᄒᆞᄃᆡ, 능히 나ᄒᆞ라 토셜(吐說)치 못ᄒᆞ니 엇지 이듧지 아니리잇가? 미뎨는 오히려 장·조룰 당ᄒᆞ려니와 윤·양·니·경으로셔는 네흘 아올나도 ᄒᆞ나흘 당치 못ᄒᆞ리이다."

금휘 화연(和然) 【75】 소왈,

"녀ᄋᆡ와 의녈 현부는 녀즁요슌(女中堯舜)이니 그 위인이 막상막하(莫上莫下)로 내집

---

232)에엿브다 : 예쁘다. 어여쁘다.
233)쟉 : 것. 까닭.
234)올으다 : 오르다. 사람이나 동물 따위가 아래에서 위쪽으로 움직여 가다

과 윤가를 창훌 현부(賢婦)요, 양시는 뇨됴슉완(窈窕淑婉)이오, 니시는 녀즁대장부(女
中大丈夫)며, 경시는 은연(隱然)이 문사명공(文士名公)의 놉흔 풍이 이시니, 장·조 이
손뷔 아모리 긔특하나 제 고모의 올으든 못하리라.”

좌간(座間)의 태부인 질즈 슌참정이 고왈,

“텬홍은 며느리 어들 적마다 번번이 짐즛 안해를 늦초아 닐으고, 모든 공논(公論)을
취하니, 기의(其意)는 가지(可知)러이다.” 【76】

# 윤하뎡삼문취록 권지삼

추시 슌참졍이 고왈,

"텬홍은 며느리 어들 적마다 번번이 짐줏 안해룰 늣초아 닐ᄋ고 모든 공논(公論)을 취ᄒ니, 기의(其意)는 가지(可知)라. 안해 ᄉ랑이 텬홍 ᄀᆺ투니 어딘 이시리오."

금평휘 소왈,

"형은 닐ᄋ지 말나. 셰간의 뉘 쳐지 업ᄉ리오마는 텬ᄋ는 윤시로 더브러 치발(齒髮)235)이 치 자라지 못ᄒ여셔 뎡혼뇌약(定婚牢約)혼 바로 결발대륜(結髮大倫)236)의 은졍(恩情)과 ᄯᅩ혼 대덕(大德)이 잇ᄂ지라. 셕년(昔年) 참화(慘禍)의 윤현뷔 격고등문(擊鼓登聞)치 아냐시면 묘랑 요괴(妖怪)룰 잡아 간졍(奸情)이 셰셰히 발【1】각ᄒ여시리오. 추고(此故)로 우리 부지 ᄒᆫ갓 며ᄂ리와 안해로 아지 아녀 은인으로 아노라."

참졍이 쇼왈,

"의열 질부는 현데 말과 ᄀᆺ거니와, 양·니·경을 ᄒᆫ가지로 들츄어 닐ᄏᆺ는 즁의 너 허, 짐줏 칭찬ᄒ려, '며ᄂ리만 못ᄒ다' ᄒ니, 이쳐(愛妻)ᄒ미 흥질의 더ᄒ니 업는가 ᄒ노라."

금휘 소왈,

"형이 오ᄋ로써 '이ᄂ긱(愛內客)'이라 ᄒ니 졔 아니 원민(寃憫)ᄒ랴? 슈상(手上)237)이라 감히 졔 소회(所懷)룰 발치 못ᄒᄂ니, 아모리 심흔 이쳐(愛妻)라도, 부복(俯伏)ᄒ여 부인긔 빌니오. 후일은 조심ᄒ{리}라. '부인은 노룰 도로혀 가부룰 용【2】납ᄒ라' ᄒ는 줄노 《알미∥알믄》 업ᄉ리라."

원ᄂ 슌공이 소시의 호방ᄒᄆ로, 부인이 투심(妬心)이 아니나 가부의 졍대치 못ᄒᄆᆯ 흔ᄒ여 동실지락(同室之樂)을 원치 아니므로, 슌공이 민망ᄒ여 잠간 빌믄 이시나 무릅 아릭 부복흔빈 업ᄉ딕, 그쩌 일을 슌공의 족친졔종(族親諸從)의[이] ○○[이제] 니ᄅ히238) 웃던 비라. 참졍이 텽파의 크게 ᄭ지져 왈,

"윤보룰 단듕(端重)혼가 녁엿더니 허언 ᄭ미기는 뎨일이라. 수십년이 거의된 고ᄉ룰

---

235)치발(齒髮) : 이와 머리카락. '이'와 '머리카락'은 '나이'를 나타내는 말들로 자주 쓰인다.

236)결발대륜(結髮大倫) : =결혼. *결발(結髮); 예전에 관례를 할 때 상투를 틀거나 쪽을 찌던 일로, 성년(成 年)이나 결혼, 또는 본처(本妻)를 달리 이르는 말로 쓰인다.

237)슈상(手上) : =손위. 나이나 항렬 따위가 자기보다 위이거나 높은 관계. 또는 그런 관계에 있는 사람.

238)니ᄅ히 : 이르도록. 이르기까지.

이제 싱각ᄒ리오.”

금휘 소왈,

“수십년 아니라 빅년이 되여셔도 ᄆᆞ음의 우읍던 빈니 니치【3】이지239) 아니터이다.”

좌위 다 웃고, 종일 진환(盡歡)ᄒ고 일모(日暮)ᄒᄆᆡ 닉외빈긱이 취ᄒᆞᆫ 거ᄉᆞᆯ 붓들녀 도라가고, 신부 슉소ᄅᆞᆯ 이현당의 뎡ᄒ여 도라 보닉고, 태부인과 금후부뷔 상부로 도라올ᄉᆡ, 원닉 현긔 길녜ᄂᆞᆫ 상부의셔 지닉고 인ᄒ여 상부 일현당의 머므ᄅᆞᄃᆡ, 운긔 길녜ᄂᆞᆫ 졔궁의 와 지닉고 조시ᄅᆞᆯ 졔궁 이현당의 머므르니, 이ᄂᆞᆫ 윤·양·니·경 ᄉᆞ비 ᄆᆡ양 상부의 와 잇ᄂᆞᆫ 씨 만흔지라. 궁이 븨여시므로, 장시ᄂᆞᆫ 태부인·진부인이 궁의 보닉지 아니므로, 조시○[ᄅᆞᆯ] 궁의 두어 상부의 신혼셩뎡(晨昏省定)【4】으로 왕닉(往來)케 ᄒ더라.

왕이 상부의 와 존당부모의 취침ᄒ시믈 보고 믈너 궁의 도라와 밤을 지닐ᄉᆡ, 운긔 졔녜로 더브러 야야(爺爺)240) 침금을 포셜(鋪設)ᄒ고 시침코져 ᄒ니,

왕 왈,

“여년(汝年)이 이뉵(二六)을 겨유 지닉여시니, 부뷔 ᄡᅡᆼ유(雙遊)241)ᄒᆞᆯ 씨 아니나, 신방을 븨오미 불가ᄒ니 이현당의 가 밤을 지닉라.”

한님이 의ᄉᆞ 수연(辭然)ᄒ나 부득이 슈명ᄒ고 신방의 니ᄅᆞ니, 신뷔 긴 단장을 벗고 단의홍군(單衣紅裙)으로 촉하의 단좌(端坐)ᄒᆞ엿다가 긔이영지(起而迎之)242)ᄒ니, 한님이 뎡좌(定座)ᄒ고 나아가 폴미러 소져의 좌(坐)ᄅᆞᆯ 쳥ᄒ고 묵연【5】ᄒ나, 그 음악비루(淫惡鄙陋)ᄒ믈 망측히 넉이고, 임시의 광언욕셜(狂言辱說)이 부조(父祖)의 밋던 바ᄅᆞᆯ 통ᄒᆞᆫᄒ니, 부부은졍은 초월(楚越)243) ᄀᆞᄐᆞᆫ지라. 오릭도록 말이 업더니 날호여 시녀로 침금을 포셜ᄒ라 ᄒ고, 웃웃슬 그ᄅᆞ며 봉안(鳳眼)을 흘녀 신부ᄅᆞᆯ 보니, 미우의 샹셔지긔(祥瑞之氣) 찬난ᄒ여 묽은 품격이 진속(塵俗)의 므드지 아냐시니, 한님이 심하(心下)의 황홀ᄒ여 눕기ᄅᆞᆯ 날회고, 침ᄉᆞ반향(沈思半晌)244)의 총명이 밍동(萌動)245)ᄒ여 싱각ᄒᆞᄃᆡ,

“저 ᄀᆞᄐᆞᆫ 긔질이 아모라도 음난비루지ᄉᆞ(淫亂鄙陋之事)ᄅᆞᆯ 죽이기로ᄡᅥ 져혀도 아니ᄒ【6】리니, 원홍의 ‘션ᄌᆞ(扇子)로ᄡᅥ 월긔탄(月琪彈)246) 밧고단 말이 비록 기모(其母)

---

239) 니치이다 : 잊혀지다.

240) 야야(爺爺) : 예전에, '아버지'를 높여 이르던 말.

241) ᄡᅡᆼ유(雙遊) : 쌍을 지어 같이 노닒. 여기서는 부부가 잠자리를 같이 함을 뜻한다.

242) 긔이영지(起而迎之) : 일어나서 맞이함.

243) 초월(楚越) : 중국 전국 시대의 초나라와 월나라의 사이라는 뜻으로, 서로 원수처럼 여기는 사이를 비유적으로 이르는 말. ≒초월지간(楚越之間).

244) 침ᄉᆞ반향(沈思半晌) : 꽤 오랜 시간 동안을 조용히 정신을 모아서 깊이 생각함. *반향(半晌); =반나절. 꽤 오랜 시간을 뜻함.

245) 밍동(萌動) : ①싹이 남. ②어떤 생각이나 일이 일어나기 시작함.

의 입으로 나시나 결단코 허언을 ᄒ미라. 내 본딕 고산태악(高山泰岳) ᄀᆞᆺᄐᆞᆫ 안견(眼見)으로 남녀 즁 지긔(志氣) 허홀 사름이 업더니, 져 조시ᄅᆞᆯ 보니 경복(敬服)ᄒᆞᄂᆞᆫ 의식 밍동ᄒ니, 츠인은 실노 녀즁군ᄌᆞ(女中君子)니 우리 슉모 진왕비와 홍운뎐 ᄌᆞ위 아니시면, 능히 여ᄎᆞ 슉녀ᄅᆞᆯ 어드리오. ᄌᆞ고(自古)로 현인군ᄌᆞ(賢人君子) 누언지참(陋言之譏)을 엇기 쉬오니, 져ᄅᆞᆯ 어이 음악발부(淫惡潑婦)247)로 박딕ᄒᆞ리오 대장뷔 ᄒ녀ᄌᆞᄅᆞᆯ 거ᄂᆞ리지 못ᄒᆞ여 원망이 니러나면 무슴 지조로 ᄉᆞ군찰임(事君察任)ᄒᆞ리오. 드딕【7】 여닛그러 금니(衾裏)의 자기ᄅᆞᆯ 쳥ᄒ고 스스로 안연침와(晏然寢臥)ᄒ니라.

계명(鷄鳴)의 부뷔 니러 신셩(晨省)248)의 나아가니, 존당구괴 이경긔[귀]듕(愛敬貴重)ᄒᆞ미 친녀의 더으고, 합문상하(闔門上下)의 예셩(譽聲)이 닌니(隣里)ᄅᆞᆯ 풍동(風動)249)ᄒ니 일가친쳑으로 조ᄎᆞ 칭찬ᄒᆞᄂᆞᆫ 소릭 평졔왕의 복덕과 뎡한님의 유복을 칭찬ᄒᆞ딕, 오직 한님이 신혼초일의 이현당의 드러가 업ᄒ시 딕ᄒᆞᆫ 후ᄂᆞᆫ 스실(私室)의 모드미 업ᄂᆞᆫ지라. 굿ᄐᆞ여 음악발부(淫惡潑婦)로 의심ᄒᆞ미 아니라, 임시 공연이 ᄌᆞ긔집 참욕ᄒᆞᄆᆞᆯ ᄆᆞᄋᆞᆷ의 아니 잇고, 금슬이 졍히 믹믹【8】ᄒ딕 외면의 염박(厭薄)ᄒᆞᄂᆞᆫ ᄉᆞ식을 아니코, 존당 즁회즁(衆會中) 대ᄒ나 화열ᄌᆞ약ᄒᆞ미 츈풍훈화(春風薰和)ᄅᆞᆯ 변치 아니니, 가닉 기의(其意)ᄅᆞᆯ 알니 업ᄉᆞ딕 상현희 등이 초혼야(初婚夜)250)의 이현당을 규시(窺視)ᄒᆞ여 그 믹믈ᄒᆞᄆᆞᆯ251) 아는 고로, 스실의 다시 못지 아니믈 경의(驚疑)ᄒᆞ여 태부인긔 ᄌᆞ시 고ᄒ니, 부인이 의려 왈,

"졔형과 닉도ᄒ니 졔 ᄯᅳᆺ의 찬 슉녀ᄅᆞᆯ 취ᄒᆞᆫ즉 금슬이 흡흡(洽洽)홀 줄 알앗더니, 엇지 도로혀 박홀줄 알니오."

상희 등이 주왈,

"초혼야의 한님이 무ᄉᆞ 일을 ᄉᆞ랑ᄒᆞᄂᆞᆫ252) ᄃᆞᆺᄒᆞ여 회푀 만ᄒᆞᄆᆞᆯ 뵈더니, 야심【9】 후 취침ᄒᆞ시나 소져ᄅᆞᆯ 향ᄒᆞ여 은근이 말ᄒᆞ미 업ᄉᆞ니, 쳔쳡 등이 고이ᄒᆞᄆᆞᆯ 니긔지 못ᄒᆞ리로소이다."

태부인이 츠셕(此夕)의 졔왕다려 왈,

"ᄌᆞᄋᆞ의 빅ᄒᆡᆼᄉᆞ덕(百行四德)이 범연(凡然)홀지라도 아름답고 긔이ᄒᆞᄆᆞᆯ 니긔지 못ᄒᆞ려든, ᄒᆞᄆᆞᆯ며 부부ᄉᆞ이냐? 운이 신혼야 이후의 이현당의 ᄌᆞ최 님치 아냣다 ᄒᆞ니 네 어이 드려보닉지 아니 ᄒᆞᄂᆞ뇨?"

왕이 소이딕왈,

---

246)월긔탄(月琪彈) : 달 모양의 둥근 옥구슬.
247)음악발부(淫惡潑婦) : 음란하고 악한 패역(悖逆)한 여자.
248)신셩(晨省) : 아침 문안. 아침 일찍 부모의 침소에 가서 밤사이의 안부를 살피는 일. 늑신성지례.
249)풍동(風動) : 바람이 무엇을 움직인다는 뜻으로, 백성들이 스스로 좇아서 감화됨을 비유적으로 이르는 말.
250)초혼야(初婚夜) : 첫날 밤.
251)믹믈ᄒ다 : 인정이나 싹싹한 맛이 없고 쌀쌀맞다.
252)ᄉᆞ랑ᄒ다 : ①사랑하다. ②생각하다.

"운긔 금년이 이칠(二七)이오, 식뷔 십삼이오니, 동실지락(同室之樂)이 무어시 밧바
제 아니 가는 거슬 우겨 보뉘리잇고?"

태부인 왈,

"운긔 어리나 슉셩장대(夙成長大)【10】ᄒ여 노셩장부(老成丈夫)를 압두ᄒ리니, 어
이 부부 동실을 막으리오."

왕이 디왈,

"소손이 굿트여 막음도 업고 권흔 일도 업더니, 왕뫼 셩녀를 허비ᄒ시니 금야(今夜)
라도 이현당의 가라 ᄒ사이다."

부인이 당부ᄒ여 운긔를 스실의 츌입게 ᄒ라 ᄒ시니, 왕이 슈명ᄒ여 초일 혼뎡(昏
定)253) 후, 한님을 명ᄒ여 왈,

"너희 금년을 당ᄒ여 나히 ᄒ나히 더ᄒ니, 왕뫼 너의 각거(各居)ᄒ믈 불열(不悅)ᄒ
실시 금야로브터 이현당의 츌입ᄒ여 일삭(一朔)의 칠팔일식 자고 나오라."

한님이 부복 텽필(聽畢)의 심【11】히 졀박ᄒ나 스식지 못ᄒ여 슈명ᄒ고, 이현당의
도라오니, 초야의 조시 침션을 다스리다가 신긔(身氣) 불안ᄒ여 시녀로 침금을 포셜케
ᄒ고 상요(床褥)의 나아가고져 ᄒ더니, 유랑이 혀ᄎ고 탄왈,

"소제 뎡문의 쇽현(續絃)ᄒ연지 수월의 해 밧고엿거늘, 상공 ᄌ최 신혼날 흔 번 닐
오시고 우금영졀(于今永絶)254)ᄒ니, 노쳡이 ᄀ골 이돌오니 본부 부인이 이럴 줄 알아
샤 친ᄉ(親事)를 일우지 말나 ᄒ시던가, 션견지명(先見之明)을 탄복ᄒ옵ᄂ니, 이딕도록
박딕ᄒ시ᄂ 줄 알아시면 더옥 엇더ᄒ【12】시리잇고?"

유랑의 ᄯᆯ 취옥이 탄왈,

"만시 명이니 우리 모녜 소져 신셰를 이돌나 ᄒ오나 무슴 유익ᄒ미 이시리잇고? 다
만 본부 부인이 노야(老爺)와 징힐ᄒ실 즈음의 고이흔 말ᄉᆷ을 만히 ᄒ여 겨시나, 소져
ᄂ 아도 못ᄒ여 계시니 일노 드듸여 원상공의 망측흔 ᄯᆺ을 요동홀가 깁히 넘녀ᄒᄂ이
다."

소제 ᄉᄀᆡ(辭氣) 타연ᄒ여 왈,

"비지(婢子) 고이흔 말ᄉᆷ을 가져 본부의 젼ᄒ여 모친 우려를 더운즉, 나의 불효를
크게ᄒ미라. 내 몸이 겨유 이뉵(二六)을 지난 ᄒᆡ으(孩兒)로 셰ᄉ를 치 모로거늘, 【1
3】 존당구고의 양츈혜퇴(陽春惠澤)이 일신의 져져 괴로온 근심을 아지 못ᄒ고, 몸이
안한(安閑)흔 밧게 ᄯᅩ 무어슬 부족다 슬허ᄒ여 잡념을 두리오. 모친이 아모 고이흔 말
ᄉᆷ을 ᄒ여 계시나, 굿트여 ᄌ식을 해코져 ᄒ시미 아니라, 일시 그릇 싱각ᄒ시미나 현
마 엇지 ᄒ리오. 무음이 신명(神明)의 달ᄒ나 붓그러오미 업스니, 힝실을 ᄆᆰ게 닥근
후 남이 날을 비루히 넉인들 무슴 붓그러오미 이시리오."

---

253) 혼뎡(昏定) : 잠자리에 들 때에 부모의 침소에 가서 잠자리를 살피고 밤 동안 안녕하기를 여쭘. ≒정혼
   (定昏).
254) 우금영졀(于今永絶) : 지금까지 소식이나 관계 또는 생명이나 혈통 따위가 오래 끊어져 아주 없어짐.

유랑 왈,

"연(然)이나255) 쥬군(主君)이 소져의 묽은 쯧을 아지 못ᄒ시니 엇지 이돏지 아니리잇【14】고?"

ᄒ여, 노쥬(奴主)의 말이 한가ᄒ니, 한님이 창외의셔 다 듯고 날호여 승당(昇堂) 입실(入室)ᄒ니, 유랑 등이 놀나 퇴ᄒ고, 소제 텬연긔영(天然起迎)ᄒ여 동셔분좌(東西分坐)ᄒᄆᆡ, 한님이 거안시지(擧眼視之)컨듸 텬연(天然)ᄒ 광염(光艶)과 긔려(奇麗)ᄒ 퇴되 실즁의 찬난ᄒ여 명촉(明燭)이 무광(無光)ᄒ니, 놉ᄒ며 쳥개(淸介)ᄒᄆᆡ 반졈 흐릿ᄒ 긔운이 업스니, 한님이 혜오듸,

"내 십셰 못ᄒ여 만물지니(萬物之理)를 통ᄒ여 임의 나히 이칠(二七)256)의 당ᄒ나, 사롬의 상법(相法) 알오미 부친 아릭ᄂᆞ 내 읏듬일가 ᄒᄂᆞ니, 이제 져 조시 영복(榮福)과 귀격(貴格)257)이 남다롤 【15】ᄲᆞᆫ 아니라, 신긔ᄒ 명광(明光)이 좌셕을 휘황케 ᄒ니, 볼스록 신연(新然)258)코 아롬다오니, 한님이 날호여 침금을 포셜ᄒ라 ᄒ고, 웃옷슬 버스며 원비(猿臂)를 느리혀 소져의 셤슈를 붓드러 상요의 편히 누이며, 미미히 우어 왈,

"싱이 올 줄 모로고 침금을 포셜ᄒᄆᆡ 누을 ᄯᅳᆺ이 급ᄒᄆᆡ라. 내 굿ᄐᆞ여 즈를 안ᄌ 싀오라 아닛ᄂᆞ니, 편히 누어 날노 ᄒ야금 쥬인 소임 박히 ᄒ 허믈을 엇게 말나."

ᄒ고 즈긔 ᄯᅩᄒ 취침ᄒᆯ싀 옥면화협(玉面花頰)의 웃ᄂᆞ 빗츨 ᄯᅴ여 은근이 집슈 왈,

"조혼소빙(早婚少聘)259)은 셩인의 경계라. 【16】왕대뫼(王大母)260) 년노(年老)ᄒ시므로 일즉 취쳐ᄒ나, 삼외(三五)261) ᄎᆞ지 못ᄒ여시므로 일이년을 더 기다려 이셩지합(二姓之合)262)을 일우고져 ᄒᄂᆞ니, 가즁(家中)은 나의 ᄯᅳᆺ을 모로고 박쳐(迫妻)ᄒ다 의논이 분분ᄒ니, 부부ᄂᆞ 일일지간(一日之間)도 ᄆᆞ음을 안다 ᄒ니, 즈의 총명ᄒ므로 거의 싱의 ᄆᆞ음을 혜아려 말을 발치 아녀셔 지긔ᄒᆷᅵ 이시리라."

인ᄒ여 옥비(玉臂) 셤슈(纖手)를 어라만져 환연(歡然) 듕이(重愛)ᄒ더라.

ᄎᆞ시 조부 임부인이 녀ᄋᆞ를 길일에 엷프시 보고 신낭의 봉교(封轎)ᄒᆷ믈 인ᄒ여 ᄒ 번 뎡가의 보닌 후 해밧고여 달이 오리니, 【17】우우(憂憂)히 그리ᄂᆞ 회포ᄂᆞ 닐오지 말고, 녀ᄋᆞ의 신셰 엇더ᄒ고 근심이 만단(萬端)ᄒ고, 졔 ᄯᅳᆺ을 닐우지 못ᄒᆷᄆᆞ을 통완(痛惋)ᄒ고 분에(憤恚)263)ᄒ여 믄득 셩질(成疾)ᄒ여 상셕(床席)을 ᄯᅥ나지 못ᄒ니 의형(儀

---

255)연(然)이나 : 그러하나. 그러나.

256)이칠(二七) : 14를 달리 이르는 말. 2×7=14.

257)귀격(貴格) : 귀하게 될 사람의 골격.

258)신연(新然) : 새로이. 새로움.

259)조혼소빙(早婚少聘) : 일찍 결혼하여 어린 나이에 배우자를 맞아옴.

260)왕대뫼(王大母) : 증조할머니.

261)삼오(三五) : 15살을 달리 이르는 말. 3×5=15.

262)이셩지합(二姓之合) : ①서로 다른 두 성이 합하였다는 뜻으로, 남녀의 혼인을 이르는 말. ②남녀가 성교함. 또는 그런 일. 특히 부부 사이의 성교를 이른다. =합궁(合宮). =합근(合根).

形)이 초초ᄒ거늘, 쥬부인이 ᄉ실노 보ᄂ지 아니코 ᄆᆡ양 경계 왈,

"그딕 아직 ᄆᆞᄋᆞᆷ의 쥬(主)ᄒᆫ거시 업고, 넓은 집에 거ᄒᆞ여 진짓264) 어룬 노라슬265) ᄒ려 ᄒᆞᄆᆡ, 되지 못ᄒᄂᆫ 호령과 상업슨 의ᄉᆡ 빅츌(百出)ᄒ니, 내 압흘 ᄡᆞ나ᄂᆫ 거시 그 딕 ᄆᆞᄋᆞᆷ을 그릇 민달ᄆᆡ니, 이제ᄂᆫ 희셕 등 부부로 집을 맛지고 이의 이셔, 다란 일을 비호【18】지 말고 그딕 금장(襟丈)266) 등 힝ᄉᆞ를 효측(效則)ᄒ여 가부(家夫)와 요란 이 징힐(爭詰)ᄒᄂᆫ 일이나 업게 ᄒ라."

임시 능히 거역지 못ᄒᆞ여 상부(上府)의 이시나, 일념의 밋친 비 일녀를 셩인(成姻) ᄒᆞ여267) 부뷔 빵유(雙遊)ᄒᄂᆫ ᄌᆞ미를 보지 못ᄒ니, 이둘고 울울ᄒᆞ여 ᄒᆞ며, 신년이 된 들 뎡한님이 니로러 승상과 악장을 비현ᄒ나, 총총(悤悤)ᄒᄆᆞᆯ268) 닐큿고 ᄂᆡ당의 잠간 도 드러오지 아니니, 임시 셔랑의 견안(奠雁)269)ᄒᄂᆫ 거동을 보와시딕 당면ᄒᆞ야 본 일 이 업ᄉ니, 뎡한님이 져를 무상히 넉이ᄂᆫ 줄은 모로고 싱의 무졍(無情)ᄒᄆᆞᆯ 슈지【1 9】즈니, 어ᄉᆞ 등이 길일의 대변(大變)을 짓지 아니코 셩예(成禮)를 무ᄉᆞ히 지니믈 다 힝ᄒᆞ여, 뎡운긔의 위인을 칭찬ᄒᆞ며 그 셩졍이 잔 곡졀(曲折)과 소ᄉᆞ(小事)의 거리ᄭᅵᄆᆡ 업슨 고로, 모친긔 비현ᄒᆞ미 더딕믈 고ᄒᆞ여 위로ᄒᆞ더라

ᄎᆞ시 뎡한님이 조소져의 위인 긔질이 오릴ᄉᆞ록 아름답고 항복되믈 니기지 못ᄒᆞ여, 졈졈 측히270) 넉이던 ᄆᆞᄋᆞᆷ이 츈셜(春雪) ᄉᄃᆺ271)ᄒ나, 셕자의 그 부친이 구몽슉의 간 계로 윤비를 참혹히 음비(淫鄙)ᄒᆫ 곳에 ᄲᅡ지오딕, 윤비의 위인을 알ᄆᆞ로 일호도 의심 치 아니턴 바【20】를 효측ᄒᆞ야, 녁냥()力量과 총명이 졔왕과 호리(毫釐)272)도 불급 (不及)ᄒᆞ미 업ᄂᆫ지라.

얿픗ᄒᆫ ᄉᆞ이 삼츈화시(三春花時)273)를 당ᄒᆞ여 한님이 진부 졔소년과 하승상 장ᄌᆞ 몽셩이며 평진왕 ᄎᆞᄌᆞ 웅닌과 윤승상 장ᄌᆞ 창닌으로 더브러 취운산의 올나 화류(花 柳)274)를 귀경275)ᄒᆯᄉᆡ, 웅닌은 십삼이오, 창닌과 몽셩은 다 십이셰니, 풍신용화(風神

---

263)분에(憤恚) : =분노(憤怒). 분개하여 몹시 성을 냄. 또는 그렇게 내는 성.
264)진짓 : 짐짓. ①마음으로는 그렇지 않으나 일부러 그렇게. ②=과연.
265)노랏 : 노릇. ①((직업이나 직책 따위를 나타내는 명사 뒤에 쓰여)) 그 직업, 직책을 낮잡아 이르는 말. ②((직업이나 직책 따위를 나타내는 명사 뒤에 쓰여)) 그 직업, 직책을 낮잡아 이르는 말. ③일의 됨됨이 나 형편.
266)금장(襟丈) : 여성이 남편 형제의 아내를 지칭하여 이르는 말.
267)셩인(成姻)ᄒ다 : 셩혼(成婚)하다. 혼인이 이루어지다. 혼인을 하다. 혼인시키다.
268)총총(悤悤)ᄒ다 : 몹시 급하고 바쁘다..
269)젼안(奠雁) : 혼례 때, 신랑이 기러기를 가지고 신부 집에 가서 상 위에 놓고 절함. 또는 그런 예(禮). 산 기러기를 쓰기도 하나, 대개 나무로 만든 것을 쓴다.
270)측ᄒ다 : 께름칙하다. 언짢다. 마땅치 않다.
271)ᄉ다 : 슬다. 스러지다. 녹다.
272)호리(毫釐) : ①길이의 단위. 1호는 1리(釐)의 10분의 1로 약 0.303mm에 해당한다. ②매우 작은 것을 비 유적으로 이르는 말.
273)삼츈화시(三春花時) : 봄철 꽃피는 때. *삼춘(三春); 봄의 석 달. 맹춘(孟春), 중춘(仲春), 계춘(季春)을 이 른다.

容華)와 신장긔위(身長氣威) 장부의 틀이 이시니, 한님으로 더브러 지긔상합(志氣相合)ᄒ여 심회(心懷)를 《니을‖니를276)》시, 창닌은 그 부친 셩현유풍(聖賢遺風)을 젼습(傳襲)ᄒ여 과급(過急)ᄒᆫ 일이 업스며, 몽셩은 츙텬지긔(衝天之氣)【21】와 산악지풍(山岳之風)으로 《발앙‖발양(發揚)277)》ᄒᆫ 지긔(志氣)를 장츅(藏縮)278)지 못ᄒ여, 강히(江海)라도 넘뛸듯ᄒ더라.

서로 담화(談話)ᄒᆯᄉᆡ 웅닌이 소왈,

"뎡형은 입취(入娶)279)ᄒ여 만시 영합소원(迎合所願)280)ᄒ나, 아등은 닙신취쳐(立身娶妻)281)치 아냐시니, 너의 소회를 듯고져 ᄒᄂᆞ니 쳐실이 만일 무염(無艶) ᄀᆞᆺ튼 박식(薄色)으로 힝실이 괴히(怪駭)282)ᄒ면 엇덜가시브뇨?"

창닌이 소왈,

"아직 당치 아냐시니 미리 졔긔ᄒᆯ 말이 아니어니와, 만일 불민(不敏)ᄒᆫ 빅필을 만날진ᄃᆡ 죵고지락(鐘鼓之樂)283)이 흡연ᄒᆞ미 어이 이시리오."

몽셩이 소왈,

"장뷔 쳐셰의 힝락(行樂)이 ᄒᆫ 곳【22】도 《흡‖흠(欠)》ᄒᆞᆯ 곳이 업슨 후야 가히 복(福)이라 닐을지라. 나는 아직 당치 아닌 일이니 ᄉᆡᆨ(色)인즉 장강(莊姜)284) 반비(班妃)285)의 지나고, 덕(德)인즉 태임(太姙)286) 태ᄉᆞ(太姒)287) ᄀᆞᆺ지 아닌즉 능히 화락지 못ᄒᆯ지라. 녀ᄌᆡ 얼골이 고으나 덕이 업스면 무슴 볼 거시 이시리오."

창닌이 소왈,

"각각 텬뎡비필(天定配匹)과 화복(禍福)이 ᄲᅵ 이시니, 못견딀 일도 마지못ᄒᆞᆯ 형셴즉 능히 참고 견ᄃᆡ나니, 엇지 미리 닐ᄋᆞ리오."

웅닌이 소왈,

---

274)화류(花柳) : ①꽃과 버들을 아울러 이르는 말. ②=화가유항(花街柳巷). 예전에, '유곽'을 달리 이르던 말.
275)귀경 : 구경. 흥미나 관심을 가지고 봄.
276)니르다 : 이르다. 말하다.
277)발양(發揚) : 마음, 기운, 재주 따위를 떨쳐 일으킴.
278)장츅(藏縮) : 오그려 갊아 둠. 움츠러들어 펴지 못함.
279)입취(入娶) : 장가들다.
280)영합소원(迎合所願) : 뜻이 소원에 맞음. 소원대로 됨.
281)닙신취쳐(立身娶妻) : 세상에서 성공하고 혼인을 이룸.
282)괴히(怪駭) : =해괴(駭怪).
283)죵고지락(鐘鼓之樂) : 종과 북을 치며 즐긴다는 뜻으로, 부부 사이의 화목한 정을 이르는 말.
284)댱강(莊姜) : 중국 춘추시대 위(衛)나라 장공(莊公)의 처. 아름답고 덕이 높았고 시를 잘하였다.
285)반비(班妃) : 중국 한(漢)나라 성제(成帝)의 후궁. 시가(詩歌)를 잘하여 성제의 총애를 받았으나 조비연(趙飛燕)에게 참소를 당하여 장신궁(長信宮)에 있으면서 부(賦)를 지어 상심(傷心)을 노래하였다.
286)태임(太姙) : 중국 주(周)나라 문왕(文王)의 어머니. 부덕(婦德)이 높아 며느리 태사(太姒: 문왕의 비)와 함께 성녀(聖女)로 추앙된다.
287)태ᄉᆞ(太姒) : 중국 주(周)나라 문왕의 비. 현모양처(賢母良妻)로 추앙되는 인물.

"몽셩의 말이 졍히 내뜻과 ᄀᆞᆺ튼지라. 다란 일은 참고 견듸려니와 비필이 불합(不合)ᄒᆞᆫ즉 엇지 일시나 화락ᄒᆞᆯ 의【23】식 이시리오."

뎡운긔 소왈,

"너희 다 취쳐견 동몽(童蒙)으로 슈습ᄒᆞᄂᆞᆫ 틱도ᄅᆞᆯ 일코 엇도 아닌 안해ᄅᆞᆯ ᄆᆞ음의 불합ᄒᆞᆫ즉 못견딀 ᄃᆞᆺ 시브다 ᄒᆞ니, 셰상이 이말을 알진딕 쓸을 늙혀도 너희ᄂᆞᆫ 사회삼지 아니ᄒᆞᆯ노라. 내 너희 소견을 듯고져 ᄒᆞᄂᆞ니, 배필(配匹)이 ᄉᆡᆨ덕(色德)이 겸비ᄒᆞ나 사름이 모로ᄂᆞᆫ 가운딕 해ᄒᆞ리 이셔, 친견친텽(親見親聽)의 음비(淫鄙)ᄒᆞᆫ 졍젹(情跡)이 이시면 능히 그 허실을 알아 ᄋᆞ미ᄒᆞᆫ 쟈ᄅᆞᆯ 신원(伸寃)ᄒᆞ고 요악ᄒᆞᆫ 쟈ᄅᆞᆯ 죄에 모라너흘가 시브냐?"

창닌이 몬져 딕왈,

"이ᄂᆞᆫ 가히 어렵지【24】아니코 의심치 아닐 일이라. 비필은 일일(一日) ᄉᆞ이라도 그 ᄆᆞ음을 안다 ᄒᆞ니, 사름의 ᄒᆞᆫ 일노 만ᄉᆞᄅᆞᆯ 츄이(推移)ᄒᆞᆯ지니, 음악ᄒᆞᆫ 힝식 이신즉 ᄋᆡᆷ미히 너기미 불명(不明)ᄒᆞ나, 만일 위인이 긔특ᄒᆞᆯ진딕 만인이 닐ᄋᆞ고 쳔인이 권ᄒᆞᆫ들 엇지 곳이 드ᄅᆞ리오."

웅닌 왈,

"친견친텽의 음비ᄒᆞᆫ 일이 이시면 다시 무를거시 업ᄉᆞ리니, 엇지 일시나 견듸리오."

몽셩 왈,

"ᄎᆞ언(此言)이 시애(是也)라."

ᄒᆞ고 서로 한화(閑話)ᄒᆞ다가, 한님이 홀노 거러 산샹(山上)의 놉히 올나 ᄒᆞᆫ 곳을 ᄇᆞ라보니, ᄒᆞᆫ 【25】퇴락ᄒᆞᆫ 집 뒤히 소나무가지의 ᄒᆞᆫ 녀ᄌᆞᄅᆞᆯ 것구로 다라시딕, 용치(容彩) 슉연긔려(淑然奇麗)ᄒᆞ여 먼니셔 보ᄆᆡ 안즁(眼中)의 황홀ᄒᆞ딕, ᄒᆞᆫ 부인이 만면 노긔와 포려(暴戾)ᄒᆞᆫ ᄉᆞ식으로 ᄒᆞᆫ 조각 앗기는 ᄉᆞ식(辭色)이 업서, 그 ᄂᆞᆺ치며 옷 닙은 우흐로 피 소ᄉᆞ나게 치기ᄅᆞᆯ 긋치지 아니니, 한님이 평싱 져런 거동을 보지 못ᄒᆞ엿ᄂᆞᆫ지라. 그 죄에 경듕(輕重)은 아지 못ᄒᆞ나, 어린 녀ᄌᆞ 일신이 맛게 되여시믈 참연(慘然)ᄒᆞ여, 져 부인을 잠간 놀뇌면 치기ᄅᆞᆯ 긋치리라 ᄒᆞ고, 잠간 갓가이 ᄂᆞ려가 손에 쥐엿던 슌금(純金) 셔즁(書鎭)을 그 부인을 향ᄒᆞ야 더지니 그 부인의 두골을 【26】ᄯᆞ려 붉은 피 돌지어[288] 흐ᄅᆞ니, 그 부인이 머리ᄅᆞᆯ 브두이고[289] 나무 밋히 것구러져 '이고' 소릭 진동ᄒᆞ나, 아모딕로 조ᄎᆞ 무어시 ᄂᆞ려져 졔 딕골 ᄶᆞ려진 줄 아지 못ᄒᆞᄂᆞᆫ지라. 시녀 수인이 겻히 셧더니 부인의 딕골 마친 거시 슌금 셔징(書鎭)이믈 귀히 넉여 품 ᄉᆞ이의 너코 눈주어 징기라이[290] 넉이는 거동이러라. 한님이 그려도 어린 녀ᄌᆞᄅᆞᆯ 글너 놋ᄂᆞ니 업ᄉᆞ믈 착급ᄒᆞ야 다시 돌덩이ᄅᆞᆯ 어더 부인을 견호고[291] 더지니, ᄯᅩ 가슴이 마

---

288) 돌지다 : 솟아나다. 돌돌 흐르다. 돌[도랑]을 이루다. '돌'은 '돌[도랑]'의 옛말. '-지다'는 '여울지다' '방울지다' 따위의 말에서처럼, '그런 성질이 있음' 또는 '그런 모양임'의 뜻을 더하고 형용사를 만드는 접미사.
289) 브두이다 : 부둥키다. 두 팔로 힘써 안거나 두 손으로 힘껏 붙잡다.
290) 징기랍다 : 쟁그랍다. 남의 실패를 시원하게 여기며 고소해하다. =징그랍다.

즈 졈졈 이고를 소릭질으며 시녀다려 왈,

"이 어인 일고? 아모커나 그만ᄒᆞ여 글너 노【27】코 나를 붓드러 방즁의 들게 ᄒᆞ라."

ᄒᆞᄂᆞᆫ지라. 한님이 비로소 쾌ᄒᆞᆷ믈 니기지 못ᄒᆞ여 그 어린 녀ᄌᆞ를 글너 방으로 드림과, 뒤골 씌여진 부인도 시녀의게 붓들녀 드러가므로, 즈긔도 산하(山下)로 ᄂᆞ려오니, 창닌 등이 부졀업시 산상의 가 오릭 이시믈 우숫뒤, 한님이 그 녀ᄌᆞ의 참혹던 거동을 닐으지 아니코 부즁의 도라와 존당긔 뵈옵고 흥운던 모친긔 뵈올신, 맛춤 좌위 고요ᄒᆞ므로 믄득 소이고왈,

"히ᄋᆞ(孩兒) 금일 취운산 상(上)의 올낫다가 참경 본 바와 셔징과 돌덩이로 부인 맛치던 바를 주시 말【28】슴ᄒᆞ니, 윤비 홀연 셕일 즈긔 집을 싱각고 그 녀ᄌᆞ의 참형을 잔잉ᄒᆞ나292), 이의 졍식 칙왈,

"닉외 격졀ᄒᆞ고 녜의 삼엄ᄒᆞ거늘 네 미셰(微細)ᄒᆞᆫ 쳑동(尺童)293)과 달나 옥당명환(玉堂名宦)으로 다시 표긔장군(驃騎將軍)294) 금인(金印)295)을 가져 문무(文武) 듕망(衆望)이 잇ᄂᆞᆫ 비어늘, 《쇼미∥쇼ᄋᆡ》 평싱 셩시도 모로ᄂᆞᆫ 집부인을 쇠돌노뻐 머리를 맛치니 그 무슴 일고? 츠후ᄂᆞᆫ 이런 망녕된 일을 말나."

한님이 사죄 왈,

"즈긔(慈教) 맛당ᄒᆞ시나 그 부녀의 힝식 그 녀ᄌᆞ를 죽이고 말 거동이니, 소ᄌᆞ(小子) 구홀 도리를 뻐 일시 녜의에 불가ᄒᆞ오믈 아오뒤, 목젼에 사름이【29】급ᄉᆞ(急死)ᄒᆞ오믈 아니 구(救)치 못ᄒᆞ여, 셔징과 돌노 치오뒤, 져집 부인은 반다시 텬벌(天罰)노 알아, 츠후 조심ᄒᆞ리이다."

윤비 쏘ᄒᆞᆫ 웃고, '그 긔상이 졈졈 왕으로 다르미 업스니, 셩졍이 어이 ᄀᆞᆺ지 아니리오.' ᄒᆞ여 칙지 아니코, 일단 졍심(定心)이 그 녀ᄌᆞ의 근본을 알아 그 부인 흉심이 죽이기로 긔약홀진뒤, 브듸 구ᄒᆞ야 살 곳에 일위고져 ᄒᆞ여, 명일의 시녀 츠환(叉鬟)296)으로 ᄒᆞ야금 그 퇴락(頹落)ᄒᆞᆫ 집을 츠ᄌᆞ 셩명과 형셰를 슷쳐297) 알아오라 ᄒᆞ니, 원닉 그 부인과 소져ᄂᆞᆫ 츄밀ᄉᆞ 한현의 쳐와 녀니, 한공은 명문【30】갑뎨지족(名門甲第之族)298)이오, 위인이 공검졍대(恭儉正大)ᄒᆞ여 ᄒᆞᆫ낫 문인ᄌᆡ식(文人才士)요, 부인 니시 일녀를 싱ᄒᆞ니 젼·후 부인의 ᄌᆞ녀 삼인이 개개히 공[곤]산미옥(崑山美玉)299)과 벽오난

---

291) 견호다 : 겨누다. 활이나 총 따위를 쏠 때 목표물을 향해 방향과 거리를 잡다.
292) 잔잉ᄒᆞ다 : 불쌍하다. 가엾다. 안쓰럽다.
293) 쳑동(尺童) : =소동(小童). 열 살 안팎의 어린아이.
294) 표긔장군(驃騎將軍) : 대장군(大將軍) 다음가는 무관직. 일곱 장군 가운데 우두머리임.
295) 금인(金印) : 황금으로 만든 도장.
296) 츠환(叉鬟) : 주인을 가까이에서 모시는 젊은 계집종.
297) 슷치다 : 스치다. 시선이 훑어 지나가다.
298) 명문갑뎨지족(名門甲第之族) : 문벌(門閥)이 아주 훌륭한 집안. =명문갑족(名門甲族).
299) 곤산미옥(崑山美玉) : 곤산에서 나는 아름다운 옥이라는 말로 뛰어난 인물 또는 자손을 이르는 말. 곤산

봉(碧梧鸞鳳)300)이라 장녀 난쥐 싱셩ᄒ미 텬디○[의] 슈츌(秀出)ᄒᆫ 졍긔를 품슈ᄒ야 션풍아틱(仙風雅態) 일셰(一世)의 희한(稀罕)ᄒ고, 뇨됴현혜(窈窕賢慧)301)ᄒᆫ ᄌᆞ질이 황영지셩(皇英之誠)302)과 임ᄉᆞ지덕(姙似之德)303)을 아오라, 셰상 홍분(紅粉)304)의 무드지 아니니, 방년(芳年) 이뉵(二六)의 만시 슉연(肅然)ᄒ여시니, 한공이 난쥐 ᄉᆞ랑이 만금(萬金)의 비기지 못ᄒ나, 관시 부ᄌᆞ싀포(不慈猜暴)305)ᄒ여 ᄆᆡ양 난쥐를 해코져ᄒ나, 한공을 져허 계교를 못【31】ᄒ더니, 공의 부뫼 해를 년ᄒ여 기셰ᄒ니 공이 관을 븟드러 션산(先山) 호쥐의 장ᄒ고 시묘(侍墓)306)ᄒᆡ 삼상(三喪)307)이 지나딕 공이 환노(宦路)의 ᄯᅳᆺ이 업셔 경ᄉᆞ의 오지 아니ᄒ고, 운산 가ᄉᆞ(家舍)ᄂᆞᆫ 일시의 븨오지 못ᄒ여 부인과 ᄌᆞ녀를 머므럿더니, 관시 공의 업손 ᄶᅢ를 타 난쥐를 보치고 졸나 ᄭᅮ짓고 참혹ᄒᆫ 헌옷과 믹반(麥飯)308)을 주딕, 난쥐 평싱 긔품이 남다르고 효셩이 동쵹(洞屬)309)ᄒ여 일호(一毫) 원망ᄒ미 업셔 인심을 감동ᄒ니, 졔 ᄌᆞ녜 ᄯᅩᄒᆫ 어지러 난쥐 보치기를 임의로 못ᄒᆞᆯ가 ᄒ여, 뎨남(娣男)310) 관영이 광쥐 쥬관(州官)311)으【32】로 나아가니, ᄌᆞ녀를 길너 달나 ᄒ고 맛져 보닉미, 오직 집의셔 난쥐만 다리고 보치여 죽이기를 쐬ᄒ나, 난쥐 곳곳이 위경을 잘 면ᄒ야 명믹을 보젼ᄒ니, 관시 분훈(憤恨)ᄒ여 작일(昨日)도 난쥐를 함죄(陷罪)312)ᄒ여 도쥬코져 ᄒ다 ᄒ고, 남긔 것구로 달고 한업시 쳐 죽이고져 ᄒ더니, 셔징의 딕골을 마ᄌᆞᆷ 앏흐믄 닐ㅇ도 말고, 하늘이 벌ᄒ시ᄂᆞᆫ가 ᄒ여 급히 난쥐를 프러 ᄂᆞ리와 ᄒᆞᆫ가지로 방즁의 드러오나, 관시 죵야토록 ᄒᆫ 줌을 자지 못ᄒ고 고통ᄒ니, 졔 시녜 그윽이 징긔라이 넉이더라.

---

은 곤륜산(崑崙山)으로 중국 전설상의 산. 중국 서쪽에 있으며, 옥(玉)이 난다고 한다. 서왕모(西王母)가 살며 불사(不死)의 물이 흐른다고 함.
300) 벽오난봉(碧梧鸞鳳) : 벽오동나무 위에 앉은 '난(鸞)새'와 '봉(鳳)새'라는 말로 뛰어난 인물 또는 자손을 이르는 말. *벽오동(碧梧桐); 나무 이름. 벽오동과의 낙엽 활엽 교목. =청동(靑桐). 푸른 오동나무.
301) 뇨됴현혜(窈窕賢慧) : 행동이 얌전하고 정숙하며, 성품이 어질고 지혜로움.
302) 황영지셩(皇英之誠) : 중국 순(舜)임금의 두 왕비이자 요(堯)임금의 두 딸인 아황(娥皇)과 여영(女英)의 지극한 정성을 함께 이르는 말.
303) 임ᄉᆞ지덕(姙似之德) : 중국 주(周)나라 현모양처(賢母良妻)인 문왕의 어머니 태임(太姙)과 그의 비(妃) 태사(太姒)의 덕을 함께 일컫는 말.
304) 홍분(紅粉) : 연지와 분을 아울러 이르는 말. 여기서는 화장을 한 여자를 말함.
305) 부ᄌᆞ싀포(不慈猜暴) : 어질지 못하며, 시기심이 많고 포악함.
306) 시묘(侍墓) : 부모의 거상 중에 3년간 그 무덤 옆에서 움막을 짓고 삶.
307) 삼상(三喪) : =삼년상(三年喪). 부모의 상을 당해 삼 년 동안 거상(居喪)하는 일.
308) 믹반(麥飯) : 꽁보리밥.
309) 동쵹(洞屬) : =동동촉촉(洞洞屬屬). 공경하고 조심함. 부모를 섬기고 공경하는 마음이 지극함. 『예기(禮記)』〈제의(祭義)〉편의 "洞洞乎屬屬乎如弗勝 如將失之. 其孝敬之心至也與(공경하고 조심하는 태도가 마치 이기지 못하는 것 같고 잃지 않을까 조심하는 것 같아, 그 효경하는 마음이 지극하기 그지없다.)"에서 온 말.
310) 뎨남(娣男) : 남동생.
311) 쥬관(州官) : 한 주의 장관.
312) 함죄(陷罪) : 죄에 빠트림.

제궁시비【33】 등이 거즛 식亽(色絲)와 금쥬(錦紬)를 푸는 체호고 ,한부 시비 등을 亽괴여 가즁亽(家中事)를 일일히 뭇더니, 관부인이 식亽와 비단푸는 장식 와시믈 듯고, 난쥐 니러나거든 슈(繡)를 노히려 시녀로 호야금 갑술 뎡호야 사라 호니, 제 시녀 나오며 혀츠고 꾸지즈디,

"작일 남게 것구로 달고 칠적 아조 죽이기로 결약(結約)호미 슈션(繡線)시겨 흥니(興利)호기도 니즌 돗호더니, 오히려 사라 숨이 걸녀시믈 보고 사라나거든 시기랴, 식亽와 비단을 사주고져 호니, 흉심욕화(凶心慾火)는 졈졈 더으니 엇지 텬벌(天罰)이 업스리오."

호니 제【34】궁 시비 즈셔히 듯고 식亽를 풀며, 그 집 셩시와 닉력을 일일히 무란 후, 도라와 윤비긔 드란 바를 고호니, 윤비 탄식 톄루러라.

직셜 평진왕 쳥문공의 즈 웅닌의 년이 십삼이니, 초비 진시의 싱야요, 즈는 달뵈니, 위인긔상이 각별 비상호야 뇽미봉안(龍眉鳳眼)313)이오 호비쥬슌(虎鼻朱唇)314)이라. 겸호여 총명 다직(聰明多才)호고 문장이 발월(發越)호여 장셩슈미(長成秀美)호니 부뫼 깃브며 귀듕흔 즁, 왕의 평싱의 밋친 지통이 풀니지 아냐, 졔즈의 아비 브릐믈 드릭미 쳑연(慽然)호야 스스로 아들의【35】유복(有福)호믈 블워호니, 이는 츠싱(此生)○[의] 부안(父顔)을 모릭믈 지통을 삼아 심장을 녹이는 셜우미오, 버거315) 장즈를 실니(失離)호여 亽싱거쳐(死生居處)를 모로고, 광음이 슉홀(倏忽)호여 여러 츈츄(春秋)를 뒤이즈니, 싱각이 더옥 근졀호디 위태부인과 조태비○[의] 회포를 돕지 못하여, 존젼을 당호면 왕의 부뷔 이셩화긔(怡聲和氣)로 안식이 여일(如一)호니, 위태부인이 셰월이 오릴스록 젼과(前過)를 뉘웃쳐 하며, 슉녈비의 실즈(失子)호믄 즈긔 소작(所作)이라 호야, 미양 웅닌을 어라만져 탄왈,

"슉녈 현부의 소싱이 실니(失離)치 아냐【36】신족 이곳치 자라실지니, 노모의 불인악亽(不仁惡事)○[를] 싱각홀스록 심흔골경(心寒骨硬)316)호니, 내 싱젼의 손ㅇ를 츳지 못흔즉 능히 명목(瞑目)317)지 못호고 디하의 가 션군긔 죄인 되믈 면치 못흐리니, 뉘 나를 위호여 텬하를 다 도라 일흔 ㅇ히 소식을 알게 흐리오."

뉴부인이 뉴쳬 왈,

"광질의 실즈지탄(失子之嘆)318)은 존고(尊姑)319)의 픽덕(悖德)이 아니오, 쳡의 극악이라. 힝혀 희ㅇ의 지효를 의지호고 광질의 셕흔(昔恨) 두지 아니믈 ○○○[인호여], 붓그러온 눗출 들고 고당화루(高堂華樓)의 평안하나 ,씩씩 싱각호면 모골(毛骨)이 구

---

313) 뇽미봉안(龍眉鳳眼) : '용의 눈썹'과 '봉황의 눈'이란 뜻으로, 아름다운 눈 모양을 표현한 말.
314) 호비쥬슌(虎鼻朱唇) : 호랑이 코와 주사(朱砂)처럼 붉은 입술.
315) 버거 : 버금으로. *버금; 으뜸의 바로 아래.
316) 심흔골경(心寒骨硬) : 몹시 놀라 마음이 서늘하고 **뼈**가 굳는 것 같음.
317) 명목(瞑目) : 눈을 감음. 편안한 죽음을 비유적으로 이르는 말.
318) 실즈지탄(失子之嘆) : 자식을 잃은 슬픔.
319) 존고(尊姑) : '시어머니'를 높여 이르는 말.

송(㥽悚)ᄒ니, 스스로 놀납고 차악【37】ᄒᄆᆯ 니긔지 못ᄒ리로소이다."

조태비 손ᄋᆡ의 존망을 극골 ᄉ렴(思念)ᄒ나, 존고의 슬허ᄒᆞᆷ심과 뉴시의 후회ᄒᆞᆷᄆᆯ 인ᄒ여 아름답지 아닌 셕ᄉᄅᆯ 드노치 못ᄒ야, 다만 탄왈,

"져근 일도 팔ᄌᄅᆯ 도망치 못ᄒ거늘, 더욱 부ᄌ의 듕ᄒᆞᆫ 눈(倫)이야 닐ᄋ리오. 이ᄂᆫ 광ᄋ의 여익(餘厄)이 미진ᄒᆞ여, 종ᄉ(宗嗣)ᄅᆯ 일허 지금의 ᄎ즈지 못ᄒ니, 이ᄂᆫ 굿트여 존고의 실덕이 아니오, 뉴미의 탓시 아니라. 도시 광텬의 운쉬(運數)니, 존고ᄂᆫ 무익지비(無益之悲)ᄅᆯ 마로시고, 뉴미ᄂᆫ 셕ᄉᄅᆯ 데긔치 말나."

위태부인과 뉴부인이 참연(慘然) 장탄(長歎)이러라. 【38】진왕의 실ᄌ지탄이 흉장이 ᄣᅵ여지ᄂᆫ 듯ᄒ나, 조모와 슉모의 여ᄎ 비창(悲愴)ᄒᆞ여 ᄒ시ᄆᆯ 민망ᄒ여, 화연(和然) 위로 왈,

"ᄋ히ᄅᆯ 일흠미 소ᄌ의 팔지(八字)320)오, 져의 운익(運厄)이오니, 조모와 슉모ᄂᆫ 엇지 미양 셕ᄉᄅᆯ 들추샤 심회ᄅᆯ 상해(傷害)오시ᄂᆞ니잇고? 소손이 맛츰ᄂᆡ ᄎ즈지 못ᄒ여도 웅닌이 졔ᄋ(諸兒) 즁 장(長)이오니 종통(宗統)을 닛게 ᄒ올지니, 소손도 죽으니로 최워 싱각지 아니ᄒᆞ옵ᄂᆞ니, 태모와 슉모ᄂᆫ 닛기ᄅᆯ 공부ᄒ시고, 아의 닐곱 ᄋ들과 소손의 층층(層層)ᄒᆞᆫ ᄌ녀ᄅᆯ 유희(遊戱)ᄒᆞ샤 무이(撫愛)ᄒ소셔."

태부인 고【39】식(姑媳)이 왕의 타연ᄌ약(泰然自若)ᄒᆞᆷᄆᆯ 블ᄉ록 참비(慘悲)ᄒ여 왈,

"일흔 ᄋ히ᄂᆫ 싱ᄉ존망(生死存亡)을 모로니 이의(已矣)321)어니와, 웅ᄋ나 수히322) 취실(娶室)ᄒ여 작소(鵲巢)323)의 《길드리ᄆᆯ‖깃드리ᄆᆯ324)》 보게 ᄒ라."

왕이 화도ᄉ의 졈ᄉ(占事) '일흔 ᄋ히 십삼셰 되면 ᄎᄌ리라' 말을 그윽이 ᄇ라나, 태부인이 웅닌의 취쳐(娶妻)ᄅᆯ 밧비 넉이ᄂᆫ 바의 ᄉ싱거쳐(死生居處)ᄅᆯ 모로ᄂᆫ 강보(襁褓)ᄅᆯ ᄎᄌᆯ가 기다리고 웅닌의 입장(入丈)325)을 물니믄 말이 되지 아니니, 혹ᄌ 텬눈(天倫)이 단회(團會)326)ᄒ야 혼취(婚娶)의 ᄎ례 어긔나, 몬져 웅ᄋ의 혼취ᄅᆯ 틱ᄒ여 노친의 깃그시ᄆᆯ 위ᄒ여 구혼ᄒ더니, 【40】어됴윤 경환긔 공ᄌᄅᆯ 보고 그 녀ᄋ의 용상(庸常)치 아니ᄆᆯ 닐너 쳥혼ᄒ니, 왕이 경가 규슈의 셩화(聲華)ᄅᆯ 익이 듯고, 이의 결(決)ᄒ야 슉부긔 고ᄒᆞᆫ 후 쾌허ᄒ니, 경공이 대희ᄒ야 즉시 집의 가 틱일ᄒ여 보ᄂᆡ니, 납빙(納聘)은 츈삼월 습슌(拾旬)327)이오, 혼인은 하ᄉ월 초간(初間)328)이라.

---

320)팔지(八字) : 사람의 한평생의 운수. 사주팔자에서 유래한 말로, 사람이 태어난 해와 달과 날과 시간을 간지(干支)로 나타내면 여덟 글자가 되는데, 이 속에 일생의 운명이 정해져 있다고 본다.

321)이의(已矣) : 이미 끝난 일. 또는 돌이킬 수 없는 상황을 나타낸다.

322)수히 : 쉬이. ①어렵거나 힘들지 아니하게. ②멀지 아니한 가까운 장래에.

323)작소(鵲巢) : 까치 집. '신방(新房)'을 비유적으로 표현한 말.

324)깃드리다 : 깃들이다. ①주로 조류가 보금자리를 만들어 그 속에 들어 살다. ②사람이 집을 짓고 그곳에 자리 잡아 살다.

325)입장(入丈) : 장가를 듦.

326)단회(團會) : 원만히 한데 모임.

태부인 고뷔(姑婦)와 왕이 흔열(欣悅)ᄒ나 공ᄌ의 ᄯᆕᆮ은 니도ᄒ여, 평싱 소원이 ᄌᆨ긔 눈으로 규슈의 용모와 셩힝(性行)을 ᄌᆞ시 안 연후의 ᄎᆔ코져 ᄒ더니, 부친의 허혼ᄒ심과 일ᄌᆞ(日字) 촉박ᄒᆞ믈 깃거 아녀 싱각ᄒ되,

"내 부모【41】여음(餘蔭)으로 풍치 하등이 아니오, 문장ᄌᆡ홰(文章才華) 일셰를 안공(眼空)ᄒ니329) 임ᄉᆞ지덕(姙似之德)과 장강지ᄉᆡᆨ(莊姜之色)330)이 아니면 나의 소원이 아니니, 아모려나 경가 규슈를 규시(窺視)ᄒ야 ᄌᆞ시 알니라."

ᄒ고, ᄯᆡ를 엿더니, 일일은 부슉(父叔)이 다 나간 ᄯᆡ를 타, 뎡공ᄌᆞ 유긔 경가 외손이라. ᄀᆞ마니 유긔를 보아 왈,

"도셩 십ᄌᆞ가(十字街) 창누(娼樓)의 졀ᄉᆡᆨ미인 만히 모혓다 ᄒ되, 구경치 못ᄒ고, 미양 너의 집 졔월당과 우리집 ᄃᆡ월누의 ᄀᆞ마니 왕ᄂᆡᄒᆞ미 극히 무미ᄒ니, 금일은 우리 부왕과 계뷔 아니 계시니 널노 더브러 창누【42】의 놀미 아니 쾌ᄒ냐?"

유긔 ᄀᆞ장 됴하ᄒ나 졔왕 곤계 집의 이시므로써 유예ᄒ다가 냥구의 왈,

"우리 외왕뫼 나를 쳥ᄒ션지 오리시되 대인이 허치 아니시니 왕ᄂᆡ치 못ᄒ노라."

ᄒ고, 쳥풍헌의 드러가 금평후긔 고왈,

"외조뫼 아니 온다 ᄒ샤 대단이 결울(結鬱)ᄒ시니331) 금일은 잠간 가고져 ᄒ오되 부명을 엇지 못ᄒ여ᄉ오니 대부는 소손의 외가의 가믈 명ᄒ소셔."

금평휘 비록 단엄ᄒ나 손ᄋᆞ 등 ᄉᆞ랑은 병된지라. 소왈,

"네아비 존당의 드러가시니, 내 말노 너를 경가의 보ᄂᆡ더라 ᄒ고, 【43】존당의 드러가 잠간 단녀오믈 고ᄒ야 하직ᄒ라."

유긔 즉시 태원뎐의 드러가 부친긔 고왈,

"외조뫼 소ᄌᆞ를 보고져 ᄒ샤 오라 ᄒ시믹, 금일은 대부긔셔 잠간 단녀오라 ᄒ시더이다." 졔왕이 묵연부답ᄒ니, 태부인 왈,

"경부 화부인이 미양 유긔 왕ᄂᆡ치 아니믈 무졍히 넉인다 ᄒ니, 금일은 졔 한아비 허락ᄒ여시니 네 ᄯᅩ 잠간 보ᄂᆡ라."

졔왕이 ᄃᆡ왈,

"대인이 보ᄂᆡ시니 소ᄌᆡ 엇지 막ᄋᆞ리잇고 마는, ᄋᆞ히 방일(放逸)ᄒ야 종일 ᄒᄂᆞᆫ 말이 다 부담잡셜(浮談雜說)이오, 먹ᄂᆞᆫ 거시 술이오니, 소ᄌᆞ의 압흘 ᄯᅥ【44】나오면 더옥 그 힝식 망측ᄒᆞ올 거시오니, 경참졍 부즁의ᄂᆞᆫ 보ᄂᆡ고져 아니ᄒᆞ옵고, 경공과 화부인이 외손 ᄒᆞ나흘 다려다가 슬하의 두어시니, 유긔를 마ᄌᆞ 다려가랴 ᄒᆞ믹, 그 힝실과 학문은 가라치지 아니ᄒ고 어린ᄋᆞ히 긔운을 도아 사ᄅᆞᆷ을 그릇 ᄆᆡᆫ들 ᄯᆞᄅᆞᆷ이로소이다."

---

327)습슌(拾旬) : 10일.
328)초간(初間) : 매월 초하루에서 초열흘 사이.
329)안공(眼空)ᄒᆞ다 : 안중에 없다.
330)장강지ᄉᆡᆨ(莊姜之色) : 중국 춘추시대 위(衛)나라 장공(莊公)의 처인 장강의 아름다움.
331)결울(結鬱)ᄒᆞ다 : 답답해하다. 보고 싶어 하다.

태부인이 소왈,

"호신방탕(豪身放蕩)ᄒᆞ나 불고이취(不告而娶) 밧게 더홀 일 업고, 경개 사ᄅᆞᆷ을 그릇 밀달지라도 사창(四娼) 밧근 더 권치 아니리니, 너는 브졀업슨 넘녀를 말나."

졔왕이 복슈(伏首)ᄒᆞ고, 유긔ᄃᆞ려 잠간 단녀오라 【45】ᄒᆞ며, 태부인긔 고왈,

"소손이 힝실이 무상(無常)ᄒᆞ옵거니와, 경공도 사ᄅᆞᆷ을 그른 곳에 ᄲᆞ지오기를 잘ᄒᆞᆫ 셩졍이라. 이러므로 소손이 소년 빙악(聘岳)이믈 혜지 아냐, 일장대욕을 ᄆᆞᆷᄃᆡ로 ᄒᆞᆫ이다."

진부인이 소왈,

"네 경공을 즐욕ᄒᆞ미 사ᄅᆞᆷ의 홀 빅 아니라. 스스로 자랑삼아 닐ᄏᆞ라미 참괴치 아니랴?"

왕이 함소무언(含笑無言)이러라.

유긔 존당부모긔 하직ᄒᆞ고 웅닌으로 더브러 쳥녀(靑驢)332)를 치쳐 도성으로 드러올 ᄉᆡ, 유긔ᄂᆞᆫ 진실노 십ᄌᆞ가 창기를 구경코져 ᄒᆞ미오, 웅닌【46】은 경가 규슈를 브ᄃᆡ 보고져 ᄒᆞ더니, 일이 공교ᄒᆞ야 길히셔 어됴윤을 만나니, 냥싱이 연망(連忙)이333) 하마(下馬)ᄒᆞ야 근일 존후를 뭇ᄌᆞ온ᄃᆡ, 어됴윤이 웅닌을 보고 환희 대열ᄒᆞ여 ᄒᆞᆫ가지로 집의 도라와 대셔헌의 드러오니, 경ᄉᆞ되 반겨 소왈,

"웅닌아, 네 부친은 금평후 ᄀᆞ치 ᄌᆞ상ᄒᆞᆫ 부형이로ᄃᆡ, 소년지심의 방외남ᄉᆞ(房外濫事) 무궁턴거시니 너히 오히려 아비를 담지 아녀시므로 아직 방탕ᄒᆞᆫ 일이 업ᄉᆞ미라. ᄒᆞ믈며 듕쳥은 소년지시(少年之時)를 싱각홀진ᄃᆡ, ᄌᆞ식의 호신을 깁히 【47】 칙지 못홀 거시오. 셩되 소활(疎豁)ᄒᆞ니 너히 속이려 ᄒᆞ여도 그리 어렵지 아니홀지라. 금평후ᄂᆞᆫ 단엄온듕(端嚴穩重)ᄒᆞ며 화홍인ᄌᆞ(和弘仁慈)ᄒᆞᄃᆡ 어하(御下)ᄒᆞᄂᆞᆫ 도리ᄂᆞᆫ 가찰(苛察)키의 갓가와, ᄒᆞᆫ 일을 무심히 보는 일이 업ᄉᆞ나, 듕쳥이 속이기를 능쳥져이 ᄒᆞ던 거시니, 내 이신 후ᄂᆞᆫ 듕쳥이 능히 소년브터 졍대ᄒᆞᆫ 군진체를 못ᄒᆞ리라."

어됴윤이 ᄯᅩᆫ 웃고 왕의 소시젹 일을 잠간 닐ᄋᆞ니 냥싱이 잠소 무언이러라. 어됴윤이 쥬찬을 ᄂᆡ여 냥싱을 권ᄒᆞ니 냥인이 통음(痛飮) 햐져(下箸) ᄒᆞ거ᄂᆞᆯ, 어됴【48】윤과 ᄉᆞ되 더옥 ᄉᆞ랑ᄒᆞ여 죵용히 말ᄉᆞᆷᄒᆞ더니, ᄉᆞ되 유긔를 다리고 참졍부로 도라가고, 웅닌은 어됴윤으로 더브러 셔ᄌᆡ의셔 담논홀ᄉᆡ, 어됴윤부인이 칠남일녀를 싱ᄒᆞ야 녀ᄋᆡ 처엄으로 싱장ᄒᆞ미 틱셔의 범연치 아냐, 옥인군ᄌᆡ 아니면 영웅호걸을 구ᄒᆞᄂᆞᆫ지라. 녀ᄋᆞ 벽쥐 범연치 아냐 년보(年譜) 십삼의 '도지쟉악[약](桃之綽約)ᄒᆞ야 당체지화(棠棣之花)'334)를 노릭ᄒᆞ니, 빅틱쳔염(百態千艶)이 일ᄃᆡ슉완(一代淑婉)이라. 부모의 듕ᄋᆡ(重愛) 만금보옥(萬金寶玉) ᄀᆞᆺ트여, 오히려 칠ᄌᆞ의 더은 ᄉᆞ랑이러니, 이늘 경공ᄌᆞ 등이【49】 드러와 모친긔 윤싱이 밧게 와시믈 고ᄒᆞ니, 부인이 잠간 보고져 ᄒᆞ야 외헌으로 통ᄒᆞ

---

332)쳥녀(靑驢) : 털빛이 검푸른 당나귀.
333)년망(連忙)이 : 바삐. 급히.
334)도지쟉악(桃之綽約) 당체지화(棠棣之花) : 복숭아처럼 어여쁘고 산앵두나무 꽃처럼 아름다움.

ᄂᆞᆫ 문을 층층이 다 열고, 듕듕(重重)ᄒᆞᆫ 곡난(曲欄)을 둘너 나와 합장(閤牆)335) 뒤히셔 잠간 외루(外樓)ᄅᆞᆯ 여어보ᄆᆡ, 관옥지모(冠玉之貌)336)와 《두여지풍ǁ두목지풍(杜牧之風)337)》이 늠늠쇄락(凜凜灑落)ᄒᆞ야 슈려ᄒᆞ니, 부인이 녀ᄋᆞ의 일싱이 빗날 바ᄅᆞᆯ 즈희(自喜)ᄒᆞ더니, 홀연 박녀흉인(薄女凶人)이 된 숨을 헐헐이며 문왈,

"모친이 무어슬 보시ᄂᆞᆫ뇨? 나도 보사이다."

부인이 경희ᄒᆞ여 밧비 드러가며 미랑을 ᄒᆞᆫ가지로 가ᄌᆞ ᄒᆞᆫᄃᆡ, 미랑이 못쓸 고집을 ᄂᆡᆼ엿거니 엇지 슌종ᄒᆞᆯ【50】니 이시리오. 소ᄅᆡ 벽녁(霹靂) ᄀᆞᆺ투여 왈,

"모친만 혼ᄌᆞ 보시고 나ᄅᆞᆯ 긔휘(忌諱)ᄒᆞ시믄 무ᄉᆞᆷ 용심이니잇고? 규슈ᄂᆞᆫ 남의 신낭 지목을 못보ᄂᆞ니잇가?"

이리 닐ᄋᆞ며 합장 뒤흐로 다ᄅᆞ니, 부인이 홀일업서 즈긔 경션(輕先)338)이 나오믈 뉘웃ᄎᆞ나 밋지 못ᄒᆞ니, 원ᄂᆡ 미랑 즈ᄂᆞᆫ 어됴윤의 원족지녀(遠族之女)로 부뫼 일즉 구몰(俱沒)ᄒᆞᄆᆡ, 어됴윤이 측은ᄒᆞ여 거두워 친녀ᄀᆞᆺ치 ᄒᆞ나, 미랑의 용뫼 츄악(醜惡)ᄒᆞ고 인믈이 픠려(悖戾) 무힝(無行)ᄒᆞ여 무일가취(無一可取)339)ᄒᆞ니, 공의 부뷔 능히 ᄀᆞᄅᆞ치지 못ᄒᆞ고 다만 그 의식(衣食)을 후히 할 ᄲᅮᆫ이【51】라.

그 팔ᄌᆞ의 험흔(險釁)홈과 용모의 픠려ᄒᆞᄆᆞᆯ 흔ᄒᆞ여, 아모 망측지ᄉᆡ(罔測之事) 이셔도 엄졀이 칙지 아냐 바려두니, 져 긔괴흔 인ᄉᆡ 경공부부의 ᄉᆞ랑을 밋어 미ᄉᆞᄅᆞᆯ 벽쥬와 ᄀᆞᆺ고져 ᄒᆞ야, 제공ᄌᆞ 우히 제 혼ᄌᆞ 체ᄒᆞ더니, 금일도 부인이 윤낭을 보려 외당으로 나가믈 보고 ᄯᅡ라나가 부인의 드러가ᄌᆞ ᄒᆞ믈 듯지 아니니, 져 윤싱은 젼혀 경가 규슈의 현불초(賢不肖)ᄅᆞᆯ 알고져 유의ᄒᆞ야 오미어ᄂᆞᆯ 어이 무심ᄒᆞ리오. 유심흔 가온ᄃᆡ 이 소ᄅᆡᄅᆞᆯ 드ᄅᆞ니 히연경악(駭然驚愕)340)ᄒᆞᄃᆡ 못 듯ᄂᆞᆫ 듯 ᄉᆞ식(辭色)이 여일(如一)【52】ᄒᆞ니, 어됴윤은 혹 윤싱이 모로ᄂᆞᆫ가 다힝ᄒᆞ여 짐ᄌᆞᆺ 담소ᄅᆞᆯ 긋지 아니나, 윤싱은 경공도곤 더 유의ᄒᆞ엿거니 엇지 몰나 드ᄅᆞᆯ니 이시리오. 그 숨소ᄅᆡ 뉵월 염텬(炎天)의 ᄆᆞᆼ에 메온 쇠소ᄅᆡ라. 헐헐이며 왈,

"엇던 사ᄅᆞᆷ은 져ᄃᆡ도록 표표히 삼겻ᄂᆞᆫ뇨? 나는 부뫼 무어슬 먹고 ○○[나아] ᄂᆡ 얼골이 남만 못ᄒᆞ고? 져 신낭 지목은 곱기도 남다라고, 십삼 유ᄌᆞ(幼子) 여ᄎᆞ 쥰슈현미(俊秀賢美)ᄒᆞ니 우니 닐곱 오라비 다 어려시나 ᄒᆞ나토 져ᄅᆞᆯ 당ᄒᆞ리 업도다."

이러툿 ᄲᅮ어려 긋지 아니니, 공이 민망ᄒᆞ여 거즛 【53】여측(如厠)341)을 핑계ᄒᆞ고,

---

335)합장(閤牆) : 건물 출입문과 연결되어 있는 담장.
336)관옥지모(冠玉之貌) : 관(冠)을 꾸미는 옥(玉)처럼 아름다운 풍모.
337)두목지풍(杜牧之風) : 두목(杜牧)의 풍채. *두목(杜牧); 803~852. 자 목지(牧之). 호 번천(樊天). 당나라 만당(晩唐)때 시인. 중서사인(中書舍人)에 올랐고 중국의 대표적인 미남자로 꼽힌다. 두보(杜甫)에 상대하여 '소두(小杜)'라 칭하며, 두보와 함께 '이두(二杜)'로 일컬어지기도 한다.
338)경션(輕先) : 경솔하게 앞질러 어떤 말이나 행동을 함.
339)무일가취(無一可取) : 한 가지도 취할 만한 것이 없음.
340)히연경악(駭然驚愕) : 놀랍고 놀라움. 몹시 놀라움.
341)여측(如厠) : 뒷간(화장실)에 감.

나와 미랑을 다리고 니당으로 드러가니, 경공즈 등이 다 안히 가고 셔동(書童)의 무리
도 업고 좌위 고요ᄒ거늘, 윤싱이 참지 못ᄒᆞ야 그 소릭나던 곳에 굼그로 숣히니, 공이
ᄒᆞ낫 흉귀(凶鬼)의 손을 닛그러 드러가ᄂᆞ딕, 거쉰 소릭로 두두어려 왈,

"내 윤싱을 보아든 무슴 해 잇습관딕 이리 구박ᄒ며, 부친은 아모 일의나 이리 엄
금치 아니시면 됴홀둣ᄒᆞ더이다."

ᄒ니, 그 형상이 우두나찰(牛頭羅利)342) ᄀᆞ튼딕, 퍼진 허리와 져란 킈 마치 돌졀
구343) ᄀᆞ고, 검은 ᄂᆞ치 두역(痘疫)조츠 흙셩구겨344) 【54】 얽고, 미죠345) 상(相)346)
의 일목폐밍(一目閉盲)으로 망울347)이 밧그로 소스 두어 치348)나 나와시니 놀납고 흉
ᄒᆞ믈 형용치 못ᄒ고, 코히 뭉긔여져349) 누란350) 둣ᄒ고, 기운 입ᄀᆞ히 다 즌물너 춤이
흘넛고, 누란 머리털이 니마의 ᄂᆞ려 눈섭의 다ᄒᆞ시니, 각식(各色)351) 즘싱352)뉴의 비
ᄒᆞ여도 져와 ᄀᆞ트니 업슬지라. ᄶᆞᆫ353)에 풍긔(風氣)354)조츠 셩ᄒᆞ여, 눈ᄀᆞ죽이 힐눅이
며355) 눈ᄀᆞ히 연지(臙脂)356) ᄴᅵ슨 둣ᄒ니 일견의 츠악ᄒ고, ᄋᆞ히 ᄆᆞ음이라 우읍기를
참지 못ᄒᆞ여 스스로 웃고 싱각ᄒᆞ딕,

"내 팔자 됴하 ᄆᆞ음이 녕(靈)ᄒᆞ도다357). 져 흉인을 면 【55】 홀 씩라. 텬되(天道) 나
를 도으샤 져 흉상귀물(凶狀鬼物)을 뵈여 인연을 버히게 ᄒᆞ시미라. 도라가 모친긔 고
ᄒᆞ야 혼인을 믈니게 ᄒᆞ려니와, 부왕이 혹즈 면약 뇌뎡흔 흔ᄉᆞ를 실신(失信)치 못ᄒ리
라 ᄒᆞ셔도, 내 죽기를 그음ᄒᆞ야 집을 쩌날지라도 이 흉물을 취지 아니리라."

의시 이의 밋츠믹 경부의 안즈시미 괴로와 어됴윤의 나오기를 기다려 하직ᄒ니, 경
공은 져 ᄯᅳᆺ도 모로고 의법흔 셔랑으로 알아 쇼왈,

"일슌 후면 네 내집 동상으로 문난(門欄)의 광치를 보려니와, 금일 잠간 【56】 단
여가니 결연ᄒᆞ믈 니긔지 못ᄒ리로다."

---

342)우두나찰(牛頭羅利) : 쇠머리 모양을 한 악한 귀신.
343)돌졀구 : 돌의 가운데 부분을 오목하게 파서 만든 절구. 늑 석구(石臼).
344)흙셩굿다 : 얄궂다. 야릇하고 짓궂다.
345)미죠 : 메주. 콩을 삶아서 찧은 다음, 덩이를 지어서 띄워 말린 것.
346)상(相) : 면상(面相). 얼굴의 생김새.
347)망울 : =눈망울. 눈알 앞쪽의 도톰한 곳. 또는 눈동자가 있는 곳.
348)치 : 길이의 단위. 한 치는 한 자의 10분의 1 또는 약 3.03cm에 해당한다. 늑촌(寸).
349)뭉긔여지다 ; 뭉개지다. 문질리어 으깨지다.
350)누란 : 누런. *누렇다 : 영양 부족이나 병으로 얼굴에 핏기가 없고 누르께하다.
351)각식(各色) : 각종(各種). 온갖 종류. 또는 여러 종류.
352)즘싱 : 짐승.
353)ᄶᆞᆫ : ①일의 형편 따위를 속으로 헤아려 보는 생각이나 가늠 ②'-한 것 치고는'의 뜻으로, 당연히 그러할
　　것으로 짐작했던 것과 사실이 다름을 나타내는 말.
354)풍긔(風氣) : 한의학(韓醫學)에서 '풍병(風病)'을 이르는 말.
355)힐눅이다 ; 실룩이다. 근육의 한 부분이 한쪽으로 기울어지거나 비뚤어지게 움직이다. 또는 그렇게 되게
　　하다.
356)연지(臙脂) : 여자가 화장할 때에 입술이나 뺨에 찍는 붉은 빛깔의 염료.
357)녕(靈)ᄒᆞ다 : 영검하다. 사람의 기원대로 되는 신기한 징험이 있다.

공지 강잉(强仍) ᄉᆞ샤ᄒᆞ고 유긔롤 블너 다리고 나오며 그 흉상(凶狀)을 ᄉᆡᆼ각ᄒᆞ니 더럽고 ᄎᆞ악ᄒᆞ믈 니긔지 못ᄒᆞ야, 유긔다려 왈,

“우리 오ᄂᆞᆯ 창누의 가 귀경코져 ᄒᆞ더니 어도윤을 만나므로 날이 져므러 첫 뜻을 일우지 못ᄒᆞ고, 경가의 가 일ᄉᆡᆨ(日色)이 기우도록 안ᄌᆞ시미 엇지 우읍지 아니리오. 원간 어도윤의 ᄋᆞᄌᆞ들은 개개히 옥슈긔린(玉樹騏驎)[358]이어니와 그 ᄯᆞᆯ은 몃치나 ᄒᆞ뇨?”

유긔 소왈,

“어도윤의 ᄯᆞᆯ 나흐믈 다만 ᄒᆞ나흐로셔 너와 뎡혼ᄒᆞᆯ 제ᄂᆞᆫ 어【57】ᄃᆡ 갓더냐? 날다려 무ᄅᆞᄂᆞᆫ 엇지미뇨?”

웅닌이 ᄎᆞ언을 드로ᄆᆡ 더옥 ᄒᆡ연(駭然)ᄒᆞ여, 어도윤이 ᄯᆞᆯ의 박ᄉᆡᆨ(薄色) 병인(病人)을 가져 ᄌᆞ긔와 셩친(成親)ᄒᆞ믈 ᄉᆞ졍의 고이치 아니나, ᄌᆞ긔를 업수히 넉여시믈 분완ᄒᆞᄃᆡ, ᄉᆞᄉᆡᆨ지 아니코 각각 궁으로 도라오니, 유긔ᄂᆞᆫ 임의 존당부뫼 경부의 단녀오믈 명ᄒᆞ여시ᄆᆡ 어둡게야 드러오ᄃᆡ 칙지 아니나, 웅닌은 부슉이 나간ᄯᅢ롤 타 종일 나갓다가 도라오ᄆᆡ 발셔 진왕과 태부ᄂᆞᆫ 도라왓ᄂᆞᆫ 고로, 웅닌을 보지 못ᄒᆞ엿다가 혼뎡의 드러가ᄆᆡ 왕이 종일 【58】 보지못ᄒᆞᆫ 연고를 무로니, 공지 ᄃᆡ왈,

“금일의 외조뫼 브로시ᄆᆡ 협문(夾門)으로 조ᄎᆞ 외가의 갓숩다가 급ᄒᆞᆫ 곽기(霍氣)[359]로 종일 고통ᄒᆞ오니 능히 도라오지 못ᄒᆞ야, 어두온 후 잠간 나으므로 혼뎡(昏定)의 참예ᄒᆞ니이다.”

왕과 승상이 그 허언(虛言)이믈 아지 못ᄒᆞ야 다시 뭇지 아니ᄒᆞ니, 진비ᄂᆞᆫ 됴셕으로 모친을 뵈ᄋᆞᆸᄂᆞᆫ 고로 ᄋᆞᄌᆞ의 말이 허무ᄒᆞ믈 알오ᄃᆡ, 왕의 셩되 엄ᄒᆞ야 졔ᄌᆞ 유과(有過)즉 혈육이 상토록 듕장ᄒᆞ니, 시고로 진비 잠연(潛然)ᄒᆞ더라.

혼뎡을 파ᄒᆞᄆᆡ, 왕이 호람후를 뫼셔 승상으로 더브러 만슈뎐의 나아간 후, 공지 광월뎐의 드러가니, 슉녈비 진비와 남・화 등 졔비로 더브【59】러 태부인 의복을 친집ᄒᆞ노라, 오히려 상요(床褥)를 ᄎᆞᆺ지 아냣ᄂᆞᆫ지라. 공지 드러가 시좌ᄒᆞ니 진비 정ᄉᆡᆨ 칙왈,

“너ᄂᆞᆫ 부형 속이믈 능ᄉᆞ롤 삼으나 네 어ᄃᆡ롤 갓다가 곽긔 핑계를 ᄒᆞ며, ᄯᅩ 외조모의 명을 가탁ᄒᆞ니 내 엇지 너의 거즛말이믈 발각고져 아니리오마ᄂᆞᆫ, 네 부친의 셩졍이 남다로미라. 이 ᄯᅩ 나의 약ᄒᆞ미어니와 태임(太姙)의 ᄐᆡ교(胎敎)[360]와 ᄆᆡᆼ모(孟母)[361]의 삼쳔지교(三遷之教)[362]의 븟그럽지 아니랴?”

---

358)옥슈긔린(玉樹騏驎) : 옥처럼 아름다운 나무와 하루에 천 리를 달린다는 말이라는 뜻으로, 재주가 남보다 뛰어난 이이를 비유(比喩)해 이르는 말. *긔린(騏驎) : 하루에 천 리를 달린다는 말.

359)곽기(霍氣) : =곽란(癨亂). 음식이 체하여 토하고 설사하는 급성 위장병. 찬물을 마시거나 몹시 화가 난 경우, 뱃멀미나 차멀미로 위가 손상되어 일어난다.

360)ᄐᆡ교(胎敎) : 아이를 밴 여자가 태아에게 좋은 영향을 주기 위하여 마음을 바르게 하고 언행을 삼가는 일.

361)ᄆᆡᆼ모(孟母) : 맹자의 어머니. 아들의 교육을 위하여 세 번이나 이사를 하고 베틀의 베를 끊어 보여 현모(賢母)의 귀감으로 불린다.

362)삼쳔디교(三遷之教) : 맹자의 어머니가 아들을 가르치기 위하여 세 번이나 이사한 일을 이르는 말.

공지 황 【60】 연(惶然) 경동(驚動)ᄒᆞ여 사죄 왈,

"소지 금일 졀박ᄒᆞ온 소회 이셔 브득이 나가ᄉᆞ오나 감히 엄하의 바로 고치 못ᄒᆞ와ᄉᆞ오니 죄당만ᄉᆞ(罪當萬死)363)로 소이다."

인ᄒᆞ여 고왈,

"ᄒᆡ이 오늘 경가의 가지 아냣던들 ᄒᆞ마 흉참(凶慘)ᄒᆞᆫ 병인을 만나 일ᄉᆡᆼ을 맞출 번ᄒᆞ과이다."

뎡·진·남·화 ᄉᆞ비 경문기고(驚問其故)ᄒᆞᆫ듸, 공지 《뎡가∥경가》 규슈의 형용(形容) 인ᄉᆞ(人事)를 일일히 고ᄒᆞ니, 슉녈비 왈,

"이ᄂᆞᆫ 네 그릇 보미니 무ᄉᆞᆷ 그듸도록 ᄒᆞ리오."

진비 왈,

"이ᄂᆞᆫ 경공의 ᄃᆞ란 ᄯᅸ인가? 무ᄉᆞᆷ 광픽(狂悖)ᄒᆞ미 여ᄎᆞᄒᆞ리오."

공지 왈,

"소지 엇지 그릇 알아시리【61】잇고? 경공의 ᄯᅩᆯ이 다만 ᄒᆞ나히라 ᄒᆞ오니, 그 녀지 소ᄌᆞ와 뎡혼ᄒᆞᆫ 비라, 경공이 비록 힝신이 밋브오나364), ᄉᆞ졍이 ᄀᆞ리오니 인ᄉᆞ를 도라보지 못ᄒᆞ고, 그 흉녀로 소ᄌᆞ를 맛지고져 ᄒᆞᆷ믄 그 젼졍(前程)이나 빗ᄂᆡ고져 ᄒᆞ미라. 소지 비록 젼안(奠雁)365) 독좌(獨坐)366)의 드러가도 그 흉상을 ᄃᆡᄒᆞ면, 화촉(華燭)367)으로부터 범구(凡具)를 다 즛붋고 녜를 힝치 못ᄒᆞ고 나갈소이다."

진비ᄂᆞᆫ 묵연이오, 슉녈이 ᄉᆞ리로 경계왈,

"경공지네 말ᄀᆞᆺ치 흉상병인일진듸 취ᄒᆞ나 동쥬(同住)치 못ᄒᆞ리니, 일듸 슉녀를 듯보아 너의 일【62】ᄉᆡᆼ을 쾌히 ᄒᆞ리니, ᄋᆞ희ᄂᆞᆫ 일이 되여가믈 보고 즈레 조급히 구지말나."

공지 그 말ᄉᆞᆷ이 올흔 줄 아나 심즁의 ᄉᆡᆼ각ᄒᆞ듸, '집을 써나 혼인을 피ᄒᆞ미 상계라.' ᄒᆞ여, 다만 묵묵(黙黙) 창탄(愴歎)368)ᄒᆞ여 날을 보ᄂᆡ나, 그 흉상이 눈압히 버러시니 심홰(心火) 대발ᄒᆞ여 ᄉᆡᆼ각ᄒᆞ듸,

"졀염미식이라도 장부의 눈압히 버러시면 괴로오려든, 져 우두나찰이 안젼(眼前)의 버러시니 엇지 괴롭지 아니리오. 연이나 제왕 《슉쥬∥슉부(叔父)》의 ᄂᆡ부인 덕힝 ᄀᆞᆺ

---

363)죄당만ᄉᆞ(罪當萬死) : 지은 죄가 너무 커서 죽어 마땅함.

364)밋브다 : 미쁘다. 믿음성이 있다.

365)젼안(奠雁) : 혼인례에서, 신랑이 기러기를 가지고 신부 집에 가서 상 위에 놓고 절하는 의례(儀禮). 기러기는 한번 짝을 지으면 죽을 때까지 짝을 바꾸지 않는다 하여 신랑이 백년해로 하겠다는 서약의 징표로서 신부의 어머니에게 기러기를 드린다. 산 기러기를 쓰기도 하나, 대개는 나무로 만든 것을 쓴다.

366)독좌(獨坐) : 독좌례(獨坐禮). 혼인례에서 대례(大禮)를 달리 이른 말. 즉 신랑과 신부가 대례를 행할 때 각각의 앞에 음식을 차려 놓은 독좌상(獨坐床)을 놓고 교배(交拜)·합근(合巹) 등의 의례를 행하는 것을 비유하여 쓴 말이다.

367)화촉(華燭) : 빛깔을 들인 밀초. 흔히 혼례 의식에 쓴다.

368)창탄(愴歎) : 슬퍼하며 탄식함.

트족 일분 용샤(容恕)ᄒᆞ미 이시려니와, 경가 흉녀는 니 슉모의 십비 승ᄒᆞᆫ【63】ᄃᆡ 픽악(悖惡)이 만고의 드믄가 시브니, 장뷔 엇지 그런 거ᄉᆞᆯ 빅필ᄒᆞ야 일신들 견ᄃᆡ리오. 혼인날 나를 동혀ᄆᆡ여369) 가든 아니리니, 그날 집을 써나 잠간 피ᄒᆞ리라."

ᄒᆞ고, 종용ᄒᆞᆫ 씩에 위태부인긔 고ᄒᆞᄃᆡ,

"경가 규슈 여ᄎᆞ 흉상누질(凶相陋質)370)이어ᄂᆞᆯ 대인이 아지 못ᄒᆞ시고, ᄌᆞ위 태태ᄂᆞᆫ 드로시나 소손의 허언이라 ᄒᆞ샤 간ᄒᆞ시미 업ᄉᆞ시니, 소손의 결증(潔症)으로 그 병괴 흉물을 만나면 진실노 광분질쥬(狂奔疾走)371)ᄒᆞ기의 밋ᄎᆞ리니, 복원(伏願) 태모ᄂᆞᆫ 대인긔 퇴혼(退婚)ᄒᆞ믈 의논ᄒᆞ소셔."

태부인이 경왈,

"노【64】뫼 너의 빅우 ᄇᆞ라미 텬상월녀(天上月女)372)ᄀᆞᄐᆞ여 네 모친과 하·장 ᄀᆞᆺ기를 원ᄒᆞ거ᄂᆞᆯ, 엇지 참아 그러ᄒᆞᆫ 병인을 일워여 너의 ᄌᆡ풍을 져바리리오. 이는 날노 ᄒᆞ야금 참지 못ᄒᆞᆯ 빅라. 이제 여부(汝父)를 불너 쾌히 퇴혼케 ᄒᆞ리라."

공ᄌᆡ 연망이 사례ᄒᆞ고 또 고왈,

"대뫼 스ᄉᆞ로 소문의 뎡녕(丁寧)373)ᄒᆞ므로, 경가 녀ᄌᆞ의 흉악ᄒᆞ고 겸ᄒᆞ여 병인이믈 드럿노라 ᄒᆞ시고, 소손의 말이라 마ᄅᆞ소셔."

태부인이 졈두응낙(點頭應諾)374)이러니, 조태비 니로러 소유(所由)를 듯고 심히 경히ᄒᆞᄃᆡ, 져 녀ᄌᆞ의 아름다오믈 니기375) 드럿ᄂᆞᆫ 고로, 웅닌【65】을 어로만져 경계 왈,

"져 녀ᄌᆡ 네 말 ᄀᆞᆺ치 참혹(慘酷)ᄒᆞ량이면, 경공이 비록 ᄉᆞ졍이 ᄀᆞ리나 결연이 스ᄉᆞ로 청혼치 못ᄒᆞ리니, 너의 본 거ᄉᆞᆫ 귀ᄆᆡ(鬼魅)의 희롱이라. 이 말을 네 아비 드ᄅᆞ면 너의 단듕(端重)치 못ᄒᆞ믈 미안ᄒᆞ고, 혼퇴(婚退)ᄒᆞᆯ니 업ᄉᆞ리니, ᄇᆞ절업ᄉᆞᆫ 말을 제긔치 말나."

공ᄌᆡ 더옥 삭막ᄒᆞ여 ᄉᆞ식이 변ᄒᆞ니 태부인 왈,

"손ᄋᆞ의 총명으로 《젼줄‖젼들376)》 경이히 발셜ᄒᆞ리오. 아모커나 졔 아비와 의논ᄒᆞᆯ 거시라."

조태비 고왈,

"웅의 거즛말ᄒᆞᆫ다 ᄒᆞ오미 아니라, 쇽히기를 ᄌᆞ시 못ᄒᆞ여 이ᄀᆞᆺ치 놀나【66】오미 이

---

369)동혀ᄆᆡ다 : 동여매다. 끈이나 새끼, 실 따위로 두르거나 감거나 하여 묶다.

370)흉상누질(凶相陋質) : 보기 흉한 몰골을 한데다 성질마저 비천함.

371)광분질쥬(狂奔疾走) : 미친 듯이 뛰어 달아남.

372)텬상월녀(天上月女) : 하늘의 달 속에 있다고 하는 전설 속의 선녀. 항아(姮娥)[=상아(嫦娥)].

373)뎡녕(丁寧) : 조금도 틀림없이 꼭. 또는 더 이를 데 없이 정말로..

374)졈두응낙(點頭應諾) ; 고개를 끄덕여 허락함.

375)니기 : 익히.

376)ㄴ들 : '-ㄴ다고 할지라도'의 뜻을 나타내는 연결 어미. 어떤 조건을 양보하여 인정한다고 하여도 그 결과로서 기대되는 내용이 부정됨을 나타낸다.

시나, 제 아비 결연(決然)이 치례문명(彩禮問名)377)ᄒᆞ고 혼긔지격수일(婚期只隔數日)378)ᄒᆞ야 퇴(退)치 아니ᄒᆞ오리니, 아이의379) 닐ᄋᆞ시미 무익ᄒᆞᆯ가 ᄒᆞᄂᆞ이다.”

ᄒᆞᄃᆡ, 태부인이 과연치 아냐 낫 문안의 왕을 보고 경희ᄒᆞᆫ ᄉᆞ식으로 닐오ᄃᆡ,

“내 여러 길노 드ᄅᆞ니 경가 규ᄉᆔ 일목폐ᄆᆡᆼ(一目廢盲)ᄲᅮᆫ 아냐 만고의 둘 업슨 박식흉상이라 ᄒᆞ니, 참아 엇지 그런 거스로 웅닌의 비우ᄅᆞᆯ 삼으리오. 모로미 웅ᄋᆞ의 ᄌᆡ풍(才風)을 ᄉᆡᆼ각ᄒᆞ여 상젹(相敵)ᄒᆞᆫ 규ᄉᆔᄅᆞᆯ ᄐᆡᆨᄒᆞ여 제 ᄡᅡᆼ을 일우고 우리 슬하ᄅᆞᆯ 빗ᄂᆡ라.”

왕이 조금도 경동치 아냐 이연(怡然) ᄃᆡ왈,

“○[뉘] 대【67】모긔 이런 허무ᄆᆡᆼ낭(虛無孟浪)ᄒᆞᆫ 말을 알외더니잇고? 경공의 인품의 밋브믄 닐ᄋᆞ지 말고, 져 규ᄉᆔ의 긔이ᄒᆞ오믄 듁쳥이 익이 본 비라. 뎡형이 엇지 소손을 속이오며, 제 비록 불미(不美)ᄒᆞ나 ᄒᆡᆼ빙(行聘)380)ᄒᆞ야 길신(吉辰)이 머지아냐, 웅ᄋᆞᄂᆞᆫ 져 집 사회요, 경시ᄂᆞᆫ 소손의 며ᄂᆞ리니 이제 다란 의논이 업ᄉᆞᆯ소이다.”

승상이 니어 경시 그런 병인이라도 형셰 퇴혼치 못ᄒᆞᆷ을 고ᄒᆞ니, 태부인이 불열ᄒᆞ나 다시 닐오지 못ᄒᆞ니, 호람휘 ᄯᅩᄒᆞᆫ 뎡듁쳥의 말을 밋ᄂᆞᆫ 고로 그 아ᄅᆞᆷ다오미 화월지ᄉᆡᆨ(花月之色)과 임【68】ᄉᆞ지덕(姙似之德)이 이시믈 ᄀᆞ초 고ᄒᆞ야, 태부인이 그릇 드ᄅᆞ시미라 ᄒᆞ야 간ᄒᆞ니, 태부인이 바로 닐오기 됴치 아냐, 출하리 경시ᄅᆞᆯ 수히 보와 뉘 말이 올흔고 알냐 ᄒᆞᄂᆞᆫ지라. 공지 좌의셔 부슉의 말ᄉᆞᆷ을 드ᄅᆞ미, 져의 불ᄀᆞᆺ튼 심ᄉᆞ(心思)ᄅᆞᆯ 비길 길히 업ᄉᆞ미, 경시 본말은 못ᄒᆞ고 집을 피ᄒᆞ야 혼인이 못되게 ᄒᆞᄂᆞᆫ 고로, 날이 황혼의 계월뎐의 드ᄅᆞ가 모친 업ᄉᆞᆫ셕ᄅᆞᆯ 타 엄연히 협ᄉᆞ(篋笥)381)의 경보(輕寶)ᄅᆞᆯ ᄂᆡ여 ᄉᆞ오삭(四五朔) 냥ᄌᆞ(糧資)ᄅᆞᆯ 경영ᄒᆞ여 금초고, 심복 노ᄌᆞ 의산은 혜쥰지지오 ᄉᆡᆼ의 일년 아ᄅᆡ라. ᄐᆞᆼ근 영오【69】ᄒᆞ며 그 아비의게 ᄂᆞ리지 아닌지라. 명위노쥐(名爲奴主)382)나 실위지심지우(實爲知心之友)383) ᄀᆞᆺ트니, 추일 불너 ᄀᆞ마니 닐ᄋᆞᄃᆡ,

“내 부득이 집을 ᄯᅥ나 수삼삭(數三朔) 산슈간(山水間)에 오유(遨遊)ᄒᆞ여 지긔(志氣)ᄅᆞᆯ 소창(消暢)코져 ᄒᆞ노니, 존당 부모긔 고치 말고 ᄯᅥ나미 결연ᄒᆞ나 형셰 마지 못ᄒᆞ미라. 네 만일 나ᄅᆞᆯ 위ᄒᆞᆫ 튱셩(忠誠)이 잇거든, 네 나ᄅᆞᆯ 조ᄎᆞ 동셔남북(東西南北)의 뎡쳐 업셔[시] 쳔산만슈(天山萬水)384)ᄅᆞᆯ ᄉᆔ휜이 단니미 엇더ᄒᆞ뇨?”

의산이 대경 왈,

---

377)치례문명(彩禮問名) : 혼인례의 절차 중 납채(納采)와 문명(問名)을 아울러 이르는 말. *납채(納采); 신랑집에서 신부 집에 혼인을 구함. 또는 그 의례. *문명(問名); 혼인을 정한 여자의 장래 운수를 점칠 때에 그 어머니의 성씨를 물음. 또는 그런 절차.

378)혼긔지격수일(婚期只隔數日) : 혼인 날짜가 불과 2·3일 밖에 남지 않음.

379)아이의 ; 아예. 일시적이거나 부분적이 아니라 전적으로. 또는 순전하게.

380)ᄒᆡᆼ빙(行聘) : 납빙(納聘)하는 예(禮)를 행함. *납빙; =납폐(納幣).

381)협ᄉᆞ(篋笥) : 버들가지, 대나무 따위를 결어 상자처럼 만든 직사각형의 작은 손그릇.

382)명위노쥐(名爲奴主) : 명분은 주인과 종의 사이 임.

383)실위지심지우(實爲知心之友) : 실제는 서로 마음이 통하여 잘 아는 친구 사이 임.

384)쳔산만슈(天山萬水) : 천 곳의 산과 만 곳의 물이란 뜻으로 온 천하의 산과 강을 이르는 말.

"소복(小僕)이 공즈룰 뫼셔 쳔만니(千萬里)라도 힝ᄒ미 무어시 어려오리잇고마는, 길괴 갓갑고 뎐하와 낭낭긔 알외【70】지 아니ᄒ고 ᄯᅥ나시미 참아 못ᄒ실 비라. 더옥 공즈의 쳔금듕신(千金重身)으로 뎡쳐업시 힝ᄒ시며, 유츙(幼沖)ᄒ 소복(小僕)이 엇지 뫼시리잇고? 부득이 가시고져 ᄒ진딕 군관 즁 튱근(忠謹)ᄒ니룰 다려가시미 가홀가 ᄒᄂᆞ이다."

공진 소왈,

"나의 긔운이 ᄒᆞᆫ낫 노즈와 ᄒᆞᆫ낫 뎐나귀385) 업서도 ᄒ로 수뵉니(數百里)룰 힝ᄒᆞᆯ가 시브니, 엇지 요란이 군관을 다리고 힝ᄒ리오. 네 가기 슬흐면 말 ᄯᅮᆷ이라. 내 밧비 가기는 길녜(吉禮)룰 피ᄒ미 존당과 부뫼 그릇 넉이실 줄 알오딕, 능히 ᄆᆞᄋᆞᆷ을 잡지 못ᄒ미라. 금일 효신(曉晨)【71】의 나가리니, 만일 ᄎᆞ시 누셜ᄒ면 나의 검광이 네 머리의 시험ᄒ리라."

의산이 그 듯지 아닐줄 알고 다만 ᄀᆞᆯ오딕,

"공진 뎡당의 하직(下直)지 아니시고 표홀(飄忽)히 힝ᄒ시거늘, 소복이 엇지 뫼시지 아니ᄒ리잇고?"

공진 깃거 노마 가음아는386) 군관을 불너 닉일 잠간 갈딕 이시니 쳔니마(千里馬)387)룰 새벽의 딕령ᄒ라 ᄒ니, 군관이 아모란줄 모로고 응명(應命)ᄒ니, ᄎᆞ야의 공진 호람후긔 시침ᄒᆞᆯ식, 후의 ᄌᆞᆷ들믈 기다려 필연(筆硯)을 나와, 경가 흉상누질(凶相陋質)의 병인을 참아 취(娶)치 못ᄒ야 집을 ᄯᅥ나 피ᄒ오니, 십【72】년을 그음ᄒ나 경시 다란 딕 취가(娶嫁)ᄒᆞᆷ믈 드란 후 드러오리니, 산슈간의 오유ᄒ야 뎡쳐업시 나아가믈 고ᄒ야 봉피(封皮)룰 긴긴히 ᄒ여 공의 쟈리 밋ᄒᆡ 너코, 이 밤을 안ᄌᆞ 새와 계명의 ᄀᆞ마니 의딕룰 슈습ᄒ고 밧게 나와, 의산으로 ᄆᆞᆯ을 닛그러오믹, 몸이 ᄂᆞ라 ᄆᆞᆯ 등에 올나 치룰 들믹 번개ᄀᆞᆺ치 ᄃᆞ니니, 혹 집사름이 알가 산곡 소로(小路)로 힝ᄒ여 나아가니, 진궁의 셔 그 종젹을 엇지 알니오.

명됴의 왕의 형뎨 남후룰 뫼셔 원경뎐의 문안ᄒᆞᆯ식, 챵닌 등 졔이 다 모다시【73】딕, 홀노 웅닌이 업스니, 승상이 남후긔 문왈,

"웅질이 작야의 대인긔 시침ᄒ여ᄉᆞ오니 어딕 알는가 업ᄂᆞ이다."

휘 답왈,

"ᄋᆞ히 내겻ᄒᆡ셔 쟈더니 일즉 나가고 업스니 닉루(內樓)의나 드러갓는가 ᄒ노라."

진왕은 무심ᄒ딕, 승상이 의려하여 셰린다려 닐오딕,

"네 웅닌과 ᄒᆞᆫ가지로 대인긔 시침ᄒ여시니 어딕룰 가더뇨?"

공진 딕왈,

"형이 밤든 후 옷슬 닙고 니러 안거늘 연고룰 무르니 여측(如厠)ᄒ라 가노라 ᄒ오

---

385) 뎐나귀 : 전나귀. 다리를 절름거리는 나귀.
386) 가음알다 : 관장(管掌)하다. 다스리다.
387) 쳔니마(千里馬) : 하루에 천 리를 달릴 수 있을 정도로 좋은 말..

미, 그리 알고 줌드오니, 그 거취를 모로노이다."

진왕 왈,

"웅닌이 본딕 【74】밋친 것 ᄀᆞᆺ트니, 그 힝지(行止) 엇지 닐을 거시 이시리오. 응당 계궁의나 진부의나 가시려니와, 운긔 등이 호일ᄒᆞ고 진혜 등이 방탕ᄒᆞ니, 경박ᄒᆞᆫ ᄋᆞ희 그를가 ᄒᆞ노라."

이리 닐오며 원경뎐의 드러가 위태부인긔 문안ᄒᆞ고, 승상이 다시 셰린다려 웅닌을 ᄎᆞᆺᄌᆞ오라 ᄒᆞ니, 셰린 등이 뎡ㆍ진ㆍ하 삼부ᄀᆞ지 다 ᄎᆞᆺᄌᆞ나 ᄌᆞ최 업ᄉᆞᄆᆞᆯ 고ᄒᆞᆫ딕, 왕이 무심히 닐오딕,

"어딕 가 무슴 남ᄉᆞ를 힝ᄒᆞᄂᆞᆫ도다."

승상이 잠소왈,

"작일 웅닌의 거동이 슈상ᄒᆞ고 안졍(眼精)이 뒤룩여 무어슬 싱각ᄂᆞᆫ 형【75】상이러니, 금일 자최 업ᄉᆞ미 념녀로온지라, 두로 ᄎᆞᆺᄌᆞ라 ᄒᆞ사이다."

왕 왈,

"바려두어 드러올 썩만 볼거시라."

ᄒᆞ고 거리끼지 아냐 됴반을 당ᄒᆞᆯ 닐ᄀᆞᆺ지 아니나, 태부인이 닛지 못ᄒᆞ야 좌우를 명ᄒᆞ여 두로 ᄎᆞᆺᄌᆞ라 ᄒᆞ나, 종시 ᄌᆞ최 업고 만슈뎐 시노 운직 등이 금침졔구(衾枕諸具)를 거두다가 ᄒᆞᆫ 셔간을 어드니, 봉피(封皮)의

"불초ᄌᆞ(不肖子) 웅닌은 돈슈빅ᄇᆡ(頓首百拜)ᄒᆞ고 엄하(嚴下)의 올니ᄂᆞ이다."

ᄒᆞ엿거늘, 호람후긔 드리니, 호람휘 밧아보니라.【76】

# 윤하뎡삼문취록 권지수

ᄎ시 호람휘 셔간을 밧아보니 필획이 찬난ᄒ여 뇽시(龍蛇) 서리고 풍운(風雲)이 변ᄉᆡᆨᄒ니 그 풍치(風彩) 신광(身光)을 보ᄂᆞᆫ듯ᄒᆞᆫ지라. 그 ᄉᆞ의(辭意)에 왈,

"불초지 쳔번 ᄉᆞ랑ᄒ고388) 만번 혜아려 브득이 슬하를 써나옵ᄂᆞᆫ ᄆᆞ음이 ᄭᅥᆽᄂᆞᆫ 듯ᄒ오니, 필연(筆硯)을 당ᄒ와 츅쳑(踧惕)389) 황송(惶悚)ᄒ오미 어린 소회(所懷)를 다 펴지 못ᄒᆞ옵고 그 대강을 알외옵ᄂᆞ니, 희(噫)라, 혼인은 인뉸대관(人倫大關)390)이오 배필은 ᄇᆡᆨ년동노(百年同老)의 일실화동(一室和同)ᄒ여 남ᄌᆞ의 일신 안위 달엿ᄂᆞ니, 소지 부모의 ᄉᆡᆼ육【1】지은(生育之恩)391)을 밧ᄌᆞ와 지풍(才風)이 하등이 아니오, 구경지하(具慶之下)392)의 일신이 즐거오니 근심을 아지 못ᄒᆞ옵고, 비위(脾胃) 결증(潔症)의 누츄비아(陋醜鄙阿)393)ᄒ믈 보면 실노 견듸여 참지 못ᄒᆞᄂᆞᆫ지라. 어린 의ᄉᆞ 쳐실 ᄇᆞ라미 태임지덕(太姒之德)394)과 장강지ᄉᆡᆨ(莊姜之色)395)을 원ᄒᆞ옵더니, 모일의 노즁의셔 어됴윤의 쳥ᄒ믈 조ᄎ 그 집의 가온족, 여ᄎ여ᄎ(如此如此)○○○[ᄒ오미] 츄악누질(醜惡陋質)의 병인(病人)이 아닌 후는 그러치 아니리니, 희이 그 광경을 목도(目睹)ᄒ니, 음식이 거스릴 듯 병이 되나 감히 엄하의 고치 못ᄒ고, ᄉᆞ위(四位) 존당긔 소회를 고ᄒᆞ온족 여【2】ᄎ여ᄎ 휘각(揮却)ᄒ시니, ᄋᆞ히 엇지 엄명(嚴命)을 위월(違越)코져ᄒᆞ리잇고 마ᄂᆞᆫ, 실노 우심(愚心)을 참지 못ᄒᆞ옵고, 져 귓거스로 일팅의 듸ᄒᆞ온족 소지 못견듸올지라. 비록 존당부모긔 효를 일위지 못ᄒᆞ오나 그 누질흉괴(陋質凶怪)를 취ᄒ여 ᄆᆞᆰᄋᆞᆫ 가니를 어즈러이와 소ᄌᆞ의 신셰를 불평케 ᄒᆞ올지라. 이러므로 증왕모(曾王母)396)긔 알외오ᄃᆡ, 대인의 ᄯᅳᆺ이 엄졀ᄒ시니 셰 부득이 집을 써나 잠간 산쳔을 유람ᄒᆞ오며, 경

---

388) ᄉᆞ랑ᄒ다 : ①사랑하다. ②생각하다. 여기서는 ②의 의미.

389) 츅쳑(踧惕) : 삼가고 두려워 함.

390) 인뉸대관(人倫大關) : ①사람의 도리를 다하는데 매우 중요한 일. *대관(大關); 큰 관문. 큰 고비. 일이 되어 가는 과정에서 가장 중요한 단계나 대목. ②사람이 살아가면서 치르게 되는 큰 행사. 혼인이나 장례 따위를 이른다. ≒인륜대사(人倫大事).

391) ᄉᆡᆼ육지은(生育之恩) : 낳아 길러주신 은혜.

392) 구경지하(具慶之下) : 부모가 모두 살아 있음. 또는 그런 기쁨.

393) 누츄비아(陋醜卑阿) : 더럽고 지저분하며 비굴하고 아첨함.

394) 태임지덕(太姒之德) : 중국 주(周)나라 현모양처(賢母良妻)인 문왕의 어머니 태임(太姒)의 덕을 이르는 말

395) 장강지ᄉᆡᆨ(莊姜之色) : 중국 춘추시대 위(衛)나라 장공(莊公)의 처인 장강의 아름다움.

396) 증왕모(曾王母) : 증조할머니.

가 흉믈이 타쳐의 셩친ᄒᆞ믈 기다려 도라와 엄하의 죄ᄅᆞᆯ 쳥코져 ᄒᆞ【3】ᄂᆞ이다."

ᄒᆞ여시니, 왕이 남파(覽罷)의 분긔 흉격(胸膈)의 막혀 이윽이 말을 못ᄒᆞ니, 태부인과 됴태비 경악 왈,

"이 ᄋᆞ히 경시의 괴질 흉면을 참아보지 못ᄒᆞ여 여ᄎᆞᄒᆞ미니, 급히 노복과 군관을 ᄉᆞ쳐(四處)의 보ᄂᆡ여 ᄎᆞᄌᆞ오게ᄒᆞ라."

ᄒᆞ나, 왕은 그 뎡쳐업시 나가믈 통히ᄒᆞ여 만ᄂᆞᆫ즉 죽이고시븐지라. 이의 태모ᄅᆞᆯ 위로 왈,

"소지 불힝이 웅닌 ᄀᆞᆺ튼 픽ᄌᆞ(悖子)ᄅᆞᆯ 두어 범ᄉᆞᄅᆞᆯ 졔 임의로 ᄒᆞ여 집을 반(叛)ᄒᆞ오니 한심ᄒᆞ오미 불가ᄉᆞ문어타인(不可使聞於他人)397)이라. 어ᄂᆞ 결398)의 불초ᄌᆞᄅᆞᆯ ᄎᆞᄌᆞ 셜분(雪憤)ᄒᆞ리【4】잇고? 나라의 역신과 집의 반지 죄ᄂᆞᆫ 다 ᄒᆞᆫ가지라. 불초ᄌᆞᄅᆞᆯ ᄎᆞᄌᆞᆫ즉 부ᄌᆞ텬뉸(父子天倫)이 난연ᄒᆞ오나, 쾌히 죽여 문호의 화ᄅᆞᆯ 졔방(除防)ᄒᆞ오리니, 원 대모ᄂᆞᆫ 몹쓸 거ᄉᆞᆯ 녀렴(慮念)치 마ᄅᆞ소셔."

말을 맛츠며 묵연단좌(黙然端坐)ᄒᆞ니 태부인 왈,

"시고(是故)로 웅이 경시의 고이ᄒᆞ믈 친견ᄒᆞ고 노모의게 익걸ᄒᆞ거늘, 내 잔잉ᄒᆞ여 네게 쳥ᄒᆞ나, 네 쥰졀ᄒᆞ여 ᄌᆞ식의 졍니와 심ᄉᆞᄅᆞᆯ 슯히지 아니ᄒᆞ니, 졔 참아 견듸지 못ᄒᆞ야 피ᄒᆞ미니 졀박고 불샹ᄒᆞ거늘, 어이 인졍 밧 말을 ᄒᆞᄂᆞ뇨?"

승샹이 온화히 고왈, 【5】

"웅이 지긔 츙텬ᄒᆞ고 긔운이 셰ᄎᆞ니 아모리 방낭(放浪)ᄒᆞ나 샹홀 넘녀ᄂᆞᆫ 업ᄉᆞ나, 형장 ᄀᆞᆺ튼 엄부도 속이미 이시니, 뎡혼 일ᄉᆞᄅᆞᆯ 졔 대단이 슬히여 도쥬ᄒᆞ니, 이제 아모리 ᄎᆞᄌᆞ도 져를 만나지 못ᄒᆞ리니, 비록 쳔만니ᄅᆞᆯ 혼ᄌᆞ 단니나 낭픽치 아니리니, 대모ᄂᆞᆫ 물우소려(勿憂消慮)ᄒᆞ시고 드러올 ᄡᅢ만 기다리소셔."

왕 왈,

"픽ᄌᆞᄅᆞᆯ ᄎᆞᄌᆞ 부졀업거니와, 다만 혼가(婚家)의 무어시라 ᄒᆞ며, 난ᄌᆞ(亂子)의 무힝(無行)ᄒᆞ미 ᄌᆞ연 젼파ᄒᆞ리니 실노 분히(憤駭)토다."

승샹이 함소 왈,

"웅ᄋᆞ의 도망ᄒᆞ미 져의 긔【6】운을 쥬리잡지 못ᄒᆞ미어니와, 도시 형장의 ᄌᆞ샹(仔詳)치 못ᄒᆞ시미니, 웅이 ᄉᆞ오셰브터 우람(愚濫)ᄒᆞ고 방ᄌᆞ(放恣)ᄒᆞ야 사ᄅᆞᆷ을 이샹이 보치고 욕ᄒᆞ기ᄅᆞᆯ 잘ᄒᆞ며, 츙텬지긔ᄅᆞᆯ 니긔지 못ᄒᆞ야 긔운을 ᄂᆞ초미 겨유 형장 면젼(面前)이라. 형장이 부ᄌᆞ의 죵용ᄒᆞᆫ 도리ᄅᆞᆯ 츌히지 아니시고, 졔질의 방외(方外) 남ᄉᆞᄂᆞᆫ 젼연 불각ᄒᆞ시며, 위엄과 법녕(法令)을 힝ᄒᆞ시미 대쟝의 군녕 쓰 둣 ᄒᆞ시니, 졔질이 위풍의 즐니여 밧그로 타연ᄒᆞ나 안흐로 부형 속일 의ᄉᆞᄂᆞᆫ 날노 기러, ᄂᆡ외 심졍이 ᄀᆞᆺ지 아니ᄒᆞ고, 방【7】악(放惡)399)이 더을지라. 웅ᄋᆞ로 닐너도 형쟝이 온용인ᄌᆞ(溫容仁

---

397)불가ᄉᆞ문어타인(不可使聞於他人) : 남이 알게 할 수 없음.
398)결 : 겨를의 준말.
399)방악(放惡) : 악행을 저지름.

慈)400)ᄒ실진ᄃᆡ, 경가 규쉬 병인(病人)이믈 종용이 셜파ᄒᆞ야 심ᄉᆞᄅᆞᆯ 고홀 거시로ᄃᆡ, 형장이 드ᄅᆞ신즉 결단코 듕장ᄒᆞ시고 의논ᄒᆞ시미 업ᄉᆞᆯ 고로, 감히 고치 못ᄒᆞ고 박부득이(迫不得已)401) 나아가ᄂᆞᆫ 거죄(擧措) 이시미니, ᄒᆞᆫ갓 ᄋᆞ희만 칙망치 못ᄒᆞ리이다."

왕이 찬연(燦然) 소왈,

"아이402) 일즉 아모 사름도 시비ᄒᆞ미 업더니, 금일 우형의 훈ᄌᆞ(訓子) 못ᄒᆞᄆᆞᆯ 찰찰(察察)이403) 논박ᄒᆞ야 내 탓슬 삼거니와, 내 본ᄃᆡ ᄌᆞ상치 못ᄒᆞ야 인ᄉᆡ 그러흠도 업지 아니ᄒᆞ나, 나의 본셩을 곳치지 【8】 못ᄒᆞ고[여] 웅닌의 이의 밋츨 줄은 ᄭᆡ닷지 못ᄒᆞᄑᆡ라."

태부인과 조태비 웅닌이 어린 나히 처엄으로 니가(離家)ᄒᆞ여 아모 곳도 뎡치 못ᄒᆞ고 도로(道路)의 방황ᄒᆞᄆᆞᆯ 근심ᄒᆞ고, 진비ᄂᆞᆫ 왕의 노긔를 보니 말을 못ᄒᆞ나 ᄋᆞᄌᆞ의 거쳐를 몰나 심장이 촌단(寸斷)ᄒᆞ여 팔치츈산(八彩春山)404)이 모영(慕影)405)ᄒᆞ고 츄파봉졍(秋波鳳睛)406)의 물결이 비최니, 왕의 셔조모(庶祖母) 구패 혀ᄎᆞ 왈,

"왕과 비 익경이 오히려 미진ᄒᆞ야 장ᄌᆞ를 삼ᄉᆞ삭(十四朔)에 실니(失離)ᄒᆞ여 우금(于今) 십삼의 ᄉᆞ셩을 아지 못ᄒᆞ고, ᄯᅩ 공ᄌᆞ를 일야지ᄂᆡ(一夜之內)의 일허시니 부모지심(父母之心)의 【9】 참담홀 거시로ᄃᆡ, 왕은 평셕(平昔)ᄀᆞᆺ트니 실노 인졍 밧기라. 엇지 그리 굿고 모진고?"

왕이 그말노 조ᄎᆞ 봉안(鳳眼)을 빗겨 진비를 보니, 왕의 의미(義妹) 한상셔 부인 우시 그 거동을 보고 잠소 왈,

"거거는 ᄋᆞ들을 일코 진 져(姐)의 탓슬 삼으시ᄂᆞᆫ가? 엇지 보시ᄂᆞᆫ 안치 슌편치 아니신고?"

왕이 미소 왈,

"ᄌᆞ식 못 나흐미 다 ᄒᆞᆫ가지니, 아비와 어미 탓시라. 웅닌의 죄를 기모(其母)의 탓슬 숨으리오마ᄂᆞᆫ, 태임(太姙)이 튀교ᄒᆞ시미 문왕(文王)이 나시고, 밍뫼(孟母) 삼쳔지교(三遷之敎)의 밍직(孟子) 아셩(亞聖)이 되시니, ᄌᆞ식의 현불쵸(賢不肖) 튀교 【10】의 잇다 흠도 그르지 아니타 못ᄒᆞ되, 져 《용이∥용우(庸愚)》ᄒᆞᆫ 진시 웅닌 난ᄌᆞ를 싱ᄒᆞ미 엇지 고이ᄒᆞ리오."

태비 졍식 왈,

"ᄌᆞ식 실니ᄒᆞᆫ 어미 근심은 예ᄉᆞ라. 타연ᄒᆞᆷ믄 비인졍이어니와 넘녀ᄒᆞᄆᆞᆯ 흉을 삼으리

---

400)온용인ᄌᆞ(溫容仁慈) : 부드럽고 온화하며 어질고 자애로움.
401)박부득이(迫不得已) : 일이 매우 급하게 닥쳐와서 어찌할 수 없이.
402)아이 : 아우.
403)찰찰(察察)이 : 찰찰(察察)히. 지나치게 꼼꼼하고 자세하게.
404)팔치츈산(八彩春山) : 늑팔자춘산(八字春山). '두 눈 위의 화장한 눈썹'을 비유적으로 나타낸 말. '팔(八)' 자와 '춘산(春山)'은 두 눈두덩 위에 나 있는 눈썹의 모양과 그 화장한 눈썹을 비유적으로 나타낸 말.
405)모영(慕影) : 그림자가 드리워짐.
406)츄파봉졍(秋波鳳睛) : 눈동자에 일어나는 맑은 물결.

오. 주녜 만흔 고로 수랑ᄒ고 귀듕흔 줄 모로거니와, 네 집은 빅주쳔손(百子千孫)이라
도 타인의 손증(孫曾)407)귀ᄒ미 다를거시오. 너의 주녜 여러히나 우흐로 둘지 일ᄒ니,
실니지탄(失離之嘆)408)이 죽으미 낫지409) 아니니, 이후 무시 장셩ᄒᄆᆯ 브라리오."

왕이 비록 말이 쾌ᄒ고 ᄉᆡᆨ이 타연(泰然)ᄒ나 심니의 닛지 못ᄒ고, 참화【11】지
시(慘禍之時)의 흔 조각 피덩이 ᄶᅥ러지지 아냐 무시 장셩ᄒ여, 긔품지홰(氣品才華)
츌뉴(出類)ᄒᄆᆯ 과이ᄒ미 드믄 경ᄉ로 알고, 명가(名家)의 빗ᄂᆫ 규슈를 뎡빙(定聘)ᄒ야
작소의 깃드리ᄂᆫ 주미를 보미 오ᄅᆡ지 아니믈 힝회ᄒ더니, 뜻○○[ᄒ지] 아냐 거쳐업
시 나아가니 그 넘나믈 통히ᄒ나, 그윽이 듕보를 일흔 듯 홀연(欻然)410)ᄒ여 언소(言
笑)의 뜻이 업ᄉ나, 존당과 모비 심ᄉᆞ를 도도지 못ᄒ야 화긔를 작위(作爲)ᄒ더니, 모
친 말ᄉᆞᆷ을 드르미 더옥 심회 됴치 아냐 유유히 ᄃᆡ왈,

"태태 소주로 인정이 아니라 ᄒ시나, 웅ᄋᆡ ᄀᆞᆺ튼 불초흔【12】주식은 눈에 아니 뵈
ᄂᆫ 거시 도로혀 해롭지 아니ᄒ고, 장ᄋᆞ를 일흠도 팔지오니 근심ᄒ고 넘녀ᄒᄆᆞ로 나을
비 업ᄉᆞ라. 막비(莫非)411) 하늘이니, 주연흔 가온ᄃᆡ 영복(榮福)이 다닷고412) 익쉬
(厄數) 진(盡)키를 기다릴 ᄯᄅᆞᆷ이로소이다."

태비 탄식비열(歎息悲咽)ᄒ고 태부인이 역시 닛지 못ᄒ여 ᄒ시니, 냥지 유화히 위로
ᄒ고 남휘 쏘흔 ᄎᆞ주라 아니니, 궁듕이 고요ᄒ야 상하의 닐ᄏᆞᄂᆞ니 업ᄉᆞ나, 날이 슈히
가 혼긔(婚期) 지격수일(只隔數日)413)의 진왕이 친히 어됴윤을 보아 소유를 닐ᄋᆞ니,
경공이 대경ᄎᆞ악(大驚且愕)ᄒ여 말을 못ᄒ더니, 냥【13】구후(良久後)의 굴오ᄃᆡ.

"녕낭(令郎)의 긔위(氣威) 우쥬를 밧들고 츄텬(秋天) ᄀᆞᆺ튼 장긔(壯氣)니, 상셩발광(喪
性發狂)414)은 아닐 거시니, 별단 ᄉᆞ괴 잇도다."

진왕이 잠소(潛笑)ᄒ고 나아간 곡졀을 대강 셜파ᄒ니, 경공이 대소 왈,

"그늘 소뎨 녕낭을 쳥ᄒ야왓더니 혼인의 마장(魔障)이 되엿도다. 원간 녕낭의 보다
흠도 거즛말이 아니니, 과연 그런 ᄋᆞ희 집에 잇ᄂᆞ니, 쳑친(戚親)415)의 무의(無依)흔
거슬 길너 주식 ᄀᆞᆺ치 ᄒ나, 작인이 고이ᄒ니 큰 근심이라. 오슈불면(吾雖不明)이나 그
런 병인으로 녕윤(令胤)긔 가(嫁)ᄒ리오. 내집 일이 소릐(率爾)ᄒ니416), 졔 그릇 알고
【14】ᄶᅥ나시니 이제 도라오기를 기다려 셩녜홀밧 업도다."

---

407)손증(孫曾) : 손자와 손자의 아들을 아울러 이르는 말. 늑자손(子孫).
408)실니지탄(失離之嘆) : 아들을 잃어버린 탄식.
409)낫다 : 낮다. 어떤 것이 기준보다 못하거나 보통 정도에 미치지 못하는 상태에 있다.
410)홀연(欻然) : 어떤 일이 생각할 겨를도 없이 급히 일어나는 모양.
411)막비(莫非) : - 아닌 것이 없다.
412)다닷다 : 다닫다. 다다르다.
413)지격수일(只隔數日) : 예정일이 단지 2·3일 남아 있음.
414)상셩발광(喪性發狂) ; 본성을 잃고 비정상적이며 격한 행동을 함.
415)쳑친(戚親) : 성이 다른 일가. 고종, 내종, 외종, 이종 따위를 이른다.
416)소릐(率爾)ᄒ다 : 솔이하다. 말이나 행동이 신중하지 못하고 가볍다.

왕이 텽파의 더옥 이돌나 ᄋᄌ의 일을 통히(痛駭)ᄒ니, 만나면 듕치홀 뜻을 두어시나 부ᄌ의 졍으로 침좌(寢坐)의 닛지 못ᄒ더라.

왕이 본부의 도라와 일호쥬(一壺酒)를 통음ᄒ고 듁침을 나와 누으니, 진비 왕의 과회(過悔)ᄒᄆ믈 보고 심시 새로이 불평ᄒ여 아미(蛾眉)417)를 모호고 말이 업더니, 월화 등이 압히셔 박혁(博奕)ᄒ야 승부를 닷토니, 진비 겻히셔 녀ᄋ와 질녀 등의 슈단이 각각 슉달(熟達)ᄒ며 미진(未盡)ᄒᄆ믈 닐너, ᄋ소져 등의 승긔(勝機)418)를 도【15】으니, 왕이 질녀 옥화와 녀ᄋ 월화를 어라만져 왈,

"옥·월 냥ᄋ는 녀즁셩인(女中聖人)이오 규각ᄉ군ᄌ(閨閣士君子)419)라. 내 볼젹마다 그 비우를 근심ᄒ노니, 어닉 곳에 옥인가랑(玉人佳郎)이 이셔 우리 문난(門欄)의 광치(光彩)를 도을고?"

진비 탄왈,

"ᄌ식이 여러히나 ᄒ나토 셩취ᄒ니 업고, 픠ᄌ의 친ᄉ는 속졀업시 길일을 허송ᄒ게 되니 이돌토소이다."

왕이 드듸여 경가 흉인 보믈 젼ᄒ고 왈,

"픠지 승쳐(勝處)420)의 거리낄 거시 업시 도라 텬하 명승은 슬토록 보고 드러오려니와, 싱각 밧 넘난 거죄 이시리니, 방【16】하(放下)421)치 못ᄒ리라."

ᄒ더라.

ᄎ시 경부의셔 신낭재 도망ᄒ다 ᄒᄆ믈 드로니, 부인은 공이 브졀업시 윤싱을 쳥ᄒ야 변을 일위믈 탓ᄒ고, 공은 부인이 경션(輕先)이 나와 본 줄 닐너 서로 탓슬 삼으나, 불힝ᄒᄆ믈 니긔지 못ᄒ더라.

이ᄉ 졔왕비 의녈이 한츄밀 녀ᄋ 난쥬의 위틴ᄒ 신셰를 넘녀ᄒ여, 일가친지 아니로듸 무의(無依) 잔잉ᄒᄆ믈422) 츄연(惆然)ᄒ야 ᄒ는 즁, 관시 흉인이 혹ᄌ 흔젹업시 죽여 바릴가 ᄒ여 츠환을 날마다 한부의 보닉여 ᄉ긔를 탐지ᄒ니, ᄎ시 【17】 관시 졔 외족(外族) 형쥬 뉴급ᄉ의게 갑슬 밧고 한시를 풀아 모야(暮夜)의 실어보닌다 ᄒ거늘, 의녈비 잔잉히423) 넉여 운화산 활인ᄉ 명셩대ᄉ 혜원의게 통ᄒ여 한시를 구ᄒ여 암ᄌ의 다려가믈 쳥ᄒ여시니, 혜원이 마지못ᄒ여 한부의 가 관시를 보고 츄슈(推數)424)ᄒ라 ᄒ니, 관시 그 닉력은 아지 못ᄒ나 긔뷔(肌膚) 빅셜(白雪)이 엉권둧 골졀이 슈졍

---

417)아미(蛾眉) : 누에나방의 눈썹이라는 뜻으로, 가늘고 길게 굽어진 아름다운 눈썹을 이르는 말. 미인의 눈썹을 이른다.
418)승긔(勝機) : 이기도록 함.
419)규각ᄉ군ᄌ(閨閣士君子) : 여성 가운데 덕행이 높고 학문이 뛰어난 사람.
420)승쳐(勝處) : 경치가 좋기로 이름난 곳. ≒명승지(名勝地).
421)방하(放下) : ①불교에서 정신적·육체적 집착을 일으키는 여러 인연을 놓아 버리는 일. ②마음을 놓음.
422)잔잉ᄒ다 : 자닝하다. 자닝하다. 애처롭고 불쌍하여 차마 보기 어렵다.
423)잔잉히 : 애처롭고 불쌍히.
424)츄슈(推數) : 닥쳐올 운수를 미리 헤아려 앎. 점을 봄.

ᄀᆞᆺ치 묽고 거동이 비상ᄒᆞ니, 져의 ᄌᆞ녀를 위ᄒᆞ여 길흉을 무란ᄃᆡ, 혜원이 미ᄅᆡᄉᆞ(未來事)를 보는 다시 닐ᄋᆞ더니, 관시 여측(如厠)ᄒᆞ라 간 ᄉᆞ이【18】의 품으로 조ᄎᆞ 봉셔(封書)를 ᄂᆡ여 난쥬를 주니, 이ᄯᆡ 난쥐 관시의 모진 ᄆᆡ의 상ᄒᆞᆫ 곳이 낫지 못ᄒᆞ여 상상(床上)의 누엇더니, 니고(尼姑)의 주는 글을 밧아보니, 대ᄉᆞ(大師)[425) ᄌᆞ긔를 구ᄒᆞ라 왓는 ᄯᅳᆺ이라. 소제 함누(舍淚) 왈,

"쳡이 ᄉᆞ부(師父)와 일면부지(一面不知)[426)러니, 이제 친히 와 구제ᄒᆞ시미 감ᄉᆞᄒᆞ시나, ᄉᆞ부 규녜(閨女) 집을 ᄯᅥ나 어ᄃᆡ를 향ᄒᆞ여 누명(陋名)을 실으리오."

졍언간(停言間)에 관시 드러오니 말을 긋치니라.

관시 본ᄃᆡ 허탄ᄒᆞᆫ 일을 혹ᄒᆞ므로 져의 일을 보는 다시 닐ᄋᆞ니 신긔히 넉여 감히 긔이지 못ᄒᆞ고, 말이 이윽ᄒᆞ미 의【19】녀(義女)를 업시ᄏᆞ져ᄒᆞᄃᆡ ᄋᆞ히 별물요죵(別物妖種)으로 사ᄅᆞᆷ의 못견ᄃᆡ고 괴로온 경계라도 능히 완젼ᄒᆞ니, 쳐치 쉽지 아냐 형쥐 뉴급ᄉᆞ의게 ᄀᆞ마니 풀녀ᄒᆞᆷ믈 닐ᄋᆞ니, 혜원 왈.

"부인이 이 곳의셔 소져를 뉴가로 보ᄂᆡ시면 말이 만흘 ᄃᆞᆺᄒᆞ니, 부인이 소져를 다리고 빈도(貧道)의 암ᄌᆞ로 오샤, 부텨긔 슈복(壽福)을 축ᄒᆞ노라 일흠ᄒᆞ시고, 부인이 몬져 도라오시면 빈되 소져를 다ᄅᆡ여 뉴부로 보ᄂᆡ리이다."

관시 대희ᄒᆞ여 대스의 잇는 암ᄌᆞ(庵子)를 무ᄅᆞ니, 취운산 갓가온 암ᄌᆞ의 그 뎨지【20】 잇는 고로 송님암으로 가ᄅᆞ치니, 관시 깃거 뉴급ᄉᆞ의게 통ᄒᆞ여 송님암으로 소져○[를] 다려 가는 날을 ᄀᆞ라치니라. 관시 소져를 다리고 송님암으로 나아가 진향(進香)ᄒᆞ고, 몬져 도라가려 ᄒᆞ니 소제 ᄯᆞ라가고져 ᄒᆞ거ᄂᆞᆯ, 혜원이 ᄀᆞ마니 뉴급ᄉᆞ의게 풀아 환이 급ᄒᆞᆷ믈 닐ᄋᆞ고, 아직 산ᄉᆞ의 머므러 화를 면ᄒᆞ라 ᄒᆞ니, 소제 오직 대스의 지휘를 조ᄎᆞ 묵연ᄒᆞ니, 관시 암희ᄒᆞ여 대스의게 쳔만당부ᄒᆞ고 황혼 ᄯᆡ에 부즁(府中)의 도라와 자고, 익일 효신(曉晨)의 소제 간 곳이 업다 ᄒᆞ고, 왼집을 두루 도라【21】 ᄎᆞ즈며 노복을 향니의 보ᄂᆡ여 ᄯᆞᆯ의 거체 업ᄉᆞᆷ믈 통ᄒᆞ니라.

ᄎᆞ시 명셩대ᄉᆞ 한소져를 활인암으로 다려가고, 의지 업ᄉᆞᆫ 낭인의 ᄋᆞ히를 길너 년미 십ᄉᆞ의 ᄉᆡᆨ용(色容)과 녀공(女工)이 아ᄅᆞᆷ다오므로 밧고와 뉴가의 보닐ᄉᆡ, 뉴가는 힝혀 한츄밀이 알가 두려 급급히 미인을 비에 싯고 형쥐로 ᄂᆞ려가니, 한소져는 법스의 은혜로 ᄉᆞ즁의 편히 머므러 일신이 안한(安閒)ᄒᆞ고 뉴가의 욕을 버서나나, 의녈비의 은혜를 감은ᄀᆞᆨ골(感恩刻骨)ᄒᆞ며, 계모의 불인(不仁)ᄒᆞᆫ 소문이 훼자(膾炙)ᄒᆞᆷ믈 골돌ᄒᆞ며, 부친의 【22】 도라올 ᄯᆡ만 기다리더라.

ᄎᆞ시 뎡사인 현긔와 한님 운긔 직졀쳥망(直節淸望)이 날노 혁연(赫然)[427)ᄒᆞ여 일셰의 명셩(名聲)ᄒᆞᆫ 군지니, 상춍이 날노 새롭고 만됴 경앙긔ᄃᆡ(景仰期待)ᄒᆞ더라. 뎡태우 운긔 취운산의셔 한소져의 잔잉ᄒᆞᆫ 거동을 본후는 심니의 능히 닛지 못ᄒᆞ여, 일일은

---

425)대ᄉᆞ(大師) : '승려'를 높여 이르는 말.
426)일면부지(一面不知) : 만나 본 일이 전혀 없어 알지 못함.
427)혁연(赫然) : 빛나서 성한 모양.

윤비긔 문왈,

"소지 져젹의 산상의셔 본 녀즈의 거동이 잔잉ᄒ믈 즈뎐(慈殿)의 고ᄒ여습더니, 태태 그 근본을 알아보시니잇가?"

윤비 왈,

"ᄎᄂᆞ 츄밀ᄉ 한유의 녀직라 ᄒ거니와, 발셔 실산지화(失散之禍)를 만나다 ᄒ니 남의 일이나 잔【23】잉ᄒ도다."

태위 참연경희(慘然驚駭)러니, 믈너 이현당의 니르니, 조소졔 이연긔영(怡然祇迎)428)ᄒ여 동셔분좌(東西分坐)ᄒ미, 찬연ᄒᆫ 염광(艶光)이 볼ᄉ록 신연(新然)ᄒ니, 태위 의심이 졈졈 풀녀 그 셩덕을 경복ᄒ고 상듸졉화(相對接話)를 예ᄉ로이 ᄒ고져 ᄒ나, 조소졔 초강밍널(超強猛烈)ᄒ미 업ᄉ나, 슈작을 진졍으로 괴로워ᄒᄂᆞᆫ지라, 태위 드러오면 공경홀ᄯᆞᆫ이니, 태위 깁히 차셕ᄒ야 그 모친 엄시 ᄯᆞᆯ을 스스로 함닉깅참(陷溺坑塹)ᄒ야 허언을 쥬츌(做出)ᄒ며, 즈긔집 노소를 다 참욕ᄒ던 바를 싱각 곳 ᄒ면 분뇌 빅장(百丈)이라. 조【24】가의 왕뇌ᄒ나 맛ᄎᆞᆷ내 악모(岳母)를 뵈미 업고, 조어ᄉ 등이 모젼(母前)의 등알(登謁)429)ᄒ믈 닐은즉, 슌슌히 칭탁(稱託)ᄒ더니, ᄎᆞ일 조시 모친 슈셔(手書)를 보고 셔안 우희 노핫더니, 태위 드러와 힘힘이430) 안졋더니, 셔안의 고셔를 뒤젹이다가 엄부인이 ᄯᆞᆯ의게 부치인 셔간을 잠간 보미, 만편의 즈긔 무졍ᄒ믈 흔ᄒ야 동상(東床)이 되연지 임의 희를 변ᄒ고 둘이 오릭나, 반즈(半子)431)의 예로 와 보ᄂᆞᆫ 일이 업ᄉ니 즈긔를 만히 ᄭᅮ지졋ᄂᆞᆫ지라. 태위 남파의 도로 셔안의 언고 화연(和然) 소왈,

"녕즈당(令慈堂)이 일녀를 두고 넓【25】은 텬하의 ᄌᆡ즈가랑(才子佳郎)이 ᄀᆞ득ᄒ거놀, 궁극히 날ᄀᆞ튼 박힝지인(薄行之人)을 갈희여 ᄉᆞ회를 삼아 두고, 종요로이 빈현치 아니믈 칙ᄒ여시니, 싱의 셩졍이 남의 부인을 ᄎᆞᄌᆞ 빈현ᄒ미 괴로온 고로 능히 못ᄒ거니와, ᄒᆞ믈며 녕즈당이 나를 길상(吉相)이 아니라 욕ᄒ신다 ᄒ니, ᄉᆞ회라 ᄒ고 불길지상(不吉之相)을 무어시라 보고져 시브리오."

ᄒ니 조소졔 태우로 더브러 셩네 오륙삭의 언어슈작(言語酬酌)ᄒ미 두어 슌의 넘지 못ᄒᆞᆫ고로, 싱의 이ᄀᆞᆺ치 가소로이 넉이ᄂᆞᆫ 말을 드로듸 졍금위좌(整襟危坐)432)ᄒ여 잉슌【26】이 함묵(含黙)ᄒ니, 태위 ᄯᅩᄒᆞᆫ 묵연ᄒ고 심니의 엄시 ᄀᆞᆺ튼 투악 협쳔ᄒᆞᄆᆞ로 싱ᄒᆞᆫ비 셩녀슉완(聖女淑婉)이믈 고이히 넉이더라.

ᄎᆞ시 졔왕의 뎨삼즈 은긔의 즈ᄂᆞᆫ 예ᄎᆔ니 년이 십삼이오, ᄉᆞ비 경시의 소싱이라. 부풍모습(父風母襲)ᄒ야 대인지상(大人之相)과 문장ᄌᆡ홰 일셰의 희한ᄒᆫ 즁 셩되 태강쥰

---

428)이연긔영(怡然祇迎) : 화(和)한 안색으로 공손하게 맞이함.
429)등알(登謁) : 지체가 높고 귀한 사람을 찾아가 뵘. 늑상알(上謁)・현알(見謁)
430)힘힘이 : '부질없이'의 옛말.
431)반즈(半子) : 사위를 달리 이르는 말.
432)졍금위좌(整襟危坐) : 옷깃을 여미어 몸을 바로잡아 바른 자세로 앉아 있음.

격(太剛峻激)ᄒᆞ고 상활능녀(爽活凌厲)ᄒᆞ야 호긔츌인(豪氣出人)ᄒᆞ니, ᄋᆞ시로브터 산악 ᄀᆞᆺᄐᆞᆫ 긔운을 졔어(制御)치 못ᄒᆞ야 궁문을 잠간 난즉, '동가ᄋᆞ(東家兒)ᄅᆞᆯ 치고 셔가ᄋᆞ (西家兒)ᄅᆞᆯ 욕ᄒᆞ야'433) 희학(戲謔)ᄒᆞ기로 《욕ᄒᆞ며∥보ᄂᆞ며》, 나히 십셰ᄅᆞᆯ 지나미 ᄉᆡᆨ 념(色念)이 조동(早動)ᄒᆞ야 졔월【27】당 미챵(美娼)으로 유희ᄒᆞ며, 쥬량이 커 일두쥬 ᄅᆞᆯ 사양치 아니ᄒᆞ고, 풍치 호방ᄒᆞ여 미시 슉셩ᄒᆞ나, 효위(孝友) 특츌ᄒᆞ니 존당이 극이 ᄒᆞ고 왕의 귀듕ᄒᆞ미 비상ᄒᆞ나, 엄히 ᄀᆞ라쳐 일동일졍(一動一靜)434)을 무심ᄒᆞ미 업ᄉᆞ 니, 공직 두려 긔운을 장츅ᄒᆞ나 부젼을 써난즉 챵누ᄅᆞᆯ ᄎᆞᄌᆞ며 슉녀ᄅᆞᆯ ᄉᆞ모ᄒᆞ더니, 계 양태슈 단화의 녀ᄅᆞᆯ 취ᄒᆞ니 단시 용뫼 평상ᄒᆞ고 인시 혼암(昏暗)ᄒᆞ여 슉믹(菽麥)435)을 분변치 못ᄒᆞ니, 존당부뫼 앗기고 ᄎᆞ탄ᄒᆞ나 그 인믈을 불상이 넉여 ᄉᆞ랑ᄒᆞ고 고휼(顧 恤)ᄒᆞ미 【28】장·조 등과 ᄒᆞᆫ가지니 일신이 ᄌᆞ못 편ᄒᆞ나, 공직 친영(親迎) 날 엷픗보 고 분연ᄒᆞ여 고디 즛밟고져 ᄒᆞ니, 반졈 은이 머므지 아냐 졀ᄉᆡᆨ슉녀ᄅᆞᆯ 싱각ᄒᆞ미 심ᄒᆡ 셩ᄒᆞ여, 익구즌 시녀비 잠간 불여의(不如意)436)즉 즐타지셩(叱咤之聲)437)이 태듕(泰 重)ᄒᆞ고, 죵일 먹ᄂᆞᆫ 거시 술이오 싱각ᄂᆞᆫ 빈 슉녜라.

 졔왕이 며ᄂᆞ리ᄅᆞᆯ 잘못 어더 ᄋᆞᄃᆞᆯ이 실셩(失性)키에 밋ᄎᆞᆷᄆᆞᆯ 이달나 ᄒᆞ나 ᄉᆞ쉭지 아 니코, 단시ᄅᆞᆯ 칭찬ᄒᆞ여 인ᄌᆞᄒᆞ고 부덕이 졔 가부(家夫)의 뉘 아니라 ○○[ᄒᆞ고], 그 팔지 ᄀᆞᆺ지 못ᄒᆞ야 취광(醉狂)ᄒᆞᆫ거슬 만나다 ᄒᆞ여 ᄎᆞ탄ᄒᆞ니, 가【29】ᄂᆡ인(家內人)이 감히 단시 혼용ᄒᆞᄆᆞᆯ 닐ᄏᆞᆺ지 못ᄒᆞ니, 은긔 더옥 그 심폐(心肺)ᄅᆞᆯ 발븨 길히 업셔 울울 불낙(鬱鬱不樂)ᄒᆞ니, ᄌᆞ연 챵누ᄅᆞᆯ ᄎᆞᄌᆞ 소회(消懷)438)ᄒᆞ더라.

 이ᄯᅢ 북희 젹긱(謫客) 소문환은 디디(代代) 고문거족(高門巨族)439)이오 잠영벌열(簪 纓閥閱)440)이라 위인이 인ᄌᆞ관후(仁慈寬厚)ᄒᆞ고 화홍유열(和弘愉悅)ᄒᆞ야 현명군지(賢 明君子)나 시운이 불니ᄒᆞ여, 소공의 계모 녀시 간포음험(姦暴陰險)ᄒᆞ고 흉독암ᄉᆞ(兇毒 暗邪)ᄒᆞ여 의ᄌᆞ(義子)의 츌텬효의(出天孝義)ᄅᆞᆯ 감동ᄒᆞ미 업고, 그 부인 쳘시ᄂᆞᆫ 뇨됴유 한(窈窕有閑)ᄒᆞ여 빅ᄒᆡᆼ이 슉연ᄒᆞᄃᆡ, 녀시 더옥 질오(嫉惡)ᄒᆞ여 싀긔ᄒᆞᄂᆞᆫ 즁, 졔게ᄂᆞᆫ ᄒᆞᆫ 낫 【30】병든 ᄯᆞᆯ도 업고 태위 긔린 ᄀᆞᆺᄐᆞᆫ 삼ᄌᆞ와 화월 ᄀᆞᆺᄐᆞᆫ 녀이 개개히 특이ᄒᆞ니, 노분(怒忿)을 서리담고 텬의 고로지 못ᄒᆞ야 ᄌᆞ식이 업ᄉᆞᄆᆞᆯ 원(怨)ᄒᆞ며, '피챵(彼蒼)441) 이 엇지 내게 일편도이 삼십츈광(三十春光)442)이 져므지 아냐 붕셩지통(崩城之痛)443)

---

433)동가ᄋᆞ(東家兒)ᄅᆞᆯ 치고 셔가ᄋᆞ(西家兒)ᄅᆞᆯ 욕ᄒᆞ야 : '동쪽 집 아이를 치고 서쪽 집 아이를 욕한다'는 말로, 이집 저집의 모든 아이들과 싸우고 욕하며 지냄.
434)일동일졍(一動一靜) : 하나하나의 동정. 또는 모든 동작.
435)슉믹(菽麥) : ①콩과 보리를 아울러 이르는 말. ②사리 분별을 못하고 세상 물정을 잘 모르는 사람. '숙 맥불변(菽麥不辨; 콩과 보리를 구분 못함)'에서 나온 말이다.
436)불여의(不如意) : 일이 되어 가는 과정이나 그 결과가 뜻한 바와 같지 아니함.
437)즐타지셩(叱咤之聲) : 큰 소리로 꾸짖는 소리.
438)소회(消懷) : 회포를 풂.
439)고문거족(高門巨族) : 문지(門地)가 높고 대대로 번창한 집안
440)잠영벌열(簪纓閥閱) : 대대로 벼슬아치가 끊이지 않고 나라에 공이 많은 집안.
441)피챵(彼蒼) : 저 하늘.

을 만나고, 남녀간 혼낫 골육이 업서 박명을 격고, 문환과 텰시는 무슴 복으로 부뷔
동노(同老)하며 주녀 층층하고’하야, 사오나온 심슐을 참지 못하야 그 대남 녀방 녀
슉으로 흉계를 도모하여 태우를 해하니, 주고로 군직 소인지해(小人之害)는 [를] 닙는
지라.

소태우의 관【31】일지튱(貫一之忠)과 츌텬지효로 녀방 등의 모해를 밧아 거의 스화
(死禍)의 미첫더니, 진종시(眞宗時)의 공의 츙인함을 총우하샤 냥신(良臣)이라 닐킷라
시더니, 이믜흔 죄명을 시르니 원샹(寃狀)을 폭빅(暴白)하미 되나 브득이 북히의 찬츌
하시니, 기시의 삼지 다 어렷고, 녀오 봉난은 수셰(數歲)오, 어더 기란 우히 동년(同
年)이니, 소공이 우히를 어더실 쩌의 뇽몽(龍夢)이 이시므로 명을 몽뇽이라 하고, 스
랑이 긔츌(己出) ヌ투여 그윽이 봉난의 짱을 유의하는 고로 부주로 칭치 아니하며, 텰
부인 유되(乳道) 풍족하여 봉난을 【32】먹이고 봉난의 유모로 몽뇽을 졋먹이더니,
공이 의외에 북히(北海) 만니의 죄적(罪謫)하니 공이 계모의 심슐을 짐작고 주녀를 경
스(京師) 집의 머므란즉 또 해홀가 두려, 삼주와 녀오와 몽뇽ヌ지 적소로 다려갈식,
새북(塞北) 풍퇴(風土) 사오나오니 장셩치 못한 사름은 그곳을 드된즉 슈토(水土)의
상하야 죽는다 하니, 녀시 그윽이 깃거 주녀의 다려가믈 막지 아니며, 부인을 마주 다
려가믈 권하여 왈,

“문환이 초토(草土)의 상흔 병이 쩍쩍 발하니 만니 이각(涯角)의 식치지스(食治
之事)와 의복지졀(衣服之節)이 다 쩌의 밋지 【33】못하리니, 내 아직 쇠로치 아낫고
비복이 허다하니 누되봉스(累代奉祀)의 그되 부부의 근심을 기치지 아니리니, 그되 가
부(家夫)를 위흔 졍이 잇거든 뒤흘조츠 보호하미 가하도다.”

텰부인이 가지 말고져 하나 녀시의 말이 이러흔 후는 못견딜지라. 묵연 슈명하니,
소공이 드되여 족뎨(族弟) 태학수 소경환을 쳥하여 집의 두고 녀시긔 하직하며 체읍
하여 무강(無疆)하시믈445) 고하고 북히로 가니, 본되 념결(廉潔)하고 고집(固執)혼지
라. 친붕이 북히 근쳐의 주스·태슈로 오니 이셔 의주냥미(衣資糧米)446)【34】를 공
급하느니 이시나, 다 스양하여 도로 보뇌고 갈건포의(葛巾布衣)로 초옥싀비(草屋茅柴
扉) 안히셔 모믹(茅麥)과 치근(菜根)을 감심(甘心)447)하여, 거쳐의 한박(寒薄)하미 견
되지 못홀 빈로되, 주긔 간고(艱苦)는 싱각지 아니하고, 미양 조선봉스(祖先奉祀)와 편
모의 감지(甘旨)를 근심하니, 부인이 위로하며, 몽뇽이 오세 되미 글주를 ヌ락치니 문
일지십(聞一知十)하여 만스(萬事)의 무불통지(無不通知)하니, 소공이 능히 밋지 못하

---

442)삼십춘광(三十春光) : 서른 살의 한창 젊은 나이. *춘광(春光) : 젊은 사람의 나이를 문어적으로 이르는
말.

443)붕성지통(崩城之痛) : 성이 무너질 만큼 큰 슬픔이라는 뜻으로, 남편이 죽은 슬픔을 이르는 말.

444)초토(草土) : 거적자리와 흙 베개라는 뜻으로, 상중에 있음을 이르는 말.

445)무강(無疆)하다 : 편지나 인사를 할 때에, 윗사람의 안부를 묻거나 건강을 기원하는 말.

446)의주냥미(衣資糧米) : 옷감과 양식.

447)감심(甘心) : 달게 여기거나 마음속 깊이 받아들임.

나, 그 싱부되 평진왕 윤청문과 슉녈비 뎡신 줄 꿈의나 싱각ᄒ리오. 스오셰로브터 그 본싱(本生)을 무른즉, 소공이 그 근본【35】귀쳔과 셩시도 모로니, 다만 닐ᄋ디,

"너는 나의 동긔 ᄀᆺ튼 봉우의 ᄋ들이나 부뫼 업고 혈혈무의(孑孑無依)448)ᄒᆫ 고로 거두워 길너시니, ᄋ희는 나를 아비로 알고 부인은 어미로 알아 타일의도 쩌나미 업게 ᄒ라."

ᄒ니, 몽농이 미양 슬허ᄒ더라.

챠셜. 녀시 공의 ᄌ녀부뷔(子女夫婦) 북희의 간지 칠팔ᄌ(七八載) 되나 그 무스ᄒ믈 앙앙(怏怏)ᄒ여 거즛 그립기를 핑계ᄒ고, 경ᄉ 집과 ᄉ묘(祠廟)를 다 소학ᄉ를 맛지고 북희의 가니, 소공은 효지라. 모친을 만나 반갑고 깃븐 즁 계활(計活)이 담박(淡泊)ᄒ니 봉양지【36】졀(奉養之節)을 넘녀ᄒ거늘, 녀가흉인은 소공부부와 그 ᄌ녀와 몽농 ᄀᆺ지 다 죽이고 가려 ᄒᄂᆫ지라. 날이 오릭미 간험포악을 발ᄒ여 심히 보치니, 경ᄉ의셔는 오히려 여러 친쳑을 두려 낭자히 작난치 못ᄒ더니, 이곳의 와셔는 ᄌ부를 혈육이 상토록 두다리며, 계모를 죽이련다 흉언을 쥬츌(做出)ᄒ고, 몽농을 잡아드려 어ᄌ러이 치며 왈,

"네 엇던 요취(妖醜)완디 다리 아릭 버려 죽어가거늘, 문환 궁상(窮相)449)이 그 근본 셩명도 모로며 친ᄌ ᄀᆺ치 양휵ᄒ여시니, 네 이제는 인ᄉ를 【37】알 씨니 어버이를 ᄎᄌ가미 올커늘 무ᄉ일 이곳에 이시리오."

ᄒ니, 소공이 쳬읍 간왈,

"ᄌ뎡이 비록 심홰(心火) 셩ᄒ시나 참아 어린 ᄋ희를 디ᄒ여 아닐 말숨을 ᄒ시ᄂᆫ니잇고? 이는 ᄌ위 실덕(失德)이로소이다."

녀시 마지 못ᄒ여 잠간 긋치니, 공이 몽ᄋ를 다리고 외헌의 나오니 몽농이 누쉬여우(淚水如雨)450)ᄒ여 왈,

"대인이 소ᄌ의 근본과 셩을 닐ᄋ지 아니시니, ᄋ희 구셰 되도록 텬디간 죄인이라. 대인이 소ᄌ를 교하(橋下)의셔 엇다ᄒ시니, 그쩍 일월을 긔록ᄒ여 두어계실 듯ᄒ오니, ᄇ라건【38】디 ᄋ희를 보게 ᄒ소셔."

공이 집슈 장탄 왈,

"내 엇지 발셔 닐ᄋ지 아녀시리오마는, 혈긔 미뎡(未定)ᄒᆫ ᄋ희 드릭면 유익든 아니코 병들지라. 시고로 참으미어니와, 과연 모월 모일의 문밧 교하의셔 너를 어드니, 겨유 싱지 수오삭은 ᄒ나 근본 셩시는 나도 아득히 아지 못ᄒ니, 네 불힝ᄒᆫ 시운을 만나 강보(襁褓)의 부모를 실니(失離)ᄒ나, 당당ᄒᆫ 귀격(貴格)451)과 무궁ᄒᆫ 영복이 만면의 ᄀ득ᄒ니, 결단코 실니텬뉸(失離天倫)452)ᄒᆫ 죄인이 되지 아니리니, 너의 비상(臂

---

448) 혈혈무의(孑孑無依) : 가족이나 친척이 없어 외롭고 의탁할 데가 없음. =고혈무의(孤孑無依).
449) 궁상(窮相) : 궁한 사람.
450) 누쉬여우(淚水如雨) ; 눈물이 비처럼 흐름.
451) 귀격(貴格) : 귀골. 흔하지 않은 체격.

上)의 '셩신(星神)' 두주와 손 가온디 '유인지문(油印之紋)'453)을 【39】인호여 증험이 되여 부모를 추주려니와, 너와 내 부지(父子) 아니로디, 졍인죽 텬눈의 지나니, 내 은사(恩謝)를 닙어 고토(故土)의 환쇄(還刷)454)호면, 너를 위호여 너와 혼가지로 텬하를 다도라도 네 부모를 추주 텬눈을 완젼이 호리니, 너는 모로미 길시(吉時)를 기다려보라."

몽농이 뉴쳬(流涕) 왈,

"으히 강보(襁褓)455)의 부모를 실니호여 구셰되도록 소싱지쳐(所生之處)를 모로니, 금슈(禽獸)만 못호온지라. 연이나 대인의 주이와 모친의 흑양지은(慉養之恩)456)은 죽어도 갑습지 못호올지라. 이제 으희의 나히 추고 긔운이 장【40】셩호오니, 두로 부모를 춧고져 호옵느니, 대인은 소주의 망극혼 졍수를 막지 마라소셔."

공이 으주의 과히 비쳑호믈 보니, 잔잉 참연호믈 니긔지 못호여 왈,

"네말이 올커니와 부모의 셩시와 잇는 곳도 모로며 어디를 지향호리오. 아직 집에 편히 이시라. 네 지극히 가고져 호거든 명츈(明春)으로 힝호미 또혼 늣지 아니타."

혼디, 공지 슈명호니라.

이씨 공의 삼지 다 쟈라시니, 장왈 슌이니 년이 십오요, 추왈 영이니 년이 십삼이오, 삼왈 셩이니 년이 십일이라. 그 【41】풍치문장이 슉셩장대(夙成壯大)457)호나, 새외(塞外)의셔 슉녀현부(淑女賢婦)를 퇴홀 길히 업더니, 북히주수 셜흠과 졍히태슈 오원이 슌과 영을 보고 과이호여 각각 쭐노 구혼호니, 소공이 셜・오 냥공으로 친위라, 그 녀이 아름다오믈 보고 셩혼호니, 슌은 셜시를 취호고 영은 오시를 우귀(于歸)458)호니, 두 신뷔 화월지식(花月之色)과 임수지덕(姙似之德)이라. 구괴 흔열(欣悅)호나 녀시의 싀투지심(猜妬之心)은 불곳틋디, 몽농의 신긔호미 날노 새로오니, 급히 업시코져호야 심복시녀 취환과 의논호고, 삼십냥 【42】은주를 주어 ○○○○○[주긱을 구히] 몽농의 자는 씨에 햐슈(下手)459)호고, 버거 소공부주를 다 죽이라 호니, 주긱 남궁괄이 응명호고 힝계(行計)홀시, 이날 소슌은 그 악공(岳公) 셜주수 관읍의 가 자고 아니 왓는지라.

공이 이주와 몽농을 다리고 줌이 깁헛더니, 남궁괄이 반야의 변신호여 비슈를 끼고

---

452)실니텬눈(失離天倫) : 텬륜을 잃음.

453)유인지문(油印之紋) : 인주(印朱)로 찍은 것처럼 붉게 새겨진 무늬.

454)환쇄(還刷) : 늑 쇄환(刷還). ①조선 시대에, 외국에서 유랑하는 동포를 데리고 돌아오던 일 ②먼 곳에 유배 보냈던 죄인을 죄를 사(赦)하여 불러들임.

455)강보(襁褓) : 포대기. 어린아이의 작은 이불. 덮고 깔거나 어린아이를 업을 때 쓴다. 여기서는 포대기 속에 감싸여 있는 때. 곧 '갓난아기 때'를 말함.

456)흑양지은(慉養之恩) ; 길러준 은혜.

457)슉셩장대(夙成壯大) : 나이에 비하여 지각이나 발육이 빨라, 허우대가 크고 튼튼하다.

458)우귀(于歸) : 전통 혼례에서, 대례(大禮)를 마치고 3일 후 신부가 처음으로 시집에 들어감.

459)햐슈(下手) : 손을 대어 사람을 죽임.

윤공주의게 다라드니, 믄득 황뇽이 몽뇽의 일신을 호위ᄒᆞ니, 괄이 졍신이 져상(沮喪)460)ᄒᆞ여 ᄀᆞ마니 혜오ᄃᆡ,

"내 젼후의 사ᄅᆞᆷ버힌쉬 무수ᄒᆞᄃᆡ 여ᄎᆞ 비상ᄒᆞᆷ믄 본바 처엄이라 연이나 녀부인의 은을 밧아시니 소【43】공이나 햐슈ᄒᆞ여 볼 거시라."

ᄒᆞ고, 누은 곳을 향ᄒᆞᆯ시, 몽뇽의 벼개ᄅᆞᆯ 잠간 드ᄃᆡ미 된지라. 몽뇽이 줌을 씨여 눈을 써 보니, 명월이 여듀(如晝)ᄒᆞᄃᆡ 일개 흉장(凶壯)ᄒᆞᆫ 호한(豪悍)461)이 손에 장검을 들고 소공의 누은 곳으로 향ᄒᆞ거늘, 몽뇽이 대경ᄒᆞ여 급히 니러나 적의 잡은 칼흘 아스니, 즈긱의 힘이 몽뇽을 밋지 못ᄒᆞ미 아니로ᄃᆡ, 스스로 긔운이 져상ᄒᆞ고 졍신이 아득ᄒᆞ여 칼흘 노하바리니, 윤공지 일변(一邊)462) 칼흘 앗고, 일변 그놈의 상토463)ᄅᆞᆯ 잡아 젓치니, 적이 너머지거【44】늘 소공부지 놀나씨여 이 거동을 보고 급문(急問) 왈,

"몽뇽아, 이 엇진 변고?"

공지 ᄃᆡ왈,

"이놈이 칼흘 가지고 대인긔 향ᄒᆞ니, ᄋᆞ히 그 칼을 앗고 상토ᄅᆞᆯ 잡앗ᄂᆞ이다."

소공이 일변 대경ᄒᆞ며, 일변 쳘삭으로 적을 미려ᄒᆞᆯ시, 녀시 창외(窓外)의셔 동졍을 보다가 즈긱의 픽루ᄒᆞᄆᆞᆯ 보고 급히 방즁의 드러와 즈긱을 붓드니, 그놈이 픽도ᄅᆞᆯ ᄲᅢ혀 녀시의 손을 짐즛 질으고 다라나니, 공이 대경ᄒᆞ여 모친의 손을 붓드러 약을 브치며 위로ᄒᆞ니, 녀시 ᄀᆞ장 분히(憤駭)히 넉이나, 몽뇽은 ᄎᆞ경을 본 후【45】공의 심신 일시도 편치 못ᄒᆞᆷ믈 위ᄒᆞ여 근심ᄒᆞ니, 공이 더옥 ᄉᆞ랑ᄒᆞ고 소싱 등이 ᄯᅩᆫ 친동긔의 느리지 아니코, 몽뇽이 몬져 씨지아니터면 공이 하마 위틱ᄒᆞᆯ 번ᄒᆞᆷ믈 닐ᄏᆞ라 칭은(稱恩)ᄒᆞ나, 공은 모부인 픽덕(悖德)을 붓그려 즈긱 다히464) 말을 졔긔치 아니터라.

녀시 분ᄒᆞᆫᄒᆞ야, 뎨일 독약을 가져 식상찬물(食床饌物)의 섯거 몽뇽과 공의 부ᄌᆞᄅᆞᆯ 주니, 몽뇽이 상을 드러 공의게 드리다가, 독긔 진동ᄒᆞ니 의혹ᄒᆞ야 공긔 진치465) 말믈 쳥ᄒᆞ고, 몬져 개ᄅᆞᆯ 먹이니 그 개 즉ᄉᆞ(卽死)ᄒᆞᄂᆞᆫ지라. 공이 【46】ᄎᆞ악(嗟愕) 왈,

"가변(家變)이 이 지경의 밋ᄎᆞᆷ믄 실시녀외(實是慮外)라. 여등은 아름답지 아닌 말{습}을 창셜치 말나."

ᄒᆞ고, 상의 거슬 다 무더 업시ᄒᆞ니, 녀시 앙앙ᄒᆞ여 침쳐의 두로 무고(巫蠱)466)ᄅᆞᆯ 뭇으니, ᄎᆞᄌᆞ 영이 독질이 위독ᄒᆞ거늘, 공이 초조우황(焦燥憂惶)467)ᄒᆞ더니, 일야 몽ᄉᆞ(夢事)의 좌우 벽 ᄉᆞ이로셔 무수 목인(木人)이 창검을 안고 나와 읍고(泣告) 왈,

---

460)져상(沮喪) : 기운을 잃음.
461)호한(豪悍) : 호방하고 사나운 사람.
462)일변(一邊) : =한편. 어떤 일의 한 측면.
463)상토 : 상투. 예전에, 장가든 남자가 머리털을 끌어 올려 정수리 위에 틀어 감아 맨 것.
464)다히 : ①쪽, 편, ②대로. ③처럼. 같이. ④따위.
465)진(進)치 : 진(進)ᄒᆞ지, 먹지. 진(進)ᄒᆞ다; 먹다.
466)무고(巫蠱) : 무술(巫術)로써 남을 저주함.
467)초조우황(焦燥憂惶) : 애가 타서 마음을 졸이며 근심하고 불안해함.

"우리 등이 벽틈에 드런지 오리나, 이 방의 비상훈 귀인이 이시므로 감히 긔운을 펴지 못ᄒ고, ᄎ공ᄌ긔 잠간 범ᄒ나, 노야ᄂᆞᆫ 벽을 쓰더 우리를 업시ᄒ시고, 사ᄅᆞᆷ의 잔 【47】잉훈 ᄒᆡ골을 깁히 장ᄒ소셔."

공이 ᄭᅮᆷ을 ᄭᅢ미 드ᄃᆡ여 시노(侍奴)로 ᄉᆞ벽(四壁)을 허러 목인과 ᄒᆡ골을 무수히 어더 뭇으며 소화(燒火)ᄒ니, 영이 드ᄃᆡ여 병이 나으니라.

이ᄯᅥ 삭방절도ᄉᆡ(朔方節度使) 갑쥬와 칼흘 일흐니, 드ᄃᆡ여 슈하 군관을 다 잡아 가도고 하령ᄒᄃᆡ, 습슌(拾旬)을 위한(爲限)ᄒ여 도적을 못 잡은즉 버히련다 ᄒ니, 원간 절도ᄉᆞ 영즁의셔 군긔(軍器) 일흐믄 큰 변괴라. 닌읍(隣邑) ᄌᆞᄉᆞ(刺史)·슈령(守令)이 녀염(閭閻)과 심산궁곡(深山窮谷)의 다 뒤여 어드나, 이 도적은 다ᄅᆞ니 아니라 ᄌᆞᆨ 남궁괄이니, 괄이 몽뇽【48】을 해ᄒ려다가 ᄉᆞ긔 피루ᄒ여 겨유 도망ᄒ여 나가, 절도 의 영즁의 드러가 군긔를 도적ᄒ여 금초고, 졔 절도ᄉᆞ를 죽인후 변용(變容)ᄒᄂᆞᆫ 약을 먹고 절도ᄉᆡ 되고 져ᄒ더니, 미처 힝치 못ᄒ여셔 절도ᄉᆡ 급히 구식(求索)ᄒ니, 괄이 믄득 일계를 ᄉᆡᆼ각고 소부의 가 취환을 불너 녀시긔 고ᄒ왈,

"향쟈(向者)의 부인 명으로 소공 부ᄌᆞ와 몽뇽을 죽이려 훈즉 몽뇽의 일신의 황뇽(黃龍)으로 ᄒ여 능히 여의치 못ᄒ엿더니, 이제 절도ᄉᆡ ○[의]갑468)·투고469)와 칼흘 일코 ᄎᆞᆺ기를 엄히 ᄒ니, 소인이 그 쟝【49】물(臟物)470)을 어다다가 부인긔 드릴 거시니, 부인은 공ᄌᆞ 도적ᄒ여오다 ᄒ여 발각ᄒ시면, 즉ᄌᆞᆨ의 그 명이 맛ᄎᆞ리이다."

녀시 대회ᄒ여 가져오라 ᄒ니, 져믄후 가져왓거ᄂᆞᆯ, 반야(半夜)의 ᄀ마니 셔당 쳥샤 밋히 금초고, 취환의 지아비 무진으로 군관 김셕을 보아 집마다 뒤면 어드리라 ᄒ니, 김셕이 대희 왈,

"그ᄃᆡ 알거든 바로 닐ᄋᆞ면 아등이 빅금을 앗기지 아니리라."

무진 왈,

"우리 ᄃᆡᆨ의 몽뇽 공ᄌᆞ 슈상(殊常)훈 일이 이시ᄃᆡ, 노야ᄂᆞᆫ 아지 못ᄒ시고 우리ᄂᆞᆫ 아ᄃᆡ, 감히 고치 못ᄒᄂᆞ니, 군 등은 우【50】리 ᄃᆡᆨ을 ᄲᅡ고 ᄎᆞᄌᆞ면 어드리라."

셕이 대회ᄒ여 이 말을 절도ᄉᆞ긔 고ᄒ고, 군을 거ᄂᆞ려 소부의 나아가니, 이ᄯᅥ 상원일(上元日)471)이라. 소공의 젹거(謫居)훈지 구년 츈츄라. 몽뇽이 부모를 ᄎᆞᆺ고져 슬허 ᄒ더니 믄득 절도ᄉᆞ아문(節度使衙門)472) 군관이 군졸노 집을 ᄲᅡ고 쳥샤 밋흘 뒤여 갑(甲)·투고와 칼흘 어더닉니, 소공은 어히업셔 묵연ᄒ고, 녀시ᄂᆞᆫ 안흐로 조ᄎ 나와 고성 왈,

---

468)의갑 : 갑옷. 예전에, 싸움을 할 때 적의 창검이나 화살을 막기 위하여 입던 옷. 동양에서는 쇠나 가죽으로 된 미늘을 붙여 만들기도 하였다.
469)투고 : 투구. 예전에, 군인이 전투할 때에 적의 화살이나 칼날로부터 머리를 보호하기 위하여 쓰던 쇠로 만든 모자.
470)장물(臟物) : 절도, 강도, 사기, 횡령 따위의 재산 범죄에 의하여 불법으로 가진 타인 소유의 재물.
471)상원일(上元日) : 도교에서 '정월 대보름날'을 이르는 말.
472)졀도ᄉᆞ아문(節度使衙門) : 절도사가 정무를 보는 관아(官衙).

"이는 우리 집의셔 어더 길은 으히 몽농이 가져다가 두미오. 가져올 쩌에 내가 보와시니 관군은 몽농을 잡아가라."

공이 져【51】무근밍낭지언(無根孟浪之言)473)을 민망호여 관군다려 왈,

"편친(偏親)의 닐으시는 빈 고이호나, 졀도시라도 몽농을 혼번 보시면 그 진위(眞僞)를 알녀니와, 내 과연 젹니고초(謫裏苦楚)474)를 니긔지 못호야 이 갑쥐(甲胄)475) 황금인줄 알고 도적호여 믹식(買食)고져 호미오, 이 칼도 또혼 파라 쓰려 호미니, 적괴는 내라. 나를 잡아 엄히 다스리소셔 호라. 편뫼(偏母) 참아 나의 혼 바를 벗기려 져 으히게 밀위시나, 십셰 어린 으히 관아 깁흔 곳을 어듸로 조츠 드러가 도적호여시리오."

호며, 녀시는 몽농이 가져오다 호여 분분(紛紛)혼【52】듸, 몽농이 셔지의 단좌호엿더니, 정셩(正聲) 왈,

"여등(汝等)이 임의 일흔 거슬 춧고 적인(賊人)을 알아시니 종용히 잡아갈지니, 무 슨일 이곳의셔 요란호리오? 이곳이 비록 피폐호나 명환(名宦)의 젹쇠(謫所)라. 간듸로476) 능모(陵侮)치 못호리니 여등은 샐니 도라가라."

언파의 긔운이 늠열(凜烈)호니 군졸이 송연호여 감히 다시 말을 못호고, 소부 수지노즈(事知奴子)477)를 잡아 관부의 가 소유를 일일히 고호니, 졀도수의 셩명은 황흠이니, 평진왕의 막하로 본이 수족인 고로 윤쳥문이 초쳔(招薦)호여 좌군호【53】위장(左軍護衛將)이 되니, 수싱명믹(死生命脈)이 윤쳥문긔 달녓는지라. 황흠이 다란 지풍(才風)이 업수되 수졸을 수랑호고, 용밍이 졀눈호며, 튱근호므로써, 윤쳥문이 북히졀도수를 보니연지 삼년이라. 츠일의 군졸의 젼호는 말을 드루니, 능히 결단이 어려워 침음냥구(沈吟良久)478)의 소부 수지노즈를 압히 블너, 갑쥬와 칼 도적혼 쟈를 바로 알외라 호니, 소부 노지 딕왈,

"소복의 쥬군은 쳥검(淸儉)호미 황금을 와셕(瓦石)굿치 넉이시고, 몽농 공즈라 호느니는 셩인이라. 엇지 영즁(營中)의 와【54】갑쥬를 도적홀니 이시리잇고마는, 녀태부인이 증인으로 몽농 공지 의갑(衣甲)을 가져오미 보와 계시다 호니, 소복은 오직 드른 바를 알윌 �ᄯ름이로소이다."

졀도시 이의 군관을 명호여 소태우긔 말슴을 젼호듸, 몽농 공지라 호는 으히를 다려오라 호니, 수졸이 슈명(受命)호고 소부의 니르러, 고왈,

"명공이 비록 몽농을 수랑호시나, 적명(賊名)을 시란 후는 법에 혼번 뭇지 못홀지

---

473)무근밍낭지언(無根孟浪之言) : 아무런 근거가 없는 허망한 말.
474)젹니고초(謫裏苦楚) : 유배생활 가운데 겪는 고난.
475)갑쥐(甲胄) : 갑옷과 투구를 아울러 이르는 말. 늑갑옷투구.
476)간듸로 : 망령되이. 함부로. 되는대로.
477)수지노즈(事知奴子) : 일을 잘 아는 종.
478)침음냥구(沈吟良久) ; 오래도록 깊이 생각함

라. 기ᄋᆞ를 다려다가 진가(眞假)를 ᄉᆞ힉(査覈)고져 ᄒᆞᄂᆞ이다."

소공이 ᄎᆞ언을 듯고 스ᄉᆞ로 가려 ᄒᆞ더니, 녀시 【55】고셩 왈,

"몽농을 어셔 ᄂᆡ여주어 측ᄒᆞᆫ 말을 듯지 말나."

ᄒᆞ니, 공이 미급ᄃᆡ(未及對)의 몽농이 고왈,

"셩인도 오ᄂᆞᆫ ᄋᆡᆨ을 면치 못ᄒᆞ시ᄂᆞ니 소ᄌᆞ ᄀᆞᆺᄐᆞᆫ 무용의 거시 엇지ᄒᆞ리잇고? ᄉᆞ싱이 유명ᄒᆞ고 화복이 지텬ᄒᆞ니, 복원 대인은 셩녀를 과히 마ᄅᆞ소셔."

드ᄃᆡ여 쳘부인긔 영즁으로 잡혀가ᄂᆞᆫ ᄉᆞ연을 고ᄒᆞ니, 부인이 봉난 소져를 ᄎᆡ오고 공ᄌᆞ를 쳥ᄒᆞ여 누쉬여우(淚水如雨)ᄒᆞ여 말을 못ᄒᆞ니, 공ᄌᆡ 화연(和然) 위로ᄒᆞ고 ᄌᆡᄇᆡ 하직 후, 밧그로 나아가니, 소공은 녀시의게 잡혀 동신(動身)치 못ᄒᆞ【56】고 차악 ᄋᆡ셕ᄒᆞ더라.

공ᄌᆡ ᄉᆞ졸을 ᄯᆞ라 영문의 니ᄅᆞ니, 졀도ᄉᆡ 잡아드리라 ᄒᆞᆫᄃᆡ, 무수 나졸이 공ᄌᆞ를 압녕(押領)ᄒᆞ여 쳥하(廳下)의 다ᄃᆞ라 ᄭᅮᆯ나 ᄒᆞᆫᄃᆡ, 공ᄌᆡ 묵연졍닙(默然正立)ᄒᆞ니, 위의용홰(威儀容華) 졍명군ᄌᆡ(正明君子)라. 졀도ᄉᆡ 흠연이 ᄋᆡ경 왈,

"도적이 방ᄌᆞ하여 무례ᄒᆞ미 여ᄎᆞᄒᆞ도다."

공ᄌᆡ ᄂᆡᆼ소 왈,

"내 명되 박(薄)ᄒᆞ여 비록 적명(賊名)을 실으나, 졀도ᄉᆞ 휘하 군졸이 아니어든 엇지 굴슬(屈膝)ᄒᆞ리오. 다만 다ᄉᆞ릴 ᄲᅮᆫ이로다."

졀도ᄉᆡ 왈,

"적물본증(賊物本證)은 소태우 태부인이라 ᄒᆞ거ᄂᆞᆯ, 이제 네 엇지 담큰 쳬ᄒᆞ여 죄를 벗고【57】져 ᄒᆞᄂᆞᆫ다?"

공ᄌᆡ 왈,

"오명(吾命)이 긔흔(奇痕)[479]ᄒᆞ여 텬ᄉᆡᆼ소친(天生所親)[480]과 근본귀쳔(根本貴賤)도 모로니[며], ᄉᆡᆼ니(性理)를 학(學)ᄒᆞ거ᄂᆞᆯ 엇지 영문의 군물을 도적ᄒᆞ리오. 은인의 태부인이 비록 증인이 되여시나 장군이 이 조고마ᄒᆞᆫ 영즁을 직희오지 못ᄒᆞ고, 군물(軍物)을 일코 이 어린 십셰 동몽다려 가져갓다 ᄒᆞ니 실노 우읍도다."

황흠이 텽파의 활연대오(豁然大悟)[481]ᄒᆞ여 그 잡아오믈 후회ᄒᆞ나 ᄉᆞᄉᆡᆨ지 아니코 하령(下令) 왈,

"이일을 급히 결단치 못ᄒᆞ리니 아직 하옥ᄒᆞ라."

ᄒᆞ니 공ᄌᆡ 탄식고 옥에 드니, 유모 화픽 기ᄌᆞ 영필을 【58】다리고 옥문 밧게 와 울며 음식을 공급ᄒᆞ더라. 이ᄯᆡ 소공이 몽농을 잡혀보ᄂᆡ고 심ᄉᆞ를 뎡치 못ᄒᆞ여 식음을 전폐ᄒᆞ고 셔지의 누어시니, 쳘부인이 민망ᄒᆞ여 위로ᄒᆞ며 냥미(糧米)와 찬션(饌膳)을 ᄀᆞᆺ초와 화파의게 보ᄂᆡ여 공ᄌᆞ를 구호ᄒᆞ게 ᄒᆞ니라.

---

479)긔흔(奇痕) : 어떤 것이 남긴 자취가 매우 이상함.
480)텬ᄉᆡᆼ소친(天生所親) : 낳아준 친 어버이.
481)활연대오(豁然大悟) : 갑자기 의문을 밝히 크게 깨달아 앎.

녀시흉인이 몽농업슨 씨롤 타 다시 무고지스(巫蠱之事)482)롤 힝ᄒ니, 소공은 병독(病毒)ᄒ여 인스롤 바리고, 소슌과 소영은 거의 광인(狂人)이 되고, 소셩은 여상(如常)ᄒ니, 봉난 소졔 부친과 거거의 병셰롤 근심ᄒ여 즉시 외당의 나와 삼뎨로 더브러 좌【59】우벽(左右壁)을 허러 요예지물(妖穢之物)483)을 어더니니, 츅시(祝辭) 이시되 녀부인 필젹이라. 소져와 공지 경악ᄒ여 이의 소화ᄒ여 업시ᄒ니, 이러므로 공의 병이 쾌츠ᄒ여시니, 씨 초취(初秋)라. 몽농을 싱각ᄒ니 츈졍월의 집을 씨나 옥즁의셔 츈하롤 보니여시니, 드듸여 친히 졀도스 영즁의 나아가 크게 웨여 왈,

"북히 젹긱(謫客) 소문환은 갑쥬와 칼흘 도젹ᄒ여 가시니 몽농은 이미ᄒ니, 밧고여 가도이려 왓노라."

ᄒ니, 졀도시 그 소리롤 듯고 듸경ᄒ여 급히 문밧게 나와 드러가【60】믈 쳥ᄒ니, 소공이 고스(固辭)ᄒ되, 졀도시 불안ᄒ여 즉시 몽농을 노흐라 ᄒ고, 공의 도라가믈 쳥ᄒ니, 공이 드듸여 몽농을 다리고 부즁의 도라오니, 쳘부인이 반기고 슬허ᄒ며, 소싱 등이 쏘흔 환희ᄒ더라.

공지 드듸여 부모 춫기롤 결단ᄒ여 발힝키롤 고ᄒ되, 공이 참연ᄒ여 ᄀ마니 쳘부인과 의논ᄒ고 은즈 일빅냥을 모화 주고, 튁일 발힝케 홀시, 화파의 ᄋ들 영필이 ᄌ원ᄒ야 공ᄌ롤 ᄯ로고, 화파의 가부로 비힝(陪行)484)케 ᄒ니, 몽농이 소공부부긔 지비 하직ᄒ고, 소싱【61】등으로 분슈ᄒ니, 공이 길히 무스히 가라 ᄒ니라.

공지 드듸여 집을 써나 삼스일을 힝ᄒ더니, 흔 사름이 머리롤 프러 압흘 ᄀ리오고 손에 문권(文券)을 들고 공즈의 압히와 비읍 고왈,

"공ᄌᄂᆞ 우리 ᄀᆞᆺᄐᆞᆫ 죵을 사소셔."

몽농이 그 문권을 보니 본쥐 젹거흔 태학스 초원이 죽으미, 기ᄌ 츈경이 아비 시톄롤 감장(勘葬)홀 길히 업셔, 스스로 몸을 프라 아비롤 장스코져 ᄒ니, 공지 참연ᄒ여 왈,

"소뎨의 힝냥(行兩)이 겨유 일빅냥이니 가져다가 보틱여 쓰라."

초싱이 쳔만 의외에 【62】일빅금을 어드미 대희과망(大喜過望)485)ᄒ여 고두(叩頭) 사례 왈,

"공ᄌ롤 보니 실노 대현(大賢)이라. 초츈경이 은혜롤 엇지 갑흐리오. 아비롤 장스흔 후 공ᄌ의 뒤흘 조츠 스후(伺候)ᄒ리이다."

공지 스샤흔되, 초싱이 다시 존셩대명을 무란되 공지 왈,

"나ᄂᆞ 부모롤 실니ᄒ여시니 본셩을 모로노라."

---

482)무고지스(巫蠱之事) : 무술(巫術)로써 남을 저주하는 일.
483)요예지물(妖穢之物) : 무속(巫俗)에서 방자를 할 때 쓰는 해골(骸骨)이나 인형(人形) 따위의 요사스럽고 흉측한 물건.
484)비힝(陪行) : 윗사람을 모시고 따라감.
485)대희과망(大喜過望) : 바라는 것보다 매우 많아 크게 기뻐함.

혼되

초싱이 홀일업서 빅빅사례호고 가니라.

몽농이 힝호여 북희슈의 니르러는 졍히 건너고져 홀시, 희외국의셔 텬됴의 됴공호는 믈화 실은 비를 만나, 노쥬 삼인이 혼가지로 올나 반일이나 【63】 힝호더니, 홀연 광풍이 대작(大作)호며 슈셰(水勢) 급호여 쥬즙(舟楫)이 업칠 듯호니, 희국 〻신 병관슐이 대경호야 급히 슐〻(術師) 슌우평다려 졈호라 호니, 슌우평이 슈명호고 분향혼 후 쥬즁졔인(舟中諸人)의 셩명을 너허 길흉을 츄졈(推占)홀시, 몽농의 셩명을 무란되, 공지 강보의 부모를 실니호여 셩명을 아지 못호기로 되니, 슌우평 왈,

"쥬즁졔인(舟中諸人)이 닉슈지화(溺水之禍)를 당호리 업〻되, 다만 무셩명슈지(無姓名秀才) 익회 비상호여 하늘이 그 나히 십삼셰젼(十三歲前)은 황셩을 드되지 못호며, 부모【64】를 춧지 못호게 뎡호엿거늘, 텬의를 거〻려 길히 올으미 하늘이 벌호시미니, 져 슈지 믈에 들면 다란 사람은 죽지 아니리이다."

병관슐이 몽농의 위인(爲人) 상모(相貌)를 보고 경복 흠앙호여 참아 믈에 너치 못호니, 션인이 소리호여 왈,

"혼 사람을 위호여 빅여인이 다 죽으리잇고?"

병관슐 왈,

"우리 모든 사람이 다 옷슬 혼 가지식 버셔 각기 셩명을 뼈 믈에 너허 フ라안거든 그 사람을 믈에 너흐라."

호고, 〻신으로브터 다 옷슬 너흐되 믈에 쓰고, 오직 몽농 공주 단삼(單衫)486)【65】의 '무셩명지인(無姓名之人)' 다섯 주를 뼈 너흐니 즉시 フ라안거늘, 병관슐이 탄 왈,

"츳는 운쉬라."

호고 참연호더니, 이의 졔인다려 왈,

"연이나 사람을 엇지 믈에 너흐리오."

호고, 빅두셤이란 곳에 느리와 노흐니, 몽농이 〻셰 홀일업서 노쥬 삼인이 셤의 올으미, 병관슐이 건어(乾魚)487)와 미시488)를 주며 왈,

"내 슈주(竪子)489)로 더브러 은원(恩怨)이 업거늘 이곳의 바리고가니 심〻 츄연(惆然)호도다. 이 빅두셤은 상고션(商賈船)이 왕닉호여 이 셤의 와 오반(午飯)을 출혀 먹고 가느니, 슈지 잠간 안줏다가 아모 사람이【66】나 만나거든 ᄯᆞ라가라."

공지 건어와 미시를 밧고 사례 왈,

---

486)단삼(單衫) : =젹삼. 윗도리에 입는 홑옷. 모양은 저고리와 같다.

487)건어(乾魚) : 건어물(乾魚物). 생선, 조개류 따위를 말린 식품.

488)미시 : '미숫가루'의 옛말. *미숫가루; 찹쌀이나 멥쌀 또는 보리쌀 따위를 찌거나 볶아서 가루로 만든 식품.

489)슈주(竪子) : '더벅머리 총각'을 이르는 말.

"형공(兄公)의 의긔현심(義氣賢心)이 여ᄎ하니 감수ᄒ믈 니긔지 못ᄒ노라."

병관슐이 지삼 년년(戀戀)ᄒ다가 보듕ᄒ믈 당부ᄒ고 분슈ᄒ니, 풍뎡슈쳥(風靜水淸)490)ᄒ여 황셩으로 나아가니라.

몽눙이 쥰학과 영필노 더브러 셤우히 죵일 안ᄌ시나 인젹이 업스니, 공지 탄왈,

"내 명되 긔구ᄒ여 여ᄎ지화(如此之禍)ᄅᆞᆯ 당ᄒ니 슈원슈구(誰怨誰咎)리오."

ᄒ여 날을 보닐식, 이러툿 거의 일망이 갓가온ᄃᆡ 화식(火食)을 먹지 못ᄒ니, 쥰학 영필은 인ᄉᆞᄅᆞᆯ 바 【67】 려시ᄃᆡ, 공ᄌᄂᆞᆫ 오히려 긔운이 여상(如常)ᄒ야 암상(巖上)의 안ᄌᆺ더니, 믄득 북녁ᄒ로 어부의 ᄒᆡ물 실은 빅 ᄂᆞᆫ 다시 셤의 다히고, ᄒᆞᆫ 사ᄅᆞᆷ이 올나오니 이ᄂᆞᆫ 몽고국인이라. 몽고인이 공ᄌ 노쥬ᄅᆞᆯ 보고 션인(船人)을 지휘ᄒ여 다 업어 션즁(船中)의 ᄂᆞ리오고, 더운 미음491)을 나와 구호ᄒ니, 쥰학 부지 졍신을 출히고 공지 ᄯᅩᄒᆞᆫ 쳥샤ᄒᆞ니, 긔인 왈,

"내 작야의 일몽을 어드니 빅두셤샹의 오치(五彩) 어리엿ᄂᆞᆫᄃᆡ, 옥뇽(玉龍)이 여의쥬(如意珠)492)ᄅᆞᆯ 희롱ᄒ거늘, 일위 션관이 운관무의(雲冠霧衣)로 손에 빅옥홀(白玉笏)을 【68】 들고 닐오ᄃᆡ,

"져 옥뇽(玉龍)은 송됴(宋朝)ᄅᆞᆯ 보좌ᄒᆞᆯ 현상(賢相)이라. 하늘이 ᄂᆡ신 빈니 슈화(水火)의 드러도 위틱치 아니ᄒᆞ리니, 다만 초년 명되 험흔(險釁)ᄒ여 십삼셰 젼은 부모ᄅᆞᆯ 춧지 못ᄒᆞᆯ 거시오, ᄯᅩ ᄒᆡ외 타국의 수년 인연이 이시니 여등은 모로미 구ᄒ여 도라가라 ᄒᆞ므로, 니ᄅᆞ럿더니 과연 공ᄌᄅᆞᆯ 보도소이다."

ᄒ고, ᄒᆡᆼ션(行船)ᄒ여 죵일 가다가, 일모(日暮)ᄒᆡ 셕반을 ᄒᆞᆫ가지로 ᄒᆞ고, ᄒᆡᆼ션ᄒ여 일망(一望)이 지난후의 비로소 일침국의 니ᄅᆞ니, 이곳은 국왕의 잇ᄂᆞᆫ 곳이 멀고 풍속이 망측ᄒ여, 남지 【69】 녀인의 소임을 당ᄒ야, 닝뎡(冷井)의 물을 기ᄅᆞ며, 길삼ᄒ며, 됴셕밥을 믹속(麥粟)493)과 두틱(豆太)494)ᄅᆞᆯ 섯거 지으니, 공지 어부 즁의 냥션ᄒᆞᆫ 쟈 울금셕을 ᄯᅡ라 쥬인ᄒ니, 울금셕이 공ᄌᄅᆞᆯ 공경ᄒ야 쳔역(賤役)을 식이지 아니나, 금셕이 나간 ᄢᅵ면 몽고의 계집들이 공주의 한가히 안ᄌ 됴셕반(朝夕飯) 춧ᄂᆞᆫ 줄을 믜워ᄒᆞ며, 모믹(麰麥)495)과 셔속(黍粟)496)을 공ᄌ다려 ᄶᅵ어달나 ᄒᆞ니, 공지 훌일업서 쥰학 부ᄌᄅᆞᆯ 다리고 방하497)ᄅᆞᆯ 드디며 깁498)을 셰답(洗踏)499)ᄒᆞᆯ식, 믄득 조회 이셔 슈단이

---

490)풍뎡슈쳥(風靜水淸) : 바람이 가라앉고 물이 맑아 고요함.
491)미음 : 입쌀이나 좁쌀에 물을 충분히 붓고 푹 끓여 체에 걸러 낸 걸쭉한 음식. 흔히 환자나 어린아이들이 먹는다. ≒보미.
492)여의쥬(如意珠) : 용의 턱 아래에 있는 영묘한 구슬. 이것을 얻으면 무엇이든 뜻하는 대로 만들어 낼 수 있다고 한다. ≒보주(寶珠).
493)믹속(麥粟) : 보리와 조.
494)두틱(豆太) : 콩과 팥을 아울러 이르는 말.
495)모믹(麰麥) ; 보리.
496)셔속(黍粟) : 기장과 조를 아울러 이르는 말.
497)방하 : 방아. 곡식 따위를 찧거나 빻는 기구나 설비를 통틀어 이르는 말. 물방아, 디딜방아, 물레방아, 연자방아, 기계 방아, 쌍방아 따위가 있다.

신긔ᄒᆞ니, 몽고의 계집【70】들이 대희ᄒᆞ여 비로소 밥 주기를 앗기지 아니ᄃᆡ, 공지 ᄆᆡ양 이곳의 이셔 괴로온 소임만 ᄒᆞ고, 고국이 아으라 ᄒᆞ여 부모 ᄎᆞᆺ기는 ᄇᆞ라도 못ᄒᆞ니, 듀야 심신이 차악ᄒᆞ여 슬허ᄒᆞ더니, 이ᄯᅢ 일침국의 녀역(癘疫)500)이 ᄃᆡ치(大熾)ᄒᆞ여 가가호호(家家戶戶)히 아니 알ᄂᆞ니 업고, 알흔즉 열에 ᄒᆞᆫ・둘이 겨유 사라나니, 국즁이 요란ᄒᆞᆫ 즁 ᄌᆡ변(災變)이 이셔 고이ᄒᆞᆫ 즘ᄉᆡᆼ이 나니, 크기 집치 만ᄒᆞ고 오ᄉᆡᆨ이 찬난ᄒᆞᆫᄃᆡ 눈이 세히오 ᄭᅩ리 다ᄉᆞᆺ시며 발이 여ᄃᆞᆲ이니, 모양이 흉악ᄒᆞᆫᄃᆡ 사ᄅᆞᆷ을 만난즉 잡아먹으니, 일국이 진경(震驚)501)ᄒᆞᄃᆡ, 【71】 오직 몽농 공ᄌᆞ 잇는 ᄯᅡ ᄇᆡᆨ여리ᄀᆞ지는 녀역이 업ᄉᆞ니, 일침국왕 장손궁이 오산 미월산셩으로 피졉(避接)502)고져 ᄒᆞ더니, 일몽을 어드ᄆᆡ 오산 어부 울금셕의 집으로 조ᄎᆞ 옥농(玉龍)이 승텬ᄒᆞᄆᆡ, 일위 션관이 일침국왕다려 왈,

"이는 현명군ᄌᆡ라. 타국의 뉴락ᄒᆞ여 울금셕의 집에 이시니, 왕이 청ᄒᆞ여 ᄀᆡᆨ네(客禮)로 ᄃᆡ졉ᄒᆞ고, 그 닐ᄋᆞ는 바를 조ᄎᆞ 흉귀를 ᄶᅩᆺ고 념질(染疾)503)을 간뎡(乾淨)504)ᄒᆞ라."

왕이 ᄇᆡ샤(拜謝)ᄒᆞ니, 션관 왈,

"져 옥농을[은] 이곳의 오ᄅᆡ 머믈 사ᄅᆞᆷ이 아니니, 모로미 장구히 둘 의ᄉᆞ를 【72】 두지말나."

왕이 슈명ᄒᆞ고 풍경소ᄅᆡ의 놀나ᄭᆡ니 졍신이 쇄연ᄒᆞ고 농의 거동이 분명ᄒᆞ니, 왕이 명일의 만됴문무(滿朝文武)를 모호고 작야 몽ᄉᆞ를 닐은 후, 녜부상셔 울츌복으로 ᄒᆞ야금 오산어부 울금셕의 집에 가, 텬됴 사ᄅᆞᆷ이 잇는가 알아오라 ᄒᆞᆫᄃᆡ, 울츌복이 슈명ᄒᆞ고 오산의 니ᄅᆞ니, 남녀노쇠 만산편야(滿山遍野)505)ᄒᆞ야 그 위의를 귀경ᄒᆞ더라.

녜부상셰 울금셕을 블너 텬됴 사ᄅᆞᆷ이시믈 무ᄅᆞ니, 울금셕이 젼후수말(前後首末)506)을 고ᄒᆞᆫᄃᆡ, 녜뷔 드러가 몽농을 볼ᄉᆡ, 공ᄌᆞ의 긔이ᄒᆞᆷ믈 공【73】경ᄒᆞ고 졔 님군의 알아오라 ᄒᆞ던 ᄉᆞ연을 고ᄒᆞ고, 급히 도라가 복명ᄒᆞᆫᄃᆡ, 왕이 대열ᄒᆞ여 즉시 녜폐(禮幣)를 ᄀᆞᆺ초고, 문무신뇨를 거ᄂᆞ려 오산으로 올ᄉᆡ, 셰ᄌᆞ와 좌우상과 도총대장을 머므러 국도를 직희오고, 왕이 만됴문무를 거ᄂᆞ려 일망만의 오산의 니ᄅᆞ러, 왕이 바로 울금셕의 집에 드러가니, 오산 일경(一境)507)이 황황(遑遑)ᄒᆞ더라.

왕이 몽농을 ᄎᆞᄌᆞ 서로 볼ᄉᆡ, 허리를 굽혀 녜ᄒᆞᆫᄃᆡ, 공ᄌᆡ 답녜ᄒᆞ고 쥬ᄀᆡᆨ이 좌뎡ᄒᆞᄆᆡ,

---

498)깁 : 명주실로 바탕을 조금 거칠게 짠 비단.
499)셰답(洗踏) : 빨래.
500)녀역(癘疫) : 전염성 열병을 통틀어 이르는 말.
501)진경(震驚) : 두렵고 무서워 떪.
502)피졉(避接) : 앓는 사람이 다른 곳으로 자리를 옮겨서 요양함. 병을 가져오는 액운을 피한다는 뜻이다.
503)념질(染疾) : =시환(時患). 때에 따라 유행하는 전염성 질환.
504)간뎡(乾淨) : 건정(乾淨). 일 처리를 잘하여 뒤끝이 깨끗함. 정결함
505)만산편야(滿山遍野) : 산과 들에 가득함. 사람이 많음을 비유적으로 이르는 말.
506)젼후수말(前後首末) : =자초지종(自初至終). 처음부터 끝까지의 과정.
507)일경(一境) : 한 나라. 또는 어떤 곳을 중심으로 한 일부 지역.

왕이 몬져 셩명을 통홀식, 일침몽고 뉴(類)의 텬됴 언어를 통【74】ᄒᆞᄂᆞᆫ 재 이시니, 벼슬이 경상(卿相)이오, 호왈 통언시(通言使)라. 왕의 말ᄉᆞᆷ을 드러 공ᄌᆞ긔 젼ᄒᆞ고 공ᄌᆞ의 말ᄉᆞᆷ을 드러 왕의게 젼ᄒᆞ더라.

공ᄌᆞ 왈,

"나ᄂᆞᆫ 강보의셔 부모를 일허시므로 셩명을 아지 못ᄒᆞ고, 부모를 ᄎᆞ즈려 ᄃᆞᆫ니다가 승션ᄒᆞ여 풍낭을 만나 이곳의 니ᄅᆞ믈 말ᄒᆞ니, 왕이 츄연ᄒᆞ여 녜폐를 드리고 쳥ᄒᆞ여 국도의 가, 아직 머믈기를 말ᄒᆞ니, 공ᄌᆞ 브득이 허ᄒᆞ니, 왕이 대희ᄒᆞ여 이의 공ᄌᆞ로 더브러 환궁(還宮)홀식, 일노(一路)의 무ᄉᆞ히 힝ᄒᆞ여 거의 궁궐을 님(臨)ᄒᆞ여, ᄒᆞᆫ 집치만【75】ᄒᆞᆫ 즘싱이 니다라 왕의 난여(鸞與) 압히 뇽봉긔(龍鳳旗) 잡은 군ᄉᆞ를 물녀ᄒᆞ니, 왕과 문뮈 대경실식(大驚失色)ᄒᆞ여, 왕이 소리를 급히ᄒᆞ야 왈,

"텬됴현셩(天朝賢聖)은 이 흉귀를 졔어ᄒᆞ여 인명을 졔도(濟度)ᄒᆞ소셔."

공ᄌᆞ 뒤히셔 오더니 그 즘싱을 보미, 범도 아니오 뇽도 아니라. 일침국 ᄌᆡ얼(災孼)을 응ᄒᆞ여 되어시니, ᄀᆞ장 차악ᄒᆞ지라. 공ᄌᆞ 드듸여 원비(猿臂)를 느리혀 흉귀의 목을 잡고 츅귀(逐鬼)508)ᄒᆞᄂᆞᆫ 글을 읇프미, 셩음이 웅건쳥원(雄建淸遠)509)ᄒᆞ더라.【76】

---

508)츅귀(逐鬼) : 잡귀를 쫓음.
509)웅건쳥원(雄建淸遠) : 웅건하고 맑고 멀리 나감.

# 윤하뎡삼문취록 권지오

츠시 몽뇽이 흉귀의 목을 잡고 츅귀(逐鬼)ᄒᄂᆫ 글을 읍프미 셩음이 웅건쳥원(雄建淸遠)ᄒ여 단혈(丹穴)510)의 봉(鳳)이 우ᄂᆫ 닷○○[ᄒᄆᆡ], 흉귀 놀나 다라나니, 공지 그뒤흘 ᄯ라 셩밧 삼십니 허(許)의 산곡으로 드러가 굴혈의 숨으니, 공지 ᄯᅩᄒᆞᆫ 굴속의 드러가오니, 그 ᄌᆞᆺᄐᆞᆫ 흉귀 수십이 넘고, 남녀 몽고○[인](蒙古人) ᄉᆞ오십 명이 다 죽게 되어시니, 공지 다 븟드러닉고, 굴문을 다든 후 텬디신명(天地神明)긔 츅원ᄒ야 일침 국의 지변 업시ᄒ며, 흉귀를 분쇄(粉碎)ᄒᆞᆯ 고ᄒ야, 츠야의 치지(致齋) 셜【1】제(設祭)ᄒ니, 야반(夜半)511)으로브터 광풍이 대작ᄒ며 대위(大雨) 붓다시 오더니, 벽녁화(霹靂火)512) ᄒᆞᆫ덩이 굴을 분쇄ᄒᄆᆡ, 흉귀들이 일일히 폭ᄉᆞ(爆死)513)ᄒ니 국왕과 신민이 환희 쾌락ᄒ여 공ᄌᆞ를 텬신ᄀᆞᆺ치 넉이더라 왕이 환궁하여 공ᄌᆞ를 연향(宴饗)ᄒᆞᆯᄉᆡ, 왕이 친히 잔잡아 사례 왈,

"텬됴 대현셩인(天朝大賢聖人)이 아니런들 엇지 흉귀를 업시ᄒᆞ며 일국을 보전ᄒ리오."

ᄒ며 종일 즐기다가 공ᄌᆞ를 긱관(客館)514)의 머믈게 ᄒ니, 공지 다시 부작을 ᄡᅥ 궁즁과 민간의 두루븟쳐 녀귀(癘鬼)515)를 츅ᄉᆞ(逐邪)516)ᄒ니 수삭(數朔)이 못ᄒ여서 일침【2】국 삼쳔여리 디방이 쳥평(淸平)ᄒ니라.

이러구러 공지 머므런지 오륙삭(五六朔)이 되니 심식 울울ᄒ더니, 일침 왕후 울츌시 홀연 독질을 어더 죽으ᄆᆡ, 울츌휘 ᄀᆞ장 어지던 고로 신민이 다 슬허ᄒ고 왕이 과상ᄒ여 질(疾)을 일위니, 문뮈 황황ᄒ여 텬됴의 고부(告訃)517)를 고치 못ᄒ엿더니, 왕의 병이 나으ᄆᆡ 텬됴의 울츌후의 죽으믈 고ᄒᆞᆯᄉᆡ, 공지 고부ᄉᆞ(告訃使)518)로 ᄒᆞᆫ가지로 가

---

510)단혈(丹穴) : 단사(丹沙)가 나오는 구멍이나 구덩이..
511)야반(夜半) : 밤중.
512)벽녁화(霹靂火) : 벼락불. 벼락이 칠 때에 번득이는 불빛.
513)폭ᄉᆞ(爆死) : 폭발로 말미암아 죽음.
514)긱관(客館) : =객사(客舍). 고려·조선 시대에, 각 고을에 설치하여 외국 사신이나 다른 곳에서 온 벼슬 아치를 대접하고 묵게 하던 숙소.
515)녀귀(癘鬼) : 전염병을 옮기는 귀신.
516)츅ᄉᆞ(逐邪) : 요사스러운 기운이나 귀신을 물리쳐 내쫓음.
517)고부(告訃) : 사람의 죽음을 알림.
518)고부ᄉᆞ(告訃使) : 왕이나 왕비가 죽었을 때에 그것을 알리기 위하여 중국에 보내던 사신.

믈 쳥ᄒᆞ니, 왕이 챵연(愴然)ᄒᆞ나 만집(挽執)519)지 못ᄒᆞ여 《ᄒᆡᆼ도(行道) ‖ ᄒᆡᆼ리(行李)520)》를 출ᄒᆞᆯᄉᆡ, 공ᄌᆞ의게 치국안민지도(治國安民之道)521)를 병풍의 ᄡᅥ달나 ᄒᆞ니, 공【3】지 팔쳡병풍(八帖屛風)522)의 금ᄌᆞ(金字)로 ᄡᅥ주니, 왕이 대열ᄒᆞ여 감수ᄒᆞᆷ믈 닐ᄏᆞᆺ고 잔치ᄒᆞ여 젼별(餞別)ᄒᆞᆯᄉᆡ, 왕 왈,

"텬됴현셩(天朝賢聖)이 금일 도라가시미 하시(何時)의 다시 뵈오리오."

공지 위로 작별ᄒᆞ고, 고부ᄉᆞ 알눌금을 ᄯᅡ라 ᄒᆡᆼᄒᆞ여 오산을 지나 승션ᄒᆞ여 죵일을 가더니, 홀연 광풍(狂風)이 대작ᄒᆞ며 믈결이 흉용(洶湧)ᄒᆞ여 돗ᄃᆡ 브러질 ᄃᆞᆺᄒᆞ니, 쥬즁인(舟中人)이 다 통곡ᄒᆞ고, 영필 부ᄌᆞᄂᆞᆫ 대경ᄒᆞ더니, 믈속으로 흑뇽(黑龍)과 젹뇽(赤龍)이 비를 지고 ᄂᆞᆫ다시 가ᄃᆡ, 텬됴로 가는 바다길히 아니오, 오국으로 가는 슈뢰(水路)라. 알눌【4】금은 슈로를 아ᄂᆞᆫ 고로 오직 살기를 영ᄒᆡᆼᄒᆞ여 아모 곳이라도 비를 다ᄒᆞ여주기만 츅원ᄒᆞ더니, 날이 임의 어둡고 밤이 깁ᄒᆞ미, ᄒᆞᆫ 사변(沙邊)523)의 다히고 젹뇽이 공ᄌᆞ압히 나아와 ᄒᆞᆫ낫 구슬을 토ᄒᆞ니, 오치(五彩)524) 찬난ᄒᆞ고 금ᄌᆞ(金字)로 ᄡᅥ시ᄃᆡ '웅쥐(雄珠)'라 ᄒᆞ엿더라. 흑뇽(黑龍)이 입으로 긔운을 토ᄒᆞ니, 화(化)ᄒᆞ여 쥬필(朱筆) 화젼(花箋)525)이 되고, 그 가온ᄃᆡ 금ᄌᆞ로 ᄡᅥ시ᄃᆡ,

"십삼셰 젼은 능히 부모를 ᄎᆞᆺ지 못ᄒᆞᆯ거시오, 히외졔국(海外諸國)의 뉴락(流落)ᄒᆞᆯ526) 거시니, ᄎᆞ역텬명(此亦天命)527)이오, 이 명쥬(明珠)ᄂᆞᆫ 소가의 빅년연분(百年緣分)528)을 표ᄒᆞᄂᆞ니 웅쥬(雄株)ᄂᆞᆫ 이의 머므르고 ᄌᆞ쥬(雌珠)【5】ᄂᆞᆫ 오국군(吳國君) 궐뎡(闕庭)의 잇도다. 사름은 혹 늙고 혹 죽으나, 뇽신(龍神)은 쳔만셰(千萬世)의 쇄연(灑然)이 쇠ᄒᆞ며 망ᄒᆞ미 업스므로, ᄎᆞ(此) 젹뇽이 경ᄉᆞ(京師) 남강의 가 윤·하·뎡 졔공의 션유ᄒᆞᄂᆞᆫ ᄲᅢ의 각각 보물을 헌(獻)ᄒᆞ미러니, 이졔 다시 보물을 헌ᄒᆞ미 사름은 아지못ᄒᆞ나, 뇽신의 공이 업다 못ᄒᆞᆯ지라. 모로미529) 텬연(天緣)의 긔특ᄒᆞᆷ믈 져ᄇᆞ리지 말나."

ᄒᆞ엿더라. 공지 남파의 명쥬를 거두워 낭즁(囊中)의 너흐미, 두 뇽이 비로소 바다흐로 드러가며 경긱의 거쳐를 모를너라. 알눌금 등 졔인이 비로소 졍신을 진【6】뎡ᄒᆞ여 사변의셔 밤을 지니고, 명일 알눌금이 슈셩쟝(守城將)을 보고, ᄌᆞ긔 일침국 ᄉᆞ신으

---

519)만집(挽執) : 만류(挽留). 붙들고 못 하게 말림.
520)ᄒᆡᆼ리(行李) : =행장(行裝). 여행할 때 쓰는 물건과 차림.
521)치국안민지도(治國安民之道) : 나라를 잘 다스리고 백성을 평안하게 하는 길.
522)팔쳡병풍(八帖屛風) : 여덟 첩(帖)으로 된 병풍. =팔폭병풍(八幅屛風). *첩(帖); 병풍에 묶여 있는 그림이 나 글의 쪽수를 세는 단위. '폭(幅)'이라고도 한다.
523)사변(沙邊) : 모래벌판. 모랫가.
524)오치(五彩) : 파랑, 노랑, 빨강, 하양, 검정의 다섯 가지 색.
525)화젼(花箋) : =화전지(花箋紙). 시나 편지 따위를 쓰는 종이.
526)뉴락(流落)ᄒᆞ다 : 타향살이하다.
527)ᄎᆞ역텬명(此亦天命) : '이것이 또한 천명(天命)이다'는 뜻.
528)빅년연분(百年緣分) : 혼인을 맺는 인연. *백년(百年); 사람의 한평생을 이르는 말로, 한번 인연을 맺으면 한평생을 같이 살아가게 되는 '혼인'의 뜻으로 쓰인다.
529)모로미 : 모름지기. 사리를 따져 보건대 마땅히. 또는 반드시.

로 왕후의 부음(訃音)을 가지고 텬됴의 가다가, 히슈(海水)의셔 표풍(漂風)530)ᄒᆞ야 이의 와시믈 닐ᄏᆞ라 텬됴로 가게 ᄒᆞ여주믈 쳥ᄒᆞ니, ᄎᆞᄎᆞ 젼ᄒᆞ여 오왕긔 고흔ᄃᆡ, 오왕이 즉시 알뉼금을 브로라 ᄒᆞ여, 일ᄒᆡᆼ을 옥화관의 머므러 졉ᄃᆡᄒᆞ니, 몽농 공ᄌᆞ 쏘ᄒᆞᆫ ᄒᆞᆫ가지로 머므러 보니, 오국 풍속이 일침국과 닉도ᄒᆞ여 남녀의 의복졔도와 언어형용이 대국사름으로 다ᄅᆞ미 업셔, 몽고의 무지흠 ᄀᆞᆺ지 아【7】냐, 풍속이 슌후(淳厚)ᄒᆞ더라.

동오왕의 셩명은 엄빅경이오, ᄌᆞᄂᆞᆫ ᄌᆞ쳠이니, 텬됴 고(故) 승상 엄유의 뎨삼ᄌᆞ(第三子)니, 왕의 냥형은 텬됴의 ᄉᆞ환(仕宦)ᄒᆞ니, 쟝은 빅명이오, ᄎᆞᄂᆞᆫ 빅흠이니, 작위 경상(卿相)531)의 거ᄒᆞ엿더라. 왕의 연긔 삼오(三五)의 문무과를 응ᄒᆞ여 경악(經幄)532)의 근시(近侍)되믹, 긔졀쳥망(奇節淸望)과 문무지략(文武才略)이 일셰의 희한ᄒᆞ더니, 삼십젼의 오젹을 탕멸ᄒᆞ고 션뎨(光帝) 진종(眞宗) 시의 봉왕(封王)ᄒᆞ샤 오국군이 되믹, ᄌᆞ긔 부뷔 외로이 오국의 도라와시나, 냥형과 일가친젹이 텬됴의 ᄉᆞ환ᄒᆞ더라.

왕의 졍궁(正宮) 쟝【8】시ᄂᆞᆫ 여람후 쟝달의 녜니, 식광(色光)과 션ᄒᆡᆼ(善行)이 겸젼(兼全)ᄒᆞ여 남교(藍橋)533)의 슉녜(淑女)라. 왕이 년긔 이칠(二七)의 결발대륜(結髮大倫)534)을 뎡ᄒᆞ여 동쥬(同住) 이십여 년의 부뷔 샹경여빈(相敬如賓)535)ᄒᆞ여 여러 ᄌᆞ녀를 싱ᄒᆞ엿더니, 불ᄒᆡᆼᄒᆞ여 유하(乳下)의 다 업시ᄒᆞ고, 다만 이ᄌᆞ와 일녀 이시ᄃᆡ, ᄎᆞᄌᆞᄂᆞᆫ 왕의 빅형 엄태시 계후ᄒᆞ여 경ᄉᆞ의 잇고, 쟝ᄌᆞ와 일녀만 의의 이시ᄃᆡ, 왕의 부부의 참통ᄎᆞ비(慘痛嗟悲)ᄒᆞ미 미ᄉᆞ지젼(未死之前)의 풀니지 아닐 빅 이시니, 다름이 아니라, 쟝비 ᄡᅡᇰ틱(雙胎) 냥녀(兩女)를 싱ᄒᆞ여, 쟝은 션혜라 ᄒᆞ고, ᄎᆞᄂᆞᆫ 월혜라 ᄒᆞ엿더【9】니, 월혜 소져를 싱지 오륙삭의 실니(失離)ᄒᆞᄃᆡ, 일이 고이ᄒᆞ여 월혜 소져 유부 관학이 셩되 포학ᄒᆞ더니, 월혜의 유뫼 졔 ᄌᆞ식을 물니치고 소져 등만 졋슬 먹여 기르믈 보고, 믜이넉여 ᄀᆞ마니 월혜를 도젹ᄒᆞ여 황셩 옥누항 윤부시녀 ᄲᅡᆼ셤의게 오십냥 은을 밧고 ᄑᆞ니, ᄲᅡᆼ셤은 윤승샹 효문공의 계비(繼妃) 쟝부인 시녜라. 오왕비 쟝시 쟝부인으로 종

---

530) 표풍(漂風) : 바람결에 떠 흘러감.
531) 경상(卿相) : 육경(六卿)과 삼상(三相)의 작위(爵位). 육경(六卿); 육조판서. 삼상(三相); 영의정, 좌의정, 우의정.
532) 경악(經幄) : 경연(經筵).
533) 남교(藍橋) : 섬서성(陝西省) 남전현(藍田縣) 동남쪽 남계(藍溪)에 있는 다리 이름. 그 곳에는 선굴(仙窟)이 있는데, 당나라 때 사람 배항(裴航)이 이곳을 지나다가 선녀인 운영(雲英)을 만나서 선인들이 마시는 음료인 경장(瓊漿)을 얻어 마셨다고 한다. 배항은 문희(聞喜) 사람으로 장경(長慶) 연간의 수재였고, 운영은 옥영이라고도 한다. 『시아소명록』이나 『태평광기』, 『서상기』 등에서 배항과 운영의 이야기가 전한다. 곧, 장경 연간에 배항이 양한에서 노닐었는데, 그는 운영의 언니이자 유강의 아내인 번부인(樊夫人)과 같은 배를 타게 된다. 이때 번부인이 배항에게 "백옥 음료를 마시자 온갖 감회 생겨나고, 하늘이 서리 없어지자 운영이 드러난다. 남교가 바로 신선의 집이니, 하필 어렵사리 백옥경에 올라갈 게 무어 있는가"라는 시를 주었는데, 그 뒤 배항은 남교역(藍橋驛)을 지나다가 선녀 운영을 만나 아내로 맞게 되고, 뒤에 그 둘은 함께 신선이 되었다는 이야기로, 인간과 선녀의 아름다운 혼인을 내용으로 한 이야기이다.
534) 결발대륜(結髮大倫) : 혼인(婚姻).
535) 상경여빈(相敬如賓) : 부부가 서로 공경하기를 마치 손님을 공경하듯 함.

형뎨지간(從兄弟之間)이라. 빵셤이 엄뷔 경스의 이실 쩌 주로 왕닉ᄒ여시므로, 관학의 얼골은 닉으딕 소져를 도적ᄒ여 ᄑᄂᆞᆫ 줄은 모로고 【10】졔 주식을 졋 어더 먹이미 어려워 아모딕나 풀녓노라 ᄒᄆᆡ, 그 작인이 긔특ᄒᄆᆞᆯ 보고 오십냥 은주를 주고 사니, 관학이 은을 밧아가지고 도망ᄒᄂᆞ니라.

왕이 오국을 탕멸ᄒ고 갓도라와 즉시 봉왕(封王)ᄒ시ᄂᆞᆫ 셩지를 밧주와 귀국홀ᄉᆡ, 관학을 넙이 심방(尋訪)ᄒ야 녀ᄋᆞ의 스싱거쳐(死生居處)를 뭇지 못ᄒ고 오국의 니로나, 왕이 ᄆᆡ양 관학 춧기를 원ᄒ여 두로 듯보딕 만나지 못ᄒ고, 관학의 쳐 오파ᄂᆞᆫ 월혜 소져를 일코 셜워ᄒᄆᆡ 왕과 비나 다르지 아니ᄒ고, 션혜 소져를 ᄀᆞ죽이 보호ᄒ【11】여 지극ᄒᆫ 졍셩이 이시니, 왕과 비 관학의 죄를 오파의게 연좌치 아냐, 오직 관학을 보면 추녀의 스싱이나 알녀ᄒᆞ딕, 셰월이 신속ᄒ여 팔년 츈츄를 지나니[딕] 스싱존망(死生存亡)을 아지 못ᄒ고, 그 나흘 혜아리미 구셰 되여, 슉연긔이(淑然奇異)ᄒᄆᆡ 장녀의셔 더ᄒᆞᆯ 바를 싱각ᄒᆞᆫ즉, 왕과 비 심장은 갈스록 비쳑(悲慽)ᄒᆫ 즁, 추주 창은 장비 오국의 와셔 분산(分産)ᄒᆞ며 즉시 엄태ᄉᆞ 다려가니, 년이 칠셰 되여시딕 장비 능히 그 면목을 아지 못ᄒ고, 셰주 표ᄂᆞᆫ 십삼셰 되여시딕 그 위인이 ᄆᆡ양 왕의 【12】나모라 ᄒᄂᆞᆫ 빅 되어, 텬눈주인(天倫慈愛) 흡연치 아니니, 표의 용화긔질이 부족ᄒᄆᆡ 아니로딕, 지승덕박(才勝德薄)[536]ᄒ여 소인의 졍틱 이시므로, 왕이 크게 미흡ᄒ여 ᄆᆡ양 군주지덕(君子之德)으로 경계ᄒ더라.

임의 취실(娶室)ᄒ여 대국 쳐스(處士)[537] 호흠의 녀를 마주 오국으로 도라오니, 호시 용뫼 평상ᄒ나 심덕이 남다라니, 왕이 과이ᄒ여 귀듕ᄒ딕, 셰주ᄂᆞᆫ 호빙[빈(嬪)]의 얼골이 곱지 못ᄒᄆᆞᆯ 박딕ᄒ여, 궁ᄋᆞ를 ᄀᆞ죽이[538] 유졍(有情)ᄒᆞ니, 왕이 통완(痛惋)ᄒ딕, 호시ᄂᆞᆫ 텬연주약(天然自若)ᄒ더라.

왕이 추녀(次女)를 춧지 못ᄒ나 장녀 【13】나 아름다온 빵을 지어 주미를 보고져ᄒ나, 오국의셔 인지를 엇지 못ᄒ고 왕이 거년의 됴회ᄒ고 도라올 제, 희슈(海水)의셔 빅듀의 젹뇽을 만나 입으로 토ᄒᄂᆞᆫ 오치쥬(五彩珠) ᄒ나흘 어드믹, 금주(金字)로 '주쥐(雌珠)'라 ᄒᆞ엿고, 기야(其夜)의 일몽을 어드니 션인(仙人)이 닐오딕,

"녀ᄋᆞ와 비우를 뎡ᄒ딕 오치쥬 ᄒᆞᆫ빵 가지니로 뎡ᄒ딕, 윤주의 직실 되미 범인의 원비(元妃)되ᄂᆞ니도곤 쾌ᄒ니, 직실을 혐의치 말고 긔특ᄒᆞᆫ 텬연을 그릇게 말나."

왕이 ᄭᅮᆷ을 ᄭᆡ여 오치쥬를 엇고 국도의 도라와, 장후를 【14】딕ᄒ여 몽ᄉᆞ를 닐오고, 웅쥬(雄珠)가진자를 유의ᄒ더니, 몽고 등이 옥화관의 이셔 오국 사름으로 더브러 말홀ᄉᆡ, 몬져 텬됴 현셩(賢聖)의 긔특ᄒᄆᆞᆯ 닐ᄋᆞ고, 버거 금번 표풍ᄒ여 위틱터니, 흑(黑)·젹(赤) 냥뇽이 비를 지고 이의 온 바와, 젹뇽이 구슬을 토ᄒ여 공주를 주던 일을 젼ᄒ니, 듯ᄂᆞᆫ 재 몽뇽 공주의 풍치신광(風彩身光)을 귀경코져 ᄒ여, 오국 정승 심

---

536)지승덕박(才勝德薄) : 재주는 뛰어나지만 덕이 적음. ≒재승박덕(才勝薄德).

537)쳐스(處士) : 예전에, 벼슬을 하지 아니하고 초야에 묻혀 살던 선비.

538)ᄀᆞ죽이 : 가까이. *ᄀᆞ죽ᄒ다; ①가지런하다. 나란하다. ②가깝다.

유졍이 브러539) 와 보고 오왕긔 그긔이흐믈 고흔딘, 왕이 텬됴 사롬이라 혹즉 지나가
눈 걸인이라도 반기며 귀히 넉이눈지라. 즉시 안【15】마(鞍馬)롤 ᄀᆞ초고 셰ᄌᆞ롤 보
닉여 그 소년을 쳥호여 오라 호니, 셰지 문무신뇨롤 거ᄂᆞ려 옥화관의 드러와 부왕의
명을 젼호고, 텬됴의셔 온 소년을 ᄎᆞᄌᆞ니, 몽농 공지 잠간 셰ᄌᆞ롤 보니, 남즁미식(男
中美色)이나, 미간(眉間)의 불길흔 긔운이 잇고, 소인의 졍틱(情態) ᄀᆞ득ᄒᆞ니, ᄆᆞ음의
불낙(不樂)ᄒᆞ여 가지 말고져 ᄒᆞ니, 졍승 심유졍이 지삼 근쳥흔딘, 공지 브득이 셰ᄌᆞ와
오국 신뇨로 더브러 궐뎡(闕廷)의 나아가니, 왕이 몸을 움즉여 몽농 공ᄌᆞ롤 마ᄌᆞ 녜필
(禮畢)에 방셕을 미러, 왕의 농상으로써 딕【16】좌케 ᄒᆞ니, 공지 동오왕을 잠간 보건
딘 진짓 셩덕군ᄌᆞ(聖德君子)요, 쳔츄인걸(千秋人傑)이라. ᄌᆞ연 공경ᄒᆞᄂᆞᆫ 의ᄉᆞ 니러나
놉흔 자리롤 밀고, ᄂᆞ즌 방셕을 갈히여 안ᄌᆞ니, 왕이 몬져 말솜을 펴 왈,

"과인은 텬됴 식녹지신(食祿之臣)이라. 부형이 다 년곡지하(輦轂之下)540)롤 떠나시
미 업셔 황셩의셔 ᄉᆞ환ᄒᆞ더니, 과인의 다ᄃᆞ라 쳑촌지공(尺寸之功)으로써 션뎨 이곳의
왕위롤 주시니 ᄉᆞ양ᄒᆞ여 능히 엇지 못ᄒᆞ고, 부득이 황셩을 하직ᄒᆞ고 귀국ᄒᆞ연지 팔년
이라. 일즉 대국사롬의 일홈을 드ᄅᆞ면 반가오미 유동(流動)ᄒᆞ야 친쳑【17】이 아니로
딘, 서로 쳥ᄒᆞ야 보더니, 이제 슈지(豎子) 텬됴사롬으로 일침국ᄀᆞ지 뉴락(流落)ᄒᆞ여 아
국의 니ᄅᆞ믄, 하늘이 슈ᄌᆞ로써 소국 신민(臣民)으로 ᄒᆞ야금 귀경케 ᄒᆞ미니, 오늘 승회
(勝會)ᄂᆞᆫ 쳔지(千載) 일시(一時)라. 엇지 다힝치 아니리오. 과인의 셩명은 엄빅경이어
니와 슈ᄌᆞ(豎子)의 존셩대명(尊姓大名)을 드러지라."

흔딘, 몽농이 흠신(欠身)541) ᄉᆞ사(謝辭) 왈,

"소싱은 텬디간 명박(命薄)흔 인싱이라. 어려셔 부모롤 실니ᄒᆞ미 셩명을 모로ᄂᆞᆫ 죄
인으로, 북히 젹긱 소태우 대인이 거두워 기ᄅᆞ시믈 닙어, 나히 십셰의 밋ᄎᆞ미 텬하롤
도【18】라 싱부모롤 ᄎᆞᆺ고져 ᄒᆞ여 길흘 나, 흔번 히슈롤 건너고져 흔 거시 션뇌(船
路) 슌치아니므로, 일침국의 뉴락ᄒᆞ엿다가 텬됴로 드러가고져 흔 거시, 표풍(漂風)ᄒᆞ
여 귀국의 니ᄅᆞ럿더니, 이제 탑하의 니ᄅᆞ러 과히 딕졉ᄒᆞ시믈 닙으니, 후의롤 감골(感
骨)ᄒᆞᄂᆞᆫ 즁, 소싱의 셩명이 업ᄉᆞ고, 오직 은인 소대인의 지으신 바 '몽농' 두ᄌᆞ 뿐이니
이다."

ᄒᆞ니, 셩음이 쳥원(淸遠) 쇄락(灑落)흔지라. 왕이 흠이경앙(欽愛敬仰)ᄒᆞᄂᆞᆫ 졍이 ᄀᆞ득
ᄒᆞ여 집슈(執手) 탄식 왈,

"ᄌᆞ고로 현인군ᄌᆞ와 영웅쥰걸이 쵸년이 곤궁ᄒᆞᄂᆞ니, 슈ᄌᆞ의 친【19】당을 ᄎᆞᆽ지 못
흠과, 타국의 뉴락흠도 하늘이 식이신 비라. 인녁으로 못ᄒᆞ려니와, 소문환은 텬됴의
이실젹 동뇨지위(同僚之位)러니 과인이 귀국(歸國)흔 후 피ᄎᆞ 음신(音信)542)을 모로더

---

539)브러 : 부러. 일부러. 어떤 목적이나 생각을 가지고. 또는 마음을 내어 굳이.
540)년곡지하(輦轂之下) : 왕도(王都). 왕궁이 있는 도시. *연곡(輦轂); =어가(御駕). 임금이 타는 수레.
541)흠신(欠身) : 공경하는 뜻을 나타내기 위하여 몸을 굽힘.
542)음신(音信) : 먼 곳에서 전하는 소식이나 편지.

니, 슈ᄌ의 젼ᄒᄆ로 피적(被謫)ᄒᄆᆯ 알니로다."

인ᄒ여, 공ᄌ의 손과 ᄑᆯᄒᆯ 어라만지다가 비상(臂上)의 '셩신(星神)' 두ᄌ와 장심(掌心)의 유인지문(油印之紋)543)을 보고 문득 개용(改容) 칭찬(稱讚) 왈,

"이 비상표젹(臂上標的)이 족히 친당(親堂)을 ᄎᆵ 증험이 되려니와, 과인은 ᄯᆯ을 일헌지 팔년의 ᄎᆵ 긔약이 업고, 이런 증험도 업스미 아니언마ᄂᆞᆫ, 남보기 쉽지【20】아녀, 가슴 가온ᄃᆡ 화엽(花葉)의 졈이 잇고, 발바닥의 흑ᄌᆞ(黑字) 닐곱이 이시나, 뉘 알니오."

ᄒ고, 안ᄉᆡᆨ이 츄연(惆然)ᄒᄀ거늘, 공ᄌ 왕이 ᄯᆯ을 일허시므로 여ᄎ 슬허ᄒᄆᆯ 보ᄆᆡ, ᄌᄀ도 ᄯᅩᆫ 봉안의 츄패(秋波) 동(動)ᄒᄆᆯ 면치 못ᄒ더라.

왕이 죵용히 담화ᄒᆯᄉᆡ, 공ᄌ 그 믓ᄂᆫ 말을 답ᄒᆯᄉᆡ 만복금쉬(滿腹錦繡)544)니 왕이 ᄆᆞ음의 상쾌ᄒ여 그윽이 유의(有意)ᄒᄆᆡ 이셔, 환연(歡然) 왈,

"그ᄃᆡᄅᆯ 보ᄆᆡ 타일의 우리 셩쥬(聖主)ᄅᆯ 돕ᄉᆞ와 국가의 쥬셕지신(柱石之臣)이 되리니 엇지 깃브디 아니리오. 연(然)이나 그ᄃᆡ의 형용이 텬됴(天朝) 윤상국 효문【21】공과 만히 방불ᄒ니, 그ᄃᆡ 혹ᄌ 윤효문의 친척인가 ᄒ노라."

공ᄌ 왈,

"소싱이 일침국 고부ᄉ(告訃使)의 도라가기ᄅᆯ 기다려 ᄒᆞᆫ가지로 힝ᄒ려 ᄒᄂᆞ니, 대왕은 일침 고부ᄉᄅᆯ 수히 텬됴로 향케ᄒ시면 힝심일가 ᄒᄂᆞ이다."

왕 왈,

"엇지 지쳬ᄒ리오마ᄂᆞᆫ 이곳의셔 비ᄅᆯ 건너ᄂᆫ 도리 됴흔 ᄇᆞ람을 만ᄂᆫ 후 편히 힝션(行船)ᄒᄂᆞ니, 임의 션인(船人)의게 하령ᄒ여 슌풍이 닐거든 즉시 고ᄒ라 ᄒ여시니, 오ᄅᆡ지 아냐 도라가리니 현계(賢契)545)ᄂᆫ 근심 말고, 과인이 비록 부ᄌᆡ박덕(不才薄德)【22】이나 오히려 몽고 등의 무지ᄒᆷ과 ᄀᆞᆺ지 아니리니, 현계ᄂᆫ 과인으로 더브러 ᄒᆞᆫ가지로 이시미 엇더ᄒ뇨?"

공ᄌ ᄉᆞ샤 왈,

"대왕이 소싱을 여ᄎ(如此) 과이(過愛)ᄒ시니 황감(惶感)ᄒ오나, 아직 옥화관의 이시미 됴흐니이다."

왕이 올히넉여 죵일 담화ᄒ다가 날이 져믄 후 공ᄌ 옥화관으로 나아오니, 명일 왕이 친히 옥화관의 니로러 공ᄌ로 담화ᄒ다가 이의 문왈,

"현계 어ᄃᆡ 셩친ᄒᆫ 곳이 잇ᄂᆞ냐?"

공ᄌ ᄃᆡ왈,

"소싱이 셩명을 아지 못ᄒ고 부모ᄅᆯ ᄎᆽ지 못ᄒ여시니 나히 십셰ᄅᆯ 넘지 말【23】

---

543) 유인지문(油印之紋) : 인주(印朱)로 찍은 것처럼 붉게 새겨진 무늬.
544) 만복금쉬(滿腹錦繡) : 뱃속이 금수(錦繡)처럼 아름다운 것들로 가득차 있다는 뜻으로 말이 박식하고 유
    창하며 감동적임을 비유적으로 나타낸 말.
545) 현계(賢契) : 문인(門人), 제자, 친구 등을 존중해서 이르는 말.

고 삼십이 넘어도 부모를 춧기 젼은 취실(娶室)의 의식 업도소이다."

왕이 탄왈,

"현계는 이리 닐ᄋ지 말나. 현계의 만복완젼지상(萬福完全之相)546)으로 부모 춧기는 오리지 아니려니와, 슉녀의 현부를 알아 군ᄌ의 ᄣᅡᆼ을 일치 아니미 됴흐니, 맛당ᄒᆞᆫ 혼쳬(婚處) 이실진듸 '쥬진(朱陳)의 호연(好緣)'547)을 미리 뎡ᄒᆞ여두미 올치 아니랴?"

싱이 딕왈,

"하괴 여ᄎᆞᄒᆞ시나 소싱의 ᄆᆞ음이 아직 혼쳐를 싱각지 아닐 ᄲᅮᆫ 아니라, 녀관(女關)의 ᄯᅳᆺ이 《업슨 ᄃᆞᆺᄒᆞ니∥업스니》 부모를 ᄎᆞ즌 후 상의ᄒᆞᆯ 일이니이다."

왕이 그 ᄯᅳᆺ【24】을 슷치미 발셔 대군ᄌ의 침묵 졍대ᄒᆞ미 완젼ᄒᆞ더라. 이후의 몽농 공지 다시 궐즁의 드러가지 아니ᄒᆞ고, 왕이 날마다 나와 담화ᄒᆞ다가 도라가니라.

이러구러 계츄회간(季秋晦間)548)을 당ᄒᆞ여 션인(船人) 등이 비를 잡고 슌풍이 니러나믈 고ᄒᆞ여, 일침 ᄉᆞ신이 텬됴로 향ᄒᆞ려 ᄒᆞᆯ시, 몽농 공지 ᄯᅩᆫ 알뉼금을 ᄯᆞ라가려 ᄒᆞ더니, 믄득 공지 먹은 거슬 토ᄒᆞ고 졍신이 혼침(昏沈)ᄒᆞ며 골졀이 녹는 ᄃᆞᆺᄒᆞ여 불의에 엄홀(奄忽)ᄒᆞ니, 졍승 심유졍이 몽농 공ᄌ의 병 듕ᄒᆞ믈 왕긔 고ᄒᆞᆫ듸, 왕이 대경【25】ᄒᆞ여 옥화관의 나아가 공ᄌ를 보니 슈족이 어름 ᄀᆞᆺ고 인ᄉᆞ를 아지 못ᄒᆞ니, 왕이 어의(御醫)를 불너 진믹게 ᄒᆞ고, 일변 약으로 구호ᄒᆞ니, 비로소 싱되 이시나 오히려 인ᄉᆞ를 출히지 못ᄒᆞ니, 몽고 등이 공ᄌ를 위ᄒᆞ여 급ᄒᆞᆫ 길흘 머므지 못ᄒᆞᆯ 거시므로 오왕긔 도라가믈 고ᄒᆞᆫ듸, 왕이 즉시 힝장을 출혀주니, 몽고 등이 몽농 공ᄌ의 질(疾)을 넘녀ᄒᆞ여 동힝치 못ᄒᆞ믈 이돌와ᄒᆞ니, 왕이 위로ᄒᆞ여 보ᄂᆡ니라.

왕이 공ᄌ를 편ᄒᆞᆫ 거륜(車輪)의 시러 궐뎡의 드러와 그윽ᄒᆞᆫ 침당의 편히【26】누이고 어의로 구호케 ᄒᆞᆯ시, 급히 그 옷슬 벗기고 요듸(腰帶)를 글너 병풍의 거다가, 낭즁의 오얏만ᄒᆞᆫ 구슬이 드럿거늘, 왕이 심니(心裏)의 혜오듸,

"이 ᄋᆞ히 쳥고(淸高)ᄒᆞ미 셩인 ᄀᆞᆺᄐᆞ니 낭즁의 든거시 범연치 아니타."

ᄒᆞ고 잠간 너여본즉, 오치 녕농(玲瓏)ᄒᆞ고 명광이 됴요(照耀)ᄒᆞ여 실즁(室中)이 찬난ᄒᆞᆯ ᄲᅮᆫ 아니라, 금ᄌ(金字)로 뻐시듸 '웅쥬(雄珠)'라 ᄒᆞ엿고, 모양과 광치 녀ᄋᆞ의 오치쥬(五彩珠)와 호리(毫釐)549)도 다ᄅᆞ미 업서, '웅쥬' 두지 업스면 ᄒᆞᆫ가지로 노하도 갈희지 못ᄒᆞᆯ지라.

왕이 긔이코 이상ᄒᆞ믈 니긔지 못ᄒᆞ여 싱각ᄒᆞ되,

"내 거년【27】의 ᄌᆞ쥬(雌珠)를 엇고, 몽ᄉᆞ로 인ᄒᆞ여 웅쥬 가진 쟈를 만나지 못ᄒᆞᆯ

---

546)만복완젼지상(萬福完全之相) : 세상의 모든 복을 완전히 갖추고 있는 관상.

547)쥬진(朱陳)의 호연(好緣) : 주진(朱陳)은 중국 당(唐)나라 때에 주씨와 진씨 두 성씨가 함께 살아오던 마을 이름인데, 한 마을에 오직 주씨와 진씨만 대대로 살아오면서 서로 혼인을 하였다고 하여, 두 성씨간의 혼인을 일컬어 '주진(朱陳)의 호연(好緣)'이라 한다.

548)계츄회간(季秋晦間) : 음력 9월 그믐.

549)호리(毫釐) : ①자나 저울눈의 호(毫)와 이(釐). ②매우 적은 분량을 비유적으로 이르는 말.

가 근심ᄒ더니, 금일 이ᄅᆯ 보ᄆᆡ 모양과 광칙 나의 어든 바로 다로지 아니니, 이ᄂᆫ 하늘이 유의ᄒ여 녀ᄋ의 비필을 닉시고 ᄌᆞ웅쥬(雌雄珠)ᄅᆯ 각각 엇게 ᄒ니, 이 ᄋᆞᄒᆡ 타국으로 도라 이의 니로ᄆᆡ 녀ᄋ로 더브러 '쥬진(朱陳)의 호연(好緣)'을 미리 뎡케 ᄒᆞᄆᆡ니, 저의 병이 낫기ᄅᆯ 기다려 ᄌᆞ쥬로ᄡᅥ 웅쥬ᄅᆯ 밧고고, 녀ᄋ의 얼골을 뵈여 서로 실신비약(失信背約)지 아닐 ᄯ들 알게ᄒ리라."

의시 이의 미처, 몽뇽의 웅쥬ᄅᆯ 낭즁의 너허 깁히 금초고, 니【28】뎐의 드러가 왕비ᄅᆯ 보고 몽뇽의 일과 웅쥬의 긔이ᄒᆞᆷᄅᆯ 일일히 닐ᄋ고, 녀ᄋ와 뎡혼코져 ᄒᆞᆷ을 닐ᄋ니, 왕비 일변 신긔히 넉이고, 일변 그 근본 모로ᄆᆯ 의려(疑慮)ᄒ더라.

왕이 됴회ᄅᆯ 파ᄒᆞᆫ 후, 날마다 몽뇽 공ᄌᆞ 병소의 나아가 병을 구호ᄒᆞᆯᄉᆡ, 공ᄌᆞ의 병세 졈졈 위듕ᄒ야 사ᄅᆷ의 츌입을 아지 못ᄒ고, 토혈이 무상ᄒ더니, 오ᄅᆡ게야 비로소 병이 져기 나하 삼동(三冬)550)을 지나고, 명년 신졍(新正)을 당ᄒ니 쥰학과 영필이 심시 슬프더니, 이ᄶᆡ 셰ᄌᆡ 왕이 몽뇽의[을] 과이ᄒᆞᆷᄅᆯ 싀긔ᄒ【29】여 사오나온 의ᄉᆞ와 간흉○[ᄒ] ᄆᆡ 니러나니, 그 병들ᄆᆯ 인ᄒ여 뎨일 독약을 먹여 죽이고져 친히 차의 화ᄒ여 가지고 몽뇽의 병소의 나아가 공ᄌᆞ의 닙의 ᄡᅥ 너흐니, 공ᄌᆞᄂᆫ 혼침ᄒ여 아모란 줄 아지 못ᄒ니, 셰ᄌᆡ 약을 년ᄒ여 ᄡᅥ 넛더니 공ᄌᆡ 믄득 몸을 기우려 약을 토ᄒ니, 약물이 ᄀᆞ장 심히 쏠나 셰ᄌᆞ의 ᄂᆞᆾ치 ᄶᅵ치이니, 독긔 방즁의 ᄀᆞ득ᄒ고 셰ᄌᆡ 만면이 얿프고, 냥안(兩眼)이 뿌서 능히 견듸지 못ᄒ여 '익고!'ᄒ니, 좌우 의ᄌᆡ(醫子) 대경ᄒ고, 쥰학 영필이 황황ᄒ더니, 왕이 드러와 방【30】즁 경식을 보고, 일변 놀나 구호ᄒ며 보졔(補劑)ᄅᆯ ᄡᅳ니 병세 졈졈 나하 여상(如常)ᄒ니, 왕이 깃브미 비홀ᄃᆡ 업고, 셰ᄌᆞᄂᆫ 안질(眼疾)이 비경(非輕)ᄒ더니, 어의 부쳔이 슐업(術業)이 고명ᄒᆞᆷ을 힘닙어 잠간 나으나, 냥안이 맛ᄎᆞᆷᄂᆡ 붉지 못ᄒ여 놉흔 곳은 ᄇᆞ라보지 못ᄒ니, 스스로 저의 사오나온 줄은 ᄭᆡ듯지 못ᄒ고, 일노 드듸여 몽뇽을 더옥 원슈 ᄀᆞ치 믜워ᄒ더라.

왕이 공ᄌᆞ의 여상ᄒᆞᆷᄅᆯ 보고 녀ᄋᄅᆯ 외뎐 갓가온 쟝운ᄃᆡ로 브르니, 공쥐 시녀로 고ᄒᆞᄃᆡ,

"쟝운ᄃᆡᄂᆫ 외궁이 갓가오니 소녀의 나갈 곳【31】이 아니니 부왕은 브르지 마ᄅᆞ소셔."

왕이 웃고 지촉 왈,

"과인이 금일 쟝운ᄃᆡ 상(上)의셔 ᄒᆡ슈(海水)ᄅᆯ 구버보고 초목의 환싱(還生)ᄒᆞᆷᄅᆯ 완상ᄒᆞᆷᄆᆡ, 내 심시 더옥 상감(傷感)ᄒ여 고국을 싱각ᄂᆞᆫ 회푀 근졀ᄒ니, 녀ᄋᄂᆫ 모로미 잠간 나와 아비ᄅᆯ 위로ᄒ라."

공쥐 부왕의 지촉ᄒᆞᆷᄅᆯ 거역지 못ᄒ여 두어 궁인과 유모로 더브러 쟝운ᄃᆡ로 나오니, 왕이 녀ᄋ의 손을 잡고 겻ᄒᆡ 안처 운발을 어ᄅᆞ만져 왈,

"금일 내 심회 불호(不好)ᄒ여 이곳의셔 널노 ᄒᆞᆫ가지로 ᄒᆡ슈ᄅᆯ 구경ᄒ고, 술을 마셔

---

550)삼동(三冬) : 겨울의 석 달.

회포를 위【32】로코져 ᄒ노라."

이리 닐ᄋ며 셰ᄌᄅᆯ 눈주어 몽농을 브로라 ᄒ니, 셰ᄌ 심졍이 간독요사(奸毒妖邪)ᄒ나 부왕을 깁히 두리고, 겸ᄒ여 왕의 압히셔 효슌경근지도(孝順敬謹之道)ᄅᆯ 다ᄒ여 눈 밧게 나지말고져 ᄒᄂᆫ 고로, 몸을 니러 공ᄌ 병소의 니로니, 공ᄌ 비록 쾌ᄎ(快差)ᄒ나 오히려 의약을 폐치 못ᄒ엿더니, 셰ᄌ 니르러 부왕의 근쳥ᄒ시믈 고ᄒᆫ딩, 공ᄌ 수오삭 위질의 왕의 지셩구호ᄒ믈 그윽이 감격ᄒ여, 빅골의 삭일 뜻이 잇ᄂᆫ 고로, 져의 쳥ᄒᄂᆫ 바ᄅᆯ 거역지 못ᄒ여 셰ᄌᄅᆯ ᄯ【33】라 장운딩의 니르니, 왕이 함소(含笑)ᄒ고 올으믈 명ᄒ니, 공ᄌ 눈을 두루지 아닛ᄂᆫ 고로, 딩상(臺上)의 공쥐 잇ᄂᆫ 줄 모로고, 딩의 올나 취좌(就坐)코져 ᄒ더니, 잠간 눈을 들믹 일위(一位) 규쉬(閨秀) 홍상치의(紅裳彩衣)로 왕의 겻히 안줏ᄂᆫ지라. 공ᄌ 대경ᄒ여 피코져ᄒ니, 왕이 그 ᄉ믹ᄅᆯ 넛그러 왈,

"과인이 무지블식(無知不識)ᄒ나 현계로ᄡᅥ 비례로 인도ᄒ리오마ᄂᆫ, 아ᄂᆡ 금년이 겨유 십셰라. 연(然)이나 녀ᄋ의게 ᄌ쥐(雌珠) 잇고, 네 낭즁의 웅쥐(雄珠) 이시니, 이ᄂᆫ 실노 텬연(天緣)이라. 과인이 금일 녀ᄋ와 널노ᄡᅥ 얼골을 잠간 서로 뵈고, 웅【34】쥬로ᄡᅥ ᄌ쥬ᄅᆯ 밧고와 서로 실신(失信)치 아닐 언약을 두고져 ᄒ노라."

공ᄌ 딩왈,

"소싱은 이뉵(二六) 소ᄋ(小兒)로 근본과 셩명 모로ᄂᆫ 텬디간 죄인이라. 대왕이 동상(東床)을 유의ᄒ실진딩 싱의 부모 ᄎᆽ기ᄅᆯ 기다려 근본을 알아신 후 맛당히 듕믹로ᄡᅥ 의논ᄒ실 빅어ᄂᆞᆯ, 이제 ᄒᆞᆫ낫 구슬노ᄡᅥ 텬연이라 ᄒ샤 인뉸대ᄉᄅᆯ 경이(輕易)히 의논코져 ᄒ시ᄂᆞ니잇고?"

왕 왈,

"현계 금년은 반다시 황셩으로 가리니 근본을 ᄌ연 슈히 알녀니와, 수만니 타국의 ᄉ고(事故)ᄅᆯ 아지 못ᄒ여 이의 얼골을 잠간 뵈ᄂᆫ 거【35】시 권도(權道)요, 네 친당을 ᄎᆽᄌ면 네 반다시 ᄋ녀ᄅᆯ 타국인물이라 ᄒ여 황셩 공경가(公卿家)의 현부ᄅᆯ 퇴ᄒ리니, 과인이 션후(先後) ᄎ례ᄅᆯ 구익(拘碍)치 아녀 비쳡지녈(婢妾之列)이라도 네게 의탁ᄒ면, 내 죽어도 쾌셔(快婿)어든 즐거오미 극ᄒ리니, 현계(賢契)ᄂᆫ 소소 녜졀을 구익치 말고 연분의 듕ᄒ믈 싱각ᄒ라."

공ᄌ 웅쥬 어들 ᄶᅵ 젹뇽의 화젼ᄉ어(華箋辭語)ᄅᆯ 싱각고 겸ᄒ여 은인의 지극ᄒᆫ 후의ᄅᆯ 져바리지 못ᄒ여, ᄉ셰 부득이 공쥬와 서로 볼신, 공쥬ᄂᆫ 피홀 길이 업셔 슈식(羞色)을 ᄯᅴ여 텬연이【36】긔동(起動)ᄒ여 예(禮)ᄒ니, 공ᄌ 답빅ᄒ고 먼니 좌ᄅᆯ 일우믹, 공쥬의 슈습(收拾)ᄒᆷᄆᆞᆫ 닐오지 말고, 공ᄌ ᄯᅩᄒᆫ 봉안을 ᄂᆺ초와 압흘 볼 ᄲᅮᆫ이오, 공쥬긔 눈이 가지 아니니, 공ᄌ의 텬일 ᄀᆞᆺᄐᆫ 의표와 공쥬의 소월(素月) ᄀᆞᆺᄐᆫ 광휘 상딩ᄒ믹, 남풍녀뫼(男風女貌) 찬난쇄락(燦爛灑落)ᄒ여 금옥(金玉)이 빗츨 다토고, 난봉(鸞鳳)이 희롱ᄒᆷ ᄀᆞᆺᄐᆫ지라.

왕이 공ᄌ와 녀ᄋᄅᆯ 동셔(東西)로 안쳐 두긋기ᄂᆫ 우음이 면모(面貌)의 넘ᄲᅵ고, ᄉ랑

 는 졍이 ㄱ득ᄒ여, 녀ᄋ의 오치쥬를 가져오라 ᄒ고, 즈긔 낭즁으로셔 몽농의 웅쥬를 ᄂᆡ【37】여 노ᄒ니, 광치 서로 됴요(照耀)ᄒᆞᆫ지라. 이의 녀ᄋ와 공쥬를 향ᄒ여 왈,

 "이 구슬이 인셰보믈(人世寶物)과 달나 텬궁의 단년(鍛鍊)ᄒᆞᆫ 긔보(奇寶)로 농신이 너의 연분을 표ᄒ려 각각 ᄒ나식 젼ᄒᆞ미니, 이 금즈로 ᄡᆞᆫ거시 업스면 비록 갈히고져 ᄒ나 아지 못ᄒ리라."

 공쥬는 눈들미 업스나 공즈는 이상이 넉여 잠간 보믹, 두 구슬의 오식셔광(五色瑞光)이 됴요(照耀)ᄒ여 태양의 바ᄋᆡ니, 긔홰(奇貨)551) 암암(嵒嵒)552)ᄒ여 모양이 일호 다로미 업스니, 글즈 곳 아니면 능히 그 즈웅을 갈히지 못ᄒᆞᆯ지라. 심즁의 텬연이 범연(凡然)치 아【38】닌줄 ᄭᆡ다라 봉안을 흘녀 엷프시 공쥬를 보믹, 이 믄득 션연아질(嬋妍雅質)553)이오, 텬향국식(天香國色)이라. 묽은 광치 계궁명월(桂宮明月)554)이 텬디를 빗최며, 옥으로 무은 니마와 곳 삭인 냥협(兩頰)이오, 진사잉슌(辰砂櫻脣)이 긔묘졀승(奇妙絶勝)ᄒ여 존귀복덕지상(尊貴福德之相)이 면모의 ㄱ득ᄒ니, 공즈 심니(心裏)의 경복ᄒᄃᆡ 스식지 아니코, 즉시 눈을 ᄂᆞ초와 념슬위좌(斂膝危坐)555)ᄒ니, 왕이 싱의 손을 잡고 왈,

 "나의 ᄯᅳᆺ은 빅년의 변치 아닐 비오, 녀ᄋ의 졀의ᄂᆞᆫ 고쟈(古者) 쳘부(哲婦) 열녀(烈女)를 ᄯᆞ로리니, 현계ᄂᆞᆫ 신의를 굿게ᄒ여 금일 서로 보믈 잇지 말【39】고, 녀ᄋ를 굿ᄐᆞ여 원비로 존치 말고, 현계의 셩명을 의지ᄒ여 부빈(副嬪)의 쉬라도 치올진ᄃᆡ 각골 감심ᄒ리라."

 공즈 직비 ᄉᆞ샤 왈,

 "대왕이 소싱을 여ᄎᆞ 과이ᄒ시니, 셩교(聖敎)를 심곡(心曲)의 삭이려니와, 다만 소대인의 거두워 기라신 은혜 부모의 싱휵지은(生慉之恩)556)과 구로지혜(劬勞之惠)557)의 감치아니니 ᄉᆞ디(死地)라도 소대인 명(命)은 감히 거역지 못ᄒ리니, 소싱이 희북의 이실 제 소대인이 맛당ᄒᆞᆫ 혼쳐(婚處) 이셔, 소싱이 자라기를 기다려 부모를 ᄎᆞᆽᄌᆞᆫ 후 셩녜코져 닐오시던 거시니, 소싱이 부모를 ᄎᆞᆺᄂᆞᆫ 날 근본【40】이 미쳔ᄒ여 져집의셔 스스로 결혼을 아니면 홀일 업거니와, 그러치 아닌즉 소대인의 닐오신 혼쳐 몬져 예를 일울 듯ᄒ니, 귀쥬(貴主)로써 하위의 굴ᄒᆞ미 대왕의 은혜를 져바림 ᄀᆞᆺᄌᆞᆸ거니와, 소싱의 ᄆᆞ음인즉 굿ᄐᆞ여 션후로 가지 아니ᄒᄋᆞ리니, 쳔년이 지나도 변치 아니ᄒᄋᆞ리이다."

 왕이 대열ᄒ여 칭사 왈,

---

551) 긔홰(奇貨) : 진기한 재물이나 보배.
552) 암암(嵒嵒) : 위엄 있게 서 있는 모양. 남보다 뛰어난 모양.
553) 션연아질(嬋妍雅質) : 고운 자태와 아름다운 자질.
554) 계궁명월(桂宮明月) : 계수나무 궁전에 떠 있는 밝은 달. *계궁(桂宮); 달 속에 있다고 하는 계수나무 궁전.
555) 념슬위좌(斂膝危坐) : 무릎을 단정히 모아 바르게 앉음.
556) 싱휵디은(生慉之恩) : 낳아서 길러주신 은혜.
557) 구로지혜(劬勞之惠) : 고생하며 길러주신 은혜.

"현계의 쏫이 여ᄎ 즉 과인의 근심이 업스리라."

ᄒ고 인ᄒ여 ᄌ쥬룰 싱의 금낭의 너허주니, 공ᄌ 왈,

"소싱이 대왕 셩교(聖敎)룰 거역지 못ᄒ여 귀쥬로쎠 서로 보【41】오나, 신세 명도
룰 싱각홀진ᄃᆡ 슬프믈 지향치 못ᄒ올지라. 이제 이 ᄌ쥬룰 주시나 소싱의 처엄 어덧
던 거시 아니오, 귀즁 보물이니 낭즁(囊中)의 진이미 번거ᄒ올지라. 출하리 싱의 구슬
과 ᄒᆞᆫᄃᆡ 두시미 맛당ᄒ오리니, 오직 ᄆᆞ음을 변치마라 굿이 직히올 쑨이니, 굿ᄐᆞ여 ᄒᆞᆫ
낫 구슬의 유무로 가지 아니리이다."

왕이 죵기언(從其言)ᄒ여 다 공쥬룰 주어 ᄒᆞᆫᄃᆡ 두라 ᄒ니, 공쥐 참안슈괴(慙顏羞愧)
ᄒ거늘, 공ᄌ 몸을 니러 공쥬룰 향ᄒ여 예ᄒᆞᆫᄃᆡ, 공쥐 유모의게 붓들녀 답녜【42】ᄒ
고 드러가니, 공ᄌ ᄯᅩ흔 침소로 도라가니, 왕이 ᄂᆡ뎐의 드러와 장후룰 보아 몽농으로
쎠 녀ᄋᆞ룰 뵈믈 닐오고, 오치쥬(五彩珠) ᄌᆞ웅(雌雄)을 ᄒᆞᆫᄃᆡ 노하본죽, 광치 반호(半
毫)558) 다르미 업스믈 닐ᄏᆞᆯ나니, 장비 오치쥬 두 낫치 이상이 ᄀᆞᆺᄐᆞᆯ 긔특이 넉이나,
만금교ᄋᆞ(萬金嬌兒)의 일싱을 근본 셩명도 모로는 동몽 소ᄌᆞ의게 의탁ᄒ여 타일 엇지
될고? 그윽이 넘녜 깁더라. 왕이 다시 외궁의 나와 몽농으로 더브러 담화홀ᄉᆡ, 공ᄌ는
황셩으로 가는 비룰 수히 어더주믈 쳥ᄒ니, 왕이 결연(缺然)ᄒ나 【43】이의 금은보
픠(金銀寶貝)559)와 인마(人馬)룰 출혀 오국지경(吳國之境)ᄀᆞ지 호송케 ᄒ니, 공ᄌ 직비
하직고 힝홀ᄉᆡ, ᄯᆡ 츈삼월이라.

두루 도라 ᄌᆞ식 일흔 사룸이 잇는가 ᄎᆞᄌᆞᄃᆡ 만나지 못ᄒ고, 도로의 방황ᄒ여 무궁
ᄒᆞᆫ 고초룰 격고 십일월이 되미 한셜(寒雪)을 당ᄒ니, 황셩으로 가지 못ᄒ고 소태우의
스럼ᄒ믈 싱각고 도로 북히로 올ᄉᆡ, 젹셜이 만히 ᄡᅡ혀 힝인이 만히 쥬인을 잡고 머므
ᄃᆡ, 공ᄌ는 쥰학과 영필의 손을 잡고 힝ᄒ여 ᄒᆞᆫ곳의 니르러 쥬인ᄒ고 자더니, 겻방의
셔 ᄒᆞᆫ【44】노괴 어린 녀ᄌᆞ룰 붓들고 실셩호읍(失性號泣) 왈,

"ᄂᆡ 관치(官債)룰 취ᄒ지 아니ᄒᆞ더면 무스일 관셔룰 ᄯᅥ나 북히ᄀᆞ지와 도망흔 사룸
이 되리오마는, 너룰 참아 옥즁의 너치 못ᄒ여 이 ᄯᅳ히 왓더니 관문(官門)560)의셔 잡
히믈 드로니, 이제는 죽어도 관셔의 가 가군의 무덤겻ᄒᆡ 가 죽으려니와, 어ᄃᆡ가 힝냥
(行糧)을 어드리오."

ᄒ니, 그 녀ᄌ 화흔 소ᄅᆡ로 위로ᄒ며, 어ᄃᆡ 제 몸을 ᄑᆞ라 약간 금은을 어더 젹치(積
債)561)○[룰] 갑흐믈 닐오니, 대개 그 졍(情)이 비졀(悲絶)흔지라. 공ᄌ 텽파의 불승참
연(不勝慘然)ᄒ여 문틈으로 보미, 그 【45】어린 녀ᄌ 낫치 검은 거슬 칠ᄒ여시ᄃᆡ, 작
인이 본 바 처엄이오, 동용쳐지(動容處止) 놉고 귀ᄒ여 슈복(壽福)이 무량(無量)ᄒ고,
그 노괴(老姑)는 텬셩이 질슌(質純)562)ᄒ여 예ᄉ 냥민이러라.

---

558)반호(半毫) : 반 가닥의 털이라는 뜻으로, 극히 작은 정도를 이르는 말.
559)금은보픠(金銀寶貝) : =금은보배. 금, 은, 옥, 진주 따위의 매우 귀중한 물건. 보패(寶貝); '보배'의 원말.
560)관문(官門) : 예전에, '관청(官廳)'을 이르던 말.
561)젹치(積債) : 오랫동안 쌓이고 쌓여 많아진 빚.

공지 이의 노고의 압히 나아가 문 왈,

"이제 노마(老媽)563)의 졍ᄉᆞ를 드르니 측연(惻然)564)ᄒᆞᆫ지라. 원간 무슴 연고로 사던 ᄯᅡ흘 ᄇᆞ리고 이곳의 뉴락(流落)ᄒᆞ며, 엇지ᄒᆞ여 관문(關門)의셔 잡히ᄂᆞ뇨? ᄉᆞ고(事故)565)를 듯고져 ᄒᆞ노라."

그 노괴 말노조ᄎᆞ 공ᄌᆞ의 영풍옥골이 셰속의 츌인(出人)ᄒᆞ믈 보고, 년망이 졀ᄒᆞ여 왈,

"노쳡은 관셔ᄯᅡ 고치민의 쳐실이러니, 지아비 칠【46】팔년 젼의 죽고 ᄇᆞ졀업슨 의ᄀᆡ로 사름을 구ᄒᆞ기의 금빅(金帛)을 믈ᄀᆞᆺ치 허비ᄒᆞᆫ 고로, 가시 《탕쇄∥탕픾(蕩敗566))》ᄒᆞ고 젹치여산(積債如山)ᄒᆞ여 보젼치 못ᄒᆞᆯ 지경의 잇더니, 관문(官門)의셔 관치(官債)를 직촉ᄒᆞ여 노쳡과 어린 녀식(女息)을 잡아가도려 ᄒᆞᄂᆞᆫ 고로, 희북이 깁다 ᄒᆞ니 혹ᄌᆞ ᄯᆞ라 잡으리 업슬가 ᄒᆞ여 이의 왓더니, 관문의셔 노쳡의 ᄌᆞ최를 심방(尋訪)ᄒᆞ미 ᄌᆞ못 이상ᄒᆞ여, 북히 관(官)의 이문(移文)567)ᄒᆞ여 잡아 가도려 ᄒᆞᆫ다 ᄒᆞ니, 출하리 고향의 도라가 죽고져 ᄒᆞ거니와, 힝냥(行糧)이 업서 민망ᄒᆞ여이다."

공지 우문(又問) 왈, 【47】

"원ᄂᆡ 노고(老姑)의 갑흘 빗이 언마나 ᄒᆞ뇨?"

노괴 왈,

"ᄉᆞ치(私債)ᄂᆞᆫ 부지기수(不知其數)요, 관치(官債)ᄂᆞᆫ 거의 이빅 금이나 ᄒᆞ나, 일냥 은도 츌쳐가 업스니 근심ᄒᆞᄂᆞ이다."

공지 왈,

"나의게 빅냥 은ᄌᆞ와 빅금 ᄡᆞ568) 믈이 이시니, 그ᄃᆡ를 주ᄂᆞ니 갓다가 관치를 갑흐라."

언흘(言訖)에 은(銀)과 믈을 갓다가 노고를 주니, 노괴 황망히 밧아 고두쳬읍(叩頭涕泣) 왈,

"이 은혜ᄂᆞᆫ 빅골난망(白骨難忘)569)이로소이다."

공지 ᄉᆞ샤ᄒᆞ고 도라가니, 노괴 울며 ᄯᆞ라가 고왈,

"노쳡이 상공의 대은을 갑흘 길은 업거니와 존셩과 대명이나 알아지이다."

---

562) 질슌(質純) : 꾸민 데가 없이 순수함.
563) 노마(老媽) : =노파(老婆). 늙은 여자.
564) 측연(惻然) : 보기에 가엾고 불쌍함.
565) ᄉᆞ고(事故) : 어떤 일이 일어난 까닭.
566) 탕픾(蕩敗) : 탕진(蕩盡). 재물 따위를 다 써서 없앰.
567) 이문(移文) : 중국 한나라 때부터 있었던 공문서의 한 가지. 동등한 관청 사이에 주고받던 공문서로, 때로는 격(檄)과 더불어 포고문(布告文)의 성격을 띠기도 했다.
568) ᄡᆞ다 : ①값이 보통보다 낮다. ②그만한 가치가 있거나 그럴듯하다. 여기서는 '그만한 가치가 있다'는 뜻.
569) 빅골난망(白骨難忘) : 죽어서 백골이 되어도 잊을 수 없다는 뜻으로, 남에게 큰 은덕을 입었을 때 고마움의 뜻으로 이르는 말.

공지 탄【48】왈,

"내 본디 부모롤 일코 셩명이 업슨 사롭이라 엇지 향인(向人)ᄒᆞ여 닐을 거시 이시리오. 노고ᄂᆞᆫ 고체(固滯)흔570) 사례롤 말고 셜니 드러가라."

노괴 아연(啞然)ᄒᆞ여571) 다시 뭇지 못ᄒᆞ고, 다만 두손을 뭇거 츅텬(祝天)ᄒᆞ여 공ᄌᆞ의 만복을 원ᄒᆞᆯ ᄯᆞ롬이러라.

공지 이의 영필과 쥰학으로 더브러 소부로 향ᄒᆞᆯ시, 녀시의 악악흔 즐욕을 참연ᄒᆞ더니, 믄득 흔 도인이 갈건포의(葛巾布衣)572)로 쳥녀장(靑藜杖)573)을 집고 압히와, 공ᄌᆞ롤 보고 소왈,

"무셩명 소ᄋᆞ야! 너의 명되 궁험긔박(窮險奇薄)ᄒᆞ여 경ᄉᆞ의 반셕 ᄀᆞᆺ튼 부모롤 두고, 나【49】히 십셰 넘도록 소싱(所生)의 근본 귀쳔도 모로고, ᄒᆡ외타국의 분쥬(奔走)ᄒᆞ며, 무슨 의긔(義氣)로 힝냥(行糧)과 물을 업시ᄒᆞ여 녀시의 모진 소ᄅᆡ롤 드롤가 근심ᄒᆞᄂᆞᆫ다?"

공지 놀나 셜니 직빈 함누 왈,

"텬디의 득죄ᄒᆞ미 여산(如山)ᄒᆞ여, 지금 소싱의 부모와 근본 셩명을 아지 못ᄒᆞ니 망극ᄒᆞ더니, 노션싱(老先生)은 어듸로조ᄎᆞ 이의 니르샤 소ᄋᆞ의 심폐(心肺)롤 듯지 아냐 알아시니잇고?"

도신 소왈,

"다만 명년이면 너의 텬눈이 단합(團合)ᄒᆞ고 안항(雁行)이 번셩ᄒᆞ며 부귀 극진ᄒᆞ려니와, 여익(餘厄)이 미진(未盡)ᄒᆞ니 흔 ᄎᆞ례 니친(離親)【50】ᄒᆞᄂᆞᆫ 환(患)이 업지 아니리라."

ᄒᆞ고, ᄉᆞ미로조ᄎᆞ 황금 일뎡(一錠)을 ᄂᆡ여 싱을 주어 왈,

"현셩군ᄌᆞ(賢聖君子)롤 디졉ᄒᆞ미 금빅으로 예(禮) 아니나, 네 ᄇᆞ야흐로 녀시의 모진 욕셜을 싱각ᄒᆞ여, 녀시의 욕심을 아직 치울 거시니 모로미 가지고 도라가라. 내 너의 등과흔 후 흔번 경ᄉᆞ로 ᄎᆞᄌᆞ가면 피ᄎᆞ 셩명을 알고 각별흔 ᄉᆞ이 되믈 씨다르리라."

공지 금을 사양치 아니코 밧은 후, 고두쳬읍 왈,

"노션싱은 소싱의 부형의 셩시 휘ᄌᆞ(諱字)롤 닐ᄋᆞ샤 ᄋᆞ히 막흰 흉금(胸襟)을 상쾌케 ᄒᆞ소셔."

도인이 대【51】소 왈,

"여부(汝父)ᄂᆞᆫ 일싱 아비 얼골을 모로ᄂᆞᆫ 지통(至痛)을 견듸여 위거왕공(位居王公)ᄒᆞ고 영명(英名)이 ᄒᆡᄂᆡ(海內)롤 드레니, 비록 심산궁곡(深山窮谷)574)의 쳑동소ᄋᆞ(尺童小

---

570)고체(固滯)ᄒᆞ다 : 셩질이 편협하고 고집스러워 융통성이 없다.
571)아연(啞然)ᄒᆞ다 : 너무 감격하여 입을 벌린 채 말을 못하다.
572)갈건포의(葛巾布衣) : 갈포(葛布)로 만든 두건을 쓰고 베옷을 입은 차림.
573)쳥녀장(靑藜杖) : 명아줏대로 만든 지팡이.
574)심산궁곡(深山窮谷) : 깊은 산속의 험한 골짜기.

兒)575)라도 여부(汝夫)의 일홈을 모로리 업스딕, 네 홀노 아지 못ᄒᆞ여 날다려 무로니, 내 네아비가 도적인동576) 우밍(愚氓)인동 엇지 알니오. 다만 아비 얼골을 모로는 왕재(王者) 《녕허도군(靈虛道君)∥태허진군(太虛眞君)577)》이니 십삼년을 못 ᄎᆞᆺ 동몽축싱(童蒙畜生)578)으로 치(釵)579)를 밋ᄒᆡ 질으고 이시미라. 네 명년이면 부모를 ᄌᆞ연 만나리라."

ᄒᆞ니, 도인이 공ᄌᆞ를 '축싱(丑生)으로 치를 밋ᄒᆡ 지르고 잇단 말'이 '소축ᄌᆞ(丑)【52】의 ᄭᅩ리(丿)를 빗긴580) 거시 맛윤지(尹)미'581) 이리 닐ᄋᆞ미러라.

공지 더욱 심신이 황홀ᄒᆞ여 이걸 왈,

"노션싱이 소싱의 부형을 알아시는가 시브오니 이제 닐너주시오면, 션싱의 대은을 빅골(白骨)의 삭이리이다."

도ᄉᆡ 대소 왈,

"네 소문환의 은혜와 엄빅경의 은덕을 다 빅골의 삭이고져 ᄒᆞ며, 소소미ᄉᆞ(小小微事)582)라도 다 은혜라 ᄒᆞ여 삭이량이면583), 네 골절이 남지 아니ᄒᆞ리로다. 연이나 만ᄉᆡ 다 텬의(天意)요, 인녁으로 못ᄒᆞ노니, 다만 명년 즁하긔축삭임진일(仲夏己丑朔壬辰日)584)의야 비로소 부지 단원(團圓)ᄒᆞ리라."

ᄒᆞ고, 언흘【53】에 표연(飄然)이585) 도라가니, 공지 급히 ᄯᅩ로더니 믄득 간 곳이 업스니, 공지 홀일업서 스스로 셩이 윤시(尹氏)로 의심ᄒᆞ나, 부명(父名)을 알길이 업고 명년 즁해(中夏) 오히려 머러시니, 홀일업서 소부로 도라오니라.

ᄎᆞ시 노고는 상자(相者)586) 채민의 쳐실이오, 채민자는 쥬류텬하(周遊天下)ᄒᆞ는 큰 상괴(商賈)러라. ᄒᆞ낫 흥니(興利)를 위업(爲業)홀만 아니라 의긔(義氣)를 넓이 베프더

---

575)쳑동소ᅌᆞ(尺童小兒) : 키가 한 자 정도밖에 되지 않는 어린아이. 아주 어린아이를 이른다.

576)-ㄴ동 : 어간 뒤에 붙어 '-지'의 뜻을 나타내는 어미. 경상방언에 많이 남아 있다.

577)태허진군(太虛眞君) : 전편 〈명주보월빙〉에 설정된 '몽룡'의 생부(生父) 평진왕 윤광천의 전생(前生) 선직(仙職). 영허도군(靈虛道君)은 윤광천과 쌍둥이로 태어난 우승상 윤희천의 전생 선직이다.

578)동몽축싱(童蒙畜生) : 사람의 도리를 익히지 못한 어린아이. *축생(畜生); 사람답지 못한 짓을 하는 사람을 낮잡아 이르는 말. 그러나 여기서 축생은 '축생(畜生)'과 동음이어 인 '축싱(丑生)'을 말하는 것으로, '丑' 자는 '소 축' 자로 성씨가 '소씨'라는 것을 나타내며, '生'자는 '金生' '李生' 처럼 사람의 뜻을 더하는 접미사로 쓰여, 결국 '소생(蘇生)' 곧 '소(蘇)'씨 성을 가진 사람' 다시 말해 '소가의 아들'이라는 의미로 쓴 말이다.

579)치(釵) : 비녀. 남자의 상투를 튼 머리나, 여자의 쪽 찐 머리가 풀어지지 않도록 꽂는 장신구.

580)빗긴 : 비스듬히 놓인. *빗기다; 비끼다. 비스듬히 놓이거나 늘어지다.

581)소축ᄌᆞ(丑) ᄭᅩ리를 빗긴 거시 거시 맛윤지(尹)미 : '소축 자' 곧 '丑'자 의 밑에 꼬리(丿)를 비스듬히 달아 놓은 것이 '맛윤 자' 곧 '尹'자 라는 말로, 몽룡의 아버지의 성씨가 윤(尹)씨라는 것을 암시한 말이다.

582)소소미ᄉᆞ(小小微事) : 자질구레하고 대수롭지 않은 작은 일들.

583)삭이다 : 새기다. 잊지 아니하도록 마음속에 깊이 기억하다.

584)즁하긔축삭임진일(仲夏己丑朔壬辰日) : 8월 초 임진일.

585)표연(飄然)이 : 표연(飄然)히. 홀쩍 나타나거나 떠나는 모양이 거침없이. 뜻하지 아니하게 갑자기

586)상자(相者) : 관상가(觀相家). 사람의 얼굴을 보고 그의 운명, 성격, 수명 따위를 판단하는 일을 업으로 하는 사람.

니, 셕년의 최형이란 사름의 집의 가, 문양공쥬 소싱 뎡듁쳥 녀우를 풀믈 보고 타연이 금빅을 만히 주고 사다가 기쳐 방시를 주어 왈,

"우리 주식이 【54】 업고 이 우히 타일 비상흔 귀인이 되리니, 내 본디 쟝슈치 못ᄒ여 이 우히 영귀ᄒ믈 보지 못ᄒ거니와, 그 디ᄂᆞᆫ 추ᄋᆞ를 휵양(慉養)ᄒ미 십ᄌᆞ를 나흐니의셔 빗나리라."

ᄒ니, 방시 ᄌᆞ식이 업슨 고로 친녀 ᄀᆞ치 ᄉᆞ랑ᄒ여 기라더니, 오리지 아냐 채민이 죽고 가시 황픽(荒敗)ᄒ여 젹쳐여산(積債如山)ᄒ니, 관부의셔 방시와 뎡소져를 슈금(囚禁)ᄒ고 빗즐 밧으려 ᄒᄂᆞᆫ 고로, 방시 도쥬ᄒ미 북희ᄀᆞ지 밋쳣더니, 츄죵(追從)ᄒᄂᆞᆫ 환을 만나 슬허흘 즈음에, 공ᄌᆞ를 만나 일빅냥 은과 일필 믈을 어더 관 【55】 치(官債)를 갑게 되니, 환희ᄒ믈 결을치 못ᄒ나, 공ᄌᆞ의 셩명을 모로니 은혜 갑흘 도리 업ᄉᆞ미 이들오믈 니긔지 못ᄒ고, 뎡소져ᄂᆞᆫ 소싱부뫼(所生父母) 이시믈 아지 못ᄒ여, 방시를 친싱 어미로 알아 지죄 놉고 만시 비상 특이ᄒ여, ᄀᆞ라치지 아냐도 녀공(女工)587)과 학문을 스ᄉᆞ로 통ᄒ며 씨다라 명쳘흔 의견과 지죄 셰디의 무쌍(無雙)이나, 노고를 쏘라 놋ᄀᆞ리오ᄂᆞᆫ 녜를 폐ᄒ고 두로 뉴락(流落)흘ᄉᆡ, 놋치 검은 칠ᄒ고, 흔 눈 곰고, 흔 다리 져러, 힝보를 편히 못ᄒᄂᆞᆫ 쳬ᄒ여, 경박탕ᄌᆞ(輕薄蕩子)의 욕을 피ᄒ니, 보 【56】 ᄂᆞ니 다 진짓 병인으로 알아 노고의 팔지 무상(無狀)ᄒ믈 불상이 넉이더라.

원ᄂᆡ 뎡소져 좌비샹(左臂上)의 '낭셩(狼星)' 두 지 잇고, 우비샹(右臂上)의 '월녀(月女)' 두 지 이시므로, 노괴(老姑) ᄇᆞ로기를 '낭셩'이라 ᄒ니, 문양공쥐 녀우를 나흐며 즉시 최형의 ᄋᆞ들과 밧골 제, 그 가슴 가온디 《잉혈 ‖ 잉혈588)》노 싱년월일시(生年月日時)와 '뎡이(鄭兒)'라 벗더니, 낭셩이 문ᄌᆞ를 통(通)흔 후, 가슴의 글을 보고 노고 다려 '뎡이'라 ᄒ미 무슴 연괸고 무ᄅᆞ니, 노괴 거즛 쑤며 왈,

"내 만ᄂᆡ(晚來)의 너를 어드미, 기르미 두리온 념녜 이셔, 동닌(同隣)의 뎡개 유복(有福)흔 【57】 여 ᄌᆞ식을 잘 기르거늘, 그 집의 양녀를 주다시 그리 벗ᄂᆞ니라."

---

587) 녀공(女工) : 예전에, 부녀자들이 하던 길쌈이나 바느질 등의 솜씨

588) 잉혈 : 개용단·회면단·도봉잠 등과 함께 한국고소설 특유의 서사도구의 하나. 중국 진(晉)나라 사람 장화(張華)의 『박물지(博物志)』에 나오는 수궁사(守宮砂)를 한국소설에서 창작적으로 변용하여 쓴 것이다. 필자가 확인한 바로는 '앵혈'을 서사도구로 처음 사용한 작품은 【소현성록】인데 그 권2에서 보면, "원리 잉혈이라 ᄒᄂᆞᆫ 것신 무논 모여ᄌᆞ(某女子) ᄒ고 처음 어려셔 팔둑 우의 쥬ᄉᆞ(朱砂)로 쳑셕혈(蜴蜥血 : 도마뱀의 피)을 화ᄒ여 물을 박어 노흐며[면] 그 이[앵]혈이 츌가(出嫁)ᄒ야 음양을 통흔 후 시러지ᄂᆞᆫ 비라." 하여 그 효능과 제조방법이 『박물지』의 내용과 같다. 이러한 효능 때문에 앵혈은 남녀의 동정(童貞)을 감별하거나 부부의 성적 결합여부를 판별하는 징표로 사용되는 경우가 많지만, 이에 못지않게 위 본문에서 문양공주가 신생아의 팔에 앵혈로 생년월일과 '정아(鄭兒)'라고 써서 징표를 삼는 것처럼, 신분표지를 하는 데도 많이 쓰이고 있다. 특히 남·녀, 부·자의 이합(離合)에 따른 파란만장한 수난담을 다루고 있는 대하소설들은 어김없이 이 앵혈화소를 빌어서 서사의 확장을 꾀해가고 있다. 앵혈을 흔히 '鸚血(앵무새피)', '鶯血(꾀꼬리피)' 등으로 주석하고 있으나, 위 【소현성록】의 기록으로 보면 본디 '앵혈'은 '앵무새'나 '꾀꼬리'의 피를 특정한 말이 아닌, '앵두처럼 선홍빛을 띤 피'라는 뜻을 드러내 붙인 '경혈(經血)' 또는 '처녀막 출혈'의 대유(代喩)로 보인다.

ᄒ니, 낭셩이 곳이 듯고 다시 뭇지 아니ᄒ나, 안견(眼見)이 ᄌ연 놉하 셰쇽 용우(庸愚) 무지(無知)ᄒ믈 우이 넉이며, 심지(心志) 원대ᄒ여 스스로 의심ᄒ고 고이히 넉이ᄂᆫ 밧재 이시믄, 채민의 죽으믈 진짓 텬눈지졍(天倫之情)일진디 지통(至痛)이 ᄀ장 깁흘 비로디, 노고의 망극(罔極)ᄒ믈 참연홀 ᄲᅮᆫ이언뎡, 채민의 죽으믈 굿투여 비통ᄒ미 업고, 그 졔(祭)ᄅᆞᆯ 당ᄒ여도 곡비(哭拜)홀 의ᄉᆞ 나지 아냐 거즛 울기 붓그럽다 ᄒ여 참졔(參祭)ᄒ미 업스니, 노고ᄂᆞᆫ 용이(庸易)【58】ᄒᆫ 쳔녜(賤女)라. 소져의 심의(深意)ᄅᆞᆯ 아지 못ᄒ고 실노 울기ᄅᆞᆯ 붓그려 ᄒ민가 ○○[ᄒ여] 권치 아니ᄒ더라.

ᄎ시 몽농 공ᄌ 쥰학과 영필노 더브러 소부로 드러오니, 소공이 디하인(地下人)[589]을 봄ᄀᆞᆺ투여 ᄲᆞᆯ니 신을 벗고 마조 나오니, 공ᄌ 연망(連忙)히 ᄯᆞ히셔 졀ᄒ고 눈을 들미, 그 ᄉᆞ이의 수픠(瘦敗)[590]ᄒ미 더ᄒ고, 미우(眉宇)의 만쳡(萬疊) 은위(隱憂) 서렷다가, ᄌᆞ긔ᄅᆞᆯ 보미 반기미 황홀ᄒ고 슬프미 동(動)ᄒ여, 반겨 손을 잡고 머리ᄅᆞᆯ 어ᄅᆞ만져 쳬뤼년낙(涕淚連落)[591] 왈,

"내 너ᄅᆞᆯ 보내고 듀야(晝夜)의 못닛ᄂᆞᆫ 졍과 참연ᄒᆫ 심ᄉᆞᄅᆞᆯ 것잡지 못【59】ᄒ더니, 이제 네 쳔금지구(千金之軀)[592]ᄅᆞᆯ 보젼ᄒ여 도라오니 만힝이어니와, 츙년쇼ᄋᆞ(沖年小兒) 쳔니 도로의 분쥬(奔走) 구치(驅馳)홈과 부모ᄅᆞᆯ ᄎᆞᆽ지 못ᄒ여 의형(儀形)이 돈감(頓減)[593]ᄒ여시니 더욱 이셕ᄒ노라."

공ᄌ 소공의 냥슈(兩手)ᄅᆞᆯ 밧드러 삼년지닉(三年之內) 합문(闔門) 평부(平否)와 존후(尊候)ᄅᆞᆯ 뭇ᄌᆞᆸ고, ᄌᆞ긔 히외 타국의 뉴락(流落)ᄒ엿던 바ᄅᆞᆯ 대강 고ᄒ고, 부모ᄅᆞᆯ ᄎᆞᆽ지 못ᄒ고 도라오ᄂᆞᆫ 심ᄉᆡ 거의 지 되여시믈 알외니, 공이 츄연 탄식 왈,

"이제ᄂᆞᆫ 황셩밧긔ᄂᆞᆫ 다시 도라 ᄎᆞᆽᄌᆞ미 무익ᄒ니, 명츈(明春)을 기다려【60】황셩으로 올나가 심방(尋訪)ᄒ라."

ᄒ고, 손을 닛그러 방즁의 드러가 지난 바ᄅᆞᆯ 말홀ᄉᆡ, 소싱 등이 ᄯᅩᄒᆫ 반겨 혹탄혹소(或嘆或笑)[594]러라.

공ᄌ 쳘부인긔 도라오믈 고ᄒ니 쳘부인이 ᄯᅩᄒᆫ 싱을 보닉고 그 소식이 업스믈 슬허ᄒ며 근심ᄒ더니, 그 무ᄉᆞ히 와시믈 듯고 반기믈 니긔지 못ᄒ여, 친히 외뎡의 나와 볼ᄉᆡ, 쳑연 타루 왈,

"우리 너ᄅᆞᆯ 혹양(慉養)ᄒᆫ 십년의 굿투여 ᄯᅥ나미 업더니, 집 ᄯᅥ난지 거의 삼년이로디 음신(音信)[595]이 돈졀ᄒ니 그리ᄂᆞᆫ 심ᄉᆞ와 참연ᄒᆫ 졍을 니긔지 어렵【61】더니, 무ᄉᆞ히 도라오니 힝열(幸悅)ᄒ나, 너의 친당(親堂)을 ᄎᆞᆽ지 못ᄒ미 이닯고 슬픈지라. ᄯᅩ 언

---

589) 디하인(地下人) : 죽은 사람.
590) 수픠(瘦敗) : 몹시 여위어 기력이 없음.
591) 쳬뤼년낙(涕淚連落) : 눈물이 방울져 끊임없이 떨어짐.
592) 쳔금지구(千金之軀) : 더할 나위 없이 귀하고 중한 몸.
593) 돈감(頓減) : 몰라보게 줄어짐.
594) 혹탄혹소(或嘆或笑) : 어떤 대목에서는 탄식하고 어떤 대목에서는 웃음.
595) 음신(音信) : 먼 곳에서 전하는 소식이나 편지.

마ㅎ여 서로 쩌나리오.”

공지 츄연(惆然) 뉴체 왈,

“불초흔 ㅇ히 대인과 부인의 은양(恩養)ㅎ시는 덕음을 닙스와 무스히 자라믈 엇즈오나, 소싱부모(所生父母)룰 모로오니 브득이 슬하룰 쩌나와 텬하의 쥬류(周流)ㅎ와 부모룰 춧고져 ㅎ여습더니, 텬되 불우ㅎ샤 몸이 히외타국의 뉴락(流落)ㅎ여 삼년지너(三年之內)의 일침국과 동오국을 구경ㅎ고, 부모 추주믄 망연ㅎ니 도라오고져 쯧이 이시리잇고 마는, 대인【62】의 기다리실 바룰 싱각ㅎ고 소주의 사라시미나 알아시게 잠간 단여가고져 ㅎ옵느니, 별후(別後) 삼년의 존휘(尊候) 안강ㅎ시고 또흔 대단흔 스괴 업스니 깃브믈 니긔지 못ㅎ리로소이다.”

부인이 탄식 위로ㅎ고, 공이 쥰학 부즈룰 불너 공주의 도로 풍상(風霜)596)을 무르니, 쥰학 영필이 공주의 젼후 힝역(行役)과 풍상 변익(變厄)597)을 셰셰히 고ㅎ홀시, 초싱을 은 주던 바와 일침국 흉귀룰 졔어ㅎ고 염질을 간뎡ㅎ던598) 비며, 빅두셤 우희셔 죽게 되엿던 일과 놈의 쓰을니【63】믈 인ㅎ여 동오국의 뉴우(留寓)ㅎ던 바룰 분명이 고ㅎ되, 오치쥬(五彩珠) 어든 바와 오국 공쥬로 뎡혼ㅎ믄 닐쿳지 아니ㅎ니, 이는 공주의 홀 말이오, 져의 닐쿠룰 비 아니므로 함구ㅎ미러라. 소공 부뷔 몽뇽의 도로 풍상을 드르미 불승참연(不勝慘然)ㅎ더라.

날이 느즈미 쳘부인이 닉실노 드러가고, 공지 쥰학을 명ㅎ여 도스의 주던 바 황금 일뎡을 닉루의 드려보니며, 녀부인긔 문안ㅎ니, 녀시 협스(篋笥)의 장ㅎ고 공권(空拳)으로 드러왓다 꾸짓든 아니ㅎ더라.

소공이 몽뇽으로 더브러【64】삼년 니회(離懷)룰 펴미 듕보(重寶)룰 어든 듯, 귀듕ㅎ고 스랑ㅎ미 날노 더은지라. 공지 이의 소공긔 동오왕 녀ㅇ(女兒)와 뎡혼흔 셜화룰 고ㅎ홀시, 오왕이 위력으로 기녀룰 닉여 뵈고 타일 부빈지녈(副嬪之列)의나 용납ㅎ기룰 근졀이 쳥ㅎ믈 고ㅎ니, 소공이 공지 스스로 뎡혼흔 바룰 다 고ㅎ여 주긔룰 닉외(內外)599)치 아니흠도 어엿브고 오히려 남진라 그 단아 온듕ㅎ미 규녀 굿튼 즁 이런 일의 다드라 어려워 아니ㅎ믈 보미 두굿기믈 니긔지 못ㅎ여 소왈,

“《엄스쳠 ‖ 엄주쳠》은 나의 친위라. 그 위【65】인의 긔특ㅎ믄 다시 닐을 거시 업거니와, 기녜 부풍(父風)이 이신즉 셰딕의 희한흔 슉녜 되리니, 네 엄빅경의 후의룰 밧드러 뎡혼 밍약ㅎ기는 잘ㅎ엿거니와, 힝신을 잘ㅎ여 말과 굿치 유신(有信)ㅎ라.”

언흘(言訖)에 얼골에 희긔(喜氣) ㄱ독ㅎ니 주긔 녀ㅇ로써 젹인 볼 바룰 일호(一毫) 이체(礙滯)ㅎ미 업스니, 소공의 위인으로 셰소미스(細小微事)의 닐쿠룰 비 아니어니와, 하히지량(河海之量)600)이 여츠ㅎ더라.

---

596) 풍상(風霜) : 바람과 서리라는 뜻으로, 많이 겪은 세상의 어려움과 고생을 비유적으로 이르는 말
597) 변익(變厄) : 변고(變故)와 액경(厄境)을 아울러 이르는 말.
598) 간뎡ㅎ다 : 건정(乾淨)하다. 정결(淨潔)하다. 매우 깨끗하고 깔끔하다.
599) 닉외(內外) : 남의 남녀 사이에 서로 얼굴을 마주 대하지 않고 피함.

일월이 뉴미(流邁)601)ᄒ여 엷픗흔 ᄉ이의 명년 신츈을 당ᄒ니, 쇼공이 북히의 젹
【66】거ᄒ연지 십이년이라. 쇽졀업시 영웅의 긔운이 최찰(摧刹)ᄒ고 쟝부의 눈물이
광금(廣衿)을 젹시더니, 텬되 슯히미 쇼쇼(昭昭)602)ᄒ샤 쇼공의 튱효션힝(忠孝善行)으
로ᄡ 십여년을 만니 희외의 뉴찬(流竄)ᄒ믈 슯피 넉이시니, 초(初)의 쇼공의 찬젹(竄
謫)흔 죄명이 우흐로 군샹을 원망ᄒ며 스스로 편모ᄅᆞᆯ 불효ᄒ미러니, 그ᄯᅥ의 쇼공을 해
ᄒ여 대론(大論)의 모라너흔 쟈는 녀시와 녀방 녀슉이 언관의게 금은을 회뢰(賄賂)ᄒ
여 쇼공을 ᄉ죄(死罪)로 구얼(構孼)603)ᄒ라 ᄒ엿ᄂᆫ고로, 언관 빅길샹과 녕공뮈 【67】
회뢰ᄅᆞᆯ 밧고 쇼공을 구함(構陷)604)ᄒ엿더니, 그ᄯᅥ 녀시 보화(寶貨)ᄅᆞᆯ 보니며 의ᄌ(義
子)605)ᄅᆞᆯ 죽여달나 ᄒ던 셔찰(書札)과 빅·녕 냥인의 회뢰ᄅᆞᆯ 밧고, '쇼공을 ᄉ죄로 밀
위마' ᄒ던 답간이 오히려 쇼부 셔쵝(書冊) 틈에 이시니, 원간 녀시 빅·녕 냥인의게
부친 셔찰을 공교히 금의시(禁義使) 606)보고 샹긔 주달ᄒ온ᄃᆡ, 샹이 보시고 크게 통흔
ᄒ샤 빅길샹과 녕공무ᄅᆞᆯ 엄형 국문(鞠問)ᄒ시니, 냥인이 능히 견디지 못ᄒ여 녀시의
쳥으로조ᄎ 쇼공 모해ᄒ오믈 직초(直招)ᄒ니, 샹이 통히ᄒ샤 빅·녕 등【68】을 엄형
찬츌(竄黜)ᄒ시고, 쇼문환으로ᄡ 니부샹셔 문연각 태학ᄉ(吏部尙書文淵閣太學士)607)ᄅᆞᆯ
졔슈ᄒ여 녜관을 보니샤 역마(驛馬)608)로 브르시니, 녀시의 죄악이 궁흉(窮凶)ᄒ나 쇼
문환의 ᄆᆞ음을 편케ᄒ샤 그 죄악을 물시(勿視)ᄒ시고, 사명(赦命)과 니부샹셔(吏部尙
書)로 부르시미, 츈이월 초슌의 녜관(禮官)이 북히의 니르니, 쇼공이 쳔만 의외에 샤
명이 ᄂᆞ림과 니부텬관(吏部天官) 은명을 당ᄒ니, 일변 다힝ᄒ고 깃브나, 당초 젹거(謫
居)흔 죄명이 범샹치 아니커늘 신빅(伸白)흔 곡졀을 아지 못ᄒ여, 혹ᄌ 모부인의 불인
(不仁)흔 악시 발【69】각흔가 경녀(驚慮)ᄒᄃᆡ, ᄉ쉭지 아니코 북향ᄉ비(北向四拜)ᄒ
여 텬은을 슉샤(肅謝)609)ᄒ고 몸을 두루혀 녜관으로 더브러 말ᄉᆞᆷ홀ᄉᆡ, 인심이 형셰(形
勢)ᄅᆞᆯ ᄯᆞᄅᆞᆯ ᄲᅮᆫ이 아니라, 쇼공의 쳥망과 직덕을 흠모ᄒ던 고로, 원억(冤抑)흔 죄루(罪

600)하히지량(河海之量) : 큰 강과　바다와 같은 크고 넓은 아량.
601)뉴미(流邁) : 흘러 감.
602)쇼쇼(昭昭) : 매우 밝음.
603)구얼(構孼) : 구화(構禍). 화근(禍根)을 만듦.
604)구함(構陷) : 터무니없는 말로 남을 모략하여 죄에 빠지게 함.
605)의ᄌ(義子) : =의붓아들. 남편의 전처가 낳은 아들. 또는 개가하여 온 아내가 데리고 들어온 아들.
606)금의시(禁義使)　: 의금부부사(義禁府府使). *의금부(義禁府); 조선 시대에, 임금의 명령을 받들어 중죄
인을 신문하는 일을 맡아 하던 관아. 태종 14년(1414)에 의용순금사를 고친 것으로 왕족의 범죄, 반역죄
·모역죄 따위의 대죄(大罪), 부조(父祖)에 대한 죄, 강상죄(綱常罪), 사헌부가 논핵(論劾)한 사건, 이
(理)·원리(原理)의 조관(朝官)의 죄 따위를 다루었는데, 고종 31년(1894)에 의금사(義禁司)로 고쳤다.
607)니부샹셔 문연각 태학ᄉ(吏部尙書文淵閣太學士) : 이부상서 겸 문연각태학사. *문연각(文淵閣); 중국 명
나라·청나라 때에, 베이징에 있던 궁중 장서(藏書)의 전각(殿閣). 청나라 때 자금성의 동남쪽에 재건하
여 ≪사고전서≫와 ≪도서집성(圖書集成)≫ 따위를 두었다.
608)역마(驛馬) : 조선 시대에, 각 역참에 갖추어 둔 말. 관용(官用)의 교통 및 통신 수단이었다.
609)슉샤(肅謝) : 숙배(肅拜)와 사은(謝恩)을 아울러 이르는 말. 새 벼슬에 임명되어 처음으로 출근할 때 먼
저 대궐에 들어가서 임금에게 숙배하고 사은함으로써 인사하는 일이다.

累)룰 신빅(伸白)ᄒ고, 고관청직(高官淸直)으로 환쇄(還刷)610)ᄒ믈 저마다 깃거, 주ᄉ
(刺史)·태슈(太守)와 동닌(洞隣) ᄉ태위(士大夫) 일시의 모드니, 싀비의 안매(鞍馬)611)
운집(雲集)ᄒ고 인셩(人聲)이 초옥(草屋)을 드레ᄂ지라. 소공이 도로혀 요란ᄒ믈 깃거
아냐 보지 말고져ᄒ나, 됴혼 낫출 미몰이 믈니치지 못ᄒ여, 흔【70】연 관졉(款接)ᄒ
더라.

녕일ᄒ여 됴보(朝報)612)룰 드려 보ᄆᆡ, 주긔 죄명을 신셜ᄒᄆᆡ 거년(去年) 셰말(歲末)
이로ᄃᆡ, 상게(相距) 요원(遙遠)ᄒ여 사명(使命)613)이 쩰니 달녀오나 삼ᄉ삭이 되엿더
라. 녜관을 졉ᄃᆡᄒ고 수일 후 발ᄒᆡᆼ홀 줄노 뎡ᄒ니, 녜관이 깃거 관아로 드러가고, 하
리 츄죵은 싀문의 ᄃᆡ후ᄒ니, 녀시 일분(一分) 인심(人心)이면 영화로이 상경홀 바룰
깃거홀 비ᄃᆡ, 주긔 쥬의 쳔방 빅계(千方百計)로 공을 죽여 시신도 고토(故土)의 도라
가지 못ᄒ게, 희슈의 드리쳐 ᄆᆞᄋᆞᆷ을 싀훤이 ᄒ고져 ᄒᄃᆡ, 반호(半毫)도 ᄯᆞᆺ굿지 못【7
1】ᄒ여, 니부텬관의 문연각 태학ᄉ룰 겸ᄒ여 상춍이 새로올 바룰 헤아리ᄆᆡ, 흉격(胸
膈)의 녈홰 치셩ᄒ여 오장(五臟)이 사회ᄂ614) ᄃᆞᆺᄒ나, 아직 됴혼 닛츠로 올나가 다시
도모코져 ᄒ여, 흔연이 환쇄ᄒ믈 즐기ᄂ 다시 ᄒᆡᆼ거룰 지촉ᄒ니, 공이 모친의 거지(擧
止) 예수로오믈 만심환희(滿心歡喜)ᄒ고, 주긔 경ᄉ로 올나가ᄆᆡ 몽농을 외로이 경ᄉ로
보ᄂᆞ지 아닐 바룰 더옥 영ᄒᆡᆼᄒ여, 밧비 ᄒᆡᆼ니룰 출힐ᄉᆡ, 셜·오 냥식부ᄂ 각각 그 부친
이 경직(京職)을 ᄯᅴ여 경ᄉ로 올나가ᄆᆡ 몬져 거ᄂᆞ려가ᄆᆡ 되【72】엿고, 소공의 ᄒᆡᆼ거
ᄂ 녀부인과 쳘부인 모녀와 삼주며 몽농 ᄲᅵᆫ이라.

녀시 비록 극악흉험(極惡凶險)ᄒ나 니부텬관 태부인 ᄒᆡᆼ게라. 화거치륜(華車彩輪)이
날빗출 ᄀᆞ리오고, 각읍이 진슈(珍羞)와 미찬(美饌)을 올니니, 부셩(富盛)ᄒ고 영요(榮
耀)ᄒᄆᆡ 친싱 십주(親生十子)의셔 나으ᄃᆡ, 녀시ᄂ 조금도 두굿기고615) 아름다와 ᄒᄆᆡ
업셔, 이럴ᄉ록 더옥 공을 숨킬ᄃᆞᆺ 믜워ᄒᄃᆡ, 남의 텽문(聽聞)616)의 주긔 흉험혼 줄 나
토지 말고져 ᄒ여, 즁인소시(衆人所視)617)의ᄂ 공을 보치지 말고져 ᄒ여 묵연ᄒ더라.

공이 소과쥬현(所過州縣)의 봉승(奉承)ᄒᄆᆡ 과도(過度)ᄒ믈 【73】더옥 깃거 아니ᄒ
여, 쥬찬이라도 태부인긔 올니ᄂ 상밧근 밧지 아니ᄒ고, 쳘부인과 녀ᄋᆞ룰 다 무식(無
色)한 거류(車輪)의 올녀, 빗나고 사치ᄒ믈 원슈 ᄀᆞᆺ치 넉이나, 주연 위의에 조ᄎ 하리

---

610)환쇄(還刷) : 쇄환(刷還). 조선시대에, 외국에서 유랑하는 동포를 데리고 돌아오던 일. 여기서는 적소에
서 귀양살이가 풀려 고국으로 돌아옴을 뜻함.
611)안매(鞍馬) : =안구마(鞍具馬). 안장을 얹은 말.
612)됴보(朝報) :조선 시대에, 승정원에서 재결 사항을 기록하고 서사(書寫)하여 반포하던 관보. 조칙, 장주
(章奏), 조정의 결정 사항, 관리 임면, 지방관의 장계(狀啓)를 비롯하여 사회의 돌발 사건까지 실었다. ≒
기별지(奇別紙)
613)샤명(使命) : 명령을 받은 사신.
614)사회다 : 사위다. 다 타버리다.
615)두굿기다 : 자랑스러워하다. 대견해하다. 기뻐하다.
616)텽문(聽聞) : ①들리는 소문. ②남의 이목(耳目).
617)즁인소시(衆人所視) ; 여러사람이 보는 때.

츄죵(下吏追從)은 더지 못ᄒ고, 각읍 ᄌᄉ·슈령이 먼니나와 마ᄌ며 녜물을 올니더라.

공이 닉힝(內行)은 삼ᄌ(三子)로 ᄒ야금 호힝(護行)ᄒ여 부즁으로 향ᄒ라 ᄒ고, ᄌ긔ᄂ 바로 궐하의 나아가 텬은을 슉샤(肅謝)ᄒᆞᆯ시, 혈심진졍(血心眞情)으로 벼슬을 사양ᄒ여, 쳔질(賤疾)이 미류(彌留)618)ᄒ고 졍신이 모황(暮荒)619)ᄒ니 니부텬관 듕임을 【74】당치 못ᄒᆯ 바를 갓초 주ᄒ니, 상이 문화뎐의 어좌ᄒ시고 인견ᄒ샤 오릭 북희의 뉴락(流落)ᄒᆞᆷ을 위로ᄒ시고, 병을 됴셥(調攝)ᄒ여 힝공찰직(行公察職)620)ᄒᆞᆷ을 닐ᄋ샤 직명을 환슈치 아니시며, 옥비(玉杯)의 향온(香醞)을 ᄀᄃᆨ 부어 상ᄉ(賞賜)ᄒ시니, 은영이 새롭고 총권이 일신의 온젼ᄒ지라.

공이 셩쥬의 후은이 여ᄎᄒ시믈 감격ᄒᆫ 즁, 션뎨의 지극히 총우ᄒ시던 바를 싱각ᄒ여 텬안의 다시 됴현치 못ᄒ고 국휼(國恤)621) 삼년을 ᄒ외의셔 지닉믈 깁히 슬허 눈물을 ᄂ【75】리오며 주왈,

"이제 다시 텬은을 과히 닙ᄉ와 환쇄ᄒᆞᆷ을 엇ᄌ오나, 국휼 삼년닉의 빙쳥(殯廳)의 ᄒᆞᆫ 번 곡알(哭謁)ᄒ오믈 엇지 못ᄒ오니, 셰월이 여러번 변ᄒᆞ올ᄉ록 통할(痛割)ᄒᆞᆷ을 니긔지 못ᄒ리로소이다."

상이 농누(龍淚)를 쓰려 ᄀᆞᆯ오사ᄃᆡ,

"경이 국휼 삼년닉에 빙쳥의 곡알치 못ᄒᆞᆷ믈 슬허ᄒ니, 딤이 션뎨 능침을 슈리코져 ᄒᆞᄂᆞ니 경이 슈릉뎨됴(修陵提調)622)로 가미 엇더ᄒᆞ뇨?

공이 비사(拜謝) 주왈,

"폐하, 신을 보닉고져 ᄒ실직딕 신이 엇지 ᄉ양ᄒ리잇고?"

ᄒ더라. 【76】

---

618)미류(彌留) : 병이 오래 낫지 않음.

619)모황(暮荒) : 어둡고 거칠어 정신을 차리지 못함.

620)힝공찰직(行公察職) : 직임(職任)에 나가 공무를 수행함.

621)국휼(國恤) : =국상(國喪). 국민 전체가 복상(服喪)을 하던 왕실의 초상. 태상왕(太上王), 상왕(上王), 왕, 왕세자, 왕세손 및 그 비(妃)의 상사(喪事)를 이른다.

622)슈릉뎨됴(修陵提調) : 왕의 무덤을 수리하는 일을 다스리던 벼슬아치. *제조(提調); 조선 시대에, 중앙에 서 각 사(司) 또는 청(廳)의 우두머리가 아니면서 각 관아의 일을 다스리던 직책.

# 윤하뎡삼문취록 권지뉵

ᄎᆞ시 소공이 비샤 주왈,

"폐해 신을 보닉고져 ᄒᆞ실진딕 신이 엇지 감히 ᄉᆞ양ᄒᆞ리잇고?"

상이 깃그샤 ᄉᆞ오일 후 가믈 명ᄒᆞ시니, 소니뷔 슈명 비샤ᄒᆞ고 인ᄒᆞ여 옛 가사(家舍)로 도라오니, 삼지 태부인과 쳘부인을 뫼셔 방사(房舍)ᄅᆞᆯ 뎡ᄒᆞ고, 소학ᄉᆞ 셩환이 닉외 가샤ᄅᆞᆯ 슈리ᄒᆞ여 종형(從兄)을 마ᄌᆞ며, 환힝(歡幸)ᄒᆞ믈 니긔지 못ᄒᆞ나, 녀시의 흉험(凶險)ᄒᆞᆫ 거동을 보고져 아니ᄒᆞ여, 일퇵지샹(一宅之上)의 머므지 아니코 다란 집의 올무니, 니뷔 그 ᄯᅳᆺ을 알【1】고 굿ᄐᆞ여 말니지 아니ᄒᆞ나, 졍인즉 동긔에 감치 아니ᄒᆞ더라.

공이 ᄉᆞ묘(祠廟)의 빈알ᄒᆞ미, 쳬뤼 산연(潸然)623)ᄒᆞ여 오릭 봉ᄉᆞ지졀(奉祠之節)을 다 종뎨(從弟)의 근심을 삼고, 종장(宗長)의 도리ᄅᆞᆯ 폐ᄒᆞ엿던 바ᄅᆞᆯ 크게 슬허ᄒᆞ며, 녀부인의 힉게(駭擧) 긋치지 아닐 줄 짐작ᄒᆞ여 넘녜 무궁ᄒᆞ니, 도로혀 깃브믈 모로더라.

이쩨 몽뇽 공지 도로 힝녁(行役)624)의 몸이 상ᄒᆞ엿ᄂᆞᆫ 고로, 상경 후 초췌ᄒᆞᆫ 의형의 토혈이 심ᄒᆞ고 ᄉᆞ지(四肢) 무거워 ᄒᆞ니, 공이 경녀ᄒᆞ여 삼ᄌᆞᄅᆞᆯ 명ᄒᆞ여 그윽ᄒᆞᆫ 당사의셔 몽뇽【2】을 다리고 의치(醫治)ᄅᆞᆯ 힘쓰라 ᄒᆞ고, 장ᄌᆞ 슌과 ᄎᆞᄌᆞ 영으로 션셰능묘(光世陵廟)의 빈현ᄒᆞ고 슈호(守護)ᄒᆞ라 ᄒᆞ니, 슌과 영이 입장(入丈) 후 처엄으로 능침(陵寢)을 향ᄒᆞᄂᆞᆫ지라. 소공의 션영이 셔쥐(徐州)625)의 이시미 왕반(往返)이 ᄌᆞ연 월여(月餘)나 될지라. 소공이 우흐로 냥ᄌᆞᄅᆞᆯ 먼니 보닉고, ᄌᆞ긔마ᄌᆞ 집을 쩌나미 극히 결박ᄒᆞ나, 마지 못ᄒᆞ여 상교(上敎)ᄅᆞᆯ 밧ᄌᆞ와 슈릉뎨됴(修陵提調)로 갈ᄉᆡ, 쳘부인을 딕ᄒᆞ여 왈,

"슌과 영이 집에 잇지 아니ᄒᆞ고 복이 집을 쩌나미 수삭(數朔)이나 되리니, 가즁의 다란 사ᄅᆞᆷ이 업【3】ᄉᆞ나 굿ᄐᆞ여 넘녀홀 빅 아니어니와, 우흐로 ᄌᆞ뎡 심홰(心火)626) 셩(盛)ᄒᆞ시믈 근심ᄒᆞ고, 아릭로 몽ᄋᆞ의 병을 넘녀ᄒᆞᄂᆞ니, 부인은 그 ᄉᆞ이 ᄌᆞ뎡을 셩효(誠孝)로 봉양ᄒᆞ고, 몽ᄋᆞ의 식치지졀(食治之節)627)을 등한이 마ᄅᆞ소셔."

---

623)산연(潸然) : 눈물이 줄줄 흐르는 모양.

624)힝녁(行役) : 여행의 피로와 괴로움.

625)셔쥐(徐州) : 중국 강소성(江蘇省)의 서북쪽에 있는 도시.

626)심홰(心火) : ①마음속에서 북받쳐 나는 화. ②마음속의 울화로 몸과 마음이 답답하고 몸에 열이 높아지는 병. =심화병(心火病)

부인이 묵연 탄식ᄒ며 녀부인의 셩악을 두리나 언두(言頭)의 닐ᄋ지 아니ᄒ더라. 소공이 모뎐의 하직을 고ᄒ고 밧게 나와 몽뇽을 어라만져 왈,

"임의 경ᄉ의 와시니 수회(愁懷)를 파탈(罷脫)ᄒ고 잘 됴병ᄒ면 내 능침을 슈리ᄒ고 도라와 널노 더브러 두루 도라 너의 【4】소싱 부모를 광문(廣聞)ᄒ리라."

공ᄌ 소공을 쩌나미 큰 의지홀 곳을 일흔 둣ᄒ나, 안식을 화히ᄒ여 비샤ᄒ고 수히 도라오시믈 쳥ᄒ니, 공이 지삼 년년ᄒ다가 궐하의 나아가 ᄉ됴(辭朝)628)ᄒ미, 능침으로 향ᄒ니라.

ᄎ시 녀시 봉난 소져의 츌인ᄒ미 셰디의 희한ᄒ고, 몽뇽의 비상ᄒ미 삼소(三蘇)629)의 우히믈 보미, 타일 그 부모를 ᄎᄌ 봉난으로 비위 되면 부부의 상젹ᄒ미 겸금(兼金)630)과 미옥(美玉) ᄀᆺᄐ 바룰 혜아리미, 통완(痛惋) 싀오(猜惡)ᄒ믈 니기지 못ᄒ여, 밧비 몽뇽을 업시ᄒ여 공의 빅【5】라는 바룰 ᄭ고져 ᄒ며, 봉난의 젼졍을 마희(魔戲)631)코져 ᄒ여, ᄌ긔 협ᄉ의 잇던 바 황금 일뎡과 은ᄌ 일빅냥을 ᄀ마니 가져다가 몽뇽공ᄌ 잇ᄂ 방즁 협ᄉ ᄀ온디 곰초고, 수일 후 ᄌ긔 협ᄉ를 뒤젹이다가 왼 몸을 뒤흔들며 손벽쳐 은ᄌ와 황금이 간디 업다 ᄒ여, 시녀 등과 노복을 호령ᄒ여 니외 당사와 좌우 힝각(行閣)ᄀ지 수험(搜驗)ᄒ라 ᄒ니, 노복 등이 황황산난(遑遑散亂)ᄒ여 니외 힝각과 여러 당샤를 뒬ᄉᆡ, 몽뇽 공ᄌ 협즁(篋中)의 황금 일뎡과 은ᄌ 삼빅【6】냥을 셔칙 ᄀ온디셔 어더 니니, 녀시 보고 거즛 소리질너 왈,

"나의 은 오빅냥을 일흔 바의 이제 삼빅냥을 ᄎᄌ시니 이빅 냥을 마ᄌ 어더니라."

ᄒ며 고셩 왈,

"집안의 대젹(大賊)이 이시디 문환이 혼암ᄒ고 쳘시 용녈ᄒ여 능히 ᄭ닷지 못ᄒ나, 나ᄂ 북희의 이실 ᄯ에 졀도ᄉ의 갑투고632)와 칼흘 도젹ᄒ여 금츌적 보왓ᄂ 고로, 밋븐633) 의식 업던 거시어니와, 엇지 내 침쳐의 드러와 금은을 도젹ᄒ여 갈줄 {엇지} 알니오. 문환이 비록 도라오지 못ᄒ여시나 【7】이 도젹은 결단코 가너의 두지 못ᄒ리니, 어셔 이빅냥 은을 《ᄎᄌ리라‖ᄎᄌᄂ니라》"

ᄒ여, 호령이 산악 ᄀᆺᄐ나, 시녜 어디가 업ᄂ 은을 어드리오. 두루 어더도 이빅냥 은 업스므로 고ᄒ니, 녀시 대로ᄒ여 친히 몽뇽 공ᄌ의 잇ᄂ 셔실(書室)의 나아오니,

---

627)식치지졀(食治之節) : 음식물을 단속하는 일.
628)ᄉ됴(辭朝) : 새로 임명된 관리가 부임하거나 외국의 사신이 떠나기에 앞서 임금께 하직 인사를 드리던 일.
629)삼소(三蘇) : 소문환의 세 아들 소순·소영·소성 3형제를 말함.
630)겸금(兼金) : 품질이 뛰어나 값이 보통 금보다 갑절이 되는 좋은 황금. 중국 양자강(揚子江) 상류인 운남성(雲南省) 여수(麗水)에서 나는 겸금(兼金)이 유명하다.
631)마희(魔戲) : 귀신의 장난이라는 뜻으로, 일의 진행에 나타나는 뜻밖의 방해나 훼살을 이르는 말. 늑마장(魔障).
632)갑투고 : 갑옷과 투구를 함께 이르는 말.
633)밋브다 : 미쁘다. 믿음성이 있다.

공지 년야흐로 토혈(吐血)흐믈 만히 흐고 정신을 능히 슈습지 못흐더니, 불의에 녀부인이 드리다라 바로 공즈의 긴옷과 쯰롤 벗기지롤며 크게 소리질너 왈,

"이 불측무상(不測無狀)흔 도적놈아, 너롤 문밧 다리 밋히 바린 거슬 【8】 문환 궁상이 어더다가 길너 죽을 몸을 살와니니, 은혜 태산 깃거늘, 은덕 갑흘 줄은 싱각지 아니흐고, 적심(賊心)이 불측흐여, 나의 침방의 드러와 협스의 둔, 은과 금을 깃마니 도적흐여다가 금초니, 이 쯧은 불과 네 어버이롤 추즈가 이 금·은을 가지고 살고져 흐거니와, 하늘이 지상(在上)흐시고 신명(神明)이 지방(在傍)흐시니, 엇지 발각지 아니리오. 이제 삼빅냥 은과 황금은 어덧거니와, 이빅냥 은즈는 업스니 이는 네 쓰미니 모로미 젼젼악스(前前惡事)롤 일일히 다 고흐라."

이리 【9】 닐으며, 공즈의 의건을 다 쯔져바리며, 두발(頭髮)을 풀처 기동의 미고 치려흐거늘, 공지 히연(駭然)흐믈 니긔지 못흐여 몸을 피코져 흐더니, 소싱이 측즁(廁中)의 갓다가 와서 이 거동을 보고, 차악(嗟愕)흐믈 니긔지 못흐여 조모롤 븟들고 울며 왈,

"대뫼 몽농과 무슴 원쉬 계시관디, 그 병이 만분 비경(非輕)흐거늘, 잔잉흔 쯧을 두지 아니시고 해코져 흐시느니 잇고?"

녀시 대로흐여 싱의 머리롤 잡아 벽에 브디이즈며, 쑤지즈며 왈,

"네 감히 져 도적을 편드러 한미롤 헐쑤리는다?"

흐 【10】고 목침을 드러 마고 두다리니, 적혈(赤血)이 님니(淋漓)흐고, 싱의 정신이 어득흐여 옥면(玉面)이 청옥(靑玉) 깃트니, 녀시 일분 용샤홀 쯧이 업서 일변 노복을 호령흐여,

"어셔 몽농을 쯔어 니치라."

흐니, 공지 단숨(單衫)634)과 속옷만 걸친 치 녀시의게 똑치여 문 밧그로 나아갈시, 녀시 고성 왈,

"몽농 도적놈을 아모나 의식을 주리 이시면, 다른니는 죽이지 못흐려니와 이 가즁 사롭은 머리롤 버히리라."

흐고, 날치니, 몽농을 구홀 재 뉘 이시리오. 쳘부인이 차악 한심흐 【11】믈 니긔지 못흐여 능히 입을 열어 일언을 못흐고, 몽농을 똑춧 니치는 디로 볼 뿐이라. 쥰학과 영필이 냥공즈롤 조츠 셔쥐〇[의] 가고 유랑은 제 친쳑의 집에 간 스이니, 남녀 비복이 태부인의 흉픽흔 호령의 넉시 업서 공즈롤 문 밧게 모라 니치고 문을 안흐로 거니, 공지 문 밧게 나와 즈긔 일신을 보건디, 단삼(單衫)과 고의(袴衣)635)롤 의지흐여 참황이 나오미, 이둛고 분흐믈 니긔지 못흐는 즁, 노상의 거두(擧頭)홀 길히 업스니 기리 탄식 왈,

---

634)단숨(單衫) : =적삼. 윗도리에 입는 홑옷. 모양은 저고리와 같다.
635)고의(袴衣) : 남자의 여름 홑바지. 한자를 빌려 '袴衣'로 적기도 한다.

"내 부모 춧는 졍【12】셩이 극진치 못한 고로, 경수의 올나완지 오리디, 소부를 써나지 아냣기로 이 변을 만나시니, 비록 내 ᄆᆞ음이 빅옥 ᄀᆞᆺ트나 발셔 도적의 걸니미 두 번이오, 악인의 심용(心用)이 그만ᄒᆞ여 긋칠니 업스니, ᄯᅩ 무슴 고상(苦狀)636)이 이실지라. 명되 엇지 이ᄀᆞᆺ치 험흔흔고?"

언미필(言未畢)에 흔 사름이 압히 나아와 ᄌᆞ긔를 향ᄒᆞ여 녜ᄒᆞ고 말슴ᄒᆞ니, 이 엇더흔 사룸고.

션시(先是)의 윤상공(相公) 효문공의 장ᄌᆞ 창닌이 그 ᄉᆞ부 우쳐ᄉᆞ 션을 조추 운암ᄉᆞ의 십여일 갓다가, 증조모 위태부인이 도라오【13】믈 지쵹ᄒᆞ는 고로 더 머므지 못ᄒᆞ여 도라올ᄉᆡ, 길이 셔문 밧 옥셕교를 지나더니 우연이 보미 일위 소년이 편발(編髮)637)을 헤ᄲᅳᆯ고638) 문밧게 ᄲᅩᆺ치여 나가디, 그 소년의 표치풍광(標致風光)이 찬난쇄락(燦爛灑落)ᄒᆞ여 옥면이 츄월(秋月) ᄀᆞᆺ고 이목(二目) 졍화(精華) 먼니 ᄡᅩ여 강산 녕긔(靈氣)를 거두엇고, 신광쳬위(身光體威) 동탕(動蕩)흔디, 믜여진 단삼의 헌 고의 살흘 ᄀᆞ리오지 못ᄒᆞ여시니, 창닌이 참연ᄒᆞ여 혜오디, 사름의 상모(相貌) 풍치(風彩) 져러틋 비범ᄒᆞ디 형상(形狀)이 슈참(愁慘)639)ᄒᆞ니, 무슴 변을 만남 ᄀᆞᆺ트니, 내 아모커나 【14】잠간 무러보리라."

ᄒᆞ고, 그 겻히 나아가 폴흘 드러 읍ᄒᆞ여 왈,

"이제 현ᄉᆞ(賢士)로 일면의 분이 업스나 놉흔 긔상과 골격을 보니, 몸이 진셰의 이시나 눈이 영쥐(瀛洲)640) 상션(上仙)을 귀경흠 ᄀᆞᆺ튼지라. 《도장∥도상(道上)》이 번거ᄒᆞ나 서로 교도(交道)를 미즈, 외람이 소싱 ᄀᆞᆺ튼 위인이 현ᄉᆞ를 우러라 관포지의(管鮑之誼)641)를 효측(效則)고져 ᄒᆞᄂᆞ니, 현ᄉᆞ는 나의 비루ᄒᆞ믈 바리지 말고 깁히 사괴믈 허락ᄒᆞ라."

공지 답왈,

"소뎨는 흔낫 걸인이라. 뎡쳐(定處)가 업스니 다만 형의 잇는 곳을 듯고져 ᄒᆞ노라."

창닌 왈,

"소뎨 감히 【15】현ᄉᆞ를 누사(陋舍)의 쳥ᄒᆞ미 외람ᄒᆞ나, 동문밧 취운산의 와 윤창닌 소ᄋᆞ를 츠즈오소셔."

몽뇽이 미급디(未及對)에, 쳘휘 하거(下車)ᄒᆞ여 몽뇽의 압히 나아오니, 창닌이 쳘후를 보고 반다시 몽뇽을 구ᄒᆞ려 오는 줄 혜아려, 급히 몸을 피ᄒᆞ여 깁흔 곡즁(谷中)의 드러서서, 몽뇽의 가는 곳을 볼ᄉᆡ, 몽뇽이 쳘후 압히 지비ᄒᆞ니, 쳘휘 ᄯᅩ흔 몽뇽을 이

---

636)고상(苦狀) : 고생스러운 사정이나 형편.
637)편발(編髮) : 예전에, 관례를 하기 전에 머리를 길게 땋아 늘이던 일. 또는 그 머리.
638)헤ᄲᅳᆯ다 : 헤쳐 쓸다. 머리카락 따위를 풀어 헤쳐 한꺼번에 모아 쥐다.
639)슈참(愁慘) : 몹시 비참함.
640)영쥐(瀛洲) : ①중국의 진시황과 한 무제가 불사약(不死藥)을 구하러 사신을 보냈다는 가상의 선경(仙境). ②삼신산의 하나. 늑영주산.
641)관포지의(管鮑之誼) : 관중과 포숙의 우정이란 뜻으로, 우정이 아주 돈독한 친구 관계를 이르는 말.

경(愛敬)ㅎᄂᆞᆫ지라. 집슈(執手) 흔연 왈,

"현인군ᄌᆞ(賢人君子)와 영웅호걸(英雄豪傑)의 초년 명도(命途)ᄂᆞᆫ 궁ㅎ거니와, 너 ᄀᆞ튼 자는 쏘ᄒᆞᆫ 고금의 업ᄉᆞᆯ지라. 녀태부인 실덕【16】ᄒᆞᆫ 성정은 외인이 시비ᄒᆞᆯ 비 아니어니와, 소형 믜워ᄒᆞᄂᆞᆫ ᄆᆞᄋᆞᆷ을 너의게 옴겨, 브ᄃᆡ 그 집에 보젼치 못ᄒᆞ게 ᄒᆞ니, 내 집이 비록 누츄ᄒᆞ나 너의 일시 머믈기ᄂᆞᆫ 족ᄒᆞ리니, 내 너ᄅᆞᆯ ᄉᆞ랑ᄒᆞᄂᆞᆫ ᄆᆞᄋᆞᆷ이 싱질(甥姪)의 츄호도 ᄂᆞ리지 아니ᄒᆞ니, 네 쏘ᄒᆞᆫ 서어히 넉이미 가치 아닌지라. 모로미 ᄒᆞᆫ가지로 가고져 ᄒᆞᄂᆞᆫ냐?"

공ᄌᆞ 쳘후의 장자지풍(長者之風)을 공경ᄒᆞᄂᆞᆫ 고로, 스양치 아니코 왈,

"ᄋᆞ히 명되 긔괴(奇怪)ᄒᆞ여 사ᄅᆞᆷ의 당치 못ᄒᆞᆯ 경계ᄅᆞᆯ ᄀᆞᆺ초 지니고, 몸이 도적의 두 번 밋ᄎᆞ니 스스로 ᄒᆡᆼ신(行身)【17】이 참괴ᄒᆞᆯ지언뎡, 남을 원ᄒᆞᆯ 의ᄉᆡ 업ᄉᆞᆸᄂᆞ니, 태부인의 쪼ᄎᆞ니치시믈 인ᄒᆞ여 의지ᄒᆞᆯ 곳이 업더니, 합해(閤下)642) ᄒᆞᆫ 가지로 가기를 닐ᄋᆞ시니 엇지 감ᄉᆞ치 아니리잇고? 존명을 밧드러 귀퇵으로 향코져 ᄒᆞᄂᆞ이다."

쳘휘 깃거 몽농을 다리고 부즁으로 도라오니, 창닌 공ᄌᆞ 그 뒤흘 조ᄎᆞ 몽농이 쳘후의 집으로 드러가믈 보고, 후일 틈을 어더 ᄎᆞᄌᆞ보려ᄒᆞ고 취운산 본부로 도라가니라.

녀부인이 몽농을 쪼ᄎᆞ 니치고 하리(下吏)ᄅᆞᆯ 호령ᄒᆞ여 몽농을 ᄒᆞᆫ 그릇 물이라도 주ᄂᆞ니 【18】이시면 아조 죽이란노라643) ᄒᆞ고, 취환을 니여 보니여 몽농이 가는 곳을 알아오라 ᄒᆞ더니, 취환이 나와 먼니 서서 쳘후의 다려가믈 보고 드러와 고ᄒᆞ니, 녀시 대로ᄒᆞ여 쳘부인을 즛두다려 분을 풀고져 ᄒᆞ다가, 곳쳐 혜오ᄃᆡ,

"쳘슈경이 제 능묘의 갈 늘이 머지 아냐시니, 쳘가의 남정(男丁)644)이 업ᄉᆞᆫ ᄢᆡ를 타 몽농을 해ᄒᆞ리라."

ᄒᆞ고, 침당의 드러와 다만 이빅냥 은ᄌᆞᄅᆞᆯ ᄎᆞᆺ지 못ᄒᆞ믈 분ᄒᆞᄒᆞ여 몽농을 분명 도적으로 밀위니, 시녀 등이라도 몽농 공ᄌᆞ의 원억ᄒᆞ믈 모【19】로지 아니ᄃᆡ, 녀시 용심으로 이빅냥 은을 공ᄌᆞ 잇는 쳐소의 옴기고, 아니 닐흔 것도 닐헛다 ᄒᆞ니, 노복은 오히려 아지 못ᄒᆞ고, 쳘부인은 존고의 심슐을 모로지 아니ᄒᆞᄃᆡ, 셩이 마즌 곳이 대단ᄒᆞ여 인ᄉᆞᄅᆞᆯ 출히지 못ᄒᆞ니, 졀민ᄒᆞ믈 니긔지 못ᄒᆞ여 상흔 곳에 약을 발나, 마이645) 오린 후 졍히 졍신을 출혀 몽농의 간 곳을 무로니, 부인이 쳘후의 다려가믈 닐ᄋᆞ고 왈,

"슈하(手下)의 도리ᄂᆞᆫ 슈상(手上)의 명을 밧드러 ᄡᅥ 효슌(孝順)ᄒᆞᄂᆞᆫ 거시 웃듬이라. 여뫼 우미ᄒᆞ나 존【20】고의 품질(禀質) 알기ᄂᆞᆫ 오히려 너의도곤 나으리니, 추후ᄂᆞᆫ 삼가고 조심ᄒᆞ여 인졍 밧 거조ᄅᆞᆯ 졈졈 더ᄒᆞ실지라도, 입을 봉ᄒᆞ여 간(諫)ᄒᆞᆯ 의ᄉᆞᄅᆞᆯ 니지 말고 이시라."

---

642)합해(閤下) : ①정일품 벼슬아치를 높여 부르던 말. ②존귀한 사람이라는 뜻으로, 상대편을 높여 부르는 말. '각하'와 같은 뜻이다.
643)죽이란노라 : 죽이겠노라.
644)남정(男丁) : 열다섯 살이 넘은 사내.
645)마이 : 매우.

공지 왈,

"ᄌ괴 맛당ᄒ시나, 조모의 ᄒ시는 바는 불근인졍(不近人情)이시니, 참아 함구ᄒ고 ᄒᆫ 말ᄉᆞᆷ 간치 아니믄 ᄌᆞ손의 졍이 아니라. 비록 난타 즐욕ᄒ시나, 금일 몽뇽으로 누명을 시러 튝츌ᄒ시믄 인졍의 졀박ᄒ실 ᄲᅮᆫ 아니라, 몽뇽의 나아가는 경상을 보오니 참연ᄒᄆᆞᆯ 니긔지 못ᄒ리로소이다."

쳘부【21】인이 탄식고 다시 말을 아니ᄒ더라.

쳘휘 몽뇽을 다려 부듕의 도라와 ᄌᆞ긔 ᄋᆞᄌᆞ 삼인과 ᄒᆞᆫ ᄃᆡ 두고, 귀듕ᄒ미 친ᄌᆞ의 감치 아니ᄒᄃᆡ, 여러날 머믈기 졀박ᄒ여 만셩인가(萬姓人家)로 도라 부모ᄅᆞᆯ ᄎᆞᄌᆞ보고져 ᄒ더니, 쳘휘 션능(先陵)의 비알ᄒ고 향니의 일이 이셔 ᄂᆞ려갈ᄉᆡ, ᄌᆞ긔 삼ᄌᆞ를 당부ᄒᄃᆡ,

"몽뇽○[을] ᄌᆞ긔 도라오기ᄭᆞ지 ᄒᆞᆫ가지로 써나지 말고 이시라."

ᄒ고, 부인다려 왈,

"몽ᄋᆞ는 혈혈(孑孑) 잔잉ᄒᆫ 인ᄉᆡᆼ이라. 내 나가나 부인이 이시니 그 식치지졀(食治之節)을 극진이 ᄒ고, ᄋᆡᄃᆡ(愛待)【22】○○○[ᄒ기ᄅᆞᆯ] ᄌᆞ질ᄀᆞ치 ᄒ라."

ᄒ고 졀강(浙江)646)으로 향ᄒ니, 원ᄂᆡ 쳘공ᄌᆞ 등은 십셰 동치소ᄋᆞ(童穉小兒)라. 공ᄌᆞ를 공경ᄒ며 범ᄉᆞ를 우럴미 놉흔 스승으로 ᄒᄃᆡ, 몽뇽 공ᄌᆞ는 소부의 이심만도 ᄀᆞᆺ지 못ᄒ여 병이 잠간 나흐면 쳘부를 즉시 써나려 ᄒ더라.

녀부인이 쳘후의 나아가믈 알고 다시 흉계를 운동ᄒ여 몽뇽을 해코져 홀ᄉᆡ, 취환으로 황무진을 ᄀᆞ라쳐 여ᄎᆞ여ᄎᆞ라 ᄒ니, 무진이 명을 밧아 반야의 칼흘 ᄲᅵᆯ고 바로 녀태부인 침소로 드러가 부인 상하(床下)의 누은 시녀【23】낙셤을 죽지 아닐만치 상(傷)해오고 ᄲᆞᆯ니 나올ᄉᆡ, 녀시 소ᄅᆡ를 별악ᄀᆞ치 질너 왈,

"몽뇽과[아]! 내, 널노 더브러 무슴 원쉬 잇관ᄃᆡ 혼야(昏夜)의 칼흘 들고 드러와 나를 해코져 ᄒ다가, 도로혀 낙셤을 질으고 나가ᄂᆞ뇨? 좌우 시녀는 ᄲᆞᆯ니 이 소유를 셩다려 닐ᄋᆞ고 도적을 잡게 ᄒ라."

낙셤은 놀나고 알하 인ᄉᆞ를 모로고 것구러지고, 졔시녀는 겨유 잠을 ᄭᅢ여 일신을 ᄯᅥᆯ고 외당의 나와 공ᄌᆞ긔 태부인 말ᄉᆞᆷ을 젼ᄒ고, 낙셤이 죽어가믈 고ᄒ니, 공지 경악ᄒ여 밧비 니러 안흐로 드러오고, 쳘【24】부인 모녜 니러 녀부인 침당의 모다 도적 드럿던 연고를 뭇ᄌᆞ온ᄃᆡ, 부인이 문열니는 소ᄅᆡ의 얽프시 눈을 드러보니, 몽뇽이 칼흘 들고 드러오거늘,

"몽뇽아! 이 엇진일고?"

ᄒ니, 몽뇽이 ᄌᆞ긔를 바로 질으려 ᄒ다가 상하(床下)의 낙셤이 누어 발에 걸니믜,

---

646)졀강(浙江) : 중국 졀강셩(浙江省)에 있는 젼당강(錢塘江) 및 그 상류의 총칭. *졀강셩(浙江省); 중국 동남부의 동중국해 연안에 있는 셩. 고대 월나라의 땅이었으며, 주산군도(舟山群島)에는 불교의 4대 명산 중 하나인 보타산(普陀山)이 있고, 근해에 중국 최대의 어장(漁場)인 심가문(沈家門)이 있다. 셩도(省都)는 항주(杭州).

몬져 죽이고 나롤 해ᄒ려 ᄒ거늘, 밧비 니러 협실(夾室)647)노 피ᄒ미, 몽뇽이 혹ᄌ 잡힐가 겁ᄒ여 밧비 다름질ᄒ여 나가더라 ᄒ니, 쳘부인과 소셩이 녀부인의 심슐을 모로지 아니나 감히 몽뇽을 의미타 못ᄒ더니, 【25】 몽뇽 공ᄌ의 유모 화패 눈물을 흘녀 왈,

"몽뇽 공ᄌ의 힝신(行身)이 일월의 빗최니, 남의셔 나흔 일은 못ᄒ여도 사오나온 일은 아니ᄒ오려든, 언연이 칼흘 들고 태부인 침뎐의 드러오니 만무ᄒ오리니, 모로미 그 도적을 잘못보신가 ᄒᄂ이다."

녀부인이 대로ᄒ여 화패롤 ᄭ지져 닉치고, 쳘부인모ᄌ로 ᄒ야금 신원치 못ᄒ게 ᄒ니, 공지 조모의 ᄒᄂ 일이나, 익둛고 셜우믈 니긔지 못ᄒ여 일언을 아니코 취침ᄒ시믈 닐큿고 외당으로 나아가니, 쳘부인 【26】 모네 각각 침소로 도라가니, 녀시 즉시 낙셤의 아비롤 불너 셤의 상쳐롤 뵈고, ᄌ긔 무진을 시켜 뎡장(呈狀)648)홀 ᄯ에 각별 도모ᄒ여 몽뇽을 죽이도록 ᄒ라 ᄒ니, 원닉 셤의 아비 쳔인의 무식ᄒ므로 녀시 간악홈과 몽뇽의 원억ᄒᆞ믈 엇지 알니오. ᄒ갓 그 ᄯᆯ의 듕상(重傷)ᄒ믈 분앙(憤怏)ᄒ여 셜치(雪恥)코져 ᄒᄂ지라.

녀시 암회(暗喜)ᄒ여 ᄀᄆ니 무진으로 ᄒ야금 소지(所志)롤 ᄡ이ᄃᆞᆯ, 몽뇽을 쳔만가지로 무함(誣陷)ᄒ여 망측흔 죄롤 ᄲ워 브듸 죽이려 ᄒᄂ지라. 쳘부인 모ᄌᄂ 오히려 뎡소(呈訴)홀 【27】 줄은 모로고, 명일 엇지 ᄒᄂ고 보려 ᄒ더라.

녀시 뎨남 녀슉은 형부시랑인 고로 부인이 각별이 셔간을 브쳐 몽뇽○[을] 브듸 죽여달나 쳥ᄒ니, 명일 무진이 셔간과 소지롤 가져 몬져 시랑긔 드리니, 이 ᄂᆯ 형부 좌긔(坐起)649)로ᄃᆞᆯ 시랑 등은 못고 샹셔 뎡듁암은 오지 아냣ᄂ지라. 녀시랑이 미져의 쳥을 드럿ᄂ 고로 몽뇽을 어이 범연이 다ᄉ리리오. 소지(所志)650)롤 보ᄆ, 은금(銀金)을 도적ᄒ여 금초왓더니 발각ᄒ미, 녀시롤 원망ᄒ여 혼야의 칼흘 가지고 드러와 부인을 질으려 ᄒ다 【28】 가, 그릇 상하의 누은 시녀 낙셤을 질너 ○…결락8자…○[크게 상히오다 ᄒ고], 희북의 이실 ᄯᆡ부터 도적질이 비상ᄒ여 졀도ᄉᆞ의 갑옷과 투고롤 도적흔 말이며, 온갖 흉괴흔 말을 베퍼, 공ᄌ로 ᄒ야금 ᄉᆞ디(死地)의 모라너허시니, 녀시랑이 소지롤 가져 동뇨(同僚)로 ᄒ야금 다 보게ᄒ고, 통히 왈,

"소문환이 불명ᄒ여 고이흔 도적을 두어 하마 계모롤 검하(劍下)의 맛칠 번 ᄒ니 엇지 차악지 아니며, 살인쟈 되살(代殺)은 법뎐의 당연ᄒ니, 이제 소부 비지 질니여 반싱반ᄉ(半生半死)651)ᄒ다 ᄒ니, 만일 죽으면 그 도적을 죽일거시오, 비 【29】 록 살아도 용심이 여ᄎᄒ니 범연이 다ᄉ리지 못홀 거시니, 형니(刑吏)롤 발ᄒ여 급히 잡힐

---

647)협실(夾室) : 곁방.
648)뎡장(呈狀) : 소장(訴狀)을 관청에 냄. 늑뎡소(呈訴).
649)좌긔(坐起) : 관아의 으뜸 벼슬에 있던 이가 출근하여 일을 시작함.
650)소지(所志) : 예전에, 청원이 있을 때에 관아에 내던 서면.
651)반싱반ᄉ(半生半死) : 거의 죽게 되어 죽을지 살지 모를 지경에 이름.

거시니이다."

다란 낭관 왈,

"졍장(呈狀)이란 거시 흔편 소지만 밋을 거시 아니니, 소부 상하 비즈와 질으다 ᄒ던 자를 다 잡아 그 말을 드러가며 결(決)ᄒᆯ 거시오, 지상의 문회(門戶) 엄격ᄒ거늘 나 어린 도적이 심당(深堂)을 쎄쳐 드러가 질으려 ᄒᄂᆫ 변이 이상ᄒ나, 아등이 결훌 빅 아니라. 상관긔○○○[고ᄒ여] 명졍(明正)ᄒᆫ 쳐치를 ○○○[쳥ᄒ여] 보리라."

녀슉 왈,

"공 등의 말이 올ᄒ나, 도적을 몬져 잡아오고 상관긔 고ᄒ여도 해【30】롭지 아니ᄒ다."

졍언간(停言間)에 낙셤의 아비 탕각은 시임형니(時任刑吏)러니, 발칙(發差)652)ᄒ여 몽농 잡아오믈 고ᄒᆫ딕, 츠시 몽농이 쳘부의 잇더니, 일일은 믄득 부문(府門)이 드레며 형부의셔 발칙ᄒᆞᆷ믈 젼ᄒ고, 몽농을 가주 지촉ᄒ니, 공지 이쎠 부모를 찻고져 ᄒ다가 녀녀 흉인이 즈긔를 해코져 궁극히 즈최를 듯보아 형부로 잡아가ᄂᆫ 욕을 당ᄒ니, 출하리 형부의 가 빅옥무하(白玉無瑕)ᄒᆞᆷ믈 쾌히 고ᄒ여 누명을 신빅(伸白)ᄒ고 동셔남북의 쇠횐이 단이고져 ᄒ여, ᄉᆞ믹를 썰치고 형니 【31】 등을 칙왈,

"나의 냥각(兩脚)이 굿트여 병드지 아냐시니 형부아냐 쳔니라도 힝키 어렵지 아닌지라. 여등이 엇지 욕되히 잡아가려 ᄒᄂᆢ? 모로미, 너희는 압셔라. 닉 ᄯᅡ라가리라."

형니 등이 공주의 츄턴긔상(秋天氣像)과 농봉ᄌ질(龍鳳子姪)을 보고, 간디로 욕(辱)도이 못ᄒ여 좌우로 시립ᄒ니, 쳘싱 등은 츠경을 보고 분회ᄒᆞᆷ믈 니긔지 못ᄒ나, 부공이 아니계시니 누얼을 신빅지 못ᄒ여 다만 집슈 츄연 왈,

"형의 빙옥 신장(氷玉身上)의 긔괴ᄒᆫ 누얼을 무릅쓰미 실시녀외(實是慮外)653)라. 신빅 【32】이 반ᄃᆞᆺᄒ려니와, 이제 욕을 당ᄒ니 분회ᄒ도다."

공지 왈,

"츠ᄂᆫ 나의 운쉬라. 현마 엇지ᄒ리오."

ᄒ고, 가연이654) 형니(刑吏)를 ᄯᅡ라 형부의 드러가, 녀시랑을 향ᄒ여 왈,

"공이 녀시의 쳥촉(請囑)을 드럿거니와, 이 혈혈단신(孑孑單身)을 망측(罔測)ᄒᆫ655) 죄루의 너허 죽이미 무어시 어려오리오마는, 사름을 빅듀(白晝)의 이ᄀᆞᆺ치 구욕(驅辱)ᄒ시ᄂᆢ?"

녀슉이 몽농을 보믹, 졍히 문죄코져 ᄒ더니, 츠언을 듯고 대로ᄒ여 닐ᄋᆞᆸ,

"요괴(妖怪)로온 소이 담대ᄒ여 져희 죄를 발명(發明)ᄒ며 법관을 두리지 아니ᄒ니, 【33】내 비록 미말낭관(微末郎官)이나, 소ᄋᆞ를 죽여 법을 졍히ᄒ면, 굿트여 상관이라

652)발칙(發差) : 죄지은 사람을 잡아 오라고 사람을 보내던 일.
653)실시녀외(實是慮外) : 참으로 뜻밖의 일임.
654)가연이 : 개연(慨然)히. 억울하고 원통하여 몹시 분하게.
655)망측(罔測)ᄒ다 : 망측(罔測)하다. 정상적인 상태에서 어그러져 어이가 없거나 차마 보기가 어렵다.

도 그르다 아니실지라. 상셰 미안(未安)이 넉이실지라도, 형부시랑 못단일 밧 더은 일은 업스리라."

이리 닐으며 하리를 호령ᄒ여 몽농을 결박ᄒ고 엄히 치라 ᄒ니, 공지 닝소 왈,

"공이 포악히 셔도라 박살(撲殺)코져 ᄒ거니와, 텬일이 지상ᄒ고 만인이 지방ᄒ니, 내 몸에 ᄒᆫ 조각 죄뤼 업스믄 사ᄅᆷ은 모로나 텬디신명이 붉히 아ᄂᆞ니, 공이 진실노 날과 결위보려 ᄒ시ᄂᆞ냐?"

녀슉이 공주의 말마다 슌치 아【34】님과 결위 니긔지 못ᄒᆯ 줄노 알믈 익노(益怒)ᄒ여, 하리를 호령ᄒ여 몽농을 어셔 결박ᄒ라 직촉ᄒ니, 공지 젼후 고상(苦狀)이 지극ᄒ나, 금일 녀슉의 거동은 처엄 본 비라. 심니의 혜오디,

"내 공슌이 맛기ᄂᆞ 용녈(庸劣)키의 갓가오니, 출하리 내 지조를 다ᄒ여 녀슉을 ᄒᆫ 츠례 마이 속이리라."

ᄒ고, 풍우와 귀신 브리ᄂᆞ 슐을 ᄂᆡ려 ᄒ더니, 하리 분분ᄒ여 상셰 오신다 ᄒᄂᆞᆫ지라. 시랑 등이 년망이 당하의 ᄂᆞ려 상셔를 마즈니, 형부상셔ᄂᆞ 진국공 뎡듁암이니 뎡위(廷尉)656)【35】를 당ᄒᆫ지 여러 셰월의 결옥치졍(決獄治政)이 쳥쾌명결(晴快明決)ᄒ여 범뉴와 ᄂᆞ도ᄒ고, 풍치신광이 셰디의 희한ᄒ여 평졔왕 뎡듁쳥 아ᄅᆡ ᄒᆫ사ᄅᆷ이라. 고로 됴야ᄉᆞ셔(朝野士庶)657)의 다 츄앙ᄒᄂᆞᆫ비러니, 츠일 형부 좌긔(坐起)로디 시랑 등으로 옥ᄉᆞ를 쳐결ᄒ고 대개 졀목(節目)으란 고ᄒ라 ᄒ엿더니, 됴참(朝參)ᄒ고 도라오ᄂᆞᆫ 길히 어됴윤 경환긔를 츠즈 보고 담화ᄒ다가, 경공이 잔을 잡고 슐을 과히 권ᄒ니 진공이 본디 술을 됴화ᄒᄂᆞᆫ지라, 소시의 탐식(貪色)ᄒ여 쥬식(酒色)의 깁히든 병이 【36】 잇ᄂᆞᆫ 고로, 십여비를 넘은 즉 능히 안줏지 못ᄒ여, 쓰러져 경부의셔 잠을 들미, 형부 뎡하(庭下)의 셔긔(瑞氣) 영농ᄒ며 상운(祥雲)이 운집ᄒᆫ 가온디, 길이 만여장(萬餘丈)이나 ᄒᆫ 옥농(玉龍)이 셔럿ᄂᆞᆫ 바의, 졔셩(諸星)이 좌우로 옹호(擁護)ᄒ엿ᄂᆞᆫ지라. 진공이 긔이히 넉여 브라본즉, 녀슉이 분긔 하ᄂᆞᆯ을 쎄칠 ᄃᆞᆺᄒ여 고디 옥농을 죽이려 ᄒ거늘, 진공이 농을 붓드러 구코져 ᄒ다가 스스로 씨치니 남가일몽(南柯一夢)658)이라. 심즁의 싱각ᄒ디 형부의 반다시 비상ᄒᆫ 사ᄅᆷ이 죄에 걸녀시믈 씨ᄃᆞᆺ고, 셜【37】니 달녀 형부로 갈시, 경공이 소왈,

"형이 수리를 바리고 물을 급히 트믄 하유식(何由事)오?"

진공이 답왈,

"관부의 가볼 일이 이시니 달녀가려 ᄒᄂᆞ이다."

---

656)뎡위(廷尉) : 중국 진(秦)나라 때부터, 형벌을 맡아보던 벼슬. 구경(九卿)의 하나였는데, 나중에 대리(大理)로 고쳤다. 여기서는 형부상서를 말함.
657)됴야ᄉᆞ셔(朝野士庶) : 조정과 민간, 사대부와 서민을 모두 일컫는 말.
658)남가일몽(南柯一夢) : '남쪽 나뭇가지의 꿈'이란 뜻으로, 꿈과 같이 헛된 한 때의 부귀영화나, 인생의 덧없음을 이르는 말. 중국 당나라의 순우분(淳于棼)이 술에 취하여 홰나무의 남쪽으로 뻗은 가지 밑에서 잠이 들었는데 괴안국(槐安國)의 부마가 되어 남가군(南柯郡)을 다스리며 20년 동안 영화를 누리는 꿈을 꾸었다는 데서 유래한다.

언파의 바로 형부의 니른니, 시랑 등이 하당영지(下堂迎之)홀식, 진공이 뎡하를 보니 일위 소년이 의뒤를 그른고 먼니 셔시나, 풍광이 동탕ᄒ고 골격이 슈앙(秀昂)ᄒ여 현셩군지(賢聖君子)러라. 진공이 일셰를 안공(眼空)ᄒ여 고산태악(高山泰岳) ᄀ튼 쯧이 이시나, 금일 져 몽ᄋ(蒙兒)659)를 보미, 황홀(恍惚) 긔이(奇異)ᄒ믈 결을치 못ᄒ여, 경이(敬愛)ᄒ미 ᄀ득ᄒ지【38】라. 이의 하관 등을 도라보아 왈,

"금일 각별ᄒᆫ 대옥(大獄)이 잇ᄂ냐? 엇지 관부의 드러오지 아닐 소년이 셧ᄂ뇨?"

제시랑이 미처 답지 못ᄒ여셔, 녀시랑이 소부의셔 졍장(呈狀)ᄒᆫ 소지(所志)를 ᄂ리와 하리로 ᄒ야금 닑으라 ᄒ고, 몽눙의 젼후 죄악을 갓초 고ᄒ니, 진공이 귀로 소지를 드른며 눈으로 녀슉의 거동을 보미, 몽눙의 원억ᄒ믈 듯지 아녀, 그 부인의 해코져ᄒᆫ 바를 명경(明鏡) ᄀ치 씨다라, 몽눙의 죄상을 녀시랑 다려ᄂ ○○[뭇지] 아니코, 하리를 호령ᄒ여 무진을 잡아드리라 ᄒ【39】니, 관니 불승젼뉼(不勝戰慄)ᄒ여 무진을 잡아 계하(階下)의 ᄭ니니, 진공이 엄문 왈,

"져 몽눙 공즈라 ᄒᄂ니, 희북의 이실 띠 졀도ᄉ의 의갑(衣甲)과 칼 도젹ᄒ여 올 적 뉘 보아시며, 혼야의 녀태부인 금은을 도젹홀 적은 동인(同人)660)이 몃치나 ᄒ며, 집검(執劍)ᄒ고 녀태부인 침뎐의 드러가 시녀를 해ᄒ고 나올 제ᄂ 뉘 보아시며, 엇지 잡으미 되뇨?"

무진이 《진ǁ뎡》 상셔의 하일지위(夏日之威)661)를 앙견ᄒ미 두리온 의ᄉ 무궁ᄒ여, 두로 말을 ᄭ며 몽눙의 죄를 녀태부인이 증인이믈 닐ᄏ라, 몽눙을 【40】 현져이 해코져 ᄒ니, 진공이 텬셩이 '질악(嫉惡)을 여슈(如讎)ᄒ고'662) 간ᄉ(奸邪)를 믜워ᄒᄂ고로, 무진이 두로다히ᄂ663) 말을 드로미 통히(痛駭)ᄒ여 대즐 왈,

"간흉(奸凶)ᄒᆫ 놈이 현인을 죄에 모라너코져 ᄒᄂ다? 네 졀도ᄉ 요쇽(僚屬)과 형부 낭즁을[은] 잘 속이려니와, 나ᄂ 너의게 속지 아니리니, 젼후간상(前後奸狀)을 직고치 아니면 ᄒᆫ 미에 마츠리라."

언파의 ᄉ예(司隷)를 호령ᄒ여 무진을 긴긴히 결박ᄒ여 큰 미를 드리라 ᄒ니, 좌위 뒤령ᄒ거늘 공이 무진을 형틀의 올여 미고 엄히 칠식, ᄉ오장의 니른러 엇【41】지 견뒤리오. 이의 복초(服招)홀식,

'녀부인이 몽눙을 믜워 죽이고져 ᄒ여 의갑(衣甲) 도젹ᄒ던 일과, 금은○[을] 일허 찻던 일과, 소공 부즈를 원슈 ᄀ치 믜워ᄒᄂ 바와, 작야의 제 ᄯᆯ을 부인 침뎐의 드러가 죽지 아닐만치 질으던 바를 개개히 알외오니',

텽문자(聽聞者)로 ᄒ야금 통한ᄒ믈 니긔지 못홀 ᄲᆞᆫ아냐, 몽눙의 잔잉ᄒᆫ 신셰와 슬픈

---

659)몽ᄋ(蒙兒) : 어린 아이.
660)동인(同人) : 함께 가담한 사람.
661)하일지위(夏日之威) : '여름날의 해와 같은 위엄'이라는 뜻으로, 위엄이 높은 것을 비유적으로 이르는 말.
662)질악(嫉惡)을 여슈(如讎)ᄒ고 : 악을 미워하기를 원수와 같이 함.
663)두로다히다 : 둘러대다. 그럴듯한 말로 꾸며 대다.

명되 힝뇌(行路)664)라도 눈물을 ᄂᆞ리올지라.

공이 텽파의 졀졀(切切) 통ᄒᆡ(痛駭)ᄒᆞᆷ믈 견줄 곳이 업ᄉᆞ디, 녀시 간흉 픠악이 텬디의 ᄲᅢ여시디, 소공의 【42】ᄆᆞ음이 편키를 위ᄒᆞ여 다ᄉᆞ리지 아닌 비니, 죽긔 져 남의 집 태부인 시비ᄒᆞ미 불가ᄒᆞ고, 몽뇽을 긔특이 넉일ᄉᆞ록 그 신ᄇᆡᆨ(伸白)이 쾌ᄒᆞ니 힝희(幸喜)ᄒᆞᆯ ᄲᅩᆫ이오, 녀시 흔극(釁隙)을 드러니믄 소니부의 안면을 보지 아님 ᄀᆞᆺ튼지라. 다만 무진을 죽지 아닐만치 듕타ᄒᆞ여 분을 풀고져 ᄒᆞ디, 무진이 싱긔 업서 죽은 상이 되여시니 다시 치기 어려온지라. 이의 ᄂᆞ리와 가도라 ᄒᆞ고 몽뇽을 향ᄒᆞ여 왈,

"내 슈ᄌᆞ(豎子)로 더브러 일면지분(一面之分)이 업고 쳑촌(尺寸)의 은원(恩怨)이 업ᄉᆞ니, 굿ᄐᆞ여 슈ᄌᆞ를 죄에 모라 너【43】코져 흠도 업고, 누얼을 벗기고져 흠도 업ᄉᆞ디, 무진의 간흉ᄒᆞᆫ 거동이 인심의 통ᄒᆡᄒᆞ므로 젼후 악ᄉᆞ를 뭇고져 ᄒᆞ미, 무진이 도로혀 녀부인긔 밀위니 졀졀 분완(憤惋)ᄒᆞᆫ지라. 고디 죽이고져 ᄒᆞ나 인졍이 듕대ᄒᆞ고 살육이 괴로온 고로 소니뷔 도라오기를 기다려 무진을 쳐치케 ᄒᆞ려 ᄒᆞᄂᆞ니, 슈지 누셜지듕(陋說之中)이나 빙쳥지심(氷淸之心)을 가져시니, 무슴 붓그러오미 이시리오. 츳쳐의 오믈 측히 넉이지 말고 편히 도라가라."

공지 듁암의 명졍상쾌(明正爽快)ᄒᆞᆫ 위인을 보미 흠【44】복(欽服)ᄒᆞ미 ᄀᆞ득ᄒᆞ고, 무진의 구셜(口舌)노 조차 ᄌᆞ긔 젼젼누얼(前前陋孼)이 신ᄇᆡᆨᄒᆞᆷ믈 힝희ᄒᆞ나 ᄉᆞ식지 아니코, 오직 ᄀᆞᆯ오디,

"무진이 소싱을 해ᄒᆞ나 소싱은 붓그러오미 업거니와, 명되 고이ᄒᆞ여 누명 실으믈 탄ᄒᆞ더니, 상공의 명쾌ᄒᆞ신 셩덕이 소싱의 이미ᄒᆞᆷ믈 ᄉᆞᆲ히샤 누얼을 신셜(伸雪)케 ᄒᆞ시니, 졍ᄉᆞ(政事) 묽으시믈 칭복ᄒᆞᄂᆞ이다."

언파의 몸을 두루혀 나아가미, 힝뫼 신듕(愼重)ᄒᆞ고 톄되 유법(有法)ᄒᆞ여 군ᄌᆞ의 긔틀이니, 진공이 미져의 일흔 ᄋᆞ들이믄 몽니(夢裏)의나 싱각ᄒᆞ리오마는, 슉질의 졍【45】의 부지듕(不知中) ᄌᆞ별(自別)ᄒᆞ고, 그 위인을 심이(甚愛) 경복(敬服)ᄒᆞ여 즉긱에 ᄒᆞᆫ가지로 다리고 갈 ᄯᅳᆺ이 이시디, 다른 옥ᄉᆞ도 쳐결ᄒᆞ므로 머므니라.

몽뇽이 이의 익을 버서 윤창문을 ᄎᆞᆽ고져 취운산으로 오더니, 몸이 곤뇌ᄒᆞ여 녀뎜(旅店)의 드러가 잠간 쉬더니, 문득 조으롬이 와 졉목(接目)ᄒᆞ미, 몽혼(夢魂)이 유유(悠悠)ᄒᆞ여 ᄒᆞᆫ 곳에 니ᄅᆞ니, 치운이 영농ᄒᆞ고 셔ᄋᆡ(瑞靄) 몽연(蒙然)ᄒᆞᆫ디, 일위ᄌᆡ상(一位宰相)이 광의ᄃᆡᄃᆡ(廣衣大帶)665)로 학을 ᄐᆞ고 ᄂᆞ려와, '몽뇽아!' 불너 왈,

"너의 명되(冥途) 긔구(崎嶇)ᄒᆞ여 네 부모의 익회 미진ᄒᆞ므로, 십삼년을 【46】 실니ᄒᆞ여 ᄌᆞ식과 부뫼 서로 참통비졀ᄒᆞ니 엇지 잔잉치 아니리오. 이제 네 몸이 종장(宗長)의 듕ᄒᆞᆷ믈 가져 쳔승귀ᄌᆞ(千乘貴子)666)로 누디봉ᄉᆞ(累代奉祀)를 녕(領)ᄒᆞᆯ지라. ᄒᆞᆷ믈며

---

664) 힝노(行路) : '행로인(行路人)'의 줄임말. 길가는 사람, 곧 아무런 관계가 없는 사람을 뜻함.

665) 광의대ᄃᆡ(廣衣大帶) : 품이 넉넉한 도포(道袍)를 입고 넓은 띠를 두른 차림.

666) 쳔승귀ᄌᆞ(千乘貴子) : 제후(諸侯)의 귀한 아들. 천승(千乘); '천 대의 병거(兵車)'라는 뜻으로, 제후를 이르는 말.

아손(我孫)은 하늘이 특별이 닉신 바 ᄒᆞ낫 현셩(顯聖)667)이라. 빈빈(彬彬)ᄒᆞᆫ 도학과 슉슉(淑淑)ᄒᆞᆫ 덕홰 아비 우히 이시리니, 오문(吾門)의 힝이오, 송됴(宋朝) 현샹(賢相)이라. 나ᄂᆞᆫ 곳 이십 칠년젼 니부샹셔 금ᄌᆞ광녹태우 홍문관태학ᄉᆞ 명쳔션ᄉᆡᆼ 윤공이니, 곳 너의 ᄒᆞᆫ아비라. 나의 ᄋᆡ시 고우(故友) 화도ᄉᆞ 태운션ᄉᆡᆼ이 너ᄅᆞᆯ 친ᄒᆞ여 부모 ᄎᆞ즐 일월을 닐너시니, 【47】아손이 엇지 셩명부득지인(姓名不得之人)668)이 될가 근심ᄒᆞ리오."

공ᄌᆞ 왕부의 존안을 우러라 보건ᄃᆡ, 션풍이질(仙風異質)과 용화ᄌᆡ략(容華才略)이 현셩도학(賢聖道學)이 가작ᄒᆞ니669), 이의 왕부의 손을 밧들고, 비읍(悲泣) 왈,

"소손이 텬디긔 득죄ᄒᆞ미 듕ᄒᆞ와 지금 부모ᄅᆞᆯ ᄎᆞ지 못ᄒᆞ옵고 듀야 망극(罔極) 통할(痛割)ᄒᆞᆷ믈 니긔지 못ᄒᆞ여, 희외 타국의 뉴락(流落)ᄒᆞ옵더니, 금일이 하일(何日)이완ᄃᆡ 부모 존당의 ᄇᆡ현(拜見)ᄒᆞ고 왕부의 무이(撫愛)ᄒᆞ시믈 밧ᄌᆞ오니, 소손이 텬뉸의 여ᄒᆞᆫ이 업도소이다."

공이 탄왈,

"너ᄂᆞᆫ 날노ᄡᅥ 지셰인(在世人)으【48】로 아지 말나. 내 나히 삼십이 ᄎᆞ지 못ᄒᆞ여 금국의 가 맛ᄎᆞᆫ 비니, 기시 여부(汝父)와 여슉(汝叔)이 다 부인의 복듕의 이셔 셰상의 나지 못ᄒᆞᆫ 바의 명이 진ᄒᆞ여시니, '광과 희'670) 닙됴ᄒᆞ여 아비 얼골 모로ᄂᆞᆫ 지통이 풀닐 날이 업게 ᄒᆞ니, 녕빅(靈魄)이라도 명명듕(明明中) 슬프믈 먹음은 비라. 너ᄂᆞᆫ 십삼 년을 부모 못ᄎᆞᆽ 통할ᄒᆞ나, 이제 다ᄃᆞ라ᄂᆞᆫ 즐겁고 영락(榮樂)ᄒᆞ미 당셰의 희한ᄒᆞ리니, 엇지 부슉(父叔)의 부안(父顏) 모로ᄂᆞᆫ 지통(至痛)의 비ᄒᆞ리오. 연(然)이나 너의 익회(厄會) 미진(未盡)ᄒᆞ여 잠시 간초(艱楚)ᄅᆞᆯ 마ᄌᆞ 격【49】근 후, 만복(萬福)이 구젼(俱全)ᄒᆞ리라."

공ᄌᆞ 체읍 왈,

"소손이 부모ᄅᆞᆯ ᄎᆞᄌᆞ 슬하ᄅᆞᆯ 일싱 ᄯᅥ나지 말고져 ᄒᆞᄂᆞ니, ᄯᅩ 잠시 간최 이시리라 ᄒᆞ시니, 엇지 익회 그ᄃᆡ도록 진(盡)치 아니ᄒᆞ니잇고?"

공 왈,

"ᄎᆞ역(此亦) 운쉬니 인녁으로 홀 ᄇᆡ 아니라. 이제 ᄡᅵ가 니ᄅᆞ니 동문 밧그로 나아가라."

언흘(言訖)에, ᄉᆞ미ᄅᆞᆯ ᄯᅥᆯ처 학을 ᄐᆞ고 공즁의 올ᄋᆞ니, 학의 우룸소리의 놀나 ᄭᆡ니 남가일몽라. 안뎌(眼底)의 왕부의 용뫼 분명ᄒᆞ고 이변(耳邊)의 셩음이 분명ᄒᆞ거늘, 드ᄃᆡ여 동문밧 츄운산을 ᄎᆞᄌᆞ 나아가더니, 믄득 ᄡᅡᆼ곡(雙曲)671)이【50】분요(紛擾)ᄒᆞ

---

667)현셩(顯聖) : 높고 귀한 사람이 죽은 후에 신령이 되어 나타남.
668)셩명부득지인(姓名不得之人) : 이름을 알지 못하는 사람.
669)가죽ᄒᆞ다 : 가지런하다. 나란하다.
670)광과 희 : 윤광천과 윤희천을 말함.
671)ᄡᅡᆼ곡(雙曲) : 귀인의 행차나 혼인행렬이 지나가는 데 방해받지 않도록 잡인의 통행을 금하는 피리나 나팔 등의 악기 소리.

며 〈마거륜(駟馬車輪)672)이 대로롤 덥허 힝ᄒᆞ니 추하인야오?

몽농이 거안시지(擧眼視之)673)ᄒᆞ니 왕공위의(王公威儀)와 일품관면(一品冠冕)의 귀인이니, 텬일지표(天日之表)와 뇽봉지질(龍鳳之質)이 만니(萬里)의 군왕(君王)이오, 거셰명상(擧世名相)이라. 이 곳 평졔왕 뎡듁쳥과 좌승상 하학셩이오, 평진왕 윤쳥문과 우승상 윤효문이라. 몽농이 윤쳥문의 풍뉴신광(風流身光)이 아쟈(俄者)674) 몽즁의 왕부와 다르미 업고, 흔번 보미 텬눈지졍(天倫之情)과 부ᄌᆞ의 눈(倫)이 부지즁(不知中) 스스로 혈믹(血脈)이 동ᄒᆞ믈 끼닷지 못ᄒᆞ여, 반갑고 황홀흔 졍셩이 눈이 어둡【51】고 가슴이 막히ᄂᆞᆫ 듯ᄒᆞ여, 혹ᄌᆞ 몽ᄉᆞ와 ᄀᆞᆺ튼여 진왕이라 ᄒᆞ리 져의 부친인가 ᄒᆞ여 의심ᄒᆞ니, 도로혀 아모 상이 업서 ᄲᆞᆯ니 동문으로 달녀가고져 ᄒᆞ다가, 하리 일시의 다라드러 잡아미려 ᄒᆞᄂᆞᆫ지라. 공쥐 진왕을 엷프시 보고 ᄆᆞᄋᆞᆷ이 크게 요동ᄒᆞ여 슬프미 ᄀᆞ독ᄒᆞ니, 스스로 억졔코져 ᄒᆞ디 통할(痛割)ᄒᆞ믈 능히 참지 못ᄒᆞ여 흔 소리를 기리 늣기고 피를 토ᄒᆞ고 길ᄀᆞ에 것구러지니, 옥ᄀᆞᆺ튼 얼골이 잠간 프르고 옥셩(玉星)675) ᄀᆞᆺ튼 봉안(鳳眼)의 츄쉬(秋水)676) 여리엿ᄂᆞᆫ지라.

하리 등이 긔좌(羈挫)677)ᄒᆞ여 【52】 가려다가 공조의 엄홀(奄忽)ᄒᆞ믈 보고 경동(驚動)ᄒᆞ여 물너셔니, 진왕의 수리 몽농의 겻히 니르러 흔번 눈을 드러 보건딕, 일월(日月)의 명광(明光)이오, 츄슈졍신(秋水淨身)678)이라. 션풍옥골(仙風玉骨)이 진셰(塵世)의 무드지 아닐 ᄲᅮᆫ 아니라, 졀셰(絶世) 염미(艶美)흔 틱되 엷프시 뎡슉녈을 품ᄒᆞ고, 묽은 거름679)이 《승상 슉완(淑婉)ᄒᆞ므로∥슉완(淑婉)ᄒᆞ미 승상으로》 완연이 ᄀᆞᆺ튼지라. 진왕이 작야의 뎡비 침뎐의셔 슉침ᄒᆞ더니, ᄉᆞ몽비몽간(似夢非夢間)680)의 그 부친 명쳔공이 노변(路邊)의 죽어가ᄂᆞᆫ ᄋᆞ히를 ᄀᆞ르쳐 왈,

"이 진짓 내집 쳔니귀(千里駒)681)니 송됴(宋朝)를 보좌(補佐)홀 냥【53】상(良相)이라. 너히 부뷔 장ᄌᆞ를 일허 십삼년이 되도록 찾지 못ᄒᆞ고 듀듀야야(晝晝夜夜)682)의 슬프미 오히려 소ᄋᆞ(小兒)의 지지 아니나, 손ᄋᆞ(孫兒) 소문환 부부의 대은을 닙어 무스히 자라니, 빅힝도덕(百行道德)과 효뎨튱신(孝悌忠信)이 만고의 희한(稀罕)ᄒᆞ리니, 이

---

672)〈마거륜(駟馬車輪) : 네 필의 말이 끄는 수레.

673)거안시지(擧眼視之) : 눈을 들어 바라 봄.

674)아쟈(俄者) : 아까. 조금 전. 지난 번. 갑자기.

675)옥셩(玉星) : 옥과 별을 함께 이른 말로, 옥처럼 맑고 별처럼 밝다는 뜻.

676)츄쉬(秋水) : '가을 물'이라는 뜻으로, 여기서는 맑은 '눈물방울'을 나타낸 말.

677)긔좌(羈挫)ᄒᆞ다 : 묶다. 결박하다. 구속하다.

678)츄슈졍신(秋水淨身) ; 가을 물처럼 맑고 깨끗한 몸, 또는 살갗.

679)거름 : 걸음. 행동이나 행실 또는 활동을 비유적으로 이르는 말.

680)ᄉᆞ몽비몽간(似夢非夢間) : =비몽사몽간(非夢似夢間). 완전히 잠이 들지도 잠에서 깨어나지도 않은 어렴풋한 순간.

681)쳔니귀(千里駒) : =천리마(千里馬). 하루에 천 리를 달릴 수 있을 정도로 좋은 말이라는 뜻으로, 뛰어나게 잘난 자손을 칭찬하여 이르는 말.

682)듀듀야야(晝晝夜夜) : '주야(晝夜)'를 강조하여 이르는 말.

또 오ᄋ(吾兒)와 현부의 효힝셩덕(孝行盛德)의 비로스미라. 부ᄌ지뉸(父子之倫)을 이씨의 붉히리니, 모로미 그 병을 보호ᄒ여 희외타국(海外他國)의 뉴락ᄒ던 몸으로써 부모ᄅ 추ᄌᆫ 후나 다시 질(疾)을 일우게 말나."

진왕이 ᄋ들을 보아 귀듕ᄒᆫ ᄆ음은 오히려 버금이 되고, 【54】 부공을 붓드러 만항뉘(萬行淚) 뇽포(龍袍)ᄅ 젹시니,

읍고(泣告) 왈,

"소지 일흔 ᄌ식은 못추ᄌᆺ도 엄안(嚴顔)을 모로ᄂ 지통은 셰월이 오릴스록 심장이 썩거지고, 오ᄂᆡ683) 믜워지믈684) 면치 못ᄒ고 속졀업시 화상(畫像)의 현ᄇᆡ(見拜)ᄒ여 통할ᄒᆫ 졍셩을 고ᄒ나, ᄒᆫ 말ᄉᆷ 경계ᄒ시ᄂᆫ 엄훈(嚴訓)을 아지 못ᄒ오니, 궁텬지통(窮天之痛)685)이 싱셰(生世)의 풀닐 날이 업ᄉᄃᆡ, 존당(尊堂) ᄌ위(慈闈)의 슬프시믈 돕습지 못ᄒ여 셰월을 보ᄂᆡ더니, 금일이 하일(何日)이완ᄃᆡ 엄안을 우러라 하졍(下情)을 만일(萬一)686)이나 알외ᄂ니잇【55】고?"

명쳥공 왈,

"텬수(天數)의 뎡ᄒᆫ 비니, 너희 형뎨로 ᄒ야금 나의 얼골을 모로게 ᄒ미니 과히 슬허말나."

인ᄒ여 길ᄀ에 업더진 ᄋ히ᄅ ᄀᄅ쳐 왕을 뵐ᄉᆡ, 왕이 기ᄋ(其兒)의 손을 잡아 비회(悲懷)ᄅ 형상치 못홀 ᄎ(次)687), 공이 왕을 '됴히 이시라' ᄒ고, 몸을 소소와 등텬(登天)ᄒ니, 왕이 부친을 ᄯ로지 못ᄒᄆᆯ 슬허 ᄂᆡ쳐 우다가 스스로 씨미 되고, 뎡비 몽ᄉᆡ 일양(一樣)이라.

왕이 몽ᄉᆞᄅ 닐ᄋ고, 새로온 비회ᄅ 억졔치 못ᄒ여 타루오읍(墮淚嗚泣)688)ᄒᄆᆯ 마지 아니며, 뎡비 엄구(嚴舅)의 옥골(玉骨)【56】 봉셩(鳳聲)이 화상으로 다라미 업고, 실ᄌ(失子)의 형용긔질이 ᄌ긔와 왕으로 다ᄅ미 업던 바ᄅ 싱각ᄒᆞ미, 눈 압히 버러심689) ᄀᆺᄐ여, 심회 쳑연ᄒᆞ믈 니긔지 못ᄒ나, 왕의 과상ᄒᆞ믈 민망ᄒ여 ᄂ죽이 위로ᄒ더니, 임의 붉ᄋ미 왕이 존당과 슉당과 모친긔 신셩ᄒ고 뎡・진・하 등 졔공으로 더브러 됴참ᄒ려 셩ᄂᆡ로 드러가다가, 길건너690) ᄋ히 엄홀(奄忽)ᄒᄆᆯ 보미, 풍용골격(風容骨格)이 완연이 작야 몽즁의 보던 ᄋ들노 방불ᄒ니, 왕이 크게 심신이 경동ᄒ여 텬눈의 졍

---

683) 오ᄂᆡ : 오내. 오장(五臟). 간장, 심장, 비장, 폐장, 신장의 다섯 가지 내장을 통틀어 이르는 말.
684) 믜워지다 : 미어지다. ①팽팽한 가죽이나 종이 따위가 해어져서 구멍이 나다. ②가슴이 찢어질 듯이 심한 고통이나 슬픔을 느끼다.
685) 궁텬지통(窮天之痛) : 하늘에 사무치는 고통이나 설움.
686) 만일(萬一) : 만 가운데 하나 정도로 아주 적은 양.
687) ᄎ(次) : 차(次). ① '번', '차례'의 뜻을 나타내는 말. ②(('-던 차에', '-던 차이다' 구성으로 쓰여)) 어떠한 일을 하던 기회나 순간.
688) 타루오읍(墮淚嗚泣) : 눈물을 흘리며 슬피 욺.
689) 벌다 : 벌여 있다. 늘어서 있다.
690) 길건넌 : 길 건너던.

이 【57】 아득흔 가온뒤도, 그 위틱흔 거동을 보미 스스로 몸이 앏프믈 면치 못ᄒ고, 잔잉ᄒ고 참연ᄒ여 급히 술위의 ᄂ려 친히 기ᄋ(其兒)의 손을 잡으며 풀을 어라만지미, 비상(臂上)의 《셩신문과 지유인 두ᄌᆡ∥셩신(星神) 두ᄌᆡ와 유인지문(油印之紋)이》691) 은연이 금으로 일워 살히 깁히 박힌 형상이 완연이 ᄌᆞ긔 일흔 ᄋᆞ들노 다ᄅᆞ미 업거늘, 그 용화(容華) 신ᄎᆡ(身彩)를 갓가이 ᄃᆡᄒ니 더옥 ᄌᆞ긔 부부를 품슈(稟受)ᄒ미 만흐니, 왕의 듕산지듕(重山之重)692)과 하ᄒ지심(河海之心)으로, 이의 다ᄃᆞᄅᆞᄂᆞᆫ 놀납고 고이ᄒᆞᄆᆞᆯ 니긔지 못ᄒ여, ᄒᆡ음업시693) 누쉬년낙(淚水連落) 【58】 왈,

"이 ᄋᆞ히 풍ᄎᆡ긔상(風彩氣象)이 진속(塵俗)의 ᄲᅱ여날 ᄲᅮᆫ 아니라, 그 풀에 표젹이 완연이 나의 일흔 ᄋᆞ히 비상(臂上)의 잇ᄂᆞᆫ 글ᄌᆞ로 더브러 ᄀᆞᆺ튼지라. 엇지 이상코 놀납지 아니리오."

승상이 왕의 하마(下馬)ᄒᆞᄆᆞᆯ 보고 ᄯᅩᄒᆞᆫ 즉시 ᄲᅡ라 ᄂᆞ리더니, 왕의 말을 듯고 경아ᄒ여 엄홀흔 아ᄒᆡ를 ᄌᆞ시694){니} 보니, 풍ᄎᆡ긔질이 금셰의 무빵이러라.

왕이 즉시 하리로 일필(一匹) 쳥녀(靑驢)를 가져다가, 좌우로 부츅ᄒ여 본궁으로 도라오라 ᄒ고, 몬져 힝ᄒ여 궁의 니ᄅᆞ러, ᄉᆞ위(四位) 공(公)이 안ᄌ 몽농의 가련흔 경상을 【59】 참연ᄒ넉이더니, 이윽고 하리 등이 보호ᄒ여 니ᄅᆞ럿거늘, 왕이 일변 삼다(蔘茶)의 쳥심원(淸心元)695)을 화(和)ᄒ여 먹이고, 시비의게 분부ᄒ여 속미음(粟米飮)696)을 급히 올나라 ᄒ여, 왕이 친히 입의 흘니니 이윽고 졍신을 츌히거늘, 왕이 삼공으로 더브러 말ᄉᆞᆷᄒ며 눈물을 흘니니, 뎡공 왈,

"왕이 엇지 져러ᄐᆞᆺ 슬허ᄒᆞ시ᄂᆞ뇨?"

왕 왈,

"내 이 ᄋᆞ히를 다려오미 ᄌᆞ연(自然) 비창(悲愴)ᄒ여라."

언흘에, 공ᄌᆡ 니러 안ᄌ니, 왕이 집슈 문왈,

"내 금일 됴참길에 우연이 현계(賢契)를 만나 토혈(吐血)ᄒ고 업더지믈 【60】 참연ᄒ여 이의 다려왓ᄂᆞ니, 셩명과 거쥬를 닐ᄋᆞ라."

공ᄌᆡ 쳬루(涕淚) 비사(拜謝) 왈,

"소ᄋᆞᄂᆞᆫ 텬디간(天地間) 죄인이라. 나히 《십이셰∥십삼셰》 되여시ᄃᆡ 부모를 모로

---

691) 《셩신문과 지유인 두ᄌᆡ∥셩신(星神) 두ᄌᆡ와 유인지문(油印之紋)이》 : 본문의 '셩신문과 지유인 두ᄌᆡ'는 오서이다. 앞의 4권39쪽과 5권 19쪽, 또 뒤의 6권 64쪽 등에 몽룡의 신상 표지는 모두 '셩신 두ᄌᆡ와 유인지문'으로 서사되어 있다.

692) 듕산지듕(重山之重) : 행동거지가 가볍거나 섣부르지 않고 매우 조심스러움.

693) ᄒᆡ음업다 : 하염없다. 어떤 행동이나 심리 상태 따위가 자신의 의지와는 상관없이 계속되는 상태이다.

694) ᄌᆞ시 : 자세히.

695) 쳥심원(淸心元) : 우황, 인삼, 산약 따위를 비롯한 30여 가지의 약재로 만든 알약. 중풍으로 졸도하고 팔다리가 뻣뻣해지는 데나 간질, 경풍 따위에 쓴다.

696) 속미음(粟米飮) : 입쌀이나 좁쌀에 물을 충분히 붓고 푹 끓여 체에 걸러 낸 걸쭉한 음식. 흔히 환자나 어린아이들이 먹는다.

므로 소싱지디(所生之地)의 귀쳔을 부지(不知)ᄒᄂᆞᆫ지라. 슬픈 인싱이 혹ᄌᆞ 부모를 ᄎᆞ즐가 만셩(萬城) 길ᄀᆞ에 두루 단니미 ᄌᆞ식 일흐니 ᄒᆞ나 둘히 아니로ᄃᆡ, 소ᄋᆞ의 부모ᄂᆞᆫ 만날 길이 업ᄉᆞ니, 속졀업시 심폐를 살올 ᄲᅮᆫ이러니, ᄌᆞ연 적상(積傷)ᄒᆞᆫ 병이 이셔 토혈이 무상(無常)ᄒᆞ거늘, 대왕이 은혜를 넓이 베프샤 더러온 몸을 거두워 귀궁의 니르시【61】니 불승감격(不勝感激)도소이다."

왕이 몽농의 말을 드르미 심신이 황홀ᄒᆞ여 왈,

"이제 슈ᄌᆞ(豎子)의 말을 드르미, 오심(吾心)이 불승비창(不勝悲愴)ᄒᆞᄂᆞ니, 내 명되 긔구ᄒᆞ여 몸이 미처 셰상의 나지 못ᄒᆞ여 엄뎡(嚴庭)을 여희와 부안을 모로옵ᄂᆞᆫ 지통이 싱셰의 풀닐 날이 업고, 십여년 젼 신싱 유ᄌᆞ(孺子)를 닐허 지금 거쳐존망(居處存亡)을 아지 못ᄒᆞ니, 비록 여러 ᄌᆞ녜 이시나 참졀(慘切)터니, 이제 슈ᄌᆞ의 비상(臂上) 표젹을 보니, 나의 일흔 ᄋᆞ히 비상 글ᄌᆞ ᄀᆞᆺᄐᆞ니 놀납고 반가오믈 니긔지 못ᄒᆞ노라."

몽【62】농이 읍쳬(泣涕) 왈,

"소ᄋᆞ 대인을 처엄 뵈오나, 무ᄋᆡ(撫愛)ᄒᆞ샤 회포를 닐ᄋᆞ시니, 아지못게이다. 대인이 어늬쩍 유ᄌᆞ를 실니ᄒᆞ시니잇고?"

왕 왈,

"모년월일(某年月日)에 신묘랑 요되란 거시 ᄋᆞ즈를 옥셕교 밋히 드리쳣노라 ᄒᆞ니, 그 찐 응당 죽어실지라. 이제 춧기를 ᄇᆞ라지 아니나, 그 작인이 심상치 아니턴 거시미, 혹ᄌᆞ 살앗ᄂᆞᆫ가 ᄇᆞ라미 이시나, 엇지 밋ᄎᆞ리오."

공직 텽파의 왕의 옷술 붓들고 실셩비읍(失性悲泣) 왈,

"소ᄋᆞ를 소대인이 모년월일의 셔문밧 옥셕교 하(下)의셔 어더 계시다 ᄒᆞ오니, 소대인【63】이 도라오시거든 무러 보소셔."

왕이 ᄎᆞ언을 드르니, 의심업시 ᄌᆞ긔 ᄋᆞ지오, 부ᄌᆞ의 텬뉸지졍(天倫之情)이 아닌즉, 이딘도록 황홀이 반갑지 아닐 거시오. ᄒᆞ믈며 작야 몽ᄉᆞ 녁녁ᄒᆞ여 눈압히 버러시니, 이의 쳑연 왈,

"네 말을 드르미, 나의 ᄋᆞ힐 시 분명ᄒᆞ니, 네 의형(儀形)과 음셩(音聲)이 날노 더브러 만히 ᄀᆞᆺᄐᆞ니, 내집 ᄋᆞ히 아니고 뉘리오? 모년월〇[일]야의 내 ᄌᆞ식을 신묘랑이 옥셕교의 드리치믈 그 복쵸의 드럿거늘, 너ᄂᆞᆫ 소가의셔 그날 어덧고 비상의 유인지문(油印之紋)과 셩신(星神) 두지 완연ᄒᆞ니, 나【64】의 ᄋᆞ지 아니오, 뉘리오?"

몽농이 년망이 니러 졀ᄒᆞ고, 부친 손을 붓드러 십삼년 막혓던 부ᄌᆞ의 졍이 근근쳬쳬(懃懃棣棣)[697]ᄒᆞ고 근졀ᄒᆞ니, 깃브미 넘져 도로혀 졍신이 어득ᄒᆞ여, 어린[698] ᄃᆞᆺᄒᆞ며, 피를 토ᄒᆞ고 엄식(奄塞)[699]ᄒᆞ니, 왕이 ᄋᆞ즈를 붓들고 쳬읍 왈,

"네 아비 득죄어텬(得罪於天)ᄒᆞ여 몸이 셰상의 나미 부안을 모로옵ᄂᆞᆫ 죄인이 되고,

---

697)근근쳬쳬(懃懃棣棣) : 졍셩스럽고 은근함.
698)어리다 : 어리둥졀하다.
699)엄식(奄塞) ; 갑자기 졍신을 잃고 까무러침.

ᄌᆞ식을 일허 십삼년이 되되 능히 부ᄌᆞ지뉸(父子之倫)을 출히지 못ᄒᆞ여, 널노 ᄒᆞ야금 상ᄒᆞ여 병들게ᄒᆞ니, 이ᄂᆞᆫ 나의 적악(積惡)이라. 너ᄂᆞᆫ 오히려 아비를 ᄎᆞᄌᆞ 부지 얼골 【65】을 알앗거니와, 여부ᄂᆞᆫ 어ᄂᆡ 셰월의 부안(父顔)을 우러라 반기리오. 내 너의 유복ᄒᆞ믈 블워ᄒᆞ노라."

공ᄌᆡ 부왕의 과도히 슬허ᄒᆞ시믈 민망ᄒᆞ여 이셩화긔(怡聲和氣)로 위로 왈,

"ᄋᆞ히 부모를 모로다가 금일 엄하(嚴下)의 현알(見謁)ᄒᆞᄂᆞᆫ 즐거오믈 어드니, 인셰의 여흔(餘恨)이 업순지라. 셕ᄉᆞ(昔事)를 듯ᄌᆞ오ᄆᆡ 불승통할(不勝痛割)이오나, 복망 대인은 관회(寬懷)ᄒᆞ시고 존당과 ᄌᆞ위긔 비현케 ᄒᆞ소셔."

왕이 이의 좌우로 졔공ᄌᆞ를 브르라 ᄒᆞ니, 원ᄂᆡ 창닌 등이 존당 부모긔 신혼셩뎡(晨昏省定) 밧근 무고히 만슈【66】뎐의 오지 못ᄒᆞ더니, 진왕의 소명(召命)을 니어 일시의 면젼의 니르니, 왕이 손으로 몽농을 ᄀᆞᄅᆞ쳐 왈,

"ᄎᆞ이 나의 장ᄌᆡ오, 여등의 형이니, 십삼년을 일허 싱ᄉᆞ존망을 모로다가, 오늘 부지 상봉ᄒᆞ니 하늘의 도ᄋᆞ시미라. 밧비 존당의 고ᄒᆞ고 비현케 ᄒᆞᆯ거시로되, 존당과 ᄌᆞ위 놀나시고 슬허ᄒᆞ실가 내 드러가 종용히 고ᄒᆞ리니, 여등은 이의 이시라."

졔공ᄌᆡ 왕의 말ᄉᆞᆷ으로 조ᄎᆞ 몽농을 보니, 골육의 지극ᄒᆞᆫ 졍이 ᄇᆞ라(發芽)나믈700) 면치 못ᄒᆞ고, 창닌은 옥셕교의셔 엷프시 보고 총【67】총이 ᄯᅥ난 후 못닛ᄂᆞᆫ 졍이 오ᄆᆡ(寤寐)의 밋첫던 ᄇᆡ라. 졔뎨군종(諸弟群從)으로 더브러 일시의 졀ᄒᆞ고, 손을 잡아 눈물을 흘녀 왈,

"져젹 옥셕교 상의셔 형장을 처엄으로 보되, 지친(至親)의 졍이 모로ᄂᆞᆫ 가온ᄃᆡ도 ᄌᆞ연 요동ᄒᆞ미 이시ᄃᆡ, 쳘후의 위의를 만나 시러금 ᄯᅡ라가지 못ᄒᆞ고 훌훌이 도라왓더니, 뉘 도로혀 우리 형장이 도로의 방황 분쥬ᄒᆞ던줄 ᄯᅳᆺᄒᆞ여시리오."

ᄒᆞ며, 츄연ᄒᆞ더라.

왕이 존당의 드러가니 위태부인이 호람후 부부와 조태비로 더브러 월하 등 졔손【68】녀를 다려 즐기시ᄂᆞᆫ 가온ᄃᆡ나, 웅닌의 나아간 지 일월이 오릭도록 도라오지 아니ᄆᆡ, 참연이 못닛ᄂᆞᆫ 졍이 뎡비의 유ᄌᆞ(孺子) 일흔 바의 더ᄒᆞ니, 뎡·진 이비 이셩낙ᄉᆡᆨ(怡聲樂色)으로 관위ᄒᆞ더니, ᄎᆞ일도 위태부인이 월하 등의 옥티염모(玉態艶貌)를 ᄃᆡ ᄒᆞ여 황홀이 교ᄋᆡ(嬌愛)ᄒᆞ다701)가, 츄연탄 왈,

"뎡현부 싱ᄋᆞ 일흐믄 노모의 작악(作惡)이어니와, 웅닌의 집을 ᄯᅥ나믄 광텬의 너모 엄위(嚴威)ᄒᆞᆫ 연괴라. 십삼 소ᄋᆡ 무슴 원대ᄒᆞ미 이시리오. 나아갈 제 하직지 못ᄒᆞ여시므로 드러오기를 어려워ᄒᆞ니, 속졀업【69】시 여러 일월을 쳔연ᄒᆞ여 도로의 분쥬ᄒᆞ고 고상ᄒᆞ미 엇지 잔잉치 아니리오."

졍언간(停言間)에 왕이 드러와 시좌(侍坐)ᄒᆞ니,

---

700) ᄇᆞ라(發芽)나다 : 싹이 터 나오다. *발아(發芽); 씨앗에서 싹이 틈. 어떤 사물이나 사태가 비롯함을 비유적으로 이르는 말.

701) 교ᄋᆡ(嬌愛)ᄒᆞ다 : 사랑하다.

호람휘 문왈,

"금일은 네 어이 됴참의 아니드러가뇨?"

왕이 딕왈,

"유직(猶子)702) 금일 됴참의 드러가더니, 길ㄱ의 업더진 ᄋᆞ희를 보읍고 측은지심(惻隱之心)이 니러나 구호여 도라와 그 말을 드른즉, 유즈의 일흔 ᄌᆞ식일시 분명호고, 그 폴 우희 유인지문과 셩신 두지 완연호니 의심 업ᄉᆞ오며, 소문환이 옥셕교 하의셔 엇다 호오니, 유즈의 못ᄎᆞᆺ즈ᄒᆞ던 ᄋᆞ희【70】를 금일 ᄎᆞᆺᄉᆞ오니, 문호의 대힝(大幸)이로소이다."

위태부인과 호람후 부부와 조태비 대경 황홀ᄒᆞ여 도로혀 즐거오믈 모로고, 어린 둣ᄒᆞ다가 굴오딕,

"ᄎᆞ언(此言)이 진여(眞如)아! 몽여(夢如)아! 신싱ᄋᆞ를 옥셕교하의 드리쳐시니 죽으미 벅벅ᄒᆞ고, 살믈 엇지 못홀지라. 엇지 능히 사라ᄎᆞᆺ즈왓는고? 밧비 브르라!"

왕이 외뎐의 나와 창닌의 버순 의딕를 몽농을 닙혀 압세워 원셩뎐의 니르러, '존당과 슉모 등이며 네 모친긔 비현ᄒᆞ라' ᄒᆞ니, 공직 부왕의 명을 니어 냥 존당이며【71】제슉(諸叔)긔 ᄎᆞ례로 현알홀식, 태부인과 구패 그 졀ᄒᆞ믈 보믹 깃븐 의식 ᄀᆞ득ᄒᆞ여 말을 못ᄒᆞ고 어린 다시 보다가, 쎨니 그 손을 잡고 귀듕ᄒᆞ는 졍과 탐혹ᄒᆞᆫ ᄉᆞ랑이 형언(形言)치 못홀식, 호람후는 그 슉셩 긔이ᄒᆞ믈 만심 환열ᄒᆞ여 모친을 위로ᄒᆞ며, 조태비를 향ᄒᆞ여 왈,

"션형의 졍튱대졀과 수수(嫂嫂)의 인효슉덕(仁孝淑德)이며, 광텬의 남다란 효힝현덕(孝行賢德)과 슉녈 질부의 인셩효우(仁聖孝友)로, 실니(失離)ᄒᆞᆫ ᄋᆞ희 무수히 장셩ᄒᆞ여, 금일 부지 단원(團圓)ᄒᆞ니, 문호의 대경(大慶)이로 소이다."【72】

조태비 실니ᄒᆞ엿던 손ᄋᆞ를 ᄎᆞᆺ즈니 두굿거온703) 은졍과 깃븐 의식 빗기 흔드기니, 도로혀 츄연ᄒᆞ여 일셩장탄(一聲長歎)의 뉴체 왈,

"문호의 유경(有慶)과 조션 젹덕(積德)으로 손ᄋᆞ를 단취(團聚)ᄒᆞ여 여ᄎᆞ(如此) 비상특이ᄒᆞ니, 엇지 다힝코 깃브지 아니리잇고마는, 쳡의 통할(痛割)ᄒᆞᆫ 심ᄉᆞ는 됴흔 일을 당ᄒᆞ나, 능히 즐거오믈 모로리로소이다."

진왕이 ᄯᅩᄒᆞᆫ 슬프믈 서리담아 이셩화긔(怡聲和氣)로 모친을 위로ᄒᆞ고, 녕능공 부인과 졔왕비며 하승상 부인이 일시의 진왕과 뎡비를 향ᄒᆞ여 ᄋᆞᄌᆞ ᄎᆞ【73】ᄌᆞ믈 하례ᄒᆞ고, 좌우젼후로 몽농을 둘너안ᄌᆞ, 집슈무익(執手撫愛)ᄒᆞ며 칭션 왈,

"범이 개를 아니 나코, 봉황의 삿기 오작(烏鵲)704)과 닉도ᄒᆞ믈 알녀니와, 십삼년을 남의 집에 길니여시딕 이러툿 츌뉴(出類) 비상(非常)ᄒᆞ니 엇지 긔특지 아니리오. 인ᄒᆞ여 소니부와 쳘부인의 ᄌᆞ식ᄀᆞ치 ᄉᆞ랑ᄒᆞ던 바를 뭇고, 왕이 ᄀᆞᆨ골감은(刻骨感恩)ᄒᆞ여

702)유직(猶子) : 자식과 같다는 뜻으로, '조카'를 달리 이르는 말.
703)두굿겁다 : 자랑스럽다. 대견스럽다. 기뻐하다.
704)오작(烏鵲) : 까마귀와 까치. =까막까치.

왈,

"소니부 부부의 대은은 우리 부지 싱당운슈(生當運數)705)ᄒ고 ᄉ당결초(死當結草)706)ᄒ리니, 네 소니부 부부를 싱부모와 달니 말나."

공지 여러 어룬의 환열혼 ᄉ싴과 칭이ᄒᄂ 소【74】리 정신이 황홀ᄒ니, 모친 압ᄒ니ᄂ 갓가이 가지 못ᄒ고, 왕대모긔 붓들녀 움즉이지 못ᄒ더니, 부왕의 말ᄉᆷ을 듯고 비사(拜謝) 왈,

"ᄋᆢ히 무상ᄒ오나 소대인 산은히덕(山恩海德)을 종신의 져바리지 아니ᄒ오리니, 엇지 싱부모와 달니 알니잇고?"

호람휘 왈,

"네 소부의 이실 제 성은 모로나 명ᄌᄂ 이시리니 무어시뇨?"

공지 ᄃᆡ왈,

"몽뇽이니이다."

호람휘 진왕을 ○○○[ᄃᆡᄒ여] 일홈을 지어주라 ᄒ니, 왕이 이의 셩닌이라 흔ᄃᆡ, 위태부인이 셕ᄉᄅᆞᆯ 닐ᄏᆞ라 츄연ᄒ니, 녕능공 부인이 역시 눗치 붉으【75】며 탄셩이 긋지 아니니, 왕이 민망ᄒ여 이셩화긔(怡聲和氣)로 고왈,

"셕ᄉ(昔事)ᄂ 이의(已矣)라. 셩이 십삼년 실니ᄒᆞ미 도시 익화(厄禍)오, 왕모와 계모의 실덕이 아니니, 즐거온 ᄣᅥ에 무익지ᄉ(無益之事)를 계긔치 마ᄅᆞ소셔."

셩닌 공지 증조모(曾祖母)와 종대모(從大母)707)의 말ᄉᆷ을 고이히 넉이나, 셕년 가변(家變)을 모로ᄂ 고로, ᄌ긔 싱셰수월(生世數月)의 옥셕교하의 드리치미 이상혼 변괴 잇던 줄 짐작ᄒ더라. 날이 느ᄌᆞ미 승상이 파됴ᄒ고 부즁의 도라오니라. 【76】

---

705)싱당운슈(生當運數) : 살아서는 마땅히 운명의 정해진 바를 따를 뿐임.
706)ᄉ당결초(死當結草) : 죽어서는 마땅히 결초보은(結草報恩)할 것임.
707)종대모(從大母) : 할아버지의 남자 형제의 부인.

# 윤하뎡삼문취록 권지칠


춋시 승상이 파됴ᄒ고 부즁으로 도라와 원셩뎐의 나아가니, 창닌 등이 하당영지(下堂迎之)ᄒ고, 셩닌이 ᄂᆞ죽이 비례흔딕, 승상이 밧비 그 손을 잡고 진왕을 향ᄒ여 문왈,

"형장이 ᄎᆞᄋᆞ를 구ᄒ여 다려오시더니, 하고(何故)로 닉루의 잇ᄂᆞ니잇고?"

왕 왈,

"우형이 십삼년을 일코 못ᄎᆞᄌ ᄒ던 ᄋᆞ직 소가의 길닌 빅 되여 부직 단취(團聚)ᄒ여시니 엇지 희ᄒᆡᆼ(喜幸)치 아니리오."

인ᄒ여 소부의셔 지은 일홈은 몽농이오, 이의 곳처 셩닌이라 ᄒ고, ᄌᆞᄂᆞ 달문이라 【1】 ᄒ믈 젼ᄒ니, 승상이 텽파(聽罷)의 깃븐 ᄯᆞᆺ이 만면ᄒ여 셩닌의 등을 어라만지며 모친과 진왕긔 칭하 왈,

"조선(祖先)의 젹덕여음(積德餘蔭)과 형장의 지인셩덕(至仁盛德)으로, 십삼년 아득히 일헛던 ᄋᆞ히 금일 도라오니, ᄎᆞᄂᆞ 윤문 대경이로소이다."

인ᄒ여 소가의셔 길니던 바룰 대강 무르니, 공직 오직 소니부의 친싱곳치 ᄉᆞ랑ᄒ던 바룰 고ᄒ딕, 굿ᄐᆞ여 녀시의 포악ᄒ믄 발셜치 아니터라.

승상이 셩닌의 용화긔상(容華氣像)이 현셩군직(賢聖君子)믈 과익(過愛) 귀듕(貴重)홀ᄲᅮᆫ 아니라, 종장의 그ᄅᆞ시 맛 【2】 당ᄒ고, 문회(門戶) 졈졈 흥홀 바룰 만심 대열ᄒ니, 구패 왈,

"셩닌 공직 비록 진왕과 뎡비의 ᄋᆞ둘이나, 십삼직(十三載)룰 남의 집에셔 길녀시니, ᄌᆞ연 부슉의 모양이 업슬 듯ᄒ딕, 단묵(端默) 온듕(穩重)혼 거동이 완연이 승상 ᄀᆞᆺ고, 풍완(豊婉) 화려(華麗)ᄒ믄 진왕으로 흡ᄉ호니, 타문의야 엇지 이런 사룸이 이시리오. 우리ᄂᆞ 진왕과 승상 알믈 당셰무젹(當世無敵)이라 ᄒ엿더니, 금일 셩닌 공ᄌᆞ룰 그 부슉(父叔)과 비홀진딕 진왕의 대장부 위풍과 승상의 셩현지덕을 아오랏고, 다시 모비의 빅만 【3】 염ᄐᆡ(百萬艶態)708)룰 타 나시니, 신긔롭고 비상특이ᄒ미 그 부슉의셔 승(勝)혼가 ᄒ노라."

진왕이 소왈,

"싱지 수월만의 실니(失離))ᄒ여 십삼년 후 부직 상봉ᄒ니, 텬눈지정을 억졔치 못ᄒ

---

708)빅만염ᄐᆡ(百萬艶態) : 온갖 아름다운 자태.

눈 즁, 아직 현불초(賢不肖)는 모로거니와, 외모 누츄(陋醜)ᄒ믄 면ᄒ여시나, 우리 형뎨 풍용(風容)만○[은] 못ᄒ리니, 조모는 우은 말ᄉᆞᆷ 마ᄅᆞ소셔.”

남휘 흔연이 셩닌과 창닌의 등을 무마(撫摩)709) 왈,

“ᄎᆞ 냥ᄋᆞ는 오문의 쳔니긔린(千里騏驎)710)이오, 송됴(宋朝) 현상(賢相)이라. 셔믜 셩닌을 제 부슉도곤 낫다 ᄒ심도 지인(知人)ᄒ미 명달ᄒ미어니【4】와, 나의 창이 ᄯᅩᄒᆞᆫ 승어부슉(勝於父叔)711)이라. 당셰의 당ᄒᆞ리 업ᄉᆞᆯ가 ᄒᆞᄂᆞ이다.”

구패 맛당ᄒᆞᆷᄋᆞᆯ 닐ᄏᆞᄅᆞᆫ디, 졔왕비 의녈이 낭소 왈,

“계부와 조믜 셩·창 냥딜(兩姪)의 위인을 제 부친의셔 낫다 ᄒ거니와, 우리 보믜ᄂᆞᆫ 광·희 냥뎨(兩弟)도 ᄌᆞ딜(子姪)의 아릭 아닌가 ᄒᆞᄂᆞ이다.”

이러틋 담소ᄒ여, 십삼년 막혓던 부ᄌᆞ뉸의(父子倫義) 완젼ᄒ여 합문(闔門) 상하노쇼(上下老少)의 다 ᄒᆞᆫ가지로 쾌열(快悅)ᄒ미 비ᄒᆞᆯ디 업ᄉᆞ니, 이ᄂᆞᆫ 뎐하와 낭낭의 대효셩덕을 하ᄂᆞᆯ이 슓히샤, 공진 무ᄉᆞ히 사라도라오니, 복션화음지니(福善禍淫之理)712) 쇼연(昭然)타 ᄒ여,【5】서로 젼ᄒᆞᆷ, 하·뎡·진 삼부(三府)의셔 알고, 금후 부지 만심환열ᄒ여 진·하 졔공으로 더브러 일시의 진궁의 니ᄅᆞ러, 만슈뎐의 녈좌(列坐)ᄒ고, 진왕 부지 나오믈 지쵹ᄒ니, 진왕이 셩닌ᄃᆞ려 왈,

“금평후ᄂᆞᆫ 곳 너의 외조(外祖)라 밧게 와 너보기ᄅᆞᆯ ᄇᆞ야니713) 나아가 현알(見謁)ᄒ라.”

공진 슈명ᄒ고 니러서니, 호람휘 ᄌᆞ딜을 거ᄂᆞ려 셩닌을 압셰워 외뎐의 나와, 뎡·진·하 등 졔공을 ᄀᆞᄅᆞ쳐 비알케 ᄒ고, 졔왕과 승상은 윤부 동상(東床)714)이라 ᄒ니, 공지 ᄀᆞᄅᆞ치믈 ᄯᆞ라 그 외조와 표슉 등이며, 진·【6】하 졔공긔 비알ᄒ고 말셕의 시좌(侍坐)ᄒ니, 쇄락ᄒᆞᆫ 얼골은 츄월(秋月)이 즁텬의 두렷ᄒᆞᆫ 듯, 늠열(凜烈)ᄒᆞᆫ 신위(神威)715)ᄂᆞᆫ 대군ᄌᆞ의 예모ᄅᆞᆯ 아오라시니, 그 풍의(風儀) 지모(才貌)ᄅᆞᆯ 긔듕ᄒ여 좌즁의 안치고, 부지 상봉ᄒᆞᆫ 곡졀을 무ᄅᆞᆯᄉᆡ, 진국공 뎡듁암이 진왕을 향ᄒ여 셩닌의 망극ᄒᆞᆫ 죄루의 걸녀 형부의 드러왓던 바ᄅᆞᆯ 닐ᄋᆞ고, 녀시 흉악던줄 ᄀᆞᆽ초 젼ᄒᆞ며, 분개ᄒᆞᆫ 긔운이 ᄀᆞ득ᄒᆞ미, 말이 윤부 셕ᄉᆞ(昔事)의 비ᄒᆞᆷᄋᆞᆯ 면치 못ᄒ여 왈,

“셰간의 흉픽 간악ᄒᆞᆫ 녀지 간간이 이셔 효ᄌᆞ현【7】손(孝子賢孫)을 빅계로 해ᄒ니, 녀네 소문환 믜워ᄒᆞᄂᆞᆫ 용심을 셩닌의게 옴겨, 악착히 죄루(罪累)의 모라 너흐려 ᄒ니,

---

709)무마(撫摩) : 손으로 두루 어루만짐.
710)쳔니긔린(千里騏驎) : 하루에 천 리를 달릴 수 있을 정도로 좋은 말. 기린(騏驎); 천리마(千里馬).
711)승어부슉(勝於父叔) : 아버지와 그 형제들 보다 뛰어나다.
712)복션화음지니(福善禍淫之理) : 착한 사람에게는 복을 주고 악한 사람에게는 재앙을 내리는 하늘의 이치.
713)ᄇᆞ야다 : 재촉하다. 보채다.
714)동상(東床) : 동쪽 평상이라는 뜻으로, '사위'를 달리 이르는 말. 중국 진(晉)나라의 극감(郤鑒)이 사위를 고르는데, 왕도(王導)의 아들 가운데 동쪽 평상 위에서 배를 드러내고 누워 있는 왕희지를 골랐다는 고사에서 유래한다
715)신위(神威) : 감히 범할 수 없는 거룩한 위엄.

엇지 통히(痛駭)치 아니리오. 청문 형뎨와 져져의 익회(厄會) 진(盡)치 아냐 여츳ᄒ니, 싱각ᄒᆯᄉ록 분ᄒ고 이둘온지라, 작일 질이 ᄒ낫 죄슈로 형부뎡하(刑部庭下)의 셔시ᄃᆡ, 그 외모신치(外貌身彩) 속뉴(俗流)와 닉도ᄒᆯ 쑨 아냐, 슉질의 정이 모로ᄂ 가온ᄃᆡ도 혈ᄆᆡᆨ(血脈)이 다ᄅᆞ이믈716) 면치 못ᄒ여 그러ᄒ던가, 나의 ᄆᆞᄋᆞᆷ이 스스로 질ᄋᆞ를 위ᄒ여 황무진을 즛ᄇᆞᆲ고 녀슉을 아오로 죽이【8】고 시브ᄃᆡ, 질ᄋᆞ의 누명 버스미 쾌ᄒ지라. 고로 무진을 가도고 소공의 오기를 기다리더니, 작일 셩시(姓氏) 업던 몽농이 밧고여 오ᄂᆞᆯ 윤셩닌이 되여시니, 근본이 한미(寒微)치 아냐 쳔승(千乘)의 쟝ᄌᆡ며, 상국(相國)717)의 종질(從姪)이니, 내 져의 표슉(表叔)이 되여 황무진을 죽인즉, 셩닌의 누명 신ᄇᆡᆨᄒ미 공되(公道) 아니리니, 금일이라도 무진을 노케ᄒ리라."

하승상과 졔진이 다 진공의 말이 올흐믈 닐ᄏ라니, 진왕곤계ᄂᆞᆫ 듕암의 말을 드르ᄆᆡ ᄌᆞ긔집 셕ᄉᆞ(昔事)를 드노하 '흉픽간악ᄒᆞᆫ 녀지 효ᄌᆞ 【9】현손을 빅가지로 해ᄒ다'ᄒ미, 녀여 쑨 아니라 ᄒᆞ믈 듯고 그윽이 분노ᄒ나 묵연ᄒ니, 진·하 등 졔공이 다만 함소ᄒ고 모다718) 셩닌의 긔이ᄒ믈 닐ᄏ를ᄉᆡ, 호람휘 쇼왈,

"창빅과 광텬이 대현지ᄌᆞ(大賢之子)를 두어시미 ᄒᆞᆫ갓 아비 긔특ᄒᆞᆯ 쑨 아니라, 어미 틔긔 비상ᄒ미라."

금휘 흔연 쇼왈,

"형언이 졍합뎨심(正合弟心)이라. ᄌᆞ식의 긔특ᄒ미 그 어미 공이 업다 못ᄒᆞᆯ지라. 《형∥현》·셩 냥손이[의] 셩ᄌᆞ지풍(聖者之風)은 그 어미를 만히 달맛ᄂᆞᆫ가 ᄒ노라."

졔왕은 부친 말ᄉᆞᆷ이ᄆᆡ 묵연ᄒ고, 진왕이 【10】쇼왈,

"존문의 현긔를 두시믄 실노 져져의 틱교ᄒᆞᆫ 공이어니와, 쇼싱의 셩닌은 불과 부슉을 달마ᄉᆞᆸ고, 그 용속(庸俗)ᄒᆞᆫ 어미를 품습(稟襲)719)지 아닌지라. 악쟝이 비록 ᄯᆞᆯ을 자랑ᄒᆞ시나 쇼싱은 실인의 긔특ᄒᆞᆷ을 아지 못ᄒᆞᄂ이다."

금휘 대쇼왈,

"현셔는 녀ᄋᆞ를 긔특다 아니나, 나는 ᄯᆞᆯ을 알오미, 만일 남ᄌᆞ ᄀᆞᄐᆞᆯ진ᄃᆡ 승당입실ᄒᆞᆯ 대현군지 될 줄 아노라."

진왕이 쇼이ᄃᆡ왈(笑而對曰),

"악쟝이 녕녀 ᄀᆞᄐᆞᆫ 위인을 이러케 알아시니, 텬하의 무능(無能) 용우(庸愚)ᄒᆞᆫ 재 대군지 되리이다."

낙양휘 【11】쇼왈,

"질녀의 현부(賢否)를 새로이 의논ᄒᆞᆯ 빅 아니어니와, 셩닌의 긔특ᄒ믈 보니 그 어미

---

716)다ᄅᆞ이다 : 이끌리다. 유혹되다. 꾐을 당하다.
717)상국(相國) : ①영의정, 좌의정, 우의정을 통틀어 이르는 말. ②옛 중국의 재상인 '승상'을 달리 이르는 말.
718)모다 : '모두'의 옛말.
719)품습(稟襲) : 이어받다. 닮다.

공이 젹지 아니믈 알니로다."

인ᄒᆞ여, 웅닌의 수이 도라오믈 기다리니, 진왕이 웅닌 못닛ᄂᆞᆫ 졍이 헐ᄒᆞ미 아니로ᄃᆡ, 그 힝ᄉᆞ를 통히(痛駭)720)ᄒᆞ여 믄득 골오ᄃᆡ,

"픽ᄌᆞ(悖子)는 비록 일싱 아니보아도 싱각이 업습ᄂᆞ이다."

낙양휘 탄왈,

"ᄉᆞ원은 이리 닐ᄋᆞ지 말나. 인인(人人)이 ᄌᆞ식의 샹모 위인이 광픽(狂悖) 부졍(不正)ᄒᆞ나 그 부모된 ᄌᆞ의 ᄆᆞ음인즉, ᄌᆞ식의 그릇 싱기믈 이둘와 홀지언뎡, 참아 할ᄌᆞ(割子)721)를 못【12】ᄒᆞᄂᆞ니, ᄒᆞ믈며 웅ᄋᆞᆫ 일시 남활(濫闊)722)ᄒᆞᆫ 힝시 이시나, 그 위인이 당당ᄒᆞᆫ 쥰걸(俊傑)이니, 나는 ᄉᆞ원의 박ᄒᆞ믈 비인졍(非人情)이라 ᄒᆞ노라."

왕이 미소무언(微笑無言)이러라.

금휘 셩닌을 명ᄒᆞ여 현긔 등을 조ᄎᆞ 협문으로 부즁의 나아가 모부인긔 현알(見謁)ᄒᆞ라 ᄒᆞ니, 공지 시랑 등을 조ᄎᆞ 외가의 가 슌태부인과 진부인긔 비알ᄒᆞ고, 표슉모(表叔母) 등과 표ᄆᆡ(表妹) 등으로 서로 볼ᄉᆡ, 뎡부의 번화(繁華)ᄒᆞ미 측냥 업고, 남ᄌᆞ·녀인이 개개히 츌뉴(出類)ᄒᆞ더라. 공지 친당과 외개 혁혁ᄒᆞᆫ 부귀를 보ᄃᆡ 《교우∥교오(驕傲)723)》ᄒᆞ고 ᄌᆞ듕(自重)【13】ᄒᆞ미 업더라.

슌태부인과 진부인이 셩닌을 보고 깃브고 귀듕ᄒᆞ미 넘져 눈물을 ᄂᆞ리오니, 공지 왕대모와 외조모의 츈츄를 뭇ᄌᆞᆸ고 문왈,

"소손이 싱지수월(生之數月)의 옥셕교 하의 몸을 ᄇᆞ리오니, 요힝 소부의셔 구ᄒᆞ여 길니오나 실니ᄒᆞᆫ 곡졀이 그 엇진 일이니잇고?"

진부인 왈,

"네 집 변고와 네 부모 지난 화익을 닐ᄋᆞ고져 홀진ᄃᆡ 혜 《다흘지라∥달흘지라》. 엇지 도ᄎᆞ(到此)의 다ᄒᆞ리오. 다만 너의 증조모와 종대모 뉴부인이 셕년에 불인(不仁) 극악(極惡)ᄒᆞ여 너의 부슉이며 여모와 여【14】슉모 등이 만상ᄉᆞ변(萬相事變)을 지ᄂᆡ여시니, 엇지 살기를 ᄇᆞ라시리오마는, 하늘이 효ᄌᆞ효부의 지셩을 감동ᄒᆞ샤, 너의 증조모와 종대모 뉴시의 악악ᄒᆞᆫ 심졍을 감화(感化)ᄒᆞ미, 네 집이 비로소 진뎡(鎭靜)ᄒᆞ고 모ᄌᆞ조손(母子祖孫)이 화평ᄒᆞ니, 손이 그 부모 초년(初年) 간익(艱厄)을 드ᄅᆞ면 지난 일굿지 아니리라."

공지 불승경히(不勝驚駭)ᄒᆞ여 증조모와 종대모의 픽악을 다시 듯고져 아냐, 곳쳐 뭇지 아니ᄒᆞ더니, 진공이 윤부로조차 도라오니, 모친이 냥손을 ᄃᆡᄒᆞ여 말ᄉᆞᆷᄒᆞ거늘 공이 소왈,

"ᄌᆞ위 두 악인의 궁【15】흉ᄒᆞ던 바를 통히ᄒᆞ시ᄃᆡ, 슉녈 져져와 하 져져의 익화를

---

720)통히(痛駭) : 뜻밖의 일이나 행위에 대해 몹시 놀라 원통하여 하거나 분하게 여김.

721)할ᄌᆞ(割子) : 자식을 해(害)거나, 자식과의 관계를 끊음.

722)남활(濫闊) : 제 분수에 넘침. =범람(汎濫).

723)교오(驕傲) : 교만하고 건방짐.

주시 닐우지 아니시므로, 셩·챵 냥질(兩姪)이 그 부모의 만상 고초와 스변을 모로는지라. 소지 남의 집 태부인의 젼일 악스를 드노흐미 불가흐딕, 현긔 등으로브터 '닌질 등'724)이 일장 붉히 알과져시른지라. 금일 추좌(此坐)의 의념 수쉬 아니겨시고, 장 져졔(姐姐) 업순 써니 잠간 셜파흐사이다."

태부인이 소왈,

"너는 나히 추가도록 사롬의 악스 믜워흐미 우시 제 굿트나, 회과췩션이 귀흐믈 싱각지 아닛느뇨?"

진공이 웃고, 이의 【16】셩·챵 냥질을 겻히 안치고 진왕과 승상의 초년 만상 고초와 험난을 굿초 닐을싀, 헌옷시 능히 살을 가리오지 못흐고, 지강725)과 믹듁(麥粥)726)이 빅를 치오지 못흐여 긔괴망측(奇怪罔測)흔 쳔역(賤役)이 일시를 안줏지 못흐게 흐여, 우마(牛馬)를 먹이고, 측간(厠間)을 츠며, 조로고 보치며, 치고 꾸지저, 일신의 장흔(杖痕)727)이 칼노 뻐흔 둣흐고, 셩혈(腥血)728)이 낭쟈(狼藉)흐며, 져주(詛呪)729)와 즈킥(刺客)을 드려 온가지로 해흐딕, 진왕 곤계 오히려 완젼흐니, 필경 져를 질오고730) 상언(上言)731)흐여 진왕 곤계를 강상대죄(綱常大罪)732)의 모라 너허, 【17】조손(祖孫)이 딕면질뎡(對面質正)733)흐미, 션황뎨(先皇帝) 위·뉴와 진왕 곤계를 다 궐뎡(闕廷)으로 불너드리시니, 진왕이 스스로 대죄를 당흐고 위·뉴로 부즈(不慈)흔 곳에 너치 말고져 흐여, 양광실셩(佯狂失性)734)흔 쳬흐고, 어젼의 광언망셜(狂言妄說)735)을 긋지 아니흐니, 텬직 그 대효를 감동흐샤 진왕 곤계의 몸이 편키를 위흐샤 남·양736) 이쳐(二處)의 찬비(竄配)흐신 바와, 뎡·진 냥비(兩妃)와 하·장 두부인의 만상험의(萬狀險阨)을 닐을싀, 슉녈의 찬츌흐던 경식과 진비의 웅닌을 복즁의 너코 독

---

724) 닌질 등 : '셩닌·챵닌 등의 조카'를 줄여 이른 말. 윤셩닌 형제들의 항렬자는 '닌[麟]'자이기 때문에 그 형제들을 이렇듯 줄여 부른 것이다.

725) 지강 : 술찌끼. 술을 거르고 남은 찌기. 가난한 사람이 먹는 변변치 못한 음식의 하나.

726) 믹듁(麥粥) : 보리 죽. 보리쌀을 갈아서 쑤거나 또는 보리쌀 그대로 쑨 죽. 가난한 사람이 먹는 변변치 못한 음식의 하나.

727) 장흔(杖痕) : 매 맞은 자국이나 자리.

728) 셩혈(腥血) : 비린내가 나는 피.

729) 져주(詛呪) : 남에게 재앙이나 불행이 일어나도록 빌고 바람. 또는 그렇게 하여서 일어난 재앙이나 불행.

730) 질오다 : 찌르다. 끝이 뾰족하거나 날카로운 것으로 물체의 겉면이 뚫어지거나 쑥 들어가도록 세차게 들이밀다.

731) 상언(上言) : 백성이 임금에게 글을 올리던 일.

732) 강상대죄(綱常大罪) : 사람이 마땅히 지켜야 할 도리인 삼강(三綱)과 오상(五常)을 범한 큰 죄, 곧 인륜 범죄(人倫犯罪)를 이른다. 여기서 오상(五常)은 오륜(五倫)을 달리 이른 말.

733) 딕면질뎡(對面質正) : 대질심문(對質審問). 소송의 당사자들을 대면시켜 서로 묻거나 따져 사실을 밝혀 바로잡는 일.

734) 양광실셩(佯狂失性) : 거짓으로 미쳐 실성한 체 함.

735) 광언망셜(狂言妄說) : =광담패설(狂談悖說). 이치에 맞지 않고 도의(道義)에 어긋나는 말.

736) 남·양 : 남주와 양주를 줄여 쓴 말. 전편 〈명주부월빙〉에서 윤광천은 '남주'에 윤희천은 '양주'에 각각 유배된 바 있다.

흔 미룰 마즈 아조 싱긔 업서 【18】강뎡(江亭)을 가던 바와, 하부인이 창닌을 잉(孕)
흔지 오륙삭의 일신을 즛닉여 흔뎡이 피룰 믿드라 궤(櫃)에 너허 남강의 씌오려 《남
학‖퉁학》을 맛뎌보닉거늘, 졔왕이 신긔히 구흔 바와, 댱부인이 셔린을 미처 나지 못
흐여셔 위·뉴 셜억의게 풀녀흐다가, 댱시의 녈일(烈日)737)흐미 위부인을 썩질으미,
위부인이 분노흐여 칼노 질으고 거줏말을 지으딕, 댱시 괴독(怪毒)흐여 승샹과 샹힐
(相詰)흐다가 스스로 질녀죽다 흐고, 신묘랑 요괴(妖怪)룰 달뇌여 셩닌을 옥셕교 하의
드리침과, 【19】 의렬비룰 초년의 줏두○[드]려738) 농즁(籠中)의 너허 형○[봉]을
맛진 일이며, 그 혼스룰 온가지로 희짓던 바와, 의녈비 미혼젼 산스의 뉴락흐미 위 노
(老)의 해흐민 줄 닐싈, 진공의 언변이 흐르는 듯흐니, 젼후스(前後事)룰 셰셰히 셜
파흐미, 범연흔 남이라도 진왕 곤계와 뎡·진·하·댱 등을 위흐여 타루(墮淚)홀 비어
늘, 셩·창 냥인의 지셩지효(至誠至孝)룰 닐으리오. 부모의 참상(慘傷)흔 익화(厄禍)의
다드라는 비록 지난 일이나, 불승경악(不勝驚愕)흐여 탄셩(歎聲) 체읍(涕泣)흐믈 마지
아냐, 왈,
   "소질이 【20】셕목(石木)이 아니어니 부모의 참익을 쳐엄을 듯즈오미 불승통할(不
勝痛割)흐오딕, 왕대모와 조뫼 녯일을 뉘웃고 새 덕을 닷그시니 가닉 슉연흐고 화긔
츈풍 ㄱᆺ튼지라. 셕스룰 함원홀 빅 아니오니, 슉뷔 소질 등다려 이 말슴을 닐으실지언
뎡, 자라는 소으들노 듯게 마르소셔."
   진공이 소왈,
   "여등이 위·뉴의 과악을 ㄱ리오고져 흐미 흔 줌 흙으로 대히(大海)룰 막으려 홈과
썩은 남그로 문허져가는 집을 괴옴 ㄱᆺ트미니, 추셰샹(此世上)의 너히 밧 뉘 위·뉴의
극악을 모르리오." 【21】
   흐더라. 이윽흐미 셩닌이 몸을 니러 왈,
   "소손이 금일 도라와 즈모긔 흔 말슴 졍회룰 고치 못흐여시니 믈너가느이다."
   진부인 왈,
   "우리 삼 거거(哥哥)의 퇴샹(宅上)이 격닌(隔隣)흐엿고, 쥬 형(兄) 등이 손이 싱환흐
믈 깃거흐미 노모의게 감치 아니리니, 웅으 등을 다리고 잠간 진부의 단녀가라."
   공직 슈명흐고 사인을 조초 진부의 나아가 낙양후부인 삼 금장(襟丈)739)과 평장부
인긔 비알흐니, 쥬부인 등이 공즈의 텬뉸이 회합흐믈 만심 회열흐더라.
   공직 총총이 단녀 부【22】즁의 도라와 셕반을 파흔 후 쵹을 혀미, 호람휘 모친을
뫼시고 즈질을 거느려 죵용이 말슴홀싀, 셩닌을 디흐여 소공을 쓰라 북희의 가 자라
던 바룰 무르니, 공직 오직 소공 부부의 산은히덕(山恩海德)을 닐ᅙᆞ룰 싼이오, 녀시의
말은 노망(老妄)740)흔 부인의 일이므로 족가(足加)홀741) 거시 업다 흐더라.

---

737)녈일(烈日) : ①여름에 뜨겁게 내리쬐는 태양. ②세찬 기세를 비유적으로 이르는 말.
738)줏두드리다 : 짓두드리다. 함부로 마구 두드리다.
739)금장(襟丈) : 동서(同壻).

뎡비 십삼년 실산ㅎ엿던 ㅇ족를 츠즈미 깃븐졍과 황홀ㅎᄂ 즈이 비홀ᄃᆡ 업스나, 호람
휘 압히 안치고 말ᄉᆞᆷㅎ미 갓가이 블너 졍을 펴지 못ㅎ나, 팔칙봉미(八彩鳳眉)742)의 녕
농ᄒᆞᆫ 희【23】긔(喜氣)를 쯰여시니, 져 모즈의 션풍염뫼(仙風艷貌) 셰속의 초츌(超出)
ㅎ니, 조태비 불승긔이(不勝奇愛)ㅎ여 셩닌을 어라만지며, 뎡비를 도라보아 왈,

"현부의 화안(和顔)을 ᄃᆡᄒᆞᆫ즉 나의 슬프던 ᄆᆞ음이 즈연 화열ㅎ도다."

뎡비 피셕 사왈,

"존문 젹덕여음(積德餘蔭)으로 셩닌을 ᄎᆞᆽ 쳡의 십삼년 밋쳣던 슬프미 오늘날 쾌
히 플니오니, 엇지 존당과 존고의 주시미 아니리잇고?

호람휘 소왈,

"슉녈질부ᄂᆞᆫ 여러 셰월의 ᄒᆞᆫ갈ᄀᆞᆺ치 경운화긔(慶雲和氣) ᄀᆞ득ㅎ더니, 이제 셩닌의 만
면화긔(滿面和氣) 기모(其母)를 달므미니, 그【24】복녹을 보지아냐 알니로다."

ㅎ더라. 야심ㅎ미 태부인이 취침ㅎ고 조태비와 뉴부인이 각각 침뎐으로 향ㅎ미, 왕
의 형뎨 호람후를 뫼셔 밧그로 나아갈ᄉᆡ, 셩닌을 도라보아 '광월뎐의 나아가 졍회를
펴라' ㅎ니, 공지 슈명ㅎ고 모비 침뎐의 니르미, 슉녈이 비로소 ㅇ족의 손을 잡고 귀
듕ㅎᄂᆞᆫ 즈이 층츌(層出)ㅎ여 날호여 탄왈,

"여모의 젹악(積惡)이 듕ㅎ여 너를 싱혼 후 즉시 장사로 찬츌ㅎ고, 미조ᄎᆞ743) 너를
실산ㅎ여 십삼년이 되어시ᄃᆡ, 아득히 ᄎᆞᆽ지 못ㅎ니 여【25】뫼 당시의 휘젹(后籍)의
존귀와 여러즈녜 이시ᄃᆡ, 어미졍으로 너를 싱각ㅎ미 슬픈 심식 엇더ㅎ리오마ᄂᆞᆫ, 가듕
이 본ᄃᆡ 즐겁지 못ㅎ여 나의 젹은 슬픔과 미ᄒᆞᆫ 졍ᄉᆞ를 발뵈지 못ㅎ여, 됴흔 다시 일
월을 보ᄂᆡ더니, 금일 텬우신조(天佑神助)ㅎ여 모직 산 ᄂᆞᆺᄎᆞ로 만나니 엇지 환열치 아
니리오."

공지 봉안의 신쳔(辛泉)744)이 어ᄅᆡ여 쳑연 ᄃᆡ왈,

"희이 명되 긔박ㅎ와 십삼년을 소대인 부부의 무이ㅎ시믈 밧즈와 일신이 반셕 ᄀᆞᆺ수
오나, 부모를 ᄎᆞᆽ지 못ㅎ여 듀야 슬허ㅎᆞᆸ【26】더니, 금일 단취ㅎᄂᆞᆫ 경ᄉᆞ를 엇수오니
여ᄒᆞᆫ이 업도소이다."

비(妃) 더옥 이련ㅎ여 종용히 졍회를 펼ᄉᆡ, 소부의셔 지닌던 말을 무르며 비혼 바
학문을 문답ㅎ다가, 슉녈이 명ㅎ여 나가 부왕을 뫼셔 자라 ㅎ니, 공지 퇴ㅎ여 외뎐의
나오미, 호람후ᄂᆞᆫ 발셔 취침ㅎ엿고, 진왕과 승상은 난함(欄檻)의 비겻다가 셩닌의 나

---

740)노망(老妄) : 늙어서 망령이 듦. 또는 그 망령.

741)족가(足加)ㅎ다 : 크게 탓하다. *족가(足枷); =차꼬. 죄수를 가두어 둘 때 쓰던 형구(刑具). 두 개의 기다
란 나무토막을 맞대어 그 사이에 구멍을 파서 죄인의 두 발목을 넣고 자물쇠를 채우게 되어 있다.

742)팔칙봉미(八彩鳳眉) : 아름다운 눈썹. *팔칙(八彩); 눈썹의 광채. 'ㅅ'은 눈썹의 모양과 같다 하여, 눈썹을
나타내는 말로 많이 쓰임. *봉미(鳳眉); 봉황의 눈썹처럼 아름다운 눈썹.

743)미좇다 : 뒤미처 좇다. 그 뒤에 곧 잇따르다.

744)신쳔(辛泉) : '매운 맛이 나는 샘물'이라는 뜻으로 '쓰라린 눈물이 복받쳐 나오는 것'을 비유적으로 표현한
말.

아오를 보고, 승상 왈,

"하얘(夏夜) 고단ᄒ니 그만 자스이다."

왕이 겸두ᄒ고 금니(衾裏)의 나아가니, 창닌 등이 셩닌으로 더브러 상하(床下)의 시침(侍寢)ᄒᆯᄉᆡ, 왕이 셩닌을 갓 【27】 가이 누이고 무비(撫臂) 탄왈,

"너는 비록 십여년을 타문의 뉴락ᄒᆞ미 이시나, 이졔 부모를 ᄎᆞᄌᆞᄆᆡ 텬뉸의 여ᄒᆞᆫ이 업거니와, 여부는 부안(父顔)을 모로ᄋᆞᆸ는 지통이 죽는 날도 풀닐 길이 업스리니, ᄋᆞ희 복되미 엇지 부슉(父叔)의 비ᄒᆞ리오."

승상이 역읍뉴체(亦泣流涕)[745]ᄒ여 셩닌 등의 팔ᄌᆞ를 불워ᄒ더라.

명됴의 셩닌공ᄌᆡ 호람후와 부슉을 뫼셔 존당의 신셩(晨省)ᄒᆞᆫ 후, 부왕긔 고ᄒ고 일개 궁노(宮奴)를 어더, 소ㆍ쳘 냥부의 ᄌᆞ긔 부모를 ᄎᆞᄌᆞ 이의 이시믈 고ᄒᆞᆯᄉᆡ, 슉녈비 ᄯᅩᄒᆞᆫ 쳘부인 【28】 긔 셔간을 붓쳐 궁비(宮婢)를 ᄒᆞᆫ가지로 보ᄂᆡ여, ᄋᆞᄌᆞ를 구ᄒ여 십삼년을 ᄋᆡ휵(愛慉)ᄒ온 은덕을 닐ᄏᆞ랏더라.

궁노와 궁비 셔문밧 옥셕교 소부의 니ᄅᆞ니, 이씨 쳘부인과 소셩이 쳘공ᄌᆞ의 젼어(傳語)로조ᄎ 몽농이 형부의 잡혀가믈 알고 차악(嗟愕) 비분(悲憤)ᄒ나, 녀부인 흉계믈 짐작ᄒᆞᆷ미 어딕가 ᄉᆞ식이나 ᄒᆞ리오마는, 몽농을 신빅ᄒ리 업셔 민민초젼(憫憫焦煎)[746]ᄒ더니, 날이 반이 못ᄒᆞ여셔 몽농의 누얼이 옥ᄀᆞᆺ치 버서지고, 무진이 듕장을 닙어 옥에 가도인 말이 ᄌᆞ연 들니니, 쳘부인 【29】 은 무진의 입으로 녀부인의 과악이 만히 드러난가 ᄒᆞ여 놀나며 근심ᄒᆞᄆᆡ, 소셩이 탄왈,

"무진이 몽농을 해코져 ᄒᆞ다가, 뎡상셔의 광명엄슉(光明嚴肅)ᄒ믈 당ᄒᆞ여 듕장을 견딕지 못ᄒᆞ여, 몽농의 이미ᄒ믈 고ᄒ여시나, 뎡상셔는 상명(爽明)[747]ᄒᆞᆫ 위인이라. 대인의 지효를 모로지 아니ᄒᆞ오리니, 굿ᄐᆞ여 대모긔 밀위지 아니ᄒ고 무진을 엄치(嚴治)ᄒᆞᆯ ᄲᅮᆫ이리이다."

ᄒ더니, 수일 후 뎡상셰 무진을 ᄂᆡ여 노ᄒᆞ며, 하령 왈,

"너희 죄상이 궁흉극악(窮凶極惡)ᄒ니 능히 일명을 빌니 【30】 지 못ᄒᆞᆯ 거시로딕, 임의 몽농 공주의 신빅(伸白)이 쾌ᄒ고, 네 오히려 사ᄅᆞᆷ을 살해ᄒᆞᆫ 빅 업스므로 방셕(放釋)ᄒ거니와, 다시 죄에 걸닌즉 아조 죽여 두 죄를 다스리리라."

ᄒ고, 옥듕의셔 반싱반ᄉᆞᄒᆞᆫ 거슬 쯔어 ᄂᆡ쳐 소부 ᄒᆡᆼ각으로 왓다 ᄒ니, 녀부인이 ᄎᆞ언을 듯고 놀난 혼빅(魂魄)이 비월(飛越)[748]ᄒ여 냥목이 뒤룩기고 아모리 ᄒᆞᆯ줄 몰나,

"몽농이 엇지ᄒ여 그런 죄를 신빅ᄒ고, 무진을 져딕도록 죽게 ᄒ고?"

혼ᄌᆞ말노 온가지로 쑤지즐 즈음에, 진왕궁 노비 와시믈 고ᄒ고, 미조ᄎ 슉녈비 【31】 의 셔간을 드리며, 공주의 말ᄉᆞᆷ으로 부인 존후와 공ᄌᆞ 평부(平否)를 뭇고, 십삼년

---

745) 역읍뉴체(亦泣流涕) : 또한 같이 눈물을 흘리며 흐느껴 욺.
746) 민민초젼(憫憫焦煎) : 매우 딱하게 여겨 걱정하며 애를 태움.
747) 상명(爽明) : 상쾌하고 밝음.
748) 비월(飛越) : 정신이 아뜩하도록 낢.

셩명과 근파(根派)롤 모로다가 작일 겨유 부모롤 츠즈미, 밋처 졍회롤 펴지 못ᄒ고 일가지친의 면목도 치보지 못ᄒ여시므로, 금일 나아가 비현치 못ᄒ믈 쳥죄ᄒ고, 소공의 도라오시믈 기다렷ᄂ지라.

맛춤 쳘부인이 녀부인을 뫼신 쩌에 윤공즈의 젼어(傳語)와 슉녈비의 셔간이 홈긔 니르러 녀흉의 심간을 놀닌지라. 쎌니 뎡비의 글을 아ᄉ보니, 지상의 난봉(鸞鳳)이 넘놀고 필체 찬난【32】ᄒ 즁 은혜롤 닐ᄏ라시니, 녀시 평싱 부귀롤 흠모ᄒ며 셰권을 듕히 넉이ᄂ ᄆ음으로, 의외에 무셩시(無姓氏) 몽농이 평진왕 윤쳥문의 장즈요, 슉녈비 소싱으로 뉘외 권셰 환혁(煥赫)홈과 부귀 결우리 업슨 바의, 몽농이 ᄒ번 입을 연즉 즈긔 픠힝과 악ᄉ롤 드러닐거시오, 진왕롤 쩬 셰(勢)로 ᄋ돌 해ᄒ던 분을 풀나라 ᄒ여, 놀나오미, 즈연 '의고!'소릭롤 면치 못ᄒ더니, 믄득 흉흔 의시 니러나 소셩을 향ᄒ여 왈,

"네 아비ᄂ 몽농의 근본이 윤가의 즈식인 줄 아닷다?"【33】
ᄒ니, 소셩 왈,
"대인이 엇지 몽농의 근본을 알아 겨시리잇고?"
녀시 왈,
"내 이제야 여부의 심용(心用)을 알괘라. 짐짓 날 죽이믈 위ᄒ여 몽농을 길너 그 부슉의 셰력을 비러 나롤 ᄉ디(死地)의 너흐려 계교ᄒ미니, 불연즉(不然卽) 무슴 졍으로 ᄋ돌 아닌 거ᄉ 너히도곤 더 귀ᄒ여 ᄒ리오. 이ᄂ 윤가의 은인(恩人) 일홈을 엇고, 나ᄂ 져 윤개 몽농을 쳔듸ᄒ다 ᄒ여 죽이도록 ᄒ게 ᄒ미니, 문환의 궁흉극악(窮凶極惡)ᄒᄆ 사름의 싱각지 못ᄒᄇ로다."

쳘부인 모지 ᄎ언을 드ᄅ미 모골(毛骨)이 구송(懼悚)749)ᄒ【34】여 소셩이 눈물을 흘녀 왈,
"왕뫼 야야의 지효롤 모ᄅ시고 망극흔 말ᄉ믈 ᄒ시니 엇지 원통치 아니리잇고?"
녀시 노분(怒忿)을 풀 곳이 업서 겻히 노혓던 목침을 드러 공즈롤 두다리며 왈,
"윤가들과 모의ᄒ고 어셔 나롤 ᄉ디의 모라너흐라. 내 셩텬즈 압히 가도 너희 부즈의 불초무상ᄒ믈 다 고ᄒ리라."

공지 이의 ᄂ죽이 비러 왈,
"소손이 불초무상(不肖無狀)ᄒ오나, 왕모긔 진졍을 고ᄒ미오, 호발(毫髮)도 왕모롤 원망ᄒᄂ 뜻이 업ᄉᄂ니, 대뫼 엇지 소손을 죽이려 ᄒ【35】시ᄂ니잇가?"

셩음이 화열ᄒ고 긔운이 온화ᄒ니, 녀시 모진 셩을 발ᄒ여 슬토록 치고져 ᄒ듸, 밧게 진궁비지 여어볼가 괴로이 넉여 긋치고, 몸을 상셕의 더져 왈,
"너히 부지 날 해코져ᄒᄂ 의시 궁극ᄒ여, 윤가의 셰엄을 비러 나롤 죽이려ᄒ니, 내 엇지 윤가의 해롤 밧아 죽으리오. ᄎ하리 식음을 물니쳐 즈진(自盡)ᄒ리라."

---

749)구송(懼悚) : 몹시 놀라고 두려워 함.

ᄒᆞ니, 소셩이 강잉ᄒᆞ여 몽뇽 공ᄌᆞᄀᆡ 친당을 ᄎᆞᄌᆞ 평싱 밋쳣던 슬프미 풀니믈 칭하(稱賀)ᄒᆞ여 답간을 붓치고, 쳘부인이 ᄯᅩᄒᆞᆫ 존고의 ᄒᆡᆼ【36】ᄉᆞ를 한심ᄒᆞ여 진궁 비지라도 알과져 아니ᄒᆞ여, 총총이 답간을 일워주니, 궁뇌 도라와 소공ᄌᆞ의 답간과 쳘부인의 답간을 올니니, 셩닌 공직 밧아보고 소공ᄌᆞ의 무ᄉᆞᄒᆞ믈 깃거ᄒᆞ며, 슉열비 쳘부인의 답간을 보ᄆᆡ 언에 간냑ᄒᆞ고 극진ᄒᆞ니, 셩닌이 고왈,

"쳘부인은 셩효덕ᄒᆡᆼ이 가ᄌᆞ니 셰ᄃᆡ의 희한ᄒᆞᆫ 슉네니이다."

비 왈,

"오ᄋᆡ 비록 부모를 실니ᄒᆞ엿던 ᄇᆡ나, 소공 ᄀᆞᄐᆞᆫ 군ᄌᆞ와 쳘부인 ᄀᆞᄐᆞᆫ 슉녀의 교훈을 밧드러 자라시니, 거의 ᄑᆡ광무식(悖狂無識)ᄒᆞ믈 면【37】ᄒᆞ여시리로다."

조태비 왈,

"소공은 문장이 유여ᄒᆞᆫ 군지니, 손ᄋᆞ를 권학(勸學)ᄒᆞ미 범연치 아닐지라. 이제 손ᄋᆞ의 문한(文翰)이 과장의 념예업시 되엿ᄂᆞ냐?"

공직 ᄃᆡ왈,

"소손이 소대인의 힘ᄡᅥ 교훈ᄒᆞ시믈 밧ᄌᆞ오ᄃᆡ, 지죄 노둔(魯鈍)[750]ᄒᆞ와 박고통금(博古通今)[751]이 능치 못ᄒᆞ이다."

승상이 소왈,

"사ᄅᆞᆷ의 ᄌᆡ조ᄂᆞᆫ 외모의 드러나나니 모로미 닑은 거ᄉᆞᆯ 외오고 지은 거ᄉᆞᆯ ᄡᅥ 뵈라."

공직 역명치 못ᄒᆞ여 셩경현젼(聖經賢傳)[752]과 졔ᄌᆞᄇᆡᆨ가(諸子百家)[753]를 통치 아니미 업고, 문니(文理) 관통ᄒᆞ며 강셩(講聲)이 청건(淸虔)[754]ᄒᆞ니, 태부인으로【38】브터 조태비와 호람후 부뷔 어린 다시 셩닌의 ᄂᆞᆺ출 우러라 ᄉᆞ랑홈ᄉᆡ, 왕이 셩닌의 문한이 ᄌᆞᄀᆡ와 감치 아니믈 보ᄆᆡ 희동안ᄉᆡᆨ(喜動顏色)[755] 왈,

"ᄋᆞᄒᆡ 박고통금ᄒᆞ미 졔 지죄 능ᄒᆞ미 아니라, 소니부의 힘ᄡᅥ ᄀᆞᄅᆞ치미니, 우형이 소니부의 은혜를 장ᄎᆞᆺ 무어ᄉᆞ로 갑흐리오. 다만 구원타일(九原他日)[756]의 결초(結草)[757]ᄒᆞ믈 긔약ᄒᆞ노라."

호람후와 위태부인이 황홀(恍惚) 연ᄋᆡ(憐愛)ᄒᆞ여 화긔 츈풍을 ᄂᆡᆺ그더니, 외헌(外軒)

---

750)노둔(魯鈍) : 미련하고 둔함.

751)박고통금(博古通今) : 옛날과 오늘날의 일에 모두 정통함.

752)셩경현젼(聖經賢傳) : 유학의 성현(聖賢)이 남긴 글. 성인(聖人)의 글을 '경(經)'이라고 하고, 현인(賢人)의 글을 '전(傳)'이라고 한다.

753)졔ᄌᆞᄇᆡᆨ가(諸子百家) : 중국 춘추 전국 시대의 여러 학파. 공자(孔子), 관자(管子), 노자(老子), 맹자(孟子), 장자(莊子), 묵자(墨子), 열자(列子), 한비자(韓非子), 윤문자(尹文子), 손자(孫子), 오자(吳子), 귀곡자(鬼谷子) 등의 유가(儒家), 도가(道家), 묵가(墨家), 법가(法家), 명가(名家), 병가(兵家), 종횡가(縱橫家), 음양가(陰陽家) 등을 통틀어 이른다.

754)청건(淸虔) ; 맑고 정성스러움.

755)희동안ᄉᆡᆨ(喜動顏色) ; 얼굴빛에 기쁨이 가득함.

756)구원타일(九原他日) : 훗날 죽어 저승에 간 때에.

757)결초(結草) : 결초보은(結草報恩)의 줄임말.

의 빈긱이 모혀시니, 왕과 승상이 듁화헌의 나와 빈긱을 졉딕홀식, 졔인이 왕의 【3
9】ㅇ들 ᄎᄌ믈 치하ᄒ여 놉흔 덕과 큰 복으로 텬뉸(天倫)의 남은 흔이 업ᄉ믈 분분
(紛紛) 치하ᄒ니, 진왕이 좌슈우응(左酬右應)의 화열(和悅)이 ᄉ샤(謝辭)ᄒ고, 졔우친쳑
(諸友親戚)이 셩닌을 보와지라 ᄒ딕, 왕이 미소왈,

"용쇽(庸俗)ᄒ 으히 보암죽흔 곳이 업ᄉ나, 녈위(列位) 보고져ᄒ니, 엇지 빈현치 아
니리오마ᄂᆞ, 왕모와 편친이 져를 작일이야 처엄으로 만나샤, 아직 일시를 쩌나지 못ᄒ
게 ᄒ시니, 브르미 어렵고 시금(時今) 편발동몽(編髮童蒙)758)이라 관녜(冠禮)를 수히
일우려 ᄒ니 그ᄭᅵ 보시미 늣지 아니토소이다."

원닉 진왕이 【40】ᄌ질(子姪)을 다 명공거경(名公巨卿)을 뵈지 아니믄, 혹ᄌ 그 풍
신ᄌᆡ화(風神才華)를 과이ᄒ여 친우간 불미흔 쓸을 두고 근졀이 쳥혼흔죽, 됴흔 안면의
미몰이 물니치지 못홀 고로 ᄎ일도 셩닌을 뵈지 아니니, 친쳑들은 기의(其意)를 짐작
ᄒ딕, 다라니ᄂᆞᆫ 왕의 ᄆᆞ음을 아지 못ᄒ고 후일 관녜(冠禮)759) 시의 보를 쳥ᄒ더라.

왕이 쥬찬으로쎠 졔붕(諸朋) 친쳑(親戚)을 딕졉ᄒ고 담화ᄒ다가 빈긱이 각귀(各歸)
ᄒᄆᆡ, 왕의 곤계 다시 닉당의 드러가 승상이 셩닌의 지은 글과 필톄(筆體)의 대소ᄌ
(大小字)를 다 쓰이【41】여보니, 필녁(筆力)은 왕우군(王右軍)760)의 난뎡톄(蘭停
體)761)를 우스며, 시ᄌᆡ(詩才)ᄂᆞᆫ 태빅(太白)762)을 묘시(藐視)763)ᄒ니[고], 졔셰안민(濟
世安民)764)홀 ᄌᆡ덕이 이시니, 왕의 엄위(嚴威)홈과 승상의 단묵(端默)ᄒᄆᆞ로도 셩닌의
문장ᄌᆡ화를 긔특이 넉여, ᄌᆞ연 웃ᄂᆞᆫ 입이 열니믈 면치 못ᄒ더라.

ᄎ시 소부의셔 소슌 형뎨 션셰 능묘의 비알ᄒ고 수월 후 부즁의 도라오니, 가닉 경
식이 새로이 고이ᄒ여, 녀부인이 듀야로 공과 몽눙을 즐미(叱罵)ᄒ여 도로혀 식음을
물니치고, 거즛 죽으려 ᄒᄂᆞᆫ 톄ᄒ고, 필뎨(畢弟)ᄂᆞᆫ 조모의게 슈장(受杖)흔 곳【42】이

758)편발동몽(編髮童蒙) : 머리를 길게 땋아 늘인 차림의 아직 관례(冠禮)를 올리지 않은 남자아이.
759)관녜(冠禮) : 예전에, 남자가 성년에 이르면 어른이 된다는 의미로 상투를 틀고 갓을 쓰게 하던 의례(儀
禮). 유교에서는 원래 스무 살에 관례를 하고 그 후에 혼례를 하였으나 조혼이 성행하자 관례와 혼례를
겸하여 하였다.
760)왕우군(王右軍) : 왕희지(王羲之; 307~365). 중국 동진(東晋) 때 사람. 해서·행서·초서의 3체를 예술적
완성의 영역까지 끌어올려 서성(書聖)으로 일컬어지는 중국 최고의 서예가. 자는 일소(逸少). 우군장군
(右軍將軍)의 벼슬을 하였으므로 왕우군(王右軍)으로도 불리기도 한다.
761)난뎡톄(蘭停體) : 난정체(蘭亭體). 왕희지의 서체를 이르는 말. 왕희지가 친구들과 더불어 난정(蘭亭)이
란 정자에서 시회(詩會)를 열고, 이때 참석자들이 지은 시들을 모아 철(綴)을 하고는, 그 서문 〈난정서
(蘭亭序)〉를 지었는데, 그 글씨가 천하명필로 이름이 높아 후인들이 그 글씨체를 '난정체'라 부르기에 이
르렀다.
762)태빅(太白) : 이백(李白). 중국 당나라 때의 시인. 701~762. 태백(太白)은 자. 호는 청련거사(靑蓮居士).
칠언 절구에 특히 뛰어났으며, 이별과 자연을 제재로 한 작품을 많이 남겼다. 현종과 양귀비의 모란연
(牧丹宴)에서 취중에 〈청평조(淸平調)〉 3수를 지은 이야기가 유명하다. 시성(詩聖) 두보(杜甫)에 대하여
시선(詩仙)으로 칭하여진다. 시문집에 ≪이태백시집≫ 30권이 있다.
763)묘시(藐視) : 업신여기어 깔봄.
764)졔셰안민(濟世安民) : 세상을 구제하고 백성을 편안하게 함.

듕(重)ᄒ여 자리의 언와(偃臥)ᄒ엿더라.

냥쇠765) 왕모의 폐식(廢食)ᄒᄂ 연고를 뭇ᄌ온ᄃᆡ, 쳘부인이 졍히 답고져 ᄒ더니, 소공이 션데 능침을 슈리ᄒ고 도라와 궐하의 복명ᄒ고 부즁의 니르러, 문외의셔 《낭낭(娘娘)766) ‖ 양낭(養娘)767)》을 보고 태부인 존후와 몽농의 안부를 무르니, 시녜,

"몽농 공ᄌᄂ 싱부모를 ᄎᆞᆺ 도라가고, 태부인은 여러 날 폐식ᄒ시므로 능히 긔거(起居)치 못ᄒ여 상요(床褥)의 누어계시니이다."

○○[ᄒ니],공이 냥ᄋ를 다리고 바로 닉당의 드러가 모친긔 문후ᄒ고, 좌우슈를 븟드러 간믹ᄒ【43】며 증셰를 뭇ᄌ온ᄃᆡ, 부인이 부답ᄒᆫᄃᆡ, 공이 불승민황(不勝憫惶)ᄒ여 함누(含淚) 고왈,

"소지 비록 불초무상(不肖無狀)ᄒ오나, ᄌ뎡의 셩덕으로뻐 그른 곳을 닐ᄋ샤 경계ᄒ시미 맛당ᄒ시거늘, 엇지 언어를 통치 아니시고 식음을 폐ᄒ샤 거죄 여ᄎᄒ시니잇고?"

녀시 부지불각(不知不覺)에768) 넓쩌 안ᄌ 공의 관(冠)을 벗기질으고769) 머리를 잡아 벽에 브듸이ᄌ며770), 소ᄅᆡ 질너 왈,

"요괴로온 놈이 윤가의 셰권(勢權)을 밋어 짐즛 노모를 해코져ᄒ므로 몽농을 친ᄌ도곤 더 위ᄒ여 길너, 십삼셰 ᄎᆞᆫ 후 제【44】집에 도라 보닉여, 윤개 은혜를 감골(感骨)ᄒᄂ 바의 네 입을 열어 말ᄒᆫ즉, 광텬이 힘을 다ᄒ여 아모 어려온 일이라도 네 소원은 다 일우리니, 노모를 죽이미 프리목슴 ᄀᆞᆺ기나 다라리오. 너히 극악간흉ᄒ미 졈졈 이의 밋ᄎ니, 능히 복을 밧으며 슈를 누리랴?"

공이 안쉬여우(眼水如雨)ᄒ여 왈,

"소ᄌᄂ 본ᄃᆡ 윤가로 깁히 ᄉᆞ괸 빅 업ᄉ와 겨유 됴당(朝堂) 안면 ᄲᅮᆫ이오니, 소지 비록 극악ᄒ오나 져 윤가ᄂ 대효의 사ᄅᆞᆷ이라. 소지 흉ᄒᆫ ᄯᅳᆺ을 닐엇다가771) 져 윤개 무어시라 홀동 알【45】니오. 참아 ᄌ뎡을 해ᄎ772) ᄒ리잇고? 소지 무상(無狀)ᄒ와 ᄌ위의 밋버ᄒ시믈773) 엇지 못ᄒ고, 믹양 고이ᄒᆫ 의심을 두시니, 히ᄋ(孩兒) 죽어 이런 망극지언을 듯지 말고져 ᄒᄂ이다. 아지못게이다, 몽농은 윤가의 ᄋ히며 윤광텬이 몽농의게 뉘라 ᄒᄂ니잇고?"

녀시 고셩 왈,

---

765)냥쇠 : 두 소씨. 여기서는 소순 형제를 말한다.
766)낭낭(娘娘) : 왕비나 귀족의 아내를 높여 이르는 말.
767)양낭(養娘) : 여자 종. 시녀. 주로 혼인한 여종을 일컫는다.
768)부지불각(不知不覺)에 : 자신도 모르는 사이에. 느닷없이.
769)벗기질으다 : 벗겨 버리다.
770)브듸이다 : 부딪다. 부딪치다. 다른 것에 맞닿거나 자꾸 부딪치며 충돌하다
771)닐다 : 이르다. 말하다.
772)해(解)ᄎ ᄒ다 : 해(害)하자고 하다.
773)밋버ᄒ다 : 믿음직스러워 하다.

"몽뇽은 윤가의 ᄋ들이오, 뎡가의 외손이라 ᄒ니, 몽뇽을 어더기를 씌에 엇지 네 모로리오. 네 아모리 발명ᄒ나, 노뫼 네 심폐를 거울ᄀᆺ치 빗최ᄂᆞ니, 내 윤가의 손에 죽ᄂᆞ니 출하리 아ᄉ(餓死)ᄒᆞᆫ 귀신이 되고져 ᄒᆞ노라." 【46】

ᄒᆞ니, 공이 모친을 붓드려 지성 근걸(懇乞)ᄒᆞ여 진식(進食)ᄒᆞ시믈 쳥ᄒᆞᆯ시, 스ᄉᆞ로 밍셰ᄒᆞ여, 윤개 모친이 몽뇽을 쳔ᄃᆡᄒᆞ다 ᄒᆞ고, 셜흔(雪恨)ᄒᆞ려 ᄒᆞ여도 ᄌᆞ긔 당ᄒᆞ믈 고ᄒᆞ여, 화평ᄒᆞᆫ 안식이 녀(女)의 흉심의도 항복되미 업지 아니ᄒᆞᆫ 즁, ᄯᅩ 여러 씌 식반을 폐ᄒᆞ여시니 허핍ᄒᆞ미 심ᄒᆞᆫ지라. 드ᄃᆡ여 식반을 나오니, 공이 대희ᄒᆞ여 모친을 뫼셔 진식(進食)ᄒᆞ고, 야심 후 셔지의 나와 비로소 ᄋᆞᄌᆞ의 상쳐를 보고, 몽뇽의 부모 ᄎ즌 곡졀을 무ᄅᆞᆫᄃᆡ, 공ᄌᆡ 젼후ᄉᆞ를 일일히 고ᄒᆞᆫ 【47】 ᄃᆡ, 공이 듯ᄂᆞᆫ 말마다 불승ᄎᆞ악(不勝嗟愕)ᄒᆞ더라.

명일 공이 쳘부인 침소의 니ᄅᆞ러 녀ᄋᆞ의 션향이질(仙香異質)과 션풍아ᄐᆡ(仙風雅態)를 두굿기며, 몽뇽의 근본이 미쳔(微賤)치 아냐 튱효지가(忠孝之家)의 나시믈 만심 환열ᄒᆞ나, 녀ᄋᆞ를 위ᄒᆞ여 근심ᄒᆞ여 왈,

"내 몽뇽을 어더 기ᄅᆞ던 날브더 동상을 유의ᄒᆞ여시ᄃᆡ, 그ᄃᆡ도록 부귀ᄒᆞᆫ집 ᄋᆞ희믈 ᄉᆡᆼ각지 못ᄒᆞ엿더니, 이제 그 근본이 남달니 존듕ᄒᆞ니 녀식으로 윤ᄋᆞ의 비우를 삼을진ᄃᆡ, 사ᄅᆞᆷ이 다 날노써 부귀를 흠모ᄒᆞᆫ다 알니로다."

쳘부인 【48】 왈,

"져집이 우리를 바리지 아니면, 우리ᄂᆞᆫ 몽뇽을 엇던 날브터 동상을 뎡ᄒᆞ여시니, 무ᄉᆞᆷ 붓그러오미 이시리오."

ᄒᆞ더라.

ᄎᆞ시 윤공ᄌᆞ 셩닌이 소공의 환가ᄒᆞ여시믈 부왕긔 고왈,

"소대인이 환가ᄒᆞ시고 소형 등이 도라오다 ᄒᆞ오니, 소ᄌᆡ 잠간 비현코져 ᄒᆞᄂᆞ이다."

왕 왈,

"소니부ᄂᆞᆫ 우리부ᄌᆞ 죵신토록 져바리지 못ᄒᆞᆯ 은인이니, 내 ᄒᆞᆫ가지로 ᄒᆡᆼᄒᆞ리라."

이의 ᄂᆡ뎐의 드러가 존당과 계부긔 셩닌을 다리고 소부의 가믈 고ᄒᆞ고, ᄒᆡᆼᄒᆞ여 소부의 니ᄅᆞ니, 소공이 마ᄌ 네필 【49】 좌뎡ᄒᆞ미, 셩닌이 소공긔 ᄌᆡ비ᄒᆞ고 기간 존후를 뭇ᄌᆞ온ᄃᆡ, 소공이 밧비 집슈(執手) 연ᄋᆡ(憐愛) 왈,

"네 이제 부모를 ᄎᆞᄌᆞ 원을 풀고 일신의 존귀ᄒᆞ미 셕일과 다ᄅᆞ니, 엇지 긔특지 아니리오."

ᄒᆞ고, 진왕을 향ᄒᆞ여 존개(尊駕) 굴님(屈臨)ᄒᆞ시믈 ᄉᆞ샤(謝辭)ᄒᆞ니, 왕이 믄득 츄연(惆然)이 안식을 곳치고, 말ᄉᆞᆷ을 펴왈,

"소뎨ᄂᆞᆫ 텬디간 궁민(窮民)이라. 부운 ᄀᆞᆺ튼 공명이 미신(微身)의 과ᄒᆞ니, 외람이 셩은을 밧ᄌᆞ와 위거쳔승(位居千乘)ᄒᆞ오ᄃᆡ, 가친(家親)의 ᄌᆞ익를 모로니 지통이 익심(益甚)ᄒᆞ더니, 십이년 젼에 신싱유치를 【50】 일허 심식 더욱 참연ᄒᆞ더니, 명공의 텬디 대은을 힘닙어 교하의 죽어가ᄂᆞᆫ 인ᄉᆡᆼ을 거두워 무ᄋᆡ(撫愛)ᄒᆞ시니, 명공의 은혜를 무어

스로 갑흐리오. 세세싱싱(世世生生)774)의 함호결초(銜環結草)775)ᄒ리이다."

소공이 진왕의 셜화를 드르미, 번연(翻然)776) 불열(不悅)ᄒ여 왈,

"미뎨(微弟) 몽농을 양휵(養慉)ᄒ미 의긔 아니라. 어린 ᄋ히 교하(橋下)의 ᄡ러지믈 보미, 잔잉ᄒᆫ 의식 이셔 거두워 도라오미오, 연미(年未) 십셰의 소뎨 ᄀᄅ칠 거시 업시 ᄌᄋ연 통달ᄒ미어니와, 대왕의 귀공ᄌ(貴公子)ᄂᆫ 몽니(夢裏)의도 싱각지 못ᄒᆫ 비오, 【51】 나히 ᄎ기를 기다려 져를 위ᄒ여 만셩(萬城) 인가(人家)를 도라 친부모를 ᄎᄌ 주고져 ᄒ더니, 슈릉뎨됴(修陵提調)로 인ᄒ여 몽농과 필오의 집을 직희엿더니, 무상(無狀)ᄒᆫ 복ᄌ(僕者) 고이ᄒᆫ 일을 비져 몽ᄋ의게 도라보니니, 편친(偏親)이 년노ᄒ시고 부인의 셩이 편벽(偏僻)ᄒ므로 간참(奸讒)을 신텽(信聽)ᄒ여 몽농을 형부ᄭ지 가ᄂᆫ 변이 잇던가시브니, 실노 대왕을 딕홀 안면이 업더니, 이제 대왕이 언필칭(言必稱)777) 은인ᄒ시니 ᄂᆺ 둘 곳이 업도소이다."

왕이 칭샤(稱謝) 왈,

"소뎨 형으로 더브러 셕년 【52】 태즁원(太中院)778) 입번(入番) 시(時)의 동관(同

---

774) 세세싱싱(世世生生) : 몇 번이든지 다시 환생하는 일. 또는 그런 때. 중생이 나서 죽고 죽어서 다시 태어나는 윤회의 형태이다. =생생세세.

775) 함호결초(銜環結草) : '남에게 입은 은혜를 꼭 갚는다' 의미를 가진 '함환이보(銜環以報)'와 '결초보은(結草報恩)'이라는 두 개의 보은담(報恩譚)을 아울러 이르는 말로, '남에게 받은 은혜를 살아서는 물론 죽어서까지도 꼭 갚겠다'는 보다 강조된 의미가 담긴 뜻으로 쓰인다. 그런데 이 작품에서는 '함환'을 '함호'로 표기하고 있어 이것이 '함환'의 단순한 오기(誤記)인지, 아니면 다른 뜻을 갖는 말인지를 판단하기가 쉽지 않다. 우선 두 보은담의 유래를 보면, '함환이보'는 중국 후한 때 양보(楊寶)라는 소년이 다친 꾀꼬리 한 마리를 잘 치료하여 살려 보낸 일이 있었는데, 후에 이 꾀꼬리가 양보에게 백옥환(白玉環)을 물어다 주어 보은했다는 남북조 시기 양(梁)나라 사람 오균(吳均)이 지은 『續齊諧記』의 고사에서 유래하였고, '결초보은'은 중국 춘추 시대에, 진나라의 위과(魏顆)가 아버지가 세상을 떠난 후에 서모를 개가시켜 순사(殉死)하지 않게 하였더니, 그 뒤 싸움터에서 그 서모 아버지의 혼이 적군의 앞길에 풀을 묶어 적을 넘어뜨려 위과가 공을 세울 수 있도록 하였다는 『춘추좌전』〈선공(宣公)〉15년 조(條))의 고사에서 유래하여, 그 출처가 분명하다. 우리나라에서는 두 고사성어 가운데 '결초보은(줄여서 '결초')'이 널리 쓰여왔고 '함환이보(줄여서 '함환')'는 활발히 쓰여온 말이 아니다. 고소설에서는 '결초보은' 또는 '결초'라는 말이 널리 쓰이는 가운데 이 작품에서처럼 '결초함호' 또는 '함호결초'라는 말이 〈명주보월빙〉〈완월회맹연〉〈임화정연〉〈효의정충예행록〉 등 여러 작품들에서 많은 예가 검색되고 있는데, '함환이보'나 '함환'은 검색되지 않는다. 따라서 '함호'를 '함환'의 오기라고 단정할 수는 없다. 그렇다면 '함호'와 '함환'은 같은 말로 볼 수밖에 없는데, 이를 전제로 함호의 뜻을 밝혀보면, '함'은 두 말의 음이 같기 때문에 다같이 '銜(함)'자로 보고, '環(환옥 환)'자가 갖고 있는 '玉(옥)'의 뜻을 갖는 글자를 '호'음을 갖는 글자 가운데서 찾아보면 '琥(서옥 호)'자가 있어, 이 '함호'를 '銜琥(함호)'로 볼 수 있지 않을까 하는 추측을 해볼 수 있다. 그러나 이 '銜琥' 또한 각종 사전이나 고문헌 DB자료들에서 검색되지 않는 말이어서 '함호'를 '銜琥'의 표음으로 단정할 수 없다. 이 때문에 교주자는 '함호'를 '銜環'과 같은 뜻을 갖는 말의 표음으로 보아 '함호'로 전사(轉寫)하고 그 본디 말인 한자어는 그 본뜻을 밝혀 '銜環'으로 병기하기로 한다

776) 번연(翻然)이 : 번연히. 갑작스럽게

777) 언필칭(言必稱) : 말을 할 때마다 이르기를. 말하여 일컫기를.

778) 태즁원(太中院) : 중추원(中樞院). 조선 전기에, 왕명의 출납·군정(軍政)·숙위 따위의 일을 맡아보던 관아. 세조 12년(1466)에 중추부(中樞府)로 고쳤다.

官)으로 면목을 알미 이시나, 형이 십여년을 히외에 뉴찬(流竄)흐고, 소데 미신의 국가듕임을 맛타 관시 번극(繁劇)흐고, 집에 다란 동긔 업서 다만 일뎨일미(一弟一妹)쑨이니, 노년 조모와 편친을 여러 히 뫼시리 업스므로 한가치 못흐여, 형을 춫지 못흐고, 이제 니르니 동관지졍(同官之情)779)이 서어(齟齬)780)토소이다."

인흐여 소싱 등의 년치와 주녀 수를 무르니, 소공 왈, '우흐로 삼지 이셔 슌과 영이 취실흐고, 셩은 십오셰로딕 아직 취부치 못흠과, 또 십삼셰녀【53】이 이시믈' 답흔딕, 왕이 '셩을 보와지라' 흔딕, 소공이 그 상쳐를 경참이 넉여 유질(有疾)흐므로 핑계흐니, 왕이 다시 쳥치 아니코 담화흐더니, 관닉후(關內侯)781) 쳘공이 소니부를 춫즈니르러, 진왕을 보고 부지 상봉흐믈 치하흐니, 왕이 소왈,

"형이 미양 돈으를 보딕 내 주식이믈 아지 못흐여, 일즉 우리 형뎨를 딕흐딕 돈으의 부모 못춫즈 셜워흐믈 젼치 아니므로, 늦게야 만낫도다."

쳘휘 소왈,

"형은 안즈 쳔리를 스뭇눈782) 춍명이로딕 녕윤(令胤)783)이 경스의 잇눈 【54】줄 아지 못흐엿거든, 내 비록 녕윤을 본들 형의 으둘인 줄 알니오. 연이나 녕윤은 대군지풍(大君子之風)이 이시니, 엇지 형의 용녈(庸劣)흐믈 달마시리오."

왕이 흔연(欣然) 대소흐고, 니부를 향흐여 왈,

"셩닌의 유뢰 이실진딕 으히 졋먹여 기란 공이 젹지 아니흐니, 소데 당당이 집으로 다려가 보은코져 흐느니. ○○○○○[형이 허흐랴?]"

공이 소왈,

"형이 비록 닐으지 아니시나, 몽으의 유뢰 몽으를 쓰르고져 쯧이 잇고, 그 소싱 영필이 몽으 위흔 튱셩이 채784)를 잡아 셤기고져 흐느니, 소데 비록 허치 말고져 흐【55】나 영필 모지 귀궁(貴宮)으로 쓰르고져 흐느니, 금일이라도 다려가소셔."

왕이 즉시 화파와 영필을 불너 공즈 양흌흔 공을 칭샤흐고, 궁으로 오기를 당부흐니, 화파 모지 고두(叩頭)785) 응명흐니라.

셩닌공지 닉당의 드러가 쳘부인긔 비알흐니, 부인이 반기믈 니긔지 못흐나, 젼일을 새로이 차악흐딕 친당 춫즈믈 치하흐니, 공지 화열(和悅) 고왈,

"으히 부모를 춫즈 텬뉸을 완젼이흐니 여흔이 업스오나, 대인과 부인의 지극흐신

---

779)동관지졍(同官之情) : 한 관아에서 같은 등급의 관리로 지내던 정.
780)서어(齟齬) : 익숙하지 아니하여 서름서름함. 낯이 설거나 친하지 아니하여 어색함.
781)관닉후(關內侯) : 중국의 옛 관직명. 일반 제후(諸侯)는 다 도성(都城)을 떠나 봉국(封國)에 부임하여야 하지만, 관내후는 단지 몸에 관작만을 내릴 뿐이며, 봉국에 나가지 않고 도성에 있으면서 봉국의 조세만을 받는다.
782)스뭇다 : 사무치다. 통(通)하다.
783)녕윤(令胤) : 윗사람의 아들을 높여 이르는 말. =영식(令息).
784)채 : 가마, 들것, 목도 따위의 앞뒤로 양옆에 대서 메거나 들게 되어 있는 긴 나무 막대기.
785)고두(叩頭) : 공경하는 뜻으로 머리를 땅에 조아림.

주익는 일신의 져져시니, 이곳에 주로 왕닉 【56】ᄒ여 슬하의 뫼시믈 젼일과 다ᄅ지 아니코져 ᄒᆞᆸᄂᆞ니이다."

이의 시녀로 태부인의 존후를 뭇ᄌᆞᆸ고 쳥알(請謁)ᄒ니, 어시의 태부인이 공주를 보와 뉘웃는 뜻을 닐ᄋᆞ고져ᄒᆞ야, 즉시 나와 보고, 황무진의 무상(無狀)ᄒᆞᆯ 닐너, 주긔 북희의 이실 ᄯᅥ브터 공주 소ᄃᆡ(疏待)ᄒᆞ던 비, 무진의 간참(姦讒)이오, 본의 아니런 줄 발명(發明)ᄒ여, 당ᄎᆞ시(當此時)ᄒ야 젼일을 츄회(追懷)ᄒᆞ미 골돌ᄒ고, 흔감(欣感)져이786) 간힐(奸黠)787)ᄒᆞᆫ 언변이 뉴슈(流水) ᄀᆞᆺ고, 공주를 ᄀᆞ장 ᄉᆞ랑ᄒᆞᄂᆞᆫ 톄ᄒᆞ며, 쳘부인을 긔걸ᄒᆞ여788) 셩찬화미(盛饌華味)를 ᄃᆡ【57】졉게 ᄒ고 은근ᄒ니, 공주 흔연 ᄉᆞ샤ᄒ고 약간 하져(下箸)789)ᄒᆞ미, 하직고 나와 공주의 병을 보고 보호ᄒᆞᆯ 당부ᄒ니, 공주 왈,

"나의 일시 알는 거슨 족히 넘녀ᄒᆞᆯ 비 아니로ᄃᆡ, 이친(二親)790)의 불평ᄒ신 회푀(懷抱) 날노 더으시고, 조모의 실덕은 곳곳이 나타ᄂᆞ니, 엇지 슬프지 아니리오."

인ᄒ여, 공주 친당의 도라가 환낙(歡樂)ᄒᆞᆯ 치하ᄒ더라.

셩닌 공주 인ᄒ여 소·쳘 냥공긔 하직ᄒ고 부왕(父王)을 뫼셔 도라갈ᄉᆡ, 소공이 홀연(欻然)791) 왈,

"이곳이 취운산과 상게(相距)792) 멀거니와 한가ᄒᆞᆫ 틈을 탄 【58】즉 왕닉ᄒ리라. 내 ᄯᅩ 수일후 가리라."

공주 ᄇᆡ사(拜謝) 왈,

"주로 왕닉ᄒ여 시봉(侍奉)ᄒᆞ오믈 젼일과 ᄀᆞᆺ치 ᄒᆞ오리이다."

ᄒ더라. 화 패(婆) 왕의 명을 니어 취운산으로 갈ᄉᆡ, 쳘부인긔 하직ᄒ고 진궁으로 나가아니, ᄎᆞ시 진왕이 ᄋᆞ주로 환가ᄒᆞ엿더니, 화파와 쥰학의 와시믈 듯고 명ᄒᆞ여 이실 곳을 덩ᄒ고, 금빅(金帛) 미곡(米穀) 가음아ᄂᆞᆫ793) 궁환을 명ᄒ여 화패와 쥰학의 의주냥미(衣資糧米)를 달마다 주어 핍졀ᄒᆞ미 업게 ᄒ라 ᄒ고, 영필은 공주긔 신임홀ᄉᆡ, 영필이 츄연(惆然)이 공주의 지나던 젼후 【59】풍상간고(風霜艱苦)794)를 일일히 고ᄒ니, 승상과 졔공주 눈물 ᄂᆞ리믈 ᄭᅵᆺ지 못ᄒ고, 왕이 소공의 언닉(言內)로 조ᄎᆞ ᄋᆞ주의 풍상(風霜)795)을 드러시나 이ᄃᆡ도록 ᄒᆞᆫ 주셔히 모ᄅᆞ던 비라. 주긔는 부귀 극ᄒᆞᄃᆡ

---

786) 흔감(欣感)져이 : 흔감(欣感)지게. 기쁘게 여기어 감동되게. '흔감+지다'의 형태. *-지다 ; '그런 성질이 있음' 또는 '그런 모양임'의 뜻을 더하고 형용사를 만드는 접미사.
787) 간힐(奸黠) : 간사하고 잔꾀가 많음.
788) 긔걸ᄒ다 : 명령하다. 분부하다. 시키다.
789) 하져(下箸) : 젓가락을 댄다는 뜻으로, 음식을 먹음을 이르는 말.
790) 이친(二親) : 양친(兩親). 어버이.
791) 홀연(欻然) : 어떤 일이 생각할 겨를도 없이 급히 일어나는 모양.
792) 상게(相距) : 떨어져 있는 두 곳의 거리.
793) 가음알다 : 관장(管掌)하다. 다스리다. 일을 맡아서 주관하다.
794) 풍상간고(風霜艱苦) : 오래도록 수없이 많이 겪었던 세상의 어려움과 고생.
795) 풍상(風霜) : 바람과 서리를 아울러 이르는 말로, 많이 겪은 세상의 어려움과 고생을 비유적으로 이르는 말.

ᄋᄌᄂ 부모를 ᄎᄌ려 만니타국과 ᄉ희팔방(四海八方)796)을 다 도라 고상797)ᄒ믈 참
연(慘然) 탄식ᄒ고, 봉졍(鳳睛)798)의 츄퓌(秋波) 동ᄒ믈 씌돗지 못ᄒ더라. 이의 문왈,

"아지 못게라 젹뇽(赤龍)이 오치쥬(五彩珠)와 화젼(花箋)을 네 압히 비왓다799) ᄒ니
화젼과 치쥬를 그져 두엇ᄂ냐."

공ᄌ 디왈,

"소ᄌ 동오의 가 독ᄒ 병을 어더 인ᄉ【60】를 모르니 화젼과 치쥬를 엇지 거리ᄭᅵ
리잇고800)? 오왕이 우연이 소ᄌ의 금낭(錦囊)을 여러보아 치쥬 이시믈 보고 혹ᄌ 일
흘가 깁히 간ᄉᄒ엿다가, 소ᄌ 차셩(差成)801)ᄒ 후 여ᄎ여ᄎᄒ여 동오의 두고 오니이
다."

왕은 무심ᄒᄃᆡ 승상이 잠소 왈,

"엄ᄌ쳠의 위인이 쥬옥보화(珠玉寶華)의 눈쓸 셩품이 아니오, '황우어쳔승국군(況又
於千乘國君)이 되여'802) ᄒ낫 보쥬(寶珠)를 보고 긔특이 알 빈 아니니, 필유ᄉ고(必有
事故)803)ᄒ미라. 네 명쥬(明珠)를 엄ᄌ쳠이 모도 가질니 업ᄉᄃᆡ, ᄲ앗지려 ᄒ미 ᄀ장
고이ᄒ니, 너는 필연 곡졀을 알【61】니로라."

공ᄌ 주왈,

"소ᄌ의 어든 오치쥬 가온ᄃᆡ 웅쥬(雄珠) 두 ᄌ(字) 쓰여시니, 오왕이 ᄌ쥬(雌珠)를
맛초와보고 대소(大小)와 모양이 ᄀ트믈 닐ᄏ라, 소ᄌ의 치쥬와 왕의 ᄌ쥬를 밧고ᄌ
ᄒ옵거늘, 가지고 단니기 비편(非便)ᄒ와 모도 두엇ᄂ이다."

승상이 미급답(未及答)에, 호람휘 왈,

"네 뇽(龍)의게 어든 화젼(花箋)도 오왕을 주엇ᄂ냐?"

공ᄌ 주왈(奏曰),

"화젼은 소손의게 잇ᄂ이다."

호람휘 '닉라' ᄒ니, 공ᄌ 진젼(進前)ᄒ온ᄃᆡ, 호람휘 ᄒ번 보ᄆᆡ 놀나고 신긔홀 ᄯᅮᆫ아
니라, 셕년의 남강의 가 명쥬 엇던 일을 ᄉᆡᆼ각고, 상감(傷感)804) 왈,【62】

"뇽신(龍神)의 영이(靈異)ᄒ미 이ᄃᆡ도록 ᄒ여 화젼 즁에 셕ᄉ를 드노하시니, 엇지
긔특지 아니리오."

---

796)ᄉ희팔방(四海八方) : 온 세상. *사해(四海); 사방(四方)의 바다로 둘러싸인 온 세상. *팔방(八方); 사방
(四方)과 사우(四隅)의 여덟 방위. 동, 서, 남, 북, 동북, 동남, 서북, 서남을 이른다.
797)고상 : 고생(苦生). 어렵고 고된 일을 겪음. 또는 그런 일이나 생활.
798)봉졍(鳳睛) : =봉안(鳳眼). 봉황의 눈같이 가늘고 길며 눈초리가 위로 째지고 붉은 기운이 있는 눈. 귀상
(貴相)으로 여긴다.
799)비왓다 : 뱉다. 입 속에 있는 것을 입 밖으로 내보내다.
800)거리ᄭᅵ다 : 거리끼다. 얽매이다.
801)차셩(差成) : 병이 나음.
802)황우어쳔승국군(況又於千乘國君)이 되어 : 하물며 제후국의 임금이 되어.
803)필유ᄉ고(必有事故) : 반드시 까닭이 있을 것임..
804)상감(傷感) : =감상(感傷). 쓸쓸하고 슬퍼져서 마음이 상함. 또는 그런 마음.

인ᄒᆞ여, 셕년(昔年)의 명천공을 뫼시며, 뎡·하 냥공으로 남강의 선유(船遊)ᄒᆞ다가 적뇽이 명쥬(明主)와 보월(寶月)을 토ᄒᆞ여 명천공과 뎡·하 냥공의 압히 놋턴 일을 닐ᄋᆞ고, 새로이 상회비도(傷懷悲悼)805)ᄒᆞ니, 진왕과 승상이 호람후 말ᄉᆞᆷ으로 조차 쳑감(慽感)ᄒᆞᄆᆞᆯ 형언키 어려오나, 억졔ᄒᆞ고 셩닌이 뇽의게 어든 화젼을 보ᄆᆡ, ᄯᅩᄒᆞᆫ 신긔ᄒᆞᄆᆞᆯ 니긔지 못ᄒᆞ나, 셩ᄋᆞ의 비우(配偶)되리 소가와 동오국 공쥐ᄆᆞᆯ 【63】 짐작ᄒᆞ나, 번ᄉᆞ(繁事)ᄅᆞᆯ 깃거아냐 묵묵이러니, 왕이 화젼을 도로 공즈ᄅᆞᆯ 주어, 금초라 ᄒᆞ여, 왈,

"오왕이 화젼을 보앗ᄂᆞ냐?"

공지 ᄃᆡ왈,

"보지 아낫ᄂᆞ이다."

호람휘 왈,

"오왕이 ᄯᆞᆯ을 두고 너와 동상(東床)을 쥬의(注意)ᄒᆞ더냐?"

공지 여ᄎᆞ여ᄎᆞ ᄒᆞ던 일을 일일히 고ᄒᆞ니,

호람휘 소왈,

"오왕은 달니군지(達理君子)806)라. 너의 특이ᄒᆞᆫ 위인을 보ᄆᆡ 혹ᄌᆞ 질족자(疾足者)807)의게 아이미808) 될가 두려 무성명소ᄋᆞ(無姓名小兒)809)ᄅᆞᆯ 혐의치 아니코 가연이810) 쳔금교ᄋᆞ(千金嬌兒)811)ᄅᆞᆯ 허ᄒᆞ여 너의게 평싱을 의탁ᄒᆞ니, 지감(知鑑)812)이 긔 특ᄒᆞ 【64】고, 너ᄅᆞᆯ 과히 ᄉᆞ랑ᄒᆞ여 독질(毒疾)을 구ᄒᆞ던 비 진실노 감격ᄒᆞ도다."

ᄒᆞ며, 왕의 엄위(嚴威)홈과 승상의 슉묵(肅黙)ᄒᆞᄆᆞ로도 귀듕ᄒᆞᄆᆞᆯ 니긔지 못ᄒᆞ더라. 날이 느즈ᄆᆡ 왕이 ᄌᆞ질을 거느려 존당의 혼뎡ᄒᆞ니, 위태부인과 조·뉴 이부인이 금일이야 셩닌의 도로풍상(道路風霜)813)과 타국의 뉴락(流落)던 바ᄅᆞᆯ 알고, 그 힝ᄉᆞᄅᆞᆯ 긔특이 넉여 오공쥬와 뎡혼ᄒᆞ던 바ᄅᆞᆯ 더옥 두굿기나, 도로의 방황ᄒᆞ던 줄 잔잉코 슬허ᄒᆞ더라.

슉녈비 화파ᄅᆞᆯ 불너 ᄋᆞᄌᆞ 보양(保養)ᄒᆞᆫ 공을 표ᄒᆞ여 치단필빅(綵緞疋帛)814)을 듕상(重賞)ᄒᆞ 【65】고, 안뎡(安定)홀 쳐소ᄅᆞᆯ 뎡ᄒᆞ니, 화픠 비샤 열복(悅服)ᄒᆞ더라.

ᄎᆞ야의 진왕이 뎡비 침당의셔 슉침홀ᄉᆡ, 셩닌 등이 혼뎡(昏定)ᄒᆞ니 왕이 문왈,

"네 소가의 이실 졔 년유소ᄋᆞ(年幼小兒)ᄅᆞᆯ 근본 셩시도 아지 못ᄒᆞ니, 소공이라도 반

---

805)상회비도(傷懷悲悼) : 사람의 죽음을 몹시 슬퍼하고 가슴 아파 함.

806)달니군지(達理君子) : 이치에 통달한 군자.

807)질족자(疾足者) : 발 빠른 사람.

808)아이다 : 앗기다. 빼앗기다.

809)무성명소ᄋᆞ(無姓名小兒) : 이름이 없는 어린아이.

810)가연이 : 개연(慨然)히, 분연히.

811)쳔금교ᄋᆞ(千金嬌兒) : 천금(千金)처럼 귀하고 사랑스런 딸.

812)지감(知鑑) : =지인지감(知人之鑑). 사람을 잘 알아보는 능력.

813)도로풍상(道路風霜) : 길 위에서 겪은 어려움과 고생.

814)치단필빅(綵緞疋帛) : 온갖 비단을 통틀어 이르는 말.

다시 너의 혼처는 뎡치 아녀실 비어늘, 엇지 오왕이 구혼홀 제 오공쥬를 조강(糟糠)으
로 취치 못홀 줄 닐은고?”

공지 뒤왈,

“소대인이 미양 소조다려 닐ᄋ시딘, ‘너의 근본을 아지 못ᄒ나 결(決)ᄒ여 쳔인(賤
人)이 아닌 줄은 아ᄂ니, 내 너를 친조의 더 귀듕ᄒ미 이시딘 부【66】조로 닐ᄏ지
아니믄 실노 다란 뜻이 아니라, 타일의 문난(門欄)의 빗나믈 ᄇ라미라’ ᄒ시던 고로,
오왕을 딕ᄒ여 올흔딕로 닐ᄋ고, 여러가지 ᄉ셰(事勢) 어려오믈 고ᄒ니, 오왕이 지삼
취(再三娶)815)를 거리씰 비 업셰라 ᄒ고, 쏠을 타문의 못 보닐 뜻을 닐ᄋ더이다.”

왕이 소공의 위인을 아는 비오, 쳘부인 슉뇨(淑窈)ᄒ믈 드ᄅ미, 기녀(其女) 반다시
용상(庸常)치 아닐 줄 알아, 뎡비를 향ᄒ여 왈,

“소ᄋ의 셩화를 듯지 못ᄒ니잇가?”

뎡비 뒤왈,

“소니뷔 북희의 잇던 바로 경ᄉ의 완지 오릭지 아【67】니코, 규녀의 장신(藏身)이
엄ᄒ여 사름이 그 얼골 보니 드므딕 현미타 ᄒ더이다.”

이윽고 공조 등이 믈너가미, 왕이 비(妃)로 더브러 도로풍상과 일침국의 가 요얼(妖
孽)을 졔어ᄒ던 일을 두굿기며 슬허ᄒ더라.

명일 태부인이 왕다려 왈,

“챵ᄂ 등은 관녜(冠禮)ᄒ연지 히 밧고엿거늘, 셩ᄂ은 편발(編髮)816)노 이시미 불가
ᄒ지라. 너는 모로미 셩ᄋ의 관녜를 수히 일우라.”

왕이 슈명ᄒ고 믈너나 퇵일ᄒ고, 친쳑붕비(親戚朋輩)를 대회(大會)ᄒ여 ᄋ조의 관녜
를 일울식, 친쳑【68】졔붕이 일시의 모드니, 호람휘 조질을 거ᄂ려 셩히 모드믈 ᄉ
샤홀식, 만슈던 즁에 조포옥딕(紫袍玉帶)817)와 금옥관면(金玉冠冕)818)이 좌우의 ᄂ렬
(羅列)ᄒ여 왕후공경(王侯公卿)이 아니면 쳥현명뉴(淸賢名流)라. 져마다 진왕의 젹덕여
음(積德餘蔭)으로 ᄋ들 ᄎᄌ믈 하례(賀禮)ᄒᄅᆯ식 칭셩(稱聲)이 분분ᄒ더라.

호람휘 뎡시랑 현긔를 명ᄒ여 듁셔당의 가 셩ᄂ을 불너오라 ᄒ니, 슈유(須叟)의 셩
ᄂ 공지 종형으로 더브러 츄진 응딕ᄒ미, 좌즁 만목(萬目)이 어린다시 공조를 ᄇ라보
아 긔이ᄒ믈 결을치819) 못ᄒ니, 호람【69】후의 무궁ᄒ ᄉ랑과 금평후의 두굿기미 불
가형언(不可形言)이라. 소니뷔 쏘ᄒᆫ 좌간의셔 년ᄋ(憐愛)ᄒᄂᆫ 졍이 진왕의 더은듯 ᄒ
니, 호람후와 졔뎡이 소니부의 덕음을 닐ᄏ라 은혜를 칭하ᄒ니, 소뷔 불감ᄉ샤(不堪謝

---

815)지삼취(再三娶) : 재취(再娶)와 삼취(三娶). 둘째부인과 셋째부인.
816)편발(編髮) : 예전에, 관례를 하기 전에 머리를 길게 땋아 늘이던 일. 또는 그 머리.
817)조포옥딕(紫袍玉帶) : 붉은 도포와 백옥 허리띠 차림의 고위관리들.
818)금옥관면(金玉冠冕) : 금이나 옥으로 된 면류관이라는 뜻으로 ‘높은 벼슬아치’를 비유적으로 이르는 말.
819)결을 : 겨를. 어떤 일을 하다가 생각 따위를 다른 데로 돌릴 수 있는 시간적인 여유. 느틈. *결을ᄒ다; 여
  유가 있다. 틈을 내다.

辭)820)ᄒ고, 셩닌이 좌즁의 졀ᄒ고 좌뎡ᄒᄆᆡ, 호람휘 소왈,

"각별ᄒᆫ 복슈(福數)821)와 문쟝도덕이 겸비ᄒᆫ자로 ᄒ야금 손ᄋᆡ의 머리ᄅᆞᆯ 총(總)ᄒ리니822) 뉘 맛당ᄒᆞ뇨?"

즁빈(衆賓)이 사왈(辭曰),

"문쟝도덕과 복녹은 당시 쳥문의 곤계와 뎡듁쳥 하학셩을 밋ᄎᆞ리 업스니 이즁 갈ᄒᆡ【70】여 식이미 올흔가 ᄒᆞᄂᆡ이다."

호람휘 소왈,

"광텬형뎨ᄂᆞᆫ 셩닌의 부슉(父叔)이니 녜단(禮緞)823)을 밧지 아냐도 두발을 총홀 비니 가치 아니코, 챵빅은 만복이 무흠ᄒᆞᄃᆡ 초년 호신기식(好新耆色)이 흠이오, ᄌᆞ의ᄂᆞᆫ 도덕이 가죽ᄒᆞᄃᆡ 동긔에 굿긴 사ᄅᆞᆷ이라, ᄋᆞ시 잌경이 흠ᄉᆞ니, 내ᄯᆞᆺ은 후빅의 복녹과 도학이 만무일흠(萬無一欠)824)이라. 후빅으로ᄡᅥ 싱질의 관녜ᄅᆞᆯ 규구(規矩)825)로 ᄀᆞ라치고, 진무슉이 녜모ᄅᆞᆯ 뎡ᄒᆞ여, 현긔로ᄡᅥ 셩닌의 머리털을 총ᄒᆞᄆᆡ 올홀가 ᄒ노라,"

진왕 곤계 맛당ᄒᆞᆷ을 고【71】ᄒ고, 좌즁이 다 올타ᄒᆞᄃᆡ 뎡복야와 진태ᄉᆡ 츄ᄉᆞ하기ᄅᆞᆯ 마지 아니니, 진왕이 소왈,

"무슉형과 후빅형이 다란 사ᄅᆞᆷ의셔 유복다 ᄒ여, 미돈(迷豚)826)의 관녜ᄅᆞᆯ 집녜(執禮)코져 ᄒ여든 엇지 좀 ᄉᆞ양을 ᄒᆞᄂᆞ뇨?"

진태ᄉᆞ와 뎡복애 답소왈,

"아등이 무슨 문쟝 학힝과 복덕이 남의셔 나ᄋᆞ미 잇관ᄃᆡ, 호람후 년슉(緣叔)827)이 아등의 용우ᄒᆞᆷ을 모ᄅᆞ시고 집녜ᄒᆞᆷ을 명ᄒ시니, 소임(所任)이 불가ᄒᆞ니이다. 연이나 현ᄉᆞ(賢士)의 빙폐(聘幣)828)ᄅᆞᆯ 밧으미 역시 승ᄉᆞ(勝事)라 엇지 오래 ᄉᆞ양ᄒ리오."

드듸여 【72】좌ᄅᆞᆯ 쩌나 츅문을 잡아 닑기ᄅᆞᆯ 맛고, 읍양(揖讓)829)ᄒ여 공ᄌᆞ의 압히 나아가, 현긔ᄅᆞᆯ 명ᄒ여 셩닌의 머리털을 총ᄒ고, 망건(網巾)830)을 ᄡᅴ이며 ᄯᅴᄅᆞᆯ 둘너, 녜수(禮數)831)와 법졔ᄅᆞᆯ 냥공이 ᄒᆞᆫ가지로 ᄀᆞᄅᆞ쳐, 임의 관녜ᄅᆞᆯ 다ᄒᆞᄆᆡ, 호람후와 부슉

---

820)불감ᄉᆞ샤(不堪謝辭) : 감당할 수 없음을 말하여 사양함.
821)복슈(福數) : 복이 많은 운수.
822)총(總)ᄒ다 : 묶다. 꿰매다.
823) 녜단(禮緞) : 예물로 보내는 비단.
824)만무일흠(萬無一欠) : 한가지의 흠도 없음.
825)규구(規矩) : =규구준승(規矩準繩). ①목수가 쓰는 '그림쇠, 자, 수준기, 먹줄'을 통틀어 이르는 말. ②일상생활에서 지켜야 할 법도.
826)미돈(迷豚) : 어리석은 돼지라는 뜻으로, 남에게 자기의 아들을 낮추어 이르는 말. =가아(家兒).
827)년슉(緣叔) : 아저씨라고 부를 만한 친지.
828)빙폐(聘幣) : 공경하는 뜻으로 보내는 예물.
829)읍양(揖讓) : ①읍하는 동작과 사양하는 동작. ②겸손한 태도를 가짐.
830)망건(網巾) : 상투를 튼 사람이 머리카락을 걷어 올려 흘러내리지 아니하도록 머리에 두르는 그물처럼 생긴 물건. 보통 말총, 곱소리 또는 머리카락으로 만든다.
831)녜수(禮數) ; '절'의 수.

(父叔)으로브터 모든되 비례(拜禮)ᄒᆞ니, 즁빈이 칭찬불니(稱讚不已)832)러니, 관니후 쳘공이 혹즈 질족쟈(疾足者) 이셔 질녀의 가긔(佳期)를 일흘가 념녀ᄒᆞ여, 금일 아조 굿은 언약을 두어 냥개 다란 의논이 업게ᄒᆞ려 ᄒᆞ므로, 흔흔이 웃고, 진왕을 향ᄒᆞ여 【73】 왈,

"소뎨 형을 위ᄒᆞ여 일뒤 슉녀현부를 쳔거ᄒᆞ여 녕윤(令胤)의 비우(配偶)를 빗뇌고 형의 가도(家道)를 창(昌)ᄒᆞ리니 능히 내말을 신텽(信聽)ᄒᆞ시랴?"

진왕이 짐작고 소이답왈(笑而答曰),

"혼쳬(婚處) 맛당ᄒᆞ고 규쉬 아름다올진뒤 엇지 형의 ᄯᅳᆺ을 져바리리오."

쳘휘 소왈,

"혼쳐를 닐ᄋᆞ려ᄒᆞ면 규슈의 부친은 니부총지오, 규슈를 의논홀진뒤 용식은 화월(花月)이니 녀즁성현(女中聖賢)이라. 형이 녕윤의 비우를 텬하의 넓이 구ᄒᆞ여도 실노 소뎨의 싱질 ᄀᆞᆺ트니는 흔치 아닐지라. 소형【74】이 녕윤을 어더 기라던 날브터 동상을 뎡ᄒᆞ엿더니, 금ᄎᆞ지시(今次之時)ᄒᆞ여 녕윤이 친당(親堂)을 ᄎᆞᄌᆞ시니, 형은 년슉(緣叔)과 존당의 고ᄒᆞ고 길ᄉᆞ(吉事)를 일우라."

왕이 텽파의 ᄉᆞ사(謝辭) 왈,

"형이 소뎨의 불인(不仁)홈과 돈ᄋᆞ(豚兒)의 용우ᄒᆞᆷ을 나모라지 아니코, 옥 ᄀᆞᆺ튼 질녀를 가져 비우를 삼고져 ᄒᆞ니 엇지 감ᄉᆞ치 아니리오. 맛당이 존당의 고ᄒᆞ고 혼인을 쾌허ᄒᆞ리라."

이의 호람후긔 고ᄒᆞ니, 호람휘 졈두(點頭)833)ᄒᆞ고, 즉시 ᄌᆞ질을 거느려 닉당의 드러가니, 이쩍 뎡·진·남·화 ᄉᆞ비(四妃) 하·장 두부인과 소고(小姑)834) 【75】 등으로 더브러, 태부인과 조·뉴 두부인을 뫼셔 빈긱을 마즈 졉뒤ᄒᆞ니, 쥬취홍장(朱翠紅粧)835)과 봉관옥픠(鳳冠玉佩)836) 날빗837)출 ᄀᆞ리오더라.

호람휘 진왕 곤계 입닉(入內)ᄒᆞ니, 졔긱이 쟝닉(帳內)의 피ᄒᆞ미, 호람휘 태부인긔 뵈ᄋᆞᆸ고 소가 규슈의 긔특ᄒᆞᆷ을 고ᄒᆞ고, 즉금 뎡혼밍약(定婚盟約)고져 ᄒᆞᆷ을 주(奏)ᄒᆞ니, 태부인이 맛당ᄒᆞᆷ을 닐너 수히 셩녜(成禮)ᄒᆞ라 ᄒᆞ니, 왕이 비샤ᄒᆞ고 밧게 나와, 소니부를 뒤ᄒᆞ여 조모와 편친의 허ᄒᆞ시믈 닐ᄋᆞ고, ᄯᅳᆺ 우ᄒᆡ셔 친ᄉᆞ(親事)를 뇌뎡(牢定)ᄒᆞ니라. 【76】

---

832)칭찬불니(稱讚不已) ; 칭찬이 그치지 않음.
833)졈두(點頭) : 승낙하거나 옳다는 뜻으로 머리를 약간 끄덕임.
834)소고(小姑) : 시누이. 남편의 누나나 여동생.
835)쥬취홍장(朱翠紅粧) : 붉고 푸른색으로 치장한 미인의 모습.
836)봉관옥픠(鳳冠玉佩) : 봉황(鳳凰)을 장식한 예관(禮冠)을 쓰고 옥으로 만든 장신구(裝身具)를 갖춘 여인의 차림.
837)날빗 : 햇빛.

# 윤하뎡삼문취록 권지팔

ᄎ시 진왕이 소니부를 디ᄒᆞ여 조모와 편친의 허ᄒᆞ시믈 닐ᄋᆞ고, 돗 우희셔 친ᄉᆞ를 뇌뎡ᄒᆞ니, 소공이 ᄀᆞ장 환희ᄒᆞ고, 좌긱이 다 소공을 향ᄒᆞ여 쾌셔(快壻) 어드믈 치하ᄒᆞ니, 호람휘 소왈,

"소 현계(賢契)838) 셩닌을 어더 문학과 도힝을 ᄀᆞᄅᆞ쳐 대현군ᄌᆞ 좌(坐)의 나아가도 붓그럽지 아니니, 광텬은 셩닌의 아빌지언뎡 소현계ᄂᆞᆫ 부(父)와 ᄉᆞ(師)를 겸ᄒᆞ엿도다."

ᄒᆞ더라.

종일 진환ᄒᆞ고 일모(日暮)ᄒᆞᄆᆡ 빈긱이 각산(各散)ᄒᆞᆯᄉᆡ, 소공이 부즁의 도라와 【1】 쳘부인을 디ᄒᆞ여 혼ᄉᆞ 완뎡(完定)ᄒᆞ믈 닐ᄋᆞ고 근심ᄒᆞ여 왈,

"셩이 봉난의 맛이로ᄃᆡ 내 ᄯᅳᆺ이 급급히 봉난의 혼ᄉᆞ를 일워 윤가로 보닉고져 ᄒᆞ건마ᄂᆞᆫ, ᄌᆞ위 무어시라 ᄒᆞ실쥴 아지 못ᄒᆞ니, 이거시 근심되도다."

부인 왈,

"혼인은 그일839) 거슨 아니나 존고의 ᄯᅳᆺ은[을] 아지 못ᄒᆞ니, 아직 뎡혼ᄒᆞ믈 고(告)치 말고 종용히 퇴일ᄒᆞ여 보닌 후, 고ᄒᆞᄆᆡ 올흘가 ᄒᆞᄂᆞ이다."

공이 빈미(嚬眉)840) 왈,

"녀숙 녀방의게 돈견(豚犬) ᄀᆞᆺ튼 ᄌᆞ네 이시니, 그윽이 ᄌᆞ뎡 ᄯᅳᆺ을 슷치건ᄃᆡ 셩ᄋᆞᄂᆞ 녀방의 동상(東床)을 삼고 【2】 봉난은 녀숙의 ᄌᆞ부(子婦)를 삼고져 ᄒᆞ시ᄂᆞᆫ가 시브니, 이거시 큰 우환(憂患)이로다."

ᄒᆞ여, 부뷔 근심ᄒᆞ더라.

이의 길일을 퇴ᄒᆞᄆᆡ, 납빙(納聘)은 하뉵월(下六月) 습슌(拾旬)이오, 길긔(吉期)ᄂᆞᆫ 츄팔월(秋八月) 긔망(旣望)이라. 소공이 퇴일을 윤가의 보ᄒᆞ고 빙ᄎᆡ(聘采) 길일(吉日)이 다드란 고로 녀부인긔 고왈,

"소ᄌᆡ 셩을 취실치 못ᄒᆞ여시ᄃᆡ 진왕이 녀ᄋᆞ의 용이치 아니믈 듯고 혼인을 근졀이 구홀ᄉᆡ, 소ᄌᆡ 사회를 아모리 갈히여도 셩닌 ᄀᆞᆺ트니ᄂᆞᆫ 쉽지 아니코, 임의 져를 어더 기ᄅᆞ던 날브터 봉난의 평싱을 의탁고 【3】 져 ᄒᆞᄆᆡ라. 져의 구혼ᄒᆞ믈 당ᄒᆞ여 허혼ᄒᆞ고

---

838)현계(賢契) : 문인(門人), 제자, 친구 등을 존중해서 이르는 말.
839)그이다 : 기(欺)이다. 속이다. 어떤 일을 숨기고 바른대로 말하지 않다
840)빈미(嚬眉) : 눈살을 찌푸림.

길녜를 일우고져 ᄒᆞᄂᆞ이다."

녀시 듀야로 싱각ᄂᆞᆫ비, 셩으로ᄡᅥ 방의 사회를 삼고 봉난으로ᄡᅥ 녀슉의 ᄌᆞ부를 삼아, ᄌᆞ녀의 용속(庸俗)ᄒᆞᆫ 위인이나 비필은 긔특ᄒᆞ니를 만나고져 ᄇᆞ라ᄂᆞᆫ지라. 엇지 공의 말을 조ᄎᆞ 봉난의 친ᄉᆞ를 윤가의 소리히 지ᄂᆡ게 ᄒᆞ리오. 번연(翻然)이[841] ᄂᆞ러나, 폴흘 ᄲᅩᆷᄂᆡ며 두눈을 뒤룩이고, 소공의 늣치 춤밧타 왈,

"네 아모리 권셰를 붓좃고[842] 부귀를 흠앙(欽仰)ᄒᆞᆫᄃᆞᆯ, 셩ᄋᆞ를 【4】 취실(娶室)치 아니코, 윤가의 명을 어그릇지 못ᄒᆞ야 봉난을 몬져 셩녜ᄒᆞᆫ즉, 남이 너를 무엇만 넉이리오. 이제 봉난으로ᄡᅥ 옥의 비우를 삼으면, 저의 일싱이 안한(安閒)ᄒᆞ고 네 종요로온 ᄌᆞ미를 볼 거시어ᄂᆞᆯ, 윤광텬의 부귀를 황홀ᄒᆞ여 ᄯᅡᆯ을 진국 《셰ᄌᆞ빙∥세자빈(世子嬪)[843]》을 삼고져 ᄒᆞ거니와, '물셩이쇠(物盛而衰)ᄂᆞᆫ 고기변애(固其變也)'[844]라. 네 윤가로 결혼코져 ᄯᅳᆺ을 두믄 망신멸족(亡身滅族)[845]ᄒᆞᆯ 징됴(徵兆)니, 내 비록 너를 나치 아녀시나 사라시민 너의게 의지ᄒᆞ고, 죽으민 후ᄉᆞ(後嗣) 너밧게 업ᄉᆞ니, 엇지 참아 불 【5】 길(不吉) 고이ᄒᆞᆫ[846] 것과 《칭옹∥친옹(親翁)[847]》이 되게 ᄒᆞ리오. 네 나를 업시 ᄒᆞ고 셩닌을 사회[848] 삼으면 ᄒᆞᆯ일업거니와, 내 사라셔는 밍셰ᄒᆞ야 봉난을 윤가의 속현(續絃)[849]치 아니리니, 모로미 광텬다려 이 말을 닐ᄋᆞ고 동심협녁(同心協力)ᄒᆞ여 나를 죽이라."

공이 모친 말ᄉᆞᆷ을 드르민 임의 혜ᄋᆞ린 ᄇᆞ라. 근심되믈 니긔지 못ᄒᆞ여 관을 숙이고 말이 업ᄉᆞ니, 녀부인이 ᄯᅩ 닐ᄋᆞ디,

"네 말을 아니ᄒᆞ고 이시나, 셩의 호구(好逑)는 나의 질녀(姪女) 밧 나지 아니코, 봉난의 비우는 질ᄌᆞ 옥의 지나리 업순 줄 알나."

소공이 【6】 죽기를 그음ᄒᆞ야 고왈,

"ᄌᆞ식이 부모의 셩졍을 품슈(稟受)ᄒᆞ옵ᄂᆞ니, 녀급ᄉᆞ와 시랑의 우용(愚庸) 부졍(不正)ᄒᆞ기로, 어이 ᄌᆞ식을 잘 나흘니 이시리잇고? 소지 다란 일은 ᄌᆞ의(慈意)를 밧들여니와, ᄎᆞᄉᆞ는 참아 승슌(承順)치 못ᄒᆞ리로소이다."

녀시 불연(勃然) 대로(大怒)ᄒᆞ여 대즐 왈,

"시랑과 급시 엇더ᄒᆞ여 부졍ᄒᆞ고, 엇더ᄒᆞ여 ᄎᆞᄉᆞ(此事)를 승슌치 못ᄒᆞᄂᆞᆫ고?"

---

841)번연(翻然)이 : 갑작스럽게.

842)붓좃다 : 붙좇다. 붙따르다. 가까이 붙어 다니며 따르다.

843)세자빈(世子嬪) : 왕세자의 아내.

844)물셩이쇠(物盛而衰) 고기변야(固其變也) : 사물이 셩(盛)하면 쇠(衰)하기 마련인데, 그 까닭은 진실로 모든 사물은 항상 변화하고 있기 때문이다. 사마천(司馬遷)의 사기(史記) 십이제후연표(十二諸侯年表) 서문(序文)에 나오는 말이다.

845)망신멸족(亡身滅族) : 자기 몸을 죽이고 종족을 멸하기에 이름.

846)고이ᄒᆞ다 : 괴이(怪異)하다. 이상야릇하다.

847)친옹(親翁) : 사돈(査頓). 인친(姻親). 혼인으로 맺어진 관계. 또는 혼인 관계로 척분(戚分)이 있는 사람.

848)사회 : 사위.

849)속현(續絃) : '거문고 줄을 잇는다.'는 뜻으로, '혼인(婚姻)'을 비유적으로 이르는 말.

이의 소공을 쓰드러850) 느리와 엄히 장최(杖責)홀식, 시노(侍奴)를 호령ᄒ여 장최ᄒ니, 공이 이성으로 고왈,

"소직 녀급수와 시랑으로 더브러 은원(恩怨)이 업스니 엇【7】지 허물을 잡으리잇고마ᄂᆞᆫ, 녀시랑 형뎨 텬셩이 부졍음픽(不正淫悖)ᄒ여 사름의 어진 거슬 쎄리며, ᄀᆞ마니 남의 허물을 잡으며, 것ᄎᆞ로 양슌(良順)ᄒᆞᆫ 빗출 지어 명예를 구ᄒᆞ미 부졍ᄒᆞᆫ 일이오, 명현(名賢) 경상(卿相)851)의 압흘 당ᄒ면 두리기를 군젼(君前)이나 다ᄅᆞ지 아니케 조심ᄒ니, 이ᄂᆞᆫ 용우(庸愚)ᄒᆞᆫ 일이오니 소직 실노 항복지 아닐 ᄲᅮᆫ더러, 져의 위인이 길샹(吉祥)치 못ᄒ니 엇지 결혼ᄒ리잇고? ᄌᆞ뎡은 소ᄌᆞ의 혜아리미 그ᄅᆞ지 아니믈 두고 보시면 알아시리이다."

녀시 대로ᄒ여 믄【8】득 흔뎡이 쇠를 들어 공을 향하여 더지니, 엇개 마ᄌ 피흐ᄅᆞ거늘, ᄯᅩ 칼흘 더지니, 공의 머리에 박혀 피 돌돌ᄒ니852), ᄎᆞ일 소싱 형뎨 삼인은 맛ᄎᆞᆷ 쳘부인을 뫼셔 관녜후 부듕의 가고, 봉난소ᄌᆞᄂᆞᆫ 유질(有疾)ᄒ여 누어시므로 ᄎᆞ변(此變)을 아지 못ᄒ더라.

시노 등이 대경ᄒ여 공을 붓드니, 녀시 익노(益怒)ᄒ여 쳘편을 들고 느리다라 공의 일신을 즛익이니853), 공은 인ᄉᆞ를 모로ᄂᆞ 시녀(侍女) 복부(僕夫) 등이 대경ᄒ여, 일변 소져긔 고ᄒ고, 일변 쳘부의 가 소싱 등긔 고ᄒ니, 봉난소【9】 졔 부친의 듕상ᄒ시믈 듯고 밧비 나아와 부친의 맛ᄂᆞᆫ 바를 ᄀᆞ리오며, 실셩비읍(失性悲泣) 왈,

"대뫼 비록 목강(穆姜)854)의 인ᄌᆞ(仁慈)ᄒᆞᆷ믈 본밧지 못ᄒ시나, 엇지 참아 모ᄌᆞ의 졍으로써 여ᄎᆞᄒ시니잇고? 쳥컨딕 소녀를 죽이샤 야야(爺爺)의 위틱ᄒᆞᆷ믈 딕(代)케ᄒ소셔."

녀시 소져를 발노 박ᄎᆞ며, 니를 갈아 왈,

"못쓸 거시 쎄를 살나 쓸딕 업ᄂᆞᆫ지라. 네 죽어지라 쳥치 아냐도, 네 아비 놈을 죽이고 너희를 조ᄎᆞ 죽여 분을 풀여 ᄒᆞᄂᆞ니, 살가 넉이ᄂᆞᆫ다?"

이리 닐ᄋᆞ며 다시 공을 두다리려 ᄒᆞ니, 【10】 소졔 죽기로써 조모의 잡은 쳘편을 앗고, 부친의 몸을 ᄀᆞ리와 호읍(號泣)ᄒ기를 마지 아니니, 녀시 즐욕ᄒ더니, ᄎᆞ시 소싱 등이 비복의 고ᄒᆞ므로 조ᄎᆞ 밧비 니ᄅᆞ러 ᄎᆞ경을 보고, 가슴이 막혀 눈믈이 비 ᄀᆞᆺᄐᆞ여

---

850)쓰들다 : 꺼들다. 끌어당기다. 잡아 쥐고 당겨서 추켜들다.
851)경상(卿相) : 육경(六卿)과 삼상(三相)을 아울러 이르는 말. *육경(六卿); 조선의 육조판서. 중국 주(周)나라 때에 둔, 육관(六官)의 우두머리. 대총재, 대사도, 대종백, 대사마, 대사구, 대사공을 이른다. *삼상(三相); 의정부에서 국가 주요 정책을 결정하는 일을 맡아보던 세 벼슬. 영의정, 좌의정, 우의정을 이른다
852)돌돌ᄒ다 : 돌돌흐르다. 많지 아니한 도랑물이나 시냇물이 좁은 목으로 부딪치며 흐르는 소리. 또는 그 모양.
853)즛익이다 : 짓이기다. 함부로 마구 이기다. *이기다; ①칼 따위로 잘게 썰어서 짓찧어 다지다. ②가루나 흙 따위에 물을 부어 반죽하다.
854)목강(穆姜) : 중국 진(晉)나라 정문구(程文矩)의 아내. 성은 이(李)씨, 자(字)는 목강(穆姜). 전처 소생의 네 아들을 자신이 낳은 두 아들보다 더 사랑하여 훌륭하게 키웠다.

왈,

"왕뫼, 참아 이 ᄀᆞᆺ튼 거조ᄅᆞᆯ ᄒᆞ샤 가ᄂᆡ에 참변을 일우시ᄂᆞ니잇고?"

녀시 브ᄃᆡ 셩을 녀가 부셔(夫壻)855)ᄅᆞᆯ 삼으려 ᄒᆞ므로, 비로소 칼흘 노코 공의 ᄒᆞ던 말을 일일히 닐ᄋᆞ며 왈,

"이ᄂᆞᆫ 나ᄅᆞᆯ 업수히 넉이미니, 내 엇지 노홉지 아니리오. 고딕 네아비ᄅᆞᆯ 즛마아856) 분을 【11】풀고시브ᄃᆡ, 오히려 네 말을 듯고 결단ᄒᆞ려 ᄒᆞ나니, 네 만일 셩회 이셔 여부의 죽으믈 보지 아니려 ᄒᆞ거든, 급수의 사회되여 하쥐슉완(河洲淑婉)857)을 수히 마즈라."

공지 녀방의 불인(不仁)ᄒᆞ믈 알 ᄲᆞᆫ 아녀, 녀가 규슈의 어지지 못ᄒᆞ믈 익이아니, 녀방지녜 두역의 일목이 폐밍(廢盲)ᄒᆞ고 슈족(手足)이 불일(不一)858)ᄒᆞ다 ᄒᆞᄂᆞᆫ딕, 조뫼 못ᄡᅳᆯ 병인으로써 비우ᄅᆞᆯ 삼으려 ᄒᆞ시니, 내 비록 져 병인을 취ᄒᆞ나, 내 ᄆᆞ음의 져ᄅᆞᆯ 남으로 혜고859), 다시 일개 슉녀ᄅᆞᆯ 구ᄒᆞ미 방해롭지 아니타 ᄒᆞ고, ᄆᆞᆫ【12】득 안식을 화(和)히 ᄒᆞ여 왈,

"대뫼 소손(小孫)의 혼ᄉᆞᄅᆞᆯ 넘녀ᄒᆞ샤 야야ᄅᆞᆯ 듕타(重打)ᄒᆞ샤 소싱을 도라보지 아니 시니, 엇지 놀납지 아니리잇고? 누의 혼ᄉᆞᄂᆞᆫ 야애 진왕으로 면약(面約)이 금셕(金石) ᄀᆞᆺ튼니, 납빙일(納聘日)860)이 머지 아닌지라. 이제ᄂᆞᆫ 텬즈 명이라도 곳칠 비 업거니 와, 소손은 아직 뎡혼쳬(定婚處) 업ᄉᆞ오니, 대뫼 브ᄃᆡ 취(娶)코져 ᄒᆞ시면, 장뷔 ᄒᆞᆫ 녀 즈로 직힐 비 아니니, 대모 명을 밧ᄌᆞ오려니와, 야야ᄂᆞᆫ 녀시 병인이믈 드러 계신 고 로, 셩ᄒᆞᆫ ᄌᆞ식을 가져 병든 녀ᄌᆞᄅᆞᆯ 참아 어더 주지 못【13】ᄒᆞ여 혼인을 거졀ᄒᆞ시미 어니와, 이제 야야ᄅᆞᆯ 위ᄒᆞ여 취코져 ᄒᆞᄂᆞ이다."

녀시 텽파(聽罷)의 그 긔특ᄒᆞ미 병인을 비합(配合)ᄒᆞ미, 만만불ᄉᆞ(萬萬不似)861)ᄒᆞᆯ믈 모로지 아니딕, 망측(罔測)ᄒᆞᆫ862) 질녀의 젼졍(前程)이나 영화로오믈 ᄇᆞ라ᄂᆞᆫ 고로, 셩 의 쾌허ᄅᆞᆯ 어드니, 심즁의 혜오딕, 이놈의 말이 비록 장녀의 다란 쳐쳡을 엇기로 미리 우루나863), 내 질ᄋᆞᄅᆞᆯ 취ᄒᆞ여 집에 도라온 후, 내 죽지 아닌 젼 쳐쳡을 어룻기도864)

---

855)부셔(夫壻) : 남편.

856)즛마아다 : 짓마다. 짓이기다시피 잘게 부스러뜨리다. 흠씬 두들기다.

857)하쥐슉완(河洲淑婉) : 강물 모래톱 가운데 있는 어여쁜 숙녀라는 뜻으로 주(周)나라 문왕(文王)의 비(妃) 인 태사(太姒)를 말한다. 문왕과 태사 부부의 사랑을 노래한 『시경』〈관저(關雎)〉장의 "관관저구 재하 지주 요조숙녀 군자호뎌(關關雎鳩 在河.之洲 窈窕淑女 君子好逑)"의 '하주(河洲)'·'숙녀(淑女)'에서 온말.

858)불일(不一) : 한결같이 고르지 아니함.

859)혜다 : 생각하다.

860)납빙일(納聘日) : 전통혼례에서 신랑 집에서 신부 집에 납폐(納幣)의 예를 행하는 날. *납폐; 혼인할 때 에, 사주단자의 교환이 끝난 후 정혼이 이루어진 증거로 신랑 집에서 신부 집으로 예물을 보냄. 또는 그 예물. 보통 밤에 푸른 비단과 붉은 비단을 혼서와 함께 함에 넣어 신부 집으로 보낸다. =납빙·납징·납 채

861)만만불ᄉᆞ(萬萬不似) : 전혀 격에 맞지 않음.

862)망측(罔測)ᄒᆞ다 : 정상적인 상태에서 어그러져 어이가 없거나 차마 보기가 어렵다.

못ᄒ게 ᄒ리니 그런 일은 미리 근심홀 ᄇᆡ 아니라. 혼녜나 밧ᄇᆡ 일우【14】고 다시 계교ᄅᆞᆯ 싱각ᄒ여, '봉난으로 옥의 쳐실을 삼으리라' ᄒ고, 잠간 노긔ᄅᆞᆯ 풀고, 성을 당부ᄒ왈,

"네 나ᄅᆞᆯ 되ᄒ여 녀가 셔랑 되기ᄅᆞᆯ 말ᄒ여시니, 네 아비 아모리 괴망(怪妄)이 구러도 다란 ᄯᅳᆺ을 두지 말나. 너의 허락을 인ᄒ여 여부(汝父)ᄅᆞᆯ 샤(赦)ᄒ리라."

공ᄌᆡ 빈샤(拜謝)ᄒ고 부친을 붓드러 셔헌(書軒)의 드러와 약을 입에 드리워 구호ᄒ니, ᄀᆞ장 오릭 후 공이 숨을 늬쉬고 눈을 ᄯᅥ ᄌᆞ녀ᄅᆞᆯ 보되, 굿ᄐᆞ여 말이 업스니, 쇼싱 등이 함누 왈,

"쇼ᄌᆞ 등이 더ᄃᆡ와 대인의 위틱ᄒ시미 여ᄎᆞᄒ시니 경【15】황망극(驚惶罔極)865)ᄒ도소이다."

공이 탄식 왈,

"이곳이 비록 즁헌(中軒)이나 친붕졔우(親朋諸友)는 통치 아니코 드러오ᄂᆞ니, 녀ᄋᆞᄂᆞᆫ 모로미 드러가라."

쇼졔 부친의 졍신 출히시믈 보나 샹쳬 대단ᄒ니, 심신이 비월(飛越)ᄒ고 구곡(九曲)866)이 촌단(寸斷)867)ᄒ나 마지 못ᄒ여 드러가니, 공이 녀ᄋᆞ의 혼녜ᄅᆞᆯ 슈히 못지닐가 근심이 만복ᄒ더니, 슌이 조모의 발검(拔劍)ᄒ던 말ᄉᆞᆷ과 성이 녀시 취ᄒ믈 결단ᄒ여시믈 고ᄒ니, 공이 놀나 칙왈(責曰),

"네 아비 엇지 굿ᄐᆞ여 ᄌᆞ의(慈意)ᄅᆞᆯ 역(逆)고져 ᄒ리오마는, 녀가 규슈 고이ᄒ 병【16】인일 ᄲᅮᆫ 아냐, 녀방이 길ᄒ 사ᄅᆞᆷ이 아니니, 내 졀노 더브러 친옹이 되고져 ᄯᅳᆺ이 업거ᄂᆞᆯ, 네 엇지 인눈대ᄉᆞ(人倫大事)868)ᄅᆞᆯ 소리히869) 결단ᄒ뇨?"

공ᄌᆡ 되왈,

"ᄋᆞ히 엇지 녀방의 길치 아님과 긔녀의 망측ᄒ 병인인 줄 모로리잇고마는, 대모의 거죄 여ᄎᆞ여ᄎᆞ ᄒ시니 결연이 긋칠 ᄇᆡ 업고, ᄉᆞ긔(事機) 요란치 아냐 슌히 녀시ᄅᆞᆯ 취ᄒ오미 도로혀 냥칙(良策)이라. 대인 몸의 일분 편ᄒ시믈 계교ᄒ오미니, 녀방이 아모리 불길ᄒ여도 길흉화복(吉凶禍福)이 다 텬뎡(天定)ᄒ ᄇᆡ오니, 현마870) 엇더【17】ᄒ오리잇가?"

공이 ᄋᆞ즈의 말이 올흐믈 ᄭᆡ다라, 녀ᄋᆞ의 혼ᄉᆞᄅᆞᆯ 무ᄉᆞ히 지늬지 못홀가 우려ᄒ더라.

---

863)우루다 : 으르다. 상대편이 겁을 먹도록 무서운 말이나 행동으로 위협하다.
864)어릿기다 : 어른거리다. 물이나 거울에 비친 그림자가 자꾸 크게 흔들리다.
865)경황망극(驚惶罔極) : 놀라고 두렵기가 한이 없음.
866)구곡(九曲) : 구곡간장(九曲肝腸). 굽이굽이 서린 창자라는 뜻으로, 깊은 마음속 또는 시름이 쌓인 마음속을 비유적으로 이르는 말.
867)촌단(寸斷) : 여러 토막으로 끊어짐.
868)인눈대ᄉᆞ(人倫大事) : 인륜의 대사란 뜻으로 '혼인'을 말함.
869)소리히 : 소홀히, 허술하게.
870)현마 : 설마. 그럴 리는 없겠지만. 부정적인 추측을 강조할 때 쓴다.

ᄎ시 진궁의셔 셩닌 공ᄌ 길긔를 뇌뎡(牢定)ᄒ여, 납빙일이 갓가오니, 태부인○[이] 화파를 불너 월하 등 졔소져를 닉여 뵈고, '소소져의 아름다오미 월하 등과 엇더ᄒᆫ고?' 무른듸,

화패 올흔 디로 고ᄒ여 왈,

"쳔비의 소견이 무ᄉᆞᆷ 아는 거시 이시리잇고마는, 비록 귀궁 ᄋᆞ소져 등의셔 낫든 못ᄒ시나, 호발(毫髮)도 쩌질 바는 업ᄉᆞ니, 길일에 보시면 쳔비 허언 아니믈 알아 【18】 시리이다."

태부인이 대열(大悅)ᄒ고, 조・뉴 이부인이 ᄯᅩ흔 희열ᄒ더라.

힝빙일의 진왕이 뎡비긔 빙(聘)ᄒᆞ엿던 명쥬일빵(明珠一雙)으로써 빙물을 삼을ᄉᆡ, 태부인이 소왈,

"쳔승국군의 장ᄌᆡ 니부뎐관의 녀ᄋᆞ로 뎡혼ᄒ여 힝빙ᄒᄆᆡ 남이 다 빙물(聘物)이 장(壯)ᄒᆫ 줄노 알거늘, 다만 명쥬 일빵으로 ᄒ니 엇지 부귀를 뜰 곳이 이시리오."

진왕이 소이디왈,

"ᄎ 명쥬 일빵은 텬궁(天宮)의 당연ᄒᆫ 긔뵈(奇寶)니, 인셰 보믈이 아니오니, 부운 ᄀᆞᆺ튼 부귀를 밋어 사치를 즐겨 망신지화(亡身之禍)【19】를 취ᄒ리잇고?"

호람휘 맛당ᄒᆞ믈 닐쿳고, 이의 혼셔와 명쥬를 소부의 보닉고 길긔(吉期)를 기다리더라.

ᄎ시 소니뷔, 녀부인긔 독장(毒杖)을 밧든지 오륙일의 능히 긔거(起居)를 못ᄒ더니, 윤부빙물을 밧으니 두굿기믈 니긔지 못ᄒᆞ야, 녀ᄋᆞ의 시녀 빙낭으로 ᄒᆞ야 소져의 방에 두라 ᄒ고, 엷프시 수월이 되니, 쳘부인이 본부로셔 도라와 공의 듕상ᄒᆞ믈 넘녀ᄒ고, 셜・오 냥식뷔 엄구의 봉변ᄒᆞ믈 듯고, ᄯᅩ흔 놀나 구가로 도라오니라.

ᄎ시 녀부인이 소공을 즛두려 【20】 분을 풀고 녀급ᄉᆞ를 쳥ᄒ니, 급ᄉᆞ 녀방은 녀부인 데남이오, 시랑은 녀슉이니, 부인 취시로 더브러 화락ᄒ여 일ᄌᆞ이녀를 싱ᄒ니, 일ᄌᆞ는 발셔 취쳐ᄒ고, 아리로 냥녀 다 도요지년(桃夭之年)871)이로듸, 장녀 화뎡이 두역(痘疫)872)을 험히ᄒ여 일목이 폐밍(廢盲)ᄒ고, 좌각(左脚)과 좌비(左臂) 불일(不一)ᄒ여 긔괴ᄒᆫ 병인이 되어시나, 그 ᄆᆞᆷ이 음일(淫佚)873)ᄒ고 셩되(性度) 흉험(凶險)ᄒ며, 년긔 십삼의 발셔 음욕이 조동(早動)ᄒ여 브듸 탁셰(濁世)의 결츌흔 옥인군ᄌ()玉人君子를 마ᄌ런노라 ᄒ니, 녀방의 넘치로도 졔 ᄯᆯ【21】의 흉상병인(凶狀病人)이믈 볼적마다 근심ᄒ여, 가셔(佳婿) 갈힐 ᄯᅳᆺ이 업고, ᄎ녀 슈뎡은 년긔 십셰니, 녀급ᄉᆞ 부인이 십년 젼에 그 표슉 무음왕을 보고 부즁으로 도라오는 길이 맛춤 모든 죄인을 닉여 쳐참ᄒᄂᆞᆫ 곳이라, 기시(其時)의 졔왕비 윤시 흔번 격고등문(擊鼓登聞)874)ᄒᄆᆡ, 뎡・진 이

---

871)도요지년(桃夭之年) : 처녀가 나이로 보아 시집가기에 알맞은 나이. *도요(桃夭); 복숭아꽃의 요염한 자태.

872)두역(痘疫) : 천연두.

873)음일(淫佚) : 매우 음란하고 방탕함.

문의 화룰 두루혀[875] 복을 삼고, 상이 죄자(罪者)룰 벌ᄒ시고 공자(功者)룰 상(賞)ᄒ실
시, 신묘랑 요리룰 쳐참ᄒᄂᆫ지라, 녀급ᄉ 부인이 우연이 교즁(轎中)의셔 잠간 그 버히
믈 보ᄆᆡ 심신이 경악ᄒ더니, 기야의 일【22】몽을 어드니 쇼릭 닐곱 가진 금빗 ᄀᆞᆺ튼
녀이[876] 못에 피룰 흘니고 바로 취부인 금니 ᄉ이로 들며, 비읍(悲泣) 왈,

"내 셰연(世緣)이 ᄎ 진치 아냣ᄂᆫ 거슬 즈레 셰상을 바리ᄆᆡ, 원혼이 의지ᄒᆞᆯ 곳을 못
어더 ᄒ더니, 부인이 나의 죽으믈 차악히 넉일식, 믄득 감격ᄒ고 ᄯᅩ 부인긔 인연이 업
지 아니니, 복즁을 비러 부인의 ᄯᆞᆯ이 되여 다시 셰상의 나, 윤·뎡 냥문의 흔을 풀고
져 ᄒᄂᆡ이다."

취시 대경(大驚)ᄒ니, 그 녀이 변ᄒ여 졀염미녀(絶艶美女) 되니, 취시 그 연고룰 뭇
고【23】져 ᄒ더니, 놀나 ᄭᆡ치ᄆᆡ 침상일몽(寢牀一夢)[877]이라. ᄆᆞ음의 고이ᄒ믈 니긔지
못ᄒ더니 과연 그 ᄃᆞᆯ브터 잉틱ᄒ여 십삭 만에 ᄯᆞᆯ을 나ᄒ믹, 용뫼 졀셰ᄒ고 만시 춍이
(聰異)[878]ᄒ여 수삼셰(數三歲)[879]로브터 남다란 ᄌᆡ풍(才風)이 잇더니, 십셰의 밋ᄎᆞᄆᆡ
녀공지ᄉ(女工之事)와 문장필법(文章筆法)이 사ᄅᆞᆷ이 밋지 못ᄒ고, 지족다모(知足多
謨)[880]ᄒ여 능히 그른 것 ᄭᅮ미기룰 잘ᄒ니, 녀급시 귀둥ᄒ미 보옥 ᄀᆞᆺ투여, 화뎡 병인
(病人)을 취가(娶嫁)ᄒᆞᆫ 후ᄂᆞ, 슈뎡의 혼ᄉᄂᆞ 왕공후빅(王公侯伯)의 지녀여도 근심이 업
다【24】ᄒ더니, 미져(妹姐)의 쳥ᄒ므로 조ᄎ 소부의 니ᄅᆞᄆᆡ, 녀부인 왈,

"내 화뎡을 위ᄒ여 그 빅우룰 근심ᄒ더니, 이제 손ᄋ 셩으로써 동상을 삼고, 화뎡을
내 겻히 두고 이시리니, 현데ᄂᆞ ᄯᆞᆯ니 도라가 길일을 퇴ᄒ여 보ᄂᆡ라."

녀방이 쳔만 ᄯᅳᆺ밧게 ᄎᆞ언을 드르ᄆᆡ 만심환열(滿心歡悅)ᄒ여 빅샤 왈,

"져졔(姐姐) 불초녀룰 위ᄒ여 심녀(心慮)룰 허비ᄒ시고, 소셩의 신션 ᄀᆞᆺ튼 풍치 문
장으로써 화뎡 병인을 ᄲᅡ지으니, 셕ᄉ(夕死)라도 무흔(無恨)[881]이로소이다."

녀시 흔연ᄒ니, 급시 즉시 부즁의 도라가 길【25】월냥신(吉月良辰)[882]을 퇴ᄒ니
겨유 수슌(數旬)이 격(隔)ᄒᆞᆫ지라. 밧비 소부의 보ᄒ니 소공이 불힝이 넉이나 마지 못
ᄒ여 혼슈룰 출혀 길일에 소공지 뉵녜(六禮)[883]룰 ᄀᆞᆺ초아 녀시룰 마즈올식, 소공이 상

---

874) 격고등문(擊鼓登聞) : 등문고(登聞鼓)룰 울려 임금께 직접 억울한 사정을 아룀. *등문고; 조선 시대에,
　　임금이 백성의 억울한 사정을 듣기 위하여 매달아 놓았던 북. 태종 원년(1401)에 처음으로 두었다가 이
　　후 '신문고'로 이름을 고쳤다.
875) 두루혀다 : 돌이키다.
876) 녀이 : 여우.
877) 침상일몽(寢牀一夢) : 잠을 자면서 잠깐 꾼 꿈.
878) 춍이(聰異) : 총명하고 기이(奇異)함.
879) 수삼셰(數三歲) ; 두서너 살의 나이.
880) 지족다모(知足多謨) : 지혜가 넉넉하고 꾀가 많음.
881) 셕ᄉ(夕死) 무흔(無恨) : 저녁에 죽는다고 해도 여한(餘恨)이 없다.
882) 길월냥신(吉月良辰) : 운수가 좋은 달과 날.
883) 뉵녜(六禮) : 우리나라에서 전통적으로 내려오는 혼인의 여섯 가지 예법. 납채, 문명(問名), 납길, 납폐,
　　청기(請期), 친영을 이른다

쳬 낫지 못ᄒᄃᆡ 브득이 니러나 모젼의 사죄ᄒᆞ니라.

소공지 녀시ᄅᆞᆯ 마ᄌ 부즁의 도라와 합환(合歡)884)·교ᄇᆡ(交拜)885)ᄒᆞ니, 신낭의 션풍옥골(仙風玉骨)과 신부의 박면흉물(薄面凶物)이 소양불모(宵壤不侔)886)ᄒᆞ니, 졔긱이 일견(一見)의 대경추악(大驚且愕)ᄒᆞ여 신낭을 앗기믈 마지 아니ᄒᆞ더라.

녜파(禮罷)의 신낭이 번신(翻身)ᄒᆞ여 나아가고, 【26】신뷔 구고존당(舅姑尊堂)의 폐ᄇᆡᆨ(幣帛)887)을 올닐시, 녀부인이 년망(連忙)이 그 손을 잡고 등을 어ᄅᆞ만져 두굿기고888) 무ᄋᆡ(撫愛) 왈,

"노인이 질녀로ᄡᅥ 손ᄋᆞ의 비필을 삼으니, 스졍(私情)의 든든홈만 아니라, 질녀의 외뫼 남만 ᄀᆞᆺ지 못ᄒᆞ나 만복(萬福)이 겸젼(兼全)ᄒᆞ니, 셩이 안히 덕을 조ᄎᆞ 영귀ᄒᆞ리라."

졔긱이 녀부인 말을 더욱 고이히 넉이나, 남의 말ᄒᆞ기 브졀업셔 맛당ᄒᆞ믈 닐ᄏᆞ라니, 소츄밀 셩환이 분연 통히ᄒᆞ여 믄득 닝소 왈,

"셩은 녀시 아니라도 용화문필(容華文筆)이 츌뉴(出類)ᄒᆞ니 조달영귀(早達榮貴)ᄒᆞ려니 【27】 와 금일 신부ᄅᆞᆯ 보니 복녹은 엇더ᄒᆞᆫ지 모로거니와, 냥목(兩目)이 셩ᄒᆞ고889) 비각(臂脚)890)이 예스로와도 그 외뫼 ᄉᆞ랑홉지 아니니, 셩으로 비(比)ᄒᆞᄆᆡ 긔린(麒麟)과 쟉츄(鵲雛)891)만도 못ᄒᆞ니, 날ᄀᆞᆺ치 취ᄉᆡᆨ경덕(取色輕德)ᄒᆞᄂᆞᆫ 무리ᄂᆞᆫ 비위 거스려 참지 못ᄒᆞᄂᆞ니, 슉뫼 ᄎᆞ혼을 엇지 일우게 ᄒᆞ시니잇고?"

녀시 츄밀을 괴로이 넉이고, 원근 친쳑이 만당(滿堂)ᄒᆞᆫ 바의 져의 흉흔 셩식을 발ᄒᆞ미 불가ᄒᆞᆫ 고로, 션우음892)ᄒᆞ여 왈,

"현질은 과격ᄒᆞᆫ말 말나. 녀ᄌᆞ의 ᄉᆡᆨ은 말(末)기어니와893) 나ᄂᆞᆫ 그 복녹지샹(福祿之相)을 알아 셩의 비우 【28】 ᄅᆞᆯ 삼앗ᄂᆞ니, 녜브터 가국흥망(家國興亡)이 녀ᄌᆞ의게 달녓ᄂᆞ니, 나ᄂᆞᆫ 셜·오 냥ᄉᆡᆨ부의 용ᄉᆡᆨ(容色) 지뫼(才謀) 각별 복되지 아니므로, 셩의게 다ᄃᆞ라ᄂᆞᆫ 밍광(孟光)894)의 안ᄉᆡᆨ과 덕을 구ᄒᆞ미라."

언필에 소니뷔 모친의 말ᄉᆞᆷ이 ᄀᆞ장 스리의 당연ᄒᆞ시믈 깃거 소왈,

---

884)합환(合歡) : 전통 혼례식에서 신랑 신부가 혼인을 맹세하는 뜻으로 서로 술잔을 주고받아 마시는 의식. =합근(合巹).
885)교ᄇᆡ(交拜) : 교배례(交拜禮). 전통혼례에서 신랑신부가 서로에게 절을 하고 받는 의식.
886)소양블모(宵壤不侔) : 하늘과 땅처럼 큰 차이가 있음.
887)폐ᄇᆡᆨ(幣帛) : 신부가 처음으로 시부모를 뵐 때 큰절을 하고 올리는 물건. 또는 그런 일. 주로 대추나 포 따위를 올린다.
888)두굿기다 : 대견해하다. 자랑스러워하다. 흐뭇해하다. 기뻐하다.
889)셩ᄒᆞ다 : ①물건이 본디 모습대로 멀쩡하다. ②몸에 병이나 탈이 없다.
890)비각(臂脚) : 팔과 다리.
891)쟉츄(鵲雛) : 까치와 병아리.
892)션우음 : 선웃음. 우습지도 않은데 꾸며서 웃는 웃음.
893)말(末)기어니와 : 말(末)이어니와.
894)밍광(孟光) : 후한 때 사람 양홍(梁鴻)의 처. 추녀였으나 남편의 뜻을 잘 섬겨 현처로 이름이 알려졌고, 고사 거안제미(擧案齊眉)로 유명하다.

"종뎨(從弟)의 말은 진졍이 아니라 희언(戲言)이어니와, ᄌᆞ위 말ᄉᆞᆷ이 ᄌᆞ손으로 ᄒᆞ야금 명심(銘心)ᄒᆞᆯ 셩교(聖敎)니, 셩이 본ᄃᆡ 취ᄉᆡᆨ(取色)ᄒᆞᄂᆞᆫ ᄋᆞᄒᆡ 아니니, 안해 불미(不美)ᄒᆞ나 염박(厭薄)ᄒᆞ믄 업ᄉᆞ려니와, 셜현부와 오소부ᄂᆞᆫ ᄉᆡᆨ덕(色德)이 ᄀᆞ즌[895] ᄋᆞᄒᆡ라. 각각 가부(家夫)의셔 나은 위인 【29】 이니, ᄌᆞᄉᆡᆨ(姿色)의 해ᄂᆞᆫ 업ᄉᆞ리이다."

츄밀은 결증(潔症)이 잇ᄂᆞᆫ 고로, 그 흉상을 ᄃᆡ치 못ᄒᆞ여 몬져 니러나고, 졔ᄀᆡᆨ이 ᄎᆞᄎᆞ 도라가니, 소니뷔 심니의 불힝ᄒᆞ믈 니긔지 못ᄒᆞ나, 임의 혜아린 ᄇᆡ라. 불호지ᄉᆡᆨ(不好之色)을 아니코, 신부 슉소ᄅᆞᆯ 뎡ᄒᆞ여 보ᄂᆡ고, 즉시 외헌의 나와 셩을 불너 탄식 왈,

"네 아비 너 알미 삼ᄌᆞ 가온ᄃᆡ 웃듬으로, 특이ᄒᆞᆫ 슉녀ᄅᆞᆯ ᄐᆡᆨᄒᆞ여 너의 ᄌᆡ풍을 져바리지 말고져 ᄒᆞ더니, 너의 쳐궁(妻宮)이 무상(無狀)ᄒᆞ여 신뷔 차악(嗟愕)ᄒᆞᆫ 흉상이니 엇지 ᄋᆡᄃᆞᆲ지 아니리오마ᄂᆞᆫ, 【30】 일이 이의 밋ᄎᆞᆫ 후ᄂᆞᆫ ᄒᆞᆯ일업ᄉᆞ니, 네 모로미 신부ᄅᆞᆯ 알아 ᄃᆡ졉ᄒᆞ고, 금일도 신방을 ᄇᆡ오지 말나."

공ᄌᆞ 화연(和然) ᄃᆡ왈,

"ᄋᆞᄒᆡ 젼일 고ᄒᆞᆫ 말ᄉᆞᆷ이 잇ᄉᆞᆸᄂᆞ니, 져 흉상 병인의 유뮈 관긴(關緊)치 아니ᄒᆞ오니, 아직 변(變)이나 업게 ᄒᆞ리이다."

공이 졈두ᄒᆞ더라.

ᄎᆞ야의 공ᄌᆞ 신방의 드러가 녀시ᄅᆞᆯ ᄃᆡᄒᆞᄆᆡ, 과연 그 흉상()凶狀 누질(陋質)이 만고일인(萬古一人)이라, 년소 남ᄌᆞ 분ᄒᆞ고 놀날 ᄇᆡ로ᄃᆡ, 심지 굉원(宏遠)ᄒᆞ여 깁흔 쥬의 잇ᄂᆞᆫ 고로, 각별 염고(厭苦)ᄒᆞᆫ ᄉᆞᄉᆡᆨ을 아니코 신방의 드러가 묵연 졍좌러 【31】 니, 이윽고 신부의 눕기ᄅᆞᆯ 닐ᄋᆞ고 종용히 쟈리의 나아가니, 이ᄢᆡ 녀소졔 소ᄉᆡᆼ의 옥안영풍(玉顔英風)을 흠모ᄒᆞ여 밧비 부부지락을 일우고져 ᄒᆞ다가, 혼ᄌᆞ 자믈 보고 욕심을 참지 못ᄒᆞ여, 문득 몸을 움즉여 ᄉᆡᆼ의 겻ᄒᆡ 나아가, 함소 왈,

"부부ᄂᆞᆫ 오륜(五倫)[896]의 처엄이오, 만복(萬福)의 근원이라. 군ᄌᆞ 비록 년소ᄒᆞ나 오히려 슉셩(夙成)ᄒᆞ거ᄂᆞᆯ, 엇지 이ᄃᆡ도록 슈졸(守拙)[897]ᄒᆞ고 암약(闇弱)ᄒᆞ야 남의 집 못 ᄃᆡᄒᆞᆯ 부녀ᄀᆞᆺ치 각침각와(各寢各臥)ᄒᆞᄂᆞ뇨? 남ᄌᆞ 탐쥬호ᄉᆡᆨ(貪酒好色)ᄒᆞ믄 불가ᄒᆞ거니와, ᄂᆞᆨ녜(六禮)로 마ᄌᆞᆫ 졍실 【32】 이야 엇지 운우지락(雲雨之樂)[898]을 펴지 못ᄒᆞ리오."

언필에 의상을 탈(脫)ᄒᆞ고 ᄒᆞᆫ가지로 눕고져 ᄒᆞ니, 공ᄌᆞ 져의 여ᄎᆞ 거동을 ᄒᆡ연(駭然) 대경(大驚)ᄒᆞ여 분연이 ᄎᆞ더지고 밧그로 ᄂᆡ닷고 시븐 ᄯᅳᆺ이 불 ᄀᆞᆺᄐᆞ나, 조모의 노기ᄅᆞᆯ 두려 참고 '호호' 박소(拍笑) 왈,

---

895)가ᄌᆞ다 : 갖추다. 가지런하다.

896)오륜(五倫) : 유학에서, 사람이 지켜야 할 다섯 가지 도리. 부자유친, 군신유의, 부부유별, 장유유서, 붕우유신을 이른다

897)슈졸(守拙) : 어리석음을 벗어나지 못하고 우직한 태도를 고집하여 본성을 고치지 않음.

898)운우지락(雲雨之樂) : 구름과 비를 만나는 즐거움이라는 뜻으로, 남녀의 정교(情交)를 이르는 말. 중국 초나라의 회왕(懷王)이 꿈속에서 어떤 부인과 잠자리를 같이했는데, 그 부인이 떠나면서 자기는 아침에는 구름이 되고 저녁에는 비가 되어 양대(陽臺) 아래에 있겠다고 했다는 고사에서 유래한다.

"학싱은 년소(年少) 미거(未擧)899)ᄒᆞ여 부부지락(夫婦之樂)과 음양지니(陰陽之理)를 아지 못ᄒᆞᄂᆞ니, 엇더ᄒᆞ면 운우지낙이며 엇더ᄒᆞ면 만복지원(萬福之原)900)인고? 일긔(日氣) 훈열(薰熱)ᄒᆞ고 실즁(室中)이 옹쇠(壅塞)ᄒᆞ니 먼니 눕고져 ᄒᆞ더니, 그ᄃᆡᄂᆞ 더운 줄 모로ᄂᆞᆫ도다."

언파의 션즈(扇子)를 드러 몸을 붓【33】치며 웃기를 마지 아니니, 녀소져의 망측ᄒᆞᆫ 음심(淫心)으로도 소싱이 아직 부부호합(夫婦互合)을 모로므로 알고 져를 믜워ᄒᆞᄂᆞᆫ 줄은 몰나, ᄀᆞ장 낙막(落寞)ᄒᆞ여 오릭 묵연(黙然)ᄒᆞ다가 왈,

"나ᄂᆞᆫ 십삼 츙년(沖年)이로ᄃᆡ 셰졍(世情) 알기ᄂᆞᆫ 군ᄌᆞ ᄀᆞᆺ지 아닌 고로 군ᄌᆞ의 겻ᄒᆡ 셔 자고져 ᄒᆞ더니, 군진 쓸ᄃᆡ 업슨 키만 자라고 인ᄉᆞ(人士)901)ᄂᆞᆫ 될 날이 머러시니 한심ᄒᆞ도다."

공지 듯ᄂᆞᆫ 말마다 통히ᄒᆞ나, 우어902) 왈,

"혼ᄌᆞ 쟈미 휘휘홀진ᄃᆡ903) 내 겻ᄒᆡ셔 자라."

녀소졔 추언을 듯고 깃거 쾌히 벗고 싱의 겻ᄒᆡ 브ᄃᆡ쳐 【34】 누으니, 싱이 괴롭고 슬ᄒᆞ나, ᄉᆞ쇠지 아니코 즉시 잠드ᄂᆞᆫ 쳬ᄒᆞ고 다시 말을 아니코 코 고으니904), 녀소졔 그 졍욕 모로ᄂᆞᆫ 줄 이둘니 녁여, 더러온 몸을 가져 소싱의 셜부옥골(雪膚玉骨)의 다혀 쁏겨기며905) 손으로 두로 만져 음악ᄒᆞᆫ 졍이 무궁ᄒᆞᄃᆡ, 싱이 자ᄂᆞᆫ 쳬ᄒᆞ고 겨유 참아 계명(鷄鳴)을 응ᄒᆞ여 신셩(晨省)ᄒᆞ라 드러가니, 녀소졔 홀 일 업서 ᄯᅩ한 니러나 녀부인과 존고긔 신셩ᄒᆞ니라.

싱이 신방 왕ᄂᆡ를 ᄌᆞ로 ᄒᆞ나, 소져의 폴 우희 쥬표(朱表)906) 완연ᄒᆞ니 녀부인이 싱을 불너 박쳐(薄妻)ᄒᆞᆫ【35】다 ᄒᆞ니, 싱이 흔연히 웃고 나히 찬 후 부부지락을 일우므로써 ᄃᆡᄒᆞ니, 부인이 홀 말이 업서 오직 수히 화동(和同)ᄒᆞ여 ᄌᆞ녀를 두라 ᄒᆞ더라.

ᄎᆞ시 시랑 녀슉이 병든 질녀ᄂᆞᆫ 소싱의 비위되ᄃᆡ, 졔의 셩ᄒᆞᆫ ᄋᆞ들은 소니부의 동상 되기를 ᄇᆞ라지 못ᄒᆞ여, 소공 부지 나간 ᄯᅢ를 타 소부의 와 져져를 보고 죵용히 말ᄉᆞᆷ

---

899) 미거(未擧) : 철이 없고 사리에 어둡다..

900) 만복지원(萬福之原) : 세상 모든 복의 근원은 부부에서 비롯된다는 말. 『童蒙先習(동몽선습)』〈夫婦有別(부부유별)〉조의 "夫婦 二姓之合, 生民之始 萬福之原(부부는 두 성씨의 결합이요, 백성을 낳는 시초이며, 세상 모든 복의 근원이다)"에 나온다.

901) 인ᄉᆞ(人士) : ((흔히 부정적인 말과 함께 쓰여)) (예스러운 표현으로) '사람'을 낮잡아 이르는 말.

902) 우어 : 웃으며. *우으다 : 웃다. 우습다.

903) 휘휘ᄒᆞ다 : 무서운 느낌이 들 정도로 고요하고 쓸쓸하다.

904) 고으다 : 골다. 잠잘 때 거친 숨결이 콧구멍을 울려 드르렁거리는 소리를 내다

905) 쁏겨기다 : 집적이다. 말이나 행동으로 남을 건드려 성가시게 하다.

906) 쥬표(朱表) : 앵혈. 중국의 '수궁사(守宮砂)'를 한국고소설에서 창작적으로 변용하여 쓴 서사도구의 하나. 도마뱀의 피에 주사(朱砂)를 섞어 만든 것으로, 이것을 팔에 한번 찍어 놓으면 성관계를 맺기 전까지는 절대로 없어지지 않는 속설 때문에, 고소설에서 여성의 동정(童貞)이나 신분(身分)의 표지(標識) 또는 남녀의 순결 확인, 부부의 합궁여부 판단 등의 사건 서사에 다양하게 활용되고 있다. 앵혈・주표(朱標)・비홍(臂紅)・홍점(紅點)・주점(朱點)・앵홍・앵점 등 여러 다른 말로도 쓰이고 있다.

홀시, 문득 분연 왈,

"져제 화뎡의 뎐졍은 넘녀ᄒᆞ샤 소셩 ᄀᆞ튼 옥인군ᄌᆞ(玉人君子)로써 ᄡᅡᆼ을 일우시고, ○○[엇지] 소뎨의 ᄋᆞᄌᆞ 옥은 소문환의 동【36】상 삼기ᄅᆞᆯ 도모치 아니시니잇고?"

녀부인이 믄득 분연 왈,

"현뎨ᄂᆞᆫ 나의 질ᄌᆞ 위ᄒᆞᆫ 뜻을 모로고 ᄆᆞᄋᆞᆷ의 업슨 말을 ᄒᆞᄂᆞᆫ도다. 내 봉난으로써 옥의 비우ᄅᆞᆯ 삼지 못홀가 듀야 초ᄉᆞ(焦思)907)ᄒᆞᄂᆞ니, 문환이 봉난의 친ᄉᆞᄅᆞᆯ 윤가의 뎡ᄒᆞ고, 나ᄅᆞᆯ 긔여 닐ᄋᆞ지 아니타가, 납빙일이 다ᄃᆞ라미 윤광텬으로 면약뇌뎡(面約牢定)ᄒᆞᄆᆞᆯ 닐ᄋᆞ고 빙ᄎᆡ(聘采)ᄅᆞᆯ 밧으니, 이제ᄂᆞᆫ 쳔인이 권ᄒᆞ고 만인이 다리여도 윤혼(尹婚)908)을 물니칠 길히 업ᄂᆞᆫ지라. ᄒᆞᄆᆞᆯ며 문환이 셩닌을 어더 기ᄅᆞ던 날【37】브터 동상을 유의ᄒᆞᆫ 비니, 쟝ᄎᆞᆺ 무삼 계교로써 봉난을 옥의게 도라 보ᄂᆡ리오."

녀슉의 불인(不人)909)은 승어기ᄆᆡ(勝於其妹)910)라. 이의 ᄀᆞ마니 부인 귀에 다혀 왈,

"소문환과 윤광텬의 뜻이 그러ᄒᆞᆫ 후ᄂᆞᆫ 적은 계교와 ᄀᆞ만ᄒᆞᆫ 의ᄉᆞ로 혼인을 물니칠 도리 업ᄉᆞ니, 소뎨 녀ᄋᆞ와 ᄋᆞᄌᆞᄅᆞᆯ ᄒᆞᆫ 뎡 속의 너허 보ᄂᆡ리니, 져제 다만 녀ᄋᆞ만 왓다 ᄒᆞ시고, ᄋᆞᄌᆞᄂᆞᆫ 져져 협실의 감초왓다가, 야반(夜半)을 당ᄒᆞ여 여ᄎᆞ여ᄎᆞ 소시 자는 곳에 드려 보ᄂᆡ면 옥이 능히 ᄒᆞᆫ 녀ᄌᆞᄂᆞᆫ 다리여 슈즁물(手中物)911)【38】을 삼으리니, 비록 윤가 빙ᄎᆡ 이시나, 옥이 몬져 친(親)ᄒᆞ면 혼ᄉᆞ 엇지 그릇되지 아니리오. 소문환이 윤가의 금셕(金石) ᄀᆞ치 뇌뎡(牢定)ᄒᆞ여시나, ᄌᆞ연 옥으로써 동상을 삼으리니, 져져ᄂᆞᆫ ᄎᆞ계(此計)ᄅᆞᆯ 밧비 힝ᄒᆞ소셔."

녀부인이 텽파의 대희ᄒᆞ여 왈,

"현뎨의 계괴 묘ᄒᆞ거니와 번거히 질녀와 오미 브졀업ᄉᆞ니, 내 뜻은 옥으로써 ᄒᆞᆫ별 녀복을 닙혀 야반의 보ᄂᆡ면 계교ᄅᆞᆯ 일우리라."

녀슉이 대희ᄒᆞ여 도라가니, 원ᄂᆡ 녀슉의 쳐 김시의게 일ᄌᆞ 옥과 일녀 혜뎡을 두【39】어시니, 옥의 년이 십ᄉᆞ의 풍치와 문쟝이 츌뉴ᄒᆞ니, 녀슉이 ᄉᆞ랑ᄒᆞ여 혼쳐ᄅᆞᆯ 듯보더니912), 소소져의 긔특ᄒᆞᄆᆞᆯ 듯고 외람ᄒᆞᆫ 의ᄉᆞ 니러나 힝계코져 ᄒᆞ더니, 녀부인의 말노조ᄎᆞ 집의 도라와 옥을 불너 ᄎᆞ언을 닐ᄋᆞ고 승혼(乘昏)913)ᄒᆞ야 변복(變服)ᄒᆞ고 소부로 가라 ᄒᆞ니, 옥이 환희ᄒᆞ여 즐거온 흥을 닉긔지 못ᄒᆞ여 술을 과음(過飮)ᄒᆞ고 곽긔(霍氣)914) 급ᄒᆞ여 통셩(痛聲)이 진동ᄒᆞ니, 녀슉 부쳬 불승경황(不勝驚惶)ᄒᆞ여 약물노 구호ᄒᆞᄃᆡ 조금도 낫지 아니니, 시랑이 졀민ᄒᆞ여 쳔【40】방(千方)으로 치료ᄒᆞᄃᆡ 효험

---

907)초ᄉᆞ(焦思) : 애를 태우며 생각함.
908)윤혼(尹婚) : 윤부(尹府)와의 혼인.
909)불인(不人) : 사람답지 못함.
910)승어기ᄆᆡ(勝於其妹) : 그 누이보다도 더하다.
911)슈즁물(手中物) : 손 안에 든 물건.
912)듯보다 : 알아보다. 살펴보다.
913)승혼(乘昏) : 해 질 무렵의 어둑어둑한 때를 이용함.
914)곽긔(霍氣) : 곽란(霍亂). 음식이 체하여 토하고 설사하는 급성 위장병.

이 업고, 여러날 미류ᄒ여 낫지 못ᄒ니, 옥이 고통 즁 소소져의 혼긔 박두ᄒᄆ를 착급ᄒ여 병을 강잉ᄒ고 겨유 긔거ᄒᄆᆡ, 녀부인긔 갈 ᄯᆇ을 통ᄒ고 승혼ᄒ여 소부 상하 졔인이 다 좀든 후, ᄀᆞ마니 담을 넘어 취환의 힝각으로 드러가니, 취환은 녀부인 ᄆᆞ음을 모로ᄂᆞᆫ 비 업스므로, ᄀᆞ장 깃거 즉시 붓드러 안해 드러가니, 태부인이 기다리다가 희소 왈,

"어인 곽긔 그리 지리ᄒ여 이제 니ᄅᆞᄂᆞ뇨?"

옥이 ᄃᆡ왈,

"수일 지915)야 나은 고로 오【41】니이다."

부인 왈,

"내 금일 ᄯᅩ 흔 쇠룰 싱각ᄒ엿ᄂᆞ니, 내 혼ᄌᆞ 자기 어려오믈 닐ᄏ라 봉난으로ᄡᅥ 내 방으로 옴길 거시니, 네 협실의 잇다가 여ᄎᆞ여ᄎᆞ ᄒ면, 봉난이 죽지 아닌즉 네말을 조ᄎᆞ리라."

옥이 대열 왈,

"ᄎᆞ계 심묘(甚妙)ᄒ오나, 소질이 몬져 소시의 곳의 드러가 시녀 즁에 섯겻다가 일을 일우고져 ᄒᄂᆞ니, 소시의 쳐소룰 ᄀᆞᄅᆞ치소셔."

부인의 취환으로 ᄒᆞ야금 치란각을 ᄀᆞᄅᆞ치니라.

이ᄯᅦ 소소져 봉난이 조모의 흉심을 넘녀ᄒ고 불의지변(不意之變)을 근심ᄒ【42】여 《장심∥장신(藏身)》ᄒᄆ를 더옥 엄히홀 ᄲᅮᆫ아냐, 신긔로온 총명과 남다란 혜아리미 안즈셔 만니룰 ᄉᆞᄆᆺᄂᆞᆫ지라916). 심복 시ᄋᆞ 빙낭은 화파의 녜라. 위인이 튱직ᄒ고 ᄌᆞᄉᆡᆨ과 총명이 겸비ᄒᆞᆫ지라. 소뎨 ᄀᆞ마니 빙낭을 명ᄒ여 밤이면 문압마다 함졍을 ᄑᆞ이니, 빙낭이 영필과 동복(同腹)으로 년이 십삼셰의 용녁이 졀인ᄒᆞᆫ 고로, 소져의 명을 밧아 싸흘 깁히 ᄑᆞ고 분즙(糞汁)을 부은 후 ᄲᅥᆨ은 남그로 우흘덥고 흙을 ᄭᅵ쳐두니, 사ᄅᆞᆷ이 무심히 밟은즉 ᄲᅡ지미 반닷【43】ᄒ더라.

ᄎᆞ일도 소뎨 빙낭으로 더브러 야심토록 녜긔(禮記)룰 솗히니, 빙낭 등이 편히 누우시믈 쳥ᄒᆞᆫᄃᆡ, 소뎨 왈,

"내 심시 불안ᄒ고 좀이 업스니 여등도 아직 자지 말나."

빙낭이 소왈,

"소뎨 요ᄉᆞ이 근심을 만히 ᄒ시ᄂᆞ이다."

소뎨 부답ᄒ고 고요히 누엇더니, 이윽고 문압 함졍의셔 덜헉ᄒᄂᆞᆫ 소리나며,

"사ᄅᆞᆷ 살오라!"

ᄒ니, 빙낭이 대경ᄒ여 소져긔 고왈,

"도적이 함졍의 ᄲᅡ지니이다."

---

915)지 : 째. '차례'의 뜻을 더하는 접미사.
916)ᄉᆞᄆᆺ다 : 사무치다. 깊이 스며들거나 멀리까지 미치다.

소제 발셔 짐작고 왈,

"외당은 머러 고치 못ᄒ리니, 거거 등이 닉당의 슉침【44】ᄒ시니 고ᄒ라."

빙낭이 동뉴ᄅᆞᆯ 씌고져 ᄒᆞᆯ 제, 태부인이 시녀로 촉을 잡히고 급히 드러오니, 빙낭이 ᄀᆞ마니 소져긔 고ᄒᆞᆫ딕, 소제 왈,

"거거ᄅᆞᆯ 쳥치 말고 그 도적이 뉜고, 보라."

빙낭 왈,

"태부인이 오시다 도적을 다ᄉᆞ리지 말나 ᄒᆞ시리잇가?"

ᄒᆞ고, 나아가니라.

ᄎᆞ시 녀옥은 압셔고 취환은 뒤흘 조촛더니, 옥이 큰문을 당ᄒᆞ며 믄득 함정의 ᄲᅡ지ᄆᆡ 분즙이 일신의 ᄂᆞ리ᄲᅱ여 칠규(七竅)[917]로 드러가니 숨이 막히ᄂᆞᆫ지라. 취환이 대경실식ᄒᆞ여 급히 녀부인긔 고ᄒᆞ니, 부【45】인이 경희(驚駭)ᄒᆞ여 즉시 황무진을 브르고 치란각으로 오더니, 빙낭을 보고 문왈,

"네 어딕로 가ᄂᆞ뇨?"

빙낭 왈,

"도적이 함정의 ᄲᅡ졋ᄂᆞᆫ 고로 노야긔 고ᄒᆞ라 가ᄂᆞ이다."

녀부인 왈,

"내 앗가 갓온 시녀ᄅᆞᆯ 네 소져긔 보닉엿더니, 발이 닉지 못ᄒᆞ야 셤의 낙성ᄒᆞᆫ가 넉엿더니, 어인 연고로 분즙(糞汁)을 담아부어 흉ᄒᆞᆫ 함정을 민단고? 이ᄂᆞᆫ 도적이 아니니 어즈러이 구지 말나."

ᄒᆞ고 황무진을 지촉ᄒᆞ여 함정의 든 시으ᄅᆞᆯ 상치 아니케 건지라 ᄒᆞ니, 무진은 녀공지믈【46】아ᄂᆞᆫ고로 극녁ᄒᆞ야 건질시, 굿ᄐᆞ여 크게 상튼 아니나, 허리가 믜고 좌비(左臂) 브러지게 되엿거늘 분즙은 일신의 ᄀᆞ득ᄒᆞ니, 녀부인이 이를 보ᄆᆡ 통히ᄒᆞᆷ를 니긔지 못ᄒᆞ딕, 오히려 죽든 아니믈 다힝ᄒᆞ여 취환을 맛져 밧게 닉여가 구호ᄒᆞ라 ᄒᆞ고, 방즁의 드러가 소져ᄅᆞᆯ 보니, 소제 조모 흉심을 짐작ᄒᆞ나 화연이 긔이영지ᄒᆞ니, 부인 왈,

"내 금야에 줌이 업ᄉᆞᄆᆞ로 너ᄅᆞᆯ 불너 고셔(古書)ᄅᆞᆯ 닑히고져 ᄒᆞ여, 갓온 시녀ᄅᆞᆯ 보닉여 너ᄅᆞᆯ 불넛더니, 싱각밧 고이ᄒᆞᆫ 함정의 ᄲᅡ져 인명이 상ᄒᆞᆯ【47】번 ᄒᆞ니, 그런 놀나온 일이 어딕 이시리오. 모로미 네 침구ᄅᆞᆯ 옴겨 내 방으로 가게 ᄒᆞ라."

소제 조모 말슴을 드르ᄆᆡ 심골이 경한(驚寒)ᄒᆞ여,

"ᄌᆞ긔ᄅᆞᆯ 급히 다려가 무슴 흉계의 너허 괴롭게 ○○[ᄒᆞ랴] ᄒᆞᄂᆞᆫ고?"

졀박히 슬흐딕, 됴흔 ᄂᆞᆾᄎᆞ로 가기ᄅᆞᆯ 닐ᄋᆞ니, 녀부인 왈,

"연즉 노모와 ᄒᆞᆫ가지로 가미 무방토다."

ᄒᆞ니, 소제 심즁의 탄식고, 즉시 조모ᄅᆞᆯ ᄯᆞ라나오며 빙낭으로 ᄒᆞ야금 침금을 가져오

---

917)칠규(七竅) : 사람의 얼굴에 있는 일곱 개의 구멍. 귀 · 눈 · 코 각 두 개와 입 하나를 말함.

라 ᄒᆞ니, 녀부인이 봉난의 승슌(承順)ᄒᆞᆷ믈 ᄀᆞ장 깃거, 다리고 광슈뎐으로 드러오니, 이 곳은 극열(極熱)의 피셔(避暑)ᄒᆞᄂᆞᆫ 당이라.

녀【48】부인이 옥을 위ᄒᆞ여 슉소ᄂᆞᆫ 바리고 이곳의 올무니, 원ᄂᆡ 이 광슈뎐은 쳘부인 부친 쳘각뇌 지은 비니, 소뷔 녯날 쳘부로셔 셔랑을 준 집이라. 광슈뎐 일우기 젼에 원즁(園中)의 큰 못시 이셔, 슈근(水根)이 남셔강을 통ᄒᆞ여시므로, ᄆᆡ양 소션(小船)을 ᄭᅴ오더니, 쳘각뇌 물 가온ᄃᆡ 돌흘 무워918) 넙은 터흘 민들고, 돌 우희 광슈뎐을 짓고, ᄉᆞ면으로 물을 네곳치 두ᄃᆡ, 물 우흐로 다리를 노하 외뎐과 ᄂᆡ루를 두로 통ᄒᆞ나 실족ᄒᆞᆫ즉 닉슈지화(溺水之禍)919)를 보ᄂᆞᆫ 고로, 소공이 풍경을 ᄉᆞ랑ᄒᆞ나 【49】 광슈뎐이 마ᄎᆞᆷ내 위퇴ᄒᆞᆷ믈 깃거 아니터라.

녀부인이 봉난소져를 어ᄅᆞ만져 평ᄉᆡᆼ 처엄으로 ᄉᆞ랑ᄒᆞ며, ᄀᆞ마니 소찰(小札)노 옥의게 통ᄒᆞ여 더러온 몸을 됴히 벗고 새옷슬 ᄀᆞ라 닙은 후 명일 져므로록 됴리ᄒᆞ야 밤에 드러오라 ᄒᆞ니라. 녀부인이 ᄉᆡᆼ각ᄒᆞᄃᆡ,

소졔 혹ᄌᆞ 눈칙를 알가 ᄒᆞ여, 짐즛 ᄌᆞ긔 의상 두어 벌과 빅능(白綾)920)의 수(繡)노흘 거슬 소져와 빙낭을 주어 ᄌᆞ긔 협실의셔 종일 침션(針線)케 ᄒᆞ니, 노쥬 셔로 도라보고 의심이 ᄀᆞ득ᄒᆞ나 버서날 길이 【50】 업더니, 신셩 ᄭᅵ 소공이 모친긔 문왈,

"봉난이 엇지 ᄌᆞ뎡 침뎐의셔 밤을 지닉닉잇고?"

부인이 변식 왈,

"내 비록 불인ᄒᆞ나 ᄉᆞ갈(蛇蝎)이 아니어늘 그리 슈상이 뭇ᄂᆞ뇨?"

공이 사죄 왈,

"ᄒᆡ이 슈불쵸(雖不肖)나 ᄋᆞ히 장신(藏身)ᄒᆞᆷ미 이상ᄒᆞ더니, 침소를 써나시므로 뭇ᄌᆞ오미로소이다."

셩이 고왈,

"누의 젼일은 존당의 시침(侍寢)ᄒᆞ올지라도, 근간은 제 쳐소의 편히 이셔 쉬게 ᄒᆞᆷ미 올ᄒᆞ니이다."

녀부인이 노왈,

"너희부ᄌᆞᄂᆞᆫ 날 알기를 싀호(豺狐)ᄀᆞ치 넉여 사ᄅᆞᆷ을 잡아먹ᄂᆞᆫ가 ᄒᆞ엿거니와, 【51】 내 일즉 초목곤츙(草木昆蟲)의도 못홀 노라슬 아녓ᄂᆞ니, 모로미 흉흔 의심을 닉지 말나."

공지 뎡파의 그으기 의아ᄒᆞ고 념녀ᄒᆞ나 묵연ᄒᆞ더라.

녀옥이 함졍의 ᄲᅡ져 분즙을 ᄂᆞ리쓰고 허리 믜고 풀이 상ᄒᆞ여시나, 슉모의 소찰을 보ᄆᆡ 즐거오미 무궁ᄒᆞ여, 취환의 힝각의셔 더러온 옷슬 벗고 방을 덥게 ᄒᆞ여 누어 날이 어둡기만 기다리더니, 임의 밤이 되ᄆᆡ 취환의게 붓들녀 광슈뎐으로 드러가니, 소졔

---

918)무으다 : 쌓다. 만들다.
919)닉슈지화(溺水之禍) : 물에 빠져 죽는 액화.
920)빅능(白綾) : 흰 비단.

빙낭으로 더브러 침션의 골몰ᄒ더니, 밤이 깁【52】흔 후 녀부인이 촉을 붉히고 소져를 나오라 ᄒ니, 소제 조모의 겻히 나아가고져 ᄯᅳ시 업서, 느죽이 ᄃᆡ왈,

"협실이 족히 소녀 노쥬의 밤을 지닐 만ᄒ니 이곳의셔 밤을 지닉고져 ᄒᆞᄂᆡ이다."

녀부인이 즐왈,

"내 너ᄅᆞᆯ 다려오미 상하(床下)의셔 ᄌᆞ오고져 ᄒ미어늘, 엇지 굿티여 협실을 직희리오. 요괴로온 고집을 닉지말고 이리 나아오라."

소제 즉시 침션을 거두워 가지고 조모 겻히 나아오니, 오ᄅᆡ지 아냐 취환이 흔 시ᄋᆞ를 쳥상(廳上)의 올니며 녀부인긔 고왈,

"함【53】졍의 ᄲᅢ졋던 ᄋᆞ히ᄅᆞᆯ 소비 져므도록 구호ᄒᄃᆡ 허리와 풀흘 ᄡᅳ지 못ᄒ니, 이런 줄이나 보시게 다려왓ᄂᆞ이다."

태부인 왈,

"져의 익회 고이ᄒ여 더러온 굴헝의 ᄯᅥ러지니 죽지 아니미 다힝흔지라. 네 힝각의 미양 둘 거시 《나니니∥아니니》 이의 두고 나아가라."

취환이 녀옥을 방의 드러가 이시라 ᄒ고, 져는 즉시 나아가니, 녀옥이 완연이 드러오니 소졔 조모 겻히셔 녀옥을 잠간 보건ᄃᆡ, 비록 인가쳥의(人家靑衣)[921]의 복식을 ᄒ여시나, 안졍(眼睛)의 음참(淫僭)흔 빗치 ᄀᆞ득ᄒ여시니, 녀가 가【54】온ᄃᆡ도 흔치 아닌 용식이라. 소져의 조심경안광(照心鏡眼光)[922]으로써, 엇지 녀옥 홍인의 남화위녀(男化爲女)[923]ᄒ여시믈 모ᄅᆞ리오. 일견의 만심경희(滿心驚駭)ᄒ여 급히 협실노 드러가니, 태부인이 그 ᄆᆞᄋᆞᆷ을 녹이고져 소왈,

"닉외란 거시 곡졀이 잇ᄂᆞ니, 규녜 아니 볼 사ᄅᆞᆷ을 넓이 보ᄂᆞᆫ 거시 가치 아니나, 엇지 가즁시ᄋᆞ(家中侍兒)ᄅᆞᆯ 닉외ᄒ리오."

소졔 묵연불어(黙然不語)[924]ᄒ니, 녀옥이 소져ᄅᆞᆯ 일실지닉(一室之內)의 ᄌᆞ시 볼가 ᄒ엿다가, 급히 피ᄒᄆᆞ로 용화ᄂᆞᆫ 창졸의 아지 못ᄒᄃᆡ, 신장이 표연ᄒ고 톄지 한아(閑雅)ᄒ여 ᄂᆞᆫ다시 【55】 피ᄒ니, 녀옥이 져의 본 바 처엄이라. 념치(廉恥) 인ᄉ(人事)ᄅᆞᆯ 모로고 협실노 ᄯᆞ라가고져 흔즉, 소제 발셔 문을 안흐로 거럿ᄂᆞᆫ지라. 녀부인이 질ᄋᆞ의 황홀이 넉이ᄂᆞᆫ 거동과 소제의 굿이 피ᄒᄆᆞᆯ 보믹, 계교ᄅᆞᆯ 일우기 어려온지라. 이의 녀옥을 잠간 믈너서라 ᄒ고, ᄌᆞ긔 친히 협실문을 다릭여 소져ᄅᆞᆯ 나오라 ᄒ여, 가즁 시녀ᄅᆞᆯ 닉외ᄒ미 만만 고이ᄒ믈 닐오ᄃᆡ, 소제 죽기ᄅᆞᆯ 그음ᄒ여 협실 문을 여지 아니니, 부인이 온가지로 다릭여 문을 열나 ᄒᄃᆡ, 소제 【56】 못드름ᄀᆞᆺ치 ᄃᆡ답도 아니니, 녀옥이 ᄀᆞ마니 슉모의 귀에 다혀 왈,

---

921)인가쳥의(人家靑衣) : 남의 집 종. 쳥의(靑衣); '푸른 빛깔의 옷'이란 뜻으로, 천한 사람을 이르는 말. 예전에 천한 사람이 푸른 옷을 입었던 데서 유래한다.

922)조심경안광(照心鏡眼光) : 속마음까지를 비춰보는 눈빛.

923)남화위녀(男化爲女) ; 남자가 여장(女裝)을 함.

924)묵연불어(黙然不語) : 묵묵히 말이 없음.

"그 녀지 발셔 소질을 의심ᄒ여 녀인이 아닌 줄 알오미, 원간 함뎡을 ᄑ 두엇다가 소질을 ᄲᅡ지게 ᄒ미니, 슉뫼 여ᄎ여ᄎ 위엄으로 져히시고925), 소질이 의법(依法)히 건복(巾服)926)을 착ᄒ고, 소져ᄅᆞᆯ 바로 겁박ᄒ면 어린 녀지 두리고 겁ᄒ여 일언을 못ᄒ리이다."

녀부인이 즉시 ᄒ 벌 남의ᄅᆞᆯ 주니, 옥이 밧아가지고 장외로 나아가니, 빙낭이 급히 소공과 쳘부인긔 고코져 쳥사(廳舍)로 ᄂᆞ리니, 녀부인이 친히 ᄯᅡ라【57】 나와 ᄒ 소리ᄅᆞᆯ 질ᄋᆞ고 힘을 다ᄒ여 빙낭을 셤아릭 밀치니, 능히 ᄲᅱ여 나지 못ᄒ고 속졀업시 남강으로 향ᄒ니, 녀부인이 슈고ᄅᆞᆯ 허비치 아냐 빙낭을 업시ᄒ고 드러와, 옥다려 왈,

"이제는 셩픽간(成敗間) 죵용히 두지 못ᄒ게 되어시니, 협실문을 허러바리고 봉난을 쓰어닉여 너ᄅᆞᆯ 맛지리라."

언파의 슉질이 쇠방픽ᄅᆞᆯ 드러, 협실문을 울히미927) 산산이 바아지ᄂᆞᆫ지라. 소제 ᄎ시ᄅᆞᆯ 당ᄒ여 몸에 ᄂᆞᆯ개 업고 손에 촌쳘(寸鐵)이 업시니 참욕(慙辱)을 버서날 길히 업ᄂᆞᆫ지라.【58】이의 ᄆᆞ음을 굿이 잡아 소리ᄅᆞᆯ 놉혀 왈,

"명텬(明天)이 됴림(照臨)ᄒ시고《시명 ‖ 신명(神明)》이 지방(在傍)ᄒ여 션악을 술히거늘, 엇던 역츄적지(逆酋賊者) 우리 대모(大母)의 셩덕을 ᄀᆞ리오고, 남녜 지엄ᄒᄆᆞᆯ 아지 못ᄒ여 규각(閨閣)의 돌입ᄒᄂᆞᆫ고? 내 비록 일개 소녀지(小女子)나 오히려 흉적ᄒ나흔 졔어ᄒ올 만ᄒ니, 네 아모커나 갓가이 나아오라."

ᄒ니, 녀옥이 처엄은 갓가이 달녀들고져 ᄒ다가 그 긔상이 밍녈ᄒᄆᆞᆯ 보미, 숑연(悚然)ᄒ 의식 니러나 졈즉이928) 물너나니, 부인이 소져의 거동을 보고 그윽이 어려이 넉【59】일ᄲᅮᆫ 아니라, 녀옥다려 욕ᄒᄆᆞᆯ 대로ᄒ여, 드리다라 소져ᄅᆞᆯ 어즈러이 두다리며 머리ᄅᆞᆯ 잡아닉니, ᄎ시 소제 죽을 ᄯᅳᆺ이 살 ᄀᆞᆺ고 살 ᄯᅳᆺ이 일호도 업ᄉᆞᄃᆡ, 부모의 슬픈 졍ᄉᆞᄅᆞᆯ 혜아려 급히 다리ᄅᆞᆯ 건너 모친 침소로 가고져 ᄒ더니, 녀옥이 몬져 다리 압히 가 길흘 막으니, 소제 ᄒᆞᆯ일업서 ᄒ 번 물 아릭 ᄭᅥ러지미, ᄎ시 즁츄(中秋) 초순이라. 빅월(白月)이 파사(婆娑)929)ᄒ여 원근(遠近)을 붉히더니, 소제 낙슈(落水)930)ᄒ며, 홀연 광풍이 대작(大作)ᄒ고 슈운(愁雲)이 ᄉᆞ식(四塞)ᄒ더라.

녀부인과 옥【60】이 급히 소져ᄅᆞᆯ 붓들녀 ᄒ다가, 엷풋 ᄉᆞ이의 슈즁(水中)의 ᄲᅥ러져 남강으로 향ᄒ니, 녀옥이 망극통졀(罔極痛切)ᄒ여 소리질너 울고져 ᄒ니, 녀부인이 말녀 왈,

925)져히다 : 위협하다.
926)건복(巾服) : 늑옷갓. 남복(男服). 웃옷과 갓을 아울러 이르는 말. 흔히 예전에 남자가 정식으로 갖추던 옷차림을 이른다.
927)울히다 : 울리다. 울리도록 치다. *울리다; 땅이나 건물 따위가 외부의 힘이나 소리로 떨리다.
928)졈즉이 : 겸연쩍게. 멋쩍게. 어색하게
929)파사(婆娑) : 너울거림. *너울거리다; 물결이나 불빛, 늘어진 천 따위가 부드럽고 느릿하게 자꾸 굽이져 움직이다.
930)낙슈(落水) : 물에 떨어짐.

"문환이 제 똘이 물에 싸져죽으미 네 탓시믈 알진딕, 원슈롤 갑고 말니니, 모로미 계명의 똘니 도라가라."

ᄒ더니, 이윽 후 옥을 본부로 보닉고, 시녀롤 명ᄒ여 쳘부인 침뎐의 가 여ᄎ여ᄎ ᄒ라 ᄒ니, 시녜 즉시 쳘부인 침뎐의 가, 소져와 빙낭을 ᄎ즈니, 쳘부인이 대경 왈,

"녀이 존고롤 뫼셔 밤【61】을 지닉거놀, 엇지 여긔와 ᄎᆺᄂᆞ뇨?"

시녜 딕왈,

"소제 태부인긔 잇더니, 밤에 부인 침뎐의 와 계시다 ᄒ시더이다."

쳘부인이 의심이 동ᄒ여 급히 여러 곳을 다 숣히고, 광슈뎐의 드러가 녀부인긔 문왈,

"봉난이 작야의 존고롤 시침ᄒ더니 어딕 가니잇고?"

녀부인이 홀 말이 업서 두루다혀931) 왈,

"밤에 그딕 봉난을 브른다 ᄒ고 자다가 갓거놀, 그딕 엇지 뭇ᄂᆞ뇨?"

정언간에 공이 드러와 모친긔 문침(問寢)932)ᄒ더니, 소싱 등이 드러와 누의 간곳이 업스믈 고ᄒ딕, 【62】공이 텽파의 대경 변쇡ᄒ고, 쳘부인이 옥뉘(玉淚) 방방ᄒ여 왈,

"쳡이 밤의 녀ᄋᆞ롤 브른 일이 업고, 봉난의 ᄌᆞ최 쳡의 곳에 니른 빅 업스니, 엇지 져의 거쳐룰 알니잇고?"

녀부인이 대로 왈,

"요괴로온 년이 제 똘을 밤에 불너다가 곰초고 날다려 ᄎᆞᄌᆞᄂᆞ라 ᄒ니, 이런 변이 어딕 이시리오. 이제로 봉난을 ᄎᆞᄌᆞ오면 무ᄉᆞᄒᆞ려니와 불연즉, 너롤 즛마아933) 분을 풀니라."

공이 삼ᄌᆞ롤 도라보아 왈,

"녀이 ᄌᆞ위긔 시침치 아냐도 다란 당샤의ᄂᆞᆫ 이실 둣ᄒᆞ딕, 이제 형영(形影)이 업【63】스니, 노쥐 일야지간의 죽지 아냐신죽, 실셩(失性)ᄒ여 집을 ᄶᅥ나미니 두로 어더보려니와, 내 미양 광슈뎐 셤 아릭 물이 위퇴ᄒᆞ믈 근심ᄒᆞ던 빅니, 너히 등이 ᄌᆞ시 숣혀보라."

녀부인이 고셩 왈,

"작야의 쳘녜 봉난을 다려다가 깁히 곰초고 노모의 탓슬 삼으려ᄒᆞ니, 엇지 극악지 아니리오."

ᄒᆞ며, 거동이 흉참ᄒᆞ니, 소싱 등이 읍간 왈,

"누의 일야지간의 업스오니, 부모동긔간 참연비졀(慘然悲絶)ᄒᆞ미 예ᄉᆞ어놀, 대뫼 엇지 고이ᄒᆞᆫ 의심을 두시ᄂᆞ니잇고?"

---

931) 두루다히다 : 둘러대다. 그럴듯한 말로 꾸며 대다.
932) 문침(問寢) : '침수(寢睡; 잠)를 묻는다'는 뜻으로, 아침에 웃어른께 밤새 잠을 편히 주무셨는지를 여쭙는 일.
933) 즛마아다 : 짓마다. 짓이기다시피 잘게 부스러뜨리다.

ᄒ니, 녀부인이 대로ᄒ야 금【64】쳑(金尺)을 드러 쳘부인과 삼소(三蘇)를 무수히 두다리ᄃᆡ, 쳘부인이 일언을 불기(不開)ᄒ고 공슌이 마ᄌᆞ니, 녀시 ᄒᆞᆫ바탕 치다가 기운이 싀진(澌盡)ᄒᆞ여 믈너서며 무수히 욕ᄆᆡᄒᆞ더라.

소공이 모친의 흉심을 혜아리ᄆᆡ 녀ᄋᆞ를 반다시 믈속 에 너치 아냐시면, 아조 죽여 업시ᄒᆞ여실 ᄃᆞᆺᄒᆞᆫ 고로, 시신이나 ᄎᆞᆺ고져 ᄒᆞ여 몸을 ᄂᆞ려 광슈뎐 셤 아ᄅᆡ로브터 두로 어더보ᄃᆡ, 발셔 남강으로 흘너가시니 그림ᄌᆞ도 업ᄂᆞᆫ지라. 공이 이의 녕니(怜悧)ᄒᆞᆫ 가뎡(家丁)과 소슌·소영을 명ᄒᆞ여 남(南)·셔(西) 두 강으로 ᄂᆡ다【65】라 녀ᄋᆞ의 시신이나 ᄎᆞᆺ즈 보라 ᄒᆞ고, ᄌᆞ긔ᄂᆞᆫ 셔지의 누어시나, ᄌᆞ연 흐르ᄂᆞᆫ 눈믈이 ᄉᆞ ᄆᆡ를 적시더니, 소셩이 부젼의 고왈,

“소지 금일노브터 집을 ᄯᅥ나 미져의 ᄌᆞ최를 심방(尋訪)ᄒᆞ오리니, 대인은 누의 실산(失散)ᄒᆞ믈 윤가의 통ᄒᆞ소셔.”

공이 탄왈,

“슌과 녕이 남·셔 두 강의 가시니, 혹ᄌᆞ 시신이나 ᄎᆞᄌᆞ면 다ᄒᆡᆼᄒᆞ리니, 그 죽으믈 ᄌᆞ시 알고 명일 윤가의 통ᄒᆞ리니, 너ᄂᆞᆫ 아직 믈너시라.”

셩이 ᄂᆡ루의 드러가 모친을 위로ᄒᆞ더라.

이ᄯᆡ 윤부의셔 창닌 등 졔공ᄌᆡ 그 ᄉᆞ부 우쳐ᄉᆞ 셥을 【66】조ᄎᆞ 남강의 션유(船遊)ᄒᆞᆯᄉᆡ, 셩닌공ᄌᆡ 우쳐ᄉᆞ의 도학을 경모ᄒᆞ고 위인을 흠복ᄒᆞ므로, ᄌᆞ긔도 ᄒᆞᆫ가지로 가고져 ᄒᆞ여 존당부모긔 고ᄒᆞ고 미조ᄎᆞ 남강으로 향ᄒᆞ더니, 길히셔 쳘후를 만나 ᄒᆞᆫ가지로 남강의 ᄂᆡᄅᆞ니, 우쳐시 발셔 일녑ᄎᆡ션(一葉彩船)을 잡아 뎨ᄌᆞ 등으로 더브러 ᄇᆡ의 올으고져 ᄒᆞ다가, 쳘후의 오믈 반겨 ᄒᆞᆫ가지로 승션ᄒᆞᄆᆡ, 쳘공이 우쳐ᄉᆞ의 박졍ᄒᆞ믈 닐ᄋᆞ며 윤·하·뎡 삼부 졔공ᄌᆞ로 담화ᄒᆞ며, 우쳐ᄉᆞ로 시ᄉᆞ(詩辭)를 창화ᄒᆞᆯᄉᆡ 음쥬(飮酒)작시(作詩)ᄒᆞ며 흥을 【67】인ᄒᆞ여 쥬즁(舟中)의셔 밤을 지닐ᄉᆡ, ᄇᆡ를 져어 즁뉴(中流)ᄒᆞ여 옥소(玉簫)를 불며 현금(玄琴)934)을 희롱ᄒᆞᆯᄉᆡ, 우쳐ᄉᆞᄂᆞᆫ 대취ᄒᆞ여 조을고, 쳘후ᄂᆞᆫ 안ᄌᆞᆺ더니 믄득 믈 가온ᄃᆡ로 조ᄎᆞ 《ᄒᆞᆯ‖ᄒᆞᆫ》 줄 셔광(瑞光)이 니러나며 향풍(香風)이 욱욱(郁郁)935)ᄒᆞ더니, 션인이 소ᄅᆡ를 놉혀 왈,

“사름이 ᄯᅥᄂᆞ려오ᄃᆡ ᄇᆞ람으로 ᄒᆞ여 능히 건져닐 길히 업도다.”

쳘후와 윤·하·뎡 졔공ᄌᆡ 뎡파의 참연(慘然) 왈,

“인명이 지듕(至重)ᄒᆞ니 엇지 건지지 아닛ᄂᆞ뇨?”

션인이 ᄃᆡ왈,

“소인 등이 엇지 건지고져 아니리잇고마ᄂᆞᆫ ᄇᆡ를 밋쳐 【68】져을 길이 업서 졀민ᄒᆞ여이다.”

셩닌 공ᄌᆡ 일침국 어부를 ᄯᅡ라갈 ᄯᆡ의 ᄇᆡ젓기를 ᄇᆡ화 신긔ᄒᆞᄆᆡ 잇ᄂᆞᆫ 고로, 이의 션

---

934)현금(玄琴) : 거문고.
935)욱욱(郁郁) : 매우 향기로움.

창(船窓) 밧게 나와 친히 비룰 저으며, 브람결의 밀니여가는 사룸을 보니 아조 물에 잠기지 아냐, 무슴 널조각 우희 이셔 그 널닙936)히 둧기룰 살ヌ치 ᄒ여, 위틱ᄒ미 경ヌ의 죽을 둧ᄒ나, 오치 셔광이 널우히 찬난ᄒ거늘, 셩닌 공지 힘을 다ᄒ여 비룰 저어 그 널닙흘 ᄯ라가 원비(猿臂)룰 느리혀 널닙흘 밧드러 주셔 보미, ᄒ낫 홍상치【69】삼(紅裳彩衫)의 규쉴 쑨 아니라, 그 식광이 만고무비(萬古無比)ᄒ고 현난ᄒ 즁, 공지 소부의셔 자라나ᄃᆡ 수오셰브터 소소져룰 상견ᄒ미 업스므로, 소시의 얼골이 주셔치 못ᄒᄃᆡ, 오히려 소공과 쳘부인의 형용이 얇프시 소져 눗 우희 머므러시니, 짐작건ᄃᆡ 소소졔 아니면 이러치 아닐지라. 공지 주긔 손으로 구ᄒ미 그윽이 평안치 아녀, 년망(連忙)이937) 쳘공의 압히 널닙흘 노코 즉시 피ᄒ여 션창 밧그로 나오니, 창닌 등 졔공지 소공의 녀ᄌᆡᆫ줄 모로나 언연이 안ᄌ시미 불가ᄒ여 【70】ᄯ흔 일시의 션창밧그로 나올식, 우쳐시 잠을 씨여 셩닌이 규슈룰 건져닉믈 보고 ᄯ흔 션창으로 나오니, 쳘휘 윤싱이 널닙흘 주긔 압히 놋는 바의 그 사룸을 보미, 이 다라니 아니라 주긔 싱질녀(甥姪女) 소소져 봉난이라. 만심이 경희ᄒ고 신식이 변이(變異)ᄒ더니, 션인이 ᄯ 물의 ᄯᅥ오는 사룸이 잇다 ᄒ거늘, 쳘공이 밧비 닐ᄋᄃᆡ,

"ᄯᅥ오는 사룸을 건질진ᄃᆡ 각별 듕상(重賞)ᄒ리라."

션인 등이 응명ᄒ고 진녁ᄒ여 건져닉니, 이 믄득 인가소ᄎ환(人家小叉鬟)938)이라. 아조 인ᄉ룰 ᄇᆞ려시【71】니 죽으미 쉬온지라. 윤공지 션창 밧게 잇다가 션인이 건져닌 사룸을 보미, 엇지 소부 시ᄋ 빙낭을 아지 못ᄒ리오. 심니의 차악ᄒ여 소소져 노쥬의 닉슈지화(溺水之禍)룰 보미, 녀부인 작변(作變)인 줄 지긔(知機)ᄒᄃᆡ, 말을 아니터니, 영필이 공ᄌ룰 ᄯ라 이의 잇다가, 밧비 낭의 몸을 븟들고 통곡ᄒ니, 창닌 등 졔공지 놀나 문기고(問其故)939)ᄒᄃᆡ, 영필이 ᄃᆡ왈,

"이는 소복(小僕)의 누의니, 소부의셔 소져긔 ᄉ후(伺候)ᄒᆞ옵는 비러니, 무슨 연고로 닉슈지화룰 만나ᄂᆞᆫ지 능히 아지 못ᄒ리로【72】소이다."

우쳐시 텽파의 경동ᄒ여 낭즁의 약을 닉여주어 구호ᄒ라 ᄒ다.

쳘공이 놀난 심신(心身)을 뎡ᄒ여 봉난의 손을 잡고 닉슈ᄒ 연고룰 무란ᄃᆡ, 소졔 참아 녀부인의 악착흉험지ᄉ(齷齪凶險之事)940)룰 바로 고치 못ᄒ고, 함누(含淚) ᄃᆡ왈,

"소질의 익회 고이ᄒ여 광슈던 셤우히셔 실족(失足)ᄒ여 닉슈지변(溺水之變)을 만낫더니, 명완(命頑)ᄒ므로 외간 남ᄌ의 건져닉믈 당ᄒ니, 도로혀 죽음만 못ᄒ도소이다."

쳘휘 녀부인의 흉험ᄒᄆᆞᆯ 알거니, 엇지 소져의 말을 곳이 드르리【73】오. 쳘공이

---

936)널닙 : 널빤지. 판판하고 넓게 켠 나뭇조각. =나무판자 *널; =널빤지. =나무판자.
937)년망(連忙)이 : 바삐. 급히.
938)인가소ᄎ환(人家小叉鬟) : 일반 사람 집의 나이 어린 계집종. *차환(叉鬟); 주인을 가까이에서 모시는 젊은 계집종.
939)문기고(問其故) : 그 까닭을 물음.
940)악착흉험지ᄉ(齷齪凶險之事) : 매우 모질고 흉악한 일.

불열(不悅) 왈,

"ᄎᄂ 너의 조모의 작악(作惡)이라. 네 엇지 나를 그이려 ᄒᄂ뇨? 너의 복이 듯겁고 쉬(壽) 장원ᄒ여 남강의 일니여오ᄃ[941] 명믹을 보젼ᄒ여 빅년군ᄌ(百年君子)[942]의 건지믈 당ᄒ니 ᄎ역텬연(此亦天緣)이라. 무어시 붓그러오리오. 너는 ᄆᆞ음을 편히ᄒ여 놀난 바를 뎡(靜)ᄒ고 이시라."

언흘(言訖)에 션창 밧게 나와 우쳐수를 딕ᄒ여 셩닌의 건져닌 비 즈긔 싱질녀오, 소니부의 쓸이믈 닐을ᄉ, 소개(蘇家) 본ᄃ 남다란 변괴 즈쟈, 질녀의 닉슈지혜 ᄯ오흔 사름의 싱각지 못홀 【74】 비로ᄃ, 질녜 굿투여 닐ᄋ지 아니믈 젼ᄒ고, 영필을 불너 빙낭의 싱수를 무르니, 영필이 ᄃ왈,

"우상공의 주시던 약을 쓰니 싱되 잇ᄂ이다."

쳘공이 깃거 션인(船人)을 후상(厚賞)ᄒ고, 종용흔 곳을 어더 소져를 안신ᄒ며, 시녀를[로] 구호코져 ᄒ니, 창닌이 쳘후를 향ᄒ여 왈,

"소싱의 집 강뎡(江亭)이 이곳의셔 지근(至近)ᄒ오니, 소싱이 몬져 가 당샤를 소쇄ᄒ고 치교(彩轎)를 보닉리니, 합해(閤下) 소져를 다리시고 오시면, 소싱 등은 외루의셔 밤을 지닉고 명됴의 도라가고져 ᄒᄂ이다."【75】

쳘휘 손샤(遜辭)[943] 왈,

"녕종시(令從氏)[944]는 목숨을 살오고, 현계(賢契)는 안신(安身)홀 쳐소를 허ᄒ니, 일마다 감격ᄒ도다."

창닌이 불감ᄉ샤(不堪謝辭)ᄒ고, 션인을 명ᄒ여 '비를 사변(沙邊)의 다히라' ᄒ고, 강뎡의 드러가 닉외 당샤(堂舍)를 소쇄(掃灑)ᄒ고 치교를 보닉여시니, 쳘휘 우쳐수로 더브러 윤·하·뎡 졔공ᄌ를 거ᄂ려 몬져 비에 ᄂ리고, 치교의 소소져를 너코, 영필노 빙낭을 붓드러오라 ᄒ고, 치교를 호힝ᄒ여 강뎡으로 나아가니라. 【76】

---

941)일니여오다 : 흘러오다. 떠내려오다. *일니다; 흔들리다. *일다; 곡식이나 사금 따위를 그릇에 담아 물을 붓고 이리저리 흔들어서 쓸 것과 못 쓸 것을 가려내다.

942)빅년군ᄌ(百年君子) ; 백년해로(百年偕老)할 군자라는 뜻으로 남편을 말함.

943)손샤(遜辭) : 겸손하게 사양함. =손양(遜讓).

944)녕종시(令從氏) : 남의 사촌 형제를 높여 이르는 말.

# 윤하뎡삼문취록 권지구

초시 쳘공이 질녀의 치교를 호힝흐여 강뎡의 니르니, 창닌공지 시녀 등을 시겨 쵹(燭)을 드러 소져와 쳘공을 인도흐여 니당으로 드러가게 흐고, 즈긔는 우쳐스와 외실의셔 밤을 지닐식, 빙낭이 정신을 슈습흐여 소져를 보고 반기미 무궁흐니, 쳘공이 빙낭다려 닉슈(溺水)흔 연고를 무르니, 낭이 이의 녀부인 악스를 고홀식, 녀옥을 변복흐여 소져 침소의 드려보닉려 흐다가, 소져의 계교의 싸지미 되여 함졍의 【1】 써러지던 일노브터, 협실(夾室)의 숨엇다가 저는 소공 부부긔 고코져 나오더니, 녀부인의 밀치는 환(患)을 만나므로 그 후일은 아모란 줄 모로딕, 소졔 반다시 녀옥의 욕을 면코져 스스로 물에 들민 줄 고흐니, 쳘휘 듯는 말마다 분완흐여, 셔안을 밀치며 대민 왈,

"심의(甚矣)라945)! 녀가 흉녀는 어나 시졀의 틴벌(天罰)을 만나 분골쇄신(粉骨碎身)946)흐리오. 져 흉녀의 일명이 끗지 아닌 젼은 소형과 져져의 고상(苦狀)일 쑨 아니라, 가변이 층출흐리로다." 소졔 탄식 왈,

"우리 부모와 소질 【2】 등의 익회(厄會) 고이흐여 조모의 즈익를 엇지 못흐나, 이 굿트여 외인의 시비홀 빅 아니니, 슉부는 다시 닐ᄋ지 말으시고, 소질의 닉슈흐기는 광슈던 셤 아릭셔 실족흐여 그러흐민 줄 남이 알게 흐소셔."

쳘공이 다시 말을 아니코 빙낭을 당부흐여 소져를 편히 뫼셔 밤을 지닉라 흐고, 외당의 나와 빙낭의 고흐던 바를 일일히 젼흐니, 우쳐스와 윤·뎡·ᄒ 졔공지 녀시의 악착흐믈 통히(痛駭)히 넉이나, 남즈와 달나 녀즈의 허물이오, 소니부의 즈당(慈堂)이니, 뉘 시 【3】 비흐리오. 다만 소소져의 총명지혜와 닉슈투강(溺水投江)947)흐믈 저마다 아름답다 닐을 스록 녀시의 무상(無狀)흐믄 졀졀이 드러나니, 우쳐시 쳘후를 딕흐여 왈,

"녕질(슈姪)이 임의 스디를 버서나미 되어시니, 형이 쥬장흐여 이곳의셔 길녜(吉禮)를 지닉미 엇더흐뇨?"

쳘공 왈,

"형언이 졍합뎨의(正合弟意)948)로딕 소형의 남다른 고집과 지극흔 셩회 이시니, 엇

---

945)심의(甚矣)라 : 심(甚)하다. 정도가 지나치다.
946)분골쇄신(粉骨碎身) : ①뼈가 가루가 되고 몸이 부서지도록 정성을 다한다는 말. ②뼈가 가루가 되고 몸이 부서질 정도로 참혹하게 죽음.
947)닉슈투강(溺水投江) ; 강에 뛰어들어 물에 빠짐.

지 그쏠의 대례(大禮)949)롤 지니며 이곳의셔 ᄀ마니 녀부인을 모로게 셩혼ᄒ니 이시
리오. 명일이라도 소형과 의논ᄒ리라."

우【4】쳐시 그러히 넉이○[더]라.

명됴의 윤·하·뎡 졔공ᄌ는 ᄉ부를 뫼셔 운산으로 향ᄒ고, 쳘후는 잠간 이시니, 소
졔 고왈,

"소질의 닉슈지화(溺水之禍)를 부뫼 아득히 모로시니, 소질의 사라시믈 통ᄒ소셔."

쳘휘 즉시 노복을 명ᄒ여 소부의 가 고ᄒ라 ᄒ니, 노복이 소부로 향ᄒ더니, 길히셔
소이랑(蘇二郞)950)을 만나 소져의 사라난 바를 고ᄒ니, 소이랑이 대희ᄒ여 쌸니와 누
의를 볼ᄉᆡ, 일야지니의 망극ᄒᆫ ᄉ변(事變)을 지니여시ᄃᆡ, 옥안이 여젼ᄒ니 반갑고 환
희ᄒᆫᄃᆡ, 소졔 다만 부【5】모의 존후를 무를 ᄯᆞ름이니, 쳘휘 참지 못ᄒ여 헤츠고, 녀
시의 궁흉대악을 셜파ᄒ고, 윤공ᄌ의 긔특이 건져니믈 지삼 닐ᄏᆞ더니, 소슌이 강뎡의
니르러 남미 슉질이 되ᄒᆞ믹, 작야ᄉ(昨夜事)를 놀나며 사라나믈 깃거, 빙낭을 불너 광
슈뎐의셔 닉슈ᄒᆫ 곡졀을 무르니, 낭이 녀옥의 간흉과 녀부인의 작언(昨言)951)을 고ᄒ
니, 소슌이 츄악한심ᄒ여 묵연이러니 아을 도라보아 왈,

"현뎨는 이의 이셔 기다리라. 우형은 도라가노라."

ᄒ고, 즉시 본부【6】의 드러와 부젼(父前)의 미져(妹姐)의 사라시믈 고ᄒ니, 소공이
텽파의 환희ᄒ나 모친의 《픠덕악ᄉ는 ‖ 픠덕악싀》 사름의 싱각지 못홀 흉계 만흐믈
탄식ᄒ고, 셩닌의 건지믈 닐ᄏᆞ니,

소싱 왈,

"복원 되인은 셩녀(聖慮)를 편히 ᄒ시고 누의 길일을 님시(臨時)ᄒ여 드려와 길녜를
일우게 ᄒ소셔."

공이 올히넉여, 비로소 니루의 드러와 부인을 되ᄒᆞ여 쏠의 사라시믈 닐ᄋ고, 혼구
(婚具)를 졍졔(整齊)952)ᄒ여 길일의 셩녜홀 바를 의논홀ᄉᆡ, 부인 왈,

"존괴 녀ᄋ를 곱초고 니지 아닛는다 ᄒ시【7】는 바의, 우리 봉난의 사라시믈 드른
후도 즉시 고치 아니면, 길일의 다ᄃᆞ라 됴치 아닌 거죄 이실가 ᄒᆞᄂ이다."

공 왈,

"우리의 일인죽 녀ᄋ의 사라시믈 고ᄒᆞ는 거시 올흐ᄃᆡ, 녀옥 젹ᄌᆞ(賊者) 봉ᄋ의 살믈
알고 다시 병을 지은죽, 미처 방비치 못ᄒᆞ리니, 길일을 ᄒᆞ로만 격ᄒᆞ고 봉난을 다려와
ᄌᆞ뎡긔 그 사라나믈 고ᄒᆞ면, ᄌᆞ뎡이 비록 심홰(心火) 셩(盛)ᄒᆞ시나 친쳑이 만히 모드
면 히거(駭擧)를 간되로 못ᄒᆞ시리니, 부인은 과려치 말고 혼슈나 졍졔ᄒᆞ소셔."

---

948)졍합뎨의(正合弟意) : 나의 뜻과 똑같음.
949)대례(大禮) : =혼례(婚禮). =길례(吉禮).
950)소이랑(蘇二郞) :소시 삼형졔 중 둘째를 이르는 말. 곧 소슌·소영·소셩 중 소영을 말함.
951)작언(昨言) : 어제 했던 말.
952)졍졔(整齊) : 격식에 맞게 잘 갖추어 차림.

부인이 응슌(應順)ᄒ【8】더라.

소공이 강뎡의 가 녀ᄋ를 보고져 ᄒ나, 녀부인의 의심을 일월가 ᄒ여 길일이 ᄒ로 격ᄒ믈 기다려 치교를 보닉여 녀ᄋ를 다려오니, 쳘공이 ᄒᆫ가지로 니르럿ᄂᆫ지라. 소공이 녀ᄋ의 치교를 압세워 광슈뎐의 드러가미, 녀부인이 낫줌이 부야히러니953), 시녀 등이

"우리 소졔 사라오신다!"

짓거려 즐기ᄂᆫ 소릭의 놀나, 니러안즈미, 소녕이 쥬렴을 들고 소져의 나기를 지촉ᄒ니, 녀부인이 급문 왈,

"녕이 봉난을 어디 가 다려오ᄂᆫ다?"

{소}녕이 디왈, 【9】

"누의를 물가온디셔 겨유 ᄎᆞ즈 아조 죽어가ᄂᆫ 거슬 겨유 구하여 오니이다."

녀부인이 텽파의 신식(神色)954)이 츈지 ᄀᆞᆺᄐᆞ여 분ᄒ 가슴이 벌덕이더니, 소졔 교즁(轎中)으로조ᄎᆞ 나와, 조모 압히 비례ᄒ고 부모긔 비알 후, 함누(含淚) 고왈,

"소네 명되(命途) 고이ᄒ여 녀적(呂賊)의 참욕(慙辱)을 피코져 ᄒ미, 부모의 싱휵지은(生慉之恩)을 미처 싱각지 못ᄒ여, 물을 향ᄒ고 몸을 더지미 죽으미 반둣ᄒ더니, 일명이 지리ᄒ 연고로 강슈의 널닙955)을 의지ᄒ여 가읍더니, 거게 구ᄒ믈 닙어 노쥬(奴主) 사라 【10】 나미 이시디, 그 쩌 조모긔 목젼의 놀나온 경상을 뵈와 여러날 셩녀를 허비ᄒ시게 ᄒ오니, 불회 막대ᄒ도소이다."

소슌이 거줏 모로ᄂᆫ 체ᄒ고 왈,

"너의 녀적(呂賊)이란 말이 눌을 닐ᄋ미고? 우리 ᄒᆫ갓 너를 동긔(同氣)의 졍쑌 아니라, 대뫼 ᄌᆞ뎡을 의심ᄒ샤 금초고 아니닌다 칙ᄒ시니, 우리 초민졀박(焦悶切迫)ᄒ믈 니긔지 못ᄒ더니, 금일 쾌히 도라오니 모친의 원억ᄒ시믈 신빅(伸白)ᄒ리니, 너의 닉슈ᄒ던 곡졀을 ᄌᆞ시 닐ᄋ라."

빙낭이 소져의 디답을 기다리지 아냐, 계 【11】 하의셔 녀옥의 변복ᄒ여 드러왓던 바와, 함졍의 쌔졋던 일이며, 태부인이 져를 물에 밀치고, 소져의 빙상졀개(氷霜節介)를 희짓고져 ᄒ다가, 소졔 녀옥의 욕을 피ᄒ여 닉슈지ᄉᆞ(溺水之事)를 일일히 고ᄒ니, 소슌이 짐줏 굴오디,

"녀옥 요인이 오가(吾家)를 업수히 넉여 대모의 셩덕을 가리오고, 남화위녀(男化爲女)ᄒ여 상문규슈(相門閨秀)를 욕ᄒ고져 ᄒ니, 죄상(罪狀)이 만ᄉᆞ(萬死)라도 속(贖)기 어려온지라. 대뫼 일시 실톄(失體)ᄒ미 계시나, 이ᄂᆫ 대단ᄒᆫ 허물이 아니니, 대인이 이 말씀을 텬문(天門)【12】의 주달(奏達)ᄒ샤 셩명(聖明)○[의] 쳐분을 기다리미 맛당ᄒ시고, 소지 금일이라도 녀시랑을 보고 ᄌᆞ식 그릇 나하 못 ᄀᆞ라치믈 일장대욕(一場

---

953) 부야ᄒ다 : 한창이다. 무르녹다.

954) 신식(神色) : 상대편의 안색을 높여 이르는 말.

955) 널닙 ; 널빤지. 판판하고 넓게 켠 나뭇조각. 늑나무판자·널.

大辱)ㅎ고 오리이다."

소공이 졍싴(正色) 칙왈,

"녀옥의 힝싴 통히ㅎ나, 이 일의 ᄌ뎡이 간섭ᄒ시미 업지 아니시고, 우리 집이 져 녀가로 엇더ᄒ ᄉ이완ᄃᆡ, 내 닙으로조ᄎ 녀옥의 죄를 뎐문의 알외리오. 이ᄂᆞ 너의 무식불인(無識不人)[956]ᄒ미로다."

소슌이 조모의 험악을 막고져 ᄒ여 ᄎ언을 닉미러니, 부친 칙교(責敎)를 듯고 오직 쳥죄(請罪)ᄒᆞᆯ ᄹᅳᆫ이러【13】라.

녀부인이 지흉극악(至凶極惡)이나, 빙낭을 친히 물에 밀치고, 봉난을 녀옥의게 도라 보ᄂᆡ고져 ᄒ다가 닉슈(溺水)ᄒ엿거늘, 이제 소졔 빙낭으로 더브러 도라와 녀옥의 죄를 낫토고[957], 소슌 등이 분긔를 씌여시니, 이의 밋처ᄂᆞᆫ 무슴 말노 험악을 브리리오. 벌건 눈을 뒤룩이고[958], 모진 눗ᄎᆞᆯ 지긋거리며, 아니나ᄂᆞᆫ 춤을 밧트며, 흉ᄒᆞᆫ 말을 지으려 ᄒᆞᆯ 즈음에, 소공의 종뎨(從弟) 태학ᄉ 셩환 등이 일시의 모다, 녀부인긔 비현ᄒ고 닉부를 향하여 봉난 ᄎᆞ【14】ᄌᆞᆷ을 하례ᄒ니, 닉뷔 다만 녀이 실족(失足)ᄒ여 닉슈지화○[를] 보므로써 닐ᄋᆞ고, 소셩이 강슈(江水)의 가 구ᄒ여 도라오믈 닐ᄋᆞ니, 소학ᄉ 등이 발셔 노복의 젼ᄒ므로 조ᄎ ᄌᆞ시 알오미 이시니, 엇지 녀부인을 흉히 아니 넉이리오마ᄂᆞ, 닉부의 안면을 고렴(顧念)ᄒ여 모ᄅᆞᄂᆞᆫ 쳬ᄒ니, 녀부인이 소학ᄉ의 강직ᄒ믈 괴로이 넉이ᄂᆞᆫ 고로, ᄌᆞ긔 봉난을 해ᄒ 곡졀을 모로ᄂᆞᆫ가 ᄀᆞ장 깃거, 흉ᄒᆞᆫ 셩[959]을 서리담고 참더라.

소닉뷔 짐즛 일가친쳑을 미리 쳥ᄒ여, 닉외당사(內外堂舍)의 ᄀᆞ득히 【15】 머믈고, 녀ᄋᆞ를 부인 침소의 두어 혼구(婚具)를 다ᄉᆞ릴ᄉᆡ, 쳘부인이 녀ᄋᆞ로 도덕군ᄌᆞ를 ᄲᅡᆼᄒ니 희긔(喜氣) ᄲᅡᆼ셩뉴미(雙星柳眉)[960]의 ᄀᆞ득ᄒ여 졔빈(諸賓)을 졉ᄃᆡᄒ고, 혼슈를 셩비(盛備)터라.

길일(吉日)의 진왕이 대연을 ᄀᆡ장(開場)ᄒ여 닉외친쳑과 졔우붕당을 쳥ᄒ고, 만슈헌 가온ᄃᆡ 호람후를 뫼셔 즐기더니, 임의 날이 느즈미 호람휘 셩닌을 압셰워 닉당의 드러가니, 닉당의 장녀(壯麗)ᄒ미 외헌으로 일반이러라. 진왕비 뎡슉녈과 졔왕비 윤의녈의 셩덕 광휘 팔방【16】을 통낭(通朗)ᄒ[961] ᄃᆞᆺ, 졔왕의 세 식부와, 은긔 쳐 단시와, 현긔 쳐 장시와, 운긔 쳐 조시의 일월명광(日月明光)이 소년 홍상(紅裳)[962]의 ᄲᅱ여나더라.

태부인이 쥬벽(主壁)의 좌ᄒ여 졔손의 비상ᄒ믈 두굿기고, 츄밀을 명ᄒ여 손ᄋᆞ의 옷

---

956)무식불인(無識不人) : 아는 것이 없어 행실이 사람답지 못함.
957)낫토다 : 나타내다.
958)뒤룩이다 : 크고 둥그런 눈알을 힘 있게 움직이다.
959)셩 : 노엽거나 언짢게 여겨 일어나는 불쾌한 감정.
960)ᄲᅡᆼ셩뉴미(雙星柳眉) : '두 별과 버들잎 같은 눈썹'이란 뜻으로, 두 눈과 눈썹을 이르는 말.
961)통낭(通朗)ᄒ다 : 속까지 비치어 환하다.
962)홍상(紅裳) : '붉은 치마'라는 뜻으로 '여자'을 비유적으로 표현한 말.

슬 닙히라 ᄒ니, 츄밀이 소왈,

"진왕 형의 복녹은 당금의 희한ᄒ고 졔왕 뎡듁쳥은 ᄋ시로브터 호화존귀ᄒ거늘, 엇지 소손이 당ᄒ리잇고?"

태부인이 소왈,

"광텬형뎨는 초년 팔ᄌ 험난ᄒ니 가히 복인이라 닐ᄋ지 못ᄒᆯ거시오, 졔왕은 ᄌ【17】긔 팔ᄌ로 닐너도 만복이 구젼(俱全)ᄒ딕, 입장(入場)ᄒᆯ 길복을 아니 닙혐 죽ᄒᆷ, 제가 여러 쳐쳡을 모화 가니 죵용치 못ᄒ미니, 팔ᄌ의 긔특ᄒᆷ과 쳐실의 편ᄒᆷ믄 너ᄀᆺ 트니 업슬가 ᄒ노라."

진왕이 ᄯᅩᄒ 닙히기를 권ᄒ니, 츄밀이 드듸여 셩난다려 왈,

"셩난아, 네 날 달마 용잔(庸殘)ᄒᆯ지라도 너희 부뷔 대단ᄒ 화란 업시 복녹을 누리라."

언파의 오사(烏紗)963)와 쇄금보딕(쇄금寶帶)964)를 두루며 금포(錦袍)965)를 닙혀 왈,

"현질은 슈부귀다남ᄌ(壽富貴多男子)966)ᄒ라."

ᄒ니, 좌위 대소ᄒ고, 호【18】람휘 명ᄒ여 뎐안지녜(奠雁之禮)967)를 습의(習儀)ᄒᆯ시, 셩현지상(聖賢之相)이 혁연(赫然)이 홍진(紅塵)968)의 버서나, 놉고 ᄆᆰ으며 됴코 귀ᄒ미 만고의 무비(無比)ᄒ니, 태부인과 호람휘며 조태비 년익ᄒᄂ 즁, 좌위 칭찬불니(稱讚不已)러라.

공지 존당부모긔 하직ᄒ고 위의를 거느려 소부의 니르니, 소니뷔 늬외 당샤를 넓이고 빈긱을 대회ᄒᆯ시, 만좌의 환희ᄒ미 ᄀᆞ득ᄒ더니, 녀부인이 ᄌᆞ긔 힝ᄉᆞ를 여러사롬이 알가 겁홈도 업지 아냐, 다만 은악양션(隱惡佯善)ᄒ여 손녀를 만좌의 자랑ᄒ며 무익(撫愛)ᄒ니, 소졔 조모【19】의 ᄉᆞ랑ᄒᆷ곳 당ᄒ면 놀나온 ᄯᅳᆺ이 니러나 조금도 깃븐 ᄯᅳᆺ이 업더라.

이윽고 신낭이 니르러 옥상(玉床)의 홍안(鴻雁)을 젼ᄒ고, 텬디(天地)긔 녜를 맛추미, 소셩 등이 함소(含笑)ᄒ고, 풀을 미러 왈,

"신낭이 이곳의 발이 셜고 아등으로 면목이 닉지 아니니, 압흘 인도ᄒ야 좌셕를 ᄀᆞ르치지 아니면 안즐 곳을 아지 못ᄒ리라."

---

963)오ᄉ(烏紗) : 오사모(烏紗帽). 관복을 입을 때 머리에 쓰던 검은 사(紗)로 만든 모자.
964)쇄금보딕(쇄금寶帶) :
965)금포(紫錦袍) : 비단으로 지은 남자의 겉옷.
966)슈부귀다남ᄌ(壽富貴多男子) : 예전에 장가가는 신랑에게 하던 덕담으로, '오래살고, 부자로 살며, 고귀한 지위에 오르고, 아들 많이 낳아라.'는 말.
967)뎐안지녜(奠雁之禮) : 혼인례에서, 신랑이 기러기를 가지고 신부 집에 가서 상 위에 놓고 절하는 의례(儀禮). 기러기는 한번 짝을 지으면 죽을 때까지 짝을 바꾸지 않는다 하여 신랑이 백년해로 하겠다는 서약의 징표로서 신부의 어머니에게 기러기를 드린다. 산 기러기를 쓰기도 하나, 대개는 나무로 만든 것을 쓴다.
968)홍진(紅塵) : '거마(車馬)가 일으키는 먼지'라는 뜻으로, 번거롭고 속된 세상을 비유적으로 이르는 말

신낭이 옥안셩모(玉顔星眸)969)의 회식이 동ㅎ여시니, 만좌빈긱(滿座賓客)이 일시의 소공긔 쾌셔 어드믈 치하ㅎ니, 소공이 소왈,

"셩닌은 말셰탁속(末世濁俗)의 흐낫 명현(名賢)이라. 흔궂 윤【20】가롤 홍긔(興起)ㅎ여 내집 문난(門欄)의 광치롤 일월 쑨 아니라, 만고(萬古) 스문(斯文)의 스싱이 되리니, 널위 하언(賀言)을 스양치 아니ㅎ느이다."

소공이 윤싱의 풀을 어라만져 왈,

"다만 녀식(女息)은 너의 구활대은(救活大恩)을 무릅뼈 죽을 목숨이 니어시니, 우리 부녀의 미스지젼(未死之前)의 닛지 못홀 은덕이라. 모로미 불민흔 소녀의 암용ㅎ믈 나모라 바리지 말고 기리 화락ㅎ여 복녹이 완젼ㅎ라."

소공의 셩음이 느죽ㅎ여 듕빈이 알아듯지 못ㅎ딕, 윤싱은 다만 지빅딕왈,

"으히 불민(不敏) 박덕(薄德)【21】이나 대인 산히지덕(山海之德)을 엇지 니즈리잇고?"

소공이 더욱 년이(憐愛)ㅎ여 환희ㅎ더니, 졔긱이 신부 상교롤 지쵹ㅎ니, 소공이 웃고 윤싱을 향ㅎ여 왈,

"네 악뫼(岳母) 사회 얼골을 모로미 아니로딕, 길복 가온딕 풍치롤 보고져 ㅎ리니, 잠간 드러가보고 나오라."

싱이 슈명ㅎ고 닉루의 드러가 쳘부인긔 빅현ㅎ니, 부인이 흔연 귀듕ㅎ미 여닉 셔랑과 다르더라. 싱이 드딕여 외당의 나오미 신뷔 상교(上轎)홀식, 부인이 나마치970)롤 치오며 경계 왈,

"슉흥야미(夙興夜寐)971)ㅎ며    효봉구【22】고(孝奉舅姑)972)ㅎ고    승슌군즈(承順君子)973)ㅎ라."

소졔 직비 슈명(受命)ㅎ고 존당부모긔 하직 후 승교(乘轎)ㅎ니, 신낭이 슌금 쇄약(鎖鑰)을 드러 덩문974)을 잠은 후, 본부의 도라와 즈하상을 난호미, 신낭이 외당으로 나아가고 신뷔 단장을 곳쳐 조뉼(棗栗)을 밧드러 냥 존당과 구고긔 헌홀식, 존당구괴 눈을 들미 신부의 광염이 찬난ㅎ여 텬디졍치(天地精彩)롤 아스시니, 부용냥협(芙蓉兩頰)975)과 모란단슌(牡丹丹脣)976)은 일만화신(一萬花神)977)이 향긔롤 토ㅎ니, 항이(姮

---

969)옥안셩모(玉顔星眸) : 옥처럼 맑은 얼굴과 별처럼 빛나는 눈동자.
970)나마치 : 주머니. 자루. 자루; 속에 물건을 담을 수 있도록 헝겊 따위로 길고 크게 만든 주머니.
971)슉흥야미(夙興夜寐) : 아침에 일찍 일어나고 밤에 늦게 잔다는 뜻으로, 부지런히 일함을 이르는 말.
972)효봉구고(孝奉舅姑) : 시부모를 효성을 다해 섬김.
973)승슌군즈(承順君子) : 남편의 뜻을 순순히 따름.
974)덩문 : 가마의 문. *덩; 가마. 예전에, 한 사람이 안에 타고 둘이나 넷이 들거나 메던, 조그만 집 모양의 탈것.
975)부용냥협(芙蓉兩頰) : 연꽃처럼 붉은 빛이 도는 아름다운 두 뺨.
976)모란단슌(牡丹丹脣) : 모란처럼 도톰하고 아름다운 붉은 입술.
977)일만화신(一萬花神) : 온갖 꽃의 정기. 온갖 꽃.

娥)978) 계뎐(桂殿)979)의 ᄂᆞ린ᄃᆞᆺ, 셩덕 긔상이 면모의 ᄀᆞ득ᄒᆞ니, 태부인이 그 폐빅을 밧【23】고 집슈무이(執手撫愛)ᄒᆞ며, 진왕이 여ᄎᆞ 현부ᄅᆞᆯ 어드미 미우(眉宇)의 츈풍(春風)이 니러나며, 만면의 소안(笑顔)이 동ᄒᆞ여 이의 좌ᄅᆞᆯ 써나 조모와 모친긔 고왈,

"소ᄌᆞ의 박덕으로 엇지 이런 긔특ᄒᆞᆫ 현부ᄅᆞᆯ 엇드리잇고마ᄂᆞᆫ, 대모와 ᄌᆞ뎡의 심인후덕(深仁厚德)과 조션여음(祖先餘蔭)으로 셩닌을 ᄎᆞᆺ고 셩녀슉완(聖女淑婉)을 어드오니 일노조ᄎᆞ 문회 흥ᄒᆞᄆᆞᆯ 보지 아냐 아올지라. 엇지 소니부의 은혜 감골치 아니리잇고?"

태부인이 환희 왈,

"노뫼 셰상이 지리ᄒᆞᄆᆞᆯ 탄홀 ᄲᅮᆫ 아니라, 텬디의 【24】ᄀᆞ득ᄒᆞᆫ 악힝을 븟그리고 뉘 웃쳐 사름되홀 면목이 업더니, 오늘 날 셩닌 부부의 상젹(相適)ᄒᆞᄆᆞᆯ 보미, 문호의 이만 경시 업ᄂᆞᆫ지라. 신부의 긔특ᄒᆞ미 족히 졔 고모(姑母)980)ᄅᆞᆯ 계젹(繼蹟)ᄒᆞ리니, 가도(家道)의 창셩ᄒᆞᄆᆞᆯ 보지아냐 알니로다."

조태뷔 신부의 옥슈ᄅᆞᆯ 어라만져 왈,

"신부ᄂᆞᆫ 명문법가의 싱장ᄒᆞ여 소니부와 쳘부인의 교훈을 밧ᄌᆞ온 ᄇᆞ니, 동용(動容) 녜졀(禮節)이 남다ᄅᆞᆷ 알녀니와, 외모긔질이 이디도록 특이ᄒᆞᆷ ᄇᆞ란 바의 넘으니, 셩닌이 무ᄉᆞᆷ복으로 【25】여ᄎᆞ 현쳐ᄅᆞᆯ 어드며, 내 무ᄉᆞᆷ 덕으로 오십여년 셰상을 누려 사름이 다 부귀타 ᄒᆞᆷ을 당ᄒᆞ며, 손ᄋᆞᄅᆞᆯ 셩취ᄒᆞ여 셩인 ᄀᆞᆺᄐᆞᆫ 손부ᄅᆞᆯ 보ᄂᆞ뇨? 스스로 궁텬(窮天)의 통(痛)을 아지 못ᄒᆞ고, ᄌᆞ부(子婦)981)의 지효ᄅᆞᆯ 의지ᄒᆞ여 홀노살기ᄅᆞᆯ 탐ᄒᆞ니 인심이 아니라. 그윽이 슬허ᄒᆞᄂᆞ니, 신부의 긔특ᄒᆞᄆᆞᆯ 존괴 두굿기시고, 네 구괴 힝열홀지언뎡 나의 비회ᄂᆞᆫ 깃븐 즁 층가ᄒᆞ도다."

언파의 누쉬 잠연(湛然)982)ᄒᆞ니, 호람휘 쳑감ᄒᆞᄆᆞᆯ 참고 신부의 긔특ᄒᆞᄆᆞᆯ 태부인【26】과 조태비긔 치하ᄒᆞ고, 녕능공부인과 의녈비며 하승상부인과 한상셔부인이 일시의 냥 태부인과 진왕부부긔 칭하ᄒᆞ여 깃거ᄒᆞ며, 만좌 빈긱이 칭찬흔하(稱讚欣賀)983)ᄒᆞ니, 태부인이 좌슈우응의 하어(賀語)ᄅᆞᆯ ᄉᆞ양치 아니ᄒᆞ고, 조태비와 왕의 부뷔 흔연(欣然)ᄒᆞ여 즐기더니, 낙극달난(樂極團欒984))ᄒᆞ여 월상동녕(月上東嶺)985)ᄒᆞ미 ᄂᆡ외빈긱이 각귀기가(各歸其家)ᄒᆞ고, 신부 슉소ᄅᆞᆯ 치련각의 뎡ᄒᆞ여 보ᄂᆡ고, 촉을 니어 호람휘 태부인을 뫼셔 죵용히 말ᄉᆞᆷ홀ᄉᆡ, 혼뎡을 당ᄒᆞ여 【27】셩닌이 졔뎨로 더브러 좌의 뫼시미, 태부인이 좌슈로 셩닌의 옥슈ᄅᆞᆯ 잡고 우슈로 창닌의 풀을 어라만져 왈,

"셩닌은 쳐궁이 유복ᄒᆞ여 소시 ᄀᆞᆺᄐᆞᆫ 셩녀슉완을 만나 일싱이 쾌ᄒᆞ려니와, 창닌은

---

978)항ᄋᆞ(姮娥) : ᄂᆞᆨ상아(嫦娥). 달 속에 있다는 전설 속의 선녀.

979)계뎐(桂殿) : 계궁(桂宮). 달 속에 있다고 하는 계수나무 궁전으로, 달을 달리 이른 말.

980)고모(姑母) : ①시어머니. ②아버지의 누이. 여기서는 '①시어머니'를 말함.

981)ᄌᆞ부(子婦) : 자(子)와 부(婦) 곧 아들과 며느리를 함께 이른 말.

982)잠연(湛然) : 물이 깊고 고요함.

983)칭찬흔하(稱讚欣賀) : 칭찬하며 기쁜 마음으로 하례함.

984)낙극달난(樂極團欒) : 여럿이 서로 화목하며 즐겁게 지내 그 즐거움이 넘침.

985)월상동녕(月上東嶺) : 달이 동쪽 산등성이 위로 떠오름.

아직 슉녀를 취치 못ᄒ니, 아지못게라, 너의 풍뉴긔상을 당ᄒᆞᆯ 녀지 어늬 곳의 잇ᄂ뇨? 소시 ᄀᆞᆮᄐᆞᆫ 식덕이 겸비ᄒᆞᆫ 슉완을 마ᄌᆞ 노모의 일장긔화(一場奇花)986)를 삼아 안젼 ᄌᆞ미를 일월고?"

구패 창닌의 겻희 안줏더니 태부인이 무비(撫臂)ᄒᆞ시믈 보고, ᄀᆞ마니 【28】 잉혈987) 그릇슬 가져다가 공ᄌᆞ의 무심ᄒᆞᆫ 즁 잉혈을 그 풀 우히 시험ᄒᆞ니, 공지 부슉이 직젼(在前)ᄒᆞᆫ 고로 냥안을 ᄂᆞ초고 경근(敬勤)ᄒᆞ더니, 믄득 비상일홍(臂上一紅)988)이 찬연ᄒᆞ니, 공지 대경ᄒᆞ여 급히 삐ᄉᆞ되 발셔 살에 박힌 거시 되여 지지 아니니, 구패 대소 왈,

"그ᄃᆡ 신장긔위(身長器宇)989) 하990) 장대(壯大)ᄒᆞ거늘, 혹ᄌᆞ 취실(娶室)키를 기다리지 못ᄒ고 무슴 남ᄉᆞ(濫事) 잇ᄂ가 의심ᄒᆞ여 시험ᄒᆞ미니, 굿ᄐᆞ여 업시치 말고 수히 슉녀를 만나 작소의 깃드리믈 원ᄒᆞ라."

창닌이 뎡식 왈,

"희롱도 【29】 ᄒᆞᆯ 일이 잇ᄂ니, 조뫼 엇지 ᄋᆞ녀ᄌᆞ의 잉혈을 가져 소손의 비상표젹을 삼으시ᄂ니잇고? 소손이 비록 용우ᄒᆞ나 참아 규녀의 쥬졈(朱點)을 풀 우히 두고 오릭 견듸지 못ᄒ리로소이다."

구패 더옥 대소 왈,

"그ᄃᆡ 소힝을 보고져 짐ᄌᆞᆺ 잉혈을 시험ᄒᆞ여시니, 업시키ᄂ는 그ᄃᆡ 임의로 ᄒᆞ려니와 슉녀를 만나지 못ᄒᆞᆫ 젼은 비홍이 업지 아닐 ᄃᆞᆺᄒᆞ니, 그ᄃᆡᄂᆞᆫ 잉혈의 공교ᄒᆞ믈 두고보라."

왕이 잠소 왈,

"셕년의 《하ᄌᆞ규ᄂᆞᆫ‖하ᄌᆞ균991)은》 군젼의셔 비홍을 직으니 국 【30】 휼삼년(國恤三年)992)이 진치 못ᄒᆞᆫ 고로 능히 쥬졈(朱點)을 업시치 못ᄒᆞ엿다가, 여러 일월이 된 후 쥬표(朱表)를 업시ᄒᆞ엿ᄂ니, 창닌도 취실ᄒᆞ미 수년 늬의 이시리니, 비홍 업시ᄒᆞᆷ믄 어렵지 아니려니와 조모의 희롱이 더ᄒᆞ여 소ᄋᆞ비(小兒輩)의게 욕된 말을 드릭리로소이

---

986)일장긔화(一場奇花) : 마당이 온통 기이한 꽃들로 가득함.

987)잉혈 : 중국의 '수궁사(守宮砂)'를 한국고소설에서 창작적으로 변용하여 쓴 서사도구의 하나. 도마뱀의 피에 주사(朱砂)를 섞어 만든 것으로, 이것을 팔에 한번 찍어 놓으면 성관계를 맺기 전까지는 절대로 없어지지 않는 속설 때문에, 고소설에서 여성의 동정(童貞)이나 신분(身分)의 표지(標識) 또는 남녀의 순결 확인, 부부의 합궁여부 판단 등의 사건 서사에 다양하게 활용되고 있다. 주표(朱標)·비홍(臂紅)·홍점(紅點)·주점(朱點)·주홍·앵점 등 여러 다른 말로도 쓰이고 있다.

988)비상일홍(臂上一紅) : 팔위에 박힌 붉은 점 하나.

989)신장긔위(身長器宇) : 신장과 몸집.

990)하 : 정도가 매우 심하거나 큼을 강조하여 이르는 말. '아주', '몹시'의 뜻을 나타낸다.

991)하ᄌᆞ균 : 하원상을 말함. 하원상의 자는 'ᄌᆞ균'이다. 전편 〈명주보월빙〉 99권에서 하원상이 '제수(弟嫂) 설빈을 음간(淫姦)하려다가 살해하였다'는 무고를 받고, 군전(君前)에서 그의 팔에 앵혈을 찍어 결백을 입증했던 일이 있음.

992)국휼삼년(國恤三年) : 국상 3년.

다.”

호람휘 소왈,

“창닌의 슉셩ᄒ믈 인ᄒ여 셔뫼(庶母) 의심을 두샤 잉혈을 직으심도 고이치 아니ᄒ고, 내 손ᄋ이 힝실이 징슈쳥빙(澄水淸氷)993) ᄀᆺ튼도 아름다오니, 취실ᄒᆫ즉 ᄌᆞ연 업ᄉ려니와, 손ᄋ의 풍뉴지화(風流才華)ᄅᆞᆯ 당ᄒᆞ【31】염즉ᄒᆫ 슉네 업슬가 근심ᄒᆞᄂᆞ이다.”

태부인이 소왈,

“노뫼 ᄯᅩᄒᆫ 창닌의 긔골이 장대ᄒ여 졔 부슉의 더은 둧ᄒᆞᆯ 볼적마다 슉녀명염을 근심ᄒᆞᄂᆞ니, 혹ᄌᆞ 남ᄉᆞ(濫事) 이실가 의심ᄒᆞ더니, 이제 그 힝실이 빙옥(氷玉) ᄀᆺ트믈 씨둧 쾌라.”

일좨(一座) 대소ᄒ고, 졔 공ᄌᆞ ᄀᆞ마니 우어 왈,

“대장뷔 엇지 일신(一時)ᄅᆞᆯ 쥬표ᄅᆞᆯ 두고 견ᄃᆡ리오.”

ᄒ더라. 야심ᄒᆞᄆ 태부인이 취침ᄒ시고, 조태비와 호람후 부뷔 각각 침뎐으로 들ᄆᆡ, 진왕이 승상으로 츌외(出外)ᄒ여 【32】셩닌을 신방으로 드려보ᄂᆞ니, 싱이 존당부모의 취침ᄒ시믈 보고 신방의 니ᄅᆞ니, 화패 소져의 깃단장994)을 벗기고 단의홍군(單衣紅裙)995)으로 쉬기ᄅᆞᆯ 쳥ᄒ더니, 싱이 입실ᄒᆞᄆᆡ 소졔 텬연 긔동(天然起動)ᄒ고, 화패 금침을 포셜ᄒ니, 싱이 풀밀어 소져의 안기ᄅᆞᆯ 쳥ᄒ여 동셔분좌(東西分坐)996)ᄒ니, 싱이 소져ᄅᆞᆯ 향ᄒ여 왈,

“학싱은 군가의셔 녕대인과 부인의 산ᄒᆡ지은(山海之恩)을 밧ᄌᆞ와 자라시니, 이제 친당을 ᄎᆞᄌᆞ 도라오나 졍셩인즉 싱부모긔 감치 아니ᄒ더니, 의외 동【33】상의 모쳠(冒添)ᄒ니 더욱 황연(惶然)ᄒᆞᄂᆞ이다.”

소졔 묵연부답ᄒ니, 싱이 야심ᄒᆞ믈 닐ᄏᆞ라 웃옷과 ᄯᅴᄅᆞᆯ 그ᄅᆞ며 소져ᄅᆞᆯ 붓드러 의상을 히탈ᄒ고, ᄒᆞᆫ가지로 상요의 나아가며 쵹을 멸ᄒᄂᆞ, 오히려 이셩합친지녜(二姓合親之禮)997)ᄅᆞᆯ 일우지 아냐 다만 지극히 공경이듕ᄒ더라.

계명을 인ᄒ여 신낭신뷔 니러나 잠간 관소(盥梳)ᄒ고 신셩(晨省)의 나아가니, 태부인과 조·뉴 이부인이 면면(面面)이998) ᄉᆞ랑이 친싱(親生)의 감치 아니터라. 소소졔 인ᄒ여 구가의 머므러 효봉구고ᄒ고 승【34】슌군ᄌᆞᄒ여, 만ᄉᆞ의 특이ᄒᆞᄆ 뎡비의 아ᄅᆡ 아니라, 칭찬불니(稱讚不已)러라.

ᄎᆞ시 황태부 동평후 상국(相國) 희텬의 장ᄌᆞ 창닌의 ᄌᆞᄂᆞ 달졍이니, 시년이 십이셰라. 싱셩ᄒᆞᆫ 비 각별 비상ᄒ여, 산쳔슈긔(山川秀氣)와 일월졍화(日月精華)ᄅᆞᆯ 오로지 타

---

993)징슈쳥빙(澄水淸氷) : 맑은 물과 맑은 얼음.

994)깃단장 : 긴단장. 온갖 단장. 특히 혼인 때 신부의 머리에 족두리나 봉관을 씌워 단장하는 일을 이름.

995)단의홍군(單衣紅裙) : 홑옷과 붉은 치마 차림.

996)동셔분좌(東西分坐) : 예(禮)에서 남녀가 자리에 앉을 때, 남자는 동쪽 ,여자는 서쪽으로 앉는다.

997)이셩합친지녜(二姓合親之禮) : 부부가 합궁(合宮; 성교)을 하는 일.

998)면면(面面)이 : 저마다 따로따로.

나시니, 흉듕(胸中)의 공밍(孔孟)999)의 도덕과 손오(孫吳)1000)의 무예(武藝)를 겸ᄒᆞ여 상통텬문(上通天文)1001)과 하찰디리(下察地理)1002)의 능치 아닌 거시 업고, 사ᄅᆞᆷ의 얼골을 ᄒᆞᆫ번 보아 화복길흉(禍福吉凶)을 씌드ᄅᆞ니, 특이ᄒᆞᆫ 지혜와 이상ᄒᆞᆫ 총명이 군죵(群從)1003) 듕 웃듬이러라.【35】시고(是故)로, 보ᄂᆞ니마다 년유소ᄋᆞ(年幼小兒)로 디졉지 못ᄒᆞ여 놉흔 스싱ᄀᆞᆺ치 넉이더라.

일일은 창닌이 뎡부의 갓다가 도라올 길히 원듕(園中)의 국홰 셩기(盛開)ᄒᆞ여시믈 보고 향긔를 ᄉᆞ랑ᄒᆞ여, 두어 가지를 썩거 들고 슉모 양희의 곳에 드러가니 믄득, ᄒᆞᆫ 녀지 홍군치의(紅裙彩衣)로 셤셤옥슈의 녈여뎐(烈女傳)1004)을 잠심ᄒᆞ거ᄂᆞᆯ, 양희 ᄯᅩᄒᆞᆫ 그겻히 안ᄌᆞ 드리와다 보ᄂᆞᆫ지라. 싱이 족용(足容)을 듕지ᄒᆞ여 그 녀ᄌᆞ를 ᄌᆞ시보믹, 텬디 졍화와 일월 졍긔를 거두워시니, 월익화싀(月額花腮)1005)【36】와 단슌옥치(丹脣玉齒)1006) 찬연 슈려ᄒᆞ여 일만 광염(光艶)이 안모(眼眸)의 어른기나, 그 년치(年齒) 대쇼(大小) 니도홀지언뎡, 일골 모양이 만히 슉녈비와 방불ᄒᆞ니, 창닌이 심니의 대희·황홀ᄒᆞ여 어린다시 ᄇᆞ라보더니, 미인이 잠간 면모를 드러 외인이 와시믈 보고 경황ᄒᆞ여 밧비 몸을 니러 협실(夾室)노 피ᄒᆞ되, 신장이 표연ᄒᆞ여 톄지(體肢) ᄒᆞᆫ아ᄒᆞ니, 창닌이 그 피ᄒᆞᆷ믈 보고 심니 홀연ᄒᆞ미 일흔거시 잇ᄂᆞᆫ 듯ᄒᆞ되, ᄉᆞ싴지 아니코, 다만 양희를 ᄃᆡᄒᆞ여 소왈,

"아등이 공부로 【37】이곳의 ᄌᆞ로오지 못ᄒᆞ거니와, 금일은 우연이 드러온죽 이젼의 보지 못ᄒᆞ던 녀지 피ᄒᆞ니, 아지못게라 궁비의 무리를 됴히 기ᄅᆞ시ᄂᆞ니잇가?"

ᄒᆞ니, 원닉 이 양희는 진왕의 데구희 슈잉이라. 공ᄌᆞ를 보고 반겨 왈,

---

999) 공밍(孔孟) : 공자와 맹자를 아울러 이르는 말. *공자(孔子); B.C.551~ B.C.479. 중국 춘추 시대의 사상가·학자. 이름은 구(丘). 자는 중니(仲尼). 노나라 사람으로 여러 나라를 두루 돌아다니면서 인(仁)을 정치와 윤리의 이상으로 하는 도덕주의를 설파하여 덕치 정치를 강조하였다. 유학의 창시자이며 성인(聖人)으로 존숭(尊崇)된다. *맹자(孟子); 중국 전국 시대의 사상가(B.C.372~B.C.289). 자는 자여(子輿)·자거(子車). 공자의 인(仁) 사상을 발전시켜 '성선설(性善說)'을 주장하였으며, 인의의 정치를 권하였다. 유학의 정통으로 숭앙되며, '아성(亞聖)'이라 불린다.

1000) 손오(孫吳) : 중국 춘추 전국 시대의 병법가인 손무와 오기를 아울러 이르는 말. *손무(孫武); 중국 춘추 시대의 병법가. 기원전 6세기경의 사람으로, 오나라 왕 밑에서 초나라, 진나라를 위압하고 절도와 규율 있는 군사를 양성하였다. 저서에 병서 ≪손자≫가 있다. *오기(吳起); 중국 전국 시대의 병법가(B.C.440~B.C.381). 증자(曾子)에게 배우고 노(魯)나라, 위(魏)나라에서 벼슬한 뒤에 초(楚)나라에 가서 도왕(悼王)의 재상이 되어 법치적 개혁을 추진하였다. 저서에 병법서 ≪오자(吳子)≫가 있다

1001) 상통텬문(上通天文) : 천문(天文)에 대하여 잘 앎. *천문(天文); 우주와 천체의 온갖 현상과 그에 내재된 법칙성.

1002) 하찰디리(下察地理) : 지리(地理)를 잘 헤아려 앎. *지리(地理); 땅의 형세에 따라 얻는 이로움이나 편리함.

1003) 군종(群從) : 여러 종형제(從兄弟)들.

1004) 녈여뎐(烈女傳) : 중국 한(漢)나라의 유향(劉向)이 지은 책. 고대로부터 한대(漢代)에 이르는, 중국의 현모·열녀들의 약전(略傳), 송(頌), 도설(圖說)을 엮었다.

1005) 월익화싀(月額花腮) : 달처럼 둥근 이마와 꽃처럼 아름다운 두 뺨.

1006) 단슌옥치(丹脣玉齒) : '붉은 입술과 옥처럼 하얀 이'란 뜻으로 아름다운 입 모양을 이르는 말.

"금일 공지 솽암긔 아니 가 계시던가? 엇지 이의 니르신고? 첩이 긔츌이 업순 고로 궁비라도 용쇽지 아닌 뉴를 보면 스랑호온 의시 잇는지라, 장부인 시녀 빵셤의 어더 기란 ᄋ히를 보미 비상혼 고로, 첩의 침쳐의 옴겨 두【38】언지 스오년이로딕, 아모도 보니 업더니, 금일 공즈의 보시미 되니, 슈졸(羞拙)1007)혼 아히 경황호믈 마지 아니호는가 시브니이다."

공지 소왈,

"빵파랑의 어더 기란 ᄋ히면 이 불과 우리 비비(婢輩)라. 엇지 노쥬(奴主)의 분을 모로고 몸을 금초와 버릇업기의 갓가오며, 아즈미로 닐은들 그 거슬 상문규슈(相門閨秀)쳐로 길너 무어시 쓰리잇고? 모로미 금일이라도 예스 비즈(婢子)ᄀᆺ치 녀여 브리소셔."

양희 답왈,

"기이 자라기를 실노 상문규슈ᄀᆺ치 ᄒ여실 ᄯᅮᆫ 아니라, 졔 나히 십이셰도 ᄎᆞ지 못ᄒ여【39】시니 셰스를 치 모르는지라. 엇지 빵셤의 어더 기란 빅라 ᄒ여 공즈긔 노쥬지의(奴主之義)로 빅알ᄒ옵니 이시리오. 공즈는 셰쇄혼 일을 깁히 칙지 마르소셔."

공지 웃고 니러나며 왈, 귀치 아닌 거슬 아즈미 하 스랑ᄒ시니, 드르미 가소(可笑)로올 ᄯᆞ름이라. 내 엇지 셰쇄혼 일을 알은 체 ᄒ리오. 언파의 밧그로 나가니 원닉 그 녀즈는 다라니 아니라 빵셤이 오십냥 은을 주고 동오왕 엄공의 비부(婢夫)1008) 관학의게 산 ᄋ히니, 이곳 오왕의 일흔 녀ᄋ 월혜로딕, 만니이국(萬里異國)의 엇지【40】ᄎᆞ즐 도리 이시리오.

빵셤이 관학의 ᄌᆞ식 풀녀ᄒ는 욕심을 오직 흉히 넉이나, 엄소져믄 아지 못ᄒ고 싱지 스오월의 ᄋ히 비상긔이ᄒ믈 황홀홀 ᄯᆞᆫ 아니라, 져의 유딕 풍족ᄒ여 남으미 잇는 고로 은즈를 앗기지 아냐 개연이 오십냥을 주고 사니, 관학이 엄시의 일흠을 '화벽'이라 닐ᄏᆞᆫ는 고로, 빵셤도 ᄯᅩ혼 화벽으로 아더라.

화벽이 스오셰를 지나미 문즈를 스스로 통ᄒ고, 장신(藏身)ᄒ기를 빙옥(氷玉)ᄀᆺ치 ᄒ여, 일즉 궁즁졔인을 보지 아냣더니, 양【41】희 우연이 빵셤의 어더 기라는 녀지 긔특ᄒ믈 듯고 혼번 보기를 쳥ᄒ미, 빵셤이 미양 장부인긔 스후(伺候)1009)ᄒ기를 ᄋ시비(兒侍婢)ᄀᆺ치 ᄒ니, ᄌᆞ연 졔 방의 도라올 적이 드믄 고로 화벽을 혼즈 두기를 극히 민민(憫憫)홀 즈음의, 양희 보와지라 ᄒ는 고로 크게 깃거 즉시 다려다가 양희를 맛진 빅 된지라. 그ᄯᅢ 화벽의 나히 칠셰로딕, 힝동쳐신(行動處身)이 노셩(老成)혼 부인을 우스니, 양희 긔츌(己出)의 ᄌᆞ식이 업는고로 화벽을 스랑ᄒ고 귀듕ᄒ미 인스(人事)를 잇는지라1010). 고로 져의 아【42】는 바는 정셩을 다ᄒ여 ᄀᆞᄅᆞ치니, 화벽이 싱이지지

---

1007)슈졸(羞拙) : 부끄럼을 잘 타고 고지식함.
1008)비부(婢夫) : 계집 종의 남편.
1009)스후(伺候) : ①웃어른의 분부를 기다리는 일. ②웃어른을 섬기는 일.
1010)잇다 : 잊다.

(生而知之)[1011]ᄒᆞᄂᆞᆫ 총명으로 문니대달(文理大達)ᄒᆞ여 사름의 의ᄉᆞᆺ 신긔ᄒᆞ미 잇더니, 당ᄎᆞ지시(當此之時)ᄒᆞ여 년긔 십일셰 되믜 그 싱부모의 면목(面目) 모로믈 듀야 슬허ᄒᆞ니, 양희와 ᄡᅡᆼ셤이 잔잉ᄒᆞ믈[1012] 니긔지 못ᄒᆞ여 위로ᄒᆞ며 보호ᄒᆞ더니, 공교히 창닌 공주ᄅᆞᆯ 만난 빅 되니 화벽이 붓그리고 놀나 장신ᄒᆞ기ᄅᆞᆯ 더욱 엄히ᄒᆞ더라.

창닌공지 화벽을 ᄒᆞᆫ번 본후 의ᄉᆞ 크게 기우러 다시 만나기ᄅᆞᆯ 원ᄒᆞᄃᆡ, 위인이 침엄(沈嚴)ᄒᆞᆫ 고로, 【43】ᄉᆞ식의 나토미 업고, 양희ᄅᆞᆯ 보아 ᄯᅩᄒᆞᆫ 언두(言頭)의 닐ᄏᆞ라미 업ᄉᆞ니, 가즁이 그 ᄯᅳᆺ을 알 니 업ᄂᆞᆫ지라. 일야(一夜)ᄂᆞᆫ 양희 진왕긔 시침ᄒᆞᆯ ᄎᆞ례라. 니불을 안아니 셔헌으로 가거늘, 창닌이 심니(心裏)의 암희(暗喜)ᄒᆞ야 밤이 깁흔 후 봉셜당의 드러가니 양희의 두낫 시이 방즁의셔 잠이 깁헛고 협실문을 긴긴히 다닷거늘, 공지 원비(猿臂)[1013]ᄅᆞᆯ 느리혀 협실문을 열녀ᄒᆞᆫ즉 안흐로 거럿거늘, 이의 굼글[1014] ᄯᅮ러 걸쇠[1015]ᄅᆞᆯ 븨틀고 앙연(央然)이[1016] 문을 열어 드러 【44】가니, 화벽이 이ᄊᆡ 야심ᄒᆞ믈 인ᄒᆞ여 침금의 나아가ᄃᆡ 오히려 의상을 닙은 재[1017] 누엇더니, 협실문을 여ᄂᆞᆫ 바의 일위(一位) 남지 청의흑건(靑衣黑巾)으로 드러셔ᄂᆞᆫ지라.

화벽이 이 거동을 보믜 놀나오미 청텬(靑天)의 벽녁이 만신(滿身)을 분쇄ᄒᆞᄂᆞᆫ 듯ᄒᆞ니, 숨소린들 놉히 홀 의ᄉᆞ 이시리오. ᄲᆞᆯ니 놉히 안즈ᄃᆡ 금금(錦衾)으로 머리브터 발ᄭᅳᆺ도 ᄂᆡ지 아니니, 싱이 그것ᄒᆡ 나아 안즈 ᄒᆞᆫ 번 손을 드러 니불을 벗기니, 화벽이 비록 ᄲᅡ기ᄅᆞᆯ 단단이 ᄒᆞ여시나, 엇지 ᄂᆞᆺ 드러 【45】니기ᄅᆞᆯ 면ᄒᆞ리오. 붓그리고 놀나오믈 겸ᄒᆞ여 몸 둘 곳을 아지 못ᄒᆞ니, 졀승(絶勝)ᄒᆞᆫ ᄐᆡ되 더욱 긔이ᄒᆞᆫ지라.

공지 갓가이 안즈 이 거동을 보믜, 빅모 슉녈비와 만히 방불ᄒᆞᆫ 줄을 이상이 넉여 혜오ᄃᆡ,

"청의하류(靑衣下類)의야 엇지 이런 위인이 이시며, ᄯᅩ 상모톄지(相貌體肢) 이ᄃᆡ도록 놉게 삼겨실 니 이시리오. 결단ᄒᆞ여 근본이 쳔치 아닌지라. 내 종용이 ᄲᅡᆼ[1018] 파랑(婆娘)을 불너 미인의 근파(根派)ᄅᆞᆯ 알니라."

ᄒᆞ고, 이의 화벽의 손을 잡으며 무릅흘 년ᄒᆞ여 왈,

"네 【46】불과 우리 집 비복의 어더 기란 ᄋᆞ히어늘, 엇지 상하존비(上下尊卑)ᄅᆞᆯ 아지 못ᄒᆞ여 감히 ᄂᆡ외(內外)홀 의ᄉᆞᄅᆞᆯ ᄂᆡᄂᆞᆫ고? ᄀᆞ장 무례ᄒᆞᄃᆡ 우리 아즈미 너ᄅᆞᆯ ᄉᆞ랑ᄒᆞᄂᆞᆫ 정을 도라보아 용셔ᄒᆞᄂᆞ니, 모로미 ᄎᆞ후나 고이ᄒᆞᆫ 거조ᄅᆞᆯ 말나."

이리 닐오며 화벽을 넛그러 금니(禁裏)의 나아가고져 ᄒᆞ니, 무슴 계교로 버서나리

---

1011) 싱이지지(生而知之)
1012) 잔잉ᄒᆞ다 : 자닝하다. 애처롭고 불쌍하여 차마 보기 어렵다.
1013) 원비(猿臂) : 원숭이의 팔이라는 뜻으로, 길고 힘이 있어 활쏘기에 좋은 팔을 이르는 말.
1014) 굼그 : 구멍.
1015) 걸쇠 : 대문이나 방의 여닫이문을 잠그기 위하여 빗장으로 쓰는 'ㄱ' 자 모양의 쇠.
1016) 앙연(央然)이 : 앙연(央然)히. 한 가운데로, 거침없이.
1017) 재 : 채. 이미 있는 상태 그대로 있다는 뜻을 나타내는 말.
1018) ᄲᅡᆼ : 윤부 장부인 시녀 'ᄲᅡᆼ셤'을 줄여 쓴 말.

오. 흔갓 찬 쏨이 흐르며 눈물이 오월장슈(五月長水)1019) ᄀᆺ트여 슬허ᄒᆞ니, 공ᄌᆡ 이 틱도ᄅᆞᆯ 보미 삼갈 길히 업서, 드듸여 미인의 의상을 그르고 ᄌᆞ긔 쏘흔 옷【47】 슬 버서 흔가지로 금니의 나아가미, 미인의 옥골셜부(玉骨雪膚)와 션연아질(嬋姸雅質)1020) 이 놉고 긔이ᄒᆞ여 풍뉴장부(風流丈夫)의 은ᄋᆡ(恩愛) 취동(醉動)1021)ᄒᆞᄆᆞᆯ 씌ᄃᆞᆺ지 못ᄒᆞᆯ너라.

뎡(正)히1022) 운우지졍(雲雨之情)을 합(合)고져 ᄒᆞ더니, 화벽이 금금(錦衾) 스이로 잠옥(簪玉)1023)을 어더 급히 멱1024)을 지르미, 잠옥이 비록 칼과 다르나, 슷치 이상이 다란1025) 고로, 급흔 피 낭자히 소스나ᄂᆞᆫ지라. 창닌이 무심즁 이 경상을 보고 불승경악(不勝驚愕)ᄒᆞ여 셜니 잠옥을 쌔혀 더지고, 낭즁의 약을 어더 ᄲᆞ민 후 졍식 칙왈(責曰),

"내 비록 용우(庸愚)ᄒᆞ【48】나 너를 총희(寵姬)로 두어 일싱을 져ᄇᆞ리지 말고져 ᄒᆞ거늘, 네 요악(妖惡)ᄒᆞ미 여ᄎᆞᄒᆞ니, 브듸 죽고져 ᄒᆞᆯ진ᄃᆡ 미양 너를 직희지 못ᄒᆞ여 나가ᄂᆞᆫ 씌 만흐니 그씌 쾌히 죽으라."

화벽이 상쳐의 앏프믄 모로고 분원비흔(忿怨悲恨)1026)ᄒᆞ여 누쉬여우(淚水如雨)ᄒᆞ니 공ᄌᆡ 양희의 시녀를 명ᄒᆞ여 ᄲᅡᆼ졈을 브르라 ᄒᆞ고, 화벽의 두손을 잡아 금금지하(錦衾之下)의 이듕ᄒᆞᄂᆞᆫ 졍이 산비ᄒᆡ박(山卑海薄)ᄒᆞ니 비록 운우(雲雨)를 합(合)지 못ᄒᆞ나, 화벽의 용모(容貌) 향신(香身)이 공즈로 년니지(連理枝)1028)ᄒᆞ며 병톄화(並體花)1029)되엿더라.【49】

ᄲᅡᆼ셤이 공ᄌᆡ의 명을 니어 봉셜당의 니르니 공ᄌᆡ 협실노 드러오라 ᄒᆞ니, 셤이 드러가니 공ᄌᆡ 완이소왈(莞爾笑曰)1030),

"그ᄃᆡ 어듸가 이 흔낫 괴망흔 거슬 어더 길넛ᄂᆞ뇨? 근본 귀쳔은 모로거니와, 이 불과 시녀항(侍女行)의 츙수(充數)ᄒᆞᆯ 비어늘, 믄득 상문규슈(相門閨秀) 쳐로 쳐신케 ᄒᆞ니

1019) 오월장슈(五月長水) : 오월 장마로 불어난 큰물.
1020) 션연아질(嬋姸雅質) : 고운 자태와 아름다운 자질.
1021) 취동(醉動) : 무엇에 마음이 쏠려 넋이 빠져 있음.
1022) 뎡(正)히 : 진정으로 꼭.
1023) 잠옥(簪玉) : =옥잠(玉簪). 옥비녀.
1024) 멱 : 목의 앞쪽.
1025) 달다 : 닳다. 갈리거나 오래 쓰여서 어떤 물건이 낡아지거나, 그 물건의 길이, 두께, 크기 따위가 줄어들다.
1026) 분원비흔(忿怨悲恨) : 분하고 원망스러우며 또한 슬프고 한스러움.
1027) 운우(雲雨) : ①구름과 비를 아울러 이르는 말. ②남녀 사이에 육체적으로 관계함
1028) 년니지(連理枝) : 두 나무의 가지가 서로 맞닿아서 결이 서로 통한 것을 뜻하여, 화목한 부부나 남녀의 사이를 비유적으로 이르는 말.
1029) 병톄화(並體花) : 한 뿌리에 두 개의 꽃이 핀 꽃. 남녀 사이에 혹은 부부 간에 애정이 깊은 것을 비유함.
1030) 완이소왈(莞爾笑曰) : 빙그레 웃으며 말하다. '완이(莞爾)'는 빙그레 웃는 모양. "夫子莞爾笑曰割鷄焉用牛刀(공자께서 빙그레 웃으면서 말씀하시기를 '닭 잡는 칼을 어찌 소 잡는 칼로 쓰리오."『論語

엇지 한심치 아니리오. 내 총희로 뎡ᄒᆞ여 져의 젼졍(前程)을 졔도(濟度)코져 ᄒᆞᄂᆞ니, 그ᄃᆡ ᄆᆞᄋᆞᆷ의 엇더ᄒᆞ뇨?"

셤이 ᄎᆞ경을 듸ᄒᆞ여, 공ᄌᆞ의 어이업스믈 보ᄆᆡ 놀랍고 ᄎᆞ악ᄒᆞᆯ ᄲᆞᆫ 아【50】니라. 어이업서 듸왈,

"쳔비 장부로조ᄎᆞ 부인을 뫼셔 윤부의 완지 셰월이 오ᄅᆡ고, 진왕 뎐하와 승상 노야로브터 여러 부인ᄂᆡ 초년 간익을 보와ᄉᆞᆸᄂᆞ니, 존븨(尊府)1031) 당ᄎᆞ시(當此時)ᄒᆞ여ᄂᆞᆫ 즐거오미 뎨일(第一)이니, 공지 겸공근신(謙恭謹愼)ᄒᆞᆯ 빈어늘, 취실젼(娶室前) 쳔(賤)ᄒᆞᆫ 곳에 유졍(有情)ᄒᆞ시니, 노야(老爺)의 명셩(明聖)ᄒᆞ신 교훈을 져바리신지라. 쳔비 고이ᄒᆞᆫ ᄋᆞ희ᄅᆞᆯ 길너 공ᄌᆞ의 ᄒᆡᆼ실을 그릇게ᄒᆞᆫ 죄 만ᄉᆞ무셕(萬死無惜)이니, 져 미인이 비록 쳔ᄒᆞ나 ᄆᆞᄋᆞᆷ인즉 결쳥(潔淸)1032)ᄒᆞ니, 공ᄌᆞ의 《노욕‖누욕(累辱)1033)》을 【51】분완(憤惋)ᄒᆞ여 일명을 ᄆᆞᆺᄎᆞ미 슈유(須臾)1034)의 이시리니, 여ᄎᆞ즉 빅인(伯人)이 유아이ᄉᆡ(由我而死)1035)니 이 거시 공ᄌᆞ긔 젹불션(積不善)1036)이 되지 아니리잇고?"

언파의 고두(叩頭) 쳬읍(涕泣)ᄒᆞ니, 공지 졍식 왈,

"이 미인의 근본은 모로거니와 내 져ᄅᆞᆯ 유졍(有情)ᄒᆞᆷ이 일시 ᄲᆞᆫ이오, 아조 바리고져 ᄒᆞᆷ이 아냐, 기리 총희(寵姬)로 두려ᄒᆞᄂᆞ니, 사름의 슈요장단(壽夭長短)1037)과 화복○[길]흉(禍福吉凶)은 다 텬뎡(天定)이라. 이 미인이 복박단명(福薄短命)1038)ᄒᆞ여 나의 총희되기를 슬히 넉여 스스로 죽으면, 그 괴망ᄒᆞᆷ믈 통ᄒᆞᆫ(痛恨)ᄒᆞᆯ ᄲᆞᆫ이라. 무어시 내 【52】게 젹불션이 되리오. 내 그ᄃᆡᄅᆞᆯ 브르믄 ᄎᆞ인을 내 유졍ᄒᆞᆫ 후ᄂᆞᆫ 이곳의 두지 못ᄒᆞ여 다란 당샤(堂舍)의 머므르고져 ᄒᆞᆷ이니, 그ᄃᆡᄂᆞᆫ 내말을 드러 일간(一間) 소당(小堂)을 어더주라."

셤이 묵연ᄒᆞ니, 공지 왈,

"화원지나 영츈뎡이 ᄀᆞ장 유벽(幽僻)ᄒᆞ니 그곳으로 뎡ᄒᆞ라."

셤이 물너나니 공지 화벽으로 더브러 밤을 지나ᄃᆡ, 이셩지합(二姓之合)은 날회나 은

---

1031) 존븨(尊府) : 귀부(貴府). 예전에, 높은 관리의 집을 이르던 말.
1032) 결쳥(潔淸) : 유난히도 맑고 깨끗한 것을 좋아함.
1033) 누욕(累辱) : 모욕을 당함.
1034) 슈유(須臾) : 잠시(暫時). 짧은 시간.
1035) 빅인(伯人)이 유아이ᄉᆡ(由我而死) : '백인은 나로 인해 죽었다'는 뜻으로, 직접적으로 사람을 죽이지는 않았지만 죽은 사람에 대해 자신이 적극적으로 구하지 않은 책임이 있음을 안타까워하거나, 어떤 사건에 간접적으로 연관되어 있는 것을 비유적으로 나타낸 말. 《진서(晉書)》 열전(列傳), 주의(周顗) 조(條)에 나오는 중국 동진(東晉)사람 왕도(王導)와 주의(周顗: 字 伯仁)사이의 고사에서 유래했다. 즉 왕도는 그의 종형(從兄) 왕돈(王敦)의 반역에 연좌되어 죽을 위기에 있을 때 주의의 변호로 살아났는데, 왕돈의 반역이 성공한 뒤, 주의가 죽게 되었을 때 자신이 그를 구명해줄 수 있는 위치에 있었음에도 구하지 않고 외면하였다가, 뒤에 주의가 자신을 구명해주어 살아난 사실을 알고, 위와 같이 탄식하였다 함.
1036) 젹불션(積不善) : 착하지 아니한 일을 거듭함.
1037) 슈요장단(壽夭長短) : 오래 삶과 일찍 죽음.
1038) 복박단명(福薄短命) : 복이 적어 일찍 죽음.

졍은 여산약히(如山若海)러라.

임의 금계(金鷄)[1039] 보효(報曉)[1040]ᄒᆞ니 공직 니러나며 화벽을 당부ᄒᆞᄃᆡ,

"너의 괴망(怪妄)ᄒᆞᆷ믈 통히(痛駭)ᄒᆞᄃᆡ, 내 깁히 죄(罪)치 【53】아닛ᄂᆞ니, 네 아직 근본을 모로ᄂᆞᆫ 바의 ᄇᆞ라ᄂᆞᆫ 빅 나 ᄲᅮᆫ이니, 모로미 요괴로온 의시ᄅᆞᆯ 닉여 명박(命薄)ᄒᆞᆷ믈 취(取)치 말나."

화벽이 마ᄎᆞᆷ뇌 입을 녀지 아니코, 이뤼(哀淚) 옥면(玉面)의 어룽지니, 싱이 위로ᄒᆞ고 니러나더니, 양희 도라오니 싱이 잠간 웃고, 왈,

"아ᄌᆞ미 하 ᄃᆡᆺ스룝지 아닌 거슬 곰초고져 ᄒᆞ시ᄂᆞᆫ 줄이 고이ᄒᆞ여, 내 오늘 밤을 이 곳의셔 지뇌고 도라가ᄂᆞ니, 금ᄒᆞ시던 미인도 다 보왓ᄂᆞ이다."

양희 텽파의 놀난 눈이 두렷ᄒᆞ여, 싱의 ᄉᆞ미ᄅᆞᆯ 잡고 왈,

"낭군아! 이 무【54】슴 말이뇨? 아니, 뎐하긔 나ᄅᆞᆯ 죽게ᄒᆞ려 ᄒᆞᄂᆞ냐?"

공직 미소 왈,

"질(姪)의 ᄠᅳᆺ을 ᄡᅡᆼ파랑다려 닐넛ᄂᆞ니, 아ᄌᆞ미ᄂᆞᆫ 하 놀나지 마ᄅᆞ소셔."

언파의 완완(緩緩)이 거러 나아가니, 양희 다시 말을 못ᄒᆞ고 협실의 드러가 화벽을 본즉, 일야간(一夜間)의 용뫼 수쳑(瘦瘠)ᄒᆞ고 샹쳐ᄅᆞᆯ ᄡᅡ믹여시니, 양희 본ᄃᆡ 심약ᄒᆞᆫ 고로, 뉴쳬(流涕) 왈,

"공ᄌᆞ의 남활(濫猾)ᄒᆞᆫ 힝시 이 지경의 밋ᄎᆞᆷ믄 실시의외(實是意外)[1041]어니와, 허물이 네 몸에 잇지 아니ᄒᆞ니 이ᄃᆡ도록 슬허 죽고져 ᄒᆞᆯ 일이 아니라. 만시 다 텬명(天命)이니 【55】엇지 죽고져 ᄒᆞ리오."

화벽이 다만 뉴쳬ᄒᆞ더니, ᄡᅡᆼ셤이 드러와 위로 왈,

"공직 입장젼(入丈前)[1042] 그ᄃᆡᄅᆞᆯ 유졍ᄒᆞ미 ᄌᆞ가(自家)[1043] 힝신(行身)의 올치 아닌 ᄃᆞᆺᄒᆞ나, 남ᄌᆞ의 호식지심(好色之心)은 죄삼을 거시 아니오, 공직 무신박힝지인(無信薄行之人)[1044]이 아니라, 그ᄃᆡᄅᆞᆯ 져ᄇᆞ리지 아냐 필경 신셰ᄅᆞᆯ 영화롭게 ᄒᆞ리니, 이 ᄯᅩ 텬연(天緣)이 듕ᄒᆞᆫ 연괴(緣故)라. 모로미 슬허 말고 ᄉᆞ셰 되여감만 보라."

ᄒᆞ여, 만단(萬端) 위로ᄒᆞ며, 양희 온미(溫米)와 보유(保愈)[1045]ᄒᆞᆯ 찬션(饌膳)을 나와 지셩으로 권ᄒᆞ니, 화벽이 양희와 ᄡᅡᆼ셤의 은혜ᄅᆞᆯ 감격【56】ᄒᆞ나, 실노 살고져 ᄯᅳᆺ이 업더니, 느즌 후 챵닌 공직 ᄀᆞ마니 ᄡᅡᆼ셤을 불너 미인을 영츈뎡으로 옴기라 ᄒᆞᄃᆡ, 셤이 화벽의 죽으려ᄒᆞᆷ믈 고ᄒᆞ니, 싱이 노왈,

"내 거야(去夜)의 오히려 비홍(臂紅)을 완젼ᄒᆞ여 그ᄯᅳᆺ을 앗지 아니믄, 비록 하쳔이

---

1039)금계(金鷄) : '닭'의 미칭(美稱). 꿩과에 속한 새.
1040)보효(報曉) : 새벽을 알림.
1041)실시의외(實是意外) : 매우 뜻밖임.
1042)입장젼(入丈前) ; 장가들기 전.
1043)ᄌᆞ가(自家) : 자기 자체. =자기(自己).
1044)무신박힝지인(無信薄行之人) : 신의가 없고 행실이 경박한 사람.
1045)보유(保愈) : 허약한 몸을 보호하고 낫게 함.

라도 각각 소견이 이셔, 죵인(從人)ᄒᆞᄆᆡ 녜를 츌히고져 ᄒᆞᄆᆞᆯ ᄢᅵ다라 위력으로 핍박지
아닌즉, 제 내ᄯᅳᆺ을 싱각ᄒᆞᆯ진ᄃᆡ 감격ᄒᆞ려든 도로혀 욕되이 널너 죽기로 ᄌᆞ분(自憤)ᄒᆞ다
ᄒᆞ니, 실노 통히ᄒᆞᆫ지라. 내 져 ᄀᆞᆺ튼 미쳔지인(微賤之人)을 유【57】정ᄒᆞ여 일이 요란
ᄒᆞᄆᆡ 불가ᄒᆞ나, 이제ᄂᆞᆫ 형셰 슌(順)치 못ᄒᆞ게 되어시니, 비록 존당부뫼 다 아라샤 나
의 졍대치 못ᄒᆞᄆᆞᆯ 칙ᄒᆞ실지라도, 위력으로 져를 ᄡᅵ어 영츈뎡의 가 듀야로 못견ᄃᆡ도록
보치여, 어ᄃᆡ 죽ᄂᆞᆫ가 보리니, 그ᄃᆡ 이말을 화벽의게 젼ᄒᆞ고 오늘 ᄂᆡ로 영츈뎡으로 옴
기라. 제 나의 유정ᄒᆞᆷ을 욕(辱)도이 알거니와, 사ᄅᆞᆷ이 맛ᄎᆞᄆᆡ 폐륜(廢倫)치 못ᄒᆞᄂᆞ니,
나ᄂᆞᆫ 이제 유정ᄒᆞ여 측실(側室)1046)노 ᄃᆡ졉ᄒᆞ다가도, 혹ᄌᆞ 근본이 미쳔치 아니면 입장
젼 【58】만난 빈니 결발조강(結髮糟糠)1047)의 듕ᄒᆞᄆᆡ 아니되고 무어시 ○[되]리오마
ᄂᆞᆫ, 녀ᄌᆞ의 셩(性)이 편식(偏塞)1048)하여 원녜(遠慮) 업슬 ᄲᅮᆫ 아냐 괴망(怪妄)ᄒᆞ기를
겸ᄒᆞ여, 군ᄌᆞ 안젼(眼前)의 ᄌᆞ문이ᄉᆞ(自刎而死)1049)를 됴흔 일 ᄀᆞᆺ치 ᄒᆞ니, 그런 별물이
업ᄂᆞᆫ지라. 내 평싱 사ᄅᆞᆷ으로 더브러 징힐(爭詰)ᄒᆞ기를 괴로이 넉이더니, 이의 다도라
ᄂᆞᆫ 마지 못ᄒᆞ여 져의 괴망ᄒᆞᆷ을 썩고 말니니 그리알나.”

셤이 즉시 봉셜당의 도라와 양희로 더브러, 화벽을 위로 왈,

“공ᄌᆡ 비록 년소ᄒᆞ나 도량이 굉원(宏遠)ᄒᆞ고 식견이 회홍(恢弘)1050)ᄒᆞ시니, 네 공
【59】ᄌᆞ를 조ᄎᆞᄆᆡ 굿ᄐᆡ여 신셰 괴롭지 아닐 비오, ᄯᅩᄒᆞᆫ 욕된 일이 업슬지라. 공ᄌᆡ
일시 삼가지 못ᄒᆞ여 이의 드러와시나, 그 ᄀᆞᆮ온ᄃᆡ 비홍을 완젼케 ᄒᆞ니, 이ᄂᆞᆫ ᄃᆡ졉ᄒᆞᄂᆞᆫ
ᄯᅳᆺ이라. 네 다만 일이 되여감만 보고 텬연의 듕ᄒᆞᆷ을 싱각ᄒᆞ여, ᄉᆞ셰(事勢) 져 공ᄌᆞ와
결우지 못ᄒᆞᆯ지라. 공ᄌᆡ 너를 유졍(有情)ᄒᆞ시나 비례불법(非禮不法)이 아니오, 네 공ᄌᆞ
를 조ᄎᆞᄆᆡ 음분ᄌᆞ구(淫奔自求)ᄒᆞᄆᆡ 아니니, 엇지 조비야이1051) 심녀를 허비ᄒᆞ여 죽기
를 달게 넉이리오.”

화벽이 탄셩 뉴쳬 왈,

“내 명되 궁험(窮險)ᄒᆞ여 【60】 친싱부모를 모로니 텬디간 일죄인(一罪人)이라. 고
로 부모를 ᄎᆞᆺ지 못ᄒᆞᆫ 젼은 빅두를 그음ᄒᆞ여 인뉸셰ᄉᆞ(人倫世事)의 참예치 말고져 ᄒᆞ
더니, 장신(藏身)ᄒᆞ기를 그릇ᄒᆞ여 참측(慘惻)ᄒᆞᆫ 변고를 당ᄒᆞ니, 남을 원(怨)ᄒᆞᄆᆡ 아니
라, 내 명되 무상(無狀)ᄒᆞᆷ을 ᄒᆞᆫᄒᆞᆯ ᄲᅮᆫ이니, 무ᄉᆞᆷ 살고져 ᄯᅳᆺ이 이시리오?”

ᄒᆞ고, 졍신이 혼미ᄒᆞ여 눈이 졀노 ᄀᆞᆷ기며 일몽(一夢)을 어드니, 동남간으로 조ᄎᆞ ᄒᆞᆫ
졔 치운(彩雲)이 니러나며, ᄒᆞᆫ 션관(仙官)이 ᄂᆞ려와 화벽을 향ᄒᆞ여 왈,

“태음셩(太陰星)이 나를 알아시ᄂᆞ니잇가?”

---

1046)측실(側室) : 쳡(妾). 졍식 아내 외에 데리고 사는 여자.
1047)결발조강(結髮糟糠) : 조강지처(糟糠之妻). 원비(元妃). 원비로 맞아 결혼함.
1048)편식(偏塞) : 치우치고 막힘.
1049)ᄌᆞ문이ᄉᆞ(自刎而死) : 스스로 숨을 끊음.
1050)회홍(恢弘) : 마음이 너그럽고 도량이 큼.
1051)조비야이 : 속 좁게. *조비얍다; 좁다. 마음 쓰는 것이 너그럽지 못하다.

화벽이 비왈, 【61】

"인간 우물(愚物)이 엇지 존션(尊仙)을 알니잇고?"

션관이 소왈,

"태음셩이 젼셰(前世) 일을 모로시니, 녀와낭낭(女媧娘娘)[1052] 계신 곳에 가시면 주연 알아시리이다."

언파의 스미로셔 붉은 실을 너여, 윤공주를 쳥ᄒ여 화벽과 마조 셰우고 실을 느려 밋기를 다ᄒᄆᆡ, 션주(扇子)를 드러 ᄒᆫ 번 부치니 윤싱은 화ᄒ여 황뇽(黃龍)이 되고, 화벽은 화ᄒ여 셩신(星辰)이 되어, 일시의 오운(五雲)[1053]을 ᄐᆞ고 윤싱은 상뎨(上帝)[1054]긔 됴회(朝會)코져 옥경(玉京)[1055]을 드러가고, 화벽은 녀와궁(女媧宮)으로 드러가니, 낭낭(娘娘)[1056]이 소왈,

"태음셩이 십일 【62】 일 스이의 능히 딤을 모로는도다. 연이나 그ᄃᆡ 부모는 ᄎᆞ즐 날이 머지 아니나, 그ᄃᆡ 익회즉(厄會卽) 진(盡)홀쩌 머러시니, 조심ᄒ고 길운(吉運)을 기다리라."

화벽 왈,

"아지 못게이다. 쳡이 이십 젼의 부모를 ᄎᆞᄌᆞ리잇가?"

낭낭 왈,

"그ᄃᆡ 부모 ᄎᆞᆺ기는 스오년이 넘지 못ᄒ여 산 눗ᄎᆞ로 만나려니와, 만니 이국의 익각(涯角)[1057]이 ᄀᆞ리오고, 힛쉬(海水) 즈음ᄎᆞ니[1058] 그리는 씨 만흘거시오, ᄯᅩ 그ᄃᆡ 부뫼 슈한(壽限)이 장원치 못ᄒ니, 이 거시 그ᄃᆡ 지통이 되려니와, 형뎨 일퇵지상(一宅之上)의 서로 의지ᄒ여 골육지졍(骨肉之情)을 위 【63】 로ᄒ라. 진군(眞君)[1059]이 여러 곳에 붉은 실을 미즈 모들 사름이 만흐ᄃᆡ, 북히 뇽녀(龍女) 밧게 그ᄃᆡ게 해롭지 아니리니, 딤이 오치셔광(五彩瑞光)으로써, 그ᄃᆡ 일신(一身) 면모(面貌)의 호위ᄒ여 쳔만 위퇴ᄒᆫ 가온ᄃᆡ나, 주연 곳곳이 구홀 사름이 잇게 ᄒᆞ엿ᄂᆞ니, 그ᄃᆡ는 금일 딤의 말을 긔록ᄒ여, 진군의 뜻을 조ᄎᆞ 일시 소셩지위(小星之位)[1060]를 흔(恨)치 아니면, 타일 쳔승(千乘)의 상원(上元)[1061]이 되리라."

---

1052) 녀와낭낭(女媧娘娘) : 여와씨(女媧氏). 중국의 천지 창조 신화에 나오는 여신. 오색 돌을 빚어서 하늘의 갈라진 곳을 메우고 큰 거북의 다리를 잘라 하늘을 떠받치고 갈짚의 재로 물을 빨아들이게 하였다고 함. 사람의 얼굴과 뱀의 몸을 한 여신으로 알려져 있음.

1053) 오운(五雲) : 오색 구름.

1054) 상뎨(上帝) : 옥황상제(玉皇上帝). 흔히 도가(道家)에서, '하느님'을 이르는 말.

1055) 옥경(玉京) : 하늘 위에 옥황상제가 산다고 하는 가상적인 서울로 '백옥경'이라고도 함.

1056) 낭낭(娘娘) : 왕비나 귀족의 아내를 높여 이르는 말.

1057) 익각(涯角) : 멀리 떨어져 있어 외지고 먼 땅.

1058) 즈음ᄎᆞ다 : 가로막히다. 격(隔)하다.

1059) 진군(眞君) : '신선(神仙)'의 높임말.

1060) 소셩지위(小星之位) : 첩의 지위. *소성(小星); '첩'을 달리 이르는 말.

1061) 상원(上元) : 원비(元妃). 첫째 부인.

인ᄒ여, ᄎ 혼 종(鍾)[1062]을 먹이고 쳥의녀동(靑衣女童)으로 길흘 ᄀ라치라 ᄒ니, 화벽이 나아오더니, 길ᄒ셔 윤【64】싱을 만나니, 싱이 ᄌ긔 손을 잇그러 혼가지로 가려 ᄒ거ᄂᆞᆯ, 화벽이 윤싱의 집슈(執手)ᄒᆞᄆᆞᆯ 놀나 새로이 분ᄒ여 몸을 ᄲ릴 제, 스스로 씨치니 몽시 녁녁(歷歷)ᄒ고, 낭낭의 옥음이 귀에 명명(明明)ᄒ더라.

양희와 ᄲ셤이 겻히 안ᄌ 지셩으로 식음을 권ᄒ니, 화벽이 몽ᄉᆞᄅᆞᆯ 싱각ᄒᄆᆡ 텬연이며 팔지ᄅᆞᆯ 알아, 일시의 죽지 못홀 고로 식음을 나아오니, 양희 왈,

"이제 너ᄅᆞᆯ 영츈뎡으로 옴기고 소셩(小星)의 둘 의ᄉᆞ 굿으니, 결우려 ᄒ다가ᄂᆞᆫ 일이 요란ᄒ고 됴치 아니ᄒ리니, 【65】네 장ᄎᆞᆺ 엇지코져 ᄒᄂᆞᆫ뇨?"

화벽이 읍고(泣告) 왈,

"명도의 고이홈과 신셰의 위란ᄒᄆᆡ 이의 미ᄎᆞᄃᆡ, 오히려 살녀ᄒᄂᆞᆫ 거시 쳡의 무상(無狀)ᄒᄆᆡ라. 누ᄅᆞᆯ 원(怨)ᄒ리잇고마ᄂᆞᆫ, 쳡이 노류장화(路柳墻花)[1063]와 다ᄅᆞ니 엇지 사ᄅᆞᆷ을 조ᄎᆞᄆᆡ 신물(信物)[1064]이 업ᄉᆞ며, 퇴일(擇日)치 아니리오. 맛당히 빙물(聘物)[1065]을 밧고 퇴일ᄒ여 영츈뎡으로 올무미 가ᄒᄂᆞ이다."

양희와 셤이 깃거 이 ᄯᅳᆺ을 공ᄌᆞ의게 고ᄒ니, 공ᄌᆞ 미소 왈,

"쳔혼 ᄋᆞ히 이러ᄐᆺ 말만히 구ᄂᆞᆫ뇨? 빙물을 구홀진ᄃᆡ 내게ᄂᆞᆫ 님은 의복과 【66】셔칙 밧 업ᄉᆞ니, 종용히 모친 협ᄉᆞ의 가 아모거시나 어더주리니, ᄯᅳᆺᄃᆡ로 날흘 갈히여 영츈뎡으로 가게 ᄒ라."

ᄒ더라, 창닌이 ᄎᆞ일 혼뎡(昏定) 후, 모친 침뎐의 드러가 유랑·시ᄋᆞ 등만 잇거ᄂᆞᆯ, 공ᄌᆞ 협실의 드러가 옥함(玉函)을 열고 금낭(錦囊)을 ᄂᆡ니, 낭즁의 무어시 드럿거ᄂᆞᆯ ᄌᆞ시 보고져 ᄒ더니, 시녀 초벽이 즉시 ᄂᆡ러 공ᄌᆞ의 겻히 ○[와] 드러온 연고ᄅᆞᆯ 무ᄅᆞ니, 공ᄌᆞ 왈,

"ᄎᆞ던 칼흘 일허시니, 혹ᄌᆞ 모친 협ᄉᆞ의 참 즉혼[1066] 칼이 잇ᄂᆞᆫ가 보노라."

초벽이 금낭 ᄂᆡ여시믄 씨닷지 【67】못ᄒ고 그러히 넉이니, 공ᄌᆞ 금낭을 ᄉᆞ미의 너코 셔지의 나와 보려ᄒᄃᆡ, 제뎨군종(諸弟群從)이 ᄀᆞ득ᄒ니 번거ᄒ여 못보고, 명일 신셩 후 셤을 불너 금낭을 주며 왈,

"낭즁의 무슴 구슬이 드럿ᄂᆞᆫ가 시브니, 일노 신물을 삼게 화벽을 주고 수히 옴기라."

셤이 ᄃᆡ답ᄒ고 즉시 양희 침소의 믈너와 ᄂᆡ여 보니, 이ᄂᆞᆫ 다란[1067] 거시 아니라 승상이 하부인긔 빙혼 명쥬(明珠) 일ᄡᅡᆼ이라. 보광(寶光)이 찬난ᄒ여 방즁의 됴요(照耀)ᄒ

---

1062)종(鍾) : =종자(鐘子). =종지. '종발(鐘鉢)'보다 작은 그릇을 이르는 말.
1063)노류장화(路柳墻花) : 아무나 쉽게 꺾을 수 있는 길가의 버들과 담 밑의 꽃이라는 뜻으로, 창녀나 기생을 비유적으로 이르는 말.
1064)신물(信物) : 신표(信標). 뒷날에 보고 증거가 되게 하기 위하여 서로 주고받는 물건.
1065)빙물(聘物) : 납폐(納幣). 혼인할 때에, 정혼이 이루어진 증거로 신랑 집에서 신부 집으로 보내는 예물.
1066)즉ᄒ다 : 직하다. 앞말이 뜻하는 내용이 발생할 가능성이 많음을 나타내는 보조형용사.
1067)다란 : 다른. *다라다; 다르다.

니, 양희와 빵셤이 대경 왈,

"이 명쥬는 범연흔 보비 아니라. 대노【68】야(大老爺) 싱시의 이 명쥬 두빵을 어 드샤 뎐하와 승상노야 빙물을 삼아계시다 흐고, 슉녈비와 하부인이 둥히 넉이시믈 만 금의 비치 못홀너니, 뎡비낭낭 명쥬는 대공주 빙폐롤 삼아 소소제 가져 계시거니와, 이 명쥬는 아모 제(際)1068)라도 공주의 조강졍실(糟糠正實)이 가지시리니, 화벽의게 엇지 주시는고? 이는 반다시 하부인 모로시는듸 공지 넌즈시 어더 내신가 시브니, 도 로 공주긔 드려 다란 거스로 밧고와 달나 흐미 올토다."

양희 시ᄋ 셩난은 진국 냥민의 주식으로, 일즉 부뫼 죽으미 궁【69】비 빠는듸 주 원(自願)ᄒ여 든 비라. 화벽을 위흔 졍셩이 ᄀ득ᄒ고 소견이 명쾌ᄒ더니, 명쥬롤 보고 양희의게 고왈,

"사롬이 젹은 일도 운수롤 도망치 못ᄒ거든 ᄒ물며 인눈대시(人倫大事)리잇고? 명 쥬 비록 말이 업스나 주연 화벽낭즈긔 도라왓고, 공주 말숨이 심상치 아냐, '그 근본 이 미쳔치 아닌즉 입장젼(入丈前) 만나시니 조강(糟糠)이 아니오 무어시리오' ᄒ시미, 원녀(遠慮)롤 두시미라. 사롬의 팔즈롤 미리 긔약지 못홀 거시니, 화벽낭지 시금(時今) 져러툿 궁익(窮厄)ᄒ나, 타일 엇더ᄒ며, 그 근본이 엇【70】던 사롬인동 알니오? 임의 명쥬롤 공지 주신 비니, 됴히 화낭즈긔 젼ᄒ고 일이 되여감만 보소셔."

희와 셤이 그말을 올히 넉여 명쥬롤 화벽의 경디(鏡臺)의 너코, 퇵일ᄒ여 화벽을 영 츈뎡으로 옴길시, 셩난이 주원ᄒ여 화벽을 조초 영츈뎡으로 가니, 희와 셤이 두어 벌 의금침셕(衣衾枕席)1069)을 일워 보니고, 창닌공주긔 고ᄒ니, 공지 환희ᄒ여 존당부모 의 취침ᄒ시믈 기다려 영츈뎡의 니르니, 빵셤이 화벽을 붓드러 비례(拜禮)롤 다ᄒ미, 공지 폴【71】을 드러 흔가지로 방즁의 들시, 화벽이 빵셤의 쓰으는 디로 ᄒ고, 윤싱 과 일실지닉(一室之內)의 디ᄒ미 참황슈괴(慙惶羞愧)1070)ᄒ여 도로혀 슬허ᄒ니, 공지 볼스록 긔이ᄒ며 경복(敬服)ᄒ야 져의 근본이 아모란 줄 모로나, 소셩(小星) 하위의 굴ᄒ믈 추셕(嗟惜)ᄒ여 다만 묵연졍좌(黙然正坐)러니, 셤이 믈너나고 밤이 깁흐미 화 벽을 닛그러 금니(衾裏)의 나아갈시, 년니지낙(連理之樂)1071)과 운우(雲雨)의 합ᄒ미 교칠(膠漆)1072)의 지나고 은졍이 무궁이러니, 츈야(春夜) 고단(固短)1073)ᄒ야 임의 금 계(金鷄) 보효(報曉)ᄒ미, 니러 의디【72】롤 슈렴홀시 폴을 드러보니, 구파의 쥬졈(朱 點) 흔젹이 업거늘, 심니의 웃고 쏘 화벽의 폴을 쌔혀보미 잉혈이 간디 업는지라. 그

---

1068)제(際) : 때.
1069)의금침셕(衣衾枕席) : 옷과 이블, 베개, 자리 등을 함께 이르는 말.
1070)참황슈괴(慙惶羞愧) : 몹시 부끄럽고 두려움.
1071)년니지낙(連理之樂) : 부부가 화합하는 즐거움.'연리(連理)'는 연리지(連理枝) 곧 두 나무의 가지가 서 로 맞닿아서 결이 서로 통한 것을 뜻하여 화목한 부부나 남녀의 사이를 비유적으로 이르는 말.
1072)교칠(膠漆) : 아교와 옻칠이라는 뜻으로, 매우 친밀하여 서로 떨어질 수 없는 관계를 비유적으로 이르 는 말.
1073)고단(固短) : 매우 짧음.

옥이 함소(含笑)ᄒᆞ고 존당의 신셩(晨省)ᄒᆞ라 드러오니, 화벽이 몽소의 신긔ᄒᆞ믈 보고 죽기를 느추나, 부모를 ᄎᆞ지 못ᄒᆞᆫ 젼은 비홍(臂紅)을 완젼ᄒᆞ려 ᄒᆞ더니, 십일셰 츙년(沖年)의 남의 소셩지위(小星地位)를 당ᄒᆞ여 원치 아닛ᄂᆞᆫ 은졍을 불열ᄒᆞ니, 셤이 ᄌᆞ로 니르러 위로ᄒᆞ고, 양회 잇다감 와셔 밤을 ᄒᆞᆫ가지로 지닉더라.

ᄎᆞ후로 공ᄌᆞ 씩【73】를 타면 영츈뎡의 왕닉ᄒᆞ여 화벽을 이듕(愛重) 견권(繾綣)ᄒᆞ미1074) 비길ᄃᆡ 업스나, 언에(言語) 경션(輕先)1075)치 아니코, 셩되(性度) 관홍인ᄌᆞ(寬弘仁慈)ᄒᆞᄃᆡ 엄슉밍녈(嚴肅猛烈)ᄒᆞ여 조금도 희학(戲謔) 방일(放逸)ᄒᆞ미 업스니, 가즁이 화벽으로 유졍ᄒᆞ믈 알니 업고, 승상의 ᄉᆞ광지총(師曠之聰)으로도 ᄋᆞᄌᆞ의 힝ᄉᆞ를 모로니, 뉘 능히 씨다르리오.

일일은 셩닌이 졔뎨로 더브러 셔지의셔 담화ᄒᆞᆯ시, 우연이 챵닌의 손을 잡앗다가 폴을 보미 잉혈이 업거늘, 함소(含笑) 문왈,

"너의 쥬픠(朱表) 엇지 간ᄃᆡ 업ᄂᆞ뇨?"

공ᄌᆞ【74】미소 ᄃᆡ왈,

"장부의 폴 우히 쥬졈(朱點)이 이실 거시라 형장이 업스믈 고이히 넉이시ᄂᆞ니잇고?"

셩닌이 잠소왈,

"남ᄌᆞ의게 비홍(臂紅)이 져마다 이실 거시 아니로ᄃᆡ, 네게ᄂᆞᆫ 브딕 이셔 표젹(表迹)이 되엿ᄂᆞ니, 삼일이 넘지 못ᄒᆞ여 발셔 업섯ᄂᆞ뇨? 필유남ᄉᆞ(必有濫事)1076)ᄒᆞ도다."

챵닌 왈,

"취쳐조만(娶妻早晩)은 긔약지 못ᄒᆞ고, 장부(丈夫)의 비상(臂上)의 아니 이실 거시이시미, 마지 못ᄒᆞ여 업시ᄒᆞ엿거니와 대단ᄒᆞᆫ 남식(濫事) 아니니, 형장은 이런 일을 번셜(飜說)1077)치 마르소셔."

셩닌 왈,

"말고져 ᄒᆞᄂᆞᆫ 거슬 내 엇지 들추【75】리오마ᄂᆞᆫ, 녀식(女色)이란 거시 마춤ᄂᆡ 유해무익(有害無益)ᄒᆞ니, 나히 ᄎᆞ기를 기다려 ᄒᆞᆫ 안해로 집을 직희오지 아냐, 브딕 번ᄉᆞ(繁事)코져 홀진ᄃᆡ, 일미인을 어더 셰슈와 슈건을 밧듬도 해롭지〇[ᄂᆞᆫ] 아니커니와, 지어아등(至於我等)1078)ᄒᆞ여ᄂᆞᆫ 구싱유취지년(口生乳嗅之年)1079)에 식욕을 조동(早動)ᄒᆞ미 음난(淫亂)키에 갓가오니, 엇지 계부대인(季父大人)의 명셩(明聖)ᄒᆞ신 교훈을 밧드지 아니코, 이륙젼(二六前)1080)의 녀관(女關)을 유의ᄒᆞ여, 몸이 상(傷)ᄒᆞ고 힝실의

---

1074) 견권(繾綣)ᄒᆞ다 : 생각하는 정이 두터워 서로 잊지 못하거나 떨어질 수 없다.
1075) 경션(輕先) : 경솔하게 앞질러 어떤 말이나 행동을 함.
1076) 필유남ᄉᆞ(必有濫事) : 반드시 정도에 어긋난 일이 있음.
1077) 번셜(飜說) : 어떤 말을 다른 사람에게 옮겨 전함.
1078) 지어아등(至於我等) : 우리들에게는
1079) 구싱유취지년(口生乳嗅之年) : 입에서 젖내가 나는 어린나이. =구상유취지년(口尙乳臭之年)
1080) 이륙젼(二六前) : 열두 살도 되기 전.

유해ᄒᆞᆷᄋᆞᆯ ᄉᆡᆼ각지 아닛ᄂᆞ뇨?"

  챵닌이 사죄(謝罪)ᄒᆞ더라.  【76】

# 윤하뎡삼문취록 권지십


추시 창닌공지 사죄 왈,

"형장 말숨이 지극 맛당ᄒ시니 소뎨 엇지 밧드지 아니리잇고? 쥬표ᄅᆞᆯ 업시코져 일시 녀관(女關)을 유의ᄒᄆᆞ나, 음황(淫荒) 불법(不法)ᄒᄆᆡ 아니오, 허랑방탕(虛浪放蕩)1081)ᄒᄆᆞᆫ 업ᄉᆞᆯ가 ᄒᄂᆞ이다."

셩닌이 미소 왈,

"현뎨 술을 먹으나 눗빗치 변치 아니ᄒ니 상(傷)치 아닐 쥬량(酒量)이오, 식(色)을 호(好)ᄒᄃᆡ 밧그로 슈ᄒᆡᆼ(修行)컨 체ᄒᄆᆡ 년소방일(年少放逸)《ᄒ니와∥ᄒᄆᆡ오》, 기심(其心)이 불측(不測)1082)ᄒ야 변홰무궁(變化無窮)ᄒᄆᆡ라. 가즁이 다 너ᄅᆞᆯ 《온침졍대∥온듕졍대(穩重正大)》타 ᄒ【1】ᄃᆡ, 나ᄂᆞᆫ 너 알오ᄆᆡ 닉외 ᄒᆞᆫ갈ᄀᆞᆺ지 못ᄒᆞᆯ가 ᄒᄂᆞ니, 엇지 닉외심ᄒᆡᆼ(內外心行)이 가죽다 ᄒ리오."

창닌이 믄득 비사(拜謝) 왈,

"형장의 총명이 아니시면 소뎨의 심장을 셕연(釋然)이 ᄉᆞᄆᆞ춫1083)리 업ᄉᆞ리니, 소뎨의 위인을 붉히 닐ᄋ시니 엇지 감히 발명ᄒ리잇고? 다만 평ᄉᆡᆼ 소회ᄅᆞᆯ 고ᄒ리이다. 소뎨 몸이 상문(相門)의 나셔 ᄌᆞ라기ᄅᆞᆯ 호화이ᄒ여, 부귀 극진ᄒ고 존당과 부모의 교ᄋᆡ(嬌愛) 일신의 넘ᄯᅵ니, 어린 의ᄉᆞ 삼오젼(三五前) 뇽방(龍榜)1084)의 비등(飛登)ᄒ야 위진ᄉᆞ히(威震四海)ᄒ고 덕망(德望)이 산두(山斗)1085)의 놉ᄒ【2】ᄆᆞᆯ 결우고져 ᄒᄂᆞ니, 술을 즐기고 식(色)을 호(好)ᄒᄆᆡ 군ᄌᆞᄒᆡᆼ신(君子行身)의 유해ᄒ나, 소뎨ᄂᆞᆫ 외람ᄒᆞᆫ ᄯᅳ지 빅부(伯父)의 십이(十二) 금츠(金釵)1086)ᄅᆞᆯ 갓초지 못ᄒ여도, 쳐쳡 아오로 십여인은 두고말니니, 비상의 쥬푀 괴롭고 민망ᄒ여 일미인(一美人)을 유졍(有情)ᄒ엿ᄂᆞ이다."

셩닌이 칭지 왈,

"현뎨의 소견이 실노 영웅호걸이로다."

---

1081) 허랑방탕(虛浪放蕩) : 언행이 허황하고 착실하지 못하며 주색에 빠져 행실이 추저분함.

1082) 불측(不測) : 생각이나 행동 따위가 괘씸하고 엉큼함.

1083) ᄉᆞᄆᆞ춫다 : 사무치다. 깊이 스며들거나 멀리까지 미치다. 꿰뚫다.

1084) 뇽방(龍榜) : =과방(科榜). 과거에 급제한 사람의 이름을 써서 거리에 붙이던 글.

1085) 산두(山斗) : 태산북두(泰山北斗). 태산(泰山)과 북두칠성을 아울러 이르는 말.

1086) 금츠(金釵) : 금비녀를 뜻하는 말로 첩(妾)을 달리 이르는 말. 형포(荊布)나 조강(糟糠) 등으로 정실부인을 이르는 것과 비슷한 조어법이라 할 수 있다.

창닌이 불감(不堪)ᄒ믈 닐쿳더라.

화셜 평진왕 뎨이ᄌ(第二子) 웅닌이 의산으로 더브러 집을 ᄯᅥ나, ᄒ번 치를 치미 유유탕탕(悠悠蕩蕩)1087)이 ᄒᆡᆼᄒ여 소쥬(蘇州)1088)로브터 졀강(浙江)1089)과 심산희곡(深山海谷)【3】을 두루 완상ᄒ며, 동뎡호(洞庭湖)1090)를 구경ᄒ더니, 일일은 태쥬현(泰州縣)1091)을 지닐 제(際), 보니, 관문(官門)의 사름이 별 뭉킈1092) ᄃᆺ 모다 서로 닐ᄋ딕,

"혈육지신(血肉之身)이 져 지경의 밋츤 후 무어시 귀ᄒ여 일미(一妹)를 앗기고 그ᄃᆡ도록 괴로오믈 밧ᄂᆞᆫ고."

공ᄌ 문왈,

"엇던 사름이 무슴 변을 만나시며 엇진 연고로 누의를 앗긴다 ᄒ노뇨?"

일인 왈,

"슈ᄌ(豎子)ᄂᆫ 어듸 사노뇨?"

공ᄌ 왈,

"나ᄂᆫ 태쥬(泰州) 빅셩으로 ᄌᄉᆞ긔 고홀 일이 이셔 왓노라."

제인이 공ᄌ의 션풍옥골(仙風玉骨)을 보고 이상이 넉여 왈,

"태쥬【4】의ᄂᆫ 져런 사름이 업ᄂᆞ니, 빅셩이라ᄒ미 허언일다. 연(然)이나 우리 ᄌᆞᆺ식 위상유를 잡아다스리ᄂᆫ 소문은 태쥬의 ᄀᆞ득ᄒ니, 그ᄃᆡ 귀 · 눈이 업관ᄃᆡ 듯지 못ᄒ엿ᄂᆞ냐?"

공ᄌ 미소 왈,

"대강 드러시나 ᄌᆞ셔ᄒᆫ 일은 모로노라."

일인이 분연 왈,

"위상유ᄂᆫ 태학ᄉ 위흠의 지러니, 위학ᄉ 일즉 기셰ᄒ고 그 부인이 니어 망ᄒ니, 상위 어린누의를 다리고 이의 ᄂᆞ려와 사란지 여러 셰월이라. 수년 젼에 형쥬ᄌᄉᆞ 쥬공이 이곳의 니ᄅᆞ러 위상유를 ᄎᆞ즈보고, 어린 ᄋᆞ들이 잇【5】다 ᄒ여 상유의 누의와 혼ᄉᆞ를 뇌뎡(牢定)ᄒ고 혼셔(婚書) 빙물(聘物)을 머므러, 냥이 삼년만 더 자라기를 기다려 셩녜(成禮)키로 언약ᄒ고, 도라갓다 ᄒ더니, 태쥬ᄌᄉᆞ(泰州刺史) 도임(到任)ᄒ연지

---

1087) 유유탕탕(悠悠蕩蕩) : 아득히 멀고 넓은 세상을 한가로이 떠도는 모양.
1088) 소쥬(蘇州) : 중국 강소성(江蘇省)의 성도(省都).
1089) 졀강(浙江) : 중국 절강성(浙江省)에 있는 전당강(錢塘江) 및 그 상류의 총칭. *절강성(浙江省); 중국 동남부의 동중국해 연안에 있는 성. 고대 월나라의 땅이었으며, 주산군도(舟山群島)에는 불교의 4대 명산 중 하나인 보타산(普陀山)이 있고, 근해에 중국 최대의 어장(漁場)인 심가문(沈家門)이 있다. 성도(省都)는 항주(杭州).
1090) 동뎡호(洞庭湖) : 중국 호남성(湖南省) 동북부에 있는 중국에서 가장 큰 민물 호수. 샹강(湘江), 자수(資水), 원강(沅江) 따위가 흘러 들며 호수 안에는 악양루(岳陽樓) 따위가 있어 아름다운 경치로 유명하다.
1091) 태쥬현(泰州縣) : 중국 강소성(江蘇省) 태현(泰縣). *태주(泰州); 태현에 있는 도시.
1092) 뭉킈다 : 뭉기다. 엉겨서 무더기를 이루다.

스오삭(四五朔)의 위시의 ᄌ식(姿色)이 초세(超世)ᄒ믈 듯고 지실노 구ᄒ니, 상위 발셔 쥬가 빙치(聘采) 밧아시믈 닐을 ᄲᆞᆫ 아니라, '누의ᄅᆞᆯ 폐륜(廢倫)ᄒᆞᆯ지언뎡 참아 탐남불인(貪婪不人)1093)의 지실을 주리오' ᄒ니, ᄌ식(刺史) 그말을 듯고 대로(大怒)ᄒᆞ여 위상유ᄅᆞᆯ 잡아 가도고 위력으로 위시ᄅᆞᆯ 다려다가 지실을 삼으려ᄒᆞᆫ 거시, ᄠᅳᆺ갓지 못ᄒᆞ여 상【6】유의 누의 《벽복∥변복(變服)》ᄒ여 먼니 보니고 부모의 묘축(墓築)1094)이 태쥔 고로 능히 피치 못ᄒᆞ여, 가연이1095) 잡혀 드러와 ᄌᄉ의 탐남불법(貪婪不法)을 ᄭᅮ지저 굴복지 아니니, ᄌ식 대로대분(大怒大憤)ᄒᆞ여 위상유의 업슨 죄ᄅᆞᆯ ᄭᅮ며 방빅(方伯)1096)의게 고ᄒ여 죽이믈 결단ᄒ고, 상유ᄅᆞᆯ 참형(斬刑)으로 다ᄉᆞ려 금일 아조 마ᄎ련다 ᄒ니, 위개 한미(寒微)치 아니나 이곳의 친척이 업ᄉ니, 아등이 상유로 더브러 지극ᄒᆞᆫ 붕위라, 이제 모닷다가 그 시신이나 거두워 장ᄉ코져 ᄒ노라."

공ᄌ 텽필의 분연ᄒᆞ여 슈형(受刑)ᄒ【7】ᄂᆞᆫ 소년을 보니, 화지용뉴지풍(花之容柳之風)1097)으로 셜부옥골(雪膚玉骨)의 참형을 당ᄒ엿거ᄂᆞᆯ, 공ᄌ 즉시 드리다라 집장ᄉ예(執杖司隷)1098)ᄅᆞᆯ ᄒᆞᆫ번 ᄎ 더지고, 그 미ᄅᆞᆯ 아ᄉ 들고 청상(廳上)의 치다라 ᄌᄉ의 사모(紗帽)1099)ᄅᆞᆯ 벗기지라고, 그 상토ᄅᆞᆯ 풀쳐 손에 ᄀᆞᆷ고, 고셩(高聲) 왈,

"텬일(天日)이 지상(在上)ᄒ고 신명(神明)이 지방(在傍)ᄒ니, 네 국은을 외람이 닙ᄉ와 일읍의 ᄌ식 되어시니, 황픽(黃覇)1100)의 이민션졍(愛民善政)을 효측지 아니ᄒᆞ고 음황무도(淫荒無道)ᄒᆞ여 ᄉ류(士類)ᄅᆞᆯ 잡아 혹형(酷刑)ᄒᆞ며 규녀ᄅᆞᆯ 음일(淫逸)코져ᄒ니 엇지 통히치 아니리오."【8】

언ᄒ흘에 ᄌᄉ의 홍포(紅袍)1101)ᄅᆞᆯ ᄠᅳ져바리고 그 고의(高椅)1102)ᄅᆞᆯ 문희질너1103) ᄂᆞ리눌너1104) 안고 미ᄅᆞᆯ 드러 힘을 다ᄒᆞ여 치기ᄅᆞᆯ 급히ᄒ니, 수삼장의 피육이 후란ᄒ고 셩혈이 낭자ᄒ니, 이 ᄌᄉ의 셩명은 셔졍이라. 그 두 ᄋᆞ들이 아비 마ᄌᆞᆷ믈 보고 경황망극ᄒᆞ여 두손을 부븨여 이걸 왈,

"텬신님아! 사름을 살오소셔. 아비 비록 그ᄅᆞ나 우리형뎨ᄅᆞᆯ 죽이고 아비ᄅᆞᆯ 샤ᄒᆞ소

---

1093)탐남불인(貪婪不人) : 탐욕이 심해 사람답지 못한 사람.
1094)묘축(墓築) : 묘(墓)를 쓴 땅.
1095)가연이 : 개연(介然)이. 굳이. 굳게 지켜 변함이 없이.
1096)방빅(方伯) : 관찰사. 조선 시대에 둔, 각 도의 으뜸 벼슬.
1097)화지용뉴지풍(花之容柳之風) : 꽃 같은 얼굴과 버들 같은 풍채라는 뜻으로 아름다운 얼굴과 날씬한 몸매를 가리킴.
1098)집장ᄉ예(執杖司隷) : 죄인에 대한 심문이나 형벌을 집행하는 관청에서 곤장을 치는 일을 맡은 관리
1099)사모(紗帽) : 고려 말기에서 조선 시대에 걸쳐 벼슬아치들이 관복을 입을 때에 쓰던 모자. 검은 사(紗)로 만들었는데 지금은 흔히 전통 혼례식에서 신랑이 쓴다. =오사모(烏紗帽).
1100)황픽(黃覇) : 중국 한나라 때 명재상(名宰相). 하남 영천 태수를 두 번 역임하며 선정을 베풀었고 후에 승상이 되었다.
1101)홍포(紅袍) : 조선 시대에, 삼품 이상의 벼슬아치가 입던 붉은색의 예복이나 도포.
1102)고의(高椅) : 높은 의자.
1103)문희지르다 : 무너뜨리다.
1104)ᄂᆞ리누르다 : 내리누르다. 위에서 아래로 힘껏 누르다.

셔."

공지 이의 삼십여 장(杖))을 듕타(重打)흔 후 문왈,

"네 이제도 포악을 힘뼈, 사름을 보치며, 현ᄉᆞ를 해ᄒᆞ【9】고, 규녀를 취코져 ᄒᆞ려 ᄒᆞᄂᆞ다?"

셔졍이 졍신을 슈습지 못ᄒᆞ여 겨유 목 안히 소리로 ᄃᆡ왈,

"ᄎᆞ후ᄂᆞᆫ 경심계지(警心戒志)1105)ᄒᆞ여 음황사치(淫荒奢侈)를 먼니ᄒᆞ리니, 텬신님은 일명을 빌니소셔."

공지 졍히 니러나고져 ᄒᆞ더니, 믄득 ᄂᆡ루(內樓)로셔 일위(一位) 미소졔(美小姐) 홍군취삼(紅裙翠衫)1106)으로 금년(金蓮)1107)을 옴겨 나아오니, 션연(嬋姸)ᄒᆞᆫ 염광(艶光)이 현요(眩耀)ᄒᆞ여 쳥공(淸空)의 소월(素月)이오 녹파(綠波)의 향년(香蓮)이라. 긔이ᄒᆞᆫ 골격과 쳥아(淸雅)ᄒᆞᆫ 풍되(風度) 슈려쇄락(秀麗灑落)ᄒᆞ야 쳔고(千古) 졀염(絶艶)이오 셰ᄃᆡ(世代) 일ᄉᆡᆨ(一色)이라. 갓가이 나아와 눈믈을 흘【10】니며 옥셩(玉聲)을 놉혀 왈,

"만승(萬乘)의 위엄이라도 필부(匹夫)를 죽이랴 ᄒᆞ면, 문의(問議)ᄒᆞ야 일국(一國)이 가살(可殺) 연후(然後)의야 비로소 죽이ᄂᆞ니, 군의 용녁은 비록 항왕(項王)1108)을 압두ᄒᆞ고 위셰를 업누란다 ᄒᆞ여도, 힝실과 거동이 무뢰협긱(無賴俠客)의 모양이라. 가친(家親)이 비록 실덕실쳬(失德失體)ᄒᆞ여 위상유를 그릇 형벌ᄒᆞ시나, 군이 위싱을 구코져 ᄒᆞ거든, 가친을 녜(禮)로 드러와 보고 ᄉᆞ리(事理)로 개유(開諭)ᄒᆞ여, 가친이 스스로 붓그려 픽덕(悖德)을 긋치게ᄒᆞ고 위상유를 됴히 ᄉᆞ(赦)케ᄒᆞ미 올커ᄂᆞᆯ, 일읍(一邑)【11】태슈(太守)를 이ᄀᆞ치 즐욕(叱辱) 난타(亂打)ᄒᆞ여 아조 맛고져ᄒᆞ니, 아지못게라 우리 엄뎡(嚴庭)이 군의게 무슴 원슈를 지으미 잇ᄂᆞ뇨? 오슈일녀ᄌᆞ(吾雖一女子)1109)나 부형(父兄)을 위ᄒᆞ야 무슨 노라슬 못ᄒᆞ리오. 궁극히 군의 ᄌᆞ최를 ᄯᆞ라 셩명을 알고, 격고등문(擊鼓登聞)1110)ᄒᆞ여 셩텬ᄌᆞ(聖天子) 압히셔 원상(冤狀)을 할고1111) 군의 고기를 맛보아 부형 해ᄒᆞᆫ 원슈를 갑고 말니니, 군이 우리 부녀를 다 죽일가 시브거든 아모커나 모도 해ᄒᆞ라."

언필에, 봉안(鳳眼)을 놉히 ᄶᅥ 윤싱의게 달녀들고져 ᄒᆞ니, 공지 【12】 텽파의 셔너 거름을 믈너 공슈(拱手) 왈,

---

1105) 경심계지(警心戒志) : 마음과 뜻읗 가다듬고 조심함.

1106) 홍군취삼(紅裙翠衫) : 붉은 색 치마와 비취색 저고리란 뜻으로 여인의 아름다운 의상을 이르는 말.

1107) 금년(金蓮) : 금으로 만든 연꽃이라는 뜻으로, 미인의 예쁜 걸음걸이를 비유적으로 이르는 말. 중국 남조(南朝) 때 동혼후(東昏侯)가 금으로 만든 연꽃을 땅에 깔아 놓고 반비(潘妃)에게 그 위를 걷게 하였다는 고사에서 유래한다.

1108) 항왕(項王) : 항우(項羽), B.C.232~B.C.202. 중국 진(秦)나라 말기의 무장. 이름은 적(籍). '우(羽)'는 자(字)이다. 숙부 항량(項梁)과 함께 군사를 일으켜 유방(劉邦)과 협력하여 진나라를 멸망시키고 스스로 서초(西楚)의 패왕(霸王)이 되었다. 그 후 유방과 패권을 다투다가 해하(垓下)에서 포위되어 자살하였다

1109) 오슈일녀지(吾雖一女子) ; 내 비록 한 여자의 몸이지만,

1110) 격고등문(擊鼓登聞) : 등문고(登聞鼓)를 울려 임금께 직접 억울한 사정을 아룀.

1111) 할다 : 하소연하다. 호소하다.

"소싱이 본디 위상유로 일면의 분1112)이 업고 녕존(令尊)으로 쳑촌(尺寸)1113)의 은원(恩怨)이 업ᄉᆞ니 무ᄉᆞᆷ 일노 녕존을 박살ᄒᆞ고 위상유를 브딕 구코져 ᄒᆞ리오마ᄂᆞᆫ, 녕존의 소힝이 무상(無狀)ᄒᆞ실ᄉᆡ, 인심의 통히ᄒᆞ믈 니긔지 못ᄒᆞ야 후일을 경계코져 ᄒᆞ미어니와, 소져ᄂᆞᆫ 과도히 구지말나. 녕존이 소싱의 경칙(輕責)ᄒᆞ믈 인ᄒᆞ여 회과ᄌᆞ칙(悔過自責)ᄒᆞᆯ진ᄃᆡ, 소싱이 실노 녕존의 놉흔 ᄉᆞ싱이 되지 아니랴?"

셜파의 위싱의 압히 가 칼흘 벗기고 ᄀᆞ빅야이 【13】 념히 ᄶᅵ고 우어 왈,

"태쥬 니민(吏民) 가온ᄃᆡ 아모나 날 잡을 용녁이 잇거든 나아오라."

ᄒᆞ니, 관니로브터 빅셩이 다 셔ᄌᆞᄉᆞ의 불인극악(不仁極惡)ᄒᆞ믈 깁히 원ᄒᆞᄂᆞᆫ 빅라. 그 듕히 마ᄌᆞ믈 ᄀᆞ장 징기라이1114) 녁여 윤공ᄌᆞ를 조ᄎᆞ 잡을 ᄆᆞᄋᆞᆷ을 두지 아니코, 반다시 신션이 하강ᄒᆞ여 ᄌᆞᄉᆞ의 불인ᄒᆞ믈 벌ᄒᆞᄂᆞ니라 ᄒᆞ더라.

윤공ᄌᆡ 위상유를 념히 ᄶᅵ고 나아간 후 냥 셔싱과 셩혜소졔 일시의 ᄌᆞᄉᆞ를 븟드러 구완ᄒᆞᆯᄉᆡ, 셩혜소졔ᄂᆞᆫ 불인ᄒᆞᆫ 아비를 담지 아냐 시년 십일셰의 【14】 만식 특이ᄒᆞᆫ지라. 초에 상유를 ᄌᆞ식 잡아 가돌 ᄯᅢ의 여러 번 간ᄒᆞᄃᆡ ᄌᆞ식 듯지 아니코, 냥 셔싱은 ᄌᆞᄉᆞ보다가ᄂᆞᆫ 인현돈후(仁賢敦厚)ᄒᆞ더라. 아비 사오나오믈 졀민ᄒᆞ여 간ᄒᆞᄃᆡ ᄌᆞ식 불텽(不聽)ᄒᆞ더니, 윤싱의게 크게 미를 맛고 날이 어두온 후 ᄌᆞ연 인ᄉᆞ를 ᄎᆞᆯ혀 ᄌᆞ녀를 알아보미, 념치를 도라보건ᄃᆡ 붓그럽고 치던 사ᄅᆞᆷ이 하 이상ᄒᆞ니, 필경 ᄯᅩ 무ᄉᆞᆷ 변을 ᄂᆡ여 져를 죽이고 긋칠가 두리온 의식 무궁ᄒᆞ니, ᄎᆞᆯ하리 몸이 업서져 남을 보지 말고져 ᄒᆞᄂᆞᆫ지라. 셩혜 【15】 화셩유어로 부친을 위로ᄒᆞ니, 셔경이 녀ᄋᆞ의 말이 다 온당ᄒᆞ믈 ᄭᆡ다라, 져의 젼젼(前前) 무상(無狀)턴 바를 뉘웃ᄎᆞ미 업지 아니니, 냥 셔싱과 셩혜 부친의 회심ᄒᆞ시믈 그윽이 다힝ᄒᆞ야 환희ᄒᆞ니, ᄌᆞ식 쥬ᄉᆡᆨ(酒色)을 먼니ᄒᆞ고 치송결옥(治訟決獄)의 불명무상(不明無狀)키를 삼가, 고자(古者) 현인(賢人)의 션졍(善政)을 효측(效則)ᄒᆞ니, 관니와 빅셩이 다 흔열(欣悅)ᄒᆞ더라.

어시의 윤공ᄌᆡ 위상유를 념히 ᄶᅵ고 관문 밧게 나와, ᄂᆞᄂᆞᆫ 다시 ᄌᆞ긔 ᄆᆞᆯ게 올녀 ᄲᆞᆯ니 십여리ᄂᆞᆫ 힝ᄒᆞ여, 그윽ᄒᆞᆫ 곳에 상유 【16】 를 ᄂᆞ리와노코 물에 약을 화ᄒᆞ여 구호ᄒᆞ니, 위싱이 인ᄉᆞ를 ᄎᆞᆯ혀 윤공ᄌᆞ를 보고 은혜를 사례ᄒᆞ니, 윤공ᄌᆡ 집슈 위로 왈,

"현ᄉᆞ의 참혹지화(慘酷之禍)를 보고, 잔잉ᄒᆞ여 셔경을 약간 장칙ᄒᆞ야 후일을 삼가게 ᄒᆞ고 현ᄉᆞ를 븟드러 이의 왓ᄂᆞ니, 아지못게라, 현ᄉᆞ의 가솔(家率)은 어ᄂᆡ 곳에 잇ᄂᆞ뇨?"

위싱이 읍혈뉴톄(泣血流涕) 왈,

"누인(陋人)이 존ᄉᆞ(尊師)로 더브러 《쇼믹‖쇼뎨(小弟)》 평싱으로 일면부지(一面不知)어ᄂᆞᆯ, 형벌의 급ᄒᆞᆫ 목숨을 건져ᄂᆡ시니, ᄉᆡᆼ아자(生我者)1115)ᄂᆞᆫ 부모요, ᄌᆡᄉᆡᆼ자(再生

1112)분 : 교분(交分). 서로 사귄 정.
1113)척촌(尺寸) : 한 자 한 치라는 뜻으로, 얼마 되지 않는 조그마한 것을 이르는 말.
1114)징기랍다 : 재미있다. 고소하다. 미운 사람이 잘못되는 것을 보고 속이 시원하고 재미있다.
1115)ᄉᆡᆼ아자(生我者) : 나를 낳아 준 사람.

者)1116)는   은인이라. 누인은   조상부【17】모(早喪父母)1117)호고   종선형뎨(宗鮮兄弟)1118)호여 십삼 쳥츈의 주녜 업스니, 소뎨 죽은 날은 조션혈식(祖先血食)1119)을 긋고 일믜의 젼졍(前程)을 위틱이 호야, 젹주(賊者)의 욕을 면치 못홀가 호더니, 이제 살믈 어드니 아지 못게라 은인의 존셩대명(尊姓大名)1120)을 드러지이다."

인호여, 기쳐 임시는 태亽 임빅명의 녜러니, 귀근(歸覲)호야 경亽의 올나간 亽이 이변(變)을 만나 누의를 변복호여 マ마니 산문(山門)1121)의 깁히 곱초고 져는 잡혀갓던 바를 닐ㅇ니, 윤공지 위상유의 비원(悲怨)혼 졍亽를 듯고, 츄연 탄왈,

"현亽의 비고(悲苦)【18】혼 졍시 남과 다로딕, 셔졍 젹주(賊者)를 두려 비록 구코져 호느니 이셔도 입을 여지 못호느니, 엇지 통히치 아니리오. 현식 잠간 태쥐를 써나는 거시 올흐니, 녕미로 더브러 갈 곳이 잇거든 소뎨와 혼가지로 힝호미 엇더호뇨? 소뎨의 셩명은 윤웅닌이니 경亽 사름이라. 일시 유완(遊玩)을 위호여 이곳 マ지 느려왓다가, 우연이 현亽를 구호미 이시나 굿트여 남다른 의긔 이셔 그런 거시 아니니, 현亽는 과도히 닐쿳지 말나."

위싱 왈,

"은인이 소뎨의 죽을 목숨을 살【19】오시고 혼가지로 가기를 닐ㅇ시니, 일마다 감격혼지라. 소민의 혼인을 형쥐 주亽 쥬한의 주와 뇌뎡호여, 빙치(聘采)를 밧안지 삼년이라. 소민와 쥬싱이 혼가지로 십삼셰 되어시니, 셩녜(成禮)홀 년긔(年紀)라. 누인의 종숙이 형양태쉬니 형양과 형쥐 亽이 지근호여 일일졍(一日程)이 못되니, 소뎨 누의로 더브러 형양으로 가고져 호느니, 은인이 능히 형양マ지 가리잇고?"

윤싱 왈,

"형쥐 월츌산이 유명혼 곳이니, 소뎨 혼번 보고져 호는 비라. 형을 조츠 가미【20】무어시 어려오리오. 그러나 형의 장체(杖處) 위독호니 종용혼 산亽(山寺)를 어더 됴리혼 후 힝호미 가호도다."

호고, 힝인다려 무르니 쳥원시라 호는 졀이 잇다 호니, 공지 위싱으로 쳥원亽의 니르니, 진짓1122) 심산궁곡(深山窮谷)이러라. 공지 은금(銀金)을 닉여 화상(和尙)1123) 등을 주어 냥미(糧米)와 찬션(饌膳)을 넉넉히 호고, 졍결혼 당샤를 갈히여 위싱을 머믈게 호고 약물노 됴리(調理)케 호니 일삭지닉(一朔之內)의 장체(杖處) 완합(完合)혼지라. 이의 힝니(行李)1124)를 출혀 발힝홀시 누의를 호힝호여 가더니, 위싱의 남【21】

---

1116)직싱자(再生者) : 다시 살게 해준 사람. 또는 죽었다가 다시 살아난 사람.
1117)조상부모(早喪父母) : 일찍 부모를 여읨.
1118)종선형뎨(宗鮮兄弟) : 일가에 형제가 많지 않음.
1119)조션혈식(祖先血食) : 조상의 제사를 받듦. *혈식(血食);
1120)존셩대명(尊姓大名) ; '성명(姓名)'을 높여 이르는 말.
1121)산문(山門) : 절 또는 절의 바깥문
1122)진짓 : 과연. 참으로.
1123)화상(和尙) : '승려'를 높여 이르는 말

미 익회 고이ᄒᆞ여 노듕(路中)의셔 ᄒᆞᆫ 무리 흉적을 만나 놀난 비 된지라. 원ᄂᆡ 위소져의 ᄉᆡᆨ모긔질(色貌氣質)이 셰ᄃᆡ의 희한ᄒᆞ니, 향즁졔인(鄕中諸人)이 칭찬ᄒᆞ더라.

태쥐 운악산이란 곳에 악소년이 모다 불의ᄅᆞᆯ 쇠ᄒᆞ며, 믹양 초츌ᄒᆞᆫ 미인을 겁(劫)칙[1125]ᄒᆞ여 희쳡(姬妾)을 삼으니, 슈젹(首賊)의 셩명은 오셥긔니 젼 대장군 오표의 ᄋ들이라. 오표 일즉 죽고 쳐 장손시 ᄌᆞ식을 ᄒᆞᆫ갓 교ᄋᆡ(嬌愛)ᄒᆞᆯ ᄲᅮᆫ이오, 힝실을 ᄀᆞ라치미 업스니, 오셥긔 방약무인(傍若無人)ᄒᆞ여 악소년 수 빅여 인과 녕한(獰悍)ᄒᆞᆫ 장수 오【22】빅을 모화 운악산의 채칙(寨柵)[1126]을 일우고 웅거(雄據)ᄒᆞ여시나, 환과고독(鰥寡孤獨)[1127]을 상해오ᄂᆞᆫ 일은 업더니, 오장군부인이 믹파로 위상유의게 혼인을 구ᄒᆞ니, 위싱이 거졀ᄒᆞ엿더니 오릭지 아냐 셔 ᄌᆞᄉᆞ의게 화ᄅᆞᆯ 만나고, 위소졔 거쳐(去處) 업다 ᄒᆞ니, 오셥긔 용약ᄒᆞ여 브듸 위소져의 자최ᄅᆞᆯ 심방ᄒᆞ여 져의 가인(佳人)을 삼으려 ᄒᆞ되, 위시의 간 곳을 아지 못ᄒᆞ더니, 이의 위싱이 지나믈 알고, 셥긔 빅여 긔(騎)ᄅᆞᆯ 거ᄂᆞ려 니로러, 졔적을 명ᄒᆞ여 사ᄅᆞᆷ은 상해오지 말고 다만 위소져의 【23】교ᄌᆞᄅᆞᆯ 아ᄉᆞ 편히 뫼시라 ᄒᆞ니, 졔적이 일시의 소릭ᄒᆞ고 위소져의 교ᄌᆞᄅᆞᆯ 에워ᄲᅡ니, 위싱은 적당과 결울 의ᄉᆞᄅᆞᆯ 못ᄒᆞ여, 밧비 윤공ᄌᆞᄅᆞᆯ 붓들고 왈,

"하ᄂᆞᆯ이 브듸 나ᄅᆞᆯ 죽이려 ᄒᆞ시니 인녁으로 밋지 못ᄒᆞ리로다."

윤공지 ᄎᆞ경을 당ᄒᆞ여 손에 쥔 잠기 업스므로, 이의 졈사 기동을 ᄲᅡ혀들고 바로 셥긔의게 다라드니, 셥긔 조금도 두리지 아냐 대소 왈,

"구상유취(口尙乳臭) 망녕(妄靈)도이 군즁의 드러와 죽고져 ᄒᆞᄂᆞᆫ다?"

공지 대로ᄒᆞ여 바로 몸을 소소아 ᄂᆞᆫ 다시 오적【24】의 ᄐᆞᆫ ᄆᆞᆯ게 올나 안ᄌᆞ, 오적의 가진 바 칼흘 아ᄉᆞ 더지고, 그 상토ᄅᆞᆯ 풀쳐 손에 감아, 마상의셔 목이 ᄲᅡ지도록 두루기ᄅᆞᆯ 무수히 ᄒᆞ며, 졔적(諸賊)을 보아 왈,

"오셥긔 무상(無狀)ᄒᆞ므로 여등이 다 적당을 도와 불의ᄅᆞᆯ 힝ᄒᆞ나, 본셩이 사오납지 아니니, 너희 살고져 ᄒᆞ거든 악힝을 ᄇᆞ려 냥민(良民)이 되라."

졔적이 공ᄌᆞ의 기동에 만히 마ᄌᆞ시니 감히 결울 의ᄉᆞᄅᆞᆯ 못ᄒᆞ다가, 오셥긔의 잡히믈 보믹 심신이 경황ᄒᆞ여, 일시의 칼흘 더지고 부복 왈,

"소졸 등은 슈장(首將)의 【25】명을 조츠 동셔남북의 그 가ᄂᆞᆫ 곳을 ᄯᆞ르나, 실노 사ᄅᆞᆷ을 상해온 빅 업ᄉᆞᆸᄂᆞ니, 상공이 소졸(小卒) 등의 일명을 사(赦)ᄒᆞ시면 다시 불의ᄅᆞᆯ 힝치 아니리이다."

오셥긔 칭찬 왈,

"이제 일명을 살오실진ᄃᆡ 다시 그른 곳에 나아가지 아니리이다."

1124)힝니(行李) : 행장(行裝). 여행할 때 쓰는 물건과 차림.
1125)겁(劫)칙 : 겁(劫)측. 폭행이나 협박을 하여 강제로 부녀자와 성관계를 갖는 일.
1126)채칙(寨柵) : 통나무 따위를 이어 박아 세운 목책(木柵). 또는 목책을 세워 구축한 진지(陣地).
1127)환과고독(鰥寡孤獨) : 늙어서 아내 없는 사람, 젊어서 남편 없는 사람, 어려서 어버이 없는 사람, 늙어서 자식 없는 사람을 아울러 이르는 말.

공지 텽파의 대열ㅎ여, 셥긔의 손을 잡고 왈,

"금일 호걸(豪傑)의 풍(風)을 보니 환힝(歡幸)ㅎ도다. 이제 군이 픡도(悖道)를 바리고 어진곳에 나아갈진듸, 군의 몸에 그만흔 복이 업스리니, 군이 날로 더브러 밍셰ㅎ여 서로 교도를 밋【26】고, 젼일 그른 거슬 뉘웃처 새로 덕을 닷그면 아름다올가 ㅎ노라."

셥긔 윤공ㅈ의 긔특흔 위인을 경앙칭복(敬仰稱福)ㅎ고 그 셩명을 무러 알고 경ᄉ 취운산의 잇다ㅎᄆᆯ 드르믹, 반다시 평진왕 윤쳥문의 ᄌ질 밧게 나지 아니믈 씨다라, 이의 문왈,

"현ᄉ의 친당이 윤쳥문 형뎨 항녈(行列)이 되시ᄂ냐?"

웅닌이 넌ᄌ시 그러타 딕답ᄒᆯ지언뎡, ᄌ긔 굿ᄐ여 쳔승(千乘)의 ᄋ들이며 상국(相國)의 족해(足下)를 자랑치 아녀, 몸가지믈 한미흔 문호의셔 자람ᄀᆺ치 ᄒ니, 위싱의지【27】극흔 졍으로도 오히려 진왕의 ᄋ들이믈 아지 못ᄒ더라.

오셥긔 위상유를 향ᄒ여 그릇 힝거의 작난ᄒᆞᄆᆯ 사죄ᄒ고, 죵용이 졈ᄉ를 어더 윤싱으로 졍회를 펼식, 셥긔 ᄯᅳᆺ이 크고 언식 쾌활ᄒ여 도적의 무리의 들믹 실노 앗가온지라. 윤공ᄌ 그 픡도의 ᄲᅢ지미 만만불가(萬萬不可)ᄒᆞᄆᆯ 닐러, 수이 그 ᄌ당을 뫼셔 경ᄉ의 올나가 슉녀(淑女)를 취ᄒ고 무과(武科)를 응ᄒ여 공업(功業)을 세우라 ᄒ니, 셥긔 슌슌(順順) 사례ᄒ고 윤싱을 ᄯᅡ라 힝코져 ᄒ니, 공ᄌ 브듸 형쥐 월【28】츌산을 보고 경ᄉ 소식을 드러 흉상박용(凶狀薄容)이 다란 듸 셩혼ᄒ여시믈 안 후 집으로 드러가려 ᄒᄆᆯ로, 이의 굴오듸,

"소뎨ᄂᆞᆫ 산쳔을 유람ᄒ고 혹ᄌ 츄동간(秋冬間)의 과갑(科甲)이 이시면, 경ᄉ로 올나가 응과코져 ᄒᄂ니, 군이 나를 ᄯᅡ라가미 브졀업ᄉ지라. 서로 닛지 아니려 ᄒ거든 경ᄉ의 가 ᄎᆞᄌ 교도를 후히 ᄒᆯ ᄲᅮᆫ이니, 군은 금월이라도 녕ᄌ당(令慈堂)을 뫼셔 몬져 상경ᄒ라."

셥긔 슈명ᄒ고 니별ᄒ니라.

윤공ᄌ 위싱으로 더브러 힝ᄒ여 형양의 다드라, 윤【29】공ᄌ 위싱을 니별ᄒ고 의산으로 더브러 월츌산의 니르니, 산형이 긔이ᄒ고 봉만(峰巒)1128)이 ᄲᅢ혀나 경개(景槪) 졀승ᄒ더라. 싱이 산경(山景)을 유완(遊玩)ᄒ여 글을 지어 암상의 ᄡᅳ고 날이 져믈믈 씨닷지 못ᄒ더니, 믄득 셧녁 송하(松下)의 흔 사름이 갈건야의(葛巾野衣)1129)로 초리(草履)1130)를 ᄭᅳ을고 나아오며 닐ᄋ듸,

"덕승ᄌ(德勝才)1131)면 군ᄌ 되고 ᄌ승덕(才勝德)1132)이면 소인이 되ᄂ니, 네 비록

---

1128)봉만(峰巒) : 꼭대기가 뾰족뾰족하게 솟은 산봉우리.
1129)갈건야의(葛巾野衣) : 관직에 있지 않은 사람 차림의 두건과 의복.
1130)초리(草履) : 짚신. 볏짚으로 삼아 만든 신. 가는 새끼를 꼬아 날을 삼고 총과 돌기총으로 울을 삼아 만든다.
1131)덕승ᄌ(德勝才) : 재주 보다 덕이 높음.

부조여풍(父祖餘風)1133)으로 함옥토쥬(含玉吐珠)1134)호는 지죄이시나, 심졍이 온젼치
못호여 무궁히 탐코져 호는 거시 미녀셩식(美女聲色)이라. 이【30】제 힝실을 닥고
무옴을 굿이 잡아 근신겸퇴(謹愼謙退)를 쥬(主)홀진디 영쥰호걸이 되려니와, 혼갈곳치
방일혼즉 텬하 경박지(輕薄者) 되여 셰상의 셔지 못호리라.”

싱이 추언을 드루미 놀나오믈 니긔지 못호여, 눈을 드러 기인을 보니, 의복이 남누
호고 눗가죽이 두루 찡긔여시나, 놉흔 풍치와 됴흔 거동이 진짓 학골봉형(鶴骨鳳
形)1135)이라. 싱이 즉시 그 압히 나아가 비례 왈,

“속긱(俗客)이 아득호여 션싱을 아지 못호나, 션싱은 소싱의 근본을 알아시는가 시
브오니, 모로미 그른 곳을 【31】 ᄀ라치시고 올흔 거슬 경계호샤 소싱의 어두온 심스
를 붉히소셔.”

기인이 본체 아니코 흐르는 물을 쩌 마시거늘, 싱이 다시 절호고 우문 왈,

“소싱이 감히 션싱의 존셩대명을 뭇ᄌ오미 황공호오나, 혼번 듯기를 원호ᄂᆞ니 엇지
못 본체 호시ᄂᆞ니 잇고?”

기인이 믄득 셩니여 왈,

“엇던 도적놈이 언제 나를 아더니라 호고 셩명을 뭇는고? 윤광텬으로브터 아비를
모르는 불식무지(不識無知) 픽악지인(悖惡之人)이러니, 이 거슨 그것만치도 못 삼겨
사름을 만히 해홀 【32】 거시오, 도적질이나 호여 비를 불니게 삼긴 거시로다.”

윤싱이 텬셩이 과격쥰녈(過激峻烈)호니 져 사름이 만일 범인(凡人)일진디 엇지 그져
두리오마는, 반다시 긔특흔 이인(異人)이믈 씨다라, 조금도 노호지 아니코, 이의 고왈,

“션싱도 남이 기친(其親)을 즐욕(叱辱)호면 무옴이 편홀가 시브니잇가?”

기인(其人)이 노미(怒罵) 왈,

“이 못 삼긴 계견(鷄犬)의 삿기 ᄀᆞᆺ튼 거시 엇지 감히 날과 너를 비겨 말호리오. 나
는 일즉 셩효를 갈녁호여 인ᄌ의 도를 다호고, 너의 부ᄌ ᄀᆞᆺ치 불초(不肖)흔 힝실
【33】이 업ᄂᆞ니, 뉘라셔 내부모를 욕호리오. 네집은 광텬으로브터 흉픠무상(凶悖無
常)호여 아비를 모로고 한미를 불효호여 허다(許多) 변괴 층츌호니, 지어 ᄌ손이 텬뎡
(天廷)의 잡혀 디면질뎡(對面質正)호는 변괴를 당호니, 엇지 어지다 호리오?”

호며, 무수(無數) 즐욕호디, 공지 노치 아니니, 기인이 믄득 싱의 손을 잡고 칭션
왈,

“하ᄂᆞᆯ이 윤가를 위호여 군ᄌ슉녀를 니시니, 혼갓 군지문호(君之門戶)1136)를 흥긔홀

---

1132)지승덕(才勝德) : 덕보다도 재주가 앞섬.
1133)부조여풍(父祖餘風) : 부모와 조상으로부터 물려받은 풍습.
1134)함옥토쥬(含玉吐珠) : 옥(玉)을 머금고 구슬을 토한다는 뜻으로, 문장력이 뛰어남을 비유적으로 표현한
     말.
1135)학골봉형(鶴骨鳳形) : 학처럼 늘씬한 골격과 봉황처럼 신령스런 모습.
1136)군지문호(君之門戶) : '그대의 가문' 이란 말의 한문 투 표현..

쑨아니라, 송됴(宋朝)의 젹지 아닌 복이니, 엇지 긔특지 아니리【34】오. 연(然)이나 나는 인세를 하직ᄒᆞ고 세렴(世念)을 긋천지1137) 오릭니, 경ᄉ 왕공지녈을 알오미 업ᄉᆞ딕, 일단 군가를 향ᄒᆞᆫ ᄆᆞ음은 니즐 길히 업ᄂᆞᆫ지라. 녕형(令兄)을 거년 동의 히북의셔 만나미, 힝식이 참담ᄒᆞᆫ지라. 심니(心裏)의 잔잉ᄒᆞ딕1138) 텬수(天數)를 누셜치 못ᄒᆞ여 취운산 윤부를 ᄀᆞ라쳐 보ᄂᆡ지 못ᄒᆞ고 다만 친당의 도라갈 년월만 쩌주엇더니, 반다시 그 씨를 헛도이 보ᄂᆡ지 아냐시리니, 부ᄌᆞ상봉(父子相逢)ᄒᆞ여 텬윤(天倫)의 남은 흔이 업고, 합가(闔家)의 즐기미 ᄀᆞ득ᄒᆞ【35】여시리로다. 그딕 이의 ᄂᆞ려오믄 하ᄂᆞᆯ이 넛그러 젼셰 연분(緣分)이 듕ᄒᆞ믈 일우게 ᄒᆞ시미니, 대슌(大舜)1139)이 셩인이시로딕 데요(帝堯)1140)의 이녀(二女)1141)를 불고이취(不告而娶)1142)ᄒᆞ시니, 군이 비록 친젼(親前)의 고치 못ᄒᆞ믈 민민(憫憫)홀지라도, 쥬 ○[ᄌᆞ]ᄉ(刺史)의 녀를 지실노 취ᄒᆞ여 지극ᄒᆞᆫ 인연을 일우고, 경ᄉ의 나아가 어됴윤의 녀를 취ᄒᆞ여 원위를 존ᄒᆞ미 맛당ᄒᆞ니 군이 어됴윤(御兆尹)1143)의 ᄯᆞᆯ노뻐 박용흉상으로 알믈[믄] 실노 그릇보미라. 경시는 셔ᄌᆞ(西子)1144)의 ᄉᆡᆨ(色)과 임ᄉᆞ(姙姒)1145)의 덕을 겸ᄒᆞ여시니 군의 쳐궁이 【36】유복ᄒᆞ며, 기리 부귀를 누려 조고만 화란도 업시 무궁ᄒᆞᆫ 영낙(榮樂)이 형뎨 즁 읏듬이 되리니, 타일 두고 보면 헛되지 아니리라. 젼일 군의 녕엄을 장사 월츌산의셔 서로 만나 졍회를 베펏더니, 오늘날 월츌산의셔 그딕를 만나니, 녕엄을 볼 ᄹᅡᆨ의 십칠 소년으로 옥골션풍이 미인의 염ᄐᆡ를 더러이 넉이던 얼골이 안즁(眼中)의 버럿더니, 염냥(炎凉)1146)이 살 가 ᄃᆞᆺᄒᆞ여 어나 ᄉᆞ이 그딕 이러ᄐᆞᆺ 언건장대(偃蹇壯大)1147)ᄒᆞ여 늠연ᄒᆞᆫ 대장부의 톄(體)를 일웟도다." 【37】

공ᄌᆞ 도인의 허다ᄒᆞᆫ 도언(道言)1148)의 말ᄉᆞᆷ을 드르미, 태운션싱 화도인이믈 씨다라, 다시 니러 공경 지빈 왈,

---

1137) 긋천지 : 그친 지.

1138) 잔잉ᄒᆞ다 : ᄌᆞ닝하다. 애처롭고 불쌍하여 차마 보기 어렵다.

1139) 대슌(大舜) : 순(舜) 임금. 중국 고대 성군(聖君)의 한사람으로 지치(至治)를 실현했다고 하는 인물.

1140) 데요(帝堯) : 요(堯) 임금. 순임금과 함께 고대 중국에 지치(至治)를 실현했다고 하는 성군(聖君). 두 딸 아황(娥皇)과 여영(女英)을 순(舜)에게 시집보냈다 함.

1141) 이녀(二女) : 요임금의 두 딸인 아황(娥皇)과 여영(女英).

1142) 불고이취(不告而娶) : 부모의 허락을 얻지 않고 장가를 듦.

1143) 어됴윤(御兆尹) : '경조윤(京兆尹)'을 달리 일컬을 말인 듯. 곧 '兆'에는 '域'의 뜻이 있고, 京兆가 '서울'을 뜻하는 말임에 비춰볼 때, '御兆' 또한 '임금이 머무는 경역(境域)'을 뜻하여 '서울'을 가리키는 말로 볼 수 있기 때문이다. 경조윤(京兆尹); =한성부판윤(漢城府判尹).

1144) 셔ᄌᆞ(西子) : 중국 춘추시대의 월(越)나라의 미인 서시(西施). 오나라에 패한 월나라 왕 구천이 서시를 부차에게 보내어 부차가 그 용모에 빠져 있는 사이에 오나라를 멸망시켰다.

1145) 임ᄉᆞ(姙姒) : 중국 주(周)나라 현모양처(賢母良妻)인 문왕의 어머니 태임(太姙)과 무왕(武王)의 어머니 태사(太姒)를 함께 이르는 말.

1146) 염냥(炎凉) : '더위와 서늘함'이란 뜻으로 '세월'을 비유적으로 표현한 말.

1147) 언건장대(偃蹇壯大) : 기상(氣像)이 거만스러워 보일만큼 크고 씩씩하다.

1148) 도언(道言) : 법언(法言). 법도가 될 만한 정당한 말.

"소싱이 어리고 아득ᄒ야 태윤션싱이시믈 아지 못ᄒ여 무례ᄒ미 만ᄉ온지라. 젼일 가친이 션싱을 장사 월츌산의셔 상봉ᄒ샤, 교회(敎誨)ᄅ 듯ᄌᆸ고 조션(祖先) 화상(畵像)을 일워주시니, 션싱의 하ᄂᆯ ᄀ툰신 은덕을 소싱의 부ᄌ슉질(父子叔姪)이 각골감은(刻骨感恩)1149)ᄒᆯ ᄲᆫ 아니라, 션조의 듁마붕우(竹馬朋友)1150)로 관포(管鮑)1151)의 지음(知音)1152)ᄒ시던 바ᄅ 듯ᄌ온 비라. 비록 후싱(後生) 소ᄋ(小兒)나 하졍(下情)1153)이 ᄌ별(自別)【38】ᄒ와 의앙(依仰)ᄒᆸᄂ 므음이 일당(一黨) 존항(尊行)의 더으미로소이다."

언필의 도인의 손을 밧들고 졍셩이 ᄀ득ᄒ니, 화도시 아름다이 넉여 밤을 혼가지로 지닉기ᄅ 닐너, ᄉ미ᄅ 닛그러 인가ᄅ 츳ᄌ ᄂ려와 일호쥬(一壺酒)와 실과(實果)ᄅ 사 뇨기(療飢)1154)ᄒ고 슉침(宿寢)ᄒᆯᄉ, 도시 공ᄌ다려 쥬ᄌᄉ의 녀ᄅ 지실노 취ᄒ라 ᄒ니,

공ᄌ 왈,

"소ᄌ 집을 쩌날ᄮ 친젼(親前)의 하직(下直)을 고치 못ᄒ고 누월(累月)을 산간의 오유(遨遊)1155)ᄒ여 감히 드러가지 못ᄒ오믄, 실노 경가 흉상(凶狀)을 피ᄒ여 그 박싀이다【39】ᄅᆫ딕 취가(娶嫁)ᄒ믈 드란 후 도라가려 ᄒᄆ로, ᄌ연 일월이 더딕미라. 존당 부모긔 고치 아니ᄒ고 ᄀ마니 취실ᄒ면, 비록 노션싱 명이시나 ᄀ장 어렵도소이다."

도시 소왈,

"불고이취(不告而娶)ᄒ고 도라가 친젼의 죄ᄅ 밧을가 근심ᄒ나, 남ᄉ(濫事) 발각ᄒᄂ 날은 내 녕엄(令嚴)을 츳ᄌ보고 군의 죄 아니믈 베퍼 대단ᄒ 죄 업게 ᄒ리니, 그딕ᄂ 인연의 듕ᄒᆷ믈 씌다라 브졀업ᄉ ᄉ려(思慮)○[ᄅ] 말지어다."

공ᄌ 딕왈,

"노션싱이 소ᄌ의 심폐(心肺)ᄅ ᄉ못츠샤 슉녀ᄅ 취ᄒ라 ᄒ시니, 엇지 밧드【40】지 아니리잇고마ᄂ, 소싱의 ᄯ인즉 부뫼 모로시게 취실(娶室)ᄒ미 인즈의 도ᄅ 상해오미니, 쥬시 만일 소ᄌ의게 연분(緣分) 곳 이시면, 금년이 아니라도 혼녜(婚禮)ᄅ 일우리이다."

도시 소왈,

---

1149)각골감은(刻骨感恩) : 은혜를 고맙게 여겨 뼈에 새김.
1150)듁마붕우(竹馬朋友) : 죽마고우(竹馬故友). 대나무 말을 타고 놀던 벗이라는 뜻으로, 어릴 때부터 같이 놀며 자란 벗
1151)관포(管鮑) : 중국 춘추시대 사람인 관중(管仲)과 포숙(鮑叔)을 함께 이르는 말. 우정이 아주 돈독한 친구사이였다.
1152)지음(知音) : 마음이 서로 통하는 친한 벗을 비유적으로 이르는 말. 거문고의 명인 백아가 자기의 소리를 잘 이해해 준 벗 종자기가 죽자 자신의 거문고 소리를 아는 자가 없다고 하여 거문고 줄을 끊었다는 데서 유래한다. ≪열자(列子)≫의 〈탕문편(湯問篇)〉에 나오는 말이다. 늑지음인.
1153)하졍(下情) : 어른에게 대하여, 자기 심정이나 뜻을 겸손하게 이르는 말.
1154)뇨기(療飢) : 시장기를 겨우 면할 정도로 조금 먹음.
1155)오유(遨遊) : 여기저기 돌아다니며 즐겁게 놂.

"군이 비록 쥬시를 이 곳의셔 취치 말고져ᄒ나, 발셔 인연이 뎡ᄒ여시니 능히 면치 못ᄒ리라."

ᄒ고 명효(明曉)의 화도시 니러 공ᄌ다려 왈,

"그ᄃᆡ 타일(他日) 작녹(爵祿)과 공업(功業)이 녕엄 아릭 ᄒ사름이 될지라. 산쳔(山川)과 됴뎡(朝廷)이 길이 다르니, 그ᄃᆡᄂᆞᆫ 모로미 쥬시를 취ᄒ고 계츄(季秋)1156)의 경ᄉ의 올나가 셤궁(蟾宮)1157)의 【41】월계(月桂)1158)를 썩그라."

공ᄌ 딕왈,

"노션ᄉᆡᆼ의 교회(敎誨)를 봉승(奉承)ᄒ오려니와, 추후 존하(尊下)를 비현ᄒ올 지속(遲速)1159)을 뎡치 못ᄒ오니 하졍의 홀연(欻然)1160)토소이다."

도시 후일 경ᄉ의 가 보기를 긔약(期約)ᄒ고 니별ᄒ니라.

윤공ᄌ 도인을 ᄇᆡ별(拜別)ᄒ고 산상의 올나 풍경을 유완ᄒ더니, 형쥐ᄌᆞᄉ 쥬윤이 비상ᄒᆞᆫ 몽됴(夢兆)를 인ᄒ여 월츌산상의 귀인이 유완(遊玩)ᄒᆞᆷ을 알고, 위의(威儀)1161)를 썰쳐1162) 유ᄉᆡᆼ(儒生)의 복식으로 두낫 셔동과 일필 나귀를 치쳐 월츌산의 니르러, 졍히 공ᄌ【42】를 만ᄂᆞᆫ지라. ᄒᆞᆫ번 보ᄆᆡ 그 표치풍광(標致風光)이 츌어범뉴(出於凡類)ᄒᆞᆷ을 흠이(欽愛) 경복(敬服)ᄒ여 왈,

"금일 우연이 월츌산 풍경을 보고져 이의 왓더니, 의외 현ᄉ를 만나니, 풍위(風威)1163) 신광(身光)이 향촌우밍(鄕村愚氓)1164)의 본 바 처엄이라. 비록 외람ᄒ나 서로 교도를 및고져 ᄒᆞᄂᆞ니 셩명(姓名)과 년치(年齒)를 듯고져 ᄒ노라."

공ᄌ 쥬ᄌᆞᄉ를 보ᄆᆡ 비록 유ᄉᆡᆼ의 복식이나 명환(名宦)의 긔습이 잇고 년미ᄉᆞ십(年未四十)의 풍완쥰슈(豊婉俊秀)1165)ᄒᆞᆫ 신위(神威) 늠연(凜然)ᄒ니, 공ᄌ 직ᄇᆡ 딕왈,

"소ᄉᆡᆼ도 우연이 이곳을 지나다가 산경(山景)을 보【43】고져 니르ᄆᆡ러니, 대인을 만나니 다ᄒᆡᆼᄒᆞ온 즁 소ᄉᆡᆼ의 셩명은 윤웅닌이오, 나흔 십이셰로소이다."

ᄌᆞ시 왈,

"나ᄂᆞᆫ 형쥐ᄌᆞᄉ 쥬윤이러니, 산슈를 완경코져 이곳에 니르럿더니, 긔특이 현계(賢契)를 만나 영풍옥골(英風玉骨)을 만나니, 평ᄉᆡᆼ의 ᄒᆡᆼ이오, 긔특ᄒ거니와, 현계의 친당

---

1156) 계츄(季秋) : =늦가을. 음력 9월을 달리 이르는 말.

1157) 셤궁(蟾宮) : 달. 셤(蟾)은 달 또는 달빛을 말한다.

1158) 월계(月桂) : 전설에서, 달 속에 있다고 하는 계수나무. 조선시대에 임금이 과거 급제자에게 종이로 만든 계수나무 꽃을 하사하였는데, 여기서는 이 어사화(御賜花)를 이르는 말로 쓰임.

1159) 지속(遲速) : 더딤과 빠름.

1160) 홀연(欻然) : ①갑작스러움. ②갑작스럽게 떠나거나 어떤 일이 일어나, 다하지 못한 일로, 마음속에 어딘지 섭섭하거나 허전한 구석이 있음.

1161) 위의(威儀) : 위엄이 있고 엄숙한 태도나 차림새.

1162) 썰치다 : 불길한 생각이나 명예, 욕심 따위를 완강하게 버리다.

1163) 풍위(風威) : =위풍(威風). 위세가 있고 엄숙하여 쉽게 범하기 힘든 풍채나 기세.

1164) 향촌우밍(鄕村愚氓) : 시골의 어리석은 백성. *우맹(愚氓); =우민(愚民)

1165) 풍완쥰슈(豊婉俊秀) : 풍만하고 아름다우며 재주와 풍채가 빼어남.

이 《구젼∥구존(俱存)》ᄒ시고 안항(雁行)[1166]이 몃치나 ᄒ며 경ᄉ 어ᄂ 곳에 머므ᄂ
뇨?"

공ᄌ 디왈,

"친당이 구존ᄒ샤 《서의∥서어(齟齬)[1167]》치 아니코, 형뎨 여러히 이시므로 소싱
이 브졀업시 산쳔을 구경코져 예ᄀ지 니【44】ᄅ럿니이다."

쥬ᄌ시 발셔 취운산 윤부를 닉게 단녓고, 총명이 졀인(絶人)[1168]ᄒ지라. 웅닌의 얼
골이 진왕으로 ᄒ 판의 박은 듯ᄒ고 거동이 방불ᄒᆞᆷ믈 보고, 집슈 왈,

"현계 엇지 사ᄅᆷ을 어둡게 넉이ᄂ뇨? 내 비록 작위 ᄂᄌ나 진왕곤계의 후히 디졉ᄒ
므로 취운산의 ᄌ로 왕니ᄒ엿ᄂ니, 이제 현계를 보건디 윤쳥계의 여풍이 이시니 현계
ᄂ 긔이지 말나."

공ᄌ 함소 디왈,

"소싱은 과연 다ᄅᆞ니 아니라 진국군의 ᄎᄌ(次子)옵더니 우연이 풍경을 탐【45】ᄒ
여 훤당(萱堂)[1169]을 빗(拜辭)ᄒ고 이곳의 니ᄅ럿더니, 의외에 존공을 상봉ᄒ와 근
본을 쾌각(快覺)ᄒ시니, 감히 은휘(隱諱)치 못ᄒᄂ이다."

쥬공이 텽파의 만심대락(滿心大樂)ᄒ여 ᄒ가지로 관아의 가기를 근쳥ᄒ니, 공ᄌ ᄯᅩ
ᄒ 거졀치 못ᄒ니, 원니 쥬ᄌᄉᄂ 딕딕 명환거족(名宦巨族)이오, 위인이 현명(賢明)ᄒ
여 당셰군ᄌ(當世君子)라. 형쥐의 도임ᄒ연지 수년의 졍시 ᄌ못 광명졍대(光明正大)ᄒ
더니, 츠야의 신몽을 어드니 몸이 ᄂ라 월츌산의 니ᄅ니, 셕상(石上)의 옥뇽(玉龍)이
셔려시니 상운셔뮈(祥雲瑞霧) 그 일【46】신을 웅호(擁護)ᄒ고, 운즁(雲中)의셔 션인
(仙人)이 닐ᄋ딕, 웅닌의 쳐쳡이 유복ᄒᆷ과 ᄌ손이 만당ᄒᆷ믈 칭찬ᄒ니, 쥬ᄌ시 부인 송
시로 더브러 완상(玩賞)ᄒ다가 ᄭᅵ다라니라.

ᄌ시 슬하의 팔ᄌ삼녀를 두어시디 다 셩혼ᄒ고 아ᄅᆡ로 십삼셰 ᄋᄌ와 십이셰 녀이
이셔 지용(才容)이 초셰(超世)ᄒ니, ᄌ시 과익(過愛)ᄒᄂ 비라. 작야 몽ᄉ를 인ᄒ야 월
츌산의 귀인이 이시믈 혜아리고, 산의 올나와 윤공ᄌ를 만나미 환희 쾌락ᄒ여, 싱으로
더브러 읍뎌(邑邸)[1170]의 니ᄅ니, 쥬싱 등【47】이 부친을 마ᄌ 승당(昇堂)ᄒ미, ᄌ시
ᄋᄌ 등을 명ᄒ여 윤공ᄌ로 셩명을 통케 ᄒ고, 셕반을 올니니 공ᄌ 만반진찬을 포복
도록 먹고 상을 물니미, 종용히 담화ᄒ다가 슉침(宿寢)ᄒ고, 명묘의 ᄌ시 몬져니러나

---

1166)안항(雁行) : 기러기의 행렬이란 뜻으로, 남의 형제를 높여 이르는 말.
1167)서어(齟齬) : 틀어져서 어긋남.
1168)졀인(絶人) : 남보다 아주 뛰어남. 또는 그런 사람.
1169)훤당(萱堂) : '훤초북당(萱草北堂; 원추리꽃이 피어있는 북당)'의 줄임말로 '어머니'를 이르는 말. =자당
(慈堂). *훤초(萱草); 원추리. 백합과의 여러해살이풀. 『시경』〈위풍(衛風)〉'백혜(伯兮)'편의 "어디에서
훤초를 얻어 북당에 심을꼬.(焉得萱草 言樹之背 *背는 이 시에서 北堂을 뜻함)"라 한 시구에서 유래하
여, 주부가 자신의 거처인 북당에 심고자 했던 풀이라는 데서, '어머니'를 뜻하는 말로 쓰였다. *북당(北
堂); 집의 북쪽에 있는 건물로 집안의 주부(主婦)가 거처하는 곳이어서 '어머니'를 이르는 말로 쓰였다.
1170)읍뎌(邑邸) : 읍내(邑內)에 있는 고위관료(여기서는 자사)의 관저(官邸).

니루(內樓)의 드러가 송부인을 디흐여 월츌산의 가 윤공ᄌᆞ의 긔특흐믈 닐ᄋᆞ고, 필녀 옥계로뼈 그 비우롤 소임코져 흐니, 송부인 왈,

"옥ᄋᆞᄂᆞ 인즁션녜(人中仙娥)오, ○[오]작즁봉황(烏鵲中鳳凰)1171)이라. 상공은 상심명찰(詳審明察)1172)흐샤 셔랑을 퇴뎡(擇定)흐소셔."

ᄌᆞ시 왈,

"윤싱이 쟝부【48】의 풍위(風威)롤 다흐여시니, 반다시 취실(娶室)흐여실지라. 우리 만금필ᄋ(畢兒)로뼈 지실(再室)을 의논흐미 앗갑기의 갓가오나, 윤ᄋᆞ의 위인이 슈ᄌᆞ(竪子)1173)의 원비(元妃)되ᄂᆞ니보다 그 빈희(嬪姬)1174)가 나을듯흐니 엇지 지실을 혐의흐리오."

부인이 잠소(潛笑) 디왈,

"상공이 텬뉸ᄌᆞ이(天倫慈愛)로뼈 녀ᄋᆞ의 젼졍을 즐겁도록 흐시리니, 쳡이 홀노 쥬쟝흐리잇고?"

ᄌᆞ시 웃고 밧그로 나와 윤싱의 손을 잡고 왈,

"군이 하쥐숙녀(河洲淑女)1175)롤 취흐여시리니 아지못게라 뉘집 동상의 되엿ᄂᆞ뇨?"

공ᄌᆞ 디왈,

"소싱이 유취지【49】년(乳臭之年)1176)이오, 아직 부부의 의(義)롤 출히지 못흐여시나, 당(堂) 우희 증조뫼 년노흐샤 소싱의 취실(娶室)을 밧비 넉이시므로, 가친(家親)이 마지 못흐여 어도윤 경공의 녀와 뎡혼흐여 빙폐(聘幣)롤 보ᄂᆡ고, 길긔(吉期) 지격일슌(只隔一旬)1177)의, 소싱이 우연이 산경(山景)을 유완(遊玩)흐여 도로의셔 길일을 허송흐미 되엿거니와, 상경흔 후 즉시 셩녜흐리이다."

ᄌᆞ시 텽파의 기간 반다시 ᄉᆞ괴(事故) 이시믈 짐작흐여, 오릭 말을 아니터니, 화연(和然) 소지(笑之) 왈,

"이제 그딕롤 흔번 보미 귀듕흐미 지극흐여, 【50】불민흔 소녀로뼈 그딕 부빈(副嬪)을 뎡코져 흐나니, 그딕 비록 등과젼(登科前) 소년이나, 결단흐여 일쳐로 늙지 아니리니, 군이 이 곳의셔 녀ᄋᆞ롤 몬져 취흐고 도라가, 경소져롤 마ᄌ 원위(元位)롤 존흔 후, 날흐여 소녀 취흔 연유롤 녕존당의 고흐여도 늣지 아니니, 군은 모로미 일언

---

1171)오작즁봉황(烏鵲中鳳凰) : 까마귀와 까치들 가운데 들어 있는 봉황새라는 말로, 많은 사람 가운데서 우뚝 뛰어난 인물을 이르는 말

1172)상심명찰(詳審明察) : 꼼꼼하게 자세하고 밝히 살핌

1173)슈ᄌᆞ(竪子) : 특별하지 않고 보통의 더벅머리 총각.

1174)빈희(嬪姬) : 희첩(姬妾). 정식 아내 외에 데리고 사는 여자.

1175)하쥐숙녀(河洲淑女) : 강물 모래톱 가운데 있는 숙녀라는 뜻으로 주(周)나라 문왕(文王)의 비(妃)인 태사(太姒)를 말한다. 문왕과 태사 부부의 사랑을 노래한 『시경』〈관저(關雎)〉장의 "관관저구 재하지주 요조숙녀 군자호구(關關雎鳩 在河.之洲 窈窕淑女 君子好逑)"의 '하주(河洲)' '숙녀(淑女)'서 온말.

1176)유취지년(乳臭之年) : 입에서 젖내가 나는 어린 나이.

1177)지격일슌(只隔一旬) : 사이가 단지 열흘이 떨어져 있음.

(一言)의 허락ᄒ라."

공ᄌᆡ 텽파의 화도ᄉ의 닐ᄋ던 바ᄅᆞᆯ 싱각고, 거줏 ᄉ양 왈,

"소싱 ᄀᆞᆺ튼 위인을 보시고 과도히 ᄉ랑ᄒ샤 외람이 동상을 허ᄒ시니, 싱이 엇지 감은각골치 아니리잇고마【51】ᄂᆞᆫ, 소싱이 년긔(年紀) 유튱ᄒ고 우히 존당 부뫼 계시니, 인뉸대ᄉᆞᆯ 즈젼(自專)홀비 아니오, ᄒᆞᆫ 안해도 취치 못ᄒ고 번ᄉ(繁事)를 구ᄒᆞ미 괴괴ᄒ기의 갓가오니, ᄉ셰(事勢) 여ᄎᆞ 고로 후의를 밧드지 못ᄒᆞᄂ이다."

ᄌᆞ시 텽파의 소왈,

"그ᄃᆡ 말이 비록 그ᄅᆞ지 아니나, 내 소녀로ᄡᅥ 그ᄃᆡ의 조강(糟糠) 삼기를 쳥ᄒ면 군이 거졀ᄒ려니와, 이 불과 군의 부빈(副嬪)을 츙수(充數)코져 ᄒᆞ미라. 군이 임의 경가의 ᄒᆡᆼ빙(行聘)ᄒᆞᆫ 비니, 상경ᄒᄂᆞᆫ 날이라도 경소져를 취ᄒ여 원위를 존ᄒ며, 듕궤(中饋)1178)를 도【52】라보ᄂ니고, 녀식(女息)을 이곳의셔 취홀지언뎡, 이 ᄒᆞᆫ낫 부빈으로 그 유뮈(有無) 불관(不關)ᄒ니, 녕당(令堂)의 고ᄒ고, 아직 우리 슬하의 두미 올ᄒ니, 군이 결단ᄒ여 일쳐(一妻)로 집을 직희오고, 창하(窓下)의 울젹ᄒᆞᆫ 셔싱(書生)이 되지 아니리니, 군은 근졀이 쳥ᄒᄂᆞᆫ 졍을 즛지 말나."

윤공ᄌᆡ 경시를 흉상박식(凶狀薄色)으로 알아 집을 ᄯᅥ나 길녜(吉禮)를 일우지 말고져 ᄒᄆᆞ로, 쥬ᄌᆞᄉ의 쳥ᄒᆞᆷ믈 듯고 침ᄉ반향(沈思半晑)1179)의 왈,

"존공의 소싱 ᄉ랑ᄒ시미 과도ᄒ샤, 만금교ᄋ(萬金嬌兒)로ᄡᅥ 소싱의 직실을 구ᄒ시미 더옥【53】황공ᄒ나, 혼인은 인뉸대관(人倫大關)1180)이오, 냥가 친당이 상의ᄒ여 뎡ᄒ실 비니, 소ᄌᆡ 엇지 ᄌᆞ단(自斷)ᄒ리잇고? 존공이 소싱의 상경ᄒᆞᆫ 후 가친긔 구혼ᄒ소셔."

ᄌᆞ시 텽파의 희연(喜然) 소왈,

"군의 말이 ᄉ리의 당연ᄒ나, 성인도 경권(經權)1181)이 잇ᄂᆞ니, 엇지 일편도이 졍도(正道)만 직희리오. 내 비록 용우무식(庸愚無識)ᄒ나 비례불법지ᄉ(非禮不法之事)ᄂᆞᆫ 군을 권치 아니리니, 군은 나의 쳥ᄒᄂᆞᆫ 바를 물니치지 말나. 내 만일 경ᄉ의 이시면 녕존긔 면쳥(面請)홀 거시로ᄃᆡ, 내 몸이 미관(微官)의 걸녀, 이리【54】완지 발셔 수삼ᄌᆡ(數三載) 되엿지라. 군이 혼인을 쾌허(快許)홀진ᄃᆡ, 이곳에서 녜를 일우고, 금츄(今秋) 과갑(科甲)○[의] 미처 상경ᄒ여, 계화쳥삼(桂花靑衫)1182)으로 젹은 죄를 사례

---

1178)듕궤(中饋) : 안살림 가운데 음식에 관한 일을 책임 맡은 여자.

1179)침ᄉ반향(沈思半晑) : 시간이 반나절쯤이나 지나도록 오래 생각하고 나서.

1180)인뉸대관(人倫大關) : ①사람의 도리를 다하는데 매우 중요한 일. *대관(大關); 큰 관문. 큰 고비. 일이 되어 가는 과정에서 가장 중요한 단계나 대목. ②사람이 살아가면서 치르게 되는 큰 행사. 혼인이나 장례 따위를 이른다. ≒인륜대사(人倫大事).

1181)경권(經權) : ①경법(經法)과 권도(權道)를 아울러 이르는 말. 곧 세상일을 처리하는 데는 언제나 변하지 않는 원리와 원칙을 따라 하는 정도(正道)가 있고, 또 상황에 따라 임기응변으로 하는 권도(權度)가 있다는 말. *경법(經法); =정도(正道)

1182)계화쳥삼(桂花靑衫) : 예전에 과거급제자에게 임금이 내리던 종이로 만든 계수나무 꽃과 남색 도포를

ᄒ라.”

공지 브득이 슈명(受命)ᄒ니, 조시 즉시 길일을 퇴ᄒ니 지격일슌(只隔一旬)ᄒ고 납빙(納聘)은 금일이라. 조시 왈,

“현계의게 빙물이 업스리니 녀식(女息)의 장염지구(粧奩之具)1183)로뼈 빙폐(聘幣)ᄅᆞᆯ 삼게 ᄒ리라.”

공지 소이ᄃᆡ왈(笑而對曰),

“소싱의 집 빙물은 명쥬 일빵 밧게 나지 아니ᄒᄂᆞᆫ지라. 소싱이 힝즁(行中)의 등촉이 번폐(煩弊)ᄒ야 명쥬(明珠) 일빵을 【55】 가져왓더니, 이의 긔약지 아냐 혼녜(婚禮)ᄅᆞᆯ 일우게 되니, 진쥬(珍珠)ᄅᆞᆯ 가져 빙물(聘物)을 삼으리니, 굿ᄐᆞ여 녕여(令女)의 장염지구(粧奩之具)로 빙(聘)ᄒ리잇가?”

조시 소왈,

“연즉(然則) 가히 신물(信物)이 되리로다.”

공지 잠소(潛笑)ᄒ고, 이의 지필(紙筆)을 나와 혼셔(婚書)ᄅᆞᆯ 쓰니, 필톄 찬난ᄒ거ᄂᆞᆯ, 조시 칭찬 경복ᄒ더라. 임의 쓰기ᄅᆞᆯ 맛ᄎᆞ미 낭즁(囊中)의셔 명쥬 일빵을 너여 혼셔와 ᄒᆞᆫ가지로 쥬공의 압ᄒᆡ 노흔ᄃᆡ, 쥬공이 즉시 소져 유모ᄅᆞᆯ 불너 혼셔(婚書)와 명쥬(明珠)ᄅᆞᆯ 주어 녀ᄋᆞ의 협ᄉᆞ(篋笥)의 두라 ᄒ고, 윤싱 【56】을 향ᄒᆞ여 왈,

“뎨팔ᄌᆞ(第八子) 필의 나히 녀ᄋᆞ의 일년 장이니 맛당히 그 취처ᄅᆞᆯ 몬져 ᄒᆞᆫ 후, 녀ᄋᆞ의 혼녜ᄅᆞᆯ 일울 거시로ᄃᆡ, 필의 뎡혼ᄒᆞᆫ 곳은 태쥐 위개니, 길이 머러 셩녜치 못ᄒᆞᆯ ᄲᅮᆫ 아니라, 군의 힝게(行車) 급ᄒ고, 녀ᄋᆞ의 길일이 수히 나니, 형셰 마지 못ᄒᆞ여 ᄎᆞ례ᄅᆞᆯ 일흐미 되도다.”

정언간(停言間)의 형양태슈 위공의 하리(下吏) 니르러 셔간을 올니니, 조시 즉시 밧아보니 만편셜홰(滿篇說話) 다 위상유 남ᄆᆡ의 지ᄂᆞᆫ 익회(厄會)오, 즉금 관아의 와시ᄆᆞᆯ 닐ᄏᆞ라 수히 셩녜ᄒᆞᄆᆞᆯ 의【57】논ᄒ엿고, ᄯᅩᄒᆞᆫ 위상유의 셔간이 이셔 태쥐현의셔 ᄒᆞᆫ 낫 의긔에 영쥰(英俊)을 만나 일명을 보젼홈과, 믜져로 더브러 이의 니르러시ᄆᆞᆯ 고ᄒ여시니, 조시 견파(見罷)의 ᄎᆞ악(嗟愕)ᄒ나, 오히려 몸을 보젼ᄒᆞ여 형양ᄀᆞ지 니르러시ᄆᆞᆯ 환희ᄒᆞ야, 답간(答簡)ᄒ여 보닐ᄉᆡ, 즉시 셩녜ᄒᆞᆯ 거시로ᄃᆡ 녀혼일(女婚日)을 급히 퇴ᄒᆞ이 지닐 형셰므로, 조혼(此婚)이 버금 될 바ᄅᆞᆯ 닐너, 일슌지후(一旬之後)로 퇴일(擇日)ᄒᆞ여 보ᄂᆞ라 ᄒ고, 신낭을 보는 날 태슈와 위싱이 연셕의 니르ᄆᆞᆯ 청ᄒᆞ여 십【58】분 은근(慇懃)ᄒ니, 윤싱이 맛ᄎᆞᆷᄂᆡ 상유ᄅᆞᆯ 조긔 구ᄒᆞ여 너ᄆᆞᆯ 닐ᄋᆞ지 아니터라.

조시 녀혼(女婚)을 뇌뎡ᄒᆞ여 퇴일ᄒ고, 필즈의 길녜ᄅᆞᆯ 수히 일울바ᄅᆞᆯ 힝희(幸喜)ᄒ여, ᄂᆡ루의 드러가 부인을 ᄃᆡᄒᆞ여 옥계의 혼구(婚具)ᄅᆞᆯ 셩비(盛備)ᄒ라 ᄒ고, 위상유 남ᄆᆡ 형양의 와시ᄆᆞᆯ 젼ᄒᆞ여, 필ᄋᆞ의 혼인도 밧비 일우고져 ᄒᆞᆷᄂᆞᆯ 닐ᄋᆞ니, 부인이 소왈,

---

아울러 이르는 말로, 과거급제자의 차림을 뜻한다.
1183)장염지구(粧奩之具) : 몸을 치장하는 데 쓰는 갖가지 물건.

"필ᄋᄂᆫ 발셔 뎡혼 혼시니 수히 셩녜ᄒᆞ미 맛당ᄒᆞ거니와, 옥계의 혼ᄉᆞᄂᆞᆫ 명공이 지나가ᄂᆞᆫ 긱을 다려와 급히 동상을 허【59】ᄒᆞ시니, 사름이 다 고이히 넉일ᄲᅮᆫ 아니라, 쳡이 ᄯᆞᆯ의 젼졍이 아모라ᄒᆞᆯ 줄 몰나 넘녀ᄒᆞᄂᆞ이다."

ᄌᆞ시 소왈,

"내 ᄯᆞᆯ의 젼졍은 남달니 영화롭고 부귀ᄒᆞ리니, 부인은 넘녀치 말고 혼구나 셩비ᄒᆞ소셔."

부인이 잠소 무언이러라. 이러구러 길일이 다ᄃᆞ라니, ᄌᆞ시 대연을 긔장ᄒᆞ고 닌읍(隣邑) 쥬현(州縣) 즈ᄉᆞ(刺史)와 《향혼∥향환(鄕宦)1184)》 ᄉᆞ대부(士大夫)1185)를 쳥ᄒᆞ니, 길일의 쥬공이 졔긱을 졉ᄃᆡᄒᆞᆯᄉᆡ, 초일 형양태슈 위공이 종질 상유로 더브러 연셕의 참예ᄒᆞ니, 쥬공이 위【60】싱의 손을 잡고 지난 익회(厄會)를 닐ᄏᆞ라니, 위싱이 윤웅닌 ᄀᆞᆺᄐᆞᆫ 의긔에 대현을 만나 일누를 보젼ᄒᆞ여 형양ᄀᆞ지 니르러시믈 고ᄒᆞ니, 쥬공이 윤웅닌 삼ᄌᆞ를 듯고 경아 왈,

현계를 구흔 윤웅닌이란 지 년긔(年紀) 언마나 ᄒᆞ며, 본ᄃᆡ 태쥬사름이러랴[냐]? 위싱이 윤공ᄌᆞ의 년긔를 닐ᄋᆞ고 그 언ᄂᆡ의 경ᄉᆞ 동문 밧 사름이로라 ᄒᆞᄃᆡ, 굿ᄐᆞ여 부명을 즐겨 닐ᄋᆞ지 아니코 월츌산을 구경ᄒᆞ라 형쥐로 와시믈 말ᄒᆞ니, 쥬ᄌᆞ시 소왈,

"현계를 구흔 지 금일 나의 【61】 셔랑될 사름이라. 내 과연 월츌산의 가 윤싱을 만나 그 위인이 비상ᄒᆞ믈 ᄉᆞ랑ᄒᆞ여, 스스로 쳥ᄒᆞ여 녀식으로ᄡᅥ 윤싱의 지실을 삼ᄂᆞ니, 현계ᄂᆞᆫ 수고로이 월츌산으로 가지 말나."

위싱이 텽파의 대희 왈,

"소싱이 금일 합하의 쳥ᄒᆞ시ᄂᆞᆫ 후의를 밧드러 셩연(盛宴)을 구경코져 ᄒᆞᆯ ᄲᅮᆫ 아니라, 도라갈 졔 월츌산의 가 은인을 ᄎᆞᆺ고져 ᄒᆞ더니, ᄯᅳᆺ밧게 소싱의 은인이 합하(閤下)의 동상(東床)이 되니, 존공의 지인ᄒᆞ시ᄂᆞᆫ 명감과 퇵셔ᄒᆞ시ᄂᆞᆫ 도량이 셰상의 비【62】ᄒᆞᆯ 사름이 업도소이다."

ᄌᆞ시 웃고 쥬한님이 위싱의 ᄉᆞ미를 넛그러 안치고 태쥬셔 ᄒᆞ던 바를 ᄌᆞ시 닐ᄋᆞ라 ᄒᆞ니, 위싱이 윤공ᄌᆞ의 의긔현심(義氣賢心)과 비상흔 용녁(勇力)을 일일히 셜파ᄒᆞ니, 쥬공 부ᄌᆞ 흠복칭이(欽服稱愛)ᄒᆞ고 만좌듕빈(滿座衆賓)이 칙칙칭션(嘖嘖稱善)1186)ᄒᆞ더라.

위싱이 즉시 쥬한님 등으로 하쳐의 나와 윤공ᄌᆞ를 볼ᄉᆡ 피ᄎᆞ 반기ᄂᆞᆫ 졍이 ᄀᆞ득ᄒᆞ더라. 임의 날이 느즈미 쥬한님 등은 몬져 관아(官衙)로 드러가고, 닌읍(隣邑) 현관(縣官) 즈ᄉᆞ(刺史) 일졔히 하쳐(下處)1187)로 나와 윤공ᄌᆞ의 길복을 닙【63】히고 위의를 졍히ᄒᆞ여 관아로 향ᄒᆞᆯᄉᆡ, 신낭의 옥골영풍(玉骨英風)이 일광(日光)의 보이니1188) 텬션

---

1184)향환(鄕宦) : 낙향하여 살고 있는 벼슬아치.
1185)ᄉᆞ대부(士大夫) : 벼슬이나 문벌이 높은 집안의 사람.
1186)칙칙칭션(嘖嘖稱善) ; 여러 사람들이 큰소리로 떠들썩하게 착한 행실을 칭찬함.
1187)하쳐(下處) : 사처. 손님이 길을 가다가 묵음. 또는 묵고 있는 그 집.

이 하강흔 둣 ᄒ더라.

윤공지 옥상(玉床)의 홍안(鴻雁)을 젼ᄒ고 텬디(天地)긔 녜비(禮拜)를 맞ᄎ민, 쥬한님 등이 함소ᄒ고 폴미러 닉루(內樓)로 인도ᄒ여 쳥즁(廳中)의 다ᄃ라니, 시ᄋ(侍兒) 소져를 붓드러 독좌(獨坐)1189)홀시 남풍녀치(男風女彩) 서로 바이여1190) 보광(寶光)이 찬난ᄒ니, 진진 텬뎡일ᄃᆡ(天定一對)1191)오 빅셰냥필(百歲良匹)1192)이라.

교비(交拜)1193)를 파ᄒ고 진쥬션(眞珠扇)1194)을 아ᄉ민1195), 신낭신뷔 동방(洞房)의 모들식, 신낭이 잠간 쥬소져를 볼식 풍완호【64】질(豊婉好質)1196)이 찬연슈려(燦然秀麗)ᄒ여 윤틱흔 긔뷔(肌膚) 미옥(美玉)을 치식(彩色)ᄒ하며 명쥬(明珠)를 다듬은 둣, 묽은 광치 텬디졍화(天地精華)를 거두고 침졍화열(沈靜和悅)흔 품되(稟度) ᄉ군ᄌ(士君子) 녈장부(烈丈夫)의 위의(威儀) 이셔 시속(時俗) 홍분(紅粉) ᄋ녀ᄌ와 닉도ᄒ니, 싱이 만심환열(滿心歡悅)ᄒ여 미우(眉宇)의 희긔(喜氣) 뉴동(流動)ᄒ니, 송부인이 희힝대열(喜幸大悅)ᄒ고, 즁긱(衆客)이 분분칭찬(紛紛稱讚)ᄒ더라.

윤싱이 외루(外樓)로 나오니, 쥬공이 흔연 집슈 왈,

"불민(不敏)흔 녀ᄋ의 일싱을 군의게 의탁ᄒ민, 불초(不肖) 누질(陋質)이 대군ᄌ의 빅위(配位) 되염즉지 아니ᄒ나, 녀셔(女婿)의 관【65】홍(寬弘)흔 긔량과 관인(寬仁)흔 덕이 녀ᄌ의 과실을 깁히 칙망치 아닐 거시므로 환힝ᄒᄂᆞ니, 닐곱 아들과 세 ᄯᆞᆯ을 셩인(成姻)ᄒ여도 오ᄂᆞᆯ ᄀᆞᆺ치 즐거오믄 처엄인가 ᄒ노라."

윤싱이 흠신(欠身) 스례ᄒ더라. 듕빈이 ᄌᆞᄉᆞ를 향ᄒ여 쾌셔 어드믈 만구칭하(滿口稱賀)ᄒ니, ᄌᆞ시 흔힝대열(欣幸大悅)ᄒ여 종일토록 환소(歡笑)ᄒ다가 일낙셔산(日落西山)ᄒ민, 닌읍현관(隣邑縣官)은 긱사(客舍)의 머믈고 일향(一鄉) 션비ᄂᆞᆫ 취(醉)흔 거슬 붓들녀 각귀기가(各歸其家)ᄒ민, 쥬한님이 윤싱의 ᄉᆞ미를 붓드러 신방의 드러와 야심토록 담화ᄒ다【66】가 밧그로 나아가고, 신부를 붓드러 드러오니, 싱이 폴미러 동셔분좌(東西分坐)1197)ᄒ민, 시ᄋ 등이 병풍(屛風)을 두루며 장(帳)1198)을 지우고 믈너나니

---

1188)보이다 : 빛나다. (눈이) 부시다. 늑밤븨다.
1189)독좌(獨坐) : 독좌례(獨坐禮). 혼인례에서 대례(大禮)를 달리 이른 말. 즉 신랑과 신부가 대례를 행할 때 각각의 앞에 음식을 차려 놓은 독좌상(獨坐床)을 놓고 교배(交拜)·합근(合巹) 등의 의례를 행하는 것을 비유하여 쓴 말이다.
1190)바이다 : 빛나다. (눈이) 부시다. 늑밤븨다.
1191)텬뎡일ᄃᆡ(天定一對) : 하늘이 정한 한 쌍.
1192)빅셰냥필(百歲良匹) : 길이 함께할 어진 배필.
1193) 교비(交拜) : 교배례(交拜禮). 전통 혼인례에서, 신랑과 신부가 서로 맞절을 하는 예절절차.
1194)진쥬션(眞珠扇) : 진주부채. 혼인 때에 신부의 얼굴을 가리는 데 쓰는 진주로 장식한 둥근 부채.
1195)아ᄉ다 : 앗다. 빼앗다. 벗기다.
1196)풍완호질(豊婉好質) : 풍만하고 아리따운 자태와 고운 자질.
1197)동셔분좌(東西分坐) : 남자는 동쪽 여자는 서쪽으로 앉음(男東女西). 『예기』상대기(喪大記) : 大夫之喪 主人坐于東方 主婦坐于西方(대부의 상례를 행할 때 상주(男)는 동쪽에 앉고 부인은 서쪽에 앉는다.)
1198)장(帳) : 장막(帳幕), 휘장(揮帳), 가리개.

싱이 눈을 드러 소져를 다시보미 화용월광(花容月光)1199)이 실즁(室中)의 조요(照耀)
ᄒ니, 싱이 새로이 아름다오믈 늣기지 못홀쑨 아니라, 경가의 가 흉상병용(凶狀病容)
을 본 후로 일심(一心)이 측ᄒ여 우려ᄒ던 바의, 여ᄎ(如此) 텬향국ᄉᆡᆨ(天香國色)을 일
실지ᄂᆡ(一室之內)의 ᄃᆡ호미, 황홀혼 졍을 참지 못ᄒ야 혼연이 함소 왈,

"소싱은 혼갓 박ᄒᆡᆼ불인(薄行不仁)이라. 우연이 산슈【67】를 유람코져 이곳의 니르
럿더니, 악장이 깁히 ᄉᆞ랑ᄒ시고 듕ᄃᆡ하샤 동상을 유의ᄒ시니, 싱이 지극혼 후의(厚
意)를 져바리지 못ᄒ여 친ᄉᆞ(親事)1200)를 일우나, 싱이 부ᄌᆡ용우(不才庸愚)ᄒ미 숙녀
의 평싱을 욕되게 홀가 근심ᄒᄂᆡ이다."

쇼제 졍금위좌(整襟危坐)ᄒ여 묵연(黙然)홀지언뎡, 남달니 어질고 화슌ᄒ미 진짓 복
을 밧으며 슈를 누럴 즉혼1201) 귀인이라. 싱이 야심ᄒ믈 닐ᄏᆞ라 소져를 닛그러 혼가
지로 금니의 나아가 운우지락을 일우니, 은졍이 산비ᄒᆡ【68】박(山卑海薄)ᄒ더라. 계
초명(鷄初鳴)1202)의 소제 니러 졍당으로 드러가고, 쥬싱 등이 신방의 모다 윤싱의 니
러나믈 지쵹ᄒ니, 윤싱이 웃고 관소(盥梳)를 맛ᄎᆞ미 쥬찬(酒饌)을 올니니, 싱이 여듧
쥬싱 등으로 통음ᄒ고 졍당의 드러와 송부인긔 비알ᄒ니, 부인이 경ᄋᆡ과듕(敬愛過重)
ᄒ더라.

쥬공이 닌읍현관(隣邑縣官)1203)을 다 보ᄂᆡ고, 위ᄐᆡ슈 슉질을 머므러 종용히 담화ᄒ
며 필ᄌᆞ의 길일을 퇴ᄒ미, 겨유 수슌(數旬)이 격ᄒ여시니 힝열ᄒ더니, 졍언간에 경ᄉᆞ
로조ᄎᆞ 됴뵈(朝報) 니르러 과갑(科甲)을 계츄(季秋)【69】회간(晦間)으로 졍ᄒ여시니,
윤싱 왈,

"ᄉᆞ셰(事勢) 과거를 기다리지 못ᄒ리니 명일이라도 발ᄒᆡᆼᄒ여 수히 경ᄉᆞ를 드듸리
라."

위싱이 말녀 왈,

"형이 유람을 위ᄒ여 예ᄀᆞ지 ᄂᆞ려옴도 녕존당(令尊堂) 명(命)이 아니어늘, 겸ᄒ여
취실ᄒᄂᆞᆫ 남ᄉᆞ(濫事)를 져즈러시니1204), 이제 바로 드러가면, 녕존당이 혹ᄌᆞ 칙죄(責
罪)ᄒᄂᆞᆫ 일이 이셔도 소뎨의 소견은 형이 잠간 과거를 기다려 상경ᄒ여, 형의 문장지
화로 혼번 장옥(帳屋)의 드러간즉 셤궁(蟾宮)의 월계(月桂)를 썩글지라. 유의유건(儒衣
儒巾)1205)으【70】로뼈 계지쳥삼(桂枝靑衫)1206)을 밧고와 녕존당긔 비알ᄒ면, 영화로

---

1199)화용월광(花容月光) : 꽃처럼 아름다운 얼굴에서 발산하는 달빛 같은 광채.
1200)친ᄉᆞ(親事) : 결혼.
1201)즉ᄒ다 : 직하다. ((용언이나 '이다' 뒤에서 '-ㅁ/음 직하다' 구성으로 쓰여)) 앞말이 뜻하는 내용이 발생
   할 가능성이 많음을 나타내는 말.
1202)계초명(鷄初鳴) : 새벽에 첫닭이 우는 때.
1203)닌읍현관(隣邑縣官) : 가까운 읍과 현의 관원들.
1204)저줄다 : 저지르다.
1205)유의유건(儒衣儒巾) : 벼슬에 나가지 못한 선비의 복색.
1206)계지쳥삼(桂枝靑衫) : 계수나무 가지를 꽂은 오사모(烏紗帽)를 쓰고 푸른 색 도포를 입은 과거 급제자

뻐 저즌 죄를 샤(赦)ᄒ시고 합문(闔門)이 환희ᄒ리니, 소뎨의 말을 조ᄎ 과장 님시(臨時)ᄒ여 상경케 ᄒ소셔."

윤싱이 미급답(未及答)의 쥬공 부ᄌ와 위태쉬 상유의 말이 맛당ᄒᄆᆯ 닐ᄏ라니, 윤싱이 부왕의 셩도(性度)를 싱각건듸, ᄌ긔 과갑젼 상경ᄒ여 힘힘이 드러간즉 결단ᄒ여 죽이고 말녀홀지라. 고로 심신이 어득ᄒ여 묵연이러니, 날ᄒ여 왈,

"과거(科擧) 득실은 미리 뎡키 어렵고, 누쳔니 【71】 타향의 아득히 존문(存聞)1207)을 모ᄅ니 인ᄌ(人子)의 참지 못홀 비라. 엇지 과거를 등듸(等待)ᄒ고 도라가기를 더듸 ᄒ리오."

위상유와 쥬ᄌ시 힘뻐 말니니, 윤싱이 드듸여 상경키를 긋치니, 쥬공이 환힝ᄒᄆᆯ 니긔지 못ᄒ니, 윤싱이 낫인즉 쥬공부ᄌ로 음쥬단난(飮酒團欒)ᄒ고, 밤이면 ᄂᆡ루의 드러가 슉녀로 즐기나, 깁흔 은위(隱憂) ᄀ득ᄒ더라.

이러구러 쥬ᄌᄉ의 필ᄌ의 길긔 다ᄃᆞ라 빙치(聘采) 빅냥(百輛)1208)으로 위소져 년아를 마ᄌ 관아의 도라와 합환대례(合歡大禮)1209)와 현구고지 【72】 녜(見舅姑之禮)를 일우ᄆᆡ, 신부의 빅ᄐᆡ화용(百態花容)이 션연긔려(嬋姸奇麗)ᄒ여 진짓 텬뎡긔연(天定奇緣)이라.

쥬ᄌᄉ와 송부인이 신부의 여ᄎᆞ 초츌(超出)ᄒᄆᆯ 환연(歡然) 귀듕홀 ᄲᆞᆫ 아니라, 위시 남ᄆᆡ 보젼ᄒ여 형양ᄀᆞ지 오ᄆᆡ 윤싱의 의긔현심(義氣賢心)이ᄆᆯ 쥬공부뷔 윤싱 알기를 텬션ᄀᆞᆺ치 ᄒ고, 위시 비록 윤싱을 당면ᄒ여 여러 말 사례를 베프지 아니ᄒ나, 감격흔 의시 깁고 듕대ᄒ더라.

윤싱이 관아의 월여를 머므러 쥬소져로 이듕ᄒ여 슈유불니(須臾不離)1210)ᄒ고, 쥬소제 승슌군ᄌᄒ 【73】 며 온듕화열ᄒ여 상슈상경(相酬相敬)ᄒ더니, 과일(科日)이 불원(不遠)ᄒ니 윤싱이 위싱과 졔쥬(諸朱)1211)로 더브러 상경(上京)홀 날을 뎡ᄒ여, 일야(一夜)를 격ᄒ니, 쥬공이 친히 윤싱의 손을 잡아 녀ᄋ 슉소의 드러와, 홀연(欻然)흔 빗치 ᄀ득ᄒ여 왈,

"금일 분슈(分手) 죽(卽) 만니니별(萬里離別)이 아득ᄒ리니, 현셔(賢婿)ᄂᆞᆫ 모로미 밤을 편히 지ᄂᆡ고, 일즉이 츌힝(出行)ᄒ라."

---

의 차림.
1207)존문(存聞) : 안부(安否)에 관한 소식.
1208)빅냥(百輛) : '백대의 수레'라는 뜻으로, 『시경(詩經)』「소남(召南)」편, 〈작소(鵲巢)〉시의 '우귀(于歸) 백량(百輛)'에서 유래한 말이다. 즉 옛날 중국의 제후가(諸侯家)에서 혼례를 치를 때, 신랑이 수레 백량에 달하는 많은 요객(繞客)들을 거느려 신부집에 가서, 신부을 신랑집으로 맞아와 혼례를 올렸는데, 이 시는 이처럼 혼례가 수레 백량이 운집할 만큼 성대하게 치러진 것을 노래하고 있다.
1209)합환대례(合歡大禮) : 혼인례에서 신랑신부가 합환주(合歡酒)를 마셔 대례(大禮)를 치르는 것을 말함.
  *합환주(合歡酒); 전통 혼례식에서 신랑 신부가 혼인을 맹세하는 뜻으로 서로 잔을 주고받아 마시는 술.
1210)슈유불니(須臾不離) : 잠시도 곁을 떠나지 않음.
1211)졔쥬(諸朱) : 여러 주씨(朱氏) 일가들.

싱이 슈명ᄒ니, 송부인이 ᄯᅩᄒᆫ 녀ᄋᆞ를 지쵹ᄒ여 드려보ᄂᆞ니 윤싱이 쥬시를 볼ᄉᆞ록 졍신이 어리고 의ᄉᆞ 무루녹아 함소 집【74】슈 왈,

"싱이 악쟝의 과히 ᄉᆞ랑ᄒ시는 은ᄋᆡ를 밧ᄌᆞ와 동상의 모쳠(冒添)ᄒ여 여러 일월이 된지라. 싱이 ᄌᆞ로 더브러 결발대륜(結髮大倫)의 지극ᄒᆞᆫ 졍으로 상니(相離)코져 ᄯᅳᆺ이 업ᄉᆞ디, ᄉᆞ셰 이의 머므지 못ᄒᆞᆯ지라. 고로 명일 발ᄒᆡᆼᄒᆞᄂᆞ니, 악쟝이 기관(棄官)ᄒ고 상경치 아닌 젼은 우리부부의 회합이 ᄌᆞ못 어려온지라. 심ᄉᆞ(心思) 비졀(悲絶)ᄒ거니, ᄌᆞ(子)도 ᄯᅩᄒᆫ 홀연ᄒᆞᆫ 의ᄉᆞ 업지 아니리라."

ᄒ니, 쥬소졔 비록 슉셩ᄒ나 나히ᄌᆞᆨ 십이셰 츙년이라. 쟝부의 은ᄋᆡ를 당ᄒᆞᆫ즉 몬져【75】슈괴(羞愧)ᄒᆞᆷ이 ᄀᆞ득ᄒ여, 옥안(玉顔)의 도화훈ᄉᆡᆨ(桃花暈色)[1212]을 ᄯᅴ여 먼니 물너 안고져 ᄒ거늘, 싱이 소왈,

"싱이 ᄌᆞ로 더브러 일실의 쳐ᄒᆞᆷ이, 금슬지낙(琴瑟之樂)이 빅년을 낫비 넉이거늘, ᄌᆞ는 엇지 본 젹마다 슈습ᄒᆞᆷ이[1213] 더으뇨?"

소졔 져슈부답(低首不答)ᄒ니 싱이 지삼 답언을 쳥ᄒᆞᆫ디, 소졔 마지 못ᄒ여 겨유 그 뭇는바를 디ᄒ더라. 싱이 이의 의디(衣帶)를 그르고 소져를 붓드러 상요의 나아가미, 새로이 황홀연ᄋᆡ(恍惚憐愛)ᄒ다가, 명됴의 윤싱이 관소(盥梳)ᄒ고 졍당으로 드러가니라. 【76】

---

1212)도화훈ᄉᆡᆨ(桃花暈色) : 얼굴이 복숭아꽃처럼 붉어지며 부끄러운 빛을 띰.
1213)슈습ᄒ다 : 수삽(羞澁)하다. 몸을 어찌하여야 좋을지 모를 정도로 수줍고 부끄럽다

# 윤하뎡삼문취록 권지십일

추시 윤싱이 쇼져를 붓드러 상요의 나아가미, 시로이 황홀연이(恍惚憐愛)ᄒ여 즐기다가, 명됴의 관소ᄒ고 쥬싱 등으로 더브러 졍당의 드러가니, 이날 ᄌ시 쇼작(小酌)을 여러 셔랑을 송별홀시, 친히 잔을 잡아 윤싱을 권ᄒ여 ᄀᆞᆯᄋᆞᆯ,

"금일 니별이 아득ᄒ여 내가 상경 젼은 달보의 화풍경운(華風瓊韻)을 반길 길히 업ᄂᆞᆫ지라. 몸이 미관(微官)의 걸여 됴뎡이 잉임(仍任)키를 뎡혼 후ᄂᆞᆫ, 거리를 임의로 못ᄒ니, 피ᄎᆞᆺ 존문(存聞)을 통키 【1】어려온지라. 달보의 특이혼 지덕을 심복ᄒ여, 알오미 놉혼 스싱 ᄀᆞᆺ더니, 이제 도라가미 써나는 졍이 의의(依依)ᄒ여1214) 참기 어려온지라. 원컨딕 현셔ᄂᆞᆫ 구쳔니(九千里) 험디(險地)의 무ᄉᆞ득달(無事得達)ᄒ여, 어화쳥삼(御花靑衫)1215)으로 녕존당(令尊堂)의 등ᄇᆡ(登拜)ᄒ여 누삭(累朔) 슬하 써낫던 죄를 속ᄒ고, 경쇼져를 취ᄒ여 '관져(關雎)의 낙(樂)'1216)을 다ᄒᆞᄂᆞᆫ 쥰, 아녀의 평싱을 닛지 말나."

윤싱이 쥬공의 주ᄂᆞᆫ 잔을 거후라고 사례 ᄀᆞᆯᄋᆞᆯ,

"쇼싱이 비록 무신(無信)ᄒ나 오히려 악장(岳丈)의 지우(知遇)1217)ᄒ신 은혜와 녕【2】녀의 슉뇨(淑窈)ᄒᆞ믈 닛지 아니ᄅᆞ니, 타일의 열 사람을 모화도 쇼싱의 뜻은 젼후의 변홀 ᄇᆞᆯ 업거니와, 악장이 무고(無故)히 임소(任所)를 써나지 못ᄒ셔도, 쇼싱의 ᄆᆞ음인쥭 쳔니를 겻보듯ᄒ여1218), 잇다감 이의 ᄂᆞ려와 ᄇᆡ현홀 거시로딕, 녕녀를 취혼 소유를 존당과 친당의 ᄀᆞ빅야이1219) 고치 못홀지라. 아직 취실지ᄉᆞ(娶室之事)를 긔이미1220) 되어, ᄒᆞᆫ번 드러간 후ᄂᆞᆫ 거취(去就)1221)를 다시 ᄌᆞ힝(恣行)치 못ᄒᆞᄆᆞ로, 이의

---

1214)의의(依依)ᄒ다 : 헤어지기가 서운하다
1215)어화쳥삼(御花靑衫) : 어사화(御賜花)를 꽂은 오사모(烏紗帽)를 쓰고 푸른 색 도포를 입은 과거 급제자의 차림. *어사화(御賜花); 조선 시대에, 문무과에 급제한 사람에게 임금이 하사하던 종이꽃.
1216)관져(關雎)의 낙(樂) : '정답게 지저귀는 저구새의 즐거움'이란 뜻으로 군자와 숙녀가 좋은 배필을 만나 즐거워함을 의미함. 시경(詩經)』 국풍(國風), 관저(關雎) 장에서 유래한 말.
1217)지우(知遇) : 남이 자신의 인격이나 재능을 알고 잘 대우함.
1218)겻보다 : 대수롭지 않게 보다.
1219)ᄀᆞ빅야이 : 가볍다. *ᄀᆞ빅얍다; 가볍다.
1220)긔이다 : 기이다. 숨기다. 속이다.
1221)거취(去就) : ①사람이 어디로 가거나 다니거나 하는 움직임. ②어떤 사건이나 문제에 대하여 밝히는 태도.

느려오미 아득ㅎ려니와 악장이 미양 구천니 하방(遐方)1222)의 골몰치 아니실지라, 언
【3】마ㅎ여 쳥현화직(淸顯華職)1223)을 씌여 도라오시리잇고? 쇼싱이 이번 가미 과거
(科擧) 득실간(得失間) 수년을 그음ㅎ여1224) 악장이 이곳을 써나시게 도모ㅎ오리니,
악장은 젹은 니별을 넘녀치 마르쇼셔.”

언파의 잔을 거후라며 옥슈(玉手)의 금져(金箸)를 드러 만반진찬(滿盤珍饌)1225)을
하져(下箸)1226)ㅎ니, 이윽고 상을 물니믜 니별을 앗겨 공이 탄식ㅎ믈 마지 아니니, 윤
싱이 호언으로 위로ㅎ고, 날호여 하직을 고ㅎ니, 쥬공은 츄연(惆然)하고 부인은 ᄋ즈
와 셔랑을 일시의 보ᄂᆞᆫ 모음이 써러지는 듯ㅎ여, 창연(愴然) 뉴쳬(流涕)【4】ㅎ니,
쥬한님 등이 슬프믈 참고 위로 왈,

“쇼즈 등이 상경ㅎ와 과후(科後)1227)의 즉시 ᄂᆞ려오리이다.”

ㅎ고, 인ㅎ여 하직(下直) 빈례(拜禮)ㅎ니, 윤싱이 쏘ㅎᆫ 악부모(岳父母)긔 빈례ㅎ고
눈을 드러 쇼져를 보미, 아미(蛾眉)를 ᄂᆞᆺ초고 홍슈(紅袖)를 쏘즈 모친 겻ᄒᆡ 섯ᄂᆞᆫ지라.
싱이 함쇼(含笑)ㅎ고 풀흘 드러 왈,

“신졍(新情)을 펴지 못ㅎ여 먼 니별이 아득ㅎ니, 싱의 심ᄉᆞᆫ 년년(戀戀)ㅎ믈 니긔
지 못ㅎ거늘, 즈ᄂᆞᆫ 타연1228) 무려(無慮)ㅎ니, 싱이 홀노 즈를 위ᄒᆞᆫ 졍이 우읍지 아니
리오. 연이나 싱이 졀ㅎ딕 지(子) 능히 셔시랴?”

쇼졔 텽파【5】의 옥면(玉面)이 취홍(吹紅)ㅎ여 ᄂᆞᆺ죽이 졀ㅎ니, 싱이 드듸여 쥬싱
등으로 더브러 나아가니, 쥬공 부뷔 ᄒᆞᆫ 가지로 누디(樓臺)의 올나 즈셔(子婿)1229)의
가ᄂᆞᆫ 곳을 브라보더니, 수오리(四五里)를 힝치 못ㅎ여셔 산이 ᄀᆞ리니, 쥬공과 부인이
홀연이 일흔 거시 잇는 듯ㅎ여 졍당으로 도라오니라.

윤싱이 쥬한님 오곤계(五昆季)와 위싱으로 힝거를 썔니ㅎ여 경ᄉᆞ의 다ᄃᆞ라, 남문 밧
게셔 부왕의 군관 니곽을 만나니, 니곽이 공ᄌᆞ의 말머리를 붓들고 반겨 왈,

“공ᄌᆞ야! 어디를 가셔 반년이 되도록 【6】도라올 줄 니즈시니잇가? 금일 공ᄌᆞ를
만나미 밧비 뫼셔 궁으로 가고져 ㅎᄂᆞ이다.”

싱이 니곽의 손을 잡고 존당 부모의 셩후(聖候)1230)와 일가 졔인의 평부(平否)를 무
러 합문(閤門)의 무ᄉᆞㅎ믈 알미, 비로소 모음을 뎡ㅎ여 다시 말을 시작고져 ㅎ더니,

---

1222)하방(遐方) : 서울에서 멀리 떨어진 지방. 늑하예(遐裔)・하추(遐陬)・하토(遐土).
1223)쳥현화직(淸顯華職) : 청직(淸職)과 현직(顯職)의 영화로운 직위.
1224)그음ㅎ다 : 한정하다. 작정하다. 때가 되기를 기다리다.
1225)만반진찬(滿盤珍饌) : 상위에 가득히 푸짐하게 잘 차린 진귀하고 맛좋은 음식.
1226)하져(下箸) : 젓가락을 댄다는 뜻으로, 음식을 먹음을 이르는 말.
1227)과후(科後) ; 과거(科擧) 시험이 끝난 뒤.
1228)타연 : 태연(泰然). 마땅히 머뭇거리거나 두려워할 상황에서 태도나 기색이 아무렇지도 않은 듯이 예사
　　　로움.
1229)즈셔(子婿) : 아들과 사위.
1230)셩후(聖候) : ①임금의 안부. 또는 임금 신체의 안위. ②웃어른의 안부 또는 신체의 안위.

니곽이 믄득 장(長)공즈의 사라 도라오믈 젼ᄒ고 발셔 소니부의 녀셰(女壻) 되며 가긔
(佳期)를 일위시믈 고ᄒ고, 탄왈,

"어됴윤 경공의 일녀지 쳔고(千古)의 희한ᄒᆫ 식광긔질(色光器質)이라 ᄒ거ᄂᆞᆯ, 공지
그릇 귀형(鬼形) ᄀᆞᆺᄐᆞᆫ 츄믈을 경공의 ᄯᅩᆯ노 【7】알아샤 경솔이 집을 ᄯᅥ나시니, 속졀업
시 길시를 허송ᄒᆞ미 이ᄃᆞᆯ을 ᄲᅮᆫ 아냐, 뎐하의 셩뇌(盛怒) 심상치 아니시니, 공지 도로
의셔 분쥬ᄒ시지 말고 금일이라도 궁으로 드러가샤이다."

공지 그 형의 사라 도라오믈 듯고 깃버ᄒᄂᆞᆫ 즁, 형뎨로 면목을 알고져 의식 급ᄒ나,
부왕의 셩도를 혜아리미, 즈긔 금일 드러가미 결ᄒ여 명일 입과(入科)ᄒ믈 ᄇᆞ라지 못
ᄒ고, 혈육이 상ᄒᄂᆞᆫ 듕장을 밧아 스싱이 위틱홀 거시므로, 심혼(心魂)이 어둑ᄒ여 ᄒ
ᄂᆞᆫ 즁, 경가 흥상을 ᄒᆞᄒ여 분【8】뇌 팅듕(撑中)ᄒ니, 니곽이 비록 경쇼져를 긔특다
닐오나 엇지 곳이ᄃᆞ를 니 이시리오. 분연 왈,

"초에 집을 ᄯᅥ나미 젼혀 츄믈(醜物)을 취치 아니려 ᄒ미라. 십년으로 그음ᄒ여도 그
츄용누질(醜容陋質)이 타쳐의 도라가지 아닌 젼은 내 ᄯᅩᄒᆫ 부즁을 드듸지 말고져 ᄒ
엿더니, 어됴윤이 기녀의 졍스를 알아 타문의 보뉘지 아니코 나를 기다리미 실노 분
희(憤駭)ᄒᆞᆫ지라. 그러나 명일이 과일(科日)이니 내 이제 바로 궁의 드러가○[다]ᄂᆞᆫ 부
왕의 엄위(嚴威) 범연치 아니시리니, 명일 과장을 몬져 참예ᄒᆞᆫ 후 【9】궁으로 도라가
리니, 그ᄃᆡᄂᆞᆫ 금일 도즁의셔 날 만나믈 불츌구외(不出口外)ᄒ라."

니곽이 공즈를 보고 그 말을 드르미, 진왕의 셩졍(性情)을 혜아려 일이 그러ᄒᆞᆫ 고
로, 공즈의 도라가기를 쳥치 못ᄒ여 인ᄒ여 쥬·위1231)의 근본을 무르니, 공지 다만
고문거족(高門巨族)이믈 닐ᄋᆞ고 지극ᄒᆞᆫ 친위(親友)를 닐ᄋᆞ듸, 굿ᄐᆞ여 쥬가의 입장(入
丈)ᄒ믈 닐ᄋᆞ지 아니터라.

일모(日暮)의 니곽이 공즈로 분슈ᄒ여 니곽 등은 동문 밧그로 나아가고, 윤싱은 쥬
한님 등을 ᄯᅡ라 쥬부로 나아갈ᄉᆡ, 위싱은 그 빙개(聘家) 엄태스 부즁으로【10】듸, 악
모 최부인이 간악ᄒ므로 엄부의 가 머므지 아니터라.

이ᄯᅢ 윤부 위태부인이 증손(曾孫)의 과경(科慶)을 보고져 ᄒ므로, 호람후와 진왕 곤
계 셩닌의 조달(早達)을 원치 아니나, 마지못ᄒ여 셩닌을 입과(入科)ᄒ라 ᄒ고, 뎡부의
셔ᄂᆞᆫ 슌태부인이 명ᄒ여 은긔를 과옥(科屋)의 드려보뉘나, 진·졔 냥왕(兩王)이 일분
도 ᄋᆞ들의 과거를 희망ᄒ미 업셔, 그 어린 나히 과장(科場) 츌입을 깃거 아니코, 상국
은 창닌·셰린이 다 년긔 이뉵이 넘지 못ᄒᆞᆫ 고로, 더욱 과장의 드릴 의스를 아니니,
셰린은 나히 젹【11】은 줄 착급히 이둘와, 종형(宗兄)의 과장 츌입을 보고, 즈긔도
과장 츌입을 ᄆᆞᄋᆞᆷ 듸로 ᄒ고져 ᄒ니, 원뉘 공즈의 위인이 그 형 창닌의 침듕ᄒ믈 밋
지 못ᄒ고, 츙텬지긔(衝天之氣)를 장츅(藏蓄)지 ○[못]ᄒ여 삼가고 조심ᄒᄂᆞᆫ 밧재 부
슉(父叔) 면젼(面前)이라. 존당이 그 ᄌᆡ모를 탐혹(耽惑)ᄒ여} 과ᄋᆡ(過愛)ᄒ여, 공지 더

---

1231) 쥬·위 : 주한림 5형제와 위상유.

옥 방약무인(傍若無人)ᄒᆞ여 동셔의 것칠 거시 업더라. ᄌᆞᄂᆞᆫ 달승이니 이 곳 장부인의 만상ᄉᆞ변(萬狀事變) 가온ᄃᆡ 겨유 보젼흔 비라. 부풍모습(父風母襲)ᄒᆞ며 용화긔질(容華氣質)이 디샹신션(地上神仙)이오, 일셰무빵(一世無雙)ᄒᆞ니, 일가 【12】 친족이 긔ᄃᆡ(期待)ᄒᆞ여 부모의 소듕ᄒᆞᄆᆡ 창닌의 버금이로ᄃᆡ, 상국이 ᄆᆡ양 그 긔운이 장ᄒᆞ고 힝ᄉᆡᆨ 단듕치 못ᄒᆞᄆᆞᆯ 깃거 아냐 ᄆᆡ양 경계ᄒᆞ더라.

윤공ᄌᆞ 웅닌이 쥬부의셔 장옥(場屋) 졔구ᄅᆞᆯ 출혀 쥬싱 삼인과 위상유로 더브러 과장(科場)의 나아가니, 원노의 구치(驅馳)ᄒᆞ여 ᄒᆞ로도 쉬지 못ᄒᆞ고 과옥의 들믈 인ᄒᆞ여, 글졔ᄅᆞᆯ 보고 명지(名紙)1232)ᄅᆞᆯ 펼친 후 붓슬 빠히ᄆᆡ 의ᄉᆞ 구름 못 듯, 십년 공부ᄅᆞᆯ 이 놀의 시험ᄒᆞᄆᆡ 위싱과 쥬싱 등이 그 문필을 처엄 보미 아니로ᄃᆡ 새로이 경복ᄒᆞᄆᆞᆯ 마지 아【13】니ᄒᆞ고, 졔싱 등도 쓰기ᄅᆞᆯ 마치ᄆᆡ 여러 장을 다 죵쟈ᄅᆞᆯ 주어 밧치라 ᄒᆞ고, 위·쥬 ᄉᆞ인으로 더브러 ᄉᆞ믹ᄅᆞᆯ 잇그러 쳔만다ᄉᆞ(千萬多士)의 글 지으믈 溢ᄒᆞ며 한가히 유완ᄒᆞ더니, 홀연 눈을 들ᄆᆡ 셧녁 송하(松下)의 흔 무리 셔싱이 글을 쓰니, 필ᄒᆞ(筆下)의 뇽ᄉᆡ비등(龍蛇飛騰)1233)이라.

윤싱이 대경ᄒᆞ여 ᄌᆞ시 보ᄆᆡ, 우ᄒᆞ로 안잔 두 쇼년과 거즁쟈(居中者)1234)ᄂᆞᆫ 아지 못ᄒᆞ되, 아ᄅᆡ로 안즌 쇼년은 곳 뎡은긔와 ᄉᆞ부 우쳐ᄉᆞ의 장ᄌᆞ와 ᄎᆞᄌᆞ라.

웅닌이 ᄲᆞᆯ니 블너 왈,

"우형 냥위와 뎡형은 쇼뎨 달보ᄅᆞᆯ 싱각ᄒᆞ시리잇가?"

뎡 【14】 운긔 우싱 등과 윤셩닌 소슌 소영으로 더브러 글을 지어 쓰기ᄅᆞᆯ 다홀 즈음에 이 소ᄅᆡᄅᆞᆯ 드ᄅᆞᄆᆡ, 분명 웅닌이믈 씌닷고 밧비 필셔(筆書)ᄒᆞ여 흔 가지로 밧치라 ᄒᆞ고, 급히 니러나 블너 왈,

"달보야, 이거시 꿈이냐? 흔번 ᄯᅥ난 지 반년의 셩식(聲息)이 긋쳐시니, 울울(鬱鬱)ᄒᆞ믈 니긔지 못ᄒᆞ더니, 금일이 하일이완ᄃᆡ 달보의 소ᄅᆡᄅᆞᆯ 드ᄅᆞ며 얼골을 반기ᄂᆞ뇨?"

윤싱이 ᄲᆞᆯ니 집슈묵연(執手黙然)ᄒᆞ니, 뎡싱이 믄득 손을 드러 숑하(松下)의 거즁쟈(居中者)ᄅᆞᆯ ᄀᆞᄅᆞ쳐 왈,

"진궁의셔 십년이 넘도록 못ᄎᆞᆺ ᄒᆞ【15】시던 죵손(宗孫)을 금년 즁하(中夏)의 비로소 ᄎᆞᆺ 텬뉸을 완젼ᄒᆞ고, 일가의 환힝ᄒᆞ시미 그 밧게 업ᄉᆞ니, 이 곳 달보의 형이라. 니부총지 소공의 녀셰(女壻) 되엿ᄂᆞ니, 진궁의셔 반년지니(半年之內) 합개(闔家) 안길(安吉)홀 ᄲᅮᆫ 아니라, 죵장(宗長)의 그릇시 사라 도라와 슉녀ᄅᆞᆯ 취ᄒᆞ야시니, 윤문의 딕힝이라. 달보ᄂᆞᆫ 문호(門戶)의 경ᄉᆞᄅᆞᆯ ᄒᆞᄂᆞᆯ긔 샤례ᄒᆞ고, 형뎨 서로 반기라."

웅닌이 귀로 운긔의 말은 드ᄅᆞ며 눈으로 그 형을 보ᄆᆡ, 션풍옥골(仙風玉骨)이 슉연(肅然) 쳥고(淸高)ᄒᆞ여, 부왕의 엄쥰(嚴峻)홈과 계부의 단엄(端嚴)ᄒᆞ【16】믈 ᄀᆞ초 품(稟)ᄒᆞ여 현명군ᄌᆞ(賢明君子)라.

---

1232)명지(名紙) : 시지(試紙). 과거 시험에 쓰던 종이. 시험지.
1233)뇽ᄉᆡ비등(龍蛇飛騰) ; 용이 살아 움직이는 것같이 아주 활기 있는 필력을 비유적으로 이르는 말.
1234)거즁쟈(居中者) ; 두 편의 중간에 들어 있는 자.

공지 그 긔상이 이 ᄀᆞᆺ치 츌인 비샹ᄒᆞᆷ믈 만심 환열ᄒᆞ고 부모의 복경(福慶)과 문호의 챵딕홀 바ᄅᆞᆯ 흔흔 쾌열ᄒᆞ나, 십삼년을 아득히 막혓던 바ᄅᆞᆯ 새로이 슬허, 봉안(鳳眼)의 쳥누(淸淚)ᄅᆞᆯ 먹음고 년망이 형을 향ᄒᆞ여 비읍(拜泣) 왈,

"문운이 불힝ᄒᆞ고 가변(家變)이 층츌(層出)ᄒᆞ여 형쟝이 신싱지시(新生之詩)의 희한ᄒᆞᆫ 익화ᄅᆞᆯ 당ᄒᆞ샤 유리(流離)의 해ᄅᆞᆯ 밧으시믜, 믄득 십삼년이 되도록 부ᄌᆞ 형뎨 샹봉치 못ᄒᆞ고, 쇼뎨 ᄯᅩᄒᆞᆫ 형쟝으로 더브러 나히 ᄀᆞᆺᄒᆞᆫ지【17】라, 비록 녯날 면목을 아지 못ᄒᆞ나, 잇다감 요리(妖尼)의 초ᄉᆞ(招辭)1235)ᄅᆞᆯ 드ᄅᆞᆫ즉 형쟝이 ᄉᆞ화(死禍)ᄅᆞᆯ 면키 어려오니 듀야 비통(悲痛)터니, 텬우신조(天佑神助)ᄒᆞ여 형쟝(兄丈)1236)이 즐거이 도라오시니 문호의 대경이로소이다. 연이나 쇼뎨 불초무상(不肖無狀)ᄒᆞ여 브졀업시 집을 ᄯᅥ난 연고로, 형쟝이 도라오시ᄃᆡ 즉시 현알(見謁)치 못ᄒᆞ고, 부모 존당의 신혼셩뎡(晨昏省定)을 폐ᄒᆞ여 인ᄌᆞ지도(人子之道)1237)ᄅᆞᆯ 어긔오니, 당ᄎᆞ지시(當此之時)ᄒᆞ여 후회막급(後悔莫及)1238)이로소이다."

이ᄠᅢ 셩닌이 그 ᄋᆞ의 영풍쥰골(英風俊骨)을 처엄으로 보아, 완연이 부왕의 【18】 풍뉴(風流)1239) 신광(身光)1240)으로 ᄀᆞᆺᄐᆞᆷ믈 씌다라, 상모(相貌)의 비속(非俗)홈과 위인(爲人)의 특이(特異)ᄒᆞᆷ믈 아름다이 넉일 ᄲᅮᆫ 아냐, 동긔의 졍이 규규체체(赳赳棣棣)1241)ᄒᆞ여 아모 곳으로 조ᄎᆞ 바라나믈1242) 아지 못ᄒᆞ더라.

웅닌이 함누(含淚) 왈,

"쇼뎨 비위(脾胃)1243) 결증(潔症)이 남다ᄅᆞ고 안견(眼見)이 용속(庸俗)지 아닌 고로, 어린 ᄯᅳᆺ이 요지금모(瑤池金母)1244)와 월뎐쇼아(月殿素娥)1245) ᄀᆞᆺᄐᆞᆫ 빗우(配偶)ᄅᆞᆯ 원ᄒᆞ다가, 악착(齷齪) 누질(陋質)을 보오믜 아니쏘오믈 니긔지 못ᄒᆞ여, 엄뎐의도 감히 셰밀ᄒᆞᆫ ᄉᆞ졍을 알외지 못ᄒᆞ고, ᄌᆞ위(慈闈)긔 졀박ᄒᆞᆫ 심회ᄅᆞᆯ 고ᄒᆞ믜, ᄌᆞ위 쇼뎨의 ᄉᆞ졍을 숣히지 못【19】ᄒᆞ시고 경가 규슈ᄅᆞᆯ 낫비 넉이지 아니시니, ᄉᆞ졍(事情)을 알외올 곳이 업서, 미처 젼후ᄅᆞᆯ 숣히지 못ᄒᆞ고 경가 녀셰 아니 되기만 위ᄒᆞ여 급히 집을 ᄯᅥ난 빈니, 하직을 고치 못ᄒᆞ고 산슈간(山水間)에 오유(遨遊)ᄒᆞ나, 심식 어ᄂᆡ ᄢᅵ 편ᄒᆞ리잇

---

1235)초ᄉᆞ(招辭) ; 공초(供招). 조선 시대에, 죄인이 범죄 사실을 진술하던 일.
1236)형쟝(兄丈) : 나이가 엇비슷한 친구 사이에서, 상대편을 높여 이르는 이인칭 대명사.
1237)인ᄌᆞ지도(人子之道) : 아들 된 도리.
1238)후회막급(後悔莫及) : 이미 잘못된 뒤에 아무리 후회하여도 다시 어찌할 수가 없음.
1239)풍뉴(風流) : 멋스럽고 풍치가 있는 일. 또는 그렇게 노는 일. 여기서는 '내면에서 풍기는 멋'을 말한 것.
1240)신광(身光) : '몸에서 발하는 빛' 곧 외면적 모습을 말함.
1241)규규체체(赳赳棣棣) : 강렬하면서도 예의에 벗어남이 없음. *규규(赳赳); 씩씩하고 헌걸참. *체체(棣棣): 위의가 있는 모양. 예의에 밝은 모양.
1242)바라나다 : 치열하게 솟아나다.
1243)비위(脾胃) : 음식물을 삭여 내거나 아니꼽고 싫은 것을 견디어 내는 성미.
1244)요지금모(瑤池金母) : 서왕모(西王母). 중국 신화에 나오는 신녀(神女)의 이름. 불사약을 가진 선녀라고 하며, 음양설에서는 일몰(日沒)의 여신이라고도 한다.
1245)월뎐쇼아(月殿素娥) : 상아(嫦娥). 달 속에 있다고 하는 전설 속의 선녀.

고? 궁극(窮極)ᄒ여1246) 혹ᄌ 금일 과갑(科甲)을 응ᄒ면 유의유건(儒衣儒巾)으로 영화(榮華)를 밧고아 환가(還家)ᄒᆞ, 왕대모 반기시ᄂᆞᆫ 졍을 쓰이샤1247) 대인을 권ᄒᆞ샤 쇼뎨의 죄를 샤(赦)ᄒᆞ실가 ᄇᆞ라건마ᄂᆞᆫ, 등과(登科)를 긔필치 못ᄒ고, 엄위를 아지 못ᄒ니 황민(惶憫)ᄒᆞᆯ 니【20】긔지 못ᄒ리로소이다."

장공지 칙왈(責曰),

"금슈(禽獸)도 그 ᄣᅡ을 일워 ᄌᆞ웅(雌雄)이 삼겨시니, 사름이 셰상의 나미 엇지 상젹ᄒᆞᆫ 비필이 삼기지 아나시리오. 남이 닙어셰(立於世)ᄒᆞ미 튱회(忠孝) 냥젼(兩全)치 못ᄒᆞᆯ가 근심ᄒᆞᆯ지언뎡, 엇지 쳐실이 ᄯᅳᆺᄀᆞᆺ지 못ᄒᆞᆯ가 근심ᄒ리오. 너의 언ᄉᆞ힝지(言事行止)1248) 불가ᄉᆞ문어타인(不可使聞於他人)1249)이라. 우리 부슉(父叔)의 쳥덕과 됴션 명풍(名風)을 네게 다ᄃᆞ라 츄락(墜落)ᄒᆞᆯ가 져허ᄒᆞᄂᆞ니, 네 금일이라도 긔과ᄌᆞ칙(改過自責)ᄒᆞ여 효힝을 위본(爲本)ᄒ고, 만ᄉᆞ의 친의(親意)를 슌(順)ᄒᆞ여 무염박식(無艶薄色)을 취ᄒ라 【21】ᄒᆞ셔도, 졀박히 넉이ᄂᆞᆫ 거동을 엄젼의 뵈웁지 아니면, 오히려 죄를 용셔ᄒᆞ려니와, 밧그로 공슌ᄒᆞᆫ 빗츨 작위(作爲)ᄒ고 안흐로 넘난 ᄆᆞ음을 금치 못ᄒ며, 존당 ᄌᆞ의를 밧ᄌᆞ와 엄위를 거ᄉᆞ리미 이실진ᄃᆡ, 네 늙기의 니ᄅᆞ러도 친안의 화열ᄒ시믄 득승(得承)치 못ᄒᆞᆯ 거시오, 셜ᄉᆞ 쳥운의 고등ᄒᆞ미 이셔도 남활(濫猾)ᄒᆞᆷ을 더욱 통히ᄒᆞ시리니, 왕대모ᄂᆞᆫ 반기시고 두긋기시려니와 엄노(嚴怒)ᄂᆞᆫ 두루혀기 어려온지라. 네 장ᄎᆞ 이리ᄒ고 무슴 사름이 되려 ᄒᆞᄂᆞᆫ? 모로미 회과슈션(悔過修善)ᄒ【22】여 엄젼의 용납ᄒᆞᆷ을 엇게 ᄒ라."

웅닌이 샤례(謝禮)ᄒ더라.

이날 만셰황얘 구룡금상(九龍金牀)의 단좌ᄒ샤, 문학듕신(文學重臣)으로 ᄒ야금 글을 쇼노와1250) 인ᄌᆡ 어드믈 원ᄒ시더니, 믄득 ᄒᆞᆫ 장 시를 보시고 텬안(天顔)이 대열ᄒ샤, 어필(御筆)노 장원을 쓰샤 겻ᄒᆞ 노흐시고, 여러 장 글을 쇼노와 수를 치와 발방(發榜)1251)ᄒᆞᆯᄉᆡ, 젼두관(銓頭官)1252)이 소리ᄒ여 장원을 호명ᄒ니, 항쥐인 윤셩닌이 년이 십삼이오, 부ᄂᆞᆫ ᄉᆞ마좌장군·문연각태학ᄉᆞ 참지졍ᄉᆞ 평진왕 윤광텬이라. 웅닌이 화열(和悅)ᄒ여 왈,

"형장의 강하대ᄌᆡ(江河大才)【23】를 오늘날 시험ᄒᆞ미, 임의 장원을 남의게 ᄉᆞ양치 아니실지라. 엇지 브릭믈 응치 아니시ᄂᆞ니잇고?"

셩닌 공지 옥계의 츄진(趨進) 응명(應命)ᄒᆞ미 우흐로 텬안(天眼)과 아릭로 시위계신(侍衛諸臣)이 일시의 ᄇᆞ라보미, 텬디졍화(天地精華)ᄂᆞᆫ 미우(眉宇)의 녕형(靈形)ᄒ고 긔

---

1246) 궁극(窮極)ᄒ다 : 더할 나위 없이 간절하다.
1247) 쓰이다 : 띠다. 감정이나 기운 따위를 나타내다.
1248) 언ᄉᆞ힝지(言事行止) ; 말과 행동.
1249) 불가ᄉᆞ문어타인(不可使聞於他人) : 남이 알게 할 수 없음.
1250) 쇼노다 : 꼽다. 잘잘못을 따져서 평가하다.
1251) 발방(發榜) : 합격자를 발표하다. *방(榜); =방목(榜目). 고려·조선 시대의 과거 합격자 명부.
1252) 젼두관(銓頭官) : 인재를 뽑는 일을 담당하던 부서인 전부(銓部)의 우두머리. 과거 시험 채점관.

운이 화챵ㅎ여 현명군지라. 텬안이 일견의 크게 스랑ㅎ시고, 문무듕신(文武衆臣)이 그 나흘1253) 놀나고 신위풍광(身位風光)을 아니 놀나리 업손지라.

상이 즉시 장원을 뎐의 올니샤 쳥삼화딕(靑衫華帶)1254)를 주시고, 탐화(探花)를 호명ㅎ미 쏘 평진왕의 추즈 윤웅닌이 【24】라. 브릭는 소리를 응ㅎ여 일위 쇼년이 만인총즁(萬人叢中)을 헷쳐 단지(丹墀)1255)의 츄진ㅎ니, 장부의 풍신이오, 미인의 안식이라. 상이 아름다오믈 니긔지 못ㅎ샤, 쏘 뎐의 올니샤 쳥삼어화(靑衫御花)1256)를 주라 ㅎ시며, 상이 장원과 탐화의 손을 년(連)ㅎ샤 친익(親愛) 경찬(慶讚) 왈,

" '산고옥츌(山高玉出)이오 희심츌쥐(海深出珠)라'.1257) 진왕의 ᄋ둘이 엇지 범용쇽즈(凡庸俗子)1258)와 ᄀᆺ투리오마는, 여추 대현영쥰(大賢英俊)이 ᄡᅡᆼ으로 금방(金榜)1259)의 고둥(高騰)ㅎ여 국가의 보필이 될 바는 능히 아지 못ㅎ미라. 문장지ᄒᆡ 부슉(父叔)의 아릭 잇지 아니리니, 딤이 【25】무슴 복으로 여추 냥좌(良佐)1260)를 어드뇨?"

졔신(諸臣)이 일시의 만셰를 불너 득인(得人)ㅎ시믈 하례ㅎ고, 년(連)ㅎ여 신닉(新來)를 브룰식 뎡운긔의 일홈이 뎨삼의 ᄲᅢ이여 옥계(玉階)의 츄진 응딕ㅎ미 늠연ㅎ 신치와 쇄락ㅎ 풍광이 일식(日色)이 조요(照耀)ㅎ니, 상이 보시니마다 스랑을 ᄲᅩ드샤 칭션(稱善)ㅎ샤 왈,

"평졔왕의 복녹이 호호(浩浩)ㅎ여 현긔·운긔 ᄀᆺᄐᆞᆫ ᄋ둘을 ᄀᆺ초 두고, 쏘 은긔를 두어 국가의 보필을 삼게 ㅎ니, 당셰의 평졔왕 평진왕을 ᄶᅩ로리 업스리로다."

ㅎ시고, 인ㅎ여 은긔를 쳥삼【26】화딕(靑衫華帶)를 주시고, 여러 신닉를 금의(錦衣)1261) 잉화(金衣鶯花)1262)를 ᄀᆺ초게, ㅎ실식 니부춍즈[지](吏部總裁) 소문환의 장즈 소슌과 추즈 소영이 놉히 등양ㅎ미, 진짓 관옥승상(冠玉丞相)1263)이오 헌아사인(軒雅

---

1253) 나흘 : 니이를. 여기서는 '그 나이가 적은 것'을 놀란다는 듯.
1254) 쳥삼화딕(靑衫華帶) : 조선시대에 임금이 과거급제자에게 내리던 '푸른 도포와 띠'.
1255) 단지(丹墀) : 붉은 칠을 하거나 화려하게 꾸민 마룻바닥.
1256) 쳥삼어화(靑衫御花) : 조선시대에 임금이 과거급제자에게 내리던 푸른색 도포와 종이로 만든 계수나무 꽃.
1257) 산고옥츌(山高玉出) 희심츌쥐(海深出珠) : 높은 산에서 옥이 나고, 깊은 바다에서 진주가 난다는 뜻으로 훌륭한 인물은 덕이 높고 전통이 깊은 명문가에서 난다는 말을 비유적으로 표현한 말.
1258) 범용쇽즈(凡庸俗子) : 평범하고 변변하지 못한 사람의 아들.
1259) 금방(金榜) : 과거에 급제한 사람의 이름을 써서 붙인 방문(榜文).
1260) 냥좌(良佐) : 임금을 보필하는 충성스러운 신하.
1261) 금의(金衣) : 과거급제자가 입던 황색 도포. 황삼(黃衫) 또는 앵삼(鶯衫)이라고도 한다.
1262) 잉화(鶯花) : =계화(桂花). 과거급제자자가 오사모(烏紗帽)에 꽂던 종이꽃. 계화(桂花)의 꽃과 잎을 붉은 색과 노란색 종이로 만들었기 때문에, 황삼(黃衫)을 앵삼(鶯衫)이라 한 것처럼, 앵화(鶯花)라는 다른 이름이 붙은 게 아닌가 한다. 계화(桂花)를 '잉화'라는 이름으로 쓰고 있는 예는 〈완월회맹연〉에도 보인다. "경간공 신위의 밋쳐는 향을 ᄭᅩᆺ고 작(酌)을 헌(獻)ㅎ여 기리 비례ㅎ미, 두 줄기 잉화는 상탁(床卓)을 침노ㅎ고 쳥삼(靑衫) 인딕(鱗帶)는 빅셕(拜席)의 찬난ㅎ여"(〈완월회맹연〉; 135권 52쪽)
1263) 관옥승상(冠玉丞相) : 관옥(冠玉; 관을 꾸미는 옥)처럼 아름다운 풍채를 지닌 승상(丞相). 곧 중국 진(晉)나라의 미남(美男)인 반악(潘岳)을 말함. *반악(潘岳) : 247~300. 중국 서진(西晉)의 문인(文人). 자는 안인(安仁). 승상을 지냈고 미남자의 대명사로 쓰인다.

舍人)1264)이라. 쳐스 우셥의 두 ㅇ돌과 형쥐즈스 쥬위의 ㅇ돌이며, 상태우 녕능공 셕
쥰의 장즈 셰광과 호람어스 경츈명 등이 다 뇽방(龍榜)1265)의 올으미, 젼태학스 위○
[흠]지즈 위상위 쏘훈 놉히 쌔히니, 쇼년 영풍(英風)이 반악(潘岳)1266)을 묘시(藐視)ᄒ
여 일인도 누츄훈 인물이 잇지 아니니, 상이 득인(得人)ᄒ믈 깃그시고, 윤셩닌 형뎨와
뎡【27】은 긔롤 각별이 춍우ᄒ샤, 진·졔 냥왕을 갓가이 나아오라 ᄒ샤, 옥비(玉杯)
의 어온(御醞)을 반ᄉ(頒賜)ᄒ샤 ㅇ돌 잘 나흐믈 칭찬ᄒ시니, 이쩌 진왕이 냥즈의 일
홈이 쳔만 스림(士林)을 드레고 뇽방 졔인을 묘시ᄒ니, 그 ᄌ문덕ᄒᆡᆼ(才文德行)1267)이
아모 즁임(重任)이라도 념녜(念慮)ᄒ믄 업스ᄃᆡ, 년긔 유츙(幼沖)ᄒ고 셩만(盛滿)ᄒ믈
근심ᄒ더니, 긔약지 아냐 탐화(探花)1268)롤 호명(呼名)ᄒᄆᆡ 옥계의 다ᄃᆞ라믈 보니 반
년 도쥬ᄒ엿던 ㅇ즈 웅닌이라. 엇지 반가온 ᄆᆞ음이 업스리오마는, 그 힝ᄉᆡᆨ 남활ᄒ던
바롤 통히ᄒ더라. 상이 【28】드ᄃᆡ여 장원으로써 집현뎐 태학스롤 ᄒᆡ이시고, 탐화로
써 한님편슈롤 ᄒᆡ이시며, 뎡은긔로써 한님셔길ᄉ(翰林庶吉士)1269)롤 ᄒᆡ이시며, 소슌
등을 다 작직(爵職)을 주샤 삼일유가(三日遊街)1270) 후 힝공찰임(行公察任)ᄒ라 ᄒ시
니, 졔인 등이 사은(謝恩) 퇴됴(退朝)ᄒᆞᆯᄉᆡ, 상이 문왈,

"셩닌과 웅닌이 동년(同年)이로ᄃᆡ 형뎨니 쌍ᄐᆡ(雙胎)냐?"

진왕이 주왈,

"셩닌은 조강(糟糠) 뎡시의 소싱이오, 웅닌은 츠비(次妃) 진시의 소싱《이믈 ᄃᆡᄒᆞ더
라. ‖ 이니이다." ᄒ더라.》

장원이 탐화로 더브러 궐문을 나ᄆᆡ, 집ᄉ(執事)1271) 아녁(衙役)1272)이 젼차후옹(前
遮後擁)1273)ᄒ여 풍악(風樂)이 텬디롤 흔드니, 노상【29】관시쟤(路上觀視者)1274) 칭

---

1264) 헌아사인(軒雅舍人) : 풍채가 뛰어나게 아름다운 사인 벼슬아치. 곧 중국 당(唐)나라 때 시인 두목지(杜
牧之)를 가리킴. *두목지(杜牧之) : 803~852. 이름 두목(杜牧). 자 목지(牧之). 만당(晚唐)때의 시인. 시
에 뛰어나 두보(杜甫)와 함께 '이두(二杜)'로 일컬어지며, 중서사인(中書舍人)에 올랐고, 중국의 대표적
미남자로 꼽힌다.
1265) 뇽방(龍榜) : =과방(科榜). 과거에 급제한 사람의 명단.
1266) 반악(潘岳) : 247~300. 중국 서진(西晉)의 문인(文人). 자는 안인(安仁). 승상을 지냈고 중국의 역대 대
표적 미남자의 한사람이다.
1267) ᄌ문덕ᄒᆡᆼ(才文德行) : 재주와 문장과 덕과 행실.
1268) 탐화(探花) : 과거 최종시험인 전시(殿試)의 3등 급제자를 이르는 말. 1등은 장원(壯元), 2등은 해원(解
元)이라 한다. 그런데 고소설에서는 전시(殿試)의 2등 합격자를 이르는 해원(解元)과 혼용되어 쓰이기도
한다. 여기서도, 윤웅린이 2등 급제자이기 때문에 해원(解元)으로 불려야 하는데, 탐화(探花)로 불리고
있다.
1269) 한님셔길ᄉ(翰林庶吉士) : 관직명. 중국 明·淸나라 때 한림원(翰林院)에 둔 관명. 진사(進士) 가운데
서 문학에 뛰어난 사람을 뽑아 임명했다. =서상(庶常).
1270) 삼일유가(三日遊街) : 과거에 급제한 사람이 사흘 동안 풍악을 잡히고 거리를 돌며 시험관과 선배 급제
자와 친척을 방문하던 일.
1271) 집ᄉ(執事) : 주인 가까이 있으면서 그 집 일을 맡아보는 사람.
1272) 아녁(衙役) : 고위관리가 관청에서 사사로이 부리던 사내종.
1273) 젼차후옹(前遮後擁) : 많은 사람이 앞뒤로 호위하며 따름.

앙불이(稱仰不已)1275)러라.

장원과 뎡길ᄉ의 부슉이 각각 ᄌ질을 거ᄂ려 운산으로 향ᄒ니, 위의(威儀) 취운산의 니ᄅ러 평졔왕 곤계ᄂ 은긔ᄅᆯ 압셰워 만슈동으로 드러가고, 평진왕 곤계ᄂ 셩·웅 냥인을 거ᄂ려 은현동으로 드러올ᄉᆡ, 어시의 위태부인이 셩닌을 과장의 드려보ᄂᆡ고, 등양(騰揚)1276)을 희망ᄒ며, 웅닌의 거쳐 존망(存亡)을 아지 못ᄒ여 우우(憂憂)히 굴오딕,

"웅이 집의 잇던들 발셔 경시ᄅᆯ 취ᄒ고 오늘날 졔 형과 ᄒᆞᆫ가지로 과장의 드러갈 거슬, ᄋ히 비위(脾胃) 결증(潔症)【30】이 남다ᄅ니, 일시 싱각을 그릇ᄒ여 집을 ᄯ떠나 ○[미] 오ᄅᆡ딕, 드러오지 아니ᄒ니, 저의 긔골이 장딕ᄒ나, 나힌즉 십삼 츙년(沖年)이라. 노뫼 웅ᄋᆞᄅᆯ 싱각ᄂ 졍이 시시로 층가(層加)ᄒ딕, 제 아비 텬뉸의 ᄌ익ᄅᆯ ᄭᅳᆺ처 일분도 거쳐ᄅᆯ 알고져 ᄒᄂ 빅 업ᄉ니, 닌ᄋ 등이 본딕 아비 과격ᄒᆞᆫ 위엄의 넉슬 일허, 졍의(情誼)ᄅᆯ 통치 못ᄒᄂ지라. 웅이 비록 집을 싱각ᄒ나 아비ᄅᆯ 두려 드러오지 못ᄒᄂ가 더욱 잔잉ᄒ도다."

호람휘 웃고 위로 왈,

"웅닌은 창ᄒᆡ지심(蒼海之心)과 츙텬지긔(衝天之氣)로 발양【31】ᄒ일(發揚豪逸)ᄒ미 졔 아비 아ᄅᆡ 아니라. 경가의 가 그 박ᄉᆞᆨ을 보고, 가연이 집을 ᄯ떠나ᄆᆡ니, 아모딕로 가도 몸이 위틱ᄒ고, 병이 날가 근심은 업ᄉ ᄋ히니, ᄌ뎡은 과려(過慮)치 마ᄅ시고, 저의 도라올 ᄯᅥᆷ만 기다리쇼셔."

구파와 조태비 새로이 웅닌을 싱각고 츄연(愀然) 불낙ᄒ딕, 위태부인이 눈물을 ᄀᆞ리오더니, 밧긔 드레며 시이 젼어(傳語)ᄒ딕,

"장공ᄌᄂ 장원(壯元)이 되고 ᄎᄂ공ᄌᄂ 탐홰(探花) 되여 도라오신다."

ᄒ니, 태부인이 심신이 요요(遙遙)ᄒ더니1277), 과연 진왕과 상국이 장원 형뎨ᄅᆯ 압셰워 드러오ᄂ디【32】라. 장원은 부슉을 뫼셔 당의 올ᄋ딕, 탐화ᄂ 화딕(華帶)ᄅᆯ 그ᄅ고 계하(階下)의 돈슈쳥죄(頓首請罪)ᄒ니, 태부인으로브터 합문(閤門)이 셩닌의 등양(登揚)을 두굿기더니, 웅닌이 어화쳥삼(御花靑衫)으로 도라오니, 태부인이 인졍이 무궁ᄒ여 진왕을 도라보아 왈,

"웅닌을 사(赦)ᄒ여 당의 올ᄋ게 ᄒ라."

호람휘 왈,

"웅닌이 무고히 반년을 집ᄯ써난 죄 이시나, 이제 계화쳥삼으로 존당의 영화(榮華)ᄒ니 죡히 죄ᄅᆯ 샤홀 마디라. 광텬은 부ᄌ의 졍으로ᄡ ᄌ익ᄅᆯ 몬져 ᄒ고 위엄을 버거ᄒ여, 웅닌으로 기과슈힝(改過修行)케 【33】ᄒ라."

---

1274)노상관시재(路上觀視者) : 길에서 바라보는 자.
1275)칭앙불이(稱仰不已) : 우러러 칭찬하기를 그치지 않음.
1276)등양(騰揚) : 세력이나 지위가 높아져 이름이 세상에 드날림.
1277)요요(遙遙)ᄒ다 : 매우 멀고 아득하다.

진왕이 웅닌을 통히(痛駭)ᄒ미 ᄇ야흐로 죽지 아닐 만치 두다려 아조 면젼(面前)의 닉치고져 ᄒ엿더니, 조모와 합문의 웅닌 반기믈 보미, 분(憤)을 발ᄒ여 ᄆ음ᄃ로 치책(治責)홀 길히 업ᄂ지라. 졀졀이 통완ᄒ믈 니긔지 못ᄒ더니, 이의 ᄌ모긔 고왈,

"쇼지 불힝ᄒ와 웅닌 ᄀᆺ튼 반ᄌ(叛子)ᄅ 나하ᄉ오니, ᄒ갓 욕이 쇼손(小孫)의게 밋츨 ᄲᆞᆫ {아}아니와, 문호의 비상ᄒ 화근(禍根)이라. 구상유취(口尙乳臭) 집을 반ᄒ와 동셔의 제 ᄆ음ᄃ로 단니다가, 필경 과욕(科慾)을 참지 못ᄒ여 뇽방(龍榜)의 승영(承榮)1278)【34】ᄒ오나, 쇼손은 참아 져거ᄉ로ᄡᅥ ᄌ항(子行)의 츙수(充數)치 못ᄒ올지라. 원대모(願大母)ᄂ 반ᄌᄅ 아이의 삼기지 아닌 줄노 알아샤 용납지 마ᄅ쇼셔."

태부인이 텽파의 변식 왈,

"엇지 참아 못홀 말노ᄡᅥ 부ᄌ의 눈(倫)을 상해오과져 ᄒᄂ뇨?"

녕능공 부인과 하승상 부인과 한승상 부인이 일시의 진왕을 향ᄒ여 왈,

"부ᄌ의 죵용ᄒ 도ᄅ 베풀고 과격ᄒ 거조ᄅ 발치 말나."

ᄒ니, 왕 왈,

"픽ᄌ(悖子)의 죄 쳔살무셕(千殺無惜)이어늘, 엇지 져런 거슬 셩ᄃ(盛代)1279)의 두리잇고?"

호람휘 졍식 칙왈,

"엇지 이러【35】톳 ᄒᄂ뇨?"

진왕이 사죄ᄒ니, 상국이 장원을 도라보아 왈,

"웅닌의 무상(無狀)ᄒ미 ᄉ묘(祠廟)의 비알(拜謁)ᄒ믈 허치 말 거시로ᄃ, 임의 존당이 죄ᄅ 샤(赦)ᄒ시니, 마지 못ᄒ여 널노 더브러 ᄉ묘(祠廟)의 올을지니, 화ᄃ(華帶)ᄅ ᄀᆺ초아 몬져 존당의 뵈옵고, 버거 ᄉ묘의 현알ᄒ게 ᄒ라."

장원이 슈명ᄒ고, 친히 ᄂ려가 탐화로 ᄒ 가지로 당상(堂上)의 올으니, 탐홰 비로소 존당 슉당과 네 모친긔 비례ᄅ 맛고, 구파의 ᄀᄅ치믈 인ᄒ여 소쇼졔 형쉬(兄嫂)ᄅ 알고 수슉(嫂叔)이 상녜(相禮) 필(畢)에, 위태부인이 집슈(執手) 뉴【36】쳬(流涕)ᄒ니, 탐화의 츅쳑감골(踧踖感骨)1280)ᄒᄂ ᄆ음을 어ᄃ 비ᄒ리오.

호람휘 그 갓던 곳을 무르니, 탐홰 넌ᄌ시 산ᄉ(山寺)의 유학(留學)ᄒ던 바로 ᄃᄒᄂ지라. 이윽고 외당의 하킥이 운집(雲集)ᄒ여 일시의 신뉘(新來)ᄅ 부르니, 진왕 곤계 셩·웅 냥ᄋᄅ 거ᄂ리고 ᄉ묘의 비현ᄒ 후, 외헌(外軒)으로 나아오니, 졔우(諸友) 친쳑(親戚)의 분분ᄒ 칭하와 은은(殷殷)1281)ᄒ 유희로 신뉘ᄅ 보치믄 닐ᄋ지 말고, 낙양후 진공이 외손의 참방ᄒ믈 친손의 과경(科慶)이나 다ᄅ지 아냐, 만면의 웃ᄂ 빗츨 ᄯ여, 진왕을 향ᄒ여 왈,

---

1278)승영(承榮) : 영광을 얻음. 영광을 누림. 영광을 차지함.
1279)셩ᄃ(盛代) : 국운이 번창하고 태평한 시대.
1280)츅쳑감골(踧踖感骨) : 무척 삼가고 조심하며 은혜를 고맙게 여김.
1281)은은(殷殷) : 요란하고 거센 모양.

"수원이 미양 웅【37】닌다려 반부난ᄌ(叛父亂子)라 ᄒ더니, 금일 난ᄌ(亂子)의 힝시(行事)여하오?"

진왕이 되왈,

"픠지 일마다 아비를 업슨 것ᄀᆞ치 넉여 힝지(行止)를 ᄌ젼(自專)1282)ᄒ고, 쏘 과장을 임의로 ᄒᆞ여 석은 글귀 텬감(天監)1283)의 숣히시미 되고, 더러온 ᄌ최 농누(龍樓)1284)의 올으니, 쇼싱의 심신이 졍히 차악(嗟愕)ᄒᆞᆫ지라. 존당이 과이(過愛)ᄒ심 곳 아니면, ᄒ번 죽여 분을 풀고져 ᄒ더이다."

진공이 믄득 안식을 곳쳐 왈,

"수원이 비록 교ᄌ(敎子)의 엄ᄒᆞ미 남다르나 엇지 인졍 밧 말을 ᄒᄂᆞ뇨?"

호람휘 왈,

"광텬이 본듸 싀험(猜險) 강악ᄒᆞ여 웅ᄋ 등의게 반졈 ᄌ이【38】ᄒᆞ미 업ᄉ니, 쇼뎨 쏘ᄒᆞᆫ 그 심폐를 아지 못ᄒᄂᆞ이다."

진공이 쇼왈,

"수원이 웅닌을 죽염죽다 ᄒ거니와, 부ᄌ의 용화(容華)를 볼진듸, 대쇼(大小) 다르나 ᄒᆞᆫ 판에 박으며 ᄒᆞᆫ 손으로 그리미라도 이 ᄀᆞ지 못ᄒ리니, 텬뉸지졍(天倫之情)이 엇지 ᄌ별치 아니리잇고?"

어됴윤 경공이 함쇼(含笑)ᄒᆞ고 탐화를 집슈 왈,

"달보의 반년 나아가미 근본인죽 그 부친의 숣히지 못ᄒᆞ미라. 고수(瞽瞍)1285)ᄀᆞ튼 아비 대슌(大舜) ᄀᆞ튼 ᄋᆞ들을 지리히 보쵀고져 ᄒ니, 엇지 고이치 아니리오."

상국이 어됴윤을 향ᄒᆞ여 잠쇼 왈,

"물이 물을 조ᄎ【39】며 뉴(類) 뉴(類)를 ᄯ르믄 덧덧ᄒᆞᆫ 비라. 형이 셕년의 남ᄉ(濫事)를 위쥬ᄒᆞ여 쳥누(靑樓) 쥬ᄉ(酒肆)의 탕긱(蕩客)이 되고, 졀강(浙江)의 가 쥬쳡(做妾)1286)ᄒᆞ여 누월(累月)을 녕션대인(令先大人)긔 뵈지 아니코 도쥬ᄒᆞ미 되엿던지라. 녕션공의 엄졍(嚴正)ᄒ시므로 능히 잡지 못ᄒ고, 참졍 합해(閤下) 겨우 잡아 도라오시미, 팔십 듕쟝(重杖)의 혈육이 ᄯᅥ러지고, 셔당 협실의 일년을 가도여 녕션대인(令先大人)이 형을 보쵀시던 일을 싱각ᄒᆞ여, 고수ᄀᆞ다 ᄒᆞ미라. 웅닌의 부형을 아지 못ᄒᆞ고 힝지(行止)를 ᄌ젼(自專)ᄒᄂᆞ 불인난ᄌ(不仁亂子)1287)를 셩ᄌ(聖者)의 어진 【40】일노 알아, 대슌(大舜)의 비기며 샤곤(舍昆)1288)이 인명(仁明)ᄒᆞ사 아직 웅닌을 쟝팔십치죄

---

1282)ᄌ젼(自專) : 자기 마음대로 결정하여 처리함.

1283)텬감(天監) : ①하늘이 지상의 선악(善惡)을 감시함. ②임금이 어떤 일을 살펴봄.

1284)농누(龍樓) : 용방(龍榜)을 비유적으로 표현한 말. 과거급제자의 명단.

1285)고수(瞽瞍) : 중국 순임금의 아버지의 별명. 어리석어 아들 '순(舜)'을 죽이려했기 때문에 '눈먼 노인'이란 별명이 붙여졌다 함.

1286)쥬쳡(做妾) : 작첩(作妾). 첩을 얻음.

1287)불인난ᄌ(不仁亂子) : 행실이 착하지 못하고 막된 아들.

1288)샤곤(舍昆) : 사백(舍伯). 남에게 자기의 맏형을 겸손하게 이르는 말.

(杖八十治罪)1289)와 협실의 가도는 거죄 아니 계시니, 하고(何故)로 고쉬라 흐리오. 웅
닌이 비록 불초흐나 형의 부형 원망흐는 심지는 가지지 아녀시니, 악공(岳公)의 말을
고마와 흐랴?"

원간 어됴윤이 쇼시의 방탕흐미 상국의 닐은 바와 굿더라. 경공이 텽파(聽罷)의 상
국을 쑤지져 그 말이 허무(虛無)타 흐니, 상국이 미쇼 왈,

"쇼뎨는 본딕 허언을 못흐느니 누월을 도쥬흐였다가 참졍 합해(閤下) 잡아오샤 팔
십장 맛더니는 그 뉘뇨? 아니 귀신의 희롱【41】이러랴?"

경공이 함쇼흐고 다시 닷토지 아니니, 탐화의 늠쥰슈앙(凜俊秀昂)1290)흔 풍치 새로
스랑흐는 성(性)을 니긔지 못흐여, 수이 기럭이롤 안아 문의 님흐기롤 브라더라.

임의 일모(日暮)흐미, 제긱이 각산(各散)흐고, 호람휘 왕의 곤계롤 다려 닉당의 드러
와 촉을 니어 태부인의 즐기시믈 돕고, 왕의 곤계와 셩닌 등 형뎨 엇개롤 년흐여 좌
롤 뎡흐미, 태부인과 호람휘 부부며 조태비 보니마다 두굿기고 년이흐여, 아름다오믈
니긔지 못흐거늘, 조태비 왕의 곤계롤 딕흐여 【42】밧게 왓던 바, 긱의 수롤 뭇고,
어됴윤이 웅닌을 보고 무어시라 흐던고 ○○[흐여], 여러 말을 《뭇고∥무른딕》, 햐
상셔 부인이 낭쇼(朗笑) 왈,

"질녀 등의 인품 고하롤 의논흐고 비교홀진딕, 엇지 웅닌의 션풍옥골만 못흐미 이
시리오?"

흐여, 담화가 무궁이러니, 야심흐미 위태부인이 상요의 올으미, 조·뉴 이부인이 각
각 침뎐으로 도라갈식, 상국이 셰린을 도라보아 왈,

"닉 금일 감긔 업지 아니니 잠간 취한(取汗)키롤 위흐여 닉셔헌(內書軒)의셔 자고져
흐느니, 네 모로미 몬져 가 침금을 포셜(鋪設)흐고 촉을 붉히라."

공【43】지 슈명흐고 닉셔헌으로 향흐니, 상국이 샤빅으로 더브러 외당의 나와 부
공의 취침흐시믈 보고 닉셔헌의 니르니, 셰린이 발셔 촉을 붉히고 침구롤 베펏는지라.
상국이 좌뎡 후 두 셔동을 명흐여 쳥사의 나아가 이시라 흐고, 셰린을 겻히 나아오라
흐여 무릅 아릭 꿀니고 다시 창호롤 여러 인젹이 업순가 슓힌 후, 공주다려 문왈,

"네 존당의셔 셕져겨긔 흐는 무음이 경히(驚駭)흐니, 아지 못게라 누고는 슌(舜)궃
고 누고는 상(象)1291)의 모주(母子)궃트여, 눌을 죽이고져 흔다 【44】흐미뇨? 모로
미, 너의 심곡(心曲) 소회(所懷)롤 실진무은(悉陳無隱)흐라."

공지 구연(懼然)흐여 왈,

"셕슉뫼 신셰롤 탄흐시므로, 쇼지 우연이 그 복경(福慶)을 닐ㅋ라미, 말솜이 이 궃
트여 복션화음(福善禍淫)의 명응(冥應)이 쇼쇼(昭昭)흐믈 알외미라. 엇지 굿트여 유심

---

1289)장팔십치죄(杖八十治罪) ; 곤장 80대를 쳐 죄를 다스림.
1290)늠쥰슈앙(凜俊秀昂) : 풍채가 늠름하고 빼어나게 아름다움.
1291)상(象) : 중국 고대의 성군이었던 순(舜)임금의 이복동생. 어머니와 짜고 아버지 고수(瞽叟)를 꾀어 순
   을 죽이고 적장자가 되려 했다.

(有心)혼 비리잇고? 닉심의 숨은 쯧이 잇지 아니ᄒ오니 고ᄒ올 말씀이 업누이다.”

상국이 뎡파의 안싴이 츄연ᄌ상(惆然自傷)ᄒ여, 긴 말씀을 펴 젼후 지니던 일을 대강 닐ᄋ며, 탄왈,

“이 가온딕 셕져져는 간셥ᄒ미 업거ᄂᆞᆯ, 네 용심(用心)이 무상(無狀)혼 뉴(類)의 허【45】언을 곳이듯고, 아비 ᄆᆞ음을 아지 못ᄒ며, 네 쯧에 혜오딕, 의녈슉모는 아비 싱미(生妹)1292)니 졍이 더ᄒ고, 셕슉모는 양미(養妹)1293)니 졍이 업슬 ᄲᅮᆫ 아니라, 아모리 능멸(凌蔑) 쳔딕(賤待)ᄒ여도 가즁(家中)이 그르다 ᄭᅮ즈즈리 업ᄉ라 ᄒ여도, 이거시 다 나의 셩위(誠友)1294) 브죡혼 죄라. 웃듬이 나의 무상(無狀)ᄒ미니 너를 그르다 못ᄒᆞᆯ지라. 다만 너의 셕져 보는 눈ᄭᅩᆯ이며 ᄒ는 말을 드르니 인심이 경악(驚愕)혼지라. 네 츌하리 나를 그 ᄀᆞ치 믜워 볼진딕, 불과 너다려 인ᄌ지되(人子之道) 업ᄉᆞᆷ을 칰ᄒᆞᆯ ᄲᅮᆫ이오, 이딕도록 상【46】심츠(傷心嗟愕)악지 아니리니, 닉 몬져 셩위(誠友) 업ᄉᆞᆷ을 칰ᄒ고, 너를 다ᄉ려 후일을 징계코져 ᄒᆞᄂᆞ니, 너의 몸이 상ᄒ는 거시니 닉 몸이 앏픔과 다ᄅᆞ리오마는, 일이 실노 마지 못ᄒ여 다ᄉ리미니, 아희는 앏프기로ᄡᅥ ᄆᆞ음을 곳치고 ᄒᆡᆼ실을 가다ᄃᆞᆷ아, 아븨 지극히 ᄇᆞ라는 바를 져ᄇᆞ리지 말지니, 네 이제 속의 품은 쯧이 업ᄉᆞ롸 ᄒ미, 더욱 아비를 어둡게 넉여, ‘뉘 회포(懷抱)를 엇지 다 알니오’ ᄒ나, 녀븨(汝父) 오히려 너의 심폐(心肺)를 ᄉ못ᄂᆞ니, 사ᄅᆞᆷ이 하쳔의 무지(無知)ᄒ믈 딕ᄒ여도, 닉외를 【47】 달니 아니ᄒ미 올커ᄂᆞᆯ, ᄒᄆᆞᆯ며 아비를 딕ᄒ여 속을 닉외(內外)ᄒ여, 밧그로 슈련(修鍊)ᄒ고 안흐로 부졍(不正)ᄒ미 결비군ᄌ(決非君子)1295)니, 오ᄋᆞᆫ 아비 암용(暗庸)ᄒᄆᆞᆯ 고이히 넉이지 말고, 츠후나 날노 ᄒ여금 경계ᄒ는 셜홰 업게 ᄒ라.”

언흘(言訖)에 셔동을 불너 측간(厠間)의 가 일긔(一器) 더러온 물을 써오라 ᄒ니, 셔동이 승명ᄒ고 측간(厠間)으로 향ᄒ거ᄂᆞᆯ, 공지 부친 슬하의 업딕여 허다혼 말씀을 듯고 감탄ᄒᄃᆞ니, 날호여 관영(冠纓)을 희탈ᄒ고 즁계(中階)의 ᄂᆞ려 읍혈(泣血) 고두(叩頭) 왈,

“불쵸(不肖) 무상ᄒ여 대【48】인 셩우(誠友)를 상해오고, 슉당의 죄 지으미 여산(如山)ᄒ니, 비록 죽으나 속(贖)기 어렵ᄉ온지라, 엄교(嚴敎) 불초의 어두온 심폐를 비최시니, 구구혼 소회를 가져 엄하의 알외오미 죄 우희 죄를 더으미라. 금일 이후로 ᄆᆞ음을 곳쳐 슉모 우러오믈 ᄌ모와 ᄀᆞ치 ᄒ오리니, 쇼ᄌ의 불초ᄒ믈 인ᄒ여 대인이 셩녀(聖慮)를 요동(搖動)ᄒ시고, 스스로 벌코져 ᄒ시니, 불쵸 더욱 망극ᄒ온지라. 복원 대인은 불초의 무상혼 죄를 다ᄉ리시고 고이혼 거조를 마ᄅᆞ쇼셔.”

상국이 졍식 단좌러니, 셔【49】동이 더러온 물○[을] 써 니ᄅᆞ미, 상국이 존당을

---

1292) 싱미(生妹) : 친누이. 같은 부모에게서 난 누이.
1293) 양미(養妹) : 부모가 입양하여 기른 누이. 여기서는 친누이가 아니라는 뜻으로 쓰였고, 실제로 윤희천(승상)과 윤경아(석저저)는 사촌남매 사이다.
1294) 셩위(誠友) : 정성을 다하여 형제와 우애함.
1295) 결비군ᄌ(決非君子) : 결단코 군자가 아님.

향호여 고왈,

"쇼지 무상호여 우이(友愛) 돗탑지 못흔 연고로, 닉 즈식 가온듸 고이흔 거시 흉언을 발호여 져져를 압두 멸시호며, 함분요원(含憤邀怨)1296)호여 모진 눈꼴이 져져 신상의 밋ᄎᄂ니, 닉 교즈(敎子)의 불엄홈과 우이의 박호믈 몬져 벌(罰)호여 측슈(厠水)를 마시고, 버거 불초즈를 《다스리노라.∥다스리리이다.》"

언흘에, 분즙(糞汁)을 마시려 ᄒ니, 공지 ᄎ시를 당호여 심회(心懷) 망극호니, 죽기를 ᄒ호고 밧비 실즁의 드러가, 부친의 잡은 그릇슬 무심결【50】의 아스 스스로 마시고, 머리를 두다려 ᄉ죄를 쳥호니, 상국이 더욱 남활(濫闊)호믈 깃거 아녀, 혜쥰을 불너 큰 미를 드리라 ᄒ니, 혜쥰이 곡졀을 아지 못ᄒ고 샐니 큰 미를 가져 계하의 다드라믹, 상국이 셰린을 올녀 미라 ᄒ니, 혜쥰이 거역지 못호여 공즈를 결박호믹, 상국이 치기를 직촉ᄒ니, 불급십장(不及十杖)의 깁ᄀ튼 가죽이 믜여지져, 붉은 피 낭쟈(狼藉)ᄒ니, 혜쥰이 이걸 왈,

"공즈의 작죄(作罪)ᄒ시믈 쇼복(小僕)이 아지 못ᄒ거니와, 복걸(伏乞) 노야ᄂ 공즈의 엄엄(奄奄)ᄒ믈1297) 숣피쇼【51】셔."

상국이 ᄇ야흐로 샤(赦)ᄒ믹, 혜쥰이 울며 민 거슬 그르믹, 공지 계하의셔 명을 기다리니, 상국이 굿트여 믈너가라 아니코 방즁으로 들기를 닐ᄋ니, 공지 평성 긔운을 다ᄒ여 시좌(侍坐)ᄒ니, 상국이 공즈의 눕기를 위ᄒ여 상요의 나아가니, 공지 부친의 누으시믈 보고 웃옷슬 버서 덥고 누으니, 이윽고 즘들며 통셩(痛聲)이 의의(依依)1298)ᄒ거늘, 상국이 그 몸을 어로만져 앗기ᄂ 의ᄉ 죵야 즘을 일우지 못ᄒ더니, 효신(曉晨)의 니러나 셰슈훌ᄉ, 공지 ᄯᄒ흔 니러나고져 ᄒ듸【52】 능히 긔운이 밋지 못ᄒ니, 상국이 화평이 닐ᄋ듸,

"네 모로미 장쳐(杖處)를 됴리ᄒ여 차경(差輕) 후 니러 ᄃ니고, 졔슉모(諸叔母)를 일양(一樣)으로 밧드러, 남이 친지며 질지(姪子)를 모로게 ᄒ여, 날노뻐 너를 다시 계칙ᄒ믹 업게 ᄒ라."

공지 부복ᄒ여 듯고 감격ᄒ믹 골슈(骨髓)의 ᄉ못ᄎ, 다만 불초지죄(不肖之罪)를 쳥홀 ᄲᆞᆫ이라. 승상이 다시 됴리ᄒ믈 당부ᄒ고 존당의 드러가믹, 남즈·녀인이 ᄡ져지니 업시 모다시듸, 셰린이 홀노 신셩(晨省)의 불참ᄒ엿ᄂ 고로, 위태부인이 셰린의 업스믈 무르니, 승상이 【53】 딘왈,

"셰이 상풍(傷風)의 상ᄒ여 우연이 질통(疾痛)ᄒᄂ 고로 됴리ᄒ라 닐넛ᄂ이다."

모다 그런가 넉여 다시 뭇지 아니코 신셩(晨省)을 파ᄒ믹, 장원과 탐화 창닌 등 졔뎨로 더브러 닉셔헌의 와 셰린을 볼ᄉ, 이 불과(不過) 일시 미양으로 알앗더니, 일야지닉(一夜之內)의 풍광(風光)이 환탈(換脫)ᄒ고 형용이 초쵀(憔悴)ᄒ여 다란 사람이 되

---

1296)함분요원(含憤邀怨) : 분노와 원한을 품음.
1297)엄엄(奄奄)ᄒ다 : 숨이 곧 끊어지려 하거나 매우 약한 상태에 있다.
1298)의의(依依) : 부드럽고 약한 모양.

여실 샌 아녀, 몸을 상셕의 바리고 인스룰 아조 모로는 듯, 눈도 쓰지 아니니, 형뎨졔
종(兄弟諸從)이 대경ᄒᆞ여, 장원이 금금(錦衾)을 밀고, 창닌이 상쳐룰 볼신, 셰린을 흔
드러 【54】 슈장(受杖)ᄒᆞᆫ 연고룰 무르니, 공지 소리룰 ᄂᆞᆺ초와, 상연(傷然) 뉴쳬 왈,

"셕슉모긔 여ᄎᆞ여ᄎᆞᄒᆞᆫ 말노 인ᄒᆞ여 슈장ᄒᆞ니, 쇼뎨 마즌 바ᄂᆞᆫ 대ᄉᆞ(大事) 아니어니
와, 작야의 대인이 스스로 벌슈(罰水)¹²⁹⁹룰 나오려 ᄒᆞ시던 바룰 싱각ᄒᆞᆯ스록 심골이
경한(驚寒)ᄒᆞ니, 혹ᄌᆞ 우리 등 졔종(諸從)¹³⁰⁰의 쇼뎨 ᄀᆞᆺᄐᆞᆫ 블쵸 이셔 부슉의 《션우
‖ 셩우(誠友)》룰 니져ᄇᆞ릴가 두리ᄂᆞ이다."

장원 곤계(昆季)와 창닌 등이 셰린의 말을 드ᄅᆞ미 더욱 놀나믈 니긔지 못ᄒᆞ여, 그
장쳐 대단ᄒᆞ믈 차악ᄒᆞ여, 조심 됴리ᄒᆞ믈 닐ᄋᆞ고, 외헌의 나와 탐 【55】 화로 더브러
유가(遊街)¹³⁰¹ᄒᆞ라 나가고, 졔싱은 왕과 승상으로 호람후룰 뫼셧더니, 작일 등양(登
揚)ᄒᆞᆫ 위상유 쵸경 등이 명쳡(名帖)을 드럿거ᄂᆞᆯ, 즉시 쳥ᄒᆞ여 서로 볼신, 위 · 쵸 냥인
이 방셕을 피ᄒᆞ여 비알ᄒᆞ니, 진왕은 쵸경의 부친 쵸학ᄉᆞ로 동방(同榜)이믈 닐ᄋᆞ고, 승
상은 위상유의 부친 위학ᄉᆞ로 동방이런 바룰 닐너, 서로 보미 ᄂᆞᆷ과 쵸학ᄉᆞ의 만니
히외의 가 조요(照耀)홈과, 위학ᄉᆞ의 늣거이¹³⁰² 기셰ᄒᆞ믈 닐ᄏᆞ라, 말ᄉᆞᆷ이 관인(寬仁)
ᄒᆞ고  덕위(德威)  슉슉(肅肅)ᄒᆞ니,  쵸 · 위  냥인이  진 【56】 왕의  하일지위(夏日之
威)¹³⁰³와 승상의 츄텬긔상(秋天氣像)¹³⁰⁴을 우러라 흠복(欽服)ᄒᆞᄂᆞᆫ 의시 공부ᄌᆞ(孔夫
子)¹³⁰⁵룰 뫼심 ᄀᆞᆺᄐᆞᆫ지라. 냥공의 말ᄉᆞᆷ을 드란 후 쵸경이 몬져 ᄌᆞ비 왈,

"쇼싱이 명되 궁험ᄒᆞ와 나히 ᄉᆞ오셰룰 밋쳐 넘지 못ᄒᆞ여셔 가엄이 녕히의 죄젹(罪
謫)ᄒᆞ니, 친쳑이 슈쇼(數少)ᄒᆞ고 계활(契活)이 빈(貧)ᄒᆞᆫ지라. 부지 겨유 의지ᄒᆞ여 아ᄉᆞ
(餓死)룰 면ᄒᆞ엿더니, 쇼싱의 죄역(罪逆)이 졔텬(齊天)¹³⁰⁶ᄒᆞ여 가엄(家嚴)이 기셰ᄒᆞ시
니, 념장(殮葬)ᄒᆞᆯ 길이 업셔 쇼싱이 스스로 몸을 ᄑᆞ라 아비룰 장코져, 종일 문권(文券)
을 들고 미신(賣身)을 원ᄒᆞ디, 일 【57】 냥 은ᄌᆞ(銀子)룰 엇지 못ᄒᆞ엿더니, 의긔현쟈(義
氣賢者)룰 만나 빅여금(百餘金) 은ᄌᆞ(銀子)룰 가연이 니녀 주고, 셩명도 닐ᄋᆞ지 아니고

---

1299) 벌슈(罰水) : 벌로 마시는 물.
1300) 졔종(諸從) : 여러 사촌 형제들.
1301) 유가(遊街) : 과거 급제자가 광대를 데리고 풍악을 울리면서 시가행진을 벌이고 시험관, 선배 급제자,
   친척 등을 찾아보던 일. 보통 사흘에 걸쳐 행하였다.
1302) 늣겁다 : 느껍다. 어떤 느낌이 마음에 북받쳐서 벅차다.
1303) 하일지위(夏日之威) : '여름날의 해와 같은 위엄'이라는 뜻으로, 위엄이 높은 것을 비유적으로 이르는
   말.
1304) 츄텬긔상(秋天氣像) : '가을 하늘과 같은 맑은 기상'
1305) 공부ᄌᆞ(孔夫子) : 공자(孔子). 중국 춘추 시대의 사상가 · 학자(B.C.551~B.C.479). 이름은 구(丘). 자는
   중니(仲尼). 노나라 사람으로 여러 나라를 두루 돌아다니면서 인(仁)을 정치와 윤리의 이상으로 하는 도
   덕주의를 설파하여 덕치 정치를 강조하였다. 만년에는 교육에 전념하여 3,000여 명의 제자를 길러 내고,
   ≪시경≫과 ≪서경≫ 등의 중국 고전을 정리하였다. 제자들이 엮은 ≪논어≫에 그의 언행과 사상이 잘
   나타나 있다.
1306) 졔텬(齊天) : 하늘과 같다.

표연(飄然)1307)이 힝ᄒᆞᆷ을 보믹, 실노 속셰의 잇지 아닌 사ᄅᆞᆷ으로 알아, 황망히 은을 밧아 도라와 아비ᄅᆞᆯ 념장(殮葬)1308)ᄒᆞ여 초긔(初忌)1309)ᄅᆞᆯ 지닌 후, 뎐문의 은샤(恩赦) 누리믈 인ᄒᆞ여 목묘(木廟)1310)ᄅᆞᆯ ○○[밧드러] 경ᄉᆞ로 올나오미 되엿시ᄃᆡ, 은인의 셩명을 알 길히 업서 민답(悶沓)ᄒᆞ더니1311), 작일(昨日) 장옥(場屋)1312)의셔 그ᄯᅢ 은인을 뫼셔 힝ᄒᆞ던 셔동을 만나, 영필의 닐오ᄆᆞ로 조ᄎᆞ 은인의 존셩(尊姓)과 대【58】명(大名)을 알고, 뇽방(龍榜)의 고등(高騰)ᄒᆞ시믈 인ᄒᆞ여, 션풍이질(仙風異質)을 반기나, 미셰지ᄉᆞ(微細之事)ᄅᆞᆯ 가져, 뎐위지쳑(天威咫尺)의 번득지1313) 못ᄒᆞ엿더니 금일 현알코져 물은즉 은인이 아니 계시니 ᄀᆞ장 울울(鬱鬱)ᄒᆞᆫ지라. 아비ᄅᆞᆯ 념장(殮葬)ᄒᆞᆫ 은혜ᄅᆞᆯ 고ᄒᆞ니○○[디다]."

진왕이 쵸·위 냥인의 말노조ᄎᆞ ᄋᆞᄌᆞ 등이 아모 ᄃᆡ로 나가도 두리며 거칠 거시 업ᄉᆞᆷ믈 더욱 두굿겨, 우음을 먹음고 냥인을 ᄃᆡᄒᆞ여 손샤(遜辭) 왈,

"고어의 ᄉᆞ히지닉(四海之內) 기형뎨(皆兄弟)1314)라 ᄒᆞ니, 사ᄅᆞᆷ의 궁박ᄒᆞ고 화망(禍亡)의 구ᄒᆞᆯ 형셰면 경동치 아니리오. 현계【59】등은 ᄎᆞ후 미돈(迷豚)1315) 등으로 관포(管鮑)의 지음(知音)을 닐을 지언뎡, 다시 '은인' 두 ᄌᆞᄅᆞᆯ 닐ᄏᆞᆺ지 말고, 웅ᄋᆞ의 광픽(狂悖)ᄒᆞᆫ 힝ᄉᆞᄅᆞᆯ ᄯᅩ 여러 사ᄅᆞᆷ이 알게 말나."

언파의 쥬찬을 닉여 ᄃᆡ졉ᄒᆞ니, 쵸·위 냥싱이 다시 일ᄏᆞᆺ지 못ᄒᆞ고 말ᄉᆞᆷᄒᆞ더니, 이윽고 하직고 도라가고, 오셥긔ᄂᆞᆫ 무과 뎨이(第二)의 ᄲᅢ이여 탐화긔 현알코져 이의 니ᄅᆞ럿다가, 탐홰 나가고 업ᄉᆞᄆᆞ로 도라가니라.

지셜. 뎡부의셔 ○○[은긔] 셤궁(蟾宮)의 단계(丹桂)ᄅᆞᆯ 썩거 뇽방의 비등(飛騰)ᄒᆞ니, 영풍옥골(英風玉骨)은 승난니빅(乘鸞李白)1316)이오, 문장직화(文章才華)ᄂᆞᆫ 【60】셰상을 놀닉니, 계지쳥삼(桂枝青衫)으로 존당의 빅알ᄒᆞ니, 금평휘 셩만(盛滿)ᄒᆞ믈 두려ᄒᆞ고, 진부인은 손ᄋᆞ의 등양(騰揚)ᄒᆞ믈 볼스록 비우(配偶)의 불합(不合)ᄒᆞ믈 흔ᄒᆞ며, 태부인은 효손(孝孫)이라 칭ᄒᆞ더라. 삼일유가(三日遊街) 후 직ᄉᆞ(職事)의 나아가니, 언논

---

1307)표연(飄然) : 홀쩍 나타나거나 떠나는 모양이 거침없다.
1308)념장(殮葬) : 시체를 염습하여 장사를 지냄.
1309)초긔(初忌) : 사람이 죽은 지 1년이 되는 날.
1310)목묘(木廟) : 목주(木主). 죽은 사람의 위패(位牌). 대개 밤나무로 만드는데, 길이는 여덟 치, 폭은 두 치 가량이고, 위는 둥글고 아래는 모지게 만든다.
1311)민답(悶沓)ᄒᆞ다 : 민울(悶鬱)하다.
1312)과장(科場) : 과장(科場)에서, 햇볕이나 비를 피하여 들어앉아서 시험을 칠 수 있게 만든 곳.
1313)번득다 : 번득이다. 물체 따위에 반사된 빛이 잠깐씩 나타나다.
1314)ᄉᆞ히지닉(四海之內) 기형뎨(皆兄弟) : 온 세상의 사람들이 모두 한 형제다. *사해(四海); 사방(四方)의 바다로 둘러싸인 온 세상.
1315)미돈(微豚) : 아들. 가아(家兒). '어리석은 돼지'라는 뜻으로, 남에게 자신의 아들을 낮추어 이르는 말.
1316)승난니빅(乘鸞李白) : '난(鸞)새를 탄 이백(李白)'이란 말로, 이백의 시 〈비룡인(飛龍引)〉의 "승란비연역불환(乘鸞飛煙亦不還; 난새 타고 연기 속을 날아 다시 돌아오지 않았네)"구의 난새를 탄 이백의 풍모를 말한 것임.

(言論) 긔졀(氣節)이 고금의 희한ᄒ고, 상츙이 혁연(赫然)ᄒ되, 다만 싱의 과격ᄒ미 남의 부졍지ᄉ(不正之事)ᄅᆞᆯ 보면 여슈(如讐)[1317]ᄒ더라.

ᄎ시 평졔왕 뎨ᄉ 공ᄌ 문긔의 ᄌᆞᄂᆞᆫ 션ᄎᆡ니, ᄎᄇᆡ 냥시의 소싱이라. 년이 십ᄉ의 사름되오미 풍골(風骨)[1318]이 쇄연(灑然)ᄒ고 문장이 유여(裕餘)ᄒ여 효【61】위(孝友) 츌텬(出天)ᄒ니, 존당 부뫼 이듕ᄒ여 넓이 슉녀ᄅᆞᆯ 틱ᄒ야, 지상(宰相) 원졍의 녀ᄋᆞ와 셩친ᄒ니, 원시 덕용(德容)[1319]이 겸젼(兼全)ᄒ니, 존당 구고의 ᄉ랑이 극ᄒ고, 부뷔 금슬이 됴화ᄒ여 경박(輕薄)ᄒ미 업ᄉ니 일개 탄복ᄒ더라.

왕의 오ᄌ 슌긔의 ᄌᆞᄂᆞᆫ 운ᄎᆡ니, 위인이 침엄졍대(沈嚴正大)ᄒ여 년긔 십삼의 풍신지홰(風神才華) 츌뉴ᄒ여, 부왕의 신치와 모비의 엄모(嚴貌)[1320]ᄅᆞᆯ 가(加)ᄒ고, 만복(滿腹)의 품은 거시 다 금슈문장(錦繡文章)이오, 효위(孝友) 츌텬ᄒ니, 원간[1321] 《운긔‖은긔》로브터 문긔 《쥰긔‖슌긔》로 동년(同年)이로ᄃᆡ, 삭수(朔數)로 형뎨 ᄎ례ᄅᆞᆯ 졍【62】ᄒ여 《운긔‖은긔》 뎨삼지(第三子) 되고, 문긔 ᄉ지(四子)오, 슌긔 오지(五子) 되니라. 존당 부뫼 슌긔의 특이ᄒᆫ 위인을 ᄉ랑ᄒ여 넓이 비우ᄅᆞᆯ 틱ᄒ여 츄밀ᄉ 엄빅흠의 녀와 셩친ᄒ니, 엄시 뇨됴슉완(窈窕淑婉)으로 식광(色光)이 긔려(奇麗)ᄒ야 만시 현철(賢哲)ᄒ니, 존당 부뫼 ᄉ랑이 냥교 등의 ᄂᆞ리지 아니코, 싱이 공경듕대ᄒ여 관져지락(關雎之樂)[1322]이 무비(無比)ᄒ더라.

이ᄯᅦ 좌복야 태ᄌ쇼부 듁암공 닌홍의 장ᄌ 셩긔의 ᄌᆞᄂᆞᆫ 의ᄎᆡ니, 싱셩ᄒᄆᆞᆯ 슈려(秀麗)이 ᄒ야 창ᄒᆡ(滄海) 뇽(龍)과 교야(郊野)[1323] 닌봉(麟鳳)ᄀᆞᆺ트니, 존당과 졔왕 곤계 모든 ᄌ질을 무ᄋᆡ(撫愛)ᄒ야 【63】 긴 셰월을 보ᄂᆡᄂᆞᆫ 가온ᄃᆡ, 졔왕의 다ᄉᆞᆺ ᄋᆞ들을 몬져 취실(娶室)ᄒ고, 장녀ᄅᆞᆯ 셩친(成親)ᄒ여 며ᄂᆞ리ᄂᆞᆫ 션ᄋᆞ(仙娥)[1324] ᄀᆞᆺ고 사회ᄂᆞᆫ 군션(君仙)[1325] ᄀᆞᆺ트니, 다란 근심이 업슬 거시로ᄃᆡ, ᄌᆞ염쇼져 화란이 비상ᄒ고 《운긔‖은긔》 단시ᄅᆞᆯ 힝노(行路)[1326]보둧 ᄒ미 흠ᄉᆡ(欠事)라.

사인(舍人) 《은긔‖운긔》ᄂᆞᆫ 조쇼져로 화락ᄒ미 원홍의 음ᄉᆡ(淫事) 허언이믈 ᄭᆡᄃᆞᆮ다라 부부뉸의ᄅᆞᆯ 폐치 아니나, 풍뉴호신(風流豪身)은 부친긔 ᄂᆞ리지 아닌 품슈(稟受)[1327]라. 조시ᄅᆞᆯ 놋비 넉여 지취ᄅᆞᆯ 구ᄒ미 아니라, 평싱 ᄯᅳᆺ이 녀식(女色)으로 집을

---

1317)여슈(如讐) ; 원수처럼 여김.
1318)풍골(風骨) : 풍채와 골격을 아울러 이르는 말
1319)덕용(德容) ; 덕과 용모를 아울러 이르는 말.
1320)엄모(嚴貌) ; 엄숙한 용모.
1321)원간 : 워낙. 본디부터.
1322)관져지락(關雎之樂) : 남녀 또는 부부 사이의 사랑. 관저(關雎)는 『시경(詩經)』 '주남(周南)'편에 실린 노래 이름. 문왕(文王)과 태사(太姒)의 사랑을 주제로 한 노래.
1323)교야(郊野) : 교외의 들.
1324)션ᄋᆞ(仙娥) : 선녀.
1325)군션(君仙) : 군자와 신선.
1326)힝노(行路) : 행로인(行路人). 길가는 사람.
1327)품슈(稟受) : 선천적으로 타고남. =품부(稟賦).

몌워 쳐쳡을 굿초려 ᄒ므로, 지취를 유의ᄒ【64】더니, 의녕이 한츄밀의 녀ᄋ를 구ᄒ여 활인ᄉ의 두믈 쇼믹의게 듯고, 친우 태학ᄉ 범쳔회를 보치여 ᄉ혼(賜婚)을 쥬션(周旋)ᄒ라 ᄒ니, 범싱이 부친 범태ᄉ긔 고ᄒ여 한유의 쫄노 뎡운긔의 직실을 ᄉ혼ᄒ시ᄂᆞᆫ 은명○[을] ᄂᆞ리오시믈 근쳥ᄒ니, 범태시 웃고 셩상긔 엿ᄌᆞ와 운긔의 쳥이믈 쓰리치고1328) 다만 운긔의 풍뉴 긔상이 기부(其父)의 우히믈 고ᄒ여, 한유의 쫄이 아름다오니 ᄉ혼(賜婚) 은지(恩旨) ᄂᆞ리오시믈 구ᄒ듸, 상이 한유의 여러 히 물너 이시믈 앗기샤, 미양 녯 벼슬을 주어 브ᄅᆞ시듸, 한위 나【65】지 아니니 그 ᄯᅳᆺ을 앗지 못ᄒ여 계시나, ○[ᄉ]혼이 ○○[ᄯᅳᆺ이] 계신 고로 해롭지 아니타 ᄒ샤, 즉시 ᄉ혼은지(賜婚恩旨)를 냥부(兩府)의 ᄂᆞ리오시니, 시(時)의 츄밀이 녀ᄋ의 무거쳐(無居處)ᄒ믈 드르시고 경악ᄒ야 상경(上京)ᄒ여 녀ᄋ의 ᄌᆞ최를 심문(尋問)1329)ᄒ듸 대ᄒᆡ(大海) 평초(萍草)1330)ᄀᆞᆺ치 모르니, 비로소 관시를 의심ᄒ여 비복을 다ᄉᆞ려 간졍(奸情)을 실고(悉告)ᄒ라 ᄒ니, 비복 등이 누년을 별엇던1331) ᄇᆡ라. 엇지 형벌 밧은 후 관시 악ᄉᆞ를 고ᄒ리오. 쇼져를 조르고 보치던 바와, 암ᄌᆞ의셔 다려오던 날 밤에 쇼졔 부지거쳐(不知居處)ᄒ믈 고ᄒ니, 한공이 졀【66】치ᄒ나 녀ᄋ 춧기 급ᄒ여 암ᄌᆞ를 ᄎᆞᆯ 니ᄅᆞ니, 과연 녀이 무ᄉᆞ히 잇ᄂᆞᆫ지라.

부녜 상봉ᄒ여 일언을 불통(不通)ᄒ고, 이윽 후 공이 ○○[이의] 온 연고를 무ᄅᆞ니, 명셩대시 나와 뵈고 졔왕비 명으로 쇼져를 구ᄒ여 가라던 줄 고ᄒ여, 관시를 속여 쇼져를 쌔혀닉고, 녀도(女徒) 일인을 쳥쥐 뉴급ᄉ긔 보닌 줄 고ᄒ니, 공이 텽파의 의녕비 감격ᄒᆞᆷ믄 무비(無比)ᄒ고, 관시ᄂᆞᆫ 고듸 죽일 듯ᄒ나, 부녜 반겨 죵용이 말ᄉᆞᆷᄒᆞ며, 대ᄉᆞ(大師)를 향ᄒ여 덕음(德蔭)을 사례ᄒ더니, 일모(日暮)의 환가(還家)ᄒᆞᆯ식, 명일(明日) 거교를 출혀 녀【67】ᄋ를 다려가지라 ᄒ고, 관시 쳐치ᄒ기 밧바 쎨니 도라가려 ᄒ니, 쇼졔 쳔만 익걸ᄒ여 모친긔 노를 더으지 마ᄅᆞ시믈 비니, 공이 부답ᄒ고 다만 명일 오기를 닐ᄏᆞ라 운산의 도라와, 브야흐로 관시를 쳐치코져 ᄒᆞᆯ 젹, ᄉ혼은지 ᄂᆞ려 녀ᄋ를 뎡운긔 직실을 뎡(定)ᄒ라 ᄒ시니, 공이 무모고ᄋ(無母孤兒)를 죵요로온 부셔(夫壻)를 뎡ᄒ여 작소(鵲巢)1332)의 깃드리ᄂᆞᆫ 지미를 보려 ᄒ더니, 부실(副室) 주미 비소원(非所願)이나, 뎡운긔의 위인(爲人)을 가이(可愛)ᄒ여 ᄒᆞᄂᆞᆫ 즁, 의녕비의 셩덕을 감탄ᄒ고, 쫄의 참잔(慘殘)ᄒ 졍ᄉᆞ와 위란ᄒ 【68】형셰를 슬피 넉여 명셩대ᄉᆞ를 식여

---

1328)쓰리치다 : 떼치다. 달라붙는 것을 떼어 물리치다.
1329)심문(尋問) : 심방(尋訪). 방문하여 찾아봄.
1330)평초(萍草) : 부평초. 개구리밥. 개구리밥과의 여러해살이 수초(水草). 몸은 둥글거나 타원형의 광택이 있는 세 개의 엽상체(葉狀體)로 이루어져 있는데 겉은 풀색이고 안쪽은 자주색이다. 논이나 못에서 자라는데 전 세계에 널리 분포한다.
1331)별으다 : 벼르다. 어떤 일을 이루려고 마음속으로 준비를 단단히 하고 기회를 엿보다
1332)작소(鵲巢) : 까치집. '여자가 시집가서 남자의 집에서 사는 것' 또는 '부부의 보금자리[신방(新房)]'을 비유적으로 이르는 말. 『시경(詩經)』《召南》편〈鵲巢〉장의 "維鵲有巢 維鳩居之 之子于歸 百兩御之"에서 온말.

구호여시니, 녀이 뎡문의 입승(入承)1333)호나 일신이 안안호믄 집의 잇는 바의 더을 바룰 씨다라 망궐샤은(望闕謝恩)호니, 즁시 도라간 후, 공이 관시룰 느리와 즁계(中階)의 꿀니고 십악대죄(十惡大罪)1334)룰 갓초 닐너 부부지의(夫婦之義)룰 긋는 바룰 닐오고, 혼셔(婚書)룰 소화호고 관가로 뽓츠니, 관시 일남(一男)이 항쥐 츄관으로, 관시의 쏠이 조츠가고, ᄋᆞ들은 공이 향니의 머무러 다려오지 아니시니, 흔번 문 밧글 나미 일신이 의지업서, 비록 대간대담(大奸大膽)1335)이나 아모리 홀 줄 모른【69】니, 흔낫 교즈의 수쇼복부(數少僕夫)룰 어더, 붓그려온 ᄂᆞᆾ출 들고 활인스로 가는 쥬의룰 뵈고, 져의 그룻흠고 회과흠믈 닐너 공의 노룰 풀고져 호미, 구밀복검(口蜜腹劍)1336)○○[호여] 경긱(傾刻)의 회과즈칙(悔過自責)흠믈 표호려, 산스의 니르러 쇼져룰 붓들고 실셩비읍(失聲悲泣) 왈,

"난쥬야! 늬 이제 밋치지 아니코 병드지 아녀시나, 그딕도록 모질고 사오나와 너 믜오미 원슈 곳고, 무스 일 해코져 호던고, 실노 오심(吾心)도 측냥치 못홀 비라. 비로소 악스룰 바리고 인도(人道)룰 씨치미, 너의 부친이 나룰 아니 죽이미 은젼이라 호【70】느니, 내 어이 이 ᄂᆞᆾ출 들고 너룰 보리오마는, 회과흠믈 닐으고 쾌히 죽어 붓그러오믈 닛고져 호노라."

언필의, 비슈(匕首)로 가슴을 질으려 호니, 쇼졔 추시룰 당호여 엇지 계모의 회과홀 날이 머러시믈 모르리오마는, 인효지심(仁孝之心)으로 모친을 보미 반기고, 즈결호려 홈믈 놀나 밧비 칼을 앗고, 오열 왈,

"불초의 연고로 즈뫼(慈母) 여추 경계룰 당호시니, 기죄불용쥐(其罪不容誅)1337)라. 명일 흔가지로 도라가 엄젼(嚴前)의 죽기룰 그음호여 모녜 써나지 말니이다."

관시 간악을 금초고, 난쥬룰 귀듕호여 년이(憐愛)【71】호는 쳬호니, 쇼졔 호언(好言)으로 위로호더라.

명일 공이 거교(車轎)룰 출혀 니르러, 쏠의 도라가믈 직쵹호고 대스의게 은혜룰 칭샤호니, 대시(大師) 고스(固辭)호고 쇼져로 작별홀시, 결연(缺然) 왈,

"쇼졔 뎡문의 입승 후 화란(禍亂)이 업지 아니리니, 빈되(貧道) 당당이 쇼져룰 구호리이다."

---

1333)입승(入承) : ①임금에게 아들이 없을 때 왕족 가운데 한 사람이 임금의 대를 잇던 일. ②여자가 혼인하여 시집의 며느리로서의 대(代)를 잇던 일.

1334)십악대죄(十惡大罪) : 조선 시대에, 대명률(大明律)에 정한 열 가지 큰 죄. 모반죄(謀反罪), 모대역죄(謀大逆罪), 모반죄(謀叛罪), 악역죄(惡逆罪), 부도죄(不道罪), 대불경죄(大不敬罪), 불효죄(不孝罪), 불목죄(不睦罪), 불의죄(不義罪), 내란죄(內亂罪)를 이른다.

1335)대간대담(大奸大膽) : 매우 간사하고 담력이 큼.

1336)구밀복검(口蜜腹劍) : 입에는 꿀이 있고 배 속에는 칼이 있다는 뜻으로, 말로는 친한 듯하나 속으로는 해칠 생각이 있음을 이르는 말.

1337)기죄불용쥐(其罪不容誅) : 그 죄가 죽음을 용납하지 않는다는 뜻으로, 죄가 너무 커서 목을 베어도 오히려 부족하다는 말.

쇼졔 묵연ᄒᆞ고 관부인을 붓드러 승교(乘轎)ᄒᆞ민 공이 호힝ᄒᆞ여 도라오니, 쇼졔 덩밧게 나며 고두(叩頭) 이걸 왈,

"부부는 오륜(五倫)의 종(宗)이오, 유ᄌᆞ즉불거(有子則不去)1338)는 녜지당애(禮之當也)1339)니, 야애(爺爺) 모친으로 더브러 부부대륜(夫婦大倫)을 뎡ᄒᆞ시미 셰월이 오【72】리고, ᄌᆞ녀를 싱산ᄒᆞ샤 비상간고(備嘗艱苦)1340)ᄒᆞ시니, 이졔 ᄌᆞ모를 용납지 아니실진ᄃᆡ, 쇼녜 ᄒᆞᆫ가지로 촌진(寸進)1341)ᄒᆞ여 향니(鄕里)의 가셔, 서로 붓드러 비러 먹어도 참아 ᄌᆞ위만○[은] 문을 나지 못ᄒᆞ시게 ᄒᆞ올지니, 모녜 ᄒᆞᆫ가지로 왓ᄂᆞ니, 대인은 양츈혜틱(陽春惠澤)1342)을 드리오샤, 쇼녀의 졍ᄉᆞ를 도라보샤 ᄌᆞ모의 의지 업ᄉᆞ믈 슯히쇼셔."

공이 관시를 죽일 ᄯᅳᆺ이 이시나, 그 소싱 ᄌᆞ녀는 위인이 난쥬와 지지 아니니, 기모(其母)를 죽여 냥ᄋᆞ의 지통(至痛)을 삼지 못ᄒᆞ여 관시 일명을 ᄭᅮ이미러니1343), 녀ᄋᆞ의 거조를 보민 괴【73】로이 넉여, 졍ᄉᆡᆨ 왈,

"늬 관시를 죽이고 시브ᄃᆡ 쟈녀의 ᄂᆞᆺ출 보와 사(赦)ᄒᆞ미라. 오이 엇지 내 ᄯᅳᆺ을 모르고 흉인을 가ᄂᆡ의 머물나 ᄒᆞᄂᆞᆫ다?"

쇼졔 오열비읍(嗚咽悲泣) 왈,

"쇼녀의 졍ᄉᆞ를 슯히지 아니샤, ᄌᆞ모(慈母) 해ᄒᆞᆫ 죄인이 고당(高堂)의 안거(安居)치 못ᄒᆞ오리니 슯히쇼셔."

공이 녀ᄋᆞ의 ᄯᅳᆺ이 굿으믈 보고 그 지효를 감동ᄒᆞ여, 관시를 벽쳐(僻處)의 머므르고 쇼져를 위로ᄒᆞ니라.

공이 상명을 응ᄒᆞ여 길녜를 수히 일우고져 ᄒᆞᄆᆞ로, 왕을 가보고 길일을 퇵ᄒᆞ니, 납월(臘月)1344) 초슌(初旬)이라. 왕은 번ᄉᆞ를 깃【74】거 아니나, 신부의 셩화(聲華)를 깃거 상명을 밧ᄌᆞ와 셩녜코져 ᄒᆞ니, 운긔 깃브믄 무비(無比)ᄒᆞ나 외모는 늠연(凜然)ᄒᆞ여 나토지 아니니, 왕의 총명으로도 능히 아지 못ᄒᆞᄃᆡ, 슌태부인과 진부인은 운긔 조시와 금슬이 흡연(洽然)ᄒᆞᆷ믄 모르고 소원(疏遠)ᄒᆞ민가 넘녀ᄒᆞ더라.

ᄎᆞ시 윤셩닌·웅닌이 삼일유가 후 소분(掃墳)1345)ᄒᆞ고 직ᄉᆞ(職事)의 나아가다.

공ᄌᆞ 셰린이 엄젼의 슈장(受杖)ᄒᆞ여 됴리ᄒᆞ나 농즙(膿汁)이 흐르고 혈흔(血痕)이 낭쟈ᄒᆞ니, 군종이 근심ᄒᆞ더니, 일야는 하공ᄌᆞ 몽셩이 니르러 왈,

---

1338)유ᄌᆞ즉불거(有子則不去) : 아들을 둔 아내는 출거하지 못함.
1339)녜지당애(禮之當也) : 예법(禮法)에 마땅한 일임.
1340)비상간고(備嘗艱苦) : 온갖 고생을 두루 겪음.
1341)촌진(寸進) : 한 걸음 한 걸음 걸어서 앞으로 나아감.
1342)양츈혜틱(陽春惠澤) : 따뜻한 봄볕 같은 혜택.
1343)ᄭᅮ이다 : 꾸이다. ①남에게 다음에 받기로 하고 돈이나 물건 따위를 빌려 주다. ②마땅히 죽여야 할 사람의 목숨을 정상을 참작하여 살려두다.
1344)납월(臘月) : 음력 섣달(12월)을 달리 이르는 말.
1345)소분(掃墳) : 경사로운 일이 있을 때 조상의 산소를 찾아가 돌보고 제사를 지내는 일.

"맛춤 셔【75】슉모 등을 보치여 호쥬(好酒)를 만히 어덧느니 형과 흔가지로 먹으미 엇더ᄒᆞ뇨?"

공지 깃거 몽성으로 조차 하부 완월디(玩月臺)의 니ᄅᆞ미, 창뉘(娼樓) 갓가온지라. 하부의 속흔 창녀 오십이 완월디의 이시디, 초공이 연셕의 일졀 브르미 업고, 제ᄌᆞ를 엄금ᄒᆞ여시나, 몽성은 갓금1346) 와 낭쟈히 즐기ᄂᆞᆫ 즁, 셰린으로 더브러 지귄(知己) 고로, 술은 만코 미창(美娼) 십여 인으로 유졍(有情)ᄒᆞ여시나, 새 창기 수인이 년유(年幼)코 미염(美艶)ᄒᆞᄆᆞ로 셰린을 주고져 쳥ᄒᆞ미러라. 【76】

---

1346)갓금 : 가끔.

# 윤하뎡삼문취록 권지십이

추시 하공주 몽셩이 술이 만코 미챵 십여인으로 유졍ᄒᆞ여시나, 새 챵기 수인(數人)이 년유(年幼)ᄒᆞ고 식티(色態) 념미(艶美)ᄒᆞ므로, 겸ᄒᆞ여 일즉 사ᄅᆞᆷ을 지ᄂᆞ지 아냐 비홍(臂紅)이 완연ᄒᆞ니, 셰린을 주고져 짐즛 공주를 쳥ᄒᆞ미라. 셰린이 몽셩으로 ᄃᆡ상(臺上)의 좌ᄒᆞ고 술을 마신 후, 모든 챵기를 브ᄅᆞ라 ᄒᆞ고, 스스로 현금(絃琴)을 농(弄)ᄒᆞ여 즐길ᄉᆡ, 몽셩의 유졍ᄒᆞᆫ 십챵(十娼)은 하공주 겻ᄒᆡ 좌ᄒᆞ고, 셰린은 낭 미녀를 보ᄆᆡ 무심치 못ᄒᆞ여 집슈연슬(執手連膝)1347)ᄒᆞ고, 타일 동낙(同樂)【1】 즈 언약(言約)ᄒᆞ니, 냥챵이 응낙고 공ᄌᆡ 취ᄒᆞᆫ 고로 냥챵(兩娼)과 즐기다가 무심히 줌을 깁히 드러시니, 몽셩은 독셔당으로 나아가니라.

진왕이 친우의 쳥으로 셩닌 챵닌과 셰린으로 빅능(白綾)의 금ᄌᆞ(金字)1348)로 병풍셔(屛風書)를 쓰일 거슬 맛지니, 원닉 글시 구ᄒᆞᄂᆞᆫ 재 셩닌·웅닌의 필지(筆才)를 황홀ᄒᆞ여 구ᄒᆞ니, 왕이 웅닌을 보ᄆᆡ 긔위 츄상녈일(秋霜烈日) ᄀᆞᆺᄐᆞᆫ 고로 언어를 통ᄒᆞ미 업고, 셰린의 글시 웅닌의 필톄○[와] ᄀᆞᆺᄐᆞ므로 병풍셔를 ᄀᆞᆺ초 맛지고 챵닌으로 난화 쓰게 ᄒᆞ미러니, 직슈와 한님【2】은 뻐 드리디 셰린은 아니 뻐오니, 왕이 혼뎡(昏定) 후 셰린을 브ᄅᆞ니, 계슈각과 독셔당의 업다 ᄒᆞ거늘, 왕이 즉시 공주의 시동(侍童)을 불너 무ᄅᆞ니, 실노뻐 고ᄒᆞᄂᆞᆫ지라. 의심ᄒᆞ여 하부의 동주를 보ᄂᆡ여 탐지ᄒᆞ니, 비록 미시(微事)라도 감히 왕을 긔이지 못ᄒᆞᄂᆞᆫ 고로, 실고ᄒᆞᆫᄃᆡ, 왕이 노ᄒᆞ여 챵두로 착ᄂᆡ(捉來)ᄒᆞ믈 엄호(嚴呼)1349)ᄒᆞ니, 이윽고 잡아와시믈 고ᄒᆞᆫᄃᆡ, 왕이 노즐 왈,

"너의 구상유취(口尙乳臭)로 음황무도(淫荒無道)ᄒᆞ여 쳥누(靑樓)1350)로 왕ᄂᆡᄒᆞ고 술을 과취ᄒᆞ여 경박(輕薄)기를 쥬ᄒᆞ니, 웅닌도 화근(禍根)이어늘 【3】 엇지 픠ᄌᆞ 둘흘 두리오. 인졍이 아닌 듯ᄒᆞ나 너를 죽여 업시ᄒᆞ리라."

셜파의 궁노(宮奴)로 집장(執杖)케 ᄒᆞ니, ᄉᆞ예(司隷) 불감역명(不敢逆命)ᄒᆞ고 힘을 다ᄒᆞ니, 삽십여 장(杖)의 밋쳐ᄂᆞᆫ 셩혈(腥血)이 돌지(湥之)ᄒᆞ고1351) 공ᄌᆡ 혼졀ᄒᆞ니, 승상이 년익(憐愛)ᄒᆞ여 왕을 권ᄒᆞ여 샤ᄒᆞ고, 계슈각으로 보닌 후 병풍셔를 가져오라 ᄒᆞ

---

1347)집슈연슬(執手連膝) : 손을 잡고 무릎이 닿도록 가까이 앉음.
1348)금ᄌᆞ(金字) : 황금색 글자.
1349)엄호(嚴呼) : 엄히 호령함.
1350)쳥누(靑樓) : 창기(娼妓)나 창녀들이 있는 집. =창관(娼館).
1351)돌지(湥之)ᄒᆞ다 : 돌돌 흘러나오다.

니, 공직 졍신을 출혀 비로소 쓰려 ᄒ나, 풀이 썰니ᄂᆞᆫ지라 쓰지 못ᄒ고, 한님을 쳥ᄒ니, 한님이 니ᄅᆞ러 보고 경문기고(驚問其故)1352)ᄒ딕, 공직 젼·후ᄉᆞᄅᆞᆯ 일일○[이] 진셜(陳說)ᄒ고 딕셔(代書)키ᄅᆞᆯ 쳥흔【4】딕, 한님이 즉시 빅능(白綾) 팔폭(八幅)을 펴고 쓰니, 뇽ᄉᆡ비등(龍蛇飛騰)1353)ᄒ여 완연이 공쥬의 글시니, 공직 깃거 가지고 듁헌의 가니, 왕이 오히려 자지 아니코 ᄌᆞ질의 글을 보다가 공쥬의 글시 가져오믈 보고 펴본 후, 셔안의 노코 믈너가 자라 ᄒ니, 공직 퇴ᄒ여 자고 명됴 신셩의 나아가니, 위태부인이 일긔 닝ᄒᆞ므로 모든 됴반을 흔 당의셔 ᄒᆞ믈 닐ᄋᆞ니, 명을 니어 됴반을 나오믹, 태부인이 호람후로브터 오공쥬의 니ᄅᆞ히 먹기ᄅᆞᆯ 권ᄒ고, 새로이 귀듕ᄒᆞ믈 니긔지 못ᄒᄂᆞᆫ지라.【5】

셰린이 왕모의 명을 조ᄎᆞ 됴반을 나오니, 구미(口味) 돈감(頓減)ᄒ고 향한(香汗)이 구슬 ᄀᆞᆺ거늘, 조태부인이 문왈,

"근간 셰린의 형용이 수픽(瘦敗)ᄒᆞ미 심ᄒ고, 금일은 ᄯ또 무슴 증셰 잇관딕 져러툿 허한(虛汗)을 흘니고 못견딕ᄂᆞ뇨?"

공직 미급딕(未及對)의, 왕이 봉안을 빗겨 셰린을 보며 왈,

"ᄋᆞ히 이륙츙년(二六沖年)의 만ᄉᆞ(萬事) 미거(未擧)ᄒ오며, 쳥누쥬ᄉᆞ(靑樓酒肆)의 오유(遨遊)ᄒᆞ와 챵녀ᄅᆞᆯ 좌우의 두어, 셩식연음(聲色連飮)으로 날을 보닉오니, 엇지 병이 아니나며, 형용인들 쵸뷔(憔悴)1354)치 아니ᄒ리오마는, 져런 거슨 업ᄉᆞᆷ만 ᄀᆞᆺ지 못ᄒ【6】온지라. 고로 쇼직 거야(去夜)의 통흔(痛恨)ᄒᆞ믈 니긔지 못ᄒᆞ와 약간 퇴장을 ᄒᆞ여ᄉᆞᆷ더니, 존젼(尊前)의 질통(疾痛)ᄒᆞᄂᆞᆫ 거동을 뵈오니, 편히 누어시라 ᄒᆞ오시ᄂᆞᆫ 명을 어든즉, 쾌히 챵누(娼樓)의 가 놀고져ᄒ오미라, ᄀᆞ장 통히토소이다."

조태비 진왕의 말을 드ᄅᆞ미 놀나나, 임의 업친 물 ᄀᆞᆺ고, 왕의 엄쥰(嚴峻)ᄒᆞ미 그릇흔 일이 아닌 고로, 잠쇼 왈,

"ᄋᆞ히 어린 나히 녀식을 관졍(款情)1355)ᄒᆞ야 챵누의 오유(遨遊)ᄒᆞ미 크게 그ᄅᆞ나 죵용이 계칙ᄒᆞ야 긋치게 홀 거시어늘, 브졀업시 쟝칙(杖責)을 과히 ᄒᆞ미【7】 너의 과ᄒᆞ미 아니냐?"

호람휘 셰린의 슈쟝을 앗기나, 진왕의 다ᄉᆞ리미 올흔 거ᄉᆞᆯ 칙ᄒᆞ미 가치 아냐, 다만 셰린을 경계 왈,

"션비 힝신은 녜듕(禮重) 졍대(正大)ᄒᆞ미 맛당ᄒ거늘, 엇지 호일방탕(豪逸放蕩)1356)ᄒᆞ믈 위쥬ᄒᆞ여 쳥누쥬ᄉᆞ(靑樓酒肆)의 왕닉ᄒᆞ리오."

---

1352)경문기고(驚問其故) : 깜짝 놀라 그 까닭을 물음.
1353)뇽ᄉᆡ비등(龍蛇飛騰) : 용과 뱀이 하늘로 날아오른다는 뜻으로, 글씨가 살아 움직이는 듯 기운 찬 것을 가리킴.
1354)쵸뷔(憔悴) : 초비(憔悴). 수척하고 지쳐있음.
1355)관졍(款情) : 사랑함.
1356)호일방탕(豪逸放蕩) : 예절이나 사회규범을 벗어나 자유분방하게 행동하고 주색잡기에 빠져 행실이 좋지 못함.

공지 더욱 황공 젼뉼(戰慄)ᄒ니, 위태부인이 이런ᄒ믈 니긔지 못ᄒ여 등을 어라만져 왈,

"네 어린 나히 쟝칙을 당ᄒ딕, 내 아지 못ᄒ니 엇지 이듧지 아니리오."

ᄒ더라. 진왕이 이의 입궐ᄒ여 됴회의 참예ᄒ고 파ᄒ여 【8】도라오는 길에 경공을 ᄎᄌ보믹, 경공이 쇼왈,

"녕이랑(令二郞)이 도라온 지 오릭딕, 형이 셩녜ᄒ믈 의논치 아니ᄒ니, ᄉ원재1357) 아녀로써 박덕누질노 알아, 텬션 ᄀᆺᄐ ᄋᆞ들의 직풍을 져ᄇ릴가 근심ᄒᄂ냐?"

왕이 쇼왈,

"픽직(悖子) 도라완 지 월여로딕 제 힝지(行止)를 혜건딕 졀졀(切切)이 통히ᄒ니, 부ᄌ의 졍은 몽니(夢裏)의도 업고, 본 적마다 죽이고져 의ᄉᆞᆨ니러나니, 난ᄌ의 심지를 알 길히 업ᄉ믹, 졔 ᄯᅩ 어닉 ᄢᅵ의 도듀ᄒᆞᆯ 줄 모ᄅ니, 녕녀(令女)로써 친을 일윗다가, 아비를 업슴 ᄀᆺ치 【9】아는 재(者) 안ᄒᆡ를 엇지 알니오. 슉녀의 평ᄉᆡᆼ을 어즈러릴가 넘녜 무궁ᄒ믹, 잠간 ᄆᆞ음 잡기를 기다려 힝녜(行禮)코져 ᄒ딕, 형이 밧비 넉일 ᄲᅮᆫ 아냐, 존당이 옹닌의 비위 ᄂᆞᄌᆞ믈 근심ᄒ시니, 임의 힝빙(行聘)ᄒ 친ᄉᆞᆨ(親事)라, 길일을 다시 틱ᄒ면 녜를 일우리니, 형은 모ᄅᆞ미 틱일ᄒ여 보닐지어다."

경공이 쇼왈,

"형이 고슈(瞽瞍) ᄀᆺ지 아니롸 닐ᄋᆞ나, 말인즉 불근인졍(不近人情)이라. 녕윤(令胤) 등이 져런 호랑1358) ᄀᆺᄐ 아비를 두어시니, 왕공ᄌ질(王公子姪)의 부귀와 상문공ᄌ(相門公子)의 호화ᄒᆞ믜 잇지 【10】아냐, 편ᄒᆞᆯ 날이 업ᄉ리로다."

왕이 웃고 말ᄉᆞᆷᄒ다가 도라오니라. 이윽ᄒ여 경부의셔 틱일(擇日)을 보ᄒ니, 십이월 긔망(旣望)이라. ᄉ십일이 격ᄒ니라.

ᄎ일 혼뎡 후 왕이 셔린을 명ᄒ여 일슌을 계슈각의셔 됴리ᄒ여 ᄎᄉᆼ(差成) 후, 존당의 신혼셩뎡을 참예ᄒ라 ᄒ니, 공지 감히 거ᄉᆞ○[리]지 못ᄒ여 계슈각의셔 쟝쳐를 됴리ᄒ더라.

이ᄯ에 어ᄉ 운긔 한쇼져를 취ᄒᆞᆯ 길일이 지격 ᄉ오일(只隔四五日)ᄒ믈 환힝희열(歡幸喜悅)ᄒ딕, 존당과 부뫼 지ᄎᆔ를 즐겨 아니시믹 깃븐 빗츨 【11】나토지 못ᄒ더니, 일일은 부왕의 친우 화 금오(金吾)1359)의게 비알코져 화부의 니ᄅ니, 화금오는 셕자(昔者)의 졔왕이 과쟝의 드러가 그 참잔(慘殘)ᄒ 졍ᄉ를 듯고 문여필(文與筆)1360)을 빌녀

---

1357)재 : ①째; '차례'의 뜻을 더하는 접미사. ②조차; 이미 어떤 것이 포함되고 그 위에 더함의 뜻을 나타내는 보조사. 일반적으로 예상하기 어려운 극단의 경우까지 양보하여 포함함을 나타낸다. ③까지; 이미 어떤 것이 포함되고 그 위에 더함의 뜻을 나타내는 보조사.

1358)호랑 : 호랑이.

1359)금오(金吾) : 의금부. 조선 시대에, 임금의 명령을 받들어 중죄인을 신문하는 일을 맡아 하던 관아. 태종 14년(1414)에 의용순금사를 고친 것으로 왕족의 범죄, 반역죄·모역죄 따위의 대죄(大罪), 부조(父祖)에 대한 죄, 강상죄(綱常罪), 사헌부가 논핵(論劾)한 사건, 이(理)·원리(原理)의 조관(朝官)의 죄 따위를 다루었는데, 고종 31년(1894)에 의금사로 고쳤다.

등과(登科)케 흔 바, 녀슉·박신·박관·화뎡이니, 녀슉이라 ᄒᆞᄂᆞ니는 그 원족의 형부시랑 녀슉이 쏘 이시므로 명을 곳쳐 환이라 ᄒᆞ니, 씩의 병부 아망(雅望)이 잇고, 박신·박관이 다 쟉위 디녈의 거ᄒᆞ고, 화뎡은 집금오(執金吾)1361)의 이시딕, 흔갈ᄀᆞᆺ치 졔왕의 은덕을 각골ᄒᆞ고 왕의 지휘를 드러 힝셰를 잘 ᄒᆞ므로, 상【12】춍(上寵)이 듕딕ᄒᆞ고 쟉위 놉흔지라. 졔왕이 익우(益友)로 딕졉ᄒᆞ여 친근ᄒᆞ며, 시랑과 어ᄉᆞ 등을 명ᄒᆞ여 아뷔 친우를 주로 ᄎᆞᄌᆞ보라 ᄒᆞ니, 뎡운긔 ᄀᆞᆺ튼 위인이 화금오의 무직쟈(無才者)를 엇지 공경ᄒᆞ리오마는, 문풍(文風)의 관후흠과 부형의 교훈을 밧드러, 박·화 졔공을 ᄀᆞ장 경딕(敬待)ᄒᆞᄂᆞᆫ지라.

　화금오는 부인 뉴시긔 이ᄌᆞ 칠녀를 두어 우흐로 세 ᄯᆞᆯ과 흔 ᄋᆞ들을 혼취(婚娶)ᄒᆞ고, 뎨ᄉᆞ녀 보벽이 시년이 십ᄉᆞ의 이용(愛容)이 쇄락ᄒᆞ고, 묘질(妙質)이 션연(嬋姸)ᄒᆞ여 당쳬지화(棠棣之華)1362)를 노릭ᄒᆞ니,【13】부뫼 칠녀 즁 보벽을 읏듬으로 ᄉᆞ랑ᄒᆞᄂᆞᆫ지라.

　화학ᄉᆞ 규는 윤승상 효문공의 졔ᄌᆞ(諸子)로 더브러 지긔(知己)《ᄒᆞ믄∥되믄》 그 부공의 무ᄌᆡ(無才)ᄒᆞ믈 담지 아냐, 문한(文翰)이 유여(裕餘)ᄒᆞ고 풍신(風神)이 슈려(秀麗)ᄒᆞ○[미]니, 화가의 길ᄉᆞ(吉士)1363)라. 시년이 십오의 옥당(玉堂)1364) 명ᄉᆞ로 쳥현(淸顯)을 ᄌᆞ임(自任)ᄒᆞ고, ᄉᆞ긔(史記)를 초(草)ᄒᆞᄂᆞᆫ 문쟝이라. 뎡어ᄉᆞ로 더브러 졍의 지극ᄒᆞ여 서로 빈빈 왕닉ᄒᆞᄂᆞᆫ지라. 이 늘도 뎡어시 화금오긔 빅견(拜見)ᄒᆞ여 말ᄉᆞᆷᄒᆞ다가, 화학ᄉᆞ로 셔헌의 나와 술을 마시며 말ᄉᆞᆷᄒᆞ더니, 화학시 취ᄒᆞᄆᆞᆯ【14】인ᄒᆞ여 셔척을 베고 누으며, 어ᄉᆞ의 옷슬 다리여 겻ᄒᆡ 누으며 쇼왈,

　"네 얼골이 옥을 교식(矯飾)ᄒᆞ며 ᄭᅩ치 말ᄒᆞᄂᆞᆫ 듯ᄒᆞ니 쟝뷔라 ᄒᆞ랴? 녀ᄌᆞ ᄀᆞᆺ툴진딕 내 금ᄎᆞ(金釵)1365)로 치와 ᄉᆞ랑ᄒᆞ리로다."

　《화학ᄉᆞ∥뎡어ᄉᆞ》 쇼왈,

　"내 녀지 되나 너ᄀᆞᆺ튼 방탕흔 쟝부를 만날진딕, 젼졍(前程)을 맛ᄌᆞ1366)ᄒᆞ고, 일신을 동혀 움즉이지 못ᄒᆞ게 ᄒᆞ여, 초희(楚姬)1367) 월녜(越女)1368)라도 눈을 드지 못ᄒᆞ게 ᄒᆞ며, 비는 거동을 보고 말니라."

　어시 ○○○[이러툿] 화규를 ᄭᅮ지ᄌᆞ며, 조으름이 씩믹, 셔헌의 쳑을 뒤젹여 보더니, 믄득 흔 쟝【15】그림이 쳑 가온딕 ᄭᅵᆼ엿거늘, 흔 번 보니 치식이 녕농ᄒᆞ고 화법(畫

---

1360)문여필(文與筆) ; 문필(文筆). 글과 글씨를 아울러 이르는 말.
1361)집금오(執金吾) : 중국 한나라 때에, 대궐 문을 지켜 비상사(非常事)를 막는 일을 맡아보던 벼슬.
1362)당쳬지화(棠棣之華) : 〈시경(詩經)〉 '소아(小雅)' '당쳬편(棠棣篇)'의 첫 구, 당쳬지화 악불위위(棠棣之華 鄂不韡韡; 산앵두나무 그 꽃송이 울긋불긋 아름답네)에서 따온 말. 이 시는 형제간의 우애를 노래하고 있는 시이지만, 여기서는 화소저가 활짝 핀 산앵두나무 꽃처럼 아름답다는 뜻으로 쓰였다.
1363)길ᄉᆞ(吉士) : 운수가 트인 선비. 촉망받는 인물.
1364)옥당(玉堂) : '홍문관(弘文館)'을 달리 부르는 말.
1365)금ᄎᆞ(金釵) : ①금비녀. ②첩(妾)을 달리 이르는 말.
1366)맛자 : 마치자. *맛다; 맞다. 마치다.
1367)초희(楚姬) : 중국 초나라의 미인.
1368)월녜(越女) : 중국 월나라의 미녀.

法)이 신긔홀 쑨 아냐, 그림 가온듸 일미인(一美人)이 홍군취삼(紅裙翠衫)으로 단졍이 좌룰 일워시니, 빅틱(百態) 긔묘졀승(奇妙絶勝)ᄒ여 션안취미(仙顔翠眉)와 화협단슌(花頰丹脣)이 완연흔 졍치(晴彩) 찬난ᄒ야 심신이 황홀ᄒ고, 복쉭이 규슈의 거동을 뭇지 아냐 알지니, 그 아릭 쥬필(朱筆)노 써시되,

"쇼미 보벽의 용화긔질(容華氣質)은 연화(煙火)[1369] 밧 사름이니, 우형이 화법이 신능(神能)치 못흔 고로, 쇼미의 텬향아질(天香雅質)을 다 모ᄉ(模寫)치 못ᄒ노라."

ᄒ엿더라.

오릭도 【16】록 손에 놋치 못ᄒ다가, 날호여 화도(畵圖)룰 ᄉ미의 너코 화싱을 흔드러 왈,

"어이 줌을 오릭 쟈ᄂ뇨?"

학싱 니러 안거늘, 어싱 두어 말 ᄒ다가 쇼왈,

"내 널노 더브러 졍의 둣거오되, 너의 동긔 수룰 뭇지 못ᄒ믄, 견마의 ᄎ례 업스므로 알아 뭇지 아냣더니, 일뎨(一弟)와 ᄯᅩ 미시(妹氏) 잇ᄂ냐?"

학싱 욕ᄒᄆᆯ ᄯᅮ짓고, 인ᄒ여 칠미(七妹) 이시믈 닐너, 세히 취가(娶嫁)ᄒ고 뎨ᄉ미(第四妹) 바야흐로 도요(桃夭)[1370]룰 읇게 되엿ᄂ 줄 닐ᄋ미, 어싱 삼부인 셩명 문지(門地)룰 드르니, 지상 후문 공ᄌ로 일셰 닐ᄏᄂ 【17】 비오, 둘흔 닙신ᄒ여 작위 츈경(春卿)[1371]의 잇ᄂ지라. 어싱 쇼왈,

"네 삼미룰 지실 삼취룰 주엇ᄂ냐? 엇지 너의 문지의 나으뇨?"

학싱 즐왈(叱曰),

"오문은 본듸 삼취 지실을 아니 주ᄂ니, 광언을 말나."

뎡어싱 왈,

"지실 말고 오취(五娶)룰 의논말나. 복녹이 가ᄌ[1372] 사ᄂ 거시 웃듬이니, 용상(庸常)흔 쟈의 조강(糟糠)을 삼ᄂ니 군ᄌ 영쥰(英俊)의 부실이 영광이 아니리오. 네 눈이 어두워 날 ᄀᆺ ᄐ니룰 몰나보고, 미부룰 삼지 아냐 문난(門欄)의 광치룰 돕지 아니니, 사름이라 ᄒ랴?"

화학싱 농언으로 【18】 드러 ᄯᅮ짓지 아니코 욕ᄒᆯ 쑨이오, 실(實)노 듯지 아니나, 그 누의룰 지실은 의논치 아닛ᄂ지라. 어싱 명일 다시 오믈 닐ᄋ고 가니, 학싱 기다리마 ᄒ더라.

뎡어싱 도라와 부모긔 뵈옵고 옷슬 갈고져 침소의 니르니, 조시 긔이영지(起而迎之)ᄒ여 좌ᄒ미, 광휘 찬난흔지라. 어싱 새로이 탄복ᄒ나 본듸 엄위(嚴威)흔지라. 규방의

---

1369)연화(煙火) : 인연(人煙). 인가에서 불을 때 나는 연기라는 뜻으로, 사람이 사는 기척 또는 인가(人家), 인세(人世) 를 이르는 말.

1370)도요(桃夭) : 복숭아꽃이 필 무렵이란 뜻으로, 혼인을 올리기 좋은 시절을 이르는 말.

1371)츈경(春卿) : 예조판서(禮曹判書). 중국 예부상서. *춘조(春曹); 예조(禮曹)를 달리 이르는 말.

1372)가ᄌ : 가족ᄒ여. 갖추어져, 구비하여.

침닉ᄒᄆᆯ 개탄ᄒ고, 녀ᄌ와 담화ᄒᄆᆯ 아닛ᄂ 고로, 조시 취ᄒ 지 긔년의 언어 통ᄒ미 업서, 서너번 무ᄅ면 조시 겨우 일이슌(一二順)1373) 답언(答言)이오, 상【19】경(相敬)이 여빈(如賓)ᄒ니, 어시 혜오ᄃᆡ,

"져 ᄀᆞ튼 용화긔질을 보미 홍운던 ᄌ당과 슉녈 슉모 ᄲᆞᆫ이라 탄복불이(歎服不已)러니, 내 져 ᄀᆞ튼 슉완을 두고 한시ᄅᆞᆯ 도모ᄒ여 쳐쳡을 모호려 ᄒ미, 득농망쵹(得隴望蜀)1374)이라 ᄒ고, 쇼져ᄅᆞᆯ 이시(移時)히1375) 보다가 옷슬 닙고 나아가, 옥슈ᄅᆞᆯ 니어1376) 쇼왈,

"부뷔 셩혼 쥬년(週年)의 내 소활(疎闊)ᄒ여 닉외 서의(齟齬)ᄒ미 극ᄒ니, 즁논이 이시ᄆᆯ 가쇠로다."

쇼제 슈괴(羞愧)ᄒ여 안셔히 손을 ᄲᅢ히거ᄂᆞᆯ, 어시 상상의 누어 왈,

"일개 나ᄅᆞᆯ 박쳐(薄妻)ᄒ다 ᄒ니, 금일은 인쳐긱(愛妻客)1377) 소임【20】ᄒ리라."

드ᄃᆡ여 손을 잡고 누어시니, 쇼제 민망ᄒ여 먼니 안고져 ᄒᆞ나, 싱의 힘이 무거오니 능히 움즉이지 못ᄒ거ᄂᆞᆯ, 어시 우으며 그림을 조시긔 다혀 본즉, 미인이 비록 션원(仙苑)1378)의 향긔ᄅᆞᆯ 가져 계궁(桂宮)1379) 명월지광(明月之光)이나, 오히려 조시의 찬난ᄒ 광염과 무비(無比)ᄒ ᄌᄐᆡᄅᆞᆯ 밋지 못ᄒ고, 오ᄎᆡ상광(五彩祥光)1380)을 ᄇᆞ라지 못ᄒᆯ지라. 어시 미쇼 왈,

"그림이 신션(神仙)의 조화ᄅᆞᆯ 가져시나 오히려 진짓 사ᄅᆞᆷ이 안줌만 ᄀᆞᆺ지 못ᄒ도다."

언파의 화도(畫圖)ᄅᆞᆯ 거두워 ᄉᆞ미의 너코 나아가ᄃᆡ, 조시 【21】 미인도(美人圖)의 츌쳐ᄅᆞᆯ 뭇지 아니터라.

어시 ᄎᆞ일 혼뎡을 파ᄒ고 봉슈각의 나와 쵹을 붉히고 화도(畫圖)ᄅᆞᆯ 다시 닉여보며, 화시 취ᄒᆯ 계교ᄅᆞᆯ 싱각ᄒᆞᆯ시, ᄯᅩ ᄉᆞ혼(賜婚)을 도모ᄒ기 불가(不可)ᄒ여 ᄀᆞ만ᄒ 가온ᄃᆡ 인연을 일우고져 ᄒ여, 병풍ᄎᆞ(屛風次)1381) 능나(綾羅) 두어 필을 어더, ᄎᆡᄉᆡᆨ(彩色)을 취ᄒ여 ᄌᄀᆡ 화상과 화쇼져 화상을 일우ᄃᆡ, 몬져 취운산 만슈동 산형과 동구ᄅᆞᆯ 그리고, 졔궁과 상부ᄅᆞᆯ 그린 후, 즁헌(中軒)의 독좌(獨坐)1382)ᄅᆞᆯ 비셜(排設)ᄒ여 ᄌᄀᆡ와 합

---

1373) 일이슌(一二順) : 한 두 차례. *순(順): 일부 명사 뒤에 붙어, '차례'의 뜻을 더하는 접미사.

1374) 득농망쵹(得隴望蜀) : 농(隴)을 얻고서 촉(蜀)까지 취하고자 한다는 뜻으로, 만족할 줄을 모르고 계속 욕심을 부리는 경우를 비유적으로 이르는 말. 후한(後漢)의 광무제가 농(隴) 지방을 평정한 후에 다시 촉(蜀) 지방까지 원하였다는 데서 유래한다. 늑망쵹·평롱망쵹

1375) 이시(移時)히 : 때[時]가 넘도록, 한참 동안. 이윽고.

1376) 니다 : 잇다. 끊어지지 않게 계속하다. 여기서는 '잡다'는 의미로 쓰임.

1377) 인쳐긱(愛妻客) : 애처가(愛妻家). 아내를 아끼고 사랑하는 사람.

1378) 원(仙苑) : 선인(仙人)의 화원.

1379) 계궁(桂宮) : 달 속에 있다고 하는 계수나무 궁전으로, 달을 달리 이른 말.

1380) 오ᄎᆡ상광(五彩祥光) : 몸에서 발산하는 광채. 오채(五彩); 파랑, 노랑, 빨강, 하양, 검정의 다섯 가지 색. 상광(祥光); 상서로운 빛.

1381) 병풍ᄎᆞ(屛風次) : 병풍을 꾸밀 그림이나 글씨. 또는 그것을 그린 종이나 천.

1382) 독좌(獨坐) : 독좌례(獨坐禮). 혼인례에서 대례(大禮)를 달리 이르는 말.

환교비(合歡交拜)1383)ᄒᆞᄂᆞᆫ 거동을 【22】 갓초 그리믹, ᄌᆞ긔 풍뉴신광(風流神光)은 만고무젹(萬古無敵)이니 새로이 칭찬홀 것 업거니와, 화쇼져의 션풍아티(仙風雅態)ᄂᆞᆫ ᄌᆞ긔로 더브러 마조 딕ᄒᆞ믹 더욱 빗나고 긔특ᄒᆞᆫ지라. 그림 가온디 남풍녀티(男風女態) 눈을 놀닉니, ᄌᆞ긔라도 그리기를 다ᄒᆞ믹 직조의 신이홈과 용모의 비상ᄒᆞᆷ을, 스스로 칭찬홈〇[을] 마지 아니ᄒᆞ고, ᄯᅩ ᄒᆞᆫ벌을 그려닉여 셔안 우ᄒᆡ 언져두고, 이의 셔동을 불너 왈,

"이제 나아가셔 셔고랑을 불너오라."

ᄒᆞ니, 이 셔고랑은 졔왕의 근신(近身)이1384) 브리ᄂᆞᆫ 심복 노ᄌᆞ 경필의 쳐【23】 되니, 시년이 팔십이 넘으딕 쥬슌(朱脣)의 츈식이 쇠치 아니 ᄒᆞ여, 쇼년 양낭(養娘)1385)을 압두ᄒᆞ더라. 이의 봉슈각의 드러오니, 어식 이의 좌우를 최우고 ᄂᆞ즉이 굴오딕,

"내 이제 그딕의게 대ᄉᆞ(大事)를 맛져 가연(佳緣)을 일우고져 ᄒᆞ여 불넛ᄂᆞ니, 이 소임을 능히 잘 힝홀소냐?"

고랑 왈,

"공지 대ᄉᆞ를 맛지고져 ᄒᆞ시면 힘을 다ᄒᆞ리이다."

어식 왈,

"그딕 명일 도셩(都城)의 드러가 승셕(乘夕)ᄒᆞ여 밋화항 화부를 ᄎᆞᄌᆞ, 바로 닉즁문(內中門)의 니르러 이 그림을 드리고, 말을 여ᄎᆞ여ᄎᆞᄒᆞ여 져 화부의【24】셔 그딕 알기를 ᄒᆞᆫ낫 신인(神人)ᄀᆞᆺ치 넉이게 ᄒᆞ리니, 그딕 아이1386) 묘션암 니괴니, 그딕 아의 ᄒᆞᆫ 벌 옷슬 비러 복식을 곳치고 가라."

ᄒᆞᆫ 후, 그림을 주고 계교를 일일히 ᄀᆞ르치니, 고랑이 조쇼져의 젹인 모히믈 깃거 아냐 듯지 말고져 ᄒᆞ나, 어식 져를 밋어 대ᄉᆞ를 도모ᄒᆞ니, 참아 쎄치지 못ᄒᆞ여, 다만 고 왈,

"ᄀᆞ라치시ᄂᆞᆫ 딕로 ᄒᆞ기ᄂᆞᆫ 어렵지 아니커니와, 상공이 직취(再娶)ᄒᆞ실 날이 머지 아닛거늘, ᄯᅩ 삼취(三娶)의 ᄯᅳᆺ을 두시니, 상공은 호화ᄒᆞ신 ᄆᆞᄋᆞᆷ의 것칠 것 업시 즐기고져 【25】ᄒᆞ시미어니와, 조쇼져ᄂᆞᆫ 츙년(沖年)의 젹인(敵人)을 수풀 ᄀᆞᆺ치 만나실 빅 아쳐롭고1387), ᄎᆞᄉᆞ를 대노야와 뎐해 알아시면 노비의 궁흉(窮凶)ᄒᆞ믈 통완(痛惋)ᄒᆞ시리니 ᄉᆞ셰 졀박도소이다."

어식 쇼왈,

"조시ᄂᆞᆫ 젹인을 거리낄 사름이 아니오, 나의 화시를 취ᄒᆞ려 ᄒᆞᆷ은 텬신과 그딕 밧 알 니 업스니, 이의 브졀업슨 념녀 말고 나의 ᄀᆞ르치던 딕로, 명일 화부의 가셔 여ᄎᆞ

---

1383)합환교비(合歡交拜) : 혼인례에서 신랑신부가 합환주를 나누어 마시고 서로 절을 주고 받는 의례.
1384)근신(近身) : 몸에 가까움. *근신(近身)이; 몸 가까이.
1385)양낭(養娘) : 여자 종. 주로 혼인한 여종을 일컫는다.
1386)아이 : 아우.
1387)아쳐롭다 : 애처롭다. 안쓰럽다. 가엾고 불쌍하여 마음이 슬프다

여ᄎ ᄒ고 셜니 도라오라."

ᄒ고 당부ᄒ니, 고랑이 화도ᄅᆞᆯ 가지고 믈너가거ᄂᆞᆯ, 어시 ᄒᆞᆫ벌 화도ᄂᆞᆫ 궤의 너코 줌은 후, 【26】 화학ᄉᆞ의 그림을 명일 도로 가져 다가 쥬려ᄒᆞ여, ᄉᆞ미의 너코 졔공ᄌᆞ와 시랑 등이 상부의 와 뉴슈각의셔 자므로, 어ᄉᆞ의 이ᄀᆞᆺ치 ᄒᆞᄂᆞᆫ 줄을 모ᄅᆞ더라.

어시 명일 아춤의 화부의 니ᄅᆞ니, 학ᄉᆞ 반겨 마ᄌᆞ 쥬비ᄅᆞᆯ 늘녀 진췌ᄒᆞ미, 학ᄉᆞ 자거ᄂᆞᆯ, 어시 미인도ᄅᆞᆯ 셔갑(書匣)1388)의 너코 도라갈ᄉᆡ, 학ᄉᆞᄅᆞᆯ ᄭᆡ와 후회ᄅᆞᆯ 닐ᄋᆞ니 학ᄉᆞ ᄯᅩᄒᆞᆫ 운산으로 수히 가믈 닐ᄏᆞᄅᆞ니, 어시 응낙고 도라오니라.

ᄎ일 아춤의 셔고랑이 묘션암의 가 그 아의 일습(一襲) 도복을 닙고 표연이 도셩을 드러가【27】니, 보ᄂᆞ니 다 니고(尼姑)로 아더라. 승셕(乘夕)ᄒᆞ여 미화항 화부ᄅᆞᆯ ᄎᆞᄌᆞ 가니, 화금오 부인 뉴시 심산의 도ᄒᆡᆼ이 놉흔 니고ᄅᆞᆯ ᄉᆞ괴여, ᄌᆞ녀의 팔ᄌᆞ 길흉을 무ᄅᆞ며 약간 ᄌᆡ보ᄅᆞᆯ 흣터 쇼쇼 ᄋᆡᆨ수(厄數)ᄅᆞᆯ 막ᄂᆞᆫ 고로, 화부 비ᄌᆞ 노복이 다 승니 무리 닉규(內閨)이[의] 드러가믈 막지 아니ᄒᆞᄂᆞᆫ지라.

셔고랑이 바로 닉텽(內廳)의 드러가 ᄎ환(叉鬟)1389)을 부ᄅᆞ니, 뉴부인이 시녀다려 브ᄅᆞᄂᆞᆫ 연고ᄅᆞᆯ 무ᄅᆞ니, 고랑 왈,

"빈도ᄂᆞᆫ 도윤산 옥션동 보텬ᄉᆞ 즁 벽슈암 텬희법ᄉᆞ 운낭션이러니, 뉴부인긔 알외올 말솜이 이셔 왓【28】노라."

시녜 이ᄃᆡ로 고ᄒᆞ미, 부인이 즉시 쳥ᄒᆞ여 드러오라 ᄒᆞ니, 고랑이 계하(階下)의셔 합장 녜비ᄒᆞ미, 뉴부인이 그 상뫼 ᄲᅢ혀나믈 보고, 진짓 이승(異僧)만 넉여 쳥상(廳上)의 됴흔 돗글 펴고 올ᄋᆞ기ᄅᆞᆯ 쳥ᄒᆞ니, 셔고랑이 ᄉᆞ양 왈,

"빈도(貧道)ᄂᆞᆫ 산간 미쳔ᄒᆞᆫ 사ᄅᆞᆷ이라. 쳐엄으로 드러와 귀부의 니ᄅᆞ믄, 하ᄂᆞᆯ이 명ᄒᆞ신 바ᄅᆞᆯ 어긔오지 못ᄒᆞ나 엇지 승당ᄒᆞ리잇고?"

드ᄃᆡ여 ᄉᆞ미로조ᄎᆞ 화도(畵圖)ᄅᆞᆯ 닉여, 부인 압희 드려 왈,

"부인 칠녀 즁 ᄉᆞ쇼졔ᄂᆞᆫ 월궁(月宮) 션익(仙娥)라. 텬연(天緣)이 뎡가의 잇고, 타일 복녹이 무량(無量)【29】ᄒᆞᆯ 거시로ᄃᆡ, 월하승(月下繩)1390)이 실 닛기ᄅᆞᆯ 더듸ᄒᆞ오니, 빈되(貧道) 화도(畵圖)ᄅᆞᆯ 가져 ᄒᆞᆫ장은 뎡어ᄉᆞ긔 드리고, ᄯᅩ ᄒᆞᆫ장은 귀ᄐᆡᆨ의 드리옵ᄂᆞ니, 화되(畵圖) 비록 말이 업ᄉᆞ오나 ᄉᆞ쇼져 (四小姐) 죵신대ᄉᆞ(終身大事)1391)ᄅᆞᆯ 일워 군ᄌᆞ 슉녜 친영(親迎)1392) 합환(合歡)ᄒᆞᄂᆞᆫ 거동이니, 이제 이ᄅᆞᆯ 두고 보실진ᄃᆡ, 이 혼ᄉᆞᄂᆞᆫ 다란 가문의 입뎡(入庭)1393)ᄒᆞ신즉 쇼져의 일싱이 박명험해(薄命險害)ᄒᆞ실 ᄲᅮᆫ 아니라,

---

1388) 셔갑(書匣) : 책갑(冊匣). 책을 넣어 둘 수 있게 책의 크기에 맞추어 만든 작은 상자나 집.
1389) ᄎ환(叉鬟) : 주인을 가까이에서 모시는 젊은 계집종. 늑아환(丫鬟).
1390) 월하승(月下繩) : 월하옹(月下翁). 월하노인(月下老人). 부부의 인연을 맺어 준다는 전설상의 늙은이. 중국 당나라의 위고(韋固)가 달밤에 어떤 노인을 만나 장래의 아내에 대한 예언을 들었다는 데서 유래한다. 늑월로(月老)
1391) 죵신대ᄉᆞ(終身大事) : 평생에 관계되는 큰일이라는 뜻으로, '결혼'을 이르는 말.
1392) 친영(親迎) : 혼인례의 육례(六禮)의 하나. 신랑이 신부의 집에 가서 신부를 직접 맞이하는 의식이다
1393) 입뎡(入庭) : '가정(家庭)에 들어간다.'는 뜻으로 '혼인'을 듯하는 말.

역텬지죄(逆天之罪)를 면치 못ᄒ시리니, 빈되 왕부(王府) 상문(相門)의 ᄌ녀 혼취를 엇지 알니잇고마ᄂ, 그림을 드리고져 니ᄅ미니, 부인은 빈도【30】의 말ᄉᆷ을 허탄(虛誕)이 듯지 마ᄅ시고, 쇼져 일싱을 그ᄅ게 마ᄅ쇼셔."

언파(言罷)의 졀ᄒ고 거름을 두로혀 표연(飄然)이 나아갈ᄉᆡ, 힝뵈(行步) ᄂᆫ 듯ᄒ니, 뉴부인이 밋쳐 그림을 펴 보지 못ᄒ고, 니고(尼姑)의 말을 드ᄅᄆᆡ 신긔○[ᄒ]고 비상ᄒᆷ을 니긔지 못ᄒ여, 시녀로 ᄒ여 셜니 쳥ᄒ여 오라 ᄒ되, 셔고랑이 표홀(飄忽)이 가니, 시녀 등이 능히 머므지 못ᄒ고, 부인이 다시 쳥치 못ᄒ여, 비로소 화도를 펴 보려 ᄒ더니, 화금오와 학ᄉᆡ 드러오니, 뉴부인이 니고의 ᄒ던 말을 젼ᄒ고 부부 모지 서로 되ᄒ여【31】화도를 보ᄆᆡ, 치식(彩色)이 됴요(照耀)ᄒ고 화형(畵形)이 찬난ᄒ 가온되, 냥신인(兩新人)[1394]이 합환교ᄇᆡ(合歡交拜)ᄒ[ᄒ]ᄂ 양(樣)을 그려시니, 남풍녀뫼(男風女貌) ᄀ장 긔이ᄒ고, 신부의 화용월틱(花容月態) 보벽과 일호 다ᄅᆷ이 업고, 신낭은 즁셔사인 도어ᄉ 거긔장군 뎡운긔의 녕풍쥰골(英風俊骨)일 ᄲᆞᆫ 아니라, 산형(山形) 동구(洞口)를 그린 거시, 취운산 만슈동이오, 졔왕궁과 금평후 가틱(家宅)인 줄 가히 알지라.

화금외 이를 보ᄆᆡ 신긔ᄒᆷ을 니긔지 못ᄒ여, 뎡어ᄉ의 소작(所作)은 ᄭᅮᆷ의도 싱각지 못ᄒ고, 텬신의 조환(造化)가 《의희∥의회(疑懷)》ᄒ니, 어린 듯ᄒ고【32】취ᄒ 듯ᄒ여 묵연ᄒ니, 뉴부인 왈,

"니고 비상(非常)ᄒ고 그림이 신긔ᄒ니, 이ᄂ 텬뎡(天定)ᄒ 연분(緣分)이어니와, 만일 신낭 되리를 ᄎᆺ지 못ᄒ면, 타쳐(他處)의ᄂ 경이(輕易)히 의혼(議婚)치 못ᄒ리로다."

학ᄉᆡ 홀노 허탄(虛誕)이 넉여 쇼왈,

"진황(秦皇)[1395] 한무(漢武)[1396]의 위엄으로도 신션(神仙)을 보지 못ᄒ엿ᄂ니, ᄒᆞ믈며 탁쇽(濁俗) 말셰(末世)의 신션이 어듸로조츠 ᄂ려와 미데의 혼쳐를 닐ᄋ고 가리잇고? ᄌ위 미양 산간의 요괴로온 승니(僧尼)를 부문(府門)의 드리시니, 쇼지 실노 졀박히 넉이딕, ᄌ위 ᄒ시ᄂ 바를 막지 못ᄒ오나, 금일【33】이 그림을 가지고 왓던 니괴 엇더ᄒᆞᆫ지, 화즁(畵中) 신낭은 완연이 뎡운긔오니, 어드려 ᄒᆞ오면 어렵지ᄂ 아니커니와, 뎡운긔 경조윤 조현슌의 녀를 초취(初娶)ᄒ고, 황상(皇上)이 ᄉ혼(賜婚)ᄒ시믈

---

1394) 냥신인(兩新人) : 신랑과 신부를 이르는 말.
1395) 진황(秦皇) : 진시황제(秦始皇帝). 중국 진(秦)나라의 제1대 황제(B.C.259~B.C.210). 이름은 정(政). 기원전 221년에 중국을 통일하고 스스로 시황제라 칭하였다. 중앙 집권을 확립하고, 도량형·화폐의 통일, 만리장성의 증축, 아방궁의 축조, 분서갱유 따위로 위세를 떨쳤다. 신선을 찾아 불로불사약을 구하기 위해 동남동녀 수천 명을 봉래산·방장산·영주산에 보냈으나 얻지 못하였다는 전설이 전한다. 재위 기간은 기원전 247~기원전 210년이다. 늑시황·진시황·진시황제
1396) 한무(漢武) : 한무제(漢武帝). 중국 전한(前漢) 제7대 황제(B.C.156~B.C.87). 성은 유(劉). 이름은 철(徹). 묘호는 세종(世宗). 중앙 집권을 강화하고 흉노를 외몽골로 내쫓는 등 여러 지역을 정벌하였으며, 중앙아시아를 통하여 동서 교류를 왕성하게 하였다. 신선을 찾아 불로불사약을 구하기 위해 동남동녀 수천 명을 봉래산·방장산·영주산에 보냈으나 얻지 못하였다는 전설이 전한다. 재위 기간은 기원전 141~기원전 87년이다.

인ᄒᆞ여 츄밀ᄉᆞ 한휴의 녀를 뎡혼(定婚) ᄒᆡᆼ빙(行聘)ᄒᆞ여 ᄌᆡ취(再娶) 길일이 지격(只隔) 삼ᄉᆞ일이니, ᄆᆡ데로ᄡᅥ 남의 부실(副室)을 혐의치 아니실진ᄃᆡ, 삼취(三娶)를 구ᄒᆞ여 보려니와, 그림의 난 곳과 니고의 ᄒᆡᆼ지(行止)를 아지 못ᄒᆞ여 의아ᄒᆞᄂᆞ이다."

부인이 쇼왈,

"뎡운긔 만일 화도 즁 신낭 ᄀᆞᆺ틀진ᄃᆡ 녀ᄋᆞ의 연분【34】이 뎡가의 듕(重)ᄒᆞ믈 알지니, 삼취(三娶) 아냐 ᄉᆞ실(四室)이라도 혐의홀 ᄇᆡ 업거니와, 져 뎡가의셔 번ᄉᆞ(繁事)를 브졀업시 넉여 혼인을 허치 아니면 엇지ᄒᆞ리오. 내 원간 승니(僧尼)를 됴히 넉일 거시 아니라, 도ᄒᆡᆼ이 놉고 과거 미ᄅᆡᄉᆞ를 보는 다시 아는 뉴는 ᄆᆞ음의 신긔로와, 잇다감 불너 보미러니, 금일 니고(尼姑)는 다만 그림을 드리치고 갈 ᄲᅮᆫ이오, ᄒᆞᆫ 사ᄅᆞᆷ의 젼졍 길흉도 닐ᄋᆞ미 업서, 녀ᄋᆞ의 인연이 뎡가의 이심만 닐ᄋᆞ니, 내 실노 이상이 넉이노라."

금외 왈,

"졔왕이 관인후덕(寬仁厚德)ᄒᆞ니 내 지셩【35】으로 혼인을 구ᄒᆞ면 물니치든 아니려니와, 내 평ᄉᆡᆼ 쥬의는 ᄯᆞᆯ노ᄡᅥ 남의 부실(副室)을 아니 주려 ᄒᆞ엿더니, 긔약지 아닌 그림을 어드ᄆᆡ, 산형과 궁실이 취운산 졔궁 ᄀᆞᆺ고, 화도 즁 신낭이 뎡운긔의 거동이니 이상ᄒᆞᆫ지라. 아모커나 명일 우리 부ᄌᆡ 운산의 가 뎡운긔를 보고, 그림을 엇덧는가 알아보리라."

학ᄉᆞ는 벅벅이1397) 그림이 사ᄅᆞᆷ의 소작이오, 신션의 일이 아니믈 짐작ᄒᆞᄃᆡ, 부뫼 여ᄎᆞᄒᆞ시니 묵연ᄒᆞ나, 심즁의 의괴(疑怪)ᄒᆞ여 즉시 셔헌의 나와 셔갑(書匣)의 화도를 ᄎᆞᄌᆞ【36】니 완연이 잇더라.

ᄎᆞ시 셔고랑이 화부의 가 뉴부인을 속이고 운산의 도라와 도의(道衣)를 버서 바리고, 어ᄉᆞ의게 화부의 가 화도 드리던 ᄉᆞ연을 일일히 고ᄒᆞ니, 어ᄉᆡ 쇼왈,

"ᄎᆞ혼이 셩젼(成全)ᄒᆞ면 그ᄃᆡ 공이 되리니, ᄎᆞᄉᆞ를 불츌구외(不出口外)ᄒᆞ라."

고랑이 응낙ᄒᆞ더라. 어ᄉᆡ 명일 됴참 후 봉슈각의 도라와 ᄉᆡᆼ각ᄒᆞᄃᆡ, '화부의셔 화도를 엇고 엇지 넉이는고' ᄒᆞ더니, 셔동이 화금오의 ᄂᆡ림(來臨)ᄒᆞ믈 고ᄒᆞ니, 이날 졔왕 곤계는 금평후를 뫼셔 진궁의 잇고, 시랑과 한님은 맛츰 나간 ᄯᅢ라. 【37】어ᄉᆡ 일마다 ᄯᅳᆺ에 마ᄌᆞ믈 깃거, 밧비 궤즁(櫃中)의 그림을 ᄂᆡ여 남보기 쉽게 셔안(書案)의 노코, 금오(金吾)를 마ᄌᆞ 바로 봉슈각으로 인도ᄒᆞ여 드러오니, 금외 졔왕의 나가시믈 드ᄅᆞᄆᆡ, 젼일 ᄀᆞᆺᄐᆞ면 바로 윤부 진궁으로 갈 거시로ᄃᆡ, 화도 유무를 알녀 ᄒᆞ는 고로, 학ᄉᆞ로 더브러 봉슈각의 드러와 빈쥬(賓主) 좌뎡ᄒᆞᄆᆡ, 어ᄉᆡ 화공을 향ᄒᆞ여 누쳐의 ᄂᆡ림ᄒᆞ시믈 치샤ᄒᆞ더니, 학ᄉᆡ 믄득 셔안 우희 능나 그림이 노혀시믈 보고, 즉시 원비(猿臂)를 느리혀 그림을 집으ᄆᆡ, 어ᄉᆡ 말니지 아니니, 금외 ᄋᆞᄌᆞ로【38】ᄲᅢᆺ니 펴라 ᄒᆞ여 보ᄆᆡ, ᄎᆡ식과 화법이 완연이 작일 니고의 그림과 호발(毫髮)도 다ᄅᆞ미 업고, 화도 즁 녀ᄋᆞ의 얼골과 뎡어ᄉᆞ의 풍신은 더욱 슈츌(秀出) 쇄락ᄒᆞ니, 화공 부ᄌᆡ 이상ᄒᆞ믈 니긔

---

1397)벅벅이 : 틀림없이. 반드시. 분명하게.

지 못ᄒ여, 날호여 어ᄉ를 향ᄒ여 왈,

"내 본ᄃᆡ 화법을 아지 못ᄒ거니와 이 그림의 비상ᄒᆞᆷ믄 본 바 처엄이라. 그 신낭자
의 풍용이 명초와 방불ᄒ니 ᄀᆞ장 고이ᄒ고, 겸ᄒ여 녯 화격(畫格)이 아니라 긔특ᄒᆞ미
만ᄒ니, 명최 어ᄃᆡ가 이 그림을 어드뇨?"

어ᄉᆡ 디왈,

"작일 셔동이 맛【39】춤 궁문 밧게 나갓더니 엇던 니괴 쇼싱의게 젼ᄒ라 ᄒᆞ므로
가져와시나, 쇼싱이 본시 그림을 ᄉᆞ랑ᄒᆞᄂᆞᆫ 위인이 아니오, 평싱 통흔(痛恨)ᄒᆞᄂᆞᆫ 거시
승니(僧尼)의 무리로소이다."

ᄒ니, 화공이 범범ᄒᆞᆫ 노옹으로뻐 어ᄉ의 신능(神能)ᄒᆞᆫ 조화ᄅᆞᆯ 엇지 알니오. 어린다
시 그 ᄂᆞᆺ츨 우러라 신이ᄒᆞ믈 형상치 못ᄒ고, 학ᄉ의 총명(聰明) 녕긔(靈氣)로도 그림
의 신이ᄒᆞ믈 씨다라, 뎡어ᄉᆞᄂᆞᆫ 몽니(夢裏)의도 의심치 아니코, 이의 쇼왈,

"명초ᄂᆞᆫ 쳥고(淸高)ᄒ여 보빅[1398]의 ᄎ화(彩畫)ᄅᆞᆯ 어드ᄃᆡ 불관이 넉이나, 나【40】
ᄂᆞᆫ 셔화붓치[1399]의 벽(癖)[1400]이 잇고, 겸ᄒ여 탐욕이 만ᄒ 이런 긔특ᄒᆞᆫ ᄎ화ᄅᆞᆯ 보면
아니 주어도 도적ᄒ여 갈 ᄯᅳᆺ이 잇ᄂᆞᆫ지라. 이졔 나ᄅᆞᆯ 주미 엇더ᄒᆞ뇨?"

어ᄉᆡ 쾌허ᄒᆞᄃᆡ, 학ᄉᆡ 미뎨ᄅᆞᆯ 뎡가의 속현(續絃)ᄒᆞᆯ 줄을 아나, 셩녜(成禮) 젼 규슈의
얼골 그린 거시 외간 남ᄌᆞᄅᆞᆯ 뵈미 고이ᄒ므로, 짐짓 셔화의 벽이 이시믈 닐ᄏᆞ라 ᄉᆞ미
의 너ᄒ니라. 화공이 이윽이 말ᄉᆞᆷᄒᆞ다가 능히 참지 못ᄒ여 쇼왈,

"화도 즁 녀ᄌᆞᄅᆞᆯ 보니 아녀와 방불ᄒᆞ미 이시니, 명초ᄂᆞᆫ 이 그림을 불긴【41】히 넉
이거니와, 나의 싱각은 이승(異僧)이 ᄎ화(彩畫)ᄅᆞᆯ 가져와 텬연(天緣)이 듕ᄒᆞ믈 씨닷고
져 ᄒᆞᆷ민가 ᄒᆞᄂᆞ니, 내 금일 녕엄(令嚴) 대왕을 뵈옵고 '쥬진(朱陳)의 호연(好緣)'[1401]
을 쳥코져 ᄒᆞ노라."

어ᄉᆡ ᄎᆞ언을 드ᄅᆞ미 대회ᄒᆞ나 늠연 대왈,

"군ᄌᆞᄂᆞᆫ 허탄지ᄉᆞ(虛誕之事)ᄅᆞᆯ 밋지 아니ᄒᆞᄂᆞ니, 합해 엇지 ᄒᆞᆫ 장 그림을 보시고 녕
쇼져의 평싱을 쇼싱 ᄀᆞᆺ튼 불인(不仁)의게 탁고져 ᄒᆞ시ᄂᆞᆫ니잇고? 쇼싱의 년긔 미급삼
오(未及三五)의 집을 직힐 안해 잇고, 셩은을 인ᄒ여 지취 길일(吉日)이 지격(只隔) 수
삼일 ᄒᆞ오니, 열은 복이 손【42】홀가 두리거늘, ᄯᅩ 엇지 삼취ᄒᆞᄂᆞᆫ 외람ᄒᆞᆫ 거죄(擧措)
이시리잇고? 이런 말ᄉᆞᆷ을 가친이 드ᄅᆞ시면 ᄒᆞᆫ갓 허탄ᄒᆞ믈 고이히 넉이실 ᄲᅮᆫ 아니라,
쇼싱이 ᄎ화(彩畫) 가져온 승니ᄅᆞᆯ 다ᄉᆞ리지 아니코 암연이 밧아 두믈 칙ᄒᆞ시며, 겸ᄒᆞ
여 합하긔 뵈오믈 의심ᄒᆞ샤, 쇼싱이 그릇 남활(濫闊)ᄒᆞᆫ ᄯᅳᆺ을 두어 삼취의 ᄆᆞᄋᆞᆷ이 잇ᄂᆞᆫ

---

1398)보빅 : 보배. 아주 귀하고 소중한 물건.

1399)-붓치 : -붙이. ① ((일부 명사 뒤에 붙어)) 같은 겨레라는 뜻을 더하는 접미사. ②어떤 물건에 딸린 같
　은 종류라는 뜻을 더하는 접미사.

1400)벽(癖) : 무엇을 치우치게 즐기는 성벽(性癖).

1401)쥬진(朱陳)의 호연(好緣) : 주진(朱陳)은 중국 당(唐)나라 때에 주씨와 진씨 두 성씨가 함께 살아오던
　마을 이름인데, 한 마을에 오직 주씨와 진씨만 대대로 살아오면서 서로 혼인을 하였다고 하여, 두 성씨
　간의 혼인을 일컬어 '주진(朱陳)의 호연(好緣)'이라고 한다.

가 넉이시리니, 합하는 그림의 허망ᄒᆞ믈 혜아려 타쳐(他處)의 가랑(佳郎)을 퇴ᄒᆞ시고, 쇼싱으로써 동상(東床)을 유의치 마ᄅᆞ쇼셔."

금외 더욱 아름다이 넉여 쇼왈,

"녕엄(令嚴)긔 【43】그림 어드믈 젼ᄒᆞ미 아니라, 진졍(眞情)이 명초ᄅᆞᆯ ᄉᆞ랑ᄒᆞ고, 신몽(神夢)이 이시믈 닐ᄏᆞ라 혼인을 구ᄒᆞ리니, 그ᄃᆡᄂᆞᆫ 나의 용우(庸愚)ᄒᆞ믈 ᄂᆞᆺ게 넉이지 말고, 녀식(女息)을 삼취ᄒᆞ여 부실(副室)의 수ᄅᆞᆯ 치오고, 우리 문난(門欄)의 광치ᄅᆞᆯ 도으리라."

언파의 진궁으로 향ᄒᆞ니, 학ᄉᆡ 그림을 ᄉᆞ미의 넉고 부친을 뫼셔 윤부의 니ᄅᆞ니, 윤·하·뎡 졔공이 모닷다가 금오의 오믈 보고 니러 마ᄌᆞ니, 화금외 졔왕을 보고 쇼왈,

"형의게 쳥훌 일이 잇ᄂᆞ니 찰납(察納)ᄒᆞ시랴?"

졔왕이 의아 왈,

"쇼뎨 엇지 형의 쇼【44】쳥을 아니 드ᄅᆞ리잇고?"

금외 쇼왈,

"불초 녀식(女息)이 여러히러니 우ᄒᆞ로 세흘 셩혼ᄒᆞ고, 뎨ᄉᆞ녜 비록 임ᄉᆞ(姙姒)의 덕이 업ᄉᆞ나, 거의 부모ᄅᆞᆯ 욕지 아닐 거시오, 하위(下位)의 감심ᄒᆞ여 원비(元妃)ᄅᆞᆯ 공경훌 온슌지품(溫順之稟)이 이시니, 대왕이 쇼뎨의 ᄂᆞ즌 가문과 용녈ᄒᆞ믈 바리지 아닐진ᄃᆡ, 녀식으로써 명초의 삼부인을 용납ᄒᆞ여, 한가의 셩녜 후 셩친ᄒᆞ시미 엇더ᄒᆞ시뇨?"

왕이 ᄀᆞ장 의괴ᄒᆞ여 금외 운긔ᄅᆞᆯ 처엄 보미 아니오, ᄉᆞ혼 젼 직실을 구ᄒᆞ미 가ᄒᆞ나, 직실 길일【45】이 님시 후 근졀이 삼취ᄅᆞᆯ 쳥ᄒᆞ미 고이ᄒᆞ미, 불열(不悅) 뇌거(牢拒) 왈, 형이 미돈의 무용ᄒᆞ믈 ᄉᆞ랑ᄒᆞ나, 힝ᄉᆞ(行事)즉 무일가취(無一可取)오, 졔 조강(糟糠)이 어지디 훈 안해ᄅᆞᆯ 거ᄂᆞ리지 못ᄒᆞ고, 부졍광픽(不正狂悖)ᄒᆞ거늘, ᄉᆞ혼의 셩은을 닙ᄉᆞ와 길일이 불원ᄒᆞ니, 쇼뎨 위인부(爲人父)ᄒᆞ야 ᄌᆞ식의 불인(不仁)ᄒᆞ믈 긔이고 형의 옥슈지란(玉樹芝蘭)을 맛지 못ᄒᆞ리니, 형은 명문벌열(名門閥閱)의 구ᄒᆞ여 동상을 삼고 돈ᄋᆞ를 유의치 말나. 쇼뎨 형의 퇴셔(擇婿)ᄅᆞᆯ 위ᄒᆞ여 아름다온 신낭을 쳔거(薦擧)ᄒᆞ여 녕녀의 평【46】싱이 영화롭게 ᄒᆞ리라. 드듸여 ᄌᆞ긔 본 바 낭ᄌᆡ(郎材)의 부명(父名)과 셩시ᄅᆞᆯ 닐너 말ᄉᆞᆷᄒᆞ니, 화금외 쇼왈,

"타쳐ᄂᆞᆫ 문장 빅힝이 공밍(孔孟)곳고 풍치용뫼 반악(潘岳)이라도 쇼뎨ᄂᆞᆫ 명

---

1402)임ᄉᆞ(姙姒) : 중국 주(周)나라 현모양처(賢母良妻)인 문왕의 어머니 태임(太姙)과 무왕(武王)의 어머니 태사(太姒)를 함께 이르는 말.
1403)뇌거(牢拒) : 딱 잘라 거절함.
1404)옥슈지란(玉樹芝蘭) : 옥수(玉樹)와 지란(芝蘭)을 함께 이른 말로, 모두 재주나 인품이 빼어난 인물을 비유하여 쓰는 말이다.
1405)낭ᄌᆡ(郎材) : 신랑감.
1406)공밍(孔孟) : 공자(孔子)와 맹자(孟子).
1407)반악(潘岳) : 247~300. 중국 서진(西晉) 때의 문인. 자는 안인(安仁). 미남이었고 망처(亡妻)를 애도한

초의 더으리 업슬 쑨 아니라, 장뷔 몽스(夢事)룰 쥰신(準信)홀 거시 아니로딕, 긔몽(奇夢)이 이셔 텬연(天緣)이 명명(明明)ᄒ니 대왕이 불허ᄒ시면 쇼뎨 ᄯᆞᆯ을 공규(空閨)의 늙혀도 타문을 닐큿지 못ᄒ리니, 쇼뎨룰 더러이 넉여 녀식을 삼실(三室)도 용납지 아니려 ᄒ시니, 비쳡(卑妾)의 수룰 치와 존문(尊門)이 죵신(終身)만 허ᄒ시믈 ᄇᆞ라【47】노라."

진왕이 쇼왈,

"텬여불슈(天與不受)면 반슈기앙(反受其殃)1408)이라. 화형이 운긔룰 ᄉᆞ랑ᄒ여 구혼홈도 텬의오 인연이니 형은 쾌허ᄒ여 슉녀룰 취ᄒ미 올흔지라. 운긔의 긔상과 풍치 형의 오비십희(五妃十姬)룰 ᄯᅡ라 효측ᄒ리니, 텬품의 호일(豪逸)ᄒ믈 엄부의 위풍이라도 금치 못ᄒᄂ니, 형은 모로미 화형의 소쳥(所請)ᄒ믈 드르라."

하쵸공이 역소 왈,

"셕에 금평후 연슉이 창빅의 번ᄉᆞ룰 말니려 ᄒ다가, 텬연의 듕홈과 창빅의 궁구(窮求)1409)ᄒᄆ로 십오쳐쳡을 갓초고, 【48】만승지위(萬乘之位)로도 그 고집을 두로혀지 못ᄒ여 옥쥬 박딕룰 용셔ᄒ시고, 뎡연슉의 졍엄(正嚴)으로도 경비 불고이취(不告而娶)1410)룰 모ᄅᆞ샤, 운긔룰 일은 셔찰이 니란 고로 남ᄉᆞ(濫事)룰 알아 계시거니, 창빅이 싱각기룰 잘 못흔지라. 내 ᄆᆞ음을 졉어 ᄌᆞ식의 호신(豪身)도 츄이ᄒ여 ᄒ미 가ᄒ니, 믈이 흐르기룰 ᄂᆞ리 흐르믈 념(念)ᄒ여 용셔ᄒ라. 연슉이 형의 번ᄉᆞ룰 이ᄀᆞ치 막아 계신즉, 형의 ᄠᅳᆺ이 엇더ᄒ리오."

왕이 하공의 말에 다ᄃᆞ라ᄂᆞᆫ 미쇼 왈,

"인졍은 ᄌᆞ식이 나의셔 낫고져 ᄒ미 【49】상ᄉᆡ라. 나의 셕년(昔年) 힝ᄉᆞ룰 혜아리면 한심ᄒ미 극의니, 혹ᄌᆞ ᄌᆞ식이 나룰 달무미 이실가 두리노라."

호람휘 쇼왈,

"원간 뎡문 ᄋᆞ쇼 등이 승어뷔(勝於父)라. 창빅은 녕존보다가[ᄂᆞᆫ] 쳔만번 낫고, 현긔ᄂᆞᆫ 창빅의 승ᄒ니, 삼ᄃᆡ상(三代上) 뎨일 인물이라 ᄒ리로다."

화금외 허락을 듯지 못ᄒ여 금평후긔 고왈,

"왕이 명초의 번ᄉᆞ룰 불열(不悅)ᄒ고 쇼뎨와 닌친(姻親)을 불허ᄒ니, 명초룰 극이ᄒᄆ로 허락을 요구힙ᄂᆞ니, 쥬진(朱陳)의 호연(好緣)을 밋게 ᄒ쇼셔."

호람휘 허혼(許婚)ᄒ믈 권【50】ᄒ고, 좌위 역권ᄒ니, 금평휘 쾌허흔딕, 왕이 부친의 뇌약ᄒ시믈 보미 미쇼 왈,

"가친이 허혼ᄒ시니 쇼뎨 말을 못ᄒ거니와, 형의 쳥혼ᄒ미 쾌ᄒ믈 아지 못ᄒᄂ니,

---

〈도망시(悼亡詩)〉가 유명하다.

1408)텬여불슈(天與不受)면 반슈기앙(反受其殃) : 하늘이 주는 것을 받지 않으면 도리어 앙화(殃禍)를 받는다.

1409)궁구(窮求) : 포기하지 않고 끝까지 집요하게 구함.

1410)불고이취(不告而娶) : 부모의 허락을 얻지 않고 장가를 듦.

쳔금교ᄋ(千金嬌兒)를 탕ᄌ(蕩子)의게 비(配)ᄒ여 신셰를 모ᄅ리니, 흉치(胸次)1411) 어 득홀 ᄲᆞᆫ 아니라 후회막급(後悔莫及)ᄒ리이다."

금외 흔연 칭샤ᄒ고 도라와 부인다려 뎡혼ᄒᄆᆞᆯ 닐ᄋ고 힝희만심(幸喜滿心)이러라.

어시 조시 침실의 니ᄅ니, 조시 단좌ᄒ여 침션(針線)을 일우ᄂᆞᆫ 거동이 볼ᄉᆞ록 긔이 ᄒᆞᆫ지라. 어시 흠탄(欽歎)ᄒᆞᆫ 새【51】로오나, ᄂᆞ인의 익회(厄禍) 듕ᄒᆞᆫ 고로 부부 호 합(好合)이 묘연(杳然)ᄒ더라.

이러구러 길일이 다ᄃ라니 졔왕이 연셕을 ᄀᆡ장(開場)ᄒ고, 빈긱을 쳥혼 후 신낭을 보ᄂ며 신부를 마ᄌᆯᄉᆡ, ᄂᆡ외 빈긱이 운집ᄒ여 ᄉᆞ혼ᄒ신 혼ᄉᆞ를 구경코져 ᄒ니, ᄎᆞ시 윤ᆞ양ᆞ니ᆞ경 ᄉᆞ비 문양공쥬로 더브러 금장쇼고(襟丈小姑)1412)로 엇졔를 갈와 존당 과 진부인을 뫼시며, 빈긱을 마ᄌ 한화(閑話)ᄒᆞᆯᄉᆡ, 금평휘 오ᄌ 삼셔와 졔손을 거ᄂ려 드러오ᄆᆞᆯ 통ᄒ니, 졔긱이 장ᄂᆡ로 듣고 지친(至親) 부인ᄂᆡ 마ᄌ 볼ᄉᆡ, 금평【52】휘 함 쇼 왈,

"일오(日午) 1413)ᄒ여시니 신낭을 보ᄂ라."

조쇼졔 길복을 ᄃᆡ령ᄒ여시나 넘나미 이실가 조심ᄒᄂᆞᆫ 고로, 의녈비긔 ᄂᆞ즉이 고왈,

"길복을 뉘 지으ᄆᆞᆯ 닐ᄏᆞᆺ지 마ᄅ시고 《닙히기를‖닙히쇼셔》"

쳥ᄒᆞ딕, 비(妃) 탄복 응낙ᄒ고 기다리더니, 윤비 조시 유모를 도라보아 굴오딕,

"너의 쇼졔 슈졸(羞拙)ᄒᄂᆞᆫ 고로 길의(吉衣)를 일워시딕 말을 못ᄒ니, 모로미 가져 오라."

유뫼 슈명ᄒ여 옥함(玉函)을 밧드러 쳥듕(廳中)의 노ᄒ니, 진부인이 몬져 보미 홀노 침션(針線)의 졍묘(精妙)ᄒᆞᆯ ᄲᆞᆫ 아니라, 무빵ᄒᆞᆫ 직죄【53】긔이졀승(奇異絕勝)ᄒ니, 칭 션 왈,

"젼일 텬흥이 양시를 취ᄒᆞᆯ 적, 윤현뷔 길복을 친집(親執)ᄒ여 졔작(製作)이 여ᄎᆞᄒ 더니, 금일 조시 직조를 보건딕, 그 고모의 아릭의 잇지 아니ᄒ니, 엇지 긔특지 아니 리오."

졔왕이 쇼이 딕왈,

"쇼ᄌᆞ의 며ᄂ리ᄂᆞᆫ 인듕셩녜(人中聖女)오, 녀듕군지(女中君子)니, 엇지 용속암녈(庸俗 暗劣)ᄒᆞᆫ 싀어미긔 비홀 빅리잇고? ᄒᆞᆯ며 녀지되여 가부의 길의를 다ᄉᆞ리기ᄂᆞᆫ 예시니, 조현뷔 운긔의 안해라 신의(新衣)를 ᄃᆡ후(待候)ᄒᆞ오미 긔특ᄒᆞ미리잇가? 셰속 ᄋᆞ녀지 질투를【54】일삼아 징힐(爭詰)ᄒ거ᄂᆞᆯ, 조현부ᄂᆞᆫ 운긔의 안해 아니라 져의 놉흔 ᄉᆞ 싱이니이다."

태부인 진부인이 졔왕의 말노 조ᄎᆞ 쇼왈,

---

1411)흉치(胸次) : 흉금(胸襟). 마음속 깊이 품은 생각.

1412)금장쇼고(襟丈小姑) : 동서와 시누이. *금장(襟丈); 여성이 남편 형제의 아내를 지칭하여 이르는 말. 소 고(小姑); 시누이. 남편의 누나나 여동생.

1413)일오(日午) : 한낮. 하루 십이시 가운데 오시(午時). 곧, 낮 열두 시를 전후한 때를 이른다.

"조시 비록 쳔고의 희한흔 위인이나, 그 고모긔 나온 사름을 금셰의 업술가 ᄒᆞ느니, 너의 며ᄂᆞ리 칭찬이 너모 과흔가 ᄒᆞ노라. 연이나 운긔 무슴 복녁으로 져 셩녀슉완을 비흔고."

진국공이 조시ᄅᆞᆯ 향ᄒᆞ여 쇼왈,

"질뷔 운긔의 길복을 친집ᄒᆞ여 슉녀의 덕을 빗ᄂᆞ니, 모로미 옷슬 닙혀 보ᄂᆞ라."

조시 지빙 슈명ᄒᆞ고 길의ᄅᆞᆯ 닙히ᄆᆡ, 거지 안【55】한ᄒᆞ여 온슌ᄌᆞ약ᄒᆞ니, 여시 흠션 경복ᄒᆞ더라. 임의 닙기ᄅᆞᆯ 다ᄒᆞᄆᆡ, 존당 부모긔 하직고 허다 위의ᄅᆞᆯ 거ᄂᆞ려 한부의 니ᄅᆞ니, 이ᄂᆞᆯ 한공이 친쳑을 모화 즐기ᄆᆞᆯ 다ᄒᆞᄃᆡ, 망실(亡室) 오부인을 싱각고 참연ᄒᆞᄆᆞᆯ 니긔지 못ᄒᆞᆯ ᄲᅮᆫ 아니라, 난쥬쇼져의 지통으로 읍읍비상(泣泣悲傷)ᄒᆞᄆᆞᆯ 마지 아니ᄒᆞ더라.

날이 느즈ᄆᆡ 신낭의 위의 니ᄅᆞ러 옥상(玉床)의 홍안(鴻雁)을 젼ᄒᆞ고, 텬디긔 녜ᄅᆞᆯ 맛ᄎᆞᄆᆡ, 신낭의 텬일지표(天日之表)와 뇽봉지지(龍鳳之資) 더욱 찬난ᄒᆞ여 만고무젹(萬古無敵)ᄒᆞ니, 한공이【56】새로이 흠이경복(欽愛敬服)ᄒᆞ여 손을 잡고 녀ᄋᆞ의 평싱을 부탁ᄒᆞᄆᆡ, 엄부(嚴父)와 ᄌᆞ모(慈母)ᄅᆞᆯ 아오라 말숨이 근졀ᄒᆞ고 졍식 비창ᄒᆞ니, 어시 듯기ᄅᆞᆯ 다ᄒᆞᄆᆡ ᄉᆞ샤(謝辭)ᄒᆞ여 명심교의(銘心敎義)ᄅᆞᆯ 닐ᄏᆞ라니, 츄밀이 더욱 경복칭이(敬服稱愛)ᄒᆞᄆᆞᆯ 형상(形象)치 못ᄒᆞ고, 졔긱이 쾌셔(快婿)라 칭ᄒᆞ니, 한공이 좌슈우응(左酬右應)의 ᄉᆞ양치 아니더라.

신부의 상교(上轎)ᄅᆞᆯ 지쵹ᄒᆞ여 쇼뎨 뎡에 들ᄆᆡ, 어시 봉교(封轎)ᄒᆞᄆᆞᆯ 맛고 상마(上馬)ᄒᆞ여 부즁의 도라올ᄉᆡ, 싱쇼고악(笙簫鼓樂)이 훤텬(喧天)ᄒᆞ더라. 부즁의 도라와 즁쳥(中廳)의셔 독좌(獨坐)홀ᄉᆡ, 신【57】부의 옥ᄐᆡ월광(玉態月光)이 사름을 놀늬ᄂᆞᆫ지라. 일ᄃᆡ냥필(一對良匹)[1414]이오, 텬뎡긔연(天定奇緣)이러라.

녜파(禮罷)의 어ᄉᆞᄂᆞᆫ 밧그로 나아가고 신뷔 단장을 곳쳐 조늌(棗栗)을 밧드러 존당 구고긔 현(見)ᄒᆞ니, 슌태부인이 운환(雲鬟)을 무마(撫摩)ᄒᆞ여 옥슈(玉手)ᄅᆞᆯ 잡아 각별 년이(憐愛) 왈,

"신부ᄂᆞᆫ 한츄밀의 만금농쥬(萬金弄珠)로ᄃᆡ, 불힝ᄒᆞ여 오부인이 요몰(夭沒)ᄒᆞ샤, 신뷔 '육아(蓼莪)의 통(痛)'[1415]이 남다른지라. 슬해(膝下) 되지 아닌 젼도 졍ᄉᆞ(情私)ᄅᆞᆯ 이련ᄒᆞ던 바의, ᄉᆞ혼ᄒᆞ시ᄂᆞᆫ 은영(恩榮)을 인ᄒᆞ여 운긔의 비위(配位) 되어시니, 엇지 아름답고 깃브【58】지 아니리오."

금평후 부뷔 말숨을 니어 신부ᄅᆞᆯ 년이(憐愛) 위로(慰勞)ᄒᆞ고, 졔왕이 존당 부모의 젹덕으로, 이ᄀᆞᆺ튼 현부 어드믈 깃거 굴오ᄃᆡ,

"신뷔 금일노브터 우리 부부ᄅᆞᆯ 싱부모 ᄀᆞᆺ치 알며, 조강(糟糠) 조시(趙氏) ᄯᅩ흔 금문셩녀(禁門聖女)[1416]로 덕힝이 초츌(超出)ᄒᆞ니, 모로미 처엄 보ᄂᆞᆫ 녜ᄅᆞᆯ 폐치 말고 기리

---

1414) 일ᄃᆡ냥필(一對良匹) : 한 쌍의 어진 배필.
1415) 육아(蓼莪)의 통(痛) : 어버이가 이미 돌아가시어 봉양할 길이 없는 효자의 슬픔. 『시경(詩經)』《소아(小雅)》편〈곡풍(谷風)〉장 가운데 있는 '륙아(蓼莪)'시에서 온 말.

화우(和友)ᄒ여 운ᄋ의 ᄂᆡ도(內道)ᄅᆞᆯ 빗ᄂᆞ라."

신ᄇᆡ 듯ᄌᆞ오ᄆᆡ 더욱 심담(心膽)이 ᄯᅥᆽ쳐지나 슬프믈 참고 몸을 니러 ᄌᆡᄇᆡ 사은ᄒᆞ고, 조소져ᄅᆞᆯ 향ᄒᆞ여 ᄂᆞ즉이 ᄌᆡᄇᆡᄒᆞᄆᆡ, 조시 좌의 나 답ᄇᆡᄒᆞ니라.

종일 【59】 진환(盡歡)ᄒᆞ고 옥퇴(玉兎) 동녕(東嶺)ᄒᆞᄆᆡ 졔긱이 각산(各散)ᄒᆞ고, 신부 슉소ᄅᆞᆯ 쳐현당의 뎡ᄒᆞ여 졔궁으로 보ᄂᆡ니, 어시 존당 부모의 취침ᄒᆞ시믈 기다려 신방의 니르니, 한시 장복(章服)1417)을 탈ᄒᆞ고 단의홍군(單衣紅裙)1418)으로 니러 마즈니, 어시 거슈분좌(擧手分坐)1419)ᄒᆞ고 쵹하(燭下)의 ᄃᆡᄒᆞᄆᆡ, 찬연ᄒᆞᆫ 염광(艶光)과 빙졍(氷淨)ᄒᆞᆫ 풍용(風容)이 쇄락ᄒᆞᄃᆡ, 셩덕이 겸젼(兼全)ᄒᆞ니, 어시 심즁(心中)의 스스로 쳐궁이 유복홈과 한시 ᄉᆞ갈(蛇蝎) ᄀᆞᆺᄐᆞᆫ 계모ᄅᆞᆯ 버서나 됴히 셩녜ᄒᆞ믈 깃거, 이의 념슬(斂膝) 왈,

"싱은 년쇼부ᄌᆡ(年少不才)로 외람이 ᄉᆞ혼 ᄒᆞ【60】시ᄂᆞᆫ 은영으로 셩혼ᄒᆞ니, 비록 만ᄒᆡᆼ(萬行)ᄒᆞ나 효박불인(孝薄不仁)ᄒᆞ여 ᄌᆞ의 평싱을 져바릴가 근심ᄒᆞᄂᆞ이다."

쇼졔 슈용(羞容) 염슬(斂膝)ᄒᆞ여 부답(不答)ᄒᆞ니, ᄂᆡᆼ엄(冷嚴)ᄒᆞᄆᆡ 한상(寒霜) ᄀᆞᆺᄐᆞᆫ지라. 어시 쵹을 믈니고 넛그러 침상의 올ᄋᆞ니 운우지졍(雲雨之情)이 여산(如山) 약ᄒᆡ(若海)러라. 상시 등이 여어보아 환흡ᄒᆞ믈 알고 도라오니라.

명일 상부의 모다 신셩(晨省)ᄒᆞ니, 태부인과 금평후 부부ᄅᆞᆯ 《뫼셔시니ǀǀ뫼셔》 졔왕의 오곤계와 시랑 등 군종 형뎨 좌우의 나렬ᄒᆞ여시니, 존당이 환희ᄒᆞ며 한시ᄅᆞᆯ 더【61】옥 무ᄋᆡᄒᆞ더라. 금평휘 졔ᄌᆞᄅᆞᆯ 거ᄂᆞ려 츌외(出外)ᄒᆞ니[ᄆᆡ] 화부의셔 퇵일을 보ᄒᆞ여시니, 길긔 명년 신졍(新正)이니[오], 지격(只隔) 수월이러라.

ᄎᆞ셜. 윤부의셔 웅닌의 길일이 갓가오니, 존당과 ᄉᆞ위 모부인이 두굿기나, 진왕이 ᄒᆞᆫ갈 ᄀᆞᆺ치 ᄋᆞᄌᆞᄅᆞᆯ ᄃᆡᄒᆞᆫ죽 긔위 엄녈ᄒᆞ니, 한님이 황공ᄒᆞ나 쥬한님 등이 빈삭(頻數)1420) 왕ᄂᆡᄒᆞ여 졍의(情誼) 관포(管鮑)1421) ᄀᆞᆺᄐᆞᆯ 므로, 취쳐(娶妻) ᄉᆞ단(事端)을 닐ᄋᆞ지 말나 ᄒᆞ니, 위상위 쇼왈,

"혼인은 인눈대ᄉᆡ오, 녕존이 엄ᄒᆞ시나 임의 취ᄒᆞᆫ 거슬 엇지ᄒᆞ며, 종시 긔일 【62】 길이 이시랴?"

한님 왈,

"가엄이 비례ᄅᆞᆯ 용납지 아니시니, 쇼뎨 불고이취(不告而娶)ᄒᆞᆫ줄을 알ᄋᆞ시면 엄노(嚴怒) 진쳡(震疊)ᄒᆞ실지라. 쥬공이 상경ᄒᆞᆫ 후 졔우의 힘을 비러 ᄉᆞ혼을 도모ᄒᆞ려ᄒᆞᄂᆞ니, 형은 이런 말을 말나."

---

1416)금문셩여(禁門聖女) : 황제를 낸 가문 출신의 지덕(知德)이 뛰어난 여자.
1417)장복(章服) : 관디. 혼례 예복(禮服).
1418)단의홍군(單衣紅裙) : 홑옷과 붉은 치마 차림.
1419)거슈분좌(擧手分坐) : 손을 들어 읍(揖)하고 남동여서(男東女西)로 나누어 앉음.
1420)빈삭(頻數) : 자주. . 도수(度數)가 매우 잦음.
1421)관포(管鮑) : 관포지교(管鮑之交)를 뜻함. 관중과 포숙아의 사귐으로 아주 친한 친구 사이의 사귐을 이르는 말. 중국 춘추 시대의 관중과 포숙아의 우정이 아주 돈독하였다는 고사에서 유래한 말.

상위 웃고 응낙ᄒ더라. 어닉덧 길일이 님ᄒ니, 왕이 연석을 열어 친쳑을 쳥ᄒ고 신낭을 보닉며 신부ᄅᆞᆯ 마즐ᄉᆡ, 초일 소쇼졔 존당과 ᄉᆔ 존고ᄅᆞᆯ 뫼셔 좌의 나믹, 찬난ᄒᆞᆫ 광염이 태양 졍긔ᄅᆞᆯ 아ᅀᆞ, 션풍이질(仙風異質)이 만고무비(萬古無比)ᄒ니 좌즁이 새로【63】이 흠탄 경복ᄒ고, 위태부인과 조태비 두굿기더니, 일오(日午)의 진왕 형뎨 남후ᄅᆞᆯ 뫼셔 드러와 웅닌의 길복을 한상셔로 닙힐ᄉᆡ, 녕능공과 뎡졔왕 등이,

"한 호부(戶部)ᄅᆞᆯ 이쳐ᄀᆡᆨ(愛妻客)이라 ᄒᆞ여 웅닌의 옷ᄉᆞᆯ 닙히거니와 여러 쳐쳡이 이시니 굿ᄐᆞ여 길의ᄅᆞᆯ 닙혐즉지 아니ᄒᆞ니이다."

남휘 답쇼 왈,

"쳐쳡은 빅이라도 부뷔 만나ᄆᆞ로 이제 니ᄅᆞ히 환난(患亂)이 업시 지니여오미 웃듬인 고로, 한호부로 닙히라 ᄒᆞᄂᆞ니, 군 등인들 복복이 호부만 못ᄒ리오마ᄂᆞᆫ, 초년 의【64】경이 만하 부부 화락이 온젼치 못ᄒᆞ미 흠시라 ᄒ노라."

호뷔(戶部) 쇼왈,

"뎡·셕 이형이 유복을 ᄌᆞ허(自許)ᄒᆞ여 웅닌의 길의(吉衣)ᄅᆞᆯ 닙히랴 홀진딕, 쇼뎨 엇지 괴로온 소임을 당ᄒ리오. 남후 대인 명을 거역지 못ᄒᆞ미라. 형 등은 싀오지심(猜惡之心)을 두지 말나."

셕·뎡 이공이 웃고 옷 닙히믈 직쵹ᄒ니, 호뷔 드듸여 옷닙히기ᄅᆞᆯ 다ᄒᆞ미, 승상이 이의 경계 왈,

"네 초에 초혼을 빌미ᄒᆞ여 반년 니가(離家)ᄒᆞ엿더니, 이제 도라오니 초후ᄂᆞᆫ 기심슈덕(改心修德)ᄒᆞ여 인ᄌᆞ지도(人子之道)ᄅᆞᆯ 상치 말고, 형장(兄丈) 명교【65】ᄅᆞᆯ 쥰봉(遵奉)ᄒ라."

한님이 계부(季父)의 쥰교(峻敎)ᄅᆞᆯ 듯ᄌᆞ오미, 심닉(心內) 환열(歡悅)ᄒᆞ나 엄의ᄅᆞᆯ 모ᄅᆞ니 황공젼뉼(惶恐戰慄)이러니, 남휘 쇼왈,

"웅ᄋᆞ의 젼괘(前過) 비록 그ᄅᆞ나 임의 여러 셰월이 지낫고, 두번 그ᄅᆞᆯ 범치 아니리니, 부슉이 졍도로 교화ᄒ고 ᄌᆞ익ᄅᆞᆯ 다ᄒᆞ여 ᄌᆞ질을 편케 ᄒᆞ미 맛당ᄒᆞ거늘, 디ᄒ즉 ᄉᆞ싁이 욕살지심(欲殺之心)이니 엇지 인졍이리오. 초후ᄂᆞᆫ 화평이 ᄒ라."

왕이 슈명홀 ᄯᆞ름이오, 눈 드러 ᄋᆞᄌᆞᄅᆞᆯ 보미 업서 묵연ᄒ니, 즁좨(衆坐) 비인졍(非人情)이라 ᄒ더라. 모다 신낭을 직쵹ᄒ니【66】한님이 니러 존당 부모긔 하직ᄒ고, 위의ᄅᆞᆯ 휘동ᄒᆞ여 경부의 니ᄅᆞ니, 이날 ○[어]됴윤(御兆尹) 경공이 대연을 빅셜ᄒ고 친쳑을 모화 신낭을 마즈며 신부ᄅᆞᆯ 보닐ᄉᆡ, 신낭이 옥상의 홍안을 젼ᄒ고 텬디긔 비례ᄅᆞᆯ 맛츠미, 경태우 등이 인도 ᄒᆞ여 외당(外堂)의 나오미, 즁빈이 칭하ᄒᆞᆫ딕, 경공이 흔연이 한님의 손을 잡고 왈,

"ᄋᆞ녀의 용우(庸愚)ᄒᆞ미 극ᄒᆞ나, 달보ᄂᆞᆫ 대군지라. '가옹(家翁)1422)의 눈 어둡고 귀먹으믈 본밧아'1423) 빅년지락이 무흠(無欠)ᄒᆞᆯ믈 ᄇᆞ라노라."

───────────

1422)가옹(家翁) : ①'옛 시대의 남편'을 뜻하는 보통명사. ②예전에, 나이 든 자기 남편을 이르던 말.

한님이 실노 화【67】도스의 말을 밋어 경시 박용(薄容)이 아닌가 ᄒᄂᆞ,

"경공이 다란 ᄯᅩᆯ이 업고 그 흉상(凶相)이 공의 ᄯᅩᆯ이 아니면 엇지 부인다려 모친이라 ᄒᆞ리오"

의례(疑慮) 무궁ᄒᆞᄂᆞ, 부왕이 ᄌᆞ긔를 통한 ᄒᆞ시미 여러 일월의 흔갈ᄀᆞᆺᄐᆞ시믈 혜아리미, 만스의 경황이 업스니 악장의 말ᄉᆞᆷ을 드를만 ᄒᆞ더라. 요긱(繞客)1424)이 날이 느즈믈 닐ᄏᆞ라 신부 상교(上轎)를 지촉ᄒᆞ니, 경공이 입ᄂᆡ(入內)ᄒᆞ여 녀ᄋᆞ를 보닐ᄉᆡ, 경계 왈,

"윤부ᄂᆞ 녜의지문(禮義之門)이라. 유츙(幼沖)혼 ᄋᆞ희 쳐신이 ᄀᆞ장 어려오리니, 오ᄋᆞᄂᆞ 삼가고 조심【68】ᄒᆞ여, 효봉구고(孝奉舅姑)와 승순가부(承順家夫)ᄒᆞ여 기리 어진 일홈을 나타ᄂᆡ고, 젹인(敵人)1425)을 보나 거리ᄭᅵ지 말나."

쇼졔 슈식(羞色)이 만면ᄒᆞ여 지ᄇᆡ ᄒᆞ직고, 상교ᄒᆞ믹 신낭이 금쇄(金鎖)를 가져 봉교(封轎)ᄒᆞ고 취운산으로 도라올ᄉᆡ, 고악(鼓樂)이 훤텬(喧天)ᄒᆞ고 위의 부셩(富盛)ᄒᆞ여 진궁의 도라와 합환교ᄇᆡ(合歡交拜)를 맛고, 진쥬션(眞珠扇)을 아ᄉᆞ믹 신부의 옥ᄐᆡ월광(玉態月光)이 찬난슈려(燦爛秀麗)ᄒᆞ여, 쇼월(素月)이 텬공의 호연(晧然)ᄒᆞ며, 홍연(紅蓮)이 취우(驟雨)1426)의 목욕혼 ᄃᆞᆺ, 묽고 쇼아(素娥)ᄒᆞ며 쇄락녕농(灑落玲瓏)ᄒᆞ니, 만좌 눈이 어리더라.

신ᄇᆡ 단장을 곳쳐 조늁(棗栗)을 밧【69】드러 구고긔 현(見)홀ᄉᆡ, 뉵쳑신장(六尺身長)의 일쳑셰요(一尺細腰)ᄂᆞ 촉나(蜀羅)1427)를 뭇근 ᄃᆞᆺ, 봉익(鳳翼)1428)이 아아ᄒᆞ여 등션우화(登仙羽化)1429)홀 ᄃᆞᆺ, 빅ᄐᆡ쳔광(百態千光)이 온순졍열(溫順貞烈)ᄒᆞ니, 존당구괴 환열 이듕ᄒᆞᄆᆞᆯ 금치 못ᄒᆞ더라.

위태부인이 신부의 옥슈(玉手)를 년(連)ᄒᆞ여 무마(撫摩) 왈,

"신부ᄂᆞ 현문법가(賢門法家)의 요됴슉녜(窈窕淑女)라. 웅ᄋᆞ의 빅위 이ᄀᆞᆺ치 현미(賢美)ᄒᆞ니 가되 창셩(昌盛)ᄒᆞ리로다."

진왕이 좌를 쩌나 함쇼(含笑) 딕왈,

"웅닌은 일기 경박 탕ᄌᆡ러니, 쳐궁은 유복ᄒᆞ와 이ᄀᆞᆺ튼 슉완(淑婉)을 취ᄒᆞ오니, 쇼ᄌᆞ의 박덕과 웅닌의 불쵸【70】로 현부를 ᄇᆞ라리 잇고마ᄂᆞ, 조션여음(祖先餘蔭)이 웅ᄋᆞ의게 밋ᄎᆞ미니이다."

---

1423)가옹(家翁)의 눈 어둡고 귀 먹으믈 본밧아 : 옛 시대의 남편들이 아내의 행실이나 말을 보고도 못 본 듯이 하고, 듣고도 못들은 듯이 했던 것을 본받으라는 말로, 아내의 행동과 말에 시시콜콜 참견하지 말라는 뜻.

1424)요긱(繞客) : 위요(圍繞). 혼인 때에 가족 중에서 신랑이나 신부를 데리고 가는 사람.

1425)젹인(敵人) : 남편의 다른 아내.

1426)취우(驟雨) : 소나기.

1427)촉나(蜀羅) : 촉나라에서 생산한 질 좋은 비단.

1428)봉익(鳳翼) : 봉의 날개처럼 날렵한 어깨.

1429)등션우화(登仙羽化) : 우화등선(羽化登仙). 날개가 돋아 선계로 날아오름.

즁좨(衆座) 일시의 신부의 특이ᄒᆞᆷ을 칭션ᄒᆞ여 복경을 하례ᄒᆞ니, 태부인이 ᄉᆞ양치 아니코 환희ᄒᆞ니, 하승상 부인이 쇼왈,

"웅닌은 젼습기부(全襲其父)[1430]ᄒᆞ여시니, 뎡·진·남·화 ᄉᆞ뎨(四弟) 일싱을 광부(狂夫)의게 미여시ᄃᆡ, 오히려 쳔승국뫼(千乘國母) 되여 존귀ᄒᆞᆷ을 누리고 만복이 구젼(俱全)ᄒᆞ니, 경시의 팔ᄌᆡ 그 고모 등만 못ᄒᆞ며, 웅닌의 조달(早達)ᄒᆞ미 그 아비 ᄀᆞᆺ지 못ᄒᆞ면, 경시 일싱을 엇지 근심ᄒᆞ리오."

"진비 믄득 탄왈, 냥져ᄂᆞᆫ 뎡【71】형과 쇼뎨를 복인이라 마르쇼셔."

평졔왕 부인이 탄왈,

"현뎨 등의 초년 봉익(逢厄)은 쎼져리고 담이 ᄎᆞ니 엇지 그러치 아니리오."

졔왕비 쇼왈,

"아모리 부귀영홰 일신의 극ᄒᆞ나 사ᄅᆞᆷ이 ᄆᆞᄋᆞᆷ이 듀야의 불평ᄒᆞᆫ 후ᄂᆞᆫ 즐거오미 업ᄉᆞᆯ지니, 져러틋 싀험ᄒᆞᆫ 가부로 여러 일월을 동쥬(同住)ᄒᆞ나, 뎡·진·남·화 등이 얼골이 상(傷)치 아니ᄂᆞ이다."

ᄒᆞ여, 말ᄉᆞᆷ이 긋지 아냐 날이 져물믈 ᄭᆡᄃᆞᆺ지 못ᄒᆞ다가, ᄂᆡ외 빈킥이 황혼을 인ᄒᆞ여 각귀기가(各歸其家)ᄒᆞ고, 신부 슉소를 모란뎡의【72】뎡ᄒᆞ여 보ᄂᆡ고, 왕이 승상으로 더브러 냥태비와 남후 부부를 뫼셔 말ᄉᆞᆷᄒᆞ다가, 태부인이 취침ᄒᆞ시미 믈너 셔헌의 나와 남휘 누으시믈 보고, 각각 금침을 ᄎᆞ즐ᄉᆡ, 한님이 신방을 ᄎᆞᆽ지 못ᄒᆞ고 부슉(父叔)의 명을 기다리더니, 왕은 신방의 가기를 닐ᄋᆞ지 아니고 승상이 명ᄒᆞ니, 한님이 브득이 신방으로 갈ᄉᆡ, 괴로온 근심이 만단이나 ᄒᆞ여, 게얼니 모란뎡의 니ᄅᆞ니, 신뷔 홍군취삼(紅裙翠衫)으로 긔이영지(起而迎之)ᄒᆞ니, 신장톄위 한아안듕(閒雅安重)ᄒᆞ거늘, 밧비 거안시지(擧眼視之)ᄒᆞ니 ᄉᆡᆨ뫼(色貌)【73】졀셰(絶世)ᄒᆞ여 아리ᄯᆞ온 ᄌᆞ품(資稟)과 황홀ᄒᆞᆫ 광치 불가형언이라.

한님이 일안(一眼)의 영형대희ᄒᆞ여 스스로 쳐궁의 유복ᄒᆞᆷ을 ᄭᆡᄃᆞᆺ고, 흑살텬신(黑殺天神) ᄀᆞᆺ튼 흉괴(凶怪)를 보고 경악ᄒᆞ여 반년 집을 쩌낫던 일이 ᄌᆞ긔 히시(駭事)나 졀졀이 이들오니, 도로혀 우음을 먹음고 거슈청좌(擧手請坐)[1431]왈,

"싱은 박ᄒᆡᆼ불인(薄行不仁)으로 악장의 ᄉᆞ랑ᄒᆞ시믈 닙어 슉녀의 비위 되니 ᄒᆡᆼ희(幸喜)ᄒᆞ나, 싱이 덕이 업ᄉᆞ니 셩녀를 져바릴가 ᄒᆞᄂᆞ이다."

경시 졍금위좌(整襟危坐)ᄒᆞ여 묵연 부답(不答)ᄒᆞ니, 닝엄ᄒᆞᆫ 긔상이 동【74】월(冬月)이 상빙(霜氷)의 빗쵠 ᄃᆞᆺᄒᆞ여 다시 말부치기 어려오니, 부용(芙蓉)이 남풍의 웃ᄂᆞᆫ ᄃᆞᆺ 놉고 녈슉(烈肅)ᄒᆞᆷ과 됴코 몱으믄 쥬시긔 여러 층 나으니, 한님이 혜오ᄃᆡ,

"ᄎᆞ인은 졍졍결결(淨淨潔潔)ᄒᆞ며 ᄉᆞ덕(四德)이 완슌(婉順)ᄒᆞ니 엇지 깃브지 아니리오. 년이나 쥬시 일퇴의 모힐 길이 업ᄉᆞ니 이거시 흠ᄉᆞ라. 쥬공이 상경 후 쥬시를 신

---

1430) 젼습기부(全襲其父) : 그 아버지를 온전히 닮음.
1431) 거슈청좌(擧手請坐) : 손을 들어 예를 표하고 자리에 앉기를 청함.

취로 마줄 밧다란 계괴 업도다.”

의시 이의 밋처는, 야심(夜深)호믈 닐ㅋ라 옷슬 그르고 경쇼져를 닛그러 상상(床上)의 나아가니, 운우지졍(雲雨之情)이 여산약희(如山若海)러라.

상시 빅시 등 십인이 【75】신방을 규시(窺視)호고 위태부인긔 고호니, 부인이 두굿기미 측냥업서, 왕의 곤계를 보고 쇼왈,

“웅닌의 안견(眼見)이 고산(高山) ㄱㅌ디, 경시의 빙ᄌ아질(氷姿雅質)을 보미는 은졍이 흡연터라 호니, 엇지 깃브지 아니리오.”

왕이 잠쇼 디왈,

“경시 식모긔질(色貌氣質)이 초츌(超出)홀 ᄲᅵᆫ 아니라, 단아녈일(端雅烈日)호미 군ᄌ의 풍이 이시니, 후일 광픽(狂悖)한 가부를 간딕로 두리지 아니리니, 오릭지 아냐 징힐젼장(爭詰戰爭)이 니러나리이다.”

호더라. 【76】

# 윤하뎡삼문취록 권지십삼

ᄎ시 왕이 잠쇼(潛笑) 대왈,

"경시 군즈의 풍이 이시니 후일 광픠흔 가부를 간뒤로 두리지 아니리니, 오릭지 아냐 징힐젼장(爭詰戰爭)이 니러ᄂ리이다."

승상 왈,

"경시 덕문법가(德門法家)의 싱장흔 바로 ᄉ리(事理)를 알니니, 엇지 언젼징힐(言戰爭詰)홀 위인이리잇가?"

왕이 쇼왈,

"경시 부도(婦道)1432)를 모르미 아니라, 광부의 호방(豪放)을 가랍(可納)지 아닌 후는 즈연 젼장(戰爭)이 니러나리라."

졍언간에 됴반을 올니미, 직ᄉ 등이 드러오니, 왕의 곤계 말을 아니ᄒ고 웅넌의 힝ᄉ를 【1】통히ᄒ나, 심ᄂ의(心內)의 ᄉ랑ᄒ믄 졔ᄌ 즁 최심(最甚)ᄒ니, 이ᄂ 즈긔를 모습(模襲)ᄒ믈 편이(偏愛)ᄒ미라.

경쇼졔 인ᄒ여 머므러 효봉구고(孝奉舅姑)ᄒ고 승슌군즈(承順君子)ᄒ여 ᄉ덕(四德)1433)이 겸젼(兼全)ᄒ니 구고(舅姑)의 ᄉ랑이 소쇼져와 일양(一樣)이오, 한님의 은졍(恩情)이 여산(如山)ᄒ나 셰ᄎ고 엄열(嚴烈)ᄒ미 슈화(水火)의 다ᄃ라도 화슌키를 작위치 못ᄒ여, 경시를 위듕(爲重)ᄒ나, 범ᄉ의 즈긔 ᄯᅳᆺ을 세워 괴로오믈 숨히지 아냐, 딕긱(待客) 쥬찬(酒饌)을 지쵹ᄒ미 셩화 ᄀᆺ트니, 경시 유모 시이 블이 ᄶᅡ히 붓지 아니터라.

이러구러 희 밧 【2】고여 명년 신졍이 되고, 뎡운긔 삼취(三娶) 길일(吉日)이 님ᄒ니, 졔왕이 비록 깃브지 아니나, 마지 못ᄒ여 즁당(中堂)의 돗글1434) 여러 친쳑을 마즐식, 조·한 이쇼졔 잠간 단장을 일워 좌의 나미, 조시의 찬난흔 광염(光艶)과 한시의 빙졍(氷晶)1435)흔 ᄐᆡ되, 만좌 홍상(紅裳) 미부인(美夫人)이 조시의게 탈ᄉᆡᆨ(奪色)ᄒ니, 존당 구고와 만당 빈긱이 어린 듯 ᄇᆞ라보아 칭찬ᄒ더라.

---

1432)부도(婦道) : 여자가 마땅히 지켜야 할 도리.
1433)ᄉ덕(四德) : 여자로서 갖추어야 할 네 가지 덕. 마음씨[婦德], 말씨[婦言], 맵시[婦容], 솜씨[婦功]를 이른다.
1434)돗긔 : 돗자리. 자리. 연회.
1435)빙졍(氷晶) : 얼음처럼 밝음.

조시 시ᄋ(侍兒)로 옥함(玉函)의 길복(吉服)을 밧드러 청즁의 노흐니, 즁빈이 칭션ᄒ더라. 어시 위의ᄅᆞᆯ 셜쳐 존당 부모긔 하직ᄒ고 화부의 나아【3】가, 젼안지녜(奠雁之禮)ᄅᆞᆯ 맛고, 화학ᄉ 인도ᄒ여 외당의 나오믹, 화금외 어ᄉ의 손을 잡아 왈,

"명초ᄂᆞᆫ 화홍(和弘)ᄒᆞᆫ 장뷔라. 녀ᄌ의 쇼쇼(小小) 허물을 거리끼지 말고, 나의 구구(區區)ᄒᆞᆷ믈 도라보아 기리 화락ᄒᆞᆷ믈 ᄇᆞ라노라."

어시 흠신(欠身) ᄉ샤(謝辭)ᄒ고, 날이 느ᄌᆞ믹 요긱(繞客)이 신부의 상교ᄅᆞᆯ 직쵹ᄒ믹, 화공이 닉당의 드러가 친이 여ᄋᆞᄅᆞᆯ 붓드러 덩의 올니고, 덩어시 금쇄(金鎖)ᄅᆞᆯ 가져 봉교(封轎)ᄒ믹, 상마(上馬)ᄒ여 부즁의 도라와 교ᄇᆡ(交拜)ᄅᆞᆯ 파ᄒ믹, 신부의 빙ᄌ광염(氷姿光艶)이 쇄락(灑落) 찬연(燦然)ᄒ니, 어시 화도즁(畵圖中) 얼【4】골을 보아 황홀ᄒᆞᆷ믈 결을치 못ᄒ엿거늘, 진짓 사름을 만나 아름다오믹 진·몽(眞·夢)을 분간치 못ᄒ니 엇지 환ᄒᆡᆼ(歡幸)치 아니리오마ᄂᆞᆫ, 외면은 늠연(凜然) 졍슉(整肅)ᄒ여 깃븐 빗출 낫토지 아니터라.

신뷔 금년(金蓮)1436)을 옴겨 존당 구고긔 폐ᄇᆡᆨ(幣帛)을 밧드러 ○○[팔ᄇᆡ]대례(八拜大禮)ᄅᆞᆯ ᄒᆡᆼᄒᆞᆯ시, 광휘 찬난ᄒ여 태양과 명월이 쳥공(淸空)의 쇄락ᄒ니, 존당 구괴 대열ᄒ여 조·한 냥쇼져로 서로 보게 ᄒ니, 신뷔 조시ᄅᆞᆯ 향ᄒ여 지ᄇᆡᄒ고, 한시긔 ᄇᆡ례ᄒ니, 조·한 냥인이 공경 답녜ᄒ더라.

낙극진환(樂極盡歡)의【5】졔긱(諸客)이 각산(各散)ᄒ고, 신부 숙소ᄅᆞᆯ 봉현당의 뎡ᄒ여 보닉고, 존당이 취침ᄒᆞ신 후 어시 신방의 니ᄅᆞ니, 신뷔 홍군취삼(紅裙翠衫)으로 니러 마ᄌᆞ니, 어시 동셔분좌ᄒ여 눈을 드러 숣히니, 쇼졔 봉관(鳳冠) 아릭 쳔틱만염(千態萬艶)이 ᄀᆞ작ᄒ니, 조시 아릭 흔사름이라.

어시 아름다오믈 니긔지 못ᄒ여 말ᄉᆞᆷ을 펴 왈,

"싱이 ᄋᆞ시로 녕형(令兄)과 졍의 ᄌᆞ별ᄒᆞ믹 피ᄎᆞ(彼此) 골육ᄀᆞᆺ더니, 오늘 동상의 모쳠ᄒᆞᆷ믄 실시여외(實是慮外)라. 악장이 날 ᄀᆞᆺᄐᆞᆫ 박ᄒᆡᆼ(薄行)1437)을 갈구(渴求)ᄒ여 ᄉᆞ랑ᄒ시ᄂᆞᆫ 후의ᄅᆞᆯ 감격ᄒ니, 혹ᄌᆞ 평【6】싱이 쾌치 못ᄒᆞᆯ가 근심ᄒ노라."

화쇼졔 묵연부답(黙然不答)ᄒ니, 어시 드듸여 의ᄃᆡᄅᆞᆯ 탈ᄒ고 쵹을 물닌 후 쇼져ᄅᆞᆯ 닛그러 상상슈리(床上繡裏)1438)의 나아가니, 은이 견권(繾綣)ᄒ믹1439) 여산약ᄒᆡ(如山若海)라. 금계(金鷄)1440) 새ᄇᆡ1441)ᄅᆞᆯ 고ᄒ니, 상부로 향ᄒᆞᆯ시, 상시 등이 츈소(春宵)1442)의 괴로오믈 모ᄅᆞ고 신방을 규시ᄒ여 ᄉᆞ어ᄅᆞᆯ 듯고 도라가니라.

---

1436)금년(金蓮) : 금으로 만든 연꽃이라는 뜻으로, 미인의 예쁜 걸음걸이를 비유적으로 이르는 말. 중국 남조(南朝) 때 동혼후(東昏侯)가 금으로 만든 연꽃을 땅에 깔아 놓고 반비(潘妃)에게 그 위를 걷게 하였다는 고사에서 유래한다.

1437)박ᄒᆡᆼ(薄行) : 행실이 진중하지 못하고 경박한 사람.

1438)상상슈리(床上繡裏) : 수(繡)를 놓은 이불을 편 침상 속.

1439)견권(繾綣)ᄒ다 : 생각하는 정이 두터워 서로 잊지 못하거나 떨어질 수 없다.

1440)금계(金鷄) : '닭'의 미칭(美稱). 꿩과에 속한 새.

1441)새ᄇᆡ : 새벽.

금평휘 졔조룰 거느려 셔헌으로 나아가고 모든 쇼졔 각각 침소로 도라간 후, 시랑과 어시 존당을 뫼셔 말솜ᄒ더니, 상시 등이 작야 신방을 규시ᄒᆫ 바로뻐 태부인긔【7】고ᄒ니, 어시 왈,

"셔모ᄂᆞᆫ 심히 브즈런ᄒ고 《강녁 ‖ 각녁(脚力)》 됴ᄒᆫ 타시로다. 엇지 조의 신방을 규찰ᄒ여 몸이 닛브믈 모ᄅᆞ시ᄂᆞ니잇고?"

시랑이 쇼왈,

"부뷔 빅년 동쥬(同住)ᄒ여도 우슬 일이 업거늘, 셔모 등이 뎍조(嫡子)의 금슬 후박을 탐지ᄒ며, 풍한셔열(風寒暑熱)의 침슈(寢睡)를 젼폐ᄒ여, 밤마다 몸을 금초와 엿보기ᄂᆞᆫ 단듕(端重)치 못ᄒᆫ 연괴로소이다."

장·조·한·화 등이 효봉구고와 승슌군조의 빅힝이 진션진미(盡善盡美)러라.

일일은 어시 홍운뎐의 가 ᄲᅡᆼ셥지녀(之女) 혜란이 장부인【8】긔 고ᄒᄂᆞᆫ 말을 드르니, 어시 미인도와 화상을 믿다라 셔고랑을 주어 화가 혼시 되도록 ᄒ다 ᄒ니, 원ᄂᆡ 윤부 ᄲᅡᆼ셥은 경필의 쳐이오, 셔고랑은 경필 조뫼니, 혜란이 총오(聰悟)ᄒ므로 고랑의 ᄒᄂᆞᆫ 일을 다 알미러라. 윤비 어시의 남활ᄒ믈 계칙(戒責)고져 ᄒ나 종용한 ᄯᅥ를 엇지 못ᄒ더니, 초시 좌위 고요ᄒ고 한가ᄒ믈 인ᄒ여 어시를 징계 왈,

"내 너의 힝ᄉᆞ를 짐작건ᄃᆡ 실노 음픽(淫悖)ᄒ미 만흐니 엇지 한심치 아니리오. 불힝 즁 너의 삼취(三娶)를 보미 너의 쳐실되미 【9】앗가온지라. 모로미 조강(糟糠)을 듕대ᄒ고 힝실을 슈습(修習)ᄒ여 경박지(輕薄者) 되지 말나. 거년 츄(秋)의 취운산상의셔 한시를 보고 무슴 계교로 ᄉᆞ혼을 도모ᄒᆫ 지 모ᄅᆞ거니와, 셔고랑을 식여 화도(畵圖)를 화가의 보ᄂᆡ여 혼인 도모ᄒᆷᄋᆞᆫ 나의 치아(齒牙)의 올니미 더러온지라. 너의 인물이 일단 비루(鄙陋) 구ᄎᆞ(苟且)ᄒᆷᄋᆞᆫ 면홀가 ᄒ더니, 초ᄉᆞ를 보건ᄃᆡ 엇지 음일(淫佚)치 아니리오. 초언을 너의 부친긔 고ᄒ여 후일을 징계코져 ᄒ나, 오히려 조모의 약ᄒ미 이셔 잔잉ᄒ고, 너의 부친 엄듕ᄒ미 용【10】납지 아니실 고로 그윽이 회과홀가 닐ᄋᆞᄂᆞ니, 후일 취식(取色)ᄒ믈 곳치지 아닌즉, 두번 닐ᄋᆞ미 업스리라."

어시 부복 텽교(聽敎)의 황연(惶然) 경숑(敬悚)ᄒ여 슈연(愁然)이 그ᄅᆞ믈 혜아려, 모친의 지극ᄒᆫ 경계를 감골(感骨)ᄒ여, 피셕(避席) 쳥죄 왈,

"불초ᄋᆞ의 죄ᄂᆞᆫ 슈ᄉᆞ난쇽(雖死難贖)이오니, 조위 임의 붉히 알아시니, 감히 발명ᄒ리잇고? 초후ᄂᆞᆫ 삼가 두번 그ᄅᆞ지 아니리이다."

비(妃) 지삼 경계ᄒ더라.

그 문답을 뉘 드르뇨? 일이 공교ᄒ여 왕이 윤비 침뎐 뒤 화란당에 셔칙(書冊)을 둔 고로, 칙을 집으라 왓다가, 쳥【11】시 홍운뎐 후창(後窓)ᄀᆞ지 니엿ᄂᆞᆫ 고로, 홍운뎐으로 드러가랴 ᄒ다가 비(妃)의 언셩(言聲)을 듯고, 잠간 즁지ᄒ여 어ᄉᆞ의 답언을 드르미, 만심 통히(痛駭)ᄒ나, 부명으로 칙을 가져가미 밧바 모조의 말이 긋친 후 상부로

---

1442) 츈소(春宵) : 봄 밤.

향ᄒ니, 모지 왕의 왓던 줄 몽니의도 모ᄅ더라.

왕이 부친긔 칙을 드리고 운긔의 무샹ᄒᆞ믈 고코져 ᄒᆞ다가, ᄌᆞ긔 쇼년 젹 힝ᄉᆞ를 싱각고 아ᄌᆞ의 일이 고이치 아니코, 그 위인이 외입(外入)ᄒᆞᆯ 재 아닌 고로, 죵용 쳐치코져 잠잠ᄒᆞ더니, 진부인이 위연(偶然)이 신긔 불평ᄒ니, 【12】왕의 오곤계(五昆季) 구호ᄒᆞᄆᆡ 타ᄉᆞ(他事)의 넘이 업더니, 일슌 후 부인 환휘(患候) 쾌츠하나 각각 스실을 츳지 아니니, 금평휘 아ᄌᆞ 등을 스실의 가 쉬라 ᄒ니, 왕의 곤계 승명ᄒ고 스실노 갈ᄉᆡ, 츠시 시랑과 한님은 조부긔 시침ᄒ고, 어스로 궁을 직희라 ᄒᆞᆫ 고로, 어시 문긔 등을 거느려 도라와, 부왕의 오실 줄은 모ᄅ고, 봉슈각의셔 유졍 챵녀를 브르고 쥬찬(酒饌)을 낭ᄌᆞ(狼藉)히 버려 현금(玄琴)을 농(弄)ᄒ니, 졔챵이 쇼음(笑音)을 낭낭이 ᄒᆞ여 은춍을 요구ᄒ니, 어시 취안(醉顔)이 몽농(朦朧)ᄒ고 뉴흥(遊興)이 도도ᄒ니, 문긔 쥰 【13】긔 등이 불가ᄒᆞ믈 칭ᄒᆞ나, 불텽(不聽) 쇼왈,

"문왕(文王)[1443]은 셩인이시ᄃᆡ 삼쳔후비(三千后妃)를 유졍(有情)ᄒᆞ여 빅ᄌᆞ(百子)를 두시니, 우형(愚兄)이 용우ᄒ나 세낫 슉녀를 두어시니 미희(美姬)를 ᄀᆞᆾ초와 장부 힝낙(行樂)이 쾌ᄒ고, 옥동화녀(玉童化女)를 빵빵이 두고져 ᄒᆞ노라."

언흘(言訖)에 쥬비를 마시고 만화뎐에 가 자고져 ᄒᆞ더니, 왕이 니ᄅ니 대경ᄒᆞ여 의관을 슈렴ᄒ고 하당영지(下堂迎之)ᄒ니, 왕이 쳥사(廳舍)의 올으며 봉슈각 다히[1444]로셔 현가셩(絃歌聲)〇[이] 나믈 고이ᄒᆞ여, 문왈,

"금곡가셩(琴曲歌聲)[1445]이 어듸로셔 나ᄂᆞ뇨?"

쥰긔 등이 대황(大惶)ᄒᆞ여 공 【14】슈(拱手)[1446] ᄃᆡ왈,

"쇼ᄌᆞ 등이 갓 왓ᄉᆞ오니 아지 못ᄒᆞᄂᆡ이다."

왕이 문긔 등을 보니 ᄂᆞᆺ치 취긔(醉氣) 대홍(大紅)ᄒ거늘, 이의 군관 ᄉᆞ예를 모호고, 문긔 등을 진목(瞋目) 칙왈,

"돈견(豚犬) 등이 형의 불인(不仁)ᄒᆞ믈 비혼죽 이ᄂᆞᆫ 불초(不肖) 픽ᄌᆡ(悖子)라 엇지 죄를 샤ᄒᆞ리오."

어ᄉᆞ와 졔기(諸妓)를 다 잡아 계하(階下)의 ᄭᅮ닌 후, 녀셩(厲聲) 엄문 왈,

"불초지 흉음지죄(凶淫之罪) 쳔살무셕(千殺無惜)[1447]이믈 아ᄂᆞᆫ다?"

어시 직비 고왈,

"ᄋᆞ히 엄훈을 명심ᄒᆞ여 츄호도 비례를 범ᄒᆞ미 업더니, 외람이 쳥운의 올으ᄆᆡ 더욱

---

1443)문왕(文王) : 중국 주나라 무왕(武王)의 아버지. 이름은 창(昌). 기원전 12세기경에 활동한 사람으로 은나라 말기에 태공망 등 어진 선비들을 모아 국정을 바로잡고 융적(戎狄)을 토벌하여 아들 무왕이 주나라를 세울 수 있도록 기반을 닦아 주었다. 고대의 이상적인 성인 군주의 전형으로 꼽힌다.

1444)다히 : ①쪽, 편, ②대로. ③처럼. 같이.

1445)금곡가셩(琴曲歌聲) : 거문고 곡조와 노랫소리.

1446)공슈(拱手) : 절을 하거나 웃어른을 모실 때, 두 손을 앞으로 모아 포개어 잡음. 또는 그런 자세. 남자는 왼손을 오른손 위에 놓고, 여자는 오른손을 왼손 위에 놓는다. 흉사(凶事)가 있을 때에는 반대로 한다.

1447)쳔살무셕(千殺無惜) : 천 번을 죽여도 조금도 아까운 마음이 없음.

젼긍(戰兢)ᄒ올지언뎡, 흉음지【15】죄(凶淫之罪)를 지으믄 오히려 싱각지 못ᄒᆞᆸᄂ
니, 금야(今夜)의 하유인의 부뷔 쥬찬을 보ᄂᆡ어스오므로, 밤들믈 방심ᄒᆞ여 과음ᄒᆞᆸ고
남ᄉᆞ(濫事)를 범ᄒᆞ오니 쥬흥(酒興)을 니긔지 못ᄒᆞ와 일곡(一曲) 가ᄉᆞ(歌詞)를 브르오
나, 현가(絃歌)ᄂᆞᆫ 셩인(聖人)의 노름이라. 불회(不孝)[1448] 토목심장(土木心臟)[1449]이오
나, 대인○[의] 지극ᄒᆞ신 셩덕과 혜틱을 감골(感骨)치 아니리잇고?"

왕이 대로ᄒᆞ여 녀셩 즐왈,

"불초지 죵시(終是)[1450] 아비를 어둡게 넉여 한혼[1451]을 비례로ᄡᅥ 도모ᄒᆞ고, 간ᄉᆞᄒᆞᆫ
계교로 화가를 속여 삼취(三娶)를 닐우니, 너를 살와 둔즉 화급문【16】호(禍及門
戶)[1452]ᄒᆞ고 욕급조션(辱及祖先)[1453]ᄒᆞ여 오개(吾家) 졀망(絕望)ᄒᆞ리라. 부ᄌᆞ지졍(父子
之情)이 난연(難然)ᄒᆞ나 쾌히 죽여 시톄(屍體)를 공산(空山)의 뭇고 ᄒᆞᆫ번 통곡ᄒᆞ미 가
애(可也)로다."

셜파의 군관을 명ᄒᆞ여 초상(初喪)을 출히라 ᄒᆞ고, 산장(散杖)[1454] 이십을 잡아 어ᄉᆞ
를 치라 ᄒᆞ니, ᄉᆞ예(司隷)[1455] 텽녕(聽令)ᄒᆞ고 어ᄉᆞ를 미여 칠시, 불급십여장(不及十餘
杖)의 《올셜‖옥셜(玉雪)[1456]》이 바아져 젹혈(赤血)이 님니(淋漓)[1457]ᄒᆞ니, 문긔 등
이 살이 앏프믈 니긔지 못ᄒᆞ여, ᄉᆞ십여 장의 밋쳐ᄂᆞᆫ 경긔의 죽을 거동이라.

팔공ᄌᆞ 봉긔 ᄀᆞ마니 몸을 쌔혀 상부의 니르니, 금평휘 비록 취침(就寢)ᄒᆞ【17】여
시나 ᄌᆞᆷ들미 업더니, 창외의 인젹이 이시믈 듯고 시랑으로 보라 ᄒᆞ니, 시랑이 문을 열
고 급ᄂᆡ쟈(急來者)[1458]를 무르미, 봉긔 왈,

"ᄎᆞ형(次兄)의 ᄉᆞ싱이 슈유(須臾)의 이시니 구ᄒᆞ쇼셔."

금휘 대경ᄒᆞ여 문긔고ᄒᆞᆫ딕, 봉긔 형의 득죄 ᄉᆞ단과 부왕의 엄노(嚴怒) 곡졀을 실고
(悉告)ᄒᆞ니, 금휘 텽파의 봉긔를 칙왈,

"ᄌᆞ식이 인효ᄒᆞ여도 오히려 어버이 ᄌᆞ식 ᄉᆞ랑홈만 ᄀᆞᆺ지 못ᄒᆞ거늘, 여뷔(汝父) 비록
여등(汝等)○[을] 경칙(輕責)ᄒᆞ미 부ᄌᆞ의 죵용지도(從容之道)를 불급(不及)ᄒᆞ나 토목이
아니어니 엇지 텬뉸지졍(天倫之精)을 모ᄅᆞ리오. 운긔 【18】긔질이 하등이 아닌 고로

---

1448)불회(不孝) : 불효자.
1449)토목심장(土木心臟) : 흙과 나무와 같이 아무런 감정이 없는 마음.
1450)죵시(終是) : 끝내.
1451)한혼 : 한가(韓家)와의 혼인. 곧 정운기가 한난주와의 사혼을 도모한 것을 말함.
1452)화급문호(禍及門戶) : 화(禍)가 가문에까지 미쳐 커짐.
1453)욕급조션(辱及祖先) : 욕(辱)이 선조들에게까지 미침.
1454)산장(散杖) : 죄인을 신문할 때, 위엄을 보여 협박하기 위해서 많은 형장(刑杖)이나 태장(笞杖)을 눈앞
    에 벌여 내어놓던 일.
1455)ᄉᆞ예(司隷) : 중국 주나라 때 추관(秋官; 조선시대 형조를 달리 이르던 말)에 소속된 관리. 여기서는 사
    대부가에서 형리(刑吏)의 역할을 맡은 노복(奴僕)을 일컫는 말로 쓰이고 있다.
1456)옥셜(玉雪) : ①옥과 눈. ②옥과 눈처럼 하얀 피부를 이르는 말.
1457)님니(淋漓) : 피, 땀, 물 따위의 액체가 흘러 흥건한 모양.
1458)급ᄂᆡ쟈(急來者) : 급히 온 사람.

가문을 욕지 아닐가 ᄒᆞ더니, 의외지ᄉᆞ(意外之事)를 힝홀 줄 엇지 알니오. 죽으나 살오나 나는 아지 못하롸.”

봉긔 망극ᄒᆞ여 지삼 이걸ᄒᆞ니, 시랑이 ᄯᅩ흔 이고 왈,

“대부(大父)는 우로혜튁(雨露惠澤)을 ᄂᆞ리오샤 운긔를 구ᄒᆞ쇼셔.”

금휘 셔동으로 왕의게 젼어 왈,

“운긔의 허다 득죄를 드르믜 우히 업는 픽지(悖子)라. 치죄(治罪)ᄒᆞ미 남글 두다림 ᄀᆞᆺᄐᆞ니 경계ᄒᆞ미 역연(亦然)ᄒᆞᆫ지라. 괴로온 장칙을 긋치고 명일 텬뎡의 고ᄒᆞ여 방목(榜目)에 일흠을 쎠히고 금의인신(錦衣印信)1459)을 됴항간(朝巷間) 더러이【19】ᄂᆞᆫ 일이 업게 ᄒᆞ라.”

셔동이 명을 밧드러 궁의 니르니, 발셔 칠십여장의 니르럿ᄂᆞᆫ지라. 셩혈(腥血)이 님니(淋漓)ᄒᆞ니, 셔동이 한츌쳠빅(汗出沾背)ᄒᆞ여 공의 말ᄉᆞᆷ을 고ᄒᆞ니, 왕이 부복 텽교(聽敎)의 어ᄉᆞ 치기를 긋치고 왈,

“금야(今夜)의 너의 명을 긋츠려 ᄒᆞ엿더니 엄교(嚴敎) 여ᄎᆞ(如此)ᄒᆞ시니, 감히 역명(逆命)치 못홀지라. 명일(明日) 엄훈(嚴訓)디로 쳐치ᄒᆞ리니, 너의 소원이 미녀셩ᄉᆡᆨ(美女聲色)을 슈유불니(須臾不離)코져 ᄒᆞ니 엇지 막으리오.”

인ᄒᆞ여 졔기(諸妓) 아오로 하옥ᄒᆞ게 ᄒᆞ고, 문긔 등이 ᄎᆔᄒᆞ고 어ᄉᆞ의 남ᄉᆞ 긔이믈 슈【20】죄ᄒᆞ여 이십장식 치디 고찰(考察)ᄒᆞ미 업스믄, 아즈 등이 어ᄉᆞ의 강장견고(强壯堅固)ᄒᆞ미 업슨 고로 듕히 다스리지 아니나, 봉긔를 ᄭᅮᆯ녀 야심 즁 존당의 경녀(驚慮)ᄒᆞ시믈 대칙ᄒᆞ고 삼십 장을 듕타ᄒᆞ고 즉시 ᄎᆔ침ᄒᆞ니라.

어ᄉᆡ 부친의 슈죄(數罪)ᄒᆞ시믈 드르믜 ᄌᆞ긔 한·화 냥쇼져 도모ᄒᆞ믈 명쵹(明燭)1460)ᄒᆞ신지라. 쇼장(蘇張)1461)의 구변(口辯)이나 발명(發明)키 어려오니, 죽은 다시 업디엿더니 닐곱 산장(散杖)이 넘지 못ᄒᆞ여 조부의 엄교를 드르니 경황망극(驚惶罔極)ᄒᆞᆫ지라. 겨유 붓들녀 하옥ᄒᆞ미 초셕(草席)1462)을 의지【21】ᄒᆞ여 누으니, 십창이 좌우로 둘너 안즈 위로ᄒᆞᄂᆞᆫ 거시 더욱 괴로오니 묵묵이러니, 이윽고 봉긔 쵹을 들니고 오니 옥니(獄吏)를 불너 문을 열나 ᄒᆞ고 드러와 약을 붓치고, ᄉᆞ형과 오형이 이십장 장칙을 견디지 못ᄒᆞ믈 젼ᄒᆞ니, 어ᄉᆡ 장탄 왈,

“이는 다 우형의 블초ᄒᆞ미라.”

봉긔 지삼 위로ᄒᆞ고 나아가니라.

명일 졔왕 곤계 ᄌᆞ질을 거ᄂᆞ려 태쳥뎐의 신셩(晨省)ᄒᆞ니, 슌태부인이 손증 남ᄆᆡ를 볼 젹마다 두긋기고 어ᄉᆞ 부부의 불참ᄒᆞᆫ 연고를 무르니, 졔왕이 좌【22】를 쩌나 운긔의 남ᄉᆞ(濫事)를 고ᄒᆞ고, 듕장을 더을 거ᄉᆞᆯ 부명(父命)으로 가도와시믈 고ᄒᆞ니, 태부

---

1459) 금의인신(錦衣印信) : 비단으로 지은 관복(官服)과 관원이 쓰는 직인(職印).
1460) 명쵹(明燭) : 밝게 살펴 앎.
1461) 쇼장(蘇張) : 중국 전국 시대의 세객(說客)인 소진(蘇秦)과 장의(張儀)를 아울러 이르는 말.
1462) 초셕(草席) : 왕골, 부들 따위로 엮어 만든 자리.

인이 텽파의 대경실식(大驚失色) 왈,

"운이 비록 호방ᄒᆞ나 이 굿토여 음힝대죄(淫行大罪) 아니라. 텬흥이 ᄒᆞᆫ 조각 인졍을 두지 아니ᄒᆞ고 다ᄉᆞ리믈 과도히 ᄒᆞ리오. 모로미 셜니 샤ᄒᆞ여 그 자리ᄅᆞᆯ 븨오지 말고, 노모의 보고져 ᄒᆞᄂᆞᆫ ᄆᆞ음을 거ᄉᆞ리지 말나."

금휘 ᄃᆡ왈,

"운이 조현부의 현덕셩쳐(賢德聖妻)ᄅᆞᆯ 두고 번ᄉᆞ(繁事)ᄅᆞᆯ 구ᄒᆞ미 방ᄌᆞ무거(放恣無據)1463)ᄒᆞ여 텬위(天威)1464)ᄅᆞᆯ 비러 지취(再娶)ᄅᆞᆯ 도모ᄒᆞ니, 졔 우히 부뫼 이셔 그 무 【23】엄방ᄌᆞ(無嚴放恣)1465)ᄒᆞ믈 아니 다ᄉᆞ리지 못ᄒᆞᆯ지라. 요괴로온 화도(畫圖)ᄅᆞᆯ 쥬작(做作)ᄒᆞ여 화가ᄅᆞᆯ 속이고 《인심이 현혹지 아니니∥인심을 현혹ᄒᆞ니》, 흔갓 ᄉᆞ졍(私情)으로 인이(仁愛)ᄒᆞ고 더져두미 ᄌᆞ식을 ᄉᆞ랑ᄒᆞᄂᆞᆫ 도리 아닌 고로, 텬흥다려 여ᄎᆞ여ᄎᆞ ᄒᆞ여습더니, ᄌᆞ뎡이 보고져 ᄒᆞ시면 엇지 역명(逆命)ᄒᆞ리잇가?"

진부인이 잠쇼 왈,

"운이 보고 ᄌᆞ란 거시 너의 오쳐와 십쳡을 모화 번ᄉᆞᄅᆞᆯ 탐ᄒᆞᄂᆞᆫ 거동이라. 졔 ᄆᆞ음의 아비ᄅᆞᆯ 긔특ᄒᆞᆫ 대현군ᄌᆞ(大賢君子)로 알아시니, 그 힝ᄉᆞᄅᆞᆯ 본밧고져 ᄒᆞ여, 한·화 냥인을 궁극히 【24】도모ᄒᆞ여 취ᄒᆞ고 십창을 유졍ᄒᆞ니, 이런 일노 볼진ᄃᆡ ᄌᆞ식을 두고 그 아비 된 재 엇지 힝실을 삼가지 아냠즉 ᄒᆞ리오."

왕이 함쇼 ᄃᆡ왈,

"ᄌᆞ교 맛당ᄒᆞ시나 히이 일즉 고이ᄒᆞᆫ 그림으로써 사름을 속이지 아냐습ᄂᆞ니, 운ᄋᆞ의 무상ᄒᆞᆷ믄 쇼ᄌᆞ의셔 십비나 더은가 ᄒᆞᄂᆞ이다."

태부인이 쇼왈,

"아비 호방(豪放)이 ᄋᆞ들의게 ᄂᆞ리니, 굿토여 죄줄 일이 업ᄂᆞᆫ지라. 모로미 운긔ᄅᆞᆯ 이제 브르미 맛당ᄒᆞ도다."

왕이 ᄃᆡ왈,

"대뫼 운ᄋᆞ의 자리 ᄒᆞᆫ 씨 븨ᄂᆞᆫ 거슬 이러틋 결연(缺然)이 넉이시니, 져ᄅᆞᆯ 브【25】르미 무어시 어려오리잇가마ᄂᆞᆫ, 다만 조·한·화 삼뷔 신셩을 불참홀 일이 업ᄉᆞᄃᆡ 다 드러오지 아냐시니, 반다시 무슴 ᄠᅳᆺ이 이시미라. 몬져 불너 연고ᄅᆞᆯ 뭇ᄉᆞ이다."

언파의 시녀로 ᄒᆞ야금 궁의 가 쇼져ᄅᆞᆯ 불너오라 ᄒᆞ니, 시녜 슈명ᄒᆞ여 이·치·봉 삼당의 니른즉, 조시 등이 어ᄉᆞ의 득죄ᄒᆞ여 옥에 ᄂᆞ리믈 드른미 감히 화당고루(華堂高樓)의 안연(晏然)이 잇지 못ᄒᆞ여, ᄒᆞᆫ가지로 쇼당(小堂)의 ᄂᆞ렷ᄂᆞᆫ 고로 각각 침쇼의 업ᄂᆞᆫ지라. 상부시녜 쇼당의 니ᄅᆞ러 왕의 명을 젼ᄒᆞ니, 삼인이 【26】응명ᄒᆞ여 즉시 상부로 향ᄒᆞᄃᆡ, 화장녜복(華裝禮服)을 갓초지 아냐시니, 냥 죤당과 구괴 일시의 ᄇᆞ라보미 조시의 힝ᄒᆞᄂᆞᆫ 바의 셔광이 찬난ᄒᆞ여 눈이 부ᄉᆡ니, 구괴 희연이 두굿기더니, 삼인

---

1463)방ᄌᆞ무거(放恣無據) : 태도가 무례하고 건방지며 행실이 근본이 없음.
1464)텬위(天威) : 천자(天子)의 위엄.
1465)무엄방ᄌᆞ(無嚴放恣) ; 삼가거나 어려워함이 없이 아주 무례하고 제멋대로임.

이 즁계(中階)의셔 불감승당(不敢昇堂)ᄒᆞᄃᆡ, 금평휘 흔연이 올으기를 명ᄒᆞ여 갓가이 좌를 주니, 삼쇼졔 마지 못ᄒᆞ여 승당ᄒᆞᄆᆡ, 왕이 문왈,

"식부 등이 년긔(年紀) 쳥츈의 각별ᄒᆞᆫ 신질(身疾)이 잇지 아니ᄒᆞ고, 비록 신양(身恙)이 이시나 삼인이 일시의 알치 아닐 거시어ᄂᆞᆯ, 엇지 신셩(晨省)을 불참【27】ᄒᆞ여 존당의 결연이 넉이시믈 싱각지 아니ᄒᆞᄂᆞ뇨?"

조시 피셕 지ᄇᆡ 왈,

"쇼쳡이 불민누질(不敏陋質)노 고인의 녀교(女敎)를 효측지 못ᄒᆞ와 군ᄌᆞ의 남ᄉᆞ(濫事)를 능히 규간(規諫)치 못ᄒᆞ고, 군ᄌᆞ의 힝식 엄하(嚴下)의 죄를 어더 하옥(下獄)ᄒᆞ오니, 쇼쳡이 엇지 감히 존당 문안의 화식(華色)으로 무고(無故)ᄒᆞᆫ 사ᄅᆞᆷ ᄀᆞᆺ치 ᄒᆞ리잇고? 시고(是故)로 신셩의 불참ᄒᆞᄂᆡ이다."

한시 말ᄉᆞᆷ을 니어 졍금(整襟) 지ᄇᆡ 왈,

"쇼쳡은 암용누질(暗庸陋質)노 군ᄌᆞ 부빈(副嬪)의 수를 치오니, 이제 가부(家夫)의 득죄ᄒᆞᄆᆡ 쇼쳡 등의 어즈러이 모든 연괴(緣故)【28】라. 존당의 업ᄃᆡ여 죄를 밧ᄌᆞ오믈 기다리ᅀᆞᆸᄂᆞ니, 어ᄂᆡ ᄆᆞᄋᆞᆷ으로 녜복을 다ᄉᆞ려 존당의 신셩을 참녜(參禮)ᄒᆞ와 안연(晏然)ᄒᆞ오리잇가?"

화쇼졔 슈습(收拾)ᄒᆞᄂᆞᆫ 틱도로 지ᄇᆡ 왈,

"쇼쳡은 한미(寒微)ᄒᆞᆫ 가문의 싱장ᄒᆞ와 부힝(婦行)과 녀도(女道)를 모ᄅᆞ오나, 싱각건ᄃᆡ 가군의 웃듬 죄명이 쳡의 연괴라. 조·한 두 부인ᄋᆡ셔 더은지라. 감히 ᄂᆞᆺ츨 드러 엄하의 니ᄅᆞ지 못ᄒᆞ올ᄉᆡ, 쇼당의셔 죄를 기다리ᅀᆞᆸ더니 존명을 니어 나아오나, 황공젼뉼(惶恐戰慄)ᄒᆞ믈 니긔지 못ᄒᆞ리로소이다."

왕이 삼부의 말을 【29】드ᄅᆞᄆᆡ 희동안ᄉᆡᆨ(喜動顏色)ᄒᆞ여 ᄉᆞ뎨(四弟)와 삼ᄆᆡ(三妹)를 보아 함쇼 왈,

"운긔 방일호탕(放逸豪宕)ᄒᆞ나 쳐궁(妻宮)은 남달니 유복(有福)ᄒᆞ여 조시 ᄀᆞᆺ툰 셩현의 안해와 한ᄂᆞ 화 ᄀᆞᆺ툰 숙녀명염(淑女名艶)을 갓초 취ᄒᆞ니, 그 가ᄉᆞ를 엇지 근심ᄒᆞ리오. 우형이 운ᄋᆞ의 번ᄉᆞ를 괴로이 넉이더니, 한·화를 보ᄆᆡ 영힝ᄒᆞᄆᆡ 되ᄂᆞᆫ지라. 으히 방일남활(放逸濫闊)ᄒᆞᆫ 통히(痛駭)ᄒᆞ거니와, 오히려 션견지명(先見之明)이 이셔, 한·화의 긔특ᄒᆞᆫ 줄을 알고 도모ᄒᆞ여 취ᄒᆞᆫ ᄇᆡ니, 이 마ᄃᆡ의 다ᄃᆞ라ᄂᆞᆫ 《크∥큰》 죄를 거의 샤(赦)ᄒᆞ염즉 ᄒᆞ도다."

인ᄒᆞ여, 삼부(三婦)【30】를 위로 왈,

"운긔 아비를 아지 못ᄒᆞ고 남활ᄒᆞ믈 통한ᄒᆞᆫ 고로 가도왓더니, 대뫼 노코져 ᄒᆞ시니 브ᄅᆞ고져 ᄒᆞᄂᆞᆫ ᄇᆡ오, 현부 등의 숙ᄌᆞ아질(淑姿雅質)과 셩힝인덕(性行仁德)은 우흐로 존당과 아ᄅᆡ로 궁즁이 ᄒᆞᆫ가지로 칭도(稱道)ᄒᆞᄂᆞᆫ ᄇᆡ니, 가부의 호일(豪逸)ᄒᆞᄆᆡ 그 안해게 무슴 허물이 이실 거시라, 일시의 쇼당의 ᄂᆞ리며, 화줌녜복(華簪禮服)을 더러, 존당의 신셩(晨省)을 불참ᄒᆞ고 스스로 죄지은 사ᄅᆞᆷ ᄀᆞᆺ치 ᄒᆞ여, 경식이 됴치 아니ᄒᆞ뇨? 모로미 안심물ᄃᆡ(安心勿待)1466)ᄒᆞ고 당당(堂堂)ᄒᆞᆫ 녜복을 폐치 말나."

삼인이 부복ᄒ여 듯기【31】를 맛ᄎᄆᆡ, 니러 지ᄇᆡ ᄉᄉᆑ(謝辭)ᄒ고 감히 다시 말을 못ᄒ니, 존당이 만심(滿心) ᄋᆡ경(愛敬)ᄒ여 왈,

"가ᄇᆡ 하옥ᄒᄆᆡ 쳐실이 안연 무ᄉᆞ치 못ᄒᆞᆷ은 ᄉᆞ리 당연ᄒ니, 엇지 신셩의 불참ᄒᆞᄆᆞᆯ 고이타 ᄒᆞ리오."

윤승상 부인 영쥐 쇼왈,

"졔왕거게 며ᄂᆞ리 ᄉᆞ랑ᄒᆞᆷ은 일편되고 ᄋᆞ들 믜워ᄒᆞᆷ은 이상ᄒ야 듕장을 더으고 다시 하옥ᄒ니, ᄋᆞ들 본 며ᄂᆞ리라 ᄒᆞ되, 이는 그와 달나 며ᄂᆞ리 본 ᄋᆞ들이 되어, 조·한· 화 등을 보더니, 운긔의 션견지명이 이시믈 믄득 닐ᄏᆞ니 엇지 고이치 아니리잇고?"

왕【32】이 함쇼(含笑)ᄒ니, 태부인이 다시 어ᄉᆞ를 브르라 지쵹ᄒ시니, 왕이 뎨칠ᄌᆞ 혜긔를 보ᄂᆡ여 어ᄉᆞ를 브르라 ᄒ고, 삼식부를 침소로 보ᄂᆡ여 녜복을 다ᄉᆞ려 낫 문안 의 참예ᄒ라 ᄒ니, 삼인이 ᄇᆡ사이퇴(拜辭而退)[1467]ᄒ니, 혜긔 어ᄉᆞ의 곳에 니르러 왕 대모 명으로 브르시믈 젼ᄒ니, 어ᄉᆞ ᄉᆞ명(赦命)을 어드ᄆᆡ 희ᄒᆡᆼ(喜幸)ᄒᆞᄆᆡ 앏프믈 닛고 존당으로 향홀ᄉᆡ, 존당 명이 이셔 십챵(十娼)을 ᄒᆞᆫ가지로 노하 다란 지아비를 어더 살 나 ᄒ니, 십챵이 죽기를 그음ᄒ여 셔로 밍셰 왈,

"아등이 어ᄉᆞ 노야의 ᄇᆞ리시믈 당【33】ᄒᆞ면 각각 머리를 ᄭᅡᆨ가 산문(山門)의 뎨ᄌᆞ 되여도 타인을 셤기지 아니리라."

ᄒ고 일시의 졔월누로 도라가니, 어ᄉᆞ 이 말이 부왕의 귀에 드르시미 될가 겁(怯)ᄒ 여 졔녀를 당부ᄒ여 불츌구외(不出口外)ᄒ라 ᄒ고, 태원뎐의 니르러 계하(階下)의셔 돈슈(頓首) 쳥죄(請罪)ᄒ니, 슌태부인이 밧비 올으믈 명ᄒᆞ되, 금평휘 왕을 도라보아 왈,

"져의 ᄒᆡᆼᄉᆞ 무상(無狀)ᄒ나 ᄌᆞ뎡이 과도히 ᄉᆞ랑ᄒ시는 ᄠᅳᆺ을 밧ᄌᆞ와 쾌히 ᄉᆞ하여 올 으믈 명ᄒ라."

왕이 슈명ᄒ고 이의 관(冠)과 ᄯᅴ를 주어 올으믈 명ᄒ니, 어ᄉᆞ 의관【34】을 졍돈ᄒ 고 승당 부복ᄒ니, 금휘 겻ᄒᆡ 안치고 기과슈ᄒᆡᆼ(改過修行)ᄒᆞ믈 경계ᄒ니, 어ᄉᆞ 황공 슈 명이라. 슌태부인이 그 손을 잡고 등을 어라만져 왈,

"호신ᄎᆑ식(豪身取色)이 네 몸에 해ᄅᆞᆯ 일위고, 어룬의 그릇 넉이믈 어드니 무어시 유 익ᄒ뇨? 추후나 삼가고 조심ᄒ여 부모의 눈밧게 나지 말나."

금휘 도라 가 됴호(調護)ᄒ라 ᄒ니, 어ᄉᆞ ᄇᆡ사이퇴(拜辭而退)ᄒ여 셔당의 도라오니, 시랑 형뎨 붓드러 자리에 누이고 구호홀ᄉᆡ, 한님 션긔 쇼왈,

"흥진비ᄅᆡ(興盡悲來)오, 월만즉휴(月滿則虧)[1468]는 졍히 형장(兄丈)긔 비(比)ᄒ염즉 ᄒ지라. 즐【35】기믈 너모 극진이 ᄒᆞᄆᆡ 지앙이 니러나, ᄇᆡᆨ부긔 득죄ᄒ신 ᄇᆡ니, 흐홀

---

1466)안심물ᄃᆡ(安心勿待) : 안심하고 대죄(待罪)하지 말라.
1467)ᄇᆡ사이퇴(拜辭而退) : 절하여 사례하고 물러남.
1468)월만즉휴(月滿則虧) : 달이 차면 반드시 이지러진다는 뜻으로, 무슨 일이든지 셩하면 반드시 쇠하게 됨 을 이르는 말.

거시 업거니와, 대뷔(大父) 십창(十娼)을 용납지 아니샤 다란 지아비를 어더 살나 ᄒ
시니, 이는 형장의 뜻을 영영이 모락시미라. 실노 이둛더이다.”

어서 이의 수삼일 됴리ᄒ나, 일분도 나은 비 업스디 오래 누어시미 절민(切憫)ᄒ여
니러 쇼세ᄒ고, 존당 부모긔 성뎡(省定)을 폐치 아니니 왕이 묵연ᄒ더니, 일일은 왕이
만화뎐의셔 촉을 디ᄒ여 뎨즈의 지은 글을 보더니, 쳥상(廳上)의셔 무어시 ‘덜셕’ᄒ고
겻히 업더지는 【36】 ᄃᆺᄒ거늘, 지게1469) 틈으로 니와다 보니, 어서 여측(如厠)ᄒ고
오다가 난두(欄頭)1470)의 닷쳐1471) 것구러져시디, 오래도록 움죽이지 못ᄒ여 혼혼(昏
昏)이1472) 인ᄉ를 모로니, 왕이 놀나고 잔잉ᄒ여 나아가 친히 보고져 ᄒ디, 슌긔 등이
슉직(宿直)ᄒ라 올 씨라, 어ᄉ를 구구(區區) 년이(憐愛)ᄒ여 다란 ᄋᆞ들노 ᄒ야금 보게
ᄒ미 괴로와 묵연이 안잣더니, 이윽고 슌긔·봉긔 ᄉ공지 ᄂᆞ즉이 힝보를 ᄒ여 오다가,
어ᄉ의 것구러져시믈 보고 븟드러 편히 누이고, 봉긔 낭즁(囊中)의셔 약을 니여 ᄎ의
화(和)ᄒ여 입의 드리오며, 슈족(手足)을 【37】 쥐믈너 구호ᄒ미, 오래게야 졍신을 출
혀 ᄉ데의 말소릭를 눗초라 ᄒ고, 즉시 관을 바로ᄒ여 방즁으로 드러오려 ᄒ거늘, 왕
이 알은 톄ᄒ기 괴로이 넉여 짐줏 금침(衾枕)의 몸을 비겨 누어 션ᄌ(扇子)로 ᄂᆞᆺ츨 덥
고 잠간 자는 톄ᄒ니, 어서 드러와 감히 씨오지 못ᄒ여 상하(床下)의 안잣더니, 왕이
날호여 니러나 옷슬 그르고 상요(床褥)의 나아가미, 어ᄉ 등이 ᄯᅩ흔 시침ᄒ니, 왕이
이의 손을 니여 어ᄉ의 풀을 어라만져 왈,

“부ᄌ의 졍과 쳔뉸ᄌ이(天倫慈愛)는 상하(上下) 귀쳔(貴賤)이 업느니, 네 아비 비록
심장 【38】 이 토목이나 ᄌ식의 상ᄒ여 병들믈 우려치 아니랴? 모로미 ᄎ후나 슈힝(修
行) 셥신(攝身)1473)ᄒ여 방일음난(放逸淫亂)ᄒ기로뻐 침묵녜듕(沈黙禮重)ᄒ기를 밧고
고, 허랑부잡(虛浪浮雜)기로뻐 졍대명슉(正大明肅)ᄒ기를 밧골진디, 네 몸에 유익ᄒ기
는 닐ᄋ지 말고, 네 아비 근심을 더는 작시니라. ᄌ식이 삼싱지육(三生之肉)1474)으로
어버이를 효봉치 못ᄒ나, 엇지 굿ᄐ여 아뷔 ᄀᆞ라침과 어믜 경계(警戒)를 듯지 아니코,
졍도(正道)를 바리며, 픠도(悖道)의 나아가고져 ᄒ느냐? 네 이제나 그르믈 씨닷고 아
비 속이믈 두지 아니랴 ᄒ느냐?”

어서 부왕 【39】 의 집슈년비(執手連臂)1475)ᄒ시미 평싱 처엄이라, 도로혀 ᄆᆞ음이
놀나오니 황공(惶恐)ᄒᆞᆫ 심신(心身)을 뎡치 못ᄒ여 현난(眩亂)ᄒᆞᆫ 즁, 감격(感激)ᄒ미 협
골흡폐(浹骨洽肺)1476)ᄒ미, 다만 부왕의 ᄲᅡᆼ슈를 밧드러 쳥죄 왈,

---

1469)지게 : 지게문. 옛날식 가옥에서, 마루와 방 사이의 문이나 부엌의 바깥문. 흔히 돌쩌귀를 달아 여닫는
 문으로 안팎을 두꺼운 종이로 싸서 바른다.
1470)난두(欄頭) : 난간머리. 난간마루의 한쪽 귀퉁이.
1471)닷치다 : 다치다. 부딪치거나 맞거나 하여 신체에 상처를 입다. 또는 입히게 하다.
1472)혼혼(昏昏)이 : 혼혼히. 정신이 가물가물하고 희미한 모양.
1473)셥신(攝身) : 몸가짐을 도리에 맞게 잘 가짐.
1474)삼싱지육(三生之肉) ; 전생·현생·후생을 가진 몸.
1475)집슈년비(執手連臂) : 손을 잡고 팔을 벌려 끌어안음.

"희이 불초무상(不肖無狀)ᄒᆞ고 방일난탕(放逸亂蕩)[1477]ᄒᆞ와 엄훈(嚴訓)을 밧ᄌᆞ오ᄃᆡ, 만일(萬一)[1478]을 봉승(奉承)치 못ᄒᆞ고, 명풍(名風)[1479]을 츄락(墜落)ᄒᆞ와ᄉᆞ오니 죄괘 깁도소이다."

왕 왈,

"너의 한·화ᄅᆞᆯ 도모ᄒᆞ던 비 한심ᄒᆞ나, 임의 빅냥(百輛)[1480]으로 맛고, 너의 외람ᄒᆞᆫ 안해라. 가ᄉᆞ(家事)ᄅᆞᆯ 션치(善治)ᄒᆞ라."

어ᄉᆞ 오직 사죄홀 ᄯᆞᄅᆞᆷ이러라. 드듸여 츄침【40】ᄒᆞ고 명일 다시 어ᄉᆞᄅᆞᆯ 명ᄒᆞ여 닉실의 가 됴리ᄒᆞ라 닐으니, 어ᄉᆞ 상부(上府)의 가 신셩(晨省)ᄒᆞ고 궁으로 도라와, 이현당의 드러가니 조쇼제 상부의셔 도라오지 아냣거늘, 요셕(褥席)[1481]을 펴고 벼개의 ᄒᆞᆫ 번 누으미, 창쳬(瘡處) 칼노 ᄲᅮ시는 ᄃᆞᆺ 앏프믈 형용치 못ᄒᆞ니, 능히 손을 놀니미 어려워 시녀ᄅᆞᆯ 명ᄒᆞ여 존당의셔 조시 나오믈 기다려 청ᄒᆞ라 ᄒᆞ니, 츄옥이 상부의 가 쇼제 나오기ᄅᆞᆯ 기다려 청턴 바ᄅᆞᆯ 젼ᄒᆞ니, 조시 궁으로 도라오고져 홀 즈음에, 금휘 시녀ᄅᆞᆯ 명ᄒᆞ여 진부인 침뎐(寢殿)으로 브ᄅᆞ【41】니, 감히 믈너오지 못ᄒᆞ고 츄셩뎐의 니르미, 금휘 스스로 녀교(女教)[1482] 삼빅편을 지은 거시 이셔, 손녀 등을 주고져 ᄒᆞ여 조시의 필법이 유명ᄒᆞ다 ᄒᆞ여 일권 칙과 필연(筆硯)[1483]을 주어 압히셔 ᄡᅳ라 ᄒᆞ니, 어ᄉᆞ의 청ᄒᆞᄂᆞᆫ 비 민박ᄒᆞ나, 능히 ᄉᆞ식지 못ᄒᆞ고 존명을 밧드러 ᄡᅳ기ᄅᆞᆯ 시작홀식, 필하(筆下)의 운연(雲煙)[1484]이 영낙(榮落)[1485]ᄒᆞ고 묵광(墨光)의 찬난ᄒᆞ여 철ᄉᆞ(鐵絲)ᄅᆞᆯ 드러온 ᄃᆞᆺᄒᆞᆫ지라.

금휘 눈을 ᄲᅩ아 보기ᄅᆞᆯ 마지 아니터니, 녀ᄋᆞ 셩염이 겻희셔 보다가 왈,

"져져의 손 놀니는 지죄 하 신긔로오니, 쇼【42】뎨ᄀᆞ튼 뉴는 비호고져 《ᄒᆞᄂᆞ니‖ᄒᆞ되》, 져졔 발셔 반 남아[1486] 벗ᄂᆞᆫ지라, 그 아릭ᄂᆞᆫ 쇼뎨 잠간 ᄡᅥ보고져 ᄒᆞᄂᆞ니, 져져는 ᄀᆞᄅᆞ치쇼셔."

금휘 ᄯᅩᄒᆞᆫ 보고져 ᄒᆞ여 셩염으로 ᄒᆞ야금 ᄡᅥ 익이라 ᄒᆞ되, 셩염쇼제 명을 니어 시작

---

1476)협골흡폐(浹骨洽肺) : 은혜나 감정이 뼈에 스미고 마음속 깊이 사무침.

1477)방일난탕(放逸亂蕩) : 제멋대로 놀며 주색잡기에 빠져 행실이 좋지 못함.

1478)만일(萬一) : ①만 가운데 하나 정도로 아주 적은 양. ②혹시 있을지도 모르는 뜻밖의 경우. 늑만약.

1479)명풍(名風) : 이름난 풍격(風格)

1480)빅냥(百輛) : '백대의 수레'라는 뜻으로, 『시경(詩經)』 「소남(召南)」편, 〈작소(鵲巢)〉시의 '우귀(于歸) 백량(百輛)'에서 유래한 말이다. 즉 옛날 중국의 제후가(諸侯家)에서 혼례를 치를 때, 신랑이 수레 백량에 달하는 많은 요객(繞客)들을 거느려 신부집에 가서, 신부을 신랑집으로 맞아와 혼례를 올렸는데, 이 시는 이처럼 혼례가 수레 백량이 운집할 만큼 성대하게 치러진 것을 노래하고 있다.

1481)요셕(褥席) : =요. =욕(褥). 침구의 하나. 사람이 앉거나 누울 때 바닥에 깐다.

1482)녀교(女教) : 여자에 대한 가르침.

1483)필연(筆硯) : 붓과 벼루.

1484)운연(雲煙) : ①구름과 연기를 아울러 이르는 말. ②운치가 있는 필적.

1485)영낙(榮落) : ①꽃 따위가 피고 지고 함. ②번성함과 쇠퇴함.

1486)남아 : 넘게.

ᄒᆞ미 쏘흔 하등이 아니라. 조시의 필법과 상하(上下)치 아니니 금휘 흔연 쇼왈,

"고어의 운(云)ᄒᆞᄃᆡ, '남ᄌᆡ 불초(不肖)ᄒᆞ면 불여녀ᄋᆞ이(不如女兒)라'1487) ᄒᆞ니, 쇼인(小人)의 열 ᄋᆞ들이 엇지 셩염을 밋ᄎᆞ리오."

이러툿 담화ᄒᆞ더니 밧게 손이 왓시믈 고ᄒᆞ니, 금휘 나아가고 진부인이 태원뎐의 드러【43】가미, 조시 셩염ᄃᆞ려 왈,

"임의 쓰기를 시작ᄒᆞ여시니 쳡은 다시 쓸 거시 업ᄂᆞᆫ지라 도라가ᄂᆞ이다."

셩염이 쇼왈,

"져져의 고역(苦役)을 쇼뎨 가로맛타시니 비록 슬ᄒᆞ나 아니치 못ᄒᆞᆯ지라. 져져ᄂᆞᆫ 도라가쇼셔."

조시 잠간 웃고 침소로 도라오니, 취옥은 몬져 도라와 쇼져의 나오던 바를 어스긔 젼ᄒᆞ엿ᄂᆞᆫ 고로, 금휘 조시를 불너 녀교(女敎) 쓰이믄 취옥도 아지 못ᄒᆞ고, 어스ᄂᆞᆫ 더욱 모로ᄂᆞᆫ지라. 즉시 올 줄노 혜아린 거시 스이 오릭도록 나오ᄂᆞᆫ 빅 업스니, 어시 심니(心裏)의 고이히 넉이【44】ᄃᆡ, 다시 쳥치 아니코 누어 혼혼(昏昏)이 인스를 모로ᄂᆞᆫ 즁, ᄀᆞ장 분흔 의시 잇더니, 오린 후 조시 지게를 열고 드러오다가 어스의 누어시믈 보고, 신긔(身氣)1488) 불평ᄒᆞᄆᆞᆯ 알나[아] 몬져 말 닉미 불안ᄒᆞ여 뭇지 아니코, 단아히 좌를 일워 봉관을 숙이고 안잣더니, 어시 조시의 와시믈 보미 분긔 ᄀᆞ득ᄒᆞ여 분연이 니러나, 사창(紗窓)을 열치고 시노(侍奴)를 ○[ᄃᆡ]명(待命)ᄒᆞ라 ᄒᆞ니, 양낭비(養娘輩)1489) 불승젼뉼(不勝戰慄)ᄒᆞ여 노즈 등을 브르니, 슈유(須臾)의 계하의 텽녕(聽令)ᄒᆞ미, 어시 큰 미를 드리라 ᄒᆞ고, 쇼졔의 유랑(乳娘)을 잡아닉여 계하의【45】ᄭᅮᆯ니고 수죄 왈,

"네 쥬인이 비록 상문일녀(相門一女)로 교앙(驕昻) 방죵(放縱)ᄒᆞ나, 오히려 가뷔 듕ᄒᆞᄆᆞᆯ 모르지 아니려든, 내 신긔 불안ᄒᆞ여 신셩(晨省)을 파ᄒᆞ고, 이의 와 네 쥬인을 쳥ᄒᆞ미 굿ᄐᆞ여 희롱이 아니오, 약지(藥材)를 모화 두어 쳡을 짓고져 ᄒᆞ미어ᄂᆞᆯ, 네 쥬인이 가부의 명을 응치아냐, 스족 부녀의 경부(敬夫)ᄒᆞᄂᆞᆫ 도리 업고, 상한쳔뉴(常漢賤流)1490)의 버라슬 빅ᄒᆞ니 너 쳔녀(賤女)의 몹슬 졋슬 먹여 무상이 ᄀᆞᄅᆞ치미라, 엇지 죄 업스리오. 네 죄ᄂᆞᆫ 쥬인의 소텬(所天) 모르ᄂᆞᆫ 죄와 녀의 어지리 ᄀᆞᄅᆞ치지 못흔【46】《죄를∥죄니》 ○○[이를] 아오라 밧아, 후일을 《징계∥경계》ᄒᆞ라."

언파의 시노(侍奴)를 호령ᄒᆞ여 올녀 미라 ᄒᆞ고 엄히 형벌을 더으라 ᄒᆞ니, 쇼졔 져의 말이 욕되나 스스로 녀도(女道)를 삼가ᄂᆞᆫ 고로, 가부로 더브러 징힐(爭詰)ᄒᆞ미 욕을 ᄌᆞ취(自取)ᄒᆞ미오, 유랑이 비록 인가(人家) 양낭(良娘)1491)이나 쇼년시로브터 튱근ᄒᆞ미

---

1487) 남ᄌᆡ 불초(不肖)ᄒᆞ면 불여녀ᄋᆞ이(不如女兒)라 : 불초한 아들은 딸만도 못하다.
1488) 신긔(身氣) : 몸의 기력.
1489) 양낭비(養娘輩) : 여자 종의 무리. 주로 혼인한 여종을 일컫는다.
1490) 상한쳔뉴(常漢賤流) : 상민과 천민.
1491) 양낭(良娘) : 양갓집 부녀자.

남달나 일죽 틱벌(笞罰)을 아지 못ᄒ더니, 불의(不意)에 듕장(重杖)을 당ᄒ즉 살기 어려올지라. 심니에 괴롭고 분ᄒ믈 모로지 아니딕 ᄉ식(辭色)지 아냐 이의 잠옥(簪玉)을 ᄲᅢ히고 피셕 쳥죄 왈,

"쳡이 비박누질(鄙薄陋質)노 텬셩이 암【47】용(暗庸)ᄒ고 ᄒᆡᆼ시 질능(嫉能)ᄒ여 ᄒᆞᆫ 일도 군ᄌᆞ 고안(高眼)의 합당ᄒᆞᄆᆞᆯ 엇지 못ᄒ고, 감히 미안(未安)ᄒᆞ시믈 당ᄒ나, 텬품이 불민ᄒᄆᆞᆯ 능히 곳치지 못ᄒᆞ미라. 금일 시녀로 브릭시믈 드릭니 존당으로셔 즉시 도라오다가, 대뷔 녀교를 압히셔 벗기라 명ᄒ시니, 감히 어긔오지 못ᄒ고, 군주의 브릭시믈 어즈러이 고치 못ᄒᆞ여 도라오믈 더딕ᄒᆞ미라. 쳡의 불민ᄒᆞᆫ 죄로 유뢰 딕신ᄒᆞᆯ믈 엇지 구구히 발명ᄒ리오마ᄂᆞᆫ, 군주의 명을 닝연(冷然) 불응(不應)ᄒ오미 아닐식, 어린 회포를 고ᄒᆞ미로소이다."

어【48】시 ᄇᆞ야흐로 형벌을 베퍼 분히(憤駭)ᄒᆞ믈 풀고져 ᄒ더니, 쇼져의 말을 드릭미 경복ᄒᄂᆞᆫ 의시 ᄀᆞ득홀 ᄲᅮᆫ 아니라, 조뷔 불너 녀교를 쓰이시미 나오지 못ᄒᆞ미 고이치 아니ᄒ고, 주긔 유랑을 수죄(數罪)ᄒ미 말ᄉᆞᆷ이 욕되기에 밋치딕, 분노ᄒᄂᆞᆫ ᄉ식을 나토지 아니하고 이 ᄀᆞᆺ치 온유 ᄂᆞ죽ᄒᆞ여 말ᄉᆞᆷ이 유화(柔和)ᄒ니, 어시 졍식(正色) 냥구(良久)의, 유랑을 사(赦)ᄒ고 ᄒᆞᆫ 미를 더으미 업서, 쇼졔를 향ᄒᆞ여 왈,

"지(子) 존당의셔 녀교를 쓰고 나오믈 유셰(有勢)ᄒᆞ야 싱으로 ᄒᆞ야금 말을 못ᄒᆞ게 ᄒᆞ거니와, 지 【49】만일 경부지도(敬夫之道)를 알진딕 시녀비로 ᄒᆞ야금 즉시 나오지 못ᄒᆞ믈 나의게 통치 못ᄒ리오. 실노 싱의 프러짐 곳 아니면 주의 ᄒᆞᆼ시 가부의게 면박(面駁)ᄒᆞ믈 면ᄒ랴?"

쇼졔 묵연이 말이 업더니, 어시 잠쇼(潛笑) 왈,

"싱은 남ᄌᆞ로딕 미혼젼(未婚前)으로브터 녕존당 참욕누어(慘辱陋語)를 드릭딕 통완(痛惋)키와 분히(憤駭)ᄒᆞ믈 아지 못ᄒ고, 그 ᄯᆞᆯ의게 노ᄒᆞ오믈 옴기지 아니ᄒ고, 함잉삼년(含忍三年)ᄒ엿거니와, 금일지ᄉᆞᄂᆞᆫ 아모다려 무러도 그릭미 주의게 잇고 싱의게 업노라."

쇼졔 어ᄉᆞ의 말을 드릭미, 모친의 긔괴참【50】측(奇怪慘惻)ᄒᆞᆫ 욕을 다 드릭며 봄 ᄀᆞᆺ튼지라. 깁히 붓그려 ᄒᆞ딕 ᄉ식지 아니코, ᄂᆞ죽이 딕왈,

"부인 녀지 져마다 셩이 편식(偏塞)지 아니코 관홍(寬弘)ᄒ니 업ᄂᆞᆫ지라. 주뫼(慈母) 미혼젼 군주를 향ᄒᆞ여 무슴 욕을 ᄒᆞ신지 아지 못ᄒ거니와, 군지 주모의게 셔랑지도(壻郎之道)1492)를 ᄒᆞ신 빅 업고, 지금 서로 면목을 딕ᄒᆞ신 일이 업서, 유심치부(有心置簿)1493)ᄒᆞᆫ 믜오믈 거의 다 베프미라. 죄패 대역부도(大逆不道)를 범치 아닌 젼은 그 주식의게 년좌(緣坐)1494)ᄒᄂᆞᆫ 일이 업ᄂᆞ니, 주모의 일시 말을 삼가지 못ᄒᆞᆫ 허물이 쳡의게 밋츨 줄은 오히려 싱【51】각지 못ᄒ엿ᄂᆞ니, 군지 화홍관대(和弘寬大)ᄒᆞ믈 자랑

---

1492)셔랑지도(壻郎之道) : 사위의 도리.
1493)유심치부(有心置簿) : 무슨 일을 잊지 못하고 마음속에 묻어 둠.
1494)년좌(緣坐) : 부자(父子), 형제(兄弟), 숙질(叔姪)의 죄로 무고하게 처벌을 당하는 일.

ᄒ시거니와, 장부의 덕냥(德量)으로뻐 ᄒᆞᆫ 녀ᄌᆞ의 과실을 깁히 칙망(責望)치 아닐 거시니이다."

어ᄉᆞ 조시로 더브러 셩혼(成婚) 삼ᄌᆡ(三載)의 금일쳐로1495) 여러 말을 슈작ᄒᆞ미 업슬 ᄲᅮᆫ 아니라, 조시 텬연온즁(天然穩重)ᄒᆞ고 열열(烈烈) 싁싁ᄒᆞᆯ믈 겸ᄒᆞ여시니, 어ᄉᆞ 도로 누으며 우어 왈,

"녕ᄌᆞ당 허믈을 가리오믄 ᄌᆞ못 능혜(能惠)ᄒᆞ고 인션(仁善)ᄒᆞ니, 녕ᄌᆞ당긔ᄂᆞᆫ 효녜오, 가부ᄂᆞᆫ 모로ᄂᆞᆫ 녀지라."

ᄒᆞ고, 인ᄒᆞ여 눈을 금고 말을 아니니, 조시 그윽이 우황(憂惶) 민박(憫迫)ᄒᆞ여 면모의 슈【52】싁(愁色)을 ᄯᅴ여 왈,

"군ᄌᆞ 환후의 약을 나오게 ᄒᆞ실진딕, 약명(藥名)을 뎍어 ᄌᆡ료(材料)를 아ᄂᆞᆫ 군관의게 보ᄂᆞ미 엇더ᄒᆞ니잇가?"

어ᄉᆞ 조시의 위인이 능통ᄒᆞᆯ믈 지긔ᄒᆞ고, 왈,

"대단치 아닌 병의 요란이 구지 말고, 그딕라도 의셔(醫書)를 《보면 ‖ 보아》 《명니 ‖ 병리(病理)1496)》에 니(利)ᄒᆞᆯ 약을 싱각ᄒᆞ라. ᄌᆡ료(材料)ᄂᆞᆫ 봉슈각 궤즁(櫃中)의 이시니 시녀를 보ᄂᆡ여 팔뎨(八弟)다려 달나 ᄒᆞ라."

쇼졔 의셔를 보지 아니나 장창(杖瘡)이 듕ᄒᆞᆯ믈 혜아려 싱각ᄒᆞ니, 어ᄉᆞ 그 겸손ᄒᆞᆯ믈 도로혀 답답이 넉여 짐즛 몸을 기우려 장쳐를 뵈여, 왈,

"그【53】딕 의셔를 보나 나의 동통(疼痛)1497)ᄒᆞᄂᆞᆫ 곳을 ᄌᆞ셔히 보라."

조시 눈을 드러 그 상쳐를 보믹, 옥 ᄀᆞᆺᄐᆞᆫ 살빗치 변ᄒᆞ여 쳥화(靑華)1498)를 칠ᄒᆞᆫ 듯, 곳곳이 셩농(成膿)ᄒᆞ여 대종(大腫)1499)이 되엿고, 간간이 파종(破腫)ᄒᆞᆫ 곳이 이셔 농즙과 젹혈(赤血)이 흘너시니, 보기의 경악(驚愕)ᄒᆞᆫ지라. 조시 안싴이 변ᄒᆞ거늘, 어ᄉᆞ 장쳐를 ᄀᆞ리오고, 잠쇼 왈,

"그딕 평싱의 비희우락(悲喜憂樂)1500)을 아지 못ᄒᆞ더니, 금일 무슴 연고로 근심ᄒᆞᄂᆞᆫ 빗치 잇ᄂᆞ뇨?"

조시 츄연 탄식고 말을 아니코, 약지를 모화 십여쳡 약을 지을ᄉᆡ, 이의 【54】《쳥사 ‖ 쳥상(廳上)》의 나와 친히 달혀 나아오니, 어ᄉᆞ 밧아 마시고 수일 됴호(調護)ᄒᆞᆯᄉᆡ, 이쩌 한·화ᄂᆞᆫ 어ᄉᆞ ᄌᆞ긔 등 췩ᄒᆞᆫ 연고로 슈장(受杖)ᄒᆞᆯ믈 그윽이 황괴(惶愧)ᄒᆞ여 이현당의셔 됴리ᄒᆞᆯ믈 알오딕 문병ᄒᆞᆯ믈 어려이 넉여 수일이 지나도록 그림ᄌᆞ도 빗최지 아니니, 조시 쳥코져 ᄒᆞ나 어ᄉᆞ의 ᄆᆞᄋᆞᆯ믈 아지 못ᄒᆞ여 유예(猶豫)ᄒᆞ더니, 일일은 한·화

---

1495) 쳐로 : 처럼. 모양이나 성질이 서로 비슷하거나 같음을 나타내는 격 조사.
1496) 병리(病理) ; 병의 원인, 발생, 경과 따위에 관한 이론.
1497) 동통(疼痛) : 몸이 쑤시고 아픔.
1498) 쳥화(靑華) : 중국에서 나는 푸른 물감의 하나. 복숭아꽃 빛깔과 섞어 나뭇잎과 풀을 그리는 데 많이 쓴다.
1499) 대종(大腫) : 큰 종기.
1500) 비희우락(悲喜憂樂) : 슬픔·기쁨·근심·즐거움.

등이 상부의 낫문안을 파ᄒ고 각각 침소로 도라갈ᄉᆡ, 길이 이현당을 지나ᄂᆞᆫ지라.

조쇼졔 맛춤 쳥상(廳上)의 잇다가, 쳥ᄒᆞ여 왈,

"부인 등이 근너 과문불【55】입(過門不入)ᄒᆞ니 엇지 졍의 박ᄒᆞ미 이ᄃᆡ도록 ᄒᆞ뇨? 모로미 금번은 당의 올나와 죵용이 담화ᄒᆞ다가 도라가쇼셔."

한·화 등이 마지 못ᄒᆞ여 쳥샤[상]의 올나, ᄂᆞ죽이 어ᄉᆞ의 질양을 뭇고, 슈ᄉᆡᆨ(愁色)을 ᄯᅴ여 왈,

"부인이 군ᄌᆞ의 환후ᄅᆞᆯ 구호ᄒᆞ샤 슉식을 ᄯᅦ의 못ᄒᆞ시믈 아듸, 슈고ᄅᆞᆯ 난호지 못ᄒᆞ고, 각각 쳐소의 이시나 심ᄉᆡᆫ(心事)즉 황황(惶惶)ᄒᆞᆯ믈 니긔지 못ᄒᆞ리로소이다."

조시 유화(柔和)이 위로ᄒᆞ고, 어ᄉᆞ의 질양(疾恙)을 구호ᄒᆞ미 슈고될 일은 업ᄉᆞ듸, 부인 등의 과문불입(過門不入)ᄒᆞ믄 너모 고이ᄒᆞ니, 흔【56】가지로 구병(救病)ᄒᆞᆷ믈 쳥ᄒᆞ니, ᄂᆞᆼ쇼졔 조시의 말인즉 ᄉᆞ디(死地)라도 ᄉᆞ양홀 ᄯᅳᆺ이 업ᄉᆞ듸, 어ᄉᆞᄅᆞᆯ ᄃᆡ홀 ᄂᆞᆺ치 슈괴(羞愧)ᄒᆞ여 면ᄉᆡᆨ(面色)이 취지(醉之)ᄒᆞᆷ믈 ᄭᅢ닷지 못ᄒᆞ니, 조시 왈,

"군ᄌᆞ의 득죄흔 ᄉᆞ단(事端)이 그 남활(濫闊)흔 연괴(緣故)오, 부인ᄂᆡ 몸에 잇지 아니니, 스스로 져ᄅᆞᆯ 피홀 일이 업ᄂᆞᆫ지라. 부인ᄂᆡ 엇지 붓그리믈 과도히 ᄒᆞᄂᆞ뇨?"

언파의 한·화 등으로 더브러 방즁의 드러오니, 어ᄉᆡ 한·화ᄅᆞᆯ 보고 믄득 졍ᄉᆡᆨ 왈,

"ᄉᆡᆼ이 이곳의셔 됴병(調病)ᄒᆞ미 그ᄃᆡ 등의 거쳬(居處) 불과 수십보(數十步)요, 존당 신셩(晨省)의 이 당(堂)을 지나거늘, 【57】○○[엇지] 흔 번 병을 뭇ᄂᆞᆫ 도리 업ᄂᆞ뇨?"

한시 텬연(天然) 디왈,

"쳡슈불민(妾雖不敏)이나 엇지 군ᄌᆞ의 환후(患候)의 문병치 아니리잇고마는, 군지 엄하(嚴下)의 슈장(受杖)ᄒᆞ시미 쳡의 어ᄌᆞ러이 모힌 연괴(緣故)라, 듀야(晝夜) 축쳑(踧惕)ᄒᆞ더니, 조부인이 쳥ᄒᆞ시니 마지 못ᄒᆞ여 이의 니ᄅᆞ과이다."

화시ᄂᆞᆫ 졍금위좌(整襟危坐)ᄒᆞ여 묵연(黙然) 불어(不語)ᄒᆞ니, 어ᄉᆡ 심니(心裏)의 이경(愛敬)ᄒᆞ여 스스로 쳐궁(妻宮)이 유복(有福)ᄒᆞᆯ믈 흔열(欣悅)ᄒᆞ고, 한·화ᄅᆞᆯ 머물기ᄅᆞᆯ 쳥ᄒᆞ여 왈,

"내 엄젼(嚴前)의 취ᄉᆡᆨ(取色)ᄒᆞ므로 수죄(受罪)ᄒᆞ엿거니와, 엄명(嚴命)이 발셔 어든 바ᄂᆞᆫ 바리지 못ᄒᆞ기【58】로 닐ᄋᆞ시니, ᄉᆡᆼ이 비록 그ᄃᆡ 등을 염박(厭薄)고져 ᄒᆞ여도 엄의(嚴意)ᄅᆞᆯ 거ᄉᆞ리지 못홀 비라. 그ᄃᆡ 등이 내 병을 구치 아니코 ᄉᆡᆼ이 ᄯᅩ 그ᄃᆡ 등을 쳥치 아냐 얼골을 ᄃᆡ치 아닌즉, 엄의ᄅᆞᆯ 도로혀 역졍(逆情)홈 ᄀᆞᆺᄐᆞ니, 모로미 이곳의셔 조시의 슈고ᄅᆞᆯ 난호라."

ᄂᆞᆼ인이 감히 역(逆)지 못ᄒᆞ여 각각 침당(寢堂)을 유모(乳母) 비ᄌᆞ(婢子)로 직희오고, 이현당의셔 흔가지로 어ᄉᆞ의 병을 구호ᄒᆞ여, 칠팔일에 밋쳐는 조시의 약회(藥效) 신긔ᄒᆞ여 장쳬(杖處) 만히 나흘 지경의 이시니, 일슌이 지나미 완연여상(完然如常)1501)

---

1501)완연여상(完然如常) : 완전하게 평상시와 같음.

【59】혼지라. 비로소 관소(盥梳)ᄒᆞ고 존당 부모긔 혼뎡을 참녜(參禮)ᄒᆞ며, 형뎨로 상슈(相酬)ᄒᆞ여 다시 닉당의 드러가지 아니ᄒᆞ고 침묵엄졍(沈默嚴正)ᄒᆞ기를 힘쓰니, 존당 부뫼 귀듕ᄒᆞ더라.

형뎨 냥인이 연긔(年紀) 젹고 벼슬이 ᄂᆞᄌᆞ디, 만됴(滿朝) 다 '션셩'이라 닐ᄏᆞ라, 시랑의 별호ᄂᆞᆫ 의명션셩이라 칭ᄒᆞ고, 어ᄉᆞ의 별호ᄂᆞᆫ 이쳥션셩이라 ᄒᆞ더라.

화셜. 뎡국공 하진의 뎨삼ᄌᆞ 원챵은 금평후 녀셔(女壻)로 풍치문쟝은 다 <보월빙>의 ᄌᆞ셔ᄒᆞ니라. 부쇠 반ᄒᆞ믹 튱의겸발(忠義兼發)ᄒᆞᆷ믈 참지 못ᄒᆞ여 ᄌᆞ【60】원 츌졍(自願出征)ᄒᆞ믹, 샹이 그 위인을 알아시므로 즉시 윤허(允許)ᄒᆞ샤, 대쟝 금인(金印)을 주시고, 삼만 졍병(精兵)과 십원 용쟝(勇將)을 ᄡᅢ ᄒᆡᆼ군(行軍)케 ᄒᆞ시니, 하원쉬 북노(北虜)를 졍벌(征伐)ᄒᆞᆯ시, 거년 츄칠월의 츌졍ᄒᆞ여 금년 츈삼월에 개가반ᄉᆞ(凱歌班師)ᄒᆞ니, 샹이 만됴 문무를 거ᄂᆞ리샤 북교(北郊) 십니의 마ᄌᆞ시고, 환궁ᄒᆞ신 후 문무졔신으로 하원챵의 북졍ᄒᆞᆫ 공을 의논ᄒᆞ여 쟉샹(爵賞)을 더으실ᄉᆡ, 원슈로ᄡᅥ 동평쟝군 문연각 태학ᄉᆞ 북빅후를 봉ᄒᆞ시고, ᄎᆞᄎᆞ 삼군(三軍)을 다 쟉품(爵品)○[을] 샹ᄉᆞ(賞賜)ᄒᆞ시니, 원쉬 ᄉᆞ양ᄒᆞ【61】디 샹이 불윤(不允)ᄒᆞ시고 뎡국공의게 ᄉᆞ연ᄉᆞ악(賜宴賜樂)ᄒᆞ시니, 츈삼월 습슌(拾旬)은 뎡국공의 탄일이라.

초공 형뎨 미양 연셕을 베퍼 친쳑졔우(親戚諸友)를 모화 즐기더니, 금년은 텬춍(天寵)의 ᄉᆞ연(賜宴)을 조ᄎᆞ 대연을 진셜(陳設)ᄒᆞ고 즐길ᄉᆡ, 하승샹 ᄉᆞ곤계(四昆季) 국공을 뫼셔 좌ᄎᆞ를 일울ᄉᆡ, 금평후와 호람후로 더브러 슈좌(首座)의 거ᄒᆞ여, ᄌᆞ손과 녀셔(女壻)의 긔특ᄒᆞᄆᆞᆯ 새로이 두굿기고, 졔왕 곤계와 진왕 형뎨 이의 모다 각각 부형(父兄)을 뫼셔, 승안경근지도(承顔敬謹之道)를 다ᄒᆞ믹, 화긔(和氣) 늉늉(融融)ᄒᆞ며, 하승샹 곤계【62】부친을 위ᄒᆞ여 어악(御樂)을 드려 즐기시믈 도울ᄉᆡ, 윤・뎡 이부ᄂᆞᆫ 태부인이 계시므로 ᄌᆞ손이 헌빈진쟉(獻拜進爵)을 닉루(內樓)의셔 ᄒᆞ던 비나, 하부ᄂᆞᆫ 뎡국공이 위친(爲親)ᄒᆞᆯ 디 업스므로 셔헌의셔 헌쟉(獻爵)ᄒᆞᆯᄉᆡ, 초공이 화긔(和氣) 양츈(陽春) ᄀᆞᆺ트여 승샹 쟝복(章服)을 ᄀᆞᆺ초고 뉴리빈(琉璃杯)를 밧드러 부친긔 드리고, 츅슈(祝壽)ᄒᆞᄂᆞᆫ 가ᄉᆞ(歌辭) 일곡(一曲)을 브란 후, 지빈이퇴(再拜而退)ᄒᆞ믹, 태ᄌᆞ쇼ᄉᆞ 원샹이 지샹(宰相) 관복(冠服)을 ᄀᆞᆺ초고 뉴리빈(琉璃杯)를 밧드러 부친긔 드리고, 남산지슈(南山之壽)를 츅(祝)ᄒᆞ고 지빈이퇴ᄒᆞ니 북빅후 원챵이 원후 고명으로 옥빈를 【63】헌ᄒᆞ고 강능지슈를 츅ᄒᆞ고 지빈이퇴(再拜而退)ᄒᆞ니, 녜부샹셔 원필이 ᄌᆞ포옥디

---

1502)북노(北虜) ; 북쪽에 있는 오랑캐.
1503)개가반ᄉᆞ(凱歌班師) ; 전쟁에 이겨 개선가를 부르며 군사를 이끌고 돌아옴.
1504)삼군(三軍) : 예전에, 군 전체를 이르던 말.
1505)ᄉᆞ연ᄉᆞ악(賜宴賜樂) ; 임금이 신하에게 잔치와 음악을 내림.
1506)승안경근지도(承顔敬謹之道) : 공경하고 삼가며 어버이의 뜻을 살펴 섬기는 도리.
1507)헌빈진쟉(獻拜進爵) : 절을 올리고 술잔을 드림.
1508)남산지슈(南山之壽) : 남산(南山)이 다 닳아 없어질 때까지의 영원한 시간의 수명(壽命). 오래 살기를 빌 때 쓴다,

(紫袍玉帶)로 뉴리비룰 헌ᄒᆞ고 남산지슈룰 헌츅(獻祝)ᄒᆞ니, 공이 네부룰 필ᄌᆞ(畢子)라 ᄉᆞ랑이 본ᄃᆡ ᄌᆞ별(自別)ᄒᆞᆫ 고로 귀듕ᄒᆞ미 지극ᄒᆞ니, 네뷔 지빅이퇴ᄒᆞ니, 녀셔 윤승상 효문공이 일품(一品) 관면(冠冕)을 갓초고 반ᄌᆞ지도(半子之道)1509)룰 다ᄒᆞ여 헌작ᄒᆞ니, 공이 집슈 왈,

"내 무ᄉᆞᆷ 복으로 불미ᄒᆞᆫ ᄯᆞᆯ노뼈 이 ᄀᆞᆺ튼 대셩(大聖)의 ᄉᆞ회1510)룰 어덧ᄂᆞ뇨? 이ᄂᆞᆫ 국가(國家) 대복(大福)이오, 증민(蒸民)1511)의 복이로다."

효문공이 ᄉᆞ사이퇴(謝辭而退)ᄒᆞ니, 진왕이 잔을 들고 왈,

"년슉(緣叔)1512)의 【64】관일지튱(貫一之忠)과 여산직졀(如山直節)이 턴디의 감동ᄒᆞ샤 ᄌᆞ손이 여ᄎᆞ(如此) 영귀(榮貴)ᄒᆞ니, ᄎᆞᄂᆞᆫ 존문(尊門)의 복경이로소이다."

언흘(言訖)의 직비이퇴(再拜而退)ᄒᆞ니, 금평휘 아ᄌᆞ룰 도라보아 왈,

"여등(汝等)이 금일 연셕의 참예ᄒᆞ여 무궁(無窮)ᄒᆞᆫ 경하(慶賀)룰 아니치 못ᄒᆞ리니, 하작(賀酌)을 밧드러 ᄌᆞ질지녜(子姪之禮)1513)룰 ᄒᆡᆼᄒᆞ라."

졔왕 등이 비샤슈명ᄒᆞ고 일시의 헌작 하례ᄒᆞ니, 뎡국공이 졔왕 곤계의 잔을 밧고 스스로 잔을 잡아, 졔왕을 권ᄒᆞ여 왈,

"창빅이 슌비(巡杯)룰 불음(不飮)ᄒᆞ니 녕존 면젼의 취ᄉᆡᆨ(醉色)이 이시믈 근심ᄒᆞ나, 【65】창빅의 쥬량(酒量)을 내 아ᄂᆞ니, 모로미 나의 권ᄒᆞᄂᆞᆫ 술을 ᄉᆞ양치 말나. 우리 부ᄌᆞ의 즐기미 우흐로 셩쥬(聖主)의 일월지명(日月之明)과 아릭로 창빅의 ᄒᆡ활지덕(海闊之德)이라. 어늬 ᄶᆡ의 은혜룰 만일(萬一)1514)이나 갑ᄒᆞ리오."

왕이 도로혀 불안ᄒᆞ여 ᄡᅡᆼ슈로 잔을 밧ᄌᆞ와 거후라고 직비ᄒᆞ니라.

날이 느ᄌᆞ미 상이 태우룰 보ᄂᆡ사 잔치룰 도으시니, 공이 망궐사은(望闕謝恩)ᄒᆞ고 ᄉᆞ ᄌᆞ(四子)와 임태우로 더브러 직입ᄂᆡ샤(直入內舍)ᄒᆞᆯᄉᆡ, ᄂᆡ연(內宴)의 셩ᄒᆞ미 외연과 일반이라. 윤부인 ᄉᆞ금장(四襟丈)1515)이 쇼고(小姑) 윤부인1516)으로 더브러, 존고룰 뫼셔 친 【66】쳑 부인ᄂᆡ와 년닌(連姻)1517) 부인ᄂᆡ 셩(盛)히 모드믈 사례ᄒᆞ고 흔연(欣然) 한담(閑談)ᄒᆞ더니, 초공 형뎨 녜관(禮官)으로 드러오믈 고ᄒᆞ미, 졔긱이 다 장ᄂᆡ(場內)로 들고, 됴부인이 쇼ᄉᆞ 부인 임시로 더브러 녜관을 볼ᄉᆡ, 초공 형뎨 몬져 드러와 태태(太太)긔 뵈옵고 은영의 과도ᄒᆞ시믈 닐ᄏᆞᄅᆞ미, 임태위 상교(上敎)룰 젼ᄒᆞᆫ 후, 삼비

1509)반ᄌᆞ지도(半子之道) : 사위의 도리. *반자(半子); 아들이나 다름없다는 뜻으로, '사위'를 이르는 말.
1510)ᄉᆞ회 : 사위.
1511)증민(蒸民) : 뭇 백성. 또는 모든 백성.
1512)년슉(緣叔) : 아저씨라고 부를 만한 친지.
1513)ᄌᆞ질지녜(子姪之禮) : 아들과 조카로서의 예절.
1514)만일(萬一) : '만(萬) 가운데 하나'라는 뜻으로 아주 적은 양을 이르는 말.
1515)윤부인 ᄉᆞ금장(四襟丈) : 하원광의 처 윤현아 등 네 동서(하원광·원상·원창·원필 4형제의 처들)를 이름.
1516)쇼고(小姑) 윤부인 : 시누이 윤희천의 처 하영주.
1517)년닌(連姻) : 인척(姻戚). 혼인에 의하여 맺어진 친척.

(三盃) 헌슈(獻壽)를 공경ᄒ여 파ᄒᄆᆡ, 됴부인이 일작(一酌) 불음(不飮)이나 셩은(聖恩)을 감격(感激)ᄒ여 술을 졉구(接口)ᄒ고 망궐샤은 후, 태우를 향ᄒ여 함누(含淚) 고왈,

"원창이 쇼쇼(小小) 공뇌를 일우고 원광이 태즁황【67】각(泰重黃閣)1518)의 거(居)ᄒ니 불과 작녹(爵祿)을 허비ᄒᆯ ᄯᆞᆷ이어늘, 셩은이 쳡의게 ᄂᆞ리시니 황공ᄒᆞ도소이다."

공이 부인을 향ᄒ여 왈,

"내 ᄌᆞ셔(子壻)의 잔을 밧아시니 식부 등의 술을 마ᄌ 거후라고져 ᄒᄂᆞ니, 부인은 미조ᄎᆞ1519) 잔을 밧으쇼셔."

언필에 식부(息婦) 등으로 ᄒ야금 잔을 잡으라 ᄒ니, 윤·연·경·님·뎡·위·냥·진 팔부인이 ᄎᆞ례로 헌작ᄒ니, 연시의 험모(險貌)ᄒᆞᆫ 흉치(凶彩)ᄂᆞᆫ 볼ᄉᆞ록 더럽고 츄(醜)ᄒ나, 그 밧 칠인은 다 개개히 션풍옥골(仙風玉骨)이며 일월명광(日月明光)이라. 공이 윤부인을 ᄉᆞ랑ᄒ고 귀듕ᄒ【68】ᄆᆞᆫ 됴부인의 ᄆᆞᄋᆞᆷ과 ᄀᆞᆺ고, 뎡·님 이듕ᄒᄆᆞᆫ 윤시 버금이라. 잔을 밧고 면면(面面) 칭ᄋᆡ(稱愛)ᄒ여 윤시의 초년 궁익(窮厄)던 즁(中)도 셩심(誠心)이 흐ᄀᆞᆯᄀᆞ던 바를 닐ᄏᆞ라, 효ᄒᆡᆼ이 진효부(陳孝婦)1520)의 지나고, 셩ᄒᆡᆼ이 녀즁아셩(女中亞聖)이라 ᄒ여, ᄉᆞ좌(四座)의 자랑ᄒ니, 졔인(諸人)이 황감(惶感) 비ᄉᆞ이 퇴(拜辭而退)ᄒ니, 공이 녀ᄋᆞ의 잔을 지쵹ᄒᆞ되 승상 부인이 일품면복(一品冕服)1521)의 옥비(玉杯)를 ᄀᆞ득 부어 헌(獻)ᄒ니, 공이 슈루(垂淚) 왈,

"너의 남ᄆᆡ 업스면 내 비록 토목(土木) ᄀᆞᆺ트나 엇지 견ᄃᆡ여시리오. 아녀ᄂᆞᆫ 즐거온 집 사ᄅᆞᆷ과 ᄀᆞᆺ지 못ᄒ니, 가지록 비약(卑弱)【69】겸퇴(謙退)를 쥬(主)ᄒ여 복(福)을 길우라."

부인이 환연비샤(歡然拜謝)ᄒ더라.

초공 등이 모부인긔 헌작ᄒ고 각각 츅슈지가(祝壽之歌)를 부르니, 부인이 다만 졉구(接口)만 ᄒ고 물너니, 승상 윤효문이 옥비를 밧드러 나온ᄃᆡ, 부인이 년망(連忙)이 잔을 밧고 칭샤 왈,

"원광 등의 헌작도 쳡이 술을 못먹으니 브졀업ᄉᆞ되 져의 졍을 펴고져 ᄒᄆᆡ 막지 못ᄒ엿거니와, 현셔ᄂᆞᆫ 슈고로이 잔을 잡아 쳡의 압히 나오ᄂᆞ뇨? 쳡이 본ᄃᆡ 언단(言端)이 셔어(齟齬)ᄒᆞᆫ 고로 현셔를 ᄃᆡᄒ여 ᄒᆞᆫ번 심곡(心曲)을 펴지 못ᄒ엿ᄂᆞ니, 【70】 불민ᄒᆞᆫ 녀ᄋᆞ로ᄡᅥ 현셔ᄀᆞᆺ튼 대군ᄌᆞ를 ᄡᅡᆼ지어, 졔 몸이 존귀ᄒ고 문난의 광치 무흠ᄒ니, 깃브고 긔특ᄒᆞ믈 엇지 다 닐ᄋᆞ리오. 태뷔(太傅)1522) 흠신 손샤(遜辭)ᄒ더라.

---

1518)태즁황각(泰重黃閣) : 지극히 중요한 기관인 의정부. *황각(黃閣) : 의정부(議政府)를 달리 이르는 말.
1519)미조ᄎᆞ : 뒤따라. 뒤이어. *미좇다; 미좇다. 뒤미처 좇다.
1520)진효부(陳孝婦) : 한(漢)나라 때 진현(陳縣)의 효부. 남편이 변방에 수자리 살러 나가 죽자, 남편과의 약속을 지켜 일생 개가(改嫁)하지 않고 시어머니를 성효로 섬겼다. 『소학』〈제6 선행편〉에 나온다.
1521)일품면복(一品冕服) ; 1품 품계의 관원과 그 부인이 쓰는 면류관(冕旒冠)과 입는 관복(官服).
1522)태뷔(太傅) : 고려 시대에, 임금의 고문을 맡은 정일품 벼슬. 윤희천의 관직 황태부(皇太傅)를 가리킴.

초공이 믄득 쇼亽(少師)[1523]룰 도라보아 왈,

"아등이 고인의 질튜(跌墜)[1524] 열친지亽(悅親之事)룰 잠간 입닉닉고져[1525] ᄒᆞᄂᆞ니, 우형이 창뎨로 더브러 무슈(舞袖)룰 놀녀 존젼의 우음을 돕亽오리니, 현뎨ᄂᆞᆫ 현금탄가(玄琴彈歌)ᄒᆞ여 즐기믈 다ᄒᆞᆷ이 엇더ᄒᆞ뇨?"

쇼亽ㅣ 쇼왈,

"쇼뎨(小弟) 슈불민(雖不敏)이나 엇지 亽양ᄒᆞ리잇고?"

초공이 부모긔 고왈,

"쇼지 ᄒᆞᆫ번 무슈(舞袖)로 존【71】젼의 뵈고져 ᄒᆞᄂᆞ이다."

공의 부뷔 일시의 희연 왈,

"네 우리 보기룰 위ᄒᆞ여 우은 거조룰 ᄒᆞ고져 홀진딕 어이 막으리오."

초공이 즉시 쳥하(廳下)의 금亽장(金絲帳)[1526]을 둘너치고, 악공을 드려 풍뉴(風流)룰 닉외(內外)로 긔장(開場)ᄒᆞ고, 쇼亽ㅣ(少師) 현금(玄琴)을 흔가히 어라만져 음뉼(音律)을 화(和)ᄒᆞᄆᆡ, 초공이 북후로 더브러 공후복식(公侯服色)과 일품관면(一品冠冕)으로 편편(翩翩)ᄒᆞᆫ 광슈(廣袖)룰 썰치,니 늠연ᄒᆞᆫ 신위와 쇄락ᄒᆞᆫ 용광이 만좌의 휘황ᄒᆞ니, 국공 부뷔 어린다시 눈이 냥亽(兩子)의 신상의 뽀아 ᄀᆞ득히 두긋김과 무궁이 아름다오믈 【72】니긔지 못ᄒᆞ여, 셕亽(昔事)룰 감상(感傷)ᄒᆞ여 쳑연(慽然)ᄒᆞ던 빗치 곳쳐 환열(歡悅)ᄒᆞ더라.

초공과 북휘 휜당(萱堂)의 희열ᄒᆞ시믈 환힝ᄒᆞ여 오릭도록 무슈(舞袖)룰 긋치지 아니터니 날호여 긋치고, 몽셩 등 졔공ᄌᆞ룰 불너 짱짱이 딕무(對舞)룰 식이니, 오히려 부슉(父叔)의셔 일층 더ᄒᆞ여, 몽셩의 뇽호풍습(龍虎風習)과 몽닌의 닌봉ᄌᆞ질(麟鳳資質)이 호호찬난(皓皓燦爛)ᄒᆞ니, 존당의 황홀ᄒᆞᆫ 亽랑이 비홀 곳이 업ᄂᆞᆫ지라. 국공의 강밍녈일(强猛烈日)ᄒᆞᆫ 셩졍으로도 손ᄋᆞ의 다드라ᄂᆞᆫ, 젼혀 위의(威儀)룰 일허 귀듕ᄒᆞ믈 쥬(主)ᄒᆞ고 【73】 그 힝亽(行事)룰 계칙(戒責)ᄒᆞᄂᆞᆫ 빅 업亽니, 졔ᄋᆞ(諸兒) 등이 부젼(父前) 밧근 삼가ᄂᆞᆫ 일이 적더라.

죵일 진환(盡歡)ᄒᆞᄆᆡ 낙극달난(樂極團欒)ᄒᆞ여 술은 희슈(海水)의 넉넉ᄒᆞ고, 팔진경찬(八珍瓊饌)[1527]은 태산 ᄀᆞᆺ트여 쳔만인(千萬人)이 먹고 유여(裕餘)홀지라. 화미진슈(華味珍羞)[1528]룰 수릭의 시러, 장션동으로 동문 안ᄀᆞ지 버려, 도로의 걸식ᄒᆞᄂᆞᆫ 뉴(類)와 원인(遠隣)[1529]의 남녀노쇼(男女老少)룰 다 포복(飽腹)토록 먹이니, 연슈(宴需)의 장

---

1523) 쇼亽(少師) : =태자소사(太子少師). 태자소사의 관직을 역임한 바 있는 윤희천을 가리킨다.
1524) 질튜(跌墜) : =질튜아희(跌墜兒戲). 중국 초나라의 효자 노래자가 발을 헛디뎌 넘어진 일이 있었는데, 이를 본 부모가 걱정할까봐 땅바닥에 그대로 드러누워 뒹굴며 어린애가 우는 시늉을 하여, 도리어 부모를 웃게 하였다는 고사를 말함.
1525) 입닉닉다 ; 흉내 내다.
1526) 금亽장(金絲帳) : 금빛나는 실로 장식한 휘장.
1527) 팔진경찬(八珍瓊饌) : 아주 잘 차린 음식상에나 갖춘다고 하는 여덟 가지 진귀한 음식.
1528) 화미진슈(華味珍羞) : 화려하고 맛좋은 진귀(珍貴)한 음식.

(壯)홈과 긔구(器具)의 부려(富麗)ᄒ미 우흐로 만승(萬乘)의 ᄉ연(賜宴)ᄒ시미오, 아리로 공후의 부귀(富貴)ᄅᆞᆯ 기우려[린] 위친슈셕(爲親壽席)이믈 알지라.

날이 어두온 후 ᄂᆡ외 빈긱(賓客)이 흣ᄐᆞᆯ 【74】 붉혀 각산기가(各散其家)ᄒ고, 악공과 기녀 등은 머므러 삼일을 다 즐기려 ᄒᆞᆯᄉᆡ, 하노공이 술을 과취ᄒ여 몸이 닛브므로1530) ○○○○[초공 등이] 일즉 취침ᄒ시믈 쳥ᄒ고, 밧게 나와 《부군을∥금평후와 호람후롤》 뫼셔 {와} 밤을 지ᄂᆡ고, 삼일을 크게 즐길ᄉᆡ, 빈긱의 장(壯)홈과 긔구의 풍화(豊華)ᄒ미 첫날 연셕의셔 감치 아니터라.

삼일을 니어 즐기미 악공과 기녀ᄅᆞᆯ 상급ᄒ여 도라보ᄂᆡ고 하공 부ᄌᆞ 상표(上表)ᄒ여 셩은을 샤례ᄒ되, 상이 인견ᄒ샤 복녹을 닐ᄏᆞ라시고 ᄉ쥬(賜酒)ᄒ시니, 춍권(寵眷)1531)이 당시의 희한(稀罕)ᄒ더라.

ᄎᆞ시 하승상 【75】 의 장ᄌᆞ 몽셩의 ᄌᆞ(字)ᄂᆞᆫ 텬뵈니 원비 윤부인의 탄싱애라. 텬의(天意) 특별이 하시ᄅᆞᆯ 흥긔(興起)코져 ᄒᆞᆫ낫 긔린(麒麟) 영쥰(英俊)을 ᄂᆡ여 송됴(宋朝)ᄅᆞᆯ 보좌ᄒ며 하문을 붓들고져 ᄒ시니, 학셩과 윤부인의 셩효 인덕을 갑흐시미라. 몽셩의 싱셩작인(生性作人)1532)이 츌어범뉴(出於凡類)ᄒ여, 나히 십셰ᄅᆞᆯ 지나미 츌텬대효(出天大孝)와 개셰튱녈(蓋世忠烈)이 일셰의 ᄲᅱ여나더라. 초공이 부모긔 고ᄒ여 몽셩으로써 망형(亡兄) 션학ᄉ(先學士)의 계후(繼後)ᄅᆞᆯ 뎡코져 ᄒ더라 【76】

---

1529)원인(遠隣) : 먼 곳과 이웃. =원근(遠近).
1530)닛브다 : 잇브다. 고단하다.
1531)춍권(寵眷) : 춍애(寵愛). 남달리 사랑함.
1532)싱셩작인(生性作人) : 천성과 인물됨.

# 윤하뎡삼문취록 권지십수

 추시 초공이 부모긔 고호여 몽셩으로써 망형(亡兄) 션학수(先學士)의 계후(繼後)를 뎡호여 후수(後嗣)를 멸치 아니케 호고, 주긔는 맛춤닌 뎨직(弟者) 되믈 고호니, 노공 부뷔 결단호믈 어려히 넉여 왈,

 "원경과 님현뷔 십칠 청츈의 일졈 혈식(血息)1533)이 업고 부뷔 참망(慘亡)호니 스스로 원통호나, 텬도의 숣히믈 닙어 져의 삼형뎨 우리 슬하를 닙호고, 님현뷔 다시 님가의 가, 늣거온 인연을 니으니, 몽시(夢事) 허탄(虛誕)호나 샹·창·필 삼ᄋ(三兒)의 졍신인 듯 경·보·《삼∥상》셰 ᄋ히 【1】 다시 사랏는지라. 어이 굿트여 《셩ᄋ∥경ᄋ》로써 우리의 장지라 호여, 몽ᄋ로써 계후를 삼으리오. 우리 뜻인즉 너로써 장주를 삼아 셰월이 구의(久矣)라. 어이 새로이 별(別) 의논을 닌리오."

 초공이 불가(不可)호믈 닐콧고,

 "삼형 녕빅(靈魄)이 다시 슬하를 닙호여 샹·창·필 삼뎨 되엿다 닐을지라도, 쇼주의 도린즉 형망즉뎨급(兄亡卽弟及)1534)으로 주립종수(自立宗嗣)1535)호는 거시 만만(萬萬)1536) 불수(不似)1537)홀 쑨 아니라, 추형과 삼형은 오히려 취실젼(娶室前)이나, 빅시(伯氏)는 님 수(嫂)를 취호여 여러 일월이 되고, 년긔(年紀)도 이팔(二八)을 넘엇던 비라. 쇼시(少時)의 빵망(雙亡)으로 【2】 닐으지 못홀지라. 몽닌○[은] 셩ᄋ의 빵틴애(雙胎兒)니 닌ᄋ로써 쇼주(小子)의 후수(後嗣)를 맛기고, 몽ᄋ로써 망형(亡兄)의 후수(後嗣)를 뎡호미 맛당호오니, 부모는 쾌허(快許)호쇼셔."

 공의 부뷔 ᄋ주의 언시(言辭) 수리당연(事理當然)호믈 혜아려, 마지 못호여 몽셩으로써 션학수 원경의 계후(繼後)1538)를 뎡홀식, 조종(祖宗)1539) 신위(神位)의 고호고, 션학수(先學士)의 신위(神位)를 놉히 봉안(奉安)호여, 조션(祖先) 신위(神位)와 굿치호고, 몽셩의 입장(入丈)호믈 기다려 졔쥬(祭主)1540)를 곳치려 호니, 하노공 부뷔 셕스를

---

1533)혈식(血息) : 제사를 지내줄 자식.
1534)형망즉뎨급(兄亡卽弟及) : 형이 죽으면 동생이 형의 지위를 이음.
1535)주립종수(自立宗嗣) : 스스로 종사(宗嗣)를 계승함.
1536)만만(萬萬) : 아주. 전혀.
1537)불수(不似) : 닮지 않은 상태에 있다. 격에 맞지 않다.
1538)계후(繼後) : 양자로 대를 잇게 함. 또는 그 양자
1539)조종(祖宗) : 시조가 되는 조상.
1540)졔쥬(祭主) : 제사의 주인이 되는 상제

새로이 감샹(感傷)ᄒ고, 초공의 지극ᄒᆫ 셩의(誠意)를 아름다이 넉여, 그 ᄒᆞᄂᆞᆫ 바【3】를 막지 아니터라.

초공이 데삼ᄌᆞ 몽징으로 ᄎᆞ형 션한님(先翰林) 원보의 졔ᄉᆞ를 밧들게 ᄒ고, 데칠ᄌᆞ 몽현으로 삼형 《원감∥원샹》의 졔ᄉᆞ를 밧들게 ᄒ니, 일가 친쳑이 그 셩우(誠友)를 감탄ᄒ더라.

노공이 몽셩의 슉셩쟝대(夙成壯大)ᄒᆞᆷ믈 인ᄒ여 그 비우를 밧비 넉이니, 초공이 조혼쇼빙(早婚少聘)1541)ᄒᆞᆷ믈 불열(不悅)ᄒ나, 대인의 밧비 넉이시믈 어그릋지 못ᄒ여 동셔로 슉녀미부(淑女美婦)를 틱ᄒᆞᆯ시, 국쳑황친(國戚皇親)과 왕공후빅(王公侯伯)이 유녀ᄌᆞ자(有女子者)ᄂᆞᆫ 하공ᄌᆞ의 긔특ᄒᆞᆷ믈 듯고 구혼ᄒᆞᄂᆞᆫ 재 문뎡(門庭)을 드레딕, 초공과【4】윤부인이 ᄋᆞᄌᆞ의 위인을 알믹, 범연ᄒᆞᆫ 녀ᄌᆞᄂᆞᆫ 진압지 못ᄒᆞᆯ가 근심ᄒ여, 브딕 덕용(德容)이 겸비ᄒᆞᆫ 슉녀명염(淑女名艶)을 구ᄒ니, 경이(輕易)히 허혼치 아니ᄒ고, 규슈의 셩화(聲華)1542)를 익이 아ᄂᆞᆫ 곳에 친ᄉᆞ(親事)를 지닉려 ᄒ더라.

ᄎᆞ년 초하(初夏)의 국개 셩과(聖科)를 뎡ᄒᆞ샤 텬하 인직를 《보실ᄉᆡ∥ᄲᅢ1543)실ᄉᆡ》, 초공이 몽셩 등의 나히 어리므로 과갑의 드러가믈 허치 아니니, 몽닌은 밧비 넉이미 업ᄉᆞ나, 몽셩이 착급ᄒ여 ᄀᆞ마니 조모긔 고ᄒ딕,

"금번 과쟝의 대인이 쇼손 등의 나히 어리믈 닐ᄋᆞ샤 관광(觀光)케 못ᄒ시니,【5】쇼손이 감히 고치 못ᄒᆞᆯ지라. 왕뫼 야야를 딕ᄒᆞ샤 여ᄎᆞ여ᄎᆞ(如此如此) 닐ᄋᆞ시면, 대인이 마지 못ᄒ여 쇼손 등을 과갑의 드려보닉시리니, 왕모ᄂᆞᆫ 야야긔 쇼손 등의 허락을 엇게 ᄒ쇼셔."

태부인이 공ᄌᆞ의 도도(滔滔)ᄒᆞᆫ1544) 말ᄉᆞᆷ을 듯고 쇼왈,

"너의 말을 드르믹 우리 셩만(盛滿)ᄒᆞᆷ믈 믹양 근심턴 비 브졀업ᄉᆞᆫ 듯ᄒ나, 참변여싱(慘變餘生)이라, 두리온 의ᄉᆞᆨ 잇거니와, 여부(汝父)ᄃᆞ려 과쟝(科場)의 드려보닉라 ᄒᆞᆷ미 무슴 어려오리오."

공지 깃거 지빅이퇴(再拜而退)ᄒ니, ᄎᆞ일 혼뎡(昏定)의 태부인이 초공을 딕ᄒ여 왈,

"금번 과거【6】의 몽셩 형뎨를 드려보닉여 혹ᄌᆞ 참방(參榜)ᄒᆞᆯ 곳 이시면 두굿겁고 아름다오미 너의 등양시(騰揚時)의 셰번 더을 듯ᄒ고, 겸ᄒ여 망ᄋᆞ(亡兒)의 녕빅(靈魄)이 명명(冥冥) 즁 아름이 이실진딕, 계휘(繼後) 빗나미 환희ᄒ고, 너의 지극ᄒᆞᆫ 셩우(誠友)를 감ᄉᆞ치 아니랴?"

초공이 이셩(怡聲) 딕왈,

"ᄌᆞ위 몽ᄋᆞ 등의 과경(科慶)을 보고져 ᄒ시니, 하감역명(何敢逆命)1545)이리잇고마ᄂᆞᆫ,

---

1541)조혼쇼빙(早婚少聘) : 일찍 혼인하여 어려서 아내를 맞음.
1542)셩화(聲華) : 세상에 널리 알려진 명성.
1543)ᄲᅢ다 : 뽑다.
1544)도도(滔滔)ᄒ다 : ①물이 그득 퍼져 흐르는 모양이 막힘이 없고 기운차다. ②말하는 모양이 거침이 없다.

방일(放逸)ᄒ 의히 일즉 등양(騰揚)ᄒ여 ᄯᆺ을 어드면, 긔운을 더욱 쥬리잡지 못ᄒ여
방탕(放蕩)ᄒᆯ가 ᄒ니다.”

부인이 몽셩의 쳥을 드러시ᄆᆡ, 지삼 드러보니믈 당부【7】ᄒ니, 공이 슈명이퇴(受命
而退)ᄒ여 치원뎐의 드러가니, 모친 겻히 몽셩이 잇다가 ᄒ당영지(下堂迎之)ᄒ디, 공
이 입실좌뎡(入室坐定)ᄒ미 몽셩을 나아오라 ᄒ여, 경계 왈,

“내 널노ᄡᅥ 과장의 드리고져 ᄯᆺ이 업더니, ᄌᆞ뎡이 입과(入科)코져 닐ᄋ시니 브득이
과장의 나아가게 ᄒ거니와, 오문(吾門)은 참화여싱(慘禍餘生)이라 너는 션ᄇᆡᆨ시(先伯氏)
계휘(繼後)로디, 화망지변(禍亡之變)1546)을 당ᄒ여 보지 못ᄒ여시나, 부형(父兄)1547)이
쳔고의 업슨 원억(冤抑)을 품고 님죵시(臨終時)의 일가 친쳑이 일인도 본 일 업시 조
셰(早世)ᄒ신 일은 궁텬지통(窮天之痛)이라. 뎡듁【8】쳥의 대은(大恩)과 션뎨(先帝)의
일월지덕(日月之德)을 무릅ᄡᅳ와 신셜(伸雪)이 쾌(快)ᄒ고, 슈인(讐人)을 내 손으로 보
슈(報讐)ᄒ미[여] 남은 흔이 업스나, 션ᄇᆡᆨ시(先伯氏) 몸은 다시 도라오실 길 업고, 상
·창·필 삼뎨(三弟)의 젼신(前身)은 삼위망형(三位亡兄)이라 ᄒ나, ○[그] 가온디 억
만비환(億萬悲患)은 진실노 죽으나 닛지 못ᄒᆯ지라. 초상(初喪) 입념지졔(入殮之際)1548)
의 내 손으로 졍(情)을 펴지 못ᄒ며, 궁진(窮塵)1549)의 장(葬)ᄒ기를 당ᄒ여 빙뎐(殯
前)1550)을 어라만져 영결(永訣)1551)치 못ᄒᆫ 비회(悲懷) 셰월노조ᄎ 졈졈 더으디, 대인
과 ᄌᆞ위 통상(痛傷)ᄒ시믈 돕지 못ᄒ여, 됴흔 다시 일월을 보니【9】ᄂᆞᆫ지라. 이제 네
힝실은 남의게 각별 됴심ᄒ여, 나아가미 것츨 다시 ᄒ고1552) 물녀가미 반다시 익익겸
퇴(翊翊謙退)1553)ᄒ여도, 맛ᄎᆞᆷᄂᆡ 화가여싱(禍家餘生)1554)이라 사름의 ᄭᅮ지람을 면키
어려오리니, 여뷔(汝父) 무용무식(無用無識)1555)ᄒ나 ᄌᆞ식으로ᄡᅥ 그릇가져 아닐지라,
네 ᄆᆡ양 무비(武備)1556)를 슝상ᄒᄂᆞᆫ 거동이니, 오문(吾門)은 디디로 무반(武班)1557)을
비쳑ᄒ여 유학(儒學)을 힘ᄡᅳ고, 말좌(末座) 셔파(庶派)의도 무관이 업ᄂᆞ니, 네 과장의
나아갈지라도 일도(一道)를 직희여 글을 지어 밧치고, 권무쳥(勸武廳)1558)을 드디

1545)하감역명(何敢逆命) : 어찌 감히 명령을 거역하겠습니까?
1546)화망지변(禍亡之變) : 화(禍)를 입고 망한 참변.
1547)부형(父兄) : '아버지와 같은 형'이란 뜻으로 형을 높여 이르는 말.
1548)입념지졔(入殮之際) : 초상(初喪)이 나서 습염(襲殮)과 입관(入棺)을 하는 때.
1549)궁진(窮塵) : 궁벽한 땅.
1550)빙뎐(殯前) : 시신을 안치한 관(棺)의 표면. *빙; 빈(殯). 시신을 안치한 관(棺). *빙소; 빈소(殯所). 시신
을 안치한 관을 놓아둔 곳.
1551)영결(永訣) : 죽은 사람과 산 사람이 서로 영원히 헤어짐.
1552)것츨 다시 ᄒ다 : 거칠 듯이 하다. 무엇에 걸리지나 않을까 조심하다. *것츠다 : 거치다. 무엇에 걸리다.
1553)익익겸퇴(翊翊謙退) : 삼가고 조심하여, 겸손히 사양하고 물러남. *익익(翊翊); 삼가고 조심함.
1554)화가여싱(禍家餘生) : 죄(罪)를 지어 화(禍)를 입은 집안의 자손.
1555)무용무식(無用無識) : 쓸모없고 아는 것도 없음.
1556)무비(武備) : 군사에 관련된 대비(對備)를 하는 일. 또는 무력(武力)
1557)무반(武班) : 무관(武官)의 반열. 또는 그 반열에 있는 사람.
1558)권무쳥(勸武廳) : 조선 숙종 때에, 양반 자제들에게 무예를 익히게 하기 위하여 훈련도감과 어영청에

지1559) 말나. 뎡듁쳥의 부즈는 문무과를 【10】응ᄒ디 그 지덕이 족히 무과 장임(將任)을 당ᄒ여 텬하를 진복(鎭服)ᄒ염즉 ᄒ고, 복녹이 분양왕(汾陽王)1560)을 우슬 비니 그러ᄒ거니와, 너는 그러치 못ᄒ니 모로미 공경졍대(恭敬正大)키를 힘쓰라."

공지 비이슈명(拜而受命)이러라.

화셜. 초공의 뎨이ᄌ 몽닌의 ᄌ는 지뵈니 윤부인 ᄲᅡᆼ티 동시의 탄싱얘(誕生也)라. 위인이 효뎨튱신(孝悌忠信)ᄒ고 온듕졍대(穩重正大)ᄒ여 장ᄌ지풍(長者之風)이이시니, 부모 슉당(叔堂)이 극이(極愛) 과듕(過重)ᄒ더라. 츠시 우숑암이 하부의 니르러 츠공ᄌ의 거동을 보고 새로이 이듕ᄒ여, 초공을 향ᄒ여 왈,

"쇼뎨의【11】게 ᄒᆞᆫ낫 쇼녜 이시니 가히 취홀 거슨 업스나, 셔랑 구ᄒᆞᆷ은 과ᄒ여 유의ᄒᆞᆷ이 오린지라. 지금 ᄒᆞᆫ낫 군ᄌ를 갈히지 못ᄒ엿더니, 녕낭의 특이ᄒᆞᆫ 긔질은 금셰(今世) 일인(一人)이라. 쇼뎨의 동상을 밋고져 ᄒᄂᆞ니, 바리지 아니시면 다힝홀가 ᄒᄂᆞ이다."

공이 손사(遜辭) 왈,

"형언이 불감승당(不敢承當)1561)이라. 돈이(豚兒)1562) 엇지 셩언(盛言)을 감당ᄒ리잇고? 연이나 냥가 ᄌ녀 치발(齒髮)1563)이 미셩(未成)ᄒ야시나 빙물(聘物) 보ᄂᆡ미 무어시 어려오리잇고마는, 쇼뎨의게 여러 ᄌ식이 이셔 종장(宗長)을 닐오면 장ᄌ 몽셩이니, 【12】일가의 듕(重)ᄒᆞᆫ 뎨(弟)의 몸의 더은지라. 츠이 비록 쇼뎨의게는 큰 ᄌ식이나, 몽ᄋᆞ의 혼쳐를 미뎡ᄒ고 닌ᄋᆞ의 빙폐(聘幣)를 션힝ᄒᆞᆷ이 불가ᄒ니, 형은 의려(疑慮)마르쇼셔."

션싱 왈,

"쇼뎨 명공을 미신(未信)ᄒᆞᆷ이 아니라, 믹ᄉᆞ(每事) 완뎡(完定)ᄒ여 두미 올ᄒ니, 빙폐(聘幣)1564)란 션힝ᄒ고 길녜는 후에 일우게 ᄒ라."

공이 우쳐스의 밧비 넉이믈 고이히 넉이디, 브득이 권도(權道)로 명월픽(明月牌) 일쥬(一株)를 믿다라 빙폐ᄒ니 우션싱이 흔희ᄒᆞᆷ믈 마지 아니터라.

시시의 냥공지 과장의 드러가 글졔를 보고 시【13】지(試紙)를 펼쳐 일필휘쇄(一筆揮灑)1565)ᄒ여 밧치고, 쳔만 다ᄉᆞ(多士) 듕을 단니며 관광ᄒ더라.

상이 여러 장 글을 보시디 어심(御心)의 불열(不悅)ᄒ시더니, 믄득 두 장 글을 보시

---

따로 설치한 기관.

1559)드듸다 : 디디다. 발을 올려놓고 서다.
1560)분양왕(汾陽王) : 곽자의(郭子儀). 697~781. 중국 당(唐)나라 중기의 무장(武將). 안녹산 사사명의 반란을 평정하고 토번을 쳐 큰 공을 세워 분양왕(汾陽王)에 올랐다.
1561)불감승당(不敢承當) ; 감히 받아들여 감당치 못함.
1562)돈이(豚兒) : '돼지새끼'라는 뜻으로, 자신의 아들을 남에게 낮추어 이르는 말.
1563)치발(齒髮) ; 치아와 머리카락.
1564)빙폐(聘幣) : 혼인신물. 빙물(聘物).
1565)일필휘쇄(一筆揮灑) : 붓을 들어 단숨에 글씨를 내리 쓰거나 그림을 그려 냄.

고 텬안(天顔)이 대열호샤 졔신을 뵈이시고 장원(壯元)과 탐화(探花)1566)롤 의논호시니, 시관이 쏘흔 고하롤 뎡키 어려온지라 능히 뒤주(對奏)치 못호니, 상이 드듸여 장원과 탐화롤 뎡호시고 비봉(秘封)을 쩌혀 호명호니,

"호쥐인 하몽셩의 년이 십삼이오, 부는 뎐임학소 하원경이라"

브르기롤 맛츠미, 일위(一位) 군직 옥계(玉階)의 츄진(趨進)【14】호니, 그 풍치 앙장(昂壯) 쇄락(灑落)호여 쳔고(千古) 영쥰(英俊)이니, 우흐로 텬안(天顔)과 아릭로 만됴 일시의 브라보고 경복호며, 텬심이 크게 스랑호샤 계화(桂花)와 쳥삼화딕(靑衫華帶)1567)롤 주시고 칭이(稱愛) 왈,

"경의 양부(養父)1568)의 원앙조소(怨怏早死)1569)호믄 우흐로 국가의 불힝이오, 아릭로 소셰(士庶)1570) 다 츠셕(嗟惜)호는 비러니, 경이 그 계휘(繼後) 되여시니 원경의 후소(後嗣) 빗나믄 닐으도 말고, 사직지힝(社稷之幸)1571)이라."

호시니, 계슈사은이퇴(稽首謝恩而退)1572)호니, 뎐두관(銓頭官)이 츠례로 탐화롤 호명호니,

"호쥐인 하몽닌의 년이 십삼이오, 부는 좌승상 초국공 하【15】원광이라."

브르기롤 맛츠미, 하공지 응명(應命)호여 옥계하(玉階下)의 츄진호미, 풍광이 동인(動人)1573)호니 텬안과 빅뇨(百寮) 그 나흘 놀나고 신치롤 아니 흠션(欽羨)호니 업더라. 상이 쳥삼화딕(靑衫華帶)롤 주시며 칭션(稱善)호사 왈,

"산고옥츌(山高玉出)이오 히심츌쥐(海深出珠)라 호미[니], 흐경의 셩현지풍(聖賢之風)으로 츠인 형뎨롤 두미 고이치 아니커니와, 이딕도록 슉셩(夙成) 긔이(奇異)호믄 아지 못흔 빅라. 흔갓 하문을 흥긔홀 쑨 아냐 사직지힝(社稷之幸)이라."

호시니, 만됴 일시의 득인(得人)호시믈 진하(陳賀)호고, 츠례로 신닉(新來)1574)롤 불너 드리【16】샤 진퇴(進退)호시고, 장원으로써 한님학소(翰林學士) 듕셔사인(中書舍人)1575)을 호이시고 탐화(探花)로 집현뎐(集賢殿)1576) {태}학소(學士)롤 호이시니, 장

---

1566) 탐화(探花) : 조선 시대에, 과거 시험에서 갑과에 셋째로 급제한 사람. 정칠품의 품계를 주었다. 그러나 고소설에서는 2등 급제자를 칭하는 '해원(解元)'과 혼동하여 2위 급제자를 칭하는 말로 두루 쓰이고 있다.

1567) 쳥삼화딕(靑衫華帶) : 조선시대에 임금이 과거급제자에게 내리던 '푸른 도포와 띠'

1568) 양부(養父) : 양자가 됨으로써 생긴 아버지.

1569) 원앙조소(怨怏早死) : 원통하고 억울하게 일찍 죽음.

1570) 소셰(士庶) : '사대부와 서인'을 아울러 이르는 말로 '모든 백성'을 뜻함.

1571) 사직지힝(社稷之幸) : 나라에 다행한 일. *사직(社稷); 나라 또는 조정을 이르는 말.

1572) 계슈사은이퇴(稽首謝恩而退) : 절하여 사은(謝恩)하고 물러남. *계수(稽首); 중국의 〈주례〉에 나오는 아홉 가지 절의 하나. 머리가 땅에 닿도록 몸을 굽혀 하는 절로, 우리의 '큰절'에 해당하는 절이다.

1573) 동인(動人) : 사람의 마음을 움직임.

1574) 신닉(新來) : 새로 과거에 급제한 사람.

1575) 듕셔사인(中書舍人) : 의정부사인. 의정부에 속한 정4품 벼슬.

1576) 집현뎐(集賢殿) : 조선 전기에 둔, 경적(經籍) · 전고(典故) · 진강(進講) 따위를 맡아보던 관아.

원이 벼슬을 스양홀 무음이 업스디 부군의 경계를 져브리지 못ᄒ여 탐화로 더브러 작직(爵職)을 스양ᄒ여 십년 말믜1577)를 쳥ᄒ니, 상이 블윤(不允)ᄒ시고 삼일유가(三日遊街)1578) 후 ᄒᆡᆼ공찰직(行公察職)ᄒᆞ믈 닐ᄋᆞ시고, 승상을 나아오라 ᄒᆞ샤, 칭하(稱賀)왈,

"경의 튱효 겸비(兼備)ᄒᆞ므로 몽셩 몽닌 ᄀᆞᆺ튼 ᄋᆞ들 두믄 상ᄉᆡᆨ(常事)라 ᄒᆞ려니와, 몽셩의 영쥰긔상(英俊氣像)과 몽닌의 셩현풍질(聖賢風質)은 오히려 【17】경의 우희 이셔, 츌뉴ᄒᆞ미 만고의 회한ᄒᆞ니 엇지 아름답지 아니리오. 경이 긔특이 싱즈ᄒ여 딤을 보익(輔翊)게 ᄒᆞ니 엇지 하례 업스리오."

특별이 옥비(玉杯)의 어온(御醞)1579)을 친히 잡아 주시니, 초공이 어온을 밧즈와 직비 사은ᄒᆞ고, 작직 환슈ᄒᆞ시믈 주(奏)ᄒᆞ니, 상이 위유(慰諭)ᄒᆞ시고 블윤ᄒᆞ시더라.

날이 느즈미 장원이 방하(榜下)를 거ᄂᆞ려 드듸여 궐문을 나 귀가ᄒᆞᆯᄉᆡ, 초공 곤계 신ᄂᆡ를 압세워 취운산으로 도라오니, 존당 슉당의 비현ᄒᆞ미, 노공이 냥손의 과경(科慶)을 당ᄒᆞ여 그 【18】 츌뉴 신광이 볼ᄉᆞ록 긔이ᄒᆞ니, 밧비 집슈 무ᄋᆡ(撫愛) 왈,

"여등이 과옥(科屋)의 드러가미 이 ᄀᆞᆺ치 놉히 등양ᄒᆞ여시믄 실시의외(實是意外)1580)라. 유의유건(儒衣儒巾)1581)으로 계화쳥삼(桂花靑衫)을 밧고니, 두굿겁고 아름다오믈 비홀 ᄃᆡ 업스나, 작녹(爵祿)이 인신(人身)의 과의(過矣)요, 네 부슉이 다 작위 슝고ᄒᆞ고 여등이 ᄯᅩ 동방(同榜)○[의] 고등(高騰)ᄒᆞ여 영광이 고슝(高崇)ᄒᆞ니, 어이 젼긍(戰兢)1582)치 아니리오."

하공이 이즈(二子)를 다리고 ᄉᆞ묘(祠廟)의 비알ᄒᆞᆯᄉᆡ, 원모지졍(遠慕之情)1583)이 챵연ᄒᆞ더라. 이의 외당의 나오니 하ᄀᆡᆨ(賀客)이 운집ᄒᆞ여 신ᄂᆡ를 보치여 복녹을 하례ᄒᆞ니, 초 【19】 공이 좌슈우응(左酬右應)ᄒᆞ여 블감ᄉᆞ샤(不堪謝辭)ᄒᆞ고, 주비(酒杯)를 늘녀 빈쥬(賓主) 즐기믈 다ᄒᆞ여, 일모셔산(日暮西山)ᄒᆞ미 졔ᄀᆡᆨ이 각산(各散)ᄒᆞ니, 초공이 삼뎨(三弟)와 이즈(二子)로 더브러 부공을 뫼셔 밤을 지ᄂᆡ니라.

장원 형뎨 삼일유가 후 궐하의 샤은ᄒᆞ오니 상이 춍이ᄒᆞ시더라.

ᄎᆞ시 초공의 계비 연시 본부의 귀령(歸寧)1584)ᄒᆞ여시므로, 사인 형뎨 즈로 나아가 문후ᄒᆞ더니, 연부인의 친질 연쇼졔 방년(芳年) 십삼의 박용누질(薄容陋質)이 빅무일취(百無一取)라. 맛춤 연부인 침소의 왓다가, 좌위 하사인의 와시믈 고ᄒᆞ니, 쇼졔 【2

---

1577) 말믜 : 말미. 일정한 직업이나 일 따위에 매인 사람이 다른 일로 말미암아 얻는 겨를.
1578) 삼일유가(三日遊街) ; 과거에 급제한 사람이 광대를 데리고 풍악을 울리면서 시가행진을 벌이며, 사흘 동안 시험관과 선배 급제자와 친척 등을 찾아보던 일.
1579) 어온(御醞) : 어주(御酒). 임금이 신하에게 내리는 술.
1580) 실시의외(實是意外) ; 실로 뜻밖임.
1581) 유의유건(儒衣儒巾) : 유생이 입던 옷과 머리에 쓰던 건.
1582) 젼긍(戰兢) : 전전긍긍(戰戰兢兢). 몹시 두려워서 벌벌 떨며 조심함.
1583) 원모지졍(遠慕之情) ; 조상을 사모하는 정.
1584) 귀령(歸寧) : =근친(覲親). 시집간 딸이 친정에 가서 부모를 뵘.

0】 년망(連忙)이 겻방의 숨어, 사인의 영풍옥골을 보고 흠모ᄒ여 졍을 참지 못ᄒ다가, 사인이 도라간 후, 연시 슉모를 보고 져의 ᄯᅳᆺ을 닐ᄋ고, 이걸ᄒ여 쥬션(周旋)ᄒᄆ을 쳥ᄒ니, 연부인의 용우(庸愚)ᄒᆫ ᄆᆞᄋᆞᆷ이나, 규녀의 ᄒᆡᆼ실을 히연(駭然)이 넉이는 즁, 본ᄃᆡ 뉴뉴상죵(類類相從)으로 ᄯᅳᆺ이 합ᄒ여 ᄉᆞ랑ᄒᄂᆞᆫ지라. 잠연(潛然)이 안ᄌᆺ더니, 이의 글오ᄃᆡ,

"우슉(愚叔)이 현질(賢姪)을 가져 하가의 입승(入承)ᄒ여 나의 우익(羽翼)을 숨아 빅년대ᄉ(百年大事)1585)를 도모ᄒ리라. 연(然)이나, ᄉᆞ의(私意)로 혼인을 구ᄒ면 결연이 져의 허혼치 아【21】니ᄒ리니, 몬져 여ᄎᆞ여ᄎᆞ 계교를 ᄡᅥ 져의 부ᄌᆞ로 ᄒ야곰 말을 못ᄒ게 ᄒ리라."

연시 대희(大喜) 샤례ᄒ고, 슉질이 흉계를 도모ᄒ니, 이 졍히 하사인의 빅년지락(百年之樂)을 희지을 흉물(凶物)의 장본(張本)1586)이러라.

챠셜. 하사인이 연부인을 뵈오랴 됴회(朝會)ᄒᄂᆞᆫ 길에 연부의 니른러 부인긔 와시믈 고ᄒ니, 시비 나와 길을 인도ᄒ여 드러가ᄃᆡ, 그 젼 침쇼(寢所) 아니오, 후당으로 드러가거늘, 사인이 경아(驚訝)하여 문왈,

"이 연부인 계신 곳이 아니오, 다란 곳으로 가믄 엇지뇨?"

기녜 답왈,

"연【22】부인이 신긔 불평ᄒ시므로 후당의셔 됴리ᄒ시ᄂᆞ이다."

ᄒ고 손을 드러 가ᄅᆞ치고 져는 도로 나가거늘, 사인이 방심ᄒ여 쳥상(廳上)의 올나 지게를 열고 완완이 드러셔니, 연부인은 보지 못ᄒ고 일위 쇼졔 홍군취삼(紅裙翠衫)으로 벽을 의지ᄒ여 안ᄌᆺ다가, 사인의 드러오믈 보고 거즛 놀나는 톄ᄒ며 좌우(左右)1587)를 브르거늘, 사인이 대경실ᄉᆡᆨ(大驚失色)ᄒ여 급히 나오고져 ᄒ더니, 좌우 시비 브르는 소ᄅᆡ를 조ᄎ 일시의 ᄂᆡ다라 ᄎᆞ경(此景)을 보고, ᄯᅩᄒᆫ 대경ᄒ여 사인을 잡고 발악ᄒ니, 사인이 불의지변(不意之變)【23】을 당ᄒᄆᆡ, 엇지ᄒᆯ 줄 몰나 다만 ᄲᅦ치고 나오려 ᄒ니, 시비 고셩 왈,

"상공이 거즛 연부인 뵈오믈 닐ᄏᆞᆺ고 ᄌᆞ조 단니시더니, 빅듀(白晝)의 ᄌᆡ상부듕(宰相府中)의 돌입ᄒᄉᆞ 규각(閨閣) 쇼져를 겁탈코져 ᄒ시니, 이 엇지 ᄒᆞ실 빅리오. ᄲᆞᆯ니 연부인긔 고ᄒ여 ᄎᆞ경을 보시게 ᄒ리라."

ᄒ더니, 아이오 연부인이 흑면괴상(黑面怪狀)의 노긔를 ᄯᅴ여 급히 니ᄅᆞ러 이 경상을 보고, 다라드러 사인의 관(冠)을 벗겨 ᄇᆞ리고, 운고(雲-)1588)를 풀쳐 잡고 무수 난타ᄒ며 ᄭᅮ지져 왈,

---

1585) 빅년대ᄉ(百年大事) : 혼인(婚姻).
1586) 장본(張本) : 어떤 일이 크게 벌어지게 되는 근원.

1587) 좌우(左右) : 주위에 거느리고 있는 사람.
1588) 운고(雲-) : 멋스럽게 상투를 튼 머리. *고; 상투를 틀 때 머리털을 고리처럼 되도록 감아 넘긴 것.

"네 엇지 가칭(假稱)ᄒ여 나를 보【24】라 ᄃᆞ니ᄂᆞᆫ 톄ᄒ고 이런 금슈지ᄒᆡᆼ(禽獸之行)을 ᄒᆞᄂᆞ뇨? 네 아비 됴뎡대신(朝廷大臣)이 되여 이런 ᄒᆡᆼ실을 ᄌᆞ식으로써 ᄒᆞ게 ᄒᆞ니, 내 당당이 텬뎡(天庭)의 ᄎᆞᄉᆞ를 쥬달(奏達)ᄒ여 너의 부ᄌᆞ로 ᄒᆞ야금 딕인(對人)ᄒᆞᆯ 낫치 업게 ᄒᆞ리라."

사인이 희연(駭然)ᄒ여 다만 시비의 인도ᄒᆞ므로 드러와시믈 고ᄒ고, 종용히 다ᄉᆞ리시믈 쳥ᄒ니, 연부인이 익노(益怒) 왈,

"네 간사이 나를 속이미니 질녜 이런 욕을 보고 반다시 죽으려 ᄒᆞᆯ 거시니, 네 맛당히 빅냥(百輛)1589)으로 마ᄌᆞ 져바리지 말ᄂᆞ라 ᄒᆞ면, 내 너의 죄를 사ᄒᆞ려니와,【25】불연즉(不然卽), 너와 내 ᄉᆞᄉᆡᆼ을 결단ᄒᆞ리라."

ᄒᆞ고, 셔도ᄂᆞᆫ 거동이 더욱 희연ᄒ니, 사인이 안셔히 딕왈,

"모친의 ᄒᆞ라 ᄒᆞ시ᄂᆞᆫ 딕로 ᄒᆞ오리니 식노ᄒᆞ옵쇼셔."

연부인이 그졔야 사인을 노ᄒᆞ며 관을 주어 쓰라 ᄒᆞ니, 사인이 연쇼져를 딕ᄒᆞ미 고이ᄒ여 다시 와 뵈오믈 고ᄒ고 밧비 쳥샤(廳舍)로 나오니, 연부인이 '취운산으로 가마' ᄒᆞ더라.

연부인 질녀를 도라보아 왈,

"나의 위엄이 엇더ᄒᆞ뇨?"

연쇼졔 슉모의 우픽(愚悖)를 흠션(欽羨)ᄒ여 쳥슌(靑脣)1590)의 흑치(黑齒)1591)를 빗최여 왈,

"슉모의 강녈【26】ᄒᆞ시믄 대장부의 풍(風)이시니, 하몽셩이 아모리 어려온 위인이라도 슉모의 위엄을 두려 쇼질을 취ᄒᆞᆫ 후라도 감히 박멸(薄蔑)1592)치 못ᄒᆞ리이다."

연부인이 스스로 엄슉ᄒᆞᆫ 톄ᄒᆞ더라.

하사인이 입궐ᄒ여 됴회ᄒᆞ오니, 상이 새로이 ᄋᆡ경ᄒᆞ샤 각별 총우ᄒᆞ시고 문왈,

"경이 뉘 집 슉녀를 취ᄒᆞᆫ고?"

사인이 부복 딕왈,

"신의 부죄(父祖) 신의 나히 어리믈 인ᄒ여 혼취(婚娶)를 밧비 아닛ᄂᆞᆫ 고로, 아직 실가(室家)를 뎡치 아냣ᄂᆞ이다."

상이 쇼왈,

"딤이 너를 위ᄒ여 '하쥐(河洲)의 슉녀(淑女)'1593)를 취케 ᄒᆞ【27】리라."

인하여 연니부(吏部)를 도라보아 왈,

---

1589) 빅냥(百輛) : '백대의 수레'라는 뜻으로, 수레 백대가 운집할 만큼 성대하게 결혼식을 치르는 것을 말함.
1590) 쳥슌(靑脣) : 푸른빛이 나는 흉한 입술.
1591) 흑치(黑齒) : 검게 변색된 이.
1592) 박멸(薄蔑) : 박대(薄待)하고 멸시(蔑視)함.
1593) 하쥐(河洲)의 슉녀(淑女) : 강물 모래톱 가운데 있는 숙녀라는 뜻으로 주(周)나라 문왕(文王)의 비(妃)인 태사(太姒)를 말한다. 문왕과 태사 부부의 사랑을 노래한 『시경』〈관저(關雎)〉장의 "관관저구 재하지주 요조숙녀 군자호구(關關雎鳩 在河.之洲 窈窕淑女 君子好逑)"의 '하주(河洲)' '숙녀(淑女)'서 온말.

"경의게 뜰이 이시믈 아느니 몽셩 ᄀᆞᆮᄐᆞᆫ 영웅군ᄌᆞ로 동상(東床)을 삼으미 쾌치 아니랴?"

니뷔 ᄀᆞ장 의아ᄒᆞ여 년망(連忙)이 주왈,

"신의 녀식은 불미누질(不美陋質)노뻐 하몽셩으로 비홀진ᄃᆡ 소양불모(宵壤不侔)1594ᄒᆞ니, 신이 오히려 인졍(人情)이라, 녀식(女息)이 평상(平常)ᄒᆞᆫ 인물 ᄀᆞᆮᄐᆞ면 몽셩을 엇지 ᄉᆞ양ᄒᆞ리잇고?"

상이 희벽의 상모(相貌) 위인(爲人)이 그ᄃᆡ도록 ᄒᆞᆫ 줄 모ᄅᆞ시고, 연니부의 겸퇴(謙退)ᄒᆞᄆᆡᆫ 줄 알아시고 우으샤 왈,

"딤이 상국의 ᄋᆞ들노뻐 니부의 사회ᄅᆞᆯ 삼으시미 【28】 그 문미가셰(門楣家勢)1595 상당ᄒᆞᆷ을 싱각ᄒᆞ미어늘, 연경은 엇지 ᄉᆞ양ᄒᆞᄂᆈ? 경은 고집지 말고 몽셩으로 셔랑을 삼으라."

인ᄒᆞ여 하부의 ᄉᆞ혼은지(賜婚恩旨)ᄅᆞᆯ ᄂᆞ리오시고, 몽셩다려 닐ᄋᆞ샤ᄃᆡ,

"연가ᄂᆞᆫ 너의 계모(繼母)의 집이오, 딤의 종뎨(從弟)라. 가벌(家閥)이 너희 아ᄅᆡ 잇지 아니ᄒᆞ니, ᄉᆞ혼ᄒᆞᄂᆞᆫ 은명(恩命)을 져바리지 말고, 뉵녜(六禮)1596○[ᄅᆞᆯ] 구ᄒᆡᆼ(具行)ᄒᆞ라."

사인이 연부인의 명을 어긔오지 아니려 ᄒᆞ여시므로 다만 셩은을 ᄉᆞ샤(謝辭)ᄒᆞᆯ ᄲᅮᆫ이오, 연상셔ᄂᆞᆫ ᄯᅩᆯ의 불미ᄒᆞᆫ 일을 주ᄒᆞ여 진졍으로 불ᄉᆞ(不似)1597ᄒᆞᆷ을 간(諫)ᄒᆞ니, 【29】 상이 ᄌᆡ삼 권유ᄒᆞ시니 니뷔 ᄒᆞᆯ일업셔 퇴됴(退朝)ᄒᆞᄆᆡ, 사인이 부듕의 도라오니, 듕ᄉᆡ(中使)1598 발셔 부듕의 니ᄅᆞ러 셩은을 젼ᄒᆞ니, 뎡국공 이하로 합문이 셩은을 감격ᄒᆞ미 아니미 아니로ᄃᆡ, 연가 규슈의 현미(賢美)치 못ᄒᆞᆷ을 보지 아냐 알지라. 놀납고 차악ᄒᆞ미 큰 우환(憂患)을 만남 ᄀᆞᆮᄐᆞᆫ지라. 셩은을 사례ᄒᆞ여 듕ᄉᆞᄅᆞᆯ 도라보ᄂᆡ고, 뎡국공 왈,

"셩상이 무단(無端)1599이 ᄉᆞ혼ᄒᆞ시미 아니라, 이ᄂᆞᆫ 벅벅이 연가의 쳥이 드러가미어니와, 몽셩이 엇지 ᄉᆞ양치 못ᄒᆞ고 슌슈(順受) 【30】 ᄒᆞᆫ고?"

초공이 고왈,

"연셰휴ᄂᆞᆫ 어진 군ᄌᆡ오니, 기녜 비록 아름다와도 션상긔 ᄉᆞ혼ᄒᆞ기ᄅᆞᆯ 쳥치 아니 ᄒᆞ오리니, 연가의 반다시 ᄉᆞ리 모ᄅᆞᄂᆞᆫ 녀지 이셔, ᄀᆞ마니 ᄉᆞ혼을 쳥ᄒᆞ미오, ᄒᆞ물며 황상이 연셰휴와 쇼ᄌᆞᄅᆞᆯ 머므러 ᄉᆞ혼ᄒᆞ시미 올ᄉᆞᆸ거늘, 딤짓 몽셩과 연셰휴ᄅᆞᆯ 머므러 ᄉᆞ혼ᄒᆞ시ᄂᆞᆫ 명을 ᄂᆞ리오시니, 이ᄂᆞᆫ 몽셩으로 ᄒᆞ야금 ᄉᆞ양치 못ᄒᆞ게 ᄒᆞ시미니이다."

---

1594)소양불모(宵壤不侔) : 하늘과 땅처럼 큰 차이가 있음.
1595)문미가셰(門楣家勢) : 가문의 문벌과 형세.
1596)뉵녜(六禮) : 우리나라 전통혼례의 여섯 가지 의례. 납채(納采), 문명(問名), 납길(納吉), 납폐(納幣), 청기(請期), 친영(親迎)을 이른다.
1597)불ᄉᆞ(不似) : 닮지 않음. 또는 격에 맞지 않음.
1598)듕ᄉᆡ(中使) : 왕의 명령을 전하는 내시(內侍).
1599)무단(無端) : 사전에 허락이 없음. 또는 아무런 단서(端緒)나 이유가 없음.

조태부인 왈,

"션황(先皇)이 연시를 스혼ᄒᆞ여 계시나, 그도 오히려 ᄌᆡ실(再室)이라. 윤현부 ᄀᆞᆺᄐᆞᆫ 철부(哲婦)【31】슉완(淑婉)이 이시니, 그 불미(不美)ᄒᆞ고 픠악(悖惡)ᄒᆞᆫ 거슬 ᄒᆞᆫ 구석의 두엇거니와, 몽셩은 내 집의 큰 ᄋᆞ히로, 져히 위인이 아비 우히오, 종통(宗統)의 듕ᄒᆞ미 잇거늘, 연가 규쉬 만일 그 슉모를 달마실진ᄃᆡ, 몽셩의 ᄌᆡ풍(才風)을 욕홀 ᄲᅮᆫ 아니라, 누ᄃᆡ봉ᄉᆞ(累代奉祀)를 녕(領)치1600) 못ᄒᆞ리니, 셩은도 이런 곳의는 감격지 아니ᄒᆞ도다."

삼공ᄌᆞ 몽징이 표미(表妹)의 츄용누질(醜容陋質)과 긔괴참측(奇怪慘測)1601)ᄒᆞᆫ 인물을 아는 비라. 빅형(伯兄)으로 비컨ᄃᆡ 엇지 불ᄉᆞ(不似)치 아니리오. 놀납고 분ᄒᆞ여 조모긔 고왈,

"쇼손의 표【32】미(表妹)1602)ᄂᆞᆫ 무일가관(無一可觀)1603)이오, 망측긔괴(罔測奇怪)ᄒᆞ오니, 빅형의 비위(脾胃)○[와] 결증(潔症)으로ᄡᅥ 연쇼져를 취흔즉 아니쇼아 못견ᄃᆡ시리이다."

태부인이 놀나고 더욱 통희(痛駭) 분연(憤然)ᄒᆞ여, 초공을 도라보아 왈,

"몽징의 말이 이 ᄀᆞᆺ치 젹실(適實)ᄒᆞ니 ᄎᆞ혼은 실노 셩젼(成全)치 못ᄒᆞ리로다."

초공이 미급ᄃᆡ(未及對)의 사인이 사뎨 등으로 드러와 시좌(侍坐)ᄒᆞ니, 뎡국공 왈,

"황샹이 널노ᄡᅥ 연가의 ᄉᆞ혼ᄒᆞ시나 네 ᄉᆞ양ᄒᆞ미 올커늘, 엇지 텬의를 슌슈ᄒᆞ여 인ᄂᆞᆫ대ᄉᆞ(人倫大事)를 쇼리히1604) 《ᄒᆞ리오‖ᄒᆞᄂᆞ뇨》?"

사인이 ᄃᆡ왈,

"쇼손이 ᄯᅳᆺ이 업ᄉᆞ오미【33】아니라, 텬의 굿으샤 여ᄎᆞ여ᄎᆞ ᄒᆞ시니, 쇼손의 셔어(齟齬)ᄒᆞᆫ 말노 ᄉᆞ양(辭讓)이 무익(無益)도소이다."

국공 왈,

"인연이 긔괴ᄒᆞ여 의외지ᄉᆞ(意外之事) 나니 엇지 불힝치 아니리오."

초공이 도로혀 웃고 프러 고왈,

"만ᄉᆡ 명애(命也)라. 져근 일도 운수를 도망치 못ᄒᆞᄂᆞ니, 인ᄂᆞᆫ대관(人倫大關)1605)이니잇가? 일이 되여가믈 보시고 셩녀(聖慮)를 허비치 마ᄅᆞ쇼셔."

도라 몽셩다려 왈,

"네 아비 연시 ᄀᆞᆺᄐᆞᆫ 인물도 능히 바리지 못ᄒᆞ여 부부의 뉸(倫)을 폐치 아니므로 몽징이 낫나니, 텬하를 두로 도라 보아도 연시 ᄀᆞᆺᄐᆞᆫ 인물【34】은 업ᄉᆞ리니, 너도 아비

---

1600) 녕(領)ᄒᆞ다 : 제사 따위를 이어 받아 모시다.
1601) 긔괴참측(奇怪慘測) : 참혹할 정도로 괴상하게 생김.
1602) 표미(表妹) : 외종사촌 누이.
1603) 무일가관(無一可觀) : 한 가지도 볼 만한 것이 없음.
1604) 쇼리히 : 솔이(率爾)히. 말이나 행동이 신중하지 못하고 가벼이.
1605) 인ᄂᆞᆫ대관(人倫大關) : 인륜의 큰 관문(關門) 곧 '혼인'을 이르는 말. =인륜대사(人倫大事).

팔주를 달마 연가의 결혼ᄒ게 되어시니, 이ᄂ 또ᄒ 명수소관(命數所關)1606)이라 현마 어이ᄒ리오."

ᄒ더라. 사인이 퇴ᄒ여 듁셔루의 나와 관복을 벗고 벼개의 누으미, 연희벽의 츄악누질과 우람코 넘치 업ᄉ 말이 귀를 벗고져 시븐지라. 탄식 왈,

"내 평싱 비우(配偶)를 ᄇ라ᄂ 뜻이 등한치 아니터니, 만고 흉물노뼈 만날 줄 엇지 뜻ᄒ여시리오. 이제 연가 음부(淫婦)로 친ᄉ(親事)를 일울진듸, 그 넘치(廉恥) 흉ᄒ 녀지 주뎡(慈庭)의 셰엄(勢焰)1607)을 쪄, 나를 업누라고 방약【35】무인(傍若無人)ᄒ리니, 이를 장ᄎ 엇지 ᄒ리오."

ᄒ더라.

어시의 연니뷔 부즁의 도라가 ᄉ혼(賜婚)ᄒ시ᄂ 명을 부모긔 고ᄒ고, 졔데(諸弟)를 도라보아 탄왈,

"주식을 셩혼ᄒ미 아름다온 ᄲ을 지으미 인졍의 엇지 깃브지 아니리오마ᄂ, 우형의 회포ᄂ 남달나 져 츄악누질(醜惡陋質)노 몽셩 ᄀᄐ 군주를 비ᄒ미, 쳔불ᄉ만부당(千不似萬不當)1608)ᄒ니, 몽셩이 희벽을 보면 엇지 부부의 은졍이 이시리오. 져 하가의셔도 오히려 내 뜻을 아지 못ᄒ고, 의심이 ᄉ혼(賜婚)을 쳥ᄒ가 ᄒ리니, 희벽을 보ᄂ 【36】날은 나를 더욱 무상(無狀)히 넉이리니 엇지 참괴치 아니리오. 죽어 보지 말고져 ᄒ노라."

졔뎨 등이 과도ᄒ시믈 위로ᄒ고, 부마와 공쥐 탄왈,

"하원광은 녀ᄋ를 ᄎ(娶)ᄒ나 오히려 지실이오, 윤시 덕용이 흠홀 거시 업ᄉ미, 녀ᄋᄂ 식츙(食蟲)1609)으로 알아 사람으로 아니 치거니와, 하몽셩은 어린 나히 처음으로 희벽을 ᄎᄒ여 놀나고 차악ᄒ미 범연ᄒ 곳에 잇지 아니리니, 져히 팔주ᄂ 모ᄅ듸 혼인은 신낭·신뷔 상젹(相敵)ᄒ여야 사ᄂ니, 몽셩은 텬션(天仙) ᄀᆺ고 손녀ᄂ 우두나찰(牛頭羅刹)1610) ᄀᆺ【37】ᄐ니, 부부의 ᄉ졍이 후(厚)ᄒ기를 어이 ᄇ라리오."

공쥐 닉심의 빅상궁으로 ᄒ야금 궐닉의 고ᄒ여 ᄉ혼을 쳥ᄒ민 줄 지긔ᄒ고, 녀ᄋᄂ 인물이 칙망홀 거시 업거니와, 호시의 힝ᄉ를 ᄀ장 통히(痛駭)히 넉이더라.

연부인이 부모긔 하딕(下直)ᄒ고 ᄀ마니 희벽다려 왈,

"이제ᄂ 네 하가 사룸이 되여시니 슉질(叔姪)이 밧고여 고식(姑媳)이 되여 ᄒ 집에 모다 즐기믈 다ᄒᆯ지니, 현딜은 용모를 다스리고 의상을 빗니여 우리 집 부귀를 남이 다 알게 ᄒ라. 내 싱젼은 다ᄅ니【38】ᄂ 졔어치 못ᄒ나, 몽셩은 족히 두립지 아니니,

---

1606)명수소관(命數所關) : 모든 일이 운명에 달려 있어 사람의 힘으로는 어찌할 수 없음을 이르는 말. =운수소관(運數所關)

1607)셰엄(勢焰) : 기세(氣勢). 기운차게 뻗치는 형세.

1608)쳔불ᄉ만부당(千不似萬不當) : 전혀 격에 맞지 않고 사리에도 맞지 아니함.

1609)식츙(食蟲) : 밥만 먹고 하는 일 없이 지내는 사람을 비난조로 이르는 말. =식충이.

1610)우두나찰(牛頭羅刹) : 쇠머리 모양을 한 악한 귀신.

너를 황녀 곳치 공경케 ᄒ리라."

ᄒ고, 이의 뎡의 올나 취운산으로 도라오니, 졔공지 츌문영지(出門迎之)ᄒ여 입뇌(入內)ᄒᄆ, 연부인이 구고(舅姑)긔 비알ᄒ고, 윤·뎡 두 부인과 졔슉(諸叔) 금장(襟丈) 등으로 녜필(禮畢) 좌뎡(坐定)ᄒᄆ, 연부인이 스스로 {허}허시시히1611) 우으며 왈, '질녜 비록 ᄉᆡ용(色容)이 업스나 힝ᄉᄂ 영웅 군ᄌ의 틀이 이시니, 몽셩이 유복ᄒ여 그런 슉녀를 취케 되믈' 고ᄒᄃᆡ, 모다 드란톄 아니ᄒ고, 묵연이 말이 업더니, 초공이 졍 【39】ᄉᆡ(正色) 왈,

"연가 규슈의 현우(賢愚) 션악(善惡)은 우리 보ᄂ 날 알녀니와, 그 슉모를 달마시면 내 집을 어ᄌ러일 흉인(凶人)이라. 만일 불합(不合)ᄒᄆ 이시면 쑤지져 닉치고, 타쳐(他處)의 슉녀를 취ᄒ리라."

연부인이 흉ᄒᆫ 셩악(性惡)을 발뵈지 못ᄒ고, 초공을 볼 젹마다 골졀(骨節)이 무루녹고, 의ᄉᆡ 호탕ᄒ여 황홀ᄒ 졍이 몬져 니러나니, 이의 함누(含淚) 왈,

"나ᄂ 공언공논(公言公論)1612)으로 질녀의 현쳘(賢哲)ᄒ음만 닐ᄏ라미어늘, 아직 셩녜도 아냐셔 닉치기를 닐ᄋ시니, 이ᄂ 반다시 몽셩의 쳥을 【40】 드ᄅ시미어니와, 당당ᄒ 부마의 손녜오, 총ᄌ(總裁)1613)의 일녀로 부귀ᄒᄆ 공쥬 버금이라. ᄒ가의 도라오미 하문의ᄂ 희한ᄒ 복경이믈 엇지 싱각지 못ᄒ시ᄂ뇨?"

초공이 어이업셔 묵연이러니, 몸을 니러 외헌으로 나아가니, 연부인이 원망ᄒ믈 마지 아니ᄒ거늘, 몽징이 모친 입을 ᄀ리와 말을 못ᄒ게 ᄒ니, 연부인이 흉ᄒ 셩을 셔리담고1614) 사인ᄃ려 왈,

"질녀를 만일 박ᄃᆡᄒ면 나를 죽이ᄂ 작시라."

구두더리니1615), 윤부인이 이들오나 그 인물을 칙 【41】망치 아니코, 다만 미쇼(微笑)ᄒ니, 연부인이 침소로 도라가니라.

이러구러 길일이 다ᄃ라니, 뎡국공 부뷔 깃브지 아니나 가즁의 손아(孫兒) 취실(娶室)이 처엄이라. 마지 못ᄒ여 일가 친쳑을 쳥ᄒ고 즁당(中堂)의 돗글 여러 빈긱을 마즐ᄉᆡ, 날이 반오의 초공 형뎨 사인으로 더브러 ᄂ루(內樓)의 드러와 신낭의 길복을 닙히고, 젼안지sP(奠雁之禮)로[를] 습녜ᄒᆞᆯᄉᆡ, 풍ᄎ 용광이 만좌의 휘황ᄒ니, 존당 부뫼 두굿거오믈1616) 니긔지 못ᄒᄂ 즁, 그 비항(配行)1617)이 쳔만 부젹(不適)ᄒ믈 흔ᄒ더라.

사인 【42】이 존당의 하직고 위의를 거ᄂ려 연궁의 니ᄅᄆ, 초일 연니뷔 마지 못ᄒ

---

1611)허시시ᄒ다 : 헤시시하다. 얼굴빛이 밝아지다.
1612)공언공논(公言公論) ; 공변된 말과 의견.
1613)총ᄌ(總裁) : 이부상서(吏部尙書).
1614)셔리담다 : '셔리다'와 '담다'의 합성어. 차곡차곡 포개어 담다.
1615)구두더리다 : 중얼거리다. 중중거리다.
1616)두굿겁다 : 자랑스럽다. 대견스럽다. 기뻐하다.
1617)비항(配行) ; 배우자의 지위에 있는 사람.

야 연석을 여러 신낭을 마즈며 신부를 보닐시, 일심(一心)이 불안ᄒ여 근심ᄒ더니, 임의 신낭이 니르러 옥상(玉床)의 기럭이를 젼하고, 텬디(天地)긔 비례를 맛츠미, 좌의 나아가니, 사인의 영풍쥰골(英風俊骨)이 이날 더욱 쇄락ᄒ여 만좌의 독보ᄒ니, 황친국쳑(皇親國戚)과 공경녈후(公卿列侯)의 존빈대긱(尊賓大客)1618)이 연상셔를 향ᄒ여 쾌셔 어드물 하례ᄒ니, 연상셰 좌슈우응(左酬右應)의 기리 ᄉ샤(謝辭)ᄒ고, 하사인【43】의 손을 잡아 탄식 왈,

"산계비질(山鷄卑質)1619)노 난봉(鸞鳳)1620)과 ᄣᅡᆨᄒ지 못ᄒᄆᆫ 텬니(天理)의 덧덧ᄒᄆ라. 아녀의 문미(門楣) 가셰(家勢) 너만 못ᄒ미 아니로ᄃᆡ, 위인(爲人)을 닐을진ᄃᆡ, 녀식(女息)의 츄용누질(醜容陋質)이 널노 더브러 부뷔라 닐큿기 내 실노 참괴(慙愧)ᄒ지라. 너희 긔상이 오졸(迂拙)1621)키의 버서나고, 맛춤ᄂᆡ 여러 쳐쳡을 모홀 위인이어니와, 녀식은 ᄒ로라도 너희 듕궤(中饋)1622)를 님치 못ᄒᆯ지라. 좌우 빈긱이 대회(大會)ᄒ여 계시니, 나의 심폐(心肺)1623)를 알아시과져1624) ᄒᄂᆞ니, 너는 특별이 현문법가(賢門法家)의 뇨됴【44】슉녀(窈窕淑女)를 구ᄒ여, 낙(樂)이 관져(關雎)의 노릭1625)를 화(和)ᄒ고, 봉친(奉親)의 셩효(誠孝)를 빗닉라. 아녀(我女) ᄀᆞᆺ튼 거ᄉᆞᆫ 구석의 두어 식츙(食蟲)으로 치고, 인니(人理)1626)로 칙망(責望)치 말나. 만일 고요히 잇지 아니커든 내 집으로 도라 보닉라. 고인이 ᄯᆯ을 취가(娶嫁)ᄒ미 그 어미 송별ᄒᆞᆯ 쩌, 문젼(門前)의 다시 도라오지 말기를 경계ᄒ니, 그 ᄯᆯ을 보고져 아니미 아니라, 녀ᄌᆞ의 츌귀지화(黜歸之禍)1627)를 두리미라. 인졍이 ᄌᆞ연 그러ᄒᆯ 거시로ᄃᆡ, 아녀ᄂᆞᆫ ᄒᆞᆫ번 가미 다시 오기를 엇지 모로리오. 내 이 말을 너ᄃᆞ려 닐ᄋᆞ고【45】져 ᄒ미, 붓그러오미 낫치 달호이나 닐ᄋᆞᄂᆞ니, 불초녀로 《ᄒᆞ야금∥인ᄒᆞ야》 네 집에[이] 어즈러올가 근심ᄒ노라."

샤인이 ᄌᆡ빅 디왈,

"연슉(緣叔)1628)의 지공무ᄉ(至公無私)ᄒ신 ᄆᆞ음이 회홍관대(恢弘寬大)1629)ᄒ시니 연질(緣姪)1630)이 흠복(欽服)ᄒᄂᆞ니, 이 ᄀᆞ치 과장(誇張)ᄒ시니 몸 둘 곳이 업도소이다. 녕녀(令女)ᄂᆞᆫ 십악대죄(十惡大罪) 업슨즉, 쇼싱이 가옹(家翁)1631)의 눈 어둡기를

---

1618)존빈대긱(尊賓大客) : 높고 큰 손님들.
1619)산계비질(山鷄卑質) : 꿩처럼 자질이 비천함. *산계(山鷄); 꿩.
1620)난봉(鸞鳳) : '난(鸞)새'와 '봉(鳳)새'를 아울러 이르는 말.
1621)오졸(迂拙) : 우졸(迂拙/愚拙). 어리석고 못남.
1622)듕궤(中饋) : 안살림 가운데 음식에 관한 일을 책임 맡은 여자. 늑주궤(主饋).
1623)심폐(心肺) : ①심장과 폐를 아울러 이르는 말. ②'속 마음'을 이르는 말.
1624)알아시과져 : 알게 하고자.
1625)관져(關雎)의 노릭 : 부부간의 사랑을 뜻하는 말. 관저(關雎)는 『시경(詩經)』 '주남(周南)'편에 실린 노래 이름. 문왕(文王)과 태사(太姒)의 사랑을 주제로 한 노래.
1626)인니(人理) ; 인도(人道). 인간의 도리.
1627)츌귀지화(黜歸之禍) : 출거지화(黜去之禍). 강제로 본가로 내쫓김을 당하는 재앙.
1628)연슉(緣叔) : 아저씨라고 부를 만한 친지.
1629)회홍관대(恢弘寬大) : 넓고 크고 너그러움.
1630)연질(緣姪) : 조카뻘 되는 친척.

효측지 못ᄒ오리잇가?"

연니븨 상활(爽闊)ᄒᆫ 긔상과 회홍(恢弘)ᄒᆫ 덕냥(德量)으로 인경ᄒ더라.

이윽고 희벽이 덩의 올으미, 사인이 봉교ᄒ여 도라와 교빅(交拜)1632【46】를 파ᄒᆫ 후, 신븨 혜불 ᄀᆞᆺᄐᆫ 눈을 둘너 어린다시 신낭을 ᄇᆞ라보니, 시비(侍婢) 양낭(養娘)이 민망ᄒ여 ᄒ더라.

폐빅(幣帛)을 밧드러 나아오니, 족용(足容)이 난잡ᄒ고 신장이 셕대ᄒ여 팔쳑(八尺)을 다ᄒ엿ᄂᆞᆫᄃᆡ, 퍼진 허리 세 아름이나 ᄒ고, 기우러진 얼골의 뿍밧1633 ᄀᆞᆺᄐᆫ 머리털의 음잡(淫雜)ᄒᆫ 긔운이 오로지 모혀시며, 뭉긔여진 코와 프른 입시욹1634이며, 쥬석(朱錫) ᄀᆞᆺᄐᆫ 누란 니며 귀 밋히 주먹만ᄒᆫ 죵긔(腫氣)의 농즙(膿汁)1635이 흐르ᄂᆞᆫᄃᆡ, 턱 아릭 雙(雙) 혹1636은 큰 호박만치 느러젓고, 검프란 얼골【47】이 얽고 밋고 무서오니, 약ᄒᆫ 사름이 ᄒᆞᆫ번 보미 혼빅(魂魄)이 니톄(離體)ᄒ여 혼도(昏倒)1637홀지라.

덩국공 부부는 면식(面色)이 여토(如土)ᄒ고, 승상 부부는 놀나 냥안(兩眼)이 두렷ᄒ니, 좌위(左右) 묵묵(黙黙)ᄒ여 입을 열미 업더니, 북빅후와 윤승상 부인이 불힝ᄒ며 히참(駭慘)ᄒᄃᆡ, 부모의 놀나시믈 위로코져 ᄒ여, 화셩유어(和聲柔語)로 좌즁의 고ᄒᄃᆡ,

"신부의 안뫼(顔貌) 염미(艶美)키의 버서나나, 긔뷔(肌膚) 완실(完實)ᄒ고 장대(壯大)ᄒ니, 쳠약(-弱)1638ᄒᆫ 뉴ᄂᆞᆫ 아니라. 봉졔ᄉᆞ졉빈킥(奉祭祀接賓客)1639의 합당ᄒ리라"

ᄒ여, 놉히 츄어1640 닐ᄏᆞᆺ【48】기를 마지 아니ᄒ니, 덩국공 부뷔 ᄒ 어히업서 잠간 쇼왈,

"녀ᄌᆞ의 싁은 말(末)기어니와1641, 몽셩의 풍치 긔상으로 브듸 ᄀᆞᆺᄐᆫ 비우(配偶)를 어더 져의 ᄌᆞ미를 보고져 ᄒ엿더니, 신부의 긔질이 몽ᄋᆞ의 비위(配位) 아니나, '밍광(孟光)의 상 밧드는 어지라미'1642 이시면, 그 싁(色)이 미치○[지] 못ᄒ믈 허물ᄒ랴."

즁빈이 쥬인의 즐기지 아니믈 보고 하언(賀言)도 돕지1643 아냐, 신부를 볼ᄉᆞ록 놀

---

1631)가옹(家翁) : ①'옛 시대의 남편'을 뜻하는 보통명사. ②예전에, 나이 든 자기 남편을 이르던 말.

1632)교빅(交拜) : 전통 혼인례에서, 신랑과 신부가 서로 맞절을 함.

1633)뿍밧 : 쑥대밭. ①쑥이 무성하게 우거져 있는 거친 땅. ②매우 어지럽거나 못 쓰게 된 모양을 비유적으로 이르는 말.

1634)입시욹 : 입시울. 입술.

1635)농즙(膿汁) : 고름.

1636)혹 : 병적으로 불거져 나온 살덩어리

1637)혼도(昏倒) : 정신이 어지러워 쓰러짐.

1638)쳠약(-弱) : 사람의 기품이 여리고 약하다. =섬약(纖弱).

1639)봉졔ᄉᆞ졉빈킥(奉祭祀接賓客) : 제사를 받들고 손님을 대접함.

1640)츄다 : 추다. 추어올리다. 다른 사람의 기분을 맞추느라 훌륭하거나 뛰어나다고 말하다.

1641)말(末)기어니와 : 말(末)이거니와.

1642)밍광(孟光)의 상 밧드는 어지람 : 맹광의 상 받드는 어짊, 중국 후한(後漢) 때 양홍(梁鴻)의 아내 맹광(孟光)이 밥상을 눈썹 높이까지 들어 올려 남편에게 바칠 정도로 남편을 지극하게 공경하였다 '거안제미(擧案齊眉)' 고사를 이르는 말.

나온 의식 ᄀ독ᄒ여 안갓더니, 파연(罷宴)ᄒᄆᆡ 각산기가(各散其家)ᄒ고, 신부 슉소ᄅᆞᆯ 영일뎡의 뎡ᄒ여 보ᄂᆡ고, 뎡국공 부뷔 셕【49】반(夕飯)의 맛슬 모ᄅᆞ니[고] 울울불낙(鬱鬱不樂)ᄒ니1644), 승상과 쇼亽 등이 됴흔 말ᄉᆞᆷ을 위로ᄒ며, 현문귀가(賢門貴家)의 뇨됴슉완(窈窕淑婉)을 갈희여 몽셩의 비우(配偶)ᄅᆞᆯ 삼고, 져 흉상만 다리고 동노(同老)치 아닐 바ᄅᆞᆯ 고ᄒ니, 태부인이 더욱 통완(痛惋) 분(憤)히 왈,

"신부의 미목(眉目)이 남달니 음잡(淫雜)ᄒ고 겸ᄒ여 살긔(殺氣) 만흐니, 그 흉ᄒᆞᆷ믈 알지라. 몽셩이 다ᄅᆞᆫ 녀ᄌᆞᄅᆞᆯ 취(娶)흔즉 결단코 ᄀᆞ마니 잇지 아니리니, 장ᄎᆞ 엇지 ᄒ리오?"

승상이 쇼이고왈(笑而告曰),

"ᄌᆞ뎡은 근심 마ᄅᆞ쇼셔. 금일 식부(息婦)ᄅᆞᆯ 보오니, 슈복(壽福)을 누럼죽지 아【50】니 ᄒ오니, 몽셩의 완젼흔 복녹지상(福祿之相)으로 엇지 그것과 동노ᄒ리잇고? 시고로 다ᄅᆞᆫ 넘녜 업ᄂᆞ이다."

태부인이 탄식불이(歎息不已)1645)러니, 이윽고 亽인이 졔뎨(諸弟)로 더브러 드러와 시좌ᄒ{오}니, 개개히 관옥지풍(冠玉之風)1646)으로, 그 즁 亽인이 초등(超等)1647) 쇄락(灑落)1648)ᄒ거ᄂᆞᆯ, 존당이 볼亽록 긔이(奇愛)ᄒ여 왈,

"신뷔 ᄇᆞ라던 바의 어긔ᄆᆡ 만흐나, 인연이 긔구ᄒ여 내 집의 드러온 빈니, 모로미 신방을 븨오지 말고, 딕졉을 알아 ᄒ여 가ᄂᆡ 요란ᄒ게 말나."

亽인이 오직 슈명홀 ᄯᆞᄅᆞᆷ이러라.

야심ᄒᆞᄆᆡ 뎡국공이 취침ᄒ니 【51】각각 물너나ᄆᆡ, 샤인이 게얼니 영일뎡의 드러와 신부라 ᄒᄂᆞᆫ 거슬 딕ᄒᄆᆡ, 츄용누질(醜容陋質)과 흉음부졍(凶淫不正)흔 거동이 볼亽록 눅눅1649)○[코] 아니꼬아1650) 비위(脾胃)1651) 거亽리니, 경긱(頃刻)의 먹은 거슬 토홀 듯ᄒ므로, 다시 보지 아니코 졍좌ᄒᄆᆡ, 넘치 상진(喪盡)흔 희벽은 슉모의 셰를 쎠 하싱을 업누라려 《ᄒ엿고∥ᄒᄂᆞᆫ고로》, 쵹영지하(燭影之下)의 그 옥골영풍(玉骨英風)을 딕ᄒᄆᆡ, 호탕(浩蕩)흔 졍이 무궁ᄒ고, 음욕(淫慾)이 대발(大發)ᄒ여 불뎡이 ᄀᆞᆺ튼 눈을 쎠 쑤러질다시 보다가, 참지 못ᄒ여 싱긋싱긋 웃고 왈,

"부부는 오륜(五倫)1652)의 【52】듕ᄒ니, 남녀의 졍이 합흔즉 싱싱지니(生生之

---

1643)돕다 : 돋다. 돋아나다. 감정이나 기색 따위가 생겨나다.

1644)울울불낙(鬱鬱不樂)ᄒ다 ; 마음이 답답하고 즐겁지 않다.

1645)탄식불이(歎息不已) : 탄식을 그치지 않음.

1646)관옥지풍(冠玉之風) : 관의 앞을 꾸미는 옥처럼 아름다운 남자의 얼굴을 비유적으로 이르는 말.

1647)초등(超等) : 보통을 뛰어넘음.

1648)쇄락(灑落) : 기분이나 몸이 상쾌하고 깨끗함

1649) 눅눅ᄒ다 : 눅눅하다. ①축축한 기운이 약간 있다. ②물기나 기름기가 있어 딱딱하지 않고 무르며 부드럽다.

1650)아니꼽다 : ①비위가 뒤집혀 구역날 듯하다. ②하는 말이나 행동이 눈에 거슬려 불쾌하다.

1651)비위(脾胃) : 음식물을 삭여 내거나 아니꼽고 싫은 것을 견디어 내는 성미

1652)오륜(五倫) : 유학에서, 사람이 지켜야 할 다섯 가지 도리. 부자유친, 군신유의, 부부유별, 장유유서, 붕

理)1653) 긔특ᄒ여 금동화녀(金童花女)를 층층(層層)이 싱ᄒᄂ니, 군이 비록 쳡을 처엄으로 취ᄒ여시나, ᄆᆞᆷ의 각별ᄒ미 평ᄉᆡᆼ을 동노(同老)ᄒᆞᆯ 줄 모로지 아니ᄒᆞᆯ지니, 엇지 쥬인 노ᄅᆞᆺ을 미몰이 ᄒ여 쳡으로 ᄒ야금 서어(齟齬)케1654) ᄒ시ᄂᆞ뇨? 쟝부의 긔샹이 오졸(愚拙)키의 갓갑도다.”

ᄒ니, 샤인의 결증(潔症)의 경긱에 ᄎ 더지고 나가고 시브ᄃᆡ, 의모(義母)1655)를 두리고 가니 죵용키를 위ᄒ여, 날호여 골오ᄃᆡ,

“ᄉᆡᆼ은 년긔 십삼의 아직 셰ᄉᆞ(世事)를 아지 못ᄒᄂ니, 부부【53】의 유별(有別)ᄒᆫ 졍을 어이 알니오. 쥬인 노라ᄉᆞᆯ 미몰1656)이 ᄒᆫ다 ᄒ니, 마ᄌ 도라와 고당화루(高堂華樓)의 머믈게 ᄒ고, 내 ᄯᅩ 슉직(宿直)ᄒ라 드러와시니, 그 밧게 더ᄒᆞᆯ 거시 업ᄂᆞᆫ지라. 무어슬 낫바 ᄒ리오.”

희벽이 노ᄒᆞ온 듯 깃븐 듯 골오ᄃᆡ,

“군은 드ᄅᆞ라. 그날 우리 슉뫼 반만 죽게 치려 ᄒᄂ 거슬, 나 곳 아니면 거의 위ᄐᆡᄒᆞᆯ 거슬 쳡의 ᄆᆞᄋᆞᆷ이 아쳐로와1657) 말녓ᄂᆞ니, 쳡은 군의게 지극ᄒᆫ 졍이 잇거ᄂᆞᆯ, 군은 홀노 ᄉᆡᆼ각이 업더니잇가?”

샤인이 ᄎ언을 드ᄅᆞᄆᆡ 더욱 통완ᄒᄆᆞᆯ 니긔지 못ᄒ여, 다시 【54】 ᄃᆡ답지 아니코 날호여 의ᄃᆡ를 그ᄅᆞ고 희벽의 자긔를 닐ᄋᆞ니, 희벽이 깃거 ᄉᆡᆼ의 침금 갓가이 누어 온가지로 친근(親近)ᄒ기를 ᄇᆞ라ᄂᆞᆫ지라. 샤인이 더러오믈 참고 향벽(向壁)ᄒ여 즉시 잠드ᄂᆞᆫ 톄ᄒ니, 희벽이 블 ᄀᆞᆺᄐᆞᆫ 음욕을 참지 못ᄒ여, 죵긔(腫氣)1658)에 농즙(膿汁)1659)을 흘니며 몸을 니러 ᄒᆞᆼ의 낫ᄎᆞᆯ 다혀보며, 칭찬 왈,

“이목구비(耳目口鼻)와 면판(面版)1660)이 고로고로 잘도 삼겻다. 세샹을 광구(廣求)ᄒ나 이 ᄀᆞᆺᄐᆞ니ᄂᆞᆫ 다시 업ᄉᆞ리라. 희벽의 일ᄉᆡᆼ이 엇지 쾌치 아니리오.”

인ᄒ여, 졔 낫ᄎᆞᆯ 샤인의 낫ᄎᆡ 다【55】히며, 믄득 금금(錦衾)을 헤치고 달녀드러 누으니, 샤인이 ᄎ경을 당ᄒ여 십분 통히ᄒ나, 자ᄂᆞᆫ 톄ᄒ고 괴로이 둙 울기를 기다리더니, 계명(鷄鳴)을 응(應)ᄒ여 ᄉᆡᆼ이 거즛 놀나 ᄭᆡᄂᆞᆫ 톄ᄒ며, 희벽의 쇠시랑1661) ᄀᆞᆺᄐᆞᆫ 손을 잡아 왈,

---

우유신을 이른다.
1653) ᄉᆡᆼᄉᆡᆼ지니(生生之理) ; 생식(生殖)의 이치. 생물이 자기와 닮은 개체를 만들어 종족을 번식시켜가는 이치.
1654) 서어(齟齬)ᄒ다 : 서먹하다. 낯이 설거나 친하지 아니하여 어색하다.
1655) 의모(義母) : 의붓어머니. 아버지가 재혼함으로써 생긴 어머니.
1656) 미몰ᄒ다 : 매몰하다. 인정이나 싹싹한 맛이 없고 쌀쌀맞다.
1657) 아쳐롭다 ; 애처롭다. 안쓰럽다. 가엾고 불쌍하여 마음이 슬프다.
1658) 죵긔(腫氣) : 피부에 화농성 균이 들어가서 생기는 염증.
1659) 농즙(膿汁) : 고름.
1660) 면판(面版) : 얼굴.
1661) 쇠시랑 : 쇠스랑. 땅을 파헤쳐 고르거나 두엄, 풀 무덤 따위를 쳐내는 데 쓰는 갈퀴 모양의 농기구. 쇠로 서너 개의 발을 만들고 자루를 박아 만든다.

"작셕(昨夕)의 술을 과취(過醉)ᄒ여 아모란 줄 모로고 지닉여시니, ᄌ(子)로 더브러 누은 줄 ᄭᆡ닷지 못ᄒ리로다."

희벽이 ᄎ언을 곳이듯고 ᄀᆞ장 깃거ᄒ더라. 샤인이 이의 듀셔루의 나와 쇼셰(梳洗)1662)ᄒ고 졔뎨로 더브러 신셩(晨省)의 나아가니, ᄎ시 조태부인이 샤인의 비위(脾胃)를 【56】 알고져 ᄒ여, 윤부인 시녀로 북후의 졔희 등과 신방을 규시ᄒ라 ᄒ여, 일일히 다 듯고 더욱 한심 분히ᄒᄆᆞᆯ 니기지 못ᄒᄂᆞᆫ 즁, 샤인의 긔량(器量)은 승상의 우히를 두굿기고 아름다이 넉여, 뎡국공긔 신방 ᄉ어(私語)를 젼ᄒ고, 샤인의 회홍관대(恢弘寬大)홈과 신부의 음픽망측(淫悖罔測)홈○[을] 닐ᄏᆞ라 탄돌(歎咄)ᄒ더라.

희벽이 인ᄒ여 머므러 져히 부귀를 자랑ᄒ며, 슉모를 ᄭ여 동셔(東西)로 것출 거시 업슨 듯, 존당 구고를 두리는 일이 업고, 희괴망측(駭怪罔測)ᄒ미 만터라. ᄎ야의 샤인이 ᄯᅩ 【57】 신방의 니르러 쳐궁(妻宮)1663)의 박ᄒᄆᆞᆯ 탄식ᄒ니, 희벽은 싱의 ᄯᅳᆺ을 아지 못ᄒ고 탄식ᄒᄂᆞᆫ 연고를 뭇고져 ᄒ여, 이의 싱의 손을 잡고, 문왈,

"군ᄌ(君子) 존당 부모와 안항(雁行)이 셩(盛)ᄒ시고 부귀 극ᄒ시거늘, 무ᄉᆞᆷ 일노 탄식ᄒ시ᄂᆞ뇨?"

샤인이 탄왈,

"내 과연 ᄌ의 말 ᄀᆞᆺ거니와, 내 몸의 신병이 고이ᄒ여 취쳐(娶妻) 후로 근위(近憂)1664) 더ᄒ니, 셰상이 오릭지 아닐가 ᄒ노라."

희벽이 텽파의 대경 문왈,

"군ᄌ 질환이 여ᄎᆞᄒ실진딕, 쳡이 쳔금만직(千金萬財)를 허비ᄒ여 약셕(藥石)1665)으로 ᄎᆞ셩(差成)ᄒ시게 ᄒ【58】리니, 일등 명의(名醫)를 갈히여 병후(病候)를 보게 ᄒ쇼셔."

샤인 왈,

"과연 나의 병으로 ᄒ여 일즉 의자(醫者)를 뵈니, 아ᄂᆞ니 이셔 닐ᄋᆞ딕, 만일 녀식을 갓가이 ᄒ다가는 이십도 넘지 못ᄒ 거시오, 환ᄌ(宦者)1666)의 작셩(作性)이니 결단코 ᄌ녀를 두지 못ᄒ 거시니, 나히 이십 후 취쳐(娶妻)ᄒ딕, 삼가고 조심ᄒ여 부뷔 동실(同室)치 말나ᄒ던 거슬, 그딕를 취ᄒ여 쇼년지심의 이듕ᄒᄂᆞᆫ 졍을 참지 못ᄒ여, 운우지락(雲雨之樂)을 일우랴 ᄒᄆᆡ, 어득ᄒ 졍신을 슈습지 못ᄒ고 쇠진(衰盡)홀1667) 듯 시브니, 남지 환거(鰥居)【59】홀 길도 업고, 남녀지락을 일운즉, 내 몸이 사지 못홀가 시브니 탄식ᄒ노라."

---

1662)쇼셰(梳洗) : 머리를 빗고 낯을 씻음.
1663)쳐궁(妻宮) : 점술에서 쓰는 십이궁의 하나. 처첩에 관한 운수를 점치는 별자리이다.
1664)근위(近憂) : 근우(近憂). 눈앞에 닥쳐온 근심.
1665)약셕(藥石) : 약과 침이라는 뜻으로, 여러 가지 약을 통틀어 이르는 말. 또는 그것으로 치료하는 일.
1666)환ᄌ(宦者) : 내시.
1667)쇠진(衰盡)ᄒ다 : 기운이 빠져 없어지다.

희벽이 분노(憤怒) 왈,

"의약을 일위면 못 곳칠 병이 어이 이시리오. 그 의원(醫員)은 상(常)업순1668) 말이니, 다란 의자(醫者)를 일위 병을 의논ᄒᆞ쇼셔."

샤인이 넘치 상진ᄒᆞ미 여ᄎᆞᄒᆞ믈 더욱 흉히 넉이나, 스식지 아니코 알는 소리 긋지 아니니, 흄녜 싱의 ᄆᆞ음은 아지 못ᄒᆞ고 그러히 넉여, 그 싱ᄉᆞ(生死)는 넘녀 업고, 동품1669)치 못홀가 ᄀᆞ만ᄀᆞ만 의원을 원망ᄒᆞ더라.

북후의 쇼희(小姬)1670) 등이 샤인이 영일뎡의 가믈 보고 【60】 규시(窺視)ᄒᆞ여 이 말을 태부인긔 셰셰히 고ᄒᆞ니, 태부인이 우읍기를 마지 아니ᄒᆞ는 즁, 그 능활(能猾)ᄒᆞ고 영긔(靈氣)로오미 사름의 싱각지 못홀 말노 흉상(凶狀)을 쇽여, 계모의 과악(過惡)을 늣추고져 ᄒᆞ믈 싱각ᄒᆞ니 도로혀 잔잉ᄒᆞ더니1671), 뎡국공이 드러오미 몽셩의 야ᄅᆡ ᄉᆞ(夜來事)1672)를 젼ᄒᆞ니, 공이 역시 그 능ᄒᆞ믈 웃고, 짐즛 금분ᄆᆡ로 ᄒᆞ야금 샤인의게 젼어(傳語) 왈,

"네 나히 비록 슉셩장대(夙成壯大)ᄒᆞ나, 신상의 남다란 병이 이시니 쇼년 호심(好心)의 너모 이쳐(愛妻)치 말고 ᄎᆞ후는 영일뎡의 일삭의 수일식 【61】 머믈게 ᄒᆞ라."

샤인이 흉상(凶狀)을 보기 슬희여 두통이 니러나믈 닐ᄏᆞ고, 금금(錦衾)을 머리 ᄀᆞ지 츄혀덥고1673) 희벽다려 다리를 두다리라 ᄒᆞ여 온가지로 괴롭게 ᄒᆞ니, 희벽이 둔질(鈍質)의 비지ᄯᅡᆷ1674)을 흘니며 시죵(侍從)1675)ᄒᆞ더라.

금분ᄆᆡ 니르러 소리를 크게 ᄒᆞ여 국공의 명을 젼ᄒᆞ니, 샤인이 몸을 움죽여 듯고 ᄀᆞ장 의아ᄒᆞ더니, 믄득 총명이 밍동(萌動)1676)ᄒᆞ여 셔슉모(庶叔母) 등이 반ᄃᆞ시 규시ᄒᆞ고 존당의 고ᄒᆞᆫ 줄 지지(知之)ᄒᆞᄆᆡ, 조뷔 ᄌᆞᄀᆡ 말을 실ᄒᆡ오려1677) 이 ᄀᆞᆺ치 젼어ᄒᆞ시믈 씨다라 【62】 가려온 ᄃᆡ를 긁는 듯ᄒᆞ니, 이의 막ᄃᆡ를 집고 듁셔루로 향ᄒᆞ거늘, 희벽이 홀연 일흔 거시 잇는 듯, 믄득 눈물을 흘니니, 금분ᄆᆡ 그 음악ᄒᆞ믈 더러이 넉여 춤 밧고 일취뎐의 드러가 샤인의 듁셔루로 가믈 고ᄒᆞ니, 공이 이련(哀憐) 탄식ᄒᆞ더라.

화셜. 만셰 황얘 졍궁낭낭긔 삼공쥬를 탄싱ᄒᆞ시니, 장공쥬 명션은 범쳥뉴의게 하가(下嫁)ᄒᆞ고, ᄎᆞ공쥬 혜션이 십일셰의 션연미질(嬋妍美質)과 빙ᄌᆞ염광(氷姿艶光)이며 셩ᄒᆡᆼ슉덕(性行淑德)이 겸젼(兼全)ᄒᆞ니, 상휘(上后)1678) 이듕ᄒᆞ샤 부마(駙馬)1679)【63】를

---

1668) 상(常)업다 : 상(常)없다. 보통의 이치에서 벗어나 막되고 상스럽다.

1669) 동품 : 동침(同寢). 남녀가 잠자리를 같이함.

1670) 쇼희(小姬) : 첩(妾).

1671) 잔잉ᄒᆞ다 : 자닝하다. 애처롭고 불쌍하여 차마 보기 어렵다.

1672) 야ᄅᆡᄉᆞ(夜來事) : 간밤에 있었던 일

1673) 츄혀 덥다 : 추켜 덮다. *츄히다; 추키다. 힘 있게 위로 끌어 올리거나 채어 올리다.

1674) 비지ᄯᅡᆷ : 비지땀. 몹시 힘든 일을 할 때 쏟아져 내리는 땀.

1675) 시죵(侍從) : 모시어 따름.

1676) 밍동(萌動) : ①싹이 남. ②어떤 생각이나 일이 일어나기 시작함.

1677) 실ᄒᆡ오다 : 실제로 해보이다. 사실로 알게 하다.

1678) 상휘(上后) : 상(上)과 후(后), 곧 임금과 그 비(妃)를 아울러 이르는 말.

간션(揀選)코져 ᄒᆞ시더니, ᄎᆞ시 셜왕이 정비와 여러 빈희ᄅᆞᆯ 두고 오히려 탐ᄉᆡᆨ(貪色)ᄒᆞ는 ᄆᆞ음을 참지 못ᄒᆞ여, 숑암션ᄉᆡᆼ 우셥의 녀ᄌᆡ ᄉᆡᆨ모광염(色貌光艶)이 만고(萬古)의 독보(獨步)ᄒᆞᆷᄋᆞᆯ 듯고, ᄌᆡ취(再娶)ᄅᆞᆯ 구ᄒᆞ니 우쳐시 대로ᄒᆞ여 ᄆᆡ파ᄅᆞᆯ 쑤지저 왈,

"녜로브터 황친국쳑의 방ᄌᆞᄒᆞᆫ 폐단이 만커니와, 나ᄅᆞᆯ 업수히 넉여 믄득 ᄋᆞ녀로 져히 진실을 달나 ᄒᆞ니, 엇지 통히치 아니리오. ᄋᆞ녀는 발셔 뎡ᄒᆞᆫ 곳이 이셔 빙폐ᄅᆞᆯ 밧아시니 다시 의논치 못ᄒᆞ리로다."

ᄆᆡ핑 도라가 셜왕【64】긔 이ᄃᆡ로 고ᄒᆞ니, 왕이 대로ᄒᆞ여 우쳐수ᄅᆞᆯ 그윽이 해홀 ᄯᅳᆺ을 두고 일계(一計)ᄅᆞᆯ ᄉᆡᆼ각ᄒᆞ여, 텬뎡(天廷)의 죵용히 뫼시ᄆᆞᆯ 당ᄒᆞ여, 주왈,

"혜션공쥐 하가ᄒᆞ실 년긔 되여 계시ᄃᆡ, 엇지 간션(揀選)을 아니ᄒᆞ시ᄂᆞ니잇고?"

상 왈,

"딤의 혜션은 인즁셩인(人中聖人)이니 부마ᄅᆞᆯ 별(別)노[1680] 구코져 ᄒᆞ노라."

왕이 주왈,

"혜션공쥬ᄅᆞᆯ 위ᄒᆞ샤 부마ᄅᆞᆯ 간션코져 ᄒᆞ실진ᄃᆡ, 신의 소견의ᄂᆞᆫ {태}학ᄉᆞ 하몽닌이 맛당홀가 ᄒᆞᄂᆞ이다."

상이 셜왕의 주ᄉᆞᄅᆞᆯ 드ᄅᆞ시ᄆᆡ, 어심(御心)의 합ᄒᆞᄆᆞᆯ 크게 깃그샤, 칭션 왈,

"딤의 【65】혜션 ᄉᆞ랑이 둉ᄒᆞᆷᄋᆞᆯ 모ᄅᆞ리 업스나, 오히려 부마 유의홀 ᄆᆞ음을 알 니 업더니, 경은 딤심(朕心)을 알고 진졍을 주ᄒᆞ니, 이ᄂᆞᆫ 지긔(知己)의 군신(君臣)이로다."

ᄒᆞ시고, 깃거ᄒᆞ시니, 셜왕이 다시 주왈,

"션조(先朝)의 문양공쥬ᄅᆞᆯ 하가(下嫁) 뎡텬홍ᄒᆞ시ᄃᆡ, 그 여러 쳐실을 다 니의(離異)[1681]치 못ᄒᆞ시ᄆᆡ 셩덕의 빗츨 감치 못ᄒᆞ시ᄆᆞ니, 진신명ᄉᆞ뉴(縉紳名士類)[1682]의 간션(揀選)[1683]의 들나 ᄒᆞ시면, 외됴(外朝)[1684]의셔 국혼(國婚)을 됴하 아니 ᄒᆞ읍ᄂᆞ니, 이제 이십견 쇼년명뉴ᄅᆞᆯ 다 부마 간션의 참예케 ᄒᆞᄃᆡ, 엄교(嚴敎)ᄅᆞᆯ ᄂᆞ리오샤 다시 말을 못ᄒᆞ게 【66】ᄒᆞ쇼셔."

상이 올히 넉이샤 의논을 뎡ᄒᆞ고, 뎡일(定日) 간션ᄒᆞ는 녜(禮)ᄅᆞᆯ ᄂᆞ리오샤 이ᄃᆡ로 ᄒᆞ시니, {졔왕상} 황태부(皇太傅) 윤효문이 불가ᄒᆞᄆᆞᆯ 간(諫)ᄒᆞ온ᄃᆡ, 상이 불윤ᄒᆞ샤 왈,

"상부(相府)의 주ᄉᆡ(奏事) 올흐나 금번은 듯지 못ᄒᆞ리라."

ᄒᆞ시니 효문이 니심의 반ᄃᆞ시 유의ᄒᆞᄆᆡ 계신가 ᄒᆞ더라. 쇼년 명뉴 홍포(紅袍) 오사(烏紗)[1685]로 궐뎡(闕廷)의 모ᄃᆞ니, 표치풍광이 ᄲᅡᅘᅧ나ᄆᆡ 윤·뎡·진 삼부 ᄌᆞ질과 하

---

1679)부마(駙馬) ; 임금의 사위.

1680)별(別)노 : 별(別)로. 따로 특별히.

1681)니의(離異) : 이혼(離婚).

1682)진신명ᄉᆞ뉴(縉紳名士類) : 지위가 높고 행동이 점잖은 명사(名士)들.

1683)간션(揀選) : 가려서 뽑음. =간택(揀擇).

1684)외됴(外朝) : ①재상의 관할하(管轄下)에 있는 행정기구를 뜻하는 것으로 임금의 직속 기구인 내조(內朝)와 대비한 칭호. ②조정의 관리. ③임금의 종족(宗族)이 아닌 사람.

1685)오사(烏紗) : 오사모(烏紗帽). 관복을 입을 때 머리에 쓰던 검은 사(紗)로 만든 모자.

몽셩 형뎨의 더호리 업는지라. 상이 초간션(初揀選)의 하몽닌 진슉 등 취쳐 아닌 명뉴(名流)를 쌔히시고, 지간션(再揀選)의 【67】하몽닌이 웃듬이오, 삼간션(三揀選)의 녜(禮)로 도위(都尉)를 뎡호여 흠텬관(欽天官)[1686]의 퇴일(擇日)호라 호시니[고], 몽닌의게 지상관면(宰相冠冕)[1687]을 더으고져 호시니, 몽닌이 놀나오며 불힝호믈 니긔지 못호여 뎐폐(殿階)의 면관(免冠) 돈슈(頓首) 왈,

"쇼신의[은] 불용누질(不用陋質)《과ǁ이오》, 비박지질(鄙薄之質)이옵고, 호믈며 신이 오셰브터 우셥의게 슈학(受學)호와 치발(齒髮)이 치 자라지 못호와 혼인을 상약(相約)호오니, 오상(五常)이 듕호온지라 부마를 퇴션호시는 됴지(詔旨) 유쳐(有妻)혼 됴신(朝臣)이라도 참녜호라 호여 계신 고로, 신이 우녀로 더브러 동방화쵹(洞房華燭)의 녜를 일【68】우미 업스나, ᄋᆞ시의 뎡빙(定聘)[1688]으로 비약(背約)지 못호올지라. 텬의의 그릇 쇼신 ᄀᆞᆺ튼 박열용우지인(薄劣庸愚之人)[1689]으로써 초방가셔(椒房佳壻)[1690]를 퇴호시미 만만 불ᄉᆞ(不似)호오니, 쇼신이 뎐폐(殿陛)[1691]의 죄를 밧ᄌᆞ올지언뎡, 외람코 과도혼 일을 힝치 못호오리니, 여란[1692] 복(福)이 손(損)호올지라. 복원(伏願) 텬심(天心)은 살히쇼셔[1693]."

안쇠이 단엄호고 언셩이 직졀(直節)호니 상이 그 위인을 더욱 ᄋᆡ듕(愛重)호샤 왈,

"딤슈박덕(朕雖薄德)[1694]이나 오히려 산즁쳐ᄉᆞ(山中處士) 우셥만은 호리니, 네가 비록 부귀(富貴)를 불구(不求)호거니와, 딤의 ᄯᆞᆯ이 네 건즐(巾櫛)[1695]을 소임(所任)호【69】미 우녀마ᄂᆞᆫ 호리니, 되지 못홀 ᄉᆞ양을 호리오."

학ᄉᆞ 우주(又奏) 왈,

"셩언(聖言)이 여ᄎᆞ호샤 만승지쥬(萬乘之主)로써 일개 미쳔혼 우셥의게 비호실 빅리잇고? 신의 암용비루(暗庸鄙陋)호미 진짓 우셥의 셔랑(壻郎)이옵고, 금지옥엽(金枝玉葉)[1696]의 영귀혼 부마(駙馬)는 아니로소이다."

상이 믄득 옥쇠(玉色)이 엄녈(嚴烈)호샤 왈,

---

1686)흠텬관(欽天官) : 천문역수(天文曆數)의 관측을 맡은 관아인 흠천감(欽天監)의 관원.
1687)지상관면(宰相冠冕) : 재상이 쓰는 면류관(冕旒冠).
1688)뎡빙(定聘) : 정혼(定婚). 신물(信物)을 교환하고 혼인을 정함.
1689)박열용우지인(薄劣庸愚之人) : 졸렬하고 어리석은 사람.
1690)초방가셔(椒房佳壻) : 왕실의 아름다운 사위. *초방(椒房); 산초나무 열매의 가루를 바른 방이라는 뜻으로, 왕비가 거처하는 방이나 궁전, 왕실 따위를 이르는 말. 산초나무는 온기가 있고 열매가 많은 식물로서, 자손이 많이 퍼지라는 뜻에서 왕비의 방 벽에 발랐다.
1691)뎐폐(殿陛) : 궁전(宮殿)으로 오르는 계단의 섬돌.
1692)여란 : 엷은. *여르다; 엷다. 두께가 적다. 두껍지 않다.
1693)살히다 ; 살피다.
1694)딤슈박덕(朕雖薄德) : 짐이 비록 덕이 없으나.
1695)건즐(巾櫛) : 수건과 빗을 아울러 이르.는 말.
1696)금지옥엽(金枝玉葉) : 황금으로 된 나뭇가지와 옥으로 만든 잎이란 뜻으로, 임금의 자손이나 집안을 높여 이르는 말이거나, 또는 귀여운 자손을 이르는 말.

"네 고셔를 박남(博覽)ㅎ여 녜의(禮儀)○[를] 통쳘(洞徹)홀 거시어늘 님군의 은혜를 아지 못ㅎ고 황녀를 경시(輕視)ㅎ니, 엇지 죄를 사ㅎ리오. 너는 다시 고이흔 말을 말나."

학시 고두(叩頭) 쳥죄(請罪)ㅎ여 굿이 수양(辭讓)ㅎ니, 상【70】이 그 견고(堅固)ㅎ믈 보시고, 진노(震怒) 왈,

"딤이 너를 수랑ㅎ미어늘 엇지 여츳 불경(不敬)ㅎᄂ뇨? 몬져 우셥을 하옥ㅎ여 데즈 그릇 ᄀ라친 죄를 졍히 ㅎ고, 너를 쏘흔 하옥ㅎ여 군젼의 불공흔 죄를 다스리고, 대례(大禮)를 일우게 ㅎ리라."

학시 우주(又奏) 왈,

"수부는 본딕 부귀를 됴화 아니ㅎ며, 문달(聞達)1697)을 구치 아니ㅎ와, 산야(山野)의 일업슨 빅셩으로 됴뎡(朝廷)의 일흠이 나타나미 업습거늘, 엇지 신의 죄로 스승을 죄(罪)ㅎ리잇고? 신이 죽기를 당홀지언뎡 부마는 원치 아니ㅎᄂ이다."【71】

상이 대로ㅎ샤 왈,

"우셥 아냐 너의 아비라도 딤이 가도리니 네 감히 막지 못ㅎ리라."

"우녀로 네 동방화쵹(洞房華燭)의 마즈미 이셔도 졀혼니의[이](絶婚離異)ㅎ고 너를 부마를 삼으리라. 딤이 우가의 젼지(傳旨)ㅎ여 제 ᄯᆯ은 타쳐의 셩혼ㅎ게 ㅎ리니, 엇지 거즛 언약과 좀 빙물을 인ㅎ여 딤의 ᄯᆺ을 역ㅎ리오."

언파의 텬안(天顔)이 엄녈(嚴烈)ㅎ샤 젼지(傳旨)를 ᄂ리오샤,

"하몽닌이 군젼(君前)의 불공(不恭) 틱만(怠慢)흔 죄로 아직 하옥ㅎ엿다가, 길녜 밋처 니여노흐리라."

ㅎ시고, 우가의 젼지ㅎ【72】샤,

"ㅎ가의 납폐빙물(納幣聘物)을 도라 보ᄂ니라."

ㅎ시니, 하몽닌이 바로 금위부(禁衛府)1698)로 나아가니, 동관(同官) 명뉴(名流) 우어1699) 왈,

"부귀를 마다ㅎ고 옥니(獄裏)의 괴로오믈 당ㅎ니 엇지 브졀업시 수양ㅎ여 취화(取禍)ㅎ리오."

ㅎ니, 학시 미우(眉宇)를 ᄲᅵᆼ긔여 왈,

"옥니(獄裏)의 십년을 곤(困)ㅎ여도 혜션도위 면ㅎ미 만힝(萬幸)일가 하노라."

하샤인이 아의 취리(就理)1700)ㅎ믈 보고 심시 불호(不好)ㅎ여 취운산의 도라와 연즁스(筵中事)1701)를 고ㅎ니, 뎡국공이 대경ㅎ여 급히 됴복을 닙고 궐뎡의 드러가 돈슈

1697)문달(聞達) : 이름이 세상에 널리 알려짐.
1698)금위부(禁衛府) : 의금부(義禁府). 조선 시대에, 임금의 명령을 받들어 중죄인을 신문하는 일을 맡아 하던 관아.
1699)우어 : 웃어. 웃으며. *우으다 : 웃다. 우습다.
1700)취리(就理) : 죄를 지은 벼슬아치가 의금부에 나아가 심리를 받던 일.

(頓首) 고간(固諫)코져 ᄒᆞ니, 【73】승상이 ᄉᆞ리(事理)로 간ᄒᆞ여, ᄉᆞ세(事勢) ᄒᆞᆯ일업ᄉᆞ오믈 말ᄉᆞᆷᄒᆞ더니, 학ᄉᆡ 취리ᄒᆞ믈 듯고 노공이 불ᄒᆡᆼ코 놀나오미 무슴 변을 만ᄂᆞᆫ 듯ᄒᆞ여, 하문 일개 눈섭을 펴지 못ᄒᆞ고, 우시의 일ᄉᆡᆼ이 아모리 될 줄 몰나 ᄎᆞ악(嗟愕)ᄒᆞ믈 마지 아니며, 초공이 샤인을 딕ᄒᆞ여 몽닌이 군젼의셔 ᄒᆞ던 말을 뭇고, 날호여 수레ᄅᆞᆯ 미러 우부의 니ᄅᆞ니, ᄎᆞ시 쳐ᄉᆡ 일뎨(一弟) 츄밀ᄉᆞ 우넘이 니ᄅᆞ러 기리 탄왈,

"슈쥬의 일ᄉᆡᆼ이 쾌(快)ᄒᆞ기ᄅᆞᆯ 인ᄒᆞ여 퇴셔(擇壻)ᄅᆞᆯ 너모 급히 ᄒᆞ신 연고로 이런 【74】환(患)이 이시니, 질ᄋᆞ의 공규폐륜(空閨廢倫)¹⁷⁰²이 가히 슬프지 아니리오."

ᄒᆞ고 연즁ᄉᆞ연(筵中事緣)을 ᄌᆞ셔히 닐오고,

"상명(上命)이 하가 혼셔(婚書)¹⁷⁰³ᄅᆞᆯ 도로 보ᄂᆡ라 ᄒᆞ여 계시니, 인신(人臣)의 도리 가히 ᄒᆞᆫ ᄱᅵ도 머므지 못ᄒᆞᆯ지라. 샐니 빙물을 보ᄂᆡ쇼셔."

쳐ᄉᆡ 탄왈,

"녀ᄋᆡ 졀의(節義)ᄅᆞᆯ 굿이 잡으리니, 빙ᄎᆡ(聘采)¹⁷⁰⁴ᄅᆞᆯ 환송ᄒᆞ나 ᄆᆞᄋᆞᆷ을 두 가지로 ᄒᆞᆯ 니 업ᄂᆞ니, 우형의 ᄯᅳᆺ은 혼셔 빙물(聘物)을 직희게 ᄒᆞ랴 ᄒᆞ더니, 현뎨(賢弟)의 말이 여ᄎᆞ ᄒᆞ니 녀ᄋᆡ 신셰 가련치 아니리오."

언파의 쇼져의 옥슈ᄅᆞᆯ 잡고 혼셔 빙물【75】을 ᄂᆡ여오라 ᄒᆞ니, 유뫼 미급ᄃᆡ(未及對)의 슈쥬쇼졔 아환(鴉鬟)¹⁷⁰⁵이 졔졔(齊齊)¹⁷⁰⁶ᄒᆞ여 부젼(父前)의 고왈,

"이제 하부 빙물을 도라보ᄂᆡᄂᆞᆫ 날은 더러온 계집 되기ᄅᆞᆯ 면치 못ᄒᆞ오리니, 남ᄌᆞᄂᆞᆫ 튱효(忠孝) 읏듬이오, 녀ᄌᆞᄂᆞᆫ 효졀(孝節)이 읏듬이라. 두 가지ᄅᆞᆯ 다 완젼치 못ᄒᆞ오면 졀개(節槪) 뎨일(第一)이라. 져 집 빙폐ᄅᆞᆯ 머므ᄅᆞᆷ면, 쇼네 일ᄉᆡᆼ을 의지ᄒᆞ여 공규(空閨)의 늙으오리니, 부모ᄂᆞᆫ 이 ᄯᅳᆺ을 하부의 젼ᄒᆞ쇼셔."

ᄒᆞ더라. 【76】

1701)연즁ᄉᆞ(筵中事) : 임금과 신하가 모여 국사를 논의하던 자리에서 일어난 일. 연즁(筵中); 임금과 신하가 모여 자문(諮問)・주달(奏達)하던 자리. =연석(筵席).
1702)공규폐륜(空閨廢倫) : 인륜(人倫)을 폐절(廢絕)하고 빈방에 홀로 처함.
1703)혼셔(婚書) : 혼인할 때에 신랑 집에서 예단과 함께 신부 집에 보내는 편지. 두꺼운 종이를 말아 간지(簡紙) 모양으로 접어서 쓴다. =예서(禮書).
1704)빙ᄎᆡ(聘采) : 빙물(聘物). 납채(納采). 혼인례에서 정혼이 이루어진 증거로 신랑 집에서 신부집에 보내는 예물.
1705)아환(鴉鬟) : 검은 머리.
1706)졔졔(齊齊) : 잘 정돈되어 가지런한 모양.

# 윤하뎡삼문취록 권지십오

## (결권)

# 윤하뎡삼문취록 권지십뉵

ᄎ시 하승상 부인이 이의 참예(參預)1707)ᄒᆞᆯ시, ᄎᆞ부(次婦) 혜션공쥬도 더브러 연셕의 참예ᄒᆞ고, 쇼연시ᄅᆞᆯ 다려오고져 아녓더니, 대연부인이 알고 심ᄒᆞ(心下)의 노(怒)ᄒᆞ야 즈긔 질녀ᄅᆞᆯ ᄉᆞ랑치 아닛ᄂᆞᆫ가 ᄒᆞ여, 이의 쇼연시 침소의 나아가 보니, 이ᄲᅥ 쇼연시 샤인을 쪄난 후로브터, 공연이 상심위광(喪心爲狂)1708)ᄒᆞ야 듀야(晝夜) 울고 벼개의 몸을 더져, 존당의 신혼셩뎡(晨昏省定)도 폐ᄒᆞ니, 존당구괴(尊堂舅姑) 발셔 짐작ᄒᆞᆫ 비라. 도로혀 그 츄용누질(醜容陋質)을 보지 아니믈 무던이1709) 넉여, 각별 알은 쳬ᄒᆞ미 【1】 업더니, ᄎᆞ일 연부인이 믄득 니르러 ᄀᆞᆯ오ᄃᆡ,

"질녀, 질녀야, 이런 노호옵고 이다로온 일이 잇ᄂᆞ냐? 네 심시 아모리 불평ᄒᆞ여도 니러나 단장(丹粧)이나 일우고 윤부 연셕의 참예ᄒᆞ라. 너의 존고(尊姑)의 ᄯᅳᆺ이 고로지 아냐 금일이 진왕 윤쳥문의 ᄎᆞᄌᆞ 윤한님 웅닌이 진취ᄒᆞᄂᆞᆫ 길일(吉日)인ᄃᆡ, 윤부인이 혜션공쥬만 다려가려 ᄒᆞ니 너ᄂᆞᆫ 엇지 이둛지 아니리오."

쇼연시 텽파의 흉험(凶險)ᄒᆞᆫ 셩식(性息)1710)이 발작(發作)ᄒᆞ여 급히 의상을 졍돈ᄒᆞ고 졍당(正堂)의 드러가니, 윤부인이 졍히 진궁 연셕의 참예(參預)ᄒᆞ려 【2】 혜션공쥬로 더브러 위의(威儀)ᄅᆞᆯ 출힐 즈음이라. 연시 흉괴(凶怪)ᄒᆞᆫ 면모(面貌)의 분분(忿憤)ᄒᆞᆫ 노긔(怒氣)ᄅᆞᆯ ᄯᅴ여시니, 더욱 흉악ᄒᆞ여 흑살텬신(黑煞天神)1711)ᄀᆞᆺ튼지라. ᄀᆞ장 분연(奮然) ᄀᆞᆯ,

"쳡이 비록 외뫼(外貌) 곱지 못ᄒᆞ오나 당당ᄒᆞᆫ 부마의 손녀로 문미가벌(門楣家閥)1712)이 남만 못ᄒᆞ지 아니ᄒᆞ거든, 존괴 다 ᄀᆞᆺ튼 며ᄂᆞ리의 ᄋᆡ증(愛憎)이 그리 편벽(偏僻)ᄒᆞ시니잇고? 금일 진궁 연셕의 쳡도 존고ᄅᆞᆯ 뫼셔 가려 ᄒᆞᄂᆞ이다."

졍언간(停言間)에 연부인이 ᄂᆞᆨ다라 ᄀᆞᆯ,

"질네 근간 가부(家夫)ᄅᆞᆯ 원니(遠離)ᄒᆞ고, 너모 과도히 넘녀(念慮)ᄒᆞ야 장ᄎᆞᆺ 질(疾)이 닐게 되어시니, 부인은 ᄌᆞ 【3】 ᄋᆡ(慈愛)ᄅᆞᆯ 고르게 ᄒᆞ샤, 그 심ᄉᆞᄅᆞᆯ 위로코져 다려

---

1707)참예(參預) : 참여(參與). 어떤 일에 관계하거나 그 일이 벌어지는 현장에 나가 지켜 봄.
1708)상심위광(喪心爲狂) : 마음이 불평하여 애를 태우다 미치기에 이름.
1709)무던이 : 무던히. 수준이 보통에 가깝거나 그보다 약간 더 하게.
1710)셩식(性息) : 셩졍(性情). 성질과 심정. 또는 타고난 본성.
1711)흑살텬신(黑煞天神) : 검은 살기를 띤 흉한 모습의 귀신.
1712)문미가벌(門楣家閥) : 문벌(門閥). 대대로 내려오는 그 집안의 사회적 신분이나 지위.

가쇼셔."

윤부인이 텽파(聽罷)의 져 슉질의 희악(駭愕)혼 말을 어이업시 넉이나, 족가(足枷)치<sup>1713)</sup> 아니려 미쇼 왈,

"요스이 연식뷔 유병침질(有病寢疾)ㅎ야 존당 신혼셩뎡(晨昏省定)도 폐ㅎ니, 쳡은 뼈 혜오뒤, 즁목공회(衆目公會)<sup>1714)</sup>의 나지 못ㅎ리라 ㅎ엿더니, 만일 가고져 ㅎ면 엇지 아니다려 가리오. 식부는 단장이나 다스리라."

연시 슉질(叔姪)이 크게 깃거, 즉시 침소의 도라와 소셰(梳洗)ㅎ고 지분(脂粉)<sup>1715)</sup>을 난만(爛漫)이 ㅎ며 금옥쥬취(金玉珠翠)<sup>1716)</sup>로 《ᄭ이며∥ᄭ미며<sup>1717)</sup>》, 홍군녹삼(紅裙綠衫)<sup>1718)</sup>을 착(着)ㅎ여 황홀이 《치례∥치레<sup>1719)</sup>》ㅎ여시니 볼【4】스록 금즉ㅎ더라<sup>1720)</sup>.

뎡국공과 조부인이며 모든 슉당 등이 연시 슉질 알기를 금슈(禽獸)<sup>1721)</sup>ᄀᆺ치 넉이는 고로, 다만 묵연이 볼 쑨이○[오], 말니지 아니ㅎ더라. 연시 ᄀᆞ장 진듕(鎭重) 유덕(有德)혼 톄ㅎ야, 화교(華轎)의 올나 존고와 혜션공쥬의 금뉸치거(金輪彩車)<sup>1722)</sup>를 년(連)ㅎ여 진궁의 니르러, 닉당의 드러가 위·조·뉴 삼부인긔 비알ㅎ고, 기여(其餘) 졔부인으로 녜필에 취좌(就坐)ㅎ니, 위태부인으로브터 뎡·진·남·화·하·장 졔부인의 니르히<sup>1723)</sup> 윤부 상·하 졔인은 쇼연시를 임의 여러 슌(順)<sup>1724)</sup> 보아시니, 그 흉상누질을 새로이 놀날 비 업거니와, 좌상(座上) 졔【5】빈(諸賓)은 처엄 보느니 만흔지라. 노셩(老成)혼 부인닉와 진듕(鎭重)혼 녀ᄌ 등은 심하(心下)의 긔괴히 넉이나, 각별 지쇼(指笑) 농담ㅎ미 업스뒤, 혹 경망(輕妄)혼 부인닉와 전도(顚倒)<sup>1725)</sup>혼 녀ᄌ 등은 연시의 츄용박면(醜容薄面)을 보고 놀나고 웃지 아니리 업서, 서로 도라보며 슛두어려<sup>1726)</sup>, 쇼왈,

---

1713)족가(足枷)ㅎ다 : 아랑곳하다. 참견하다. 다그치다. 탓하다. 따지다. *족가(足枷); 옛날에 죄수를 가두어 둘 때 쓰던 형구(刑具). 두 개의 기다란 나무토막을 맞대어 그 사이에 구멍을 파서 죄인의 두 발목을 넣고 자물쇠를 채우게 되어 있다. =차꼬.
1714)즁목공회(衆目公會) : 여러 사람들이 보는 공적(公的) 자리.
1715)지분(脂粉) : 연지(臙脂)와 백분(白粉)을 아울러 이르는 말.
1716)금옥쥬취(金玉珠翠) : 금·옥·구슬·비취 따위의 각종 보석.
1717)ᄭ미다 : 꾸미다. 모양이 나게 매만져 차리거나 손질하다.
1718)홍군녹삼(紅裙綠衫) : 붉은 치마와 초록빛 저고리 차림.
1719)치레 : ①잘 손질하여 모양을 냄. ②무슨 일에 실속 이상으로 꾸미어 드러냄.
1720)금즉ㅎ다 : 끔찍하다. 정도가 지나쳐 놀랍다.
1721)금슈(禽獸) : ①날짐승과 길짐승이라는 뜻으로, 모든 짐승을 이르는 말. ②행실이 아주 더럽고 나쁜 사람을 비유적으로 이르는 말.
1722)금뉸치거(金輪彩車) : 화려하게 꾸민 수레.
1723)니르히 : 이르도록, 이르기까지. *니르다; 이르다. 어떤 정도나 범위에 미치다. 어떤 장소나 시간에 닿다.
1724)슌(順) : 차례. ((수량을 나타내는 말 뒤에 쓰여)) 일이 일어나는 횟수를 세는 단위.
1725)전도(顚倒) : 잘못된 생각을 갖거나 현실을 잘못 이해하는 일.

"져 얼골 져 모양을 가지고 이런 셩연의 참예ᄒᆞ니 가히 긔신(氣神)1727) 됴코 넘치 업슨 녀지로다."

ᄒᆞ니. 쇼연시 쏘흔 귀ᄂᆞᆫ 먹지 아냣ᄂᆞᆫ지라. 져를 지쇼(指笑) 농담(弄談)ᄒᆞᄆᆞᆯ 아지 못ᄒᆞ리오. 믄득 흉악ᄒᆞᆫ 셩을 발ᄒᆞ여, 냥안을 브릅쓰고 소리를 우레ᄀᆞᆺ히 질너, 【6】 왈,

"ᄉᆞ톄(事體) 모ᄅᆞᄂᆞᆫ 민망(憫惘)《ᄉᆞ진∥스런》 녀ᄌᆞ들아, 내 비록 용뫼 너희만 못ᄒᆞ나, 당당흔 영안공쥬의 쳔금 손이오, 니부텬관(吏部天官)1728)의 일쇼교(一小嬌)며 일국 지상의 춍부(冢婦)1729)요 신진명ᄉᆞ(新進名士)의 원비(元妃)1730)로소니, 너희 등 좀1731) 먹은 가문과 좀 얼골○[을] 가지고 허랑방탕(虛浪放蕩)흔 가부의게 여러 젹인(敵人)으로 징춍징션(爭寵爭先)1732)ᄒᆞ야 교언영식(巧言令色)1733)으로 호춍(好寵)ᄒᆞᄂᆞᆫ 무리만 넉이ᄂᆞ냐? 우리ᄂᆞᆫ 혁혁(赫赫)ᄒᆞ니 뉘 감히 하ᄌᆞ(瑕疵)ᄒᆞ리오."

모든 녀지 쇼연시의 광망(狂妄)흔 핀잔1734)을 보고 무류(無聊)1735)ᄒᆞ고 분ᄒᆞ나, 쏘흔 인ᄉᆞ(人事) 넘치(廉恥)를 아ᄂᆞᆫ 고로, 다만 ᄂᆞᆺ츨 붉히고 셔로 도라볼 ᄯᆞᆫ이【7】니, 한상셔 부인 우시 참지 못ᄒᆞ여 쇼왈,

"일즉 녯말노 드ᄅᆞ니, 무염(無艷) 밍광(孟光)1736)과 졔갈(諸葛)1737)의 황시(黃氏)1738) 박용누질(薄容陋質)이나 셩덕ᄌᆞ화(聖德才華)가 유명ᄒᆞ더라 말을, 목젼(目前)의 보고 듯지 아냐시니, 허언(虛言)이 아닌가 넉엿더니, 이제 싱각건ᄃᆡ 가히 올흔 말인가 ᄒᆞ노라. 연쇼져의 빅힝(百行) 쳐ᄉᆞ(處事) 가히 당셰(當世)1739)의 밍광(孟光) 황시(黃氏)의 셩덕을 알니로다."

쇼연시 우부인 농담을 진짓 말숨으로 알아, 더욱 우긔(愚氣) 발작(發作)ᄒᆞ여 더욱 부귀 영광을 자랑ᄒᆞ니, 좌즁이 실쇼ᄒᆞᄆᆞᆯ 마지 아니ᄒᆞ거ᄂᆞᆯ, 졔왕비 의녈이 웃고 한부인

---

1726)숫두어리다 : 수군거리다. 남이 알아듣지 못하도록 낮은 목소리로 자꾸 가만가만 이야기하다.

1727)긔신(氣神) : 기세와 마음 자세.

1728)니부텬관(吏部天官) : 이부상서(吏部尙書). 육부(六部)의 상서 가운데 으뜸이라는 뜻이다.

1729)춍부(冢婦) : 종부(宗婦). 맏며느리.

1730)원비(元妃) : 첫째부인.

1731)좀 : 조금.

1732)징춍징션(爭寵爭先) : 서로 총애를 얻거나 앞서기 위해 다툼.

1733)교언영식(巧言令色) : 아첨하는 말과 알랑거리는 태도.

1734)핀잔 : 맞대어 놓고 언짢게 꾸짖거나 비꼬아 꾸짖는 일.

1735)무류(無聊) : 무료(無聊). 부끄럽고 열없다.

1736)밍광(孟光) : 후한 때 사람 양홍(梁鴻)의 처. 추녀였으나 남편의 뜻을 잘 섬겨 현처로 이름이 알려졌고, 고사 거안제미(擧案齊眉)로 유명하다.

1737)졔갈(諸葛) : 제갈량(諸葛亮). 181~234. 중국 삼국 시대 촉한의 정치가. 자(字)는 공명(孔明). 시호는 충무(忠武). 뛰어난 군사 전략가로, 유비를 도와 오(吳)나라와 연합하여 조조(曹操)의 위(魏)나라 군사를 대파하고 파촉(巴蜀)을 얻어 촉한을 세웠다. 유비가 죽은 후에 무향후(武鄕侯)로서 남방의 만족(蠻族)을 정벌하고, 위나라 사마의와 대전 중에 병사하였다

1738)황시(黃氏) : 중국 삼국시대 촉의 정치가 제갈량의 처. 용모는 몹시 추(醜)녀였으나 재주가 뛰어났다고 한다..

1739)당셰(當世) : ①바로 그 시대. 또는 바로 그 세상. ②바로 이 시대. 또는 바로 이 세상.

다려 왈,

"현뎨는 가히 【8】 지ᄉ(才士)로다 ᄒ려니와, 장자(長者)의 도리 쇼ᄌ(小子)로 더브러 농ᄒ미 도로혀 어룬의 톄위(體位) 손상ᄒ믈 싱각지 아니ᄒ느뇨?"

우부인이 낭연(朗然)1740) 대쇼(大笑)ᄒ고 말ᄉᆞᆷ을 긋치니라. 장ᄎᆞᆺ 일영(日影)이 장반(將半)의, 모든 년인가(連姻家)1741) ᄂᆡ외(內外)ᄒᄂᆞᆫ 부인ᄂᆡᄂᆞᆫ 다 장ᄂᆡ(場內)로 퇴(退)ᄒ고 쳥문 곤계(昆季) ᄌᆞ질을 거ᄂᆞ리고, 편슈(編修)1742)를 압세워 드러와 길복(吉服)을 ᄎᆞᄌᆞ니, 위태부인이 진비를 도라보아 왈,

"웅ᄋᆞ의 길의를 뉘 다ᄉᆞ렷느뇨?"

진비 념슬(斂膝) 디왈,

"길복을 새로 다ᄉᆞ리미 업ᄉᆞᆸ고, 경쇼부를 취ᄒᆞᆯ 적 길의 상(傷)치 아냐시니 닙으미 무방ᄒᆞ니이다."

언미진(言未盡)의 경쇼져 유모 【9】 가 구슬함을 밧드러 좌의 노ᄒᆞ니, 존당 상해 크게 아름다이 넉이고, 좌즁이 칭찬ᄒᆞᆷ믈 마지 아니ᄒ더라.

위태부인이 굴오ᄃᆡ,

"경쇼뷔 임의 손ᄋᆞ의 길복을 다ᄉᆞ리니 부덕이 심히 아름다온지라. ᄯᅩ 맛당히 옷슬 셤겨 곳다온 덕힝을 더욱 빗나게 ᄒ라."

쇼졔 즁인의 과찬(過讚)ᄒᆞᆷ믈 크게 불안(不安) 황괴(惶愧)ᄒ나, 마지 못ᄒᆞ여 존명(尊命)을 밧드러 길복을 가져 나아가 셤길ᄉᆡ, 부뷔 즁목소시(衆目所視)1743)의 상ᄃᆡ(相對)ᄒᆞᄆᆡ, 남풍녀뫼(男風女貌) 발월(發越)ᄒᆞ여1744) 일월(日月)이 ᄌᆡᆼ광(爭光)ᄒᄂᆞᆫ 듯ᄒᆞ니, 좌ᄀᆡᆨ(座客)이 져 부부 냥인(兩人)의 풍의덕치(風儀德彩)1745)를 우러라 불【10】승경찬(不勝慶讚)ᄒ더라.

한님이 존당의 하직ᄒᆞ고, 빅마금안(白馬金鞍)1746)의 만됴요ᄀᆡᆨ(滿朝繞客)1747)이 젼ᄎᆞ후옹(前遮後擁)1748)ᄒ여 쥬아(朱衙)의 니ᄅᆞ니, 쥬부(朱府)의셔 ᄯᅩ혼 연셕을 ᄀᆡ장(開場)ᄒ고 만당빈ᄀᆡᆨ(滿堂賓客)을 모화 신낭을 마ᄌᆞ니, 윤한님의 옥모영풍(玉貌英風)이 길복 즁 더욱 쇄락ᄒ더라.

드듸여 녜안(禮雁)1749)을 안아 텬디(天地)긔 젼ᄒᆞ고 신부의 상교(上轎)를 ᄌᆡ촉ᄒ니,

---

1740) 낭연(朗然) : 밝게. 명랑하게.
1741) 년인가(連姻家) : 혼인으로 맺어진 친척.
1742) 편슈(編修) : 관직명(官職名). 중국에서 국사의 편찬에 종사하던 사관.
1743) 즁목소시(衆目所視) ; 여러 사람들이 바라보는 가운데.
1744) 발월(發越)ᄒ다 : 용모가 깨끗하고 훤칠하다.
1745) 풍의덕치(風儀德彩) ; 풍신(風信)과 덕성(德性)의 아름다움.
1746) 빅마금안(白馬金鞍) : 금으로 꾸민 안장(鞍裝)을 두른 흰말.
1747) 만됴요ᄀᆡᆨ(滿朝繞客) : 만조백관(滿朝百官)이 요객(繞客)이 됨.
1748) 젼ᄎᆞ후옹(前遮後擁) : 여러 사람이 앞뒤에서 에워싸고 보호하여 나아감.
1749) 녜안(禮雁) : 혼인례의 예물로 신랑이 신부 집에 바치는 기러기. 기러기는 한번 짝을 지으면 죽을 때까지 짝을 바꾸지 않는다 하여 신랑이 백년해로 하겠다는 서약의 징표로서 신부의 어머니에게 기러기를

쥬공이 만면 희식으로 녀♀의 단장(丹粧)을 지쵹ᄒ니, 쇼졔 상교홀시, 부뫼 옥슈를 잡고 경계 왈,

"션ᄉ존당(善事尊堂)1750)ᄒ며  슉흥야ᄆᆡ(夙興夜寐)1751)ᄒ고  승슌군ᄌ(承順君子)1752)ᄒ며 존경원비(尊敬元妃)ᄒ여 화우돈목(和友敦睦)ᄒ고 아름다온 예셩(譽聲)이 부【11】모의게 도라오게 ᄒ면, 이 곳 효되(孝道)라."

ᄒ니, 쇼졔 슈명(受命) 빈샤(拜辭)ᄒ고 상교(上轎)ᄒ니, 윤싱이 금쇄(金鎖)를 가져 봉문(封門)1753) 상마(上馬)ᄒ여 도라갈시, 본부의 니르러 ᄒ 쩨 홍군취ᄃᆡ(紅裙翠黛)1754) 금군치삼(錦裙彩衫)1755)이  셧돌고1756)  시녀(侍女)  복쳡(僕妾)이  울금난향(鬱金蘭香)1757)을 잡아 냥신인을 인도ᄒ여 쳥즁(廳中)의 독좌(獨坐)1758)를 파ᄒ고, 'ᄌ하상(紫霞觴)1759)을 난호니'1760), 신낭은 각별 눈드러 유의ᄒ미 업셔 거동이 타연(泰然)ᄒ여 외당으로 나가고, 신부ᄂᆞᆫ 단장을 곳쳐 조늘을 밧드러 존당 구고긔 진헌(進獻)홀시, 존당 상하와 만목(萬目)이 ᄒᆞᆫ가지로 쳠관(瞻觀)ᄒ니, 이 믄득 셰속(世俗) 미식(美色)이【12】 아니라. 텬디의 각별이 타 나온 별츌이긔(別出異氣)1761)로 빅ᄐᆡ쳔광(百態千光)이 빗날 ᄲᅮᆫ아니라, 유덕영복(有德榮福)ᄒ여 녀즁군ᄌ(女中君子)라. 좌상 졔빈이 칭션(稱善)ᄒ고 하셩(賀聲)이 분분(紛紛)ᄒ니, 존당 구괴 만면 희식으로 좌슈우응(左酬右應)의 치하를 ᄉ양치 아니코, 호람휘 크게 깃거 찬녜관(贊禮官)1762)을 명(命)ᄒ여 경시로 서로 보ᄂᆞᆫ 녜를 ᄒᆡᆼᄒ라 ᄒ니, 신뷔 옥안(玉顔)이 ᄌᆞ약(自若)ᄒ야 경쇼져를 향ᄒ여 공경 지비ᄒ니, 경쇼졔 텬연(天然)이 답녜ᄒ더라.

이의 낙극진환(樂極盡歡)ᄒ고 셕양의 빈긱이 훗터지니, 신부 슉소를 홍미뎡의 뎡ᄒ니, 쥬【13】부 양낭복쳡(養娘僕妾)1763)이 쇼져를 뫼셔 침소로 도라가니, 쵸야의 싱이

---

드린다. 산 기러기를 쓰기도 하나, 대개는 나무로 만든 것을 쓴다.

1750)션ᄉ존당(善事尊堂) : 웃어른을 잘 섬김.

1751)슉흥야ᄆᆡ(夙興夜寐) : 아침에 일찍 일어나고 밤에 늦게 잔다는 뜻으로, 부지런히 일함을 이르는 말.

1752)승슌군ᄌ(承順君子) : 남편의 뜻을 순순히 따름.

1753)봉문(封門) : (가마의) 문을 잠금.

1754)홍군취ᄃᆡ(紅裙翠黛) : 붉은 치마를 입고 푸른 눈화장을 한 미인.

1755)금군치삼(錦裙彩衫) : 비단치마와 고운 저고리 차림의 미인.

1756)셧돌다 ; 섞여 돌다. 섞여 움직이다.

1757)울금난향(鬱金蘭香) : 울금향과 난초향을 아울러 이르는 말. *울금향(鬱金香); 튤립향을 말함. 튤립은 술을 빚는데 쓰기도 하는데 이것을 넣어 빚은 술을 울창주(鬱鬯酒)라 한다. 그 향이 진하여 제사의 강신례(降神禮)에 쓴다.

1758)독좌(獨坐) : 독좌례(獨坐禮). 혼인례에서 대례(大禮)를 달리 이른 말. 즉 신랑과 신부가 대례를 행할 때 각각의 앞에 음식을 차려 놓은 독좌상(獨坐床)을 놓고 교배(交拜)·합근(合巹) 등의 의례를 행하는 것을 비유하여 쓴 말이다.

1759)ᄌ하상(紫霞觴) : 자하주(紫霞酒). 자하동(紫霞洞) 신선들이 붉은 노을로 빚어 마신다는 술.

1760)ᄌ하상(紫霞觴)을 난호니 : 신랑신부가 대례에서 합근례(合巹禮; 신랑신부가 서로 술잔을 주고 받는 의식)를 행하는 것을 이르는 말.

1761)별츌이긔(別出異氣) ; 매우 특별이 생겨난 신이(神異)한 기운.

1762)찬녜관(贊禮官) : 각종 의례에서 의례의 주체를 인도하며 의식의 진행을 돕는 사람. =찬인(贊人).

각당(各堂)의 혼뎡(昏定)을 파ᄒᆞ고 셔헌(書軒)의 나아가 종왕부(從王父)와 부슉(父叔)을 시립(侍立)ᄒᆞᄆᆡ 긔운이 ᄂᆞ죽ᄒᆞ여 감히 신방의 갈 의ᄉᆞᆨ를 못ᄒᆞ고, 진왕도 ᄯᅩᄒᆞᆫ 안ᄉᆞᆨ이 슉묵(肅默)ᄒᆞ니, 호람휘 진왕을 도라보아 왈,

"임의 야심ᄒᆞ엿거ᄂᆞᆯ 엇지 웅닌의 슉소를 명치 아니ᄒᆞᄂᆞ뇨?"

왕이 ᄃᆡ왈,

"픽ᄌᆞ(悖子) 본ᄃᆡ 범ᄉᆞ(凡事)를 ᄌᆞ힝ᄌᆞ지(自行自止)1764)ᄒᆞᆸᄂᆞ니, 금일 쥬시 ᄯᅩᄒᆞᆫ 황상의 명으로 군뷔(君父)1765) 쥬혼(主婚)ᄒᆞ시미니, 이 굿투여 인뉸이 막대ᄒᆞ믈 폐ᄒᆞ라 ᄒᆞ리잇가마ᄂᆞᆫ, 유지(猶子)1766) 위【14】인부(爲人父)1767)ᄒᆞ야 임의 ᄌᆞ식의게 위엄이 셔지 못ᄒᆞ여, 경시를 취ᄒᆞᆯ 써에 집을 반(叛)ᄒᆞ엿던 바를 싱각ᄒᆞᆫ족, 날이 오릴ᄉᆞ록 한심ᄒᆞᆫ지라. 이제 제 ᄯᅳᆺ의 ᄯᅩ 쥬시를 엇더케 넉이믈 아지 못ᄒᆞ오니, 흔갓 아비로라 ᄒᆞ여 신방의 가라 긔걸ᄒᆞ여1768) ᄯᅩ 어ᄃᆡ로 반ᄒᆞ여 갈동 알니잇가?"

셜파의 ᄉᆞ식이 크게 엄슉ᄒᆞ니, 싱이 복슈(伏首) 문파(聞罷)의 숑구불승(悚懼不勝)1769)ᄒᆞ여 몸 둘 바를 아지 못ᄒᆞ니, 호람휘 잠쇼ᄒᆞ고, 싱ᄃᆞ려 왈,

"여부의 ᄯᅳᆺ이 너의 남활(濫闊)ᄒᆞ믈 미안ᄒᆞᄆᆡ 깁흐나, 무죄흔 녀ᄌᆞ를 박ᄃᆡᄒᆞ라 ᄒᆞ【15】믄 아니라. 모로미 너ᄂᆞᆫ 안심ᄒᆞ여 신방의 드러가라, 슈연(雖然)이나, 네 두 안ᄒᆡ를 두어시니 졔가(齊家)ᄒᆞ믈 공번도이1770) ᄒᆞ여 부ᄂᆡ(府內)1771)의 원(怨)이 밋게 말나."

싱이 황공ᄒᆞ여 흔 말을 ᄃᆡ(對)치 못ᄒᆞ고 묵묵히 퇴ᄒᆞ여 신방의 니르니, 금벽난실(錦壁蘭室)1772)의 화쵹(華燭)이 휘황ᄒᆞ며, 난향(蘭香)이 진울(震鬱)1773)ᄒᆞ더라. 이의 방즁의 드러가니 쥬쇼졔 긴 단장을 벗고 단의홍군(單衣紅裙)1774)으로 쵹하의 단좌(端坐)ᄒᆞ엿다가 안셔(安舒)히1775) 니러 마ᄌᆞ 좌뎡(坐定)ᄒᆞᄆᆡ, 새로이 슈습(收拾)ᄒᆞ여 아미(蛾眉)ᄂᆞᆫ 빈뎌(鬢底)1776)의 ᄂᆞ죽ᄒᆞ고, 년험(蓮臉)1777)은 잠간 븕어시니, 쵹하의 ᄋᆡ용(愛

---

1763)양낭복첩(養娘僕妾) : 계집종과 사내종을 아울러 이르는 말. *양낭(養娘); 여자 종. 주로 혼인한 여종을 일컫는다. *복첩(僕妾); 사내종과 계집종을 아울러 이르는 말.

1764)ᄌᆞ힝ᄌᆞ지(自行自止) : 스스로 행하고 스스로 그친다는 뜻으로, 자기 마음대로 했다 말았다 함을 이르는 말.

1765)군뷔(君父) : 임금을 아버지에 비유하여 이르는 말.

1766)유지(猶子) : ①자식과 같다는 뜻으로, '조카'를 달리 이르는 말. ②조카 되는 사람이 나이 많은 삼촌에게 자기를 이르는 일인칭 대명사.

1767)위인부(爲人父) : 사람의 아버지가 되어. 또는 아버지 된 사람으로서.

1768)긔걸ᄒᆞ다 : 시키다, 당부하다. 신칙(申飭)하다.

1769)숑구불승(悚懼不勝) : 죄송스럽기 이를 데 없음.

1770)공번도다 ; 공변되다. 행동이나 일 처리가 사사롭거나 한쪽으로 치우치지 않고 공평하다.

1771)부ᄂᆡ(府內) : '부(府)'의 구역 안. 여기서는 윤부(尹府)의 '집안'을 말함.

1772)금벽난실(錦壁蘭室) : 벽에 비단 장막을 두르고 난향(蘭香) 가득한 방.

1773)진울(震鬱)ᄒᆞ다 : 진동(震動)하다. 냄새 등이 매우 강렬하게 풍기다.

1774)단의홍군(單衣紅裙) : 홑옷과 붉은 치마 차림.

1775)안셔(安舒)히 : 편안하고 조용히.

容)이 더욱 승절(勝絶)훈 【16】지라. 싱이 반갑고 이듕ᄒᆞ믈 형용치 못ᄒᆞ야 나아가 집슈년슬(執手連膝)1778) 왈,

"명회(名號) 신인(新人)이나, ᄒᆞ마 고인(古人)이라. 신혼초일이 아니어든 새로이 슈습(收拾)ᄒᆞ믄 엇지오. 도로혀 고톄(固滯)ᄒᆞ기의1779) 갓갑도다."

쇼졔 텽파(聽罷)의 져의 불고이취(不告而娶)훈 남ᄉᆞ(濫事)를 스스로 닐ᄏᆞ라 이목의 번거ᄒᆞ믈 피치 아니ᄒᆞ믈 불안미쾌(不安未快)ᄒᆞ여, 빵셩(雙星)1780)을 ᄂᆞᆺ초고 뎌두부답(低頭不答)ᄒᆞ니, 싱이 웃고 야심(夜深)ᄒᆞ믈 닐ᄏᆞ라 쵹을 멸ᄒᆞ고, 쇼져를 권ᄒᆞ여 나위(羅幃)1781)의 나아가니, 새로온 은졍(恩情)이 산비ᄒᆡ박(山卑海薄)ᄒᆞ더라.

명됴(明朝)의 싱은 외당으로 몬져 나아가고, 쇼【17】져는 신장(新粧)을 다ᄉᆞ려 각당의 신셩(晨省)ᄒᆞ니, 상하노쇼(上下老少) 그 현미(賢美)훈 긔질을 칭ᄋᆡ(稱愛)ᄒᆞ더라. 쥬쇼졔 인ᄒᆞ여 구가의 머므니, 존당구고(尊堂舅姑)를 션효(善孝)ᄒᆞ며 슉미졔ᄉᆞ(叔妹娣姒)1782)를 화우(和友)ᄒᆞ고 군ᄌᆞ를 승슌(承順)ᄒᆞ며 원비(元妃)를 존경ᄒᆞ니, 가듕상ᄒᆡ(家中上下) 다 ᄋᆡ딕(愛待)ᄒᆞ고, 경쇼졔 지심우딕(知心優待)1783)ᄒᆞ여 피ᄎᆞᆺ 젹인(敵人) 두 ᄌᆞ를 니ᄌᆞ미 되엿더라.

쥬시의 신혼초야(新婚初夜)의 빅시 등이 규시ᄒᆞ여 ᄉᆞ어(私語)를 참텽(參聽)1784)ᄒᆞ고 싱의 언단(言端)을 크게 의혹ᄒᆞ나, 싱이 즉금 죄듕(罪中)의 쳐ᄒᆞ여시니 그 ᄉᆞ어를 넓이 젼파치 못ᄒᆞ여, 이튿날 졍당의 나아가 종용【18】히 다란 말ᄉᆞᆷ으로 슌편(順便)이 고ᄒᆞ고, 믈너 ᄀᆞ마니 뉴시 등과 혼가지로 작야 싱의 동졍과 ᄉᆞ어를 닐너 의심되믈 말ᄒᆞ더니, 맛ᄎᆞᆷ 왕이 여측(如厠)1785)ᄒᆞ고 졔희(諸姬) 당(堂)으로 지나다가, 믄득 빅시 침소의 졔희 다 모다 ᄉᆞ에(私語) 밀밀ᄒᆞ거늘, 져기 죡용(足容)을 듕지ᄒᆞ여 드ᄅᆞ니, 여신(如神)훈 총명으로 엇지 ᄭᆡ닷지 못ᄒᆞ리오. 웅닌이 집을 반ᄒᆞ고 ᄉᆞ쳐로 방황홀 적, 반다시 형쥐 가 쥬시를 불고이취(不告而娶)ᄒᆞ고 다시 도모ᄒᆞ여 ᄉᆞ혼은지(賜婚恩旨)1786)를 어더 취ᄒᆞ민 줄 쾌히 ᄭᆡ다ᄅᆞ미, 더욱 통ᄒᆡᄒᆞ믈 니긔지 못ᄒᆞ나, 엄부의 톄위(體位)로 셰밀지【19】ᄉᆞ(細密之事)를 경이히 알은 톄 할 빅 아니라. 흔번 ᄉᆞ단(事端)을 니ᄅᆞ혀 장칙ᄒᆞ기를 싱각ᄒᆞ민, 각별 알은 톄 아니ᄒᆞ더라.

---

1776)빈뎌(鬢底) : 귀밑머리 밑.

1777)년험(蓮臉) : 연꽃처럼 청순한 뺨. *臉의 음은 '검'이다.

1778)집슈년슬(執手連膝) : 손을 잡고 무릎이 닿도록 가까이 앉음.

1779)고톄(固滯)ᄒᆞ다 : 성질이 편협하고 고집스러워 너그럽지 못하다.

1780)빵셩(雙星) : 두 눈.

1781)나위(羅幃) : 얇은 비단으로 만든 장막.

1782)슉미졔ᄉᆞ(叔妹娣姒) : 시누이와 동서를 아울러 이르는 말. *슉매(叔妹); 시누이. *졔사(娣姒); 형제의 아내 가운데 손아래 동서와 손위 동서.

1783)지심우딕(知心優待) : 서로 마음이 통하여 잘 대우함.

1784)참텽(參聽) : 참여하여 들음.

1785)여측(如厠) : 뒷간에 감.

1786)ᄉᆞ혼은지(賜婚恩旨) : 임금이 혼인을 명하는 교지(敎旨).

과연 오리지 아냐 싱이 문연각(文淵閣)1787)의 입번(入番)ᄒ야 여러 날 나오지 아냣더니, 마춤 어됴윤 부듕의셔 쥬부인이 홀연 유질ᄒ야 병세 위듕ᄒ니, 경부 상해(上下) 진경(震驚)ᄒ야 병보(病報)를 상부의 고ᄒ고, 쇼져의 귀령을 쳥ᄒ니, 존당 구괴 쏘흔 놀나 즉시 쇼져의 귀령(歸寧)을 허ᄒ니, ᄎ시 쥬쇼졔 쏘흔 유질ᄒ여 낫지 못흔 즁, 모부인 환휘 위극(危極)ᄒ시믈 대경ᄒ나, 가부의 ○[명(命)] 업스므로 ᄌ져(趑趄)1788)ᄒ니, 【20】 존당 구괴 그 ᄯᅳᆺ을 알고 어엿비 넉여 다시 젼어 왈,

"녕당(令堂) 쥬부인 환휘 대단ᄒ시다 ᄒ니, 그 ᄌ녀의 도리 엇지 물너 이시며, 쏘 념녜 방하(放下)ᄒ리오. 웅이 츌번ᄒ거든 우리 됴토록 닐을 거시니, 아부는 방심ᄒ여 도라가 녕당 환후를 위로ᄒ게 ᄒ라."

쇼졔 공경 슈명ᄒ고 즉일 거교를 슈습ᄒ여 존당의 ᄇᆡᄉᆞ(拜辭) 하직(下直)ᄒ고, 본부의 도라오니 부인 환휘 ᄀᆞ장 듕흔지라. 부인이 병즁 녀ᄋᆞ를 보고 크게 반기며 깃거ᄒ고, 경공과 경싱 삼인이며 삼져졔 깃거ᄒ더라.

쇼졔 인ᄒ여 슌일을 머므러 모부인을 시【21】호(侍護)ᄒ더니, ᄶᅥ에 윤한님이 뉵일을 입번ᄒ엿다가 츌번ᄒ야 부듕의 도라와, 존당긔 ᄇᆡ읍고 웃슬 ᄀᆞ라닙으려 모란당의 드러가니 쇼졔 업ᄂᆞᆫ지라. 고이히 넉여 좌우ᄃᆞ려 왈,

"부인이 어ᄃᆡ 갓ᄂᆞ뇨?"

시비 ᄃᆡ왈,

"수일 젼의 본부 부인이 유질(有疾) 위독(危篤)ᄒ시ᄆᆡ 부인이 귀령(歸寧)ᄒ시니이다."

한님이 텽파의 크게 미온(未穩)ᄒ여 말을 아니코, 웃슬 ᄀᆞ라닙고 계월뎡의 드러가 모비긔 뵈오니, 진비 왈,

"어됴윤 부인이 유질ᄒ므로 경부의셔 아부(我婦)의 귀령을 쳥ᄒ니, 경쇼뷔 너의 잇지 아니믈 져허 쥬져(躊躇)ᄒ므로, 【22】 존당이 허락ᄒ여 보ᄂᆡ여 계시니, 너는 아뷔 ᄌ힝(自行)흔가 미온치 말고, 쥬부인 병셰 대단ᄒ다 ᄒ니, 너는 모로미 나아가 문병ᄒ여 반ᄌ(半子)의 도를 폐치 말나."

한님이 블열(不悅)ᄒ나 감히 ᄉᆞ식(辭色)지 못ᄒ고 ᄇᆡ샤(拜謝) 슈명(受命)ᄒ고 외헌의 나와 이윽이 부젼의 시립(侍立)《ᄒ엿더니‖다가》, 셕양(夕陽)의 경부의 니르니, 경싱 등이 크게 반겨 손을 잇그러 ᄂᆡ당의 드러가니, 경공이 쏘흔 ᄂᆡ루의 잇고 부인이 위경을 겨유 면ᄒ여시나, 오히려 침셕(寢席)을 ᄯᅥ나지 못ᄒ더니, 녀셔의 친문(親問)ᄒ믈 보ᄆᆡ 크게 반기고 깃거, 강병(强病)1789)ᄒ여 침병(枕屛)의 【23】 의지ᄒ고 담쇼(談笑) 아연(峨然)1790)ᄒ니, 경공이 쇼왈,

---

1787)문연각(文淵閣) : 중국 명나라·청나라 때에, 베이징에 있던 궁중 장서(藏書)의 전각(殿閣). 청나라 때 자금성의 동남쪽에 재건하여 ≪사고전서≫와 ≪도서집성(圖書集成)≫ 따위를 두었다.
1788)ᄌ져(趑趄) : 주저(躊躇). 머뭇거리며 망설임.
1789)강병(强病) ; 억지로 병을 참고 견딤.

“부인이 침병(沈病) 슌일(旬日)의 담쇼ᄒᆞ믈 듯지 못ᄒᆞ더니, 금일 사회를 보미는 병톄를 요동(搖動)ᄒᆞ고 슈작(酬酌)1791)을 일우니, 녀ᄋᆞ를 브ᄅᆞ지 말고 달보를 발셔 청ᄒᆞ더면 부인의 병이 발셔 소ᄎᆞ(蘇差)1792)ᄒᆞ여시리로다.”

부인이 쇼이ᄃᆡ왈(笑而對曰),

“현셔(賢壻)를 보다 근본 앏픈 병이야 갑작이 나으리잇가마는, 쇽어의 ‘사회 ᄉᆞ랑은 빙모의게 잇다’ ᄒᆞ오니 바히1793) 귀듕(貴重)《탄들 ‖ 타들1794)》 아니ᄒᆞ리잇가?”

이의 한님을 향ᄒᆞ여 왈,

“쳡이 졸연이 위질(危疾)을 어더 녀ᄋᆡ 급급(急急) 귀령ᄒᆞ니, 맛초아 현셰 집【24】의 잇지 아닌 ᄯᅢ라. 녀ᄋᆡ 가부의 명 업ᄉᆞ믈 ᄒᆞᆫ 근심을 숨으니, 복원(伏願) 현셔는 ᄎᆞ후 녀ᄋᆞ의 허물을 삼지 마ᄅᆞ쇼셔.”

한님이 흔연 ᄉᆞ샤ᄒᆞ고 이윽이 한담홀ᄉᆡ, 쥬찬으로 관ᄃᆡ(款待)ᄒᆞ며 머므러 가기를 청뉴(請留)ᄒᆞᆫᄃᆡ, 가즁의 ᄉᆞ괴 이셔 머므지 못ᄒᆞ니 후일 다시 오믈 닐ᄏᆞᆺ고 하직ᄒᆞ고 도라가니, 경공 부부는 결연(缺然)ᄒᆞ믈 니긔지 못ᄒᆞ고, 쇼졔는 ᄀᆞ장 싀훤이 넉이더라.

한님이 본부의 도라오니 날이 발셔 황혼이러라. 존당의 뵈오니 태부인 왈,

“네 오ᄅᆡ게야 경부의 갓고 아뷔 잇거ᄂᆞᆯ 엇지 머므지 아니코 도라왓【25】ᄂᆞ뇨?”

ᄉᆡᆼ이 쇼이주왈(笑而奏曰),

“악뫼 환휘 미ᄎᆞ(未差)ᄒᆞ니 경시 시병(侍病)의 골몰ᄒᆞ오니, ᄉᆞ실의 도라올 니 업ᄉᆞᆫ 고로, 쇼손이 뷘 방의 상직(上直)1795)ᄒᆞ미 우은 고로 도라 왓ᄂᆞ이다.”

ᄒᆞ더라.

수일 후 한님이 경쇼져의 ᄌᆞᄒᆡᆼ(自行) 귀령ᄒᆞ여 ᄌᆞ개(自己) 츌번ᄒᆞ미 여러 날이로ᄃᆡ, 도라오지 아니믈 미온ᄒᆞ여 경부의 다시 가지 아니ᄒᆞ니, 진비 아ᄌᆞ의 불통고집(不通固執)ᄒᆞ믈 대칙ᄒᆞ니, 한님이 존당 부모긔 경부의 가므로 하직ᄒᆞ고, 물너 도라와 셔지의셔 ᄉᆡᆼ각ᄒᆞᄃᆡ,

“내 이제 경가의 가노라 ᄒᆞ여시니, 미월누 칠창(七娼)을 불너 금야의 고적ᄒᆞᆫ 【26】 심ᄉᆞ를 소창(消暢)ᄒᆞ리라.”

ᄒᆞ고, 가인(家人)을 분부ᄒᆞ여 요젼(料錢)1796)을 주어 후당 취셜각의 포진(鋪陳)1797)과 쇼작(小酌)1798)을 빅셜(排設)ᄒᆞ라 ᄒᆞ고, 칠창을 ᄃᆡ후(待候)ᄒᆞ게 ᄒᆞᆫ 후, 스ᄉᆞ로 취셜

1790)아연(峨然) : 흥이 한창 무르익어 높은 모양.
1791) 슈작(酬酌) : ①술잔을 서로 주고받음. ②서로 말을 주고받음. 또는 그 말.
1792)소ᄎᆞ(蘇差) : 병이 나음.
1793)바히 : 바이. 아주. 전혀.
1794)-타들 : -하다고들.
1795)상직(上直) : 벼슬아치가 당직이 되어 관가(官家)에서 잠. 여기서는 ‘빈방을 지켜 홀로 자는 것’을 비유로 표현한 말.
1796)요젼(料錢) : 요금(料金). 남의 힘을 빌리거나 사물을 사용·소비·관람한 대가로 치르는 돈.
1797)포진(鋪陳) : 잔치 따위를 할 때에 앉을 자리를 마련하여 깖.

각의 드러가 쥬반(酒飯)을 난만(爛漫)이 버리고, 호상(壺觴)을 ᄌ작(自酌)ᄒ며 풍악을
졔주(齊奏)○○[ᄒ게] ᄒ니, 셤월 등 칠창을 녑녑히 씨고 술이 진취(盡醉)ᄒᄆᆡ, 쥬안
(酒顔)1799)이 방타(滂沱)1800)라. 금야의 부친이 닉던의 슉침(宿寢)ᄒᄆᆞ로 알아시니, 엇
지 공교(工巧)히 대셔헌(大書軒)의 나와 머므실 줄 알아시리오.

　이러구러 밤이 깁흐ᄆᆡ, 믄득 급ᄒᆫ 풍위(風威) 대작(大作)ᄒ고 셰셜(細雪)이 비비(霏
霏)1801)ᄒ여 한긔(寒氣) 투골(透骨)1802)ᄒ더라. 【27】시야(時夜)의 진왕이 태화뎐의
셔 모든 ᄌ질노 더브러 취침홀ᄉᆡ, 밤드도록1803) 쵹하(燭下)의셔 졔공ᄌ의 문학(文學)
을 강논ᄒᆞ다가, 야심 후 취침코져 ᄒ더니, 믄득 ᄇᆞ람 길히 은은ᄒᆫ 삼현(三絃)1804)이
뇨량(嘹喨)ᄒ며1805) 가곡(歌曲)이 아아히 들니거늘, 왕이 경아ᄒ여 귀를 기우려 드르
니 머지 아닌 곳의셔 나는 소ᄅᆡ니, 의심컨ᄃᆡ 후뎡 취셜각이라.

　왕이 난두(欄頭)의 나와 후창(後窓)을 열고 ᄂᆞ리미러보니1806), 과연 취셜각 ᄉ면(四
面) 팔창(八窓)을 크게 열고, 포진(鋪陳) 화쵹을 난만이 빈셜ᄒ고, 웅닌이 낙건(落
巾)1807)을 반경(半傾)ᄒ고 의ᄃᆡ(衣帶)를 히탈(解脫)ᄒ여 쥬안(酒顔)【28】이 방타(滂
沱)ᄒᆫᄃᆡ, 졔창이 녹의홍상(綠衣紅裳)을 ᄯᅴ을고 쳥가묘무(淸歌妙舞)로 웅닌의 은춍을 영
구(令求)1808)ᄒ니, 왕이 도로혀 어히업서 냥구(良久) 쳠망(瞻望)의 분연 통히ᄒᆞᄆᆞᆯ 닉긔
지 못ᄒᆞ여, 도라보니 학ᄉ 셩닌과 창닌·셰린·듕닌 등이 ᄌᆡ후죵지(在後從之)러니, ᄎᆞ
경(此景)을 안도(眼到)1809)ᄒ지라. 왕의 노ᄉᆡᆨ(怒色)을 보고 역시 숑구ᄒ며 웅닌을 위ᄒᆞ
여 민망이 녁이더라.

　왕이 이의 팔창(八窓)을 열치고 금녕(金鈴)을 흔드러 ᄉ졸을 모호니, 직슉ᄒᄂᆞᆫ 하관
비리(下官陪吏)1810)와 ᄉ예(司隷) 나졸(邏卒)1811)이 놀나 황황히 의ᄃᆡ를 슈습ᄒ고 쵹
광을 셩히 붉힌 후 ᄃᆡ하(臺下)의 복명ᄒ니, 【29】왕이 난두(欄頭)의 거좌(踞坐)ᄒ고,
일셩 음아(吟哦)1812)의 ᄉ예를 호령ᄒ여 취셜각의 가 한님을 잡아 오라 ᄒ니, ᄉ예 혼

---

1798)쇼작(小酌) : 조촐하게 차린 술자리.
1799)쥬안(酒顔) : 취기(醉氣) 어린 얼굴. 또는 얼굴의 취기
1800)방타(滂沱) : 질펀히 흐르거나 늘어져 있는 모양.
1801)비비(霏霏) : 눈이 배고 가늘게 내리는 모양.
1802)투골(透骨) : 뼛속까지 스며듦.
1803)밤드다 : 밤들다. 밤이 깊어지다.
1804)삼현(三絃) : 거문고, 가야금, 향비파의 세 가지 현악기를 통틀어 이르는 말.
1805)뇨량(嘹喨)ᄒ다 : 소리가 맑고 낭랑하다.
1806)ᄂᆞ리미러보다 : 내려다보다. 위에서 아래를 향하여 보다.
1807)낙건(落巾) : 머리에 쓴 건이 벗겨짐, 또는 벗겨진 건.
1808)영구(令求) : 남의 비위를 맞추거나 아첨하여 어떤 것을 구함.
1809)안도(眼到) : 눈으로 봄.
1810)하관비리(下官陪吏) : 하관(下官)과 배리(陪吏)를 아울러 이르는 말. *배리(陪吏); 고을의 원이나 지체
　　높은 양반이 출입할 때 모시고 따라다니던 아전이나 종.
1811)나졸(邏卒) : 순찰과 죄인을 잡아들이는 일을 맡아 하던 하급 병졸.
1812)음아(吟哦) : ①시(詩) 따위를 음영(吟詠)하는 소리. ②싸움이나 경기에서 상대편의 기선(機先)을 제압

불이톄(魂不裏體)1813)ᄒ야, 후뎡의 드러가 왕의 쇼명(召命)을 젼ᄒ니, 이ᄢᅵ 한님이 밤이 깁고 만뇌(萬籟)1814) 고젹(孤寂)ᄒ니, 더욱 방심ᄒ여 미녀를 녑녑히1815) 겻지어1816) 술을 거후라더니1817), 믄득 계하(階下)의셔 가인(家人)이 부명을 젼ᄒᄂᆞᆫ 바의, 범 ᄀᆞᆺᄐᆞᆫ 나졸(邏卒)이 잡으라 왓다 ᄒ니, 한님이 추언을 드ᄅᆞ미 놀나오미 쳥텬빅일(靑天白日)의 벽녁(霹靂)이 일신을 분쇄ᄒᄂᆞᆫ 듯, 빅장(百丈)이나 놉핫던 쥬흥(酒興)이 경긱의 주러져 냥구(良久) 묵식(墨色)ᄒ니, 【30】 ᄉ예(司隷) 발굴너 지쵹ᄒ니, 한님이 홀일업서 졔창을 다 미월누로 물너가라 ᄒ고, 이의 의딕를 슈습ᄒ여 대셔헌의 니ᄅᆞ니, 왕이 ᄂᆞ리미러 보고 그 풍의덕질(風儀德質)을 긔특이 넉이지 아니미 아니로딕, 임의 완만(緩慢)ᄒᆞᆫ 남ᄉ(濫事)를 알며 괄시ᄒᆞᆷ믄 엄부(嚴父)의 톄면이 아니라. 졍셩 대미 왈,

"픽ᄌ(悖子) 능히 죄를 아ᄂᆞᆫ다?"

한님이 고두 쳥죄 왈,

"불쵀 엇지 죄를 아지 못ᄒ리잇고? 다만 엄하의 븕히 다ᄉ리시믈 ᄇᆞ라ᄂᆡ이다."

왕이 우미(又罵) 왈,

"욕ᄌ(辱子)를 경계ᄒ려 ᄒ미 토목(土木)을 경계ᄒᆷ ᄀᆞᆺᄐᆞ니, 나의 구셜(口舌)이 무익ᄒ거【31】니와, 욕ᄌ의 죄과를 ᄒᆞᆫ 번 히비(該備)1818)히 닐ᄋ지 아니코 다ᄉ린족, 불쵸지 반다시 졔 죄ᄂᆞᆫ 싱각지 아니코 아비를 원망ᄒ리니, 슌셜(脣舌)이 무익ᄒ나 닐ᄋ리라. 혼인은 인눈대관(人倫大關)이니 냥가 부뫼 쥬장(主掌)ᄒ여 미쟉(媒妁)을 ᄒᆡᆼᄒ며, 납폐(納幣) 문명(問名)ᄒ미 만복(萬福)의 원(源)이니, 네 스스로 갈히지 아니나 부뫼 ᄯᅩ 엇지 ᄌᆞ식의 비필을 그ᄅᆞ과져 ᄒ리오. 경시 실노 너의 본 바와 ᄀᆞᆺ치 츄용둔질(醜容鈍質)《이나‖이라도》 너의 도리ᄂᆞᆫ 슌(順)히 취(娶)ᄒ여 부모의 명을 조ᄎᆞ 진실노 불미(不美)ᄒ면, 남지 열번 취ᄒ나 음ᄒᆡᆼ(淫行)이 아니어【32】늘, 부모를 긔망ᄒ고 집을 반ᄒ여 뎡쳐업시 분쥬(奔走)ᄒ니, 불효(不孝)ᄒᆞᆫ 죄 ᄒᆞ나히오, 형쥐ᄀᆞ지 ᄂᆞ려가 쥬시를 불고이취(不告而娶)ᄒ고 죵시 어버이를 속이려 계교(計巧)ᄒ니, 불통(不通)ᄒᆞᆫ 죄 둘히오, 바로 드러온족 슈칙(受責)이 밋출가 혜려 짐짓 흉휼ᄒᆞᆫ 의ᄉ를 ᄂᆡ여, 과쟝의 드러가 ᄯᅩ 나의 명업시 닙신(立身)ᄒ여 도라오니, 극악ᄒᆞᆫ 죄 세히라. 기시의 욕ᄌ의 죄를 엇지 다ᄉ릴 줄 모ᄅᆞ리오마ᄂᆞᆫ, 여뷔(汝父) 약ᄒ고 불쵸를 존당이 과이(過愛)ᄒ시ᄂᆞᆫ 고로, 허다 죄악을 물시(勿施)ᄒ미 되엿거늘, 픽ᄌ(悖子)ᄂᆞᆫ 가지록 【33】아비 약ᄒ믈 업수히 넉여 이러ᄐᆞᆺ ᄒᆞ니, 이ᄂᆞᆫ 조션(祖先) 명풍(名風)을 츄락(墜落)ᄒ고 화급문호(禍及門戶)ᄒ미 반ᄃᆞᆺᄒ리니, 비록 냥(兩) 쇼부(小婦)의 쳥츈이 가련ᄒ나, 너를 엇지 요딕

---

하기 위해 내지르는 고함(高喊)소리.

1813)혼불이톄(魂不裏體) : 혼이 몸 안에 있지 못함. 넋이 나감.

1814)만뇌(萬籟) : 자연계에서 나는 온갖 소리.

1815)녑녑히 : 옆옆히. 좌우 옆마다.

1816)겻짓다 : 옆에 끼다. 옆에 두다. 짝짓다. 더불다.

1817)거후라다 : 거우르다. 속에 든 것이 쏟아지도록 기울이다.

1818)히비(該備) : 넉넉히 갖춤.

(饒貸)1819)ᄒᆞ리오. 모로미 스스로 죄ᄅᆞᆯ 혜아려 아비ᄅᆞᆯ 원치 말나."

셜파의 스예ᄅᆞᆯ ᄭᅮ지저 올녀 미고 산장(散杖)1820) 열흘 잡으라 ᄒᆞ고, 미마다 고찰ᄒᆞ니, 한님이 부왕의 신긔명감(神奇明鑑)1821)이 여츠ᄒᆞ시니 무어시라 발명(發明)ᄒᆞ리오. 다만 신식(身色)을 불변ᄒᆞ고 고요히 미ᄅᆞᆯ 밧으니, 스예 비록 한님을 앗기나 왕의 위엄을 두려 감히 인졍을 두【34】지 못ᄒᆞ니, 십장(十杖)이 못ᄒᆞ여 셩혈(腥血)이 님니(淋漓)1822)ᄒᆞ고 피육(皮肉)이 후란(朽爛)1823)ᄒᆞ니, 임의 오십여장의 밋처ᄂᆞᆫ 싱이 임의 혼졀(昏絕)ᄒᆞ니 학ᄉᆞ 등 곤계 일시의 하당(下堂) 복디(伏地)ᄒᆞ여 죄ᄅᆞᆯ 난호기ᄅᆞᆯ 이걸ᄒᆞ되, 왕이 텽이불문(聽而不聞)이러니, 팔십 여장의 니ᄅᆞ러ᄂᆞᆫ 스예 참아 미ᄅᆞᆯ 더으지 못ᄒᆞᆯ ᄲᅮᆫ 아니라, 한긔(寒氣) 투골(透骨)ᄒᆞ여 스예 일신을 안졉(安接)지 못ᄒᆞ게 ᄡᅥ니, 학ᄉᆞ 셩닌이 면관히되(免冠解帶)ᄒᆞ고 잔명(殘命)○[을] 용샤ᄒᆞ시믈 비니, 왕이 본ᄃᆡ 셩닌은 《무불하ᄌᆞ‖ᄒᆡᆼ불하자(行不瑕疵)1824)》ᄒᆞᄂᆞᆫ지라. 간언(諫言)이 유리(有利)ᄒᆞ므로, 이의 샤(赦)ᄒᆞ여 웅닌을 닉치라 ᄒᆞ고, 스예ᄅᆞᆯ 믈【35】너가라 ᄒᆞᆫ 후, ᄇᆞ야흐로 입실ᄒᆞ니 학ᄉᆞᄂᆞᆫ 부왕을 뫼셔 ᄯᅩ흔 입실ᄒᆞ고, 졔공ᄌᆞᄅᆞᆯ[ᄂᆞᆫ] 한님을 구호ᄒᆞ여 셔동으로 업어 셔당의 도라오니, 피뭇은 옷슬 벗기고 보니, 옥골셜뷔(玉骨雪膚) 낫낫치 헤여져 흰 ᄲᅥ가 은연이 빗최니, 졔공지 차악ᄒᆞ여 함누(含淚)ᄒᆞ고, 쳥심단(淸心丹)을 닉여 삼다(蔘茶)의 화(和)ᄒᆞ여 구호ᄒᆞ니, 계명의 비로소 졍신을 슈습ᄒᆞ여 좌우ᄅᆞᆯ 슯혀보고, 탄식 왈,

"나의 불쵸불통(不肖不通)ᄒᆞ미 진실노 대인의 닐ᄋᆞ시ᄂᆞ 바와 ᄀᆞᆺᄐᆞ니, 실노 죄 듕ᄒᆞ고 벌이 경ᄒᆞᆫ지라, 형장과 졔뎨ᄂᆞᆫ 과상【36】치 마ᄅᆞ쇼셔."

셜파(說破)의 냥항뉘(兩行淚)《삼삼(滲滲)1825)‖산산(潸潸)1826)》ᄒᆞ니, 모든 곤계(昆季) 호언으로 위로ᄒᆞ더라.

이러구러 신셩(晨省) ᄣᅢ 되니 졔싱이 일시의 관소(盥梳)ᄒᆞ고 닉당으로 드러가 각당의 신셩ᄒᆞᆯᄉᆡ, 위로 냥태비 한님의 신셩 불참ᄒᆞ믈 무ᄅᆞ니, 학식 유질ᄒᆞ므로ᄡᅥ 고ᄒᆞᆫ되 존당이 경녀ᄒᆞ여 됴리ᄒᆞ기ᄅᆞᆯ 닐ᄋᆞ더라.

초일 진왕 곤계 대셔헌의 잇더니 믄득 셔동이 드러와 보왈,

"문 밧게 ᄒᆞᆫ 황관우의(黃冠羽衣)1827)ᄒᆞᆫ 도인이 니ᄅᆞ러 왈, 태운도인이러니 대왕과

---

1819)요ᄃᆡ(饒貸) : 너그러이 용서함.
1820)산장(散杖) : 죄인을 신문할 때, 위엄을 보여 협박하기 위해서 많은 형장(刑杖)이나 태장(笞杖)을 눈앞에 벌여 내어놓던 일.
1821)신긔명감(神奇明鑑) : 신기할 만큼 밝히 살핌.
1822)님니(淋漓) : 피, 땀, 물 따위의 액체가 흘러 흥건한 모양.
1823)후란(朽爛) : 살갗 따위가 썩거나 터져 문드러짐.
1824)ᄒᆡᆼ불하자(行不瑕疵) : 행실에 흠잡을 것이 없음.
1825)삼삼(滲滲) : 물이나 눈물 따위가 흘러나옴.
1826)산산(潸潸) : 눈물 빗물 따위가 줄줄 흐르는 모양
1827)황관우의(黃冠羽衣) : 누런 빛의 풀로 만든 관과 새의 깃으로 만든 옷을 이르는 말로, 도사(道士)의 차림새를 말한다.

상국 합하긔 뵈와지라 ᄒᆞᄂᆞ이다."

진왕 형뎨 태운도ᄉᆞ의 와시【37】믈 드르미 크게 반기고 깃거, '쌜니 쳥ᄒᆞ라' ᄒᆞ고, 냥인 하당영지(下堂迎之)ᄒᆞ니, 원ᄂᆡ 화도ᄉᆞᄂᆞᆫ 조최 표풍착영(漂風着影)1828) ᄀᆞᆺ트여 아ᄎᆞᆷ의 동ᄒᆡ(東海)의 놀고 져녁의 셔ᄒᆡ(西海)의 잠자니, 승난ᄌᆞ진(乘鸞子晋)1829)이오 쳔산일민(川山逸民)1830)이며 쇼미진인(소미진인)1831)이라. 조최 ᄉᆞᄒᆡ팔황(四海八荒)1832)의 아니 가는 곳이 업ᄉᆞ니, 셕년의 학ᄉᆞ(學士) 셩닌을 희북의셔 만나 소ᄉᆡᆼ지디(所生之地)ᄅᆞᆯ 닐ᄋᆞ지 아니믄 텬긔ᄅᆞᆯ 누셜치 못ᄒᆞ미오, 형쥐 월츌산의셔 웅닌을 만나 쥬시ᄅᆞᆯ 불고이취(不告而娶)ᄒᆞᄆᆞᆯ 권ᄒᆞ고, 타일 남시 발각홀 ᄶᆡ 브ᄃᆡ 니ᄅᆞ러 구ᄒᆞ기ᄅᆞᆯ 언약ᄒᆞᆫ비라. 【38】

시고(是故)로 화도ᄉᆡ 급히 오노라 ᄒᆞᆫ 거시 믄득 풍우상셜(風雨霜雪)을 만나 ᄒᆡᆼ뇌(行路) 지쳬ᄒᆞ미 되엿더라. 기야(其夜)의 화도ᄉᆡ 앙관상텬(仰觀上天)ᄒᆞ고 한님의 슈장(受杖)ᄒᆞᄆᆞᆯ 알고 홀노 우어 왈,

"달보로 오늘 언약이 어긔기도 ᄯᅩᄒᆞᆫ 텬명이라."

ᄒᆞ더라. 진왕과 승상이 도인을 마ᄌᆞ 승당ᄒᆞ여 녜필(禮畢) 좌뎡(坐定)ᄒᆞ미, 왕이 몬져 피셕 비ᄉᆞ 왈,

"금일이 하일(何日)온ᄃᆡ 존안의 비알(拜謁)ᄒᆞᄆᆞᆯ 엇ᄂᆞ니잇고?"

션싱 왈,

"젼일을 싱각ᄒᆞ면 비감(悲感)ᄒᆞ거니와 녕존당과 녕슉 명강형의 긔톄 무양ᄒᆞ시냐?"

진왕과 승상이 공경 ᄃᆡ왈,

"일양(一樣) 강【39】건ᄒᆞ시니이다."

션싱이 미쇼 왈,

"오늘 만니(萬里) 발셥(跋涉ᄒᆞᆫ믄 녕당 등을 위ᄒᆞᆫ 연괴라."

ᄒᆞ고, 드ᄃᆡ여 ᄌᆞ녀 다수ᄅᆞᆯ 무로니, 진왕이 ᄃᆡ왈,

"년질(緣姪)은 뎍ᄌᆞ(嫡子) 십오ᄌᆞ와 ᄉᆞ녀오, 쳔ᄉᆡᆼ(賤生)의 뉵ᄌᆞ ᄉᆞ녀오, 아은 칠ᄌᆞ ᄉᆞ녀로소이다."

션싱이 흔연 칭샤(稱辭)ᄒᆞ더라. 왕이 온ᄎᆞ(溫茶)와 보미1833)ᄅᆞᆯ 나와 어한(禦寒)ᄒᆞ시

---

1828) 표풍착영(漂風着影) : '그림자를 두르고 바람에 떠 흘러간다'는 말로 정처 없이 떠돎을 이르는 말. *포풍착영(捕風捉影); 바람을 잡고 그림자를 붙든다는 뜻으로, 믿음직하지 않고 허황한 언행을 이르는 말

1829) 승난ᄌᆞ진(乘鸞子晋) : 난(鸞)새를 타고 구름 속을 나는 왕자진(王子晋)을 말함. *승난(乘鸞); 난(鸞)새를 타고 구름 속을 날아감. 『고문진보(古文眞寶)』 오언고풍단편(五言古風短篇) 강문통(江文通)의 〈잡시(雜詩)〉 승란향연무(乘鸞向煙霧; 난새를 타고 구름안개 속을 나네)에서 따온 말. *왕자진(王子晋); 중국 주(周)나라 평왕(平王)의 아들, 진(晋)을 말함. 구산(緱山)에 들어가서 신선(神仙)이 되었다고 함.

1830) 천산일민(川山逸民) :? 세속을 떠나 자연 속에 묻혀 사는 사람. *일민(逸民); 학문과 덕행이 있으면서도 세상에 나서지 않고 묻혀 지내는 사람,

1831) 쇼미진인(소미진인) :?

1832) ᄉᆞᄒᆡ팔황(四海八荒) : '사방의 바다와 여덟 방위의 너른 땅'이라는 뜻으로 '온 세상'을 이르는 말

1833) 보미 : 미음(米飮). 입쌀이나 좁쌀에 물을 충분히 붓고 푹 끓여 체에 걸러 낸 걸쭉한 음식. 흔히 환자나

기를 쳥ᄒ니, 션싱이 흔연 햐져(下箸)ᄒ고 골오ᄃᆡ,

"이제 모든 녕낭 등의 달슈영복지상(達壽榮福之相)을 ᄒᆞᆫ번 귀경코져 ᄒᄂᆞ라."

왕과 승상이 흔연 ᄃᆡ왈,

"미돈(迷豚) 등의 용우불미(庸愚不美)ᄒᆞᄆᆞᆯ 보고져 ᄒᆞ시면, 엇지 불너 비현(拜見)케 아니ᄒ【40】리잇가? 장ᄋᆞᄂᆞ 제 빙가(聘家)의 갓ᄉᆞ거니와, 기여(其餘)ᄂᆞ 다 브ᄅᆞᆺ사이다."

ᄒᆞ고, 이의 셔동을 명ᄒ여 졔공ᄌᆞᄅᆞᆯ 다 브ᄅᆞ니, 창닌 등이 일시의 응명(應命) 츄진(趨進)ᄒᆞᄃᆡ, 왕의 곤계 화도ᄉᆞ의게 비현ᄒᆞᄆᆞᆯ 닐ᄋᆞ니, 도ᄉᆡ 눈을 드러 일일히 보니 개개히 닌봉ᄌᆞ질(麟鳳資質)이라. 부슉의 여풍(餘風)이니, 도ᄉᆡ 칭션불이(稱善不已)ᄒ고, 닐ᄋᆞᄃᆡ,

"쳥문의게 십오지니 장ᄌᆞᄂᆞ 빙가(聘家)의 갓거니와 ᄎᆞᄌᆞᄂᆞ 엇지 뵈지 아닛ᄂᆞ뇨?"

왕이 ᄃᆡ왈,

"션싱긔 범ᄉᆞ(凡事)를 ᄂᆡ외(內外)ᄒ리잇고? ᄎᆞᄌᆞ 웅닌이 거년의 여ᄎᆞ【41】여ᄎᆞ 뉵칠삭을 도쥬ᄒ엿더니, 형ᄌᆔ 가 쥬윤의 녀를 불고이취(不告而娶)ᄒ고 도라와 가지록 쇼싱을 업순 것ᄀᆞᆺ치 넉여 방ᄌᆞ호일(放恣豪逸)ᄒᆞ므로 약간 ᄐᆡ장(笞杖)을 더어 안져(眼底)의 ᄂᆡ쳣ᄂᆞ이다."

션싱이 대쇼 왈,

"달보의 불고이취로 쳥문긔 득죄ᄒ여시니 원망은 내게 도라오리로다. 쳥문이 만일 달보를 사(赦)치 아니면, 비인(鄙人)이 육단부형(肉袒負荊)[1834]ᄒ고 달보를 그른 곳에 ᄲᅡ진 죄를 쳥ᄒ리라."

왕이 쇼이ᄃᆡ왈,

"불쵸ᄌᆞ의 무상ᄒᆞ미 남의 탓시 아니어늘 션싱긔 엇지 원망이 도라가리잇고?"

션싱이 젼후【42】ᄉᆞ를 일일히 닐ᄋᆞ고, 샤(赦)ᄒ라 ᄒ니, 왕이 흔연 샤례 왈,

"션싱이 불쵸ᄋᆞ(不肖兒)를 위ᄒᆞ샤 셩녀(聖慮)의 여ᄎᆞᄒᆞ시면, 년질(緣姪)이 아모리 어려온 일인들 밧드지 아니리잇고?"

드ᄃᆡ여 녕닌을 도라보아 왈,

"녀형(汝兄)의 허다 무상ᄒᆞᆫ 죄를 그만 샤(赦)키 어려오ᄃᆡ, 화년슉의 닐ᄋᆞ시미 여ᄎᆞᄒᆞ시니 마지 못ᄒᆞ여 여형을 브ᄅᆞᄂᆞ니, 네 웅닌을 보고 화션싱의 니르러 계시믈 젼ᄒᆞ여, 즉시 비현(拜見)케 ᄒ라."

녕닌이 슈명ᄒ고 즉시 셔당의 가 한님을 보고 화도ᄉᆡ의 와심과 부왕의 말ᄉᆞᆷ을 젼ᄒ니, 한님이 만【43】심환희(滿心歡喜)ᄒ야 창쳐(瘡處)의 약을 븟치고, 의관(衣冠)을 슈렴(收斂)ᄒ여, 녕닌으로 더브러 대셔헌의 나와 즁계의셔 쳥죄ᄒ니, 왕이 다만 닐ᄋᆞᄃᆡ,

---

어린아이들이 먹는다.

1834)육단부형(肉袒負荊) : 윗옷의 한쪽을 벗고, 등에 가시나무 형장(刑杖)을 지고 가 사죄함. 곧 지고 간 형
장으로 매를 맞아 사죄하겠다는 뜻을 나타내는 말.

"너의 죄상은 부지 얼골을 다시 아니보려 ᄒᆞ엿더니, 화연슉이 너를 위ᄒᆞ여 이의 니ᄅᆞ샤 브ᄃᆡ 샤ᄒᆞ라 ᄒᆞ시니, 은인의 명을 어긔오지 못ᄒᆞ여 부득이 샤ᄒᆞᄂᆞ니, 추후나 힝실을 삼가라."

한님이 고두(叩頭) 샤례(謝禮)ᄒᆞ고, 승당ᄒᆞ여 화도인을 향ᄒᆞ여 지비흔ᄃᆡ, 도ᄉᆡ 흔연 왈,

"쳥쥐셔 쥬부인을 취ᄒᆞ야 즐기다가, 경ᄉᆞ의 도라와 쳥운(靑雲)의 고등ᄒᆞ니 엇【44】지 칭하(稱賀)ᄒᆞ염죽지 아니리오. 연이나 작야(昨夜) 한풍우셜(寒風雨雪) 즁의 듕장(重杖)을 밧으니, 그 놀나옴과 알프믈 뭇지 아냐 알 비나, 비인이 썰니 구치 못ᄒᆞ믈 참괴(慙愧)ᄒᆞᄂᆞ니, 이거시 다 달보의 익경(厄境)인가 ᄒᆞ노라."

한님이 화도ᄉᆞ의 긔특이 니ᄅᆞ믈 인ᄒᆞ야, 부젼(父前)의 샤명(赦命)을 어드니, 즐겁고 깃븜과 도ᄉᆞ를 감격ᄒᆞᄂᆞᆫ 무음이 비길 곳이 업ᄉᆞ나, 부슉이 직젼(在前) 고로 묵연이러니, 학ᄉᆡ 소부로조ᄎᆞ 도라와 부슉을 뵈오려 대셔헌의 나와, 화도ᄉᆞ를 보고 급히 지비 왈,

"쇼싱이 노션싱을 젼일 ᄒᆡ북(海北)의셔 잠간 뵈읍고, 【45】주시던 바 보화로뼈 사룸의 급ᄒᆞᆫ 욕을 면ᄒᆞ미 잇더니, 금일 뵈오미 션조 친우로 화상을 도라 보ᄂᆡ신 은인이시니, 후싱 ᄋᆞ히 옛 일을 아지 못ᄒᆞ오나, 엇지 감은ᄒᆞ미 범연ᄒᆞ리잇고? 쇼싱이 노션싱의 닐ᄋᆞ심과 ᄀᆞᆺ치 거년 즁하(中夏)의 친당(親堂)을 ᄎᆞᄌᆞ 텬뉸이 단원ᄒᆞ오니, ᄉᆞ무여흔(死無餘恨)1835)이로소이다."

화도ᄉᆡ 반기며 이경(愛敬)ᄒᆞ여 희연 쇼왈,

"젼일 ᄒᆡ북의셔 군의 참잔(慘殘)ᄒᆞ믈 당ᄒᆞ니 엇지 이곳을 바로 ᄀᆞᄅᆞ쳐 보ᄂᆡ고져 아니리오마ᄂᆞᆫ, ᄒᆞᄂᆞᆯ이 뎡ᄒᆞ신 바를 인력으로 어그릇지 못ᄒᆞ여 그러ᄒᆞ미니라."

이【46】의 왕을 향ᄒᆞ여 왈,

"달보ᄂᆞᆫ 반졈 화란 업시 세 부인과 칠 쇼희(小姬)를 두어 ᄌᆞ손이 만당(滿堂)ᄒᆞ고 복녹이 졔미(齊美)ᄒᆞ야 부귀(富貴) 존즁(尊重)이 여(與) 쳥문으로 ᄀᆞᆺ트리니, 근심이 업슬 거시오."

창닌을 ᄀᆞ라쳐 왈,

"달졍은 부귀 쏘흔 ○[효]문·쳥○[문]의 아ᄅᆡ 되지 아니려니와, 원비 되ᄂᆞᆫ 허즁지유실(虛中之有實)1836)ᄒᆞ고 쳔즁지대귀(賤中之大貴)1837)ᄒᆞ야, 규리(閨裏)의 흔낫 셩인(聖人)이라. 초년이 비록 험흔(險釁)ᄒᆞ나 그 복녹(福祿)이 호호(浩浩)ᄒᆞ리니, 엇지 일시 굿기ᄂᆞᆫ 거슬 흠ᄉᆡ(欠事)라 ᄒᆞ리오."

승상이 창닌의 친ᄉᆞ를 구가의 뎡ᄒᆞ엿다가 여ᄎᆞ여ᄎᆞ ᄉᆞ괴 이셔 그 결복(闋服)1838)ᄒᆞ

---

1835)ᄉᆞ무여흔(死無餘恨) : 죽어도 남은 한이 없음.
1836)허즁지유실(虛中之有實) : 허(虛) 가운데 실(實)이 있음.
1837)쳔즁지대귀(賤中之大貴) : 천(賤)한 가운데서 크게 존귀(尊貴)한 사람이 됨.
1838)결복(闋服) : 어버이의 삼년상을 마침. =탈상(脫喪)·해상(解喪)

기룰 기다려 【47】 홀 바룰 고ᄒᆞ니, 화도시 쇼왈,

"구가의 인연도 등한치 아니커니와, 텬뎡긔연(天定奇緣)1839)의 ᄎᆞ례룰 뎡홀 바룰 ᄀᆞ바야이 곳치지 못ᄒᆞ리니, 빵싱(雙生)의 ᄌᆞ뫼(慈母) 원비 되고, 쳘부인이 둘지 되믹, 구시ᄂᆞᆫ ᄌᆞ연 뎨삼(第三)이 될지라. 두고 보면 내 말이 그릇지 아니믈 씌다라리라. 이거시 희한ᄒᆞᆫ 연분이오, 샹뎨(上帝)1840) 뎡ᄒᆞ신 빈니, 빅미인(百美人)과 쳔녀직(千女子) 드러와도 셩녀(聖女)의 우희 올으리 업스리라."

인ᄒᆞ여 제공ᄌᆞ 복녹을 의논ᄒᆞ여 젼졍(前程)을 닐ᄋᆞ고, 낭즁(囊中)으로조ᄎᆞ ᄒᆞ낫 약환(藥丸)을 ᄂᆡ여 학ᄉᆞ룰 주어 왈,

"달문의 젹샹(積傷)ᄒᆞᆫ 병【48】은 다 곳치지 못ᄒᆞ나, 이 븕은 환약이 거의 일년슈(一年壽)ᄂᆞᆫ 니으리니, 달문은 고이히 넉이지 말고 삼킬지어다."

학ᄉᆡ 밧아 샤례ᄒᆞ고 먹으니라. 이윽 후 도시 호람후긔 와시믈 젼ᄒᆞ야 서로 볼ᄉᆡ, 피ᄎᆞ ᄋᆞ시고우(兒時故友)로 얼골을 듸치 못ᄒᆞ연지 삼십 여년의 금일 만나믹, 악슈뉴쳬(握手流涕)1841)ᄒᆞ여 셕일(夕日)을 늣기ᄂᆞᆫ지라. 도시 화연 담화ᄒᆞ다가 도라가니, 진왕과 승샹이 비결(悲訣)1842) 함누(含淚)ᄒᆞ고, 호람휘 다시 싱견(生前)의 샹견(相見)ᄒᆞ믈 닐은딕, 도시 왈,

"황셩을 드듸ᄂᆞᆫ 일 곳 이시면 당당이 형으로 더브러 벼개룰 년ᄒᆞ야 밤을 지【49】 ᄂᆡ고 가리라."

언흘(言訖)1843)에 닐ᄋᆞ딕,

"내 잠간 《님경각∥님셩각》을 보고 가리라."

ᄒᆞ고, 님부로 향ᄒᆞ니, 원닉 부원슈 졍남병마ᄉᆞ 졔양후 《님경각∥님셩각》은 태운도인 데지니, 셕일 진왕의 남쥐 찬젹시(竄謫時) 칼흘 씌고 ᄌᆞ긱으로 드러갓다가, 왕의 특이ᄒᆞᆫ 풍위(風威) 신광(身光)과 비샹ᄒᆞᆫ 용녁(勇力)을 보고 감히 해홀 의ᄉᆞ룰 못ᄒᆞ고, 인ᄒᆞ여 왕을 졍셩으로 셤겨 지금ᄀᆞ지 화평ᄒᆞ더라.

진왕과 승샹이 화도ᄉᆞ룰 비별(拜別)ᄒᆞ고, 닉당(內堂)의 드러가 도ᄉᆞ의 말ᄉᆞᆷ을 고ᄒᆞ니, 위·조 냥태비 한님의 슈장(受杖)ᄒᆞ믈 놀나 편히 됴리ᄒᆞ믈 당부【50】ᄒᆞ니, 한님이 슈명ᄒᆞᆫ딕, 조태비 왈,

"홍미뎡은 쥬시 풍한의 쵹샹ᄒᆞ여 누엇다 ᄒᆞ니, 네 드러가믹 쥬시 됴리ᄒᆞ미 편치 아닐지라, 모란뎡이 비록 쥬인이 업스나, 경시 그 모친 병이 나앗다 ᄒᆞ니 금명간 도라올지니, 네 몬져 드러가 됴리ᄒᆞ미 올흘가 ᄒᆞ노라."

한님이 슈명이퇴(受命而退)ᄒᆞ야 모란뎡의 니ᄅᆞ니, 유랑 시녜 영지(迎之)ᄒᆞ거늘, 한님

---

1839)텬뎡긔연(天定奇緣) : 하늘이 미리 정한 기이한 인연.
1840)샹뎨(上帝) : 옥황상제(玉皇上帝)의 줄임말로, 흔히 도가(道家)에서 '하느님'을 이르는 말.
1841)악슈뉴쳬(握手流涕) : 서로 손을 잡고 눈물을 흘림.
1842)비결(悲訣) : 슬피 작별함.
1843)언흘(言訖) : 말을 마침.

이 이의 금금(錦衾)을 포셜ᄒ라 ᄒ라 ᄒ고, 옷슬 그ᄅ며 자리의 나아가 경쇼져 유랑을 명ᄒ야 경부의 가 쇼져의 도라오기를 직쵹ᄒ라 ᄒ니, 유랑이 한님의 괴식과 말 【51】 숨이 됴치 아니믈 불승경구(不勝驚懼)ᄒ여, ᄲᆞᆯ니 미화항의 니르러 쇼져를 보고 한님의 말을 견ᄒ니, 경쇼졔 비록 심니(心裏)의 분ᄒ미 업지 아니나, 그 명이 이시믈 듯고 지류(遲留)치 못ᄒ야 즉일 부모와 동긔로 분슈(分手)1844)ᄒ고 취운산의 도라오니, 냥존당과 구괴 반기믈 마지 아냐, 쥬부인 환휘 평복ᄒ믈 치하ᄒ고 이듕ᄒ시더라.

쇼졔 ᄉ실의 믈너오미 한님이 상요(床褥)의 언와(偃臥)하여 괴로이 질통(疾痛)ᄒ는 빗치 잇다가, 쇼져를 보고 미우(眉宇)의 상풍(霜風)이 은은ᄒ야 밍열ᄒᆫ 긔운이 심ᄒ더니, 이의 문왈,

"악모(岳母) 환휘 ᄎ셩(差成)【52】ᄒ시믈 드럿더니, ᄌᆞ의 거동을 보미ᄂᆞᆫ 우환의 빗치 ᄀᆞ득ᄒ니, 됴셕ᄃᆡ변(朝夕待變)1845)의 명ᄌᆡ경긱(命在頃刻)1846)이시냐?"

쇼졔 그 말ᄉᆞᆷ이 픠만(悖慢)ᄒ믈 혼(恨)ᄒ여 묵연ᄒ니, 한님이 그 ᄉᆞ식(辭色)이 닝담(冷淡)ᄒ믈 믜이 넉여, 우왈(又曰),

"그ᄃᆡ 항뉘비비(行淚霏霏)1847)ᄒ여 참아 말을 못ᄒᆞᆫ 거동이어니와, 의심컨ᄃᆡ 악뫼 발셔 상ᄉᆞ(喪事) 나 계시냐? 내 비록 병즁이나 간ᄃᆡ로1848) 놀나지 아닐 거시오, 슈상(守喪)1849)을 극진이 ᄒᆞᆯ 거시니, 나의 경아(驚訝)ᄒᆞᆷ을 플게 ᄒ라."

쇼졔 싱의 말이 졈졈 고이ᄒ여 ᄌᆞ긔를 보치여 여ᄎᆞᄒ믈 분(憤)ᄒ여, 정식 고왈,

"사ᄅᆞᆷ이 내 부모를 공경ᄒ면 【53】남의 어버이를 녜ᄃᆡ(禮待)ᄒᆞᄂᆞ니, ᄃᆡ인ᄌᆞ녀(對人子女)1850)ᄒ여 참아 못ᄃᆞ를 말ᄉᆞᆷ을 ᄒ시ᄂᆞ니잇고?"

한님이 믄득 소ᄅᆡ를 놉혀 왈,

"그ᄃᆡ 어됴윤(御兆尹)의 일녀 아녀, 금달공쥬(禁闥公主)1851) ᄀᆞᆺ다 닐을지라도, 내 압ᄒᆡ셔 모진 ᄂᆞᆺ빗과 독ᄒᆫ 소ᄅᆡ를 나ᄂᆞᆫ ᄃᆡ로 못ᄒ리니, 이 엇진 도리뇨? 내 악모 환후를 무로미 업수히1852) 넉이ᄂᆞᆫ ᄯᆞᆺ이 아니라, 그ᄃᆡ 만면(滿面)의 비졀통도(悲絕痛悼)ᄒᆞᄂᆞᆫ ᄉᆞ식이 거의 울고져 ᄒᆞᄂᆞᆫ 거동이니, 혹ᄌᆞ 악뫼 긔셰ᄒ시나, 그ᄃᆡ 나의 병이 듕ᄒ믈 듯고 미쳐 발상치 못ᄒ고 창황(蒼黃)이 도라오민가 의려ᄒ야 【54】 무ᄅᆞ미어늘, 그 무슴1853) 참아 못ᄃᆞ를 말이라 ᄒᆞᄂᆞ뇨? 녯 계집이 그 아비를 지아비 죽어라커늘, 그 어

---

1844)분슈(分手) : 서로 작별함. =분몌(分袂)
1845)됴셕ᄃᆡ변(朝夕待變) : 아침저녁으로 죽음의 변(變)을 기다린다는 뜻으로, 병세가 몹시 심하여 살아날 가망이 없게 된 처지를 이르는 말.
1846)명ᄌᆡ경긱(命在頃刻) : 거의 죽게 되어 곧 숨이 끊어질 지경에 이름.
1847)항뉘비비(行淚霏霏) : 눈물이 소리 없이 흘러내림.
1848)간ᄃᆡ로 : 간대로. 그리 쉽사리. 망령되이. 함부로. 되는대로.
1849)슈상(守喪) : 상례에 따라 상측(喪側)을 지키며 예(禮)를 극진히 다함.
1850)ᄃᆡ인ᄌᆞ녀(對人子女) ; 남의 자녀를 마주 대함.
1851)금달공쥬(禁闥公主) : 왕궁에 있는 임금의 딸.
1852)업수히 : 가볍게. *업슈히 넉이다; 업신여기다. 교만한 마음에서 남을 낮추어 보거나 하찮게 여기다.
1853)무ᄉᆞᆷ : 무슨 일.

미와 의논ᄒᆞᆫᄃᆡ, 뫼(母) 왈, '지아비ᄂᆞᆫ ᄯᅩ 어드려니와, 아비ᄂᆞᆫ ᄒᆞ나히라' ᄒᆞᆫᄃᆡ, ᄌᆞ(子)의 소견이 ᄯᅩᄒᆞᆫ 그런 뉴와 ᄀᆞᆺ투여, '부모ᄂᆞᆫ 다시 못어들 빈니 듕ᄒᆞ고, 가부(家夫)ᄂᆞᆫ ᄯᅳᆺ을 기우려 어드려 ᄒᆞ민, 풍뉴학ᄉᆞ(風流學士) ᄒᆞ나 둘히 아니니, 어딕가 윤달보롤 못만나리오.' ᄒᆞ야, 나의 ᄉᆞᄉᆡᆼ(死生)을 꿈속ᄀᆞᆺ치 넉이니, 효성은 잇다 ᄒᆞ려니와 졀의(節義)ᄂᆞᆫ 업ᄉᆞᆫ 녀ᄌᆡ로다."

ᄒᆞ여 온가지로 보치고 욕ᄒᆞ기롤 마지 아냐, 인심인【55】즉 괴롭고 분ᄒᆞᆷ믈 참지 못ᄒᆞᆯ 듯ᄒᆞ되, 경시 일언부답(一言不答)고 안줏더니, 임의 혼뎡지시(昏定之時) 되민 존당으로 향ᄒᆞ니, 한님이 닐ᄋᆞ되,

"명일(明日)이 신년(新年)이라, 왕대뫼 혹ᄌᆞ ᄌᆞ(子) 등을 머므러 밤을 새오고져 ᄒᆞ샤도 그 되ᄂᆞᆫ 나의 구병(救病)ᄒᆞᆯ 바롤 알외여 즉시 나아오라."

쇼졔 부득이 응답ᄒᆞ고 존당의 드러가민, 호람휘 태부인을 뫼시며 ᄌᆞ질과 졔손을 거ᄂᆞ려 죵용히 말ᄉᆞᆷᄒᆞ나, 조태비 년년(年年) 신졍을 당ᄒᆞ죡, 셕ᄉᆞ 아으라ᄒᆞᆷ믈 더욱 슬허ᄒᆞᄂᆞᆫ 고로, 초일도 쳑연ᄒᆞ여 즐기지 아니니, 진왕 등【56】이 민망ᄒᆞ야 녀ᄋᆞ 등을 시겨 박혁(博奕) 유희로 즐기시믈 요구ᄒᆞ니, 진왕이 즉시 소·쳘·경·셜 등을 명ᄒᆞ야 승부롤 결ᄒᆞ라 ᄒᆞᆯᄉᆡ, 구슬 바독판을 버리고, 소시ᄂᆞᆫ 셜시롤 되ᄒᆞ고 경시ᄂᆞᆫ 쳘시롤 되ᄒᆞ여 가로1854) 시작케 ᄒᆞ니, 소·쳘, 경·셜 등이 엄구의 명을 거역지 못ᄒᆞ야 직조롤 시험ᄒᆞ민, 소시의 신긔로온 슈단이 경·쳘·셜 등의 지나니, 션화 등 졔쇼졔 닷토와 구경ᄒᆞ여 밤이 새기롤 그음ᄒᆞ니, 위태부인과 조·뉴 냥부인이 황홀이 눈을 ᄲᅩ아 긔특ᄒᆞᆫ ᄌᆞ미롤 삼으니, 진왕과 승【57】상이 조모의 희열ᄒᆞ시믈 보고, 식부 등을 물너가지 말나ᄒᆞ여 계명이 되도록 박혁을 긋치지 아니니, 경쇼졔 감히 한님의 병을 닐ᄏᆞ라 물너가지 못ᄒᆞ고, 그윽이 민울ᄒᆞ나, 임의 동방이 긔빅(旣白)ᄒᆞ민 셰알(歲謁)1855)ᄒᆞᄂᆞᆫ 빈긱이 작벌운집(作閥雲集)1856)ᄒᆞ고, 궁즁이 ᄀᆞ장 분요ᄒᆞ니, 뎡·진·남·화 ᄉᆞ비(四妃) 범물(凡物)1857)을 니로 슈응(酬應)치 못ᄒᆞ여, 소·경 등을 다리고 빈긱을 졉되ᄒᆞ며, 존당 감지(甘旨)의 온닝(溫冷)을 마초아 미쳐 손을 놀니지 못ᄒᆞ니, 경쇼졔 ᄯᅩ 물너가믈 고치 못ᄒᆞ고, 한님이 신년을 당ᄒᆞ여 누어시민 굼거【58】올 ᄲᅮᆫ 아니라, ᄉᆞ묘(祠廟)와 존당 부모긔 아니 비알치 못ᄒᆞ야, 앏픈 거술 강잉(強仍)1858)ᄒᆞ고 관소(盥梳)ᄒᆞ여 ᄉᆞ묘의 비알ᄒᆞ고 냥존당과 부모 슉당의 뵈오나, 영풍(英風)이 소삭(消索)ᄒᆞ고 옥골(玉骨)이 수약(瘦弱)ᄒᆞ니, 위·조 냥태비 년이ᄒᆞ여 됴리ᄒᆞ믈 경계ᄒᆞ더라.

한님이 이윽이 말ᄉᆞᆷᄒᆞ다가 퇴ᄒᆞ여 모란뎡의 도라가민, 장체 새로이 ᄲᅥ흐는 듯ᄒᆞ고,

---

1854) 가로 : 나란히. '갈+오'의 연철표기 형태. *갈오다: 나란히 하다.
1855) 셰알(歲謁) : 세배(歲拜).
1856) 작벌운집(作閥雲集) : 떼를 이뤄 구름처럼 모여듦. *작벌(作閥); 떼를 이룸. 벌(閥)은 벌족(閥族), 문벌(門閥) 등의 뜻을 갖는 말로, '집단'의 의미를 갖고 있다.
1857) 범물(凡物) : 모든 물건.
1858) 강잉(強仍) : 억지로 참음. 또는 마지못하여 그대로 함

일신이 한츅(寒縮)ᄒ며 심혼이 어득ᄒ니, ᄲᆞᆯ니 금침을 취ᄒ야 누으며 시녀로 쇼져를
쳥ᄒ니, 경시 브야흐로 뎡비 압히셔 소시로 더브러 범물(凡物)을 슈응ᄒ다가 싱의 쳥
ᄒ【59】믈 듯고 즉시 몸을 움작여 ᄉ실노 향코져 홀 즈음의, 낙양휘 진비 침뎐의 드
러와 경·쥬 등을 브르라 ᄒ니, 쥬시ᄂᆞᆫ 유질ᄒᄆᆞᆯ 고ᄒ고 경시ᄂᆞᆫ 거름을 두루혀 계월
뎐의 니르러 낙양후긔 비현ᄒ니, 낙양휘 본ᄃᆡ 웅닌을 《경손∥친손》의셔 더 ᄉᆞ랑ᄒ
고, 경시를 친손ᄀᆞ치 이듕ᄒᄆᆞ로, 본 적마다 두굿기ᄂᆞᆫ 빗츨 ᄯᅴ여 죵용히 말ᄉᆞᆷᄒ니, 경
시 심듕의 민박(憫迫)ᄒ나 고치 못ᄒ고, 인ᄒ여 시좌ᄒᄆᆡ 휘 수히 니러나지 아니므로,
경시 모란뎡의 도라오지 못ᄒ니, 한님이 분연이 그 닝녈(冷烈)【60】ᄒᄆᆞᆯ 썩고져 ᄒ
여, 짐즛 경시의 시녀로 미월누의 가 칠창을 불너오라 ᄒ니, 칠창이 한님의 슈장ᄒᄆᆞ
로 ᄀᆞ장 쵸우(焦憂)ᄒ더니, 이의 브ᄅᆞᆷ믈 당ᄒ여 아모란 줄 모ᄅᆞ고 즉시 모란뎡의 니르
ᄆᆡ, 한님이 흔연이 방듕의 들기ᄅᆞᆯ 명ᄒᄃᆡ 칠창이 경부인 침쇠믈 황공ᄒ여 올으지 아
니ᄒ니, 한님이 직쵹ᄒ여 입실ᄒ라 ᄒ니, 칠희(七姬) 마지 못ᄒ야 방듕의 들ᄆᆡ 한님이
좌우(左右) 젼후(前後)로 안기ᄅᆞᆯ 명ᄒ야, ᄌᆞ긔 비각(臂脚)과 슈족(手足)을 쥐므르라 ᄒ
며, 짐즛 미란이 취흔 거동으로 경시ᄅᆞᆯ 뵈려 ᄒ여, 【61】두어 쥰(樽) 술을 과히 마시
고 상상(床上)의 누어시니, 칠희ᄂᆞᆫ 싱의 쥬의(主意)ᄅᆞᆯ 아지 못ᄒ고, 그 신광(身光)이
슈픽(瘦敗)ᄒ여시믈 크게 우려ᄒ여 슬허ᄒ더니, 셕양의 비로소 경쇼졔 도라오니, 칠창
이 황망이 ᄯᅡ히 ᄂᆞ려 비알ᄒᄂᆞᆫ지라.

경시 한님의 유졍(有情)ᄒᆫ 미인이믈 짐작ᄒ나, 쳥결(淸潔)ᄒᆫ 심식 셰쇽 질투ᄅᆞᆯ 고이
히 넉이므로 반졈(半點) 투졍(妬情)이 니러나지 아니ᄃᆡ, ᄌᆞ긔 침쳐의 창녀ᄅᆞᆯ 불너 드
려시믈 그윽이 깃거 아니나, ᄉᆞ식지 아니코 입실 취좌(就坐)ᄒ니, 한님이 ᄯᅩ 칠창을
드러오라 ᄒ여 겻ᄒᆡ 안치고 상상의 언와(偃臥)ᄒ【62】여 슈족을 쥐므르라 ᄒ니, 경
시 본체 아니ᄒ거늘, 한님이 쇼져로 ᄌᆞ긔 머리ᄅᆞᆯ 집흐라 ᄒ니, 쇼졔 냥안(兩眼)을 ᄂᆞᆺ
초고 묵연ᄒ니, 한님이 대로ᄒ야 분연이 겻ᄒᆡ 노힌 즘긔[1859]ᄅᆞᆯ 드러 경시긔 더지며,
ᄭᅮ지져 왈,

"은악(殷惡)[1860]ᄒᆫ 녀지 갈ᄉᆞ록 뇹흔 톄ᄒ야, 나의 말을 여ᄎᆞ(如此) 능경(凌輕)ᄒᄂᆞ
냐?"

쇼졔 무심결의 싱의 더지ᄂᆞᆫ 즘긔ᄅᆞᆯ 머리의 마ᄌᆞᆷ이 되어, 봉관(鳳冠)이 버셔지며 즘
옥(簪玉)이 브러지고, 오좀이 머리로브터 일신의 ᄂᆞ리ᄡᅵ이니, ᄌᆞ린ᄂᆡ[1861] 코흘 거스리
ᄂᆞᆫ지라. 심하의 통히(痛駭) 분완(憤惋)ᄒ나, 오히려 불변안식(不變顔色)【63】ᄒ고 안
셔히 니러 협실(夾室)노 드러가며, 기리 혀ᄎᆞ 왈,

"녜의지문(禮義之門) 군ᄌᆞ의 졍실 ᄃᆡ졉ᄒᄂᆞᆫ 법도 이러흔 ᄃᆡ 잇ᄂᆞᆫ가?"

ᄒ니, 한님이 더욱 대로ᄒ야 불연(勃然)이 니러나 쇼져의 나군(羅裙)[1862]을 다리

---

1859)즘긔 : 요강. 방에 두고 오줌을 누는 그릇. 놋쇠나 양은, 사기 따위로 작은 단지처럼 만든다.
1860)은악(殷惡) : 몹시 악함. =강악(强惡)
1861)ᄌᆞ린ᄂᆡ : 지린내. 오줌에서 나는 냄새. 또는 그것과 같은 냄새.

니1862), 나상(羅裳)이 믜여지디 쇼져는 나오지 아니니, 한님이 협실문을 추 바리고 쇼 져의 옥비셤슈(玉臂纖手)를 잇그러, 짐즛 칠창(七娼) 안즌 가온디 안치고, 정성(正聲) 문왈,

"정실 디졉이 엇더ᄒ여 이러ᄒ 디 업다 ᄒ느뇨? 내 금일 그디를 쳥ᄒ미 희롱이 아 니오, 한츅(寒縮)1864)ᄒ미 심ᄒᄆ로 ᄒ 그릇 더온 추를 어더 마시고져 ᄒ미어늘, 그디 닝【64】연(冷然)이 오지 아니ᄒ니, 내 혼즈 이시미 울젹ᄒ여 칠창을 불너 병을 구호 케 ᄒ더니, 그디 방즈히 투긔를 발ᄒ야 칠녀(七女)를 보고 나를 믜워ᄒ미 고디 죽일 ᄃᆺᄒ거니와, 내 엇지 그디를 박디(薄待)ᄒ여 표독(慓毒)1865)ᄒ 원망을 드르리오. 존당 부모의 ᄉ랑ᄒ심과 그디 부형의 늣츨 보아 이듕ᄒᄆᆯ 칠창과 ᄀᆺ치 ᄒ리라."

언파의, 집기슈년기슬(執其手連其膝)1866)ᄒ여 움즉도 못ᄒ게 안치고, ᄯ 칠녀로 이 듕ᄒᄂ 졍을 닐ᄋ니, 쇼졔 비록 분완통에(憤惋痛恚)1867)ᄒ나 능히 움즉이지 못ᄒ고, 효성ᄲᅡᆼ안(曉星雙眼)1868)의 징패(澄波)1869) 동(動)ᄒᆯ ᄃᆺ, 옥셩(玉聲)【65】이 녈녈(烈 烈)ᄒ여 왈,

"쳡이 결부(潔婦)1870)의 죽기를 효측(效則)지 못ᄒ여 이 욕(辱)을 당ᄒ니 사람을 한 홀 거시 업거니와, 군지 빙치(聘采)1871) 빅냥(百輛)1872)으로 마즌 바 정실을 이ᄀᆺ치 디졉ᄒ시믄 불가ᄉ문어타인(不可使聞於他人)1873)이라."

ᄒ니, 한님이 더욱 분완(憤惋)ᄒ야 경시를 닛그러 금침(衾枕)의 나아가며, 일변(一 邊) 칠녀 등을 겻히 누으라 ᄒ니, 쇼졔 ᄎ경(此景)을 당ᄒ야 분에통히(憤恚痛駭)1874)

---

1862)나군(羅裙) : 비단 치마. =나상(羅裳).
1863)다리다 : 당기다. 잡아당기다.
1864)한츅(寒縮) : 추워서 기운을 펴지 못하고 움츠려 떪.
1865)표독(慓毒) : 사납고 독살스러움.
1866)집기슈년기슬(執其手連其膝) ; 손을 잡고 무릎을 맞댐.
1867)분완통에(憤惋痛恚) ; 몹시 분통하여 성을 이기지 못해 함.
1868)효성ᄲᅡᆼ안(曉星雙眼) ; 새벽별처럼 맑고 빛나는 두 눈.
1869)징픽(澄波) : 맑은 물결.
1870)결부(潔婦) : 중국 춘추시대 노(魯)나라 사람 추호자(秋胡子)의 아내. 추호자는 결부와 결혼한 지 5일 만에 진(陳)나라의 관리가 되어 집을 떠났다, 5년 뒤 집으로 돌아오다가 집 근처 뽕밭에서 뽕을 따는 여 인을 비례(非禮)로 유혹한 일이 있는데, 집에 돌아와 아내를 보니 조금 전 자신이 수작한 그 여인이었다. 크게 실망한 결부는 남편의 이러한 행동을 꾸짖은 뒤 강물에 몸을 던져 자결하였다. 『열녀전』에 나온 다.
1871)빙치(聘采) ; 빙물(聘物). 납채(納采). 혼인례에서 정혼이 이루어진 증거로 신랑 집에서 신부 집에 보내 는 예물.
1872)빅냥(百輛) : '백대의 수레'라는 뜻으로, 『시경(詩經)』「소남(召南)」편, 〈작소(鵲巢)〉시의 '우귀(于 歸) 백량(百輛)'에서 유래한 말이다. 즉 옛날 중국의 제후가(諸侯家)에서 혼례를 치를 때, 신랑이 수레 백 량에 달하는 많은 요객(繞客)들을 거느려 신부집에 가서, 신부를 신랑집으로 맞아와 혼례를 올렸는데, 이 시는 이처럼 혼례가 수레 백량이 운집할 만큼 성대하게 치러진 것을 노래하고 있다.
1873)불가ᄉ문어타인(不可使聞於他人) : 남이 알게 할 수 없음.
1874)분에통히(憤恚痛駭) : 몹시 분통하여 성을 이기지 못해 함. =분완통에(憤惋痛恚)

ᄒᆞ미 흉억(胸臆)의 막힐 둧, 쾌히 죽고져 ᄒᆞ나 슈듕(手中)의 촌쳘(寸鐵)이 업ᄉᆞ니, 다만 명도(命途)ᄅᆞᆯ 탄ᄒᆞ더니, 한님이 히참음픠지셜(駭慘淫悖之說)1875)노 '상님(桑林)의 쳔인(賤人)'1876)ᄀᆞᆺ치 ᄒᆞ고, 간간이 졔창【66】으로 유희ᄒᆞᄂᆞᆫ 거동이 불인졍시(不忍正視)1877)러니, 졍당 시녜 한님과 쇼져의 셕반을 가져 압히 노ᄒᆞ니, 한님이 시녀ᄅᆞᆯ 두리미 아니라 망측지셜(罔測之說)을 존당의 ᄉᆞ뭇출가 넘녀ᄒᆞ여 쇼져ᄅᆞᆯ 잠간 노ᄒᆞ니, 쇼졔 ᄂᆞᆺ출 드러 졍당 시녀로 볼 ᄯᅳᆺ이 업ᄉᆞᄃᆡ, 싱의 침금의 누어실 ᄆᆞᄋᆞᆷ이 업서 ᄲᆞᆯ니 니러나니, 시녜 태부인 말ᄉᆞᆷ으로 젼어 왈,

"경쇼져ᄂᆞᆫ 거야(去夜)의 안ᄌᆞ 새와 몸이 닛블1878) 거시오, 한님은 병이 졍치 아니니 부뷔 다 혼뎡의 드러오지 말고 편히 자라 ᄒᆞ시더이다."

한님이 경시 혼뎡(昏定)의 드러가면 다시 나오지【67】아닐가 념녀(念慮)ᄒᆞ다가, 이 말을 드ᄅᆞ미 징기라오미1879) 가려온 ᄃᆡᄅᆞᆯ 긁ᄂᆞᆫ 둧ᄒᆞ야, 회주(回奏) 왈,

"쇼손도 병셰 대단치 아니코 경시도 닛블 거시 업ᄉᆞᄃᆡ, 대뫼(大母) 혼뎡(昏定)의 드러오지 말나 ᄒᆞ시니, 엇지 감히 역명ᄒᆞ리잇고? 일즉 슉침(宿寢)ᄒᆞ야 셩녀(聖慮)ᄅᆞᆯ 더으지 아니리이다."

언흘(言訖)에 식상(食床)을 나와 먹고져 ᄒᆞᆫ즉, 구미(口味) 역ᄒᆞ므로 경시 유모ᄅᆞᆯ 호령ᄒᆞ야 일호쥬(一壺酒)ᄅᆞᆯ 가져오라 ᄒᆞ여 쾌히 마시고 상을 물니니, 경시ᄂᆞᆫ 벽을 의지ᄒᆞ여 묵연단좌(黙然端坐)어ᄂᆞᆯ, 한님이 밥을 권치 아니코 쵹을 붉힌 후, 경쇼져의 침금을 칠창【68】으로 포셜(鋪設)ᄒᆞ라 ᄒᆞ고, 칠창을 닛그러 쇼져 침금의셔 유희 방타(滂沱)1880)ᄒᆞ니, 경시 참아 보지 못ᄒᆞ여 년보(蓮步)1881)ᄅᆞᆯ 움즉여 피코져 ᄒᆞ니, 한님이 ᄲᆞᆯ니 니러나 경시ᄅᆞᆯ 붓드러, 침금의 나아가며 왈,

"내 졔창으로 더브러 잠간 상요(床褥)의 나아가ᄂᆞᆫ 거ᄉᆞᆯ 투긔ᄒᆞ미 깁허 피코져 ᄒᆞ니, 졔창을 그만 물니치고 그ᄃᆡ로 더브러 환오(歡娛)1882)ᄒᆞ여, 그ᄃᆡ ᄆᆞᄋᆞᆷ의 흡연토록 ᄒᆞ려니와, 싱의 긔운이 진ᄒᆞ여 죽ᄂᆞᆫ 날은 그ᄃᆡ 어ᄃᆡ가 윤달보 ᄀᆞᆺ튼 장웅대ᄉᆡ(壯雄大士)ᄅᆞᆯ 구ᄒᆞ여 셤길고? 가히 근심되도다."

언파의 졔창의 누엇던 곳으로 일위고져 ᄒᆞ니, 경시【69】고ᄃᆡ 죽어 이 욕을 보지 말고져 ᄒᆞ므로, 공교히 셔안(書案)의 젹은 칼이 노혀시믈 보고, ᄲᆞᆯ니 손에 잡아 얼픗ᄒᆞᆫ ᄉᆞ이의 가ᄉᆞᆷ을 향ᄒᆞ여 삼촌(三寸) 셜잉1883)이 졍광(晶光)1884)을 토ᄒᆞᄂᆞᆫ 바의, 옥

---

1875) 히참음픠지셜(駭慘淫悖之說) : 몹시 부끄럽고 음란하며 패악한 말.
1876) 상님(桑林)의 쳔인(賤人) : 뽕밭에서 뽕잎을 따는 평민이나 천민 계층의 부녀자를 이름. 예전에 뽕밭에서 뽕잎을 따는 아낙들과의 음행이 많았기 때문에 '음란한 행실을 한 여인'의 비유로 쓰인다.
1877) 불인졍시(不忍正視) : 차마 바로 볼 수 없음.
1878) 닛브다 : 잇브다. 고단하다.
1879) 징기랍다 : 쟁그랍다. 남의 실패를 시원하게 여기며 고소해하다.
1880) 방타(滂沱) : ①질펀히 흐르거나 늘어져 있는 모양. ②흥이 높아 거칠 것이 없음
1881) 년보(蓮步) : 금련보(金蓮步). 미인의 정숙하고 아름다운 걸음걸이를 비유적으로 이르는 말.
1882) 환오(歡娛) : 환락(歡樂). 아주 즐거워함. 또는 아주 즐거운 것.

ᄀᆞ튼 살빗치 잠간 변ᄒᆞ며 븕은 피 소스나니, 한님이 대경추악ᄒᆞ여 칼홀 아ᄉᆞ미, 깁히 지ᄅᆞ지 못ᄒᆞ고, ᄯᅩ 인ᄉᆞᄅᆞᆯ 바리지 아냐 졍신을 슈습ᄒᆞᄂᆞᆫ 거동이니, 한님이 통히분완(痛駭憤惋)ᄒᆞ야 혜오ᄃᆡ,

"만일 ᄋᆞ녀ᄌᆞᄅᆞᆯ 졔어치 못ᄒᆞ여ᄂᆞᆫ 장뷔로라 칭ᄒᆞ미 붓그러올지라."

드ᄃᆡ여 창을 열치고 좌우ᄅᆞᆯ 호령ᄒᆞ여 궁노ᄅᆞᆯ 브ᄅᆞ라. 【70】ᄒᆞ니, 슈유의 노지 봉명(奉命)ᄒᆞ미, 한님이 경쇼져의 유랑과 시녀ᄅᆞᆯ 잡아ᄂᆡᆯᄉᆡ, 졍셩(正聲) 수죄(數罪) 왈,

"네 부인이 명문싱츌(名門生出)이오, 법가지엽(法家枝葉)으로 가뷔 듕ᄒᆞ믈 모로지 아닐 거시로ᄃᆡ, 오문(吾門)의 쇽현(續絃)ᄒᆞ던 날브터 금일의 니ᄅᆞ히[1885], 모진 눗빗과 초졸(憔猝)ᄒᆞᆫ[1886] 거동으로 가부ᄅᆞᆯ ᄃᆡᄒᆞ며, 녀ᄌᆞ의 일싱이 소텬(所天)[1887]을 앙지죵신(仰之終身)[1888]ᄒᆞ거ᄂᆞᆯ, 가부의 병을 구호치 아니며, 창녀ᄅᆞᆯ 투긔ᄒᆞ야 발검ᄌᆞᄉᆞ(拔劍自死)코져 ᄒᆞ니, 이ᄂᆞᆫ 극악간흉(極惡奸凶)ᄒᆞᆫ지라. 엇지 너의 죄 업다 ᄒᆞ리오. 모로미 형벌을 밧아, 쥬인의 그ᄅᆞᆯ 혜아려, 밤ᄂᆡ로 【71】셔 급급히 다리고 미화항으로 향ᄒᆞ여, 이의 머믈 의ᄉᆞᄅᆞᆯ 두지 말나."

언파의 치기ᄅᆞᆯ 지쵹ᄒᆞ니, 집장시뇌(執杖侍奴) 막불경뉼(莫不驚慄)ᄒᆞ여 엄히 일ᄎᆞ[1889]ᄅᆞᆯ 다ᄒᆞ미, 유랑이 엄홀(奄忽)ᄒᆞ고 적혈(赤血)이 낭자(狼藉)ᄒᆞ니 비로소 ᄯᅳᅥ어ᄂᆡ 치고, 경부의셔 조ᄎᆞ온 시녀ᄂᆞᆫ 다 형벌을 더어 쥬인의 ᄃᆡ신의 맛고, 임의 치기ᄅᆞᆯ 다ᄒᆞ미 시뇌 믈ᄅᆞᆯ 거두어 믈너나니, 한님이 시녀ᄅᆞᆯ 다시 호령ᄒᆞ여 쇼져ᄅᆞᆯ ᄲᅡᆯ니 즁계(中階)의 ᄂᆞ리오라 ᄒᆞ니, 쇼졔 칼 ᄭᅩᆺ히 상ᄒᆞᆫ 가슴이 앏풀 거슨 닐ᄋᆞ도 말고 유랑을 공연이 형벌ᄒᆞ믈 분ᄒᆞᆫᄒᆞ【72】여 죽을 의ᄉᆡ 살 ᄀᆞᆺ트니, 엇지 삼갈 일이 이시리오. 옥안이 닝담ᄒᆞ고 효셩(曉星)[1890]○[이] 녈녈(烈烈)ᄒᆞ여 완연이 움죽이지 아냐 왈,

"허믈과 죄 이실진ᄃᆡ 존당 구고긔 고ᄒᆞ고 쾌히 츌거(黜去)홀 ᄯᅡᄅᆞᆷ이라. 내 비록 조강(糟糠)의 간고(艱苦)ᄅᆞᆯ 격그미 업ᄉᆞ나, 엇지 무고히 하계(下階)[1891]ᄅᆞᆯ 잘 ᄒᆞ리오."

한님이 그 초쥰(峭峻)[1892]ᄒᆞ믈 졔어코져 ᄒᆞ여, 믄득 벽상의 장검을 ᄲᅡ혀 손에 들고 좌우ᄅᆞᆯ 호령ᄒᆞ여, '경시ᄅᆞᆯ 잇그러 즁계의 ᄂᆞ리오지 아닌죽, 시녀의 머리ᄅᆞᆯ 버혀 분을 풀고 쇼져ᄅᆞᆯ ᄯᅩᄒᆞᆫ 죽이런노라' ᄒᆞ니, 졔 시비 슈형(受刑)ᄒᆞ여 졍신을 일【73】헛ᄂᆞᆫ 바의 한님의 여ᄎᆞ 호령을 당ᄒᆞ니, 혼불부톄(魂不附體)[1893]ᄒᆞ여 쳬읍(涕泣) 이걸(哀乞)

---

1883) 셜잉 : 셜인(雪刃). 눈처럼 하얀 칼날.
1884) 졍광(晶光) : 번쩍이는 밝은 빛.
1885) 니ᄅᆞ히 : 이르도록. *니ᄅᆞ다; 이르다.
1886) 초졸(憔猝)ᄒᆞ다 : 병이나 고생, 근심 등으로 여위고 파리하여 볼품이 없다.
1887) 소텬(所天) : 아내가 남편을 이르는 말.
1888) 앙지죵신(仰之終身) ; 죽을 때까지 우러러 받듦.
1889) ᄎᆞ : 칙. 매질. 죄인을 신문할 때 공포감을 주어 자백을 강요할 목적으로 한바탕 가하는 매질. 또는 그러한 매질의 횟수를 세는 단위. '치'는 '笞(매질할 태)'의 원음, '태'는 그 속음(俗音)임.
1890) 효셩(曉星) : 새벽 별. 여기서는 '강렬한 눈빛'을 비유로 표현한 말.
1891) 하계(下階) : 죄를 진 부녀자가 심문을 받기 위해 계단 아래로 내려서는 일.
1892) 초쥰(峭峻) : ①지세가 험하며 높고 가파름. ②성품이 몹시 날카롭고 격렬함.

왈,

"부인은 비즈(婢子) 둥의 잔잉ᄒᆞ믈 도라보쇼셔."

쇼제 히음업시[1894] 졔시녀의게 붓들녀 즁계(中階)의 ᄂᆞ리미, 한님이 거창(巨唱)[1895]ᄒᆞ여 수죄(數罪) 즐욕(叱辱)ᄒᆞ미, 언시 졈졈 픠만(悖慢)ᄒᆞ여, 어됴운 아오로 욕ᄒᆞ기를 낭자히 ᄒᆞ니, 경시 분(憤)을 참고 묵연이 셧더니, 한님이 수죄(數罪)키를 다ᄒᆞ고,

"ᄲᆞᆯ니 궁즁의 머므지 말고 나아가라."

ᄒᆞ니, 경시 혀츠 왈,

"시졀이 안온(安穩)ᄒᆞ여 거의 태평커ᄂᆞᆯ, ᄉᆞ족 부녀로ᄡᅥ 즁야(中夜)의 나가라 ᄒᆞ니, 내 능히 빅희(伯姬)[1896]를 효측(效則)지 【74】 못ᄒᆞ고, 참욕(慘辱)이 우ᄒᆞ로 부모긔 밋ᄎᆞ니, 이 불효를 엇지 ᄲᅡ흘 곳이 이시리오."

ᄒᆞ니, 한님이 더욱 대로ᄒᆞ야 좌슈(左手)의 장검(長劍)을 집고, 우슈(右手)로 경시의 등을 미러, 시녀 아오로 구박(驅迫)ᄒᆞ여 즁문 밧ᄭᆞ지 닉치고, 친히 문을 다드며 흔희쾌활ᄒᆞ여 즉시 모란뎡으로 드러와, 칠희로 더브러 즐길시, 칠희 등이 그윽이 공구(恐懼)ᄒᆞ야 한님이 경시 ᄀᆞᆺᄐᆞᆫ 긔특ᄒᆞᆫ 부인을 욕미(辱罵) 구박(驅迫)ᄒᆞ믈 보니, 져히 ᄀᆞᆺᄐᆞᆫ 거ᄉᆞᆫ ᄆᆞᄋᆞᆷ의 불합ᄒᆞ미 이실진ᄃᆡ, 바로 머리를 업시ᄒᆞᆯ 거동이니, 경황민츌(驚惶憫怵)[1897]ᄒᆞ여 즐기미 업더라.

한 【75】님과 경시의 셕반 가져왓던 시녀ᄂᆞᆫ 조태비 복심(腹心) 양낭(養娘) 미영 초옥이라. 싱의 경쇼져를 핍박ᄒᆞ여 침셕(寢席)의 나아갓던 히거(駭擧)를 보고 도라와 조태비긔 고코져 ᄒᆞ나, 진왕 곤계 시좌(侍坐)ᄒᆞ여시므로 감히 입을 여지 못ᄒᆞ고, 빅시 등을 보와 모란뎡 경식(景色)을 일일히 고ᄒᆞ니, 빅시 등이 즉시 가 규찰(窺察)코져 ᄒᆞ나, 셰초(歲初) 신졍(新正)이라, ᄌᆞ연이 각각 손을 디졉ᄒᆞ야 사름이 모히ᄂᆞᆫ 거슬 헤왓지[1898] 못ᄒᆞ므로, 미처 결을치[1899] 못ᄒᆞ다가, 야심 후 만뇌(萬籟)[1900] 고젹(孤寂)ᄒᆞ믈 인ᄒᆞ야 모란뎡을 규시(窺視)ᄒᆞ더라. 【76】

---

1893) 혼불부톄(魂不附體) : '혼이 몸에 붙어 있지 않다'는 뜻으로, 몹시 놀람을 이르는 말
1894) 히음업다 : 하염없다. 속절없다. 시름에 싸여 멍하니 이렇다 할 만 한 아무 생각이 없다. 또는, 단념할 수밖에 달리 어찌할 도리가 없다.
1895) 거창(巨唱) ; 큰 소리로 말함.
1896) 빅희(伯姬) : 중국 춘추시대 魯(노)나라 宣公(선공)의 딸. 송나라 恭公(공공)에게 시집갔다가 10년 만에 홀로 됐다. 궁궐에 불이 났을 때 관리가 피하라고 했으나 부인은 한밤에 보모 없이 집을 나설 수 없다고 고집해서 결국 불속에서 타 죽었다. 『열녀전(烈女傳)』〈정순전(貞順傳)〉'송공백희(宋恭伯姬)' 조(條)에 기사가 보인다.
1897) 경황민츌(驚惶憫怵) : 몹시 놀라고 두려워 어찌할 바를 모름.
1898) 헤왓다 : 헤치다. 모인 것을 제각기 흩어지게 하다
1899) 결을ᄒᆞ다 : 여유가 있다. 틈을 내다. *결을; 겨를. 어떤 일을 하다가 생각 따위를 다른 데로 돌릴 수 있는 시간적인 여유. 늑틈.
1900) 만뇌(萬籟) : 자연계에서 나는 온갖 소리.

# 윤하뎡삼문취록 권지십칠

ᄎᆞ시 ᄇᆡᆨ시 등이 야심 후 만뇌고젹(萬籟孤寂)ᄒᆞ믈 인ᄒᆞ야 모란뎡의 나아가 규시(窺視)ᄒᆞᆫ즉, 쵹영(燭影)이 명휘(明輝)ᄒᆞ고 향연(饗宴)이 농ᄇᆡᆨ(농백)1901)ᄒᆞᆫᄃᆡ, 한님이 칠창(七娼)으로 더브러 유희 방탕(放蕩)ᄒᆞᆯ지언뎡, 경쇼졔 노쥬(奴主)ᄂᆞᆫ 그림ᄌᆞ도 업ᄉᆞ니, 놀나고 고이ᄒᆞ믈 니긔지 못ᄒᆞ야 한님을 보고 곡졀을 뭇고져 ᄒᆞ더니, 경쇼져 ᄋᆞ시비(兒侍婢) 초화ᄂᆞᆫ 진궁의셔 준 ᄇᆡ므로, 한님이 굿ᄐᆞ여 ᄂᆡ치지 아냣더니, ᄇᆡᆨ시 등의 뒤흐로 조ᄎᆞ ᄀᆞ마니 옷술 다ᄅᆡ니, ᄇᆡᆨ시 등이 놀라 도라본즉 초홰라.

그윽ᄒᆞᆫ 곳에 가 쇼【1】져의 업ᄉᆞᆫ 연고(然故)를 무ᄅᆞ니, 초홰 젼후 허다 괴참지셜(愧慙之說)을 일일히 젼ᄒᆞ여, 즉금 쇼져의 즁문(中門)1902) 밧게 ᄂᆡ치시믈 고ᄒᆞ고, 함누(含淚)ᄒᆞ니, ᄇᆡᆨ시 등이 텽파(聽罷)의 경히ᄎᆞ악(驚駭嗟愕)ᄒᆞ여 즉시 즁문의 나와 즘은 거술 열고 쇼져를 보니, 경시 지란(芝蘭) ᄀᆞᄐᆞᆫ 약질이 칼의 상(傷)ᄒᆞ고 참욕을 당ᄒᆞ여시니, 즁문 밧게 나며 즉시 엄홀(奄忽)1903)ᄒᆞ니, 시녀 등이 창황민졀(惝怳悶絶)1904)ᄒᆞ여 아모리 ᄒᆞᆯ 줄 모ᄅᆞ더니, ᄇᆡᆨ시 등이 일시의 문을 열고 나와, 쇼져를 븟드러 ᄇᆡᆨ시의 슉소 희셜당의 드러와, 더온 곳의 편히 누이고 이윽이 구호ᄒᆞ【2】여, 식경(食頃)1905)이 지난 후, 쇼졔 정신을 출혀보니 ᄇᆡᆨ시의 슉소러라.

ᄇᆡᆨ시 등이 경쇼져의 셩심혜ᄒᆡᆼ(聖心惠行)을 ᄋᆡ경흠복(愛敬欽服)ᄒᆞ던 고로, 한님의 방일(放逸) 광ᄑᆡ(狂悖)ᄒᆞ믈 골돌이 ᄋᆡ돌나 분완(憤惋)ᄒᆞ더니, 효신(曉晨)의 ᄇᆡᆨ시 등이 니러 정당으로 향ᄒᆞᆯᄉᆡ, 됴리ᄒᆞ믈 당부ᄒᆞ고 원경뎐의 신셩지녜(晨省之禮) 파ᄒᆞ믈 기다려 계월뎐의 드러가, 진비긔 뵈ᄋᆞᆸ고 거야 한님의 작난지ᄉᆞ를 일일히 고ᄒᆞ여, 경시 쫏치여 문밧게 낫던 바를 본다시 알외니, 진비 텽파의 만심이 경히ᄒᆞ고 ᄋᆞᄌᆞ를 통완ᄒᆞ미 고ᄃᆡ 즛두다리고 시븐지【3】라.

이의 ᄇᆡᆨ시를 즉시 희셜당의 보ᄂᆡ여 경시를 힘ᄡᅧ 구호ᄒᆞ라 ᄒᆞ고, 그윽이 왕의 드러오기를 기다리더니, 마초아 왕이 녀ᄋᆞ 션화를 보고져 드러오ᄆᆡ, 진비 마ᄌᆞ 좌뎡 후 문왈,

---

1901)농ᄇᆡᆨ(농백) :?
1902)즁문(中門) : 대문 안에 또 세운 문으로, 내당(內堂)으로 들어가는 문,
1903)엄홀(奄忽) : 급작스럽게 정신을 잃고 까무러침.
1904)창황민졀(惝怳悶絶) : 당황하여 어찌할 바를 모름.
1905)식경(食頃) : 밥을 먹을 동안이라는 뜻으로, 잠깐 동안을 이르는 말.

"대왕이 웅닌의 방즈(放恣) 남활(濫闊)홈과 불인무상(不人無狀)1906)흐믈 알아시ᄂᆞ니잇가?"

왕이 완이쇼왈(莞爾笑曰)1907),

"아비를 반(叛)ᄒᆞ고 집을 ᄲᅥ나 졔 임의로 ᄃᆞᆫ니다가, 필경 과장의 드러가 즈힝즈지(自行自止)1908)ᄒᆞ니, ᄎᆞᆯ하리 후리쳐1909) 두면 졔 도로혀 ᄭᅢ다ᄅᆞ미 되여 사ᄅᆞᆷ 뉴(類)의 츙수(充數)홀가 ᄒᆞᄂᆞ이다."

진비 분연(憤然) 통히(痛駭)ᄒᆞ믈 니긔지 못ᄒᆞ야 이의 그 불【4】고이ᄎᆔ지ᄉᆞ(不告而娶之事)를 말ᄉᆞᆷᄒᆞ며, 작야 모란뎡의셔 칠챵을 ᄭᅵ고 경시를 온가지로 보ᄎᆡ며 욕ᄒᆞ야, 야심ᄒᆞᆫ 후는 즁문ᄀᆞ지 니침과 경시의 유랑 시녀를 엄형ᄒᆞ믈 일일히 닐ᄏᆞ라, 츄연(惆然) 탄식 왈,

"쳡이 고인(古人)의 퇴교(胎敎)를 효측지 못ᄒᆞ여 웅닌 ᄀᆞᆺ튼 픽즈(悖子)를 나흐미니, 대왕은 픽즈를 엄히 다ᄉᆞ려 식부(息婦)의 졍니(情理)를 슯히샤 아직 경부로 도라보닉쇼셔."

왕이 듯기를 다ᄒᆞ되, 굿ᄐᆞ여 경동(驚動)ᄒᆞ며 분노(忿怒)ᄒᆞᄂᆞᆫ 일이 업서 이연(怡然)이 녀ᄋᆞ를 어라만져 이듕홀 ᄯᆞᄅᆞᆷ이오, 웅닌다히 말을 거드지 아니【5】ᄒᆞ니, 진비 왕의 웅닌 ᄉᆞ랑ᄒᆞ믈 거의 짐작ᄒᆞᄆᆞ로, 혹즈 다ᄉᆞ리지 아닐가 ᄒᆞ여, ᄯᅩ 닐오되,

"대왕이 웅닌의 허다 무상ᄒᆞᆫ 힝ᄉᆞ를 드ᄅᆞ시되 도로혀 두굿기는 빗치 계시고, 다ᄉᆞ릴 ᄯᅳᆺ을 두지 아니시니, 픽즈는 부형의 교ᄋᆡ(嬌愛)를 밋어 더욱 삼가는 일이 업고, 쳡 ᄀᆞᆺ튼 약ᄒᆞᆫ 즈모는 능경멸시(凌輕蔑視)1910)ᄒᆞ기를 졔 유모만치○[도] 못넉이니, 일노조ᄎᆞ 픽즈를 계칙(戒責)ᄒᆞ리도 업슬가 ᄒᆞᄂᆞ이다."

왕이 미쇼 왈,

"불고이ᄎᆔ지ᄉᆞ(不告而娶之事)는 발셔 다ᄉᆞ렷고, ᄋᆞ히 몸이 쇠돌이 아니니 그 우히 더을 거시 업슬 ᄲᅮᆫ 아니라, 괴(孤)1911) 위인부(爲人父)1912)ᄒᆞ여 즈식의 셰【6】밀지ᄉᆞ(細密之事)를 다 알은 쳬ᄒᆞ미 위의(威儀)를 상해(傷害)오는 도리오, 아비도 모로는 픽지(悖子) 홀노 안해를 알기 어려오니, 경쇼부의게 그러틋 ᄒᆞ미 엇지 고이타 ᄒᆞ리오. 져히 ᄒᆞᄂᆞᆫ 되로 바려 두어 대단ᄒᆞᆫ 죄패(罪過) 이실진○[되] ᄋᆞ들을 다ᄉᆞ리고 며ᄂᆞ리를 경계ᄒᆞ리이다."

언필의 나아가니, 진비 분ᄒᆞ믈 니긔지 못ᄒᆞ야 싱을 불너 ᄭᅮ짓고져 ᄒᆞ여 시녀로 한

---

1906)불인무상(不人無狀) : 사람답지 못하고 함부로 행동하여 버릇이 없음
1907)완이쇼왈(莞爾笑曰) : 빙그레 웃으며 가로되.
1908)즈힝즈지(自行自止) : 스스로 행하고 스스로 그친다는 뜻으로, 자기 마음대로 했다 말았다 함을 이르는 말.
1909)후리치다 : : 팽개치다. 내버려두다.
1910)능경멸시(凌輕蔑視) : 남을 깔보아 업신여김.
1911)괴(孤) : 예전에, 왕이나 제후가 자기를 낮추어 이르던 일인칭 대명사.
1912)위인부(爲人父) : 사람의 아비 되어. 또는 아비 된 사람으로.

님을 부르니, 한님이 칠창으로 더브러 새도록 흔희쾌락(欣喜快樂)ᄒᆞ나, 장쳐(杖處)ᄂᆞᆫ 뼈흐ᄂᆞᆫ 듯 앏흐므로, 날이 붉은 후ᄂᆞᆫ 창녀 등을 미월누로 도라 보ᄂᆡ고, 됴반이 니르ᄃᆡ 먹을 의ᄉᆞ 업【7】서 혼혼이 누엇더니, 모비의 브르시ᄂᆞᆫ 명을 듯고, 발셔 ᄉᆞ괴(事故) 이시믈 혜아려 움죽이지 아니코, 회주(回奏) 왈,

"쇼지 불쵸(不肖)ᄒᆞ여 허다(許多) 남ᄉᆞ(濫事)ᄅᆞᆯ 힝ᄒᆞ므로 엄하(嚴下)의 슈죄(受罪)ᄒᆞ여 혈육이 상ᄒᆞ고 ᄉᆞ셩이 위팀ᄒᆞ니, 즉금(卽今) 장체 크게 덧나ᄆᆡ 촌보ᄅᆞᆯ 움죽이지 못ᄒᆞ와, 브르시ᄂᆞᆫ 명을 밧드지 못ᄒᆞ옵ᄂᆞ니 더욱 황공 미안ᄒᆞ도소이다."

진비 ᄋᆞ즈의 오지 아니믈 더욱 노ᄒᆞ여, 다시 불너 왈,

"장체 비록 대단ᄒᆞ나 죽지 아닌 젼은 이곳의 움죽여 오지 못홀 니 업ᄉᆞ니, 모로미 잠간 오라."

한님이 ᄯᅩ 회주 왈,

"쇼【8】지 만일 긔거(起居)ᄒᆞ량이면 신년을 당ᄒᆞ여 굼거이 누엇지 아니홀 거시오, 처엄 브르시ᄂᆞᆫ 명을 엇지 밧드지 아니ᄒᆞ리잇가? 주뎡이 브ᄃᆡ ᄋᆞ희ᄅᆞᆯ 보과져 ᄒᆞ시거든, 최예(輜輿)1913)와 궁노(宮奴)ᄅᆞᆯ 보ᄂᆡ여 시러가쇼셔."

진비 통완분ᄒᆡ(痛惋憤駭)ᄒᆞ여 다ᄉᆞᆺ 번을 년ᄒᆞ여 브르ᄃᆡ, 싱이 ᄒᆞᆫ갈ᄀᆞᆺ치 ᄃᆡ답ᄒᆞ고 언연부동(偃然不動)1914)ᄒᆞ니, 여섯 번의 니르러ᄂᆞᆫ 진비 왈,

"네 만일 나ᄅᆞᆯ 어미로 알미 잇거든 ᄲᆞᆯ니 오고 그러치 아녀 다시 얼골을 ᄃᆡ치 말고져 ᄒᆞ거든 오지 말나."

한님이 모비의 강녈ᄒᆞ시믈 아ᄂᆞᆫ 즁, 말ᄉᆞᆷ이 여ᄎᆞᄒᆞ시니 인주지도(人子之道)의 누【9】엇지 못ᄒᆞ야 헛튼 머리의 관을 언고, 즛구긘 1915)옷시 ᄯᅵ를 치1916) ᄆᆡ지 아냐 계월뎐의 드러가니, 진비 노긔(怒氣) 엄녈(嚴烈)ᄒᆞ여 고셩 대즐 왈,

"불쵸 픽지 어미 브르믈 숨ᄀᆞᆺ치 넉이고, 흉휼(凶譎)ᄒᆞᆫ 의ᄉᆞ 긋칠 줄을 아지 못ᄒᆞ니 엇진 ᄆᆞᄋᆞᆷ인고?"

한님이 ᄃᆡ왈,

"주뎡이 오히려 히ᄋᆞ의 슈장(受杖)ᄒᆞᆷ을 보지 아녀 계시므로 이 말ᄉᆞᆷ을 ᄒᆞ시거니와, ᄋᆞ희 오늘ᄀᆞ지 ᄉᆞᆯ ᄉᆞ시미 품쉬(稟受) 남달니 견고장밍(堅固壯猛)ᄒᆞᆫ 연괴라. 쇼ᄌᆞ의 불쵸ᄒᆞᆫ 죄ᄂᆞᆫ 깁거니와 주위조ᄎᆞ ᄋᆞ희 죽기ᄅᆞᆯ 희망ᄒᆞ시ᄂᆞ니잇가?"

진비 대즐(大叱) 왈,

"픽지(悖子) 가지록 언ᄉᆞ【10】흉험ᄒᆞ여 여ᄎᆞ(如此)ᄒᆞ고, 경시 네 눈에 무ᄉᆞᆷ 허물을 뵈왓관ᄃᆡ 그 유모와 시녀ᄅᆞᆯ ᄃᆡ신(代身)의 형벌ᄒᆞ며, 야반(夜半)의 친히 등미러 ᄂᆡ

---

1913)최예(輜輿) : 치여(輜輿). 상여(喪輿).
1914)언연부동(偃然不動) ; 자리에 누운 채로 움직이지 않음.
1915)즛구긔다 : 짓구기다. 함부로 마구 구기다.
1916)치 : 채. 미처. 아직. 어떤 상태나 동작이 다 되거나 이루어졌다고 할 만한 정도에 아직 이르지 못한 상태를 이르는 말

첫느뇨? 경시 셜ᄉ 십악대죄(十惡大罪)[1917]를 지으미 이셔도, 우히 존당이 계시고 버거 우리 이시니, 네 도리 맛당히 그 허물과 죄를 모든 듸 고ᄒᆞ고 죵용히 츌거홀 거시어늘, 밤 늬로셔 급급히 미화항으로 가기를 닐ᄋᆞ더라 ᄒᆞ니, 그 무ᄉᆞᆷ 죄악이 일시를 용납지 못홀 비뇨? 모로미 ᄌᆞ셔히 닐ᄋᆞ라."

한님이 주왈,

"ᄋᆞ히 텬픔(天稟)이 죵용치 못ᄒᆞ와 과도(過度) 쥰격(峻激)ᄒᆞᆷ은 ᄌᆞ위 알아시ᄂᆞᆫ 비라. 쳐실【11】을 본듸 믜이 넉이미 아니로듸, ᄯᅳᆺ의 크게 불합ᄒᆞᆷ을 본죽 참지 못ᄒᆞ여, 닐너 고치과져 ᄒᆞ므로, 가쥼이 쇼ᄌᆞ를 싀험(猜險)타 지목(指目)ᄒᆞ오미 되오나, 진실노 싀험ᄒᆞ미 아니오, 경시 ᄀᆞᆺ튼 만고일괴악별믈(萬古一怪惡別物)[1918]을 취(娶)ᄒᆞ와 수삼지(數三載)[1919]를 흔연이 듸ᄒᆞ기도 쇼ᄌᆞ의 관듸(寬大)ᄒᆞᆫ 긔량(器量)이오니, 존당과 부모ᄂᆞᆫ 경시를 과이ᄒᆞ시미 친ᄌᆞ의 세 번 더으시므로 오히려 그 허물을 모ᄅᆞ시고, 존젼의셔ᄂᆞᆫ 극진이 온공(溫恭)ᄒᆞ며 효순(孝順)컨 체ᄒᆞ여 존당 부모의 ᄌᆞ이를 가지록 낫고다가, ᄉᆞ실의 믈너가 쇼ᄌᆞ를 듸ᄒᆞ면 능경멸【12】시(凌輕蔑視)ᄒᆞ기를 경부 말지[1920] 노예 ᄀᆞᆺ치 홀 ᄲᅮᆫ 아니라, 모진 낫빗과 독ᄒᆞᆫ 셩음으로 쇼ᄌᆞ의 ᄒᆡᆼ지(行止)[1921]를 출출(察察)히[1922] 나모라며, 간간이 욕된 말을 발ᄒᆞ여 아히 심화를 도도듸, 쇼ᄌᆞ의 ᄯᅳᆺ이 셰쇄(細瑣)ᄒᆞᆫ 일을 다 알녀 아니ᄒᆞ고 지녀옵더니, 작일 ᄋᆞ히 장쳐를 ᄌᆞ통(刺痛)ᄒᆞᄂᆞᆫ 즁, 일신이 한츅(寒縮)ᄒᆞ여 ᄒᆞᆫ 그릇 온ᄎᆞ(溫茶)를 어더먹고져 경시를 쳥ᄒᆞᆫ죽, 날이 늦도록 나오지 아니ᄒᆞ므로, 미월누 창기 등을 잠간 불너 겻히셔 구호ᄒᆞᆷ을 닐넛습더니, 경시 셕양(夕陽)의야 비로소 나와, 졔창(諸娼)을 보고 악착ᄒᆞᆫ 투긔【13】를 발ᄒᆞ여 스스로 질너 죽으려 셔돌 ᄲᅮᆫ 아니라, 쇼ᄌᆞ다려 ᄒᆞᄂᆞᆫ 말이 인심의 통완ᄒᆞᆷ을 참지 못홀 비올ᄉᆡ, 그 유모와 시녀를 잠간 형벌ᄒᆞ고, 쇼지 친히 그 등을 미러 즁문ᄀᆞ지 늬쳣더니, 이제 ᄌᆞ뎡(慈庭)이 간인(奸人)의 참쇼(讒訴)를 신텽(信聽)ᄒᆞ샤, 히ᄋᆞ(孩兒)를 죽일 ᄃᆞᆺ 믜워ᄒᆞ시니, 아히 원억ᄒᆞᆷ을 니긔지 못ᄒᆞ리로소이다."

진비 대로ᄒᆞ여 건장ᄒᆞᆫ 차환으로 결장(決杖)[1923]코져 ᄒᆞ니, 한님이 미쇼 고왈,

"ᄋᆞ히 엄뎐(嚴前)의 슈장(受杖)ᄒᆞ와 뉴혈(流血)이 마ᄅᆞ지 아녓거늘, 이제 ᄌᆞ뎡이 장칙(杖責)ᄒᆞ신죽 결단코 뎡하(庭下)【14】의셔 진(盡)ᄒᆞ오리니, ᄌᆞ위(慈闈) 덕으로 용샤ᄒᆞ쇼셔."

---

1917)십악대죄(十惡大罪) : 조선 시대에, 대명률(大明律)에 정한 열 가지 큰 죄. 모반죄(謀反罪), 모대역죄(謀大逆罪), 모반죄(謀叛罪), 악역죄(惡逆罪), 부도죄(不道罪), 대불경죄(大不敬罪), 불효죄(不孝罪), 불목죄(不睦罪), 불의죄(不義罪), 내란죄(內亂罪)를 이른다.

1918)만고일괴악별믈(萬古一怪惡別物) : 만고에 하나밖에 없는 이상하고 흉악한 별사람.

1919)수삼지(數三載) ; 수삼 년. 2-3년.

1920)말지 ; 말째. 순서에서 맨 끝에 놓이는 위치.

1921)ᄒᆡᆼ지(行止) : 행동거지(行動擧止). 몸을 움직여 하는 모든 짓.

1922)출출(察察)히 : 지나치게 꼼꼼하고 자세하게.

1923)결장(決杖) ; 죄인에게 곤장을 치는 형벌을 집행하던 일.

진비 엇지 굿치리오. 치기를 지쵹ᄒ니, 한님이 공슌이 관을 벗고 믜이기를 죵용히 ᄒᄆᆡ, 진비 잠간 눈을 드러 그 마즌 곳을 보니, 둔육(臀肉)이 마란 곳 업시 웃쳐져 셩혈이 마라지 아냐, 곳곳이 쳥화(靑華)1924)를 ᄠᅡ 부은 둧 사ᄅᆞᆷ의 살빗치 되지 아녀, 보ᄆᆡ 놀나오미 극ᄒ니, ᄌᆞ모지심(慈母之心)을 닐ᄋᆞ지 말고, 힝뇌(行路)라도 경참(驚慘)ᄒ며 잔잉히 넉일 비라.

진비 이를 보ᄆᆡ, 그 우ᄒᆡ 다시 더을 거시 업셔, 차악(嗟愕) 경동(驚動)ᄒᄆᆞᆯ 참지 못ᄒ나, 그 완만(頑慢) 방ᄌᆞ(放恣)ᄒᄆᆞᆯ 통히ᄒᄂᆞᆫ 고【15】로, 그만ᄒ여 샤치 못홀지라.

이의 집장비ᄌᆞ(執杖婢子)로 ᄒ야금 그ᄆᆡᆫ 거슬 그르고 달초(撻楚)1925)ᄒ니, 한님이 즉시 몸을 움죽여 옥각(玉脚)을 놉히 것고 슈장(受杖)홀ᄉᆡ, 진비 각별 고찰ᄒ여 십여 장의 밋처 셩혈이 님니(淋漓)ᄒ디 한님이 박힌 다시 셔셔 조금도 이파ᄒᄂᆞᆫ 거동이 업ᄉᆞ니, 비 도로혀 이상이 넉여 ᄌᆞ긔 고찰ᄒ여 치기 슈고롭기 극ᄒ더니, 경시 희열당의셔 시녀의 젼어(傳語)ᄒᄆᆞᆯ 조ᄎᆞ 한님이 진비긔 달쵸ᄒᄆᆞᆯ 알고, 황망히 계월뎐 뎡ᄒᆡ 드러와 지비 쳥죄 왈,

"불쵸 쇼쳡이 【16】불민(不敏) 암녈(暗劣)ᄒᄆᆞ로 군ᄌᆞ긔 죄를 어더ᄉᆞᆸ더니, 미셰ᄒᆞᆫ 일노 졍당의 ᄉᆞ못ᄎᆞ 군ᄌᆞ의 익경(厄境)이 이의 밋츠오니, 웃듬은 쳡의 무상(無狀)ᄒᆞᆫ 죄라. 복원 존고ᄂᆞᆫ 쳡의 죄를 졍히 ᄒ고, 군ᄌᆞ의 무죄ᄒᄆᆞᆯ 슯히쇼셔."

진비 크게 익경(愛敬)ᄒ여 노분을 거두고 칭찬 왈,

"어지다. ᄋᆞ부(我婦)여! 광부(狂夫)의 음픽불인(淫悖不仁)ᄒᄆᆞᆯ 조곰도 흔치 아니ᄒ고, 도로혀 그 마ᄌᆞ를 구ᄒ여 슉녀의 덕을 길우니, 웅닌이 비록 토목심장(土木心腸)이나 현부의 뇨됴(窈窕)ᄒᄆᆞᆯ 감동치 아니랴. 픠ᄌᆞᄂᆞᆫ 어미 ᄯᅳᆺ을 아지 못ᄒ고 흉ᄒᆞᆫ 원망이 불ᄀᆞᆺᄐᆞ여, 현【17】부와 나를 아오로 믜이 넉이니 엇지 분완치 아니리오. 현부ᄂᆞᆫ 모로미 안심ᄒ여 물너가 상쳐를 됴리ᄒ라."

한님이 경시를 보ᄆᆡ, 노발(怒髮)이 상지(上指)ᄒ여 고셩(高聲) 즐지(叱之) 왈,

"모ᄌᆞ뉸의(母子倫義)를 난상(亂常)ᄒᄂᆞᆫ 요악찰녀(妖惡刹女)ᄂᆞᆫ ᄲᆞᆯ니 경가로 도라가, 눈의 ᄎᆞᄂᆞᆫ 풍뉴영걸(風流英傑)을 갈히여 일싱을 쾌락ᄒ고, 이곳의 잇지 말나."

경쇼졔 한님의 말을 족가(足枷)치 아니ᄒ나, 그 언ᄉᆞ를 경악ᄒ여 안식이 져상(沮喪)ᄒ니, 진비 지삼 물너가 상쳐를 됴리ᄒ라 당부ᄒ고, 한님을 ᄭᅮ지져 물너가라 ᄒ더니, 왕이 일봉뎐【18】의 드러가 모비긔 낫 문안을 파ᄒ고 나오ᄂᆞᆫ 길이 계월뎐을 지나더니, 진비의 어셩(語聲)이 닝녈ᄒᄆᆞᆯ 듯고, ᄉᆞ괴 이시믈 짐작ᄒ여 이의 계월뎐으로 드러오니, 진비 부야흐로 며ᄂᆞ리를 위로ᄒ며 아ᄌᆞ를 즐퇴(叱退)ᄒᄂᆞᆫ지라. 왕이 ᄎᆞ경을 보ᄆᆡ 만분(萬分)1926) 불열(不悅)ᄒ여 승당(承當)ᄒᄆᆡ, 한님이 부왕의 드러오시믈 보ᄆᆡ 만

---

1924) 쳥화(靑華) : ①중국에서 나는 푸른 물감의 하나. 복숭아꽃 빛깔과 섞어 나뭇잎과 풀을 그리는 데 많이 쓴다. ②조선 시대의 도자기에 그려진 파란 빛깔의 그림.
1925) 달초(撻楚) : 어버이나 스승이 자식이나 제자의 잘못을 징계하기 위하여 회초리로 볼기나 종아리를 때림.

심이 경황흐여, 즉시 모란뎡으로 도라오니, 진비 경시를 붓드러 션화쇼져 침소로 보늬여 됴리흐믈 당부흐니, 왕이 문왈,

"퓍지 쏘 무슴 극악대죄(極惡大罪)를 지엇관듸 비의 다스리【19】미 일분 인졍을 머므릐지 아니흐시느뇨?"

비 되왈,

"웅닌의 거야 작난지스를 대왕긔 고흐여 엄치(嚴治)흐시믈 쳥흐듸, 대왕이 알은 쳬 말고져 흐시니, 첩이 경계코져 브릐믈 ㅅ오츠의 안연부동(晏然不動)흐며 방즈흔 말이 여츠여츠 흐기로 달초흐미로소이다."

왕 왈,

"웅이 수삼일 젼의 슈장흔 빅 대단흐여 피뉵이 쩌러지고 뉴혈이 옷슬 잠으는지라. 고(孤)는 장부의 ㅁ음이로듸 즈식의 혈육이 상흐믈 보믜, 마지 못흐여 다스리나 잔잉코 앗가온 의시 지금 플니지 아니흐니, 대역【20】부도의 극악대죄를 짓지 아녀시면 그 우희 다시 더을 거슨 업슬지라. 현비 즈모의 졍으로뻐 그 슈장흐미 범연(凡然)치 아닌 바를 드룰진듸, 엇지 잔잉치 아니리오. ㅇ희 등의 일시 상(常)업슨[1926] 빡홈을 어룬이 과도히 졍죄(定罪)흐여 요란이 치칙(治責)고져 흐미 엇지 괴롭지 아니리오. 원간 빡홈이란 거슨 현불쵸(賢不肖)간 두편이 다 그란 후의 징힐(爭詰)흐미 되느니, 웅닌이 올코 경시 그릐다 흐는 거시 아니라, 녀즈는 복어인(服於人)[1928]이니, 유슌(柔順)이 웃듬이오, 강녈(强烈)이 흠시(欠事)어늘, 경시 잠간 쵸쥰닁엄(峭峻冷嚴)[1929]흔 픔되(禀度)이셔 웅닌【21】ᄀᆞᆺ튼 가부를 밋치게[1930] 넉이므로, 퓍즈는 쳐실의게 위풍(威風)을 셰워 용녈흔 장뷔 되지 말고져 흐므로, 거죄 광망(狂妄) 픽려(悖戾)흐기의 니릐니, 듯는 자로 흐야금 웅닌을 아니 흉픽(凶悖)타 흐리 업슬 거시오, 식부의 일싱이 탕즈의게 속흐여 괴롭고 욕되믈 츠셕(嗟惜)흐리 만흐듸, 괴(孤) 홀노 ㅇ들을 픽악(悖惡)다 아니흐며, 며느리를 잔잉타[1931] 아니흐느니, 웅닌이 진심《이∥으로》 경시를 믜워 그릐흐여시면, 엄히 다스리고 식부의 보젼(保全)흘 도리를 싱각흘 거시로듸, 웅이 경시 향흔 ○[졍]인즉 ᄀᆞ둑흐듸, 짐줏 그 강녈흔 픔【22】도(禀度)를 썩고져 흐미니, 놀납지 아니며 근심되지 아니며[나], 창녀를 졍실(正室)의 고듸 드려와 음쥬(飮酒) 달난(團欒)흐미 한심흐나, 미친 거조(擧措)를 발코져 흐미 무어슬 거리낄 거시 이시리오. 현비 며느리를 위흐여 ㅇ들을 즐타(叱打)흐미, 고(孤)의 이시를 아지 못흐미 허물이 크고, 며느리 몸의 욕이 졈졈 밋게 흐여 유해무익(有害無益)흘 쑨이니, 현비는 다만

---

1926)만분(萬分) : 아주 충분히. '십분(十分)'을 매우 과장하여 이르는 말.
1927)상(常)업다 : 상(常)없다. 보통의 이치에서 벗어나 막되고 상스럽다.
1928)복어인(服於人) : 남의 지휘 아래 있는 사람.
1929)쵸쥰닁엄(峭峻冷嚴) : 성미가 급하고 차가움.
1930)밋치게 : 미친 것으로.
1931)잔잉타 : 잔잉하다. 애처롭고 불쌍하여 차마 보기 어렵다.

즈와 너룰 무휼(撫恤)ᄒ여 의복이[의] 한셔(寒暑)룰 슗히며 음식의 긔아(飢餓)룰 면케 ᄒᆯ ᄯᄅᆷ이라.”

언파의 시으룰 명ᄒ여 한님과 경쇼져룰 브르라 ᄒ니, 한님이 ᄇ야【23】ᄒ로 심신이 경황ᄒ더니, 쇼명(召命)을 드르미 심혼이 비월(飛越)ᄒ여 의관을 슈렴ᄒ고 츄진(趨進) 응명(應命)ᄒᄃᆡ, 불감승당ᄒ여 즁계의 부복ᄒ고, 경쇼졔 ᄯᅩ한 당ᄒ의셔 쳥죄ᄒ니, 왕이 즈와 부를 다 올으라 ᄒ여 갓가이 안즈믈 명ᄒ니, 한님은 황공(惶恐)ᄒ고 쇼져ᄂᆫ 참연(慘然)ᄒ니, 왕 왈,

“내 앗가 비의 젼ᄒᄂᆫ 말을 대강 드르미, 너히 부뷔 징힐언젼(爭詰言戰)1932)ᄒ여 거죄 장ᄎᆺ 요란ᄒ기의 갓갑다 ᄒ니, 아지 못게라, 긔 무슴 곡졀이뇨?”

한님과 경시 불승참황젼뉼(不勝慙惶戰慄)1933)ᄒ여 능히 ᄃᆡᄒᆯ 바룰 아지【24】못ᄒ니, 왕이 화연(和然)ᄒᆫ 즁, 늠연(凜然)이 ᄀᆯ오ᄃᆡ,

“웅닌은 드르라. 여년(汝年)이 슈쇼(雖小)나 오히려 미거(未擧)ᄒᆫ 동몽(童蒙)과 다르미 이셔, 경악(經幄)의 근시(近侍)되고 가유실인(家有室人)ᄒ며, 부뫼 이셔 인신인즈(人臣人子)와 가장(家長)의 도리룰 일치 아닐 비니, 슈신졔가(修身齊家)1934)ᄂᆫ 치국평텬하지본(治國平天下之本)1935)이라. 네 이졔 슈하(手下) 쳐실(妻室)을 ○[잘] 거ᄂᆞ려 스지 못ᄒ여, ᄋᆞ즈녀로 더브러 요란히 언젼징힐ᄒ여, 가되부졔(家道不齊)ᄒ미 텽문즈(聽聞者)로 ᄒ야금 히연망측(駭然罔測)히 넉이리니, 무슴 지조로 ᄉᆞ군보국(事君報國)1936)ᄒ여 휼민치도(恤民治道)1937)ᄒ리오? 네 경시로 징힐ᄒᆫ ᄉᆞ단(事端)은 즈셔히 아지 못ᄒ거니와, 비의 말 ᄀᆞᆺ【25】틀진ᄃᆡ 네 무고(無故)히 경시룰 즐욕(叱辱)ᄒ여 군즈의 온즁ᄒᆫ 힝실을 일코, 경박탕즈룰 효측ᄒ미 불승히연ᄒᆫ지라. 너룰 영영히 니쳐 즈식의 뉴의 츙수(充數)치 말녀 ᄒ던 거슬, 화션싱의 지극ᄒᆫ 쳥을 져ᄇᆞ리지 못ᄒ야 즉시 불너 드리미 되니, 네 삼가며 조심ᄒᆯ 줄은 아지 못ᄒ고, 아비 프러지믈 쉽게 넉여 광망ᄒ믈 힘쓰니 긔 엇진 도리뇨? 나의 셩졍이 본ᄃᆡ 셰쇄(細瑣)ᄒᆫ 말을 길게 못ᄒ며 즈질(子姪)의 유죄자(有罪者)룰 일시 다ᄉᆞ릴 ᄲᆞᆫ이오, 괴로이 경계(警戒)ᄒ믈 답답히 넉이ᄂᆞ 비로ᄃᆡ,【26】네게 다도라ᄂᆞ 부득이 말노ᄡᅥ 경계ᄒ미, 몬져 마즌 곳이 오히려 앏프믈 면치 못ᄒᆫ 비니, 앏프기로ᄡᅥ 므ᄋᆞᆷ을 곳쳐 힝실을 가드담아 금일 닐ᄋᆞᄂᆞ 말을 폐부(肺腑)의 삭여 허랑방일(虛浪放逸)ᄒ믈 ᄇᆞ리고 졍대(正大)ᄒᆫ 곳에 나아가라. 경현부로 닐너도 가부ᄂᆞ 하늘이라, 친당이 구존(俱存)ᄒ고 동긔 번셩ᄒ여 일신이 안한ᄒ나, 맛ᄎᆞᆷᄂᆡ 화복길흉은 웅닌의게 달닌 바로, 고락이 미여시니 듕ᄒ기로 닐ᄋᆞ면 부모와 구

---

1932)징힐언젼(爭詰言戰) : 서로 다퉈 말싸움을 벌림.
1933)불승참황젼뉼(不勝慙惶戰慄) : 부끄럽고 당황스러우며 두려움을 이기지 못함.
1934)슈신졔가(修身齊家) : 몸과 마음을 닦아 수양하고 집안을 다스림.
1935)(治國平天下之本) : (몸과 마음을 닦고 집안을 다스리는 일)나라를 잘 다스리고 온 세상을 평안하게 하는 근본이 됨
1936)ᄉᆞ군보국(事君報國) : 임금을 섬겨 나라에 보답함.
1937)휼민치도(恤民治道) : 백성을 긍휼히 여겨 치도(治道; 다스림의 도)를 펼쳐나감.

고의 더은지라. 부뷔 비록 지극히 친ᄒ나 네졀노 의논ᄒ면 군신지간(君臣之間) ᄀᆞᆺ튼니, 님【27】군이 실덕(失德)ᄒ여 현신(賢臣)을 알아 ᄡᅳ지 못ᄒ고, 튱간(忠諫)을 염고(厭苦)ᄒ여 먼니 닉치미 잇고, 죽이미 이셔도 그 신해 감히 원훈(怨恨)치 못ᄒᄂ니, 광부(狂夫)의 픠악지힝(悖惡之行)이 소견(所見)의 한심ᄒ나 닐너 듯지 아니ᄒ면 긋칠 ᄯᅳ롬이오, 녀ᄌᆞᄂᆞᆫ 복어인(服於人)1938)이라. 화슌(和順)이 웃듬이니, 덕으로ᄡᅥ 진압ᄒ고 힝으로ᄡᅥ 신기(神祇)1939)ᄅᆞᆯ 질(質)1940)ᄒ여 건곤(乾坤)이 화합(和合)ᄒᄆᆞᆯ 조ᄎᆞ 싱싱(生生)의 길흘 열어, ᄌᆞ손(子孫)의 창셩홈과 가도(家道)의 슉셩(熟成)ᄒᄆᆞᆯ ᄇᆞ라ᄂᆞ니, 현부의 뇨됴(窈窕)ᄒᄆᆞᆫ 이 싀아비 슈고로이 닐을 빈 아니어니와, 혹ᄌᆞ 다시 징힐ᄒᄂᆞᆫ 어즈러오미【28】이실가 넘녀ᄒ여, 광부(狂夫)ᄅᆞᆯ 족가(足枷)치 말고, 슉녀의 덕을 안양(安養)ᄒ라."

한님이 부복ᄒ여 듯기ᄅᆞᆯ 다ᄒᄆᆞᆯ 감은ᄒᄆᆞᆯ 골슈(骨髓)의 ᄉᆞ못고, 황공ᄒ여 오직 지비청죄ᄒ여 슌슌이 불쵸무상(不肖無狀)ᄒᄆᆞᆯ 닐ᄏᆞ라 불감거두(不敢擧頭)1941)ᄒ고 경쇼져ᄂᆞᆫ 다만 ᄇᆡ슈청죄(拜手請罪)1942)의 불감응딕(不敢應對)ᄒ니, 왕이 년익(憐愛) 과듕(過重)ᄒ여 다시 경쇼져ᄃᆞ려 왈,

"남ᄌᆞ의 병을 구호ᄒᄆᆡ 죵요로오미 안해 만ᄒ니 업ᄂᆞᆫ지라. 현부ᄂᆞᆫ 존당 시시 문후 밧근 모란뎡을 ᄶᅥ나지 말고, ᄋᆞ즈의 병을 구ᄒ여 슈히 차셩케 ᄒ라."

경쇼제 싱과 일실의 쳐ᄒ【29】여시미 만분(萬分) 소원이 아니나, 어딕 가 심곡(心曲)의 통앙(痛怏)ᄒᄆᆞᆯ 빗칠 길이 이시리오. 오직 ᄇᆡ샤슈명(背斜受命)ᄒ니, 한님이 부왕의 명을 어더 경시와 ᄒᆞᆫ가지로 이셔 ᄌᆞ긔 ᄆᆞᄋᆞᆷ딕로 보칠 바ᄅᆞᆯ 암희(暗喜)ᄒ딕, 황공ᄒᄆᆞᆯ 극ᄒ미 혼힝ᄒᆞᆫ ᄉᆞ식도 낫토지 못ᄒ야, 계슈(稽首) 츅쳑(踧惕)ᄒ더니, 왕이 경시ᄅᆞᆯ ᄒᆞᆫ가지로 가라 ᄒ여 ᄌᆞ와 뷔 다 물너나니, 왕 왈,

"금일지후(今日之後)의 혹ᄌᆞ 경시로 더브러 다시 젼징(戰爭)홀지라도, 비 굿ᄐᆡ여 알은 쳬ᄒ지 말고, ᄇᆞ려두어 져히 스스로 화열(和悅)케 ᄒ쇼셔. ᄋᆞ비의 ᄡᅡ홈을 어룬이 ᄆᆡ양 알은 쳬ᄒ며, 며【30】ᄂᆞ리ᄅᆞᆯ 너모 ᄉᆞ랑ᄒ여 ᄋᆞ들의 심ᄉᆞᄅᆞᆯ 도라보지 아니미 불가ᄒ니, 비ᄂᆞᆫ 그 ᄡᅡ홈이 오릭지 아닐 바ᄅᆞᆯ 혜아려 브졀업시 웅ᄋᆞᄅᆞᆯ 칙지 말나."

진비 쇼이딕왈(笑而對曰),

"대왕이 ᄋᆞ들을 ᄉᆞ랑ᄒ시ᄆᆞᆯ 눈의(倫義)에 ᄌᆞ별ᄒ시고, 며느리 졍니ᄅᆞᆯ 싱각지 아니시믄 너모 심ᄒ시니, 식뷔(息婦) 비록 친녀와 다ᄅᆞ나 져는 우리ᄅᆞᆯ 의앙(依仰)ᄒᄆᆡ 싱부모의 더으니, 그 셩효ᄅᆞᆯ 싱각홀진딕 엇지 일분(一分) 호리(毫釐)1943)나 내 ᄌᆞ식만 못

---

1938)복어인(服於人) : 남의 지휘 아래 있는 사람
1939)신기(神祇) ; 천신지기(天神地祇). 천신과 지기를 아울러 이르는 말. 곧 하늘의 신령과 땅의 신령을 이른다.
1940)질(質) : 따져 물음.
1941)불감거두(不敢擧頭) : 감히 머리를 들지 못함.
1942)ᄇᆡ슈청죄(拜手請罪) : 두 손을 맞잡고 공손히 절하여 죄를 청함.
1943)호리(毫釐) : 자나 저울눈의 호(毫)와 이(釐)를 뜻하는 말로, 매우 적은 분량을 비유적으로 이르는 말.

ㅎ미 이시리오. 대왕의 덕화로도 며느리와 ᄋᆞ들을 ᄂᆡ도히 알아시믈 보니, 녀ᄌᆞ되오미 어렵도소이다. 【31】 연이나 션화 등이 엇더훈 구가(舅家)를 만날고 미리 근심되ᄂᆞ이다."

왕이 쇼왈,

"현비 오히려 고의 ᄆᆞᄋᆞᆷ을 아지 못ᄒᆞ고, 텬셩이 교우[오](驕傲)1944)ᄒᆞ믈 능히 ᄇᆞ리지 못ᄒᆞ여 여ᄎᆞᄒᆞ거니와, 내 며느리를 친싱 ᄌᆞ녀만 못ᄒᆞ게 알미 아니라, 비록 ᄋᆞ녀(兒女)라도 가부를 불경ᄒᆞ는 거죄 이시면 셔랑을 권ᄒᆞ여 졔어ᄒᆞ믈 엄히 ᄒᆞ라 당부홀 거시오, 녀ᄋᆞ를 계칙ᄒᆞ리니, 경이 빅ᄒᆡᆼ쳐ᄉᆞ(百行處事) 츌범ᄒᆞ나, 잠간 닝엄(冷嚴)ᄒᆞ여 웅닌을 밋치게 넉이는 고로, 괴(孤) 짐줏 가부 듕ᄒᆞ믈 닐ᄋᆞ고 그 병을 구호ᄒᆞ라 ᄒᆞ여시니, 비ᄂᆞ 일 【32】 노뻐 며느리를 부족훈가 넉이시ᄂᆞ냐?"

진비 함쇼(含笑) 무언(無言)ᄒᆞ고, 왕이 ᄯᅩ훈 말을 아니ᄒᆞ더라.

한님이 경시로 더브러 모란뎡의 도라오미, 비로소 경황숑구(驚惶悚懼)턴 ᄆᆞᄋᆞᆷ을 진뎡ᄒᆞ미, 경쇼져를 통훈(痛恨)ᄒᆞᄂᆞᆫ 의시 극ᄒᆞ디, 부왕의 경계를 듯고 물너오며 즉시 광피훈 거조(擧措)를 발치 못ᄒᆞ여, 오직 침금을 취ᄒᆞ여 누으며 경쇼져를 ᄯᅮ러질 다시 보니, 경시는 묵연 단좌러니 한님이 벼개 밋히 너흔 칼흘 더지며 졍셩 왈,

"작야(昨夜)의 요인(妖人)이 ᄌᆞ문이ᄉᆞ(自刎而死)ᄒᆞ엿던들 간악히 긴 혀를 놀녀, 날노ᄒᆞ야곰 【33】 ᄌᆞ뎐(慈殿)의 슈칙(受責)ᄒᆞᄂᆞᆫ 거죄 업슬 거슬, 브졀업시 요인의 칼흘 아ᄉᆞᆫ 연고로 범을 살나 화를 본지라. 죽고 시븐 ᄆᆞᄋᆞᆷ은 아모 ᄢᅢ도 ᄒᆞᆫ가지리니 모로미 이 칼노 ᄌᆞ문(自刎)ᄒᆞ여 내 다시 요인의 해를 밧지 아니케 ᄒᆞ라."

칼이 가ᄂᆞᆫ 바의 쇼져의 엇개의 다질녀1945) 취삼(翠衫)의 박히이미 피 소사나고, 약질이 두루 이 ᄀᆞᆺ치 상ᄒᆞ믈 인ᄒᆞ여 면식이 초옥(楚玉)1946) ᄀᆞᆺᄐᆞ니 한님이 그 ᄃᆡ답을 기다리지 아니코 죽으믈 지쵹ᄒᆞ니, 경쇼졔 크게 흉히 넉여 말을 아니ᄒᆞ고, 날호여 칼흘 ᄲᅢ히며 죵용히 ᄲᅡ며 피 무든 옷 【34】 슬 벗거늘, 한님이 더욱 대로ᄒᆞ여 두 쥬머괴로 견호며, 두 다리를 놉히 것어 장흔(杖痕)을 뵈며, ᄭᅮ지져 왈,

"요악훈 혀를 공교히 놀녀 허언(虛言)을 쥬츌ᄒᆞᄆᆞ로뻐, ᄌᆞ위 이러툿 달쵸(撻楚)ᄒᆞ시니, 엄하의 두번 슈장ᄒᆞ고, ᄌᆞ뎡의 ᄒᆞᆫ번 달쵸ᄒᆞ여, 나의 혈육을 두로 상해오미 그 뉘 타시며, 뉘 죄뇨? 어됴윤과 요인의 타시니, 어됴윤을 날만치 결곤(決棍)○○○[치 아니]ᄒᆞ면 요인을 죽여도 ᄎᆞ훈(此恨)을 셜키 어려온지라. 모로미 내 다리로브터 장쳐를 두루 쥐물너 슈히 ᄎᆞ셩(差成)케 구호ᄒᆞ라. 그러치 아니ᄒᆞ다가ᄂᆞᆫ 즛치1947)리 【35】 라."

ᄒᆞ고, 쥐ᄆᆞᄅᆞ기를 지쵹ᄒᆞ니, 경시 못 죽ᄂᆞᆫ 날은 이ᄀᆞᆺᄐᆞᆫ 욕을 면키 어렵고, 존구긔

---

1944)교오(驕傲) : 교만하고 건방짐.
1945)다질니다 : 부딪히다.
1946)초옥(楚玉) : 중국 초(楚)나라 사람 변화씨(卞和氏)가 초산(楚山)에서 얻었다고 하는 명옥(名玉)인 화씨벽(和氏璧)을 말함.
1947)즛치다 : 짓치다. 시살(弑殺)하다. 함부로 마구 치다.

화슌(和順)ᄒ라 당부를 드러시민, 분훈(憤恨)을 서리담고 잠간 몸을 움즉여 나아가 다리를 쥐므르민, 십지셤슈(十指纖手) 긔묘히 고으며 믯그랍고, 두 풀의 힘이 약ᄒᆫ 고로 쥐무라기를 미이 못ᄒᆯ 쑨 아니라, 분을 참으민 안식이 츤 지 ᄀᆺᄐ니, 한님이 온가지로 보치여 그 쵸강(超強)ᄒᆫ 거슬 화슌(和順)키의 일위고져, 짐즛 이 ᄀᆺ치 즐욕ᄒ나, 년익지졍(憐愛之情)인즉 산비ᄒᆡ박(山卑海薄)ᄒᆫ 고로, 노호온 ᄃᆺ 분훈ᄒᆫ ᄃᆺ, 믜워[1948] 보기를 오릭 ᄒ더니, 이【36】의 두 발을 모도[1949] 굴녀[1950] 츳 더지며, 쑤지져 왈,

"내 그듸다려 다리를 쥐므르라 ᄒ엿고 만지라 ᄒ미 아니어늘, 무ᄉᆷ 연고로 ᄀ만ᄀ만 만지ᄂᆞ뇨?"

쇼졔 무심결에 큰 힘으로 치이믈[1951] 당ᄒ여 지란(芝蘭) ᄀᆺᄐᆫ 약질이 먼니 벽상(壁上)의 브듸치여 놉히 올낫다가 것구러져 ᄂᆞ려지민, 두골이 상ᄒ고 일신이 분쇄(分碎)ᄒᄂᆞᆫ ᄃᆺ, 앏프믈 형상치 못ᄒ니, 오릭도록 긔운을 슈습지 못ᄒ고 ᄒᆫ 구석에 쓰러졋더니, 날호여 운발을 헷쁠고[1952] 겨우 니러 안즈민, 한님이 ᄎᆞ를 구ᄒ미 즉시 ᄎᆞ긔(茶器)를 드러 나오니, 흔님이 그릇시【37】ᄀᄃᆞᆨᄒᆫ ᄎᆞ를 다 쇼져의게 ᄭ이치며 왈,

"병이 업ᄉᆞᆫ 지라도 일한(日寒)이 심흔듸 춘 물이 어렵거늘, ᄒᆞᆷ믈며 유병지(有病者) 빙상지슈(氷上之水)를 엇지 마시리오. 모로미 더온 ᄎᆞ를 가져오라."

경시 ᄂᆞ즉이 저즌 옷슬 가라닙고 ᄎᆞ를 데여 나오민, 한님이 비로소 일긔(一器) ᄎᆞ를 다 거후르고, 쏘 술을 ᄎᆞ즈니, 경시 즉시 일호쥬(一壺酒)를 가져오니, 한님이 경시의 일작불음(一酌不飮)인 줄 아ᄂᆞᆫ 고로 술을 과히 먹여 그 속을 어즐케 ᄒ려 쥬의를 뎡ᄒ고, 노목(怒目)을 빗기 ᄯᅥ 왈,

"내 본듸 술을 먹기를 시작ᄒ면 수오 쥰(樽)을 다【38】 거후르거늘, 그듸라셔 술을 존졀(撙節)[1953]ᄒ여 나의 쥬량(酒量)을 주리고져 ᄒᄂᆞ냐? 이 술은 그듸 ᄀᆺᄐᆫ 여지 먹어도 냥의 ᄎᆞ지 아니리니, 그듸 날 주기를 앗기ᄂᆞ 쯧이 오릭 두고 먹으려 ᄒ미니, 모로미 내 압ᄒᆡ셔 이 술을 다 먹으라."

경시 이의 다ᄃᆞ라ᄂᆞᆫ 입을 열어 왈,

"쳡이 본듸 술닉도 맛지 못ᄒᄂᆞ니 엇지 일호쥬를 다 먹을 길히 이시리오."

한님이 그 말을 드른 체 아니ᄒ고 지삼 권ᄒ여 그 입의 'ᄂᆞ리브를 다시'[1954] 셔ᄃᆞ니, 경시 져의 거동이 말노써 ᄉᆞ양ᄒ여 밋지 못ᄒ고, ᄌᆞ긔를 온가지로 보치려 ᄒᆞᆷ믈 혜【39】아리민, 죽기를 원ᄒ여 수비(數杯)를 먹으듸, 한님이 그 다 먹지 아니믈 대로(大怒)ᄒ여 급히 그릇슬 븨오라 지쵹ᄒ여, 쥬호(酒壺)를 잡고 ᄂᆞ리부으려 ᄒ거늘, 경시

---

1948)믜워 : 밉게. 미워하여. *믜다; 미워하다.
1949)모도 : 모아. *모도다; 모으다.
1950)굴녀 : 굴러가며. 구르면서. *굴느다; 구르다. 바퀴처럼 돌면서 옮겨 가다.
1951)치이믈 : 차임을. *치이다; (발길에) 차이다.
1952)헷쁠다 : 헤쳐 쓸다. *쁠다 : 헝클어진 머리 따위를 가볍게 쓰다듬어 가지런하게 하다.
1953)존졀(撙節) : 씀씀이를 아껴 알맞게 씀.
1954)ᄂᆞ리브를 다시 ; 내리 부을 듯이

먹는 둣 비왓는 둣 의상을 젹시며, 어즈러이 거흘너 이윽고 쥬호룰 븨오나, 졍신이 어
득ᄒ여 아모란 줄 모르고, 만면(滿面)이 통홍(通紅)1955)ᄒ여 ᄒ 졈 흰 빗치 업고, 미란
(迷亂)이 취홀ᄉ록 더욱 긔특ᄒ니, 한님이 져의 인ᄉ 모르믈 인ᄒ여 원비롤 느럭혀 ᄀ
비야이 붓드러 상요의 나아가ᄃᆡ, 경시 아모란 줄 아지 못ᄒ여 졈졈 혼혼침침(昏昏沈
沈)1956)【40】ᄒ니, 싱이 일침지하(一寢之下)의 년니지(連理枝)1957) 비익됴(比翼
鳥)1958) 되어시ᄃᆡ, 경시는 능히 아지 못ᄒ는지라. 한님이 그 인ᄉ 모르믈 조ᄎ 쳔단은
이(千端恩愛)1959)와 만죵풍뉴(萬種風流)1960) 불가형언(不可形言)이라. 임의 혼뎡(昏定)
을 불참(不參)ᄒ고, 밤이 다ᄒ며 계명(鷄鳴)이 되도록, 경시 인ᄉ룰 출히지 못ᄒ니, 혹
ᄌ 여러 이목(耳目)1961)이 알가 괴로이 넉여, 경시의 몸을 침병(枕屛) 밧게 누이고, ᄌ
긔는 완연이 상요(床褥)의 언와(偃臥)ᄒ니, 사룸이 알 니 업스ᄃᆡ, 빅시 등의[이] 규시
ᄒ믈 브즈런이 ᄒ여, 져 부부의 거동을 일일히 본 ᄇᆡ 되나, 진왕의 명이 옹닌의 부
【41】부금슬(夫婦琴瑟)과 언어징힐(言語爭詰)을 알은 체 말나 ᄒ엿는 고로, 뉘 감히
입을 열어 시비홀 재 이시리오. 다만 경쇼져 익회(厄會) 비상(非常)ᄒ믈 ᄀ마니 차셕
(嗟惜)ᄒ더라.

　동방이 임의 붉은 후 경시 잠간 인ᄉ(人事)룰 출히나, 두통이 심ᄒ여 고개롤 드지
못ᄒ는 바의, 한님이 그 ᄶᆡ여시믈 알고 ᄯ 풀을 쥐물너 달나 ᄒ니, 경시 얇픈 거슬 강
잉(強仍)1962)ᄒ여 나아가 풀흘 쥐므룰ᄉᆡ, 그 결박(結縛)ᄒ엿던 ᄌ곡이 오히려 프르럿
고, 간간이 깁1963) ᄀᆺ튼 가죽이 버서져시니, 쇼졔 본부의셔 싱의 병이 이시믈 듯고 도
라와시나, 실노 그 【42】슈장지ᄉ(受杖之事)는 몽니(夢裏)의로 싱각지 아닌 ᄇᆡ오, 그
장쳐의 듕ᄒ믄 더욱 닐을 거시 업슬지라. 비록 그 참측(慘惻)ᄒ 욕셜과 흉픽ᄒ 거조
(擧措)룰 통완ᄒ나, 녀ᄌ의 약ᄒ 심졍으로써 가부의 장쳬 대단ᄒ믈 혜아리미, 엇지 놀
나온 의식 업스리오. 풀흘 쥐므룬미 그 결박ᄒ엿던 곳을 그윽이 보고져 아니ᄒ니, 한
님이 사룸 긔식을 알오미 신능(神能)ᄒ 고로, 짐줏 금금(錦衾)을 들혀고 장쳐룰 븨여

---

1955)통홍(通紅) : 얼굴빛이 온통 붉어짐.

1956)혼혼침침(昏昏沈沈) : 정신이 아주 혼미해짐.

1957)년니지(連理枝) : 뿌리가 다른 나뭇가지가 서로 엉켜 마치 한 나무처럼 자라는 것으로 화목한 부부나
　　남녀 사이를 비유적으로 이르는 말. 당(唐)나라 시인 백거이(白居易)의 현종과 양귀비의 애달픈 사랑을
　　노래한 〈장한가(長恨歌)〉에서 "하늘에서는 비익조가 되기를 원하고 땅에서는 연리지가 되기를 원했네
　　(在天願作飛翼鳥, 在地願爲連理枝)"라는 구절에서 나온 말임.

1958)비익됴(比翼鳥) : 전설상의 새로, 암컷과 수컷이 눈과 날개가 각각 하나씩만 달려있어 짝을 지어야만
　　날 수 있다고 한다. 당(唐)나라 시인 백거이(白居易)의 현종과 양귀비의 애달픈 사랑을 노래한 시 〈장
　　한가(長恨歌)〉에서 "하늘에서는 비익조가 되기를 원하고 땅에서는 연리지가 되기를 원했네(在天願作飛
　　翼鳥, 在地願爲連理枝)"라는 구절에서 나온 말임.

1959)쳔단은이(千端恩愛) : 온갖 애정.

1960)만죵풍뉴(萬種風流) : 온갖 즐거움.

1961)이목(耳目) : '귀'와 '눈'을 아울러 이르는 말로, 듣거나 보는 '사람'을 비유적으로 이르는 말.

1962)강잉(強仍) : 억지로 참음. 또는 마지못하여 그대로 함.

1963)깁 : 비단.

왈,

"그딕 이룰 보라. 가히 어됴윤을 흔치 아넘죽 ᄒᆞ랴! 내 만일 어됴윤의 쳥흠 곳 아니런들 미혼 젼 그딕 집【43】에 갈 일이 업술 비오, 그딕 집에 가지 아녓더면 흉물박용(凶物薄容)을 보지 아녀시리니, 그 츄물을 보지 아녀신죽 집을 쩌날 일이 업고, 쏘 집을 쩌나지 아녀시면 형쥐 ᄂᆞ려갈 일이 업ᄉᆞ니, 쥬시룰 불고이췌(不告而娶)ᄒᆞᆯ 거죄 업술 거술, 불힝이 젼후식 여ᄎᆞᄒᆞ니, 그 근본을 헤아리면 경환긔 부녀의 타시라. 이 분을 다 풀기 어렵도다."

쇼제 그 쟝쳐룰 보미 싱되(生道) 어려올 비로딕, 긔운이 오히려 여ᄎᆞᄒᆞᄆᆞᆯ 도로혀 이상이 넉여, 추악경히(嗟愕驚駭)ᄒᆞᄆᆞᆯ 니긔지 못ᄒᆞ며, 근심이 듕쳡(重疊)ᄒᆞ니 그 즐【44】욕도 죡가(足枷)ᄒᆞᆯ 거시 업ᄉᆞ딕, 이ᄀᆞᆺᄐᆞᆫ 쟝쳐의 몸을 조심ᄒᆞ미 업ᄉᆞ니, 추셩(差成)ᄒᆞᆷ믄 ᄇᆞ라도 못ᄒᆞ고, 쟝독(杖毒)이 셩(盛)ᄒᆞ여 능히 ᄉᆞ지 못ᄒᆞᆯ가 ᄌᆞ연 쵸쥰(峭峻)ᄒᆞᆫ 안식이 스러지고, 경황(驚惶)ᄒᆞᆫ 빗치 니러나니, 아미의 슈운(愁雲)이 니러나고, 냥안(兩眼)의 징피(澄波) 동ᄒᆞ딕, 오히려 참는 비 만흐니, 한님이 모ᄅᆞ지 아니ᄒᆞ딕, 지리히 보치려 ᄒᆞᄆᆞ로 쟝쳐누혈(杖處漏血)을 경쇼져 나군(羅裙)의 삐ᄉᆞ며, 욕미(辱罵)ᄒᆞ기룰 긋치지 아니ᄒᆞ더니, 쏘 풀흘 잘못 쥐므란다 ᄒᆞ여, 겻히 노힌 금노(金爐)룰 드러 경시룰 ᄂᆞ리 ᄲᅴ울ᄉᆡ, 불이 머리로브터 일신이 다 데이【45】기룰 면치 못ᄒᆞ딕, 긔특이 쇼져의 ᄂᆞᆺ치 데이지 아니ᄒᆞ고, 의복이 탈지언뎡 몸도 데인 곳이 업ᄉᆞ나, 그 놀나오믈 엇지 다 닐ᄋᆞ리오.

ᄎᆞ시 경쇼제 셜니 불을 쩔고, 금노(金爐)룰 물녀 노흐며 ᄉᆞ식이 ᄀᆞ장 쳑연(慽然)ᄒᆞ거늘, 싱이 즐왈(叱曰),

"금노의 젹은 불덩이 몸의 쩌러져든 일시의 빅골이 지 될가 겁ᄒᆞ여 그리 ᄇᆞᆺ비 피ᄒᆞᄂᆞ냐? 그딕 본심이 죽기룰 도라감ᄀᆞᆺ치 넉이고, ᄌᆞ문이ᄉᆞ(自刎而死)룰 더욱 영화로이 아는가 넉엿더니, 엇지 칼을 주어 죽으라 ᄒᆞ딕, 브딕 사라 날노 ᄒᆞ야금 요악ᄒᆞᆫ 면모룰 미【46】양 보게 ᄒᆞᄂᆞ뇨?"

쇼제 묵연이 말이 업서 오직 자리의 흣튼 직룰 쓸며, 불을 모아 금노(金爐)의 도로 담을 ᄯᆞ롬이니, 한님이 그 풀흘 브러질다시 닛그러 겻히 안치고, 지작야(再昨夜) ᄌᆞ문이ᄉᆞ(自刎而死)코져 ᄒᆞ던 ᄯᅳ시, 이 ᄲᅢ의는 닉도히 변ᄒᆞ여 브딕 살녀 ᄒᆞ는 곡졀을 다시금 무러, 죽으라 보치기룰 긋치지 아니ᄒᆞ딕, 쇼제 일언부답(一言不答)ᄒᆞ니, 한님이 쏘 말 아닛는 연고룰 무러 쳔빅 가지로 욕ᄒᆞ미 밋지 아닌 곳이 업ᄉᆞ니, 쇼제 츄연 탄식 왈,

"쳡의 허물이 산히(山海) ᄀᆞᆺ틀지라도, 군ᄌᆞ 병톄(病體)룰 조【47】셥(調攝)ᄒᆞ여 추셩(差成)ᄒᆞ신 후, 쾌히 다ᄉᆞ려 죽이기의 밋쳐도 흔치 아니ᄒᆞ리니, 엇지 심화(心火)룰 발ᄒᆞ미 병의 해로오믈 싱각지 못ᄒᆞ시ᄂᆞ뇨?"

한님이 그 온유 ᄂᆞ죽ᄒᆞ미 발셔 다란 사ᄅᆞᆷ ᄀᆞᆺᄐᆞᆯ 그윽이 이련(哀憐)ᄒᆞ나, 짐즛 분노룰 더어 슌금(純金) 셔증(書鎭)을 쇼져 머리의 더지고, 진목(瞋目) 즐왈(叱曰),

"요인(妖人)이 압히 어릭끼지 아니면 내 심홰 발치 아닐 빈로딕, 굿틔여 죽지 아니코 일실의 이시므로, 내 몸이 앏프믈 인ᄒᆞ여 슈족이나 쥐믈너 달나 ᄒᆞᆨ족, 요괴로온 손을 움죽이미 게어라고, 거즛 힘업ᄂᆞᆫ 쳬ᄒᆞ【48】여 싀훤이 쥐므르지 못ᄒᆞ고, 나의 닐ᄋᆞᄂᆞᆫ 바ᄂᆞᆫ 아니듯기로 뎡ᄒᆞ니, 엇지 밉고 분ᄒᆞᄆᆞᆯ 참을 빈리오. 내 죽기 젼 은인을 쇄골분신(碎骨粉身)1964)ᄒᆞ여 쾌히 맛출진딕 싀훤ᄒᆞ리로다."

쇼뎨 셔딩(書鎭)의 머리ᄅᆞᆯ 마즈 샹ᄒᆞ미 대단ᄒᆞ여, 홍혈이 츌지(出之)ᄒᆞ고 면식이 여회(如灰)ᄒᆞ딕, 한님이 일호(一毫)도 경동(驚動)치 아니코, 다함 1965)죽으라 직쵹ᄒᆞ니, 쇼져의 유랑 시녀 등이 한님의 위엄을 두리고 면젼의 나아오믈 죽기도곤 무셔히 넉여, 쇼져의 샹ᄒᆞᄆᆞᆯ 보딕 감히 드러가 구치 못ᄒᆞ고, 흔갓 쟝외의셔 이쁠 ᄯᅮᆫ이라. 빅시【49】 등 십인이 ᄒᆞ나식 돌녀가며 합챵(閤窓)1966) 뒤히셔, 한님의 거동을 치 보려 ᄒᆞ더니, 이의 다ᄃᆞ라ᄂᆞᆫ 능히 참지 못ᄒᆞ야 슌시 ᄲᆞᆯ니 드러가 경시의 머리ᄅᆞᆯ 붓들고 위ᄒᆞ여 눈물을 흘니니, 한님이 셔모 등 공경ᄒᆞᆷ은 모비의 버금인 고로 벼개ᄅᆞᆯ 밀고 니러 안즈 왈,

"셔뫼(庶母) 하고(何故)로 뉴쳬(流涕)ᄒᆞ시ᄂᆞ뇨?"

슌시 머리ᄅᆞᆯ 흔드러 왈,

"우리 샹공으로ᄡᅥ 인심을 가졋ᄂᆞᆫ가 ᄒᆞ엿더니, 경쇼져긔 ᄒᆞᄂᆞᆫ 거동을 보미 실노 싀호(豺虎)의 사오나오므로 방불(彷彿)흔지라. 쇼뎨 샹공긔 무슴 원슈(元帥)완딕 아조 즛쳐1967) 맛고져 ᄒᆞ시ᄂᆞ뇨?"

한님이 불【50】열 왈,

"경가 요물이 우흐로 존당 부모의 ᄉᆞ랑을 밋고, 가부(家夫)ᄅᆞᆯ 죽기만 빈라니 엇지 통히치 {못}아니리오. 시고(是故)로 몬져 죽으라 직쵹ᄒᆞᄆᆞ니이다."

슌시 어이업셔 이윽이 안졋다가 침소로 도라가딕, 십인이 규시(窺視)ᄒᆞ기ᄅᆞᆯ 폐치 아니더라. 경시 두루 쳠샹(添傷)ᄒᆞ야 능히 긔거(起居)치 못ᄒᆞ기로 신혼셩뎡(晨昏省定)을 불참ᄒᆞ니, 위·조 양태비ᄂᆞᆫ 유질(有疾)ᄒᆞ민가 넉여 그 부부 삼인이 다 셩치 못ᄒᆞᄆᆞᆯ 넘녀ᄒᆞ고, 진왕○[과] 뎡·진·남·화 ᄉᆞ비ᄂᆞᆫ 경시의 고경(苦境)이 비샹ᄒᆞᄆᆞᆯ 거의 짐작ᄒᆞ딕, 굿틔여 알은 톄 아니ᄒᆞ고 바려 두어시니, 한님이 불【51】승환희(不勝歡喜)ᄒᆞ여 경시ᄅᆞᆯ 조로고 보치며 욕미(辱罵)ᄒᆞ기ᄅᆞᆯ 시(時)로 더어, 사름이 참아 듯고 보며 싱각지 못홀 말과 거죄 심ᄒᆞ여, 나지 쉬지 못ᄒᆞ며 밤의 졉목(接目)지 못ᄒᆞ게 ᄒᆞ며, 약을 잘 못달히며 듁음(粥飮)의 온닝(溫冷)이 맛지 아니코 찬품(饌品)이 무미(無味)타 핑계ᄒᆞ야, 아니 먹ᄂᆞᆫ 빈즉 다 쇼져ᄅᆞᆯ '나리 쀠오고'1968) 쇼뎨 혹ᄌᆞ 시녀ᄅᆞᆯ 지휘ᄒᆞ야 식인

---

1964)쇄골분신(碎骨粉身) : 뼈를 부수고 몸을 가루를 냄.
1965)다함 : 다만. 또한. 그저.
1966)합챵(閤窓) : 규방의 창문.
1967)즛치다 : 짓치다. 함부로 마구 치다.
1968)나리 쀠오다 : 내리 씌우다. 위에서 아래로 씌우다.

즉1969) 먹지 아니터니, 일야는 한셜(寒雪)이 ᄂᆞ리는듸 한님이 후창을 열고 동산(東山) 다히1970)룰 ᄀᆞᄅᆞ치는 닝뎡(冷井)의 가 물 두어 그ᄅᆞ슬 ᄡᅥ오라 ᄒᆞ니, 쇼졔 겨유 긔동(起動)ᄒᆞ여 물을 ᄡᅥ 가지【52】고 경황(驚惶)1971)히 도라올ᄉᆡ, 뒤히셔 무어시 ᄯᆞ라오는 듯 보보젼경(步步顚傾)1972)이 후창(後窓)만 ᄇᆞ라고 오다가, 각녁(脚力)이 밋지 못ᄒᆞ여 업더지니, 물이 업친 빅 된지라. 다시 니러나 썰며 곳쳐 가 물을 ᄡᅥ오니, 한님이 ᄀᆞ마니 닉와다 보고, 그 거동을 잔잉 년셕(憐惜)ᄒᆞ나 조금도 ᄉᆞ식지 아니코 누엇더니, 쇼졔 물을 들고 방즁의 드러와 ᄎᆞ긔(茶器)에 브어 싱의게 나오고져 ᄒᆞ니, 한님 왈,

"내 머리를 드러 물을 마실 길히 업ᄉᆞ니, 그듸 ᄒᆞᆫ 손으로 내 머리를 붓들고 ᄒᆞᆫ 손으로 물을 드러마시게 ᄒᆞ라."

쇼졔 거역지 못ᄒᆞ여, 우슈(右手)로【53】물을 붓들고, 좌슈(左手)로 머리를 붓드니, 초옥셤쉬(楚玉纖手)1973) 볼ᄉᆞ록 긔묘ᄒᆞ고, 치워ᄒᆞ는1974) 얼골이 더욱 승졀(勝絶)ᄒᆞ니 즁심의 의경ᄒᆞ믈 참지 못ᄒᆞ여, 그 손을 짐즛 눗쳐 다혀 보미, ᄎᆞ기 어람1975) ᄀᆞᆺ트니 더욱 년셕ᄒᆞ나, 그 거동을 치 보고져 ᄒᆞ여, 믄득 고셩 왈,

"요인이 내 머리 붓들기를 슬히 넉여 짐즛 손을 얼워다가 내 눗쳐 다혀 놀랍게 ᄒᆞ니, 엇지 통히치 아니리오."

언필에 닙써나1976) 쇼져의 드럿는 그ᄅᆞ슬 아ᅀᅡ 그 머리에 ᄂᆞ리쎠오고, 옥연갑(玉硯甲)을 드러 치미 산산이 바아지고1977), 인ᄉᆞ를 바려 형식이 위급ᄒᆞ【54】니, 한님이 ᄎᆞ경을 보미 ᄀᆞ장 경심(驚心)ᄒᆞ야 ᄌᆞ시 보니, 싱긔 돈무(頓無)1978)ᄒᆞ고 일신이 셩ᄒᆞᆫ 곳이 업ᄉᆞ니, 참연(慘然) 이상(哀喪)ᄒᆞ여 셜니 그 몸을 편히 누이고, 낭즁(囊中)의 약을 닉여 온ᄎᆞ(溫茶)의 화ᄒᆞ여 입의 드리오며, 일변 침으로 ᄉᆞ말(四末)1979)을 시험ᄒᆞ여 지셩 구호 ᄒᆞ더니, 계명(鷄鳴)의야 쇼졔 비로소 희미ᄒᆞᆫ 통셩(痛聲)이 동ᄒᆞ듸 눈을 ᄯᅳ미 업더니, 평명(平明)의 양희 슉녈비의 명을 밧아 모란뎡의 와 한님을 문병ᄒᆞ니, 한님이 통셩(痛聲)으로 딕왈,

"거야(去夜)는 새도록 혼침(昏沈)ᄒᆞ엿ᄂᆞ이다."

양희 등이 경쇼져의 누어시믈 보고 놀나 왈,

---

1969)식인즉 : 시킨즉.

1970)다히 : 쪽. 편, 방향, 닿은 곳. 부근.

1971)경황(驚惶) : 놀라고 두려워 허둥지둥함.

1972)보보젼경(步步顚傾) : 걸음마다 엎어지고 자빠지고 하며 허둥지둥 걸음.

1973)초옥셤쉬(楚玉纖手) : 초나라 명옥(名玉)인 화씨벽(和氏璧)처럼 아름다운 미인의 손. *초옥(楚玉); 중국 초(楚)나라 사람 변화씨(卞和氏)가 초산(楚山)에서 얻었다고 하는 명옥(名玉)인 화씨벽(和氏璧)을 말함.

1974)치워ᄒᆞ다 : 추워하다. 추위를 느끼다.

1975)어람 : 얼음.

1976)닙써나다 : 벌떡 일어나다. *닙써 : 벌떡.

1977)바아지다 : 부서지다. 단단한 물체가 깨어져 여러 조각이 나다.

1978)돈무(頓無) : 조금도 없다. 전혀없다.

1979)ᄉᆞ말(四末) : '사지 말단'을 줄여 이르는 말.

"상공은 질양(疾恙)【55】이 잇거니와, 쇼져는 무슨일노 그져 누어 계시니잇가?"

한님이 ㄱ장 슬히 넉여 디왈,

"경시 역시 즈를 구호ㅎ노라 여러날 빗쳐1980) 약질의 병이 난지 새도록 신음ㅎ는가 시브더이다."

빅시 등이 금니(衾裏)를 열고 쇼져를 보니, 의상(衣裳)의 피 스못고 아조 언스를 모르거늘, 빅시 등이 대경실식(大驚失色)ㅎ여 함누(含淚) 문왈,

"부인이 쳡등을 알아시느니잇가?"

쇼졔 혼미즁(昏迷中)이나 겨우 디왈,

"엇지 셔모(庶母)를 모르리잇고?"

빅시 등 왈,

"일야지간(一夜之間)의 어디를 신음(呻吟)1981)ㅎ시관디, 화용(花容)이 져디도록 수쳑(瘦瘠)ㅎ시니잇고?"

쇼졔 참연(慘然) 묵【56】묵(黙黙)ㅎ니, 양희 왈,

"한님과 쇼졔 일시의 유병(有病)ㅎ시니, 《일시∥일실(一室)》의 피츠(彼此) 됴셥(調攝)이 불안ㅎ실지라. 맛당히 대상공긔 알외여 한님은 외당의 가 됴리ㅎ시고, 쳡 등은 이의 머므러 쇼져를 구호ㅎ미 됴흐리로소이다."

한님이 경쇼져 써나믄 듕난(重難)이 넉이나, 실노 쇼져의 병이 근위(根位)1982) 비상(非常)ㅎ니, 즈개 흔가지로 쳐흔즉 졔 안심치 아닐 거시오, 즈개 구완(救完)1983)홀 길이 업눈지라. 양희 등의 말도 ㄱ장 무던이 넉여 잠잠ㅎ더라.

양희 등이 존당의 드러가 각별(各別)○[흔] 스단(事端)은 고치 아니ㅎ고, 다만,

"경쇼져의 유병(有病)ㅎ【57】미 대단ㅎ여 통셰(痛勢) ㄱ장 비경(非輕)ㅎ니, 부부를 일실의 두어 구호ㅎ야 추셩(差成)ㅎ미 불평(不平)ㅎ므로, 쳔쳡(賤妾) 등의 우견(愚見)은 한님 상공은 셔실(書室)의 나아가 제공직 구병(救病)케 ㅎ시고, 경쇼져는 쳔쳡 등이 흔가지로 구호ㅎ야 수히 추셩코져 ㅎ믈 브라느이다."

○○[ㅎ니], 존당 상해 경쇼져의 유질ㅎ미 대단ㅎ믈 크게 놀나, 근심ㅎ믈 마지 아니ㅎ고, 위태부인이 츄연 왈,

"빅녀의 말이 올흐니, 손ᄋ 등은 웅닌을 외각의 옴겨 즁닌 등이 구호케 ㅎ고, 경손부는 빅녀 등이 구호ㅎ야 수히 추셩케 ㅎ【58】미 냥젼(兩全)ㅎ리로다."

진왕이 슈명ㅎ고, 한님을 닉원(內園) 벽쇼당의 옴기니, 양희 등이 쇼져의 일신이 흔 곳 셩흔1984) 디 업스믈 잔잉ㅎ여, 삼다(蔘茶)와 보미를 즈로 권ㅎ며 약음을 맛게 ㅎ

---

1980)빗치다 : 삐치다. 무엇에 시달리어서 몸이나 마음이 몹시 느른하고 기운이 없어지다. 고생하다.
1981)신음(呻吟) : 앓는 소리를 냄. 또는 그 소리.
1982)근위(根位) : 본위(本位). 본디의 자리. .
1983)구완(救完) : 병을 치료하여 완전하게 회복시킴.
1984)셩ㅎ다 : ①물건이 본디 모습대로 멀쩡하다. ②몸에 병이나 탈이 없다.

니, 쇼져 노쥐 감탄ᄒ더라.

한님이 군죵 제뎨로 더브러 약음을 힘뻐 다스리니, 일슌(一旬) 후의 장흔(杖痕)과 신질(身疾)이 쾌소(快蘇)ᄒ거늘, 비로소 병장(屛帳)1985)을 것고 관소(盥梳)ᄒ 후 존당 부모긔 문후ᄒ니, 위태부인이 새로이 ᄉ랑ᄒ여 이듕ᄒ시니, 한님이 이윽이 안줏더니 믈너 모란뎡의 니르니, 추시 빅회 등은 졍당의 드러가고 【59】쇼졔 오직 병장(屛帳)을 의지ᄒ엿더니, 한님이 믄득 승당입실(昇堂入室)ᄒ니, 쇼졔 놀나 강잉(强仍)ᄒ여1986) 긔이영지(起而迎之)ᄒᄃᆡ, 한님이 그 수쳑쵸뷔(瘦瘠憔顇)1987)ᄒ믈 슉시냥구(熟視良久)의 문왈,

"부인이 졸연(猝然) 득질(得疾)ᄒ여 병셰 위듕타 ᄒ더니 근일(近日)은 하여(何如)오."

쇼졔 ᄃᆡ왈,

"신질(身疾)이 미류(彌留)1988)ᄒ더니, 존당 셩녀(聖慮)와 셔모 등의 지셩 호위(護衛)ᄒ믈 힘닙어 져기 츠셩ᄒ믈 어덧ᄂ이다."

안식이 화슌(和順)ᄒ고 말슴이 유화(柔和)ᄒ여 젼후 두 사름 ᄀᆞᆺ트니, 한님이 심하의 우으며 짐줏 다시 어침(語侵)ᄒ여 녀러 말노 시험ᄒᄃᆡ, 쇼졔 온화ᄒ미 【60】ᄒᆞᆫ갈ᄀᆞᆺ 트여 슌슌 화답ᄒ니, 한님이 심니(心裏)의 깃거 이윽이 안줏다가 나아가니, 쇼져ᄂᆞᆫ ᄉᆡ흰이 넉이더라. 초야의 한님이 유미뎡의 나아가 쥬쇼져를 보니, 쥬쇼졔 텬연(天然) 영지(迎之)ᄒ여 병셰 소셩(蘇醒)1989)ᄒ믈 인ᄉᄒ니, 한님이 미쇼 왈,

"싱의 병은 다 녕존대인(令尊大人)의 타시라. 그러ᄃᆡ1990) 지 ᄒᆞᆫ번 고문(叩門)ᄒ미 업ᄉ니 가히 녀도(女道)를 안다 ᄒᄂᆞ냐?"

쇼졔 옥안이 담홍(淡紅)ᄒ여, 념임(斂衽)1991) ᄉ왈,

"부ᄌ(夫子) 엄하의 슈장ᄒ시믄 근본 쳡의 연괴니, 쳡이 하면목으로 문병ᄒ리잇고? 녀ᄌ지심(女子之心)이 무안(無顔)1992) ᄌ괴(自愧)1993)ᄒᆞᆯ ᄯᆞᆫ이러니, 금일 부ᄌ의 칙언을 【61】듯ᄉ오니 ᄒᆞᆫ갓 불민(不敏)ᄒ믈 붓그리ᄂᆞ니이다."

한님이 잠쇼(潛笑)ᄒ고 오릭 병니(病理)의 울울ᄒ던 바로뻐 졍듕(鄭重)ᄒ 슉완(淑婉)을 ᄃᆡᄒ니, 흔연이 야심ᄒ믈 인ᄒ여 부뷔 ᄒᆞᆫ가지로 나요(羅褥)1994)의 나아가니 운우지

1985) 병장(屛帳) : 병풍과 장막을 아울러 이르는 말.
1986) 강잉(强仍)ᄒ다 : 억지로 참다. 또는 마지못하여 그대로 하다.
1987) 수쳑쵸뷔(瘦瘠憔顇) : 몸이 몹시 야위고 기력이 쇠약해짐.
1988) 미류(彌留) ; 병이 오래 낫지 않음.
1989) 소셩(蘇醒) : 중병을 치르고 난 뒤에 다시 회복함.
1990) 그러ᄃᆡ : 그러한 데.
1991) 념임(斂衽) : 삼가 옷깃을 여밈.
1992) 무안(無顔) : 수줍거나 창피하여 볼 낯이 없음.
1993) ᄌ괴(自愧) ; 스스로 부끄러워 함.
1994) 나요(羅褥) : 비단으로 만든 요(褥). *요; 욕(褥). 까는 침구.

정(雲雨之情)이 새롭더라.

이러구러 수일 후 경쇼제 흠질(欠疾)이 쾌츠(快差)ㅎ여 병장(屛帳)을 것고 소셰(梳洗)를 나와 단장을 다스려 존당의 문안ㅎ니, 존당 구괴 새로이 년이(憐愛) 귀듕ㅎ더라.

한님이 츠후로 왕양(汪洋)1995)혼 텬픔(天稟)이 회진기셩(回進其性)1996)ㅎ여 엄졍(嚴正) 유화(柔和)ㅎ니, 왕이 ᄋᄌ의 힝ᄉ를 두굿겨 ᄇ야흐로 눗빗츨 열【62】어 ᄉ랑ㅎ니, 한님이 더욱 조심ㅎ고 경쇼제 ᄯ흔 온슌비약(溫順卑弱)1997)ㅎ여 부븨 화락ㅎ더라.

챠셜. 구부의셔 창닌의 등과ㅎ믈 인ㅎ여 졍히 길긔(吉期)를 퇴ㅎ여 혼슈(婚需)를 셩비(盛備)ㅎ더니, 호ᄉ다마(好事多魔)1998)ㅎ므로 구상셔 부인 경시 홀연 독질을 어더 기셰(棄世)ㅎ니, 쇼제의 지통(至痛)과 상셔의 지탄(至歎)이 엇지 범연(凡然)ㅎ리오.

윤상부의셔 듯고 역시 대경(大驚)ㅎ야 혼긔(婚期)를 늣추고 구쇼져의 탈복(脫服)1999)ㅎ기를 기다리더니, 맛춤 구상셰 권쳑(權戚)2000)의 ᄆ이믈 닙어 강쥐의 찬뎍(竄謫)ㅎ게 되니, 다란 ᄌ녜 업스며 쳐쳡이 업스니 가ᄉ를 맛【63】질 곳이 업ᄂᆞᆫ지라. 퇴즁은 원족질(遠族姪) 구학ᄉ를 맛지고, 녀ᄋᄂᆞᆫ 경부인 형남(兄男) 경츄밀의게 부탁홀ᄉᆡ, 원ᄂᆡ 경츄밀이 위인이 쳥검강개(淸儉慷慨)ㅎ고 인ᄌ화홍(仁慈和弘)혼지라. 일즉 두 부인을 취(娶)ㅎ엿더니, 원비 니시ᄂᆞᆫ 다만 일ᄌ를 싱ㅎ고 조ᄉ(早死)ㅎ니, ᄋᄌ의 명은 문원이라. 부공의 풍의덕질(風儀德質)과 모친의 어진 힝실을 픔슈(稟受)ㅎ야 흔낫 졍인군ᄌ(正人君子)로ᄃᆡ, 츠비 호시 위인이 간능(奸能) 질투(嫉妬)ㅎᄆᆡ, 기녀 난이 이용(愛容)이 교려(巧麗)ㅎ고 묘질(妙質)이 미묘(美妙)ㅎ여시나, 젼혀 모습(母襲)으로 질투간악(嫉妬奸惡)ㅎ며, 겸ㅎ여 대간대음(大奸大淫)【64】이니, 츄밀이 호시의 불현(不賢)ㅎ믈 알오ᄃᆡ, 아직 드러난 허믈이 업스니 잠잠코 다만 가졔(家齊) 슉연(肅然)ㅎ더니, 부인이 기셰 후 문원을 친히 품어 ᄌ모의 ᄌ익를 겸ㅎ나, 공이 나간 ᄉᆞ이면 호시 모녀의 ᄌ심(滋甚)이 보치이ᄂᆞᆫ 죵2001)이 되니, 문원 공지 셩회 츌텬(出天)혼 고로, 계모의 악악홈2002)과 져져(姐姐)의 불현(不賢)ㅎ믈 드러ᄂᆡ지 아니터라.

공이 안항(雁行)2003)이 외로와 다만 일ᄆᆡ 구상셔 부인으로 졍의 ᄌ별ㅎ더니, 구ᄆᆡ 기셰ㅎ고 구상셰 무죄히 죄뎍ㅎᄆᆡ, 녀ᄋ를 가져 ᄌ가(自家)의게 부탁ㅎᄂᆞᆫ지라. 공이 가연(可然)이2004) 허락ㅎ고 이의 【65】 슉ᄋ 쇼져를 경부로 다려오니, 구상셰 경부의

---

1995)왕양(汪洋) : 바다가 끝이 없이 넓음.
1996)회진기셩(回進其性) : 그 본성에 돌이켜 나아감.
1997)온슌비약(溫順卑弱) : 온순하고 겸손함.
1998)호ᄉ다마(好事多魔) : 좋은 일에는 흔히 방해되는 일이 많음. 또는 그런 일이 많이 생김.
1999)탈복(脫服) : 상기(喪期)가 다 지나서 상복을 벗음.
2000)권쳑(權戚) : 권세가 있는 척신(戚臣).
2001)죵 : 종. ①노예. ②남에게 얽매이어 그 명령에 따라 움직이는 사람을 비유적으로 이르는 말.
2002)악악 홈 : 악악거림. 억지를 부리고 고함을 지르며 떠들썩거림.
2003)안항(雁行) : 기러기의 행렬이란 뜻으로, '형제'를 이르는 말

와 치힝(治行)홀시 윤승상이 구상셔의 졍스를 년측(憐惻)ᄒ여 ᄋᄌ로 더브러 경부의 니르러 작별홀시, 구공이 한님의 손을 잡고 승상을 향ᄒ여 탄식 왈,

"쇼뎨 불미(不美)ᄒᆫ 녀식을 가져 외람이 녕윤(令胤)으로 ᄲᅡ유(雙遊)ᄒᄂᆫ ᄌ미를 볼가 ᄒ엿더니, 불힝ᄒ여 폐합(弊閤)2005)이 조세(早世)ᄒ고 쇼뎨 ᄯᅩ 먼니 죄뎍(罪謫)ᄒ야 도라올 긔약이 업ᄂᆫ지라. ᄇ라건딕 합하(閤下)ᄂᆫ 쇼녀의 고혈(孤子)ᄒᆷᄋᆯ 어엿비 넉이샤, 폐합의 긔년(朞年)2006)이 지나믈 기다려 즉시 셩녜(成禮)하게 ᄒ쇼셔."

승상이 흔연(欣然)【66】이 허락ᄒ니, 구공이 쥬효(酒肴)를 나와 통음(痛飲)ᄒ고 셕양의 작별ᄒ니라.

위태부인이 냥손의 길긔 느즈믈 밧바ᄒ시ᄂᆫ 고로, 관ᄂᆡ후 텰슈경과 상셔복야 셜공이 각각 긔녀를 두고 구혼ᄒ니, 승상이 텰후를 되ᄒ여 구시의 밍약(盟約)을 젼ᄒ니, 텰휘 쇼왈,

"녕낭(令郎)은 금셰(今世) 대현(大賢)이라. 녕윤의 지실되미 용부쇽ᄌ(庸夫俗者)2007)의 원비 되ᄂᆫ이의셔 낫지 아니리오. 몬져 아녀를 취ᄒ고 타일 구쇼져를 취ᄒ야 원위(元位)를 빗ᄂ이면 엇더ᄒ리오."

승상이 즉시 위태부인긔 고ᄒ고 텰·셜 냥가의 허혼ᄒ니, 냥부【67】의셔 깃거 즉시 길일을 퇴ᄒ여 보ᄒ고, 혼슈(婚需)를 셩비(盛備)ᄒ미, 마초아 냥부(兩府)의 길일(吉日)이 ᄒᆫ날이라. 형뎨 냥인이 옥모영풍(玉貌英風)의 금슈길복(錦繡吉服)2008)을 졍히ᄒ고 금안빅마(金鞍白馬)2009)의 만됴요긱(滿朝繞客)2010)이 호위ᄒ여 각각 빙가(聘家)의 힝홀시, 한님 창닌은 텰쇼져를 셩친(成親)ᄒ고 학ᄉ 셰린은 셜쇼져를 친영(親迎)ᄒ여 일시의 도라와, 수위(四位) 신인(新人)이 쳥듕(廳中)의 나아가 ᄲᅡᆼᄲᅡᆼ이 교빅(交拜)2011)를 파ᄒ고, 신낭이 밧그로 나아가미, 텰·셜 냥쇼제 신장(新粧)을 다스려 각각 조뉼(棗栗)2012)을 밧드러 존당의 진헌ᄒ니, 존당 구괴며 슉당(叔堂) 만목(萬目)이 일시의 쳠【68】관(瞻觀)ᄒ니 텰쇼져의 옥모화질과 유한ᄒᆫ 덕셩(德性)이며 셜쇼졔의 셩ᄌ광염(聖姿光艶)이 초군(超群) 특이(特異)ᄒ여, ᄒ나흔 계궁신월(桂宮新月)2013)이오 ᄒ나흔 부상홍일(扶桑紅日)2014)이라. 광염(光艶)이 찬난ᄒ고 셔뮈(瑞霧) 분비(紛霏)2015)

---

2004)가연(可然)이 : 기꺼이. 흔쾌히.
2005)폐합(弊閤) : 자기의 아내를 낮추어 이르는 말.
2006)긔년(朞年) : 기한이 되는 해. 여기서는 상기(喪期)를 마치는 해를 이름.
2007)용부쇽ᄌ(庸夫俗者) : 세상의 평범한 남자.
2008)금슈길복(錦繡吉服) : 비단에 수를 놓아 지은 혼례복.
2009)금안빅마(金鞍白馬) : 금으로 꾸민 안장(鞍裝)을 두른 흰말.
2010)만됴요긱(滿朝繞客) : 모든 조정신료들로 이뤄진 요객(繞客)들.
2011)교빅(交拜) : 교배례(交拜禮). 전통 혼례식에서 신랑 신부가 서로에게 절을 하고 받는 의식.
2012)조뉼(棗栗) : 대추와 밤을 가리키는 말로 신부가 시부모께 드리는 폐백을 말함.
2013)계궁신월(桂宮新月) : '계수나무 궁전에 새로 뜬 달'이란 뜻으로 '달'을 이르는 말
2014)부상홍일(扶桑紅日) : '부상(扶桑) 위로 떠오르는 붉은 태양이라는 뜻으로 '해'를 이르는 말. *부상(扶桑); 중국 전설에서, 해가 뜨는 동쪽 바닷속에 있다고 하는 상상의 나무. 또는 그 나무가 있다는 곳

ᄒᆞ여, 각각 고모(姑母)2016)의 성덕광휘(聖德光輝)ᄅᆞᆯ 계젹(繼蹟)ᄒᆞᆯ ᄌᆞ미슉완(姿美淑婉)2017)이니, 윤·하·뎡 삼문 졔부인 졔쇼졔 아니면, 다시 신부의 셩덕광용(聖德光容)을 ᄃᆡ두(對頭)ᄒᆞ리 업스니, 만좌 빈긱의 홍분(紅粉)2018)이 탈ᄉᆡᆨ(奪色)ᄒᆞ고, 위하지셩(爲賀之聲)2019)이 불졀여류(不絕如流)2020)ᄒᆞ더라.

종일진환(終日盡歡)ᄒᆞ고 졔긱이 각산(各散)ᄒᆞᄆᆡ, 텰쇼져 슉소ᄂᆞᆫ 홍ᄆᆡ뎡의 뎡ᄒᆞ고, 셜쇼져 슉소ᄂᆞᆫ 부용각의 뎡【69】ᄒᆞ여 도라보ᄂᆞ니, 추야의 한님이 신방의 나아가 텰쇼져ᄅᆞᆯ 보니, 옥모화ᄐᆡ(玉貌花態)와 셩덕슉뇨(聖德淑窈)ᄒᆞᄆᆡ 실노 아름다오나, 화벽2021)으로 비컨ᄃᆡ 만히 밋지 못ᄒᆞ더라.

야심 후 쵹을 멸ᄒᆞ고 쇼져ᄅᆞᆯ 닛그러 상요의 나아가니, 은졍이 ᄌᆞ못 진듕(鎭重)ᄒᆞ니라.

추야의 셰린이 ᄯᅩᄒᆞᆫ 신방의 나아가 셜쇼져로 상ᄃᆡ(相對)ᄒᆞ니, 신부의 셩ᄌᆞ광염(聖姿光艶)이 츌어외모(出於外貌)ᄒᆞᄆᆞᆯ 보고 희ᄉᆡᆨ이 영농ᄒᆞ여 쵹을 멸ᄒᆞ고 금금요셕(錦衾褥席)2022)의 나아가니 진듕ᄒᆞᆫ 은졍이 산비ᄒᆡ박(山卑海薄)ᄒᆞ더라.

빅희 등이 각각 냥인의 신방을【70】규시ᄒᆞ여 존당의 고ᄒᆞ니, 존당이 두굿기믈 니긔지 못ᄒᆞ더라. 텰·셜 냥쇼졔 인ᄒᆞ여 머므러 효봉존당구고(孝奉尊堂舅姑)ᄒᆞ며 승순군ᄌᆞ(承順君子)ᄒᆞ고 화우슉ᄆᆡ(和友叔妹)ᄒᆞ야 하쳔비비(下賤婢輩)의 니르히 은덕이 ᄀᆞ족ᄒᆞ니, 가듕이 화평ᄒᆞ고 존당 구괴 년ᄋᆡ(憐愛)ᄒᆞ더라.

추년 츈(春)에 동오왕 엄빅경이 텬됴의 됴회(朝會)ᄒᆞᆯᄉᆡ, 이의 녀ᄋᆞᄅᆞᆯ 다려 상경ᄒᆞᆯᄉᆡ, 오공쥬 션혜 니친니국(離親離國)ᄒᆞᄂᆞᆫ 심ᄉᆞ와, 오왕비 장시의 녀ᄋᆞᄅᆞᆯ 상니(相離)ᄒᆞᄂᆞᆫ 슬프미 일필난긔(一筆難記)2023)라.

장후ᄂᆞᆫ 다만 녀ᄋᆞᄅᆞᆯ 어라만져 '녀ᄌᆞ유ᄒᆡᆼ(女子有行)이 원부모형뎨(遠父母兄弟)오 ᄇᆡᆨ니불분상(百里不奔喪)이니'2024)【71】ᄌᆞ고이릭(自古以來)로 종인젹부지되(從人嫡婦之道)2025) 덧덧ᄒᆞᄆᆞᆯ 경계ᄒᆞ고, 공쥬ᄂᆞᆫ 모후(母后)의 옥슈(玉手)ᄅᆞᆯ 밧드러 취합(聚合)이

---

2015)분비(紛霏) : 꽃이나 잎 따위가 펄펄 날리며 어지럽게 떨어짐.
2016)고모(姑母) : 아버지의 누이. 또는 시어머니. 여기서는 '시어머니'를 말함.
2017)ᄌᆞ미슉완(姿美淑婉) ; 아름다운 자태와 맑은 덕을 지닌 숙녀.
2018)홍분(紅粉) : 연지와 분을 아울러 이르는 말로, '화장한 여인'을 비유적으로 이르는 말.
2019)위하지셩(爲賀之聲) : 하례(賀禮)하는 말들.
2020)불졀여류(不絕如流) : 흐르는 물처럼 끊이지 않음.
2021)화벽 : 앞에서 윤창린이 유정한, 윤부 시비 쌍셤의 수양딸로, 동오왕 엄백경의 잃어버린 딸.
2022)금금요셕(錦衾褥席) : 비단 이불과 요를 편 자리.
2023)일필난긔(一筆難記) : 한 붓으로 이루 적을 수 없다는 뜻으로, 내용이 길거나 복잡하여 간단히 기록하기 어려움을 이르는 말.
2024)녀ᄌᆞ유ᄒᆡᆼ(女子有行)이 원부모형뎨(遠父母兄弟)오 ᄇᆡᆨ니불분상(百里不奔喪)이니 : 예전에 부모가 딸을 시집보내면서 딸에게 이르는 말로. 여자의 행실은 한번 시집가면 친가의 부모형제를 생각지 말 것이며, 부모가 죽어도 백리 밖에서 달려와 조상(弔喪)할 수 없다는 말임.
2025)종인젹부지되(從人嫡婦之道) : 사람(남자)을 좇아 시집을 가 그의 아내가 되는 법도.

묘망(渺茫)ᄒ믈 늣겨, 별뉘(別淚) 년낙(連落)ᄒ니, 오왕이 지삼 대의로 경계ᄒ야, 후와 녀ᄋ룰 기유(開諭)ᄒ니, 공쥐 승도발마(乘途發馬)2026) ᄒᄆᆡ, 일노(一路)의 무스히 득달ᄒ여 바로 황성의 니르니, 엄시 모든 종족이 먼니 마즈ᄆᆡ, 왕이 냥형(兩兄) 제질(諸姪)과 친쳑(親戚) 고구(故舊)2027)로 반길ᄉᆡ, 녀ᄋᆞᆫ 바로 빅형 임태ᄉᆞ 부즁(府中)으로 드려보ᄂᆡ고, 왕은 바로 옥궐의 됴회ᄒ니, 상이 오왕의 닙됴ᄒ믈 드르시고 셜니 인견ᄒ샤 흔연이 반기시며, 옥탑(玉榻)의 ᄉᆞ좌(賜座)【72】ᄒ샤 어온(御醞)을 반ᄉᆞ(頒賜)ᄒ시고, 그 교화와 튱의룰 표장(表獎)ᄒ시니, 오왕이 텬은을 슉샤(肅謝)ᄒ고 셕양의 퇴ᄒ여 본부의 도라오니, 냥형과 ᄌᆞ질이 희이영지(喜而迎之)ᄒ온ᄃᆡ, 왕이 ᄋ자(兒子) 창의 손을 잡고, 빅수(伯嫂) 최부인을 향ᄒ여 ᄋᆞ자 교양(敎養)ᄒ시믈 치하ᄒ니, 최부인이 본ᄃᆡ 은악양션(隱惡佯善)2028)ᄒᄂᆞᆫ 위인이라, 온유(溫柔)히 ᄇᆡ샤(拜謝) 왈,

"창ᄋᆞᄂᆞᆫ 곳 쳡의 ᄌᆞ식이라, 엇지 슉슉(叔叔)의 치하룰 밧ᄌᆞ오리잇가?"

왕이 흔연(欣然) ᄉᆞ샤(謝辭)ᄒ더라.

엄태ᄉᆞ와 츄밀 등이 션혜쇼져룰 강보지시(襁褓之時)2029)의 써낫던 비라, 이제 방년(芳年) 이륙(二六)이니 신월(新月)이 둥【73】글고져 ᄒᄆᆡ, 광휘 현츌(現出)ᄒᄂᆞᆫ지라. 엄부 가즁상해(家中上下) 교무(交撫) 칭찬ᄒ더라.

명일의 오왕이 옥궐의 사은ᄒ고 퇴됴ᄒ여 바로 진궁의 니르니, 진왕과 승상이 반겨 마즈며 태우 셩닌이 하당영지(下堂迎之)ᄒ니, 오왕이 진왕 곤계로 녜필좌뎡(禮畢坐定)의 태우의 손을 잡고 희ᄉᆡᆨ(喜色)이 만면ᄒ여 왈,

"셕일의 군이 무셩명쇼ᄋᆞ(無姓名小兒)2030)로 ᄌᆞ쵤 표우(漂寓)2031)ᄒ야 쳔비(賤卑)ᄒᆫ 지계(地界)의 니르러실 적, 현계(賢契)의 셩인군ᄌᆞ지풍(聖人君子之風)을 ᄉᆞ랑ᄒ야 약녀(弱女)2032)의 평싱을 부탁ᄒᆫ 후, 니별이 총총(怱怱)ᄒ니 기간 ᄉᆞ모지심(思慕之心)은 엇지 다 형언ᄒ리【74】오. 풍편(風便)2033)으로 조ᄎᆞ 현계의 텬눈(天倫)이 단쥐(團聚)ᄒ야 인눈이 온젼ᄒ고, 쳥운(靑雲)의 고등(高等)ᄒ믈 ○○[듣고], 치하코져 ᄒ더니, 금일 구약(舊約)을 셩젼(成全)코져 니르럿노라."

태위 공경문파(恭敬聞罷)의 쇼ᄒᆞᆫ 작년 셩혜(聖惠)룰 닐ᄏ라 말ᄉᆞᆷᄒ니, 오왕이 흔연 년이(憐愛)ᄒ거늘, 진왕이 드ᄃᆡ여 무셩명 쇼ᄋᆞ룰 거두워 의약으로 ᄉᆞ질(死疾)을 회소(回蘇)ᄒ게 ᄒ며, 쳔금교ᄋᆞ(千金嬌兒)로써 지ᄎᆔ(再娶)로 허ᄒ믈 칭샤(稱謝)ᄒᄆᆡ, 피ᄎᆞ 하언(賀言)이 분분ᄒ더니, 이의 쥬효(酒肴)룰 나와 빈쥐 즐기더니, 셕양의 오왕이 ᄎᆔ긔

---

2026)승도발마(乘途發馬) : 말을 타고 길에 오름.

2027)고구(故舊) : 사귄 지 오래된 친구.

2028)은악양션(隱惡佯善) : 악을 숨기고 선으로 가장함

2029)강보지시(襁褓之時) : 포대기 속에 싸여 있던 갓난아기 때.

2030)무셩명쇼ᄋᆞ(無姓名小兒) ; 부모를 잃어 성과 이름을 모르는 어린아이

2031)표우(漂寓) : 표박(漂泊). 고향을 떠나 정처 없이 떠돌아다님.

2032)약녀(弱女) : 어린 딸.

2033)풍편(風便) : 바람결. 어떤 말을 누구에게랄 것 없이 간접적으로 들었을 때를 이르는 말. =소문

룰 인호여 본부의 도라와 즉시 틱일호여 【75】윤부의 보호니, 길긔(吉期) 불과 수슌(數旬)을 フ렷더라.

냥가의셔 혼슈룰 셩비(盛備)호야 길일을 등딕(等待)홀시, 최부인이 본딕 명예(名譽)룰 갈구(渴求)호는 고로, 범빅(凡百)[2034] 혼슈의 극진호미 친녀와 간격(間隔)호미 업더라.

이러구러 냥신가긔(良辰佳期)[2035] 님박(臨迫)호니, 찍 초하(初夏) 회간(晦間)이라. 텬식(天色)이 화명(和明)호고, 남풍(南風)이 화창(和暢)혼딕, 윤 상부(相府)의셔 대연을 긔장(開場)호고 닉외 빈킥이 대회(大會)호니, 옥안화뫼(玉顔花貌) 광실(廣室)의 바이더라[2036]. 일영(日影)이 장반(將半)의, 호람휘 즈질(子姪) 졔손(諸孫)으로 더브러 태우룰 압세워 닉당의 드러오니라.【76】

---

2034)범빅(凡百) : 갓가지의 모든 것.
2035)냥신가긔(良辰佳期) : 혼례를 올리는 좋은 시기.
2036)바이다 : 빛나다. 부시다. 빛이나 색채가 강렬하여 마주 보기 어려운 상태에 있다.

# 윤하뎡삼문취록 권지십팔

추시 호람휘 주질 졔손을 거느려 태우룰 압셰워 니당의 드러와 길복(吉服)을 추주니, 화유랑(乳娘)이 옥합(玉盒)을 밧드러 좌상(座上)의 노흐니, 이 곳 소쇼져의 친집(親執)훈 비라. 존당 구괴 크게 아룸다이 넉이고, 좌긱이 경찬(慶讚)호고, 소소져로 태우의 길복을 셤기게 호니, 남풍녀뫼(男風女貌) 참치(參差)²⁰³⁷호여 일월이 징광(爭光)호는 둧호니, 만좌즁빈(滿座衆賓)이 쳠망(瞻望)호믈 결을치 못호더라.

태위 위의룰 거느려 엄아(俺)의 니르러 홍안지녜(鴻雁之禮)²⁰³⁸룰 필호고, 신부 상교룰 기다려 봉교(封轎)훈 후, 【1】 본부의 도라와 합환(合歡)²⁰³⁹ 교비(交拜)²⁰⁴⁰룰 맛추미, 신뷔 단장(丹粧)을 곳쳐 조뉼(棗栗)을 밧드러 존당 구괴긔 헌(獻)호니, 존당 구괴 쳠망(瞻望)호미 셩주아질(聖姿雅質)이 츌어범뉴(出於凡類)호니, 대회 이듕(愛重)호며 졔긱이 졔셩치하(齊聲致賀)²⁰⁴¹호더라. 존당이 왕을 명호여 소쇼져로 상견지녜(相見之禮)룰 일우라 호니, 신뷔 안셔(安徐)히 소쇼져룰 향호여 지비(再拜)호니, 소쇼졔 방셕 밧게 느려 답녜(答禮)호더라.

종일 진환(盡歡)호고 일모(日暮) 긱산(客散)호미, 신뷔 슉소로 믈너나니, 추야의 태위 부명을 니어 신방의 나아가니, 군쥐(君主) 긔이영지(起而迎之)호여 동셔분좌(東西分坐)²⁰⁴²호미, 태 【2】 위 잠간 보미 명모아틱(明眸雅態)²⁰⁴³ 소쇼져의 비기미 져기 부족호나, 또혼 슉뇨현미(淑窈賢美) 호더라. 슉시냥구(熟視良久)의 왈,

"싱은 북경만니(北京萬里)²⁰⁴⁴의 잇고 부인은 오국만니(吳國萬里)²⁰⁴⁵의 이셔 유음(幽陰)²⁰⁴⁶이 격(隔)훔 굿더니, 텬연(天緣)이 듕(重)호므로 금일 상봉호엿거니와, 싱의

---

2037)참치(參差) : =참치부제(參差不齊). 길고 짧고 들쭉날쭉하여 가지런하지 아니함.
2038)홍안지녜(鴻雁之禮) : 전안지례(奠雁之禮). 혼인 때에 신랑이 기러기를 전하는 의식
2039)합환(合歡) : 합환례(合歡禮). 전통 혼례식에서 신랑 신부가 혼인을 맹세하는 뜻으로 서로 술잔을 주고 받아 마시는 의식. *합환주(合歡酒); 전통 혼례식에서 신랑 신부가 서로 잔을 주고받아 마시는 술.
2040)교비(交拜) : 교배례(交拜禮). 전통혼례에서 신랑신부가 서로에게 절을 하고 받는 의식
2041)졔셩치하(齊聲致賀) : 일제히 소리를 내어 칭찬함.
2042)동셔분좌(東西分坐) : 남녀가 동서로 나누어 앉음. 전통예절에서 남자는 동쪽 여자는 서쪽에 앉는다.
2043)명모아틱(明眸雅態) : 밝은 눈동자와 아름다운 자태.
2044)북경만니(北京萬里) : 만리(萬里)나 되는 아주 멀리 떨어져 있는 북경(北京)이라는 도시.
2045)오국만니(吳國萬里) : 만리(萬里)나 되는 아주 멀리 떨어져 있는 오국(吳國)이라는 나라.
2046)유음(幽陰) : =유계(幽界). =저승. 사람이 죽은 뒤에 그 혼이 가서 산다고 하는 세계.

원비 소시는 또흔 명문지녀(名門之女)오, 은인지직(恩人之子)라. 스덕(四德)2047)이 ᄀ
작ᄒ니2048), 부인은 모로미 '갈담(葛覃)의 화긔(和氣)'2049)를 일치 마르쇼셔."

엄군쥐 불승슈괴(不勝羞愧)2050)ᄒ여 져슈무언(低首無言)ᄒ니, 태위 야심ᄒ믈 닐ᄏ라
쵹을 물니고 쇼져를 닛그러 상요(床褥)의 나아가 운우지락(雲雨之樂)2051)을 일우니,
은졍(恩情)이 여산약히(如山若海)ᄒ【3】더라.

명됴(明朝)의 태우는 외당으로 나아가고, 엄쇼졔 단장을 일워 존당 구고긔 문안(問
安)ᄒ고 인ᄒ여 머므러 효봉구고(孝奉舅姑)ᄒ며 승슌군ᄌ(承順君子)ᄒ여 화우친쳑(和
友親戚)ᄒ니 존당(尊堂) 구괴(舅姑) 칭찬불이(稱讚不已)2052)러라.

챠셜. 뎡부의셔 졔왕의 뎨삼ᄌ 은긔 벼슬이 도찰원 시어스의 니르럿더니, 일일은 됴
회를 파ᄒ고 도라오는 길에 한님 니유를 만나니, 한님은 참졍 니긔의 장ᄌ요 니 비
(妃)의 질지(姪子)러라. 한님 니위 뎡도찰을 만나 근졀이 쳥ᄒ야 니부의 니르미, 니싱
등이 오리 오지 아니던 바를 쑤짓고, 바로 닛그러 닉셔헌(內書軒)의 니【4】르러 노공
긔 뵈올ᄉ, 원니 니싱 등이 소탈ᄒ지라, 무심코 닉셔헌 문을 열고 입실ᄒ니, 믄득 픠
옥(佩玉)2053) 소ᄅ 급ᄒ며 향풍(香風)이 진울(震鬱)ᄒ거늘2054) 도찰이 거안시지(擧眼
視之)2055)ᄒ니 일위 미쇼졔(美小姐) 년긔(年紀) 십유삼(十有三)은 흔듸, 홍상치슈(紅裳
彩袖)2056)를 붓치고2057) 급히 니러나 진퇴(進退)를 뎡치 못ᄒ야 '등 도라 서시니
'2058), 엷흐시 보건듸, 옥모화틱(玉貌禍胎) 미묘찰난(美妙燦爛)ᄒ여 형상(形象)치 못ᄒ
지라.

도찰이 대경ᄒ야 번신(翻身)ᄒ여 나가니, 니공이 마츰 닉셔헌이 고요ᄒ믈 인ᄒ여 손
녀를 불너 압히셔 녈녀젼(烈女傳)을 닑혀 듯더니, 의외 니싱 등이 쇼민(小妹)【5】의

---

2047) 스덕(四德) : 부녀자가 갖추어야 할 네 가지 덕목. 마음씨[婦德], 말씨[婦言], 맵시[婦容], 솜씨[婦功]를 이
른다.
2048) ᄀ작ᄒ다 : ①가지런하다. 여럿이 층이 나지 않고 고르게 잘 갖추어 있다.
2049) 갈담(葛覃)의 화긔(和氣) : 주(周)나라 문왕의 비(妃)인 태사(太姒)가 이루었던 '집안의 화목'을 말함. 갈
담(葛覃)은 『시경』〈주남(周南)〉편에 나오는 시로, 주나라 문왕의 비인 태사가 아랫사람들에게 덕을
드리워 집안의 화평과 번성을 이룬 것을 칭송하는 내용임.
2050) 불승슈괴(不勝羞愧) : 부끄러움을 이기지 못함.
2051) 운우지락(雲雨之樂) : 구름과 비를 만나는 즐거움이라는 뜻으로, 남녀의 성교(性交)를 이르는 말. 중국
초나라의 회왕(懷王)이 꿈속에서 어떤 부인과 잠자리를 같이했는데, 그 부인이 떠나면서 자기는 아침에
는 구름(雲)이 되고 저녁에는 비(雨)가 되어 양대(陽臺) 아래에 있겠다고 했다는 고사에서 유래한다.
2052) 칭찬불이(稱讚不已) : 칭찬하기를 그치지 아니함.
2053) 픠옥(佩玉) : ①조선 시대에, 왕과 왕비의 법복이나 문무백관의 조복(朝服)과 제복의 좌우에 늘이어 차
던 옥. 흰 옥을 이어서 무릎 밑까지 내려가도록 하였다. ②사람의 몸치장으로 차던, 옥으로 만든 장식물.
가락지, 팔찌, 귀고리, 목걸이 따위가 있다
2054) 진울(震鬱)ᄒ다 :? 물씬 풍기다.
2055) 거안시지(擧眼視之) : 눈을 들어 바라봄.
2056) 홍상치슈(紅裳彩袖) ; 붉은 치마와 고운 빛깔의 옷소매.
2057) 붓치다 : 부치다. 흔들다. 나부끼다. 펄럭이다.
2058) 등 도라 서시니 : 등을 돌려 서 있으니.

이시믈 아지 못ᄒ고 뎡싱으로 더브러 드러오미라. 니 노공(老公)이 밧비 손ᄋ를 ᄂᆡ각(內閣)으로 드려보ᄂᆡ고 뎡싱을 드러오라 ᄒ여, 쇼왈,

"노뷔 힘힘ᄒᆞᆫ2059) 인ᄒ여 손녀를 블너 압히 두엇더니, 손ᄋ 등이 쇼활(疎豁)ᄒ여 졔 누의 이시믈 아지 못ᄒ고, 널노 더브러 드러와 손녜 과도히 놀나게 ᄒ도다. 슈연(雖然)이나 우리 너를 운긔 형뎨로 달니 아니ᄒᄂ니 무ᄉᆞᆷ ᄂᆡ외(內外) 그리 격졀(隔絶)ᄒ리오."

도찰이 쇼이ᄉᆞ샤(笑而謝辭)ᄒ고 이윽이 말ᄉᆞᆷᄒ다가 부즁의 도라와 존당의 문안ᄒ고, 단시를 보니 더욱 ᄋᆡ들오믈 ᄂᆡ긔지 못ᄒ고, 셕【6】쟝 니쇼져의 ᄉᆡᆨ광덕질(色光德質)을 닛지 못ᄒ야, 심니(心裏)의 혜오ᄃᆡ,

"단시 비록 졔미(弟妹) 졔수(弟嫂)의 셩ᄌᆞ광휘(聖姿光輝)를 밋지 못ᄒ나 평평(平平)ᄒᆞᆫ 위인일진ᄃᆡ 엇지 이디도록 ᄋᆡ달오리오. 츄형은 조수(嫂) ᄀᆞᆺᄐᆞᆫ 긔완명염(奇婉名艶)을 취ᄒ시고 다시 한·화 이수(二嫂)를 취ᄒ야 번화를 구ᄒ여시ᄃᆡ, 대인이 홀노 엇지 일편된 고집으로써 나의 심우(心愛)를 참착지 아니ᄒ시ᄂᆞᆫ고?"

스스로 침불안셕(寢不安席)ᄒ고 식불감미(食不甘味)ᄒ여 드듸여 칭병잠와(稱病潛臥)2060)ᄒ니, 십여일에 밋처ᄂᆞᆫ ᄀᆞ장 위악(危惡)ᄒ니 존당 《구괴∥부모》 근심ᄒ고 군죵졔뎨(群從諸弟) 우황(憂惶)ᄒ더니, 일일은 도【7】찰이 냥구(良久)히 혼혼(昏昏)ᄒ엿더니, 믄득 ᄭᆡ여 좌위 고요ᄒ믈 인ᄒ여 광슈(廣袖)로 벽을 쳐 탄왈,

"가히 어엿브다, 나의 쳥춘! 음영(陰影)2061)이 프러지지 아니ᄒ미, 니참졍의 쳔금일교(千金一嬌)2062) 능히 평싱계활(平生契活)2063)이 쾌(快)ᄒᆞᆯ 것가!"

이러틋 탄셩오열(歎聲嗚咽)ᄒ여 소ᄅᆡ 나믈 ᄭᆡ닷지 못ᄒ더니, 믄득 난두(欄頭)의 인셩(人聲)이 요요(擾擾)ᄒ니 도찰이 호흡을 ᄂᆞᆽ초고 눈을 ᄀᆞᆷ으니라.

이ᄯᆡ 윤·양·니·경 ᄉᆞ비와 문양공쥬 도찰의 병이 듕ᄒ믈 우려ᄒ야 존당의 문안을 파ᄒᆞᆫ 후 오비(五妃) ᄒᆞᆫ가지로 ᄂᆡ셔ᄌᆡ(內書齋)의 나와 ᄋᆞᄌᆞ의 병을 보고져 ᄒ엿더니, 난두의 올【8】으며 믄득 방즁(房中)의셔 도찰이 분탄ᄒᄂᆞᆫ 소ᄅᆡ 이셔, ᄉᆞ에(辭語) 여ᄎᆞ(如此)ᄒ니, ᄉᆞ비 경아(驚訝)ᄒ믈 마지 아니ᄒ고, 공쥬 본ᄃᆡ 총명혜아(聰明慧雅)2064)ᄒᆞᆫ지라, 반다시 필유묘믹(必有妙脈)ᄒᆞᆫ 병근인 줄 짐작ᄒ더라.

오비 날호여 입실ᄒ니 도찰이 향벽잠와(向壁潛臥)ᄒ여 병셰 ᄌᆞ못 위위(危危)ᄒ니, 니비 나아가 그 손을 잡고 화평(和平)이 닐ᄋᆞᄃᆡ,

"오ᄋᆞ(吾兒)ᄂᆞᆫ 졍신을 출혀 우리를 보고 심곡소회(心曲所懷) 잇거든 실진무은(實陳

---

2059) 힘힘ᄒ다 : 심심하다. 하는 일이 없어 지루하고 재미가 없다
2060) 칭병잠와(稱病潛臥) : 병을 핑계하여 출입을 않고 누워 있음.
2061) 음영(陰影) : 내면에 잠재해 있는 그림자. 여기서는 정은기가 얼핏 보았던 이 소저의 모습을 말한다.
2062) 천금일교(千金一嬌) ; 천금처럼 귀한 아리따운 한 딸.
2063) 평싱계활(平生契活) : 평생토록 인연을 맺어 살아감.
2064) 총명혜아(聰明慧雅) ; 총명하고 슬기로움.

無隱)2065)ᄒ라. ᄋ히 ᄌ못 품은 ᄯᆺ이 잇거든 ᄌ모의게 은휘(隱諱)치 말나."

은긔 심듕의 깃거 니부의 가 니쇼져 만나던 일을 ᄌ시 고ᄒ니, 니비 심듕의 미안ᄒ나 【9】 화평이 년이(憐愛) 왈,

"내 셩혼ᄒᄆᆯ 쥬션(周旋)ᄒ리니 너는 ᄆᆞ음을 노하 ᄎ병(差病)케 ᄒ라."

도찰이 지비 슈명(受命)ᄒ고, 그윽이 희망ᄒᄂᆫ ᄯᆺ이 이시니, 오위(五位) 모비(母妃) ᄀᆞ장 넘녀ᄒ며, 경비는 ᄋᆞᄌ(兒子)의 남ᄉ(濫事)를 미온ᄒᄆᆡ 깁흐나, 아직은 그 병이 심상치 아니ᄒ니 능히 허물을 칙지 못ᄒ더라.

이윽고 네부와 평장이 군종 졔뎨로 더브러 나아오니, 졔비(諸妃) 등이 안흐로 드러오니라. 니비 즉시 글월을 닷가 본부의 보내여,

"은긔의 병근이 질녀를 ᄉ상(思想)ᄒᄆᆡ니 의에 타문을 싱각지 못홀 거시니, 가형(家兄) 부부로 상의ᄒ여 됴히 【10】 셩혼ᄒ쇼셔."

ᄒ여시니, 니노공이 어히업고 통흔(痛恨)ᄒ나, 마지 못ᄒ여 녀ᄋ의 글을 가져 ᄌ(子)와 부(婦)를 뵈고 셜니 손녀로ᄡᅥ 뎡부의 통혼(通婚)ᄒ라 ᄒ니, 참졍이 본셩이 과격 엄녈ᄒ야 비례(非禮)를 원슈 ᄀᆞ치 넉이ᄂᆞᆫ지라. 미ᄌ의 글월을 보고 대로 왈,

"은긔는 가히 인면슈심(人面獸心)이로다. 아녀를 ᄉ상ᄒ여 여ᄎᄒ니 엇지 한심(寒心) 통히(痛駭)치 아니리오. 은긔 죽다 ᄒ면 녀ᄋ를 다만 심규(深閨)○[의] 폐륜(閉倫)홀 ᄯᄅᆞᆷ이라. 엇지 나의 쇼교(小嬌)로 음황탕ᄌ(淫荒蕩子)의게 허가(許嫁)ᄒ리오."

노공이 지삼 기유(開諭)ᄒ고 니싱 등이 괴로이 간(諫)ᄒ니 부인이 탄왈,

"녀 【11】ᄋᆞᄂᆞᆫ 심규(深閨) 약질(弱質)이라, 종요로온 가셔(佳婿)를 엇고져 ᄒ엿더니, 인연이 긔구ᄒ여 발셔 뎡ᄌ의 눈에 뵈ᄆᆡ 잘못ᄒ여시니, ᄎ역(此亦) 져히 팔ᄌ(八字)2066)라. 현마2067) 엇지 ᄒ리오. 수히 셩녜ᄒ여 ᄉᄉᆡ(事事) 만젼(萬全)ᄒᄆᆯ 취ᄒ쇼셔."

참졍이 불열(不悅)ᄒ나 부득이 허혼(許婚)ᄒ니, 미패 뎡부의 나아가 구혼(求婚)ᄒᆫ딕, 금평휘 경아(驚訝) 왈,

"시금(時今)은 은긔 병이 듕ᄒ거ᄂᆞᆯ, 니부의 쳥혼이 ᄀᆞ장 고이토다."

졍언간의 셔동이 니참졍의 닉림ᄒᄆᆯ 고ᄒ니, 졔왕 곤계 마ᄌ 녜필(禮畢) 한훤(寒喧)2068) 파(罷)의, 니공이 믄득 변식(變色) 왈,

"근일 녕윤(令胤)의 병셰 약하오."

졔 【12】 왕이 미급답에 진공 왈,

"오질(吾姪)의 병은 ᄀᆞ장 듕ᄒ거니와, 니형은 귀 눈이 업던가? 어인 혼인을 그리 밧

---

2065)실진무은(實陳無隱) : 숨김없이 모두 이야기함.
2066)팔직(八字) : 사람의 한평생의 운수. 사주팔자에서 유래한 말로, 사람이 태어난 해와 달과 날과 시간을 간지(干支)로 나타내면 여덟 글자가 되는데, 이 속에 일생의 운명이 정해져 있다고 본다.
2067)현마 : 설마. 차마.
2068)한훤(寒喧) : 날씨의 춥고 더움을 말하는 인사.

비 구ᄒᆞ시ᄂᆞ뇨?"

니공이 졍싴 닝쇼(冷笑) 왈,

"형은 쇼뎨ᄅᆞᆯ 귀 눈 업다 ᄒᆞ거니와, 쇼뎨ᄂᆞ 이 가즁 졔형을 귀 눈 업순가 ᄒᆞᄂᆞ니, 은긔의 병근 위질이 ᄎᆞᆫ혼 빌미라."

ᄒᆞ고, 드듸여 도찰의 병근이 모일의 녀ᄋᆞᄅᆞᆯ 보고 온 후로 ᄉᆞ상지질(思想之疾)2069)이 되어시니, 이졔ᄂᆞ 녀ᄋᆞᄅᆞᆯ 타문의 보ᄂᆡ지 못홀 거시므로 미파ᄅᆞᆯ 보ᄂᆡ여시믈 닐ᄋᆞ고, 도찰의 무식무ᄒᆡᆼ(無識無行)ᄒᆞᆷ을 닐ᄏᆞ라 은노(隱怒)ᄒᆞ미 깁흔지라. 좌위 뎡파의 어히업시 넉이고 졔왕【13】이 도로혀 일장을 크게 웃고 닐ᄋᆞ디,

"녀ᄌᆡ 음ᄒᆡᆼ(淫行)ᄒᆞ면 대악발뷔(大惡潑婦)라 ᄒᆞ려니와, 남이 졀염슉녀(絶艷淑女)ᄅᆞᆯ ᄉᆞ복(思服)ᄒᆞ미 상ᄉᆡ(相思)라 닐ᄋᆞ리니, 형은 오소ᄒᆞᆫ2070) 남지라. 당당ᄒᆞᆫ 대장부의 ᄒᆡᆼ ᄉᆞ(行事)ᄅᆞᆯ 변(變)만 넉이ᄂᆞᆫ다?"

참졍이 도로혀 대쇼ᄒᆞ고 ᄭᅮ지저 왈,

"원간 창빅의 능녀남활(凌厲濫闊)2071)ᄒᆞ미 일셰의 유명(有名)ᄒᆞ여 불고이취(不告而娶)ᄀᆞ지 ᄒᆞᆷ을 드럿더니, 은긔의 호방ᄒᆞ미 습여셩셩(習與性成)2072)이랏다! 져 아비 엇지 ᄌᆞ식을 잘 훈교홀 니 이시리오."

졔왕이 우쇼(又笑) 왈,

"니형 ᄀᆞᆺ치 규방의 주졉든 어린 남ᄌᆡ 엇지 감히 대장부의 ᄒᆡᆼᄉᆞᄅᆞᆯ 시비ᄒᆞ【14】ᄂᆞᆫ다?"

빈쥐(賓主) 서로 웃고 쥬비(酒杯)ᄅᆞᆯ 나와 통음(痛飲)ᄒᆞ며 혼ᄉᆞᄅᆞᆯ 돗 우ᄒᆡ서 뇌약(牢約)ᄒᆞ니, 길긔 일슌(一旬)을 ᄀᆞ렷더라.

셕양의 니공이 도라가니 가즁상해(家中上下) 부야흐로 은긔 병근을 ᄭᅵ닷고, 졔왕은 통히(痛駭)ᄒᆞᆷ을 니긔지 못ᄒᆞ나, 아직은 병이 듕ᄒᆞ니 가칙(呵責)지 아니ᄒᆞ더라. 도찰이 졔형뎨의 젼어(傳語)로조ᄎᆞ, 혼ᄉᆡ 묘히 셩젼ᄒᆞᆷ을 ᄀᆞ장 환희만심(歡喜滿心)ᄒᆞ디, 부왕의 미온지심(미온之心)이 깁흐시믈 불승황공ᄒᆞ더라.

ᄎᆞ일브터 빅병(百病)이 츈셜(春雪) ᄉᆞᄃᆞᆺ2073)ᄒᆞ고, ᄉᆞ지(四肢) 경쾌ᄒᆞ니, 줌이 달고 식음이 슌강(順降)ᄒᆞ야 슌일(旬日)이 못ᄒᆞ여서 위질(危疾)이 쾌ᄎᆞ(快差)ᄒᆞ여, 소셰(梳洗)ᄒᆞ고 존【15】당의 문후ᄒᆞ니, 존당이 깃거ᄒᆞ시며, 금평휘 니시 상ᄉᆞ(相思)ᄒᆞ미 ᄀᆞ장 인ᄉᆞ(人事)의 유해ᄒᆞᆷ믈 경계(警戒) 졀칙(切責)ᄒᆞ니, 도찰이 고두쳥죄(叩頭請罪)러라.

이러구러 길일(吉日)이 다ᄃᆞ라니 냥가의셔 셜장대연(設場大宴)2074)ᄒᆞ고, 도찰이 길

---

2069)ᄉᆞ상지질(思想之疾) ; 상사병(相思病). 이성을 사모하여 이룬 병.
2070)오소ᄒᆞ다 : 도량이 좁고 작다.
2071)능녀남활(凌厲濫闊) : 재빠르고 분수에 넘침.
2072)습여셩셩(習與性成) : 습관이 오래되면 마침내 천성이 됨.
2073)ᄉᆞ다 : 슬다. 스러지다. 녹다. 형체나 현상 따위가 차차 희미해지면서 없어지다.
2074)셜장대연(設場大宴) : 식장을 베풀어 크게 잔치를 엶.

복을 졍(正)히ᄒᆞ여 위의를 갓초와 니부의 니ᄅᆞ러 홍안지녜(鴻雁之禮)를 맛고, 니쇼져를 친영(親迎)2075)ᄒᆞ여 부즁의 도라와 텽즁(廳中)의셔 《합증ǁ합근(合졸)2076)》 교비(交拜)2077)를 맛ᄆᆞ, 도찰이 눈을 드러 신인의 쳔틱만광(千態萬光)을 보ᄆᆞ, 일만(一萬) 심우(心憂)를 닛고 화긔(和氣) 만안(滿顏)이라. 신뷔 단장(丹粧)을 곳쳐 존당 구고긔 빈현(拜見)ᄒᆞᆯ식, 만목(萬目)이 일시의 관광(觀光)ᄒᆞ니, 신부의 【16】화용월틱(花容月態) ᄯᅩᄒᆞᆫ 슉녀의 뎨일좌(第一坐)를 ᄉᆞ양치 아닐지니, 존당 구괴 그 셩ᄌᆞ광염(聖姿光艷)을 깃거ᄒᆞ니 졔긱이 분분 하례ᄒᆞ더라.

원닉 단시ᄂᆞᆫ 즁무소쥬(中無所主)ᄒᆞᆫ 고로, 금일 도찰이 신취(新娶)ᄒᆞ여 신부의 ᄉᆡᆨ덕(色德)이 겸비홈과 듕빈(衆賓)의 치하ᄒᆞᄆᆞᆯ 보나, 무ᄉᆞ무려(無思無慮)ᄒᆞ여 우락(憂樂)을 모로ᄂᆞᆫ 듯ᄒᆞ니, 가즁(家中) 샹해(上下) 역시 무던이 넉이더라. 죵일 진환(盡歡)의 졔긱이 각귀(各歸)ᄒᆞᄆᆞ 신뷔 슉소로 도라가니라.

츠야의 도찰이 존당의 혼뎡을 파ᄒᆞ고 부명을 니어 신방의 나아가니, 신뷔 니러 마ᄌᆞ 동셔분좌(東西分坐)ᄒᆞᄆᆞ, 도찰이 단시의 불미지질(不美之質)을 증【17】염ᄒᆞ던 바로, 금일 신부를 딕ᄒᆞᄆᆞ, 심시 ᄌᆞ못 흔흡(欣洽)ᄒᆞ여 옥쵹(玉燭)을 멸ᄒᆞ고 신부를 닛그러 상요(床褥)의 나아가 운우지락(雲雨之樂)을 일우니, 은졍이 비길 ᄃᆡ 업더라.

명됴의 니쇼졔 신장을 다ᄉᆞ려 존당 구고긔 문안ᄒᆞᄆᆞ, 존당 구괴 식로이 ᄋᆡ경(愛敬)ᄒᆞ더라. 니쇼졔 인ᄒᆞ여 머므러 슉흥야ᄆᆡ(夙興夜寐)ᄒᆞ고 동동쵹쵹(洞洞屬屬)ᄒᆞ야 단시로 화우공경(和友恭敬)ᄒᆞ니 존당 구괴 두굿기고 샹하 졔인이 칭찬ᄒᆞ더라. 이러구러 일삭이 지나ᄆᆡ 도찰의 병셰 쾌ᄎᆞᆫ지라.

일야ᄂᆞᆫ 왕이 둑셔당 집흔 곳의 드러가 ᄉᆞ졸(士卒)을 모화 약간 위엄을 비셜(排設)ᄒᆞ고 슬하【18】에 다만 녜부와 평장이 뫼셧게 ᄒᆞ고, 도찰을 잡아 ᄂᆞ리와 수죄 왈,

"단시 비록 ᄉᆡᆨ모지예(色貌才藝) 겸젼(兼全)ᄒᆞᆫ 슉녜 닐오지 못ᄒᆞ나, ᄯᅩᄒᆞᆫ 극흉대악(極凶大惡)은 아니니, 내 실노 무던이 넉이ᄂᆞᆫ 빅로ᄃᆡ, 너의 호쥬탐식(好酒貪色)ᄒᆞᄂᆞᆫ 셩졍의 어긋나믈 혜아려 너히 나히 ᄎᆞ거든 죵용히 ᄌᆡ취(再娶)를 구쳐코져 ᄒᆞ더니, 픠즈ᄂᆞᆫ 부모의 ᄯᅳᆺ을 아지 못ᄒᆞ고 즈레 나○[셔] 셔도라2078) 니시를 ᄉᆞ상(思想)ᄒᆞ여 ᄒᆡᆼ실의 유해ᄒᆞᄆᆞᆯ ᄉᆡᆼ각지 아니ᄒᆞ니 엇지 통히치 아니며, 니셩뵈 나를 딕ᄒᆞ여 여ᄎᆞ여ᄎᆞᄒᆞ니 엇지 붓그럽지 아니리오. 기시(其時)의 다ᄉᆞ리지 못ᄒᆞᆷ믄 ᄉᆞ졍(私情)【19】을 고ᄌᆞ(顧藉)ᄒᆞ미니2079), 완만(頑慢)ᄒᆞᆫ ᄌᆞ식이 약ᄒᆞᆫ 아비 잇던 줄 알나."

셜파의 ᄉᆞ예(司隷)2080)를 ᄲᅮ지져 도찰을 결장(決杖)ᄒᆞᆯ식, 산장 다ᄉᆞᆺ슬 잡으라 ᄒᆞ여

2075)친영(親迎) : 혼인례의 육례(六禮)의 하나. 신랑이 신부의 집에 가서 신부를 직접 맞이하는 의식이다
2076)합근(合졸) : 합근례(合졸禮). 전통 혼례식에서 신랑 신부가 혼인을 맹세하는 뜻으로 서로 술잔을 주고받아 마시는 의식.
2077)교비(交拜) : 교배례(交拜禮). 전통혼례에서 신랑신부가 서로에게 절을 하고 받는 의식.
2078)서도라 : 서둘러. 서도다; 서두르다.
2079)고ᄌᆞ(顧藉)ᄒᆞ다 : 돌아보다. 다시 생각하여 보다.
2080)ᄉᆞ예(司隷) : 중국 주나라 때 추관(秋官; 조선시대 형조와 같은 관청)에 소속된 관리. 여기서 사예(司隷)

미마다 고찰ᄒᆞ니, 수십장의 밋쳐 뉴혈(流血)이 낭쟈(狼藉)ᄒᆞ더니, 오십장의 니르러ᄂᆞᆫ 긔운이 엄엄(奄奄)ᄒᆞ니2081), 왕이 ᄇᆞ야흐로 샤(赦)ᄒᆞ고 졔ᄌᆞ를 당부ᄒᆞ야 존당의 고치 말나 ᄒᆞ니라. 네부 등이 도찰을 구ᄒᆞ여 셔당의 도라와 약물노 다ᄉᆞ려 인ᄉᆞ를 출ᄒᆞ니, 존당의ᄂᆞᆫ 은긔 유질ᄒᆞᄆᆞ로뻐 고ᄒᆞ니라.

ᄎᆞ시 동오왕 엄빅경이 녀ᄋᆞ를 셩혼(成婚)ᄒᆞ여 윤부로 보ᄂᆡ고, 번국 군왕이 텬됴의 오릭 머믈미 ᄉᆞ톄(事體)2082)의 【20】 불가ᄒᆞ고, 본국의 셰ᄌᆞ만 이시믈 민망ᄒᆞ여 힝거를 두루혈ᄉᆡ, 금번 도라가미 삼년 후 입됴(入朝)ᄒᆞᆯ지라. 이의 금궐(禁闕)의 하직ᄒᆞ온딕, 샹이 인견ᄒᆞ샤 어온(御醞)을 반ᄉᆞ(頒賜)ᄒᆞ시고, 만니 험노의 무ᄉᆞ히 득달ᄒᆞ믈 당부ᄒᆞ시니, 오왕이 사은(謝恩)ᄒᆞ고 퇴됴ᄒᆞ여 친쳑 졔봉으로 작별ᄒᆞᆫ 후, 동문을 나 윤부의 드러가 녀ᄋᆞ를 잠간 볼ᄉᆡ, 효봉구고(孝奉舅姑)ᄒᆞ며 승슌군ᄌᆞ(承順君子)ᄒᆞ믈 경계ᄒᆞ고 니러나니, 쇼졔 능히 말을 일우지 못ᄒᆞ고, 쇼져를 조ᄎᆞ 온 유랑(乳娘) 시이(侍兒) 역읍 뉴체(亦泣流涕)ᄒᆞ니 윤태위 위로ᄒᆞ더라. 이의 외루의 나와 진왕과 승샹이 ᄯᅩᄒᆞᆫ 하·뎡 【21】 등 졔공으로 더브러 쥬비(酒杯)를 통음(痛飮)ᄒᆞ여 죵일 진환(盡歡)ᄒᆞ다가 셕양의 분슈(分手)ᄒᆞ니 거류냥졍(去留兩情)2083)이 의의ᄒᆞ더라2084).

화셜. 관셔안찰ᄉᆞ(關西按察使) 하몽셩이 발힝 수월만의 비로소 관셔지계(關西地界)의 다ᄃᆞ라미, 여역(癘疫)이 대치(大熾)ᄒᆞ고 요얼(妖孽)이 셩힝ᄒᆞ여 인심(人心)이 극악ᄒᆞ니, 부ᄌᆞ(父子) 상살(相殺)ᄒᆞ고 부뷔 상식(相食)2085)이러라. 안찰이 셔영 셔평의 수슌(數旬)식 머므러 긔민(饑民)을 진휼(賑恤)ᄒᆞ며, 도젹을 교화(敎化)ᄒᆞ고 밀닌 공ᄉᆞ를 쳐결ᄒᆞ여, 교홰(敎化) 대힝(大行)ᄒᆞ니, 요얼이 스스로 물너가고 녀역(癘疫)이 침식(寢息)2086)ᄒᆞ니 셔영 셔평 냥쳐(兩處)ᄂᆞᆫ 다시 념녀ᄒᆞᆯ 거시 업ᄉᆞ니, 졔읍 쥬현이 안 【22】 찰의 어진 교화를 인ᄒᆞ여, 불명탐학(不明貪虐)ᄒᆞ던 셩졍(性情)을 곳쳐 빅셩을 ᄉᆞ랑ᄒᆞ며 쳥검(淸儉)ᄒᆞ기를 힘뼈 인심이 슌후(淳厚)ᄒᆞ더라.

임의 졔읍(諸邑)을 슌슈(巡狩)2087)ᄒᆞ여 십이월 습슌(拾旬)의 셔광의 다ᄃᆞ라니, 지부 교현뮈 강명졍대(剛明正大)ᄒᆞᆫ 고로 관셔 졔읍 쥬현뉴(州縣類)의 웃듬이라. 연이나 이ᄯᅢ 광악산의 악호(惡虎) 십여 쉬(首)2088) 이셔 사ᄅᆞᆷ을 무수히 상해오니 교지뷔 근심ᄒᆞ거늘, 안찰이 미복으로 두어 셔동을 다리고 산의 올나가 도츅(禱祝)ᄒᆞ엿더니, ᄎᆞ야 삼경의 크게 뇌우(雷雨)ᄒᆞ고 호혈(虎穴)을 분쇄ᄒᆞ니라.

---

ᄂᆞᆫ 사대부가에서 형리(刑吏)의 역할을 맡은 노복(奴僕)을 일컫는 말로 쓰이고 있다.
2081) 엄엄(奄奄)ᄒᆞ다 : 숨이 곧 끊어지려 하거나 매우 약한 상태에 있다.
2082) ᄉᆞ톄(事體) : 사리(事理)와 체면(體面)을 아울러 이르는 말.
2083) 거류냥졍(去留兩情) : 떠나가는 사람의 정과 머물러 있는 사람의 정
2084) 의의ᄒᆞ다 : 못내 섭섭하다.
2085) 상식(相食) : 서로 잡아먹음.
2086) 침식(寢息) : 떠들썩하던 일이 가라앉아서 그침.
2087) 슌슈(巡狩) : 임금이나 임금의 명을 받은 관리가 나라 또는 특정 지역 안을 두루 살피며 돌아다니던 일.
2088) 쉬(首) : 마리. 짐승이나 물고기 따위를 세는 단위.

안찰이 두로 슌무(巡撫)ᄒ여 도라오더니, 【23】ᄒᆫ 곳에 니ᄅᆞ니 촌낙(村落)이 십여 호(戶)ᄂᆞᆫ 잇ᄂᆞᆫᄃᆡ, 이연(哀然)ᄒᆫ 곡셩이 은은이 들니거늘, 그 곳을 ᄎᆞᄌᆞ 나아가 보니, 일간(一間) 초옥(草屋)이 파훼(破毀)ᄒ여 창회(窓戶)업고 ᄒᆫ 닙 거젹2089)을 드리워시니, 그 틈으로 여어본즉 노괴 혼ᄌᆞ 안ᄌᆞ 우더니 믄득 ᄒᆫ 녀ᄌᆡ 막디ᄅᆞᆯ 집고 드러오니, 년긔 십ᄉᆞᄂᆞᆫ ᄒᆞ나 ᄒᆞᆫ 다리 절고 ᄒᆞᆫ 눈이 폐밍(廢盲)이나 용모 긔질은 ᄀᆞ장 절승ᄒ더라.

이의 그 노고(老姑)의 겻히 안ᄌᆞ 위로 왈,

"만시 명애(命也)오 비인력(非人力)이니, 모친은 통원(痛冤)을 긋치쇼셔."

노괴 비로소 우룸을 긋치고 왈,

"내 몸을 형벌(刑罰)코져 ᄒᆞᄂᆞᆫ 바ᄂᆞᆫ 히북(海北) 뉴리분쥬(流離奔走)2090)【24】시(時)의 셩현(聖賢)을 만나 만흔 은ᄌᆞ(銀子)ᄅᆞᆯ 밧아시니, 관치(官債)ᄅᆞᆯ 갑흔 후의 이의셔 싱계ᄅᆞᆯ 뇨리(料理)치 말고, 비록 션군(先君)의 묘소ᄅᆞᆯ 써나미 졍니(情理)의 망극(罔極)ᄒ나, ᄀᆞ마니 타향의 올마 살미 잇던들 엇지 널노뼈 남의 비ᄌᆞ(婢子)ᄅᆞᆯ 삼ᄂᆞᆫ 원억(冤抑)ᄒᆞ미 이시며, 사ᄅᆞᆷ의 참지 못홀 풍상변익(風霜變厄)2091)인들 이시리오. 내 미양 너의 일목(一目)을 스스로 금고 비각병인(臂脚病人)2092)이라 닐ᄏᆞ라믈 ᄀᆞ골(脚骨) 슬허ᄒᆞᄂᆞᆫ 비라. 일노조차 삼낭(三郎)이 도라와도 견욕(見辱)홀 일은 업거니와, 삼낭 쳐의 너ᄅᆞᆯ 조로고 보치믈 심히 ᄒᆞᄃᆡ 탕부인은 보치지 아니나, 늙은 태부인【25】이 죽ᄂᆞᆫ 날이면 그 용심이 너ᄅᆞᆯ 죽이고 긋치리니, 빅냥은ᄌᆞ(百兩銀子)ᄅᆞᆯ 잘 변통치 못ᄒᆞ야 너ᄅᆞᆯ 공연이 마가의 보치이ᄂᆞᆫ 비ᄌᆞᄅᆞᆯ 삼고, 셩ᄒᆞᆫ 몸을 병들기로 칭ᄒᆞ니, 뉘 능히 옥(玉)이 니토(泥土)의 바리믈 알니오."

그 녀ᄌᆡ 호언으로 위로ᄒᆞ고 자기ᄅᆞᆯ 쳥ᄒᆞ니, 안찰이 드듸여 냥(兩) 셔동을 다리고 인가ᄅᆞᆯ 어더 밤을 지ᄂᆡ고, 그 쇼년 녀즈의 근본 ᄂᆡ력을 ᄌᆞ시 알고 우던 노고의 졍원(情願)으로 그 쇼년 녀ᄌᆞᄅᆞᆯ 구ᄒᆞ여 다려가려 ᄒᆞ니, 시하인야(是何人也)오?

원닉 우던 노고ᄂᆞᆫ 상자(相者)2093) 최빈 쳐 방시니, 쵀민이 상법(相法)이 고명(高名)ᄒᆞ고 의긔(義氣) 과인(過人)ᄒᆞ여, 【26】사ᄅᆞᆷ의 잔잉ᄒᆞᆫ 졍ᄉᆞ와 급ᄒᆞᆫ 일을 본즉, 쳔금을 앗기지 아냐 구활ᄒᆞ믈 못밋츨 다시 ᄒᆞᄃᆡ, 복션지리(福善之理)2094) 도상(道喪)2095)ᄒᆞ여 쵀민이 남녀 간 일골육(一骨肉)을 두지 못ᄒᆞ고, 년긔(年紀) 미급오슌(未及五

---

2089)거젹 : 거적. 짚을 두툼하게 엮거나, 새끼로 날을 하여 짚으로 쳐서 자리처럼 만든 물건. 허드레로 자리처럼 쓰기도 하며, 한데에 쌓은 물건을 덮기도 한다.

2090)뉴리분쥬(流離奔走) ; 이곳저곳으로 떠돌아다님.

2091)풍상변익(風霜變厄) : 세상에서 겪는 많은 고생과 사고와 재앙.

2092)비각병인(臂脚病人) : 다리가 병(病)이 나 절거나 걷지 못하는 사람.

2093)상자(相者) : 관상가. 사람의 얼굴을 보고 그의 운명, 성격, 수명 따위를 판단하는 일을 업으로 하는 사람.

2094)복션지리(福善之理) : 착한 사람에게 복을 내리는 만물의 이치.

2095)도상(道喪) : 도(道)가 무너짐.

旬)2096)의 세상을 바리민, 기시(其時) 쥬가(酒家)의셔 사온 바는 경수(京師)의 갓다가 사온 빈니, 이제 졍히 졍쇼져 낭셩이 유호(乳下)를 면치 못호여시니, 방시 가부의 죽으믈 망극호나 혈속(血屬)2097)의 졍(情)을 아지 못호다가, 낭셩을 어더 만금(萬金)○○ [처로] 귀듕호여 무스히 기란 비 되니, 원닉 낭셩(狼星)2098) 쇼져라 호리는2099), 셕년(昔年) 왕이의2100) 평졔왕 뎡듁쳥비 문양공쥐 싱어일【27】녀우(生於一女兒)2101)호여 옥(玉)으로 무으며2102) 꼿추로 삭인 용홰(容華) 일월(日月)의 졍치(精彩)를 습(襲)호고 텬디의 슈츌(秀出)흔 긔운을 타 나, 완연이 셩즛(聖者)의 품격이로딘, 공쥐 싱녀(生女) 홀 쎄를 당호여는, 인심(人心)이 되지 못호여, 윤·양·니·경 스인을 셔로 즈며2103), 현긔 등을 업시호야 졔왕의 춍셰(寵勢)를 온젼이 당(當)코져2104) 호므로, 왕을[이] 츌졍(出征)호여 도라오지 못흔 스이의, 최형의 쳡즛(妾子)와 즈긔 녀우를 밧고와 뎡부 합문(闔門)2105)을 속여, {즈긔 녀우를 밧고와} 최형의 쳔즛(賤子)는 즈긔 으둘이라 호고, 즈긔 녀우는 최형 의게 보닉여 소문 업시 기르라 【28】홀시, 일단 모녀(母女)의 졍과 텬뉸의 즈인(慈愛) 이셔 그 싱월싱시(生月生時)와 셩삐(姓氏)나 알고져 호므로써, 최형의게로 보닉기를 당호여, 잉혈노 싱년월일(生年月日)과 '뎡으(鄭兒)'를 쓰고, 그 좌비상(左臂上)의 '월녀(月女)' 두 즈와 '낭셩(狼星)' 두 지 완연이 금(金)으로 일워, 아모리 업시코져 호여도 살의 박히니라.2106)

최형의 집이 쥬매(酒賣)를 호므로, 최민이 맛춤 경수의 왓다가 최형의 집에 와 술 사먹고 인호여, 뎡쇼져의 비상흔 귀격(貴格)을 보고 금은을 앗기지 아냐, 최형의 욕심이 추도록 주고 쇼져를 다려 도라와, 기쳐(其妻)를 주어 왈,

"우리 늣도록 【29】남녀간 일졈 혈육이 업셔 슬허호더니, 추우를 보민 당당흔 졍긔(精氣)와 비상흔 귀격(貴格)이 비록 우리 즈식이라 호기 황공호나, 조심호여 기란즉 반다시 용상(庸常)흔 십즛(十子)를 둠의셔 나을지라. 나는 세상을 수히 바리려니와, 그 디는 팔십을 넘기리니, 추우를 하늘 굿치 밧드러 밋으라."

---

2096)미급오슌(未及五旬) ; 오십 세가 되지 못하여.

2097)혈속(血屬) : 혈통을 이어가는 살붙이.

2098)낭셩(狼星) : 별자리 이름. 큰개자리에서 가장 밝은 청백색의 별. 하늘에서 볼 수 있는 가장 밝은 별로, 밝기는 -1.46등급이고, 지구에서 거리는 8.7광년이다. 백색 왜성과 쌍성을 이루고 있다. =늑대별. =시리우스.

2099)호리는 ; 하는 사람은. '할+이+는'의 형태.

2100)왕이의(왕애)의 :?

2101)싱어녀우(生於一女兒) : 한 딸을 낳음.

2102)무으다 : 쌓다. 만들다.

2103)셔로즈다 : 서릊다. 좋지 아니한 것을 쓸어 치우다.

2104)당(當)하다 ; 어떤 것을 독점하여 담당하다.

2105)합문(闔門) : 문을 닫는다는 뜻으로, '온 집안'을 이르는 말.

2106)좌비상(左臂上)의 '월녀(月女)' 두 즈와 '낭셩(狼星)' 두 지 완연이 금(金)으로 일워, 아모리 업시코져 호여도 살의 박히니라 ; 이 대목은 졍낭셩의 전신(前身)이 천상 셩신(星神)이었다는 징표를 드러내 보인 것으로 볼 수 있다.

방시 본디 화슌(和順)흔 위인이오, 즈식이 업스믈 슬허ᄒ다가, 뎡쇼져를 ○○[어더]
《귀듕ᄒ다가∥귀듕히 너겨 기라다가》, 수년 후 쵀민이 죽으니, 젹치(積債) 여산(如
山)ᄒ고 관치(官債) ᄯ흔 젹지 아니ᄒ니, 방시 가장지물(家藏之物)을 방매(放賣)ᄒ여
젹치(積債)를 갑흐딘 밋지 못【30】ᄒ고, 본읍 태쉬 잡아 가도려 ᄒᄆᆡ, 심야(深夜)의
도쥬(逃走)ᄒ야 히북(海北)ᄀ지 뉴락(流落)ᄒᄆᆡ 되엿더니, 윤공주 셩닌이 금은을 주니
방시 밧아 관치를 갑고, 십여냥을 남겨 싱계를 뇨리(料理)ᄒ더니, 쵀민의 싱시에 급亽
(給事)2107) 마튁의 은즈 수십냥을 쓰미 잇더니, 믄득 빅여금이라 ᄒ고 노고의 가사(家
舍)와 식뎡(食鼎)2108)ᄀ지 앗고, 마부 뎨삼즈 마슈이 평싱 녀식(女色)의 아귀(餓鬼)므
로, 노고의 녀지 비록 일목(一目)이 폐밍(廢盲)ᄒ나 용화(容華) 식틱(色態) 졀염(絶艶)
ᄒ믈 듯고, 흉음(凶淫)흔 의亽를 닉여, 노고의 모녀를 다 쵀민의 ᄱᆞᆫ 은즈 갑시 죵이
되라 ᄒ니, 노괴 처엄은 죽기로ᄡᅥ 닷토니, 【31】마삼낭이 ᄀ장 강악포려(强惡暴戾)흔
고로, 노고를 날마다 잡아다가 것구로 미여달고 쳘편으로 즛울히며2109) 죵이 아니되
려든 빅여금 은을 다 드리라 ᄒ니, 방시 마가의 비지(婢子) 되여 긴 날의 그 욕을 보
ᄂᆞ니, 출하리 죽어 모로는 거시 쾌ᄒ므로 졍히 쥭고져 ᄒ더니, 마가의 익홰(厄禍) 니
러나, 마급亽 부지(父子) 거향(居鄕)의 실기인심(失其人心)ᄒᄂᆞᆫ 본현 태슈와 불의비법
지亽(不義非法之事)를 쇠ᄒ여, 부민(富民)의 젼토(田土)를 공연이 앗다가, 상亽(上
司)2110)의셔 알고 대히(大駭)ᄒ여, 본현 태슈(太守)를 파츌(罷黜)2111)ᄒ고 급亽 마튁의
亽부즈(四父子)를 형장 일 ᄎ2112)ᄒ여 원도(遠島)의 삼년 귀향2113)【32】을 보닉니,
마일낭(馬一郎) 마이랑(馬二郎)은 각각 실가(室家)를 거ᄂᆞ려 젹소(謫所)로 향ᄒ고, 마
급亽와 마삼낭(馬三郎)은 혼즈 갈식, 노고의 모녀를 져의 잇는 ᄲᅢ 죵 삼지 못ᄒ믈 분
히ᄒ여, 다시 노고를 잡아다가 급亽 부인 탕시와 삼낭 쳐 뇨시의게 신임(信任)ᄒ
라2114) ᄒ니, 노괴 ᄇᆞ야흐로 죽으려 ᄒ다가 마가의 익홰(厄禍) 비상(非常)ᄒ믈 듯고
ᄀ장 징기라이2115) 넉여 필경을 보고져 ᄒ더니, 흔갈ᄀᆞᆺ치 비지 되라 ᄒ믈 듯고, 급히

---

2107)급亽(給事) ; 조선 시대에, 동반(東班) 종팔품의 토관직. 함흥부(咸興府), 평양부(平壤府), 의주목(義州
牧)과 회령·경원·종성·온성·부령·강계 도호부의 전례서, 전주국에 두었다.
2108)식뎡(食鼎) : 밥솥.
2109)즛울히다 : '즛(접사)+울히다'의 형태. 마구 휘둘러서 때리거나 치다. '울히다'는 '우리다' '후리다'의 옛말
로 '휘둘러서 때리거나 치다'의 뜻.
2110)상亽(上司) : ①위 등급의 관청. ②자기보다 벼슬이나 지위가 위인 사람. 늑상부(上府).
2111)파츌(罷黜) : 파면하여 쫓아냄.
2112)ᄎ : 츅. 매질. 죄인을 신문할 때 공포감을 주어 자백을 강요할 목적으로 한바탕 가하는 매질. 또는 그
러한 매질의 횟수를 세는 단위. 'ᄎ'는 '笞(매질할 태)'의 원음, '태'는 그 속음(俗音)임.
2113)귀향 : 귀양. 고려·조선 시대에, 죄인을 먼 시골이나 섬으로 보내어 일정한 기간 동안 제한된 곳에서
만 살게 하던 형벌. 초기에는 방축향리(放逐鄕里; 조선 시대에, 벼슬을 삭탈하고 제 고향으로 내쫓던 형
벌)의 뜻으로 쓰다가 후세에 와서는 도배(徒配), 유배(流配), 정배(定配)의 뜻으로 쓰게 되었다.
2114)신임(信任)ᄒ다 ; 시중(侍中)들다. 옆에서 직접 보살피거나 심부름을 하다.
2115)징기랍다 : 장그럽다. 남의 실패를 시원하게 여기며 고소해하다.

도라와 낭셩으로 의논ᄒ고 젹츄(賊酋) 부지 나아간 후 가리라 ᄒ더라.

낭셩의 위인이 녕신(靈神)ᄒ여²¹¹⁶ 미양 가ᄉᆞᆷ의 쥬필(朱筆)을 보면 반가오미 극ᄒ【33】고, '뎡ᄋᆞ(鄭兒)' 두 ᄌᆞ를 고이히 넉여 ᄌᆞ로 방시를 보쳐여 쥬필 쓴 ᄌᆞ를 무란즉, 방시 ᄃᆡ답을 닉도이²¹¹⁷ ᄒ여, 뎡가의 낭셩을 길너 달나 ᄒ엿던 고로 그러 벗ᄂᆞ니라 ᄒ며, 스ᄉᆞ로 나흔 톄ᄒ니, 낭셩이 노고의 말을 고지 듯지 아니ᄒ고 졈졈 ᄆᆞᄋᆞᆷ이 경동(驚動)ᄒ여 눈물을 ᄂᆞ리온즉, 몽혼(夢魂)이 경셩(京城)을 드듸여 고루화궁(高樓華宮) 가온ᄃᆡ 그 존당 부모와 형뎨 슉당이 이시ᄃᆡ, 부왕(父王)이라 ᄒ리는 텬일지표(天日之表)며 뇽봉지ᄌᆞ(龍鳳之姿)로 위의(威儀) 톄톄(棣棣)²¹¹⁸ᄒ고, 다ᄉᆞᆺ 모비(母妃) 다 휘뎍(后籍)의 복식(服色)이어늘, ᄌᆞ긔를 싱지(生之)ᄒᆞᆫ 모친은 인인(人人)이 공줘라 칭ᄒ여 톄【34】위 존듕ᄒᄃᆡ, 미양 ᄌᆞ긔○[를] 붓드러 통읍뉴톄(慟泣流涕)ᄒ고, 부왕 슉당이 다 악슈상부(握手相扶)ᄒ여 눈물을 ᄂᆞ리워 피롤 화(和)ᄒᆞᆯ 지경의 닉쳐²¹¹⁹ 운즉, 노괴(老姑) 슌슌이 씌여 긋치게 ᄒ니, 낭셩이 의심이 동ᄒ여 일일은 침식(寢食)을 폐ᄒ고 진졍으로 문왈,

"쇼녜 모친의 은양(恩養)ᄒ시는 뎍음(德蔭)을 우러란 졍셩이 등한(等閒)치 아니ᄒ나, 맛ᄎᆞᆷ닉 모친 싱츌(生出)이 아니믄 지긔ᄒᄂᆞ니, 싱각건ᄃᆡ, 이 가ᄉᆞᆷ의 쥬필 쓰니가 친뫼(親母)신가 ᄒᄂᆞ니, 내 비록 친싱 부모를 ᄎᆞᄌᆞ나 모친의 은혜를 빅골의 삭여 변치 아니리니, ᄇᆞ라ᄂᆞ니 모친은 나의 근본【35】 셩시를 ᄌᆞ시 닐ᄋᆞ샤 텬뉸이 단원(團圓)케 ᄒ시면, 쇼녜 의심된 거슬 진뎡ᄒ리이다."

노괴 도로혀 함누(含淚) 왈,

"션군(先君) 직시(在時)의 과연 너를 경ᄉᆞ(京師)의 가 여ᄎᆞ여ᄎᆞ 사왓노라 ᄒ고, 날다려 조심ᄒ여 기르라 ᄒ거늘, 나의게 일졈 골육이 업ᄉᆞ믈 흔(恨)치 아니ᄒ고 너를 양휵(養慉)ᄒ나, 근본 셩시는 실노 아지 못ᄒᄂᆞ니, 만일 희미ᄒ나 드르미 이시면 엇지 닐ᄋᆞ지 아니리오마는, 쥬가(酒家)의셔 의지 업슨 ᄋᆞ히를 불관(不關)이 넉이미 사왓노라 ᄒ던 거시니, 션군이 역시 너의 근본을 몰낫던가 ᄒᄂᆞ니, 쥬필 쓰니는 내 ᄯᅩ 아뢴 줄 아지 못ᄒ【36】ᄃᆡ, 너의 싱년 월일을 벗는 고로 션군이 너 사오던 ᄯᆡ를 혜건ᄃᆡ, 네 셰상의 난 지 삼ᄉᆞ월이 되지 못ᄒ엿던가 ᄒ노라."

낭셩이 문파(聞罷)의 망극통활(罔極痛割)²¹²⁰ᄒᄆᆞᆯ 니긔지 못ᄒ여 일장(一場)을 이읍뉴쳬(哀泣流涕)ᄒ고, 노(老姑)고의게 ᄌᆡ비 왈,

"모친이 나를 낫치 아나실ᄉᆞ록 은양(恩養)ᄒ신 뎍음이 뫼히 ᄂᆞᆺ고 바다히 엿토니, 아직 쇼녀(小女)의 근본 셩시(姓氏)와 귀쳔(貴賤)을 아지 못ᄒ거니와, 셜ᄉᆞ(設使)²¹²¹의

---

2116) 녕신(靈神)ᄒ다 : 신령(神靈)하다. 신기하고 영묘하다.

2117) 닉도이 : 매우 다르게, 판이하게. *닉도ᄒ다 : 매우 다르다. 판이(判異)하다.

2118) 톄톄(棣棣) : 위의가 있는 모양. 예의에 밝은 모양.

2119) 닉쳐 ; 내쳐. 어떤 일 끝에 더 나아가. 줄곧 한결같이.

2120) 망극통활(罔極痛割) : 한없이 찢어지는 듯한 아픔이나 슬픔.

타일의 친성부모를 추주 텬뉸이 단원ᄒᆞ고 내 몸이 혹주 ᄉᆞ문싱츌(土門生出)이라도 은모(恩母)를 듸졉ᄒᆞ믄 쳔(賤)히 아니ᄒᆞ리니, 모친은 일분도 넘녀치 마르쇼셔."

ᄒᆞ 【37】 니, 방시는 슌후(淳厚)ᄒᆞᆫ 인믈이라 ᄀᆞ장 깃거ᄒᆞ더라.

ᄎᆞ시 하안찰(按察)이 마가 긱실의셔 밤을 지ᄂᆡ며, 힝각의 잇ᄂᆞᆫ 두 노고(老姑)를 듸ᄒᆞ여 쥬인의 남졍(男丁)이 업ᄉᆞᄆᆞᆯ 무르며,

"앗가 의상이 남누ᄒᆞᆫ 쇼년 녀지 안흐로 드러가듸 참혹ᄒᆞᆫ 병인이니, ᄎᆞ하인야오?"

무란듸, 노고 등이 져의 쥬인 죄덕(罪謫)ᄒᆞᆫ 연유와, 낭셩의 젼후소유(前後所由)2122)를 일일히 듸답ᄒᆞ니, 안찰이 우문(又問) 왈,

"금(今)에 은즉 빅여금이 이시면 그 ᄀᆞ튼 병인(病人)을 닐ᄋᆞ지 말고 셩ᄒᆞᆫ 녀지라도 거의 ᄉᆞ오인을 살 듯ᄒᆞ니, 마부의셔 그 병인을 비ᄌᆞ로 ᄒᆞ여 은을 아니밧기를 【38】 잘못 ᄒᆞ엿ᄂᆞᆫ지라, 내 ᄆᆞᄋᆞᆷ ᄀᆞᆺ틀진듸 그 병녀를 도로 닉여주고 은을 드리라 ᄒᆞ지 아닛ᄂᆞᆫ고?"

노괴 쇼왈,

"방시 모녀의게셔 빅금을 닐ᄋᆞ지 말고 ᄒᆞᆫ냥 은즈도 날 듸 업스니 엇지 비지(婢子) 아니되며, 쳬민이 사라실 적의 남의 금은을 ᄡᆞᆫ 거시 만흐니 어듸 가 변통ᄒᆞ리잇가?"

안찰이 다시 뭇지 아니코 잠간 셔안을 의지하여 졉목(接目)ᄒᆞ더니, 믄득 치운(彩雲)이 ᄉᆞ집(四集)2123)ᄒᆞ고 일위 션관(仙官)이 운관무의(雲冠霧衣)2124)로 니르러 장읍(長揖) 왈,

"태상진군(太上眞君)은 별후(別後) 무양호(無恙乎)아2125)?"

안찰이 답녜 왈,

"완싱(頑生)2126)은 진토(塵土)○[의] 아득ᄒᆞᆫ2127) 사ᄅᆞᆷ이라. 일즉 존션(尊仙)으로 더브러 면분(面分)이 업ᄂᆞ 【39】 니 엇지 별후(別後) 안부를 무르시ᄂᆞᆫ뇨?"

션관이 쇼왈,

"나는 남두셩(南斗星)2128)이라. 진군(眞君)2129)이 진토(塵土)의 잠겨 아득히 모르ᄂᆞ도다. 연(然)이나 낭아셩(狼牙星)2130)이 인셰의 뎍강(謫降)2131)ᄒᆞ여시니 진군(眞君)으

---

2121)셜ᄉᆞ(設使) : 설사. 가정해서 말하여. 주로 부정적인 뜻을 가진 문장에 쓴다.
2122)젼후소유(前後所由) : 앞뒤의 말미암은 바, 일의 까닭.
2123)ᄉᆞ집(四集) ; 사방에서 모여 듦.
2124)운관무의(雲冠霧衣) ; 구름 관(冠 ; 쓰개. 갓)을 쓰고 안개 옷을 입은 신선의 차림.
2125)무양호(無恙乎)아 : 몸에 병이나 탈은 없었는가?
2126)완싱(頑生) : 둔한 사람이라는 뜻으로, 말하는 이가 자기를 낮추어 이르는 일인칭 대명사.
2127)아득ᄒᆞ다 : 아득하다. 까마득히 멀다.
2128)남두셩(南斗星) : 남방에 있는 여섯 별로 구성된 별자리. 그 모양이 '말(斗)'과 비슷하기에 생겼다 하여 붙여진 이름임. 도교에서 남두성은 사람의 수명을 관장한다고 한다.
2129)진군(眞君) : 신선(神仙)의 높임말.
2130)낭아셩(狼牙星) : 낭셩(狼星). 큰개자리에서 가장 밝은 청백색의 별. =늑대별. =시리우스.
2131)뎍강(謫降) : 신선이 천상계에서 죄를 짓고 인간 세상에 귀양 와 사람으로 태어남.

로 텽뎡연분(天定緣分)2132)이라. 그 쳔(賤)ᄒᄆᆯ 나므라 ᄇᆞ리지 말고, 모로미 금ᄇᆡᆨ(金帛)을 허비ᄒᆞ여 사 도라가라."

인ᄒᆞ여, 안찰의 ᄉᆞ미ᄅᆞᆯ 닛글고 낭셩(狼星) 잇ᄂᆞᆫ 곳에 니ᄅᆞ니, 그 병목(病目)과 즁풍(中風)2133)ᄒᆞᆫ 형상을 션인이 우어 왈,

"뎌 녀지 엇지 진짓2134) 병(病)이리오. 타일 진군 ○○[쳐궁(妻宮)]의 상두(上頭)의 거ᄒᆞ여 긔ᄌᆞ옥녀(奇子玉女)ᄅᆞᆯ 가초2135) 두어 만년(晚年)이 쾌락ᄒᆞ리라."

언흘에, 션ᄌᆞ(扇子)ᄅᆞᆯ 드러 안찰과 낭셩을 붓치니,【40】안찰은 변ᄒᆞ여 황뇽(黃龍)이 되고 낭셩은 변ᄒᆞ여 ᄎᆡ봉(彩鳳)이 되여 반공(半空)의 소스니, 네낫 ᄎᆡ봉이 ᄯᅩᄒᆞᆫ 안찰을 좃고, 셩신(星辰)이 호위ᄒᆞ엿더라. 졍히 말ᄒᆞ고져 ᄒᆞ더니 새비2136) 계셩(鷄聲)의 놀나 ᄭᆡ니, 몸은 마가 긱실(客室)의 누엇고, 션경(仙境)이 안뎌(眼底)의 ᄇᆞ렷더라.

명됴(明朝)의 안찰이 ᄌᆞ긔 모의(毛衣)ᄅᆞᆯ 버서 노고(老姑)ᄅᆞᆯ 주어 왈,

"이 거시 족히 쥬가(酒價)와 금일 됴반(朝飯)을 ᄒᆞ염즉 ᄒᆞ리니, 노괴 시상(市上)의 화ᄆᆡ(貨賣)2137)ᄒᆞ여 우리 노쥬 삼인의 식반(食飯)을 출혀오라."

노괴 의외(意外) 모의ᄅᆞᆯ 어드미 도로혀 황홀ᄒᆞ고 과망(過望)ᄒᆞ여, 고왈,

"이 모의 갑손 수십냥이 되거니와, 삼호쥬(三壺酒)와 됴【41】반(朝飯) 갑슬 어이 이리 만히 주시ᄂᆞ니잇고?"

안찰 왈,

"쥬인의 후ᄃᆡ(厚待)ᄒᆞ미 극(極)ᄒᆞᄆᆞ로 여ᄎᆞ(如此)ᄒᆞ미니, 무슴 갑시 만타 ᄒᆞ리오."

노괴 환희(歡喜)ᄒᆞ여 샤례ᄒᆞ고 ᄒᆡᆼ각(行閣)의 도라와, 은ᄌᆞ(銀子)ᄅᆞᆯ ᄂᆡ여 삼호쥬 갑과 됴반 출○[힐]거슬 혜아려 뇨시긔 드리니, 뇨시 깃거 낭셩을 호령ᄒᆞ여 됴반을 일즉이 출히라 ᄒᆞ니, 낭셩이 ᄯᅩᄒᆞᆫ 거야(去夜)의 긔몽(奇夢)을 어더, 하안찰노 더브러 만년 길ᄉᆞ(吉事)ᄅᆞᆯ 닐너 뇽봉(龍鳳)이 상회(相會)ᄒᆞ고 신션이 치하ᄒᆞ미, 안찰의 ᄭᅮᆷ으로 일반이라. 명일 심회 더욱 비창(悲愴)ᄒᆞ더니, 오직 뇨시의 식이ᄂᆞᆫ 바 됴반을 출히더니, 원즁(園中) 닝【42】뎡(冷井)을 왕ᄂᆡᄒᆞᄆᆞ로 안찰이 ᄌᆞ셔히 보미 된지라.

이의 셔동으로 방시 노고(老姑)ᄅᆞᆯ 브르라 ᄒᆞ니, 슈유(須臾)의 왓거ᄂᆞᆯ, 안찰이 쳥하(廳下)의 올려 안치고, 말ᄉᆞᆷ을 펴 왈,

"나ᄂᆞᆫ 마춤 경ᄉᆞ의셔 ᄂᆞ려온 사ᄅᆞᆷ이러니, 노파의 졍니(情理)ᄅᆞᆯ 잠간 드ᄅᆞ미 인심의 츄연(惆然)ᄒᆞ니, 내 비록 빈한(貧寒)ᄒᆞ나 수ᄇᆡᆨ금 은ᄌᆞᄅᆞᆯ 변통ᄒᆞ여 노파ᄅᆞᆯ 주리니, 노패 은을 가져 마가의 드리고, 병녀(病女)로 ᄒᆞ야금 남의 비ᄌᆞ(婢子) 소임을 면케 ᄒᆞ여, 나

---

2132)텽뎡연분(天定緣分) : 하늘이 정하여 준 연분. =천생연분(天生緣分).
2133)즁풍(中風) : 뇌혈관의 장애로 갑자기 정신을 잃고 넘어져서 구안괘사, 반신불수, 언어 장애 따위의 후유증을 남기는 병.
2134)진짓 : 진짜. 참.
2135)가초 : 갖추. 고루. 두루 빼놓지 않고. *갖추다; 있어야 할 것을 가지거나 차리다.
2136)새비 : 새벽.
2137)화매(貨賣) ; 값을 받고 팖.

롤 조ᄎ 샹경(上京)케 홀진딘, 싱계ᄂᆫ 근심치 아니ᄅᆞ니, 노패 날노 더브러 젼일 아던 비 업스믈 혐의치 말고, 됴혼 긔회(機會)를 일치 말나." 【43】

방시 부복ᄒᆞ야 듯기를 다ᄒᆞ미, 깃브미 넘뼈 도로혀 고이ᄒᆞᆷ을 니긔지 못ᄒᆞ야 어린 듯 묵연ᄒᆞ니, 안찰 왈,

"노패 나를 의심ᄒᆞ여 말을 답지 아니ᄒᆞᄂᆞ냐? 내 엇지 허언(虛言)ᄒᆞ리오. 금년은 진(盡)케 되엿거니와 명츈(明春)으로 나를 조ᄎ 경스로 나아갈진딘, 노파 모녀의 일싱이 디부음관(地府陰關)²¹³⁸을 버서 옥경(玉京)²¹³⁹을 님흔 듯 즐거오리라."

방시 비로소 심신(心身)을 뎡ᄒᆞ여, 고두(叩頭)²¹⁴⁰ ᄉᆞ례 왈,

"쳔인이 눈이 이시나 대셩인(大聖人)○[이] 츌셰(出世)ᄒᆞ시믈 아지 못ᄒᆞ오미니, 엇지 감히 거역ᄒᆞ리잇고? 노야(老爺)의 덕음(德蔭)이 여텬약히(如天若海)²¹⁴¹로소이다."

안찰이 ᄯᅩ흔 흔힝(欣幸)ᄒᆞ【44】여 왈,

"은ᄌᄂᆞ 금일지니(今日之內)로 가져 오려니와, ᄯᆯ과 의논ᄒᆞ여 보라."

노괴 왈,

"노쳡의 어린 녀이 남다란 고집이 잇고, ᄯᅩ 남ᄌ 되ᄒᆞᆷ믈 ᄉᆞ갈(蛇蝎)ᄀᆞ치 너겨, 비록 병인으로 남의 집 비ᄌ(婢子) 되어시나, 마가의ᄂᆞ 남뎡(男丁)이 업스므로 ᄆᆞ음을 노하 이스오니, 아직 져다려ᄂᆞ 닐ᄋᆞ지 말고, 은을 주어 마가의 버서나미 됴흘가 ᄒᆞᄂᆞ이다."

안찰이 드듸여 셔동으로 관하(官下)²¹⁴² 니함의게 긔별ᄒᆞ여 은ᄌ 수빅냥을 드리라 ᄒᆞ니, 니함이 즉시 셔동을 준딘, 셔동이 가져와시니, 안찰이 이의 방시를 주어 왈,

"노패 마가다려 여ᄎᆞ여ᄎᆞ 닐ᄋᆞ고 나의 사ᄂᆞᆫ 바를 누셜(漏泄)【45】치 말나. 누월 안신(安身)홀 곳을 어더 줄 거시니, ᄯᆯ을 다리고 아직 숨엇다가, 내 셔쥬 등쳐(等處)를 안찰ᄒᆞ고 도라오기를 기다리라."

방시 복슈(伏首) 텽녕(聽令)ᄒᆞ고 은을 품고 도라와, 낭셩을 닛그러 그윽흔 곳에 가 하안찰의 ᄒᆞ던 말을 ᄌᆞ시 닐ᄋᆞ고, 깃거 왈,

"일자(一者)²¹⁴³ᄂᆞ 너의 종신대ᄉᆞ(終身大事)²¹⁴⁴를 그란 곳에 닐ᄋᆞ미 업고, 이자(二者)²¹⁴⁵ᄂᆞ 하안찰노 인ᄒᆞ여 너의 친싱 부모를 ᄎᆞ줄 듯ᄒᆞ니 너의 소견은 엇더타 ᄒᆞᄂᆞ뇨?"

낭셩이 텽파(聽罷)의 하안찰의 비샹츌뉴(非常出類)ᄒᆞᆷ믈 짐작홀 ᄲᅵ로딘, 몸이 남의 비ᄌ로 두로 단니ᄂᆞᆫ 욕되믈 싱각홀ᄉᆞ록, 심담(心膽)이 붕【46】녈(崩裂)ᄒᆞ고 텬디 모

---

2138)디부음관(地府陰關) : 저승을 드나드는 관문(關門).

2139)옥경(玉京) : 옥황상제가 산다고 하는 가상적인 하늘 위의 서울.

2140)고두(叩頭) : 머리를 바닥에 조아려 절함.

2141)여텬약히(如天若海) ; 하늘같이 높고 바다같이 넓음.

2142)관하(官下) : 하관(下官). 부하(部下). 직책상 자기보다 더 낮은 자리에 있는 사람.

2143)일자(一者) : 첫째. 하나.

2144)종신대ᄉᆞ(終身大事) : 평생에 관계되는 큰일이라는 뜻으로, '결혼'을 이르는 말.

2145)이자(二者) : 둘째. 둘.

룩는 셜우미 일월노조추 더으니, 침수반향(沈思半晑)2146)의 왈,

"신셰(身勢)이 디경(地境)의 밋추미 엇지 쇼쇼녜졀(小小禮節)과 넘치(廉恥)룰 도라
보리오마는, 나의 근본 셩시룰 모룸미 텬디간 죄인이라. 연(然)이나 져 하안찰이라 흐
리 우리 모녀룰 사려흐는 거시 흔갓 의긔 쑨 아니오, 나의 병이 업수믈 알아 금추(金
釵)2147)의 수(數)룰 치오고져 흐미 졍인군ᄌ(正人君子)의 덕이라 닐ᄋ지 못흐나, 은뫼
(恩母) 져룰 믈니친 후는 텬일(天日)을 볼 길히 업술 줄노 알아시니, 마지 못흐여 은
모의 명을 슌(順)흐려니와, 녀ᄌ 사룸을 조ᄎ미 신물(信物)이 업지【47】못흐리니, 제
알기룰 날노 산님(山林)의 지우하쳔(至愚下賤)으로 밀위여 은ᄌ룰 주고 사면 그 죵이
되고, 비지 된 후는 올녀 금추룰 메오미 내 몸의 영홰(榮華) 되는가 넉이려○[니]와,
쇼녀의 뜻인즉 ᄉ문규슈(士門閨秀)룰 압두(壓頭)흐ᄂ니 엇지 빙물(聘物) 업시 져룰 암
연(闇然)이2148) 조ᄎ리오. 또 빙물을 밧은 후의 탁명하시(托命河氏)2149)흐여 죵신토록
져룰 우럴지언뎡, 부모룰 만나지 못흔 젼(前)은 인눈의 참예(參預)흐믈 죽기로뼈 원치
아니흐ᄂ이다."

방시 왈,

"내 하안찰을 보고 신물(信物)을 구흐리라."

낭셩이 츄연 탄식흐니, 방시 다시 나와 낭셩【48】의 흐던 말을 고흐니, 안찰이 미
쇼 왈,

"쳔흔 ᄋ히 엇지 이러툿 말 만히 구ᄂ뇨? 연이나 져의 소원이 여ᄎ즉, 이는 그란
일이 아니니, 내 힝즁(行中)의 가진 거○[시] 업스니 건줌(巾簪)2150)으로뼈 빙폐(聘
幣)2151)룰 삼으리라."

흐고 건줌(巾簪)을 주니, 방시 갓다가 낭셩을 주니 낭셩이 간수흐니라2152).

방시 은을 가지고 탕·뇨의게 드려 왈,

"노쳡이 냥인(良人)2153)이 죽은 후로 쳑푼쳑미(隻分隻米)2154)룰 변통(變通)2155)치
못흐므로 귀틱(貴宅)의 비지 되엿더니, 요힝 냥인의 지시(在時)의 은냥(銀兩) 깃친 친
젹을 만나, 오늘날 빅여금(百餘金) 은ᄌ룰 쾌히 주믈 당흐니, 일노뼈 드리ᄋᄂ니 부인

---

2146)침수반향(沈思半晑) : (시간이 반나절이나 지나도록) 오랫동안 깊이 생각함.
2147)금추(金釵) : '금비녀'를 뜻하는 말로 첩(妾)을 달리 이르는 말. 형포(荊布)나 조강(糟糠) 등으로 정실부
   인을 이르는 것과 비슷한 조어법이라 할 수 있다.
2148)암연(闇然)이 : 모호하게. 흐릿하게. 광명정대하지 않게.
2149)탁명하시(托命河氏) : 운명을 하씨가문에 의탁함.
2150)건줌(巾簪) : 망건에 달아 당줄을 꿰는 작은 단추 모양의 고리로 신분에 따라 금(金), 옥(玉), 호박(琥
   珀), 마노, 대모(玳瑁), 뿔, 뼈 따위의 재료를 사용하였음.
2151)빙폐(聘幣) : 빙물(聘物). 남의 집을 방문할 때 가지고 가는 예물. 여기서는 혼인신물(婚姻信物).
2152)간수흐다 : 간수하다. 물건 따위를 잘 보호하거나 보관하다.
2153)냥인(良人) : ①어질고 착한 사람. ②부부가 서로 상대를 이르는 말.
2154)쳑푼쳑미(隻分隻米) ; '돈 한 푼' '쌀 한 톨'의 아주 적은 돈과 식량을 이르는 말.
2155)변통(變通) :돈이나 물건 따위를 융통함.

은 ᄌ시2156) 【49】 밧으시고, 쳡의 모녀를 알은 쳬 마르샤 은ᄌ(銀子) 밧은 문권(文券)을 믿다라 주쇼셔.”

탕시 고식(姑媳)이 방노파의 은ᄌ 밧치믄 쳔만 의외라. 도로혀 놀납고 이상ᄒ믈 니긔지 못ᄒ여, 이의 문서를 일워 주니, 방시와 낭셩이 문셔를 밧고 즉일의 마가를 써날시, 방시 먼니 가 ᄒᆫ 초옥(草屋)을 어더 잠간 슈리ᄒ고, 길일(吉日)을 갈히여 안찰을 쳥ᄒ니, 안찰이 낭셩 등으로 쥬인의 곳에 이시라 ᄒ고, 홀노 거러 노고의 집에 니르러 입실ᄒ여 보니, 금일은 낭셩이 냥안을 쓰며 슈족(手足)을 평상(平常)이 쓰니, 찬난ᄒᆫ 광염(光艶)과 쇄락 【50】 ᄒᆫ 긔질이 츌어범뉴(出於凡類)ᄒ니, 안찰이 그 녜(禮)ᄒ기를 다ᄒ미 풀미러 안기를 명(命)ᄒ니, 노괴 낭셩으로써 셔벽하(西壁下)의 안치고 쥬찬(酒饌)을 나오니2157), 안찰이 흔연이 나오여2158) 맛보며 낭셩을 ᄌ시 보건ᄃᆡ, 그 얼골이 엷프시 졔왕과 뎡 길ᄉᆞ(吉士)2159) 운긔로 흡ᄉᆞᄒ지라. 심즁의 ᄀᆞ장 고이히 넉이나, ᄉᆞ식(辭色)지 아니코, 노파를 향ᄒ여 쇼왈,

“노파는 나히 뉵십이나 되어시ᄃᆡ, 져 녀ᄋᆞ는 이졔야 십삼세라 ᄒ니, 만ᄉᆡᆼ(晩生)2160)ᄒᆞ믈 뭇지아냐 알니로다.”

방시는 슌박ᄒᆫ 위인이라. 탄식고 ᄃᆡ왈,

“노쳡이 남녀간 ᄌ식이 업서 셜워ᄒ더【51】니, 지아비 ᄉᆡᆼ시의 져 녀ᄋᆞ를 어더 양휵(養慉)ᄒ나, 그 셩시와 근본은 아지 못ᄒᆞ므로, 녀이 미양 셜워ᄒᄂᆞ이다.”

안찰이 텽파(聽罷)의 츄연(惆然) 이셕(哀惜)ᄒ여 이윽이 말ᄉᆞᆷᄒ다가, 노패 퇴츌(退出)ᄒ니, 안찰이 야심ᄒᆞ믈 일ᄏᆞ라 낭셩을 붓더러 금니(衾裏)의 나아가고져 ᄒ니, 낭셩이 비읍(悲泣)ᄒ며 쳔만(千萬)2161) 병으리와드니2162) 안찰이 불열(不悅) 왈,

“방노파의 어더 기란 ᄡᆞᆯ노 이셔 나의 춍희(寵姬) 되미 네 몸의 영화롭고 귀ᄒ거늘, 무슴 연고로 여ᄎᆞ 비읍(悲泣)ᄒᄂᆞ뇨?”

낭셩이 염임(斂袵) ᄃᆡ왈,

“사룸이 셰상의 나미 부모 이실 거시오, 부뫼 이신즉 셩시와 【52】 일홈이 이시리니, 쳡은 부모와 셩명을 아지 못ᄒ니 텬디간 죄인이라. 듀야(晝夜)의 통원(痛寃)ᄒ더니, 상공(相公)2163)의 활ᄒᆡ지덕(闊海之德)2164)으로써 은모(恩母)의 참잔(慘殘)ᄒᆫ 졍니

---

2156) ᄌ시 : 자세(仔細)히. 사소한 부분까지 아주 구체적이고 분명히.

2157) 나오다 : ①(음식을) 내오다. 드리다. 바치다. ②(음식을) 들다. 먹다.

2158) 나오여 : (음식을) 들어보아, 먹어보아.

2159) 길ᄉᆞ(吉士) : 서길사(庶吉士). 중국 明·淸나라 때 한림원(翰林院)에 둔 관명. 진사(進士) 가운데서 문학에 뛰어난 사람을 뽑아 임명했다. =서상(庶常).

2160) 만ᄉᆡᆼ(晩生) : 늙어서 자식을 낳음.

2161) 쳔만(千萬) : 끝까지. 아주. 전혀. 한사(恨死)코.

2162) 병으리왇다 : 막다. 맞서 버티다. 대적(對敵)하다. 거스르다. 반대하다. 거절(拒絕)하다.

2163) 상공(相公) : ‘재상(宰相)’을 높여 이르던 말.

2164) 활ᄒᆡ지덕(闊海之德) : 바다와 같이 넓고 큰 덕.

(情理)를 슬피 넉이샤, 면쳔(免賤)ᄒᆞᄂᆞᆫ 깃브믈 당케 ᄒᆞ시니, 쳡심이 ᄯᅩᄒᆞᆫ 토목(土木)이 아니라, 엇지 감은ᄒᆞᆷ믈 ᄆᆞ르리잇고마ᄂᆞᆫ, 그윽이 싱각건ᄃᆡ 쳡의 몸 가온ᄃᆡ 쥬필(朱筆)노 싱년 월일을 쁜 거시 이시니, 아쇠온²¹⁶⁵⁾ 졍니의 ᄀᆞᆫ졀이 ᄇᆞ라미, 일노 드ᄃᆡ여 표젹(標的)을 슴아 혹ᄌᆞ 부모를 ᄎᆞᆽ줄가 ᄒᆞ미라. 초의 췌싱재(蔡生者) 쳡을 경셩(京城)의 가 사왓다 ᄒᆞ니, 츄진(趨進)ᄒᆞ여 황셩의 가 부모를 ᄎᆞᆽ 텬뉸(天倫)이 【53】 단원(團圓)ᄒᆞᆫ즉, 귀부(貴府) 말지 비복의 수를 치와, 마가의셔 세 번 더은 고상(苦狀)이라도 감히 ᄒᆞᆫ(恨)치 아니며 원(怨)치 아냐, 싱살(生殺)이 상공긔 이시리니, 원컨ᄃᆡ 상공은 녀ᄌᆞ의 미쳔ᄒᆞᆫ 회포(懷抱)를 도라보샤, 쳡으로 ᄒᆞ야금 쥬필(朱筆)을 온젼이 ᄒᆞ여, 부모를 ᄎᆞᆽ게 ᄒᆞ시믈 츅(祝)ᄒᆞᄂᆞ이다."

안찰이 텽파의 츄연(惆然)ᄒᆞ고 그 텬뉸 단원ᄒᆞᆫ 후 인간 셰스를 참예코져 ᄒᆞᆷ믈 크게 감동ᄒᆞ고 칭찬ᄒᆞ여, 화연(和然) 쾌허(快許) 왈,

"너의 말을 드르미, 내 ᄯᅩᄒᆞᆫ 츄연(惆然)ᄒᆞᄂᆞ니, 사름이 셰상의 나 귀쳔간(貴賤間) 소싱지디(所生之地)를 아지 못ᄒᆞ면, 엇지 통상(痛傷)치 아니리오. 몸 가온ᄃᆡ 【54】 쥬필(朱筆)을 머므러 증표(證票)를 삼고져 ᄒᆞ니, 네 텬뉸을 단원(團圓)ᄒᆞᆫ 후 셩친(成親) ᄒᆞ리니, ᄆᆞ음 노ᄒᆞᆫ 자라."

ᄒᆞ고, 이의 편히 자고, 명일 신됴(晨朝)의 안찰은 니러 쥬인의 곳으로 가고, 노고ᄂᆞᆫ 초실(草室)의 드러와 낭셩을 보고 안찰의 졍(情)의 후박(厚薄)을 무르니, 낭셩이 아미(蛾眉)를 ᄂᆞᆾ초아 묵연(黙然)ᄒᆞ니, 방시 ᄌᆡ삼(再三) 무른ᄃᆡ, 낭셩 왈,

"졔 마가의 은을 드리고 쇼녀를 구ᄒᆞ여 쳡잉(妾媵)²¹⁶⁶⁾의 수를 치오고져 ᄒᆞ미니, 은뫼(恩母) 져의 ᄆᆞ음을 거의 알아시리니, 엇지 쇼녀다려 무르시ᄂᆞ니잇가?"

노괴 두굿김과 아름다오믈 니긔지 못ᄒᆞ더라. 안찰이 명일은 【55】 셔쥐 등쳐(等處) 로 향코져 ᄒᆞᆷ므로, 낭셩과 노고의 안신(安身)ᄒᆞᆯ 곳을 싱각ᄒᆞ여 셔광 태운산하의 ᄉᆞ오 가(四五家) 초샤(草舍)를 엇고 군관 니함을 ᄀᆞ마니 불너 낭셩어든 연유를 닐ᄋᆞ고, 당 부 왈,

"내 셔쥐 등쳐를 안찰ᄒᆞ여 인심을 진뎡ᄒᆞ고 도라오노라 ᄒᆞ면, ᄌᆞ연 명츈(明春)이 되 리니, 그ᄃᆡᄂᆞᆫ 태운산 초사의 가 밧글 직회여 나의 도라오기를 기다리미 엇더ᄒᆞ뇨?"

니함이 슈명(受命)ᄒᆞ니, 안찰이 즉시 방시를 불너 태운산으로 가라 ᄒᆞ니, 방시 대희 ᄒᆞ여 슈명ᄒᆞ니, ᄎᆞ야의 안찰이 낭셩의 곳의 니르러 낭셩을 보고 ᄌᆞ긔 셔쥐 등쳐를 안 【56】 찰ᄒᆞ고 도라오면, 거의 수삼삭(數三朔)이나 될 바를 닐너, 그 ᄉᆞ이 무양(無恙) ᄒᆞ믈 당부ᄒᆞ니, 낭셩이 ᄂᆞᆽ기이 들 ᄯᆞ롬이오, 묵연이 말이 업스니, 안찰이 이의 낭셩 을 닛그러 침금의 나아가니, 비록 운우지락(雲雨之樂)을 일우지 못ᄒᆞ나, 진듕ᄒᆞᆫ믄 여 산약희(如山若海)러라.

---

2165)아쇠온 : 이쉬운. *아쇠이 ; 아쉽게. *아쇠ᄇᆞ다; 아쉽다.
2166)쳡잉(妾媵) : 잉쳡(媵妾). 쳡(妾). 졍식 아내 외에 데리고 사는 여자. *잉쳡(媵妾); 예젼에, 귀인에게 시집 가는 여인이 데리고 가던 시쳡(侍妾). 신부의 질녀와 여동생으로 충당하였다.

야심 후, 믄득 초옥(草屋)의 불이 니러나니, 화광(火光)이 됴요(照耀)ᄒ고 ᄇ람이 급ᄒ거늘, 안찰은 첫줌이 깁헛고 낭셩은 녕신(靈神)ᄒᆫ 고로 졉목(接目)지 아녓다가, 급히 안찰을 씨오니 안찰이 화광을 보고 급히 니러나, 낭셩을 붓드러 녑히 씨고 ᄒᆫ번 쮜여 나오니, 일간초옥(一間草屋)이 편긱의 ᄌᆡ 되ᄂᆞᆫ지【57】라. 안찰이 낭셩다려 왈,

"명일(明日) 써날 집이니 아조 싀훤이 소화ᄒᆞ엿거니와, 원간 무단이 니러난 불이 아니오, 노흔 ᄌᆡ 이시미니, 이ᄂᆞᆫ 녀와 방노파ᄅᆞᆯ 죽이고져 ᄒ미로다."

낭셩이 경황 즁 뇨시의 작신(作事) 줄 짐작ᄒ나 묵연(黙然)ᄒ더라. 안찰이 낭셩다려 그ᄉ이 됴히 이시라 ᄒ고, 방시ᄅᆞᆯ 불너 새 집으로 올마가라 ᄒᆫ 후 셔쥬로 향ᄒ니라.

이ᄯᅵ 마삼낭의 쳐 뇨시 낭셩과 방노파의 은을 밧으나 연고업시 믜온 ᄆᆞᆷ을 참지 못ᄒᆞ야, 죽일 의ᄉᆞ 급ᄒ나 계괴 업셔 우민(憂悶)ᄒ더니, 맛춤 초운ᄉ 니고(尼姑) 셜안이 니르럿거늘, 뇨시 【58】ᄀᆞ마니 셜안의 귀에 다혀 방노파 모녀ᄅᆞᆯ 해ᄒᆞ여 달나 ᄒ니, 셜안은 뇨시의 셔죵뎨(庶從弟)로ᄃᆡ, 위인이 지사간흉(至邪奸凶)2167)ᄒᆞ여 됴히 녀염(閭閻)의셔 ᄎᆔ부(取夫)ᄒᆞ여 ᄉ다가, 그 가부(家夫) 호식(好色)ᄒ믈 보고 투악(妬惡)을 낭자(狼藉)이 발ᄒᆞ여, 그 가부ᄅᆞᆯ 움작이지 못ᄒᆞᄂᆞᆫ 병인(病人)을 ᄆᆡᆫ달고져 ᄒ다가, 일이 들쳐나미 가부 도로혀 져ᄅᆞᆯ 죽이고져 ᄒ거늘, 도망ᄒᆞ여 초운ᄉ의 드러가 니괴 되니, 초운ᄉᄂᆞᆫ 큰 졀이라.

스승 명쳥법시 ᄉᄒᆡ(四海)ᄅᆞᆯ 두루 도라 셔량 빅화산의 방장대찰(方丈大刹)2168)을 창건ᄒ고, 뎨ᄌ 수빅인을 두어시니, 슐법이 신긔ᄒᆫ 즁, 셜안은 ᄀᆞ장 포려간【59】악(暴戾奸惡)ᄒ더니, 뇨시의 쳥을 듯고 왈,

"금야(今夜)의 ᄒᆫ 덩이 불노뼈 초실(草室)을 쇼화ᄒᆞ여 방시 모녀ᄅᆞᆯ 남기지 아니리라."

뇨시 대열ᄒᆞ여 ᄒᆫ 방에셔 자더니, 반야삼경(半夜三更)에 셜안이 몸을 흔드러 ᄒᆞ낫 즘ᄉᆡᆼ이 되어, 방시의 초옥의 니르러 ᄀᆞ마니 불을 노흐ᄃᆡ, ᄉ면으로 염초(焰硝)2169)ᄅᆞᆯ 쑤려 일시의 쇼화(燒火)케 ᄒ고, 나모 우히 올나 안ᄌ 방시 모녀의 화ᄉ(火死)ᄒ믈 보려 ᄒ더니, 긔약지 아닌 초실노조ᄎ 일위 텬션 ᄀᆞᆺᄐᆞᆫ 남ᄌ 월녀 ᄀᆞᆺᄐᆞᆫ 미인을 녑히 씨고 나오니, 셔광이 찬난ᄒ니 셜안이 본 바 처엄이라. 이윽고 방노패 니르러 낭셩을 다【60】리고 가ᄂᆞᆫ 곳과 안찰의 당부ᄒᆞᄂᆞᆫ 말을 ᄌᄌᆞ셔히 듯고, 혜오ᄃᆡ,

"금야의 져 녀ᄌᆞᄅᆞᆯ 보니 쳔ᄃᆡ(千代)의 희한ᄒᆫ 용식(容色)이라. 우리 산문의 니르혀 불가의 뎨ᄌᆞᄅᆞᆯ 삼을진ᄃᆡ, ᄉᄋᆔ 각별 나ᄅᆞᆯ 상ᄉᄒ리라 ᄒ고, 즉시 뇨시ᄅᆞᆯ 보아 초실이 ᄌᆡ 되믈 닐ᄋᆞ고, ᄯᆞᆯ니 초운ᄉ의 도라와 명쳥법ᄉ의게 현알ᄒ고, 낭셩의 긔특ᄒ믈 닐ᄏ라 산문의 니르혀 동뉴(同類) 삼기ᄅᆞᆯ 쳥ᄒ니, 명쳥이 텽파의 대회 왈,

"셜안은 실노 스승 밧ᄃᆞᄂᆞᆫ 뎨ᄌ(弟子)로다."

---

2167)지사간흉(至邪奸凶) : 지극히 간사하고 흉악함.
2168)방장대찰(方丈大刹) : 고승(高僧)이나 주지승(住持僧)이 거처하는 규모가 크고 이름난 절.
2169)염초(焰硝) : 화약(火藥).

ᄒ고, 이의 셜안과 능안으로 태운산의 가 십여 일을 머믈지라도 브듸 다려오라 ᄒ
【61】니, 원ᄂᆡ 명쳥법ᄉ란 거슨 후쥬(後周)2170) 태조(太祖) 《곽휘지녜∥곽위지녜(郭
威2171)之女)》니, 《곽휘∥곽위(郭威)》 ᄋ들이 업서 셰종(世宗)2172)을 타셩으로 양ᄌ
ᄒ고 후궁의 일공쥬를 나하 귀듕ᄒ미 무궁ᄒ듸 《곽휘∥곽위(郭威)》 밋처 공쥬의 하
가ᄒᆞᆯ 보지 못하고 죽으니, 셰종이 《곽휘∥곽위(郭威)》의 ᄯ을 니어 공쥬를 친ᄆᆡ
(親妹) ᄀᆞᆺ치 우이ᄒ고, 부마를 간션ᄒ여 번탁의게 하가ᄒ엿더니, 탁이 조졸(早卒)ᄒ고
셰종이 죽으믹, 셰종지지(世宗之子)2173) 칠셰라. 님군이 어리고 나라히 위틱ᄒᆞᄆ로,
민심을 조ᄎᆞ 송(宋)2174) 태조(太祖)2175) 황뎨 통일텬하(統一天下)ᄒ시니, 공쥐 속졀업
시 국망가파(國亡家破)2176)ᄒ므로, 삭발위리(削髮爲尼)2177)ᄒ여 여러 십【62】년을 슈
도(修道)ᄒ믹, 법녁(法力)2178)이 무량(無量)ᄒ여 뎨ᄌ를 만히 모화 슈도(修道)케 ᄒ니,
말(末)지2179) 뎨ᄌ의 니ᄅᆞ히2180) 변화불측(變化不測)ᄒ고 신통(神通)이 이셔 ᄉ문규슈
(士門閨秀)라도 고단ᄒ2181)니를 본즉, 위력으로 핍박(逼迫)ᄒ여 다려다가 뎨ᄌ를 삼더
라.
  ᄎᆞ시 방노패 낭셩으로 태운산의 오니, 니함이 발셔 범용지물(汎用之物)2182)을 ᄀᆞᆺ초
고 밧글 직희엿ᄂᆞᆫ지라. 낭셩과 노괴 졍결ᄒᆞᆫ 가사의 안신(安身)ᄒ미 되여 다란 근심과
념녀는 업ᄉᆞ듸, 낭셩은 소싱지디(所生之地)와 근본귀쳔(根本貴賤)을 모로는 지통(至痛)

---

2170)후쥬(後周) : 중국 오대(五代)의 마지막 왕조. 951년에 곽위(郭威)가 후한(後漢)을 멸하고 변경(汴京)을
  도읍으로 하여 세운 것으로 3대 10년 만에 송나라에 망하였다
2171)곽위(郭威) : 중국 오대 후주(後周)의 제1대 왕(904~954). 자는 문중(文仲). 오대 후한(後漢)의 은제(隱
  帝)에게 중용되어 병마(兵馬)의 최고권을 위임받았다. 은제가 죽은 뒤 제위에 오르고 주나라를 건국하였
  다. 재위 기간은 951~954년이다.
2172)세종(世宗) : 중국 오대 후주(後周)의 2대 황제(954-959). 이름은 시영(柴榮: 921-959)이다. 태조 곽위(郭
  威)의 양자가 되어 태조가 죽자 황위(皇位)를 승계했다. 후촉(後蜀)의 진(秦)·봉(鳳)·성(成)·계(階) 등
  4주(州)와 남당(南唐)의 회남(淮南)지방 14주를 병합하고, 거란을 공격하여 영(瀛)·막(莫)·이(易) 등의
  3주와 와교(瓦橋)·익진(益津)·어구(淤口) 등의 3관(關)을 수복, 영토를 확장했다.
2173)세종지지(世宗之子) : 후주(後周) 세종(世宗)의 아들 공제(恭帝) 시종훈(柴宗訓: 953-968). 부황(父皇)의
  급서(急逝)로 960년 7세의 나이로 제위에 올랐다가 그 해에 절도사 조광윤(趙匡胤)에게 황위(皇位)를 양
  위(讓位)했다.
2174)송(宋) : 중국에서 조광윤(趙匡胤)이 오대(五代) 후주(後周)의 공제(恭帝)로부터 선양을 받아서 세운 왕
  조. 960년에 변경에 도읍하였고, 1127년에 금나라의 침입으로 강남(江南)으로 옮겨 임안(臨安)에 도읍하
  였는데, 그 이전을 북송, 그 이후부터 1279년에 원나라에 망할 때까지를 남송이라 한다.
2175)태조(太祖) : 조광윤(趙匡胤). 중국 송나라의 제1대 황제(927-976). 본디 후주(後周)의 절도사(節度使)
  로, 송나라를 건설하여 문치주의에 의한 군주 독재화를 꾀하였다. 재위 기간은 960~976년이다
2176)국망가파(國亡家破) : 나라가 망하고 가문 또한 망함.
2177)삭발위리(削髮爲尼) ; 머리를 깎고 승녀(僧女)가 됨.
2178)법녁(法力) : 불법(佛法)의 위력.
2179)말(末)지 : 말(末)째. 순서에서 맨 끝자리.
2180)니ᄅᆞ히 : 이르도록. 이르기까지.
2181)고단ᄒ다 : ①몸이 지쳐서 느른하다. ②처지가 좋지 못해 몹시 힘들다.
2182)범용지물(汎用之物) : 여러 분야나 용도로 널리 쓰는 것.

즁(中) 다시 간인(奸人)의 용심(用心)을 혜아려 후환을 념녀ᄒᆞ더니, 태운산 가사의 온지 【63】 불급삼일(不及三日)[2183]의 홀연 두어 니괴(尼姑) 니ᄅᆞ러, 방시로 서로 말ᄒᆞ며 산ᄉᆞ의 향긔로온 과픔(果品)과 ᄎᆡ소(菜蔬)를 주니, 노패 과픔과 ᄎᆡ소를 긔특이 알 ᄲᅮᆫ 더러, 젼일 아던 바 업시 여ᄎᆞ 친후(親厚)ᄒᆞ믈 감격ᄒᆞ여 극진 ᄃᆡ졉ᄒᆞ니, 셜안 능안 등이 낭셩을 볼ᄉᆞ록 흠복 경ᄋᆡᄒᆞ여, 낭셩의게 말을 븟치고져 ᄒᆞ나, 낭셩이 츄파를 ᄂᆞᆽ초고 잉슌(櫻脣)이 젹연(寂然)ᄒᆞ니, 셜안이 지사간흉(至邪奸凶)이나 그 심쳔(深淺)을 엿볼 길이 업ᄉᆞ니, 오직 노고와 말ᄒᆞ여 초운ᄉᆞ의 비상ᄒᆞᆫ 경치 이시니 ᄒᆞᆫ번 구경ᄒᆞ라 ᄒᆞᆫᄃᆡ, 방시 쾌허 왈,

"쳡의 모녀는 인간 【64】 의 슬픈 인ᄉᆡᆼ이라. 듀야로 심신(心身)이 비황(悲惶)ᄒᆞ니 녀식과 의논ᄒᆞ고 일긔 츈화(春和)ᄒᆞᆫ 후 ᄒᆞᆫ번 가리이다."

셜안이 명일이라도 가기를 쳥ᄒᆞ니, 방시 낭셩을 도라보아 왈,

"션ᄉᆡ(先師) 근졀이 쳥ᄒᆞ니 ᄒᆞᆫ번 구경ᄒᆞ고 도라오미 엇더ᄒᆞ뇨?"

낭셩이 ᄃᆡ왈,

"쇼녀는 심ᄉᆡ(心思) 호화(豪華)롭지 아니니, 구경ᄒᆞ믈 닐ᄋᆞ지 마ᄅᆞ쇼셔."

ᄒᆞ고, 냥안을 잠간 드러보니, 그 니고 등이 결단코 됴흔 ᄯᅳᆺ을 픔을 재 아니니, 심시 경월(驚越)ᄒᆞ더니, 니고 등이 도라가니 낭셩이 방시를 ᄃᆡᄒᆞ여, 셜안 등이 됴흔 사ᄅᆞᆷ이 아니니 ᄆᆞᄋᆞᆷ 노치 못ᄒᆞ고, 간인의 작얼(作孼)[2184]을 방비(防備)ᄒᆞ 【65】 미 맛당타 ᄒᆞ더니, 낭셩이 홀연 독질(毒疾)을 어더 졍신이 현난(眩亂)ᄒᆞ며, ᄉᆞ지 녹는 ᄃᆞᆺ 혼혼(昏昏)이 인ᄉᆞ를 바리고 긔운을 슈습지 못ᄒᆞ니, 노괴 황황(遑遑)히 구호ᄒᆞ더니, 셜안 등이 드러와 보고 ᄀᆞ마니 의논 왈,

"ᄉᆞ뷔 우리로 이곳에 십여일을 머믈지라도 져 녀ᄌᆞ를 브ᄃᆡ 다려오라 ᄒᆞ여 계시니, 이제 그 병이 위독ᄒᆞ믈 타 우리 신ᄒᆡᆼ법슐(神行法術)[2185]을 다ᄒᆞ여 노고를 모로게 산ᄉᆞ로 다려가미 올타."

ᄒᆞ고, 낭셩이 유질(有疾)ᄒᆞᆫ ᄉᆞ오일의 노괴 맛참 측즁(厠中)[2186]의 가거ᄂᆞᆯ, 두 니괴 몸을 화(化)하여 ᄂᆞ는 새 되여 낭셩을 등에 업고 산ᄉᆞ(山寺)로 가고져 ᄒᆞ더니, 믄득 【66】 ᄒᆞᆫ 줄기 셔광(瑞光)이 니러나 낭셩의 일신(一身)을 두를 ᄲᅮᆫ 아니라, 그 몸 무거오미 태산 ᄀᆞᄐᆞ여 능히 움족이지 못ᄒᆞᆯ ᄲᅮᆫ 아니라 졍신이 어즐ᄒᆞ니[2187], 셜안이 대경ᄒᆞ여 낭셩을 도로 누이고 급히 본형을 ᄂᆡ여 왈,

"ᄎᆞ인은 결단코 진셰(塵世) 속뉘(俗流) 아니라. 우리로셔는 능히 다려가지 못ᄒᆞ리니, ᄉᆞ부긔 이 소유(所由)를 고ᄒᆞ고, 각별ᄒᆞᆫ 계교를 ᄡᅳ리라."

---

2183)불급삼일(不及三日) : 3일이 채 되지 못하여.
2184)작얼(作孼) : 훼방을 놓다. 화(禍)를 일으키다.
2185)신힝법슐(神行法術) : 신이(神異)한 행동과 방술(方術) *방술(方術); 방사(方士)가 행하는 신선의 술법.
2186)측즁(厠中) : 뒷간.
2187)어즐ᄒᆞ다 : 어질하다. 급자기 정신이 아득하고 어지럽다. '어찔하다'보다 여린 느낌을 준다

ᄒᆞ고, 방시 측즁(廁中)《으로∥의셔》 도라오믹, 이의 하직 왈,

"아등(我等)이 우연이 이곳의 니ᄅᆞ럿더니 쇼낭ᄌᆞ의 질환이 여ᄎᆞ 위듕ᄒᆞ시니, 념녜 비경ᄒᆞ온지라. 이제 산ᄉᆞ의 도라가 혹ᄌᆞ(或者) 병의 당졔(當劑)2188)를 【67】 엇거든 다시 오리이다."

ᄒᆞ고 도라가니, 방시 칭샤(稱謝)ᄒᆞ여 보ᄂᆞ니, 셜안이 산ᄉᆞ의 도라와 명쳥을 보고 소유를 고ᄒᆞ니, 명쳥이 쇼왈,

"무슴 어려오미 이시리오."

ᄒᆞ고 ᄒᆞᆫ 계교를 ᄀᆞᄅᆞ치니, 셜안이 대희ᄒᆞ여 즉시 동뉴(同類) 삼ᄉᆞ인을 다리고 방시의게 ᄂᆞ려와, 노고를 보고 왈,

"쇼낭지 병셰 여ᄎᆞ 위독ᄒᆞ시니, 잠간 우리 산ᄉᆞ의 피졉(避接)2189)ᄒᆞ여 불젼(佛前)의 치셩헌진(致誠獻齋)2190)ᄒᆞ면, 수일이 넘지 못ᄒᆞ여셔 차셩(差成)ᄒᆞ리이다."

방시 심즁의 불열홀 ᄲᅮᆫ 아니라, 낭셩의 젼일 말을 드ᄅᆞ믹, 니고의 불인(不仁)ᄒᆞᆷ믈 짐작ᄒᆞ나, 그 병셰를 【68】 쵸민(焦悶)ᄒᆞ더니, 셜안이 그 말 아니믈 보고 셜안이 이의 뉴리죵(琉璃鐘)2191)의 향쥬(香酒)를 가져 미혼약(迷魂藥)을 타 권ᄒᆞ니, 방시 병의 쵸민ᄒᆞ므로 여러 날 음식을 먹지 아녀시므로, 술을 마시믹 경킥의 졍신이 아득ᄒᆞ여 ᄒᆞᆫ 구셕의 쓰러지니, 셜안이 변신(變身)ᄒᆞ여 방시 되여 술을 가지고 밧게 나와 니함을 주니, 니함이 엇지 알니오. 밧아 마시믹 역시 것구려져 인ᄉᆞ를 모ᄅᆞ니, 셜안이 ᄉᆞ뎨(師弟)2192)등을 직쵹ᄒᆞ여 교ᄌᆞ(轎子)를 갓다가 낭셩을 담아 가지고 산ᄉᆞ의 도라와 안졍(安靜)ᄒᆞᆫ 곳의 누이고, 명쳥이 그 용화긔질(容華氣質)을 ᄌᆞ셔히 보믹, 과연 복【69】덕(福德)이 구존(具存)ᄒᆞ여 당시(當時) 무쌍(無雙)이라. 대회 칭찬 왈,

"이ᄂᆞᆫ ᄒᆞ늘이 불도(佛道)를 흥긔(興起)코져 ᄒᆞ시므로 산ᄉᆞ(山寺)의 와시니, 이 녀ᄌᆞ를 나의 뎨ᄌᆞ를 숨을진딕 내 복녁(福力)이 무량ᄒᆞ리라."

ᄒᆞ고, 이의 회ᄉᆡᆼ(回生)홀 두 낫 환약을 닉여 쳥슈(淸水)의 화(和)ᄒᆞ여 입의 드리오며, 슈족을 쥐므ᄅᆞ니, 낭셩이 익경(厄境)으로 독질(毒疾)을 어덧더니, 약효(藥效)를 힘닙어 병셰(病勢) 소삭(消索)ᄒᆞ고 빗 졍신이 도라오니, 이의 긔운을 슈습ᄒᆞ여 눈을 ᄣᅥ 좌우를 보며, 은모(恩母)를 브ᄅᆞ니, 명쳥이 대회ᄒᆞ여 쳥심ᄎᆞ(淸心茶) 일긔(一器)를 주어 마시믹, 이의 좌우를 슓퍼 보다가, 【70】 안쇠(顔色)이 변이(變異)ᄒᆞ거늘, 명쳥이 알아보고 즉시 밧게 나와 셜안다려 여ᄎᆞ여ᄎᆞ ᄒᆞ라 닐ᄋᆞ니, 셜안이 즉시 변신ᄒᆞ여 방시 되여 갓가이 나아가 어ᄅᆞ만져 왈,

---

2188)당졔(當劑) : 어떤 병에 딱 들어맞는 약. 늑당약(當藥).

2189)피졉(避接) : '비접'의 원말. 앓는 사람이 다른 곳으로 자리를 옮겨서 요양함. 병을 가져오는 액운을 피하기 위함이다.

2190)치셩헌진(致誠獻齋) : 부처에게 지성으로 빌고 공양을 드림.

2191)뉴리죵(琉璃鐘) : 모양이 종처럼 생긴 유리 그릇.

2192)ᄉᆞ뎨(師弟) : 불교에서, 한 스승의 제자로서 자기보다 늦게 그 스승의 제자가 된 사람을 이르는 말. *사형(師兄); 불교에서, 한 스승의 제자로서, 자기보다 먼저 그 스승의 제자가 된 사람을 이르는 말.

네 병이 만무싱긔(萬無生氣)ᄒ여 수오일의 밋처ᄂᆞᆫ 흔낫 시신(屍身)이 되엿더니, ᄉᆞ몽비몽간(似夢非夢間)의 관음(觀音)2193)이 현셩(顯聖)ᄒ여 닐ᄋᆞ샤디,

"녀ᄋᆞ 낭셩은 젼신이 월궁(月宮) 상션(上仙)으로 불가(佛家)의 인연(因緣)이 듕ᄒ여, 셰상의 나온 지 십삼년(十三年) ᄎᆞ거든 삭발위승(削髮爲僧)ᄒ리라 언약(言約)ᄒ엿더니, 하가의 인연을 일우고 불가(佛家)ᄅᆞᆯ 비쳑(排斥)ᄒᆞ므로 벌을 ᄂᆞ려시니, 만일 살고져 ᄒ거든 초운ᄉᆞ의 드러가 명쳥법【71】ᄉᆞ의 뎨지 되게 ᄒ라 ᄒ시거ᄂᆞᆯ, 내 ᄆᆞᄋᆞᆷ의 너를 살오고져 ᄒ여, 이의 니르러 회싱약(回生藥)을 어더 겨우 너ᄅᆞᆯ 구ᄒᆞ미 되엿ᄂᆞ니, 내 ᄋᆞ히ᄂᆞᆫ ᄉᆞ부(師父)의 ᄌᆡᄉᆡᆼ지은(再生之恩)을 감골명심(感骨銘心)ᄒ여 산문(山門)의 뎨지(弟子) 되고, 다시ᄂᆞᆫ ᄒ안찰을 싱각지 말나."

낭셩이 ᄇᆞ야흐로 졍신을 출혀 좌우ᄅᆞᆯ 보니, 누은 곳이 태운산 가ᄉᆡ(家舍) 아니오, 니고의 무리 분분왕ᄂᆡ(紛紛往來)ᄒ여 빅의단발(白衣斷髮)의 모양이라. 심니(心裏)의 경악(驚愕)ᄒ여 져의 몸이 산ᄉᆞ(山寺)의 ᄲᅥ러지미 잇ᄂᆞᆫ가 의아(疑訝)ᄒᆞᆯ 즈음에, 가(假) 방시의 언ᄉᆞ(言辭) 여ᄎᆞ(如此)ᄒᆞᆷ을 드르미, 신긔(神氣) ᄌᆞ동(自動)ᄒᆞ고 총명(聰明)이 《쾌열ᄒ여‖쾌히 열녀》 방시의【72】언ᄉᆞ(言辭)ᄅᆞᆯ 듯고 거동(擧動)을 보니, 방시의 텬셩은 슌박(淳朴)ᄒᆞᆫ 셩픔으로 반졈 ᄭᅮ미ᄂᆞᆫ 거죄 업고, 하안찰을 감은ᄒᆞ미 딕히상뎐(大海桑田)2194)이 되여도 변치 아닐 비어ᄂᆞᆯ, 금일 믄득 고이ᄒᆞᆫ 말을 발ᄒ여 하안찰을 닛고, 단발위승(斷髮爲僧)ᄒ라 ᄒᆞ미, 결단코 노파의 ᄆᆞᄋᆞᆷ이 아니오, 모양이 조금 다르미 이시니, 이의 봉안(鳳眼)이 밍녈(猛烈)ᄒ여 왈,

"텬하(天下)의 밧고지 못ᄒᆞᆯ 거ᄉᆞᆫ 사름의 얼골이라. ᄎᆞ인(此人)은 하쳐츌(何處出)이완디2195) 능히 우리 은모(恩母)의 얼골 셩음(聲音)을 비러, 공교(工巧)로운 말노뻐 사름의 ᄆᆞᄋᆞᆷ을 현혹(眩惑)고져 ᄒ며, 날노 ᄒ야금 산문(山門)의 뎨ᄌᆞ(弟子)ᄅᆞᆯ 삼고져【73】ᄒᄂᆞᆯ뇨?"

언파의 긔운이 츄상(秋霜) ᄀᆞᄐᆞ니, 셜안이 그 알아보믈 신긔히 알고 이ᄀᆞ치 ᄭᅮ지ᄌᆞ믈 일변(一邊)2196) 무류(無聊)코 분ᄒ여 ᄂᆞᆾ츨 붉혀 왈,

"내 비록 너ᄅᆞᆯ 어더 길녀시나 이듕(愛重)ᄒᆞ미 친싱(親生) ᄀᆞᆺ거ᄂᆞᆯ, 엇지 나ᄅᆞᆯ 이ᄀᆞ치 ᄭᅮ지져 십삼년 양휵ᄒᆞᆫ 졍을 모르ᄂᆞᆫ뇨? 내 셜워 너 보ᄂᆞᆫ 디셔 죽으리라."

낭셩이 더욱 통히ᄒ여 대미 왈,

"간인(奸人)이 아모리 은모(恩母)의 형용(形容)○[과] 어셩(語聲)을 비러 나ᄅᆞᆯ 속이고져 ᄒ여도 내 간딕로 속지 아니리니, 모로미 요황(妖荒)2197)ᄒᆞᆫ 말을 긋치고 죽으며

---

2193)관음(觀音) : 관세음보살(觀世音菩薩). 불교에서, 아미타불의 왼편에서 교화를 돕는 보살. 사보살의 하나이다. 세상의 소리를 들어 알 수 있는 보살이므로 중생이 고통 가운데 열심히 이 이름을 외면 도움을 받게 된다고 함.

2194)딕히상뎐(大海桑田) : 상전벽해(桑田碧海). 뽕나무밭이 변하여 푸른 바다가 된다는 뜻으로, 세상일의 변천이 심함을 비유적으로 이르는 말.

2195)하쳐츌(何處出)이완디 : 어느 곳에서 나왔기에.

2196)일변(一邊) : 한편. 어느 한편.

살기는 스스로 ᄒ라.”

언파(言罷)의 긔상(氣像)이 닝엄 【74】 싁싁ᄒ니, ᄎ시 명쳥은 셜안을 드러보니고 지게 밧게 이셔 그 문답을 다 듯고, 낭셩이 ᄀ빅야이 불뎨(佛弟) 되지 아닐 줄 알 쁜더러, 신통(神通)이 이상ᄒ므로 텬상(天上)○[과] 인간ᄉ(人間事)를 낫낫치 씨다라, 낭셩의 젼신(前身)이 월궁상션(月宮上仙)으로, 인간의 ᄂᆞ려 평졔왕의 녀ᄋ로 문양공쥬의 소싱이오, 태상진군이 하가의 나 몽셩이 되어심과, 낭아셩(狼牙星)으로 더브러 인연이 듕ᄒ믈 거울ᄀᆞᆺ치 아ᄃᆡ, 그 위인(爲人) 용화(容華)를 황홀 이듕ᄒ여, 브ᄃᆡ 뎨ᄌ를 삼아 불도(佛徒)로뻐 텬ᄒ(天下)의 존(尊)ᄒ미 되그져 ᄒ미, 인듕승텬(人衆勝天)2198)ᄒ믈 싱각고 텬 【75】 의(天意)를 어긔오려, 즉시 셜안을 불너 니여 왈,

“져 녀ᄌ 총명(聰明) 특달(特達)ᄒ미 여ᄎᄒ니, 언어로 능히 졔어치 못홀지니, 나의 거쳐위풍(居處威風)과 산문법녁(山門法力)을 뵈면, ᄌ연 긔운이 져상(沮喪)ᄒ여 슌죵(順從)ᄒ리라.”

셜안은 슈명ᄒ고 능안은 말녀,

“은혜로 딕졉ᄒ여 감화(感化) ᄌ복(自服)게 ᄒ쇼셔.”

명쳥이 듯지 아니코 졔ᄌ를 분부ᄒ여 낭셩을 다려오라 ᄒ니, 졔승이 응낙고 낭셩을 젼후 좌우로 옹호(擁護)ᄒ여 ᄉ부의 브ᄅ시ᄂᆞᆫ 명을 닐ᄋ고 다려가니라. 【76】

---

2197)요황(妖荒) : 요사스럽고 황당함.
2198)인듕승텬(人衆勝天) : ‘여러 사람이 힘을 합치면 하늘도 이길 수 있다’는 뜻으로 ‘사람의 힘이 큼’을 이르는 말.

# 윤하뎡삼문취록 권지십구

ᄎ시 졔승(諸僧)이 웅낙고 낭셩을 젼후좌우(前後左右)로 옹호(擁護)ᄒ여 ᄉ부(師父)의 브ᄅ시믈 닐으고 다려가니, 낭셩이 묵연 뎡슉고 년보(蓮步)2199)를 옴겨 명쳥 잇ᄂ 졍뎐(正殿)으로 갈ᄉ, 암즁(庵中)이 광활ᄒ여 놉흔 당사(堂舍)의 ᄎ식난간(彩色欄干)이 휘황(輝煌)ᄒ되, 셕가(釋迦)2200) 졔불(諸佛)2201)을 존(尊)흔 곳은 닐ᄋ도 말고, 명쳥의 곳에 니르니 아으라흔 2202) 당새(黨舍) 반공(半空)의 다핫고, 《벽희ǁ벽(壁)의》 《졍요렴ǁ경요렴(瓊瑤簾)2203)》을 산호구(珊瑚鉤)2204)의 ○○[걸고] 황금박(黃金箔)2205)을 년(連)ᄒ여 벽옥난(碧玉欄)2206)의 지워시니2207), 보광(寶光)이 찬난ᄒ고 향풍(香風)이 진울(震鬱)ᄒ여2208) 텬상ㆍ인간(天上ㆍ人間)이믈2209) 씨닷지 【1】 못ᄒ너라.

구층(九層) 셤2210) 우희 수십 녀승(女僧)이 낭셩을 마즈니, 개개(個個)히 용뫼(容貌) 빅셜(白雪) ᄀᆺ고, 져마다 긔운2211)을 비양(飛揚)2212)ᄒ니, ᄀ장 냥슌(良順)치 아니터라. 낭셩을 닛그러 상층계(上層階)의 올으미, 졔승이 일시의 소ᄅᆡ ᄒ여,

"ᄉ부(師父)긔 복알(伏謁)2213)ᄒ라."

---

2199) 년보(蓮步) : 금련보(金蓮步). 미인의 정숙하고 아름다운 걸음걸이를 비유적으로 이르는 말.
2200) 셕가(釋迦) : 석가모니(釋迦牟尼). 불교의 개조. 과거칠불의 일곱째 부처로, 세계 4대 성인의 한 사람이다. 기원전 624년에 지금의 네팔 지방의 카필라바스투 성에서 슈도다나와 마야 부인의 아들로 태어났으며, 29세 때에 출가하여 35세에 득도하였다. 그 후 녹야원에서 다섯 수행자를 교화하는 것을 시작으로 교단을 성립하였다. 45년 동안 인도 각지를 다니며 포교하다가 80세에 입적하였다.
2201) 졔불(諸佛) : 모든 부처. 곧 불도를 깨달은 모든 성인
2202) 아으라ᄒ다 : 아스라하다. 보기에 아슬아슬할 만큼 높거나 까마득하게 멀다.
2203) 벽희경요렴(碧海瓊瑤簾) : 푸른 바다에서 나는
2204) 산호구(珊瑚鉤) : 산호(珊瑚)로 만든 갈고리.
2205) 황금박(黃金箔) : 황금이나 황금빛이 나는 물건을 두드리거나 압연하여 종이처럼 아주 얇게 눌러서 만든 것
2206) 벽옥난(碧玉欄) : 푸른 옥으로 장식한 난간(欄干).
2207) 지워시니 : 내려뜨렸으니. *지우다 : 내리다. 내려뜨리다.
2208) 진울(震鬱)ᄒ다 : 진동(震動)하다..
2209) 텬상ㆍ인간(天上ㆍ人間)이믈 : 천상세계인지, 인간세계인지를.
2210) 셤 : 섬. 섬돌. 돌층계의 계단.
2211) 긔운 : 기운. 생물이 살아 움직이는 힘.
2212) 비양(飛揚) : 잘난 체하고 거드럭거림.
2213) 복알(伏謁) : 높은 사람을 삼가 엎드려 뵘.

ᄒᆞ니, 낭셩이 잠간 눈을 드러 보니, 명쳥이 년화보탑(蓮花寶榻)2214의 빅옥팔봉상(白玉八峯床)2215을 놉히 노코, 그 우희 단좌(端坐)ᄒᆞ엿ᄂᆞ딩, 빅금슈가사(白錦繡袈裟)2216의 홍금치딩(紅錦彩帶)2217를 두루고, 남ᄒᆡ오치쥬(南海五彩珠)2218를 목에 걸고, 우슈(右手)의 경ᄌᆞ(鏡子)2219를 들고 좌슈(左手)의 명쥬션(明紬扇)2220을 드러 단졍(端整)이 좌(坐)를 일워시니, 셔뮈(瑞霧) 요요(嫋嫋)2221ᄒᆞᆫ【2】딩, 좌우의 빅여명니승(尼僧)2222이 시립(侍立)ᄒᆞ엿더라.     명쳥이 년장빅셰(年將百歲)2223로딩 냥안(兩眼)이 새별2224 ᄀᆞᆺ고 용식(容色)이 도화(桃花) ᄀᆞ트여 쇠로(衰老)ᄒᆞ미 업스니, 신힝도슐(神行道術)2225의 이승(異僧)이믈 알니러라.

제승이 낭셩을 직쵹ᄒᆞ여 ᄉᆞ부(師父)긔 비알(拜謁)ᄒᆞ라 ᄒᆞ니, 낭셩이 치슈(彩袖)를 졍히 곳고, 졍식 왈,

"내 비록 미셰(微細)ᄒᆞ나 초운ᄉᆞ 쇼쇽이 아니오, 법ᄉᆞ의 말지 데지 아니니, 셤 우희셔 비알홀 비 어이 이시리오. 법ᄉᆞ(法師) 쥬긱(主客)의 녜(禮)로 딩졉ᄒᆞ면, 내 오히려 감격ᄒᆞ미 잇거니와, 그러치 아닌즉, 내 어이 법ᄉᆞ의게 녜ᄒᆞ리오. 내 수익(受厄)2226ᄒᆞ여 호혈(虎穴)2227의 ᄣᅥ【3】러지미 되어시나, 죽이고져 ᄒᆞ거든 셜니 해(害)ᄒᆞ려니와, 내 일즉 드르니 불가의ᄂᆞᆫ 살ᄉᆡᆼ(殺生)을 아닛ᄂᆞᆫ다 ᄒᆞ거늘, 공연이 사ᄅᆞᆷ을 호려다가2228 죽이려 ᄒᆞ믄 무ᄉᆞᆷ 일이뇨?"

명쳥이 낭셩의 굴치 아님과 그 말ᄉᆞᆷ이 욕ᄒᆞ기의 밋ᄎᆞ미, 엇지 노호옵고 분치 아니리오마는, 브딩 져를 져의 데ᄌᆞ를 삼아 평ᄉᆡᆼ원(平生願)을 일우고져 ᄒᆞ므로, 믄득 ᄆᆞᄋᆞᆷ을 현혹(眩惑)ᄒᆞ여 다리여2229 왈,

---

2214)년화보탑(蓮花寶榻) ; 연꽃 장식을 한 옥좌(玉座). *옥좌(玉座); 임금이나 임금과 같은 고귀한 사람이 앉는 자리.
2215)빅옥팔봉상(白玉八峯床) : 백옥(白玉)으로 꾸민 여덟 봉우리의 등받이를 붙인 걸상.
2216)빅금슈가사(白錦繡袈裟) : 흰 비단에 화려한 수(繡)를 놓아 지은 가사(袈裟). *가사(袈裟); 승려가 장삼 위에, 왼쪽 어깨에서 오른쪽 겨드랑이 밑으로 걸쳐 입는 법의(法衣).
2217)홍금치딩(紅錦彩帶) : 붉은 비단에 화려한 채색을 가해 만든 띠.
2218)남ᄒᆡ오치쥬(南海五彩珠) ; 남해(南海)에서 나는 다섯 빛깔의 진주(眞珠).
2219)경ᄌᆞ(鏡子) : 거울.
2220)명쥬션(明紬扇) : 명주비단에 살을 붙여 만든 부채.
2221)요요(嫋嫋) : 부드럽게 산들거림.
2222)니승(尼僧) : 여승(女僧). 비구니(比丘尼). 니고(尼姑).
2223)년장빅셰(年將百歲) : 나이가 백세에 이름.
2224)새별 : 샛별. '금성(金星)'을 일상적으로 이르는 말.
2225)신힝도슐(神行道術) : 신이(神異)한 행실과 도술(道術). *도술(道術); 도를 닦아 여러 가지 조화를 부리는 요술이나 술법.
2226)수익(受厄) ; 액경(厄境)을 만남.
2227)호혈(虎穴) : 호랑이 굴.
2228)호리다 : ①홀리다. 유혹하여 정신을 차리지 못하게 하다. ②후리다. 위력으로 잡아가다.
2229)다리여 : 달래어. *달래다 : 슬퍼하거나 고통스러워하거나 흥분한 사람을 어르거나 타일러 기분을 가라앉히다.

"뎡ᄋᆞ(鄭兒) 낭셩(狼星)은 망녕되고 방ᄌᆞ흔 말 말고, 너의 젼시(前時)와 금싱(今生) 일을 붉히 드러 산문의 뎨ᄌᆞ 되라. 너의 젼신(前身)이 월궁(月宮)의 샹션(上仙)으로 옥【4】경연회(玉京宴會)2230)에 태샹진군(太上眞君)의 풍치ᄅᆞᆯ 흠경(欽敬)ᄒᆞ여 반도(蟠桃)2231)ᄅᆞᆯ 더져 희롱ᄒᆞ니, 옥뎨(玉帝)2232) 노ᄒᆞ샤 디부음관(地府陰關)2233)으로 ᄂᆞ리오고져 ᄒᆞ시니, 셕가(釋家)2234) 관음(家觀音)2235)이 ᄌᆞ비지심(慈悲之心)을 발ᄒᆞ샤 뎨ᄌᆞ 삼기ᄅᆞᆯ 옥뎨긔 쳥ᄒᆞ여 인셰의 하강(下降)케 ᄒᆞᆯᄉᆡ, 뎡가(鄭家)의 ᄌᆞ식을 삼으ᄃᆡ 너의 죄과(罪科)로써 명단박복(命短薄福)2236)흔 곳에 닉여, 네 어미 됴시(趙氏)2237) 너ᄅᆞᆯ 빈여2238) 둔 스오월의, 네 아비 뎡지협2239)〇[이] 역옥(逆獄)의 걸녀 승복졍형(承服正刑)2240)ᄒᆞ민, 네 어미 모림위관비(冒臨爲官婢)2241)ᄒᆞᆯ 거시로ᄃᆡ, 황가(皇家)의 원족(遠族)이믈 가의(加意)ᄒᆞ여, 인ᄒᆞ여 국개(國家) 특은(特恩)으로 셩외(城外)의 안치(安置)2242)ᄒᆞ민, 여뫼(汝母) 너ᄅᆞᆯ 겨우 【5】나코 쵸젼망통(焦煎忙痛)2243)ᄒᆞ여 죽으니, 기시 너의 구족(九族)2244)이 멸ᄒᆞᆯ 거시로ᄃᆡ, 국개 은명(恩命)으로 삼족(三族)을 멸ᄒᆞ시니, 너의 강근지족(强近之族)2245)의 흔 사ᄅᆞᆷ도 남은 이 업순 고로, 너ᄅᆞᆯ 쥬가(酒家)의셔 작인을 어엿비 넉여 다려 갓다가, 췌민이 흔번 보고 은(銀)을 허비ᄒᆞ여 사 도라오미, 하늘이 ᄀᆞᄅᆞ쳐 산ᄉᆞ(山寺) 갓가이 오게 ᄒᆞ미라. 네 이제 부모ᄅᆞᆯ 춫고져 ᄒᆞ나, 네 아비ᄂᆞᆫ 칼 아ᄅᆡ 놀난 넉시오, 네 어미ᄂᆞᆫ 참화(慘禍)의 호통운졀(號慟殞絶)2246)ᄒᆞ여시

---

2230)옥경연회(玉京宴會) : 하늘 위에 옥황상제가 사는 서울에서 열린 연회.
2231)반도(蟠桃) : 중국 전설상의 서왕모(西王母)의 요지(瑤池)에서 기른다는 복숭아나무 열매.
2232)옥뎨(玉帝) : 옥황상제(玉皇上帝). 흔히 도가(道家)에서, '하느님'을 이르는 말
2233)디부음관(地府陰關) : 저승세계에 있는 지옥(地獄).
2234)셕가(釋家) : 불도를 수행하는 이. =불가(佛家).
2235)관음(觀音) : 관세음보살. 아미타불의 왼편에서 교화를 돕는 보살. 사보살의 하나이다. 세상의 소리를 들어 알 수 있는 보살이므로 중생이 고통 가운데 열심히 이 이름을 외면 도움을 받게 된다. ≒관세음・관음・관음보살・관자재보살(觀自在菩薩),
2236)명단박복(命短薄福) ; 수명(壽命)이 짧고 복(福)이 없음.
2237)됴시(趙氏) : 문양공주의 성씨. 문양공주는 황녀이기 때문에 성씨가 조씨이다.
2238)빈다 : 임신하다.
2239)뎡지협 : '정천흥'의 익명(匿名). 이 단락에서 명청은 '낭성'을 제자로 삼기 위해, 그녀의 출생과 관련된 사실들을 악의적으로 조작해, 거짓말을 늘어놓고 있다.
2240)승복졍형(承服正刑) : 죄를 자복(自服)하여 사형에 처해짐. *정형(正形); 예전에, 죄인을 사형에 처하던 형벌.
2241)모림위관비(冒臨爲官婢) : 관비(官婢)가 되는 것을 무릅씀.
2242)안치(安置) : 조선 시대에, 죄인을 먼 곳에 보내 다른 곳으로 옮기지 못하게 주거를 제한하던 일. 또는 그런 형벌.
2243)쵸젼망통(焦煎忙痛) : 애를 태우고 마음을 졸이며 몹시 슬퍼함.
2244)구족(九族) : 고조・증조・조부・부친・자기・아들・손자・증손・현손까지의 동종(同宗) 친족을 통틀어 이르는 말. 자기를 본위로 직계친은 위로 4대 고조, 아래로 4대 현손에 이르기까지이며, 방계친은 고조의 4대손이 되는 형제・종형제・재종형제・삼종형제를 포함한다.
2245)강근지족(强近之族) : 강근지친(强近之親). 도움을 줄 만한 아주 가까운 친족.
2246)호통운졀(號慟殞絶) : 슬피 부르짖어 울다 숨이 끊김.

니, 네 이제 츌가(出家)호여 슈도(修道)호면, 승되빅운(乘道白雲)[2247]호여 텬궁(天宮)으로 도라가, 다시 넷 벼슬을 밧아 월궁(月宮)의셔 【6】《즐기면∥즐기리니》, 엇지 쾌(快)치 아니리오. 너의 부모의 원소(冤死)호 넉시 유유탕탕(悠悠蕩蕩)[2248]호여 호 조식도 위로호리 업소니, 네 산문 뎨지 되고, 부모를 위호여 슈륙치지(水陸致齋)[2249]호여 그 혼빅(魂魄)을 위로호라.”

낭셩이 대로호여 밍녈호 옥셩(玉聲)으로 대미(大罵) 왈,

“너의 승되(僧徒) 강당(强壯)호고 간악(奸惡)호여, 사롬으로 호야금 무옴을 경동(驚動)호고 뜻을 엿보아 겁칙[2250]고져 호나, 내 당당호 셩현셔(聖賢書)를 닑고 공밍(孔孟)[2251]으로 스승을 숨노니, 엇지 너의 속이는 말을 곳이 드르리오. 다시는 이런 말을 닐ㅇ지 말나.”

호니, 언셩이 강개호고 스긔(辭氣) 녈슉(烈肅)호 【7】지라. 명청이 삭발위리(削髮爲尼)호여 참션득도(參禪得道)호미 여러 십년의 거쳐[2252], 위풍이 주못 싁싁호더니, 이제 낭셩의 꾸짓는 말을 드르니 분노호여, 이의 졔승을 분부호여 텰삭(鐵索)으로 결박(結縛)호라 호니, 낭셩이 닝쇼 왈,

“텰삭 아녀 장검이라도 두리지 아니호노라.”

명청이 낭셩의 굴복지 아니믈 믜이 넉여, 져의 신슐(神術)노뻐 그 정신을 흐리오고 위력으로 삭발코져 호여, 호번 몸을 쒸여 공즁의 올으며, 졔승을 도라보아 왈,

“여등은 낭셩의 머리를 깟으라[2253].”

호며, 낭셩을 향호여 진 【8】언(眞言)[2254]을 염(念)호니, 흑뮈(黑霧) 아득호여 지쳑(咫尺)을 분변치 못호는 즁, 무수호 귀신이 소리호여 왈,

“됴히 텬의(天意)를 조촛 불가(佛家)의 뎨지(弟子) 되여 우리의 원소(冤死)호 혼빅을 위로호라.”

낭셩이 녀셩(厲聲) 왈,

“요불승덕(妖不勝德)이오, 샤불범졍(邪不犯正)이라[2255]. 내 비록 졍대(正大)호 긔운이 업소나 요괴(妖怪)의 속이믄 밧지 아니리라.”

호고, 입으로 졔요가(除妖歌)[2256]를 읇프며 츅귀셔(逐鬼書)[2257]를 외오며, 봉셩옥음

---

[2247]승되빅운(乘道白雲) : 백운(白雲)의 길에 오름. 탈속적(脫俗的)의 삶을 살아감.
[2248]유유탕탕(悠悠蕩蕩) : 아득히 멀고 넓은 세상을 한가로이 떠도는 모양.
[2249]슈륙치지(水陸致齋) : 수륙재(水陸齋). 물과 육지의 홀로 떠도는 귀신들과 아귀(餓鬼)에게 공양하는 재. 늑수륙굿.
[2250]겁칙 : 겁측. 폭행이나 협박을 하여 강제로 부녀자와 성관계를 갖는 일. 늑겁탈(劫奪)
[2251]공밍(孔孟) : 유가(儒家)의 대표적 성현(聖賢)인 공자(孔子)와 맹자(孟子)를 아울러 이르는 말.
[2252]거쳐 : 걸쳐 있어. *거치다; 걸치다. 일정한 횟수나 시간, 공간을 거쳐 이어지다.
[2253]깟으라 : 깎으라. *깟다 : 깎다.
[2254]진언(眞言) : 진실하여 거짓이 없는 말이라는 뜻으로, 비밀스러운 어구를 이르는 말. =다라니.
[2255]요불승덕(妖不勝德)이오, 샤불범졍(邪不犯正)이라 : 요괴로운 것은 바르고 어진 것을 이기지 못하고, 사악(邪惡)한 것은 정대(正大)한 것을 범(犯)하지 못한다.

(鳳聲玉音)2258)이 힝운(行雲)을 긋처지게2259) 호고, 안개롤 것처지게2260) 호니, 믄득
호 줄 셔광(瑞光)이 바로 흑무(黑霧)롤 쎄쳐 악귀(惡鬼) 스러지게 호니, 명쳥의 신힝도
슐(神行道術)이 쓸 딕 업논지라. 명쳥【9】이 홀일업서 도로 년화보탑(蓮花寶榻)의 느
려와 좌(坐)호고, 스스로 싱각호딕,

"내 신슐(神術)을 발호여 오늘 굿치 견피(見敗)호미 업스니, 출하리 쇠롤 달화 져롤
형벌호리라."

호고, 졔승을 호령호여 낭셩을 참형(慘刑)코져 호더니, 장(帳) 뒤흐로조츳 호 녀지
빅의소상(白衣素裳)2261)으로 쳥운(靑雲) 굿튼 녹발(綠髮)을 지우고, 삼촌금년(三寸金
蓮)2262)을 옴겨 나오니, 화용월틱(花容月態) 츌어범뉴(出於凡類)러라. 이의 명쳥다려
왈,

"쳡이 금일 져 녀즈롤 보니, 흔낫 쳘부셩녜(哲婦聖女)라. 일시 스부(師父) 면젼(面
前)의셔 말을 삼가지 못호미 이시나, 젹은 언어(言語)롤 과히 칙망홀 비 아니【10】
니, 아직 빙암(氷岩)의 두고 쳡이 즈로 왕뇌호여 그 무음을 귀복(歸服)2263)게 호미 엇
더호니잇고?"

명쳥이 깃거 졈두 왈,

"이논 네 임의로 홀 비니, 날다려 뭇지 말나."

그 녀지 비샤(拜謝)호고, 인호여 낭셩을 닛그러 졔승과 흔가지로 빙암(氷巖)으로 향
호니, 원뇌 이 녀즈논 즁셔령(中書令)2264) 곽규의 녀애니, 곽공이 문망과 쳥덕이 스류
의 칭도(稱道)2265)호논 빈 되엿더니, 불힝호여 조셰(早世)호고, 부인 소시 일즈일녀(一
子一女)롤 싱호여시니, 곽공이 별셰홀 찍 즈(子)논 삼셰 되고 녀(女)논 오셰 되어시니,
소시 텬붕디탁(天崩地坼)2266)호논 셜음을 견딕여 즈녀롤 무양(無恙)호며, 【11】 본향
(本鄕) 셔량(西涼)2267)의 느려와 농상(農桑)2268)을 다스려 계활(契活)코져 호더니, 소

---

2256)졔요가(除妖歌) : 요괴로운 것을 물리쳐 없애는 가사.
2257)츅귀셔(逐鬼書) : 귀신을 쫓는 글.
2258)봉셩옥음(鳳聲玉音) : 봉황의 울음소리처럼 청아하고 옥처럼 맑고 아름다운 소리.
2259)긋처지게 : 그치게. *긋치다 ; 그치다. 계속되던 일이나 움직임이 멈추거나 끝나다. 또는 그렇게 하다.
2260)것처지게 : 걷히게. *것치다 : 걷히다. 구름이나 안개 따위가 흩어져 없어지다. 또는 그렇게 하다.
2261)빅의소상(白衣素裳) : 하얀 상의(上衣)와 흰 치마 차림.
2262)삼촌금년(三寸金蓮) : 금으로 만든 세치쯤 되는 작은 연꽃이라는 뜻으로, 미인의 예쁜 걸음걸이를 비유
    적으로 이르는 말.
2263)귀복(歸服) : 귀순하여 복종함.
2264)즁셔령(中書令) : 고려 시대에, 중서문하성에 속한 종일품 벼슬. 문종 15년(1061)에 내사령을 고친 것으
    로, 충렬왕 1년(1275)에 잠시 없앴다가 21년(1295)에 도첨의령으로 고쳤다.
2265)칭도(稱道) : 입으로 늘 칭찬하여 말함.
2266)텬붕디탁(天崩地坼) : 하늘이 무너지고 땅이 갈라질 만큼 큰 변고라는 뜻으로, 제왕의 죽음, 큰 재앙
    등 중대한 사변을 비유적으로 이르는 말. ≒천붕지탑(天崩地塌).
2267)셔량(西涼) : 중국 오호십육국(五胡十六國)의 하나의 하나였던 서량(西涼)의 국토. 서량은 400년에 한
    인(漢人) 이고(李暠)가 북량(北涼)으로부터 독립하여 세운 나라로, 감숙성(甘肅省)의 서북부 돈황(敦煌)

부인이 홀연 득병ᄒᆞ여 마ᄌᆞ 셰상을 바리니, 공ᄌᆞ 션은 팔셰오, 쇼져ᄂᆞᆫ 십셰라. ᄌᆞ모ᄅᆞᆯ 마ᄌᆞ 여히여2269) 망극(罔極) 이훼(哀毁)ᄒᆞ더니, 곽공의 종뎨(從弟) 시즁(侍中)2270) 곽현이 종형의 골육(骨肉)이 외로이 이시믈 슬허 소부인의 장녜 후, 션의 남미ᄅᆞᆯ 경스로 드려갈ᄉᆡ, 명쳥이 곽쇼져의 긔특ᄒᆞ믈 듯고 신ᄒᆡᆼ법슐(神行法術)을 발ᄒᆞ여, 즁도(中途)의 가 반야삼경(半夜三更)의 후려오니, 곽쇼제 엇지 통훈(痛恨)치 아니리오마는, ᄌᆞ긔 미약(微弱)ᄒᆞᆫ 형셰로 강악(强惡)ᄒᆞᆫ 승니(僧尼)의 호령을 결우지 못ᄒᆞ니, 공슌(恭順)【12】이 뎨ᄌᆞ 되믈 허락ᄒᆞ디, 거즛말2271)을 쑤며 ᄌᆞ모(子母)의 삼년(三年)2272)을 맛츤 후, 머리ᄅᆞᆯ 싹고 뎨ᄌᆞ 되마 ᄒᆞ니, 명쳥이 곳이듯고 ᄉᆞ랑ᄒᆞ믈 보옥(寶玉)ᄀᆞ치 ᄒᆞ디, 곽쇼져ᄂᆞᆫ 그 ᄉᆞ랑ᄒᆞ믈 당ᄒᆞᆯᄉᆞ록 괴롭고 증분(憎憤)ᄒᆞ미 더으나, 버서날 길히 업서 초운ᄉᆞ의 이션 지 ᄉᆞ오삭의 밋쳣더니, 금일 낭셩을 보고 긔이ᄒᆞ믈 결을치2273) 못ᄒᆞ여 츌하리 ᄯᅳᆺ을 ᄒᆞᆫ가지로 ᄒᆞ여 나가기ᄅᆞᆯ 도모코져 ᄒᆞ여, 이의 구ᄒᆞ니라.

이 빙암(氷巖)이라 ᄒᆞᄂᆞᆫ 곳은, 북녁히 큰 뫼흘 년(連)ᄒᆞ여 깁흔 바회 잇고, 그 속에 흐르ᄂᆞᆫ 물이 이셔, 어러2274) 굿으며 졀벽이 되어【13】시니, 명쳥이 ᄉᆞ오년 젼의 잠간 보고 빙암 우희 십여간 초옥(草屋)을 지어, ᄉᆞ죄(死罪)ᄅᆞᆯ 범ᄒᆞᄂᆞᆫ 승니(僧尼)ᄅᆞᆯ 그 곳에 잡아너허 죽이니, 일긔 화슌(和順)ᄒᆞᆫ 썩도 빙암의 들면 ᄒᆞᆫ긔 골졀이 슬히2275)더라.

졔승(諸僧)이 낭셩을 미러 빙암의 너흔 후, ᄒᆞᆫ 닙 초셕(草席)을 드리쳐 어름 우희 실고 안즈라 ᄒᆞ니, 낭셩이 팔ᄌᆞ(八字)의 궁극(窮極)ᄒᆞ믈 흔(恨)ᄒᆞ고 안젓더니, ᄒᆞᆫ 녀ᄌᆞ 쵹을 붉히고 드러와 낭셩으로 서로 녜(禮)ᄒᆞ미, 곽쇼제 졔승(諸僧)의 도라가믈 기다려 믄득 탄식 하루(下淚) 왈,

"쳡은 텬디간(天地間) 궁민(窮民)이라, 부모ᄅᆞᆯ 죠별(早別)ᄒᆞ고 다만 일남(一男)【14】으로 더브러 종슉(從叔)을 조ᄎᆞ 경스로 가다가, 모일(某日) 반야(半夜)의 요괴의 변화로 잡히여 이곳의 오미, 믄득 불가(佛家)의 뎨ᄌᆞ(弟子)ᄅᆞᆯ 삼으려 ᄒᆞ니, 참아 삭발(削髮)치 못ᄒᆞ고 져근 계교(計巧)로써, 잠간 속여 혹ᄌᆞ(或者) 탈신(脫身)ᄒᆞᆯ 조각이 이실가 ᄇᆞ라고, ᄌᆞ모의 삼년 등 상을 맛춘 후 삭발ᄒᆞ믈 닐ᄏᆞ라 이의 머므런 지 ᄉᆞ오삭이러니, 이제 쇼져ᄅᆞᆯ 보니 ᄯᅩᄒᆞᆫ 참연(慘然)ᄒᆞᆫ지라. 고로 잠간 구호ᄒᆞ미니이다."

---

에 도읍하였으나, 421년에 북량의 몽손(蒙孫)에게 패망하였다.

2268)농상(農桑) ; 농업과 양잠을 아울러 이르는 말. =농잠(農蠶).

2269)여히다 : 여의다. 부모나 사랑하는 사람이 죽어서 이별하다.

2270)시즁(侍中) : 고려 시대 광평성, 내사문하성, 중서문하성, 문하부의 으뜸 벼슬. 품계는 종일품으로, 뒤에 중찬(中贊), 정승(政丞) 따위로 이름을 고쳤다.

2271)거즛말 : 거짓말.

2272)삼년(三年) : 삼년상(三年喪). 부모의 상을 당해 삼 년 동안 거상하는 일.

2273)결을ᄒᆞ다 : 틈내다. *결을 : 겨를. 틈.

2274)어러 ; 얼어. *얼다; 액체나 물기가 있는 물체가 찬 기운 때문에 고체 상태로 굳어지다.

2275)슬히다 : 시리다. 몸이 찬 기운으로 인해 추위를 느낄 정도로 차다.

낭셩이 흔연 칭사 왈,

"첩이 쇼져긔 쳑촌(尺寸)의 은(恩)이 업고, '일면(一面)의 분(分)'2276)이 업거놀, 이러틋 혈심(血心)으로 딕졉ᄒᆞ믈 닐으니 감사ᄒᆞ도소이다."

곽시 상【15】연(傷然) 뉴쳬(流涕) 왈,

"하늘이 낭즈의 녈ᄒᆡᆼ졀조(烈行節操)를 숣히샤 즈연이 위디(危地)를 버셔나려니와, 첩은 몸을 버셔날 도리 업고, 즈모(慈母)의 삼상(三喪) 곳 지나면 삭발위승(削髮爲僧)2277)ᄒᆞ리니 엇지 슬프지 아니리오. 고로 궁극(窮極)ᄒᆞᆫ 졍니(情理)의 낭즈로 더브러 ᄉᆞᆼ싱거취(死生去就)2278)를 ᄒᆞᆫ가지로 ᄒᆞ고져 ᄒᆞᄂᆞ이다."

낭셩이 함누(含淚) 칭샤(稱謝)ᄒᆞ니, 곽시 마지 못ᄒᆞ여 도라갈ᄉᆡ 다시 오믈 닐콧더라.

낭셩이 빙암(氷巖)의셔 밤을 당ᄒᆞ니, 호표(虎豹)2279)의 포람2280)과 귀미(鬼魅)2281)의 형젹(形迹)이 눈 압히 어란기니, 약ᄒᆞᆫ 심졍의 두리오미 업지 아녀, 뜻 잡기를 굿게 ᄒᆞ고 고요히 이【16】시니, 명쳥이 수일의 ᄒᆞᆫ번식 악초구(惡草具)2282) 일긔(一器)식2283)가져 먹이고, 말 잘ᄒᆞᄂᆞᆫ 니고를 보ᄂᆡ여 온가지로 다리며 ᄭᅮ지져 법소의 명을 밧들나 ᄒᆞ고 보쳐딕, 낭셩이 텽이불문(聽而不聞)2284)ᄒᆞ더라.

곽쇼졔 밤이면 ᄀᆞ마니 향긔로온 과실과 미시며 됴흔 음식을 가지고 와 낭셩을 권ᄒᆞ니, 낭셩이 곽시의 후의를 감격ᄒᆞ여 그 주는 바 음식이면 ᄉᆞ양치 아니ᄒᆞ고, 모구(毛裘)2285)를 ᄯᅩᄒᆞᆫ 물니치지 아녀 몸을 ᄀᆞ리오니, 일노 드듸여 낭셩이 빙옥(氷獄) 즁 긔ᄉᆞ(饑死)를 면ᄒᆞ니라.

션시(先時)의 방노파와 니함이 셜안의 암약(瘖藥)2286)을 먹고, 혼【17】혼(昏昏)이 것구러져 인ᄉᆞ를 아지 못ᄒᆞ딕, 구ᄒᆞ리 업서, 날이 다 가고 밤이 진(盡)ᄒᆞ여 다시 붉기의 니르럿더니, 마츰 쳥진관 도인(道人)이 니함을 ᄎᆞᆽ 니르럿다가, 함의 것구러져시믈 보고 경악ᄒᆞ여 믹을 슯힌즉 암약을 먹으미 젹실(的實)ᄒᆞᆫ지라. 범인은 즈셔히 아지 못ᄒᆞ려니와 도인은 의슐이 고명(高名)ᄒᆞᆫ 고로, 밧비 낭즁의 약을 ᄂᆡ여 쳥슈(淸水)의 화ᄒᆞ여 니함의 입의 드리오니, ᄀᆞ장 오린 후 함이 즘드럿던 사ᄅᆞᆷ쳐로2287) ᄭᆡ여 니러

---

2276) 일면(一面)의 분(分) : 일면지분(一面之分). 한 번 만나 본 정도의 친분.

2277) 삭발위승(削髮爲僧) : 머리를 깎고 중이 됨.

2278) ᄉᆞᆼ싱거취(死生去就) ; 죽거나 살거나, 떠나거나 따르거나 하는 모든 행동.

2279) 호표(虎豹) : 호랑이와 표범을 아울러 이르는 말.

2280) 포람 : 휘파람. ①짐승들이 우는 소리. ②입술을 좁게 오므리고 혀끝으로 입김을 불어서 맑게 내는 소리. 또는 그런 일.

2281) 귀미(鬼魅) : 귀신과 도깨비 따위를 이르는 말.

2282) 악초구(惡草具) : 고기 없이 푸성귀로만 차린 맛없는 음식.

2283) 식 : 씩. '그 수량이나 크기로 나뉘거나 되풀이됨'의 뜻을 더하는 접미사.

2284) 텽이불문(聽而不聞) : 듣고도 못 들은 체함. =청약불문(聽若不聞)

2285) 모구(毛裘) : 털가죽으로 된 옷이나 침구(寢具)를 통틀어 이르는 말.

2286) 암약(瘖藥) : 벙어리가 되게 하는 약.

2287) -쳐로 : -처럼. 모양이 서로 비슷하거나 같음을 나타내는 격 조사.

안조디, 스지 저리고 정신이 어즐ᄒ니, 도인이 함다려 누엇던 바를 무르니 【18】니함 왈,

"니루의 잇ᄂ 노마매 ᄒ 그룻 술을 가져 권ᄒ거늘 우연이 밧아 마셧더니, 인ᄒ여 인스를 모르더이다."

도인이 쇼왈,

"술 가온디 암약이 셧겨 사름의 정신을 흐리워시니, 나의 환약(丸藥)이 아니런들 군이 ᄒ낫 어림장이2288) 될 번 ᄒ도다."

니함이 텽파의 경아 왈,

"노마마다려 곡졀을 무러 보리라."

ᄒ고, 도인을 밧게 머믈고 노마마를 브르디 디답이 업거늘, 경아(驚訝)ᄒ여 니실ᄀ지 드러가니, 니괴 ᄯ호 것구러졋거늘, 도스를 쳥ᄒ여 안히 드러가 믹을 뵈니, 도시 즉시 약을 니여 쳥슈의 【19】화(和)ᄒ여2289) 입의 드리오니, 식경(食頃)2290)이나 ᄒ 후 노패 겨유 인스를 출혀 니러 안거늘, 니함이 낭셩의 병을 무르며 져를 주던 술이 엇지 그리 독ᄒ던고 무르니, 노패 눈이 두렷ᄒ여 왈,

"내 군의게 술을 나온 일이 업스니 하언야(何言也)오? 내 초운스 니고 등을 스괴엿더니 녀식의 병에 초젼(焦煎)ᄒ여 음식○[을] 먹지 못ᄒ믈 보고, '일 죵'2291) 쳥슈(淸水)를 주거늘 마셧더니 혼혼(昏昏)이 누엇던가 시브도다."

ᄒ고, 몸을 니러 낭셩의 병셰를 알고져 그 누엇던 곳에 나아가미, 침구(寢具)ᄂ 완연ᄒ디 사름은 간 곳이 업스니, 노괴 경황차 【20】악(驚惶嗟愕)2292)ᄒ여 왼 집을 다 슮히디, 그림조도 업스니, 방셩대곡(放聲大哭)ᄒ여 낭셩을 브르지니, 니함이 녁시 경히(驚駭) 참달(慘怛)2293)ᄒ여 노고를 향ᄒ여 왈,

"마매 니고의 권ᄒᄂ 술을 나온 연고로 정신을 슈습지 못ᄒ고, 쇼싱이 ᄯ 마마의 주신 술노뻐 인스를 바렷던 바나, 마마ᄂ 쇼싱을 술노뻐 인스를 바리게 ᄒ 일이 업스라 ᄒ시니, 이 실노 측냥(測量)치 못홀 비라. 요얼(妖孽)2294)과 귀신(鬼神)이 초운스 니고(尼姑)로 동심ᄒ여 우리 상공(相公)의 빈희(嬪姬)를 아스가려, 짐즛 고이ᄒ 술노뻐 마마와 싱의 정신을 흐리웟던가 시브니, 쇼싱이 녕녀(令女) 【21】낭조의 얼골을 알진디, 텬하를 다 도라 거쳐를 알아 보고져 ᄒ디, 낭조긔 현알(見謁)ᄒ미 업스므로 형용(形容)을 아지 못ᄒᄂ니, 마매 쇼싱으로 더브러 낭조를 ᄎ즈라 가미 엇더ᄒ니잇고?"

방시 미급디(未及對)의 도인이 ᄎ경을 목도ᄒ니, 창연ᄒ믈 니긔지 못ᄒ여 골오디,

---

2288)어림장이 : 어림쟁이. 일정한 주견이 없는 어리석은 사람을 낮잡아 이르는 말.

2289)화(和)ᄒ다 : 무엇을 타거나 섞다.

2290)식경(食頃) : 밥을 먹을 동안이라는 뜻으로, 잠깐 동안을 이르는 말

2291)일 죵 ; 한 종지. *종지; 간장·고추장 따위를 담아서 상에 놓는 작은 그릇.

2292)경황차악(驚惶嗟愕) : 몹시 놀람.

2293)참달(慘怛) : 몹시 슬퍼함.

2294)요얼(妖孽) : ①요망스러운 사람. ②요악한 귀신의 재앙. 또는 재앙의 징조

"비인이 비록 아는 거시 업스나 오히려 사름의 싱년월일(生年月日)을 드릭면, 그 젼졍(前程) 길흉(吉凶)을 거의 츄졈(推占)2295)ᄒ여 아ᄂᆞ니, 일흔 낭ᄌᆞ의 싱월일시(生月日時)를 닐ᄋᆞ쇼셔."

방시 황망히 낭셩의 연월일시(年月日時)를 닐ᄋᆞ고, 그 간 곳을 졈복(占卜)2296)ᄒ라 ᄒ니, 도인이 【22】이윽이 졈(占)2297)ᄒ다가 개용(改容) 탄왈(嘆曰),

"비상(非常)ᄒᆞᆫ 귀인(貴人)이 초년 익회(厄會) 무궁ᄒ여, 몸이 구학(溝壑)2298)의 ᄲᅥ러져 믹상(陌上)2299)의 자라미 되어시나, 타일 복녹(福祿)은 만고무비(萬古無比)2300)ᄒ리니, 마마는 넘녀치 마ᄅᆞ쇼셔. 다만 시금(時今) 간 곳은 ᄉᆞ익(死厄)을 인ᄒ여 디부음관(地府陰關)2301)의 감치 아니니, 마매(媽媽) 아모리 구코져 ᄒ여도 그 빅년군ᄌᆡ(百年君子)2302) 아닌 젼은 텬일(天日)을 보기 어려오니, 마마(媽媽)2303)는 츠줄 의ᄉᆞ를 마ᄅᆞ쇼셔. 녕ᄋᆞ쇼져의 가신 곳이 이의셔 머지 아녀 삼십니만 가면 초운ᄉᆡ 잇고, ᄉᆞᄍᆠ의 명쳥법시 수빅 데ᄌᆞ를 거ᄂᆞ려 신ᄒᆡᆼ법슐(神行法術)을 길우ᄂᆞ니, 마매 아모리 【23】초운ᄉᆡ 가 녕녀를 보고져 ᄒ여도, ᄯᅳ을 일우지 못ᄒ고 속졀업시 몸의 화(禍)를 밧ᄋᆞ리니, 비인(鄙人)2304)의 말을 무심히 듯지 말고 안심ᄒ쇼셔."

노패 도ᄉᆞ의 말을 드릭미, 능·셜 냥인이 간계(奸計)를 발ᄒ여 여ᄎᆞᄒᆞᆫ 줄 씨다라, 니함을 도라보아 왈,

"존ᄉᆞ(尊師)의 말숨이 여ᄎᆞᄒ시나, 출하디 산ᄉᆞ의 가 져를 조ᄎᆞ ᄉᆞ싱을 ᄀᆞᆺ치ᄒ려 ᄒᆞᄂᆞ니, 군은 집을 직희여 이의 이시라."

니함 왈,

"쥬공(主公)이 이곳을 직희여시라 ᄒ시믈 술 먹은 연고로 총희(寵姬)를 실산ᄒ니, 쥬공이 도라오시면 뵈올 낫치 업스니, 마마를 【24】뫼셔 초운ᄉᆞ로 향코져 ᄒᄂᆞ이다."

도인이 불열(不悅)ᄒ여 가기를 말닌딕, 함이 도인이 간 후 방시를 믈게 올니고, 저는 스스로 거러 초운ᄉᆡ 니른즉, 산문을 굿이 닷고 인젹(人迹)이 업스니, 니함이 소

---

2295)츄졈(推占) : 앞으로 닥칠 일을 미루어서 점을 침.

2296)졈복(占卜) : 첨치는 일.

2297)졈(占) : 팔괘·육효·오행 따위를 살펴 과거를 알아맞히거나, 앞날의 운수·길흉 따위를 미리 판단하는 일.

2298)구학(溝壑) : 구렁. '움쑥하게 파인 땅'이라는 뜻으로 빠지면 헤어나기 어려운 환경을 비유적으로 이르는 말.

2299)믹상(陌上) : 논·밭의 두렁 위, 곧 농촌을 말함.

2300)만고무비(萬古無比) : 세상에 비길 데가 없을 만큼 많음.

2301)디부음관(地府陰關) : '지옥(地獄)'을 달리 이르는 말.

2302)빅년군ᄌᆡ(百年君子) : '남편'을 달리 이르는 말.

2303)마마(媽媽) : ①벼슬아치의 첩을 높여 이르던 말. ②((임금 및 그의 가족과 관련된 명사 뒤에 붙어)) '존대'의 뜻을 나타내는 말.

2304)비인(鄙人) : 비루한 사람이라는 뜻으로, 남자가 자기를 낮추어 이르는 일인칭 대명사.

리룰 놉혀 문 열기룰 쳥ᄒ디, 암즁(庵中)의셔 드란 쳬 아니ᄒ거늘, 함이 노고로 더브러 남승(男僧)의 머므는 절에 나아가 밥을 구ᄒ여 요긔(療飢)2305)ᄒ고, 도로 초운ᄉ 문 밧게 와 듀야로 직회엿더니, 삼ᄉ일이 지나미 신졍(新正)이 되니, 방시 실셩호곡(失性號哭)ᄒᄆᆯ 마지 아니니, 명쳡법시 임의 니함과 방노파의 와시ᄆᆯ 알고, ᄀᄆ니 졀운【25】ᄉ 남승의게 분부ᄒ여, 니함을 잡아 삭발케 ᄒ디, 만일 굴치 아니커든 칼 ᄡᅴ워 누옥의 가도라 ᄒ고, 방시는 쳘삭(鐵索)으로 미여 일간 초옥에 가도고, 굼글2306) ᄯᅳ러 음식을 주게 ᄒ니, 뉘 감히 명쳥의 녕(令)을 위월(違越)ᄒ리오. 몬져 방시룰 가돈 후의 니함을 잡아다가 졀운ᄉ 슈도(修道) 션시(禪師)2307) 삭발위승(削髮爲僧)2308)ᄒ라 ᄒ니, 니함 왈,

"오년(吾年)이 미급삼십(未及三十)의 부뫼 직당(在堂)ᄒ시고 쳐ᄌᆞ(妻子) 이시니, 엇지 츌가(出家)2309)ᄒ리오. 졀운ᄉ 남승이 드듸여 칼 ᄡᅴ워 옥에 가도니라.

{시ᄎᆞ(時此)2310)} 어시(於時)의 하 안찰(按察)이 셔쥐(徐州)2311)의 나아가미, 요얼(妖孽)과 귀미(鬼魅)의 작난이 【26】젼고(前古)의 듯지 못흔 빈니, 드듸여 신셩(神聖)흔 직조로써 요사(妖邪)룰 진뎡ᄒ고 녀역(癘疫)2312)을 간뎡(乾淨)2313)ᄒ여, 허다흔 ᄉ적과 신긔흔 법슐이 무수ᄒ디, 안찰이 그 허탄흔 셜화룰 일긔(日記)에 ᄡᅢ힐 ᄲᅮᆫ 아니라, 군관 등을 당부ᄒ여 구외불츌(口外不出)2314)ᄒ라 ᄒ여시디, 관셔(關西) 빅셩의 입으로조ᄎᆞ 셰상의 젼파ᄒ니라.

안찰이 길히셔 신졍(新正)을 당ᄒ니, ᄉ친지회(思親之懷)2315)와 ᄉ군지심(思君之心)2316)이 급ᄒ여, 밧비 셔쥐 등쳐(等處)룰 안찰ᄒ고 도라가려 홀ᄉᆡ, 노변(路邊)의 시신(屍身)을 거두며 원혼(冤魂)을 셜졔(設祭)2317)ᄒ며, 빅셩을 초무(招撫)2318)ᄒ여 농상(農桑)2319)을 권장(勸奬)ᄒ니, 【27】교홰(敎化) 대힝(大行)ᄒ여 셩덕(聖德)을 칭하(稱賀)ᄒ니, 안찰이 다시 근심이 업스므로 힝거(行車)룰 두루혈2320)ᄉᆡ, 츈삼월(春三月) 초

---

2305)요긔(療飢) : 시장기를 겨우 면할 정도로 조금 먹음.
2306)굼글 : 구명을. *굼긔; 구멍
2307)션시(禪師) : '승려'의 높임말.
2308)삭발위승(削髮爲僧) : 머리를 깎고 중이 됨.
2309)츌가(出家) : 집을 떠나 절로 들어가는 일.
2310)시ᄎᆞ(時此) : 차시(此時). 이때.
2311)셔쥐(徐州) : 중국 강소성(江蘇省)의 서북쪽에 있는 도시.
2312)녀역(癘疫) : 전염성 열병을 통틀어 이르는 말.
2313)간뎡(乾淨) : 건정(乾淨). 더럽지 않고 깨끗함. 일처리를 잘하여 뒤끝이 깨끗함.
2314)구외불츌(口外不出) : 입 밖에 내지 않음.
2315)ᄉ친지회(思親之懷) : 어버이를 그리는 마음.
2316)ᄉ군지심(思君之心) : 임금을 생각하는 마음.
2317)셜졔(設祭) : 제사를 베풂.
2318)초무(招撫) ; 불러서 어루만져 위로함.
2319)농상(農桑) : 농업과 양잠을 아울러 이르는 말.
2320)두루혀다 : 돌이키다. 돌리다.

슌(初旬)의 셔량(西涼)을 들며, 하리와 군관을 그윽흔 곳에 머므르고 다만 수개 셔동
을 다리고 바로 태운산 가사의 니르니, 븬 집이 황연(荒然)²³²¹흐여 인젹(人迹)이 업
션 지 오릭니, 안찰이 만심이 ᄎ악흐여 반다시 큰 변고(變故)를 당흐민 줄 알고, 스스
로 탄왈,

"이는 도시 나의 쳐쳡복(妻妾福)이 업수미로다."

흐고, 심ᄉ(心思) 비창(悲愴)흐더니, 날호여 셔동을 명흐여 왈,

"여등이 인가의 돌며, 니함으로 이 집을 직희엿더니 거쳬(居處) 업【28】스니, 어듸
로 간고 무러오라."

냥뇌(兩奴) 슈명흐여 인가의 가 방노고와 니함의 거쳐를 무ᄅ디, 져마다 ᄃᆡ답흐디,

"그 노마마와 니싱이라 흐리 갓와시니, 우리는 친졀치 못흐거니와, 노파의 녀ᄌᆡ 유
병(有病)타 흐더니, 셰하(歲下)²³²² 모일(某日)의 그 냥ᄌᆡ의 거쳬 업다 흐고 노패(老
婆) 실셩호곡(失性號哭)흐더니, 니싱이 노파를 싯고 냥ᄌᆡ를 ᄎᆞᄌᆞ려 빅화산 초운ᄉᆞ로
갓다 흐더니, 믄득 히 밧고여 모츈(暮春)의 밋ᄎ나 도라오미 업더라."

흐니, 셔동이 우문 왈,

"그 냥ᄌᆡ 어이 초운ᄉᆞ의 갓다 흐더뇨?"

졀닌(切隣)²³²³의 최《마픡 ‖ 미파(媒婆)》라 흐리 방시와 니함의 문답과 도【29】
ᄉᆞ의 흐던 말을 잠간 드러시므로, 일일히 젼흐니, 셔동이 ᄲᆞᆯ니 도라와 안찰긔 고흔ᄃᆡ,
안찰이 쥬역(周易)²³²⁴을 인흐여, 몬져 냥셩의 운수(運數)와 버거 방시와 니함의 신수
(身數)²³²⁵를 츄졈(推占)ᄒᆞᆯᄉᆡ, 본ᄃᆡ 쥬역이[의] 명달(明達)흔지라.

"냥셩의 익회(厄會) 비상(非常)흐여 초년 익경(厄境)이 여ᄎᆞ하나, 디부음관(地府陰
關)을 버서나 금년의 텬눈이 단원(團圓)ᄒᆞᆯ 거시오, 냥셩을 ᄎᆞᆺ노라 흐면 ᄌᆞ연 노고와
니함을 만나리로다."

흐고, 냥 셔동을 지쵹흐여 물을 치쳐 초운ᄉᆞ로 향흐니, ᄎᆞ시 명셩법ᄉᆡ 뎡쇼져 냥셩
을 가도완 지 ᄉᆞ삭의 밋ᄎᆞ【30】ᄃᆡ, 냥셩이 굴치 아니믈 분흔(憤恨)흐더니, 일일은 명
쳥이 졔승을 거ᄂᆞ리고 졍뎐의 올나가 송경비불(誦經拜佛)²³²⁶흐더니, 홀연 명쳥이 일
신을 한젼(寒顫)²³²⁷흐며, 불상(佛像)의셔 말슴흐여 왈,

"명쳥아, 네 광망(狂妄)키를 힘뻐 불가의 ᄌᆞ비지심(慈悲之心)을 상해(傷害)오고, 귀
인을 누옥(陋獄)의 슈계(囚繫)흐여 곤(困)케 흐며 ᄌᆞ월셩²³²⁸을 난타(亂打)흐니, 태상

---

2321)황연(荒然) : 잡초가 무성함.
2322)셰하(歲下) : 세밑. 한 해가 끝날 무렵. 설을 앞둔 섣달그믐께를 이른다.
2323)졀닌(切隣) : 가장 가까운 이웃.
2324)쥬역(周易) : 유학 오경(五經)의 하나. 만상(萬象)을 음양 이원으로써 설명하여 그 으뜸을 태극이라 하
     였고 거기서 64괘를 만들었는데, 이에 맞추어 철학·윤리·정치상의 해석을 덧붙였다.
2325)신수(身數) : 한 사람의 운수. =운수(運數)
2326)송경비불(誦經拜佛) : 불경을 외우며 부처에게 예배(禮拜)함.
2327)한젼(寒顫) : 오한이 심하여 몸이 떨림. 또는 그런 증상.

진군(太上眞君)2329)의 주최 이곳의 밋츤즉, 널노브터 졔승이 ᄒ나토 보젼치 못ᄒᆞᆯ 샏 아니라, 우리 졔불(諸佛)이 다 ᄒᆞᆫ가지로 욕을 밧으리니, 모로미 금일지닉(今日之內)로 낭아셩과 주월셩을 닉여노코, 네 몸이 셜니 이곳【31】을 ᄯᅥ나, 태상진군의 죽이ᄂᆞᆫ 변을 당치 말나."

말솜이 굿치믹, 명쳥이 썰기를 마지 아니ᄒᆞ니, 졔승이 대황경구(大惶驚懼)ᄒᆞ여 불젼 을 향ᄒᆞ여 졀ᄒᆞ고 빌어, 슈부로 ᄒᆞ야금 몸을 진뎡(鎭定)케 ᄒᆞ믈 쳥ᄒᆞ니, ᄀ장 오릭 후 명쳥이 썰기를 긋치고 불젼(佛前)의 빅빅샤죄(百拜謝罪)ᄒᆞ고 기리 ᄒᆞ직ᄒᆞ믹, 방쟝(方 丈)의 도라와 졔승을 모호고 함누 왈,

"내 몸이 당당ᄒᆞᆫ 일공쥬(一公主)로 왕희(王姬)의 존ᄒᆞ믈 가져 쳔승(千乘)을 누리더 니, 시운(時運)이 참담(慘憺)2330)ᄒᆞ므로 국파신망(國破身亡)ᄒᆞ믹 기시 죽으미 맛당ᄒᆞᆫ믈 모로지 아니ᄒᆞ되, 일누(一縷)를 긋지 아냐 삭발위【32】니(削髮爲尼)ᄒᆞ고 참션득도(參 禪得道)ᄒᆞ연 지 여러 십년의, 긔특ᄒᆞᆫ 사름을 어더 뎨주를 삼아 나의 법슐신힝(法術神 行)을 젼슈(傳授)코져 근심ᄒᆞ다가, 곽명쥬를 어드니 위인(爲人) 주식(姿色)이 긔특ᄒᆞ 나, 그 나히 너모 어리므로 즉시 단발(斷髮)치 못ᄒᆞ엿더니, 쳔만 의외에 낭셩을 만나 니 거의 나의 법을 젼슈(傳授)ᄒᆞᆯ가 브라더니, 부텨의 명이 여츳ᄒᆞ시니 엇지 봉승(奉 承)치 아니리오. 연이나 이제 태상진군이 낭아셩을 춧고져 산문(山門)으로 나아오ᄂᆞᆫ가 시브니, 내 이의 머므지 못ᄒᆞᆯ지라. 마지 못ᄒᆞ여 몸을 금초아 먼니 피코져 ᄒᆞᄂᆞ니, 뎨 주(弟子) 즁 나를 좃고져 ᄒᆞᄂᆞᆫ 【33】쟤어든 나의 뒤흘 ᄯ릭고, 산문을 직희고져 ᄒᆞ ᄂᆞᆫ 쟤어든 몸을 금초앗다가, 태상진군이 단녀간 후 동즁(洞中)을 직희고 나의 오기를 기다리라."

ᄒᆞ니, 빅여 니고(尼姑)ᄂᆞᆫ 명쳥을 ᄯ릭고, 팔십여 니고ᄂᆞᆫ 쟝츳 방쟝(方丈)2331)을 직희 려 ᄒᆞ니, 명쳥이 즉시 방시와 니함을 닉여노코, 빅여명 뎨주를 거느려 초운ᄉ를 ᄯᅥ나 니라.

추시(此時) 방노패 여러 둘 갓쳣다가 금일 쾌히 닉여노흐믈 당ᄒᆞ여, 낭셩의 잇ᄂᆞᆫ 곳 을 닐ᄋᄂᆞ니 이시므로, 즉시 빙암(氷巖)의 가 낭셩을 보고 셔로 붓들고 통곡ᄒᆞ며, 젼 후(前後) 슈말(首末)을 일일히 셜파(說破)ᄒᆞ니, 낭셩이 ᄯᅩᄒᆞᆫ 일희일비(一喜一悲)ᄒᆞ여 ᄒᆞᄂᆞᆫ 즁, ᄯᅩᄒᆞᆫ 【34】곽시의 은덕(恩德)이믈 닐ᄏ르라, 이제 곽시 주긔로뻐 요리(妖尼) 의 해를 밧아 상톄(傷處) 위독ᄒᆞ믈 닐ᄏ르라 근심ᄒᆞ믈 마지 아니니, 방시 곽쇼져를 보믹 옥모션풍(玉貌仙風)이 낭셩의 아릭 ᄒᆞᆫ 사름이라. 크게 경복ᄒᆞ며 상쳐를 앗기더라2332).

이날 하안찰이 빅화산 초운ᄉ의 다ᄃ르니, 고봉(高峰)이 반공(半空)의 소솟고 긔화

---

2328) 주월셩 : 작품에 설정된 곽명주의 주성(主星).
2329) 태상진군(太上眞君) : 하몽셩의 전생신분.
2330) 참담(慘憺) : 끔찍하고 절망적임.
2331) 방쟝(方丈) : 화상(和尙), 국사(國師) 등의 고승(高僧)이 거처하는 처소. 또는 주지승(住持僧)의 처소.
2332) 앗기다 : 아끼다. 함부로 쓰지 아니하다. 소중히 여겨 잘 보살피다.

이최(奇花異草) ᄀᆞ득ᄒᆞᄃᆡ, 니승의 무리 ᄒᆞ나토 업ᄂᆞᆫ지라. ᄀᆞ장 의아(疑訝)ᄒᆞᆯ 즈음의, 니함이 졀운ᄉᆞ 남승의 노ᄒᆞ믈 힘닙어 초운ᄉᆞ로 오다가, 안찰을 만나 넌망이 ᄌᆡ비(再拜)ᄒᆞ고 그ᄉᆞ이 굿기던 셜화ᄅᆞᆯ 일【35】일히 고ᄒᆞ고 함누(含淚)ᄒᆞ니, 안찰이 드ᄃᆡ여 니함으로 더브러 암중(庵中)의 드러가ᄆᆡ, 빈 졀이 황연(荒然)ᄒᆞ여시니 졍(正)히 쥬져(躊躇)ᄒᆞ더니, 방시 마츰 여측(如厠)ᄒᆞ라 나오다가 안찰을 만나 밧비 졀ᄒᆞ고 뉴쳬 부릉언(不能言)ᄒᆞ니 안찰이 문기고(問其故)ᄒᆞᆫᄃᆡ, 방시 비로소 젼후 굿기던 일을 ᄌᆞ셔히 고ᄒᆞ고, 빙암의 드러가 안찰의 와시믈 젼ᄒᆞ니, 낭셩이 반갑고 깃브믈 니기지 못ᄒᆞ여 ᄲᆞᆯ니 빙암 밧게 나와 ᄂᆞ죽이 ᄇᆡ례(拜禮)ᄒᆞ니, 안찰이 거안시지(擧眼視之)ᄒᆞᆫ컨ᄃᆡ, 옥골(玉骨)이 표연(飄然)²³³³ᄒᆞ고 화용(花容)이 초췌(憔悴)ᄒᆞ여 명월(明月)이 흑운(黑雲)의 잠김 ᄀᆞᆺᄐᆞᆫ지라.

안찰이 일변(一邊) 반【36】기며 일변(一邊) ᄋᆡ련(愛憐)ᄒᆞ여 집슈(執手) 왈,

"그 ᄉᆞ이 됴히 이시믈 밋엇더니, 의외(意外)에 요괴(妖怪)의 해(害)ᄅᆞᆯ 만나 이곳의 니ᄅᆞ러시니, 엇지 참연치 아니리오."

ᄒᆞ며, 그 위틱ᄒᆞ고 ᄉᆞ싱(死生)이 슈유(須臾)의 이시ᄃᆡ, 쳥결ᄒᆞᆫ ᄆᆞ음은 ᄌᆞ곰도 변치 아니믈 더욱 흠복(欽服)ᄒᆞ여, 그 근본을 밧비 알아 상한쳔뉴(常漢賤流)²³³⁴ 아니면, 졍실(正室)을 존(尊)ᄒᆞᆯ ᄯᆞᆺ이 ᄀᆞ득ᄒᆞ더라.

이의 방노파로 셕반(夕飯)을 식여 낭셩과 ᄒᆞᆫ가지로 먹고, 노고다려 낭셩을 다리고 자라 ᄒᆞᆫ 후, ᄌᆞ긔ᄂᆞᆫ ᄀᆡᆨ쳥(客廳)의 나와 니함으로 더브러 밤을 지ᄂᆡ니라.

낭셩이 노고로 더브러 빙암의 가 곽쇼져ᄅᆞᆯ 붓드러 니여와 편【37】히 누이고, 그 상쳐ᄅᆞᆯ 구호ᄒᆞᆯᄉᆡ, 곽시 ᄒᆞᆫ 벌 남의(男衣)ᄅᆞᆯ ᄀᆡ착(改着)ᄒᆞ고 경셩으로 가려 ᄒᆞ니, 낭셩 왈,

"쇼졔(小姐) 지극ᄒᆞ신 은혜ᄅᆞᆯ 쳡이 깁히 닙어시니, 쳡으로 더브러 상경(上京)ᄒᆞ믈 어려이 넉이지 마ᄅᆞ쇼셔."

곽쇼졔 왈,

"엇지 낭ᄌᆞ의 후의ᄅᆞᆯ ᄉᆞ양(辭讓)ᄒᆞ리오."

ᄒᆞ더라. 명됴의 방시 안찰긔 고ᄒᆞ여 낭셩을 몬져 다려 태운산 가샤(家舍)로 가믈 고ᄒᆞ니, 안찰이 올히 넉여 몬져 가라 ᄒᆞ고, ᄌᆞ긔와 니함은 잠간 쳐져 가려 ᄒᆞ니, 낭셩과 곽시 깃거 홈게 믈트고 태운산 가사의 도라와, 곽시ᄂᆞᆫ 그윽ᄒᆞᆫ 곳에 두어 됴리(調理)케 ᄒᆞ니라.

이윽고 안찰이 【38】낭셩 등과 니함으로 태운산 가샤의 도라와 수일(數日)을 머믈고, 발ᄒᆡᆼ코져 ᄒᆞ니, 낭셩이 누월(累月)을 닝옥(冷玉)의 곤(困)ᄒᆞ여 ᄆᆞ음이 상(傷)ᄒᆞᆯ ᄲᅮᆫ 아니라, 곽시의 상쳬(傷處) 듕ᄒᆞᄆᆞ로 일슌(一旬)만 됴리ᄒᆞ여 발ᄒᆡᆼᄒᆞ믈 고ᄒᆞ니, 안찰이

---

2333)표연(飄然) : 몸이 야위어 바람에 나부낄 듯함.
2334)상한쳔뉴(常漢賤流) : 상놈이거나 천역(賤役)에 종사하는 노비(奴婢) 백정(白丁) 등의 천민.

허락ᄒ고 니함을 명ᄒ여 낭셩의 병 낫기ᄅᆞᆯ 기ᄃᆞ려 즈긔 뒤흘 조ᄎ라 ᄒ고, 위의ᄅᆞᆯ 거ᄂᆞ려 경셩(京城)으로 향ᄒᄂ니라.

일노(一路)의 무ᄉᆞ히 힝ᄒᆞ여 하(夏) 슈월의 황셩을 드듸여, 북궐(北闕)2335)의 됴알(朝謁)ᄒ온듸, 상이 반기샤 칭찬 위무(慰撫)ᄒ사 왈,

"경이 어린 나히 관셔(關西) 위험지디(危險之地)ᄅᆞᆯ 안찰(按察)ᄒ여, 요얼(妖孽)을 물니치며 염【39】질(染疾)을 간뎡(乾淨)ᄒ여, 딤으로 ᄒ야금 근심이 업게 ᄒ니 무어ᄉᆞ로2336) 경의 공을 갑흐리오."

ᄒ시고 이의 태듕태우(太中大夫) 시어ᄉᆞ(侍御史)ᄅᆞᆯ 겸ᄒ시니 안찰이 황공ᄒ여 고ᄉᆞ(固辭)ᄒ온듸, 상이 불윤(不允)ᄒ시고 파됴(罷朝)ᄒ시니, 태위 샤은(謝恩)ᄒ고 바로 취운산의 도라와 부문(府門)을 넘ᄒ니, 도위(都尉)2337) 등 졔뎨(諸弟) 일시의 나와 마즈, 드러와 존당 부모긔 빈알ᄒ니, 존당 부뫼 반기며 익듕(愛重)ᄒ여 셜홰 탐탐ᄒ더니, 졔우친붕(諸友親朋)이며 일가친쳑(一家親戚)이 안찰의 무ᄉᆞ히 도라오믈 알고, 일시의 하부의 모다 태우의 ᄌᆡ덕(才德)을 칭도(稱道)ᄒ며 뎡국공과 승상긔 하례ᄒ여 깃거ᄒ니, 【40】하공 부ᄌᆡ 좌슈우응(左酬右應)의 불감ᄉᆞ샤(不堪謝辭) 《ᄒ니라‖ᄒ더라》.

일모(日暮) 긱산(客散)ᄒᄆᆡ, 승상 ᄉᆞ곤계 공을 뫼셔 니루의 드러가 촉을 니어 말ᄉᆞᆷ 홀시, 존당 《구괴‖부뫼》 그 ᄌᆡ덕을 크게 두굿겨ᄒ시더라. 태위 좌의 연시 업ᄉᆞ믈 보고 ᄀᆞ장 다힝ᄒ여 화긔 츈풍굿더니, 연부인이 믄득 닐ᄋᆞ듸,

"네 관셔로 가던 쩌 질녜 비록 희거(駭擧)ᄅᆞᆯ 면치 못ᄒ여시나, 녀ᄌᆞ의 적은 허물을 깁히 칙망홀 ᄇᆡ 아니니, 이제 너ᄅᆞᆯ ᄉᆞ상(思想)ᄒᄂᆞᆫ 병이 듕ᄒ여 상셕(床席)의 위돈(危頓)ᄒ여시니, 장촛 위틱키의 밋쳣시니, 모로미 드러가 보고 그 ᄆᆞ음을 위로ᄒ여 수히 츠셩케 ᄒ라."

태위 ᄎ언(此言)의 【41】다ᄃᆞ라ᄂᆞᆫ 증분(憎憤) 통완(痛惋)ᄒᄆᆡ, 새로이 심홰 니러나믈 씨둧지 못ᄒ나, 모친의 니ᄅᆞ시ᄂᆞᆫ 바ᄅᆞᆯ 아니 듸(對)치 못ᄒ여 왈,

"연시의 흉언픽셜(凶言悖說)과 망측(罔測)○[흔] 희거(駭擧)ᄂᆞᆫ 싱각홀 ᄉᆞ록 통완(痛惋)ᄒᄆᆡ 깁흐니, 실노 부부지도(夫婦之道)ᄅᆞᆯ 출히기 어려오듸, ᄌᆞ괴(慈敎) 이 ᄀᆞᆺ트시니, 쇼ᄌᆡ(小子) 감히 역(逆)ᄒ리잇가마ᄂᆞᆫ, 그 병을 은근이 무ᄅᆞᆯ 의ᄉᆞᄂᆞᆫ 업ᄂᆞ이다."

연부인이 변ᄉᆡᆨ 왈,

"질ᄋᆞ(姪兒) 십악대죄(十惡大罪)ᄅᆞᆯ 지으미 업고, 일시 셩을 참지 못ᄒ여 허물업ᄉᆞᆫ 아즈미의게 불공(不恭)ᄒᆞ미 이시나, 네게 사오나오이 군 일이 업ᄉᆞ니, 하고(何故)로 ᄉᆞ실(私室)의 왕ᄂᆞ치 못ᄒ며, 그 질양(疾恙)을 뭇지 아니【42】ᄒ니, 이ᄂᆞᆫ 너의 부ᄌᆡ(父子) 우리 슉질을 염고(厭苦)ᄒ여 브딪 업시고 말녀 ᄒᄆᆡ라."

---

2335) 북궐(北闕) : 임금이 정사를 보살피는 궁궐. 예절의 방위에서는 자연의 방위와 관계없이 임금이 위치해 있는 곳이 북쪽이다. 따라서 조선의 왕궁에서 북궐은 경복궁이다.

2336) 무어ᄉᆞ로 : 무엇으로.

2337) 도위(都尉) : 부마도위(駙馬都尉). 임금의 사위에게 주던 칭호.

ᄒ고, 침소로 물너가니, 태위 이윽이 안ᄌ 말ᄉᆞᆷᄒ다가 존당 부뫼 취침ᄒ신 후, 졔뎨(諸弟)로 더브러 광금장침(廣衾長枕)의 편히 자고져 ᄒ더니, 닉당(內堂) 시녜 연부인 명으로 태우를 ᄎᆞᆯ니 부르ᄂᆞᆫ지라, 태위 모친의 브르시ᄂᆞᆫ 명(命)을 아니 응(應)치 못ᄒ여 연시의 쳐소로 드러가니, 이ᄶᅥ 쇼연시 안찰을 니별ᄒ연 지 칠팔삭(七八朔)이 되믹, 그 옥면션풍(玉面仙風)과 쳥음봉셩(淸音鳳聲)2338)이 이변(耳邊)의 징연(錚然)2339)ᄒ니, 비록 닛고져 ᄒ여도 닛지 못ᄒ고 싱각지 말고져 ᄒ여도 심곡(心曲)의 미【43】치인 병이 되여 음일(淫佚)ᄒᆫ 졍욕을 억졔ᄒᆯ 길 업서, 흔번 몸져 누으믹 식음이 거스리고 병셰 침듕(沈重)ᄒ여 상셕(床石)의 위돈(危頓)ᄒ여시ᄃᆡ, 연공이 하승상 곤계를 듸홀 ᄂᆞᆺ치 업고[셔], 녀ᄋᆞ를 일졀 보지 아니ᄒ고 병을 뭇지 아니니, 연시 부친을 원망ᄒ니, 그 유모 황파(婆)와 시녀 복향은 언능다모(言能多謀)ᄒᆯ ᄲᅮᆫ 아니라 위쥬튱심(爲主忠心)은 남다란 고로, 져의 쥬인이 박용누질(薄容陋質)노 빅톄(百體)2340)의 ᄒᆫ 곳도 닐을 곳 업스므로 구가(舅家) 합문(閤門)이 다 믜이 넉이미 되엿고, 연부인으로 슉질의 졍의도 온젼치 못ᄒᆞᆷ믈 골돌ᄒ여 ᄀᆞ【44】마니 본부 호부인긔 고ᄒ고, 쇼져의 젼졍이 기리 즐겁기를 도모ᄒᆞᆯ시, 연부인의 ᄆᆞ음을 비러 하싱으로 ᄒ야금 연시를 박딕ᄒᆞᆯ ᄆᆞ음을 닛지 못ᄒ게 ᄒ미 올타ᄒ여, 변심ᄒᄂᆞᆫ 뇨약(妖藥)을 어더 연부인의 진식(進食)ᄒᄂᆞᆫ 바의 섯거, 질녀를 이듕ᄒ미 친싱 ᄌᆞ녀의 열번 더으기를 츅원ᄒ미, 효험(效驗)이 신긔ᄒ여 과연 연부인이 약을 먹은 후로브터 질녀 귀듕ᄒ미 ᄌᆞ못 병되기의 밋쳐시니, 가즁(家中)이 그 슉질의 힝ᄉᆞ를 이상이 넉이며 인물을 우이 넉일 ᄯᆞ름이라.

ᄎᆞ시 연시 안찰의 도라오믈 아【45】득이 아지 못ᄒ다가, 뎡당 시녀의 젼ᄒᆞ므로 조ᄎᆞ 야심 후야 알고 반기는 졍신이 빗기2341) 흔득이믈2342) 면치 못ᄒ되, 발셔 혼뎡을 파ᄒ고 초공이 졔뎨(諸弟) 졔ᄌᆞ(弟子)로 더브러 나아갓다 ᄒᄂᆞᆫ 고로, 존당의 드러가도 안찰을 보지 못ᄒᆯ지라 혜아려, 슉모를 쳥ᄒ여 눈물이 여우(如雨)ᄒ여 왈,

"금일 하군이 도라왓다 ᄒ거ᄂᆞᆯ, 슉뫼 엇지 쇼질(小姪)의 ᄉᆞ상(思想)ᄒᄂᆞᆫ 졍을 닐ᄋᆞ지 아니샤 밤이 깁흐ᄃᆡ 쇼질을 와보ᄂᆞᆫ 일이 업게 ᄒ시니잇고?"

연부인이 분연 왈,

"내 현질을 위ᄒ여 젼졍(前程)을 넘녀ᄒ미 친싱 여ᄋᆞ의 감치 【46】 아니니, 몽셩을 죵용히 듸ᄒᆞ여, 너를 맛ᄎᆞᆷᄂᆡ 힝노인(行路人)ᄀᆞᆺ치 ᄒ려ᄂᆞᆫ가 무러, 흔번 결단을 닉죽, 내 비록 사ᄅᆞᆷ의게 극악다 ᄭᅮ지ᄌᆞᆷ믈 드르나, 몽셩을 싀훤이 죽여 분을 셜(雪)ᄒ리라2343)."

연시 뉴쳬 왈,

2338) 쳥음봉셩(淸音鳳聲) : 봉황의 소리와 같은 맑은 음성.
2339) 징연(錚然) : 징소리처럼 세차게 울림.
2340) 빅톄(百體) : 몸의 온갖 곳.
2341) 빗기 ; 번뜩여. *빗; 빛. *빗기다; 비치다. 번뜩하다.
2342) 흔득이다 : 흔들리다. 흔들거리다.
2343) 셜(雪)ᄒ다 : ①(분을) 풀다. ②(누명이나 치욕을) 벗다. ③(더러움을) 씻다.

"쇼질의 ᄆᆞ음이 하군의 얼골이나 잠간 보면 나을가 시브니, 슉모ᄂᆞᆫ 이제 하군을 브르샤 쇼질의 곳에셔 밤을 지ᄂᆡ라 닐ᄋᆞ쇼셔."

연부인이 시녀로 ᄒᆞ여금 태우를 브르ᄆᆡ, 태위 즉시 응명ᄒᆞ여 드러오니, 쇼연시 니불을 헤치고 니러나 태우 신상을 ᄲᅩ아보니, 태위 우연이 눈을 드다가 흉상을 마【47】조쳐 보고 더욱 통완(痛惋)ᄒᆞ믈 니긔지 못ᄒᆞᄃᆡ, 모젼(母前)이라 ᄉᆞᄉᆡᆨ(辭色)을 화(和)히 ᄒᆞ여 브르신 명을 뭇ᄌᆞ온ᄃᆡ, 연부인 왈,

"내 존당의셔 너를 ᄃᆡᄒᆞ여 질ᄋᆞ의 유질ᄒᆞ믈 닐너시ᄃᆡ, 문병ᄒᆞ미 업스니 그 무슴 일고?"

태위 ᄃᆡ왈,

"쇼지 ᄉᆡᆼᄂᆡ(生來) 처엄으로 존당 부모를 니측(離側)ᄒᆞ여 칠팔삭이 되엿더니, 금일 황셩을 드듸여 친젼(親前)의 봉ᄇᆡ(奉拜)ᄒᆞ니, ᄉᆞ모(思慕)ᄒᆞ던 하회(下懷)2344)를 밋쳐 펴지 못ᄒᆞ므로 ᄉᆞ실을 ᄎᆞᆺ지 못ᄒᆞ오미니, ᄌᆞ뎡(慈庭)은 엇지 쇼ᄌᆞ로 ᄒᆞ야금 념치(廉恥) 인ᄉᆞ(人事)를 닛고 연시만 귀듕ᄒᆞ여 ᄒᆞᄂᆞᆫ 사름이 되게 ᄒᆞ시ᄂᆞ니잇고? 졍실(正室)이라ᄂᆞᆫ 거【48】슨 덕(德)을 취홀 거시오, ᄉᆡᆨ(色)을 볼 거시 아니니, 연시 셜ᄉᆞ 용뫼 남ᄀᆞᆺ지 못ᄒᆞ나, ᄆᆡᆼ광(孟光)2345)의 어진 덕이 이시면, 쇼지 염박(厭薄)홀 ᄯᅳᆺ이 잇지 아니ᄒᆞ오리니, ᄌᆞ위ᄂᆞᆫ 져를 경계ᄒᆞ샤 부녀의 쳥한(淸閑)ᄒᆞᆫ 덕을 닥게 ᄒᆞ쇼셔."

연부인이 미급ᄃᆡ(未及對)의, 쇼연시 몸을 움죽여 겻히 나아가 손을 잡으며 ᄲᅧ를 어라만져, 왈,

"쳡의 군ᄌᆞ를 위ᄒᆞᆫ 졍셩이 셕목(石木)을 요동ᄒᆞ고 ᄉᆡᆼ쳘(生鐵)을 녹일 듯ᄒᆞᄃᆡ, 군ᄌᆞᄂᆞᆫ ᄒᆞᆫ 조각 졍심(貞心)이 쳡의 지셩을 아지 못ᄒᆞ니 엇지 향촌토민(鄕村土民)이나 다르리오."

ᄒᆞ니, 태위 쇼연시의 념치 상진(喪盡)ᄒᆞᆫ 망측지언(罔測之言)을【49】드르ᄆᆡ, 도로혀 어히업고 괴괴ᄒᆞ믈 니긔지 못ᄒᆞ여 슉연이 손을 ᄲᅢ히고 풀을 믈녀 졍ᄉᆡᆨ(正色) 부답ᄒᆞ니, 쇼연시 믄득 냥안을 놉히 ᄯᅳ고 소ᄅᆡᄒᆞ여 왈,

"그ᄃᆡ 우리 슉질노 더브러 무슴 원쉬완ᄃᆡ ᄉᆡᆨ포(猜暴)ᄒᆞᆫ 노(怒)를 참고 흉의(凶意)를 먹음어, 슉모로 더브러 쳡을 아오로 죽이고져 ᄒᆞᄂᆞ뇨? 내 비록 몸이 녀ᄌᆡ나 ᄯᅳᆺ인즉 쥰걸영웅(俊傑英雄)의 뒤흘 닛고져 ᄒᆞᄂᆞ니, 그ᄃᆡ 진실노 흔갈ᄀᆞᆺ치 나를 박ᄃᆡᄒᆞ여 눈긔(倫紀)에 듕ᄒᆞᆫ 거슬 도라보지 아닐진ᄃᆡ, 결단ᄒᆞ여 움치고2346) 그ᄃᆡ의 염박(厭薄)을 감심(甘心)치 아니리니, 모로미 너모 업슈히 넉이【50】지 말나."

태위 참지 못ᄒᆞ여, 녀셩(厲聲) 즐왈,

"ᄌᆞ위의 명을 밧들지 아니면 내 비록 살쳐(殺妻)ᄒᆞᆫ 죄얼(罪孼)2347)을 당홀지언뎡 흉

---

2344)하회(下懷) : 어른에게 대하여, 자기 심정이나 뜻을 겸손하게 이르는 말. =하정(下情).

2345)ᄆᆡᆼ광(孟光) : 후한 때 사람 양홍(梁鴻)의 처. 추녀였으나 남편의 뜻을 잘 섬겨 현처로 이름이 알려졌고, 고사 거안제미(擧案齊眉)로 유명하다.

2346)움치다 ; 움츠리다. 몸이나 몸의 일부를 몹시 오그리어 작아지게 하다.

상누질(凶狀陋質)의 극악찰녀(極惡刹女)롤 흔 칼히 맛고 말니니, 엇지 오놀날ᄀ지 고이 두어시리요."

쇼연시 대로(大怒)ᄒ여 달녀드러 발악고져 홀 즈음에, 연부인이 태우의 관(冠)을 벗기고 운고(雲-)2348)롤 풀쳐 손에 금으며, 힘을 다ᄒ여 어즈러이 머리롤 벽상(壁上)의 브딕이즈니, 태우의 두골이 씌여져 피 소소나니 태위 말슴을 화히 ᄒ여 왈,

"ᄋ희 슈불쵸무상(雖不肖無狀)이오나2349), 누월(累月)을 니측(離側)ᄒ엿다가 금일 도라오미 ᄒ로도 【51】쉬지 못ᄒ오니 몸의 병이 날 듯ᄒ거늘, 즈위 엇지 찰녀(刹女)2350)의 용심(用心)을 맛쳐 쇼즈의 혈육이 상ᄒ믈 싱각지 아니시고, 이러틋 난타(亂打)ᄒ시ᄂ니잇고?"

연부인이 쒸놀며 쑤지저 왈,

"네 아모커나 우리 슉질을 죽이고 나죵이 무ᄉ흔가 보라."

ᄒ니, 쇼연시 슉모의 말을 닛다라 흉언패셜(凶言悖說)노 태우롤 쑤짓더니, 쵸공이 외루의 이셔 태우의 드러간 지 오릭도록 나오지 아니믈 보고, 연부인의 망측흔 인ᄉ롤 짐작ᄒ고 혹즈 등히 상해오ᄂ가 념녀ᄒ여, 몽졍으로 ᄒ야금 희원각의 가 형을 불너오라 ᄒ니, 공지 즉시 【52】모친 침뎐의 와 츠경을 보고 발 굴너 왈,

"모친의 힝ᄉ | 녀후(呂后)2351)의 됴왕(趙王)2352)을 짐살(鴆殺)2353)흠과 ᄀᆺ트니, 쇼지 죽어 모친 픽ᄉ(悖事)롤 보지 말미 지원(至冤)이로소이다."

언흘(言訖)에 부친의 쇼명(召命)을 젼ᄒ니, 태위 즉시 의관(衣冠)을 슈렴(收斂)ᄒ고 몽졍으로 더브러 외헌(外軒)의 나아오니, 쵸공이 연부인의 브릭던 곡졀을 무릭니, 태위 다만 연시롤 문병(問病)ᄒ라 닐ᄋ시던 바롤 딕ᄒ나, 피 흔젹이 업지 아니니, 쵸공의 신통이 엇지 모릭리오. 실노 연부인의 작난을 졀박히 넉이나 말슴이 무겁고 셰쇄ᄌᆺ(細口之事)롤 알녀 아니ᄒ므로, 굿트여 태우의 【53】상흔 거술 보지 아니ᄒ고 상상(床上)의 누으니, 북휘 쵸공의 줌들믈 기다려 태우의 침건(寢巾)2354)을 벗기고 그

---

2347)죄얼(罪孼) : 죄악에 대한 재앙. =죗값. *죗값; 지은 죄에 대하여 치르는 대가.

2348)운고(雲-) : 상투를 틀 때 머리털을 고리처럼 되도록 감아 넘긴 것. =고. =운계(雲髻). =상투.

2349)슈불쵸무상(雖不肖無狀)이오나 : 비록 못나고 어리석어 행실이 내세울 만한 것이 없사오나.

2350)찰녀(刹女) : 나찰(羅刹)과 같은 여자. *나찰; 불교의 팔부귀중(八部鬼衆)의 하나로, 푸른 눈과 검은 몸, 붉은 머리털을 하고서 사람을 잡아먹으며, 지옥에서 죄인을 못살게 군다고 함. 나중에 불교의 수호신이 됨.

2351)녀후(呂后) : BC241-180. 중국 한고조의 황후. 성은 여(呂). 이름은 치(雉). 고조를 보좌하여 진말(秦末)·한초(漢初)의 국난을 수습하였으나, 고조가 죽은 뒤 실권을 장악하여, 고조의 애첩인 척부인(戚夫人)과 척부인 소생 왕자 조왕(趙王)을 죽이는 등 포악을 일삼아, 측천무후(則天武后), 서태후(西太后)와 함께 중국의 3대 악녀로 꼽힌다.

2352)됴왕(趙王) : 이름 유여의(劉如意). 중국 한(漢)고조(高祖)와 척부인(戚夫人) 사이에 난 아들. 고조가 후계자로 삼고자 했을 만큼 그의 사랑을 받았으나, 고조 사후 여후(呂后)에게 독살을 당했다.

2353)짐살(鴆殺) : 짐(鴆)새의 독(毒)를 먹여 사람을 죽임. 짐(鴆)새; 중국 남방 광둥(廣東)에서 사는, 독이 있는 새. 몸의 길이는 21~25cm이며, 몸은 붉은빛을 띤 흑색, 부리는 검은빛을 띤 붉은색, 눈은 검은색이다. 뱀을 잡아먹는데 온몸에 독기가 있어 배설물이나 깃이 잠긴 음식물을 먹으면 즉사한다고 한다.

상쳐를 슯피며, 여추 과상(過傷)흔 곡졀을 무르니 태위 두루 씌어다혀 화연이 우스니, 북휘 요두(搖頭) 왈,

"아니라. 너의 족용이 비록 신듕(愼重)치 못ᄒ나 낙셩2355)ᄒ미 아니니, 반다시 연수(嫂)의 죄칙(罪責)을 밧ᄌ오미니, 우슉(愚叔)으로ᄡᅥ 모르는가 넉이지 말나."

태위 부친이 드르실가 민망ᄒ여 왈,

"슉뷔 엇지 고이흔 말슴을 ᄒ시ᄂ니잇고?"

북휘 다만 ᄎ탄ᄒ더라. 명됴의 초공이 태우다려 니함의 오지 아니믈 의심ᄒ【54】여 곡졀을 무르니, 태위 《학∥함》이 병이 이셔 반노(半路)의 머므라믈 고ᄒ니, 초공이 다시 뭇지 아니ᄒ더라.

태위 일일은 친우 상 시랑(侍郞) 운광을 ᄎᄌ 상 부(府)의 니르니, 이ᄯᅥ 상 태ᄉ(太師) 부지 닉셔헌의 이셔 풍경을 유람홀ᄉᆡ, 상태ᄉ 일녀 슉영과 싱질녀 표시(氏) 쇄영을 이듕ᄒ미 삼ᄌ의 우히러니, 금일 외당이 고요ᄒ여 빈ᄀᆡᆨ(賓客)이 잇지 아니믈 보고 쇼져 등을 불너 삼ᄌ와 ᄀᆞᆺ치 두고 완상(玩賞)ᄒ더니, 태위 니르러 바로 셔헌으로 드러오다가 냥쇼져를 보고 믈너 나오고져 ᄒ니, 상태ᄉᆡ 밧비 냥쇼져를 드려보ᄂᆡ고 태우를 쳥ᄒ여 담화홀ᄉᆡ, 【55】관셔 안찰ᄒ던 일을 치하하고 쥬비를 나와 관ᄃᆡ(寬待)홀ᄉᆡ, 이윽고 태위 하직고 도라와 싱각ᄒᄃᆡ,

"이젼에 드르니 태ᄉ의게 다만 ᄯᆞᆯ이 ᄒ나히라 ᄒ더니 금일 보ᄆᆡᄂᆞᆫ 두 녀으의 그ᄌ치 츌뉴(出類) 비상(非常)ᄒ니 반다시 일가(一家) 규녀(閨女)라. 만일 상가의 두 녀ᄌ로ᄡᅥ 나의 부실(副室)을 삼으면, 연가 박ᄉᆡᆨ(薄色)을 보지 아니리라."

ᄒ여, 쾌히 ᄆᆡ파를 보ᄂᆡ여 상가의 구혼코져 ᄒᄃᆡ, 다만 부친이 번화를 원슈ᄀᆞᆺ치 넉이고 ᄌᄀᆡ 지취를 오히○[려] 허치 아냐시니, 상가의 쳥혼ᄒ믈 임의로 못ᄒ여 조부모를 쵹(囑)고져 ᄒ더니, 이날 뎡도찰 은【56】긔 니르러 죵용히 담화홀ᄉᆡ, 태위 쇼왈,

"형은 당부인 ᄀᆞᆺ튼 안해를 두고도 오히려 부족ᄒ여 니쇼져를 ᄉ상ᄒ여 병을 일위여 브ᄃᆡ 지취(再娶)ᄒ미 되엿다 ᄒ니, 쳐복(妻福)은 무던ᄒ도다."

도찰이 쇼왈,

"텬보ᄂᆞᆫ 관셔로셔 갓 도라와 안즌 돗기2356) 덥지 아냣거늘 어ᄃᆡ로 조ᄎ 드란다?"

태위 쇼왈,

"내 너를 용녈(庸劣)이 넉이ᄂ니, 네 당당흔 쳔승(千乘) ᄌ뎨(子弟)로 어ᄃᆡ 가 흔낫 슉녀명염(淑女名艶)을 지취치 못홀 거시라, 니참졍의 ᄯᆞᆯ을 보고 구구히 상ᄉᄒᄂᆞᆫ 병을 일위여 위경(危境)의 밋게 ᄒ리오."

도찰이 대쇼 왈,

---

2354)침건(寢巾) ; 상투를 튼 사람이 잠을 잘 때에 머리카락이 흘러내리지 않도록 헝겊이나 말총 따위로 만들어 머리에 쓰던 물건을 통틀어 이르는 말.

2355)낙셩 : 낙상(落傷). 떨어지거나 넘어져서 다침. 또는 그런 상처.

2356)돗기 : 돗자리. 자리.

"너는 아직 셰스(世事)를 채 모로는 【57】어린 으희어늘 엇지 감히 어룬의 힝스를 시비(是非)ᄒᆞᄂᆞ뇨?"

태위 믄득 탁식 왈,

"내 널노 더브러 심담(心膽)이 상됴(相照)ᄒᆞ니 무슴 은닉(隱匿)홀 말이 이시리오. 과연 빈항(配行)이 남 ᄀᆞᆺ지 못ᄒᆞ여 일신빅쳬(一身百體)와 쳔스만힝(千思萬行)이ᄒᆞ 망측긔괴(罔測奇怪)ᄒᆞᆫ 우두나찰(牛頭羅刹)이니, 그런 흉상불인(凶狀不人)을 취ᄒᆞ미 다 나의 운익(運厄)이 긔괴ᄒᆞ미어니와, ᄇᆞ야흐로 숙녀를 ᄉᆞ모ᄒᆞᄂᆞᆫ ᄆᆞ음이 근졀ᄒᆞᄂᆞ니, 네 나를 위ᄒᆞ여 어듸 숙녀명염을 쳔거(薦擧)ᄒᆞ라."

도찰이 이윽이 침스(沈思)ᄒᆞ다가 날호여 왈,

"내 드르니 태ᄉᆞ 상공의 녀ᄋᆞ와 질이 반쇼(班昭)[2357]의 어질미 잇고, 화월(花月)의 ᄉᆡᆨ(色)이 잇다 ᄒᆞ【58】니, 상공의 친녀는 존귀ᄒᆞ미 금달공쥬(禁闥公主)의 버금일 ᄲᅮᆫ 아니라, 그 퇴셔(擇壻)ᄒᆞ미 비상ᄒᆞ니, 결단ᄒᆞ여 너의 지취를 의논치 못ᄒᆞ려니와, 그 싱질녀(甥姪女) 표시라 ᄒᆞ리ᄂᆞᆫ 무부모(無父母)ᄒᆞᆫ 녀지니, 상공이 비록 친녀ᄀᆞᆺ치 ᄉᆞ랑ᄒᆞ나 ᄌᆞ연 놉히 의혼(議婚)ᄒᆞᆷ은 상시만 못ᄒᆞ리라. 미파를 보늬여 표시로 너의 지취를 구ᄒᆞ미 올치 아니랴?"

졍언간에 진학ᄉᆞ 열이 니르니, 이 곳 진태상의 손이오 상태ᄉᆞ의 싱질이라. 은긔 왈,

"슈고로이 미파를 보늬지 말고 진형을 상가의 보늬여 허락을 밧으미 됴타."

ᄒᆞ니, 진학시 문기고(問其故)ᄒᆞᆫ듸, 태위 구혼코【59】져 ᄒᆞᄂᆞᆫ 연유를 닐으고 왈,

"형은 상태ᄉᆞ의 귀듕ᄒᆞᄂᆞᆫ 싱질(甥姪)이라. 형이 만일 힘써 도모홀진듸, 츠혼(此婚)을 일우미 여반장(如反掌)[2358]이니, 상태ᄉᆞ의 친녀는 닐ᄋᆞ지 말고 무부모(無父母)ᄒᆞᆫ 표시로 나의 지취를 구ᄒᆞ라."

진학시 가연(可然) 쇼왈,

"텬보와 예초의 의논ᄒᆞᄂᆞᆫ 비 다 허시라. 너의 ᄋᆞ시로 우리 표종(表從) 등을 ᄉᆞ괴여 됴왕모릭(朝往暮來)[2359]ᄒᆞ듸, 오히려 우리 구시(舅氏)의 남다란 고집을 아지 못ᄒᆞ엿도다. 원간 구시 태ᄉᆞ공긔 일녜 잇고, 이종미(姨從妹)[2360] 표시 ᄉᆞ오셰의 냥친을 여희고, 태ᄉᆞ공 늬외의 휵양(慉養)ᄒᆞ시는 은혜를 밧ᄌᆞ오니, 범연이 닐으면 이친(二親)이 업고 무【60】의고ᄋᆞ(無依孤兒)[2361]라 홀 거시로듸, 우리 구시의 표미 ᄉᆞ랑ᄒᆞ시믄 친녀의 호리(毫釐)[2362]도 감치 아니ᄒᆞ고, 그 년긔 상미의셔 일셰 더은 고로 혼인을 몬져

---

[2357] 반쇼(班昭) : 45~116. 중국 후한(後漢) 시대의 시인. 자는 혜희(惠姬). 반고(班固)의 여동생. 남편이 죽은 후 궁정에 초청되어 황후·귀인의 스승이 되었으며, 조대가(曹大家)로 불리었다. 반고의 유지(遺志)를 이어 《한서》를 완성하였으며, 저서에 《조대가집》이 있다.
[2358] 여반장(如反掌) : 손바닥을 뒤집는 것 같다는 뜻으로, 일이 매우 쉬움을 이르는 말.
[2359] 됴왕모릭(朝往暮來) : 아침에 갔다가 저물어서 돌아옴.
[2360] 이종미(姨從妹) : 이모의 딸을 이르는 말.
[2361] 무의고ᄋᆞ(無依孤兒) : 의지할 데 없는 고아.
[2362] 호리(毫釐) : 자나 저울눈의 호(毫)와 이(釐)를 아울러 이르는 말로, 매우 적은 분량을 비유적으로 이르

일우고져 ᄒᆞᄃᆡ, 신낭을 갈희ᄂᆞᆫ 도리 십분 비상ᄒᆞ니, 굿ᄐᆞ여 텬보의 위인을 나모라 홀 거슨 아니로ᄃᆡ, 남의 ᄌᆡ실(再室)은 셩텬ᄌᆞ(聖天子) 명교(命教)게셔도 아니 주기를 뎡ᄒᆞ엿ᄂᆞ니, 비록 소장(蘇張)2363)의 구변(口辯)이 이셔도 ᄎᆞ혼(此婚)을 허락밧지 못ᄒᆞ리로다.”

하태위 ᄎᆞ언을 드ᄅᆞᄆᆡ, 원ᄂᆡ 상태ᄉᆞ의 고집은 남다란 줄 아ᄂᆞᆫ지라. ᄀᆞ장 낙망(落望)ᄒᆞᄃᆡ, 미쇼 왈,

“상공이 눈이 이셔도 태산을 알아보지 못ᄒᆞ므로, 날ᄀᆞᆺᄐᆞ 【61】 니를 남[나]모라 바리고 셔랑을 삼지 아니니, 연분이 이시면 비록 고집이 어려워도 ᄌᆞ연 일울 거시오, 인연이 업스면 상공이 아모리 쇼데로ᄡᅥ 사회 삼고져 ᄒᆞ여도 능히 되지 못ᄒᆞ리니, 막비 텬연(莫非天緣)2364)이라, 인녁(人力)으로 엇지 ᄒᆞ리오.”

ᄒᆞ고 쥬효(酒肴)를 ᄂᆡ여 서로 권ᄒᆞ며 담화ᄒᆞ다가, 혼뎡시 되ᄆᆡ 뎡·진 이싱이 각귀기가(各歸其家)ᄒᆞ고, 태위 제데로 더브러 부슉을 뫼셔 존당의 혼뎡ᄒᆞ고 믈너 셔실의 도라오나, 심ᄉᆡ 은은(隱隱)ᄒᆞ여 웃듬은 낭셩의 무ᄉᆞ히 도라오기를 기다리고, 버거ᄂᆞᆫ 표·상 냥인으로ᄡᅥ ᄌᆞ긔 부실(副室)을 삼아 가ᄂᆡ의 번화(繁華)【62】를 돕고져 ᄒᆞ더라.

원ᄂᆡ 태ᄉᆞ 상슌은 ᄃᆡᄃᆡ로 교목셰가(橋木世家)2365)요, 명문벌열(名門閥閱)2366)이라. 일쯕 등과(登科)ᄒᆞ여 작위 일존(一尊)2367)ᄒᆞ고 공검절ᄎᆞ(恭儉切磋)2368)ᄒᆞ니 부귀 극진ᄒᆞ고, 샤즁(舍中)의 부인 녀시 지극히 냥션(良善)ᄒᆞ여 빅ᄒᆡᆼ이 유슌ᄒᆞ니, 항녀(伉儷)2369)의 졍을 온전이 ᄒᆞ여, 삼ᄌᆞ 일녀를 싱ᄒᆞ니 개개히 미옥명쥬(美玉明珠) ᄀᆞᆺᄐᆞ여 ᄒᆞ나토 용상치 아니니, 상공이 과이ᄒᆞ여 우흐로 삼ᄌᆞᄂᆞᆫ 슉녀를 ᄡᅡᆼ짓고, 녀ᄋᆞ 슉영의 년이 이뉵(二六)의 텬향미틱(天香美態)와 빙ᄌᆞ광염(氷姿光焰)이 찬난 슈려ᄒᆞ여 아름다온 즁, 상공의 미뎌 표상셔의 부인이 조졸(早卒)ᄒᆞ고 일녀를 두어 상태ᄉᆞ긔 부탁ᄒᆞ【63】여 흑양(慉養)ᄒᆞ기를 쳥ᄒᆞ고, 불ᄒᆡᆼᄒᆞ여 상셔 표윤이 니어 망(亡)ᄒᆞᄆᆡ, 표쇄영이 도라갈 곳이 업서 표슉 부부의 은양(恩養)ᄒᆞᄂᆞᆫ 덕음을 밧은지라. 쇄영쇼져의 텬싱염모(天生艶貌)와 션연아질(嬋妍雅質)이 년화(蓮花) 밧 사ᄅᆞᆷ으로 시속(時俗)의 므들미2370) 업고 빅ᄒᆡᆼ(百行) ᄉᆞ덕(四德)2371)이 쵸군특이(超群特異)2372)ᄒᆞ니, 태ᄉᆡ 이듕(愛重) 년셕

---

는 말.

2363)소장(蘇張) : 중국 전국 시대의 세객(說客)인 소진(蘇秦)과 장의(張儀)를 아울러 이르는 말.

2364)막비텬연(莫非天緣) : 모든 인연이 천생연분(天生緣分) 아닌 것이 없다.

2365)교목셰가(橋木世家) : 여러 대에 걸쳐 중요한 벼슬을 지내 나라와 운명을 같이하는 집안.

2366)명문벌열(名門閥閱) : 대대로 나라에 공이 많고 벼슬아치가 많이 나온 이름난 집안.

2367)일존(一尊) : 가장 높음.

2368)공검절ᄎᆞ(恭儉切磋) : 공경하고 검소한 생활을 애써 실천함.

2369)항녀(伉儷) : 남편과 아내로 이루어진 짝.

2370)므들미 : 물듦이. *므들다; 물들다.

2371)ᄉᆞ덕(四德) : 부녀자가 갖추어야 할 네 가지 덕목. 마음씨[婦德], 말씨[婦言], 맵시[婦容], 솜씨[婦功]를 이른다.

(憐惜)ᄒᆞᄂᆞᆫ 졍이 슉영의 ᄂᆞ리지 아냐, 동셔(東西)로 옥인가랑(玉人佳郎)을 의연(依然)이2373) 유의ᄒᆞ더라.

어시의 낭셩이 곽쇼져 명쥬의 상체(傷處) 추셩(差成)ᄒᆞᄆᆞᆯ 기다려 발힝ᄒᆞ여 경ᄉᆞ로 반은 와셔, 곽쇼져ᄂᆞᆫ 그 표슉(表叔) 소경을 만나 비로소 남장(男裝)을 벗고 규복(閨服)2374)을 ᄀᆞ라 편ᄒᆞᆫ 술【64】 위와 쟝(帳) 《두란‖두른》 교ᄌᆞ(轎子)의 남노녀복(男奴女僕)2375)이 위호(衛護)ᄒᆞ고, 소쳐시 비힝(陪行)ᄒᆞ여 경뎨(京邸)로 향홀식, 곽시와 낭셩이 분슈(分手)ᄒᆞ기를 당ᄒᆞ여 후회 아득ᄒᆞᆷ믈 더욱 슬허ᄒᆞ니, 노괴 ᄯᅩᄒᆞᆫ 함누(含淚)ᄒᆞ고 니별ᄒᆞ며, 니함이 낭셩과 노고를 호힝ᄒᆞ여 일노의 무ᄉᆞ히 득달ᄒᆞ여, 취운산의 다 ᄃᆞ라 ᄀᆞ마니 태우긔 고ᄒᆞ여 머믈 곳을 뎡ᄒᆞ라 ᄒᆞ니, 태위 원즁 년미뎡이 그윽ᄒᆞ여 사ᄅᆞᆷ의 ᄌᆞ최 ᄌᆞ로 왕ᄂᆡᄒᆞᄆᆡ 업ᄂᆞᆫ 고로, 원문(園門)을 친히 열어 낭셩과 노고를 드려 머믈게 홀식, 이의 ᄌᆞ긔 유모 쇼영을 불너 슈말(首末)을 닐ᄋᆞ고 찬션(饌膳)을 니우게 ᄒᆞ【65】니, 쇼영이 낭셩을 보고 월궁(月宮) 항이(姮娥)2376) ᄂᆡ림(來臨)ᄒᆞᆫ 듯, 의아ᄒᆞ고 깃거 극진이 셤기더라.

일일은 황파와 복향이 후뎡(後庭)의 갓다가 년미뎡의 인적(人迹)이 이시믈 보고 드러가, 낭셩을 디ᄒᆞᄆᆡ, 긔이코 이상ᄒᆞ여 방노파ᄃᆞ려 대강을 무러 알고, 대경실식(大驚失色)ᄒᆞ여 밧비 녕일뎡의 도라와, 발 굴너 왈,

"쇼져, 쇼져야! 텬디간(天地間)의 여ᄎᆞ 이둛고 분ᄒᆞᆫ 일도 잇ᄂᆞ니잇가? 상공이 관셔를 안찰코 도라오시ᄂᆞᆫ 길에, 쳔만고(千萬古) 독보(獨步)ᄒᆞᆯ 졀식미염(絶色美艶)을 어더 오시니, 그 고으미 셰상의 다시 업ᄂᆞᆫ 틱되(態度)니, 원컨딕 쇼져ᄂᆞᆫ 서의(齟齬)ᄒᆞᆫ 구가를 직희【66】지 마ᄅᆞ시고 본부로 도라가샤, 이둛고 분ᄒᆞᆫ 거동을 목견(目見)이나 아니케 ᄒᆞ쇼셔."

쇼연시와 연군쥐 황파 복향의 젼ᄒᆞᄂᆞᆫ 바를 채 듯지 못ᄒᆞ여셔, 노분이 하ᄂᆞᆯ을 쎄칠 듯ᄒᆞ여, 대연시 ᄑᆞᆯ흘 쏨ᄂᆡ여 왈,

"너 희벽이 죽을지언뎡 몽셩이 관셔로셔 ᄃᆞ려온 미인을 몬져 죽여 분을 풀니라."

황파 복향이 년망이 말녀 왈,

"쇼불인즉난대모(小不忍卽難大謀)라2377) ᄒᆞ니, 톄위(體威)를 손상ᄒᆞ실 ᄯᆞ름이니 좌ᄎᆞ(座次)2378)를 피ᄒᆞ여 본부로 도라가시ᄂᆞᆫ 거시 올흐니이다."

대연시 분연 왈,

---

2372)쵸군특이(超群特異) : 동류(同類) 가온데서 특별히 뛰어남.

2373)의연(依然)이 : 전과 다름이 없이. 전자와 같이. 여기서는 친딸 숙영과 같이.

2374)규복(閨服) ; 여성복(女性服).

2375)남노녀복(男奴女僕) ; 남자 종과 여자 종들.

2376)항이(姮娥) : 달 속에 있다고 하는 전설 속의 선녀. =상아(嫦娥).

2377)쇼불인즉난대모(小不忍卽難大謀)라 : 작은 것을 참지 못하면 큰 꾀를 이룰 수 없다. 『논어(論語)』 「위령공(衛靈公)」 편에 나오는 말임.

2378)좌ᄎᆞ(座次) : 좌석의 차례. 여기서는 '자리', 곧 '현재 머물고 있는 장소'를 뜻하는 말.

"우리 슉질의 용화긔질(容華氣質)이 남 ᄀᆞᆺ지 못ᄒᆞ나, 엇지 미【67】달(妹妲)2379)ᄀᆞᆺ튼 요긔(妖氣)2380)를 두려 믜온 거슬 엇지 참고 견듸리오. 너희ᄂᆞᆫ 후뎡 길흘 인도ᄒᆞ라. 내 질녀를 다리고 나아가 요긔를 죽여 분을 풀니라."

ᄒᆞ고, 바로 원즁(園中)으로 드러가 년미뎡의 니ᄅᆞ니, 이ᄭᅥ 낭셩이 ᄇᆞ야흐로 셕반(夕飯)을 당ᄒᆞ여 먹기를 다 못ᄒᆞ엿더니, 믄득 족용(足容)이 난잡(亂雜)ᄒᆞ며 지게를 열치ᄂᆞᆫ 바의 우두나찰(牛頭羅利)2381)과 흑살텬신(黑煞天神)2382)ᄀᆞᆺ튼 흉상박면(凶狀薄面)의 두 녀지 드러오니, 무셔온 거동과 사오나온 모양이 싀랑(豺狼)2383) ᄀᆞᆺ트니, 낭셩이 텬연이 몸을 움죽여 식상(食床)을 물니치고 니러셔니, 대연시 거안시지(擧眼視之)컨딕, 월【68】용화틴(月容花態) 찬난현황(燦爛炫煌)ᄒᆞ니, 연부인과 쇼연시 더욱 믜오며 분ᄒᆞᆷ믈 결을치 못ᄒᆞ여, 부지불각(不知不覺)2384)의 다드라2385) 연부인은 낭셩의 녹발을 프러 손에 곰고, 쇼연시ᄂᆞᆫ 흉흔 힘을 다ᄒᆞ여 어즈러이 두다리며 왈,

"어듸로셔 난 미달(妹妲) ᄀᆞᆺ튼 요괴(妖怪) 년이완딕, 감히 하몽셩의 춍이(寵愛)를 독당(獨當)ᄒᆞ야, 우히 나 연부인이 이시믈 아지 못ᄒᆞ고, 언연(偃然)이2386) 이곳에 이셔 몽셩을 후려드려 화락(和樂)기를 낭자(狼藉)히 ᄒᆞ리오. 나ᄂᆞᆫ 당당흔 부마의 손녜며, 니부텬관(吏部天官)2387)의 친싱(親生)이라."

언흘(言訖)에 낭셩을 닛글고 년지(蓮池)로 향ᄒᆞ니, 방노패 【69】대경망극(大驚罔極)ᄒᆞ여 낭셩을 붓들고, 연시긔 비러 왈,

"쳔쳡의 모녜 부인ᄂᆡ긔 일면부지(一面不知)로 쳑촌(尺寸)의 은원(恩怨)이 업ᄉᆞ오니, 빌건딕 살니쇼셔. 만일 하상공의 춍(寵)을 ᄭᅥ리실진딕, 노쳡이 즉긱에 ᄯᆞᆯ을 다리고 먼니 나아가 하상공을 영영(永永) 거졀ᄒᆞ오리니, 부인은 호싱지덕(好生之德)을 드리오샤 쇼녀의 잔쳔(殘喘)을 빌니쇼셔."

졍히 이걸흘 즈음에, 태위 존당의셔 셕반을 파ᄒᆞ고 조부와 부친이 뎡부의 가 금평후로 담화ᄒᆞᆯᄉᆡ, 인ᄒᆞ여 틈을 어드니, 낭셩을 닛지 못ᄒᆞ여 년미뎡의 니ᄅᆞ러ᄂᆞᆫ 방즁이【70】황연이 다 븨고, 후창(後窓)을 열고 나오니, 여ᄎᆞ 망측(罔測)흔 광경이라.

태위 ᄂᆞᆺ빗츨 화(和)히 ᄒᆞ여 연부인을 기유(開諭) 왈,

"ᄌᆞ뎡이 엇지 원즁의 친히 님ᄒᆞ시며, 연시ᄂᆞᆫ 무슴 연고로 이의 니ᄅᆞ럿ᄂᆞ니잇고?"

---

2379)미달(妹妲) : 중국 하(夏)의 마지막 황제 걸(桀)의 비(妃)인 매희(妹喜)와 주(周)의 마지막 황제 주(紂)의 비(妃) 달기(妲己)를 함께 이르는 말.

2380)요긔(妖氣) : 요사한 것.

2381)우두나찰(牛頭羅利) : 쇠머리 모양을 한 악한 귀신

2382)흑살텬신(黑煞天神) : 검은 살기를 띤 흉한 모습의 귀신.

2383)싀랑(豺狼) : 승냥이와 이리를 아울러 이르는 말.

2384)부지불각(不知不覺) : 자신도 모르는 사이. 느닷없이

2385)다드라 : 다다라. 목적한 곳에 이르러.

2386) 언연(偃然)이 : 거만하게.

2387)니부텬관(吏部天官) : 이부상서(吏部尙書)를 달리 이르는 말.

연부인이 태우의 춘 칼을 싸혀 스스로 죽으려 ᄒᆞ는 거동을 뵈여 왈,

"불초(不肖) 픽직(悖子) 국ᄉᆞ로 나아가 미달 ᄀᆞᆺ튼 ᄉᆞ식(邪色)2388)을 다려와시니, 이ᄂᆞᆫ 나를 죽이고져 ᄒᆞ미라."

ᄒᆞ고, 언파(言罷)의 ᄌᆞ문(自刎)코져 ᄒᆞ니, 태위 ᄲᆞᆯ니 칼을 앗고 실셩쳬읍(失性涕泣) 고간(固諫)ᄒᆞ니, 쇼연시 부지불각(不知不覺)에 니다라, 졔 신짝을 버셔 태우의 ᄲᆞᆷ을 줏우리며2389), 녀셩(厲聲) 대즐왈(大叱曰), 【71】

"필부(匹夫) 몽셩이 무상ᄒᆞ여 슉질지간(叔姪之間)○[을] 죽이기로 쇠ᄒᆞ니, 가뷔라 ᄒᆞ고 ᄇᆞ랄 거시 어이 이시리오. 네 아비 원광이 훈ᄌᆞ(訓子)ᄒᆞᄂᆞᆫ 도리 여ᄎᆞ(如此) 무상(無狀)ᄒᆞ니, 내 비록 몸이 녀지나 너 ᄀᆞᆺ튼 불인(不人)을 보면 아조 죽여 업시ᄒᆞ고 시브니, 엇지 소텬(所天)이라 ᄒᆞ리오."

태위 타협(打頰)ᄒᆞ믈 당ᄒᆞ니 분발(憤髮)이 츙텬(衝天)ᄒᆞ니 엇지 녜의(禮儀)를 도라보리오. 흔번 몸을 번득여 쳘퇴(鐵槌)로 연시의 디골2390)을 치니, 머리 ᄭᆡ여지고 피 흐르거ᄂᆞᆯ, 다시 발노 ᄎᆞ 더지니, 쇼연시 졍신이 아득ᄒᆞ여 ᄯᅡ히 것구러져 픽픽 우니, 연부인이 대로(大怒)ᄒᆞ야 낭셩의 손을 닛그【72】려 년지(蓮池)의 모라 너흐니, 방시 낭셩의 년지의 ᄲᅡ지믈 보고 일셩이호(一聲哀號)2391)의 ᄯᅩ흔 물에 드러가니, 썩 하ᄉᆞ월이라. 태위 목젼(目前)의 낭셩과 노고(老姑)의 닉슈(溺水)ᄒᆞ믈 보니, 경히(驚駭)ᄒᆞ믈 니긔지 못ᄒᆞ고, 모친의 픽힝(悖行)이 불가ᄉᆞ문어타인(不可使聞於他人)이라. 능히 말을 일우지 못ᄒᆞ더니, 유모 쇼영이 낭셩을 보려 년미뎡의 니르러 츠경을 보고, 급급히 닉셔헌의 가 공ᄌᆞ를 디ᄒᆞ여 군쥬 슉질이 년미뎡의 가 태우의 쇼희(小姬)를 년지(蓮池)의 너허 죽이믈 고ᄒᆞ니, 부마와 삼공지 대경ᄒᆞ여 ᄲᆞᆯ니 년미뎡으로 나아가, 모친을 붓【73】들고 왈,

"모친이 엇지 이의 오시니잇고.?"

연부인이 함노(含怒) 왈,

"태우와 낭셩이 나를 곤욕(困辱)혼다 ᄒᆞ기로, 내 요녀를 퇴쟝코져 니르럿더니, 요녜 괴독(怪毒)ᄒᆞ여 스스로 년지의 ᄲᅡ지니, 몽셩이 질녀를 난타ᄒᆞ여 여ᄎᆞᄒᆞ도다."

부매 급히 궁인 옥셤을 불너오라 ᄒᆞ니, 츠인은 깁흔 물의 츌입ᄒᆞ기를 평디(平地) ᄀᆞᆺ치 ᄒᆞᄆᆞ로, 혜션공쥐 쓸 곳이 이시리라 ᄒᆞ여 두어시나, 옥셤이 다란 직릉(才能)이 업고 용녁이 이시며 신장이 셕대(碩大)ᄒᆞ여 되밥2392)을 먹으니 궁인(宮人)들이 식츙(食蟲)이라 브르더라.

---

ᄎᆞ일 부마의 교령(敎令)을 드【74】ᄅᆞ미, 녕미뎡 미인을 건지라 ᄒᆞ므로, 용약(踊躍)ᄒᆞ여 년지(蓮池)의 니ᄅᆞ니, 몽징이 모부인을 뫼셔 희원각을 향ᄒᆞ미, 태부인이 년뎡(蓮亭)의 두 사름이 ᄲᅡ져시믈 놀나 밧비 건지라 ᄒᆞ고, 군쥬의게 뎐어 왈,

"그ᄃᆡ 비록 구고와 가부를 아지 못ᄒᆞᄂᆞᆫ 인물이나, 참아 엇지 녀ᄌᆞ의 약ᄒᆞᆷ므로써 사름을 슈즁(水中)의 죽이기를 타연이 ᄒᆞ리오. 상공이 도라오신 후 쳐치 이시려니와, 모진 상모(相貌)를 듸ᄒᆞ기 두리오니, 혼뎡(昏定)의도 드러오지 말지어다."

연부인이 ᄇᆞ야흐로 태우를 듕치(重治)코져 ᄒᆞ더니, 존고의 뎐어(傳語)를 드ᄅᆞ니【75】제ᄭᅡᆫ의도 겁이 나고, 초공이 드를가 ᄒᆞ며, 초공을 앙망ᄒᆞᆷ믄 희벽이 태우를 향ᄒᆞ니 도곤 더ᄒᆞ니, 즉시 존당의 드러와 당ᄒᆞ(堂下)의셔 쳥죄(請罪)ᄒᆞᄂᆞᆫ 말이 긔괴망측(奇怪罔測)ᄒᆞ여, 낭셩 모녜(母女) 졔 스ᄉᆞ로 물에 ᄲᅡ지미오, 만일 물에 너허시면 견마우ᄆᆡᆼ(犬馬愚氓)2393)의 ᄌᆞ식이로소이다 ᄒᆞ여, 무혼(無限)이 밍셰ᄒᆞ니, 좌위 우읍기를 참지 못ᄒᆞ고, 태우는 모친의 히거(駭擧)를 새로이 참괴ᄒᆞ니, 태부인이 태우를 대칙 왈,

"황구쇼ᄋᆞ(黃口小兒) 관ᄉᆞ(官事)로 나아가 엇지 희쳡(姬妾)을 ᄃᆞ려온고?"

ᄒᆞ더라.【76】

---

2393) 견마우ᄆᆡᆼ(犬馬愚氓) : 개나 말이나 어리석은 백성을 통틀어 이르는 말.

# 윤하뎡삼문취록 권지이십

추시 태부인이 태우를 대칙 왈,

"황구쇼익(黃口小兒)2394) 관ᄉ(官事)로 나아가 엇지 희첩(姬妾)을 다려와 여ᄎ(如此) 요란(擾亂)이 구ᄂ뇨?"

태위 복슈(伏首) 청죄 왈,

"관셔를 다 안찰(按察)ᄒ옵고 도라올 씨 우연이 노파 모녀를 만나 다ᄉ려 와ᄉ오ᄃ,이 불과 궁향(窮鄕) 미쳔지녜(微賤之女)2395)오니 유뮈(有無) 불관(不關)ᄒ온 고로, 존당의 즉시 고치 못ᄒ와습더니, 쳔녀(賤女)의 셩악(性惡)이 고이ᄒ와 물에 싸지오니, 이 도시 쇼손(小孫)의 죄로소이다."

태부인이 졍싴고 대연시다려 왈,

"식뷔(息婦) 비록 녜의념치(禮義廉恥)를 도라보지 아니나, 지위 존즁ᄒ【1】고 가법(家法)이 엄ᄒ거늘 엇지 몽징의 젼졍을 도라보지 아니ᄒᄂ뇨? 아직 관셔(寬恕)ᄒᄂ니 믈너 개심슈졸(改心守拙)2396)홀지어다."

대연시 '도시(都是) 담(膽)이나'2397) 니러 비샤(拜謝)ᄒ고 쳥죄(請罪) 왈,

"ᄎ후는 몽셩이 열 미인(美人)이라도 어드나 알은 쳬 아니ᄒ오리니, 금슈(禽獸)2398)의 ᄌ식(子息)《이라∥이 되리이다》."

ᄒ거늘, 태부인이 태우를 명ᄒ여 왈,

"임의 다려와시면 무신(無信)치 못ᄒ리니, 셜화는 날회고 냥셩 모녀의 ᄉ싱(死生)을 가 볼지어다."

태위 황공ᄒ여 년미뎡의 와 냥셩 모녀를 밧비 건지라 ᄒ더니, 옥셤이 이의 냥셩 모녀를 건져ᄂᆡ니, 북휘 좌우를 【2】명ᄒ여 방즁의 드리고, 회싱단(回生丹)2399)을 프러 너흐니, 식경(食頃)이 지난 후, 물을 토ᄒ고 슈족(手足)의 온긔(溫氣) 이시니, 북휘 친

---

2394)황구쇼익(黃口小兒) : 젖내 나는 어린아이라는 뜻으로, 철없이 미숙한 사람을 낮잡아 이르는 말.

2395)미쳔지녜(微賤之女) : 한미하고 천한 신분의 여자.

2396)개심슈졸(改心守拙) : 잘못된 마음을 바르게 고치고 분수를 지킴.

2397)도시(都是) 담(膽)이나 : 아무리 담이 크다고 해도 어찌할 수 없어. *도시(都是); ①아무리해도. ②이러 니저러니 할 것 없이 아주.

2398)금슈(禽獸) : 날짐승과 길짐승이라는 뜻으로, 모든 짐승을 이르는 말.

2399)회싱단(回生丹) : 까무러쳐 의식을 잃은 사람에게 의식을 회복할 수 있도록 먹이는 알약.

히 침(針)으로 혈(穴)2400)을 트고 구호ᄒ더니, 태위 드러오니, 북휘 왈,

"궁인을 두어 다힝이 두 목숨을 건지거니와, 구호ᄒ믈 잘 ᄒ면 살 둧ᄒᄃᆞᆯ, 네 관셔로 가미 국ᄉᆞᄅᆞᆯ 위ᄒᆞ미오, 미인을 위ᄒᆞ미 아니어늘, 싱각 밧 미인을 어더 와 가변(家變)을 일위니 한심치 아니랴?"

태위 복슈 ᄃᆡ왈,

"쇼질이 ᄎᆞ녀(次女)ᄅᆞᆯ 유졍(有情)ᄒᆞ여 다려오미 아니라, 기졍(其情)이 참잔(慘殘)2401) 고로 사ᄅᆞᆷ을 구ᄒᆞ고 젹덕(積德)을 넓이고져 ᄒᆞᆸ더니, 일이 【3】 요란ᄒᆞ오니 쇼질의 불민(不敏)ᄒᆞᆫ 죄로소이다."

북휘 쇼왈,

"젹덕이 ᄒᆞ마ᄒᆞ더면2402) 젹악(積惡)이 될 번ᄒᆞ도다."

졍언간(停言間)에, 낭셩 모녜 물을 다시 토ᄒᆞ고 눈을 ᄣᅥ 보아 싱되(生道) 완연ᄒᆞ니, 《혹휘‖북휘》 혼뎡 ᄣᅥ 되므로 졔질을 거ᄂᆞ려 드러갈ᄉᆡ, 쇼영과 시녀 ᄉᆞ오인으로 잘 구호ᄒᆞ라 ᄒᆞ고 드러오니, 태부인이 옥셤을 둉상ᄒᆞ시니, 북휘 짐즛 연부인 ᄃᆞᆺᄂᆞᆫᄃᆡ 고왈,

"몽셩의 작인(作人)으로ᄡᅥ 비항(配行)의 불미(不美)ᄒᆞᆷ을 아쳐ᄒᆞᆸ더니2403), 이 녀ᄌᆞᆫ 결단코 궁항(窮巷) 쳔민(賤民)은 아니라. 쇼셩(小星)2404)의 두기 앗가오니 올녀 원위(元位)ᄅᆞᆯ 삼암죽 【4】 ᄒᆞ니이다."

가즁 상해 북후의 말을 듯고 혜오ᄃᆡ,

"북후의 태산 ᄀᆞᆺᄐᆞᆫ 안견(眼見)으로 칭찬ᄒᆞᆷ을 마지 아니니 낭셩은 과연 연미(姸美)토다."

ᄒᆞ더니, 좌위 초공이 부친을 뫼셔 입ᄂᆡ(入內)ᄒᆞᆷ믈 고ᄒᆞ니, 참졍 등이 ᄌᆞ질을 거ᄂᆞ려 하당영지ᄒᆞ여 승당 뎡좌ᄒᆞ미, 태위 홀노 즁계(中階)의셔 면관쳥죄(免冠請罪)ᄒᆞ거늘, 뎡국공이 문기고(問其故)ᄒᆞᆫᄃᆡ, 태위 고두(叩頭) 왈,

"쇼손이 가졔(家齊) 불엄(不嚴)ᄒᆞ와 발부(潑婦)의 욕이 존당의 밋ᄉᆞ오니, 하면목(何面目)으로 닙어셰(立於世) ᄒᆞ리잇고? 쇼손과 찰녀(刹女)의 죄ᄅᆞᆯ 다스리쇼셔."

뎡국공이 텽파의 통히ᄒᆞ며 초공이 분히ᄒᆞ더니, 【5】 연부인이 ᄂᆡᄃᆞ라 고왈,

"몽셩의 방탕ᄒᆞᆷ믄 졍실을 난타ᄒᆞ고 요쳡(妖妾)의 고혹(蠱惑)ᄒᆞ여 존당과 부뫼 이시믈 아지 못ᄒᆞ니, 복원 존구(尊舅)ᄂᆞᆫ 명찰지(明察之)ᄒᆞ쇼셔."

뎡국공이 듯기ᄅᆞᆯ 다ᄒᆞ미, 연시 슉질의 작난을 거울 비쵀 ᄃᆞᆺ 알지라. 이연(怡然) 쇼

---

2400)혈(穴) : 경혈(經穴). 14 경맥(經脈)에 속해 있는 혈(穴)을 이르는 말. 경락(經絡)의 기혈(氣血)이 신체 표면에 모여 통과하는 부위로, 침을 놓거나 뜸을 떠서 자극을 내부 장기(臟器)로 전달하기도 하고 내부 장기의 징후를 드러내기도 한다.

2401)참잔(慘殘) : 참혹하고 자닝함. *자닝하다; 애처롭고 불쌍하여 차마 보기 어렵다.

2402)ᄒᆞ마ᄒᆞ더면 : 하마터면. 조금만 잘못하였더라면. 위험한 상황을 겨우 벗어났을 때에 쓰는 말이다.

2403)아쳐ᄒᆞ다 : ①아쉬워하다. ②안쓰러워하다. ③싫어하다.

2404)쇼셩(小星) : '첩'을 달리 이르는 말.

왈,

"몽셩이 픠려무상(悖戾無狀)ᄒ나 그 아비 이시니 다ᄉ릴지라. 녀ᄌ의 창궐(猖獗)2405)ᄒ미 규닉(閨內)를 어ᄌ러이니 너는 믈너시라."

ᄒ고 이의 몽셩을 칙왈,

"네 황구쇼ᄋ(黃口小兒)로 나라 듕임을 맛타 진튱갈녁(盡忠竭力)홀 거시어늘, 어닉 결을에 작쳡(作妾)ᄒ여 오리오."

긔위(氣威) 엄슉ᄒ니, 제ᄌ(諸子) 막불송뉼(莫不悚慄)ᄒ【6】고, 연부인이 비록 대담(大膽)이나 무류(無聊)히 퇴(退)ᄒ니, 뎡국공이 초공을 도라보아 왈,

"몽셩의 죄 비록 방일(放逸)ᄒ나 남ᄌ의 상ᄉ(常事)라. 인연이 잇는 바의 귀쳔간(貴賤間) 인녁으로 못ᄒ리니, 낭셩을 거둘 쯧을 닐ᄋ고, 너모 엄치(嚴治)치 말지어다."

초공이 ᄃ왈,

"쇼지 훈ᄌ(訓子)의 불엄ᄒ와 몽셩의 호일(豪逸)ᄒ미 쳐실을 난타ᄒ고, 기쳐(其妻)는 지아비를 타협ᄒ는 변괴 이스오니, 쇼지 어하(御下)치 못ᄒᄋᆫ 죄를 쳥ᄒᄂ이다."

국공이 평신(平身)ᄒ믈 닐ᄋ고 태우를 명ᄒ여 올으라 ᄒ니, 태위 말셕(末席)의 시립(侍立)ᄒ엿더니, 야심ᄒ미 국공이 외헌【7】으로 나아가니, 초공 곤계 ᄌ질을 거ᄂ려 나아와 침슈를 숣힌 후, 즁헌(中軒)의 좌(坐)를 일우고, 좌우로 태우를 꿀니고, 수죄(數罪) 왈,

"셩식(聲色)을 유의ᄒ여 가즁을 어ᄌ러이니 기죄 불용셔(不容恕)라."

ᄒ고 ᄉ예(司隷)를 호령ᄒ여 큰 미로 치니, 십여 장의 밋쳐 피육이 후란ᄒ고, 이십 장의 니르러는 부마 등이 샤(赦)ᄒ시믈 이걸ᄒ니, 초공이 텽이불문(聽而不聞)ᄒ거늘, 북휘 그 민 거슬 그르고 안아 니르혀니, 초공이 비로소 샤ᄒᄃ, 태우 의관을 슈렴ᄒ고 승당ᄒ미, 초공이 굿ᄐ여 믈너가라 아니ᄒ고 방즁의 드러가 몬져 침상【8】의 올으니, 부마 등이 시침(侍寢)홀ᄉ, 태위 장쳬(杖處) 앏프기 심ᄒ여 밤이 맛도록 잠을 능히 일우지 못ᄒ고, 명일 겨우 니러나 촌당의 문후(問候)ᄒ고 듁셔당의 와 누어 싱각ᄒ니,

"부친이 평싱 슈힝(修行)ᄒ샤 번화를 피ᄒ시니, 내 비록 칠 부인과 금ᄎ(金釵)2406) 십이쥬(十二珠)2407)를 ᄀ초고져 ᄒ나, 머리 희여도 둘흘 허ᄒ실 니 업고, 낭셩 다려오믈 남ᄉ(濫事)로 알아시니, 져 원슈 연녀 발부로 동낙(同樂)ᄒᆫ죽 지취를 허코져 ᄒ나 여의치 못홀 거시오, 상‧표○[를] 허혼홀 니 업스니, 아이의2408) 구혼이 셔의(齟齬)ᄒ리니, 내 출하리 양광실셩(佯狂失性)2409)【9】ᄒ여 연가 흉인을 쾌히 난타ᄒ고 ᄆᆞ음을 쇠훤이 ᄒ리니, 오늘브터 존당의도 광인(狂人)인 쳬ᄒ여 가즁으로 의심이 업게

---

2405)창궐(猖獗) : 못된 세력이나 전염병 따위가 세차게 일어나 걷잡을 수 없이 퍼짐.

2406)금ᄎ(金釵) : 금비녀를 뜻하는 말로 첩(妾)을 달리 이르는 말.

2407)십이쥬(十二珠) : '열두 진주(眞珠)'라는 듯으로, '열두 미녀'를 비유적으로 이르는 말.

2408)아이의 : 아예. 일시적이거나 부분적이 아니라 처음부터, 또는 전적으로, 순전하게.

2409)양광실셩(佯狂失性) : 거짓으로 미쳐 실성한 체 함.

흔 후, 상가의 드러가 두 녀즈를 타문의 못갈만치 작난(作亂)ᄒᆞ고 ᄉᆞ세를 보아 병이 나은 쳬ᄒᆞ야 ᄎᆞᄎᆞ 취홀 도리 이시리니, 쳔ᄉᆞ만상(千思萬狀)ᄒᆞ여도 계괴 이 밧게 나지 아니리라.”

ᄒᆞ여, 뜻을 결(決)ᄒᆞ엿더니, 부마 등이 니르러 장쳐의 약을 붓치고 됴보(調保)ᄒᆞ믈 쳥홀ᄉᆡ, 태위 물니치지 아니코 즉시 약으로 됴보ᄒᆞ야, 존당의 신셩(晨省)을 여젼이 ᄒᆞ고, 년미뎡의 니르러 낭셩을 보고, 위로 왈,

“필【10】경을 보고 심녀를 허비치 말나.”

당부ᄒᆞ고 이윽이 안줏더니 ᄀᆞ마니 낭셩다려 왈,

“ᄉᆞ오일이 지니면 내 고이흔 병을 어드리니 진짓 병으로 알지 말고 풍운(風雲)의 길시(吉時)를 보라.”

말을 맛ᄎᆞ미 나가니, 낭셩이 ᄀᆞ장 슈상이 넉이나 못듯ᄂᆞᆫ 듯ᄒᆞ더라. 태위 이늘노브터 부젼을 써나지 아냐, 압히 셔 셔ᄉᆞ(書辭) 디셔(代書)와 범ᄉᆞ 슈응(酬應)을 젼일(專一)이 ᄒᆞ딕, 긔운이 ᄂᆞ족ᄒᆞ니 초공이 엇지 알니오.

낫인즉 부젼을 써나지 아니코, 밤인즉 부젼의 시침ᄒᆞ더니, 스ᄉᆞ로 슈건(手巾)을 가져 머리를 동히고 상상(床上)의 누어 통셩(痛聲)이 의의(依依)ᄒᆞ니, 태위 싱셰 십【11】ᄉᆞ년의 일즉 미양(微恙)도 업스미, 뎡국공이 머리를 집허보니, 심홰(心火) 셩(盛)흔 고로 덥기 불 ᄀᆞᆺᄐᆞ니, 국공이 초공을 불너 몽셩의 통셰 대단ᄒᆞ믈 닐ᄋᆞ니, 초공이 고 왈,

“ᄋᆞ히 일시 쵹상(觸傷)ᄒᆞ미오니 셩녀를 허비치 마르쇼셔.”

ᄒᆞ고, 태우를 듁셔당으로 올무라 ᄒᆞ니, 국공 왈,

“금야ᄂᆞᆫ 예셔 됴리케 두라.”

ᄒᆞ고, 죵야토록 구호ᄒᆞ딕 조금도 감셰(減勢) 업ᄂᆞᆫ지라. 임의 효신(曉晨)의 초공 곤계 니루의 드러가 모부인긔 문후ᄒᆞ고, 국공이 드러와 몽셩의 병이 일일 급ᄒᆞ믈 젼ᄒᆞ니, 조태부인이 경녀(驚慮)ᄒᆞ고, 졔부인닉 놀나믈 마지 아【12】냐 보미와 다과를 보닉여 부마 등이 권ᄒᆞ딕, 태위 아모란 상을 모로ᄂᆞᆫ 듯ᄒᆞ여, 써너흐면 ᄀᆞ로 흐르고 통셩만 요란ᄒᆞ니, 졔뎨 등이 아모리 홀 줄 아지 못ᄒᆞᄂᆞᆫ지라.

태부인이 초공을 명ᄒᆞ여 의ᄌᆞ(醫者)를 브르믈 닐ᄋᆞ니, 초공이 슈명ᄒᆞ고 명의를 쳥ᄒᆞ니, 양의(醫) 나와 진믹ᄒᆞ고 왈,

“이 화열(火熱)노 난 병이니 별노 명약(命藥)2410)홀 거시 업다.”

ᄒᆞ고,

“신긔(神氣)를 풀면 ᄌᆞ연 나으리이다.”

ᄒᆞ니, 부매 왈,

“그러나 병의 약이 업스리오.”

---

2410)명약(命藥) : 약을 쓰게 하거나 약을 지어 줌.

ᄒᆞ니 양의 마지 못ᄒᆞ여 십여쳡을 너니, 약을 달혀 입의 드리오면 다 비왓타 ᄇᆞ리고, 졈졈 【13】 통셩이 더ᄒᆞ니, 초공이 친히 너ᄒᆞ되 부슉을 모ᄅᆞᄂᆞᆫ 듯ᄒᆞ고, 입의 드ᄂᆞᆫ 거시 이시면 비왓타 ᄇᆞ리고, 쳔호만환(千呼萬喚)의 응치 아니니, 가즁상해(家中上下) 좌(坐)ᄅᆞᆯ 안졉(安接)지 못ᄒᆞ고, 뎡·진·윤 삼부 졔인이 ᄌᆞ로 문병홀시, 태위 왼몸을 뒤틀고 슈족을 브되이져, 믹을 진뎡ᄒᆞ여 보지 못ᄒᆞ게 ᄒᆞ고, 의자ᄅᆞᆯ 향ᄒᆞ여 욕셜이 비경(非輕)ᄒᆞ며, 의자의 의관을 열파(裂破)ᄒᆞ여 왈,

"너ᄂᆞᆫ 엇더ᄒᆞᆫ 놈이완ᄃᆡ 나의 옥 ᄀᆞᆺ튼 슈족을 쥐므르려 ᄒᆞᄂᆞ뇨? 다시 내 압히 갓가이 오면 내 일장 분부의 너ᄅᆞᆯ 형츄(刑推)²⁴¹¹) 뎡비(定配)ᄒᆞ리라."

ᄒᆞ고, 쒸놀며 일쇼일곡(一笑一哭)【14】ᄒᆞ니, 의재 감히 발뵈지²⁴¹²) 못ᄒᆞ고 하직고 도라가니라.

ᄎᆞ후ᄂᆞᆫ 의원을 불너 무익ᄒᆞ니, 져 ᄒᆞᄂᆞᆫ되로 바려두미 작난(作亂)이 비경(非輕)ᄒᆞ여 비부(婢夫)의 방의 가 밥을 달나ᄒᆞ여 먹고, 게셔 자고 혹 동닌(洞隣)의 나아가 탁쥬(濁酒)²⁴¹³)와 약쥬(藥酒)²⁴¹⁴)ᄅᆞᆯ 혜지 아니ᄒᆞ고 달나ᄒᆞ며 먹고, 길거리로 ᄃᆞᆫ니며 ᄋᆞ희들과 가리음ᄒᆞ여²⁴¹⁵) 노다가, 집에 드러와 니루의 니ᄅᆞ면 옷슬 버셔 ᄇᆞ리고, ᄯᅳᆯ 가온ᄃᆡ 잣바져 하늘을 우러라 대쇼(大笑)ᄒᆞ며, 졔발²⁴¹⁶) 덕분(德分)²⁴¹⁷) 날 살니오, 이러케 미친 체ᄒᆞ니, 가즁이 쇼요(騷擾)ᄒᆞ여 막불ᄎᆞ악(莫不嗟愕)ᄒᆞ며, 챵닌이 나아가 븟들고 말니니, 발노 ᄎᆞ거ᄂᆞᆯ 챵【15】닌 왈,

"나ᄅᆞᆯ 눌만 넉이ᄂᆞ뇨?"

태위 일장 대쇼ᄒᆞ고 나가거ᄂᆞᆯ, 초공이 나오다가 이 광경을 보고 ᄎᆞ악ᄒᆞ여 챵닌다려 왈,

"현질(賢姪)은 말니지 말고 ᄒᆞᄂᆞᆫ 양을 보라."

한님이 잡기ᄅᆞᆯ 긋치니 태위 부친긔 다라드러 왈,

"이 아니 됴ᄒᆞ며 긔 아니 됴흔가, 공은 엇던 사람이완ᄃᆡ 나ᄅᆞᆯ 엇던 도적놈이 눌넛ᄂᆞᆫ 거슬 노ᄒᆞ라 ᄒᆞ엿ᄂᆞᆫ고? 은혜 감격ᄒᆞ니 그ᄃᆡ ᄋᆞ들이 되여 졍셩을 다ᄒᆞ리라."

ᄒᆞ고 ᄯᅳᆯ히셔 뒤구을며 흙과 더러온 물을 쥐여 먹으며 칭찬 왈,

"태상텬(太上天)의 감노쉬(甘露水)²⁴¹⁸)오, 연단(煉丹)²⁴¹⁹)의 녕약(靈藥)인가, 맛시

---

2411)형츄(刑推) : 형문(刑問). 죄인의 정강이를 때리며 캐묻던 일.
2412)발뵈다 : '발보이다'의 준말. 무슨 일을 극히 적은 부분만 잠깐 드러내 보이다.
2413)탁쥬(濁酒) : 막걸리. 우리나라 고유한 술의 하나. 맑은술을 떠내지 아니하고 그대로 걸러 짠 술로 빛깔이 흐리고 맛이 텁텁하다.
2414)약쥬(藥酒) : '맑은술'을 달리 이르는 말.
2415)가리음ᄒᆞ다 : 장난하다. *가리다; 장난치다. 까불다. *가래음; 장난.
2416)졔발 : 간절히 바라건대.
2417)덕분(德分) : 베풀어 준 은혜나 도움.
2418)감노쉬(甘露水) ; 맛이 썩 좋은 물.
2419)연단(煉丹) : 예전에, 중국에서 도사가 진사(辰沙)로 황금이나 불로불사의 묘약을 만들었다고 하는 일종의 연금술. 또는 그 약.

이딕도록 이상흔고? 내 아니 학우【16】등션(鶴羽登仙)2420)ᄒ여 텬상(天上)의 가리
라.”

ᄒ고, 말을 맛츠며 닉당으로 드리다르니2421), 초공 곤계 모친이 놀나실가 잡으려 ᄒ
다가 밋지 못ᄒ고, 태위 조모 누은 상(床) 압히 나아가 춤추며 노릭 브르고 통곡ᄒ니,
태부인이 쳔만 싱각지 아닌 광경을 보니, 놀나옴과 츠악ᄒ미 만심이 썰니니, 초공 등
을 도라보아 왈,

“셩ᄋ의 셩졍(性情)이 여ᄎ히 변ᄒ도다.”

태위 대로 왈,

“내 언제 병들며 무ᄉ 일 실셩ᄒ엿관딕, 이리 구박ᄒ시ᄂᆞ뇨?”

북휘 그 손을 잡고 왈,

“네 ᄌᆞ쇼로 효우ᄒ더니 엇지 이러툿 상셩(喪性)ᄒ엿ᄂᆞ뇨?”

태위 텽파의 대쇼 왈,

“셰【17】 간의 어지고 우은 사룸도 잇도다. 뉘 밋쳣관딕 이리들 쑤짓ᄂᆞ뇨?”

ᄒ고, 뎡국공 슉침(宿寢)ᄒᄂᆞᆫ 닉루(內樓)의 니르러 작난ᄒ니, 초공이 창닌을 명ᄒ여
듁셔당의 너코 잠으라 ᄒ니, 태위 용녁을 다ᄒ여 벽을 차 허러 바리고 닉다라 《창검
∥장검》을 집고 왈,

“아모라도 내 겻히 오면 죽이런다.”

ᄒ니, 졔형뎨 눈물을 흘니고, 초공이 닐ᄋ딕,

“칼이나 노코 작난ᄒ라.”

ᄒ니, 태위 장검을 세 조각의 썩고, 집 우히 쒸여올나 노릭 브르니, 초공이 탄왈,

“너를 쏘로다가는 셩흔 재 병들지라. 츠역(且亦) 명애(命也)니, 나으면 힝이오, 그러
치 【18】 못ᄒ면 ᄌᆞ진(自盡)ᄒ리니 되여가믈 볼 ᄯᅮᆫ이라.”

ᄒ고, 방즁의 드러가 슉침코져 ᄒ나, 능히 줌을 일우지 못ᄒ더니, 명일이 되미 친쳑
졔붕이 태우의 병을 놀나 그 얼골을 보고져 ᄒ여 니르면[믜], 태위 보니마다 욕ᄒ믈
마지 아니니, 졔인이 그 여디업시 되여시믈 츠셕(嗟惜)ᄒ고 태우의 광증(狂症)을 모르
리 업ᄉ니, 텬문의 주달ᄒ여 벼슬을 환슈(還收)ᄒ시믈 주쳥(奏請)ᄒ온딕, 상이 문파의
크게 경녀ᄒ샤, 초공을 인견(引見)ᄒ샤 의치(醫治)나 힘뼈 ᄒ믈 닐ᄋ시고 ,그 병이 나
으믈 기다려 힝공(行公)ᄒ라 닐ᄋ시니, 초공이 고두 주왈, 【19】

“몽셩의 병이 광질(狂疾)이라 ᄀᆞ마니 잇지 아니ᄒ오니, 진믹(診脈)도 홀 길이 업ᄂ
이다.”

상이 근심ᄒ믈 마지 아니시더라. 태위 양광실셩ᄒ연 지 칠팔일의 벼슬이 쩌라지믈
모로지 아니ᄒ딕, 간간(間間)이 됴복(朝服)을 ᄎᆞᄌ 닙으며, 각모(角帽)2422)를 기우려

---

2420)학우등션(鶴羽登仙) : 신션이 되어 학의 날개를 타고 션계(仙界)로 날아감.
2421)드리다르다 : 들이닫다. 몹시 빨리 달리다.
2422)각모(角帽) : 모가 난 모자. 옛날 벼슬아치가 쓰던 관모(官帽)의 하나.

쓰고 됴당(朝堂)의 가노라 ᄒᆞ고, 닌가(人家)의 통치 아니코 드러가, 사름을 공연이 즐
욕홀 ᄊᆡ도 잇고, 혹 긔롱(譏弄)홀ᄊᆡ도 이셔, 그 광증(狂症)의 축냥업슨 모양을 뵈여,
혹 부슉의 압히 노힌 식상(食床)이라도 나아드러 그릇시 븨도록 먹고, 오히려 ᄎᆞ지 못
ᄒᆞᆫ즉, 닌니졔우(隣里諸友)의 부즁(府中)으로 돌며 음【20】식을 달나 ᄒᆞ여 먹고 ᄃᆞᆫ니
더니, 일일은 모친 압히 드러가 술을 닉쇼셔 ᄒᆞ여, 만히 먹고 모친 무릅히 누어, 이
리2423)와 광언(狂言)이 긋지 아니ᄒᆞ더니, 쇼연시 태우의게 상ᄒᆞᆫ 곳이 오히려 ᄎᆞ성(差
成)치 못ᄒᆞ여시ᄃᆡ, 그 션풍옥골(仙風玉骨)을 오릭 보지 못ᄒᆞᄆᆡ 그리운 즁, 그 병이 고
이ᄒᆞ믈 드ᄅᆞᄆᆡ 더욱 아연(啞然)ᄒᆞ여2424) 잠간 보고져 비원각의 니ᄅᆞ니, 태위 윤부인
무릅흘 베고 광언망셜(狂言妄說)을 만히 ᄒᆞ거ᄂᆞᆯ, 연시 눈물을 흘니고 그 겻히 나아가
안ᄌ 굴오ᄃᆡ,

"군지 관셔 힝도의 요믈(妖物) 사싴(邪色)을 다려온 타스로 참혹ᄒᆞᆫ 광병(狂病)을 어
드니, 이【21】ᄂᆞᆫ ᄌᆞ작지얼(自作之孼)2425)노, 호쥬탐식(好酒貪色)ᄒᆞ미라. 연(然)이나
아심(我心)의 이다른 '밧[所] 자(者)ᄂᆞᆫ'2426) 존귀(尊舅) 의치(醫治)를 힘쓰지 아니샤,
ᄌᆞ식의 ᄉᆞ싱(死生)을 념녀치 아니시며, 요믈을 업시치 아니시니, 아마 부부의 졍이 부
ᄌᆞ텬뉸(父子天倫)의 더훈가 ᄒᆞ노라."

태위 쇼연시의 흉픽ᄒᆞ믈 '별ᄂᆞᆫ 지'2427) 오릭 ᄲᅮᆫ 아니라, 년미뎡의셔 부친의 휘ᄧᆞ(諱
字)를 드노하 참욕ᄒᆞ고 ᄌᆞ긔를 타협(打頰)ᄒᆞ던 일을 분(憤)히ᄒᆞ미 ᄀᆞ득ᄒᆞ연 지 오린지
라. 이제 그 요악히 굴믈 보ᄆᆡ, ᄆᆡ오미 층가(層加)ᄒᆞ여 봉안(鳳眼)을 놉히 ᄯᅥ 대즐 왈,

"우두나찰(牛頭羅刹) ᄀᆞᆺᄐᆞᆫ 흉상발부(凶狀潑婦)ᄂᆞᆫ 어ᄃᆡ로셔 난 거시완ᄃᆡ ᄉᆞ죄(死罪)를
【22】몸 우히 짓고, 갓가이 내 압히 와 어른기ᄂᆞᆫ뇨? ᄲᆞᆯ니 물너가지 아니면 너 흉녀
의 머리를 버혀 죄를 뎡히 ᄒᆞ리라."

쇼연시 대로ᄒᆞ여 크게 욕ᄆᆡᄒᆞ니, 태위 텽파의 분용(憤湧)을 발ᄒᆞ여 연시의 다리를
잡아 것구로 들고 ᄂᆞᆫ 다시 밧그로 나가니, 수플 ᄀᆞᆺ치 모힌 시녜 뒤흘 조ᄎᆞ나 감히
갓가이 가지 못ᄒᆞ고, 윤부인이 놀나오믈 니긔지 못ᄒᆞ여 ᄒᆞᄂᆞᆫ 즁, 이ᄶᆡ 뎡국공 부지 다
진부의 간 ᄉᆞ이오, 부마ᄂᆞᆫ 입번(入番)ᄒᆞ여 나오지 못ᄒᆞ엿ᄂᆞᆫ 고로, 태우를 ᄯᆞ라 연시를
구홀 재 업ᄉᆞ니, 윤부인이 시녀등을 당부ᄒᆞ여 죽기를 【23】그음ᄒᆞ고 연시를 구ᄒᆞ여
다려오라 ᄒᆞᄃᆡ, 시녜 각각 몸을 앗길 ᄲᆞᆫ 아니라, 태우의 압히 나아가믄 죽기도곤 무셔
워ᄒᆞ니, 감히 어란지 못ᄒᆞ더라.

태위 연시를 것구로 잡고 밧문ᄀᆞ지 나올ᄉᆡ, 연시 별학2428) ᄀᆞᆺᄐᆞᆫ 소릭 골안이 터지

---

2423)이리 : 아양. 귀염을 받으려고 알랑거리는 말. 또는 그런 짓. *이리ᄒᆞ다; 아양 떨다.
2424)아연(啞然) : 너무 놀라거나 어이가 없어서 또는 기가 막혀서 입을 딱 벌리고 말을 못하는 모양.
2425)ᄌᆞ작지얼(自作之孼) : 자기가 저지른 일 때문에 생긴 재앙.
2426)밧[所] 자(者)ᄂᆞᆫ : 바의 것은.
2427)별ᄂᆞᆫ 지: 별러온 지. *벼르다; 어떤 일을 이루려고 마음속으로 준비를 단단히 하고 기회를 엿보다.
2428)별학 : 벼락. 공중의 전기와 땅 위의 물체에 흐르는 전기 사이에 방전 작용으로 일어나는 자연 현상. =
   벽력(霹靂).

는 듯ᄒᆞ니, 졔공직 듯고 경히(驚駭)ᄒᆞ여 ᄯᅡ라나오나, 능히 연시ᄅᆞᆯ ᄲᅢ혀닐 길히 업ᄉᆞᆫ지라. 태위 밧문을 나 동구(洞口)의셔, 연시의 다리ᄅᆞᆯ 잡고 머리와 몸을 것구로 ᄯᅡ히 박기ᄅᆞᆯ 스오 번의, 연시의 흉독(凶毒)이나 아조 인ᄉᆞᄅᆞᆯ ᄇᆞ려 소ᄅᆡᄅᆞᆯ 못ᄒᆞ니, 비로소 ᄯᅡ히 노코 뒤구을녀<sup>2429)</sup> 츠기ᄅᆞᆯ 수【24】업시 ᄒᆞ다가, ᄒᆞᆫ 닙 거젹<sup>2430)</sup>을 어더 그 몸 우히 덥고, 시녀 등을 도라보아 왈,

"발부(悖婦)의 ᄉᆞᄉᆡᆼ(死生)이 불관(不關)ᄒᆞ니 이리로셔 바로 연궁으로 도라보ᄂᆡ고 다시 가ᄂᆡ의 드릴 의ᄉᆞᄅᆞᆯ 말나."

ᄒᆞ며, 졔뎨ᄅᆞᆯ 다 ᄲᅩᆺ 드려보ᄂᆡ고, 스스로 옷슬 버셔ᄇᆞ리고 젹신(赤身)으로 노변(路邊)의셔, 츔추고 노ᄅᆡ ᄇᆞ르며 손벽쳐 크게 웃기ᄅᆞᆯ 마지 아니ᄒᆞ니, 초공 곤계 몽딩의 고ᄒᆞ므로조ᄎᆞ 대경(大驚)ᄒᆞ여 ᄲᆞᆯ니 나와, 연시의 몸 우히 거젹을 들혀고 보ᄆᆡ, 명믜은 아직 긋지 아냐시ᄃᆡ 혈ᄉᆡᆨ(血色)이 위위(危危)ᄒᆞ고 아관(牙關)<sup>2431)</sup>이 긴급(緊急)ᄒᆞᆫ지라.

초공이 졔시녀ᄅᆞᆯ 명ᄒᆞ여 연시【25】의 몸을 편ᄒᆞᆫ 상(床) 우히 올녀 그 몸을 들고져 ᄒᆞ니, 태위 대로(大怒)ᄒᆞ여 노변의 셧ᄂᆞᆫ 소남글<sup>2432)</sup> ᄲᅢ혀 졔시녀ᄅᆞᆯ 치고져 ᄒᆞ니, 초공이 죵용이 다ᄅᆡ여 왈,

"내 ᄋᆞ히 평일 인효(仁孝)ᄒᆞ던 ᄆᆞᄋᆞᆷ을 일허시나, 아비의 닐ᄋᆞ믈 드르리니, 연시 셜ᄉᆞ 어지지 못ᄒᆞ미 이시나 빙ᄎᆡ(聘采)<sup>2433)</sup> 빅냥(百輛)<sup>2434)</sup>으로 마즌 졍실(正室)을 밧문ᄀᆞ지 ᄂᆡ여와 박살코져 ᄒᆞᆫ, 사ᄅᆞᆷ의 ᄆᆞᄋᆞᆷ이 아니니 잠간 긋치라."

태위 부공의 말슴을 드르ᄆᆡ 즈긔 불회 젹지 아니믈 ᄭᆡ다라 왈,

"남이 다 나ᄅᆞᆯ 병들며 밋치다 ᄒᆞᄃᆡ 내 ᄆᆞᄋᆞᆷ이 조곰도 다르미 업ᄉᆞ니, 부친은 그 연고【26】ᄅᆞᆯ 닐ᄋᆞ쇼셔."

초공 왈,

"너의 광심(狂心)이 이심(已甚)ᄒᆞ여 거죄 히참(駭慙)키의 니르니 그 실셩ᄒᆞᆫ 연고(然故)ᄂᆞᆫ 내 ᄯᅩ 아지 못ᄒᆞ노라."

언필에 시녀ᄅᆞᆯ 직쵹ᄒᆞ여 연시ᄅᆞᆯ 상에 올녀 침소의 드려 누이고, 친히 약을 드리오며 구호ᄒᆞ여 회ᄉᆡᆼ(回生)키ᄅᆞᆯ ᄇᆞ라더니, 황혼의 연시 잠간 인ᄉᆞᄅᆞᆯ 출히나 오히려 태우ᄅᆞᆯ 원망ᄒᆞ니, 초공이 비로소 황파 복향 등을 명ᄒᆞ여 잘 구호ᄒᆞ라 ᄒᆞ고, 셔ᄌᆡ(書齋)로

---

2429) 뒤구을니다 : 뒤굴리다. 함부로 마구 굴리다.

2430) 거젹 : 거적. 짚을 두툼하게 엮거나, 새끼로 날을 하여 짚으로 쳐서 자리처럼 만든 물건. 허드레로 자리처럼 쓰기도 하며, 한데에 쌓은 물건을 덮기도 한다.

2431) 아관(牙關) : 입속 양쪽 구석의 윗잇몸과 아랫잇몸이 맞닿는 부분.

2432) 소남글 : 소나무를.

2433) 빙ᄎᆡ(聘采) : =빙물(聘物). =납채(納采). 혼인례에서 정혼이 이루어진 증거로 신랑 집에서 신부집에 보내는 예물.

2434) 빅냥(百輛) : '백대의 수레'라는 뜻으로, 『시경(詩經)』 「소남(召南)」 편, 〈작소(鵲巢)〉 시의 '우귀(于歸) 백량(百輛)'에서 유래한 말이다. 즉 옛날 중국의 제후가(諸侯家)에서 혼례를 치를 때, 신랑이 수레 백량에 달하는 많은 요객(繞客)들을 거느려 신부집에 가서, 신부을 신랑집으로 맞아와 혼례를 올렸는데, 이 시는 이처럼 혼례가 수레 백량이 운집할 만큼 성대하게 치러진 것을 노래하고 있다.

나오니, 뎡국공이 진궁으로셔 도라오고, 호람휘 흔 가지로 니르러 연시의 스싱을 무릭
니, 초공이 그 상ᄒᆞ미 보기의 대단ᄒᆞ여 놀나오 【27】나 죽지 아닐 바를 고ᄒᆞ니, 뎡국
공이 그 면ᄉᆞ(免死)ᄒᆞᄆᆞᆯ 힝희ᄒᆞ나, 광증(狂症)이 졈졈 더ᄒᆞᄆᆞᆯ 우려ᄒᆞ여 왈,

"몽셩의 광증이 니러남은 젼혀 연가 박식을 만난 연괴라. 만일 여ᄎᆞ즉 죽으미 쉬오
리니 엇지 참졀치 아니리오."

진왕이 이의 왓더니 웃고 왈,

"몽셩이 일시 화열(火熱)노 광분질쥬(狂奔疾走)[2435]ᄒᆞᄂᆞᆫ 거죄(擧措) 이시나 오릭지
아니리니, 두고 보시면 알아시려니와 수월ᄂᆡ에 나으미 이시리니, 엇지 광증을 인ᄒᆞ여
요몰(夭沒)ᄒᆞᆯ ᄋᆞ히리잇고? 몽셩이 만일 유ᄌᆞ(猶子)[2436]의 ᄋᆞ들 ᄀᆞ틀진ᄃᆡ 그 광증을 발
뵈지 못ᄒᆞ게 잡쥐여[2437] 반만 죽 【28】기를 그음ᄒᆞ즉, ○[니]졔라도 밋친 거동을 발
뵈지 못ᄒᆞᆯ 거시오, 그러치 아니면 슉녀 미희를 틱ᄒᆞ여 졔 ᄆᆞ음이 ᄎᆞ도록 화락ᄒᆞ즉 광
증은 ᄌᆞ연 업ᄉᆞ리이다."

뎡국공이 머리를 흔드러 왈,

"스원이 몽셩으로 광증(狂症)을 의심ᄒᆞ나, 결단ᄒᆞ여 양광(佯狂)이 아니라. 져의 셩회
츌텬ᄒᆞ고, 우이 지극던 바로, 엇지 거줏 미친 병을 발ᄒᆞ여 우리와 졔 부모를 모릭고,
동긔와 친쳑을 욕ᄒᆞ여 간간이 칼과 돌흘 가져 해코져 ᄒᆞ리오. 이상흔 광증을 가져 져
의 몸을 맛출지니 ,이 ᄯᅩ 나의 젹악(積惡)인가 ᄒᆞ노라."

진 【29】왕이 함쇼 왈,

"년슉(緣叔)이 쇼싱의 말을 드릭시ᄃᆡ 밋지 아니ᄒᆞ시거니와, 그 ᄎᆞ셩(差成)ᄒᆞ미 수월
지간(數月之間)의 이실 거시니, 보시면 년질(緣姪)의 지감(知鑑)이 붉으{시}믈 알아시
리이다. 년질이 굿ᄐᆞ여 양광(佯狂)이라 ᄒᆞ미 아니라, 그 심홰(心火) 셩(盛)ᄒᆞ고 연시
믜오미 극ᄒᆞ여 울결(鬱結)[2438]흔 병이 되어시니, 상해[2439] 져의 ᄒᆞ고져 ᄒᆞᄂᆞᆫ 일을 다
ᄒᆞ여 쉬훤이[2440] 쟉난흔 후 긋치리이다."

국공이 도로혀 쇼왈,

"셩ᄋᆞ의 광증이 만일 스원의 말 ᄀᆞ틀진ᄃᆡ 엇지 깃브지 아니리오마는, 아직은 ᄎᆞ셩ᄒᆞᆯ
도리 업슬가 ᄒᆞ노라."

진왕이 지삼 그러치 아니믈 닐ᄏᆞ라 이 【30】윽이 담화ᄒᆞ다가, 셕양의 호람휘를 뫼
셔 진궁으로 도라가니라.

태위 연시를 쉬훤이 난타ᄒᆞ고 젼일 유졍(有情)ᄒᆞ던 기녀 등을 다 모화 언연(偃然)

---

2435)광분질쥬(狂奔疾走) : 미친 듯이 뛰어 내달림.
2436)유ᄌᆞ(猶子) : 자식과 같다는 뜻으로, '조카'를 달리 이르는 말.
2437)잡쥐다 : 잡죄다. 아주 엄하게 다잡다.
2438)울결(鬱結) : ①가슴이 답답하게 막힘. ②『한의학』기혈이 한곳에 몰려 흩어지지 않음.
2439)상해 :? 평상시에. 평소에.
2440)쉬훤이 : 시원하게. *쉬훤ᄒᆞ다; 시원하다. 막힌 데가 없이 활짝 트이어 마음이 후련하다.

이2441) 독셔루의셔 음쥬단난(飮酒團欒)ᄒ며 혹쇼혹곡(或笑或哭)ᄒ며, 뫼 ᄀᆞᆺ치 ᄡᅡ힌 셔
ᄎᆡᆨ을 다 ᄂᆡ여 더지며 졔뎨를 휘ᄲᅩᆺ 오지 못ᄒ게 ᄒ니, 초공이 엇지 금단코져 아니리
오마ᄂᆞᆫ 그 광증을 ᄎᆞ셕(嗟惜)ᄒ여 ᄇᆞ려두니, 태위 짐줏 졔창(諸娼)을 다리고 빅일뎡의
나아가 뎡국공긔 자랑ᄒ여 유희 방탕ᄒᄃᆡ, 국공이 ᄭᅮ짓고 ᄎᆡᆨᄒ미 업ᄉ니, 태위 부조의
여ᄎᆞᄒ시믈 보고, 또 무어슬 두리리오. 졈 【31】 졈 광증(狂症)이 대발(大發)ᄒ여 작난
ᄒᄃᆡ, 오직 외가(外家)2442)와 뎡가의 가지 아니ᄒ니, 이ᄂᆞᆫ 외가의 졔인이 명달홈과 뎡
부 노쇼 졔인의 됴심경안광(照心鏡眼光)2443)을 괴로이 넉이여, 져의 가ᄂᆞᆫ ᄯᅢ를 인ᄒ여
믹후(脈候)를 보면 양광(佯狂)이믈 붉히 알가 넘녀ᄒ고 긔탄(忌憚)ᄒ미러라.

태위 짐줏 샹·진 냥가의 빈빈 왕ᄂᆡᄒ여 언어가 망측ᄒ더니, 일일은 됴당의 가노라
ᄒ고 관복(官服)을 졍졔(整齊)ᄒᆫ 후 샹부로 나아가, 바로 샹태ᄉᆞ 잇ᄂᆞᆫ 곳에 드러가 ᄌᆡ
ᄇᆡ(再拜) 읍양(揖讓)ᄒ여 샹관 셤기ᄂᆞᆫ 모양을 다ᄒ고, 좌우의 사ᄅᆞᆷ이 업ᄉᄃᆡ 거즛 동
관(同官)이 만좌ᄒᆫ 다시 빈 자 【32】 리의 입을 두루혀2444) 공ᄉᆞ를 의논ᄒᄂᆞᆫ 쳬ᄒ여,
밋친 거동이 측냥업ᄉ니, 샹태ᄉᆡ 그 특이ᄒᆫ 인물노뻐 참혹ᄒᆫ 광병(狂病)을 어더 앗가
이 ᄇᆞ리게 되믈 ᄎᆞ셕ᄒ여, 스스로 오ᄂᆞᆫ 거슬 괴로이 넉이지 아냐 본동만동ᄒ여 언어
를 슈작지 아니ᄒ더니, 초일도 슈샹코 고이ᄒᆫ 형상을 다ᄒᄃᆡ 잇다감 관복을 갓초고
닌가(隣家)로 돌며 됴당의 왓ᄂᆞᆫ다시 ᄒᆞᆷ믈 아ᄂᆞᆫ 고로, 굿티여 말을 아니ᄒ고 듁침(竹
枕)을 의지ᄒ여 삼ᄌᆞ의 지은 글을 음영ᄒᄂᆞᆫ지라.

태위 이윽이 안줏다가 날이 져므러 셕반(夕飯)이 니르믈 보고, 샹운광 등의 밥【3
3】을 아사 먹고, 인ᄒ여 샹태ᄉᆞ의 볘엿ᄂᆞᆫ 듁침을 볘고 누으ᄃᆡ, 됴의(朝衣)ᄂᆞᆫ 벗지 아
니ᄒ니, 샹시랑 등이 감히 버ᄉᆞ란 말을 못ᄒ고, 누으면 즉시 ᄌᆞᆷ들고 ᄭᆡ면 작난이 비상
ᄒᄆᆞ로, 부마 등이 형을 ᄎᆞᄌᆞ 이의 니르러 ᄌᆞᆷ을 깁히 드러시믈 보고 능히 ᄭᆡ오지 못
ᄒ고, 운광을 보고 왈,

"사형이 ᄌᆞᆷ드러시니 셔동으로 직희엿다가 ᄭᆡ시ᄂᆞᆫ ᄯᅢ를 알아 즉시 쇼뎨의게 고ᄒ
라."

ᄒ고 도라가니, 샹시랑 등이 허락ᄒ니라.

샹태ᄉᆞᄂᆞᆫ 셔헌(書軒)의셔 자고져 ᄒᄃᆡ, 하태위 야반의 작난홀가 넘녀ᄒ여 ᄂᆡ루의 드
러가 슉침ᄒ【34】고, 샹운광은 유ᄌᆞ(幼子)의 셔증(暑症)이 듕ᄒᄆᆞ로 역시 ᄂᆡ실의 드
러가고, 초뎨 혜광으로 하싱을 직희여 자라 ᄒ니, 샹한님이 하싱의 작난을 무셔히 넉
여, 태우ᄂᆞᆫ 평상의 누은 지 두고, ᄌᆞ긔ᄂᆞᆫ 실즁(室中)의 드러가 지게를 단단이 걸고 자
니, 태위 심니(心裏)의 우이넉여 다만 ᄌᆞ긔를 직희ᄂᆞᆫ 냥(兩) 셔동의 ᄌᆞᆷ들기를 기다리
ᄃᆡ, 괴로이 자지 아녀 잇다감 ᄌᆞ긔 얼골을 드리와다 보며, 혹 귀를 기우려 ᄭᆡ기를 등

---

2441) 언연(偃然)이 : 거드름을 피우며 거만하게.
2442) 외가(外家) : 윤가를 말한다.
2443) 됴심경안광(照心鏡眼光) : 속마음까지를 비춰보는 눈빛.
2444) 두루혀 : 돌려. *두루혀다 : 돌이키다. 돌리다.

듸ᄒᆞᄂᆞ 거동이니, 심니의 민망ᄒᆞ더니, 계명시(鷄鳴時)의 냥 셔동이 난간을 볘고 엎프
시 조을거ᄂᆞᆯ, ᄀᆞ마니 니러나 발즈최 업시 【35】 동산 담을 넘어 닉화원(內花園)의 드
러가니, 여러 당새 낫낫치 뵈ᄂᆞᆫ지라. 그윽이 샹쇼져의 침소ᄅᆞᆯ ᄎᆞᆽ출ᄉᆡ, 비록 젼자의 샹
부 닉당을 왕뇌ᄒᆞᆫ 일이 업ᄉᆞ나, 샹태시 녀와 질을 ᄒᆞᆫ갈ᄀᆞᆺ치 이듕ᄒᆞ여 화원 아리 누각
을 일워, 표·샹 이쇼져ᄅᆞᆯ ᄒᆞᆫ 곳에 두고 샹슈샹이(相隨相愛)2445)○[케] ᄒᆞ더니, 태위
화원 아리 향취뎡(香聚亭)이라 ᄒᆞᆫ 당 즁의 여러 시녜, 혹 난간을 의지ᄒᆞ며 누어 자거
ᄂᆞᆯ, 섈니 거름을 옴겨 향취뎡의 다ᄃᆞ라 창외의셔 보미 쵹영(燭影)이 휘황(輝煌)ᄒᆞ거ᄂᆞᆯ,
굼그로조ᄎᆞ 실즁을 보니, 표·샹 이쇼졔 계명을 응ᄒᆞ【36】여 신장(新粧)을 일울ᄉᆡ,
쇼졔 등의 장소(粧梳)ᄅᆞᆯ 인ᄒᆞ여 시ᄋᆞ 냥인이 겻ᄒᆡ셔 신임(信任)ᄒᆞᄂᆞᆫ지라2446). 태우 견
파(見罷)의 가연(可然)이 지게ᄅᆞᆯ 열고 방즁의 드러가니, 두 쇼졔 ᄇᆞ야흐로 거울을 듸
ᄒᆞ여 얼골을 빗최다가, 문 여ᄂᆞᆫ 소ᄅᆡ로 인ᄒᆞ여 거안시지(擧眼視之)컨ᄃᆡ 팔쳑신장(八尺
身長)의 언건(偃蹇)2447)ᄒᆞᆫ 남지 ᄌᆞ포오사(紫袍烏紗)2448)로 드러오ᄂᆞᆫ지라.

냥 쇼졔 대경황망(大驚遑忙)2449)ᄒᆞ여 섈니 피코져 ᄒᆞ더니, 하태위 ᄒᆞᆫ번 몸을 번드처
좌슈로 표쇼져ᄅᆞᆯ 붓들고, 우슈로 샹쇼져의 나상(羅裳)을 잡아 향싀(香腮)ᄅᆞᆯ 졉ᄒᆞ며, 옥
슈ᄅᆞᆯ 어ᄅᆞ만져, 쇼왈,

"시벽 단장(丹粧)의 녹슈나릉(綠繡羅綾)과 명【37】쥬보옥(明珠寶玉)을 탐치 아니
나, 일신의 보광(寶光)이 어릐고, 지분(脂粉)2450)○[이] 방틱(芳澤)2451)을 더으지 아니
나, 교용묘질(嬌容妙質)이 볼스록 아름다오니, 나의 미인 귀듕ᄒᆞ미 여ᄎᆞᄒᆞ니, 미인이
ᄯᅩᄒᆞᆫ 나ᄅᆞᆯ 우러라 녹발(綠髮)이 환틱(換白)2452)기의 인싱 영낙(榮樂)이 무궁타가, ᄉᆞ후
(死後) 동혈(同穴)ᄒᆞ기ᄅᆞᆯ 원ᄒᆞ노라."

이리 닐ᄋᆞ며 힘을 다ᄒᆞ여 두 쇼져ᄅᆞᆯ 운신(運身)치 못ᄒᆞ게 붓들고 이듕(愛重) 견권
(繾綣)ᄒᆞ니, 표·샹 이쇼졔 쳔만 긔약지 아닌 광부(狂夫)ᄅᆞᆯ 만나 여ᄎᆞ 대변을 당ᄒᆞ니,
놀나오미 쳥텬의 벽녁이 만신을 분쇄ᄒᆞᄂᆞᆫ 듯, 혼비빅산(魂飛魄散)ᄒᆞ여 말을 못ᄒᆞ더니,
샹쇼졔 녀셩(厲聲)【38】왈,

"여등(汝等)이 보지 못ᄒᆞ며 아지 못ᄒᆞᄂᆞᆫ 사ᄅᆞᆷ ᄀᆞ트여 졍당(正堂)의 고치 아니며, 유
모와 다란 시녀 등을 씌오지 아니ᄒᆞᄂᆞ뇨?"

ᄯᅩ 태우ᄅᆞᆯ ᄭᅮ지져 왈,

---

2445)샹슈샹이(相隨相愛) : 서로 따르고 서로 사랑함.
2446)신임(信任)ᄒᆞ다 : 시즁(侍中)들다. 옆에서 직접 보살피거나 심부름을 하다.
2447)언건(偃蹇) : 장대(壯大)함. 허우대가 크고 튼튼한 모양.
2448)ᄌᆞ포오사(紫袍烏紗) : 자줏빛 도포와 검은 사(紗)로 만든 모자를 함께 이르는 말로, 조선 시대 벼슬아치
    들의 관복차림.
2449)대경황망(大驚遑忙) : 크게 놀라 당황하고 허둥지둥함.
2450)지분(脂粉) : 연지(臙脂)와 백분(白粉)을 아울러 이르는 말.
2451)방틱(芳澤) : 향기와 윤기(潤氣).
2452)환틱(換白) : 흰 것으로 바뀜.

"광인(狂人)이 비록 병을 칭ᄒ며 사ᄅᆷ으로 ᄒ야금 ᄌᆞ가를 칙망치 못ᄒ게 ᄒ나, 오히려 넘치(廉恥) 인ᄉᆡ(人士)면 남의 집 규방으로 돌입ᄒ여 여ᄎᆞ 참변을 짓지 아냠죽 ᄒ지라. 이제 ᄲᆞᆯ니 나아가라. 내 비록 일개 쇼녀ᄌᆞ(小女子)나 광적(狂賊)의 더러온 욕을 힘힘이 밧지 아니리라."

태위 호호(浩浩)히2453) 우어 왈,

"미인이 이 ᄆᆞ음이 이실진딕 초에 엇지 몸을 ᄂᆡ여 나를 보게 ᄒ고, 이러나 져러나 누쳔니(累千里) 이각(涯角)2454)의셔 【39】 나를 조ᄎᆞ오고, 이 말을 발홀 빈 아니니, 모로미 일이 되여가믈 보고 쇼셩(小星)의 ᄂᆞᄌᆞ믈 슬허 말나."

인ᄒ여 낭인을 붓드러 그 요금(褥衾)2455)이 오히려 포셜(鋪設)ᄒ여시믈 보고, ᄒᆞᆫ가지로 벼개를 년ᄒ여 향몌(香袂)2456)를 졉ᄒ고, 셤요(纖腰)2457)를 어ᄅᆞ만져 왈,

"미인이 비록 쥬표(朱標)2458)를 머므러 텬눈을 단원ᄒᆞᆫ 후, 이셩지친(二姓之親)2459)을 일우고져 ᄒ나, 서로 만난 지 칠삭의 히를 밧고왓ᄂᆞᆫ지라. 만일 이 ᄒ텬보의 졍대(正大) 녜듕(禮重)홈 곳 아니면, 일침지하(一寢之下)의 엇지 오늘날ᄀᆞ지 쥬표를 머므러 두워시리오. 미인의 부모를 ᄎᆞᆽ기ᄂᆞᆫ 일이넌니(一二年內) 못ᄒ고, 나【40】의 여산듕졍(如山重情)은 시시(時時)의 층가(層加)ᄒ니, 아마도 믹양(每樣) 삼가지 못홀가 시브도다."

표쇼져ᄂᆞᆫ 임의 엄홀(奄忽)ᄒ고 상쇼져ᄂᆞᆫ 그 말마다 슈상불측(殊常不測)2460)ᄒ믈 ᄂᆡ 긔지 못ᄒ여, 소리를 놉혀 유모와 시여(侍女)를 브를 ᄯᆞ름이라. 냥 시ᄋᆞ(侍兒) 즉시 졍당의 드러가 향취뎡의 하태위 드러와 작난ᄒᆞ믈 고ᄒ니, 태ᄉᆞ와 부인이 대경ᄒ여 급히 향취뎡으로 올ᄉᆡ, 삼ᄌᆞ(三子) 삼뷔(三婦) 신셩(晨省)ᄒ라 드러오다가, 대경실ᄉᆡᆨᄒ여 죵후비힝(從後倍行)2461)ᄒ니, 부인은 합장(閤牆)2462) 뒤히 머믈고 태ᄉᆞ 삼ᄌᆞ로 더브러 지게를 열고 드러가니 ᄒ태위 ᄇᆞ야흐로 '쇄・슉 냥영'2463)을 좌우로 【41】 ᄢᅵ고 졉면동와(接面同臥)ᄒ여 이듕ᄒᆞᄂᆞᆫ 졍이 여산약히(如山若海)ᄒ다가, 상공 부ᄌᆞ를 보고 믄득

---

2453)호호(浩浩)히 ; 크고 한가롭게.
2454)이각(涯角) : 멀리 떨어져 있어 외지고 먼 땅.
2455)요금(褥衾) : 요와 이불. 곧 이부자리.
2456)향몌(香袂) : 향기로운 옷소매.
2457)셤요(纖腰) : 가는 허리.
2458)쥬표(朱標) : =앵혈. 개용단・회면단・도봉잠 등과 함게 한국고소설 특유의 서사도구의 하나. 앵혈은 어려서 이것으로 여자의 팔에 점을 찍어두거나 출생신분을 기록해 두면, 남성과의 성적 결합을 갖기 전에는 지워지지 않는 효능을 갖고 있기 때문에, 주로 남녀의 동정(童貞) 여부를 감별하거나 부부의 성적 결합여부를 판별하는 징표로 사용되지만, 이에 못지않게 신분표지나 신원확인의 수단으로도 많이 활용되고 있다.
2459)이셩지친(二姓之親) : 성씨가 다른 두 남녀가 혼인하여 성적결합(性的結合)을 맺음.
2460)슈상불측(殊常不測) : 보통과는 달리 이상하여 가늠할 수가 없음.
2461)죵후비힝(從後倍行) : 윗사람을 모시고 뒤따라감
2462)합장(閤牆) : 건물 출입문과 연결되어 있는 담장.
2463)쇄・슉 냥영 : 쇄영・숙영을 달리 표현한 말.

놀나는 빗치 ᄀᆞ득ᄒᆞ여, 몸을 니러 냥인을 ᄀᆞ리오며, 상공 부ᄌᆞ를 향ᄒᆞ여 왈,

"내 비록 시랑 등으로 '금난(金蘭)의 교되(交道)'2464) 지극ᄒᆞ나, 나의 혼ᄌᆞ 이심과 달나 쇼셩(小星) 머므ᄂᆞᆫ 곳에 엇지 상형 등이 합ᄒᆞ(閤下)를 뫼셔 통치 아니코 드러오ᄂᆞ뇨?"

상태ᄉᆞ 부ᄌᆡ, 그 거동을 보며 이 말을 드ᄅᆞᄆᆡ 더욱 어히업고 한심ᄒᆞᆷ을 니긔지 못ᄒᆞ여, 상태ᄉᆡ 소ᄅᆡ를 놉혀 왈,

"네 비록 밋치고 실셩(失性)ᄒᆞ여시나 오히려 일빵 구술이 부희지2465) 아냐시니, 네 집이며 남 【42】의 집을 분변치 못ᄒᆞ고, 규방의 돌입ᄒᆞ여 셰상의 잇지 아니ᄒᆞᆫ 변괴를 지으니, 내 질녀와 녀ᄋᆞᄂᆞᆫ 광부의 욕을 만나 힘힘히 죽으려니와, 너ᄂᆞᆫ 하면목(何面目)으로 닙어명셰(立於明世)2466)ᄒᆞ리오. 모로미 밧비 나아가고 더ᄃᆡ지 말나."

상시랑이 말솜을 니어 녀셩(厲聲) 즐왈,

"이 음흉불법(淫凶不法)의 광부(狂夫)ᄂᆞᆫ 우리 집을 업수히 넉여, 규방(閨房)의 돌입ᄒᆞᄂᆞᆫ 변(變)을 지어 거즛 말을 두루다히려2467) ᄒᆞ니, 그 뜻이 더욱 궁흉(窮凶)ᄒᆞᆫ지라. 만일 도라가기를 더ᄃᆡᄒᆞᆫ즉 아등이 세치 칼노뼈 네 머리를 시험ᄒᆞ리라."

태위 대쇼(大笑)ᄒᆞ고 두 쇼져를 끼고, 언연(偃然)이 【43】도로 누어 왈,

"어ᄃᆡ셔 이젹(夷狄)의 ᄉᆞᆺ기2468) ᄀᆞᆺ튼 몹쁠 거ᄉᆞᆫ 와셔, 분분이 내 집의 내 미인(美人)다리고 누엇ᄂᆞᆫ 거ᄉᆞᆯ 음흉불법(淫凶不法)이라 ᄒᆞ여 이ᄃᆡ도록 긔괴히 구ᄂᆞ뇨?"

언필의 크게 웃고, 이쇼져의 용안을 칭찬ᄒᆞ여 황홀(恍惚) 긔ᄋᆡ(奇愛)히 넉이니, 태ᄉᆡ져 광인(狂人)으로 더브러 언어를 일우미 무익ᄒᆞ여, 부ᄌᆞ ᄉᆞ인이 일시의 다라드러 이쇼져를 빼혀닉고져 ᄒᆞ니, 태위 상공의 ᄉᆞ부ᄌᆞ를 좌로 밀치며 우흐로 막아, 압흐로 즐퇴(叱退)ᄒᆞ여 ᄎᆞ 더지고, 칼흘 빼혀 저히며2469), 광언망셜(狂言妄說)2470)이 참혹긔괴(慘酷奇怪)ᄒᆞ여 사ᄅᆞᆷ이 참아 듯지 못ᄒᆞᆯ 말【44】이 무궁ᄒᆞ니, 태ᄉᆞ와 운광 등이 태우를 고ᄃᆡ2471) ᄌᆞᆺ치고져2472) ᄒᆞ나 갓가이 나아간즉 ᄎᆞ기를 ᄆᆡ이 ᄒᆞ니, 태ᄉᆞ ᄉᆞ부ᄌᆡ(四父子) 역시 긔운이 막힐 ᄃᆞᆺᄒᆞ고, 상쇼져ᄂᆞᆫ 부친과 거거(哥哥)를 보ᄆᆡ 옥뉘(玉淚) 화싀(華腮)를 적셔 진진이 늣기기를 마지 아니ᄒᆞ니, 태위 ᄭᅮ지저 왈,

"네 비록 궁향(窮鄕) 쳔녀(賤女)의 휵양으로 친싱 부모를 아지 못ᄒᆞ니 지통(至痛)이

---

2464)금난(金蘭)의 교되(交道) : 금란지교(金蘭之交). 단단하기가 황금과 같고 아름답기가 난초(蘭草) 향기(香氣)와 같은 사귐이라는 뜻으로, 두 사람간에 서로 마음이 맞고 교분(交分)이 두터워서 아무리 어려운 일이라도 책임져 줄 만큼 우정(友情)이 깊은 사귐을 이르는 말.

2465)부희다 : 부옇다. 연기나 안개가 낀 것처럼 선명하지 못하고 흐릿하다.

2466)닙어명셰(立於明世) : 밝은 세상에 당당히 섬.

2467)두루다히다 : 둘러대다. 그럴듯한 말로 꾸며 대다.

2468)ᄉᆞᆺ기 : 새끼.

2469)저히다 : 위협하다, 겁박하다, 두렵게 하다.

2470)광언망셜(狂言妄說) : 미치고 망령된 말.

2471)고ᄃᆡ : 곧. 즉시.

2472)ᄌᆞᆺ치다 : 짓치다. 마구 치다.

이시나, 엇지 미양 화긔 업슨 거동으로 나를 듸ᄒᄂᆞᆫ고?"

태ᄉᆡ 분연(忿然) 녀셩 왈,

"하ᄌᆞ의와 윤부인이 몹쓸 거슬 나하 아녀 두 ᄋᆞ히를 아조 맛치게 되엿도다."

태위 ᄎᆞ언을 듯고 분연 대로ᄒᆞ여, 태ᄉᆞ의 망부【45】모(亡父母)를 들먹여 일장을 참욕ᄒᆞ고, 이쇼져를 붓잡고 움작이지 못ᄒᆞ게 ᄒᆞ니, 이러구러 ᄌᆞ연이 평명(平明)이 되니, ᄒᆞ부의셔 도위(都尉) ᄯᅩ 니르러 형의 ᄡᅵ여시믈 보려ᄒᆞ여 니르럿더니, 형의 니뎡(內庭) 돌입ᄒᆞ믈 듯고 대경 ᄎᆞ악ᄒᆞ여, 상공 부ᄌᆞ긔 젼어 왈, '표·상 이 쇼져를 붓드러 닌즉, ᄌᆞ긔 형을 붓드러 도라가믈' 청고(請告)ᄒᆞ니, 상태ᄉᆡ ᄇᆞ야흐로 노분이 하놀을 ᄶᅦ칠 ᄃᆞᆺᄒᆞᆫ지라. 부마의 젼어를 듯고 더욱 대로ᄒᆞ야 젼어 왈,

"광ᄌᆡ(狂者) 만부부당지용(萬夫不當之勇)2473)이 이셔 나의 두 ᄯᆯ을 ᄶᅵ고 누어시미, 아모리 ᄲᅢ혀도 그 용밍을【46】밋ᄎᆞ리 업ᄉᆞ니, 아녀 등은 임의 맛친 사ᄅᆞᆷ이니 늣 그리오ᄂᆞᆫ 녜를 츌히지 못ᄒᆞᆯ지라. 도위 바로 드러와 형을 ᄃᆞ려가라 닐ᄋᆞ라."

시녜 이ᄃᆡ로 젼ᄒᆞᆫ듸 부매 왈,

"쇼싱 조ᄎᆞ 드러가 귀쇼져를 듸ᄒᆞ오미 녜의(禮義)에 불가ᄒᆞ오니, 사형(舍兄)이 오릭지 ○○[아냐] 줌들 거시니 잠간 기다리쇼셔."

태ᄉᆡ 홀일업서 쳥사(廳舍)의셔 기다리니, 태위 징그라이 넉여 흔흔이 우스며, 상쇼져의 옥비(玉臂)를 어라만져 ᄋᆡ듕(愛重)ᄒᆞ며, 표쇼져의 슌금지환(純金指環)2474)을 벗기며 상쇼져의 월긔탄(月琪彈)2475)을 아ᄉᆞ 낭듕(囊中)의 너흐며 왈,

"우리 집이 번화(繁華) 사치(奢侈)를 원슈ᄀᆞ치 넉【47】이ᄂᆞ니, 장염(粧匳)2476)이 여ᄎᆞ(如此)ᄒᆞ믈 존당이 알아시면 더욱 깃거 아니ᄒᆞ시리라."

상쇼져 하싱의 닐ᄋᆞᄂᆞᆫ 말마다 분ᄒᆞ미 흉장(胸臟)이 터질 ᄃᆞᆺᄒᆞ고 분히(憤駭)ᄒᆞ여 고듸 죽고져 ᄒᆞ나, 손 놀닐 길히 업ᄉᆞ니, 다만 뉴쳬(流涕)어ᄂᆞᆯ 태위 줌드ᄂᆞᆫ 쳬ᄒᆞ고, 표·상 이 쇼져를 노ᄒᆞ바리고, 코 고으ᄂᆞᆫ 소리 우레 ᄀᆞᆺ트니, 상쇼져ᄂᆞᆫ 몸을 ᄲᅢ혀 니러나듸, 표쇼져ᄂᆞᆫ 아조 인ᄉᆞ를 바려시니, 태ᄉᆞ 부지 ᄀᆞ마니 드러와 녀ᄋᆞ와 질녀를 안아니니, 쇼졔 옥뉘(玉淚) 방방(滂滂)ᄒᆞ여 능히 말을 못ᄒᆞ니, 공이 쳔만 위로ᄒᆞ고 정침(正寢)의 도라오미, 쇄영을 구호ᄒᆞ여 비로소 정신을 슈【48】습ᄒᆞ거늘, 공이 ᄯᅩ한 위로ᄒᆞᆫ 후 ᄎᆞᄌᆞ 혜광을 장칙ᄒᆞ여, 하싱을 직희지 아냐 향ᄎᆔᄃᆡᆼ 변을 일위믈 칙(責)ᄒᆞ고, 냥쇼져의 시비 등을 치죄(治罪)ᄒᆞ여 믈니치고 됴반을 당ᄒᆞ나 능히 먹지 못ᄒᆞ여, 두쇼져를 위로ᄒᆞ야 식음을 권ᄒᆞ니, 표·상 이쇼졔 태ᄉᆞ의 우려ᄒᆞ시믈 보미, 참아 죽어 불효를 더으지 못ᄒᆞ여 식음을 나오고 심신을 안뎡(安靜)ᄒᆞ더라.

어시의 하도위 외루의셔 졍히 민민ᄒᆞ더니, 시녜 나와 부마를 쳥ᄒᆞ거늘, 도위 즉시

---

2473)만부부당지용(萬夫不當之勇) : 수많은 장부(丈夫)로도 능히 당할 수 없는 용맹.
2474)슌금지환(純金指環) : 순금가락지.
2475)월긔탄(月琪彈) : 달 모양의 둥근 옥구슬.
2476)장염(粧匳) : 몸을 치장하는 데 쓰는 물건.

드러와 형을 본즉 오히려 줌이 깁헛거늘, 갓가이 나아가 그 몸을 흔들민, 태【49】위 거줏 즈는 듯ᄒ여 누어시니, 임의 표·상 냥인이 드러가고, 츠쳐(此處)의 오릭 누어시민 브졀업스믈 아는 고로, 부마의 흔들믈 인ᄒ여 놀나 씩는 체ᄒ고 눈을 써 보다가, 소릭 질너 왈,

"내 관셔의셔 다려온 낭셩과 새로 어든 미인으로 흔가지로 벼개를 년ᄒ여 누엇더니, 나의 잠든 스이 그 미인 등이 어딕로 갓느뇨? 몽닌아! 너는 알니니 밧비 닐ᄋ라."

부매 디왈,

"이곳이 년민뎡이 아니오, 샹태스 부즁이니이다."

태위 대로 왈,

"이곳이 우리 가즁이어늘 너조ᄎ 나를 업수히 넉이느뇨? 샐니 낭셩을 다려오라."

부매 왈,

"형장이 쇼뎨【50】의 말슴을 밋지 아니시니 당호(堂號) 뎨익(題額)훈 거슬 보샤 진가(眞假)를 솗피쇼셔."

태위 분연ᄒ야 부마를 잡고 보즈ᄒ니, 부매 드디여 흔가지로 당호를 보니, 태위 요두(搖頭) 왈,

"요악(妖惡)ᄒ다. 년민뎡을 어늬 스이 곳쳐 향취뎡이라 ᄒ엿느뇨? 네 반다시 나를 속여 보려ᄒ미니, 엇지 통히치 아니리오."

언파의 도위의 관을 벗기지라고[2477] 난타(亂打)ᄒ니, 상시랑 곤계 민즈의 젼졍(前程)이 맛치이믈 분히ᄒ는 즁이나, 긔괴ᄒ믈 니긔지 못ᄒ여 긔긔졀도ᄒ믈 마지 아니니, 태위 도라보고 분연(憤然) 대민(大罵) 왈,

"져 견츄(犬畜)[2478] 이젹지즈(夷狄之子)[2479]는 무스 일이 그리 졍【51】그라와 우음을 금치 못ᄒ는고? 아니 져놈이 나의 미인을 다려갓는가? 낭셩이 제 누의 아니오, 친쳑이 아니로딕, 오히려 명스 쇼실(小室)노 닉외(內外) 현격ᄒ믈 모르고, 샹슌이 여러 주식들을 거느리고 나의 잇는 곳에 드러와 미인을 보니, 그런 못삼긴[2480] 인면슈심(人面獸心)이 어딕 이시리오."

시랑 등이 비분대로(悲憤大怒)ᄒ나 취광지인(醉狂之人)으로 언어를 결우미 브졀업서, 혀ᄎ고 묵연ᄒ니, 태위 꾸지져 왈,

"운광아 나를 혀ᄎ느니 네 아비 압히셔 혀ᄎ라."

인ᄒ여 부마를 죽일다시 벼라며 낭셩의 간 곳을 츠즈니라 직쵹ᄒ니, 부매 왈,

"관【52】셔 미인이 년민뎡의 이스오니 부즁의 가보쇼셔."

ᄒ니, 태위 광언(狂言)이 브졀(不絕)ᄒ거늘, 부매 지삼 이걸ᄒ여 붓드러 집에 도라오

---

2477)벗기지라다 : 벗겨 버리다.
2478)견츄(犬畜) 개 같은 놈.
2479)이젹지즈(夷狄之子) : 오랑캐 자식.
2480)못 삼긴 : 못 생긴. *삼기다 : 생기다. 사람이나 사물의 생김새가 어떠한 모양으로 되다

니, 상부 작변지ᄉᆞ를 존당의 니르니, 초공이 쳐연(悽然)이 놋빗출 곳치고 뎡국공긔 고
왈,

"골육상잔(骨肉相殘)이 고금(古今)의 대변이오, 텬뉸(天倫)의 난(亂)이오나, 몽셩을
이제 살나두미 흔갓 졔 ᄆᆞᆷ이 사름의 우임2481)과 욕을 밧을 ᄲᅮᆫ 아니오라, 졈졈ᄒᆞ여
아모란 상업시 참측(慘惻)흔 대변을 지은죽, 문호(門戶)의 홰(禍) 밋고, 조션(祖先)의
욕이 밋츨지라. 이제 상가 규문의 돌입ᄒᆞ여 쳔고의 듯지 못ᄒᆞ던 변을 지어, 남【53】
의 규슈 냥인으로 ᄒᆞ야금 일싱을 맛ᄎᆞ미 되오니, 젹악(積惡)의 듕ᄒᆞ옴과 상가의 분
(憤)ᄒᆡᄒᆞ미 져를 바으고져2482) 아니ᄒᆞ리잇가? 졍ᄉᆞ(情事) 참연(慘然)ᄒᆞ나 흔그릇 독약
으로 그 목슘을 긋고져 ᄒᆞᄂᆞ이다."

뎡국공이 휘루요두(揮淚搖頭)2483) 왈,

"네 비록 넘녜 궁극ᄒᆞ나, 엇지 참아 나 듯ᄂᆞᆫ듸 이런 말을 ᄒᆞᄂᆞ뇨? 셩ᄋᆞ의 광즁(狂
症)이 여러 셰월의 흘글ᄀᆞᆺᄐᆞ나, 내 죽은 후 네 ᄆᆞᆷ되로 업시ᄒᆞ여도 늣지 아니니, 나
의 사라 이신 젼의ᄂᆞᆫ 이런 흉(凶)흔 말을 ᄒᆞ지 말나."

초공이 듯기를 맛ᄎᆞ미, 경황비졀(驚惶悲絶)ᄒᆞ믈 니긔지 못ᄒᆞ여 면관(免冠) 쳥죄 왈,

"쇼지 불쵸【54】무상ᄒᆞ와 대인과 주위의 셩ᄋᆞ 사랑ᄒᆞ시는 주의를 싱각지 못ᄒᆞ고,
ᄀᆞ비야이 죽이기를 의논ᄒᆞ와, 부모의 비상 ᄒᆞ시미 여ᄎᆞᄒᆞ오니, 쇼ᄌᆞ의 무상ᄒᆞ시믈 다
스리시고 비회(悲懷)를 요동치 마ᄅᆞ쇼셔."

뎡국공과 됴부인이 탄식ᄒᆞ고 평신ᄒᆞ믈 닐ᄏᆞᆺ더니, 도위 형을 븟드러 년ᄆᆡ뎡의 두고
존당의 드러오미, 이의 태우의 슈말(首末)을 고ᄒᆞ니, 국공이 타루(墮淚)여늘, 북휘 호
언으로 위로ᄒᆞ며,

"낭셩의 용모 긔질이 츌범훌 ᄲᅮᆫ더러, 좌우 비상(臂上)의 고이흔 글지 이셔 긔이터이
다."

초공 왈,

"현데 엇진 고로 그 쥬표(朱標)와 비상의 글ᄌᆞ를 【55】보미 되엿ᄂᆞ뇨?"

북휘 왈,

"그 미인이 연시의게 ᄯᅩ치여 년뎡(蓮亭)의 잠겻거늘, 혜션궁 비ᄌᆞ 옥셤이 건져닉여
약을 ᄡᅳ고 믹을 볼 ᄢᅵ 쇼뎨 보과이다."

초공이 연시의 흉험광픽(凶險狂悖)를 새로이 통히(痛駭)ᄒᆞ나 다시 말을 아니터라.

ᄎᆞ시 북후 부인 슉셩비 북후의 언ᄂᆡ(言內)로조ᄎᆞ 관셔 미인의 좌우 비상(臂上)의
'낭셩(狼星)' 두 ᄌᆞ와 '월녀(月女)' 두 지 이시믈 드르미, 심신(心身)이 요동(搖動)ᄒᆞ여,
시녀 벽옥을 명ᄒᆞ여 년ᄆᆡ뎡의 가 관셔 미인의 가슴 우희 무슴 글지 잇ᄂᆞᆫ가 ᄌᆞ셔히 알
아오라 ᄒᆞ니, 맛ᄎᆞᆷ 쇼연시 시녀 복향이 우연이 슉셩당 창【56】외에 셧다가 듯고 도

---

2481)우임 : 웃음. 웃음거리.
2482)바으다 : 부수다. 바수다. 여러 조각이 나게 두드려 잘게 깨뜨리다
2483)휘루요두(揮淚搖頭) : 눈물을 뿌리며 머리를 흔듦.

러와, 군쥬의 슉질이 혼가지로 이시믈 보고 뎡부인의 말슴을 고ᄒ니, 연부인이 분연(憤然) 왈,

"원간 북휘 그 요녀(妖女)를 황홀(恍惚) 칭복(稱福)ᄒ며 그 근본이 하쳔(下賤)치 아니커든 올녀 몽셩의 부실(副室)을 삼ᄌ ᄒ든 거시니, 뎡시 가부(家夫)의 ᄯᅳᆺ을 알고 여ᄎ(如此)ᄒ미로다."

쇼연시 슉모를 도도와 낭셩을 잡아다가 밧비 난타ᄒ라 쳥ᄒ니, 연부인이 시녀를 명ᄒ여 년미뎡의 가 낭셩을 잡아오라ᄒ니, 시녀 등이 년미뎡의 니르러 희원각 부인의 쇼명을 젼ᄒ니, 태위 짐즛 웃고 왈,

"ᄌ뎡이 너의 풍【57】모긔질을 보고져 브르시ᄂᆫ가 시브니, 모로미 ᄲᆞᆯ니 가 현알(見謁)ᄒ라."

낭셩이 연군쥬의 흉험턴 거동을 싱각ᄒ미 디홀 ᄯᅳᆺ이 업ᄉᆞ되, 명을 거역지 못ᄒ여 비ᄌ 등을 조ᄎ 가더니, 벽옥이 연부인이 불너가믈 보고 슉셩당을 지나ᄂᆫ 고로, 부인긔 ᄂᆞᆾ출 현알코져 ᄒ여 낭셩ᄃ려 왈,

"우리 부인이 낭ᄌ를 잠간 보시고져 ᄒᄂᆞ니, 낭지 몬져 우리 부인긔 비알(拜謁)ᄒ라."

홀 즈음에, 군쥐 낭셩의 즉시 오지 아니믈 굼거이 넉여 황파로 ᄒ야금 알아오라 ᄒ니, 황패 나오다가 벽옥과 낭셩의 슈작ᄒ믈 듯고【58】급히 드러와 ᄉ연을 고ᄒ되, 연부인이 분연 왈,

"내 당당이 뎡시년을 대즐(大叱) 수욕(數辱)2484)ᄒ고 요물(妖物)을 져 보ᄂᆞ되 분쇄(粉碎)ᄒ여 위풍(威風)을 뵈리라."

언파의 년미뎡으로 향ᄒ니, 쇼연시 ᄯᅩ흔 뒤ᄒ로 ᄯ로더니, 연부인이 낭셩을 만나미 녀셩ᄒ고 급히 두다리더니, 북휘 마ᄎᆷ 슉셩당으로 드러오다가 여ᄎ 광경을 당ᄒ미, 히연(駭然) 분완(憤惋)ᄒ여 시녀로 삼공ᄌ 몽징을 브르라 ᄒ니, 몽징이 ᄂᆞᆫ 다시 니르러 이 경상(景狀)을 보고 슉부의 말을 기다리지 아니코 모친을 붓드러 닉니, 낭셩의 운발(雲髮)이 반이나 ᄲᅳᆺ기여 피 흐르고, 나삼(羅衫)【59】과 홍군(紅裙)이 발발이2485) 믜워져시니2486), 북휘 히참(駭慘)ᄒ믈 니긔지 못ᄒ여, 벽옥 취란으로 ᄒ야금 낭셩을 붓드러 슉셩당으로 드러가라 ᄒ고, 황파 복향 등을 즁계의 ᄭᅮᆯ니고, 그 방ᄌᄒ미 쥬군의 춍회를 난타 구욕ᄒ믈 대칙ᄒ여 수죄(數罪)ᄒ2487)고, 크게 다ᄉ릴 거시로되 특별이 샤(赦)ᄒ믈 닐너 물니치니, 황파 등이 그윽이 분원(忿怨)ᄒ나, 북후의 위엄을 두려 쇼연시를 붓드러 도라가니라.

---

2484)수욕(數辱) : 욕된 행실을 하나하나 들추어 욕함.
2485)발발이 : 옷이나 헝겊 따위가 삭아서 여러 갈래로 째진 모양.
2486)믜워지다 : 미어지다. ①팽팽한 가죽이나 종이 따위가 해어져서 구멍이 나다. ②가슴이 찢어질 듯이 심한 고통이나 슬픔을 느끼다.
2487)수죄(數罪) : 범죄 행위를 하나하나 들추어 꾸짖음.

어시의 뎡부의셔 녜부 부인 장시 일개 옥동을 싱ᄒ니, 산실(産室)의 향운(香雲)이 어리고 셔광(瑞光)이 됴요(照耀)ᄒ야 싱이 긔이찬난(奇異燦爛)ᄒ니, 냥 존【60】 당이 장시의 산흄(産慉)²⁴⁸⁸이 더듸믈 미양 굼거이 넉여 기다리미 근졀ᄒ나, 장시의 유신(有娠)ᄒ믈 숨의도 씨닷지 못ᄒ고 그 셤셤나외(纖纖羅腰)²⁴⁸⁹ 젼쟈(前者)와 다르나, 년긔(年紀) ᄎ가미 긔뷔 실흔 연괸가 ᄒ더니, 임의 싱ᄋ(生兒)의 긔이ᄒ미 여ᄎᄒ니, 슌태부인이 환열(歡悅)ᄒ고 합문이 큰 경ᄉ(慶事)로 알고, 장부인이 산후 병이 업서 삼칠일이 지나미, 장소(粧梳)²⁴⁹⁰ᄒ고 니러나 냥존당과 구고긔 문후ᄒ니, 태부인과 금평후 부부의 이듕ᄒ미 비홀 듸 업고, 졔왕이 신손(新孫)을 어드미 문호의 창대홀 바를 환희ᄒ나, 다만 듀듀야야(晝晝夜夜)의 닛지 못ᄒᄂ 바ᄂ, 【61】 문양공쥬의 소싱(所生) 녀ᄋ를 일허 여러 셰월이 되되 싱ᄉ 존망을 아득히 모르니, 창연(悵然)ᄒ 회포를 능히 것잡지 못ᄒ나, 다만 졈ᄉ(占辭)로 보면 길ᄒ미 만코 흉ᄒ미 잇지 아냐, 부녀상봉(父女相逢)이 갓가올 듯ᄒ고, 텬상(天象)을 우러라 보아도 낭아셩(狼牙星)이 미양 즈긔 ᄌ녀 쥬셩뉴(主星類)²⁴⁹¹의 섯겨시니, 의ᄉ 황홀ᄒ여 술 두어잔을 거후르고 듁침(竹枕)을 비겨 잠간 졉목(接目)ᄒ미 몽혼(夢魂)이 하부 닉루(內樓)의 니른즉, 연군쥐라 ᄒ리 시녀 양낭을 거ᄂ려 슉셩당 겻히셔 일위 미ᄋ(美兒)를 난타구욕(亂打驅辱)²⁴⁹²ᄒᄂ 바의, 일위 션관이 왕을 향ᄒ여 왈, 졔【62】국군이 뎌 미인을 아시ᄂ냐. 왕 왈, 진토 인물이 그 뉘믈 엇지 알니잇고. 션관 왈,

"오늘날 내 특별이 졔국군을 ᄀᄅ쳐 낭셩(狼星)의 텬뉸(天倫)이 단원(團圓)케 ᄒᄂ니, 모로미 뎌 녀ᄌ를 어라만져 십ᄉ년 일헛던 졍을 펴라."

왕이 ᄎ언(此言)을 듯고 졍히 반갑고 다힝(多幸)ᄒ여 다시 뭇고져 ᄒ다가, 놀나 씨다르니 침상일몽(枕上一夢)²⁴⁹³이라. 심신(心身)이 황홀(恍惚)ᄒ여 하부로 나아오니, 이ᄽ 슉셩비 낭셩을 갓가이 안치고, 그 용모신질(容貌身質)²⁴⁹⁴을 아름다이 넉이며 밧비 그 옥슈(玉手)를 잡고 가슴을 슯혀본즉, 쥬필(朱筆) 글지 문양공쥬의 슈젹(手迹)일시 분명ᄒ【63】고, 겸ᄒ여 싱년월일 쁜 거시 엷프시 질녀의 싱년월일이라. 부인이 황홀여치(恍惚如痴)²⁴⁹⁵ᄒ여 믄득 ᄲᆞᆼ뉘(雙淚) 현영(現影)²⁴⁹⁶ᄒ고 능히 말을 못ᄒ더니, 시녜 졔왕의 드러오시믈 고ᄒ니, 부인이 낭셩을 협실의 드려 안치고 마ᄌ 좌뎡ᄒ미, 졔왕이 북후를 도라보아 왈,

---

2488)산흄(産慉) : 아이를 낳아 기름.
2489)셤셤나외(纖纖羅腰) : 가녀린 허리.
2490)장소(粧梳) : 화장을 하고 머리를 빗질하여 몸을 단장함.
2491)쥬셩뉴(主星類) : 주성(主星)의 부류(部類). *주성(主星); 점성술에서, 어떤 사람의 운명을 맡고 있는 별.
2492)난타구욕(亂打驅辱) : 마구 때리고 핍박하며 모욕함.
2493)침상일몽(枕上一夢) : 잠을 자던 중에 꾼 한 꿈.
2494)용모신질(容貌身質) : 얼굴과 신체의 아름다운 성질과 바탕.
2495)황홀여치(恍惚如痴) : 황홀하여 미친 듯함.
2496)현영(現影) : 형체를 눈앞에 드러냄. 또는 그 형체. =현형(現形).

"근간 텬보의 광증(狂症)이 더 엇더ᄒᄂ뇨?"

북휘 탄왈,

"작일도 상부의 가 자다가 여ᄎᆞ여ᄎᆞ 작변ᄒ니 이런 불힝이 업서이다."

왕이 쇼왈,

"ᄌᆞ의로브터 ᄌᆞ슌의 총명을 ᄌᆞ허ᄒ더니 홀노 텬보를 알아보지 못ᄒ니 이곳 등하불명(燈下不明)이로다. 텬보ᄂᆞᆫ 【64】ᄌᆞᆷ심이 견고ᄒ니 엇지 광증이 여ᄎᆞᄒ리오. 상가의 가 그ᄀᆞᆺ치 작난ᄒᆞᄆᆞᆯ 별너시니, 보면 알녀니와, ᄎᆞ후ᄂᆞᆫ 그 광병(狂病)이 오릭지 아냐 나흘지라. 그 부형이 ᄌᆞ식을 알아보지 못ᄒᆞ야, 일쳐(一妻)로 늙히려 ᄒᆞ미 참지 못ᄒᆞ야 양광실셩(佯狂失性)ᄒᆞᆫ가 ᄒ노라."

북휘 쇼왈,

"쳥문과 효문의 말이 형의 닐음 ᄀᆞᆺ투여 몽셩으로써 양광타 닐ᄋᆞ나, 질ᄋᆞ의 위인이 그러치 아니니, 형등의 의심이 궁극ᄒᆞᆫ가 ᄒᄂ이다."

왕이 쇼왈,

"ᄌᆞ슌 등이 이러툿 불명ᄒᆞ여 알기 쉬온 거슬 ᄭᆡᄃᆞᆺ지 못ᄒ니, 가쇼(可笑) 아니냐? 원간 관셔 【65】의셔 다려온 미인은 근본(根本)이 하여(何如)며2497), ᄌᆞ식(姿色)이 엇터터뇨?"

북휘 미급답(未及答)의 슉셩비 왈,

"쇼미(小妹) 관셔 미인의 비상(臂上) 표젹(表迹)이 이시믈 듯고 심동(心動)ᄒ여 쳥ᄒ야 보니, 좌비상(左臂上)의 '낭셩' 두 ᄌᆞ 잇고, 우비상(右臂上)의 '월녀' 두ᄌᆞ 이시며, 흉즁(胸中)의 여ᄎᆞ여ᄎᆞ 쁜 거시 문양공쥬의 슈필(手筆)이니, 이ᄂᆞᆫ 거거(哥哥)의 일흔 녀인(女兒)가 ᄒᄂ이다."

왕이 텽파의 ᄭᅮᆷ이 허ᄉᆞ 아니믈 ᄭᆡᄃᆞᆺ고, 년망(連忙)이 굴오ᄃᆡ,

"연즉(然則), 현미(賢妹) 그 근본을 뭇지 못ᄒ냐?"

슉셩비 낭셩의 말을 젼ᄒᆞ여 져의 셩명 모ᄅᆞᄆᆞ로 통상(痛傷)ᄒᆞᆷ믈 닐ᄋᆞ니, 왕 왈,

"ᄎᆞ(此)ᄂᆞᆫ 뎡녕(丁寧)2498)ᄒᆞᆫ ᄋᆞ녜(兒女)라. 그 【66】녀ᄌᆞ 기란 재 뉘라 ᄒ더뇨? 이제 왓거든 몬져 불너 보리라."

슉셩비 좌우로 명ᄒᆞ여 년미뎡의 가 노파를 브르라 ᄒ니, 시ᄋᆡ(侍兒) 승명(承命)ᄒᆞ여 노파를 불너오니, 노패 당젼(堂前)의 니르니, 졔왕이 갓가이 불너 문왈,

"노괴(老姑) 하태우의 쇼희(小姬)를 어더 기르미 친싱(親生)이 아니라 ᄒ니, 어늬 ᄯᆡ의 뉘 집의 가 다려오뇨? 모로미 실진무언(實陳無言)2499)ᄒᆞ라."

노패 지난 바 일을 일일히 주(奏)ᄒ니, 왕이 방시의 말을 ᄎᆞ 못드러 녀ᄋᆞ의 간고험익(艱苦險阨)을 잔잉ᄒ미 심담(心膽)이 붕녈(崩裂)ᄒᆞ여, 최형의 집의셔 쥬미(做賣)2500)

---

2497)하여(何如)며 : 어떠하며.

2498)뎡녕(丁寧) : 조금도 틀림없이 꼭. 또는 더 이를 데 없이 정말로. 늑뎡녕히.

2499)실진무언(實陳無言) : 남은 말이 없도록 사실대로 자세하게 다 이야기 함.

흔 바는 즈긔도 아는 바요, 최형의 복쵸(服招)【67】에 은보(銀寶)를 밧고 공쥬의 쏠을 프랏노라 흐믄, 녁녁(歷歷)흐여 작일지스(昨日之事)2501) 굿튼지라. 금일 부녜 상봉흐여 텬뉸(天倫)이 단원(團圓)흐믈 즐겨흐며, 녀으룰 잔잉흐여 일셩장탄(一聲長歎)2502)의 누슈(淚水)룰 쓰려 왈,

"인인(人人)이 젹덕(積德)이 만하도 즈손의게 여앙(餘殃)이 이실가 두리거늘, 흐믈며 문양의 죄악이 관영(貫盈)흠과, 힝혀 개과쳔션(改過遷善)흐믈 인흐여 왕희의 존귀룰 금일신지 안과(安過)흐나, 내 믹양 두리는 거시 젹악이 셩으2503)의게 밋츨가 흐더니, 뉘 도로혀 일흔 쏠의게 밋츨 줄 알아시리오. 조션(祖先) 젹덕(積德)으로 쳔만(千萬) 위란(危亂)【68】을 격는 즁, 능히 신졀(身節)2504)을 보젼흐여 힝실을 상치 아녀 부녜 상봉흐여 쾌락흐니, 셕시(夕死)라도 무흔(無限)이라. 엇지 몽셩의 쇼희(小姬) 되믈 흔(恨)흐며 늣다2505) 흐리오. 밧비 낭셩을 브르라."

흐니, 부인이 협실(夾室)2506)노 드르가 집슈무의(執手撫愛) 왈,

"현질의 모친은 문양공쥐니 션뎨(先帝) 이녀(愛女)시오, 금황뎨(今皇帝) 믹시(妹氏)라. 현질을 최가의 보닉여 누쳔니(累千里) 궁향의 써러지게 흔 스단(事端)은 창졸(倉卒)의 다홀 빅 아니라. 너는 금일 부녜상봉(父女相逢)흐고 부즁의 도라가 일개(一家) 함취(咸聚)흐여 쾌락흐라."

낭셩이 협실의셔 졔왕과 슉모의 문답과 노파의 【69】 말을 다 드르믹, 텬싱혈믹(天生血脈)이 상통(相通)흐니, 이의 슉모룰 쓰라나와 부왕 무릅히 업딕여 통읍(慟泣) 뉴쳬(流涕)흐여 말을 일우지 못흐니, 졔왕이 쏘흔 집슈(執手) 뉴쳬(流涕)흐여 능히 소릭나믈 금치 못흐니, 슉셩비 역비오열(亦悲嗚咽)2507)흐니, 북휘 화긔만면(和氣滿面)흐여 위로왈,

"형의 젹션여음(積善餘蔭)으로 오늘날 텬뉸(天倫)이 단원흐니, 깃브미 ᄀ득흐거늘 엇지 여추 비통(悲痛)흐여 녕녀(令女)의 비회(悲懷)룰 도으리오. 어셔 녕녀와 상부의 나아가 녕존당과 악부모긔 부녜(父女) 단취(團聚)흐믈 고흐여 희열(喜悅)흐실 바룰 일위쇼셔."

왕이 광슈(廣袖)【70】로 누슈(淚水)룰 졔어(制御)흐고 잠간 녀으룰 보건딕, 옥골셜뷔(玉骨雪膚) 찬연긔려(燦然奇麗)흐니, 더욱 이듕흐여 방노파의게 치사(致謝) 왈,

---

2500)쥬믹(做賣) : 값을 받고 팖.
2501)작일지스(昨日之事) ; 어제 있었던 일.
2502)일셩장탄(一聲長歎) : 한 번 길게 탄식함.
2503)셩으 : 문양공주가 낳은 아들 정성기를 말함.
2504)신졀(身節) ; 몸과 절개를 함께 이르는 말.
2505)늣다 : 낮다. 지위, 능력, 품질 따위가 바라는 기준보다 못하거나 보통 정도에 미치지 못하는 상태에 있다
2506)협실(夾室) : 곁방.
2507)역비오열(亦悲嗚咽) : 또한 슬피 목메어 욺.

"노패 아녀를 십스년 이휵(愛慉)ᄒᆞ미 은심ᄒᆞ히(恩深河海)2508)오 덕여태산(德如泰山)2509)이라. 우리 부녜 보은키를 싱각ᄂᆞ니, 노파는 녀ᄋᆞ의 근본이 존귀ᄒᆞ므로써 초년 곤궁ᄒᆞᆫ 즁 덕음을 니즐가 서운이 넉이지 말고, 녀ᄋᆞ와 졍의를 변치 말나."

노괴 낭셩의 근본을 알미, 이 믄득 상문농쥬(相門弄珠)2510)요, 금지옥엽(金枝玉葉)2511)이라. 황감(惶感) 힝열(幸悅)ᄒᆞ미 과망(過望)ᄒᆞ니, 고두(叩頭) 샤은(謝恩) 왈,

"쳔인이 귀쥬 근본을 모르고 십스년 양휵홀지언뎡, 허다 【71】 간고()艱苦를 겻그오니 이ᄂᆞᆫ 다 쳔인의 죄로소이다. 뎐해 금일 텬눈을 단원ᄒᆞ시니 환힝(歡幸)ᄒᆞᆷ믈 니긔지 못ᄒᆞ리로소이다."

왕이 흔연(欣然) 왈,

"아녀를 나흔 자는 부모요, 지싱자(再生者)는 노패(老婆)라. 엇지 ᄃᆡ졉을 유모(乳母) ᄀᆞᆺ치 ᄒᆞ리오."

드디여 벽옥 등을 명ᄒᆞ여 졔궁의 가 교부(轎夫)를 불너 와, 쇼져의 승교(乘轎)ᄒᆞᆷ믈 지쵹ᄒᆞ니, 쇼졔 슉모긔 하직ᄒᆞ고 승교ᄒᆞ니, 왕이 방시를 죵후(從後)ᄒᆞ라 ᄒᆞ고, 왕이 녀ᄋᆞ를 호힝(護行)ᄒᆞ여 부즁의 니르니, 낫 문안의 일개 함취(咸聚)ᄒᆞ엿더니, 왕이 만면 희ᄉᆡᆨ으로 드러오며 교ᄌᆞ닉입(轎子內入)이라. 【72】

녜부(禮部)2512) 등이 하당영지(下堂迎之)홀ᄉᆡ, 진공이 문왈,

"형장 신ᄉᆡᆨ(身色)의 희긔 ᄀᆞ득ᄒᆞ시니, 하유ᄉᆞ(何有事)니잇고?"

왕이 흔연 왈,

"십스년 막힌 텬눈을 완젼(完全)ᄒᆞ여 일헛던 ᄯᆞᆯ을 ᄎᆞᆺ 도라오노라."

태부인과 금평휘 대회 왈,

"이 말이 꿈이냐 상시(常時)냐?"

졍언간(停言間)에 낭셩이 하교승당(下轎승당)ᄒᆞ니, 태부인이 그 손을 잡으며 졔왕을 도라보아 왈,

"노뫼 너의 부녀의 단취ᄒᆞᆷ믈 보니 죽지 아니미 깃브도다. 연이나 하부의 가 엇지 ᄎᆞᆺ 오뇨?"

왕이 녀ᄋᆞ의 ᄌᆞ초지죵(自初至終)을 고ᄒᆞ고, 몽셩이 관서의 가, 사 도라와 쇼셩(小星)을 삼아시믈 일일히 고【73】ᄒᆞ며, 노파를 ᄀᆞᄅᆞ쳐 왈,

"노괴(老姑) 쇼녀의 은뫼(恩母)니 젼후ᄉᆞ(前後事)를 다 아ᄋᆞᆸᄂᆞ니, 죵용히 무러 보쇼셔."

---

2508)은심ᄒᆞ히(恩深河海) : 은혜가 큰 강과 바다처럼 깊음.

2509)덕여태산(德如泰山) : 덕이 태산처럼 높음.

2510)상문농쥬(相門弄珠) ; 재상가의 사랑하는 딸. *농쥬(弄珠); '손 안에 놓고 놀리는 구슬'이라는 뜻으로 '귀 염둥이 딸을 달리 이르는 말.

2511)금지옥엽(金枝玉葉) : 금으로 된 가지와 옥으로 된 잎이라는 뜻으로, 임금의 가족을 높여 이르는 말.

2512)녜부(禮部) : 예부상서(禮部尚書). 정인홍의 관직.

태부인이 슬허 함누(含淚) 왈,

"이ᄀᆞᆺᄐᆞᆫ 용화긔질(容華氣質)노뼈 믹상(陌上)²⁵¹³의 ᄡᅥ러져 비상간고(備嘗艱苦)²⁵¹⁴ᄒᆞ니 통할(痛割)치 아니리오. 하싱의 대은(大恩)으로 일개 상봉ᄒᆞ니 은혜라 ᄒᆞ려니와, 실노 ᄒᆞ가 결연이 불ᄒᆡᆼ(不幸)ᄒᆞᆫ지라. 연시의 만악(萬惡)이 구비ᄒᆞ므로 어이 젹인(敵人)을 고이 두리오. 져집이 청혼(請婚)치 아니커든 우리ᄂᆞᆫ 청치 말나."

진왕비 슉녈이 질녀의 손을 잡고 부인긔 고왈,

"작셩(作成)을 이ᄀᆞᆺ치 ᄒᆞᆫ 후, 녈화(熱火)의 너ᄒᆞ며 ᄒᆡ즁(海中)의 밀치고 【74】 호구(虎口)의 드나, ᄌᆞ연(自然) 위란(危亂)을 면ᄒᆞ고 안향복녹(安享福祿)ᄒᆞ리니, 대모(大母)ᄂᆞᆫ ᄎᆞ즈믈 긋그시고, 평싱을 넘녀 마ᄅᆞ쇼셔."

졔왕이 쇼이고왈(笑而告曰),

"하이 쇼녀(小女)ᄅᆞᆯ 다려와 부녜 상봉케 ᄒᆞ니, 은혜 크고 겸ᄒᆞ여 녜ᄒᆡᆼ(禮行)이 하혜(下惠)²⁵¹⁵ ᄀᆞᆺᄐᆞ여 녀ᄋᆞ의 식광(色光)을 보ᄃᆡ, 능히 녜ᄅᆞᆯ 잡아 쥬표(朱標)○[ᄅᆞᆯ] 온젼이 ᄒᆞ여 그 부모 ᄎᆞᆺ기ᄅᆞᆯ 기다리니, 이ᄂᆞᆫ 상활(爽闊)ᄒᆞᆫ 위인이라. 사회ᄅᆞᆯ 광구(廣求)ᄒᆞ나 몽셩 ᄀᆞᆺ기 극난(極難)ᄒᆞ니, 엇지 직취(再娶)와 일시 광증(狂症)을 혐의(嫌疑)ᄒᆞ리잇고? 연시 투악(妬惡)은 죡히 근심이 업ᄂᆞ이다."

태부인이 비회(悲懷)ᄅᆞᆯ 진뎡ᄒᆞ여 낭셩을 무이(撫愛)ᄒᆞ며, 금 【75】 휘 환희(歡喜) 왈,

"금일 부녀(父女) 조손(祖孫)이 상봉ᄒᆞ여 텬눈이 단원ᄒᆞ미 ᄒᆡᆼ심극의(幸甚極矣)²⁵¹⁶라. 몽셩의 쇼희(小姬)ᄅᆞᆯ 욕(辱)이라 ᄒᆞ며, 직실(再室)을 ᄒᆞᄒᆞ리잇고?"

졔왕이 쇼져 일흠을 곳쳐 '월염'이라 ᄒᆞ고, 방노파ᄅᆞᆯ 불너 호쥬미찬(好酒美饌)으로 쇼져 휵양(慉養)ᄒᆞᆫ 은혜ᄅᆞᆯ 칭샤(稱謝)ᄒᆞ니, 노괴 뎡부 번화ᄒᆞᆫ 경ᄉᆡᆨ(景色)과 남ᄌᆞ녀인(男子女人)의 츌뉴(出類)ᄒᆞᄆᆞᆯ 앙견(仰見)ᄒᆞᄆᆡ, 낭셩과 하태우로뼈 텬상 인간의 무빵(無雙)ᄒᆞ므로뼈 안 거시, 이의 밋쳐 태산 밧게 ᄯᅩ 태산이 이시믈 ᄭᆡᄃᆞᆮ더라.

월염쇼졔 이의 오위(五位) 모비(母妃)긔 비알ᄒᆞ니라. 【76】

---

2513)믹상(陌上) : 밭두렁 위. '농촌'을 달리 이르는 말

2514)비상간고(備嘗艱苦) : 온갖 고생을 두루 겪음.

2515)하혜(下惠) : 유하혜(柳下惠). 중국 춘추시대 노(魯) 나라의 명재상(名宰相). 맹자(孟子)는 그를 '더러운 임금을 섬기는 일도 부끄럽게 여기지 않을 만큼 화해와 조화의 기질을 가진 성인'이라 하였다. 그러나 그도 천하의 대도(大盜)였던 자신의 아우 도척(盜跖)을 교화하지는 못했다.

2516)ᄒᆡᆼ심극의(幸甚極矣) : 다행하기 그지없음.

# 최 길 용

문학박사
전북대학교 겸임교수
전북대학교 인문학연구소 전임연구원

## ◉ 논 문
〈연작형고소설연구〉외 500여편

## ◉ 저 서
『조선조연작소설연구』등 14종

## 교주본 **윤하뎡삼문취록 1**

초판 인쇄    2015년  4월    5일
초판 발행    2015년  4월   20일

교      주 | 최길용
펴 낸 이 | 하운근
펴 낸 곳 | 學古房

주      소 | 서울시 은평구 대조동 213-5 우편번호 122-843
전      화 | (02)353-9908    편집부(02)356-9903
팩      스 | (02)6959-8234
홈페이지 | http://hakgobang.co.kr/
전자우편 | hakgobang@naver.com,   hakgobang@chol.com
등록번호 | 제311-1994-000001호

ISBN    978-89-6071-492-2    94810
            978-89-6071-491-5    (세트)

값 : 250,000원(전5권)

이 도서의 국립중앙도서관 출판시도서목록(CIP)은 서지정보유통지원시스템 홈페이지
(http://seoji.nl.go.kr)와 국가자료공동목록시스템(http://www.nl.go.kr/kolisnet)에서 이용하
실 수 있습니다. (CIP제어번호: CIP2015011705)

■ 파본은 교환해 드립니다.